本书得到首都师范大学文化研究院和上海交通大学人文学院资助，特此致谢。

上

陶东风 张蕴艳 吴娱玉
编

# 新文化运动

## 百年纪念文选

中国社会科学出版社

**图书在版编目(CIP)数据**

新文化运动百年纪念文选:全2册/陶东风,张蕴艳,吴娱玉编.
—北京:中国社会科学出版社,2017.11
ISBN 978-7-5203-0403-0

Ⅰ.①新… Ⅱ.①陶…②张…③吴… Ⅲ.①五四运动—纪念文集
Ⅳ.①K261.107-53

中国版本图书馆CIP数据核字(2017)第109847号

出版人 赵剑英
选题策划 郭晓鸿
责任编辑 陈肖静
责任校对 韩海超
责任印制 戴 宽

出　　版 中国社会科学出版社
社　　址 北京鼓楼西大街甲158号
邮　　编 100720
网　　址 http://www.csspw.cn
发 行 部 010-84083685
门 市 部 010-84029450
经　　销 新华书店及其他书店

印　　刷 北京明恒达印务有限公司
装　　订 廊坊市广阳区广增装订厂
版　　次 2017年11月第1版
印　　次 2017年11月第1次印刷

开　　本 710×1000 1/16
印　　张 69.5
字　　数 1008千字
定　　价 298.00元(全二册)

凡购买中国社会科学出版社图书,如有质量问题请与本社营销中心联系调换
电话:010-84083683

# 目　录

## 上　卷

## 二　启蒙的批判与救赎



## 三　激进、保守及其当代形态

# 上　卷

# 导论　新文化运动：未完成的启蒙还是走火入魔的反传统？

陶东风　张蕴艳　吴娱玉*

新文化运动百年纪念已落下帷幕，而留在舞台上的则是人们的思考：对于这段一直活在当下而没有真正过去的历史，我们应该纪念什么和如何纪念？应该回忆什么和如何回忆？用美国汉学家舒衡哲（Vera Schwarcz）在纪念五四运动 70 周年时撰写的文章《五四：民族记忆之鉴》的话说，新文化运动或五四运动的纪念—记忆—阐释史，本质上属于通过不断涌现的书写和再书写，来显示“一个民族如何通过对自己与其过去的关系之自觉，不断地解释它的特性和使命。”① 从她写作此文到现在，又一个 25 年过去了，围绕新文化运动/五四运动的话语权争夺并未停息，各种公开的官方纪念和私人、半私人的个人回忆不断交叠，新的记忆叠加于旧的记忆，新的书写涂抹了旧的书写，而旧的记忆和书写又在今人笔下通过各种形式得到重述或重构，并对新的记忆和书写加以反哺。新文化运动/五四的意义之解释和再解释、生产和再生产的过程，也体现了记忆的覆盖和反覆盖、遮蔽与反遮蔽的复杂博弈。

---

* 陶东风，广州大学人文学院教授，张蕴艳：上海交通大学人文学院，吴娱玉：上海大学人文学院。

① ［美］舒衡哲（Vera Schwarcz）：《五四：民族记忆之鉴》，载《五四运动与中国文化建设——五四运动七十周年学术讨论会论文选》，社会科学文献出版社 1989 年版，第 151 页。

从而，五四遗产在一定意义上就是通过有关五四的话语故事得到持续不断的再生产，这看来也是它不可避免的宿命。整理、追寻这些话语故事的不同版本，有助于通过考古式地揭示历史记忆的各种叠加版本，探寻新文化运动/五四的多重面相，开拓新文化运动/五四的思想文化资源，寻求建构政治共识的多重可能，以资应对今天如何纪念、纪念什么以及如何阐释的困局。

舒衡哲将五四的记忆史（所有关于五四的回忆和言说的总和）称为“寓言化”（allegorization）的历史。所谓“寓言化”即“将历史作成批判现实的镜子”。因为“随着时间的推移，历史的真相及其教训已发生了变化。每代新人都因为他们自己的需要和抱负，为‘五四’启蒙运动创造了不同的意象。”这样，“寓言（allegory）是指为了有明确目的来教育当代的记忆重建”①。舒衡哲还引用了历史学家刘易斯的观点，认为关于五四的各种追忆的总和，是“一个共同体或国家的集体回忆，或者说国家的领导、诗人及贤人等，有选择性的回忆某些事情，并视其为重要的事实和象征。”② 从舒衡哲区分的五四记忆史的两大来源，即“纪念”和“回忆”（前者是与重大政治事件相关联的集体性的活动，而后者则是个人性记忆），以及她对官方五四纪念意图变迁的追溯，都可见出这种选择性记忆的寓言本质（她甚至把五四天安门示威运动刚刚结束不到三个星期罗家伦写的《五四运动的精神》视作关于五四的“第一个寓言”）。舒衡哲特别揭示了在 1949、1969 和 1979 年三个历史关节点，知识分子必须使自己的五四回忆“适应中国政治生活中的决定性转变”，是否忠于官方五四形象成为检验一个学者是否对党忠诚的严峻考验。③

郭若平 2014 年出版的专著《塑造与被塑造——“五四”阐释与革命意识形态建构》更为系统地梳理了对“五四”的这种“寓言化”阐释——他称之为有关五四的“话语故事”——30 余年的历史，并提

---

① ［美］舒衡哲（Vera Schwarcz）：《中国启蒙运动：知识分子与五四遗产》，刘京建译，新星出版社 2007 年版，第 287 页。

② 同上书，第 290 页。

③ 同上书，第 298 页。

炼出四个有代表性的“五四”话语故事——他称之为“文本”：“79文本”，“89文本”，“99文本”和“09文本”。这里的“文本”并不是指单篇文章，而是四个文集：1.《纪念五四运动六十周年学术讨论会论文选》，系1979年5月2日至9日中国社会科学院举行的“纪念五四运动60周年学术讨论会”论文集；2.《五四运动与中国文化建设》，系1989年5月5日至7日中国社会科学院举行的以“五四运动与中国文化建设”为主题的学术讨论会论文集；3.《五四运动与二十世纪的中国》，系1999年北京大学“纪念五四运动80周年国际学术研讨会”论文集；4.《五四运动与民族复兴》，系2009年4月28日北京大学“纪念五四运动90周年暨李大钊诞辰120周年理论研讨会”论文集。这四种关于五四的文本（话语故事）各有其潜在的意识形态诉求，当然也都是寓言。大体言之，“79文本”为“思想解放”的寓言，是对新时期前中国社会政治生态与思想生态的反思性产物，走出“现代迷信”是这个寓言的核心。“89文本”是“现代化”的寓言，它“借助对古今中外文化同质性与差异性的分辨，来获取中国社会现代化的认知地图。”这个版本的三大话语基石分别是：以民主与科学为精髓的“理性主义”，传统文化的“创造性转化”以及“马克思主义的现代形式。”“99”版的“五四”话语故事呈现分裂之势，90年代以来的激进主义、保守主义、自由主义、民族主义等纷纷登场，新启蒙运动所建立的“脆弱的同质性”（不同程度地存在于“79”和“89版”中）业已解体。“09文本”延续了诸主义纷争的局面，但“民族复兴”论题异军突起，因为它呼应了当下“中华民族伟大复兴”的政治意识形态目标。[①]

郭若平以10年为单位选择四个选本（文本群）来概括“五四”故事/寓言的四个版本，大体可信（粗疏难免）。但所有选本都是有缺陷的，它在展开某种关于五四的言说可能性的同时，也难免局限或堵塞了五四话语叙事的其他进路。这首先是因为文本的局限。除北大版之外，2009年其实还有社会科学文献出版社的五四纪念文本，而且即

① 郭若平：《塑造与被塑造——“五四”阐释与革命意识形态建构》，社会科学文献出版社2014年版。

使两者加起来也仍然不能囊括其他大量文本。其次也因为任何对五四的总结都不可能不带着特定的角度和价值立场，在有所发现的同时也必然有所遮蔽和忽视。

## 一 五四激进主义与文革渊源关系？

在浩大繁杂的众声喧哗中，一个最刺耳的声音无疑是：新文化运动/五四与文革存在“渊源”关系吗？在什么意义上可以肯定或否定这种关系？抑或这种所谓“关系”完全是一个伪问题？2016 年恰逢文革发动 40 周年，文革反思成为学界焦点，这就进一步增加了上述问题的重要性。

依据现有资料，最早、最先明确提出这种“渊源”假说的，恰恰是自由主义内部受到英国经验主义思想、特别是哈耶克思想影响的学者林毓生。[①] 林毓生的《中国意识的危机》[②] 把五四思想特征概括为“借思想文化以解决问题”的“全盘反传统主义”。在这本书的“绪论”中林毓生即写道：“二十世纪中国思想史的最显著特征之一，是对中国传统文化遗产坚决地全盘否定态度的出现与持续。”它可以追溯到五四时期，而一直延续到文革结束以前。“在中华人民共和国的历史中，又重新出现五四时代盛极一时的‘文化革命’的口号，而且发展成非常激烈的 1966—1976 年间的‘文化大革命’，这决非偶然。”因为两次文化革命的特点，“都是要对传统观念和传统价值采取嫉恶如仇、全盘否定的立场。”而且两者之间的“前提假设”也是一样的，即“要进行意义深远的政治和社会改革，基本前提是要先使人的价值

① 比如袁伟时就认为林毓生这本书是对五四激进主义进行反思的开始，参见袁伟时《回答对新文化运动的三个责难》。

② 此书的“序”为史华兹所做，其中似亦隐含类似的假设：“在共产党掌握政权以后，人们敏锐地觉察出中国领导人的意识形态中有外国的根源，正是这种意识形态明确主张要与过去的封建文化进行完全革命性的决裂。”这里提到的是共产党的“革命性意识形态”而非明指“文革”与五四全盘反传统主义之间的联系，但从中可以推论出的结论是：文革作为“革命性意识形态”的极端化发展，应该也与五四的全盘反传统主义有关。本杰明·史华兹：“序”，第 2 页，见［美］林毓生《中国意识的危机——五四时期激烈的反传统主义》，穆善培译，贵州人民出版社 1986 年版。

和人的精神整体地改变。”[①] 接着林毓生阐释了毛泽东的“文化革命”思想与马克思、列宁思想的差异性，以证明它实际上是来自本土五四知识界的激进思想。在本书的“结论”部分，林毓生再次重申：“毛泽东晚年竭力坚持的文化革命的思想和激烈的反传统与五四运动的激进遗风有紧密联系。”[②]

《中国意识的危机》英文版出版于1979年，而其中译本的初版时间为1986年。[③] 几十年之后，在发表于2009年的《鲁迅国民性论述的深刻性、困境与实际后果》一文中，林毓生继续坚持自己的观点，认为五四激进反传统思想对文革的发生有直接影响。文章认为，鲁迅的《阿Q正传》“影响非常大，使很多人对传统产生了极强的‘二分法’：传统是坏的，中国要做激进、彻底的革命，把旧社会、旧文化传统扔掉，最后到了文化大革命”。但林毓生紧接着在括弧中对上述最后一句话进行了补充解释：“文化大革命有很多种原因，但其中一个思想文化的原因，就是继承了五四的激烈反传统思想。”也就是说，林毓生至少认为文革的思想文化原因是五四的激进反传统主义。在林毓生看来，这样的反传统产生了“自我毁灭的后果。”因为既然阿Q（传统）的病是思想病，要通过思想反思的方法加以解决；但阿Q的“病”又是如此不可救药，因此根本不具备思想反思的能力。[④] 林毓生认为，世界上没有一个启蒙运动是在彻底否定自己民族文化的前提下成功的，因此，“中国的启蒙运动一开始就夭折了。”但必须指出的是，无论是林毓生的《中国意识的危机》一书还是他的这篇文章，重点都在分析五四的激进主义思想的内在结构，而对于文革只是连带提及而已。换言之，虽然他对中国现代激进主义思想的分析是深入的，

① ［美］林毓生：《中国意识的危机——五四时期激烈的反传统主义》，穆善培译，贵州人民出版社1986年版，第2—3页。

② 同上书，第253页。

③ 详细版本情况：英文版：Yu-sheng Lin, *The Crisis of Chinese Consciousness: Radical Antitraditionalism in the May Fourth Era* (Madison, Wisc.: University of Wisconsin Press, 1979)。中文版：［美］林毓生《中国意识的危机——五四时期激烈的反传统主义》，穆善培译，贵州人民出版社1986年版，“传统与变革”丛书之一。

④ 参见林毓生《鲁迅国民性论述的深刻性、困境与实际后果》，《扬子江评论》2009年第1期。此文依据林毓生2008年11月7日在南京大学的演讲整理。

但关于这种激进主义思想如何导致了文革，他只是抛出了一个想法（idea），而没有什么具体论证（argument）。[①]

当然，即使只是“想法”，其威力却不可小觑。受其启发的首先是王元化先生。王元化在90年代反思五四时持一种“辩证”立场，一方面他明确说：“海外有一些对五四进行反思的文章，把五四和六七十年代的文化大革命联系起来看，这我不同意。”因为两者的性质是不同的：“五四运动是被压迫者的运动，是向指挥刀进行反抗。文化大革命反过来，是按照指挥刀命令行事，打击的对象则是手无寸铁无反抗能力的被压迫者。”但他同时又承认：虽然性质不同，思维方式却是“可以比较的，甚至有相同之处。”在王元化看来相同的思维方法“可以出现在立场观点完全相反的人身上。”他将五四新文化运动的思维方式归为“意图伦理”（立场决定一切）、“激进情绪”、“功利主义”、“庸俗进化论”四个方面。关于“激进情绪”，王元化解释说：“我所说的激进主义，是指思想狂热，见解偏激，喜爱暴力，趋向极端。”[②] 王元化试图把价值诉求与思维方法剥离开来，坚持五四的基本价值诉求（比如自由、平等、民主），但反对五四的思维方法，甚至认为它应该对文革负责。

林毓生和王元化虽然都反思了五四激进主义的“思维方法”，但却很难将其简单归入反自由主义的“保守主义”或“新保守主义”，因为他们仍然坚持自由、平等、民主、个性解放等启蒙价值。也许正是因为这个原因，持坚定自由主义立场的袁伟时先生在反驳文革起源于五四的论调时这样写道：“多年来一些朋友一再否定新文化运动，从认为它是无产阶级‘文化大革命’的起源，进而指斥思想文化变革就是灾难根源。这些朋友认同新文化运动倡导的自由法制和民主、宪政，但反对它所推动的思想文化变革。”[③] 这里袁伟时用了“朋友”（所指应该就是林毓生和王元化）的称呼，显然是将之视作自由主义

---

① 《中国意识的危机》的导言和结论中简单提到了毛泽东对思想文化革命的极大兴趣，但这仍然不能认为是在分析五四和文革的关系。

② 王元化：《五四新文化运动的再认识》，《炎黄春秋》1998年第5期。

③ 袁伟时：《回答对新文化运动的三大责难——献给“五四”85周年》，《探索与争鸣》2004年第8期。

阵营的内部人。

同样批评五四激进反传统主义的杜维明似乎也介乎保守主义和自由主义之间。一方面，他把全盘反传统的“启蒙心态”视作现代中国“宰制性意识形态”多有反思批评，推崇把儒家价值普世化的日本道路，“调动自己的资源面对西方的潮流做出有目的性有针对性的回应。”但是另一方面，杜维明并不对儒家采取抱残守缺的态度，[①]对西方启蒙价值也非一概拒绝，相反提出了“儒家的西化”的命题，即把西方启蒙的核心价值（自由、理性、法律、人权等）“作为批判儒学内部反自由、反法律、反理性、反人权的那些因素的主要的精神武器。”只是杜维明觉得儒家的西化还是不够的，还要进一步发展到“儒家的现代化”，即“把经过西化洗礼而存活下来仍然有生命力的儒家价值，促进当代中国的现代化。在这个奋斗过程中发现了有一些儒家的核心价值不仅是普世价值，而且面对西方的启蒙的核心价值而言，可以作出积极的贡献。”[②]

但也有一些学者，比如黄万盛、秋风等，其文化保守主义的立场更多地走向了反启蒙，不再地坚持自由、个人权利等基本价值，也更加明确地把文革的原因追溯到五四。

虽然和林毓生、杜维明一样，黄万盛也认为“没有任何一个国家可以在完全割裂自身的本土资源，仅仅依靠外来的因素，形成它的现代性”，而中国现代化的悲剧就在于彻底否定了自己的传统资源。但黄万盛的独辟蹊径之处是进一步将五四反传统看作是导致1949年后“传统资源匮乏”的原因。在思想方面，他把梁启超的“新民”、谭嗣同的“新人”、鲁迅的“改造国民性”直接和社会主义新中国的“斗私批修”、“破四旧”、“灵魂深处爆发革命”等思想改造运动连接在一起，认为它导致把整个民族全部卷入“思想灵魂改造的文化大革命。”于是他有了这样的感叹：“令我难以理解的是，人们在声泪俱下地控诉文化大革命思想改造对人的精神摧残的同时，却能够津津有味

① 比如他认为保守派的“中学为体西学为用”流于空洞，成了保守者的思想避难所，没有发挥积极的作用。

② 杜维明、黄万盛：《启蒙的反思》，《开放时代》2005年第3期。

地欣赏‘改造国民性’的伟大意义”，“同样令我难以理解的是，人们在批评文化大革命的同时，仍然对‘五四’寄托无限的未来希望，完全不愿顾及这两场思想文化运动之间有什么相互联系，甚至要舍近求远地把法国大革命当作中国文化大革命的源头活水，而无视它自己的血缘脉络，这实在是荒谬的匪夷所思。”① 在所谓“政治管理的本土资源”方面，黄万盛将1949年后“采用准军事社会的社会组织方式导致对民间社会的消解与现代化的难以实现”②，看作是五四割裂传统、彻底否定传统中国管理经验（比如朝议廷谏的公共决策机制、通过文官制度限制皇权等等）导致的结局。这大概是把文革归罪于五四新文化运动的最大胆和最有想象力的观点了。但这样的观点大胆则大胆矣，却无法经受历史的检验：意在把臣民培养成公民的“新民”思想和意在把公民重新驯化成臣民的“思想改造”扯得上关系么？难道1949年后的“准军事社会”是引进西方启蒙观念的结果？是五四反传统的结果？传统中国既然有如此优秀的管理经验和民主传统可以促生自己的现代性，又怎么会长期陷于专制制度而无法实现政治的民主化、现代化？关于这个问题，如果结合秦晖的文章来阅读一定会得到更深刻的理解（详下）。

而最为不可思议的是，黄万盛更认为：在教育方面，五四时期的“废旧学”、“立新学”竟然要对“文革”时期“再度把学校废掉”负责，声称“这种动不动就把学校废掉的做派，在中国历史上是闻所未闻的，它完全是中国现代社会的创造发明，联想到文革中所谓‘大学还是要办的，我这里主要是指理工科大学还要办’的最高指示，这和‘五四’提倡的重视实学知识的教育模式有什么不同呢？”黄万盛大约忘记了，在民国时期和社会主义新中国的大部分时期，中国社会也是“现代社会”，却没有什么“废除学校”这样的“创造发明”，把废除学校视作“中国现代社会”的创造发明，无异于说只有文革时期的中国社会才是“现代社会”。如果我们把文革时期与民国时期——包括国难空前深重的西南联大时期——分开，而不是笼而统之地称之为

① 杜维明、黄万盛：《启蒙的反思》，《开放时代》2005年第3期。

② 同上。

“中国现代社会”，就会明白真正导致教育危机、导致“把教育与文化的传统彻底割断”的罪魁祸首是谁了。

萧功秦明言自己是“以一个保守主义者的视角，从经验主义的立场”对五四新文化运动中的“激进主义作进一步的反思”，他同样也将激进反传统看作是延续至文化大革命的一脉相承的思维方式，认为1966年开始的“横扫一切牛鬼蛇神”运动，红卫兵“破四旧”运动，其“彻底砸烂旧世界”的逻辑依据就来自五四时期的激进反传统，是激进反传统主义者“文化自虐”的结果。[①] 关于这种激进反传统的动力，作者认为并不是因为认识到自己文明的局限和西方文明的先进（因为日本土耳其等国家现在现代化的开始阶段也有这样的认识，却没有发展出激进反传统主义），而是浪漫主义的心态情感和进化论的思想逻辑在作祟（这个观点令人想起王元化）。前者使人在激进的破坏行为中体验到“登仙般的飞扬感”，后者则“为抛弃传统提供了完整的理论逻辑框架。”但萧公秦真正的批判矛头所指，实际上是他所谓的“启蒙理性”，一种“以普世主义的‘第一原理’为演绎依据，运用概念推演得出真知判断的思考方式。”它非常相似于哈耶克批判的那种片面夸大理性能力的、自以为能够设计出“理想社会”蓝图的建构理性主义（相对于英国的经验理性主义或进化理性主义），萧功秦称之为“观念异化”“观念陷阱。”作为激进反传统的结果，这种“启蒙理性”又可以分为右翼的个人本位的西化自由主义和左翼的工团主义和基尔特主义。萧功秦断言，“全盘西化论产生的对西方民主的建构主义的追求，以及文革的极左思潮对乌托邦极左思潮的追求，都是左与右的建构理性的产物”。问题也在这里暴露出来：作者把西方的议会制度和中国的计划体制、“穷过渡”乃至波尔布特的红色高棉大清洗都作为来自西方的启蒙理性、建构理性（这两个概念在萧公秦那里被等同起来）在本土“水土不服”而导致灾难的例子，都是“观念陷阱”的罪过是误导性的，因为“理性”在这里被抽空了价值内涵，而成为一个纯形式的概念。在我看来，议会制度在中国虽然不

① 萧功秦：《知识分子如何避免观念的陷阱》，《探索与争鸣》2015年第11期。

能简单照搬，但是本身却是一种代表人类文明方向的制度设计，而且并不能简单认为它是建构理性设计出来的（特别是在西方），而波尔布特极权主义却代表了一种反人类的制度设计，更何况在哈耶克的著作中，他对建构理性主义的批判矛头专指波尔布特式极权主义，从来没有把议会制当成靶子。

由于萧文明显受到了哈耶克影响，因此回顾一下哈耶克对自由主义、保守主义和激进主义的辨析或许是富有启发意义的。[①] 哈耶克曾经特别撰文解释“我为什么不是一个保守主义者”，以防止“把自由的捍卫者”与“真正的保守主义者”混为一谈。[②] 哈耶克认为，“真正的”或“确切意义上的”保守主义是一种态度，“一种反对急剧变革的正统态度。”[③] 也就是说，它只是一种维持现状或反对急剧变革的折衷态度，并没有自己明确的目标和价值诉求。正因为这样，它不能提供实质性的替代选择，而只能延缓变化——不管是朝向什么方向的变化——的速度。换言之，保守主义的具体内涵取决于它所要反对或试图拖延其发展的“急剧变革”到底是什么。比如，“在社会主义兴起之前，保守主义的对立面一直是自由主义。”[④] 因为那时的自由主义就是“急剧变革”的力量，相应地，那个时候的保守主义是反自由主义的。因此，如果我们把哈耶克说的“急剧变革”思潮视为“激进主义”，那么，在考察激进主义时最关键的并不是变革的方式是不是激进，而是这种“激进变革”的方向和目标是什么。如果目标是实现个人自由和宪政民主，那么，反对它的理由可能有两种：一是反对其过快的变化速度和暴力方式，但不反对其目标（中国90年代思想界不乏这样的“保守主义”，比如前面说到的王元化和林毓生）；另一种则不

---

① 非常有意思的是，在90年代以后的中国学界红极一时的哈耶克，在被很多人奉为“保守主义者”的同时，也被很多人奉为“自由主义大师。”

② 参见哈耶克《我为什么不是一个保守主义者》。此文作为“跋”收入哈耶克《自由秩序原理》，见此书中译本（下），生活·读书·新知三联书店1997年版，第187页。值得指出的是，在哈耶克的著述中，“真正的保守主义”常常又被称为“传统上所理解的保守主义”“较为确切的保守主义”“严格意义上的保守主义”等等。

③ 哈耶克：《自由秩序原理》中译本（下），生活·读书·新知三联书店1997年版，第187页。

④ 同上书，第188页。

但反对其速度和方式，更根本否定其目标和方向，即反对自由本身并试图倒退到专制独裁。

保守主义的这种特点决定了自由主义者对其的态度。对自由主义而言，首要的问题不是发展变化的速度，而是它的目标和方向。正如哈耶克说的：“自由主义者必须首先追问的，并不是我们应该发展得多快、多远，而是我们应当向哪里发展。”① 在自由遭到窒息的地方，自由主义者必然选择赞成变革乃至激进变革，同样，在这样的地方，保守主义则必然堕为专制独裁的维护者。我们不能仅仅因为某种制度或文化是传统而保之，也不能仅仅因为它是传统而摧毁之，而要问这个传统是不是自由传统。“对自由主义来说，美国的那些制度之所以极具价值，主要不是因为它们已经确立久远，也不是因为它们是美国的，而恰恰是因为它们符合自由主义者所珍视的理想。”② 在一个建立了自由传统的国家，自由主义和保守主义当然可能合流，因为保护现状就是保护自由。但是仍然必须指出，自由主义者之所以维护自由秩序，并不是因为它们已经存在，而是因为它们在价值上是“可欲的。”

相反，如果在“保守主义接受了大部分集体主义（在哈耶克那里‘集体主义’就是极权主义）的纲领”的地方，对自由主义与保守主义做出严格的区分却是“绝对必要的”。在这样的地方，自由主义必然与保守主义“交火”，而且这种交火必然采取“本质（即目标上激进的，引注）上激进的立场”。这就是说，在“集体主义”（极权主义）统治的地方，保守主义必然与自由主义相敌对，因为维护现状就是维护集体主义（极权主义）。假设一个传统的极权主义国家发生了以自由民主为目标和方向的激进变革，而保守主义者又不问其目标而一概排斥，那就可能出现保守主义和极权主义的合流或联盟。

把哈耶克具有启发性的观察和辨析运用于中国五四到文革的激进和保守之争，重要的是在一些技术性、枝节性的问题之外，③ 提出一

① 哈耶克：《自由秩序原理》中译本（下），生活·读书·新知三联书店 1997 年版，第 189 页。

② 同上书，第 190 页。

③ 比如长期以来人们一直纠缠于这样的问题：主观上的全盘反传统客观上是不是能够做到全盘？激进反传统主义是否能完全代表五四精神？等等。

个更具根本性的问题：五四激进分子的激进变革方向和目标是不是个人自由？同样，五四保守分子所捍卫的传统是什么样的传统？自由传统还是专制传统？相比于这个根本性的问题，变化方式、变化速度是次要的。运用这个标准，我们更可以问：五四激进主义和文革“激进主义”是为了一个同样的目标和价值诉求吗？而90年代质疑“激进主义”的所谓“保守主义者”要保的又是什么传统？自由传统还是专制传统？古代儒家传统还是当代“集体主义”传统？即使是儒家传统，又是儒家哪个传统（“三纲五常”还是“仁者爱人”）？为了回答这些问题，我们就必须对争论双方的具体观点作细致的辨析而不是仓促下结论。比如，王元化先生对五四激进主义的质疑主要集中在所谓“思维方法”而不是变革方向（实现个人自由等基本价值），这与新左派对五四新文化运动的质疑是完全不同的，他们对新中国“集体主义”的理解的分歧也是相当明显的。

对于五四激进主义的批评一直都遭到来自不同阵营（大多来自但也不限于自由主义者）学者的反批评。有些人强调反传统的激进立场在当时具有具体的社会现实语境（比如袁世凯和张勋的复辟），有些人认为激进反传统主义并不能完全代表五四的时代精神，也有人指出1949年后国家意识形态对五四的“重述”是一种选择性的五四寓言，其中加入了对自身合法性的重塑企图。还有人认为，即使承认儒家传统文化是现代社会转型的价值资源之一，但是这种资源并非是整全的。等等。下面择其要者而述之。

针对五四激进主义来自西方的流行观点，余英时的《五四运动与中国传统》① 指出反传统思想不仅仅是西方文化冲击的结果，同时也利用了传统或本土资源，五四运动“虽然以提倡新文化为主旨，而其中仍不免杂有旧传统的成分”。新文化、新思想的倡导者如陈独秀、

① 余英时：《五四运动与中国传统（节录）》，《鲁迅研究动态》1989年第4期。此文后收入余英时《中国思想传统的现代诠释》，江苏人民出版社1989年版，“海外中国研究丛书”之一，刘东主编；江苏人民出版社2003年版，“海外中国研究丛书·重印系列”之一，刘东主编；此书另有台湾台北联经出版事业公司民国76年（1987年）的版本；《中国思想传统及其现代变迁》（《余英时文集》第二卷）亦收入，广西师范大学出版社2004年版，此书另有广西师范大学出版社2014年版。

胡适、钱玄同、鲁迅，都出身于中国旧传统，对旧学问有相当造诣和建树。虽然他们之中许多人都曾出国留学、受到了西方思想冲击、受到进化论、革命等源于西方的社会政治思想的深刻刺激，但另一方面则在不知不觉中接受了他们对于中国传统的解释。他认为，五四知识分子打破偶像反传统的精神风气本来就不仅仅是来自西方，而且也源于康有为、章太炎等人。他们在反传统、反礼教的时候最先求助的常常是传统中的非正统或反正统源头，因此，“五四与传统之间是有着千丝万缕的牵连的。”正因为传统和五四的这种复杂关系，“五四以来的中国人尽管运用了无数新的外来观念，可是他们所重建的文化秩序，也还没有突破传统的格局。”通过这些辨析，余英时要告诉我们的是：认为“五四”启蒙思潮与传统文化的关系并不像人们想象的那样简单。

新文化保守主义者们对五四启蒙的质疑，不但难以被余英时这样对传统文化多有倚重的学者接受，更引起原本就对传统文化多持批判态度的自由主义者的反弹。李慎之20世纪80年代提出要“重新点燃启蒙火炬”的命题，认为“启蒙就是以理性的精神打破几千年来禁锢中国人思想的专制主义和蒙昧主义”，它的任务至今没有完成。在李慎之看来，传统文化虽然博大精深，但其核心是专制主义。文章明确反对把五四激进主义说成是文化大革命的起因，认为文革大革命的起因恰恰应该到中国的历史和“传统文化”中去找（比如农民“革命”传统），是启蒙的不彻底导致了文化大革命——专制主义——的大爆发。当然，李慎之并不认为五四的反传统没有任何不足，比如，抓住了儒家且放过了法家（这点在王元化和秦晖等人那里得到了呼应），有些五四前贤不恰当地赞美太平天国农民革命等等。李慎之颇具深意地指出：“像文化大革命这样重大的政治事件，必有其深厚的历史原因，绝不可能仅仅因为几个知识分子在几年内思想过激就能产生出来的。”①

资中筠、袁伟时也多次撰文厘清五四与文革的区别。资中筠认为，

① 李慎之：《重新点燃启蒙的火炬——五四运动八十年祭》，《开放时代》1999年第6期。

把五四期间有人提出的“打倒孔家店”口号，与五十多年后的“批林批孔”运动相附会，是极端简单化的、以偏概全的说法。对五四反思中的另一种颇具影响力的说法，即认为五四受法国革命影响太大，而没有引进英美模式的渐近改良，使激进思想占上风，终于导向追随苏俄十月革命的暴力模式，资中筠同样认为其缺少仔细分辨。这一点显示了他们与王元化、林毓生等同样持有自由主义立场的学者的分歧。她认为，在运动的主要力量、方向、客观效果及追求真理的言论空间四方面，五四与文革都有天壤之别。五四运动的主要力量是知识分子，其方向是反传统，客观效果是无论在道德伦理上还是在各个领域的建设中都有中西优势互补的成果，言论空间也是自由开放多元的；而“文革”的主要力量，是由最高掌权者发动，全民被迫盲目追随的声势浩大的造神运动，它的目的是为高层权力斗争服务，因而其方向是通过政治斗争甚至政治阴谋进一步走向专制，它的客观效果是真正的文化断裂，只剩下一部“红宝书”和“八个样板戏”，而在追求真理的言论空间方面，“文革”时期实施的是思想专制和文字狱。①

早在2004年，在《回答对新文化运动的三大责难——献给“五四”85周年》一文中，袁伟时就批驳了新文化运动是“文化革命”的根源之说。② 作者认为，“‘文化革命’的源头是义和团运动。两者的文化基础都是迷信和排外，共同的手段是用暴力解决文化问题，践踏文明，摧残人的尊严和权利。至于新文化运动，继承的是从文艺复兴以来的人文精神，其基本内涵是人的尊严和权利，相应的诉求是自由、民主、法治和理性；手段是自由讨论。”关于最后一点，袁伟时特别强调：“同一切思想文化讨论一样，人们可以轻而易举地从支持新文化运动的各式人物的文章中找到各种错误观点。但是，由于没有

---

① 资中筠：《五四新文化运动的当代意义》，《晚霞》2009年第10期。

② 所谓“三大责难”是：1. 新文化运动是“文化革命”的根源；2. 新文化运动主导思想是无政府主义。3. 新文化运动导致极端思潮泛滥和国民党专制体系的建立。关于这三大责难的由来，袁伟时有这样的解释：“这些观点的始作俑者是林毓生教授。去年（2011年）林先生在香港城市大学重申旧说；今年（2012年）2月23日朱学勤教授在凤凰卫视世纪大讲堂中承袭和发展了林先生的观点（见《回答对新文化运动的三大责难——献给“五四”85周年》，《探索与争鸣》2004年第8期）。谨录于此，作为参考。

政权和暴力介入，这类观点通常不会损害社会秩序和侵犯其他公民的自由；而且在多数公民特别是知识阶层日趋理性的状况下，其市场也十分有限。”[①] 也就是说，袁伟时（和李慎之一样）认为光是有些偏激言论不能导致实际的文化专制结果，重要的不是有些人的观点是否偏激（这是难以避免的），而是讨论是不是自由平等理性的，是不是被暴力和权力扭曲。在他看来：“海内外学者之所以会出现不应有的混淆，是因为不重视处理文化问题的不同方法（自由讨论与强迫改造）的内涵。”[②]

这个观点在2010年发表的袁伟时另一篇文章《厘清新文化运动与五四爱国运动的基本问题》中得到了重申。刚才说到，林毓生《中国意识的危机》对借助思想变革解决社会文化问题持有强烈的怀疑，袁伟时则针锋相对地肯定思想变革对于社会变革的促进作用，认为新文化运动代表的思想变革是“没有权力和暴力介入的论争”，是社会变迁的“催化剂和正常途径”，与文革时期被权力和暴力绑架的所谓“思想革命”不可同日而语。他对“思想文化的革命必然带来灾难”、个性解放、改造国民性是“人们共和国成立后思想改造和文革时期‘灵魂深处爆发革命’的根源”、“新文化运动是法国启蒙的孽子”等观点或说法一一进行了反驳。关于反传统，袁伟时认为五四只是摧毁了应该摧毁的传统（比如三纲五常），同时由于吸收了西方学术研究方法和规范，传统文化的研究被空前激活。[③]

这些持自由主义观点的学者对文革与五四的异质界限作了清醒的辨析与厘清，其出发点和归结点是捍卫自由和个人权利，这两点也的确抓住了自由主义的根本，体现了他们评价新文化运动的基本尺度。当然，有些针对具体人物言论的指责或许并非无可商榷。夏中义借对王元化思想的洞烛幽微的考察，指出王元化五四反思是对主流版“五四定论”的双重解构。首先是解构主流教材将1919年狭义的、1919年爆发的五四运动册封为中国现代史的源头，认为它混淆了其与1915

① 袁伟时：《回答对新文化运动的三大责难——献给“五四”85周年》，《探索与争鸣》2004年第8期。

② 同上。

③ 袁伟时：《厘清新文化运动与五四爱国运动的基本问题》，《社会科学战线》2010年第4期。

年开始的新文化启蒙之间的异质界限；其次是通过区分以偏激言论为导向的“五四思潮”和以“个性解放”为旗帜的“五四精神”，解构了主流学术界对之的普遍混淆。夏中义认为，王元化“反思五四”之兴奋点，是“在对自身曾浸润的、却又被历史与良知所证伪的左翼教旨作思想史呕吐”①，这就避免将所谓的“五四激进反传统主义”的概念泛化。这样的辨析对我们认识王元化思想的复杂性是有帮助的。

## 三　众说纷纭的“启蒙”

走笔至此，我们发现围绕新文化运动/五四与文革的所谓“渊源”关系的辨析，必然牵涉到一连串对新文化运动/五四的其他相关问题的重新认知。

首先是“启蒙”的概念问题。我们发现，但凡谈论五四新文化运动的文章，不管作者的立场如何，不管是保守派还是激进派，鲜有不涉及启蒙的。大家几乎都认为五四运动就是启蒙运动，② 虽然他们对“启蒙”的理解——更不要说评价——常常南辕北辙。

但不乏吊诡意味的是，运用得最多的术语常常也是最歧义的术语。③ 比如，启蒙是普世的吗？不同的国家是否有不同的启蒙？对此

① 夏中义：《林毓生与王元化“反思五四”——兼论王元化学案“内在理路”与“外缘影响”之关系》，《清华大学学报》（社会科学版）2013 年第 4 期。

② 当然，官方版本的五四定位与此有所不同，一般不说五四是启蒙运动，而是爱国学生运动。这种对五四的界定遭到很多学者反对，他们文章往往在一开始就从辨析“五四”概念开始，认为不能把“五四”狭隘地理解为爱国学生运动。1960 年出版的哈佛大学出版社出版的周策纵的《五四运动：现在中国的思想革命》一开始就界定了两个五四，一个是 1919 年 5 月 4 日的学生示威抗议活动，一个是 1917 到 1921 的“通过思想与社会改革建设一个新中国”的“现代化运动。”（《五四运动：现代中国的思想革命》，江苏人民出版社 1996 年版，第 1 页）此后，周策纵的观点得到了广泛认同。当然，在具体界定作为现代化运动或启蒙运动的五四时，学术界的观点并不完全一致。可参见袁伟时《厘清新文化运动与五四的基本问题》，傅国涌《五四是一个次好的时代》等。

③ 比如一般认为，启蒙精神反对中世纪的专制，倡导宽容。启蒙思想家伏尔泰的名言“我不同意你的说法，但我誓死捍卫你说话的权利”是大家耳熟能详的。但作为启蒙的强烈质疑者，黄万盛却认为，启蒙在价值观层面是偏狭的，“同情、宽容、公正、平等”就是启蒙“没有予以足够重视”的普世价值。悍然把“宽容”排除在启蒙之外。参见杜维明、黄万盛《启蒙的反思》，《开放时代》2005 年第 3 期。

就存在分歧。黄万盛认为，西方的启蒙和中国的启蒙不同，西方的启蒙没有民族图存、“亡国灭种”的压力，而在中国，恰恰是救亡图存的压力引出了启蒙，“救亡从启蒙一开始就是它的绝对主题”。这个看法应该说是学界的共识，不存在争议。但黄万盛否定在中国不存在什么“救亡”压倒“启蒙”的另一个理由却极富争议性：[①] 中国最后选择的“救亡”道路，即所谓“社会主义的现代性”，和资本主义现代性一样“都是从启蒙的源头流出来的。”[②] 却直接引发了争议，因为启蒙论述潜藏了一个相对主义的陷阱：什么都属于“启蒙”，“启蒙”概念可以随便使用，因为它的含义是相对的；同时也可能把启蒙民族主义化：中国有中国的启蒙，西方有西方的启蒙，不存在统一的评价标准。

黄万盛的这个观点遭到了任剑涛的直接驳斥，他明确否定从国别角度过于灵活地理解启蒙的做法。任剑涛认为，启蒙的真正精神是“有蒙共启”，这是一种超越了时间和国别的人类普遍处境，它也“不只是启蒙时代的精神状况”，而是一种需要人类共谋的事业，它促使我们自己和别人一道，都能理性运用自己的知识、智慧和财富，来揭开自己受到的蒙蔽。任剑涛指出：“由于长期以来我们中国人习惯将启蒙切割为某个国别的事务，因此以某国某个思想家的主张、尤其是某国某个思想家蔑视中国文化的说辞，来断定整个启蒙对于中国的意义和作用，好像‘启蒙’对于欧美以外地区的人们的生活和理念持有一种绝对拒斥的说法。基于这种反对‘西方中心主义’的主张，人们申述中国人有必要清算启蒙、超越启蒙或告别启蒙的相反主张。他们以为，倘若中国人对启蒙抱持的蔑视东方立场不加清算，中国就无法真正进入健康的现代精神天地。这是一种误读启蒙的结果。”任剑涛强调了“启蒙”的普遍性，同时警惕“启蒙”含义的无限增殖，因此，它从规范性角度划定了“启蒙”的四个基本预设：个人主义、理性主义、普遍主义、进步主义。其中关于理性主义的解释与萧功秦的解释形成了有趣的对照：“启蒙的理性主义是需要分解的主张，启蒙

① 杜维明、黄万盛：《启蒙的反思》，《开放时代》2005 年第 3 期。

② 同上。

从来没有立场统一、观点一致的理性主义理论。”欧洲大陆的理性主义与英伦的经验主义之间就存在巨大的差异，前者被认定为建构理性主义，相信人类能够运用理性重造一个完美的世界；后者自认是进化理性主义，主张人类只能以零星的社会工程改良社会。前者排斥习惯、传统，后者不仅与习惯、传统不冲突，后者还特别强调“正确运用理性。”这个观点同样明显来自哈耶克，但与萧功秦理解的哈耶克大异其趣：萧功秦所坚持的经验主义，在任剑涛看来本来就是理性主义的一个分支。基于这些规范性限定，任剑涛认为，讨论启蒙不能把启蒙说成包含 18 世纪到 20 世纪整个人类历史变化的庞杂概念，“断定共产主义运动、或者说俄罗斯和中国的现代变化，都是启蒙的组成部分和必然产物，这就恐怕把启蒙概念扩展得太大了。实际上，从 18 世纪以来，人类社会存在着启蒙和反启蒙的两种力量，这两种力量共同构成了人类社会运转的社会史、观念史、政治史。它认为，如果不做这样的界定，18 世纪以来的人类历史就成了一团理不清的乱麻。而且也就无法清楚今天中国重启启蒙的历史理由和针对对象。[①]

也有不少学者试图对“启蒙”概念进行分解，辨析其中的消极成分和积极成分，需要反思的成分和必须坚持的成分，表现出对启蒙的审慎反思态度。比如高力克认为，五四新文化运动未能完成现代性的价值整合，内在原因在于“启蒙思潮内部历史理性与价值理性的歧异”[②]，即本土文化的稳定性、历史惯性在文化的现代转型及价值变革之间会与后者构成紧张关系。王论跃的文章《启蒙的批判与救赎》顾名思义就是有对启蒙的批判和救赎两部分组成，文章首先回顾了阿多诺与霍克海姆《启蒙辩证法》对启蒙理性的批判，依据该书，启蒙是纳粹极权主义的出现的根源之一，因为蒙辩的要义乃通过理性实施对世界和人（包括自我）的控制，但它却最终异化为对人的全面控制（其极端形式就是极权主义）。“启蒙导致全面控制的关键在于控制的本体论提升。启蒙固然离不开理性，离不开控制，但理性和控制不能在本体论层面定位，不能无限制的发展”。这样，它遭到从浪漫主义

① 任剑涛：《启蒙的自我澄清：在神人、古今与中西之间》，《学术界》2010 年第 10 期。

② 高力克：《五四启蒙的困境：在历史与价值之间》，《浙江学刊》1999 年第 2 期。

到后现代主义的持续批判就不是偶然的。王论跃对这样的启蒙批判是认同的。但王论跃同时认为，对启蒙的批判并不意味着启蒙可以被彻底抛弃，它们也没有构成对启蒙的彻底颠覆。启蒙的历史意义——颠覆教会和封建专制加诸人们的压迫和蒙昧——必须得到充分肯定，不能因为“后启蒙时代的灾难”而否定启蒙当时的历史成就，更不能因为启蒙呼唤的价值——人权、宽容等——已经获得实现、变成现实就“过河拆桥”。我们可以也应该随着时代的变化反思理性和进步等观念的局限性，但这并不构成全面拥抱非理性和反动的理由，也不能成为全面抛弃启蒙的理由，因为启蒙的内涵是丰富的。[①]

汤一介追溯了启蒙在中国的艰难历程。一方面，他肯定王元化、夏衍、邵燕祥、高尔泰、李锐等人“新启蒙”的主张，指出“必须接续‘五四’的科学与民主精神，以‘理性’来审视自‘五四’以来的历史，以‘民主’来促进我国的政治体制改革”。但同时提出将“建构性的后现代主义”中“关心他者”、“尊重差异”的思想与中国儒家“仁者爱人”的思想相对接，并将之有机融入“启蒙”概念，实现“第二次”启蒙。[②] 姜义华则认为，启蒙反思与批判中的“理性”，并非指“理性”整体，而是仅指“工具理性”，所以中国现在应该“在挑战中提升启蒙而不是否定启蒙。”[③] 王思睿从对柏克、托克维尔等人关于自由问题的“权威三角”（即个人、国家以及介于这二者之间的各种群体或多元社会）内涵的阐释出发，指出五四运动不仅是个人主义或自由主义的运动，也是“有公理支撑和指引的爱国运动”，这一“公理战胜强权”的运动超越了胡适等自由主义者强调的人权维度，还具有正当的“国权的觉悟”[④]。特别值得一提的还有邓晓芒，他提出新批判主义的主张，以此来对抗新保守主义对传统的美化和对五四的非难，指出要继承和发扬五四的怀疑精神、批判精神、自我忏悔精神。

---

① 王论跃：《启蒙的批判与救赎》，《中国文学研究》2006 年第 3 期。

② 汤一介：《启蒙在中国的艰难历程》，《北京大学学报》（哲学社会科学版）2012 年第 2 期。

③ 姜义华：《人的尊严：启蒙运动的重新定位——世界化现代化进程中的中国文化变迁》，《复旦学报》（社会科学版）2003 年第 5 期。

④ 王思睿：《人权与国权的觉悟——新文化运动与五四运动同异论》，《战略与管理》1999 年第 3 期。

他认为五四的怀疑精神、批判精神是新批判主义的第一个思想来源，它是以鲁迅为代表的；同样，自我忏悔精神也是以鲁迅为代表的，它是怀疑精神、批判精神的内化与深化，是新批判主义的第二个思想来源；新批判主义的第三个思想来源则是鲁迅对进化论的超越。[①] 当然他也指出要超越五四，尤其是五四背后的民粹主义与实用理性思想，其矛头所指也是新保守主义将五四与文革等量齐观的倾向。

## 四　何为“新文化/五四运动”或“五四”的复杂性

与启蒙相关的一个更为基本的问题是“何为五四”的问题，最基本的问题常常也是最富争议甚至最众说纷纭的问题。关于这个问题的讨论，常常通过“新文化运动”与“五四”学生抗议运动的关系展开：它们是同质还是异质的？重叠的、平衡的，还是交叉的？它也关系到对五四复杂性的认知。本文集所选的大量文章都涉及了这个问题。

其实，这是一个在新文化/五四运动期间就被当事者提出的老问题。胡适在五四发生不久就看到并担忧1919年五月四日的学生抗议这一政治运动会打断并干扰1915年开始的新文化运动。[②] 罗家伦明确指出，五四由“新文化运动”和“救国”运动合流而成。[③] 李长之在1944年的一篇文章中也说：“五四运动当然不仅指1919年5月4日这一天的运动，乃是指中国接触了西洋文化所孕育的一段文化历程，‘五四’不过是这个历程中的一个指标。”[④] 如此等等。周策纵继承和发展了这些说法，提出了著名的两个“五四”的观点[⑤]，即作为学生救亡运动的五四与作为新文化启蒙运动的“五四”。秦晖对大小“五

---

① 邓晓芒：《继承五四、超越五四——新批判主义宣言》，《科学·经济·社会》1999年第4期。

② ［美］周策纵：《五四运动史》，陈永明等译，岳麓书社1999年版，“导言”第3页。英文原著：*The May Fourth Movement: Intellectual Revolution in Modern China* (Cambridge, Massachusetts: Harvard University Press, 1960)，此书另有江苏人民出版社1996年的版本。

③ 参见林贤治《重寻“五四”》，《书屋》2009年第3期。

④ 参见［美］周策纵《五四运动史》，陈永明等译，岳麓书社1999年版，“导言”第5页，以及“导言”第19页注解7。林贤治《重寻“五四”》一文也引用了这一说法。

⑤ ［美］周策纵：《五四运动史》，陈永明等译，岳麓书社1999年版，“导言”，第3页。

四”的区分也体现出此一认知。他认为“救亡压倒启蒙”说的实质就是认定“小五四”（1919 年 5 月 4 日那天北京学生示威抗议巴黎和会对中国不公）压倒“大五四”（通常以 1915 年《新青年》创刊为起点标志而持续到 20 世纪 20 年代初的新文化运动）。[①] 几十年来“五四精神”的内涵到底是“民主与科学”还是“爱国与进步”的争论，其背后的潜台词其实也联系到对大小五四的不同认知。

对绝大多数新文化/五四运动的研究者而言，辨析和澄清概念不是考古癖的发作，而是背后有着特定的思想动因和价值诉求。那些采用大五四概念的学者，常常是借概念的辨析来表达自己对自由主义立场的坚持或深化、拓展。傅国涌明确反对将“五四”狭隘化为 1919 年 5 月 4 日的学生抗议运动。他说：“以往我们对‘五四’的理解有很多误区，比如：将‘五四’单一化地理解成一个全盘反传统的新文化运动；将‘五四’政治化，认为‘五四’导致马列主义在中国出现，甚至还有一个极端的说法是‘五四’导致了‘文革’。”傅国涌理解的“五四”甚至比通常我们理解的新文化运动——思想文化运动——还要宽泛些，“我所理解的‘五四’不只是 1919 年 5 月 4 日发生的那个‘五四’，也不只是新文化运动，而是涵盖 1919 年前后的那个时代”。他从五四时期的私企和私人银行、私人企业家群体、民间社会团体等方面来分辨五四，结果看到了一个“社会”的五四，一个“经济”的五四，还有一个是全面、多元、真正的“大社会”、“小政府”的五四（时代）[②]。袁伟时的《厘清新文化运动与五四的基本问题》对新文化运动的界定有类似之处：“什么是新文化运动？它是中国为了摆脱国家落后和危亡状态，介绍现代文明，传播人的自由权利及其制度保障（自由、法治、民主、宪政等等），促进思维方法变革，推动中国文化更新和社会变革的运动。”这个意义上的新文化运动，实际上就是中国从传统社会到现代社会的全面转型过程，只要向现代社会转型的历史任务还没有完成，它就不会止息。在这样的理解下，他认为新文化

① 秦晖：《新文化运动的主调及所谓被“压倒”问题》（上、下），《探索与争鸣》2015 年第 9、10 期。

② 傅国涌：《“五四”：一个次好的时代》，《人物》2009 年第 5 期。

运动或中国的启蒙运动从鸦片战争开始，一直到今天（中间分为四个阶段）还没有完成。①

高全喜对新文化运动的重新解说则是为了打破时下学术界普遍存在的、对于新文化运动的“革命主义”理解模式。这种理解模式把新文化运动、狭义的五四学生运动以及十月革命的传播“衔接为一体”，建构“一个看似必然的革命主义文化逻辑。”高全喜认为，这种简化描述所呈现的“并非新文化运动的全貌，甚至在某种意义上曲解了这场文化运动的本来面目。”为此他采取了把新文化运动和“五四”相分割（而不是“大五四”“小五四”）的策略，以便增加对新文化运动的“复合性的认识”。他提出：作为思想启蒙运动的新文化运动实质上有两种性质不同的启蒙方式，一种是法、德式的激进主义启蒙思想，另外一种是英格兰、苏格兰式的文明演进论的启蒙思想。按照这个标准，高全喜不认同大多数五四批评者（比如林毓生、王元化）的观点，认为“一百年前的中国这场新文化运动，其实质并不是法国式的启蒙思想运动以及俄国的布尔什维主义之中国化，而是具有文明演进论意义的英美式的启蒙思想运动，其文化正当性不在它后来变易歧出的革命激进主义，而在不幸夭折的保守自由主义之思想变革。”与萧功秦、任剑涛一样，高全喜的解读显然也受到哈耶克的启发，但他的结论与萧功秦也南辕北辙，这是令人深思的。在高全喜看来，从晚清的洋务运动到康梁变法，再到新文化运动，中国的变革进程采取的一直是英美文明演进论的路径。但就新文化运动而言，其发端表面看上去非常激烈，但本质上依然遵循着这条英美式的变革之道——类似英国光荣革命或“小革命”，而不是法国大革命，其基本价值是古典自由主义或保守自由主义的（以胡适、蔡元培、钱玄同、林语堂、傅斯年等人为代表）。与之相对但一度纠缠在一起的另一种新文化运动是“激进主义的或大革命意义上”的新文化运动（作者举出陈独秀和李大钊作为代表），他们深受法国大革命、俄国十月革命的影响。主流意识形态的历史学忽视或混淆了这两种新文化运动，并把嬗变的后者

① 袁伟时：《厘清新文化运动与五四的基本问题》，《社会科学战线》2010年第4期。

视为新文化运动的正宗和主旨（所谓“鸠占鹊巢”）。实际上，“小革命意义上的新文化运动，才是真正具有正面价值和意义的文明演进论式的新文化运动，而从之变易乃至歧出的激进主义新文化运动，不过是改良主义新文化运动的嬗变和扭曲，其余毒至今仍然没有肃清。”余毒之烈者莫过于文化大革命。同时，他认为即便是“小革命”意义上的新文化运动，也存在着一个复调的文化结构，即“在白话文、新体诗、新伦常等主流变革的新文化话语之外，还有一个看似它们的对立面但实际上应该包含在其中的文化复古运动，即以《甲寅》和《学衡》为代表的文化保守主义的兴起”[①]。文化保守主义不仅不是像通常认为的那样是新文化运动的对立面，而且是后者的“第三种形态”。高全喜的最后这一大胆判断相当新颖，但也面临论证的压力（目前看来其材料的支持还显不足）。

如果说上述学者对新文化/五四运动复杂性的强调主要还是思辨的（很大程度上是因为有了哈耶克这个新的观察视角），那么，其他一些同样关注新文化运动复杂性的学者则更多采用了史料还原（“回到历史现场”）的方法，通过对原始材料的重新梳理，来探究新文化/五四运动发生的始末及其内在复杂性，对一些习以为常的论断作了重新审定，在一定程度上纠正或弥补了原来在史料或认知上的不足和偏差。这些文章学术性强，而思想论辩的色彩则相对淡薄。袁一丹通过详细的史实辨析，还原了“五四”、“新文化”与此前的“文学革命”三者的异质性，[②] 指出后来的“新文化”和“五四”同一性话语实为某种有意识的话语建构。王奇生的《新文化是如何“运动”起来的——以〈新青年〉为视点》认为，《新青年》从“普通刊物”发展成为全国新文化的一块“金字招牌”经历了一个相当的“运动”（实际含义是运作）过程。通过细察《新青年》之立论，他认为很长一段时间内新文化人对“新文化”的内涵其实并未形成一致看法，高悬“民主”“科学”两面大旗不过意在震慑和封堵“非难”者。今人所推崇、眷顾的一些思想主张，在当时未必形成多大反响；而当时人十分关注的

① 高全喜：《新文化运动的演进、岐变及其复调结构》，《诗书画》2015 年第 4 期。

② 袁一丹：《“另起”的“新文化运动”》，《中国现代文学研究丛刊》2009 年第 5 期。

“热点”问题却已淡出今日史家的视野。对于同一个《新青年》，办刊人的出发点，反对方的攻击点，与局外人的观察点既不尽一致，对于同一场“新文化运动”，新文化人的当时诠释与后来史家的言说叙事更有相当的出入。这篇文章某种程度上使人联想起罗伯特．达恩顿的《启蒙运动的生意》。另如马勇《重构五四记忆：从林纾方面进行探讨》也是通过重新梳理当时的材料，发现在新文化运动中，虽有不同意见，但在重新振兴民族精神、重建文化体系方面，并没有真正的“反对派”。新文化运动中的新旧冲突是存在的，但其性质可能并不像过去所估计的那样严重，新旧人物的交锋在更多情况下呈现出你中有我、我中有你、新中有旧、旧中有新的复杂关系，没有绝对的新，也没有绝对的旧。他通过解读林纾来证明这一观点，认为传统的评价将他推到新文化运动的对立面，是出于一种政治考量，真实的林纾不仅在新文化运动的谱系中占有一席之地，甚至是新文化运动的前驱之一。

## 五　救亡压倒启蒙？

在前面关于大小五四的介绍中，已经牵涉到对李泽厚“救亡压倒启蒙”的看法。就对80年代人文知识的整体影响而言，将李泽厚的这一“救亡压倒启蒙论”称为80年代人文知识的一种“元叙事”并不过分。[①] 但是到了20世纪末和新世纪，众多学者对这一“元叙事”体现出了解构的热情。当然，抱有不同立场的学者其解构的目的、方法乃至价值取向不尽相同甚至迥然相异同。“救亡”到底是否压倒“启蒙”？在什么意义上说压倒“启蒙”？哪个意义上的“救亡”压倒了什么意义上的“启蒙”？如此等等深度纠缠难解的问题，在对新文化运动/五四回顾和书写中常常占据核心位置。

比如，肯定或否定“救亡压倒了启蒙”说的学者其所理解的“救亡”常常不是同一个“救亡”，“启蒙”也一样。重读李泽厚的文章不难发现：当初李泽厚把通过苏俄式革命建立民族国家（李泽厚理解的

① 李泽厚的这个观点是对舒衡哲观点的发展，见舒衡哲《中国的启蒙运动：知识分子与五四遗产》。

"救亡")与"启蒙"对举，显然有"清理门户"的意味，孰知此一被清理的"革命"在新左派那里摇身一变而成为启蒙的题中应有之义，并被授予"反现代的现代性"之桂冠（参见上文对黄万盛的介绍）。两者几乎完全没有相同之处。

走出纠缠不清的概念陷阱的方法之一或许是引入"个人"概念。20 世纪 90 年代以来学界争论的另一个焦点，就是新文化运动/五四到底是个人本位的还是民族本位的。"启蒙"含义的分裂及"救亡压倒启蒙"说的歧义在此争论语境中或许会呈现得更为清楚。比如，汪晖与主张个人主义的林贤治、袁伟时、任剑涛等人在这一问题上就有巨大分歧。自由主义者一般强调五四启蒙的个人主义高于国家主义和民族主义，是"现代中国最重要最宝贵的精神资源。"[①] 而汪晖认为，"以集体性和文化的普遍性为其特征的民族主义与以个体性和思维的独立性为其特征的'个体意识'之间的冲突"，从五四时代一开始"就无法构成实质性的对抗，后者在那个特定时期仅仅是前者的历史衍生物，而无法成为一种独立的现实力量。"在汪晖看来，"五四"人物在表述他们的个体独立性时，是把个体意识建立在民族主义的前提之下的。[②] 可以说，民族主义与民族国家建构的正当性是新左派相当一致地支取的五四话语资源，其目的在于为所谓"反现代的现代性"（实为"反个人的现代性"）提供正当性。

除汪晖之外，李扬、旷新年等也都大致循此理路。旷新年认为，中国现代文学是一个"破家立国"的过程，文革把这种"破家立国"推向极端，样板戏对家国关系的重写更是体现了这种对"现代性的极端追求"。《红灯记》等作品通过"阶级情义"重构了一种不同的家国想象和超越血缘和骨肉亲情的现代"革命伦理"，体现了毛泽东对新型现代民族国家的构想。与自由主义启蒙学者不同，作为一个新左派学者，旷新年是在肯定的意义上评价这个"革命伦理"的。他把这种特定形式的民族国家建构和个人启蒙都当作五四新文

① 林贤治：《重寻"五四"》，《书屋》2009 年第 3 期。

② 汪晖：《预言与危机——中国现代历史中的"五四"启蒙运动》（上、下），《文学评论》1989 年第 3、4 期。

化运动的目标，而质疑80年代“新启蒙主义”把“民族主义”和“个人主义”加以对立，并“最终凝结成为李泽厚‘救亡压倒启蒙’的经典叙述”。该论述看似认同个人主体与民族主体的建构分别为现代性的两个重要方面，但最终仍将启蒙看作“一个将个人纳入现代民族国家管理的过程”，“是为了现代民族国家的目标对于个人强行干预和塑造的过程。”①

无独有偶，李扬也是借批评李泽厚的《启蒙与救亡的双重变奏》来为民族主义的合法身份开路。他同样着力于解构“救亡”与“启蒙”、“传统”与“现代”的二元对立，更反对把这两组二元对立对应起来（即：把救亡—启蒙对应于传统—现代），以论证自己的核心观点——“二十世纪中国历史中出现的‘救亡’与‘革命’，是‘启蒙’这一现代性生长的一个不可替代的环节”，是一种以“反现代”（实为反个人自由）方式表达的“现代性”。这是他和李泽厚的实质分歧所在。如上所述，在李泽厚的“救亡压倒启蒙”论中，“救亡”本有特殊所指，即以剥夺个体自由为核心的苏式革命和中国古代农民革命之混合，而个体自由正是李泽厚（也是其他自由主义者）理解的启蒙之内核。在这样的语义网络中，救亡根本就不是启蒙，也不是现代性。救亡压倒启蒙的本质，用他自己的话说就是封建主义“披着反资本主义的外衣出现。”② 李泽厚认为这是“现代中国的历史讽刺剧。封建主义加上危亡局势不可能给自由主义以平和渐进的稳步发展，解决社会问题，需要‘根本解决’的革命战争。革命战争却又挤压了启蒙运动和自由理想，而使封建主义乘机复活……。”③ 对这个救亡模式的反思应该说恰恰就是李泽厚提出“救亡压倒启蒙”命题（一个从学理上看或许并不是无懈可击的命题，新左派与自由主义各自都指出了这点）的初衷。在新时期思想解放（又称新启蒙）的语境中，李泽厚从中国现代史的发展过程中读出“反封建”（“封建”在80年

① 旷新年：《个人、家族、民族国家关系的重建与现代文学的发生》，《中国现代文学研究丛刊》2006年第1期。

② 李泽厚：《启蒙与救亡的双重变奏》，《中国思想史论》（下），安徽文艺出版社1999年版，第861页。

③ 同上书，第858页。

代常指“前现代”）的启蒙被民族救亡主题所“中断”并最终走向文革“封建”传统的复活，[①] 其重新继续个人自由之未竟大业的意图是显见的。

与李泽厚不同，新左派完全是在另一个问题意识中谈论启蒙和救亡的。他们否定个人自由是启蒙或现代的核心（更非同义语），同时，被李泽厚清逐出启蒙的苏式革命、中国农民革命，乃至后来的中国社会主义实践（包括“文革”），在李扬以及其他新左派那里都摇身一变而为“反现代的现代性”而得到赞美。这印证了他自己的言说立场：不是将“救亡”放置在“八十年代现代性建构的立场上进行讨论”，而是“将其放置在九十年代开始出现于中国思想界的对现代性的反思与解构的平台上进行认识。”在这种现代性反思话语中，“民族国家”建构较之“个人”意识被认为具有“更强烈的现实意义”。所谓“现代性反思”的实际含义是对自由主义现代性的反思，因此这种反思并不反思非自由主义或反自由主义的现代性。

我们认为，新左派这种现代性反思视野中的启蒙和救亡寓言，或许有助于开启对中国现代史，包括中国1949年后社会社会主义理论和实践的另一种思考进路，但却往往略过了对这个实践本身——他们所谓“反现代的现代性”——的反思，并把自由主义在中国社会主义实践中的“失败”解释为“历史的必然”。他们的“反现代的现代性”从来未曾令人信服地解释“反现代”反掉的是什么样的“现代”？其所成就的“现代”为什么会孕育出“文革”那样的苦果？它到底是否属于中国传统农民革命的性质？从传统的文化主义中国到现代的民族主义中国的转化的确是中国现代性的重要环节，但民族主义可以和不同的其他主义结合，比如与自由主义结合，产生出与苏式革命不同的民族国家建构方案。在自由主义现代性的自我理解中，国民对国家的认同感是以国家与公民个体的契约为前提的，在现代民族主义发生的源头，由于争取个人权益与民族国家建构需要相一致，因而国家的建构有利于最大限度地保障个人权利。这是公民所以认可国家的基础。

① 李泽厚：《启蒙与救亡的双重变奏》，《中国思想史论》（下），安徽文艺出版社1999年版。

但当两者的目标不一致时，依照自由主义的国家理论，公民有权利表达对国家的不服从。但在李扬等的理解中，民族国家建构可以无视个体自由而具有不可置疑的优先性。这个取消了个体自由的所谓“反现代的现代性”，在李泽厚那里不就是压倒了“启蒙”的“救亡”么？纠缠于苏式革命或农民革命是否属于“现代性”其实没有什么太大意思，重要的问题是李扬如何解释这“革命”“救亡”（或所谓“反现代的现代性”）给中国带来的后果。

在试图把马克思主义与民族主义粘合在一起的时候，论者往往忽视了一个基本事实：马克思主义与民族主义并非同出一源。众所周知的马克思的著名口号“工人阶级无祖国”与民族主义存在深刻的对立，阶级性在马克思那里要远重于民族性的诉求。两者在中国的“合流”是抗战以来的中国式创造，既是如此，这样一条建国之路也无法囊括五四时代民族主义和民族国家建构的全部可能性。可惜这一点新左派的文章中并未体现。贺桂梅的认为，[①] 80 年代或所谓“新时期”以一种历史隐喻的方式将自身的历史起点对接于五四时期，把将“文革”（革命、毛泽东时代）等同于五四运动之前的“封建社会”（前现代历史），“进而把‘新时期’视为第二个五四时期，从而为 80 年代的现代化运动提供历史依据。这种历史叙述将毛泽东时代视为‘农民小生产者的意识形态和心理结构’的历史表现，从而将其剔除出‘现代’历史。”贺桂梅认为，它所忽略的是毛泽东时代“作为反现代性的现代性”特征。即“一方面完成了工业化基础建设和建立独立的民族国家，同时又强调缩小‘三大差别’的平等意识，以及对官僚国家体制的破坏。更重要的是，当‘启蒙/救亡’论强调用‘民主与科学、人权与真理’等源自西方的现代性规范‘启蒙’中国时，始终忽略了现代中国是在反抗西方帝国殖民扩张的过程中开始现代化，因此必然存在着‘反现代’这一抵抗西方的面向。”这个新左派内部并不新鲜的观点显然忽视了把民主与科学、人权与真理等同于西方将会面临的

① 贺桂梅：《挪用与重构——80 年代文学与五四传统》，《上海文学》2004 年第 5 期。在把新左派的理论运用于对文学史的再解读方面，除了贺桂梅外，代表性人物还有李扬、唐小兵、罗岗、旷新年等。

尴尬：那么，必然存在“抵抗西方的面向”的中国现代化就只能拥抱专制与愚昧、君权与谬误么？

秦晖对“救亡压倒启蒙”的说法采取既不简单认同也不简单否定的立场，他不满足于对这个命题中一些常识性观点的重复，力图把认识推进到更深层次。他认为，中国的自由主义在很大程度上是取道日本拐弯进入中国的，它的发生比一般理解的更早。“民主共和”思潮在辛亥革命时已完成了中国的第一次启蒙。新文化运动属于第二次启蒙，其主题是倡导“个人自由”，包括后来成为马列分子的左翼人士也是如此。但这种个人自由思潮受日本式自由主义的影响，强调个人“独立于小共同体”（比如家庭）而又“依附于大共同体”（即国家）。因而“救亡压倒启蒙”的说法是站不住脚的，因为这个“日本式自由主义”——启蒙——本来就把国家（救亡）置于个体之上，它既否定个人自由也否定小团体而唯国家是从。这样，“日本式自由主义影响下的‘启蒙’不仅没有被‘救亡’所‘压倒’，反而与救亡相得益彰，互相激励，出现‘启蒙呼唤个性，个性背叛家庭，背（叛）家（庭）投入救国，国家吞噬个性’的悖反现象，而这又与一战后的俄国式社会主义一拍即合。”① 至此，秦晖通过对启蒙、自由等概念的重新剖析，最后强调的仍然是个体本位的启蒙的未完成性，秦晖力图同时突破官方意识形态、新左派与自由主义的五四言说模式来建构自己的五四故事，体现出深幽的思辨力和洞明的阐释力。

如今，当我们回望中国这一百年的世事变迁，依然不可否认新文化运动是中国改天换地的历史巨变中一个最重要的转折点，它是由传统中国向现代中国转变时最初、也是最声势浩大的一次思想文化裂变，在这断裂的沟壑中一定散落着无数尚未被发现的思想因子，就是它们暗暗地影响着随后一百年中国的思想变迁，于是后学者不厌其烦地对这一时期进行反刍，不断地推敲、反思、探究，希望能在其中找到解

① 秦晖：《新文化运动的主调及所谓被“压倒”问题——新文化运动百年反思》（上、下），《探索与争鸣》2015 年第 9、10 期。

开百年中国思想史的密码。正因如此，在新文化运动一百年之际，我们试图挑选出我们认为有代表性的反思“五四”新文化运动的文章，结集出版。这些文章的作者抱有不同的立场、思维方式、学术背景、生活经验，在他们各异的论述中，新文化运动犹如遥远缥缈的高山被横看侧看、成岭成峰。本着兼容并包、自由争鸣的原则，本书的目的在于提供一个众说纷纭的平台让读者自己去判别、去体会学者们如何重温一百年前现代中国诞生之时的风云诡谲，进而反思我们当代思想文化呈现出的种种症候。

基于此，本书选编论文的标准是：

1. 反思新文化运动的文章从它爆发开始就从未停止，卷帙浩繁，体量庞大，两卷本的篇幅显然无法将其穷尽，其中很多篇什已经被反复编选。故本书选取的是主要是新世纪以后对新文化运动的反思之作（90 年代只有少数几篇）。之所以这样选择，除了前面说的篇幅原因以外，还出于以下考虑。第一，因为经历十七年、文革、新时期的沉淀之后，许多学者带着新时代的疑问不断返回新文化运动并希望从中寻找答案，于是，这一时期对新文化运动的反思更具有思想深度、也更加迫切。第二，随着新时期重回“五四”起跑线的“新启蒙”的又一次落潮，90 年代后的学界已经分化为左中右不同的学术立场，当他们回望 20 年前的“新启蒙”和更久远的“启蒙”思潮时，形成了三重不同语境的重叠，故这一时期关于五四的讨论和言说呈现出空前复杂的面貌。第三，新世纪之后，学界已加速摧毁原先的思想禁锢，更加广泛接受和学习了西方文化和思维模式，形成众声喧哗的情形，众多言论和观点在一个比较宽松的氛围中相互对话、彼此争鸣，故许多文章质量较高，令人耳目一新。

2. 选编时尽可能不掺杂太多主观色彩，选文不止于某一派别的言论，而是左中右皆有，尽可能将各个立场的代表性论文都选入其中，客观呈现。

3. 选编时更看重对思想史上重要问题的关注和讨论，比如新文化运动对中国当代文学思潮的影响，新文化运动与文革的关系，启蒙和救亡的关系，自由主义和民族主义的纠葛，等等，而对于局限于各个学科、没有思想史意义的研究成果（比如五四时期的经济问题、语言文学问题等）不予选入。

由于编者学识、视野等方面的具现，本选本仍然会有挂一漏万之憾，纰漏更在所难免，甚至编者的主观价值偏好也难以剔除干净，恳请学界提出批评。

# 一

# 还原、重构、拓展

# 重在思想革命

## ——周作人论新文学新文化运动

舒　芜*

周作人作为“五四”新文学新文化运动的主要代表人物之一，平生发表过许多对这个运动的看法，晚年尤其爱对运动的情形进行回忆和分析。他的看法自成一套，这里想稍稍加以清理，供研究“五四”运动史的参考。

### 一

“五四”运动究竟是什么性质的运动，这是首先要碰到的问题。

本来，如果在“是什么”的意义上，这里并无多大问题。因为，说起“五四”运动，首先自然是指1919年5月4日北京学生的爱国运动，放大范围来说又是指其前其后的新文学运动和新文化运动，事实清清楚楚，没有什么可争论的。问题其实是在“应该是什么”的意义上提出的。胡适早就力说“五四”的精神是文学革命，不幸转化而成为政治运动。新时期以来，又有“救亡压倒启蒙”之论。这都是说的“应该是什么”，或者说是“本应如何如何，不幸而竟如何如何”，问题就出来了。周作人没有看到“救亡压倒启蒙”论，不知道他会有什

* 舒芜，原中国社会科学院研究员，文学评论家，已故。

么意见，他对胡适的看法，则明显表示不同意道："虽然五四的老祖宗之一，那即是胡适之博士，力说五四的精神是文学革命，不幸转化而成为政治运动，但由我们旁观者看去，五四从头至尾，是一个政治运动，而前头的一段文学革命，后头的一段新文化运动，乃是焊接上去的。若是没有这回政治性的学生对政府之抗争，只是由《新青年》等二三刊物去无论如何大吹大擂的提倡，也不见得会有什么大结果，日久，或者就将被大家淡忘了也说不定。这因有了那一次轰动全国的事件，引动了全国的视听，及至事件着落之后，引起了的热情变成为新文化运动，照理来讲该是文学革命加上思想革命的成分，然而热闹了几年，折扣下来，所谓新文化也只剩了语体文一种，这总可以说是根基已固，通行很广的了。"① 这个"焊接"说是一个形象的比喻，它的主要意思是反对胡适的"不幸转化而成为政治运动"之说，认为不是不幸，而是幸事，新文学运动是幸赖学生爱国运动，才扩大影响，获致成功。周作人这个看法，比胡适的看法近于实际。从清朝末年起，一些先觉的维新爱国之士已经提倡白话，用白话文宣传新思想，陈独秀就主编过白话报，胡适学生时代就在白话报刊上发表过文章，这也可以说是新文学运动的先声，可是影响一直很小。到了《新青年》出版，陈独秀、胡适举起"文学革命"的大旗，起初也只有钱玄同、刘半农、傅斯年等三数人来应和，有《每周评论》来声援，总的看来还是孤军奋斗的形势。然后才是"五四"学生爱国运动，唤醒了一代青年，带着新的文化要求登场，形成新的读者群，新文学运动才有了自己的基础，影响才迅速扩大，这是很明显的事实。胡适很爱夸耀白话运动的迅速成功，却看不到使之迅速成功的政治社会条件，不能不说是偏见。

至于"五四"学生爱国运动之后的新文化运动的起来，周作人说是由于学生运动所引起的热情的推动，也是符合事实的。这种热情，蕴含着积累着辛亥革命以来几次三番的中国历史大倒退所刺激起来的彻底改革中国的要求，周作人强调指出洪宪帝制和张勋复辟两个事件的刺激，他说："民国初年的政教反动的空气，事实上表现出来的是

① 周作人：《知堂集外文（四九年以后）·6、北平的事情》。以下凡引用周作人著译均略有译者的姓名。

民四（一九一五）的洪宪帝制，民六（一九一七）的复辟运动，是也。经过这两件事情的轰击，所有复古的空气乃全然归于消灭，结果发生了反复古。这里表面是两条路，即一是文学革命，主张用白话；一是思想革命，主强反礼教，而总结于毁灭古旧的偶像这一点上，因为觉得一切的恶都是从这里发生的。”① 这里是将文学革命与思想革命并提。进一步他又说：“经过那一次事件（指张勋复辟。——舒芜）的刺激，和以后的种种表现，这才幡然改变过来，觉得中国很有‘思想革命’的必要，光只是‘文学革命’实在不够，虽然表现的文字的改革自然是连带的应当做到的事，不过不是主要的目的罢了。”② 这就是说，思想革命比文学革命更重要，是文学革命的深化，思想革命任务一提出来，便把文学革命推到了次要地位。促成这个发展的是张勋复辟事件的刺激，把这个刺激的反应变为实际行动的是“五四”爱国运动所引起的热情。所以，从文学革命到思想革命的发展过程中，爱国政治运动这一段实是承上启下、贯通上下的一段，它使新文学运动和新文化运动都包容在改革中国的大运动里，都具有革命的政治性。周作人正是这样的看法，他非常自信地指出：“总之这一个妇孺皆知的五四运动发起于北平（当时还叫北京），以学生为之主动，因此北京学界的声名自然也随之而四远传播，隐然成为全国的重心了。中国是在革命时期，所谓学术文化的中心也脱离不了这个色彩，所以北平学界的声名总是多少带着革命性或政治性的，不是寻常纯学术的立场，虽然我这说法或者是非正宗的，不免与好些学者的意见很有距离。”③近些年来，我们常常听到“纯学术”的呼声，其举为“纯学术”的榜样的常常是过去的北京学术界，而周作人则认为北平学界不是寻常纯学术的立场，其价值正在于此，这种完全不同的看法，我们也应该知道。

周作人不仅用这个观点看五四新文学新文化运动，而且用这个观点看中国后来几次的文学和文化上的斗争。他指出，“五四”时期林纾的捍卫古文，反对白话，以及后来几次的古文复兴运动，都有政治

① 《知堂集外文（四九年以后）182，钱玄同的复古与反复古》。

② 《知堂回想录·一一六蔡孑民》。

③ 《知堂集外文（四九年以后）·6、北平的事情》。

背景："古文复兴运动同样有深厚的根基，仿佛民国的内乱似的应时应节的发动，而且在这运动后面都有政治的意味，都有人物的背景。五四时代林纾之于徐树铮，执政时代章士钊之于段祺瑞，现在汪懋祖不知何所依据，但不妨假定为戴公传贤罢。只有《学术》的复古运动可以说是没有什么政治意义，真是为文学上的古文殊死战，虽然终于败绩，比起那些人来又更胜一筹了。非文学的古文运动因为含有政治作用，声势浩大，又大抵是大规模的复古运动之一支，与思想道德礼法等等的复古有关，有如长蛇阵，反对的难以下手总攻，盖如只击败文学上的一点仍不能取胜，以该运动本非在文学上立脚，而此外的种种运动均为之支柱，决不会就倒也。"① 他不是有意往政治上拉，《学术》派没有什么政治背景他就说没有，很实事求是，而此外的古文复兴运动，如他所指，都有明显的政治背景，这是我们经历过来的人能够证明的。至于他说的大规模的思想道德礼法的复古运动，即对于新文化运动的反攻，更是政治上反动的一部分。例如，1928 年国民党政府规定孔子纪念日，这是蒋介石政权在文化上复古倒退的一个信号，是对于国民元年孙中山临时政府下令废除祭孔的翻案，周作人当即予以揭露道："正如前三四年前远远地听东北方面的读经的声浪，不免有戒心一样，现在也仿佛听见有相类的风声起于西南或东南，不能不使人有'杞天之虑'。禁白话，禁女子剪发，禁男女同学等等，这决不是什么小问题，乃是反动与专制之先声，从前在奉、直、鲁各省实施过，经验过，大家都还没有忘记，特别是我们在北平的人。此刻现在，风向转了，北方刚脱了复古的鞭笞，革命发源的南方却渐渐起头来了，这风是自北而南呢，还是仍要由南返北而统一南北的呢，我们惊弓之鸟的北方人瞻望南天，实在不禁急杀恐慌杀。"② 以文章力求和平淡静的周作人，而说出"不禁急杀恐慌杀"这样的话，实在是当时的现实教训，太血淋淋的了，容不得你自居超脱。

我们近年来，常常听到一种论调，责怪中国近代以来一代一代的知识分子没有守住"纯学术""纯文学"之宫，而过于靠近现实政治，

① 《苦茶随笔〈现代散文选〉序》。

② 《永日集国庆日颂》。

卷入现实政治。今天这样说说很容易，但在当时，眼看文学和文化上的反动大都是总的政教反动之一部分，你想不管它，它却来管你，你想专谈文学文化，它那边政治、思想、道德、礼法等连成的长蛇阵却向你卷过来，你还想超脱，还想守住“纯学术”“纯文学”之宫，可不是容易的事。周作人都不免于“急杀恐慌杀”，其情可想，其事可知了。所以，他认为，“五四”学生爱国政治运动，居中贯串着前后两头的新文学和新文化运动，并赋予新文学新文化运动以革命的政治意义，事实如此，而且这是好的，应该的。

## 二

在“五四”新文学运动和新文化运动二者之中，或者说文学革命和思想革命二者之中，周作人着重的是思想革命。

本来，“思想革命”的口号，就是周作人第一个提出来的。1919年3月（这还在“五四”学生爱国运动之前两个月），他在《每周评论》上发表《思想革命》一文，指出文学革命已渐见功效之后，应该进一步讲思想革命。[①] 当时，胡适比较偏重单纯的文学革命，陈独秀、钱玄同则偏重思想革命，鲁迅和周作人是与陈、钱相近的。周作人晚年回忆鲁迅会接受钱玄同的劝驾给《新青年》写出《狂人日记》等小说的原因道：“《新青年》上标榜着文学革命的大旗，金心异（即钱玄同。——舒芜）所着重的乃是打倒孔教，……也因此而能与鲁迅谈得投合，引出《呐喊》里的这些著作来的。鲁迅对于简单的文学革命不感多大兴趣，……所以他的动手写小说，并不是来推进白话文运动，其主要目的还是在要推倒封建社会与其道德，即是继续《新生》的文艺运动，只是这回因为便利上使用了白话罢了。他对于文学革命赞成是不成问题的，只觉得这如不与思想革命结合便无多大意义，在这一点上可以说与金心异正是相同，所以那劝驾也就容易成功了。”[②] 他分析的鲁迅当时的思想，也就是他自己的思想。

① 《思想革命》收入《谈虎集》（上卷）。

② 《鲁迅小说里的人物·呐喊衍义·五井金心异劝骂》。

其实，即使单就文学革命而言，也不仅仅是语言文字的改革，它同时就有思想文化上的意义。周作人谈到文学革命，总是着重它在思想文化上的意义。他强调文学革命是对于八股文化的反动："民国初年的文学革命，据我的解释，也原是对于八股文化的一个反动，世上许多褒贬都不免有点误解，假如想了解这个运动的意义而不先明了八股是什么东西，那犹如不知道清朝历史的人想懂辛亥革命的意义，完全是不可能的了。"① 他不是把八股文仅仅看作一种文体，而是看作一种文化，一种以服从与模仿为特征的奴性文化，他说："我们再来谈一谈中国的奴隶性罢。几千年来的专制制度养成很顽固的服从与模仿根性，结果是弄得自己没有思想，没有话说，非等候上头的吩咐不能有所行动，这是一般的规律，而八股文就是这个现象的代表。……在文章上叫作'代圣贤立言'，又可以称作'赋得'，换句话说就是奉命说话。"②

周作人是把八股文作为最极端的代表，来代表一切以"载道"为宗旨的古文，特别是从唐宋八大家到桐城派这个古文正统。陈独秀把这个正统叫做"贵族文学"，胡适把它叫做"死文学"；周作人对二者都不同意，他说："古文作品中之缺少很有价值的东西已是一件不可动移的事实。其理由可以有种种不同的说法，但我相信这未必是由于古文是死的，是贵族的文学。……我在这里又有一个愚见，觉得要说明古文之所以缺乏文学价值，应当从别一方面着眼，这便是古文的模拟的毛病。大家知道文学的主要目的是在表现自己的思想感情，各人的思想感情各自不同，自不得不用独特的文体与方法，曲折写出，使与其所蕴怀者近似，而古文则重在模拟，这便是文学的致命伤，尽够使作者的劳力归于空虚了。"③ 他的反对模拟，追求自我表现，是他的自我发现个性发现人性发现的思想的一部分，在文学上就是主体性的追求，他说："我曾说我们写国语文，并无什么别的大理由，只因为文章必须求诚与达；所以用的必得是国语，……盖古文用起来不顺手，

① 周作人：《论八股文》，《看云集》。

② 同上。

③ 《艺术与生活·国语文学谈》。

不容易达出真意思，若是去写新古各式的时文，又未免不能诚，这就根本上违反了写文章的本意了。”[①] 他所谓诚与达，就是主体性的发掘和表现，后来他借用中国古代文论术语名之曰“言志”，发挥成一整套理论，我们可以由后观前，看出他用反模拟来解释文学革命的深意，与“五四”时期别人也曾一般地提到过反模拟不同。

周作人所反对的模拟，总是和一定的政治、道德、文化联系在一起的。他说：“古文者文体之一耳，用古文之弊害不在此文体而在隶属于此文体的种种复古的空气，政治作用，道学主张，模仿写法等。白话亦文体之一，本无一定属性，以作偶成的新文学可，以写赋得的旧文学亦无不可；此一节不可不注意也。如白话文大发达，其内容却与古文相差不远，则岂非即一新古文运动乎。”[②] 他实际上是把模拟写法作为复古政治和道学在文风上的必然表现来看，未有复古政治和道学而容许主体性的发挥者，未有适应复古政治和道学的文章而不流于模拟者，从唐宋八大家到桐城派的正统古文便是这种模拟的结晶。

周作人有一个极深刻的见解，他认为模拟文风是文化心态衰老化的表现。他说：“中国人向来尊重老成……所以除了有些个性特别强的人，又是特别在诗词中，还留存若干绮丽豪放的以外，平常文章几乎无不是中年老年即上文所云后期的产物，也有真的，自然也有仿制的。我们看唐宋以至明清八大家的讲义法的古文，历代文人讲考据或义理的笔记等，随处可以证明。那时候叫青年人读书，便是强迫他们磨灭了纯真的本性，慢慢人为地造成一种近似老年的心境，使能接受那些文学遗产。”[③] 我们确实看到，在复古政治和道学的统治之下，除了个性特别强的人而外，一般人都逐渐成为死相，这也就是衰老之相。人到老年，生活往往只剩下回忆，这种生活实际上只是对过去生活的模拟。所以，老年心境的文章，即使是真的，它本身已经是生命的模拟，至于仿制的自然更是模拟之模拟，总之都是迟暮衰老的文学。文学革命之反模拟，反复古，正是要用青春的文学来代替迟暮衰老的文

① 周作人：《国语文的三类》，《立春以前》。

② 《苦茶随笔〈现代散文选〉序》。

③ 周作人：《谈文》，《苦竹杂记》。

学，它发难于名字叫做《新青年》的杂志，恰好标明它的这一层意义，当时反对新文学的老先生们常常骂提倡新文学者为“黄口小生”，除了骂的意思之外事实倒是说对了。

## 三

反模拟，反复古，是一件事；而所谓“反传统”，则是另一件事。近年来，海外突然飞来一顶所谓“反传统”的帽子，扣在五四新文学新文化运动头上，国内一些人从而和之，都以此为“五四”之罪。我完全不懂这是怎么一回事，不知道除了钱玄同曾一度提出过个别过激之论而外，（吴稚晖不足道，）当时谁曾经主张过笼统的“反传统”？这里就可以以周作人为例，他就是一面坚决反对复古和模拟，一面十分重视新文学和古文学的关系、白话文和文言文的关系，积极地为新文学追溯渊源，找寻传统。

周作人在这方面，也贯彻了他的重视思想的原则，他批评了胡适单单着眼于“白话”一点而导致的矛盾。

首倡文学革命的胡适，首先就是热衷为新文学找寻历史传统的。他从1921年起，每次讲演国语文学史，印出讲义，1928年正式出版了《白话文学史（上卷）》一书。他之所谓“白话文学史”实际上差不多就是整个中国文学史；他把“白话”的概念尽量放大范围，把文学史上的好作品尽量纳入这个范围，只是把少数太不能纳入“白话’名义下的除外。周作人1925年就批评了这个文学史观（大概是根据胡适印行的讲义）：“近年来国语文学的呼声很是热闹，就是国语文学史也曾见过两册，……凡非白话文即非国语文学，然而一方面界限仍不能划得这样严整，照寻常说法应该算是文言文的东西里边也不少好文章，有点舍不得，于是硬把他拉过来，说他本来是白话；这样一来，国语文学的界限实在弄得有点糊涂，令我觉得莫名其妙。”[1] 周作人这个批评是符合实际的。胡适自己明白地谈过如何把“白话文学”的范

① 《艺术与生活·国语文学谈》。

围放到几近于无范围的程度，他说，“我把‘白话文学’的范围放的很大，故包括旧文学中那些明白清楚近于说话的作品。我从前曾说过，‘白’三个意思：一是戏台上说白的‘白’，就是说得出，听得懂的话；二是清白的‘白’，就是不加粉饰的话；三是明白的‘白’，就是明白晓畅的话。依照这三个标准，我认定《史记》《汉书》里有许多白话，古乐府歌辞大部分是白话的，佛书译本的文字也是当时的白话，或很近于白话，唐人的诗歌——尤其是乐府绝句——也有很多的白话作品。这样宽大的范围之下，还有不及格而被排斥的，那真是僵死的文学了。”[①] 他就是这样舍不得古文学中许多好东西，硬把它们拉入“白话”的范围之内，尽管它们照寻常说法应该算是文言文。他本来想论证新文学的历史传统的深厚，结果反而尽撤樊篱，喧宾夺主，取消了新文学和古文学的界限，抹杀了新文学的全新的意义。他讲新文学，差不多以是否白话为唯一标准，到了要扩大新文学的声势的时候，就不能不实际上取消了这唯一标准。

周作人与胡适不同，他讲新文学运动，从来不片面孤立地强调白话文，也不把白话文与文言文截然分开。1922 年他就主张白话文一面应该“欧化”，一面应该采用文言文中有必要采用而没有复古意义的成分[②]。后来他自己的散文创作，在吸收文言文成分方面，多方探索，成功很大。他曾经详论这个问题：“说到古文，这本来并不是完全要不得的东西，正如前清的一套衣冠，自小衫袴以至袍褂大帽，有许多原是可用的材料，只是不能再那样的穿戴，而且还穿到汗污油腻。新文学运动的时候，虽然有人嚷嚷，把这衣冠撕碎了扔到茅厕里完事，可是大家也不曾这么做，只是脱光了衣服，像我也是其一，赤条条地先在浴堂洗了一个澡，再来挑拣小衣汗衫等洗过了重新穿上，开衩袍也缝合了可以应用，只是白细布夹袜大抵换了黑洋袜了罢，头上说不定加一顶深茶色的洋毡帽。……朝服的舍利猕成为很好的冬大衣，蓝色的实地纱也何尝不是民国的合式的常礼服呢。不但如此，孔雀补服做成袴套，圆珊瑚顶拿来镶在手杖上，是再好也没有的了，问题只是

① 胡适：《白话文学史·自序》。

② 《艺术与生活·国语改造的意见》。

不要再把补服缀在胸前，珊瑚顶装在头上，用在别处是无所不可的。我们的语体文大概就是这样的一副样子，……还有一层，值得特别指出的是，现今的语体文是已经洗过一个澡来的，虽然仍旧是穿的大衫小衫以至袍子之类，身体却是不同了。这一点是应当看重的，我看人家的文章常有一种偏见，留意其思想的分子，自己写时也是如此。”①他说新文学运动时只有个别人主张把旧衣冠扔到茅厕里去（大概这就是为世诟病的所谓“反传统”吧），大家并不曾这么做，这是符合事实的。他主张旧衣冠无妨充分地改造吸收，而身体上的旧污不可不洗，不可不脱得赤条条地彻底地洗一番，这就是说，文学革命（主要指白话文运动）本来无须那么彻底，思想革命则必须彻底。他不相信有什么与文言文截然分开的白话文，他认为成熟的白话文只能是“亦文亦白，不文不白，算是贬词固可，说是褒词亦无不可，他的真相本来就是如此”②。而注重思想这一点，他自称是一种偏见，固然是谦辞，其实也就是坚持不放弃的意思。

## 四

还可以进一步看看周作人是如何重视新文学与古文学的传承关系，而不孤立地强调白话文与文言文的区别。

1925年，周作人就批评“纯用老百姓的白话可以作文”的论点道：“我相信古文与白话文都是汉文的一种文章语，他们的差异大部分是文体的，文字与文法只是小部分。中国现在还有好些人以为纯用老百姓的白话可以作文，我不敢附和。我想一国里当然只应有一种国语，但可以也是应当有两种语体，一是口语，一是文章语，口语是普通说话用的，为一般人民所共喻，文章语是写文章用的，须得有相当教养的人才能了解，这当然全以口语为基本，但是用字更丰富，组织更精密，使其适于复杂的思想感情之用，这在一般的日用口语是不胜任的。两者的发达是平行并进，文章语虽含有不少的从古文或外来语

① 《药堂杂文·序》。

② 《立春以前·杂文的路》。

转来的文句，但根本的结构是跟着口语的发展而定，故能长保其生命与活力。虽然没有确实的例证，我推想古文的发生也是如此，不过因为中途有人立下正宗的标准，一味以保守模拟为务，于是乱了步骤，口语虽在活动前进，文章语却归于停顿，成为硬冷的化石了。所以讲国语文学的人不能对于古文有所歧视，因为它是古代的文章语，是现代文章语的先人，虽然中间世系有点断缺了，这个系属与趋势总还是暗地里接续着，白话文学的源流决不是与古文对抗从别个源头发生出来的。”① 新文学运动以来，“以为纯用老百姓的话可以作文”的观念相当有势力，在白话文写作的问题上，便以为只有纯用老百姓的话写出来的才是最理想的白话文，在文学史的问题上，便以为白话文学是与古文对抗从别个源头上发生出来的。周作人明确反对这个有势力的观念，指出古文与白话文都是文章语，不过有古今之分；文章语与口语则从来有区别，前者是后者的精练提高，又随后者的发展而并行地发展；古之文章语与古之口语原来也是这样的关系，不过中途出了“正宗标准”，出了保守模拟，才使古之文章语停顿下来成为硬冷的化石。这样，新文学运动、白话文运动，就不是用口语反对文章语，不是用今之文章语（白话文）反对古之文章语（文言文），而是古今文章语的一贯发展，应该集中着重反对的只是“正宗标准”和保守模拟罢了。

新文学运动中，钱玄同提出响亮的口号：反对“桐城谬种”和“选学妖孽”，胡适大力表彰明清白话小说，要以它作为新文学的源头，周作人对于二者都不完全同意。反对“桐城谬种”这一点没有问题，周作人最为赞成，后来反复加以强调和发挥；但是，他对反对“选学妖孽”这一点，起先就不甚积极，后来更提出白话文应该吸收骈文的精华的意见：“白话文运动可以说是反对‘选学妖孽桐城谬种’而起来的，讲到结果则妖孽是走掉了，而谬种却依然流传着，……腔调还是用得着，……我以为我们现在写文章重要的还是努力减少那腔调病，与制艺策论愈远愈好，至于骈偶倒不妨设法利用，因为白话的语汇

① 《艺术与生活·国语文学谈》。

少欠丰富，句法也易陷于单调，从汉字的特点上去找出一点装饰性来。如能用得适合，或者能使营养不良的文章增点血色，亦未可知。……假如能够将骈文的精华应用一点到白话文里去，我们一定可以写出比现在更好的文章来。”① 他所谓骈偶文，并不重在对偶，而重在词汇和句法，其实主要是指与唐宋八大家、桐城派相对立的六朝散文一系，他曾深入辨明二者的优劣道：“我常觉得用八大家的古文写景抒情，多苦不足，既不浮滑，亦缺细致，或有杂用骈文句法者，不必对偶，而情趣自佳，近人日记游记中常有之。其实这也是古已有之，六朝的散文多如此写法，那时译佛经的人用的亦是这种文体，其佳处为有目所共见，唯自韩退之起衰之后，文章重声调而轻色泽，乃渐变为枯燥，如桐城派之游山记其写法几乎如春秋之简略了。”② 至于明清白话小说，周作人指出它的局限性道：“明清小说专是叙事的，即使在这一方面有了完全的成就，也还不能包括全体，我们于叙事以外还需要抒情与说理的文字，这便非是明清小说所能供给的了。”③ 周作人这些意见，与单纯强调白话文者不同，后者认为老百姓口头语已经够好，照样写出便是好的白话文，正如胡适所谓“有什么话，说什么话；话怎么说，就怎么说”，明清白话小说就是榜样，一切文言文特别是骈偶之文当然全是要不得的东西。周作人一开始就不同意把老百姓口头语理想化，他清醒地指出：“我们决不看轻民间的言语，以为粗俗，但是言词贫弱，粗织单纯，不能叙复杂的事实，抒微妙的情思，这是无可讳言的。……民间的俗语，正如明清小说的白话一样，是现代国语的资料，是其分子而非全体。现代国语须是合古今中外的分子融和而成的一种中国语。”④ 白话文后来的发展，实际上是走着他指出的这条道路，他之所以能够那么早就指出来，则是由于他一开始就着重思想感情的表达，以此为标准来衡量民间俗语，明明白白地不够用，自非吸取古今中外的一切精华——包括骈文的精华不可。

---

① 《药堂杂文·汉文学的傳统》。

② 《药堂杂文·画锺敬士像题记》。

③ 《艺术与生活·国语改造的意见》。

④ 同上。

周作人并不是不看重白话文与文言文的区别，只是不单从形式方面孤立地来看，而是牢牢掌握内容决定形式的原则来看。他说：“白文之兴起完全由于达意的要求，并无什么深奥的理由。因为时代改变，事物与思想愈益复杂，原有文句不足应用，需要一新的文体，乃始可以传达新的意思，其结果即白话文，或曰语体文，实则只是一种新式的汉文，亦可云今文，与古文相对而非相反，其与唐宋文之距离，或尚不及唐宋文与尚书之距离相去之远也。这样说来，中国新文学为求达起见利用语体文，殆毫无疑问，至其采用所谓古文与白话等的分子，如何配合，此则完全由作家个人自由规定，但有唯一的限制，即用汉字写成者是也。”① 这是说古今思想的变迁决定了古今文体的变迁。他又说：“假如思想还和以前相同，则可仍用古文写作，文章的形式是没有改革的必要的。现在呢，由于西洋思想的输入，人们对于政治、经济、道德等的观念，和对于人生、社会的见解，都和以前不同了。应用这新的观点去观察一切，遂对一切问题又都有了新的意见要说要写。然而旧的皮囊盛不下新的东西，新的思想必须用新的文体以传达出来，因而便非用白话不可了。”② 这是说西方思想的输入酿成了新酒，要求用新的皮囊来盛它。可见，无论从古今之变还是从东西之变来看，白话文与文言文的区别都是重要的，之所以重要，都仅仅在于能否表达新内容这一点上。

## 五

1932 年，周作人作了系列学术讲座《中国新文学的源流》，所论及的范围包括了整个中国文学史，其着重点则如题目所示，是要为中国新文学追溯源流。他建立了自己一套文学史观，即是“载道”与“言志”的二元文学史观，大致是说，中国文学史上始终是“载道”与“言志”两个潮流在起伏消长，皇权强盛之时“载道”文学盛行，王纲解纽之时“言志”文学盛行，有价值的文学都是“言志”的而非

① 《药堂杂文 · 汉文学的前途》。

② 《中国新文学的源流 · 第五讲　文学革命运动》。

“载道”的，新文学运动也无非是反“载道”文学的运动，是“言志”文学的最新发展。他这一套理论，涉及许多复杂的学术问题和历史问题，一发表出来就有强烈的反响，既有不少人赞成，也有不少人反对。我们这里不来谈这一文学史理论本身，只看看它与新文学运动史问题直接有关的几点。

周作人谈过他怎样逐步形成这一文学史观的过程，以及他为什么要建立这一套文学史观的目的：“十一年夏承胡适之先生的介绍，叫我到燕京大学去教书，……我自己担任的国语文学大概也是两小时吧，我知道应当怎样教法，要单讲现时白话文，随后拉过去与儒林外史红楼梦水浒传相连，虽是容易，却没有多大意思，或者不如再追上去，到古文里去看也好。我最初的教案便是如此，从现代入手，……这之后加进一点话译的旧约圣书，是传道书与路得记吧，接着便是儒林外史的楔子，讲王冕的那一回，别的白话小说就此略过，接下去是金冬心的画竹题记等，郑板桥的题记和家书数通，李笠翁的闲情偶寄抄，金圣叹的水浒传序。明朝的有张宗子、王季重、刘同人，以至李卓吾，不久即加入了三袁，及倪元璐，谭友夏，李开先，屠隆，沈承，祁彪佳，陈继儒诸人，这些改变的前后年月也不大记得清楚了。大概在这三数年内，资料逐渐收集，意见亦由假定而渐确实，后来因沈兼士先生招赴辅仁大学讲演，便约略说一过，也别无什么新鲜意思，只是看出所谓新文学在中国的土里原有他的根，只要着力培养，大家的努力决不白费，这是民国二十一年的事。”① 这一大段话很重要，可以看出他为中国新文学寻根溯源的目的，是要鼓舞大家对新文学的信心，与胡适的《白话文学史》的目的一样。胡适寻根溯源的路子，是以形式上是否白话文为主要标准。周作人则有意要“到古文里去看”，是以内容为主要标准。他所取的明末清初那些人物，全是当时的异端，至少是对正统意识形态相当疏离的，各有其某种程度的主体的自觉性的。他认为，这样的人物写出来的文学，才是新文学的源头，尽管用的是古文而非白话文；而古之白话小说，反倒是其次。古之白话小说中，

① 《知堂乙酉文编·关于近代散文》。

他单取《儒林外史》的楔子一回，没有说明理由，大概也是欣赏这一回里写的王冕，有些近于他所欣赏的明末清初那些人物，未必是觉得这一回的白话文特别好。1922 年周作人到燕京大学讲国语文学，不知道是不是中国高等学校开这个课的第一次，反正是相当早的，带有开创性的。以新文学的开拓者之一的身份，来担任这个开创性的课程，周作人一面讲课，一面研究，他深切感到中国古文学中有与新文学一脉相通的潮流，特别感到晚明公安竟陵派文学在精神上与新文学的亲近，他是有真切的感受，经过认真的思考的。至于他借用中国古典文论中“载道”与“言志”两个概念未必恰当，当时就遭到批评，后来他自己也一再声明修正；他树起“言志”的旗帜来提倡一种文学，也产生许多流弊，这些都不在此详论。

周作人讲新文学的源流，特别注意新文学中散文一门同传统的关系。他说：“我常这样想，现代的散文在新文学中受外国影响的最少，这与其说是文学革命的还不如说是文艺复兴的产物，虽然在文学发达的途程上复兴与革命是同一样的进展。在理学与古文没有全盛的时候，抒情的散文也已得到相当的长发，不过在学士大夫眼中自然也不很看得起。我们读明清有些名士派的文章，觉得与现代文的情趣几乎一致，思想上固然难免有若干距离，但如明人所表示的对于礼法的反动则又很有现代的气息了。”① 他认为西洋的散文，例如英法的随笔文学，对中国影响不大：“只有杂文在过去很有根柢，其发达特别容易点，虽然英法的随笔文学至今还未有充分的介绍，可以知道现今散文之兴盛其原因大半是内在的，有如草木的根在土里，外边只要有日光雨水的刺激，就自然生长起来了。”② 这两段话里说的散文，是比较狭义的，即与小说、诗歌并列的散文，其中也包括了杂文。周作人认为这个概念范围内的现代散文在新文学中成就最高，这个估价完全合乎事实，鲁迅以杂文，周作人以散文，成为中国新文学史上并峙的双峰，就是证明。（至于周作人又曾经将散文的概念扩大到一切非韵文，包括小说与随笔，说中国新文学中小说与随笔最有成绩，是由于从前的语言

① 《泽泻集·〈陶庵梦忆〉序》。

② 《立春以前·文学史的教训》。

文字可以应用之故[1]，则与他的“中国新文学的源流”的系统理论不完全相同，当另看。）

周作人讲新文学的源流，丝毫也不忽视传统的影响，还有一个很突出的例子，这就是他甚至说新文学运动的开端还是桐城派中的人物引起来的。他说：姚鼎不以经书作文学看，曾国藩则将经书当作文学看，较为开通，对文学较多了解。“其后，到吴汝纶、严复、林纾诸人起来，一方面介绍西洋文学，一方面介绍科学思想，于是经曾国藩放大范围后的桐城派，慢慢便与新要兴起的文学接近起来了。后来参加新文学运动的，如胡适之、陈独秀、梁任公诸人，都受过他们的影响很大，所以我们可以说，今次新文学运动的开端，实际还是桐城派中的人物引起来的。”[2] 周作人本来最强调新文学运动和桐城派的不可调和的对抗，这里却将胡适等人说得似乎都与桐城派有什么瓜葛，把他们曾经受过严、林所介绍的西洋学艺的影响，说成仿佛是受桐城派影响，这里面有很多问题，我们且不详论，只举此例证明周作人是为何一点不忽视新文学与传统的关系。当然，周作人接着就指出林纾、严复跟不上潮流，在新文学运动中成为反动势力，乃是因为他们的基本观念是“载道”，新文学的基本观念是“言志”，二者根本反对之故。这还是归到了他的“言志”与“载道”二元论文学史的大体系。他以说：“严、林都十分聪明，他们看出了文学运动的危险将不限于文学方面的改变，其结果势非使儒教思想根本动摇不可。所以怕极了便出面反对。”[3] 这解释得更为切实，也可以看出他谈文学革命，总是一贯着重它在思想革命上的意义，而不单就文学谈文学。

## 六

“五四”新文学新文化运动，成绩很大，但是它也有失误和失败

① 见《知堂序跋·〈骆驼祥子〉日译本序》。

② 《中国新文学的源流·第四讲　清代文学的反动（下）　桐城派古文·桐城派和新文学运动的关系》。

③ 《中国新文学的源流·第五讲　文学革命运动·旧势力的恐怖和挣扎》。

的方面，周作人对此是有清醒的认识的。

周作人早就指出：中国新诗运动初期，反抗有余，建立不足，因反抗国家主义遂并减少乡土色彩，因反抗古文遂并减少文言字句。但这并不是谁故意要笼统地“反传统”，而是“因为传统的压力太重，以致有非连着小孩一起便不能把盆水倒掉的情形”①。他还指出：白话文运动初期，对于古文曾经恶骂力攻，后来看来也有过分之处，但当时也只能如此，“以前文言文的皇帝专制，白话军出来反抗，在交战状态时当然认他为敌，不惜用尽方法去攻击他……五四前后，古文还坐着正统宝座的时候，我们的恶骂力攻都是对的”②。

上面说的过分否定文言文的问题上，周作人指出了“五四”时期的这个缺点，这是他自己真正的看法。另有一例，稍为不同，即关于“五四”时期对旧剧的过分否定的问题。我们知道，周作人自己一直是极不喜欢旧剧特别是京戏的，但是他在解放初期，在全国戏曲工作会议召开之后，有了不同的表态：“这回全国戏曲工作会议得到了重要的收获，据报上所发表几项决定都很正确重要，前进而又那么稳健，正是难得。其中一项，对历史上与传说中为人民所爱戴的英雄人物应予以肯定，我觉得就是很好的一例。在五四以来的偶像破坏的空气中，对于民间艺术往往过于打击，犯性急的毛病，结果至少也是无益，这到现今才算渐加纠正了。”③ 他这里所用的“民间艺术”一词，实专指旧戏曲而言，以其流行于民间故如此称呼，并不是一般意义上的民间艺术。对于旧戏，首先是京戏，“五四”时期是猛烈批评过。若是一般意义上的民间艺术，则“五四”时期正大为提倡，何曾“过于打击”过？周作人接着举出伍子胥、诸葛亮、赵子龙、岳飞、牛皋，都是旧戏特别是京戏中一向歌颂的。周作人认为，现在来肯定这些人物，自然不成问题。但是，他郑重指出：“在这里当然也有斟酌未必一律无条件的肯定，……关于关羽，我想这就没有那么简单，实在必须加以清算才对，因为这偶像后面是存在着一种

① 《自己的园地·〈旧梦〉序》。

② 《艺术与生活·国语文学谈》。

③ 《知堂集外文（亦报随笔）·495、反对关公》。

迷信的。"[①] 稍知京戏情况者，都知道关羽是京戏舞台上歌颂的第一名神圣化了的超级英雄，周作人恰恰提出他来要加以"清算"，警告不可"一律无条件的肯定"，可见他虽是出于政治上力求认同的心理，表示拥护戏曲工作会议的决定，检讨"五四"时期对旧戏过于打击的缺点，他的心底里其实还是颇有保留的。一个多月后，他说过一段透露心曲的话，他把爱看旧戏比作爱抽香烟，他自己不抽烟，不感觉它有什么香味，但是能够同情别人抽烟，"有如我不喜欢旧戏，但因为民众都爱看，我也就承认它是应该有的艺术，我自己尽管还是不看"[②]。可见他不喜欢旧戏的立场一直不变，只因为"民众都爱看"，才承认它为"民间艺术"才检讨，五四时期不该过于打击它，实际上只是承认它为一时难以禁止的一种流行的不良嗜好罢了。

对于"五四"新文学新文化运动的整个估价，周作人有他的一个独特的论点：新文学运动略有成绩，新文化运动却是失败的。新文学运动的成绩，他认为在于造成了几个能写作有思想的文人。他说："民六以后新文学运动轰动了一时，胡陈鲁刘诸公那时都是无名之士，只是埋头工作，也不求声名，也不管利害，每月发表力作的文章，结果有了一点成绩，后来批评家称之为如何运动，这在他们当初是未曾预想到的。……这有如一队兵卒，在同一目的下人自为战，经了好些苦斗，达到目的之后，肩了步枪回来，衣履破碎，依然是个兵卒，并不是千把总，却是经过战斗，练成老兵了，随时能跳起来上前线去。这个比喻不算很好，但意思是正对的，总之文学家所要的是先造成个人，能写作有思想的文人，别的一切都在其次。"[③] 他所举的胡（适）、陈（独秀）、鲁（迅）、刘（半农）诸公，还有他自谦未举的他自己，是中国第一代与旧日士大夫文人截然划开界限的新的人文知识分子的卓越代表。说"五四"新文学运动的成绩落实在造就了这些人物，也等于说落实在造就了一代新文人、一代新知识分子。就这个意义说，周作人是对的。

---

① 《知堂集外文（亦报随笔）·495、反对关公》。

② 《知堂集外文（亦报随笔）·544、关于纸烟》。

③ 《苦口甘口·苦口甘口》。

但是，周作人又似乎只看到那么几个人，并未充分看清他们所代表的新的社会基础，于是对“五四”新文化运动的成绩，估计得很悲观。他认为，日本明治维新运动中文化方面的成功，“因为明治文学的发达并不是单独的一件事，那时候在艺术、文史、理论的与应用的科学，以至法政军事各方面，同样有极大的进展，事实与理论正是相合。中国近年的新文化运动可以说是有了做起讲之意，却是并不做得完篇，其原因便是这运动偏于局部，只有若干文人出来嚷嚷，别的各方面没有什么动静，完全是孤立的偏枯的状态，即使不转入政治或社会运动方面去，也是难得希望充分发达成功的”①。今天我们来看，要指出他这样估计过于悲观，并不困难，要适当吸收其中的合理因素，却还值得着力。我们近年来常听到一种论调，说“五四”新文学新文化运动反传统反得太过，造成了民族文化的断层，结果导致了“文化大革命”，云云。关于所谓笼统的“反传统”其实并无其事，前文说过。至于是否“反得太过”，就应该听听周作人的说法，他认为当时只有若干文人出来嚷嚷，新文化运动只是有了“做起讲”之意而已，根本没有做得完篇，这是他的比较清醒的认识，我们也应该承认。这几个文人的嚷嚷，曾发生强烈的影响，固是事实；但旧中国的封建文化，弥天压顶地存在着，绝不是几个文人的嚷嚷便能摇撼它，更是事实。“五四”新文学新文化运动根本没有造成什么“民族文化的断层”，倒是由于其他原因，后来出现了“五四”传统的“断层”。所谓“文化大革命”不但不是“五四”新文化运动的结果，它作为反科学反民主的运动，直接就是反“五四”的。我们要彻底否定“文化大革命”，就要卫护它所反对的，就要清醒地看到“五四”没有太过的问题，只有不及的问题，这就是周作人这段话里值得吸取的合理因素。

周作人还详论中国新文学新文化运动与欧洲文艺复兴运动之异同云：“根据欧洲中世纪的前例，在固有的政教的传统上，加上外来的文化的影响，发生变化，结果成为文艺复兴这段光荣的历史。中国如有文艺复兴发生，原因大概也应当如此。不过这里有一件很不相同的

① 《苦口甘口·文艺复兴之梦》。

事，欧洲那时外来的影响是希腊罗马的古典文化，古时候虽是某一民族的产物，其时却早已过去，现今成为国际公产，换句话说便是没有国族在背后的，而在现代中国则此影响悉来自于强邻列国，虽然文化侵略未必尽真，总之此种文化带有国族的影子，乃是事实。接受这些影响，要能消化吸收，又不留有反应与副作用，这比接受古典文化其事更难，此其一。希腊思想以人间为本位，虽学术艺文方面杂多，而根本则无殊异，以此与中古为君为神的思想相对，予以调剂，可以得到好结果，现代则在外国也是混乱时期，思想复杂，各走极端，欲加采择，苦于无所适从，此其二。民初新文化运动中间，曾提出民主与科学两大目标，但不久展转变化，即当初发言人亦改口关，此可为一例。国民传统率以性情为本，力至强大，中国科举制度与欧洲文艺复兴同时开始，于今已有五百余年，以八股式的文章为手段，以做官为目的，奕世相承，由来久矣。用了这种熟练的技巧，应付新的事物，亦复绰有余裕，于是所谓洋八股者立即发生，即有极好的新思想，也遂由甜俗而终于腐化，此又一厄也。……本国固有的传统固不易于变动，但显明的缺点亦不可不力求克服，如八股式文的作法与应举的心理，在文人胸中尤多留存的可能，此所应注意者一。对于外国文化的影响，应溯流寻源，不仅以现代为足，直寻求其古典的根源而接受之，又不仅以一国为足，多学习数种外国语，适宜的加以采择，务深务广，依存之迹自可去矣，此所应注意者二。民国初年的新文化运动，参加者未尝无相当的诚意，然终于一现而罢，其失败之迹亦可为鉴戒”①。这又是他对于“五四”新文化运动没有能得大成功——他干脆叫做失败的原因之更深入的分析，他强调新文化运动失败在洋八股手下，即有极好的新思想，也被洋八股所腐化，这是他把重视思想革命，重视反八股文化的思想贯彻到底的结论。

1994 年 6 月 21 日夏至

（原载《中国文化》1995 年第 6 期）

---

① 《苦口甘口·文艺复兴之梦》。

# 知识分子社会角色的光荣与缺憾

## ——对"五四"新文化运动的再反思

顾　肃*

伟大的"五四运动"已经发生整整八十年了。中国在这八十年里发生了翻天覆地的变化，几度易帜，无数波澜，多少人为了理想和主义而献身，多少人成为政治斗争的牺牲品，革命与复辟，进步与倒退，崇高与卑劣，坚定与多变，各种人物都做了充分的表演。任何一项大的民众运动，在发生的近期内也许难以看清其全部社会效果或意义。随着时间的推移和社会本身的变化，人们才对其逐步加深认识。今天我们对于"五四"的反思显然不应该停留在一些既成的结论上，本文即试图从知识分子社会角色的视角重新审视"五四"新文化运动留给今人的遗产。

### 先进知识分子的启蒙救国运动

"五四"新文化运动是中国具有社会责任感的进步知识分子发起的一场启蒙和救国的群众运动，它以提倡新文化新道德、反对旧文化旧道德为主要任务，响亮地提出了"打倒孔家店"的口号。运动的标

* 顾肃，南京大学哲学系教授。

志是北京的大学生们为了“外争主权，内除国贼”而到天安门前举行集会和游行示威，反对卖国的北洋政府，要求取消“二十一条”、“废除中日军事协定”、“誓死收回青岛”。北京学生在遭到镇压以后，进一步激起了全国学生抗议，他们集体罢课，示威游行，声援北京学生反帝爱国的正义要求。学生运动影响了工商界，许多城市的商会以提倡国货和罢市的方式纷纷表示声援，而各地工人群众也以罢工来支持学生。一场涉及全国的群众爱国运动将延续了数年的新文化运动推向了高潮。

这场运动给中国的资产阶级革命家以新的鼓舞。在护法运动中遭到失败的中国反封建民主革命的伟大人物孙中山，从“五四运动”中看到了希望。他在五四运动八个月后致国民党党员的信中指出：“自北京大学学生发生五四运动以来，一般爱国青年无不以革新思想为将来革新事业之预备。于是蓬蓬勃勃，发抒言论。国内各界舆论，一致同倡。各种新出版物，为热心青年所举办者，纷纷应时而出。扬葩叶艳，各极其致，社会遂蒙极大之影响。虽以顽劣之伪政府，犹且不敢撄其锋。此种新文化运动，在我国今日，诚思想界空前之大变动。推原其始，不过由于出版界之一二觉悟者从事提倡，遂至舆论大放异彩，学潮弥漫全国，人皆激发天良，誓死为爱国之运动；倘能继长增高，其将来收效之伟大且久远者，可无疑也。”[①] 这场伟大的群众运动为孙中山提供了新的灵感和思路，使他看到群众的新觉醒和力量，开始重新解释三民主义，走上与中国共产党和苏维埃俄国合作、扶助农工的道路。

这场由富有社会责任感的高级知识分子发起的思想启蒙运动深刻地改变了国人的精神面貌。如果说，辛亥革命主要是通过不断策动的武装起义和新军的反叛来推翻封建帝制的话，那么，“五四运动”则是一场彻底的反帝反封建的群众性文化革新运动。前者虽然也伴随着民主革命思想的传播，但其广度和深度均不及后者。“五四”新文化运动的推动者是些高级知识分子和青年学生，一些著名学者所创办的

① 孙中山：《关于五四运动》，载《孙中山选集》，人民出版社 1981 年版，第 482 页。

《新青年》杂志成了这场思想革命和文学革命的先锋。在《新青年》的带动下，全国大量进步报刊广泛地传播新思想、新文化。那的确是中国思想文化界群星灿烂、百家争鸣、激动人心的辉煌年代，各种主义、思想此起彼伏、纷至沓来，诸如个人主义、社会主义、无政府主义乃至保守主义等思想都各显身手，得到介绍和传播，互有争论。这一切是利用了辛亥革命推翻帝制以后，中央专制权力出现真空，地方权力未稳固确立，对思想文化的控制力较弱的有利条件。从历史上看，思想解放往往发生在当权者控制力薄弱的地区和时刻，包括新旧政权交替、新的执政者需要以某些新思想和方式来确立自己的合法性的时候。

"五四"新文化运动的倡导者与此前的维新派明显不同，他们是些相对独立的民间知识分子，比较接近平民，因而更容易反映人民的呼声。他们又是些在海外留过学的高级知识分子，更知道外部世界的实际情况，包括其先进的思想、科学技术和政治运作方式，因而具有更彻底的革新性。与此不同，曾经相当激进地鼓励光绪皇帝推行改革新政的康有为和梁启超等人，则是聚集在朝廷周围的高级儒生。当晚清的中国在西方列强和日本的坚船利炮之下显得不堪一击时，维新派竭力鼓动朝廷效法日本实行维新变革。但当戊戌百日维新在以慈禧为首的清朝腐朽反动的后党残酷镇压下失败以后，这些上层社会的革新派精英却似乎失去了锐气，面对更年轻和贴近市民社会的孙中山等革命派，他们转向保皇。辛亥革命打破了旧的封建专制权威，却没有在短时期内形成民主的新秩序和权威，中国社会出现了新的混乱和道德沉沦。这也给那些保守派以新的口实，他们反对革命的理由是认为二十年来社会变动的结果太令他们失望，梁启超在1915年指出："我国民积年所希望所梦想，今殆已一空而无复余。……二十年来朝野上下所昌言之新学新政，其结果乃至为全社会所厌倦所疾恶：言练兵耶，而盗贼日益滋，秩序日益扰；言理财耶，而帑藏日益空，破产日益迫；言教育耶，而驯至全国人不复识字；言实业耶，而驯至全国人不复得食。其他百端，则皆若是。"① 于是，恢复旧秩序，依靠皇权来进行君

① 梁启超：《大中华发刊词》，载《饮冰室文集》之三十三，第80页。

主立宪式的开明专制，便成了维新派的志士们晚年的选择，但却一直未得成功。

面对社会的混乱局面，新文化运动的倡导者采取积极进取的态度，大胆地从外部世界引进新的思想文化因素，并且向中国两千年官方意识形态孔孟之道发起了猛烈的冲击。而发挥个人的首创性、解放个性便成了这些新人的杰作。世纪初国人思想大解放，打破一切既成的教条和框框，无所顾虑地追求新思想文化，其情其景甚至令今天的我们都难免惊羡感叹。中国广大知识分子在世纪初为了拯救垂危的民族所发出的惊天动地的呐喊在神州大地久久地回响。而作为其精神支柱的正是那种“天下兴亡，匹夫有责”的社会责任感，反传统的文化新人在此不仅继承了传统文人的社会职能，而且也与西方的知识精英角色一致。新文化运动的倡导者在当时既无朝廷的维新派所推动，南方革命派也未给予直接的支持，却做出了如此辉煌的启蒙业绩。任何一个社会的知识精英都是其精神脊梁，是引导社会前进的思想先锋，这种社会角色是别的社会阶层所无法取代的。因为知识精英对自身社会及外部文化具有敏锐的眼光，并以自己的广博见识进行横向与纵向的社会比较，充当了社会批判家、改革家和文化使者的角色。知识分子一旦放弃了这种社会角色，一个社会便会变得死气沉沉，没有正义感、是非感、责任感和良知，缺乏改革的激情和动力。新文化运动中知识分子将这种社会角色发挥得淋漓尽致，这是中国知识精英永远值得骄傲和自豪的义举。

不无遗憾的是，今天市场经济的发展迅速地促进了人们伦理道德的世俗化或功利化，也冲淡了知识分子的社会责任感和社会批判的意识，取而代之的是游戏人生和及时行乐，“过把瘾就死”。学术界也有人以“后现代”意识为由，开始嘲笑思想启蒙和社会批判的角色职能。且不说中国社会是不是已经具备了进入“后现代”的条件，就是在那些所谓的“后现代”社会，知识分子仍然是社会批判的先锋，仍然通过各种书报、媒体、讲坛传播自己的思想，在相当程度上影响着社会的政治和思想的发展方向。主动放弃自身的社会角色，无异于自毁长城，解除社会的道义理想。可以说，虽然已经过去了八十年，“五四”

新文化运动的倡导者们不畏惧权威教条、救国救民的责任感和“舍我其谁”挺身而出的献身精神仍然是今天知识分子的崇高榜样。

## 个性解放与“定于一尊”

在肯定新文化运动中知识分子的积极作用以后，我们也不该讳言其思想方法上的某些明显的缺陷。本来，思想解放需要发挥知识分子个体的独创性，即思想产品的差异性；社会批判也需要多种思想观点的平等争鸣，而不是只归结为一种声音、一个主义或单一意识形态；百花齐放的生命力正在于不断地维持一种思想繁荣的局面，通过不同思想的自由竞争，通过各个个体的片面思想之间的相互比较，全社会才不致归于简单幼稚。不幸的是，“五四”新文化运动以批判传统思想文化为核心任务，但在某种程度上又回归到了思想简单化、罢黜百家、定于一尊的旧传统，只是这“一尊”不再是孔孟之道而已。

任何一种文化中人们的思维都存在着不同的层次，其表层是一般价值观和意识形态，如个人主义或团体导向，纲常伦理及政治主张等，其深层则是更为隐蔽和复杂的基本价值取向，如单一主义还是多元主义，单向思维还是多向思维等等。各种文化变迁往往伴随着思维方式的变化，一般来说，表层思维的改变在先，深层变化在后，有时候深层思维的惰性会影响表层思维的变化方式。尤其是在思想革命的时期，人们激进地抛弃旧传统，引进新思想文化因素，但往往在不知不觉中已使外来思想文化变了形，带上了某些传统的东西。人们以为自己已经进行了思想文化革命，换了主义和观念，但却仍然保留了某些深层的传统结构。这就是思维的深层结构的惰性所产生的特殊的同化力量。“五四”新文化运动在某种意义上也重复了这种文化改造的过程。

陈独秀在《新青年》上大力吁请“德、赛”两先生，即西方的民主与科学，这正击中了中国问题的要害：政治专制缺乏民主，封建愚昧迷信缺少科学，因而需要从西方先进的制度中获取灵感和启示。但这些新人并没有深刻地认识到，民主不仅是推翻专制政府，确立人民主权的原则，而且需要分权制衡和言论自由等制度来保障人民的民主权利；同时民主还是一种生活方式，即从家庭关系、教育到社会关系，都能够宽容不同意见，鼓励正常理性的批评，并且要求执政者允许政治对立面的合法存在，理性而忠诚的反对派的长期合法存在是民主政治的一个标志。不全面地了解民主的这些制度保障和思想基础，便很难取得其真谛，往往只是空有民主之壳而无实质内容，甚至打着民主的旗号而实行新式专制。陈独秀本人在担任中共总书记期间作风霸道、独断专行、容不得同志正常的批评，这样一位大声吁请“德先生”的新文化巨匠也没有逃出“叶公好龙”的厄运，更不要说那些根本不了解民主为何物的掌权者了。由此足可见文化改造之艰难。

新文化运动是国家危亡关头知识分子的急切选择。这样一种仓促条件下的选择自然带有社会功利主义的成分。社会功利主义还不同于个人唯利是图的急功近利，它是为了社会的利益而简单化地寻找“灵丹妙药”，其出发点是崇高的，但其思考方式存在严重的缺陷。社会功利主义往往“饥不择食”，抓住一点便以为可以包治百病，一旦发现不灵了，便再去抓一个新的灵药，再来一次失望、抛弃、再选择的过程。今天我们经常看到的那种“一（　）就灵”的公式便是这种社会功利主义的现实表现，如简单化地认为经济改革“一包就灵”，国有企业改革“一股就灵”，“一卖就灵”，完全抛开具体条件，不深入思考行业的特殊性和政策适用性等问题，因而难以取得真正的实效。

这种简单化的思维在新文化运动中已经有所表现，比如对科学的认识便是如此。新文化运动把中国的科学主义思潮大大地推进了一步，国人因此而推崇科学，强调以经验证实和公理推演方式来验证知识，而不是依靠迷信权威、主观感觉、虚玄的直觉。新文化推动者大胆引进西方科学主义并认真理解和运用科学方法，其功不可没，但他们把科学意识形态化、信仰化和符号化，当成包治百病的灵丹妙药。胡适在阐述“科学的人生观”时便把科学当作不仅可以认识自然的全部奥秘，而且还可解决人生观的全部问题。“甚至于生存竞争的观念，也并不见得就使他成为一个冷酷无情的畜生。也许还可以格外增加他对于同类的同情心，格外地使他深信互助的重要，格外使他注重人为的努力而减免天然竞争的惨酷与浪费。"[①] 这实际上已理想化地把需要由其他社会机制来完成的任务也交给科学去完成。达尔文主义的"适者生存"，"优胜劣汰"并不必然引起人们对同类的同情心，科学自然也不能解决所有的社会问题。在著名的"科学与玄学"的论战中，科学派虽然最后大胜玄学派，却也把科学推向了这种类似宗教的地位。此后的中国，不管什么知识都会贴上"科学的"标签，连一些本属于人文主义和形而上本体论和价值观的东西也都一定要冠以"科学的"形容词，似乎非此便不能表明其货真价实。最典型的是将哲学或一般世界观等同于科学，或看作是科学知识的最高结晶，完全忽视了哲学具有含糊性、信仰性和非科学性的一面。由此可见科学名称之滥用。

中国的新文化运动看起来是激烈地反传统的，一切与旧文化、旧传统名称相联系的东西似乎都难以生存下去了。然而，任何一种文化传统都不会因为一两次政治和文化革命而销声匿迹。旧文化的生存力是巨大的，它也许不再利用原有的形式而苟延残喘，但却可以在人们的深层思想结构和模式中以新的方式复活。对科学简单化和意识形态化的理解便是如此。中国传统一元论的有机式思维模式也在科学主义中生了根。传统的知识分子虽然也有不同学派与风格的差异，但他们已习惯于在一个秩序井然、定于一尊的文化世界中生活，思想和价值观基本上是一元化的、非开放的体系。因此，当旧的一元化思想体系崩溃之后，他们又在新的一元化的科学主义体系中找到了精神寄托。于是，应运而生的便是单一的科学方法，万能的科学功能，使一切知识和信念都统一于简单化的科学。而且，中国的科学精英似乎比人文知识分子更缺乏对迥异的方法、风格、思想和流派的容忍，包括对权威、对自己的那种开放的批判的胸襟。胡适等人曾倡导存疑的批判精神，但在实践层面，科学精英们的表现并不尽如人意。虽然科学这个名称在这里被神圣化和普遍化了，但真正的科学理性精神并未能完全扎下根来，结出硕果。

这当然不是抹杀科学主义者的历史功绩。他们没有、不可能，也

① 胡适：《"科学与人生观"序》，载《科学与人生观》，第 27 页。

不必要把西方文化中的所有因素都引进来，也不必彻底地消除传统文化的一切成分。但令人遗憾的是，他们未能正确地认识传统文化各个层次上的诸多因素的作用和影响，在继承其积极因素的同时，克服其消极因素对思维结构的深层影响。中国的科学主义者未能在自己的科学实践中更深刻地改造一下自己的思维习惯，提高自己的科学素养，并由此而提升整个中华民族的科学理性的素质。

简单化思维弥漫于新文化运动当中，不能不说是一个重要的缺憾。人们看待制度和文化，要么是绝对地好，一切皆好，要么是绝对地坏，一无是处。孔孟之道是绝对坏的典型，所以必须彻底地“打倒孔家店”，而西方或者苏俄便是绝对地好，完善无缺。这种简单化的思维难以摆脱幻想，当发现所理想化的某种制度也存在缺点时，便简单化地全盘抛弃，将小孩与洗澡水一起倒掉。他们不善于“两害相权取其轻”，接受“必要的祸害”这样的概念。其实，民主也绝不是一种完善无缺的制度，只是所有不完善的制度中缺陷最小的一种而已。这些是新文化知识分子所未能深刻认识到的，他们对世界的认识存在过多理想化的成分。

显然，西方文化和制度并非绝对地好，甚至西式民主也存在重要的缺陷，也是在不断发展改造中的“必要的祸害”。如在西方民主制度下选出的政府却奉行帝国主义和霸权主义，那些主张民主和人权的国家也曾发生过第一次世界大战，并对弱小民族推行弱肉强食的殖民政策。在社会功利主义和简单化思维驱动下的新文化知识分子，一旦看到西方的这些缺陷之后，便又觉得西方的一切都不灵了，所以在运动后期，陈独秀等人都不再那么推崇西方的主流民主制度和文化，而一边倒地转向其激进的一翼即社会主义，特别是苏俄社会主义。今天看来，苏俄社会主义从计划经济到无所不包的官僚权力，从盲目排斥西方文化到以阶级斗争为纲，以专政方式对待人民内部的矛盾，都是其明显的弊端，也是中国人民在近二十年里致力于改革的对象。可在这个制度刚刚建立不久的苏俄，其平等对待弱小民族的政策宣示和工农掌权的新式民主，却掩盖了这些体制性弊端的潜在危险，中国知识精英中的许多人没有将理性和事实分析及批判性思维认真地用于研究苏俄新制度，而是理想化地以为可以拿来包治中国的问题。这种普及很广的新思潮也影响了资产阶级革命家孙中山等人。

简单化地理解西方民主制度，从绝对地好到绝对地坏，从理想化的迷信到全盘抛弃，这是一些新文化知识分子认识上的最大悲剧。这更影响了许多人的思想，的确妨碍人们认真地研究、批判地借鉴前面提到的西方民主的各种制度措施和基础观念，特别是宽容合法而忠诚的反对派的问题。中国从推翻帝制、建立南京临时政府，到军阀混战和国共对立，那种根深蒂固的“汉贼不能两立”的思维方式基本未变，只在北阀和日本侵略者的铁蹄蹂躏大好河山、国将不国之时，才出现过不同势力间短暂的宽容共存。一旦危机解除，便又是你死我活的流血冲突，建不成真正的联合政府。一元式思维必然以武力来解决政治合法性问题，因为大家都争唯一的正统，并且认为只有自己才能代表正统。而当人们迷信另一种制度时，却不再关注西式民主本身的改良和进化，从不考虑借鉴其合理的形式，以致把许多有价值的东西简单地放弃了。这也是新文化运动所没有认真解决的深层思维结构问题。

## 自由主义式微的历史教训

当然，新文化运动本身从未将思想完全定于一尊，而只是其中相当一部分人的思维方式一边倒，一窝蜂地、简单化地寻找万应灵药。中国自由主义者在思想界始终占有一席之地，只是由于其思维和生活方式过于接近西方而和者必寡。应该说，新文化运动的基本状况是思想开放和百家争鸣。世界一流的哲学大师罗素和杜威能够在当时的中国巡回演讲十来个月，足可见思想开放的程度。而胡适这位深受美国实用主义哲学影响、坚决提倡白话文、推进文学革命的自由主义者，早期与陈独秀共同扶植《新青年》，后来则走上了不同的政治道路。然而，中国的自由主义始终未能在新文化运动之后成为知识分子的主流，这当中的缘由和造成的损失很值得今天的人们思考。

作为中国自由主义的思想大师，胡适特别强调发扬人的个性的重要性，提请人们注意社会对个人的摧残，包括个人与世俗之间那种人为的迷信所导致的无数压制个性的“公论”：一切维新革命都是少数人发起的，都是大多数人所极力反对的。大多数人总是守旧麻木不仁的，只有极少数人，有时只有一个人，不满意于社会的现状，要想维新和革命。而大多数便把这种理想家当作大逆不道，因而以大多数的专制威权去压制少数理想志士，不许他们开口，限制其行动自由。故社会最大的罪恶莫过于摧折个人的个性，不使他自由发展。胡适强调个体性的重要性，认为其特性有两种：“一是独立思想，不肯把别人的耳朵当耳朵，不肯把别人的眼睛当眼睛，不肯把别人的脑力当自己的脑力；二是个人对于自己思想信仰的结果要负完全责任，不怕权威，不怕监禁杀身，只认得真理，不认得个人的利害。”为了保障人的个性和思想创新性，有必要克服将改造个人与改造社会截然两分的倾向，因为“个人是社会上无数势力造成的。改造社会须从改造这些造成社会，造成个人的种种势力做起。改造社会即是改造个人”①。

这种坚定的自由主义立场是其他一些思想大师所缺乏的，他们在救国主义的口号下，以寻找万应的“主义”为己任，却多少忽视了确立并持久地维护一种思想自由和个性解放的社会环境对于中国政治、经济和社会发展的重要性。“五四”新文化运动以思想大解放开始，但在发展过程中也往往陷入一味地追求新奇的主义，却未认真研究其具体内容，以解决中国的实际问题。新文化运动中的“问题与主义”之争便是在这样的思想背景下展开的。胡适在思想方法论上虽然接受了美国哲学家杜威的实验主义，但在一般政治与社会问题层面，却反对主义的滥用。胡适是新文化运动的干将，却属于那个坚持“多研究些问题，少谈些主义”的少数派。他指出，空谈好听的“主义”，是极容易的事，是鹦鹉和留声机都能做的事，但空谈外来进口的“主义”，是没有什么用处的。“一切主义都是某时某地的有心人，对于那时那地的社会需要的救济方法。我们不去实地研究我们现在的社会需要，单会高谈某某主义，好比医生单记得汤头歌诀，不去实地研究病

① 胡适：《贞操问题》，载《胡适作品集》第6册，第138页。

人的症候，如何能有用呢？……偏向纸上的‘主义’，是很危险的。这种口头禅很容易被无耻政客利用来做种种害人的事。”①

人们不可能完全不谈主义，但也不可只沉湎于主义。不去认真具体地研究解决中国现存的众多实际问题，而只是高谈主义，使人心满意足，自以为找到了包医百病的“根本解决”。新文化运动乃至其后知识界一些狂热分子热衷于此道，胡适对此深恶痛绝。但他也并不是完全反对主义的研究，特别是在有人对此产生了误解以后，他指出：“一切主义，一切学理，都该研究，但是只可认作一些假设的见解，不可认作天经地义的信条；只可认作参考印证的材料，不可奉为金科玉律的宗教；只可用作启发心思的工具，切不可用作蒙蔽聪明，停止思想的绝对真理。如此方才可渐渐养成人类的创造的思想力，方才可以渐渐使人类有解决具体问题的能力，方才可以渐渐解放人类对于抽象名词的迷信。”② 这种观点无疑包含着真知灼见。

新文化运动以来这八十年中国事态的发展，让人感到胡适对于片面地对待主义的担忧不是没有道理的。人们太多地耽迷于主义，以为抓到一个“主义”便可以解决中国的所有问题，因而不惜牺牲其他一切去为此而奋斗。举个简单的例子，国人曾经长期以为斯大林主义的那种计划经济体制是解决中国经济社会发展的万应灵药，从来没有认真地研究过其在苏联和中国运作过程中存在什么问题，更不要说根本体制性的弊端了。只有少数几个坚持自己独立思考的经济思想家写出一点质疑的文字，但也都被思想和舆论一律的极左路线所无情地扼杀、摧毁。人们如果多认真地研究中国经济的具体问题，多吸取各种制度下解决自身问题的经验教训，包括战后西方发达国家市场经济本身不断改良的经验和教训，实事求是地剖析现存“主义”即体制，那么，中国难道还至于要在全面经济和社会危机前夕才匆匆地推行取消计划经济、从头建立市场经济的改革与开放吗？而今天一些极左理论家们热衷于姓“社”还是姓“资”的主义之辨，全然不考虑这两种主义本身内容的变化，以及中国现实早已无法套进这两者的旧模子了。从这

① 胡适：《问题与主义》，载《胡适作品集》第4册，第114、142—143页。
② 同上。

个意义上说，以实践标准引导的改革开放是实验主义思想的一种继续。

中国自由主义在新文化运动以后虽然并未绝迹，却始终未成为主流的思想，只能作为少数在西方留过学的哲学家和社会科学家没有多少民众响应的呼喊，这不能不说是中国思想界的悲剧。新文化运动是解放个性的启蒙运动，个人话语曾经得到较充分的表现，但在救国主义和传统深层思维的限制之下，个人话语渐渐被淹没在集体话语体系中，或者被重新建立起来的新文化霸权所取代。胡适所担忧的那种多数人压制少数人真知灼见的恶性循环在新文化运动以后一再地发生，这是自由主义在中国社会式微的一个必然结局。少数独立思考的人出来批评现状，表示不满，提出改革的方案，但却被多数人当作大逆不道。此后当社会危机来临时，人们终于发现了这些少数人的先见之明，于是原先的“谬误”发展成为多数人的共识。但新的掌权者为了维持自己的统治，便又开始以多数人的意志为幌子压制新的少数创新者，如此循环往复。这种恶循环难道不值得今天的中国知识分子所深深地思索吗？特别是在经济市场化和社会高度功利化的今天，人文社会科学专业的知识分子大多成为“创收”的庸碌之辈，无心于自己社会批判和标新立异的天职，鲜见有人认真地思索中国社会改造的长远计划、根本方略和具体方案，并致力于重建失落了的人文精神和真正的科学精神，维护社会公正和道义良知，对此，新文化运动的大师们如九泉有知，也绝不会含笑的。

当然，我们不应将后来片面发展的责任完全归结为新文化运动。因为就在新文化运动大本营的北京大学，也曾经由蔡元培主创了“兼容并包”的学术思想自由的大环境。曾经担任过政府教育总长的蔡元培，认真总结了欧美乃至日本教育现代化的经验，在1916年底接任北京大学校长时，不是只接纳革新派人物，也让国学派、保守派等各派代表人物在北大讲坛上平等地竞争，真正使之成为不同思想流派自由竞争、百花齐放的学术繁华之地。那时的北大教授不是政治和权势者的奴隶，而是经常通过自己的口和笔影响中国政治和社会的进程，“五四”新文化运动便是个杰出的例子。而中国共产党的创始人便是北大陈独秀、李大钊教授这些新文化运动的主将。非常可惜，北大的这一思想自由的传统却在此后中国政治的残酷斗争下渐趋暗淡，风光不再。这固然是因为新的权势者为了自身的准独裁统治而强求“一个政党、一个领袖、一个主义”的主宰，但新文化运动的先锋人物没有以自己的实际行动将宽容异己、平等竞争、解放个性的自由主义的立场确立为学界的根本准则，使思想学术与政治保持相对的独立性，一些头面人物先后成为政治当权者的摆设、陪衬、辩护士或吹鼓手，或者自身卷入激烈的政治权力之争，他们也应对中国自由主义的式微负部分的责任。

思想自由的缺失，自由主义未能发育壮大，始终是个未成熟的婴儿，不仅对于学术界，而且对市场经济的发展、政治民主化、建立法治国家和人权保障事业，都是一种损失或不幸。直到近二十年，我们在经过了无数次人治的随意统治的沉痛教训以后，才决心以法治代替人治，终于把建立法治国家写进了今天的宪法，并且签署了联合国的人权公约，这可以说是一种迟到的可喜的进步。自由主义的基础是尊重个人权利，依法治国、政治民主最终都落实到人的权利这一点上，否则便缺乏逻辑的一致性。一个社会不必以个人主义为根本的价值取向，但在社会体制层面，尊重人的权利已经成为超国界的普遍的国际准则。市场经济的基础是进行平等交换的公民权利，我国只是在市场经济的改革以后才开始日益尊重人权，正在深入开展的法治化进程都是为了捍卫公民的权利。这种姗姗来迟的觉醒与自由主义的再复苏，是新文化运动八十年后的一个了不起的进步。

由此而想到文化多元主义的问题，既然允许不同的思想流派和主张共存，那么一个社会还有没有主导的东西呢？应该有的，那就是制度层面的重迭共识，这是具有不同政治观念、信仰和价值观的人们和谐共存于一个社会和大文化下的先决条件。重迭的共识只是人们信念中用以维护社会安定的共同的部分，比如赞同、参与并维护一种民主政治制度和法治秩序。传统的共识是以武力强行决定一个意识形态、一个合法政府或主权者，而现代的共识则是自由平等讨论基础上的全民契约，类似公民投票式的民主自决。在尊重各种不同价值观的前提下，基本面的重迭共识构成了社会稳定性的真正基础。这是文化多元主义的一个前提，也是今天我们重新认识并总结“五四”新文化运动所得出的一个重要的结论。

总之，“五四”新文化运动是富有社会责任感的中国知识分子发动的一场提倡新文化新道德、反对旧文化旧道德、解放个性的思想启蒙和救国运动，它促进中国人解放思想、面向世界的历史功绩是不容抹杀的。但新文化运动的倡导者们也继承了深层结构的传统思维，存在思想简单化、绝对化，将主义和原则理想化、意识形态化、定于一尊的缺陷。新文化运动曾经是思想宽容、百家争鸣的典范，但由于中国社会条件和传统的限制，中国的自由主义思潮始终是个未长大的婴儿，知识分子也未能持久地确立自身相对独立于政治权力、充当积极社会批判者、文化多元主义维护者、革新设计者和精神脊梁的社会角色。这种历史的遗憾，有必要通过今天进一步解放思想、完善市场经济和建立法治国家的改革来弥补。

（原载《江苏社会科学》1999年第3期）

# 五四新文化运动与中小学国文教育改革

钱理群*

1935 年胡适在香港华侨教育会曾做了一个题为《新文化运动与教育》的演讲，一开头即声明“我对于教育还是一个门外汉，并没有专门的研究。不过，我们讲文学革命，提倡用语体文，这些问题，时常与教育问题发生了关系。也往往我们看到的问题，而在教育专门家反会看不到的”①。我们由此而产生了研究的兴趣：五四新文化运动的先驱倡导的文学革命，与教育发生了怎样的关系？他们看到并提出了怎样的教育问题？并有过怎样的讨论？这些讨论对于我们今天有什么启示意义？——这也正是本文所要讨论的。

## 一

1917 年 1 月 1 日发行出版的《新青年》第 2 卷第 5 号发表了胡适的《文学改良刍议》，提出了文学改良的“八事”，即“须言之有物”“不摹仿古人”、“须讲求文法”、“不作无病之呻吟”、“务去滥调套话”、“不用典”、“不讲对仗”、“不避俗字俗语”。文章首次提出以白话文代替文言文作为文学写作的工具，强调白话文学“为中国文学之

* 钱理群，北京大学中文系教授。

① 胡适：《新文化运动与教育问题》，收《胡适文集》第 12 卷《胡适演讲录》，北京大学出版社 1998 年版，第 483 页。

正宗，又为将来文学必用之利器"，"今日作文作诗，宜采用俗语俗字。与其用三千年前之死字，不如用20世纪之活字，与其用不能行远、不能普及之秦汉六朝文字，不如作家喻户晓之《水浒》、《西游》文字也"。文章另外两个重点，一是强调"言之有物"，即以"情感"与"思想"为文学的"灵魂"，反对"沾沾于声调字句之间，既无高远之思想，又无真挚之情感"的形式主义倾向。其次是强调文学写作要摆脱"奴性"，"不作古人的诗，而惟作我自己的诗"，"人人以其耳目所亲见亲闻所亲身阅历之事物，一一自己铸词，以形容描写之。但求其不失其真，但求能达其状物写真之目的，即是功夫"。[①]

胡适的这篇文章是被公认为五四文学革命的开创之作，它提供了一种具有战略意义的选择，即以"文学革命"作为新文化运动的突破口，又以"文的形式"的变革作为文学革命的突破口。胡适后来有过更明确的说明："我们认定文字是文学的基础，故文学革命的第一步就是文字问题的解决"，[②]"这一次中国文学的革命运动，也是先要求语言文字和文体的解放。新文学的语言是白话的，新文学的文体是自由的，是不拘格律的"，"形式上的束缚，使精神不能自由发展，使良好的内容不能充分表现。若想有一种新内容和新精神，不能不先打破那些束缚精神的枷锁镣铐"。[③] 这里说得很清楚：这是一个解放运动，文字与文体的解放背后，是精神的解放与思想的自由。

由胡适的文章引发了《新青年》关于文学革命的持续讨论，后来又有了陈独秀的《文学革命论》（第2卷第6号）、钱玄同的《寄陈独秀》（第3卷第1号）等文，予以响应与发挥。我们感兴趣的是，讨论的开始还限于"文学"，后来，刘半农在《我之文学改良观》里，与陈独秀讨论"文学之界说"问题，提出了"文学"与"文字"之辩，主张以"诗歌、戏曲、小说、杂文、历史传记"为文学，而将

① 胡适：《文学改良刍议》，文收《胡适文集》第2卷《胡适文存》，北京大学出版社1998年版，第6—15页。

② 胡适：《〈尝试集〉自序》，文收《胡适文集》第9集《尝试集》，北京大学出版社1998年版，第82页。

③ 胡适：《谈新诗》，文收《胡适文集》第2集《胡适文存》，北京大学出版社1998年版，第134页。

“科学上应用之文字”，包括“新闻纸之通信”、“官署之文牍告令”、“私人之日记信札”等均列入“文字”范畴；陈独秀在附识中则强调他的“文学之文”与“应用之文”的区分，认为刘半农的“文字”即是他所说的“应用之文”。[①] 紧接着钱玄同就在《新青年》第3卷第5号上的《通信》中发出了“应用之文亟宜改良”的呼吁，并引发出了刘半农的《应用文之教授》一文（载《新青年》第4卷第1号）。这样，就由文学写作的讨论引向了应用文写作的讨论，或者说将文学革命、文学解放的要求扩展到了写作的解放。如刘半农、钱玄同的文章中反复强调“吾辈做事，当处处不忘有一个我，作文亦然。如不顾自己，只是学着古人，便是古人的子孙；如学今人，便是今人的奴隶。若欲不做他人之子孙与奴隶，非从破除迷信做起不可”，“言为心声，文为言之代表。吾辈心灵所至，尽可随意发挥，万不宜以至灵活之一物，受此至无谓之死格式之束缚”，[②] “今日作文，无论深浅高下，总要叫别人看得懂，故老老实实讲话，最佳”，[③] “要用老实的文章，去表明文章是人人会做的，做文章是直写自己脑筋里的思想，或直叙外面的事物，并没有什么一定的格式”，[④] 这些要求当然都不局限于文学，而是指向整个的思想与写作的。后来，钱玄同在《随感录》里更是直接向年轻一代发言：“我要敬告青年学生：诸君是二十世纪的‘人’，不是古人的‘话匣子’。我们所以要做文章，并不是因为古文不够，要替他添上几篇；是因为要把我们的意思写他出来。所以应该用我们自己的话，写成我们自己的文章。我们的话怎样说，我们的文章就该怎样做”。[⑤] 同一期《新青年》还发表了一篇读者来信，讨论五四新文化运动所要建立的“新文体”，提出其最基本的特质就是“用现在的意思，说现在的言语，写现在的文字，做现在的文体”。[⑥] 胡适也把他的“八事”概括为“四条”，即“要有话说，方才说话”，“有

① 陈独秀：《新青年》，见《新青年》第3卷第3号。
② 刘半农：《我之文学改良观》，载《新青年》第3卷第3号。
③ 钱玄同：《致陈独秀书》，载《新青年》第3卷第5号。
④ 钱玄同：《〈尝试集〉序》，载《新青年》第4卷第2号。
⑤ 钱玄同：《随感录·四十四》，载《新青年》第6卷第1号。
⑥ 查钊忠：《致钱玄同》，载《新青年》第6卷第1号。

什么话，说什么话；话怎么说，就怎么说”，“要说我自己的话，别说别人的话”，“是什么时代的人，说什么时代的话”。[①] 时隔八年以后，鲁迅在香港青年会的演讲中，谈及五四文学革命的目标时，也将其归结为“要说现代的，自己的话；用活着的白话，将自己的思想、感情直白地说出来”；并且号召青年“先可以将中国变成一个有声的中国。大胆地说话，勇敢地进行，忘掉了一切利害，推开了古人，将自己的真心的话发表出来”，“只有真的声音，才能感动中国的人和世界的人；必须有了真的声音，才能和世界的人同在世界上生活”。[②] 这样，五四新文化运动的先驱者们，就将他们所提倡的思想的启蒙（解放）与文字、文学的启蒙（解放），落实为“说现代中国人的话，而不是古人或外国人的话”，“说自己的话，而不是他人的话”，“发出真的声音，而不是瞒和骗的虚假的声音”这样三个基本要求上，而他们显然是将实现这样的理想的希望寄托在年轻的一代身上。

这样，他们对教育，特别是中小学教育的关注，就是必然的：要实现前述启蒙要求，教育是一个关键环节。于是，我们又注意到刘半农的《应用文之教授》一文的副题，即表明要“商榷于教育界诸君及文学革命诸同志”，而且以其所特有的明快尖锐地提出问题：“现在学校中的生徒，往往有读书数年，能做‘今夫’‘且夫’或‘天下者天下之天下也’的滥调文章，而不能写通畅之家信，看普通之报纸杂志文章者，这是谁害他的？是谁造的孽？”后来《新青年》第6卷第1号还专门发表了一位读者来信，说自己“自七岁入国民小学，十一岁入高等小学，十五岁入师范学校，二十一岁任小学教职”，深感“我国青年教育，大都不能摆脱奴隶性”。而另一位中学生来信，更是力陈当时国文教育的弊端：“每读一文，老师必讲此文之起承转合，于‘若夫’‘然则’诸字，不惮反复解说，往往上课一句钟，即专讲此类虚字；但我等听了许久，还是莫名其妙。前年秋，来了一位讲桐城派

① 胡适：《建设的文学革命论》，载《新青年》第4卷第4号。收《胡适文集》第2卷《胡适文存》，第45页。

② 鲁迅：《无声的中国》，收《鲁迅全集》第4卷《三闲集》，人民文学出版社1981年版，第15页。

文章的老先生，专选苏东坡、归有光诸人之文，而于每文之后加上一千字左右之评语；讲解之时，于本文文字不甚注意，即取此评语细细讲说，他老人家越讲得津津有味，我们越是不懂。所以同学诸人最厌恶的功课，就是国文，不特仆一人存此想也。”这封来信还抄录了一份“某校国文部修辞学试题”，单是题目就有420余字。编者陈独秀看了以后大发感慨：“这试题，不是现代学校试验国文题目，仍然是古代科场策问的老套头”，“我想全班学生总有一大半不知道这题目问的是什么”，“今天才晓得中学学生多半作文还不能通顺的缘故。这班国文教习，真是‘误人子弟……’了”。[①] 这里，实际上已经发出了中小学国文教育必须改革的呼声。而刘半农的《应用文之教授》在某种程度上正是《新青年》同人所提出的一个中小学国文教育改革的方案。在文章里，刘半农特意列表将“昔之所重而今当痛改者”与“昔之所轻而今当注意者”做了对比，其中最重要的，就是昔之旧国文教育以“摹仿古人”、“依附古人（即所谓‘文以载道’及‘代圣人立言’也）”为宗旨，而今之新国文教育则强调“以自身为主体，而以古人（或他人）之说为参证，且不主一家言”。这可以说是抓住了要害的。刘文还用十分平实的语言提出了新国文教育的目标：“只求在短时间内，使学生人人能看通人应看之书，及其职业上所必看之书；人人能作通人应作之文，及其职业上所必作之文”，他强调在这一目标背后贯穿了一种“实事求是”的精神。刘文对选文标准、讲授方法、作文要求、出题与批改原则，都提出了具体的意见。其要点是：“凡文笔自然，与语言之辞气相近者选；矫揉造作者，不选”，“极意模仿古人者，不选”，“故为深刻怪僻之文以欺世骇俗者，亦不选”，“凡思想过于顽固，不合现代生活，或迷信鬼神，不脱神权时代之气息者，均不选”；“作文要有独立之精神，阔大的眼光，勿落前人窠臼，勿主一家言，勿作道学语及禅语”，“以记事明畅，说理透彻，为习文第一趣旨”等等。不难看出，这一改革方案的基本指导思想就是自觉地将前述文学革命的启蒙精神与理念贯穿、落实于国文教育之中。

① 王禽雪：《摆脱奴隶性》，黄介石：《修辞学的题目》及陈独秀：编者附言，载《新青年》第6卷第1号。

后来陈独秀曾专门著文讨论“新文化运动是什么”,[1] 其实，文学革命与作为教育革命的一个方面的国文教育改革，都是构成了五四新文化运动的有机组成部分的，它们之间的相通也是必然的。

## 二

《新青年》在第2卷第5号（1917年1月1日发行）上发表了胡适《文学改良刍议》这篇发难文章，倡导以白话文“为将来文学必用之利器”以后，在第3卷第1号（1917年3月1日发行）发表了一条“国语研究会讨论进行”的消息，并公布了蔡元培领衔的《征求会员书》，宣称“同人等以为国民学校之教科书必改用白话文体，此断断乎无可疑者”，进一步把白话文作为国民教育的工具，并将白话文进入中学教科书的问题，提上了议事日程。这关系着“以白话文代替文言文”的文学革命目标的落实，《新青年》对此展开了热烈的讨论。在第3卷第2号“通信”的编者附记中，陈独秀提出：“白话文学之推行，有三要件。首有比较统一之国语。其次则须创造国语文典。再其次国之闻人多以国语著书立说。兹事非易，未可一蹴而几者。”这里还没有提到教科书的问题，到第3卷第3号就有读者来信建议商诸书局，“请其延聘长于国学而有新文学思想之人，刻选自古至今之文，不论文言白话散文韵文，但须确有可取，即采入书中”；同期发表的另一封读者来信则提出：“凡事破坏易而建设难。愿先生今后之论调，当稍趋于积极的建设一方面……至学校课本宜如何编撰，自修书籍宜如何厘定，此皆今日所急应研究者也。”[2] 值得注意的是，陈独秀在回答读者提出的“建设”问题时，特意提出“鄙意欲创造新文学，‘国语研究’当与‘文学研究’并重”。[3] 陈独秀如此重视“国语研究”是与前引他的推行白话文“三要件”直接相关的，这其实也是当时相

① 陈独秀：《新文化运动是什么?》，载《新青年》第7卷第5号。

② 一未署名读者：《致陈独秀书》，张护兰：《致陈独秀书》及陈独秀附言，载《新青年》第3卷第3号。

③ 陈独秀：编者附记，载《新青年》第3卷第3号。

当多的学者的意见，即先要通过国语研究确立“统一之国语”标准，再据此编成“国语文典”，再推广到具体写作实践中。对这样一条建设与推行国语的思路，提出挑战的是胡适。他在发表于《新青年》第4卷第4号（1918年4月15日发行）上的《建设的文学革命论》中，提出了另一个思路。他把文学革命的“宗旨”概括成十个大字：“国语的文学，文学的国语”，即一方面要用国语（白话）做“国语的文学”，另一方面唯有通过国语文学的创造，才能建立起真正的现代民族国家的统一的语言（国语）。针对陈独秀等大多数学者的前述思路，他指出：“国语不是单靠几位语言学的专门家就能造得成的；也不是单靠几本国语教科书和几部国语字典就能造成的。若要造国语，先须造国语的文学……天下的人谁肯从国语教科书和国语字典里面学习国语？所以国语教科书和国语字典，虽是很要紧，决不是造国语的利器。真正有功效有势力的国语教科书，便是国语的文学；便是国语的小说，诗文，戏本。国语的小说，诗文，戏本通行之日，便是中国国语成立之时。”[①] 在紧接着的《新青年》第4卷第5号与一位读者的通信讨论中，胡适对他的思路又做了进一步的阐述。讨论的是“文学改革的进行程序”问题。这位读者提出：“要想实行新文字，必定要从大学做起”，而且从大学的招考入手：“大学里招考的时候，倘然说一律要做白话文字，那么，中等学校里自然要注重白话文字了。小学校里又因为中等学校有革新的动机，也就可以放胆进行了。”胡适认为这“不是几个人用强硬手段所能规定的”，“我的意思，以为进行的次序，在于极力提倡白话文学。先要造成一些有价值的国语文学，养成一种信仰新文学的国民心理，然后可望改革的普及”，而普及的关键在“学校教育”，而且要“从低级学校做起”，“进行的方法，在一律用国语编纂中小学校的教科书”。胡适同时提出，“现在新文学既不曾发达，国语教科书又不曾成立，救急的办法只有鼓励中小学学生看小说”。[②] 可以看出，胡适的思路有两个关键环节，首先是创造具有生命活力的

① 胡适：《建设的文学革命论》，载《新青年》第4卷第4号。收《胡适文集》第2卷《胡适文存》，北京大学出版社1998年版，第45、47页。

② 盛兆熊、胡适：《论文学改革的进行程序》，载《新青年》第4卷第5期。

白话文学即所谓“国语的文学”，然后将这样的新创造的白话文学作品大量引入中小学国语教材，成为新的国语典范，先在中小学生中普及，经过一代又一代的积淀与传递，白话文就能够真正在国民中扎根，成为名副其实的“国语”，即现代民族国家统一的语言。

胡适的新思路，很快就产生了很大影响。白话文教科书的编写，一时成为《新青年》与教育界议论的热门话题。《新青年》第5卷第2号发表钱玄同与刘半农的讨论，明确提出“国文科必须改为国语科。十岁以内的小孩子，绝对应该专读白话的书；什么‘古文’，一句也用不着读”。[①] 接着第5卷第3号胡适又在一封通信中提出：“现在的一切教科书，自国民学校到大学，都该用国语编成。”[②]《新青年》第6卷第2号又发表一篇读者来信，提出“对于未受旧文学传染的小国民，应当可怜他，别叫他再受传染病了。鄙见以为从速编新文学教科书，正是改革新文学的急务”。钱玄同在回信中则说：“编新文学教科书一事，同人都有此意，现在方在着手进行。但此事不甚容易做。不但文章要改革，思想更要改革，所以不能一时三刻就拿出许多成绩品来。”[③] 钱玄同这里所说的同人正在着手编写的新文学教科书，指的是在蔡元培主持下的孔德学校自行编写的白话文教科书《国语读本》；[④] 这是1918年春，蔡元培召集孔德学校教员举行教育研究会，在会上作出的决定，与会者说：“今日所议之教科书，绝非专为孔德学校，而为全国各学校计。”有学者认为这是预示着关于教科书的改革的议论将进入“实质性”的“新的阶段”的。[⑤] 正是一年以后，1919年4月，国语统一筹备委员会召开成立大会。该委员会是教育部的附设机关，自然格外引人注目。在这次会议上，周作人、胡适、钱玄同、刘

---

① 据有的学者研究，最早提出“改初小国文科为国语科”的是1916年发表于《中华教育界》第5卷第8期的陈懋治的文章《国民学校改设国语科意见书》，但并未产生大的影响。参见王建军《中等近代教科书发展研究》，广东教育出版社1996年版，第249页。

② 胡适：《答黄觉僧君折衷的文学革新论》，载《新青年》第5卷第3号。

③ 彝铭氏、钱玄同：《对于文学改革之意见二则》，载《新青年》第6卷第2号。

④ 钱玄同在《新青年》第6卷第6号的通信中说：“去年蔡孑民先生在北京办了个孔德学校，先把那国民学校第一年级改用国语教授，由我们几个人编了一本《国语读本》第一册；据教的人说比用坊间出版的国文教科书，学生要容易领会得多了。”

⑤ 参见王建军《中国近代教科书发展研究》，广东教育出版社1996年版，第238—239页。

半农等提出了一个《国语统一进行方法的议案》，主张“统一国语既然要从小学校入手，就应当把小学校所用的各种课本看做传播国语的大本营，其中国文一项尤为重要，如今打算把《国文读本》改作《国语读本》，国民学校全用国语，不杂文言，高等小学酌加文言，仍以国语为主体”。[①] 这样，白话文进入中小学课本就从民间的呼吁开始进入了国家体制内的操作，时机也日趋成熟。到了1919年11月1日出版的《新青年》第6卷第6号，钱玄同就以更加迫切的口气，指出："改良小学校国文教科书，实在是‘当务之急’。改古文为今语，一方面固然靠着若干新文学家制造许多‘国语的文学’；一方面也靠小学校改用‘国语教科书’。要是小学校学生人人都会说国语，则国语普及，绝非难事。”有意思的是，在这篇通信里，钱玄同特意指出：“《新青年》里的几篇较好的白话论文，新体诗，和鲁迅君的小说，这都是同人做白话文学的成绩品”，而“周启明君翻译外国小说”，“在中国近来的翻译界中，却是开新纪元的”。[②] 显然在他看来，这些白话文学的实绩都是有资格进入白话文教科书的。两个星期以后，即1919年11月17日，蔡元培在北京女子高等师范学校做《国文之将来》的演讲，指出“国文的问题，最重要的，就是白话和文言的竞争。我想将来白话派一定占优胜的”。[③] 这个预言很快就得到了证实：1920年1月，教育部正式通令全国：“自本年秋季起，凡国民学校一二年级，先改国文为语体文，以期收言文一致之效。”并以部令修改学校有关法规。同年4月，教育部又发出通告，规定截至1922年，凡用文言文编的教科书一律废止，要求各学校逐步采用经审订的语体文教科书，其他各科教科书也相应改用语体文。[④] 就在教育部通告颁布的同时，商务印书馆出版《新体国语教科书》（八册），这是中国第一部小学国语教科书。接着，商务印书馆又出版了《中等学校用白话文范》（四册），这是中国第一部中学国语教科书。此后，国语教科书大增。据历届国语统一会

① 原载《教育公报》1919年第6年第9期，转引自王建军《中国近代教科书发展研究》，广东教育出版社1996年版，第252页。

② 钱玄同：《关于新文学的三件要事答潘公展》，载《新青年》第6卷第6号。

③ 蔡元培：《国文之将来》，《蔡孑民先生言行录》，山东人民出版社1998年版，第88页。

④ 参见王建军《中国近代教科书发展研究》，广东教育出版社1996年版，第252—253页。

审查工作的报告，仅1920年就审订了173册国语教科书，1921年又审订了118册。[1] 白话文教科书的地位终于得到了正式的确认。

这真是一个历史的巨变时期：从理论的设计，探讨；到媒体的呼吁，讨论，形成社会舆论；到政府权力的运作，[2] 不过短短的几年时间，从此五四时期中小学国文教育改革，以及整个教育改革跨出了决定性的一步，如胡适所说："这个命令是几十年来第一件大事。它的影响和结果，我们现在很难预先计算。但我们可以说：这一道命令把中国教育的革新至少提早了二十年。"[3] 其意义其实是超出了教育范围的，它不仅是中国现代汉语发展史，更是中国现代文学发展史上的一个划时代的事件。在某种意义上，它是五四文学革命最具有实质性与决定意义的成果。且不说它的深远影响：五四文学革命所创造的现代文学是通过进入中小学教科书而真正在国民中扎根的；在当时就取得了出人意料的效果：白话文作为新思想的载体进入课堂，成为青少年思维、表达、交流的工具，这是一次空前的精神的大解放，于是被压抑的创造力就得到了空前的释放，如胡适所说，很短的几年间，"全国的青年皆活跃起来了，不只是大学生，纵是中学生也居然要办些小型报刊来发表意见。只要他们在任何地方找到一架活字印刷机，他们都要利用它来出版小报。找不到印刷机，他们就用油印"。[4] 茅盾在《中国新文学大系·小说一集·导言》里，曾谈到1922年到1925年"青年的文学团体和小型的文艺定期刊物蓬勃滋生"的盛况，其中就有许多是由中学生和师范生（也包括他们的老师）主办的，如河北冀县第六师范的文学研究会出版《微笑周刊》，陕西榆林中学所办的《姊妹旬刊》和《榆林旬刊》，南京第四师范的无名作家社，徐州许东

---

① 据费锦昌主编《中国语文现代化百年记事》，语文出版社1997年版，第34页。

② 胡适对政府权力运作的作用给予了极高评价；他在《好政府主义》一文中指出："数年前曾主张白话，假如只是这样在野建议，不借政府的权力，去催促大众实行，那就必须一二十年之后，才能发生影响。"文收《胡适文集》第12卷《胡适演讲录》，北京大学出版社1998年版，第717页。

③ 胡适：《〈国语讲习所同学录〉序》，原载《新教育》1921年第3卷第1期，收《胡适文集》第2卷《胡适文存》，北京大学出版社1998年版，第164页。

④ 胡适：《胡适口述自传·第八章，从文学革命到文艺复兴》，《胡适文集》第1卷，北京大学出版社1998年版，第332页。

中学的春社出版的《春的花》，宁波第四中学的曦社、飞娥社，台州第六中学的知社出版的半月刊《知》，潮州金山中学的晨光文学社，长沙一中鸡鸣社出版的《鸡鸣》，川南师范星星文艺社出版的《星星》，昆明联合中学办的《孤星周刊》，东北文会中学的东光社主办的《东光周刊》等。《新青年》第6卷第3号曾以《欢迎“新声”》为题，发表了胡适和武昌中华大学中学部新声社的同学的一封通信，胡适在回信中谈道：“北京有一个中学的学生做了一篇文章，对于孔丘颇不很满意。他的先生看了大怒，加了一个长批，内中有‘出辞荒谬，狂悖绝伦’八个大字的断语；又说，‘有如此之才气，有如此之笔仗，而不为正规之文，惜哉！惜哉！’”胡适遂将这位老先生的批语略改几个字，赠给新声社的年轻朋友：“诸君有如此之才气，有如此之笔仗，甚望努力勿为正规之文；甚望勿畏‘出辞荒谬，狂悖绝伦’的批评；甚望时时以这八个字自豪！”其实这样的开始觉醒、才华洋溢，因为白话文的使用而发出了自己的声音的中学生几乎是遍布全国的，而且越是边远的地区，中学生们所发挥的作用越大，往往成为当地新思想文化的中心。也正如茅盾描述的那样，这“好比是尼罗河的大泛滥，跟着来的是大群的有希望的青年作家，他们在那狂猛的文学大活动的洪水中已经练得一副好身手，他们的出现使得新文学史上第一个‘十年’的后半期顿然有声有色！”[①] 这是一个良性的互动：新文学哺育了年轻一代的同时，也为自己的发展培育了后备力量，从而获得了新的活力。

## 三

先驱者们深知，要使已经迈出决定性的一步的中小学国文教育改革，真正健康、持续地发展下去，就必须加强国文教育理论的建设，使教育改革真正建立在科学的基础上。于是，《新青年》第8卷第1号（1920年9月）、4号（1920年12月1日）引人注目地发表

① 茅盾：《中国新文学大系·小说一集·导言》，《中国新文学大系·小说一集》，上海文艺出版社影印本1981年版，第7—8页。

了胡适的《中学国文的教授》与周作人的《儿童的文学》。

为了叙述的方便，我们先说周作人的《儿童的文学》。这是他在北京孔德学校的一次演讲，一开头即声明："今天所讲儿童的文学，换一句话便是'小学校里的文学'"，因此所要讨论的正是小学的文学教育。周作人的论述有两点很值得注意。一是他把"如何理解儿童"作为讨论的基础，一开始就提出"以前的人对于儿童多不能正当理解，不是将他当做缩小的成人，拿'圣经贤传'尽量的灌下去，便将他当做不完全的小人，说小孩懂得甚么，一笔抹杀，不去理他。近来才知道儿童在生理上，虽然和大人有点不同，但他仍是完全的个人，有他自己的内外两面的生活。儿童期的二十几年的生活，一面固然是成人生活的预备，但一面也自有独立的意义与价值"。这里所强调的"儿童是人，是有自己独立意义与价值的完全的个人"，这正是五四新文化运动的基本理念，也就是说，周作人将五四"人的发现，个性的发现"运用、扩大到小学教育上，强调"儿童教育，是应当依了他内外两面的生活的需要，恰如其分的供给他，使他生活满足丰富"，一切以儿童的个体生命的健全发展为出发点与归宿，这就把中小学教育改革（包括国文教育改革）提到了一个新的思想与理论的高度，其意义是不可低估的。在周作人看来，小学里的文学教育也必须建立在对儿童的理解与尊重上，据此他提出"小学校里的正当的文学教育，有这样三种作用：（1）顺应满足儿童之本能的兴趣与趣味；（2）培养并指导那些趣味；（3）唤起以前没有的新的兴趣和趣味"。并主张按照儿童生理发育与心理发展的程序来选择、安排教材和相应的教学方法。这些意见直到今天也不失其意义；更重要的是，它启示我们：要把语文教育改革真正建立在"科学地认识儿童"的基础上，就必须有多学科——不仅是教育学，还有心理学、生理学、人类学（周作人的文章对这几方面都有涉及）等等——的通力合作与共同努力。

胡适的《中学国文的教授》一开始也是声明自己是"门外汉"来谈中学国文教育；不过他强调的是"门外汉有时也有一点用处"："内行"的教育家往往"跳不出习惯法的范围"，"不免被成见拘束住了”；而“门外旁观的人，因为思想比较自由些，也许有时还能供给一点新鲜的意见，意外的参考材料”——当然，也只是“参考”而已。胡适在文章结束时，还强调他的意见“完全是理想的”，因此，他“希望现在的和将来的中学教育家肯给我一个试验的机会，使我这个理想的计划随时得用试验来证明哪一部分可行，哪一部分不可行，哪一部分应该修正”。——既坚持理想，又采取试验的科学态度；既坚持独立思考，不为成见所拘，大胆提出“新鲜的意见”，又随时准备根据试验的结果来“修正”自己的意见：这都显示了五四那一代人的风范和民主、科学精神。胡适的主张，有的我们将在下文再作讨论，这里先谈两点。一是他对旧国文教育的批评集中在“不许学生自由发表思想”这一点上，而把“中学国文的理想标准”首先定为“人人能用国语（白话）自由发表思想——作文、演说、谈话——都能明白晓畅，没有文法上的错误”。这样，也就把中小学国文教育改革提到了“自由发表思想”的高度，这与周作人对“人的个性的健全发展”的强调是具有同样重大意义的。胡适文章的另一值得注意之处是他对“教授法”的重视。他提出了“用‘看书’来代替‘讲读’”的主张。无论是国语文的教学，还是古文的教学，他都强调学生“自己准备”，“自己阅看”，教员指导下的课堂“学生讨论”与课外“自修”，在作文上他也强调学生“自己出题目”，自己“去搜集材料”，“应该鼓励学生写长信，作有系统的笔记，自由发表意见”，并特别提倡“演说与辩论”这两种“国语和国语文的实用的教法”。这背后是一个教育观念的转变：由“教师本位”转向“学生本位”，由“外在的强制灌输”转向“自觉的学习能力的培养”。而其中的一个关键仍然是要正确地认识学生，相信他们潜在的巨大的学习能力和创造力；胡适为此而大声疾呼：“请大家不要把中学生当做小孩子看待。现在学制的大弊就是把学生求知识的能力看得太低了。”①

胡适的文章也引起了热烈的讨论。其中最重要的，就是梁启超

① 胡适：《中学国文的教授》，原载《新青年》1920年第8卷第1号，收《胡适文集》第2卷《胡适文存》，第152—163页。

1922 年七八月的讲演《中学以上作文教学法》。[①] 如论者所说，这篇演讲的有些内容是针对胡适《中学国文的教授》的，因此，有“八十年前的中学国文教育之争”的说法。[②] 从全文看，梁启超的许多观点是与胡适以及前述《新青年》同人的看法有共通之处的，如强调“文章的作用在把自己的思想传达给别人”——“所传达的恰是自己所要说的”，“传达须是自己的意思，一点不含糊，一点不被误解”；教材选择主张“本无话说，而以词藻填满”的“绮靡之文不可选”，“本不愿说的话，勉强说出，而要说的话不说”，“无须说的话而说的，都不能要”，“矫揉造作之文不可选”；在教授法上，重视学生自己阅读，提倡“讨论式的讲授”，强调“教员不是拿所得的结果教人，最要紧的是拿怎样得着结果的方法教人”，“教学生就是要教会他打师傅”，使“他所得的能和你一样多，或可看出你的错处”，等等。

但意见的分歧又是确实存在的。这主要有三个方面。首先是关于中学国文教学是以国语文（白话文）为主，还是以文言文为主？胡适在《中国国文的教授》里，把“中学国文的目的”分成两个部分，首先是要求学生“人人能用国语（白话）自由发表思想”，其次要求“人人能看平易的古文书籍”，“人人能作文法通顺的古文”，“人人有懂得一点古文文学的机会”。显然把重心放在国语文（白话文）的运用上，但他在设计“中学国文课程”时，又是将国语文与古文的教学定为一与三的比例，并且还开列了一大批“自修的古文书”的阅读书目，他的理由是“我假定学生在两级小学时已有了七年的国语，可以够用了”。但胡适很快就发现，他所说的这个前提是大可怀疑的：小学阶段并不能完全解决学生对国语文的运用问题。因此，在两年后所写的《再论中学的国文教学》里，就做了修订：首先是强调“我们认

① 1922 年暑期梁启超在天津南开大学与南京东南大学以“中学以上作文教学法”为题做演讲，在南开大学的讲稿曾在《改造》第 4 卷第 9 期发表，在东南大学的讲演记录稿则于 1925 年 7 月以《梁任公先生讲中学以上作文教学法》为书名由中华书局出版。近日又有八页手稿发现，以中学国文教材不宜采用小说为题，发表于《现代中国》第 3 期，并转载于《中华读书报》2002 年 8 月 7 日。

② 参见陈平原《八十年前的中学国文教育之争——关于新发现的梁启超文稿》，文载《中华读书报》2002 年 8 月 7 日。

定一个中学生至少要有一个自由发表思想的工具，故用‘能作国语文’为第一标准”，“国语文通顺之后，方可添授古文，使学生渐渐能看古书，能用古书”，“作古体文但看做实习文法的工具，不看做中学国文的目的”。在课程设计上也做了相应调整，规定“在小学未受过充分的国语教育的”，“宜先求国语文的知识和能力”，“继续授国语文至二三学年，第三四学年内，始得兼授古文，但钟点不得过多”，“四学年内，作文均应以国语文为主”：“国语文已通畅的”，则“宜注重国语文学与国语文法学”，“古文钟点可稍加多，但不得过全数三分之二”，“作文则仍应以国语文为主”。[①] 胡适的这一主张在他为中华教育改进社第一次年会所作的议案修正中表述得更为清晰：“现制高小国文科讲读作文均应以国语文为主；当小学未能完全实行七年国语教育之时，中等各校国文科讲读作文亦应以国语文为主；要于国语文通畅之后，方可添授文言文；将来小学七年实行国语教育之后，中等各校虽应讲授文言文，但作文仍应以国语为主。”[②] 可以看出，胡适对中学国文教育的主张与设计，虽有调整，但始终坚持一条，即他所说的以“能作国语文为第一标准”，因为他认定唯有白话文才是现代中国人自由发表思想的最有力的工具，这也正是五四新文化运动的基本理念。和胡适的主张相反，梁启超在《中学以上作文教学法》中，提出：“我主张高小以下讲白话文，中学以上讲文言文，有时参讲白话文，做（文）的时候，文言、白话随意。”他强调“文之好坏，和白话、文言无关”，“文章但看内容，只要能达，不拘文言、白话，万不可有主奴之见”。这似乎是超越了胡适所坚持的文（言文）、白（话文）对立，但他对文言文和“近人白话文”的价值判断也是鲜明的，在新发现的《中学国文教材不宜采用小说》一文里，他断言：近人白话文中，“叙事文太少，有价值的殆绝无”，“议论文或解释文中虽有不少佳作，但题目太窄，太专门，不甚适合中学生的头脑”，“大抵刺激性

① 胡适：《再论中学的国文教学》，原载《晨报副镌》1922年8月27日，收《胡适文集》第3卷《胡适文存》第2集，北京大学出版社1998年版，第601—603页。

② 见胡适1921年7月5日日记所附剪报，收《胡适日记全编》第3卷，安徽教育出版社2001年版，第717页。

太剧，不是中学校布帛菽黍的荣养资料”，他的结论是：“希望十年以后白话作品可以充中学教材者渐多，今日恐还不到成熟时期。”他还说：“国内白话文做得最好的几个人，哪一个不是文言文功底用得很深的?”[①] 在他思想的深处，显然认为学好文言文是写好文章（包括白话文）的根本。而且梁启超实际上是认为“近人白话文”即新文学作品是不能（至少暂时不能）进入中学国文教材的，这就与新文学的创造者们发生了根本的分歧。胡适做了相反的估价，他在《再论中学的国文教学》里说：“三四年前普通见解总是愁白话文没有材料可教；现在我们才知道白话文还有些材料可用，倒是古文竟没有相当的教材可用。”因为在他看来，古书是要经过一番“新式的整理”才能进入教材，提供学生自修的。[②] 而所谓“只有学好古文才能也必能写好白话文”的观点，自然也是新文学者所不能接受的；鲁迅在《无声的中国》里就说过：学韩学苏，“即使做得像，也是唐宋时代的声音，韩愈苏轼的声音，而不是我们现代的声音”。[③] ——发出现代中国人自己的声音：这始终是鲁迅、胡适们所追求的目标，也是他们思考中学国文教育的基本出发点，在这一点上，他们是不会让步的。当然，梁启超们的“十年以后再说”论，对新文学者不仅是一个挑战，也是一种刺激，如胡适后来在《中国新文学大系·建设理论集·导言》里所说，“人们要用你结的果子来评判你”，[④] 新文学作品，现代白话文，要真正在中学国文教材中扎根，还需要经过更艰苦的长期努力。

胡适在《中学国文的教授》里，关于中学国语文的教材，提出了三个方面的选材，首先是“小说”，要求“看二十部以上，五十部以下的白话小说”，其次是“白话的戏剧”与“长篇议论文与学术文”。在对古文教材的设计中，也强调“应多看小说”，提及的古人与近人

---

① 梁启超：《中学国文教材不宜采用小说》，载《中华读书报》2002 年 8 月 7 日。

② 胡适：《再论中学的国文教学》，收《胡适文集》第 3 卷《胡适文存》，北京大学出版社 1998 年版，第 605、606 页。

③ 鲁迅：《无声的中国》，《鲁迅全集》第 3 卷《三闲集》，人民文学出版社 1981 年版，第 12 页。

④ 胡适：《中国新文学大系·建设理论集·导言》，收《中国新文学大系·建设理论集》，上海文艺出版社影印本 1981 年版。

写的文言散文，多偏于议论文字，并且强调在编选上“每一个时代文体上的重要变迁，都应该有代表。这就是最切实的中国文学史”。不难看出，胡适在指导思想上是把中学国文教育的重点放在文学教育（包括文学史教育）上的。[①] 至于强调议论文而忽视叙事文，则是因为他认为叙事的能力的训练在小学阶段已经完成。如前所说，周作人讨论与强调的也是“小学的文学教育”。突出文学教育，这显然与我们前面讨论过的试图通过中小学国文教育将新文学普及到年轻一代的思路直接相关。但这是并非新文学创造者的梁启超所不关心的，他要讨论的是，对中学生的国文训练重点应该放在哪里？他在《中学国文教材不宜采用小说》一文里，明确地表示：“学生须有相当的有欣赏美文的能力，我是承认的；但中学目的在养成常识，不在养成专门的文学家，所以他的国文教材，当以应用文为主，而美文为附。除却高中里头为专修文学的人做特别预备外，我以为一般中学教材，应用文该占百分之八十以上，纯文学作品不过能占一两成便了。此一两成中，诗词曲及其他美的骈散文又各占去一部分，小说所能占者计最多不过百分之五六而止。”他进一步强调“学文以学叙事文为最”。这是梁启超关于中学国文教育，特别是作文教育的一个基本观点。后来他还专门写过一篇《为什么要注重叙事文字》的文章，详加论说。在他看来，叙事文字所注重的是观察力，与小说偏于想象力不同，[②] 而对于中学生观察力的训练是更重要的，“偏于幻想及刺激性太重的文（学）”，对于中学生“总不能认为适当”。[③] 针对当时中学作文教学普遍向议论文倾斜的教法，梁启超更是做出了十分尖锐的批评，他指出，这种教法在文章上不见得容易进步，而在学术上德性上先已生出无数恶影响，教员出八股、策论似的题目让学生做，就是在奖励剿说（袭

① 胡适在谈到中学国语教材中，强调了小说、戏剧，却没有列出诗歌，这可能与他的下列判断有关：“近两年来的成绩，国语的散文是已过了辩论的时期，到了多数人实行的时候了。只有国语的韵文——所谓‘新诗’——还脱不了许多人的怀疑。”见胡适1919年10月所写《谈新诗》，收《胡适文集》第2卷《胡适文存》，北京大学出版社1998年版，第133—134页。

② 参见《梁任公先生讲中学以上作文教学法》，中华书局民国十四年（1925年）再版，第19页。

③ 梁启超：《中学国文教材不宜采用小说》，《中华读书报》2002年8月7日。

用人言），奖励空言，奖励轻率，奖励刻薄及不负责任，奖励偏执，奖励虚伪，会让青少年养成恶习惯。这种教育会养成不健全的性格，映现在行为上，国家和社会的败坏未始不由于此，这是教育界的膏肓之病。[①] 在这里，梁启超已经把作文的训练提高到对学生人格塑造的高度来认识，这是确有见解的。

胡适在最初提出文学改良“八事”时，即已强调“须讲文法”。后来他在设计中学国文教育时，在教学目的上就规定学生写作必须“没有文法上的错误”，并把文法教授放在一个十分突出的位置，不但在课时分配上规定每一学期都要讲授文法，“第一年，专讲国语的文法。要在一年之内，把白话文法的要旨都讲完”，“第二三年，讲古文的文法”，并“应该处处同国语的文法对照比较”；而且用很极端的语言提出：“以后中学堂的国文教员应该有文法学的知识，不懂文法的，决不配做国文教员。”[②] 以后，中国的国文教育，包括1949年以后的语文教育，一直突出文法（语法）教育，并越来越强调文法（语法）的知识体系，把语文教学变成语法、修辞、字句的操练，显然是延续了胡适的思路。梁启超在如何对中学生进行写作训练上则另有见解。他反复强调“辞达而已”这四个字：“本来文章不过是将自己的意思转达给别人，能达便是文章。文章一部分是结构，一部分是修辞，前者名文章结构学，后者名修辞学。文章好不好，以及能感人与否，在乎修辞。不过修辞是要有天才，教员只能教学生做文章，不能教学生做好文章”，“孟子说得好：‘大匠能予人以规矩，不能使人巧’”，教员“所能教人的只要规矩。现在教中文的最大毛病，便是不言规矩而专言巧”。因此，他主张在阅读教学应以讲结构为主，帮助学生理解作者的思路，“于文的思想，路径，发动，转折，分析和总合，皆可懂得。若有几百篇文章，学生真能懂得，没有不会作文的”。作文教学更是要着力于“养成学生整理思想的习惯”，“作文必须先将自己的思想整理好，然后将已整理的思想写出来”。作文“评改宜专就理法，

① 转引自臧清《一条有待重访的语文教育之路——梁启超语文教育观的当代启示》，载《东方文化》2002年第4期。

② 胡适：《中学国文的教授》，《胡适文集》第2卷《胡适文存》，第153、154、160页。

讲词句修饰偶一为之。改文应注意他的思想清不清，组织对不对，字句不妥当不大要紧（因为这是末节），偶尔有一二次令学生注意修辞，未尝不可，然教人作文当以结构为主”。[①] 有学者将梁启超的中学国文教育主张概括为重视情感教育（梁启超另外写有《中国韵文里头所表现的情感》等文）、思维训练与人格塑造三个方面，[②] 这与胡适着眼于语言、文学知识的传授与技能训练，确实是不同的思路。

## 四

有意思的是，发生在20世纪20年代的胡、梁之“争”，在21世纪初又引起了研究者的注意：2002年8月7日《中华读书报》与《东方文化》2002年第4期分别发表了陈平原的《八十年前的中学国文教育之争》与臧清的《一条有待重访的语文教育之路》。重提旧事，当然有对当下文化、教育问题思考的背景，臧文的副标题就是“梁启超语文教育观的当代启示”，陈文也是强调：“八十年前的老古董，不可能成为今人前进的路标；但作为晚清重要的思想家与文体家，梁启超的思考，还是值得我们认真品味。”二位作者显然更重视梁启超的意见——臧文在这方面可说是旗帜鲜明，陈文则可能是专门讨论“新发现的梁启超文稿”这一选题所致；但从中获得的启示并不一样。陈文重视的是梁启超关于“中学目的在养成常识，不在养成专门文学家，所以他的国文教材当以应用文为主，而以美文为附”，“学文以学叙事文为要”这两个意见，并且说明“只要对前几年中学语文教学的争辩略有了解，或者对目前散文写作之趋总虚构有所反省，当能明白我为何关注梁启超的这两段话”。臧文则是针对当下中学语文教育改革的一些全局性的问题而写的。因此，它首先对“让教育理念回到五四传统”这一似乎被普遍接受的观念提出质疑，因为这种观念的背后，隐藏着一个“令人疑虑的假使”：“存在着一个明朗单一的五四

① 梁启超：《梁任公先生讲中学以上作文教学法》，中华书局1925年版，第3、46、52、53—54页。

② 参见臧清《一条有待重访的语文教育之路》，载《东方文化》2002年第4期。

教育传统可供继承”，而作者所要强调的是，“重访当年历史情境考察五四时期知识界的教育观念，我们也会发现当时实际上存在着多种教育思路，其间的差异适足造成相当不同的教育实践和教育制度”，这就是臧文要极力推荐梁启超的与居五四主流地位的胡适不同的教育观念的原因。臧文同时尖锐地指出：“即使像有些学者主张的那样，通过语文教育唤回张扬个性，解放自我的五四精神传统，但对于当代以自我为中心的青少年，在当代无一不指向个人欲望的氛围和环境中，张扬个性的号召显然已失去了应对现实的能力。”而作者感到忧虑的正是他所说的当下语文教育界的如下状况：“种种新式‘美文’讲习和严格文字训练，人们并未看到青少年对语言美感和灵性的充分感悟，却看到了诸如浮泛矫情、自我中心、缺乏现实关怀等这样一些风气的蔓延。”臧文所要质疑的，还有“去政治化以后问题就可全部解决”的“假设”，在作者看来，在排除了中学语文教育中的意识形态干扰以后，还存在着一个陷入他所说的“语言文学本位的语文教育观”而缺乏自省的危险。而胡适正是这样的“语言文学本位的语文教育观”的始作俑者。臧文因此指出：“语言与文学本位的教育观一旦恢复其绝对的主导地位，接下来的问题则是：语言教育和文学教育何者为主，何者为从？多年的教学实践表明，向任何一端倾斜或两端并重，都不能免于胡适末流的弊病。有关语法还是美文、语言还是文学的争论，实质上不会有令人满意的结果，不能弥补语文教育更为本质的欠缺。如果说，胡适当年对语言文学独立价值的强调，尚有五四精神的底色，文化革新、冲破旧学束缚的时代意义，那么，现在语文教育片面强调语言和文学，实际上等于把主要的人文教育阵营放手给了社会传媒和大众文化，放弃了学校的社会责任，其后果是非常危险的。”作者认为，“语文教育最根本的目标，既不是语言习得，也不是文学审美，而应是人本身，语言和文学的学习只是通向这一目标的途径”，而在作者看来，梁启超的思考在这方面能够给我们以启示，因而对今天的语文教育改革有着“特别意义”。

这里所提出的“如何看待五四传统（包括教育传统）”的问题，确实非常重要；而这本也是这篇专门研究“五四新文化运动与中小学国文教育改革”的论文理应讨论的问题。所以，在文章结束时，不妨就我对这一问题的思考略说几句。首先，我同意臧文的这一观点：在五四新文化运动中，对中小学教育必须进行改革这一点上是一致的；但如何改革，改成什么样，确实存在多种思想观念，多种选择方案，而且大家都在探索中，并无定论，只是有些意见被许多人接受，成为某种主流观点，但并不意味着未成为主流的观点就一定没有价值；我们今天谈继承五四传统，就必须注意到共同构成五四传统的各个方面的意见与试验。其实，本文所涉及的也只是以《新青年》同人为中心的这一个方面——当然，也是当时最具影响力的一个方面。真正要把论题说透，还需要作进一步的扩展与深入讨论。其次，我认为要讨论五四传统对当下中国的意义，应该对当下中国社会思想文化，中国教育，中小学教育的实际状况有一个基本的认识与了解。我经常想起鲁迅在20世纪初说过的一段话："往者为本体自发之偏枯，今则获以交通传来之新疫，二患交伐，而中国之沉沦遂以益速矣。"[①] 我们所面临的问题与弊端是多重的：当下的中国社会，教育界与青少年中，确实存在着臧文所说的自我中心、"无一不指向个人欲望"的问题，但同时也严重存在着对青少年个性的压抑，培养与鼓励奴性的问题，因此，我在研究这一课题时，重读当年五四先驱者对当时中学国文教育弊端的批判，常常发出会心的苦笑，并有"故鬼重来"之感，而他们对以"立人"为中心的人文精神的张扬，更引起了强烈的共鸣，这恐怕不是我个人的自作多情。因此，我不认为五四先驱"张扬个性的号召"已经完全失去了"应对现实问题的能力"。就我们所讨论的中小学国文（语文）教学而言，至少胡适、鲁迅、钱玄同、刘半农这些《新青年》同人当年所强调的"说现代中国人的话，而不是古人或外国人的话"，"说自己的话，而不是他人的话"，"发出真的声音，而不是瞒和骗的虚假的声音"这几点，在今天就仍然有意义。而且在我看来，最有启示意义的，还不在于先驱者们说了什么（所说的总是有时代局限性的），而是他们的言说、讨论背后的科学、民主精神。他们身体力

① 鲁迅：《文化偏至论》，《鲁迅全集》第1卷《坟》，人民文学出版社1981年版，第57页。

行于自己所倡导的“说真话”“说自己的话”，坚持什么主张，全出于自己的信念，而不是要维护或追求什么既得或未得的利益；他们彼此争论，即使言辞激烈，也是出于对真理的追求，靠的是以理服人，而不是以势压人，或借助政治权力来剥夺对方的发言权；他们不仅宣扬自己的主张，更立足于试验，如胡适所说的那样，用试验结果来证实自己的主张或修正自己的不足或错误。正是这样的科学的探索精神，保证了他们各自不同的观点（例如我们已经详加讨论的胡适与梁启超的不同中学国文教育观），在当时的历史境遇下，可能显得十分对立，而且发生不同的作用，但时过境迁，今天我们作为后人来重观他们的主张，就会发现虽各有不足，但也都有禁得起历史检验的真知灼见，足为后人所借鉴。仅这一点，对我们今天的关于中小学语文教育的争论也是有启示意义的：我们在坚持自己的观点的同时，是否有必要也注意从对立的观点中，吸取某些合理的因素，或从对方对自己的诘难中，引起警戒，防止将自己合理的主张推向极端而陷入新的荒谬，而尤其是自己的主张成为某种主流观点时，就更应如此。总之，在我看来，五四的科学与民主精神，是一笔并未失去意义的宝贵财富，在某种意义上甚至可以说，我们正在进行的中小学语文教育改革能否持续、健康地发展，实赖于是否能始终坚持这样的科学与民主的精神。这是就五四新文化运动的总体精神而言的；对其具体的主张，则要做具体分析。例如，正像我们在前文中仔细讨论过的那样，五四文学革命所采取的策略是：在理论的倡导之后，着力于新文学实绩的创造；再将新文学作品作为“国语文”的典范进入中、小学课本，使其在一代代的年轻国民中普及，从而真正形成全民族的共同“国语”。实践证明，这一策略是成功的，对新文学的发展，与新的民族国家共同语言的确立与巩固，这都是一个历史性的功绩。但具体到中、小学的国文教育，却导致了论者所说的“语言与文学本位”的观念和一系列的制度与操作，并且在今天还在产生深刻的影响。而对其得失却是应该做具体的分析的。在我看来，陈平原与臧清两位学者提出的警告是应该引起重视的。无论是将中小学语文教学简单地变成语言教育或文学教育，还是以语言教育或文学教育为中心，都可能产生许多问题。如何处理语文教育和语言教育与文学教育的关系，这仍是一个需要认真对待的理论与实践问题。最后，一个简单的事实也是不能忘记的：今天的时代确实不是五四时代，而每一个时代也只能解决它那个时代的问题。因此，如果认为“回到五四”就可以解决一切问题，那也是过于简单的。我们今天确实面对许多新的问题，如臧文所说的“以自我为中心”、“一切无不指向个人欲望”，这都是必须正视的。这样，我们在强调五四的基本精神应对中国现实问题的有效性的同时，也要看到它的有限性，必须有我们今天的新的思考与新的发展。就以我们在前文充分肯定的“说自己的话”与“说真话”这些五四命题而言，在坚持其基本意义的同时，恐怕还要进一步讨论：这是怎样的“自己”与怎样的“真”？是鲁迅所批评的“以个人悲欢为整个世界”的自我中心的狭窄的“自己”，还是具有广阔的现实的，历史的，人类的，生命的关怀的博大的“自己”……这一类问题，都是涉及我们今天正在进行的教育改革（包括语文教育改革）的方向的大问题。还有一些前人没有遇到，甚至是不可想象的问题，例如在网络时代的语文教育问题，等等，这都是要我们自己去思考与实践的。总之，在我看来，对于五四传统，恐怕一要坚持，二要质疑，三要发展和超越，而这三者又是互相缠绕的，也就是要采取比较复杂的态度，不能那么单纯。在有些朋友看来，这或许态度不够鲜明，但这也是没有办法的。

2002年11月9—17日

（原载《中国现代文学研究丛刊》2003年第7期）

# 从新文化运动到北伐的文化与政治

罗志田*

闻一多在1923年曾说出一段很像狄更斯《双城记》里的话："二十世纪是个悲哀与奋兴底世纪。二十世纪是黑暗的世界，但这黑暗是先导黎明的黑暗。二十世纪是死的世界，但这死是预言更生的死。这样便是二十世纪，尤其是二十世纪底中国。"① 对身处中国的读书人来说，20世纪是一个充满矛盾和紧张的时代，许多人正是在各式各样的希望和失望伴随下蹒跚前行，与时俱往；还有人带着类似的经验走过了那一世纪，又走进了新的世纪。

在20世纪之中，从新文化运动到北伐的十余年，又是一个激变的时代，那时的世局几乎可以说是年年翻新，一年一个样。其间的五四学生运动确有些像是一个分水岭，将此前和此后的时代潮流大致区隔。时在中国的杜威描述进行中的五四运动说："我们正目睹一个民族/国家的诞生（the birth of a nation），而出生总是艰难的。"②

这大概是那时比较"亲中国"的在华外人的共识，据当年美国驻华公使芮恩施的回忆，法国公使在五四运动之后即说，"我们正面临

---

* 罗志田，北京大学历史学系教授。

① 闻一多：《〈女神〉之时代精神》（1923年6月），《闻一多全集：2》，湖北人民出版社1993年版，第114—115页。

② John Dewey from Peking, June 1, 1919, in John Dewey and Alice C. Dewey, Letters from China andJapan, ed. by Evelyn Dewey, New York, 1920, p. 209.

着一种前所未有的、最令人惊异的重要现象，即中国为积极行动而形成了一种全国性的舆论”。芮恩施自己也认为，“中国人民从巴黎决议的不幸中产生出一种令人鼓舞的民族觉醒，为了共同的思想和共同的行动而结合成一个整体”①。他们的言论中隐含着中国此前尚非一个“民族/国家”的意思，这且不论；但这些观察者都看出中国正在发生一个带根本性的变化，却大致不差。在差不多同时，北大学生傅斯年远不如这些外国人那么乐观，在他看来，中国当时不仅有严重的城乡疏离，且“大城市的一般社会”也以“互不接触”为特征；“职业一有不同，生活上便生差异，思想上必不齐一。在一个大城里，异样的社会，很少社交的关系。至于联合起来，而营社会的共同生活，造出一个团结的组织，又就着这组织活动去，更是谈不到的”。但傅斯年也从五四运动看到了希望，断言“从五月四日以后，中国算有了‘社会’了”。②

基本上，“五四”后出现一个具有诡论意味的现象：一方面，很多人因为对政府甚至政治的整体失望，而如梁启超所说“觉得社会文化是整套的，要拿旧心理运用新制度，决计不可能，渐渐要求全人格的觉悟”，进而探索“文化”方面的深层变革；③ 另一方面，学生运动又使前此大受青睐的“个人”开始淡出，思想和行动都转而朝着强调群体的方向发展，不少知识精英关注的重心开始由文化向政治转移，并在新的意义上“再发现”了坐而言不如起而行的旧说。④

---

① Paul S. Reinsch, *An American Diplomatin China*, Garden City, N. Y.: Doubleday, 1922, p. 373. 徐中约显然同意杜威等的看法，他以为五四运动标志着作为一种“新力量”的民族主义在中国的“出现”。Immanuel C. Y. Hsu, *The Rise of Modern China*, 2nd ed. NewYork: Oxford University Press, 1975, p. 605.

② 傅斯年：《时代与曙光与危机》（约 1919），台北“中研院”史语所藏傅斯年档案，承王汎森所长惠允使用（此文早期整理稿曾刊发于《中国文化》第 14 期，有缺漏）。

③ 梁启超：《五十年中国进化概论（1923 年 2 月）》，《饮冰室合集·文集之 39》，中华书局 1989 年影印本，第 45 页。

④ 冯友兰当时区分新学生与旧学生的标准颇能体现这类倾向，他认为“新学生之生活为群众的，旧学生之生活为单独的”；且“新学生注重实际，旧学生注重空谈”。冯友兰：《新学生与旧学生》（1918 年 9 月），《三松堂全集》第 13 卷，河南人民出版社 1994 年版，第 621—662 页。并参见罗志田《走向“行动的时代”：“问题与主义”争论后的一个倾向》，《社会科学战线》2005 年第 1 期。

这期间一个显著倾向是“社会”的改造一度大受关注，梁启超总结的近代士人“觉悟”由器物到政制再到文化的阶段性演变常为人引用，[①]而傅斯年则认为“社会”是文化之后更进一步的发展阶段。他在1919年说：“中国人从发明世界以后，这觉悟是一串的：第一层是国力的觉悟；第二层是政治的觉悟；现在是文化的觉悟，将来是社会的觉悟。”[②]傅氏心目中的“社会”有其特定的含义[③]，在这四层递进演变中，前两层和后两层又相对接近，多少体现出梁启超所说的“社会文化是整套的”，也分享着一些时人对政治的排拒。

傅斯年明言：“凡相信改造是自上而下的，就是以政治的力量改社会，都不免有几分专制的臭味；凡相信改造是自下而上的，就是以社会的培养促进政治，才算有彻底的觉悟了。”可知其所认知的“政治”与“社会”有着上下的对应关系，且隐约可见今人喜欢挂在口上的“国家”之身影。[④]郑振铎等人那时组织了一个“社会实进会”，要“向着德莫克拉西一方面以改造中国的旧社会”。他们也强调其“改造的方法是向下的”，要“把大多数中下级的平民的生活、思想、习俗改造起来”。[⑤]

“德莫克拉西”一语点出了这类“自下而上”变革观的西来渊源，此实滥觞于清季。熊十力后来回忆说，他少时读严复所译《群学肄言》，曾引发“一个重大的感想”，即“感觉中西政治思想根本不同”：中国自古以来“论治，通同是主张‘自上而下’的”；而《群学肄言》表现的“西人言治，是‘自下而上’的”。他当初“极端赞成西洋的思想”，所以曾参与革命。辛亥后发现革命党“新官僚气味重得骇人”，比袁世凯也强不了多少；“一时舆论都感觉革命只是换招牌”，于是退而独善其身。到“九·一八”之后，眼看“一天大乱一天，极

① 参见梁启超《五十年中国进化概论》，《饮冰室合集·文集之39》，中华书局1989年影印本，第43—45页。

② 本段与下段，傅斯年：《时代与曙光与危机》（约1919）。

③ 参见王汎森《傅斯年早期的“造社会”论》，《中国文化》1996年第14期。

④ 前人之“国家”观较严，梁启超在清季便曾区分朝廷与国家，而民初人也常欲区分政府与国家；而今人则放得甚宽，乡村中包揽税收者颇近往昔之夫役，也多被视为“国家”的代表。

⑤ 郑振铎：《新社会》发刊词（1919年11月），《郑振铎文集》第4卷，人民文学出版社1985年版，第3—4页。

于今而有亡国灭种之惧"，终"感到中国自上而下的主张确有其不可颠扑的真理"。①

这样的"后见之明"不一定为多数人所分享，但类似的反省心态可能是"九·一八"之后相当一些尊西趋新的知识精英开始鼓吹"独裁"的心理基础，与稍后的"全盘西化"和"中国本位文化"一类争论大致同属一个"时代"，那是后话了。至少在"五四"到北伐期间，"自下而上"的社会变革观还是更占上风。不过，对相当一些人而言，"社会改造"之所以受到青睐或许恰因"社会"带有调和或综合政治和文化两趋向的意味，它既不那么政治化，又比文化和思想更具体实在，同时还常能包容个人与群体两方面。②

胡适后来说，中国现代思想的分期约以1923年为界分成两段，前一段多"侧重个人的解放"，后一段则属于反个人主义的"集团主义时期"。③若仔细考察，重群体的倾向在"五四"当年已开始兴起，或可将1919—1925年间看作两种倾向并存而竞争的时期，即瞿秋白所说的"新文化思想"与鼓吹社会主义、研究劳动社会问题两造的"混流并进"；④虽然是并存并进，毕竟"集体"渐占上风，到"五卅"后，"个人"基本丧失竞争力，终不得不让位于"集团主义"。⑤北伐的突飞猛进，多少也借此思想的东风。⑥

在个人与集体混流并进的同时，侧重文化和政治的两种倾向也在冲突竞争中互动。老革命党张继在"五四"前夕给《新潮》杂志写信说，民国代清后，"中国的国门，只换了一块招牌，思想风俗一切全没有改"。依据"一个时代有一个时代的文章"的见解，中国政体虽

① 熊十力：《英雄造时势》，《独立评论》1934年第104号。

② 时人的相关思考可参见吴康《从思想改造到社会改造》（1921年1月），《新潮》1921年第3卷第1号，上海书店1986年影印本，第25—52页。

③ 曹伯言整理：《胡适日记全编》第6册（1933年12月22日），安徽教育出版社2001年版，第256—257页。

④ 瞿秋白：《国民革命运动中之阶级分化——国民党右派与国家主义派之分析》（1926年1月），《瞿秋白文集（政治理论编）》第3卷，人民出版社1989年版，第460页。

⑤ 参见鲁萍《"德先生"和"赛先生"之外的关怀——从"穆姑娘"的提出看新文化运动时期道德革命的走向》，《历史研究》2006年第1期。

⑥ 关于北伐，可参阅罗志田《南北新旧与北伐成功的再诠释》，《新史学》1994年第5卷第1期。

变，“戏剧文学仍照满清帝政时代的样子”，可知其“思想仍是历史传来的家庭个人主义”；而“风俗如婚宴丧祭，与非洲的土人相去不远”。这样的思想风俗难以产出“共和政治”，故他认为，《新潮》诸君“主张广义的文学革命，即是思想革命，真是救中国的根本方法”；只要得着“多数有知识的人赞成，我们这个民国的招牌可望保得住”。[①]

《新潮》社的罗家伦在“五四”后几个月复信说，他“极力赞同”张继的见解，并“认定中国现在政治社会的不良，就是人民的思想不曾变换”。他以为，袁世凯等也是“中国的社会害他们的”；若其生在美国，而“中国的人民有美国的人民那种觉悟”，或不敢有做皇帝的梦。如果“大家的思想不从速受过一番革命的洗礼，则正如先生所谓，‘民国的招牌’是保不稳的”。罗家伦申论张继的见解说：“文学革命不过是我们的工具，思想革命乃是我们的目的。”[②]

类似见解那时为不少人分享，新文化运动之外的梁济和徐世昌都表示过类似的主张。希望以殉清而警醒世人的梁济提出“救亡之策，必以正心为先”；总统徐世昌也认为，对不良政治的“箴救之道，首在转移风气，使国中聪明才智之士，从事于社会经济实业教育，以挽此政争狂热之潮流”。两人的思虑相通，他们都同意政治上治乱的源头在思想社会，也当从思想社会着手解决。[③]

这也是罗家伦那段时间的一贯思想，他特别强调，“思想不革命，行为是不能革命的”；为保持行为的革命性，更需要思想方面的努力。盖“‘五四’‘六三’的结果，只是把全国的人弄‘动’了”。由于“动的影响”，群众运动的主体“群众”本身已感觉到“知识的饥荒”，要“赶快接济他们知识的粮草”。重要的是，“中国的存亡”可能“正在这一‘动’”，如果知识的粮草“接济得好，这一动就成了永久的活

---

① 张继致《新潮》杂志，1919 年 4 月 29 日，《新潮》1919 年第 2 卷第 2 号（1919 年 12 月）：366。

② 罗家伦：《罗家伦复张继》，1919 年 11 月 8 日，《新潮》1919 年第 2 卷第 2 号（1919 年 12 月）：366 – 367。

③ 参见罗志田《六个月乐观的幻灭：“五四”前夕的士人心态与政治》，《历史研究》2006 年第 4 期。

动；接济得不好，这一动就成了暂时的冲动”。①

罗氏对五四运动带来的转折有切身感受：“五四以前，我们受了多少压迫，经了多少苦战，仅得保持不败，已经觉得是很危险的；五四以后，形势大变，只听得这处也谈新思潮，那处也谈新思潮，这处也看见新出版品，那处也看见新出版品。”不过，“对于这种蓬蓬勃勃的气象”不能太乐观，中国在世界学术界的“失语”现象是明显的。故“中国的社会固然是毁坏学者”，那种“忽而暴徒化，忽而策士化”的学生运动，“也是同一样的毁坏学者”。学生们应据性之所近有所“分工”，一些人不妨继续街头行动，另一些人则可转而侧重于“文化运动”。②

这样，在傅斯年、罗家伦等学生辈则选择了出国留学之路的同时，一些老师辈反逐渐关注政治，胡适就是其中之一。这两种倾向都有时人感到失望：杨鸿烈对那些“了解文化运动真意义的人大多数出外留学，这样就丢下了他们未竟的工作”很为不满；③孙伏园则认为“文化比政治尤其重要，从大多数没有知识的人，绝不能产生什么好政治”。他强调，“胡适之”三字的可贵，“全在先生的革新方法能在思想方面下手，与从前许多革新家不同”，并希望把“已被政治史夺去了的”胡适“替文化史争回来”。④

从新文化运动初期读书人不议政不为官的普遍主张，到1922—1923年好人政治和好人政府观念的提出，是民初思想界的一大转折；两者几乎完全背道而驰，而胡适等知识精英两次都是倡导和参与者。对胡适而言，除了社会政治大背景的转变，也有一些个人的推动因素。在1921年夏秋，从他的老师杜威到美国名记者索克思（George E. Sokolsky），以及访华的美国社会学会会长狄雷（James Q. Dealey），都

---

① 罗家伦致张东荪，1919年9月30日，《时事新报》1919年第3张第4版。按原信未署年月，此据报纸时间及信中说“现在大学已开学”推断。

② 罗家伦：《一年来我们学生运动底成功失败和将来应取的方针》（1920年5月1日），《新潮》1920年第2卷第4号。

③ 杨鸿烈：《为新青年社的老同志进一解》，《晨报副刊》1924年第1期。

④ 孙函收入胡适：《我的歧路》（1922年6月），欧阳哲生编《胡适文集》第3册，北京大学出版社1998年版，第361—362页。

共同责备中国读书人没有尽到知识分子应尽的“社会良心”之责，终使胡适产生了同感。所以，针对孙伏园的质疑，胡适解之以“没有不在政治史上发生影响的文化”，也不应“把政治划出文化之外”。[①]

但精英取向的“好人政治”不久即宣告失败，此后“天下兴亡，匹夫有责”这一传统观念可见明显的复兴（这对反传统的五四人实具讽刺意味）。对许多边缘知识青年来说，天下要担负在他们肩上是个非常直接的感觉。不仅学生辈的王光祈宣布：“世界的新潮流已经排山倒海的来了，要想适应这新潮流，自然是全靠我们青年”[②]；老师辈的北大教授陈启修在1923年北京学生联合会的“五四纪念会”上演说，也主张打倒军阀和国民外交“这种政治事业，在中国全靠学生来担任”[③]。

到五卅运动之后，此前处于竞争中的各倾向基本有了结果：群体压倒了个人，政治压倒了文化，行动压倒了言论，可以说开启了一个新的时代。西来的“到民间去”的口号在“五四”前后已开始在中国传播，此时有了更明确而直接的意蕴，国共两党的工农运动以及“村治”派的出现等都可视为这一大趋势的不同侧面。更直接的政治变动，当然是国民党领导的北伐战争。所以，国民革命不仅有其自同盟会以来的内在思想理路，也呼应着民初思想社会的演变。

在前引闻一多的同一文中，他也说道，“二十世纪是个动的世纪”。[④] 二十多年后，朱自清描述当时的社会说：“这是一个动乱时代。一切都在摇荡不定之中，一切都在随时变化之中。”[⑤] 这话大体适用于从新文化运动到北伐这一激变时代，不过两个时段还是有着较大的差异：在连年征战之后的20世纪40年代后半段，“动乱”确已深入老百

---

① 《胡适日记全编》第3册（1921年6月30日、6月25日），第346、334页；胡适：《我的歧路》，欧阳哲生编《胡适文集》第3册，北京大学出版社1998年版，第366页。

② 若愚：《学生与劳动》（四），《晨报》1919年第7期。

③ 《北京之五四纪念会》，《教育杂志》1923年第15卷第5号，台北商务印书馆1975年影印本，第21693页（原杂志每期未统一编页）。

④ 闻一多：《〈女神〉之时代精神》（1923年6月），《闻一多全集：2》，湖北人民出版社1993年版，第110页。

⑤ 朱自清：《动乱时代》（1946年7月），朱乔森编《朱自清全集：3》，江苏教育出版社1996年版，第115页。

姓社会生活的基层；而在北伐特别是第二次直奉战争之前，因为长期没有较大规模的战争发生，“摇荡不定”的特征更多体现在相对上层的思想文化和政治，那时读书人眼中的“民不聊生”，其实颇具构建的成分。

然而即使对这样的“动乱”，读书人的反应也很主动。闻一多便说：“二十世纪是个反抗的世纪。‘自由’底伸张给了我们一个对待威权的利器，因此革命流血成了现代文明底一个特色了。”① 闻先生说这话是在 1923 年，以今日的后见之明看，真正厉害的“革命流血”还没开始，他的表述或更多是“预言”而已。不过，因向往自由而反抗威权乃是当时读书人的基本心态，尽管他们认知中的“自由”和“威权”都不免带有几分想象的色彩。而一步步走向“革命流血”也的确是北伐前的时代特征。

从新文化运动到北伐这一时段里各种思想观念、行为取向和政治势力之间的竞争，既包括文化和政治领域里的权势和控制之争，也涵盖士人为寻求中国出路和解决中国问题的上下求索。这些因素在竞争中的相互作用，特别是文化与政治的关联互动程度，远超过我们已有的认识，还应结合起来进一步考察分析。

自清季中国新史学提倡“民史”以来，以“君史”为表征的政治史至少在意识层面曾被拒斥。梁启超在 1922 年提出，当时中学国史教科书及教授法的主要缺点，是其内容“全属政治史性质”，而将“社会及文化事项”视为附庸。其实，不仅“政治史不能赅历史之全部”，根本是“旧式的政治史专注重朝代兴亡及战争，并政治趋势之变迁亦不能说明”。他明确提出“以文化史代政治史”的建议，拟将全部中国史纵断为六部，即年代、地理、民族、政治、社会及经济、文化。其中后两部的篇幅占全书之半，而政治仅占约六分之一。②

这里的“文化”本身兼有狭广两义，狭义的文化即作为六部类之

① 闻一多：《〈女神〉之时代精神》（1923 年 6 月），《闻一多全集：2》，湖北人民出版社 1993 年版，第 111 页。

② 梁启超：《中学国史教本改造案并目录》（1922 年），《饮冰室合集·文集之 38》，第 26—27 页。

一但又占据较多篇幅的文化史；还有一种广义的文化是包括政治的。后者是一些时人的共识，胡适在大约同时也提出一种“专史式的”整理国故方式，主张“国学的使命是要使大家懂得中国的过去的文化史，国学的方法是要用历史的眼光来整理一切过去文化的历史，国学的目的是要做成中国文化史”。他进而将系统的“中国文化史”具体分为十种专史，其中就包括经济史、政治史和国际交通史。①

梁启超把“现行教科书中所述朝代兴亡事项”全部纳入“年代之部”中，由于“一姓之篡夺兴仆，以今世史眼观之，殆可谓全无关系”，故这一部分“所占篇幅不及全部二十分之一”。从今日眼光看这应算是“政治史”。他另外还为政治史留了一点余地，即在其设计的占六分之一的“民族之部”里，“专记述中华民族之成立及扩大，其异族之侵入及同化，实即本族扩大之一阶段也，故应稍为详叙；而彼我交涉之迹，亦即形成政治史中一重要部分”。② 民族间的人我关系以及中外“彼我交涉之迹”，确为不论哪种意义的政治史和文化史中一项特别重要的内容，其所占比重也反映出民初史学所受西方治史那“四裔”倾向的影响。③

在已经缩微的政治部分里，梁启超主张“对于一时君相之功业及罪恶，皆从略”；而“专纪政制变迁之各大节目，令学生于二千年政象，得抽象的概念”。这虽是针对中学生的有意省略，且有明显的道德考虑（即淡化传统政治中“机诈黑暗”的成分），然矫枉过正的倾向性仍太强。试想一部全无“君相之功业及罪恶”的中国政治史，的确也只剩一些“抽象的概念”，恐怕难以达到梁氏希望使学生产生兴趣的目的。把上述内容加起来，政治史在整体史学中所占的比重也低于四分之一，的确是面目一新的通史。

不过，20 世纪中国新史学的“民史”倾向是说得多，做得少，在

① 胡适：《国学季刊》发刊宣言（1923 年），《胡适文集》第 3 册，第 14—15 页。

② 本段与下段，梁启超：《中学国史教本改造案并目录》，《饮冰室合集 · 文集之 38》，第 27 页。

③ 章太炎 1924 年指出当时史学的五项弊端之中，就有一项是“审边塞而遗内治”，详见罗志田《史料的尽量扩充与不看二十四史——民国新史学的一个诡论现象》，《历史研究》2000 年第 4 期。

相当长的时期里，包括近代史在内的中国史仍以政治史（逐渐包括经济史）见长。只是到了近一二十年，关于政治、经济、外交等方面的史学论著开始减少，而以思想、社会和学术为主的专门史逐渐兴起。这里既有学者的自觉努力（即有意弥补过去所忽略者），也受到海外学术发展的影响，可能还隐伏着传统的某种再现。①

在政治史几乎成为史学"普通话"的年代，各专门史在保全各自的"方言"层面多少带点"草间苟活"的意味；今日政治史雄风不再，即使研究政治的也往往掺和着一些专门史的"方言"风味，多把政治放在文化与社会的大框架中进行论证分析。我以为这是一个好现象，盖任何"新"领域的探索都可能使学者对一些滑向边缘的既存领域产生新的认识；部分因为葛兰西的影响，权力意识已有力而深入地被引入各专门史之中（在性别、族群等新兴专门史中尤其明显），这些专史所提供的新权势关系很可能改变我们对"政治"的观念，从而导致政治史这一过去积累丰厚的领域之"复兴"。

其实近年政治、外交等专史的淡出多少也因为一些学人的边界和门户意识太强，非此即彼，不免存在西人所说倒洗澡水连同小孩一起倒掉的倾向，而忽略了文化、社会、思想、学术等与政治之间那千丝万缕的关联。尤其中国士人重视政治的传统在近代不仅没有减弱，反而有所增强：从头发到脚的身体处理一直未曾离开政治的青睐，常呈现出泛政治化的倾向；就连"读经"和讲授"国学"这类看似"迂远"之事也每次"出现"都受到相当广泛的社会关注，引起许多争辩，往往牵连国家民族的发展走向等重大问题。可知近代中国能"脱离政治"的课题其实不多，若没有坚实的政治史基础，治其他专史也很难深入。

不论史学各子学科在多大程度上具有"合理性"，边界明晰的学科认同原非治史的先决条件，各科的"边界"多是人为造成并被人为

① 思想史和社会史在今日西方均已呈衰落之势（关于社会史可参见周锡瑞《把社会、经济、政治放回二十世纪中国史》，《中国学术》2000 年第 1 辑），而学术史似从未成为西方史学的重要门类，故学术史在中国兴起的动因恐怕更多要从内部寻找，且不排除其体现着对民国代清以后经学被摒弃的某种反动，虽然未必是有意识的。

强化的。史学本是一个非常开放的学科，治史取径尤其应该趋向多元；最好还是不必画地为牢，株守各专史的藩篱。《淮南子·氾论训》所说的“东面而望，不见西墙；南面而视，不睹北方；唯无所向者，则无所不通”一语，最能揭示思路和视角“定于一”的弊端，也最能喻解开放视野可能带来的收获。梁启超和胡适当年“以文化史代政治史”的设想虽未免有些矫枉过正，但至少提示了一种结合文化视角考察分析政治的取向。

（原载《社会科学研究》2006 年第 4 期）

# 胡适是全盘西化论者?

郑大华*

近代以来中国存在着一股“全盘西化思潮”，胡适是这股思潮的始作俑者和代表人物，这大概已成为人们的共识。20 世纪 80 年代文化热兴起以来，学术界发表了不少批判全盘西化思潮的文章，这些文章的批判对象无一例外是胡适。胡适是“全盘西化论者”似乎已成为定论。但事实究竟如何，值得进一步研究。

## 一　五四新文化运动时期的文化主张

胡适出道并成名于五四新文化运动时期。五四新文化运动时期的胡适不是一个“全盘西化论者”。1917 年胡适在他用英文写成的博士论文《中国古代哲学方法之进化史》（1922 年上海东亚图书馆以英名刊行，1983 年 12 月上海学林出版社以中文出版，易名先秦名学史）中，就明确反对用西方所谓“新文化”来全盘取代中国的旧文化。他指出：“如果对新文化的接受不是有组织的吸收的形式，而是采取全然替代的形式，因而引起旧文化的消亡，这确是全人类的一个重大损失。”因此，他认为中国人当时在文化上所面临的“真正的问题”，不是什么“全盘西化”，而是应当“怎样才能以最有效的方式吸收现代

---

* 郑大华，历史学博士，湖南师范大学特聘教授、博士生导师；中国社会科学院近代史研究所研究员、博士生导师，中国近代思想研究中心主任。

文化，是它能同我们的固有文化相一致、协调和继续发展”，从而“成功地把现代文化的精华与自己的文化精华结合起来”，“在新旧文化内在调和的新的基础上建立我们自己的科学和哲学”。为此，他就中西哲学的结合问题提出了三点具体主张。其一，使中国哲学“从儒学的道德伦理和理性的枷锁中得到解放。这种解放，不能只用大批西方哲学的输入来实现，而只能让儒学回到本来的地位”；其二，使非儒学派得到恢复，“因为在这些学派中渴望找到移植西方哲学和科学最佳成果的合适土址。……新中国的责任是借鉴和借助于现代西方哲学去研究这些久已被忽视了的本国的学派”；其三，“用现代（西方）哲学去重新解释中国古代哲学，又用中国固有哲学去解释现代（西方）哲学，这样，也就只有这样，才能使中国的哲学家和哲学研究在运用思考与研究的新方法与工具时感到心安理得”。[①]

不久，胡适在《中国哲学史大纲》（卷上）继续坚持了上述主张。他指出，今日的哲学思想有两个源头，一是汉学家传给我们的古书，二是西方的哲学学说。中国所面临就是中西这两大哲学系统的“互相接触、互相影响”，有可能也应该通过对中西哲学之精华的吸取、融会，建立起一种“中国的新哲学”，“中国若不能产生一种中国的新哲学，那就真辜负了这个好机会了”。[②] 胡适这种结合中西哲学的主张连表面上反对调和而实质上主张“中体西用”的梁漱溟都认为太过分了。他在《中西文化及其哲学》的“绪论”中写道：“胡先生这样将东方与西洋两派相提并论，同样尊重的说法，实在太客套了。”[③] 因此，那种认为梁漱溟的中西文化及其哲学是针对胡适的“全盘西化论”而产生的观点是毫无根据的。

最能说明五四新文化运动时期的胡适不是一个全盘西化论者的是1919年他发表的《新思潮的意义》一文。此文开宗明义就把“输入学理”与“整理国故”作为“再造文明”的前提条件提了出来，这反映

① 胡适：《先秦名学史》（中译本），学林出版社1983年版，第8—9页。

② 胡适：《中国哲学史大纲》（卷上），中国出版集团东方出版社2004年版，第8—10页。

③ 梁漱溟：《中西文化及其哲学》，《梁漱溟全集》第1卷，山东人民出版社1989年版，第341页。

了他既要向西方学习、引进和吸收西方近代文化（“输入学理”），又要整理和研究中国传统文化（“整理国故”），以创造中华民族新文化（“再造文明”）的思想和主张。而且在实践上他也是按照自己的主张去做的，在大力介绍和提倡杜威的实用主义和易卜生主义——个人主义的人生观的同时，在整理国故方面也做了大量的工作，并取得了举世瞩目的成就。如他的《红楼梦》考征及其结论——《红楼梦》系作者曹雪芹的自叙传，打破了旧红学的那种“牵强附会”的红楼梦迷学，开创了一个“新红学派”，其主要观点和理论支配红学研究达半个世纪之久，成了“新红学”的重要范式。他对《水浒传》、《醒世姻缘》、《水经注》等古典小说和历史典籍的考证，都有很高的学术价值，不仅澄清了许多前人的疑误，还提出了不少独到的精辟见解。他整理国故所使用的方法，即所谓“大胆的假设，小心的求证”之“十字法则”，也不是对杜威实用主义方法的简单搬用，而是实用主义方法、西方近代科学方法和中国传统方法，特别是乾嘉学派考据方法相沟通结合的产物。唯其如此，它才能产生重大影响。余英时在《中国近代思想史上的胡适》一书中便指出：“胡适的学术基地自始即在中国的考证学，实验主义和科学方法对于他的成学而言都只有缘助的作用，不是决定性的因素。我们已看到清代考证学自嘉、道以来便面临种种技术崩溃的内在危机，旧典范虽屡经修正而终不能容纳愈来愈多的‘变异’，经过这一长期的发展，最后才有新典范的脱囊而出。这个新典范之所以在胡适手中完成，正因为他是从考证学传统中出身的人，这决不仅仅是他从杜威那里学到了实验主义方法论便能办得到的。”胡适本人在《清代学者的治学方法》中也说过，清代学者的治学方法，“总括起来，只是两点，（1）大胆的假设，（2）小心的求证”。前者体现于戴震的“但宜推求，勿为株守”的“八字”精神之中，后者表现为清代学者对于考据求证的重视。[①] 故此，胡适再三强调，清代学者的治学方法“无形之中都暗合科学的方法”。

有学者认为五四时期胡适的“全盘西化”主要表现为“全盘性的

① 胡适：《清代学者的治学方法》，《胡适哲学思想资料选》（上册），华东师范大学出版社 1981 年版，第 208—211 页。

反传统”。如美籍华裔学者林毓生教授在他的成名作《中国意识的危机——五四时期激烈的反传统主义》一书中开宗明义就指出：“20 世纪中国思想史的最显著特征之一，是对中国传统文化遗产坚决地全盘否定的态度的出现与持续”，它的“直接历史根源，可以追溯到本世纪中国现代知识分子起源的特定性质，尤其可以追溯到 1915—1927 年五四运动时代所具有的特殊知识倾向”。正是由于五四时期“反传统主义”是非常激烈的，“所以我们完全有理由把它说成是全盘的反传统主义。就我们所了解的社会的文化变迁而言，这种反崇拜偶像要求彻底摧毁过去的一切思想，在很多方面都是一种空前的历史现象”。基于上述认识，林教授分别考察了五四新文化运动的三位主要倡导者即陈独秀、胡适和鲁迅的“全盘性反传统主义”的表现与实质，认为“在胡适的意识中占统治地位的是他的以全盘西化为基础的全盘性的反传统主义”。[①] 林教授的这本书问世并译成中文后，立即以它标题的醒目、见解的新颖而获得海内外学者的重视，同时此书的主要观点——五四是“全盘性的反传统主义”和胡适是“全盘西化”的反传统主义者——也为不少学人所接受。

要判定五四新文化运动时期的胡适等人有或没有“全盘性反传统”，其关键是看他们究竟反了哪些传统。根据学者们的研究，五四新文化运动时期的胡适等人反对的主要是儒学，特别是它的核心礼教。就是那些认为胡适等人是“全盘性反传统主义”的学者，也主要是从他们的激烈反儒学、反孔教来立论的。比如林教授批评陈独秀全盘性反传统的依据是说他全面反孔教。他在《中国的意识危机》中写道：“我们必须把陈独秀对孔教的整体攻击，看作代表他的整体性的反传统主义。”[②] 这里有两个问题必须搞清楚：第一，胡适等人为什么要反儒学、反孔教？第二，反儒学、反孔教是否就等于全盘性地反传统？

胡适等人之所以要反儒学、反孔教，有其深刻的思想认识根源和

---

① 林毓生：《中国意识的危机——五四时期激烈的反传统主义》，贵州人民出版社 1988 年版，第 2、6、140 页。

② 林毓生：《中国意识的危机——五四时期激烈的反传统主义》，贵州人民出版社 1988 年版，第 119 页。

社会历史根源。就思想认识根源而言，首先，在他们看来，儒学是中国传统文化的核心，是封建专制制度的理论基础，是“历代帝王专制之护符”，正是儒学和孔子造成了今日中国的落后。因此，要推翻封建专制制度，谋求祖国的富强，实现平等自由，就必须反儒学、反孔教。其次，孔子生活于封建时代，其所提倡之道德，垂示之礼教，主张之政治，皆封建时代之道德、礼教、政治，“所心营目注，其范围不越少数君主贵族之权利与名誉，于多数国民幸福无与焉”，因而不适应现代生活。基于前两点认识，他们又得出了第三点认识：儒学特别是它的核心礼教，与西方近代文化之民主和科学精神格格不入，要引进后者就非批判反对前者不可。用陈独秀的话说，孔教之“根本的伦理道德，适与欧化背道而驰，势难并行不悖。吾人倘以新输入之欧化为是，则不得不以旧有之孔教为非；倘以旧有之孔教为是，则不得不以新输入之欧化为非。新旧之间，绝无调和两存之余地”。[①] 就胡适等人的上述三点认识来看，尽管其中有一些不妥之处，比如把新旧看成是完全对立的两极，认为“它们绝无调和两存之余地”，否认了文化发展的连续性，然其基本见解是正确的（虽不全面），其分析也有理有据，特别是他们能从发展的观点说明儒学和孔子的现世作用。

从历史根源来看，五四新文化运动时期的胡适等人反儒学、反孔教，与辛亥革命后袁世凯之流借尊孔搞帝制复辟，康有为要求北洋政府以孔子为大教，编入宪法之孔教运动也颇有关系。胡适曾指出：“孔教的问题，向来不成什么问题；后来东方文化与西方文化接近，孔教的势力渐渐衰微，于是有一班信仰孔教的人妄想用政府法令的势力来恢复孔教的尊严；却不知道这种高压的手段恰好挑起一种怀疑的反动。因此，民国四、五年间的时候，孔教会的活动最大，反对孔教的人也最多。”[②] 陈独秀在分析五四新文化运动的激烈反儒学、反孔教的原因时也认为：“学理而至为他种势力所拥护所利用，此孔教之所以一文不值也。此正袁氏执政以来，吾人所以痛心疾首于孔教而必欲

① 陈独秀：《答佩剑青年》，《独秀文存》，安徽人民出版社 1987 年版，第 660 页。

② 《胡适哲学思想资料选》（上册），华东师范大学出版社 1981 年版，第 128 页。

破坏之也。”① 由此可见胡适等人于五四新文化运动时期激烈地反儒学、反孔教，有其历史的合理性及其意义。

胡适等人虽然反儒学、反孔教，但对于孔子本人及其全部学说并没有采取简单地全盘否定的态度，他们批判的主要是儒学的现实价值，而非历史价值，对于后者，他们还是承认的。胡适自己就说过：“有许多人认为我是反孔非儒的。在许多方面，我对那经过长期发展的儒教的批判是严厉的。但是就全体来说，我在我的一切著述上，对孔子和早期的‘仲尼之徒’如孟子，都是相当尊崇的。我对十二世纪‘新儒家’的开山宗师的朱熹，也是十分崇敬的。”② 陈独秀在当时也一再声明，“我们反对孔教，并不是反对孔子个人，也不是说他在古代社会无价值。不过因他不能支配现代人心，适合现代潮流，还有一班人硬要拿他出来压迫现代人心，抵抗现代潮流，成了我们社会进化的最大障碍”。他并针对一些复古守旧人士对新青年批孔的攻击，强调指出：“本志诋孔，以为宗法社会之道德，不适于现代生活，未尝过此以立论也。”③

假如我们不囿于儒家中心主义的成见，不把儒学看成是唯一传统，更不把儒学之礼教与儒学、与传统等同起来，而是承认传统只是历史的沿袭，是我们先辈们所创造、汲取并发展至今的一切文化形式，包括有文字记载和无文字记载的，好的和坏的，进步的和落后的，有生命力的和陈旧腐朽的……那么显而易见，五四新文化运动时期的胡适等人并没有“全盘性的反传统”。

同时我们还应看到，五四时期的胡适等人一方面在反儒学，反孔教，或反传统，但另一方面他们自身又是传统的载体，没有也无法脱离传统。因为传统虽然是历史的沿袭和沉淀，但它并不是既陈刍狗，一堆听任人们任意割舍的“死物”，而是一种“活”的精神，永远蕴含于现实之中，不管人们愿意不愿意，自觉不自觉，它都会以各种形

① 陈独秀：《答常乃德》，《独秀文存》，第678—679页。

② 《胡适哲学思想资料选》（下册），华东师范大学出版社1981年版，第265—266页。

③ 林毓生：《中国意识的危机——五四时期激烈的反传统主义》，贵州人民出版社1988年版，第119页。

式表现出来，对人们发挥作用。人们尚未出生，传统就已存在，人们出生之后，尚未有能力作出理智的选择，传统就通过其环境和社会影响，家庭和学校教育，潜入人们的意识和非意识层面，形塑其思维方式、知识结构、价值取向、审美情操以及人格和爱好……更何况胡适等人从小接受的还是正统的儒学教育，他们熟读“四书五经”，旧学功底颇为深厚，如胡适在家乡接受过九年的家塾教育，陈独秀考取过秀才，鲁迅是古文经学大师章太炎的弟子。尽管他们出过洋，留过学，相对于那些依然身着长袍马褂的士大夫来说，他们是够“西化”的知识分子，但这并没有改变他们从小便浸染其中的文化传统，可以说传统与他们的关系是形离而神合。胡适晚年曾多次谈到他早年所受的传统教育对他的影响。他写道：“我至今还记得我做小孩子时代读的朱子小学里面记载的几个可爱的人物，如汲黯、陶渊明之流。朱子记陶渊明，只记他做县令时送一个长工给他儿子，附去一封家信，说‘此也人子也，可善待之’。这寥寥九个字的家书，印在脑子里，也颇有很深的效力，使我三十年来不敢用一句暴戾的辞气对帮我做事的人”。[①] 又说：“回想到安徽南部山中我第一次进入那个乡村学校。……我认出这张书札开头引用的就是立德、立功、立言的三不朽论。五十年匆匆地过去了，但是我第一次发现这些不朽的话的深刻印象一直没有毁灭。”[②] “原来在我十几岁的时候，我就已深受老子和墨子的影响。这两位中国古代哲学家，对我的影响实在很大。墨子主‘非攻’，他的《非攻》的理论实在是篇名著，尤其是三篇里的《非攻上》，实在是最合乎逻辑的反战名著。……老子对我的影响又稍有不同。老子主张‘不争’（不抵抗）。‘不争’便是他在耶稣诞生五百年之前所形成的自然宇宙哲学这一环。……所以我个人对不抵抗主义的信仰实发源于老子、耶稣基督和教友派基督徒的基本信仰。”[③]

正因为胡适等人没有也不可能完全割舍与传统文化的联系，因此

① 胡适：《领袖人才的来源》，《独立评论》第 12 号。

② 胡颂平：《胡适之先生年谱长编初稿》（五），（台湾）联经事业出版公司 1984 年版，第 1882 页。

③ 《胡适的自传》，《胡适哲学思想资料选》（下册），第 51 页。

他们的文化取向呈现出二元性的特点：既要向西方学习，拥抱西方文化的价值体系，又自觉或不自觉地依恋于传统的价值，无法完全从传统的网罗中冲破出来，学习西方的呐喊不时被回归传统的吆喝声所校正和吞没。以胡适为例。譬如，他一方面把西方个人主义人生观的建立视为思想启蒙的主要内容，为此，他写了《易卜生主义》一文，要求人们学习娜拉，实现个性解放和人格独立，从而树立起“一种健全的个人主义人生观”；另一方面又念念不忘传统的融个人之“小我”于社会之“大我”的人生思想，在《不朽》一文中提倡“社会不朽论”，主张“小我”依赖于“大我”，个人尽责于社会，以便实现“小我”的不朽。他一方面对于封建之“吃人的礼教”予以了猛烈抨击，赞誉吴虞是四川“只手打孔家店”的老英雄；另一方面他为人处世恪守的又恰恰是旧的道德伦理规范，不敢越礼教雷池于半步。他一方面仰慕西方文化，向往恋爱自由、婚姻自由，反对父母包办、干涉儿女的婚事；另一方面他本人却又没有勇气冲破传统的阻力，去追求恋爱和婚姻的自由，相反为了“尽孝”，不得不遵从母命，与自己并不喜欢，而由母亲一手包办的既无学识又从小缠足的旧式乡村女子结婚，委曲求全，违心地做出闺房之乐，如此等等。故此，胡适的学生、密友兼传记作者唐德刚称他的思想是“三分洋货，七分传统”。最形象地说明胡适这种二元文化取向的大概是蒋介石送给自己的这位诤友的那副挽联：“新文化中旧道德的楷模；旧伦理中新思想的师表”。

综上所述，五四时期的胡适不但没有全盘性的反传统，相反传统对他的影响还很大。就此我们得不出“在胡适的意识中占统治地位的是他的以全盘西化为基础的全盘性的反传统主义”的结论。

## 二　五四新文化运动后的文化主张

就目前所见到的资料来看，胡适最早用“全盘西化”一词是在1929 年。那一年他为英文《中国基督教年鉴》写了一篇题为《文化的冲突》的文章。在文章中他反对变相保守的折中论，而主张“Who lesale Westernization”和“Who lehearted moder nisation”。文章发表后，引起了社会学教授潘光旦的注意，潘在英文《中国评论周报》上发表了一篇书评，指出胡适使用的那两个词，一个可译作“全盘西化”，一个可译作“全力现代化”或“一心一意的现代化”，“充分的现代化”。他并表示，他只赞成“全力现代化”，而不赞成“全盘西化”。

胡适虽然在文化的冲突中主张“全盘西化”，但从他前后发表的有关文章看，他并没有把“全盘西化”作为中国文化出路的选择。譬如，就是他首次使用“全盘西化”的1929年，他在《新文化运动与国民党》一文中主张，应该“承认中国旧文化不适宜于现代的环境，而提倡充分接受世界的新文明”。1930年，胡适在《介绍我自己的思想》中又认为，为了救中国，“无论什么文化，凡可以使我们起死回生、返老还童的，都可以充分接受”。1933年他在建国问题引论中又指出，中国文化的出路“不完全是‘师法外国’的问题。因为我们一面参考外国的制度方法，一面也许可以从我们自己的几千年历史里得着一点有益的教训”，我们应该“集合全国的人力智力，充分采用世界的科学和方法，一步一步的作自觉的改革”。显然，胡适的上述主张，与我们所说的“全盘西化”是有差距的，实际上它更接近“充分西化”或他后来所说的“充分的世界化”。陈序经在他那本中国文化的出路（1934年1月出版）的第五章全盘西化的理由中也据此认为，“胡（适）先生所说的西化，不外是部分的西化，而非全盘的西化”。

然而到了1935年，胡适却又再次使用了“全盘西化”一词来表达自己对中国文化出路的选择。先是这年的1月10日，王新命、陶希圣等十教授发表了一个《中国本位的文化建设宣言》，提出以中国文化为本位实现中西文化的折中调和。“宣言”发表后，引起了一场中西文化大论战。2月24日，胡适主编的《独立评论》发表吴景超的《建设问题与中西文化》一文，此文把对中西文化的态度分为三派，即折中派、全盘西化派和复古派。吴自称是折中派，着重批评了陈序经的“全盘西化论”，并引胡适一年前在《建国问题引论》中对于中国文化的主张，认为胡适和十教授一样，“对于中西文化的保守与采用的（也是）一种折中的态度”，属于折中派。吴文发表后，陈序经也在《独立评论》上发表了一篇《关于全盘西化答吴景超先生》的文章，就吴对全盘西化论的批评作了反驳，他虽然也同意吴对胡适的看法，但又认为胡适的“整个思想虽不能列为全盘西化派，乃折中派之一支流”，可是若以为胡适对于中国文化出路的主张与回到“中学为体、西学为用”的“十教授宣言”一样，“好像未免有点冤枉”。因此，他希望“胡先生来给我们一个解答”。

本来胡适一直是主张向西方学习、反对中西文化之折中调和的，并为此与梁漱溟等人展开过论战。可是现在竟被人说成是与十教授一样的“折中派”，这就不能不迫使他公开表明自己的主张。因此，就在刊有陈序经文章的这期《独立评论》的“编辑后记”中，他迫不及待地声明，“我很明白的指出文化折中论的不可能，我是主张全盘西化论的”。同时他又指出，“文化自有一种‘惰性’，全盘西化的结果自然会有一种折中的倾向……现在的人说折中，说‘中国本位’都是空谈。此时没有别的路可走，只有努力全盘接受这个新世界的新文明。全盘接受了，旧文化的‘惰性’自然会使他成为一个折中调和的中国本位新文化”。[①] 在作了上述声明后的半个月，他又发表了《试评所谓“中国本位的文化建设”》一文，对“十教授宣言”提出了严厉的批评，以示自己并不和十教授一样是个折中派。但值得注意的是，在这篇文章以及以后的文章中，胡适再也没有使用过“全盘西化”一词。

尽管胡适是在特定的场合下（即为了表明自己不是折中派）而声明自己是“主张全盘西化的”，并且之后再也没有提过“全盘西化”，但是以他当时在中国思想文化界的重大影响，他那“主张全盘西化”的声明，无疑是对全盘西化论者的有力声援，同时也自然引起了反对全盘西化论者的激烈批评。胡适自己不久也觉得“全盘西化”既在提法上有些不妥，也不太符合自己本来的意思，因此这年6月他写了《充分世界化与全盘西化》一文，重新解释并修正了“全盘西化”的提法，他说：“（全盘西化）这个名词的确不免有一点语病。这点语病是因为严格来说，‘全含’有百分之一百的意义，而百分之九十九还算不得‘全盘’

① 《独立评论》第142期。

至少我可以说我自己的原意并不是这样。我赞成‘全盘西化’，原意只是因为这个口号最近于我十几年来‘充分’世界化的主张；我一时忘了潘光旦先生在几年前指出我用字的疏忽，所以我曾特别声明‘全盘’的意义不过是充分而已，不应该拘泥作百分之百的数量的解释”。

他又说：“数量上的严格‘全盘西化’是不容易成立的。文化只是人民的生活方式，处处都不能不受人民的经济状况和历史习惯的限制，这就是我从前说过的文化惰性。你尽管相信‘西菜较合卫生’，但事实上决不能期望人人都能吃西菜，都改用刀叉。况且西洋文化确有不少的历史因袭的成分，我们不但理智上不愿意采取，事实上也不会全盘采取。你尽管说基督教比我们的道教高明的多，但事实上基督教有一两百个宗派，他们自己就互相诋毁，我们要的是哪一派？若说：‘我们不妨采取其宗教的精神’，那也就不是‘全盘’了。”故此，他表示愿意放弃“全盘西化”一词而改用“充分世界化”的提法，认为用“充分世界化”代替“全盘西化”有三个好处，第一，可以免除一切琐碎的争论；第二，可以容易得到同情和赞助；第三，可以避免“全盘西化”所遇到的严格的数量上的困难。[①] 其实，胡适在这里所说的“世界化”就是他一再倡导的向西方学习或“西化”。当时就有人一针见血地指出，胡适是把“西化”和“世界化”同样看待的，“在适之先生必以为世界都在西化了，我们跟着全世界的西化而西化，结局就是我们的世界化；西化已成了世界化的趋势，我们跟着西化的这个世界趋势而去世界化。结局就是我们的西化。”[②] 所以，胡适所说的“充分世界化”也就“充分西化”。

依据以上的论述我们可以得出结论：五四新文化运动时期，胡适主张的是以“最有效的方式来”吸取西方文化，以实现中西文化的结合，是不能称为“全盘西化派”的。五四新文化运动之后，他对中国文化出路主张的具体提法虽然前后有些不同，但就一贯的思想来看，他主张的是“充分西化”或“全力西化”，而不是“全盘西化”，用“全盘西化”来概括他对中国文化出路的选择是不准确的。因为：

---

① 《中国本位文化讨论集》，第394—395页。

② 许崇清：《西化、世界化和中国本位》，《中国本位文化讨论集》，第404页。

第一，他一共只在两处地方使用过“全盘西化”来表示自己对中国文化出路的主张，而且就是这两处地方也都事出有因，前一次他是把“全盘西化”与“全力现代化”“一心一意的现代化”相提并用的，这表明他心目中的全盘西化与全力现代化、一心一意的现代化是同义词；后一次则是为了表明自己并不是一个折中派，而是一个西化派，只是由于吴景超和陈序经将文化派别划分为复古、折中和全盘西化三派，所以胡适也就沿用他们的划分法称自己是“主张全盘西化”的；第二，根据他的解释，他之所以赞成“全盘西化”，是因为在他看来，“全盘西化”与他十几年来的“充分世界化”的主张十分接近，也就是说，他是把“全盘”作为“充分”来理解的。这与我们所理解的“全盘”无疑存有含义上的差别。就他前后多次使用“充分”而未使用“全盘”，以及把“全盘西化”与“全力现代化”“一心一意的现代化”相提并用来看，他的这种解释也并非像人们所说的那样为自己“全盘西化”狡辩。第三，退一步说，胡适在这两处主张的确是“全盘西化”，但也只不过是文化变革的一种手段，而非文化变革的结果。他是要通过对西化文化的全盘引进，然后经文化之“惰性”的作用，实现中西文化的折中调和。在那篇声明他主张“全盘西化”的“编辑后记”中胡适已经明确指出，“全盘西化”的结果自然会有一种折中的倾向。后来在《试评所谓“中国本位的文化建设”》中他又强调“将来文化大变动的结晶当是一个中国的文化，那是毫无疑问的”。无论他的文化“惰性”之理论能否成立，但它至少说明胡适在主观动机上并不一个真正的“全盘西化”的主张者。第四，所谓“全盘西化”的严格的含义应是对西方文化毫无批判和选择地全盘引进，并彻底取中国文化而代之。而胡适尽管自新文化运动以来就始终是西方文化的倡导者和中国文化的批评者，然而就他对中国文化出路的一贯主张来看，犹如美籍华裔学者纪文勋指出，胡适并不主张无区别地学习西化，“他所谓的西方文化很简单，以美国作为政治和科学的榜样。”① 他放弃“全盘西化”提法的理由之一，也就是认为“西方文化确有不少的

① ［美］纪文勋：《现代中国的思想冲突》（中译本），山西人民出版社 1989 年版，第 133 页。

历史因袭的成分，我们不仅理智上不愿采取，事实上也不会全盘采取”。对西方文化的这种认识与“全盘西化”显然不可同日而语。

此外，那位真正主张“全盘西化”的陈序经教授始终不肯将胡适“马马虎虎收为同志”，也证明了胡适并不是真正的“全盘西化论”者。我们在前面已经提到，陈序经在他那篇《关于全盘西化答吴景超先生》一文中同意吴的观点，认为胡适是个折中者，但他又希望胡适能给人们一个解答。正是为了给人们一个解答，胡适才在《独立评论》的“编辑后记”中郑重声明：“我是完全赞成陈序经先生的全盘西化论的”。陈序经对于胡适声明赞成自己的全盘西化主张当然很高兴，但由于胡适在声明中又谈了一通文化“惰性”的问题，所以在陈看来，胡适所谓的“全盘西化”只是一种政策，“而骨子里仍是一折中论调”。不久，胡适发表了《充分世界化与全盘西化》一文。文章一发表，陈序经就马上写了篇《全盘西化的辩护》，就胡适提出的“充分世界化”取代“全盘西化”的三条理由逐一作了批驳，并且指出，不仅百分之百西化是全盘，“百分之九十九或九十五的情形下，还可以叫做‘全盘’”。他举了一个例子，“例如我和好几位同事在好多次因事未能参加我们学校的教职员全体拍照，然而挂在壁上的照相依然写着‘本校教职员全体摄影’，这个‘全体’岂不是‘全盘’吗?”当然至于他本人，他是“相信百分之一百的全盘西化，不但有可能，而且是一个较为完善较少危险的文化的出路”。对于陈序经这种近于文字游戏的活用“全盘”的观点胡适是不赞成的，因此他在《答陈序经先生》中明确表示：“我的愚见以为‘全盘’是个硬性字，还是让它保存本来的硬性为妙，如果要它弹性化，不如改用‘充分’、‘全力’等字。”由于胡适和陈序经在“全力”“充分”与“全盘”问题上始终存在着分歧，张佛泉的“西化问题的尾声”因此认为，“本来‘全盘’两字也不是没有人偶然用过，不过坚持这两个字而给这两个字以确定的意义的，自然要归功于陈序经教授”。又说陈在言论甄别上非常认真，不肯将胡适“马马虎虎收为同志”。陈序经《一年来国人对西学态度的变化》可以说是1935年那场中西大论战的总结了，他承认，“胡先生和我的意见究有差别之处，可是胡先生这种同情对于全盘西化论壮了不少声势”。另一个“全盘西化”论者郑昕在《开明运动与文化》一文中也替胡适不肯跻身于他们全盘西化论者的阵营大为惋惜：“适之先生是服膺西学的人，我们希望他肯全盘的领悟西方文化，也大胆的全盘接受西方文化”。但胡适是“百尺竿头”不肯再进一步，只主张“全力”“充分”，而不接受“全盘”。

实际上，胡适和陈序经的分歧根源于他们对文化的不同看法。就胡适而言，他对文化的认识是从历史的、哲学的角度综合考察的。在他看来，文化是复杂多面而又不断变化的，各文化单位之间既有联系又可分开，文化的引进不一定非要全盘移植；陈序经则依据近代人类文化学的理论，将文化视之为一个不可分析的有机整体，“所表现出的各方面都有连带及密切关系”，或者是“全盘”引进，或者是一概拒斥，没有任何折中调和的可能。正因为他们对文化的看法不同，因此在文化之“惰性”的问题上两人的认识也很不一样。胡适认为每一种文化都有其“惰性”，这种“惰性”必然会把文化的变革控制在折中调和的道路上去。陈序经虽然不否认文化之“惰性”的存在，但他不承认文化的惰性最终会造成折中调和；相反他认为，全盘西化后，文化的惰性就会消失，而文化惰性的消失，也就是中国固有文化的消失，全盘西化的实现。他在《再谈“全盘西化”》一文中指出：“我不否认文化是有惰性的。然而正是因为这样惰性成为西化的障碍物，所以我主张全盘西化……若能全盘西化，则惰性会自然消失。所谓惰性无非就是所谓中国固有文化……所谓‘文化的惰性自然会把我们引向折中调和上去’的现象，只能当作中西文化接触以后的一种过渡时期的畸形的现象。这种现象的存在，在时间上也许颇久，然其趋势却在全盘的路上。”

根据以上的分析，我们认为与其用“全盘西化”来概括五四新文化运动后胡适对于中国文化出路的选择，还不如用“充分西化”或“全力西化”一词更为准确和恰当。

## 三　胡适主张“充分西化”或“全力西化”的原因

胡适在五四新文化运动后选择“充分西化”或“全力西化”为中

国文化的根本出路，就其思想认识根源来看，首先是他的民族文化自卑心理的滋长。1929 年他在我们前面引用过的《文化的冲突》一文中写道："我们对中国文明究竟有什么真正可以夸耀的呢？……我们国家在过去几百年间曾产生过一位画家、一位雕刻家、一位伟大诗人、一位小说家、一位音乐家、一位戏剧家、一位思想家或一位政治家吗？贫困使人丧失了生活的元气，鸦片烟与疾病扼杀了他们的创造才能，造成了他们的懒散与邋遢。"① 1930 年他在《介绍我自己的思想》一文中又指出："东方人在过去的时代，也曾制造器物，做出一点利用厚生的文明。但后世的懒惰子孙得过且过，不肯用手用脑去和物质抗争。……这样又愚又懒的民族，不能征服物质，便完全被压死在物质环境之下，成了一分像人九分像鬼的不长进的民族。"② 最能反映胡适的民族文化自卑心理的是他 1934 年写的一段文字："我们固有文化实在太贫乏了，谈不到太丰富的梦话。近代的科学文化、工业文化，我们可以撇开不谈，因为在那些方面，我们的贫乏未免太丢人了。我们且谈谈老远的过去时代罢。我们的周秦时代当然可以和希腊罗马相提并论，然而如果我们平心研究希腊罗马的文学、雕刻、科学、政治，单是这四项就不能不使我们感觉我们的文化的贫乏了。尤其是造形美术与算学的两方面，我们真不能不低头愧汗。我们试想想，《几何原本》的作者欧几里得正和孟子先后同时；在那么早的时代，在两千多年前，我们在科学上早已太落后了！从此以后，我们所有的，欧洲也都有；我们所没有的，人家所独有的，人家都比我们强。至于我们所独有的宝贝，骈文，律诗，八股，小脚，太监，姨太太，五世同居的大家庭，贞节牌坊，地狱活现的监狱，廷杖，板子夹棍子的法庭，……虽然'丰富'虽然在这'世界上无不足以单独成一系统'，究竟都是使我们抬不起头来的文物制度。"③

五四新文化运动后胡适民族文化自卑心理的滋长，与他游历欧美

① 见罗荣渠主编《从西化到现代化》，北京大学出版社 1990 年版，第 285 页。

② 胡适：《介绍我自己的思想》，《胡适哲学思想资料选》（上），华东师范大学出版社 1981 年版，第 344 页。

③ 胡适：《信心与反省》，《独立评论》1934 年第 103 号。

的所见所闻有一定关系。1926 年 7 月至 1927 年 5 月，胡适为出席中英庚款咨询委员会全体会议和查阅有关禅宗史的材料，曾先后游历苏俄、英国、法国和美国。这是他自 1917 年学成归国后第一次出国和去西方游历。第一次世界大战后西方国家经济的迅速恢复和发展，尤其是美国的“摩托车文明”给他留下的印象极为深刻。1927 年 1 月 16 日他在纽约的《国民周报》上看到了这样一组统计数字：全世界的摩托车 27500000 辆，美国的摩托车 22330000 辆，占世界总数的 81%，美国平均 5 人有一辆摩托车，1926 年美国共制造摩托车 4500000 辆，出口 500000 辆。由于美国在战后已成了一个“摩托车的国家，胡适在美国看到的，是工人坐着汽车去上班，教师开着汽车去上课，小学生上学放学有汽车接送，甚至连农民生产的农副产品如牛奶、鸡蛋也每天由农民自己开车送到城里”。有一次，胡适在费城演讲，他的一位朋友热情地邀请他到乡间小住。当他们开着汽车到一个地方时，胡适发现不远的田野上停放着一二百辆小汽车，他还以为那里正在开汽车赛会什么的。然而朋友告诉他，那些汽车是在那边建房的木匠泥水工上下班用的。[①] 再看看中国，“一切运输都是用的黄包车或是其他用人力的车”，人们乘坐的还是人抬的轿子。[②] 西方的“物质文明”尤其是美国的“摩托车文明”与中国的“人力车文明和轿子文明”所形成的强烈对比，就不能不使胡适产生巨大的心理反差，一方面对西方的“物质文明”尤其是美国的“摩托车文明”赞叹不已，另一方面又对中国的“人力车文明和轿子文明”乃至整个中国文化反感不已，自卑不已，从而滋生出一种民族文化的自卑感。所以，他游历欧美回国后不久在给吴稚晖的一封信中写道：“至于先生（指吴——引者）对东方民族的悲观，我深感同情。五六年前，我也曾发‘中国不亡，世无天理’的感慨。此次绕地球兜了一个圈子——不曾观看印度洋、红海一带的不长进民族——更深信一个民族的兴亡强弱决非偶然侥幸的事。回头看看咱们这个民族，实在只有低头叹气！”[③]

---

① 胡适：《漫游的感想第二则》摩托车文明，《现代评论》第 141 期。

② 胡适：《东西文化之比较》，罗荣渠主编《从西化到现代化》，第 205 页。

③ 参见《胡适往来书信选》（上），中华书局 1979 年版，第 469—470 页。

随着民族文化自卑心理的滋长，他对中西文化的认识发生了变化。如果说在五四新文化运动时期，他还认为中西文化之精华有结合成一种新文化之可能的话，那么这时他认为中国文化是百事不如人，其主要方面根本不适应现代社会的需要。1930 年他在一篇未完成的稿子中就列举了中国文化 8 个不适应现代社会生活的方面：1. 现代社会需要积极作为，而正统思想崇拜自然无为；2. 现代社会需要法律、纪律，而旧思想以无治为治，以不守礼法为高尚；3. 现代文化需要人力征服天行，而旧思想主张服从自然，听天由命；4. 现代社会需要真正的舆论作耳目，而传统思想以不争不辩为最高；5. 现代科学文明全靠一点一滴地搜寻真理，发见知识，而传统思想要人不争不辩，更甚者，要人不识不知，顺帝之则。6. 现代社会需要精益求精地不断努力，而传统思想要人处处知足，随遇苟安；7. 现代社会需要充分运用聪明智慧作自觉的计划设施，而传统思想一切要任自然，不曾用思想，不曾用气力；8. 现代社会需要具体的知识与条理的思想，而传统思想习惯只能教人梦想，教人背书，教人作鹦鹉学舌。[①] 既然中国文化的主要方面不适应现代社会的需要，所以中国要立于世界民族之林，赶上现代化的潮流，其不二法门只能是"充分西化"，或"全力西化"，承认中国旧文化不适宜于现代化的环境，而提倡充分接受世界的新文明。

与此相一致，胡适对人们能否在中西文化的冲撞中较为自觉地进行选择取舍的看法也发生了改变。在五四新文化运动时期，他认为人们有自觉地选择取舍中西文化的可能。在博士论文中他写道，要想以最有效的方式吸收西方现代文化，使它与中国固有文化相一致，相协调，"唯有依靠新中国知识界领导人物的远见和历史连续性的意识，依靠他们的机智和技巧，能够成功地把现代（西方）文化的精华与中国的自己文化精华联结起来"。而到了五四新文化运动后，胡适则否认有这种自觉地选择取舍的可能性。他在《试评所谓"中国本位的文化建设"》中指出："在这个优胜劣败的文化变动的历程之中，没有一种完全可靠的标准可以指导整个文化的各方面的选择去取。"故此，

① 转引自耿云志《胡适研究论稿》，四川人民出版社 1985 年版，第 156—157 页。

他批评十教授的所谓以“科学方法”来指导中西文化的选择取舍的主张，“在这个巨大的文化变动上，完全无所实施其技，至多不过是某一部分的主观成见，而美其名为‘科学方法’而已”。胡适特别反对政府滥用权力干预文化的自由交流。他说：“政府当然可以用税则禁止外国奢侈品和化妆品的大量输入，但政府无论如何圣明，终是不配做文化的裁判官的，因为文化的淘汰选择是没有‘科学方法’能做标准的。”实际上，文化的淘汰选择是一自然的过程，“凡两种不能文化接触时，比较观摩的力量可以摧陷某种文化的某方面的保守性与抵抗力的一部分。某被摧陷的多少，其抵抗力的强弱，都和那一个方面的自身适用价值成比例：最不适用的，抵抗力最弱，被淘汰也最快，被摧陷的成分也最多”。如钟表替代铜壶滴漏，如枪炮替代弓箭刀矛，这就是最佳的证例。泰西的历法替代中国的旧历，是经过很长一段时间才最终实现的。其他如饮食、衣服，在材料方面虽不无变化，而基本方式因本国所有的，也可以适用，故此至今没有重大变化，吃饭的绝不会去吃“番菜”，用筷子的也绝不会全改用西洋的刀叉。既然文化的淘汰选择是一自然的过程，没有一个所谓“科学方法”能作其标准，所以，在胡适看来，人们对西方文化就不能先存一个所谓“精华”与“糟粕”的区分而只能全力引进，“让那个世界文化充分和我们的老文化自由接触，自由切磋琢磨，借它的朝气锐气来打掉一点我们的老文化的惰性和暮气”①。

胡适主张“充分西化”或“全力西化”另一重要的思想根源，就是他对所谓文化之“惰性”的认识。他认为，大凡文化本身都具有一种“对内能抵抗新奇风气的起来，对外能抵抗新奇方式的侵入”之“惰性”，而这种“惰性”使得“文化各方面的激烈变动，终有一个大限度，就是终不能根本扫灭那固有文化的根本保守性”，尤其像中国这样具有悠久历史的文化，其“惰性实在大得可怕”。正是这种大得可怕的惰性，才使任何“良法美意”到了中都成了“逾淮之橘”。故此，他强调指出，如果人们首先就存有一种折中调和的想法，那么文

---

① 胡适：《试评所谓“中国本位的文化建设”》，见《中国本位文化建设讨论集》，第238—239页。

化的“惰性”会使外来文化无法吸收，结果只能是“抱残守缺”，只有充分西化，“拼命走极端”，才能“矫枉过正”，经文化“惰性”之作用实现与外来文化的折中调和。

对于胡适的文化“惰性”理论，我们不同意有的研究者的看法，即认为它是胡适为了替自己“全盘西化”的主张辩解而杜撰出来的，因为文化之“惰性”的存在是一个客观的事实。美国著名文化人类学家哈定在《文化与进化》一书中认为：“稳定性的固执偏向是各种文化的共性”，而这种文化的“稳定性”往往使得“一种文化受到外力作用而不得不有所变化时，这种变化也只会达到不改变其基本结构和特征的程度与效果”①。哈定说的“稳定性”，其实也就是胡适说的文化的“惰性”。人们之所以无法完全接受外来文化，恐怕文化之“惰性”或“稳定性”的作用是其重要原因。如果从文化人类学的观点来看，胡适的这套文化之“惰性”理论乃是一种颇有独到见解的文化“涵化”理论，它与人们平常所说的“矫枉必须过正，不过正不得矫枉”，“取法乎上，仅得其中；取法乎下，风斯下矣”，实质上是同一道理。尽管他那不区分其精华与糟粕，而“拼命走极端”，全力引进西方文化，然后希望通过文化之“惰性”的作用实现中西文化折中调和的主张是错误的，也根本无法实现，但胡适的充分西化作为一种文化变革的手段，确实充分看到了中国文化的“惰性”太大，看到了文化变革的艰巨性。延续了几千年的文化“惰性”历经数次文化变革尤其是五四新文化运动的批判而依然根深蒂固，成了中国人民学习外来先进文化的主要心理障碍。而且从现代思想文化史的角度来看，文化保守主义者也的确是以区分所谓“精华”与“糟粕”，主张折中调和为理由来掩饰其保守主义的文化心理，维护中国文化本位的。就此而言，胡适这套文化惰性理论有反对复古主义和文化保守主义的积极意义。

基于对文化“惰性”的认识，胡适认为，人们大可不必为“中国本位”的“毁灭”而担心，因为所谓本位“就是在某种固有环境与历史之下所造成的生活习惯，简单说来，就是无数的人民，那才是文化

① ［美］托马斯·哈定：《文化与进化》（中译本），浙江人民出版社1987年版，第44页。

的‘本位’，那个本位是没有毁灭的危险的”。无论物质生活如何骤变，思想学术如何改观，政治制度如何翻新，日本人还是日本人，中国人还是中国人，总不会因采纳了西洋的政治制度，日本人就变成了西洋人。再如今日的中国女子，脚已经放了，发也剪了，体格得到了充分的发育，曲线美显露了出来，但无论她如何摩登化，她还是一个中国女子，和世界其他各国的女子有根本不同之处。一个彻底“摩登化”的都市女子尚且如此，更何况那无数“仅仅感受文化变动的某些微震荡的整个民族呢”。据此，胡适强调指出，“中国本位”是不必劳十教授和其他一切文化保守主义者的“焦虑的”，“戊戌的维新，辛亥的革命，五四事情的潮流，民十五六年的革命，都不曾动摇那个攀不到的中国本位。在今日有先见远识的领袖们，不应该焦虑那个中国本位的动摇，而应该焦虑那固有文化的惰性之太大”。从而一心一意地全力欢迎和接受西方的近代文化，让中国的古老文化在与这一新文明的密切接触和自由交流中，吸取新的成分，除去治疴痼疾，创造出适应新时代的新文化。

（原载《浙江学刊》2006 年第 4 期）

# 新文化是如何“运动”起来的[*]

## ——以《新青年》为视点

王奇生[**]

新文化运动以1915年《新青年》（首卷名《青年杂志》）创刊为开端，以“民主”“科学”为旗帜。这一说法，早已成为学界一致认同的经典表述。然而，在“新文化运动”这一概念最初流传之际，时人心目中的“新文化运动”多以“五四”为端绪，而且身历者所认知的“新文化”“新思潮”，其精神内涵既不一致，与后来史家的惯常说法亦有相当的出入。后来史家所推崇、所眷顾的一些思想主张，在当时并未形成多大反响，而当时人十分关注的热点问题，却早已淡出了史家的视野。

数十年来，史家对以《新青年》为代表的新文化运动之历史叙事，日益趋同。① 与此同时，学界对《新青年》文本的诠释仍不绝如缕，更有历久弥新的趋向。② 依据留存下来的《新青年》文本解读其思想意蕴，是既存研究较普遍的范式。而思想演变与社会发展的互动

---

* 本文原为提交“一九一〇年代的中国”国际学术研讨会（中国社会科学院近代史研究所民国史研究室、《近代史研究》编辑部、四川师范大学历史文化学院主办，2006年8月，北京）论文。

** 王奇生，四川师范大学特聘教授。

① 陈平原即注意到，中外学界对五四运动和新文化运动历史的叙述，差异最小的是关于《新青年》部分。他举美国学者周策纵与中国学者彭明的研究为例，说明即使是政治立场迥异的学者，对《新青年》历史功绩的描述也颇为接近。见陈平原《触摸历史与进入五四》，北京大学出版社2005年版，第116页。

② 参见杨士泰《近二十年国内“新文化运动”研究综述》，《廊坊师专学报》2000年第3期；董秋英、郭汉民《1949年以来的〈新青年〉研究述评》，《近代史研究》2001年第6期。

关系，则多为研究者漠视。《新青年》并非一创刊就名扬天下，景从如流；“新文化”亦非一开始就声势浩然，应者云集。《新青年》从一“普通刊物”发展成为“时代号角”，“新文化”由涓涓细流汇成洪波巨浪，实都经历了一个相当的“运动”过程。过去较多关注“运动”的结果，而不太留意“运动”的过程。对“运动家”们的思想主张非常重视，对“运动家”们的文化传播策略与社会环境的互动则甚少注目。本文以《新青年》为视点，试从社会史的视角描摹五四人所认知的“新文化”的面相和内涵，并考察这样一种“新文化”是如何被以陈独秀为代表的《新青年》同人“运动”起来的。

## 一　早期《新青年》

今人的视线，早被“一代名刊”的光环所遮蔽，甚少注意陈独秀于1915年创办《青年杂志》时，其实并没有什么高远的志向和预设路径。《青年杂志》没有正式的“发刊词”。创刊号上只有一简单的“社告”，内中除申言“欲与青年诸君商榷将来所以修身治国之道”，以及“于各国事情学术思潮尽心灌输”外，其他均属于编辑体例的具体说明。[①] 创刊号首篇是陈独秀撰写的《敬告青年》一文。该文虽有几分“发刊词”的意味[②]，但其所揭示的六条“新青年”准则（“自主的而非奴隶的”、“进步的而非保守的”、“进取的而非退隐的”、“世界的而非锁国的”、“实利的而非虚文的”、“科学的而非想象的”），论旨其实十分空泛。创刊号中另有陈独秀答王庸工的信，声称“改造青年之思想，辅导青年之修养，为本志之天职”[③]。一年以后，杂志改名为《新青年》，陈独秀遂撰《新青年》一文。[④] 该文常被后来史家当作“准发刊词”解读，其实除了要青年树立正确的人生观外，更无多少实际内容。可以说，早期《新青年》是一个名副其实的以青年为拟想

---

① 《社告》，《青年杂志》第1卷第1号。

② 有人将《敬告青年》视作《青年杂志》的正式发刊词。参见唐宝林、林茂生编《陈独秀年谱》，上海人民出版社1988年版，第68页。

③ 《王庸工致记者》，《青年杂志》第1卷第1号。

④ 陈独秀：《新青年》第2卷第1号。

读者的普通杂志。[①] 在郑振铎的回忆中，《青年杂志》是一个提倡“德智体”三育的青年读物，与当时的一般杂志“无殊”。[②]

就作者而言，《新青年》第1卷几乎是清一色的皖籍。第2卷虽然突破了“地域圈”，但仍局限于陈独秀个人的“朋友圈”内。[③] 杂志创刊号声称“本志执笔诸君，皆一时名彦”[④]，大抵类似自我张扬的“广告”。论者常以《新青年》作者日后的成就和名望来评断其撰作阵营。实际上，早期《新青年》作者大多是在“五四”以后才逐渐成名的（有的则一直名不见经传）。如第1卷的作者有高一涵、高语罕、汪叔潜、易白沙、谢无量、刘叔雅、陈嘏、彭德尊、李亦民、薛琪瑛、汝非、方澍、孟明、潘赞化、李穆、萧汝霖、谢鸣等人。内中高一涵当时尚在日本留学，1918年才进北京大学任教。高一涵在五四前后的知名度，可举一小事为证：1924年，高撰文发泄对商务印书馆不满，原因是他觉得商务只知敷衍有名人物，自己因为没有大名气而受到薄待。[⑤]

陈独秀本人在民初的知名度其实也不可高估。1915年10月6日，陈独秀之同乡好友汪孟邹致函在美国留学的胡适，介绍陈独秀与《青年杂志》说：“今日邮呈群益出版青年杂志一册，乃炼（引注：汪自称）友人皖城陈独秀君主撰，与秋桐（章士钊）亦是深交，曾为文载于《甲寅》者也。”[⑥] 可见两人此前并不相知。1916年底，吴虞第一次与陈独秀通信并给《新青年》投稿时，亦不知陈独秀是何许人也。次年1月21日，吴虞才从朋友处打听到陈独秀的情况，并记在日记中。[⑦]

---

① 有论者称，《青年杂志》采取锋芒内敛和平易近人的低姿态，是为了尽可能地吸引读者和作者。参见张耀杰《〈新青年〉同人的经济账》，《社会科学论坛》2006年第5期。这一说法从常理上很难成立。

② 郑振铎：《中国新文学大系·文学争论集·导言》（1935年），收入《郑振铎文集》第4卷，人民文学出版社1985年版，第413页。

③ 参见陈万雄《五四新文化的源流》，生活·读书·新知三联书店1997年版，第1—12页。

④ 《社告》，《青年杂志》第1卷第1号。

⑤ 《朱经农致胡适》（1924年11月30日），中国社会科学院近代史研究所中华民国史组编《胡适来往书信选》（上），中华书局1979年版，第280页。

⑥ 引自唐宝林、林茂生编《陈独秀年谱》，第69页。

⑦ 吴虞日记载：“陈独秀，安徽人，年四十余，独立前看《易经》，写小篆，作游山诗，独立后始出而讲新学，人之气象亦为之一变。长于英文，近于法文亦进。曾游日本，归国后充当教习。盖讲法兰西哲学者。住上海一楼一底，自教其小儿，其长子法文极佳，父子各独立不相谋也。”《吴虞日记》（上），四川人民出版社1984年版，第281页。

陈独秀与蔡元培相知较早。当蔡元培决意聘陈独秀任北大文科学长时，陈独秀因“从来没有在大学教过书，又没有什么学位头衔”而缺乏足够的自信。[①] 为使陈独秀能够顺利出任北京大学文科学长，蔡元培在向教育部申报时，不但替陈独秀编造了“日本东京日本大学”毕业的假学历，还替他编造了“曾任芜湖安徽公学教务长、安徽高等学校校长”的假履历。[②]

据汪孟邹之侄汪原放回忆，陈独秀自主创办杂志的想法可以追溯到“二次革命”失败之后：“据我大叔回忆，民国二年（1913 年），仲甫亡命到上海来，‘他没有事，常要到我们店里来。他想出一本杂志，说只要十年、八年的功夫，一定会发生很大的影响，叫我认真想法。我实在没有力量做，后来才介绍他给群益书社陈子沛、子寿兄弟。他们竟同意接受。’”[③] 汪孟邹于 1913 年春天到上海开办亚东图书馆，原本是陈独秀“怂恿”的。陈独秀最初有意与亚东图书馆合作出刊。而汪孟邹以“实在没有力量作为托词拒绝了陈独秀，却接受了章士钊（秋桐）创办于日本东京的《甲寅》杂志。汪孟邹之所以在章、陈之间做出厚此薄彼的选择，显然是基于章的声望以及《甲寅》杂志已具之影响。当时陈的名气固不若章氏，新刊若需十年、八年功夫才能开创局面，显然是一个处于初创阶段的书局所不敢冒险投资的”。[④]

1916 年 9 月，《青年杂志》改名为《新青年》。改名的原因，是上海基督教青年会指责《青年杂志》与他们的刊物在名称上有雷同、混

---

① 参见《陈独秀年谱》，第 76 页。

② 参见庄森《一份特别的履历书——陈独秀出任北大文科学长的前前后后》，《社会科学战线》2006 年第 1 期。

③ 汪原放：《亚东图书馆与陈独秀》，学林出版社 2006 年版，第 33 页。

④ “二次革命”中，章士钊曾任黄兴的秘书长。“二次革命”失败后，章流亡日本，于 1914 年 5 月创办《甲寅》杂志，抨击袁世凯政府。《甲寅》杂志总共出了 10 期（1915 年 10 月终刊，历时一年零五个月），前 4 期在日本出版，后 6 期由亚东图书馆在上海出版。汪原放认为，“《甲寅》杂志在当时的中国知识界获得很大的声望，发生了相当大的影响”。一个仅出版 10 期的杂志，其影响度恐不可高估。汪孟邹与章、陈两人的交情不相上下，而汪之所以厚此薄彼，恐更多出于章士钊名望的考量。有论者认为，汪孟邹的选择，乃基于《甲寅杂志》一时中外风行的金字招牌（参见张耀杰《〈新青年〉同人的经济账》，《社会科学论坛》2006 年第 5 期），笔者不敢苟同。因《甲寅》在日本仅出版过 4 期，不可能达到其广告所称的“一时中外风行”的程度。

淆之嫌，要求改名。[1] 作为办刊者，陈独秀显然不便直白地将改名的真实原因告诉读者。他向读者解释说："自第二卷起，欲益加策励，勉副读者诸君属望，因更名为《新青年》。"[2] 后来史家据此推断说："添加一个'新'字，以与其鼓吹新思想、新文化的内容名实相符。"[3] 这一推断正中陈独秀的圈套。为了扩大杂志影响，陈独秀刻意声称：自第2卷起，将得一批"当代名流"相助撰稿。[4] 检视名单，尚在美国留学的青年胡适也赫然在列，显有虚张声势之嫌。一年之后，陈独秀故伎重演，将第1、2卷作者汇列于《新青年》第3卷第1号上，并夸大其词地署上"海内大名家数十人执笔"。吴虞见自己也列名其中，不无惊诧。他感叹说："不意成都一布衣亦预海内大名家之列，惭愧之至。"[5]

因陈独秀协助章士钊编过《甲寅》，早期《新青年》的作者与《甲寅》有渊源，刊物形式亦继承了《甲寅》的风格。如其借以招徕读者的"通信"即是《甲寅》的特色栏目。[6]《新青年》在形式上借鉴《甲寅》本不足怪。但陈独秀有意将《新青年》打造为《甲寅》的姊妹刊物，在"通信"栏中通过真假难辨的读者来信，反复宣传《新青年》与《甲寅》之间的传承关系[7]，就不无"假借"之嫌。

既无鲜明宗旨，又少有真正"大名家"执笔，早期《新青年》没有多大影响亦在情理之中。每期印数仅1000本。[8] 承印的上海群益书社每期付编辑费和稿费200元。以当时商务印书馆的例规，在不支付

---

① 汪原放：《亚东图书馆与陈独秀》，学林出版社2006年版，第33页。

② 《通告》，《新青年》第2卷第1号。

③ 参见萧超然《北京大学与五四运动》，北京大学出版社1986年版，第38页。

④ 《通告》，《新青年》第2卷第1号。

⑤ 《吴虞日记》（上），四川人民出版社1984年版，第310页。

⑥ 参见杨琥《〈新青年〉与〈甲寅〉月刊之历史渊源》，《北京大学学报》2002年第39卷第6期。

⑦ 《新青年》第2卷第1号"通信"栏中，有"贵阳爱读贵志之一青年"的读者来信；第2卷第2号"通信"栏中，有署名王醒侬的读者来信；第3卷第3号的"通信"栏中，有"安徽省立第三中学校学生余元濬"的读者来信，均强调《新青年》（《青年杂志》）乃继《甲寅》杂志而起者。

⑧ 汪原放：《亚东图书馆与陈独秀》，学林出版社2006年版，第33页。

编辑费的情况下，至少需销数2000本以上，出版商才有可能赚钱。[①]群益之出《新青年》，显然勉为其难。

鲁迅首次接触《新青年》并与陈独秀联系大约在1916年底或1917年初。其时鲁迅在北京任教育部社会教育司第二科科长。可能是陈独秀赠送了10本《新青年》给他。他看完后，装这10本《新青年》寄给了远在绍兴的弟弟周作人。[②]鲁迅的这一举动，应可解读为对《新青年》甚为看重。然而鲁迅后来在《〈呐喊〉自序》中却称：那时的《新青年》“仿佛不特没有人来赞同，并且也还没有人来反对”[③]。周作人晚年也回忆说，印象中的早期《新青年》，“是普通的刊物罢了，虽是由陈独秀编辑，看不出什么特色来”。“我初来北京，鲁迅曾以《新青年》数册见示，并且述许季茀（引注：即许寿裳）的话道：‘这里边颇有些谬论，可以一驳。’大概许君是用了民报社时代的眼光去看它，所以这么说的吧。但是我看了却觉得没有什么谬，虽然也并不怎么对。”[④]

周作人到北京的时间，是1917年4月。3个月前，陈独秀刚到北京就任北大文科学长。此前《新青年》已经出版了两卷。在后来史家眼中，前两卷《新青年》中，颇不乏思想革命的“经典”之作，如陈独秀的《敬告青年》、《东西民族根本思想之差异》、《法兰西人与近世文明》、《吾人最后之觉悟》、《驳康有为致总统总理书》、《宪法与孔教》，高一涵的《民约与邦本》，易白沙的《孔子平议》，李大钊的《青春》，吴虞的《家族制度为专制主义之根据论》等文章，多为后来学界引述。胡适的《文学改良刍议》和陈独秀的《文学革命论》更被称作新文学运动之“元典”。然而这些在后来史家看来颇具见地的文章，在当时周氏兄弟眼中，既不怎么“谬”，也不怎么“对”。整个杂志就是一个既无人喝彩，也无人反对的“普通刊

---

① 《胡适致高一涵（稿）》（1924年9月8日），《胡适来往书信选》（上），第259页。

② 参见唐宝林、林茂生《陈独秀年谱》，第79页。

③ 鲁迅：《〈呐喊〉自序》，《鲁迅全集》第1卷，人民文学出版社1981年版，第419页。

④ 周作人：《知堂回想录》，（香港）三育图书有限公司1980年版，第333—334页。值得注意的是，周作人所称“虽是由陈独秀编辑，看不出什么特色来”，而其潜台词亦以为陈独秀早已是“大名家”。

物”。对此，张国焘晚年的回忆亦可参证。张说：《新青年》创办后的一两年间，北大同学知道者非常少。[①] 既往有关《新青年》早期就已“声名远扬”以及有“壮观的作者队伍”之类言说[②]，多半是后来史家的“后见之盲”。

《新青年》随陈独秀北迁后，编辑和作者队伍逐渐扩大。第 3 卷的作者群中，新增了章士钊、蔡元培、钱玄同等资深学者。但也有恽代英、毛泽东、常乃德、黄凌霜等在校青年学生投稿。恽是私立武昌中华大学的学生，毛是湖南省立第一师范学校学生。两人就读的学校，以当时恽代英的说法是“内地一声闻未著之学校”[③]。恽投给《新青年》的文章是《物质实在论》和《论信仰》，毛投给《新青年》的文章是《体育之研究》。两人的文章平实无华，在当时不可能产生多大的阅读冲击力。此类在校学生的课业式文章也能在《新青年》发表，大体可佐证周作人的“普通刊物”之说。

1917 年 8 月，《新青年》出完第 3 卷后，因发行不广，销路不畅，群益书社感到实在难以为继，一度中止出版。后经陈独秀极力交涉，书社到年底才勉强应允续刊。[④] 陈万雄在《五四新文化的源流》中写道：《新青年》自第二卷起接连发表反孔文章，胡适、陈独秀又进而提出了文学革命的要求，“新文化运动因为有这两个具体内容而引起了舆论的重视，也带来了强烈的反响”[⑤]。这一结论显然与实际不符。

---

① 张国焘：《我的回忆》第 1 册，东方出版社 1991 年版，第 39 页。

② 最新的研究可参见陈平原《触摸历史与进入五四》，北京大学出版社 2005 年版，第 52—60 页。

③ 中央档案馆等编：《恽代英日记》，中共中央党校出版社 1981 年版，第 264 页。

④ 1918 年 1 月 4 日鲁迅致许寿裳信中提到：“《新青年》以不能广行，书肆拟中止；独秀辈与之交涉，已允续刊，定于本月十五出版云。”见《鲁迅全集》第 11 卷，第 345 页。张耀杰在《〈新青年〉同人的经济账》中认为，《新青年》此次出版中断，是因为自第 4 卷起采用新式标点符号，给印刷带来困难，印刷厂不愿代印。所举证据为汪孟邹致胡适的一封信。该信引自《陈独秀年谱》，写信时间为 1918 年 10 月 5 日。张耀杰怀疑写信时间有误，应为 1917 年 10 月 5 日。笔者查阅了此信原件（藏中国社会科学院近代史研究所图书馆），写信时间为“民国七年十月五日”。故张耀杰之说不能成立。

⑤ 陈万雄：《五四新文化的源流》，第 19 页。

## 二　“《新青年》的复活”

1918年1月，《新青年》在中断4个月之后重新出版。与前3卷不同的是，第4卷起改为同人刊物。《新青年》第4卷第3号登载编辑部启事称：

> 本志自第四卷一号起，投稿章程，业已取消。所有撰译，悉由编辑部同人，共同担任，不另购稿。

《新青年》如此自信地对外宣示，一个关键的因素是陈独秀出任北大文科学长。杂志主编被教育部任命为全国最高学府的文科学长[①]，本身就是一种无形的“广告”。那时的北大文科学长有多大分量，可引胡适的话为佐证。胡适后来分析文学革命成功的因素时指出：陈独秀担任北京大学文科学长后，其文学革命主张乃成了“全国的东西”，成了一个“严重的问题”。[②] 当时北大在全国读书人心目中的地位由此可见。

当然，并非陈独秀一出掌北大文科，杂志即随之改观。更为实际的是，陈独秀入北大后，一批北大教授加盟《新青年》，使杂志真正以全国最高学府为依托。除第3卷有章士钊、蔡元培、钱玄同加入外，第4卷又有周作人、沈尹默、沈兼士、陈大齐、王星拱等人加入。与此同时，杂志的编务，也不再由陈独秀独力承担。第4卷开始采取集议制度，每出一期，就开一次编辑会，共同商定下期稿件。大约自第5卷起，编辑部开始采取轮流编辑办法。第6卷由陈独秀、钱玄同、高一涵、胡适、李大钊、沈尹默6人轮流编辑，6人均为北大教授。《新青年》遂由一个安徽人主导的地方性刊物，真正转变成为以北大教授为主体的“全国性”刊物。如果说之前的“名彦”“名流”“名家”执笔，多少有些虚张声势的话，如今由“货真价实”的北大教授担任撰译，对

① 教育部的任命函，转见《陈独秀年谱》，第77—78页。

② 胡适：《陈独秀与文学革命》（1932年），引自中国社会科学院近代史研究所编《五四运动回忆录》（上），中国社会科学出版社1979年版，第166页。

一般青年读者之号召力，当然不难想象。一位署名“爱真”的读者给陈独秀写信说：“我抱了扫毒主义已有七八年了。无如帚小力微，所以收得的效果很小。先生等都是大学教授，都是大学问家，帚大力大，扫起来自然是比人家格外利害。”[①] 正是北大教授的积极参与，使《新青年》大壮声威，以至于“外面的人往往把《新青年》和北京大学混为一谈”[②]。《新青年》编辑部为此大加“辟谣”。此举虽有减轻校方压力的考量，但也不排除有反用“欲盖弥彰”策略之意。《学衡》派后来对《新青年》很不服气，除了理念不同外，认为《新青年》及其同人之“暴得大名”，在很大程度上是“借重”北大的教育权威和文化资源。[③]

除了作者队伍、思想主张以及社会时代环境之变动外[④]，《新青年》影响的扩大，与陈独秀等人对媒体传播技巧的娴熟运用亦大有关系。《新青年》以前，陈独秀曾独自主办过《安徽俗话报》，又与章士钊合办过《新青年》杂志，按理积累了丰富的办报办刊经验。没想到《甲寅》办了两年还无声无臭，一度面临关门的局面。这实在大大出乎陈独秀的意料。

陈独秀对舆论“炒作”早有一套自己的看家本领。办《甲寅》杂志时，他就采用过“故作危言，以耸国民”以及“正言若反”等手法。[⑤]《新青年》创刊伊始，即仿照《甲寅》开辟了一个“通信”栏目，发表读者来信。陈独秀开辟此栏目固然有激发公众参与讨论的考量，同时也是刻意营造“众声喧哗”的氛围，带有相当的“表演”成分。1917年7月，刚从美国留学归来的胡适在日本东京读到《新青年》第3卷第3号，即在日记中写道：“《新青年》之通信栏每期皆有二十余页（本期有二十八页）。其中虽多无关紧要之投书，然大可为

① 爱真：《五毒》，《新青年》1918年第5卷第6号。

② 《编辑部启事》，《新青年》1919年第6卷第2号。

③ 如梅光迪指出：“彼等之学校，则指为最高学府，竭力揄扬，以显其声势之赫奕，根据地之深固重大。”梅光迪：《评今人提倡学术之方法》，《学衡》1922年第2期。参阅陈平原《触摸历史与进入五四》，北京大学出版社2005年版，第105页。

④ 学界对《新青年》之思想主张，已有较为深入的研究。本文不侧重思想史考察，并不意味着漠视和否认其重要性。下节有关《东方杂志》角色转换的论述亦同。

⑤ 《陈独秀年谱》，第64页。

此报能引起国人之思想兴趣之证也。”[①] 刚从美国回来的胡适难免被陈独秀“忽悠”，但在鲁迅这样目光老辣的读者面前，《新青年》“不特没有人来赞同，并且也还没有人来反对”的本相实在难以掩饰。面对这样一种冷清的局面，《新青年》编者们竟大胆而又别出心裁地上演了中国近代报刊史一曲前所未有的“双簧戏”。

“双簧戏”上演的时间是1918年3月，主角是钱玄同与刘半农。先由钱玄同化名“王敬轩”，以读者名义致一长函于《新青年》，肆意指责《新青年》排斥孔子，废灭纲常，尤集矢于文学革命。再由刘半农代表《新青年》逐一批驳。拟态的正方反方各尽意气之能事，指责者百般挑衅，批驳者刻薄淋漓，极具戏剧性和观赏效果。胡适将此事内情告诉好友任鸿隽后，任氏担心伪造读者来信将有损《新青年》信用，而任妻陈衡哲则认为此举具有“对外军略”的意义。[②] “双簧戏”显然取得了一定的“炒作”效果，聚集了受众相当的注意力。胡适最初提出文学“改良刍议”时，曾学究气地表示“甚愿国中人士能平心静气与吾辈同力研究此问题”。而陈独秀以“老革命党”的气势将其提升为你死我活的“文学革命”，并以十分决绝的口吻表示“必不容反对者有讨论之余地，必以吾辈所主张者为绝对之是，而不容他人之匡正也”。[③] 从“双簧戏”的表演来看，陈独秀当初的决绝表示，大有“正言若反”的意味：故意挑衅反对者出来论辩，以激发公众舆论的关注。“双簧戏”显示《新青年》同人对于媒体传播的技巧运用得相当娴熟。

“王敬轩”来信发表后，真的引来了一批反对者。值得注意的是，当真的反对者出来辩驳时，《新青年》同人却表现出无法容忍的态度。如北大学生张厚载批评《新青年》所发表的白话诗及对中国旧戏的看法不当时，不仅陈独秀、胡适、钱玄同、刘半农四人群起围剿，钱玄同甚至对胡适刊发此信十分生气，扬言要因此脱离《新青年》。胡适则认为“无论如何，总比凭空闭户造出一个王敬轩的材

① 曹伯言整理：《胡适日记全编》第2卷，安徽教育出版社2001年版，第615页。

② 《任鸿隽致胡适》(1918年9月5日)，《胡适来往书信选》(上)，第14页。

③ 胡适、独秀：《通信》，《新青年》1917年第3卷第3号。

料要值得辩论些"[①]。因《新青年》同人态度十分决绝，落笔时只求痛快，语调不无刻薄，遂激起部分读者反感。如一位自称"崇拜王敬轩"的读者来信说："王先生之崇论宏议，鄙人极为佩服；贵志记者对于王君议论，肆口侮骂，自由讨论学理，固应又〔如〕是乎!"[②] 胡适的好友任鸿隽也劝《新青年》同人"勿专骛眼前攻击之勤"，更不应"徒事谩骂"，立论"勿太趋于极端"。任鸿隽还特意提醒："趋于极端与 radical（激进）不同。"[③]

事实上，致函《新青年》表达不同意见者，态度尚属平和；而激烈的反对者已开始借助其他报刊加以攻击。其中以林琴南的攻击最为恶辣，也最具影响。1919 年 2—3 月，林琴南于上海《新申报》接连以小说形式诋毁《新青年》同人[④]，继而在北京《公言报》以公开信的形式致书蔡元培[⑤]，攻击《新青年》与北大。

林琴南的公开信发表后蔡元培亦借助媒体复信驳辩。因林、蔡均系学界名流，两人的论辩迅速引发舆论关注。一时间，京沪各大报刊在转载林蔡往还书牍的同时，竞相发表评论。各报且将"林蔡之争"冠以"新旧之争"、"新旧思潮之冲突"、"新旧思潮之决斗"等火药味浓烈的标题。尽管当时以刘师培为首的"正统"旧派并不认同林琴南，新文化诸人也指称林氏"不配"代表旧派，却仍无碍媒体在"新旧之争"的名义下加以炒作。[⑥] 当时就有人指出，所谓"新旧之争"完全是媒体虚拟出来的："从《公言报》登了一篇《北京学界思潮变迁之近状》的新闻及林琴南致蔡孑民一信，京内外各报都当此为极好资料，大家发抒意见，至再至三……各报所藉以评论的资料，只是靠着一篇《公言报》的新闻和林蔡来往的几封信（林也不是旧的，蔡也

---

① 《新文学及中国旧戏》，《新青年》1918 年第 4 卷第 6 号；《胡适来往书信选》（上），第 24—25 页。

② 《崇拜王敬轩先生者致独秀》，《新青年》1918 年第 4 卷第 6 号。

③ 《任鸿隽致胡适》（1918 年 9 月 5 日、11 月 3 日），《胡适来往书信选》（上），第 15—17 页。

④ 如广为人知的《荆生》《妖梦》两篇小说分别发表于《新申报》1919 年 2 月 17 日、3 月 19—23 日。

⑤ 林琴南致蔡元培函，发表于《公言报》1919 年 3 月 18 日。

⑥ 有关"林蔡之争"的深入探讨，可参阅罗志田《林纾的认同危机与民初的新旧之争》，《权势转移：近代中国的思想、社会与学术》，湖北人民出版社 1999 年版，第 263—289 页。

不是新的，信中也没有新旧的话)，都不能算做事实……今林琴南来了一封责难的信，我们看来虽然是胡闹，但在大学方面却不能当他胡闹。所以蔡的回答罢，也是尽大学一分子的责任。奈偏偏被一般无知识的人给他一个‘新旧战争’的名词。”[①]

为了吸引读者，夸张的笔法，过激的言辞，本是大众传媒的惯用伎俩。深悉大众传播心理和传媒特点的陈独秀又趁机将这些报道有选择性地转载于《每周评论》，无异火上浇油。仅《每周评论》第 17、19 期就转载了 14 家报刊的 27 篇社评。[②] 在新闻媒体的大肆煊染下，原囿于学界的思想分歧，顿时喧哗为大众关注的公共话题。

令林琴南始料未及的是，他对《新青年》的攻击诋毁，招来媒体的广泛报道，无形中为《新青年》做了一次声势浩大的广告宣传。在此之前，新闻报纸几乎没有关注过《新青年》。陈独秀苦心孤诣未能实现的目标，无意中竟由林琴南一手促成。

“林蔡之争”之所以会有如此大的社会反响，还与《申报》的两篇报道有关。1919 年 3 月 6 日《申报》报道说：“日前宣传教育部有训令达大学，令其将陈（独秀）钱（玄同）胡（适）三氏辞退，并谓此议发自元首，而元首之所以发动者，由于国史馆内一二耆老之进言，但经记者之详细调查，则知确无其事。此语何自而来，殊不可解。”[③] 3 月 31 日，《申报》又有消息说，参议院议员张元奇拟弹劾教育部，理由是北京大学教授“有离经叛道之鼓吹”，而教育部总长傅增湘并不过问。傅因此乃致函北京大学校长，“令其谨慎从事”。[④]

第一则消息《申报》虽然明示系不实之传闻，但仍为不少媒体辗转报道。第二则消息确有其事，更有媒体进一步透露张元奇之弹劾案系受林琴南幕后指使。一时间，舆论纷纷指责林琴南等人“欲借政治的势力，以压伏反对之学派，实属骇人听闻”[⑤]。《时事新报》描述说：

---

① 《辟北京大学新旧思潮之说》，转引自《每周评论》1919 年第 19 号第 1 版。

② 《特别附录：对于新旧思潮的舆论》(一)、(二)，《每周评论》1919 年第 17、19 号。

③ 静观：《北京大学新旧之暗潮》，《申报》1919 年 3 月 6 日第 6 版。

④ 《京华短简》，《申报》1919 年 3 月 31 日第 7 版。

⑤ 《酝酿中之教育总长弹劾案》，原载《顺天时报》，《每周评论》1919 年第 17 号第 2 版转载。

"自《申报》电传大学教员陈胡诸君被逐之耗后，举国惊惶，人人愤慨。"[①] 恰在这样一种情景下，林琴南致蔡元培公开信，立即使人联想到"旧派"有意借官方力量打压"新派"。[②]"新派"一时竟成了令舆论同情的"弱者"。其时黄宗培致函胡适说："弟非谓新党无可反对也，实以言论自由天经地义，旧党不循正当轨辙辩论真理，乃欲以黑暗手段取言论自由之原则而残之，此实世界之公敌，有血气者安可与之同日月耶。"[③]

民国初年，中国知识界的思想环境，在趋新与守旧两端，其实很难断言何者更具市场。"新派""旧派"亦非泾渭分明，更多的是新中有旧，旧中有新，新旧杂陈。[④] 如柳亚子对陈独秀的"倒孔"主张十分推崇，对文学革命却甚不以为然，申言"《新青年》杂志中陈独秀君巨著，宜写万本，读万遍也"。"唯近信胡适之言，倡言文学革命，则弟未敢赞同。"吴虞在反孔方面比陈独秀更激进，但对文学革命则持保留态度。他曾为此写了一篇《论文学革命驳胡适说》的文章，柳亚子读后"拍案叫绝"。[⑤] 可见对于新文学，反对者并非全是旧派，新派亦甚有持异议者。

对于《新青年》的其他主张，胡适在美国的一帮朋友也不乏异词。[⑥] 如张奚若即不客气地批评《新青年》同人的学问强半是"无源之水"，《新青年》的言论"有道理与无道理参半"，其中有些"一知半解、不生不熟的议论，不但讨厌，简直危险"。后来备受称赞的李大钊之《Bolshevism 的胜利》一文，在张奚若看来，不过"空空洞洞，并未言及 Bolshevism 的实在政策"[⑦]。

---

① 匡僧：《每周评论》，原载《时事新报》，《每周评论》1919 年第 17 号第 4 版转载。

② 如《时事新报》称："北京大学新派教员，屡被旧派学者之掊击。近复闻旧派藉某军人与新国会之权力，以胁迫新派文科学长陈独秀先生，有愿辞职以自由主张新学之说。"匡僧：《威武不能屈》，转引自《每周评论》1919 年第 17 号第 4 版。

③ 《黄宗培致胡适》（1919 年 4 月 12 日），《胡适来往书信选》（上），第 36 页。

④ 此点罗志田教授曾反复论及。

⑤ 参见《陈独秀年谱》，第 72 页；《吴虞日记》（上），四川人民出版社 1984 年版，第 300、309 页。

⑥ 胡适致函朱经农说："美国一班朋友很有责备我的话"。转引自《朱经农致胡适》（1919 年 8 月 9 日），《胡适来往书信选》（上），第 108 页。

⑦ 《张奚若致胡适》，《胡适来往书信选》（上），第 30—31 页。

《新青年》同人自然十分在意外界的反映。1919 年 1 月，陈独秀在《本志罪案之答辩书》中坦承："本志经过三年，发行已满三十册；所说的都是极平常的话，社会上却大惊小怪，八面非难，那旧人物是不用说了，就是呫呫叫〔呱呱叫〕的青年学生，也把《新青年》看作一种邪说、怪物，离经叛道的异端，非圣无法的叛逆。"[①] 连"新青年"都未能普遍接纳《新青年》，难怪胡适的朋友朱经农要为"新思潮的潜势力单薄得很"而担忧了。[②]

令新旧双方都有些始料未及的是，自大众媒体介入并炒作后，《新青年》与"新派""新文化"的声名与日俱增。其时有人投书上海《中华新报》说，听到陈、胡、刘（半农）、钱四君被逐的消息后，并不消极悲观，"至少言之，我知从此以后之《新青年》杂志发行额必加起几倍或几十倍"[③]。成都《川报》亦发表评论说：北京政府驱逐陈、胡、傅（斯年）、钱四人出校，"从此《新青年》的价值，愈增高了！陈、胡、傅、钱的声名，也是愈增高了！"[④]《申报》最初报道的是陈、胡、钱三人被逐，经辗转报道后，三人变成了四人，而新增的一位，又有刘半农和傅斯年两说，可见传闻之甚。[⑤]

当时读书界显已洞悉"越受打压越出名"的社会传播心理。正是 1919 年初春的这场"新旧之争"，使《新青年》及其同人声名大震。杂志的最高印数达到一万五六千份。[⑥] 对于这一变化，经营亚东图书馆的汪孟邹具有职业性的敏锐感受。他在 1919 年 4 月 23 日致胡适的

---

① 陈独秀：《本志罪案之答辩书》，《新青年》1919 年第 6 卷第 1 号。

② 《朱经农致胡适》（1919 年 5 月 21 日），《胡适来往书信选》（上），第 44 页。

③ 志拯：《谁的耻辱》，转引自《每周评论》1919 年第 19 号第 4 版。

④ 因明：《对北京大学的愤言》，转引自《每周评论》1919 年第 19 号第 4 版。

⑤ 陈独秀终究被撤职。事情的原委是：1919 年 3 月 26 日，蔡元培开会商讨学校事。会上，汤尔和以外间传闻陈独秀嫖妓事，猛烈攻击陈"私德太坏"。蔡元培为汤议所动，决定撤销陈之文科学长职。胡适后来致函汤尔和说："当时外人借私行攻击陈独秀，明明是攻击北大的新思潮的几个领袖的一种手段，而先生们亦不能把私行为与公行为分开，适坠奸人术中了。"胡适还评论说："独秀因此离去北大，以后中国共产党的创立及后来国中思想的"左"倾，《新青年》的分化，北大自由主义者的变弱，皆起于此夜之会。"见《胡适来往书信选》（中），中华书局 1979 年版，第 281—283、289—291、294 页。

⑥ 汪原放：《亚东图书馆与陈独秀》，学林出版社 2006 年版，第 33 页。作为一份思想文化类刊物，一万五六千份的印数在当时甚为可观了。据称《东方杂志》的最高销量也是 115 万份［参见李欧梵《上海摩登》，毛尖译，（香港）牛津大学出版社 2000 年版，第 48 页］。

信中写道："近来《新潮》、《新青年》、《新教育》、《每周评论》，销路均渐兴旺，可见社会心理已转移向上，亦可喜之事也。各种混账杂乱小说，销路已不如往年多矣。"①

汪孟邹以"渐兴旺"三字较为慎重地表达了《新青年》在五四前夕的社会影响。1919 年 5 月，《新青年》决定重印前 5 卷。这无疑是《新青年》销路大开的一个重要表征，也是《新青年》真正成为"名刊"的重要标志之一。

## 三　《新青年》与《东方杂志》

清末民初的报刊，基于不同的运作模式与风格，大致可分为商业报刊、机关团体刊物与学界同人杂志三类。② 像《东方杂志》一类注重商业效益的刊物，立论力求"平正通达"，尽量关照各个层面不同观念的读者；像《新民丛报》《民报》一类刊物，因代表党派团体立场，立论力求"旗帜鲜明"，甚至不惜"党同伐异"；而学界同人杂志，既追求趣向相投，又不愿结党营私，立论多据学理，运作不以营利为目标。

《东方杂志》始创于 1904 年，为商务印书馆所经营。该刊的栏目与内容十分广泛，包括新闻报道、时评政论、文化批评、学理文章、文艺作品以及翻译、图片等，形式既不拘一格，观念亦兼容并蓄，虽然缺乏鲜明特色，销量却相当可观，在都市文化界甚具影响。

五四以前，《东方杂志》在一般文化人群中流行的程度，可能大大超乎我们的既有认知。吴虞、恽代英等人在 1915—1919 年间的阅读记录，也许可以提供一些个体例证。

清末民初的吴虞是一个甚不得意的读书人，被成都士绅界目为"大逆不道"的人物。吴虞之"发迹"并上升为全国舞台上的知名人物，与《新青年》杂志密切相关。查吴虞 1911—1916 年的阅读记录，他常年订阅的杂志有《东方杂志》、《进步杂志》、《法政杂志》、《小

---

① 《汪孟邹致胡适》，《胡适来往书信选》（上），中华书局 1979 年版，第 40 页。

② 参见陈平原《触摸历史与进入五四》，北京大学出版社 2005 年版，第 53 页。

说月报》、《国民公报》、《学艺》、《甲寅》等。其中《东方杂志》又是吴虞最常订阅者。据吴虞日记，他最早知道《新青年》并首次与陈独秀联系，是在1916年12月。[①] 吴虞向《新青年》投稿之际，亦开始订阅《新青年》。

吴虞反孔非儒与批判家族制度的文章，成都当地报纸多不敢登载，而陈独秀将其连载于《新青年》。吴虞大为感奋。[②] 之后不久，他便开始嫌《东方杂志》"精神上之文字少也"[③]。到1917年7月，吴虞即明确表示以后不再续订《东方杂志》、《进步青年》、《小说月报》等刊[④]，独钟情于《新青年》。

与吴虞相似，恽代英的阅读兴趣也有一个由《东方杂志》转向《新青年》的过程。青年恽代英十分爱看杂志。1917—1918年，恽氏常年订阅的刊物有《东方杂志》、《妇女杂志》、《教育杂志》、《科学》、《大中华》、《教育界》、《学生界》等数种，此外还零星购买过《进步杂志》、《青年进步》、《中华教育界》、《中华学生界》、《妇女时报》、《小说海》等刊。[⑤] 恽批评当时的青年学生多"不肯买正当杂志"，"亦多不明看杂志之利益"[⑥]，而自己大量订阅杂志，显属特例。从订单看，恽代英的阅读兴趣与吴虞颇有不同，唯有《东方杂志》是两人都常订阅的刊物。

恽代英最早接触并投稿《新青年》，与吴虞几乎同时。但与吴虞不同的是，恽代英一直到1919年3月才开始订阅《新青年》。在此之前的两年间，恽代英仅零星购买和偶尔"杂阅"过《新青年》。[⑦] 1919年恽代英不再订阅《妇女杂志》、《教育杂志》、《科学》等刊，只有《东方杂志》仍在续订中。

恽代英坚持不懈地订阅《东方杂志》，却迟迟不订《新青年》，有

① 《吴虞日记》（上），四川人民出版社1984年版，第272—273页。

② 同上书，第295页。

③ 同上书，第298页。

④ 同上书，第328页。

⑤ 《恽代英日记》，第31—32、445—446页。

⑥ 同上书，第263页。

⑦ 同上书，第50、128、149、287页。

些匪夷所思。1917 年 9 月，恽代英在日记中对《新青年》有过如下一番议论：

> 《新青年》杂志倡改革文字之说。吾意中国文学认为一种美术，古文、骈赋、诗词乃至八股，皆有其价值。而古文诗词尤为表情之用。若就通俗言，则以上各文皆不合用也。故文学是文学，通俗文是通俗文。吾人今日言通俗文而痛诋文学，亦过甚也。①

恽代英对《新青年》印象最深的是其“改革文字之说”，而他显然不认同这一主张。次年 4 月，恽在给一位朋友的信中仍坚持认为“新文学固便通俗，然就美的方面言，旧文学亦自有不废的价值，即八股文字亦有不废的价值，惟均不宜以之教授普通国民耳”②。不仅如此，恽代英甚至对《新青年》同人的“激进”倾向，亦整体不予认同。1919 年 2 月 10 日，恽代英郑重致函陈独秀，“劝其温和”。③

不过到五四前后，恽代英对《新青年》与《东方杂志》的态度在逐渐发生变化。4 月 24 日，恽代英在日记中写道：“阅《新青年》，甚长益心智。”④ 6 月 25 日，恽代英又在日记中转引好友的话说：“旧日以为《时报》与《东方杂志》最好，现在仍作此语，有耳无目，可怜哉！”⑤ 9 月 9 日，恽代英在致王光祈的信中明确表示：“我很喜欢看《新青年》和《新潮》，因为他们是传播自由、平等、博爱、互助、劳动的福音的。”⑥

五四前后数月间，《新青年》与《东方杂志》在恽代英的阅读兴趣中，发生了一次角色转换，只是这一转换，比吴虞大约晚了两年。吴虞是《新青年》的重要作者，而恽代英虽然也给《新青年》投过稿，其身份更倾向于“读者”一边。从《新青年》“读者”的角度来

① 《恽代英日记》，第 153 页。
② 同上书，第 439 页。
③ 同上书，第 483 页。
④ 同上书，第 528 页。
⑤ 同上书，第 568 页。
⑥ 同上书，第 624 页。

看，恽代英的情形可能更具代表性。

《新青年》与《东方杂志》的角色转换，除了思想取向和社会时势的契合外，也不应忽视《新青年》同人在大众传播层面的策略运作。1918年9月，《新青年》发表陈独秀的《质问〈东方杂志〉记者——〈东方杂志〉与复辟问题》一文。[①] 在此之前，《新青年》与《东方杂志》的思想文化主张虽有不同，但两刊从未正面交锋过。陈独秀此次直接“质问《东方杂志》记者”，单刀直入，显得十分突兀。事缘于《东方杂志》译载日本《东亚之光》杂志上一篇名为《中西文明之评判》的文章。因该文征引了辜鸿铭的大量言论，陈独秀乃借辜氏维护纲常名教与复辟帝制的关联，趁机将《东方杂志》一并推上“复辟”的审判台。陈独秀在正文中虽然没有以“复辟”相责问，却以“《东方杂志》与复辟问题”为副标题，十分醒目。在当时国人对“复辟”记忆犹新且深恶痛绝的时候，陈独秀将“复辟”这顶沉重的黑帽子扣在《东方杂志》头上，无疑极具杀伤力。陈独秀全文以16个“敢问”相串通，甚少学理论辩，却充满浓烈的挑衅意味。这种轶出学理规则，甚至带有“诋毁”“攻讦”意气的做法，在当时杂志界显属违背常规，极为罕见。

学界对“东西文化”问题论战已有相当细致的描画，此处无意否认两刊在思想层面的严重分歧，只是对陈独秀以非常手段“对付”《东方杂志》的“非观念”动机，做一点考察。对《新青年》主编陈独秀而言，刊物办了两年多，影响仍然有限，而商务印书馆所经营的《东方杂志》却在都市文化人中甚为流行，难免心生嫉羡。如何与《东方杂志》争夺读者市场乃至全国读书界的思想领导权，陈独秀不可能不加以考虑。《东方杂志》以迎合读者，推广销路，确保商业利益为第一考量。《新青年》显然不可能像《东方杂志》一样遵循商业模式来运作。《新青年》要与《东方杂志》竞争，必须以思想主张去吸引读者。就办刊宗旨而论，《东方杂志》力持“平正”，《新青年》则一味激进。但在民初的中国文化界，响应激进者毕竟是少数。恽代

① 陈独秀的文章发表于《新青年》第5卷第3期，陈崧编《五四前后东西文化问题论战文选》（中国社会科学出版社1985年版）一书有收录。

英于1919年4月6日的日记中，尚认为办刊物“若取过激标准，则与社会相去太远，易起人骇怪之反感，即可以长进的少年，亦将拒绝不看”①。张国焘也回忆说，1919年以前，他的北大同学中，尊重孔子学说、反对白话文的还占多数，无条件赞成新思潮、彻底拥护白话文者占少数。②

陈独秀借“复辟”做文章攻击《东方杂志》，如同使出一个“杀手锏”，大有立竿见影之效。《东方杂志》的声望和销量很快受到冲击。商务印书馆不得不以减价促销来抵制。③但陈独秀仍不罢休，于1919年2月再次撰文诘难《东方杂志》。无奈之下，商务印书馆在报纸上以“十大杂志”为题，大做广告，力图挽回影响。《东方杂志》列名商务“十大杂志”之首，其广告词称：“《东方杂志》详载政治、文学、理化、实业以及百科之学说，并附中外时事、诗歌、小说，均极有关系之作。”④

“十大杂志”广告刊出不久，北大学生罗家伦在《新潮》杂志上发表《今日中国之杂志界》一文，一面对陈独秀主导的《新青年》与《每周评论》大加赞美，一面对商务旗下的几大刊物痛加批贬，如称《东方杂志》是“杂乱派”杂志，《教育杂志》是“市侩式”杂志，《学生杂志》是“一种极不堪的课艺杂志”，《妇女杂志》“专说些叫女子当男子奴隶的话，真是人类的罪人”等，用语十分刻薄。其中对《东方杂志》的具体评价是：“毫无主张，毫无选择，只要是稿子就登。一期之中，上至天文，下至地理，古今中外，诸子百家，无一不有，忽而工业，忽而政论，忽而农商，忽而灵学，真是五花八门，无奇不有。你说他旧吗？他又像新。你说他新吗？他实在不配。”⑤罗家伦的批评虽有合理的成分，但言辞充满火药味，褒

① 《恽代英日记》，第517页。

② 张国焘：《我的回忆》第1册，第40页。

③ 张元济：《张元济日记》（上），河北教育出版社2001年版，第670页。

④ 商务印书馆的“十大杂志”是指：《东方杂志》《教育杂志》《妇女杂志》《学生杂志》《少年杂志》《英文杂志》《农学杂志》《小说月报》《英语周刊》和《留美学生季报》，见天津《大公报》1919年各期。

⑤ 罗家伦：《今日中国之杂志界》，《新潮》1919年第1卷第4号。

贬之间不无意气夹存。《新潮》，是在陈独秀、胡适指导下由北大学生傅斯年、罗家伦等人所创办。罗家伦之文是否受过《新青年》同人之“指导”不得而知，但此前陈独秀的“质问”文章无疑起到了唱和的作用。①

《东方杂志》连遭陈、罗的炮轰后，声望暴跌。商务印书馆不得不考虑撤换主编，由陶惺存（又名陶保霖）接替杜亚泉。② 1919 年 7 月，尚未正式接任主编的陶惺存以“景藏”为笔名，发表《今后杂志界之职务》一文，算是回应罗家伦。③ 1920 年 7 月陶惺存逝世，《东方杂志》主编一职由钱智修接任。

与时代潮流渐相脱节的《东方杂志》，在都市文化界独占鳌头的地位显然受到冲击，至少在青年读书界不得不暂时让位于《新青年》。④ 张国焘回忆说，他在 1916 年秋入北大后，和当时的许多青年一样，以不甘落伍、力求上进的新时代青年自命，除了功课而外，还经常读《东方杂志》、《大中华》等刊物，希望从此探究出一些救国治学的新门径。后来看到了《新青年》，觉得它更合乎自己的口味，更适合当时一般青年的需要，转而热烈拥护。⑤ 五四前后，像张国焘这样的“新时代青年”大都经历了一个从爱读《东方杂志》到爱读《新青年》的过程。郑超麟也回忆说，他在法国勤工俭学的时候，羡

① 时任《东方杂志》编辑的章锡琛后来回忆说：当时高举新文化运动旗帜的刊物，首先向商务出版的杂志进攻，先是陈独秀在《新青年》上抨击《东方杂志》反对西方文明，提倡东方文明，接着北大学生组织新潮社的《新潮》发表了罗家伦的《今日中国之杂志界》一文，把商务各种杂志骂得体无完肤。章锡琛：《漫谈商务印书馆》，《商务印书馆九十年》，商务印书馆 1987 年版，第 111 页。

② 张元济日记中有关撤换主编的记载：1919 年 5 月 24 日，“与梦、惺商定，请惺翁接管《东方杂志》。”8 月 5 日，《东方杂志》事，惺翁告，亚泉只能维持现状。又云外间绝无来稿。10 月 22 日，“惺言，《东方杂志》投稿甚有佳作，而亚（泉）均不取，实太偏于旧”。10 月 27 日，“惺存函商《东方杂志》办法，自己非不可兼，但不能兼做论说，先拟两法：一招徕投稿，二改为一月两期。余意，一月两期既费期，又太束缚，以不改为是。”10 月 30 日，“惺存来信，辞庶务部，担任《东方杂志》事。”《张元济日记》（下），第 778、828、889、891、893 页。

③ 景藏：《今后杂志界之职务》，《东方杂志》1919 年第 16 卷第 7 期。

④ 《新青年》转向宣传社会主义以后，读者群迅速出现分化：一批人重新回归《东方杂志》[如吴虞又重新订阅《东方杂志》，见《吴虞日记》（上），第 561 页]，另一批人则进一步成为《向导》的热心读者。此点将另文探讨。

⑤ 张国焘：《我的回忆》第 1 册，第 39—40 页。

慕那些在《新青年》、《新潮》、《少年中国》等“新思潮”杂志上写文章的人，而对《东方杂志》则已没有敬意。①

在恽代英、张国焘、郑超麟这一代五四新青年的阅读史上，《新青年》与《东方杂志》有过一段此起彼伏的“权势转移”过程。

## 四　新文化形成“运动”

《新青年》由一个“普通刊物”，发展成为“新文化”“新思潮”的一块“金字招牌”，经历了一个相当有趣的历史过程。正是在这一过程中，“新文化”由涓涓细流逐渐汇成洪波巨浪。1918 年 12 月和 1919 年 1 月，《每周评论》和《新潮》的相继创刊，结束了《新青年》孤军奋战的局面。三刊同声协唱，同气相求，很快产生了群体效应。

与《新青年》相比，《每周评论》直接以“谈政治”为宗旨，言论更趋激烈，煽动性也更大。相对每月一期的《新青年》，以小型报纸形式出现的《每周评论》更显灵活也更具时效。

《新潮》的创刊，意味着学生辈正式以群体的形式加入到“运动”中来。在此之前，虽有青年学生给《新青年》投稿，但均是个体行为。《新潮》因系北大学生所创办，更能迎合青年学生的口味。时在浙江第一师范就读的施存统致函《新潮》编辑部说：“自从你们的杂志出版以来，唤起多少同学的觉悟，这真是你们莫大之功了！就是‘文学革命’一块招牌，也是有了贵志才竖得稳固的（因为《新青年》虽早已在那里鼓吹，注意的人还不多）。”② 施存统的这一说法颇值得注意。因《新青年》自 1917 年开始倡导“文学革命”，先后发表讨论文章数十篇。在《新青年》所有话题中，以“文学革命”的讨论最为热烈。但在施存统看来，在 1919 年以前，注意新文学的人还不多。直到《新潮》加盟鼓吹，“文学革命”的招牌才竖得稳固了。

1922 年，胡适应《申报》创办 50 年纪念之约，撰写《五十年来

① 郑超麟：《怀旧集》，东方出版社 1995 年版，第 165 页。

② 《施存统来信》，《新潮》1919 年第 2 卷第 2 号。

中国之文学》一文。文中写道：虽然自1916年以来就有意主张白话文学，但白话文真以“一日千里之势传播，是在1919年以后。白话的传播遍于全国，与1919年的学生运动大有关系。因为五四运动发生后，各地的学生团体忽然办了约400种白话报刊”[①]。

胡适的观察，实际上也是对整个新文化运动进程的描述。换言之，新文化真正形成为全国性的“运动”，与五四运动大有关系。施存统仅注意到《新潮》的加盟鼓吹，而胡适更重视各地数百种报刊的响应。数百种报刊的群体响应，意味着“新文化”由少数精英的鼓吹，发展为士庶大众的参与。正是在这一层意义上，“新文化”才真正成为一场空前规模的“运动”。

就《新青年》本身的传播而言，五四运动也是一个重要的契机。湖南要算是《新青年》较早进入的地区之一。但直至五四前夕，《新青年》在湖南仍“销行极少”。“自五四运动霹雳一声，惊破全国大梦，于是湘人亦群起研究新文化。”[②]《新青年》的销量才大增。1919年8月长沙文化书社成立。半年之内，该社销售《新青年》达2000本。[③]

据吴虞称，1916年底《新青年》初到成都时只卖了5份[④]；3个月后，销数超过30份。[⑤]但此后销数未见大的起色。直至五四运动爆发后，《新青年》在成都的销售才顿然改观。1919年底，吴虞在成都销售新书刊最有名的华阳书报流通处，翻阅其售报簿，内中有两处记录令他讶异：一是守经堂亦买《新青年》看；二是成都县中学一次购买《新青年》等杂志22元。[⑥]吴虞感叹说：“潮流所趋，可

① 胡适：《五十年来中国之文学》，《最近之五十年——申报馆五十周年纪念》，上海书店1987年影印版。

② 宫廷章：《湖南近年来之新文化运动》，湖南《〈大公报〉十周年纪念特刊》1925年9月，转引自湖南省哲学社会科学研究所编《五四时期湖南人民革命斗争史料选编》，湖南人民出版社1979年版，第305—306页。

③ 《文化书社社务报告》第2期，见张允侯等编《五四时期的社团》（一），生活·读书·新知三联书店1979年版，第64页。

④ 《吴虞致胡适》（1920年3月21日），《胡适来往书信选》（上），第87页。

⑤ 《吴虞日记》（上），四川人民出版社1984年版，第301页。

⑥ 《新青年》全年定价2元。

以见矣。”[①]

在浙江，新思潮虽在五四之前便进入浙江省立第一师范学校，但当时杭州的其他一些学校“无论什么杂志都没有看的”[②]。新文化刊物在杭州的集中出现，是1919年夏秋以后。杭州一地，在短短半年间，便出版了16种以教师、学生为主要对象的刊物，总期数达到120余卷。[③]

湖南、四川、浙江是全国新文化运动比较发达的地区。即使是这些地区，新文化真正形成为“运动”，也是五四以后的事。相对而言，其他地区就更滞后一些。据恽代英称，五四以后，武汉学生“看杂志的风气才渐开。1920年初利群书社成立后，武汉才有了专卖新书报的场所”[④]。由于书社规模不大，以至于成立半年多后，在汉口明德大学读书的沈均还不知道有此书社。沈是湖南新民学会会员。1920年10月他致信毛泽东抱怨说：“学校（引注：指明德大学）除了几份照例的报纸外，想看看什么丛书杂志，那是没有的。最可怪的，以一个天下驰名的汉口，连贩卖新书报的小店子都没有，真是好笑又好急呢。”[⑤]

新文化运动在福建又是另一番景象。据郑超麟回忆，1920年春，福建的学生才开始闹“五四运动”，开始接触新思潮。1919年11月，刚从福建省立第九中学毕业的郑超麟前往法国勤工俭学。在上船以前，他“不知道五四运动有爱国以外的意义”。在船上，他第一次与“外江”学生接触，发现那些“外江”学生流行看《新青年》等“新思潮”杂志，而此前他只熟悉礼拜六派杂志，对《新青年》一类杂志闻所未闻。与他同船赴法的30多名福建学生也都是到法国以后，才开始阅读从国内寄来的《新青年》等杂志，在抵法半年乃至一年之后，才

① 《吴虞日记》（上），四川人民出版社1984年版，第511页。

② 《施存统来信》，《新潮》1919年第2卷第2号。

③ 引自叶文心《史学研究与五四运动在杭州》，郝斌、欧阳哲生主编《五四运动与二十世纪的中国》（下），社会科学文献出版社2001年版，第1102—1103页。

④ 恽代英：《利群书社》，《互助》1920年第1期，转引自张允侯等编《五四时期的社团》（一），第124—132页。

⑤ 湖南省博物馆编：《新民学会文献汇编》，湖南人民出版社1979年版，第59页。

学会写白话文，学会谈新思潮。[①]

新文化运动在省际之间不同步，在县际之间更不平衡。作家艾芜、沙汀、何其芳均是四川人。艾芜的家乡新繁县，距离成都只有三四十里路程。他就读的新繁县立高等小学，校长吴六如是吴虞的侄子，五四运动前，学校图书馆就订阅了《新青年》等刊物，故艾芜较早接触到了新思潮。沙汀的家乡安县，地处四川西北。直到1921年夏，沙汀还不知陈独秀、胡适、鲁迅是何许人也。1922年秋，沙汀入成都省立第一师范学校，才开始接触新思潮和新文学。与沙汀比，何其芳接触新思潮的时间更晚。直到1927年，在四川万县上中学的何其芳还不知道五四运动，当地教育界依然视白话文为异端邪说。[②]

新文化运动在全国各地的进程既不一致，新文化刊物在各地的流行也不尽相同。在浙江，《星期评论》就比《新青年》更流行。如浙江第一师范有400多名学生，订阅《新青年》100多份，订阅《星期评论》400多份。[③] 后者几乎人手一份。

在湖南，最畅销的新文化刊物是《劳动界》。长沙文化书社在1920年9月至1921年3月，共计销售杂志40余种，其中销量最大的是《劳动界》周刊（5000本），其次为《新生活》半月刊（2400本），再次才是《新青年》（2000本）、《少年中国》（600本）、《平民教育》（300本）、《新教育》（300本）、《新潮》（200本）等刊。《劳动界》于1920年8月创刊于上海，是上海共产主义小组向工人进行宣传的通俗小报。在长沙，一般新文化刊物主要限于学界购阅，唯有《劳动界》除学界外，工人购阅者也不少，故其销量颇大。[④] 销量排在第2位的《新生活》亦是小型通俗刊物，创刊于1919年8月，编辑李辛白是北京大学出版部主任，办刊宗旨是想将新文化普及于民间，以

① 《郑超麟回忆录》，东方出版社1996年版，第5—21页。

② 本段叙事转引自申朝晖、李继凯《〈新青年〉在中国西部的传播——以川陕为考察中心》，《湘潭大学学报》2006年第30卷第2期。

③ 施复亮：《中国共产党成立时期的几个问题》（1956年12月），中国社会科学院现代史研究室、中国革命博物馆党史研究室编《“一大”前后》（二），人民出版社1980年版，第33页。

④ 《文化书社社务报告》第2期，转引自《五四时期的社团》（一），第64页。

"平民"为对象，文字通俗简短，定价又十分便宜（1元钱32本），故而销路也很好。[①] 排在第3位的才是《新青年》。《新青年》能销2000册已相当可观，但在湖南仍不及《劳动界》与《新生活》之畅销。刊物的销售情形，反映了湖南新文化运动有由精英走向平民的趋势。

当"新文化"真正被"运动"起来后，"新文化运动"这一概念也应运而生。以往多认为"新文化运动"一词是孙中山于1920年1月29日《致海外国民党同志函》中最早提出来的。[②] 实际上，1919年12月出版的《新青年》第7卷第1号上，陈独秀已多次提及"新文化运动"。[③] 1920年3月20日，陈独秀在上海青年会25周年纪念会上以《新文化运动是什么》为题发表演说。[④] 演讲稿随即同题发表于4月出版的《新青年》第7卷第5号上。陈独秀在演讲中提到"新文化运动这个名词现在很流行"。周策纵由此推断："新文化运动"这一名词，大约是在五四运动之后半年内逐渐得以流行的。[⑤]

对于这一名词的来历，鲁迅曾有过解释。1925年11月，他在《热风·题记》中说：五四运动之后，革新运动表面上"颇有些成功，于是主张革新的也就蓬蓬勃勃，而且有许多还就是在先讥笑、嘲骂《新青年》的人们，但他们却是另起了一个冠冕堂皇的名目：新文化运动。这也就是后来又将这个名目反套在《新青年》身上，而又加以嘲骂讥笑的。"[⑥] 依照鲁迅的说法，"新文化运动"最初实出自讥笑、嘲骂《新青年》的人之口。虽然如此，陈独秀显然坦然接受了。而胡

① 中共中央马恩列斯著作编译局编：《五四时期期刊介绍》第1集上册，生活·读书·新知三联书店1978年版，第297—395页。

② 《致海外国民党同志函》，《孙中山全集》第5卷，中华书局1985年版，第207—212页。有关孙中山最早提出说，见金耀基《五四与中国的现代化》、冯天瑜《新青年民主诉求特色刍议》，两文均载《五四运动与二十世纪的中国》（上），第62、170页。

③ 该期有4篇文章提到"新文化运动"。其中3篇是陈独秀写的《随感录》（《调和论与旧道德》《段派曹陆安福俱乐部》），另一篇是《长沙社会面面观》，注明是由上海《时事新报》和北京《国民公报》《晨报》摘出，内中有一节标题是"新文化运动"。此标题很可能也是陈独秀所拟。

④ 《陈独秀演说新文化运动是什么》，《申报》1920年3月21日。

⑤ 周策纵：《五四运动史》，岳麓书社1999年版，第280页。

⑥ 引自《鲁迅回忆〈新青年〉和文学革命》，见《五四运动回忆录》（上），第153页。

适最初称“新思潮运动”[1]，是否有意回避“新文化运动”这一称呼则不得而知。

对新文化运动与五四学生运动的关系，向来有不同的说法。与后来史家以《新青年》创刊为开端不同的是，在20年代初，知识界所认知的“新文化运动”多以五四为端绪。1920年6月，郑振铎在《新文化运动者的精神与态度》一文中写道：“中国的新文化运动自发端以至于今，不过一年多，而其潮流已普遍于全国。自北京到广州，自漳州到成都，都差不多没有一个大都市没有新的出版物出现，没有一个地方没有新文化运动者的存在。这个现象真是极可乐观的。”[2] 同年8月，陈启天在《什么是新文化的真精神》一文中，也申言“新文化运动已有一两年”[3]。1923年4月，陈问涛在《中国最近思想界两大潮流》一文中更明确指出：“凡稍能看报纸杂志的人，大概都知道从‘五四运动’以来，中国发生了‘新文化运动’，随着新出版物一天多一天，所鼓吹的，一言以蔽之，是新思想。”[4]

就《新青年》和“新文化”在全国各地传播的进程而言，“新文化运动”以五四为开端，大体代表了当时人较为普遍的看法。亲身参与过运动的周作人在晚年回忆时仍坚持这一看法：“‘五四’运动是民国以来学生的第一次政治运动，因了全国人民的支援，得了空前的胜利，一时兴风作浪的文化界的反动势力受了打击，相反的新势力俄然兴起，因此随后的这一个时期，人家称为‘新文化运动’的时代，其实是也很确当的。”[5] 五四以前，孤军奋战的《新青年》显然尚未形成“运动”的声势。在郑振铎的语意中，新出版物的大量出现，是“新文化运动”的一大重要表征。郑振铎专门就1919年中国出版界的情形作过分析认为，1919年中国出版界的成绩亦乐观亦悲观。乐观的是定

---

① 参见胡适《“新思潮”的意义》，《新青年》1919年第7卷第1号。

② 郑振铎：《新文化运动者的精神与态度》，《新学报》1920年第2号；收入《郑振铎文集》第4卷，人民文学出版社1985年版，第34页。

③ 陈启天：《什么是新文化的真精神》，《少年中国》1920年第2卷第2期。

④ 陈问涛：《中国最近思想界两大潮流》，《时事新报》“学灯”副刊1923年第5卷第4册第29号第1版。

⑤ 周作人：《知堂回想录》，（香港）三育图书有限公司1980年版，第393、394页。

期出版物的发达，悲观的是大多数文人还不够觉悟，中国思想界没有长进。后者主要指有价值的书籍出版太少。他说他看见许多朋友每见一种杂志出版，都去买来看，他们的案头却不见有别的科学的书籍。①杂志繁荣而书籍冷寂，大概是五四新文化运动的重要景观之一。

## 五　各方视野中的《新青年》

今人谈论新文化运动和《新青年》，印象最深的莫过于“德先生”和“赛先生”。但值得注意的是，自1915年9月问世至1926年7月终刊，《新青年》总计发表各类文章1529篇。② 内中专门讨论“民主”（包括“德谟克拉西”、“德先生”、民本、民治、民权、人权、平民主义等）的文章，只有陈独秀的《实行民治的基础》、屈维它（瞿秋白）的《自民主主义至社会主义》和罗素的《民主与革命》（张崧年译）3篇。论及“科学”的文章也不过五六篇（主要讨论科学精神、科学方法以及科学与宗教、人生观等）。③

后来史家认定“科学”与“民主”是五四新文化运动两个最基本的口号，其主要依据是1919年1月陈独秀发表于《新青年》第6卷第1号上的《本志罪案答辩书》。“答辩书”中有这样一段话：

> 本志同人本来无罪，只因为拥护那德莫克拉西（Democracy）和赛因斯（Science）两位先生，才犯了这几条滔天的大罪。要拥

① 郑振铎：《一九一九年的中国出版界》，《新社会》1920年第7期，收入《郑振铎文集》第4卷，第303—305页。

② 此数据由北京大学未名科技文化发展公司、北京大学出版社1999年出版的《新青年》光盘检索得到。内中包括“通信”、“随感录”、编辑部通告等各类文字。

③ 金观涛、刘青峰曾对《新青年》杂志中“科学”“民主”两词的出现频度作计量分析，统计结果显示，“科学”一词出现了1913次，而“民主”只出现了305次。此外“德谟克拉西”（包括“德先生”）208次，“民治”194次、“民权”30次，“平民主义”53次。参见金观涛、刘青峰《〈新青年〉民主观念的演变》，香港《二十一世纪》1999年总第56期。笔者根据同一光盘版检索，所得结果略有出入：“科学”1907次，“赛先生”6次，“赛因斯”2次；“民主”260次，“德谟克拉西”（包括“德莫克拉西”“德先生”）205次，“民治”70次，“民权”30次，“平民主义”3次。在总字数超过541万字的《新青年》杂志中，“民主”系列主题词的出现频度极低。

> 护那德先生，便不得不反对孔教、礼法、贞节、旧伦理、旧政治；要拥护那赛先生，便不得不反对旧艺术、旧宗教；要拥护德先生又要拥护赛先生，便不得不反对国粹和旧文学。大家平心细想，本志除了拥护德、赛两先生之外，还有别项罪案没有呢？若是没有，请你们不用专门非难本志，要有气力、有胆量来反对德、赛两先生，才算是好汉，才算是根本的办法。

这段文字被后来史家反复征引。细察陈文之立论，意谓拥护德、赛两先生是《新青年》同人的基本立场，反对旧伦理、旧政治、旧艺术、旧宗教、旧文学等具体主张，均以此为原则。事实上，自晚清以来，民主（民权、立宪、共和）与科学等观念，经过国人的反复倡导（各个时期的侧重点不尽相同），到五四时期已成为知识界的主流话语。1923 年，胡适为《科学与人生观》一书作序时，曾说过这样一段话：

> 这三十年来，有一个名词在国内几乎做到了无上尊严的地位；无论懂与不懂的人，无论守旧和维新的人，都不敢公然对他表示轻视或戏侮的态度。那个名词就是"科学"。①

"民主"在国人心目中的地位，也与"科学"相似。正是在这样的语境下，陈独秀才敢向"非难"《新青年》者"叫板"说："要有气力、有胆量来反对德、赛两先生，才算是好汉！"

陈独秀高悬"民主""科学"两面大旗，主要想震慑和封堵那些"非难"者，其潜台词是：《新青年》是拥护民主、科学的，谁非难"本志"，便是反对民主与科学。正因为民主与科学的威权在中国早已确立，在无人挑战其威权的情况下，《新青年》甚少讨论民主与科学，自在情理之中。后五四时期的"科学与人生观论战"和"九·一八"后的"民主与独裁之争"，恰是有人试图挑战"科学"与"民主"的权威而引发。

---

① 胡适：《〈科学与人生观〉序》，收入蔡尚思主编《中国现代思想史资料简编》第 2 卷，浙江人民出版社 1982 年版，第 108 页。

当“新文化运动”这一名词流传开来后，对于什么是“新文化”，知识界竞相加以诠释，却没有形成大体一致的看法。1919 年 12 月，胡适在综览各种解释后指出：“近来报纸上发表过几篇解释‘新思潮’的文章。我读了这几篇文章，觉得他们所举出的新思潮的性质，或太琐碎，或太笼统，不能算作新思潮运动的真确解释，也不能指出新思潮的将来趋势。”胡适所称的“新思潮”、“新思潮运动”，与时下之“新文化”、“新文化运动”同义。胡适认为，陈独秀以“德、赛两先生”概括“新文化运动”的性质和意义，虽然简明，但太笼统。[①] 可能是回应胡适的批评，陈独秀又专门撰写了一篇《新文化运动是什么》的文章。在这篇文章中，陈独秀将“新文化运动”限制在“新的科学、宗教、道德、文学、美术、音乐等运动”[②] 之狭义范围内，而且完全将“民主”排除在外。阐述虽然具体，却远没有“拥护德、赛两先生”那样具有决绝的气势。亦因为此，陈独秀这篇专门诠释“新文化运动”的文章甚少为后来史家所提及。

由于不满意陈独秀的诠释，胡适提出了自己的看法。他说：“据我个人的观察，新思潮的根本意义只是一种新态度。这种新态度可叫做‘评判的态度’。”而“‘重新估定一切价值’八个字便是评判的态度的最好解释”。“这种评判的态度，在实际上表现时，有两种趋势。一方面是讨论社会上、政治上、宗教上、文学上种种问题，一方面是介绍西洋的新思想、新学术、新文学、新信仰。前者是‘研究问题’，后者是‘输入学理’。这两项是新思潮的手段。”[③]

就学理而言，胡适用“重新估定一切价值”来概括“新文化运动”，比陈独秀的“德、赛两先生”更为精当切要。然而，胡适的诠释似乎也没有得到一致的认同。1920 年 8 月，陈启天在《少年中国》撰文指出：

> “新文化”，这三个字，在现在个个人已看惯了，听惯了，说

① 胡适：《“新思潮”的意义》，《新青年》1919 年第 7 卷第 1 号。

② 陈独秀：《新文化运动是什么》，《新青年》1920 年第 7 卷第 5 号。

③ 胡适：《“新思潮”的意义》，《新青年》1919 年第 7 卷第 1 号。

> 惯了；究竟什么是新文化的真精神？现在的时髦，几乎个个人都是新文化运动家，究竟运动的是什么新文化？这个问题，如果自己不能解释出来，那不但不能消除反对派的误解，和疑虑，就是赞成的人，也惝恍不明真相，终究不能得什么好效果，甚至于厌倦，自己抛弃了。所以我们爱想的人，都有这个“什么是新文化的真精神”的疑问，很望那些提倡新文化的学者说个明白才好。然而闹了新文化运动已有一两年，说明新文化是什么的却很少，只有胡适之的《新思潮的意义》一篇，较为切要，可以稍解我们的烦闷了。却依我的推想，这个新思潮的意义，似乎偏重思想和方法一方面，不能算文化的完全界说。思想和方法，固然在新文化里面占很重要的位置；而人生和社会方面的新倾向，也是新文化里面的一种真精神。所以我解答这问题的意思，分两方面：一、是人生的新倾向；二、是思想的新方法；合起来，才是新文化的真精神。①

当年新文化的“运动家”们对什么是“新文化”虽未形成一致的看法，后来史家们却相当一致地认同了陈独秀“拥护德、赛两先生”的说法。1946年，郑振铎在纪念五四运动27周年时即明确指出：“五四运动所要求的是科学与民主。这要求在今日也还继续着。我们纪念‘五四’，我们不要忘记了五四运动所要求而今日仍还没有完全达到的两个目标：‘科学与民主’。我们现在还要高喊着，要求‘科学与民主’！”②“科学与民主”（尤其是“民主”），显然比“重新估定一切价值”，更具有历久弥新的现实意义，因而最终凝固为对《新青年》和新文化运动的永久记忆。

实际上，后来史家们在考察《新青年》杂志后发现：“《新青年》上发表的文章，涉及众多的思想流派与社会问题，根本无法一概而

① 陈启天：《什么是新文化的真精神》，《少年中国》1920年第2卷第2期。

② 郑振铎：《五四运动的意义》，《民主》1946年第29期；收入《郑振铎文集》第4卷，第187页。

论。"[①]《新青年》涉及的论题包括孔教、欧战、白话文、世界语、注音字母、女子贞操、偶像破坏、家族制度、青年问题、人口问题、劳动问题、工读互助团、易卜生主义、罗素哲学、俄罗斯研究以及马克思主义宣传与社会主义讨论等众多话题。陈独秀创办《青年杂志》时，显然不曾预想四五年后将引发为一场全国性规模的"新文化运动"。故上述诸话题不可能是预先设计好的，而是在办刊过程中逐渐"寻觅"、"发掘"和"策划"出来的。话题中有的产生了重大反响，也有的并未获得成功。[②]

对一个刊物而言，何种主张最为反对派攻击，往往意味着该主张在当时最具反响。蔡元培总结林琴南对《新青年》的攻击集中于两点：一是"覆孔孟，铲伦常"；二是"尽废古书，行用土语为文学"。[③]这两点，当时新闻媒体的报道亦可得到印证。如《顺天时报》报道称："自大学校教员陈独秀胡适之等，提倡新文学，旧派学者大为反对，于是引起新旧思潮之冲突。"[④]《北京新报》报道称："近时北京大学教员陈独秀、胡适之、刘半农、钱玄同诸君，提倡中国新文学，主张改用白话文体，且对于我国二千年来障碍文化桎梏思想最甚之孔孟学说，及骈散文体，为学理上之析辨。"[⑤]《民治日报》报道称："今日新旧之争点，最大者为孔教与文学问题。"[⑥]

《申报》的两次报道最值得注意。1919 年 3 月 6 日第一次报道称：

> 国立北京大学自蔡孑民氏任校长后，气象为之一新，尤以文科为最有声色。文科学长陈独秀氏，以新派首领自居，平昔

① 陈平原：《触摸历史与进入五四》，北京大学出版社 2005 年版，第 63 页。

② 如《新青年》曾计划邀请"女同胞诸君"讨论"女子问题"就未能落实。参见陈平原《触摸历史与进入五四》，北京大学出版社 2005 年版，第 81 页。

③ 此两点为蔡元培驳复林琴南时所归纳。林、蔡往还书牍收入陈崧编《五四前后东西文化问题论战文选》，中国社会科学出版社 1985 年版，第 103—116 页。

④ 《酝酿中之教育总长弹劾案》，原载《顺天时报》，《每周评论》1919 年第 17 号第 2 版转载。

⑤ 遗生：《最近之学术新潮》，原载《北京新报》，《每周评论》1919 年第 17 号第 1 版转载。

⑥ 隐尘：《新旧思想冲突平议》（一），原载《民治日报》，《每周评论》1919 年第 17 号第 2 版转载。

主张新文学甚力，教员中与陈氏沆瀣一气者，有胡适、钱玄同、刘半农、沈尹默等，学生闻风兴起服膺师说者，张大其辞者，亦不乏人，其主张以为文学须应世界思潮之趋势，若吾中国历代相传者，乃为雕琢的、阿谀的贵族文学，陈腐的、铺张的古典文学，迂晦的、艰涩的山林文学，应根本推翻，代以平民的、抒怀的国民文学，新鲜的、立诚的写实文学，明了的、通俗的社会文学。此其文学革命之主旨也。自胡适氏主讲文科哲学门后，旗鼓大张，新文学之思潮，益澎湃而不可遏。既前后抒其议论于《新青年》杂志，而于其所教授之哲学讲义亦且改用白话文体裁，近又由其同派之学生组织一种杂志曰《新潮》者，以张皇其演说。《新潮》之外更有《每周评论》之印刷物发行，其思想议论之所及，不仅反对旧派文学，冀收摧残廓清之功，即于社会所传留之思想，亦直接间接发见其不适合之点而加以抨击。盖以人类社会之组织与文学本有密切之关系，人类之思想更为文学实质之所存，既反对旧文学，自不能不反对旧思想也……寄语新文学诸君子，中国文学腐败已极，理应顺世界之潮流，力谋改革，诸君之提倡改革，不恤冒世俗之不韪，求文学之革新，用意亦复至善，第宜缓和其手段，毋多树敌，且不宜将旧文学之价值一笔抹杀也。①

1919 年 11 月 16 日第二次报道说：

（《新青年》提倡白话文）其初反对者，约十人而九，近则十人之中，赞成者二三，怀疑者三四，反对者亦仅剩三四矣，而传播此种思想之发源地，实在北京一隅，胡适之、陈独秀辈既倡改良文学之论，一方面为消极的破坏，力抨旧文学之弱点，一方面则为积极的建设，亟筑新文学之始基，其思想传导之速，与夫社会响应之众，殊令人不可拟议。②

① 静观：《北京大学新旧之暗潮》，《申报》1919 年 3 月 6 日第 6 版。
② 野云：《白话文在北京社会之势力》，《申报》1919 年 11 月 16 日第 6 版。

综而观之，当时新闻媒体对《新青年》关注的焦点多集中于文学革命，其次是反对孔教。其他“新思想”甚少进入新闻媒体的视野。

三四年后，章士钊发表《评新文化运动》一文，其批评所向，仍集矢于白话文学。[①] 一个以政论为中心的思想文化杂志，真正引起社会强烈关注的，却是其关于文学革命的主张，恐怕也出乎陈独秀等人的意料。《新青年》同人似乎更看重杂志在传播“新思想”方面的价值和意义。1919 年底，《新青年》编辑部为重印前 5 卷，发布广告称：“这《新青年》，仿佛可以算得‘中国近五年的思想变迁史’了，不独社员的思想变迁在这里面表现，就是外边人的思想变迁也有一大部在这里面表现。”[②] 1920 年 1 月，《新青年》在《申报》刊登广告，其广告词亦强调《新青年》是“新思想的源泉”[③]。1923 年 10 月，胡适在其主编的《努力周报》发表他写给高一涵等人的信，信中写道：“二十五年来，只有三个杂志可代表三个时代，可以说是创造了三个新时代：一是《时务报》，一是《新民丛报》，一是《新青年》。而《民报》与《甲寅》还算不上。”[④] 胡适虽然没有具体解释《新青年》何以能代表一个时代，但从思想史的角度立论则是明显的。

1926 年，戈公振撰写了中国第一部《中国报学史》。戈氏著书的时间，正好是《新青年》终刊之际。该书对《新青年》的介绍十分简约：“初提倡文学革命，后则转入共产。”[⑤] 五四以后，《新青年》转向提倡社会主义，1920 年 9 月改组为上海共产主义小组的机关刊物，1923—1926 年成为中共中央的理论刊物。戈公振看到了《新青年》发展的全过程。在今天看来，戈氏的归纳显然不太全面，但其简约概括，很可能代表了北伐前后人们对《新青年》较为深刻的记忆。

---

① 章士钊：《评新文化运动》，原载《新闻报》1923 年 8 月 21—22 日，收入《中国现代思想史资料简编》第 2 卷，第 440—448 页。

② 《〈新青年〉第一、二、三、四、五卷合装本全五册再版》，《新青年》1919 年第 7 卷第 1 号。

③ 上海群益书局刊登《新青年》杂志广告，见《申报》1920 年 1 月 1 日第 2 版。

④ 《胡适之的来信》，《努力周报》1923 年第 75 期增刊第 1 版。

⑤ 戈公振：《中国报学史》，中国新闻出版社 1985 年版，第 158 页。

又过了10年，郭湛波出版《近五十年中国思想史》，内称“由《新青年》可以看他（引注：指陈独秀）个人思想的变迁，同时可以看到当时思想界的变迁”[①]，正式坐实了《新青年》同人的自我期待和自我定位。从此以后，从思想史的角度评述《新青年》，日益成为学界的主流话语，而最为时人关注，也最具实绩的文学革命，则渐渐淡出史家的视野。迟迟未能实现的目标常常为人们所眷念，迅速达成的目标也迅速被人们所淡忘。

同一个《新青年》，办刊人的出发点，反对方的攻击点，与局外人的观察点既不尽一致，新文化人的当下诠释与后来史家言说的“运动”亦有相当的出入，更不用提后来各方政治力量有关五四的种种叙事。微拉·施瓦支在《中国的启蒙运动——知识分子与五四遗产》一书中说过这样一段话：“每当救国的压力增强时，他们更多地回忆政治方面的内容；每当社会气氛有利于实现知识分子解放的目标时，他们就回忆适应启蒙的需要开展的文化论战。”[②] 时至今日，仍有研究者倡导“根据现代化建设形势发展的需要，选择那些具有现实意义的问题和方面，进行更加深入的研究”[③]。当事人的“选择性回忆”既属难免，史家再刻意“选择性研究”，有关“五四”的叙事势必与其历史原态愈趋愈远。本文综合考察《新青年》同人、对手及局外各方的不同认知，尽可能“重返”五四前后的历史现场，从新文化运动“过程”的描述中着力“还原”其本相。尝试虽然粗浅，做法或不无意义。

（原载《近代史研究》2007年第1期）

---

① 郭湛波：《近五十年中国思想史》，山东人民出版社1997年版（据1936年北平人文书店版重印），第82页。

② ［美］微拉·施瓦支：《中国的启蒙运动——知识分子与五四遗产》，李国英等译，山西人民出版社1989年版，第307页。有关五四新文化运动的历史“记忆”与历史“再造”，可参阅罗志田《历史记忆与五四新文化运动》，《近代中国史学十论》，复旦大学出版社2003年版，第144—174页。

③ 董秋英、郭汉民：《1949年以来的〈新青年〉研究述评》，《近代史研究》2001年第6期。

# “另起”的“新文化运动”

袁一丹*

## 一 《新青年》与“新文化运动”

20世纪20年代中期，鲁迅将他五四前后主要发表在《新青年》上的杂文结集为《热风》，题记中追忆五四以后的情形，称“那时革新运动，表面上颇有些成功，于是主张革新的也就蓬蓬勃勃，而且有许多还就是在先讥笑、嘲骂《新青年》的人们，但他们却是另起了一个冠冕堂皇的名目：新文化运动。这也就是后来又将这名目反套在《新青年》身上，而又加以嘲骂讥笑的，正如笑骂白话文的人，往往自称最得风气之先，早经主张过白话文一样”①。这段追述中有两个动词值得注意，一是“另起”，一是“反套”。这两个词提醒我重新思考“新文化运动”这个名目与《新青年》的关系。按鲁迅的说法，“新文化运动”不是《新青年》同人的发明，而恰是它之前的反对派，革新运动的投机家五四以后造出的名词。

在稍后写作的《坟》的后记中，鲁迅也表达了类似的看法，称

---

* 袁一丹，北京大学中文系博士生。

① 鲁迅：《热风·题记》，作于1925年11月3日，《鲁迅全集》第1卷，人民文学出版社1981年版，第292页。

《新青年》"初提倡白话的时候，是得到各方面剧烈的攻击的。后来白话渐渐通行了，势不可遏，有些人便一转而引为自己之功，美其名曰'新文化运动'"，不久这类人又二次转舵，反过来嘲骂"新文化"了。[①] 鲁迅对"新文化运动"的理解始终与白话文的倡导、传播纠结在一起。在主张白话这一点上，"新文化运动"与《新青年》同人发起的文学革命确乎有某种承继或者说竞争的关系。但在鲁迅看来，五四以后勃兴的"新文化运动"，其实是文学革命、思想革命之外"另起"的旗号，尽管这个旗号后来又被其发起者背弃，并"反套"在《新青年》身上。由鲁迅这种说法自然带出的问题是，谁发明了"新文化运动"这个名目？在进入这个问题以前，首先得对鲁迅这种说法本身加以验证。要厘清"新文化运动"这个命名以及实际的运动过程，与《新青年》的关系，鲁迅个人的说法还不足为凭，必须考虑其他同人对"新文化运动"的态度。我关心的不仅是，对于"新文化运动"，他们说了些什么，更重要的是，为什么会这么说。这牵涉《新青年》同人五四前后的聚合离散，思想立场的转移，社会地位的升降，尤其是在革新运动中位置感的变化。

可以说，我最初感兴趣的不是新文化运动本身，而是从鲁迅《热风·题记》以及《写在〈坟〉的后面》中读出的"新文化运动"这个命名与《新青年》之间的缝隙。前一个不加引号的新文化运动，指的是学界对于新文化运动既有的认识，也就是以 1915 年《青年》杂志的创办，或者 1917 年《新青年》的北上，作为新文化运动发生的标志。这意味着将新文化运动基本上看作是由《新青年》同人倡导的，以北京大学为中心的一场文化运动。[②] 作为事后的追溯，这样的认识是成立的。这个新文化运动，无须加上引号，因为我们是在诠

---

① 鲁迅：《写在〈坟〉后面》，作于 1926 年 11 月 11 日，《鲁迅全集》第 1 卷，人民文学出版社 1981 年版，第 285 页。

② Chow Tse-tsung, The May Fourth Movement: Intellectual Revoltion in Modern China, Harvard University Press, 1960. 中译本参见周子平等译《五四运动——现代中国的思想革命》，"导言"部分关于五四运动的定义，江苏人民出版社 1999 年版。陈万雄在《五四新文化的源流》（生活·读书·新知三联书店 1997 年版）一书中明确地表示：五四新文化运动的滥觞，以《新青年》杂志的创刊为标志，前期倡导的中心是《新青年》杂志和北京大学。

释的意义上使用它。而加上引号的“新文化运动”，是试图把这个既有的历史概念，暂时还原成一个归宿尚未确定，还在被各种势力界说、使用、批评的新名词。周策纵梳理五四运动史时曾指出，“新文化运动”这个词在五四以后的半年内，即1919年下半年才开始出现，到1920年初变得十分流行。[①] 但他举的原始出处并不确切，粗略地翻检一下这个时期的报刊，就会发现在以北大为中心的《新青年》、《新潮》吸纳这一名词以前，“文化运动”或说“新文化运动”已经被趋新的舆论界广泛使用。[②]“新文化运动”这个词产生于五四以后，至少说明用它来指称五四以前《新青年》同人的主张，是一种“反套”。

“新文化运动”风起云涌的年代，同时也是《新青年》同人风流云散的两三年。北京虽然是五四运动的策源地，反倒显出“寂寞荒凉的古战场的情景”[③]。鲁迅的这种感受，再次暗示了以北京为阵地的《新青年》与五四后扩散开去的“新文化运动”在时空上的区隔。“新文化运动”确实延续了《新青年》同人的基本主张，但已经溢出了一家一派的掌控，成为各方面势力争相攘夺的旗号。当然《新青年》同人也难免卷入关于“什么是新文化运动”的话语争夺。被追封为新文化运动总司令的陈独秀，1920年初在上海的一次演讲中，提出他对“新文化运动”的定义，然而只回答了文化是什么的问题，忽略了何谓“新……运动”[④]。如果将陈独秀的这篇演说，与此前的《文学革命论》作一对比，同为论说体，两者的语调截然不同。前者只是复述当时思想界的共识，后者作为文学革命的纲领性文件，完全是一个老革命党的口吻，“愿拖四十二生的大炮，为之前驱”云云，尽管有煽动的嫌疑，却正符合他身为主将的立场。可能无论文学革命，还是新文

① 周策纵：《五四运动——现代中国的思想革命》，第七章新文化运动的扩展，七“对新文化运动不断加强的支持”。他所举的“新文化运动”一词的出处《新潮》1919年第2卷第2号上记者答读者问。

② 参见《晨报》自1919年10月起到1920年初关于文化运动的地方特约通讯。

③ 鲁迅：《〈中国新文学大系〉小说二集序》，《鲁迅全集》第6卷，人民文学出版社1981年版，第245页。

④ 陈独秀：《新文化运动是什么》，1920年3月20日在青年会征求会员大会闭幕典礼上发表的演讲，原载上海《民国日报》1920年3月21日，收入《新青年》第7卷第5号。

化运动，本身都不是陈独秀关注的重点，但他在这两场运动/革命中的位置感是很不一样的。

对于五四后四处泛滥的“新文化”，文学革命的另一位领袖人物胡适的态度也是相当警惕的。他一开始极力撇清与“新文化运动”的关系，曾在1920年度北大的开学典礼上声明，自己“无论在何处，从来不曾敢说我做的是新文化运动”，北大也称不上是运动的中心。在他看来，“现在并没有文化，更没有什么新文化”，所有的只可说是一种新动机、新要求，“并没有他们所谓的新文化运动”①。也就是说，对20年代初的胡适而言，“新文化运动”还是“他们所谓的”，而不是“我们的”文化运动。但是在读解陈独秀、胡适关于“新文化运动”的言论时，必须考虑到从某种意义上说，二人其实是经由五四而暴得大名的，也就是“新文化运动”的直接受益者。正如一位青年在给胡适的信中所说，“自来谈新文化的人，必要连带想到提倡的人，而阁下与陈君（独秀）之名，亦随借此发达。但新文化之胚胎虽在五四之前，而文化之进步确在五四之后”，所以陈、胡二人自然要替五四张本、替新文化辩护。②

与站在前台，不得不表态的陈独秀、胡适不同，周氏兄弟都是到“新文化”的势头过去以后才发言的。1924年周作人给任《晨报副刊》编辑的孙伏园去信“反对新文化”。作信的缘由本只是北大内部的男女纠纷，周作人却取了一个骇人听闻的题目，以致孙伏园在编者按语中，出来解释这个题目是来信原有的，“其中‘新文化’似应作‘所谓新文化’解”。在这封信的末尾，周作人由外界对个人事务的强行裁判生发开去，道出了他“反对新文化”的题意：“中国自五四以来，高唱群众运动社会制裁，到了今日变本加厉，大家忘记了自己的责任，都来干涉别人的事情，还自以为是头号的新文化，真是可怜悯者。”③ 周

① 胡适：《提高与普及》，1920年9月17日北京大学开学典礼上的演讲，陈政笔记，1920年9月18日《北京大学日刊》。

② 1922年2月17日铁民致胡适信，《胡适来往书信选》（上），中华书局1979年版，第141页。

③ 周作人：《一封反对新文化的信》，署名陶然，《晨报附刊》1924年5月16日，收入《谈虎集》。

作人对“新文化”的反感，出于他对五四功过的判断。他以为“五四是一种群众运动，当然不免是感情用事，但旋即转向理知方面发展，致力于所谓新文化的提倡，截至民国十年止，这是最有希望的一时期。然而自此以后感情又大占优势，从五四运动的往事中看出幻妄的教训，以为（1）有公理无强权，（2）群众运动可以成事”，而将思想的改造、实力的养成置于脑后①。从这段议论可知，周作人并不是真的反对“新文化”，相反，对五四以后政治运动向文化运动的转化，他是寄予厚望的。其尖锐之处在于指出五四诚然造就了“新文化”，其自身又潜伏着对“新文化”的反动。

1949年后，周作人更倾向于将五四运动与新文化运动以及之前的文学革命区别对待，他反对胡适所谓的“五四的精神是文学革命，不幸转化而成为政治运动”，称“由我们旁观者看去，五四从头到尾，是一个政治运动，而前头的一段文学革命，后头的一段新文化运动，乃是焊接上去的”②。周作人提供的这种旁观者的视角，使我们有可能跳脱关于五四新文化运动的同一性的论述。其晚年的《知堂回想录》也称五四运动“本来是学生的爱国的一种政治表现，但因为影响于文化方面极为深远，所以或又称以后的作新文化运动”③。胡适后来的说法强调五四与文学革命精神上的承继性，而周作人则将文学革命、五四运动与新文化运动切分开来，突出五四运动的异质性以及强大的吸附能力。问题的关键是，依照周氏的说法，新文化运动与文学革命是如何通过五四“焊接”在一起的？这可能不单是三四十年代以后日趋激烈的意识形态斗争的产物，对于三者关系的构建与拆解从20年代初就已经开始了。

## 二 “文化”还是“武化”

在《新青年》与加上引号的“新文化运动”之间还隔着一个五

① 周作人：《五四运动之功过》，署名益噤，《京报副刊》1925年6月29日。

② 《知堂集外文·四九年以后》，岳麓书社1988年版，第27页。

③ 周作人：《知堂回想录》一一六“蔡孑民二”，三育文具图书公司1980年版。

四。既有的关于新文化运动的论述，不仅以《新青年》为起点，还强调其与五四运动的同一性，用政治与文化互为因果的逻辑，将二者勾连起来，于是有“五四新文化运动”这样的提法。而历史逻辑的转换未必如此顺畅，只有充分意识到五四、“新文化”与此前的文学革命，这三者的异质性，才可能还原“五四新文化”作为运动的貌似同一性是如何形成的。

从五四运动到“新文化运动”的逻辑转换，关键在于五四的合法性问题。五四的合法性，我们今天看来，当然是毫无疑问的，但在20年代初，还是一个悬而未决的问题。五四为什么会发生，它的精神是什么，从中可以得出怎样的经验、教训，这些都是敌友之间以及同盟内部争执不休的话题。五四的权威正是在反复的辩难、修正中确立起来的。运动发生的即刻，就连陈独秀这样激进的新派人物，也未能立刻辨认出五四与寻常的学生风潮迥异的面目，更没有意识到这一事件的“伟大”意义，及其背后蕴藏的社会能量。他的第一反应竟然是“学生闹事”！陈独秀给胡适通风报信时，描述了五四当天的混乱情形，接着说“京中舆论颇袒护学生。但是说起官话来，总觉得聚众打人放火（放火是不是学生做的，还没有证明），难免犯法”[①]。然而五四的合法性并不是建立在法的基础上，要解决这一问题，只能依靠舆论的引导，尽量淡化、祓除五四的“非法”色彩，将突然崛起的学生群体导入平和的方向。《晨报》发起的“五四纪念”，就含有这样的意图。

《晨报》算是舆论界与五四渊源最深的，虽然带有党派背景，还一度被誉为学生的机关报。它为五四举办一年一度的生日会，有社会仪式的意味，不是单纯的党派行为。其著者群大致可以归为三类：一是五四运动的主角——学生；二是社会名流，以北大教授为主，三是《晨报》所属的研究系的头面人物——梁启超及围绕在他周围的报馆主笔。纪念者的身份无疑会影响到其对“五四”性质的界定。

学生内部争执的焦点是：五四究竟是文化运动，还是“武化”运

① 1919年5月7日午后4时陈独秀致胡适信，《胡适来往书信选》（上），中华书局1979年版，第42页。

动？作为学生运动的骨干分子，罗家伦拟定的方针包括社会运动与文化运动两方面，所谓社会运动，不光是群众的表演，还要重新唤起对个人的重视，而文化运动的目的未尝不可与思想革命的计划合二为一，并且“以思想革命为一切改造的基础”①。罗家伦的规划，是想把五四后学生运动的走向纳入《新青年》一派未竟的事业中。燕大的学生领袖瞿世英也紧扣着五四运动与文化运动的关系做文章，称五四“是奉着新文化运动的使命而来的”，其功绩“不独在拒签德约，不独是罢免国贼，不独是街上添了几次学生的游行，也不独是多发了几次传单”，而“是给中土一个有力的新文化运动的动机”。②

尽管学生运动的领袖极力要将五四扭到文化运动的轨道上去③，仍然不能消除“无知”小民对学生“打人”的印象。当年还是学生，后来执掌《晨副》的孙伏园就听老辈议论，说“五月四日是打人的日子，有什么可以纪念呢？”在他看来，五四以前的宣传活动（指《新青年》同人的主张），“很有点像文化运动”，却未能引起国人应有的注意，“直到青年不得已拔出拳头来了，遂大家顶礼膜拜，说这是文化运动，其实这已是武化运动了”④。学生运动基层的活跃分子，其见解更为激进，声称五四运动之所以可贵，正在于学生肯起来打人这一点上。“‘五四’以前虽已有新思潮的呼声，然只是理论上的鼓吹，对于实际的政治问题，还未见发生什么影响。”唯有五四，学生“认真拔出拳头，实行与外力及民贼宣战”，这种举动“比文化运动更有效果”。所以五四运动的真价值，就在不用“笔头”，而用“拳头”，不是“文化”而是“武化”！⑤

---

① 罗家伦：《一年来我们学生运动底失败成功和将来应取的方针》，《晨报》1920 年 5 月 4 日“五四纪念增刊”，转载于《新潮》第 2 卷第 4 号。

② 瞿世英：《五四与学生》，《晨报》1921 年 5 月 4 日“第三个五四”。

③ 曹汝霖：《一生之回忆》（传记文学出版社 1980 年版），称“后来北大有关此事之人，已将此事改称为文艺运动，使人将五四运动淡而忘之”。据《晨报》对 1920 年北京学生五四纪念大会的报道，瞿世英发言时称五四运动虽起源于国贼专横、外交危急，但现在吾人应取之目的在于文化运动。北大学生领袖段锡朋亦称，“吾们要采学生身份可能而有效的方法，谋实现吾们的目的即是文化运动”。而会上其他来宾的演说，大意不外此后应取之方针为文化运动。

④ 伏庐（孙伏园）：《五四纪念日的些许感想》，《晨报》1921 年 5 月 4 日。

⑤ 张维周：《我主张学生要干预政治》，《晨报》1922 年 5 月 4 日“第四个五四”。

北大教授关注的问题，也是整个“五四纪念”的核心议题：学生应否干预政治？1920 年的纪念文章中，胡适、蒋梦麟称五四为变态社会里的非常事件，希望将街头、广场的学生运动收束为校园内部的学生活动。[①] 五四在他们眼里也是“出轨”的运动，这里的轨，不是国家的法轨，而是教育者预设的思想进程。到了第二年的“五四纪念”，胡适对学生干政的态度陡转，借清初大儒黄宗羲之口，称赞学生运动是“三代遗风”！从中可以看出 20 年代初胡适在思想学术与实际政治之间的摇摆，他从学院向政坛的位移是退一步、进三步式的。胡适理想的学校是“一个造成天下公是公非的所在”，用黄宗羲的话说（当然是胡适的转译）：昔日的太学，即今天的国立大学，要成为代议机关，行使国会的职能；太学祭酒即北大校长，其权位与宰相相等；郡县学堂则相当于地方议会。[②] 这种政教合一的乌托邦想象，源于胡适一直以来“为国人导师”的自我定位，他借“黄梨洲论学生运动”，表面上是在论证学生干政的合理性，所谓“三代遗风”，其实是为士人即智识阶层在失去正常的晋升之阶后，如何参政议政寻求历史依据。

《晨报》及其副刊上的“五四纪念”，虽说不是纯粹的党派行为，但也不是毫无主见的。1920 年五四一周年诞辰之际，该报就在纪念增刊之外，发布了题为《五四运动底文化的使命》的社论，为纪念活动定下基调。主笔陈博生称五四不是“高等流氓底政治活动”，也不是“褊狭的国家主义底爱国运动”，而是社会的运动、国际的运动，如此才配在文化史上占据一席之地。[③] 从文化史的意义上为五四运动定位，是《晨报》20 年代初期的舆论导向。

为首届的“五四纪念”打头阵的是研究系的精神领袖梁启超。在简短的开场白中，他进一步确立了五四运动与文化运动互为因果的关系。梁氏也承认五四本身不过是一场局部的政治运动，但这场政治运动以文化运动为原动力，继而又促成了一年来澎湃于国内的新文化运动。“今后若愿保持增长‘五四’之价值，宜以文化运动为主而以政

---

① 蒋梦麟、胡适：《我们对于学生的希望》，《晨报》1920 年 5 月 4 日。

② 胡适：《黄梨洲论学生运动》，《晨报》1921 年 5 月 4 日。

③ 陈博生：《五四运动底文化的使命》，署名渊泉，《晨报》1920 年 5 月 4 日。

治运动为辅。”[①] 以文化运动为政治运动的根基，是梁启超 1917 年底淡出政界后形成的思路。他所谓的文化运动，骨子里仍是一种泛政治的，或者说为政治重新起信的运动。即便打出了文化运动的旗帜，梁氏还恋恋不忘被一般社会厌弃的政治运动，声称无论广义还是狭义的文化，都不可能将政治驱除在外。他坚持过渡时代的政治运动，或是“为排除文化运动、社会运动种种障碍起见，以辅助的意味行政治运动”，或是“为将来有效的政治运动作预备工夫起见，以教育的意味行政治运动”。[②] 到 1925 年“五四纪念”谢幕时，梁启超将学生应否干政的问题，置换为“什么是政治？现在一班人所谓政治活动是否算得政治活动？”他以为“中国现在并没有政治，现在凡号称政治活动的人，做的都不是政治活动”，号召青年“造出十年后的政治土台，在自己土台上活动”。[③] 梁启超对现实政治的否决，与胡适 20 年代初声称没有文化，更没有什么新文化的口气如出一辙。

20 年代中期五四运动逐渐被一般社会所淡忘，以致“笃于念旧”的《晨报》也放弃了一年一度的纪念活动。纪念的枯竭，从虚的方面讲，基于社会心理的变迁；从实的方面说，与五四运动的主角——学生身份的转变有关。五四之所以能在短期内获得如此广泛的民众支持，正是利用了学生这一相对“纯洁”的身份，其在 1925 年前后的没落恰对应于这种新势力的“堕落”。学生运动未必如政府当局猜疑的那样，起于党派势力的煽惑，但它的终结确实与政党政治的再兴脱不了干系。20 年代前期的文化运动，包含着新势力的培植与旧势力的重组，其实是失去民意的政党政治恢复声誉、积蓄能量的过程。学运分子加入党籍可以说是文化运动转换于政治运动的关节点，戳穿了文教事业与政党政治表面上水火不容，事实上水乳交融的关系。[④]

“五四纪念”就是不断转义、不断正名的过程，以纪念的名义，

---

① 梁启超：《“五四纪念日”感言》，《晨报》1920 年 5 月 4 日。

② 梁启超：《政治运动之意义及价值》，《改造》1920 年第 3 卷第 1 号。

③ 梁启超：《学生的政治活动》，《晨报副刊》1925 年 5 月 4 日“五四运动纪念号”。

④ 1925 年《晨报副刊》“五四运动纪念号”上，张维周《噫，五四运动！》一文，从局内人的视点，检讨了学生运动失败的原因，如废学、没有领袖等，但最关键的一点还是学生加入党籍的问题。

给五四添加进新的意义，同时涂抹掉不合时宜的界说。《晨报》发起的纪念活动，前后坚持了六年之久，纪念的最终衰竭，与其归咎于当事人热情的退却，不如理解为召唤五四已经暂时无法回应20年代中期迥异的历史困境。

## 三　立异以求同

《晨报》组织的“五四纪念”，将五四的象征意义变相收编进研究系对文化运动的总体规划中。梁启超等将五四运动与文化运动“焊接”在一起，既从某种意义上解决了五四的合法性问题，又顺带为自家的文化事业扩充声势。研究系从事文化活动的意识萌发于五四之前，其个别成员如蓝公武等，基于个人的兴趣，以通讯或论争的形式加入《新青年》同人发起的话题当中，表明自己的态度、观点。这样的发言方式无疑是附庸性的，没有发挥研究系南北的言论机关——《晨报》、《国民公报》以及《时事新报》作为一个整体引导舆论的功能。这时期北方的《晨报》，尤其是《国民公报》与《新青年》一派的关系相当友好。《新潮》记者称“月刊的《新青年》，周刊的《每周评论》，日刊的《国民公报》——虽然主张不尽一致，精神上却有相通的质素：对于中国未来之革新事业，挟一样的希望”[①]。傅斯年在《〈新潮〉之回顾与前瞻》中也称《新青年》《每周评论》之外，“若《国民公报》常有和我们思想同流的文章”[②]。

《国民公报》及《晨报》五四前的言论博得了北大方面的好感，而南方张东荪主持的《时事新报》却与《新青年》、《新潮》纠纷不断。就五四前后的《时事新报》来说，有两个不可忽视的人物，一是主笔张东荪，一是研究系的首脑梁启超。后者的作用基本上是象征性的，张东荪才是《时事新报》舆论走向的操控者。此人在民初的舆论政治中就占有一席之地，其在哲学文艺上的造诣，使他和蓝公武一样具备与《新青年》同人对话的能力。

---

① 《新潮》1919年第1卷第3号“书报介绍”。

② 傅斯年：《〈新潮〉之回顾与前瞻》，《新潮》1919年第2卷第1号。

《时事新报》与北大的纠纷起因于1917年的实社事件。《时事新报》当时发布了一则要闻，题为《北京大学之无政府主义：教育部其知之乎》。文中转引实社的章程，称以研究无政府主义为范围，联络处设在北大。记者以为实社的主张业已脱离学理的探讨，入于实行的问题，北大这样的教育机构，公然提倡无政府主义，当局对此应加以注意①。无政府主义是政治上高度敏感、常借来造谣生事的一个词，因为一般对无政府的理解就是反政府。实社原只是少数人发起的一个地下团体，与北大本身未必有直接的关联，《时事新报》这种类似于八股文中做截搭题的伎俩，及其献策当局的口吻，自然会招致北大方面强烈的反感。

《时事新报》因实社事件而与北大结下的"宿怨"，如果不是研究系转向后与《新青年》一派的主张生出关系，应该不会旧事重提。相对于北京的《晨报》、《国民公报》，位居上海的《时事新报》受舆论环境的限制，介入思想文艺的讨论较晚。在其与《新青年》、《新潮》后来的纠纷中，走在前面的《国民公报》、《晨报》正好起到穿针引线的作用。1919年初《时事新报》头版的论说栏"破例"刊载了蓝公武的一篇"文艺论"：《近代文学之特质》，前面附有张东荪的题志：

> 从来日报上的论说没有不谭政治的，但既有时评限于谭政治，又把论说限于谭政治，似乎太呆笨了。所以本报先破这个例，论说不限于谭政治，勿论何事都可以论。不过记者多忙，不能一一论究，不得已先拿敝友蓝志先的一篇来，作为先导。②

蓝公武的这篇论说截取自他之前发表在《国民公报》上的长文，论戏剧在近代文学上的位置③，张东荪借来为自家的"文艺论"鸣锣

① 《北京大学之无政府主义：教育部其知之乎》，心声《无政府主义》（时评），《时事新报》1917年10月11日。

② 蓝公武：《文艺论·近代文学之特质》（论说），《时事新报》1919年1月14日。

③ 蓝公武：《近代文学上戏剧之位置》（上），《国民公报》1919年1月8日。

开道，可视作《时事新报》正式加入广义的文学革命的信号。

从“谭政治”到“谭文艺”，论域的转移暗示着社会舆论的走向，对于在政治上几起几落、声名狼藉的研究系来说，不无“城头变幻大王旗”的意味。1915年《大中华》发刊之际，梁启超自称“惟好攘臂扼腕以谭政治，政治谭以外，虽非无言论，然匣剑帷灯，意固有所属，凡归于政治而已”[①]。

从1905年到1915年的10年确实是“政治谭”的黄金时代。然而按胡适的说法，“民国五年（1916）以后，国中几乎没有一个政论机关，也没有一个政论家；连那些日报上的时评也都退到纸角上去了，或者竟完全取消了”[②]。政论文章的退潮，一方面可归因于复辟与反复辟造成的变幻无常的舆论空气，另一方面也与政论家的无力感有关，雄肆的“政治谭”在现实政治的反复跟前，全成了泡影、笑谈或忏悔录的材料。[③] 以政党为指归的舆论政治陷入绝境以后，政论家唯一的出路就是面向社会，对一般人说话。较之高深的“政治谭”，浅近的新文艺无疑是与人沟通的捷径。[④] 所以，具备文学素养的政论家中，既潜伏着新文艺的同盟军如蓝公武，也可能产生顽固的反对者，如主持前后《甲寅》的章士钊，正反两方面的势力构成，恰好说明“政治谭”与“文艺论”的转承关系。

蓝公武的“文艺论”还算是《新青年》一派的应声，张东荪随后抛出的《白话论》就开始跟文学革命唱反调了。他重新翻出“白话与文章孰优”的问题，认为如果就文法的疏密繁简而论，“白话”“文章”（即文言）其实处于同一等级上。张氏承认白话的可能性，却不认可《新青年》的“尝试”，他推崇梁启超用白话说理的文章，对胡适的白话诗却不以为然。[⑤] 张东荪的《白话论》呼应的是此前《时事

① 梁启超：《吾今后所以报国者》，《大中华》1915年第1卷第1期。

② 胡适：《五十年来中国之文学》，《申报》五十周年纪念刊《最近之五十年》1923年2月。

③ 参见黄远庸《忏悔录》，《东方杂志》1915年11月10日，转引自《远生遗著》，商务印书馆1920年版。

④ 黄远庸致章士钊通讯，《甲寅》第1卷第10号。

⑤ 东荪：《白话论》（论说），《时事新报》1919年1月17日。

新报》上陆续刊载的梁启超的讲坛文。1918 年 10 月该报即登出启事，预告“承梁任公先生每来复撰寄修养谭及思想评论，因于学灯栏中，另立一门，用以发表”[①]。梁任公的讲坛开张不久，学灯栏就出来提倡言文一致：

> 近来梁任公先生做了几篇言文一致的讲坛，不但是提倡新思想新道德，而且是改良文艺，所以一班青年读了，总有些感动。从前有个《新青年》杂志，他亦提倡白话，虽他以白话做诗，不免矫枉过正，然拿白话来达理，我是很赞成的。[②]

《时事新报》试图利用晚清以降梁启超在文坛上的威信，在言文问题上别树一帜，引起了《新青年》一派的猜疑。

《新潮》主将傅斯年将张东荪的《白话论》读解为“别人却不算回事，只有我们梁任公做白话文的第一天，是中国文学史上的新机；只有我们主张革新是独立的，是正宗的，别人都是野狐禅”[③]。这让努力为《时事新报》洗脱党派色彩的张东荪颇感无奈，他指出傅斯年的这种猜疑“虽非出于先天的党见，然亦流露于一种心理，以为对方存有先天的党见也，且于其后加以驳正”。张氏呼吁从事革新事业的同道，摒弃先天的党见，如若主张不同，就正面辩论，只要主张相同，可以不问之前的党籍协同进行，不然，研究系已死，意欲改嫁的《时事新报》还得为其守寡。[④] 这仅是张东荪一厢情愿的想法，在从政党报向营业报转型的过程中，《时事新报》不时受到党派背景的困扰。借用处子与妓女的譬喻，《新青年》、《新潮》这样倚靠大学、自由结合的同人杂志，“纯洁如白鸽”，为维系其处子的身价，自然要持守“不谈政治”的戒律；而《时事新报》就像决心从良的妓女，即便脱

---

① “本报特别启事”，《时事新报》1918 年 10 月 28 日。

② 好学：《言文一致之提倡》，《时事新报》1918 年 11 月 16 日。傅斯年：《答〈时事新报〉记者》，《新潮》第 1 卷第 3 号。

③ 傅斯年：《答〈时事新报〉记者》，《新潮》第 1 卷第 3 号。

④ 张东荪：《疑猜与党见》（时评），《时事新报》1919 年 3 月 21 日。

离了勾栏生涯，也难免不被问起当年的出身。[①]

由张东荪的《白话论》引发的猜疑与辩解已经进入正面对垒的阶段，《时事新报》与《新青年》一派最初的交锋，是从戏剧改良问题扩散开来的涟漪。《新青年》1918年6月的“易卜生号”上登载了北大学生张厚载的来信，他在赞成文学改良的同时，指出胡适、刘半农、钱玄同诸人在旧剧评议上的一些失误。《新青年》同人一一回应了张氏的指摘，除胡适以外，语气都很强硬，多少逾越了旧戏本身的是非。此事尚未完结，《新青年》第五卷第二号上又刊发了刘半农与钱玄同8月间的通信。刘氏去信借阅《时事新报》，因为听闻上面有位马二先生起来为张厚载抗辩，预备撰文还击。钱玄同回信说，自己向来不看《时事新报》，上面的文章用胡适的话说“不值得一驳”，什么“黑幕”、“剧评”不过是上海一班“脑筋组织不甚复杂”的“鹦鹉派读书人”发明的玩意儿。他看不惯胡适笼络张厚载这样介于新旧之间的人物，称《新青年》的文章“是给纯洁的青年看的，决不求此辈‘赞成’”。[②]

就在钱玄同痛诋张厚载之时，他的战友胡适却在《晨钟报》（1918年底改名《晨报》）第七版的剧评栏，与张氏就旧剧“废唱用白”的问题往复辩论。胡适和张厚载通信，并不是真的要在唱功和说白上争个高低，不过是想借此表明一种态度，在他看来，钱玄同等人对张氏一味乱骂，不仅无助于问题的解决，而且有损《新青年》的形象。[③] 1918年9月《晨钟报》被查封，张厚载投靠马二先生冯叔

① 1921年1月18日李大钊给胡适的信中称：“现在我们大学一班人，好像一个处女的地位，交通、研究、政学各系都想勾引我们，勾引不动就给我们造谣；还有那国民系看见我们为这些系所垂涎，便不免引起点醋意，真正讨嫌！”1922年胡适拉拢蔡元培、李大钊、陶孟和、梁漱溟等人发布“好人政府”的宣言（《我们的政治主张》）时，研究系的人觉得遭到有意的排挤，林长民说：“适之我们不怪他，他是个处女，不愿意同我们做过妓女的人往来。但蔡先生素来是兼收并蓄的，何以也排斥我们?”罗钧任说明，这全是一班大学的人，并无排斥他们之意。胡适不愿与研究系联手，是以为“研究系近年作的事，着着失败，故要拉我们加入”，相比之下，大学的一班人还是得社会信仰，占上风的。见1922年4月27日、5月14日胡适日记，《胡适日记全编》（三），安徽教育出版社2001年版。

② 刘半农、钱玄同：《今之所谓“评剧家”》（通信），《新青年》1918年第5卷第2号。

③ 《评剧通信》，《晨钟报》“剧评”栏1918年8月22日、23日、24日、25日。

鸾，借《时事新报》的剧坛继续发布他改良旧戏的主张。[①] 被钱、刘奚落的马二先生，趁机拉着张氏合演了一出双簧戏。冯叔鸾称自己为张厚载帮腔，只是学理的研讨，钱、刘自命为头脑复杂的文学改良家，没看原文便臆断不值一驳，两人的通信不过是场双簧戏。[②] 张厚载在回信中称“双簧”二字形容得妙，这种一吹一唱的办法，空洞而无着落，“统括他的意思，不过是不屑于跟我们说话而已”[③]。

《时事新报》对《新青年》的回应，从冯叔鸾主持的剧评栏，很快蔓延到其他板块。既然被钱玄同戏称为“鹦鹉派读书人”营利的事业，《时事新报》也回敬给集合在《新青年》周围的北大人一个称号。1918 年年底，学灯栏登出一则“教育小言”，称大学师生的气质当为一国学风之模范，而“最近大学中有一班乱骂派读书人，其狂妄乃出人意表，所垂训于后学者，曰‘不虚心’，曰‘乱说’，曰‘轻薄’，曰‘破坏’，以此为模范，诚不如其无”[④]。所谓“乱骂派读书人”主要针对的是钱玄同。不久学灯栏又以读者来函的方式，两次对钱玄同的极端论调，特别是以国语罗马字代汉字的主张大加针砭。[⑤]

学灯栏批评北大新派、想在主张白话上与《新青年》“争功”的这段前史往往被忽略掉，人们记取的是它五四后声名鹊起、被誉为新文化四大副刊之一的荣光。作为学灯栏的调剂，1918 年年底《时事新报》创设了星期增刊“泼克”。[⑥] “泼克”（puck）一名取自莎士比亚《仲夏夜之梦》中狡狯善谑的精灵，有以游戏笔墨彰善惩恶的意思。《时事新报》的“泼克”栏专门开辟了“敢问录”这个板块，用于挑剔《新青年》同人论说中的逻辑漏洞及修辞不当。除了文字上的讥刺、嘲讽外，滑稽画也成为《时事新报》向《新青年》挑衅的新式武器。配合学灯栏批驳钱玄同废弃汉文的主张，“泼克”的主笔沈伯

① 《缪子戏园改良之主张》，《时事新报》“剧坛”1918 年 10 月 27 日。参见马二先生《改良剧园谈》，《时事新报》1918 年 10 月 30 日。

② 马二先生：《致缪子书》（评剧通讯），《时事新报》1918 年 10 月 31 日。

③ 《缪子答马二先生书》（评剧通讯），《时事新报》1918 年 11 月 10 日。

④ 好学：《模范》（教育小言），《时事新报》学灯栏 1918 年 10 月 31 日。

⑤ 聊止斋（张厚载）：《对于〈新青年〉之批评》（来函），《时事新报》1918 年 11 月 27 日；张崇玫：《致北京大学教授钱玄同先生书》（来函），《时事新报》1918 年 12 月 2 日。

⑥ 《本报特别通告》，《时事新报》1918 年 12 月 15 日。

尘推出了一组讽刺画。画中一位西装革履的新学家，脚踩线装书，想要转习罗马文字，不得其门而入，于是向外国医士求助。医士称其“脏腑不脱华气，对于西方文字未免生种种阻碍”，唯一的良方就是移植入罗马狗心。手术后新学家试读罗马文字，闻之竟为犬吠。[①]沈伯尘的讽刺画激起了《新青年》同人尤其是爱好美术的鲁迅的反击，他在随感录中慨叹外来的“泼克”，由针砭社会痼疾的利器堕落为人身攻击的工具，由此可知改良后的《时事新报》皮毛虽新，心思仍旧。[②]

随着双方矛盾的激化，《时事新报》开始对《新青年》一派采取离间的策略。张东荪在论说栏称《新潮》的作者“个个都有诚实的态度和研究的精神，不像《新青年》一味乱骂”，“《新潮》居然不受《新青年》的传染，真是可喜可敬的了”。[③] 借着评论《新潮》，张东荪道出了他对《新青年》的不满：思想好像衣裳，要换掉旧的装束，先要裁成新衣裳，《新青年》只会凭打骂的手段，强人脱去旧衣服，却不亲手制作新衣裳。[④] 他用过另一个类似的譬喻是将思想界的状况比作装满旧空气的瓶子，认为不输入外界的空气，终日晃动这个瓶子，污浊的旧气是出不去的。[⑤] 追随《新青年》的《新潮》，对《时事新报》的吹捧并不领情，主编傅斯年认为张东荪的譬喻“似是而非，不通的很”，他也用瓶子作喻体，称一个装满浑水的瓶子，只有先倒去里面的浑水，才能注入清水，“新道德与旧道德，新思想与旧思想，新文艺与旧文艺，同时占据同一个空间，不把一个除去，别一种如何进来?”傅斯年声明《新潮》不是主张破坏了事，长久的破坏必兼以适当的建设。[⑥]

对于破坏与建设的先后问题，傅、张二人后来各有让步，承认建

① 《时事新报》1919 年 1 月 5 日“泼克”画（六幅）。

② 随感录四十三，《新青年》第 6 卷第 1 号；随感录四十六，署名“唐俟”，《新青年》第 6 卷第 2 号。

③ 张东荪：《〈新潮〉杂评》（论说），《时事新报》1919 年 1 月 21 日。

④ 张东荪：《〈新潮〉杂评》（续），《时事新报》1919 年 1 月 22 日。

⑤ 张东荪：《新……旧》（小言），《时事新报》1918 年 12 月 14 日。

⑥ 傅斯年：《破坏》，作于《新潮》1918 年第 1 卷第 2 号。

设与破坏不过是目的与手段的差别，用譬喻来说理终归是不贴切的。[①] 虽然在主义上达成了某种一致，张东荪又抓住傅斯年对他的评语——"似是而非、不通的很"，回到态度的问题上，劝告傅斯年勿要以洋人为护法，应摒弃"骂人派"的恶习，将"诚实"、"忠爱"、"虚心"奉为美德。[②] 张东荪的劝诫数日后被敷衍成"泼克"上的滑稽画：某文学家读古今一切著作，皆以为"似是而非""狠不通"，又常以新文艺炫人，与之辩论便抬出若干尊外国偶像；此文学家若要成为可造之才，当手捧张氏所赐之戒条，脱离"骂人派"的故迹。[③] 被漫画化的傅斯年也不甘示弱，用文字替"上海的一般自以为的文艺家、美术家、评剧家——一般的'洋场少年'"做了幅写生："生就一副滑头面孔，挟着一幅鸽子英文，买到几本炭铅画帖，运用几部肉麻的骈文诗词，去赚不够用的钱，还不清的嫖帐；又是一天吃到晚，神经细胞都起变态，好比背上驮着很长的一个石碑，喘气不得，还有什么工夫去'思想'，去'进步'，去作正义的讽刺?"[④] 傅斯年指出《时事新报》这次之所以大动干戈，无非是因为自己的评语过于直接，作为北大的学生，对于张东荪也无需客气，《时事新报》原就是和北大惯作对头的，譬如当年的实社事件。[⑤]

张东荪、傅斯年的争论本来是围绕建设、破坏孰先孰后的问题展开，但越辩论，论题越发模糊，逐渐从主义的对峙滑向态度的分歧，纠缠在立言的分寸及过往的人事纷争上。按蓝公武的说法，这是典型的中国式辩论。他在给胡适的一封信中谈到"革新家之态度问题"，称"在欧美各国，辩论是真理的产婆，愈辩论真理愈出；而在中国，辩论是呕气的变相，愈辩论论旨愈不清楚，结局只能以骂人收场"[⑥]。蓝公武眼里有态度问题的革新家暗指的就是《新青年》一派，《新青

---

① 张东荪：《破坏与建设是一不是二》（论说），《时事新报》1919年2月6日。傅斯年：《答〈时事新报〉记者》，《新潮》第1卷第3号。

② 张东荪：《破坏与建设是一不是二》（论说），《时事新报》1919年2月6日。

③ 《时事新报》1919年2月9日"泼克"画（四幅）。

④ 傅斯年：《随感录四》，《新潮》1919年第1卷第5号。

⑤ 傅斯年：《答〈时事新报〉记者》，《新潮》第1卷第3号。

⑥ 蓝公武答胡适之书《革新家之态度问题》，《时事新报》1919年2月28日、3月1日。

年》通信栏中甲乙对骂的笔墨及刘半农的“作揖主义”正是他厌恶的辩论方式。无怪乎张东荪将蓝公武的这封信转载在《时事新报》上。

只看到《时事新报》与《新青年》《新潮》这些琐碎的纷争，难免无形中夸大了双方的矛盾，如果将两派的纷争放到所谓“新旧思潮之冲突”中来考察，就会发现他们的立场又是相当接近的。1919 年 3 月初《申报》上传出北大教授陈独秀、胡适等四人因《新青年》上宣传无政府主义的言论而被驱除出校的电文，舆论界一片哗然。次日《时事新报》学灯栏在张东荪的授意下为陈、胡诸人鸣不平，从思想自由、学说自由的立场，谴责当局对大学的压迫。[①] 这与实社事件中，其以倡导无政府主义为北大定罪，并向当局进言的姿态截然相反。虽然驱除的传闻并未成为事实，由此造成的新旧对立的态势——与其说是新旧对立，不如说是新派内部的互相确认、呼应——却成为五四前夕舆论转向的契机。

在这次新旧重新站队的过程中，《时事新报》无疑站在了趋新的一边。但张东荪在给胡适的信中声明《时事新报》在新旧之争中的立场，与它此前对《新青年》的批评，精神上是一贯的。他强调《时事新报》与《新青年》的分歧不是主义的分歧，而是态度的分歧。[②] 胡适在回信也承认，即便双方的主义有所异同，《时事新报》立异的目的在于求同。[③]

钱玄同曾出于对张厚载辈的恶感，私下批评胡适“对于千年积腐的旧社会，未免太同他周旋了”[④]，胡适替自己辩护道：

> 我所有的主张，目的并不止于“主张”，乃在“实行这主

---

① 《时事新报》1919 年 3 月 5 日：匡僧《为驱逐大学教员事鸣不平》（小言）；3 月 6 日：匡僧《革新家之勇气》（小言）；3 月 7 日：匡僧《大学教员无恙》（小言）、《大学陈胡诸教员受侮确闻》（教育界消息）。

② 张东荪：《答胡适之书》（代论），《时事新报》1919 年 3 月 15 日。

③ 通讯（胡适致张东荪），《时事新报》1919 年 3 月 24 日。

④ 钱玄同致胡适信，《胡适来往书信选》（上），第 25 页。《书信选》标明此信写于 1919 年 2 月下旬，有误。因为钱氏信中称：“《新青年》第五卷第二号，准明晨交仲甫去寄。第三号系半农编辑。你如其有大稿，请早日交给他（第三号极迟九月十五一定要寄出）。”《新青年》第 5 卷第 2 号标注的出版时间为 1918 年 8 月 15 日，此信应写于 1918 年 8 月中下旬。

张”。故我不屑“立异以为高”，我“立异”并不“以为高”，我要人知道我为什么要“立异”。换言之，我“立异”的目的在于使人“同”于我的“异”。（老兄的目的，唯恐人“同”于我们的“异”；老兄以为凡赞成我们的都是“假意”而非“真心”的。）

为保持《新青年》内部的纯洁，钱玄同当然要揣度投诚者的心意，反对同旧势力太过周旋，而以国人导师自命的胡适则不得不在独与群，自立与化人之间周旋。《时事新报》与《新青年》的态度分歧，在某种程度上是《新青年》同人内部矛盾的外化。偏至的钱玄同成为外界攻击的主要对象，胡适在双方的论争过程中往往充当和事佬的角色。

正当的立异皆所以求同，是胡适理想的论辩规则。五四前的《时事新报》，在白话文、破坏与建设以及革新家的态度问题上，无论是与《新青年》故为“立异”，还是有意“求同”，都为研究系五四后名正言顺地鼓吹“新文化运动”埋下了伏笔。由此可知，鲁迅在《热风·题记》与《写在〈坟〉的后面》中暗示的，《新青年》的反对派、投机的革新家、日后的转向者以及“新文化运动”这个名目的发起者，就是《时事新报》背后的研究系。

（原载《中国现代文学研究丛刊》2009 年第 3 期）

# “五四”新文化人的学术建树及其局限性

## ——关于五四新文化运动的反思

许苏民*

1989 年为纪念“五四”七十周年，我先后写了三篇文章：《关于“五四”反思的反思》、《中国近代文化自觉三题》、《知性主体精神与中国文化的现代化》。[①] 前两篇文章是为“五四”辩护的，如文中不同意把“五四”与“文化大革命”相提并论，也不同意说“五四”造成了传统文化的断裂，等等；后一篇文章才批评了“五四”学者没有揭示科学、民主和新道德共通的深层精神本质。这些文章的观点，大体上虽没有错，却都有一个明显的缺点，就是缺乏把一切先入之见放到括号里悬置起来的原初视野，也没有把“五四”放在中国文化从传统向现代转型的总体历程中去加以考察。如今，笔者主张突破把“五四”看作重大政治符号的先入之见，以人的平常心、学术的平常心来看“五四”，努力做到价值中立；如此，笔者以为才能真正按照思想史固有的内在理路来看“五四”的历史地位和作用，更加切实地贯彻社会史与思想史之统一、历史与逻辑之一致的方法论原则。

---

* 作者许苏民，南京大学中国思想家研究中心教授、博士生导师。

① 《关于“五四”反思的反思》，《天津社会科学》1989 年第 3 期；《中国近代文化自觉三题》，《福建论坛》1989 年第 3 期；《知性主体精神与中国文化的现代化》，《江汉论坛》1994 年第 5 期。

## 一

“五四”新文化人（陈独秀、鲁迅等人）与戊戌维新至辛亥革命时期的一代学者（严复、梁启超、王国维）相比，哪一代人学问更大？思想更深刻？

严复是学术界公认的“清季输入欧化之第一人”，严译名著包括了为西方现代经济、政治、文化奠定理论基础的最重要的著作。他把西学的精髓概括为“自由为体，民主为用”八个字，有力地批评了“中学为体，西学为用”的主张。他认为，专制政治之所以日益腐败，就在于缺乏权力制衡机制，与科学的公例通理背道而驰。对于中西二学，他主张“统新故而观其通，苞中外而计其全”[①]，只要能使人民摆脱愚昧，不管古今中西，都要择善而从。他以历史发展的眼光看中国文化，从明清之际的政治哲学中找到了传统与现代的历史接合点，认为顾炎武所谓“合天下之私以成天下之公”的思想本质上与西欧近代政治哲学的根本理念相通。[②] 他把西学名著翻译成典雅的汉语文言，可见他的国学学养之深厚；而最见其非凡学术功力的则是他对老子的“玄之又玄”即西学之“to be as to be”的论说，这一会通中西语言文字的最重要的发现，至今仍是回应海外汉学家和新儒家学者片面强调中国文化之特殊性的有力证据。

梁启超的学术成就和思想贡献更令人惊叹。首先是大量个案研究的成果，包括管子、老子、孔子、墨子、屈原、陶渊明、杜甫、王安石、王阳明、戴震等，对《墨子》、《桃花扇》等专书的研究尤为出色；其次是从先秦思想到隋唐佛学直到明清学术的断代史专著，其中《先秦政治思想史》、《清代学术概论》、《中国近三百年学术史》等，至今仍是学者的必读书；进而是贯通古今的专门史著作，如《中国学术思想变迁之大势》、《中国之美文及其历史》、《中国文化史》，等等。可以说，中国之有思想史、学术史、文化史、文学史、佛学史、法学

① 严复：《与外交报主人书》，载《严复集》第3册，中华书局1986年版，第560页。

② 严复：《原强修订稿》，载《严复集》第1册，中华书局1986年版，第31—32页。

史专著，皆自梁启超始。其治史学，遵循从个案到断代史再到通史的路径，可见其功夫之扎实。他为中国现代史学奠定了理论和方法的基础，其《中国历史研究法》、《新史学》等书，至今仍有重要的参考价值。对于西学，他也有系统深入的研究，写了《论希腊古代学术》、《近世文明初祖二大家之学说》、《法理学大家孟德斯鸠之学说》、《近世第一大哲学家康德之学说》、《乐利主义泰斗边沁之学说》、《生计学学说沿革小史》以及几位西方哲人的学案等著作，已俨然是一部西方思想史的规模。在激进主义日益升温的"五四"时期，他明确提出要以"在社会上造成一种不逐时流的新人"、"在学术界造成一种适应新潮的国学"为治学宗旨，足见其眼光之深邃、思想之深刻。

王国维自认为欲为哲学家则情感苦多而理智苦少、欲为诗人则情感苦少而理智苦多，因而最终转向史学。其实，他在文史哲三方面都取得了重大的成就。在史学方面，他的甲骨文研究、殷周制度研究、汉晋竹简和封泥的研究，可谓卓冠一代。他的文学成就，以《红楼梦评论》、《人间词话》、《宋元戏剧史》为代表，亦显示出他的一流学识和才华。在哲学方面，他从哲学有其来自普遍人性和人的本质的深层理论依据出发，提出了一个超越并涵容中西的普世哲学定义，确认"哲学为中国固有之学"；进而以普世哲学眼光观照中西哲学慧境，古今贯通，中西互释，揭示了中西哲学在形而上学、知识论、伦理学、美学诸领域的共同特征；又在深入考察中西哲学形态（语言表达方式、理论体系架构、哲学问题侧重）之差异的基础上，对中国学者如何达于"学术自觉"——中国哲学如何才能发达——的问题做了深入探讨，并立足于世界哲学发展的前沿，提出了"可爱者不可信，可信者不可爱"的哲学难题。其学问境界之大气、辨名析理之颖悟，与探本寻源的深湛幽渺之思，实有今人所难以企及者。

再看"五四"学者的学术成就。作为北大文科学长的陈独秀，是文字学专家，蔡元培说他"精通训诂音韵学，学有专长"[①]，是切实的。他在 1904 年完成了《字义类例》一书，1923 年由亚东书局出版；

① 袁宏亮：《陈独秀学案》，载张岂之主编《民国学案》第 1 卷，湖南教育出版社 2005 年版，第 106 页。

又写了《实庵字说》，在 1927 年的《东方杂志》上连载。其知识面也很广，涉及中西文学、史学、哲学、宗教、经济、政治诸学科，虽不乏真知灼见，但却没有专门的著作。他是一位思想家，以主办《新青年》而闻名，通过政论、时评、杂文、随笔等来发表见解，辑于《独秀文存》。鲁迅原本学医，为治疗国人精神疾患而改治文学，早年用文言文写《摩罗诗力说》、《破恶声论》等文，足见他对西方文学的了解，以及叔本华、尼采学说对他的影响。此时他主张中国文化发展应"外之不后于世界之潮流，内之而弗失固有之血脉"，与严复、梁启超同调。到"五四"时期发表《狂人日记》、《阿 Q 正传》时，腔调乃大变，斥仁义道德为"杀人"，斥传统文化为"黑色的染缸"，以阿 Q 精神为"国人之灵魂"，教青年"不读中国书"；他关心时政远胜于关心学问，所以，他的学术著作严格来说只有后出的《汉文学史纲要》和《中国小说史略》。他与陈独秀一样，学术的堂庑远不及严复、梁启超、王国维宽广。"五四"学者中学问兴趣最浓的是胡适，当时他已写了《先秦名学史》和《中国哲学史大纲》两部具有原创性的学术著作，更为重要的是，他接受了英美经验主义的哲学，又从中国哲学（如吕祖谦论"善不易明，理不易察"）中找到了结合点，并用禅宗所谓"菩提达摩东来，只是要寻一个不受人惑的人"这一生动的中国语言来表达，其思想不似陈独秀、鲁迅激烈，实在是以学术研究为根底的。

也许有人会说，"五四"学者的学术成就固然不如晚清学者，但思想却比晚清学者深刻。这种说法对吗？答曰：也不尽然。

提倡科学与民主，首先是严复、梁启超等晚清学者的功劳，"五四"学者只是继承了这一事业。严复论分权制衡，认为这是根治腐败，改变人民有冤无处申、有理无处诉之状况的唯一途径，令人觉得十分切理餍心。尤其深刻的是，梁启超在提倡民主自由时，已开始了对法国大革命的反思，他说："法国大革命之时，所行者非真民主也"[1]，告诫国人要正确理解自由的意义，千万不要在中国造成罗兰夫

① 梁启超：《亚里士多德之政治叙说》，载《饮冰室合集·文集》之十三，中华书局 1989 年版，第 75—76 页。

人所说的“自由，自由，多少罪恶皆假汝之名以行之”的恶果。在这一点上，不仅热烈讴歌法国大革命的陈独秀、李大钊等“五四”学者不如他深刻，就连我们这一代人也是直到20世纪80年代才开始认识到这一点。晚清学者重视寻找传统与现代的历史接合点，严复发现了顾炎武的政治哲学；梁启超发现了明清时期的新思潮，而陈独秀、钱玄同等人则以科学、民主和新道德为纯粹的舶来品，称为“德先生”、“赛先生”、“穆姑娘”。只有胡适认为在非儒学派中“可望找到移植西方哲学和科学最佳成果的合适土壤”①，与王国维关于“西洋哲学之于中国哲学，其关系亦与诸子哲学之于儒教哲学等”② 的著名论断同一思路。

提倡白话文、倡导包括“诗界革命”、“小说界革命”、“文界革命”在内的文学革新，也是晚清学者早就提出来的。黄遵宪在《日本国志》一书中最先提出“言文合一”的主张，梁启超更从文学进化的视角论述了“由古语之文学变为俗语之文学”的必然性。“诗界革命”的主张，见于梁启超1899年12月25日《夏威夷游记》③；“小说界革命”为梁启超1902年在《新小说》月刊创刊号上发表的《论小说与群治之关系》一文所阐述。④“五四”学者继承了这一事业，但却走向了极端。陈独秀《文学革命论》一文，把骈体文、格律诗一概斥为“雕琢的、阿谀的、铺张的、空泛的贵族古典文学”，更痛斥“明之前后七子及八家文派之归、方、刘、姚”为“十八妖魔”，宣称“凡属贵族文学、古典文学、山林文学，均在排斥之列”⑤。

提倡改造国民性、呼唤“道德革命”，也是晚清学者发其先声，“五四”学者继承了这一事业，但同样具有将其推向极端的倾向。戊戌变法时，严复发表了“君权之轻重与民智之深浅成正比例”的观

---

① 胡适：《先秦名学史》，载《胡适文集》第6卷，北京大学出版社1998年版，第11页。

② 王国维：《奏定经学科大学文学科大学章程书后》，载《王国维遗书》（三），上海古籍出版社1983年版，第647页。

③ 梁启超：《夏威夷游记》，载《饮冰室合集·专集》之二十二，中华书局1989年版，第189—191页。

④ 梁启超：《论小说与群治之关系》，载《饮冰室合集·文集》之十，第6页。

⑤ 陈独秀：《文学革命论》，载《独秀文存》，安徽人民出版社1987年版，第97页。

点，主张把“鼓民力”、“开民智”、“兴民德”作为中国改革和进步的根本；又于1902年发表《论教育书》，揭起了“以愈愚为急务”的国民性之改造的旗帜。梁启超写了《新民说》、《新民义》、《十种德性相反相成义》、《论中国人的缺点》、《中国积弱溯源论》等著作，在《新民说》中最先提出了“道德革命”的口号。从戊戌维新到辛亥革命，在海内外华人办的一百余种进步报刊上，充满了呼唤“国魂”的声音：“中国之国魂安在乎?”“吾中国国民之魂安在乎?”“国魂乎！盍归来乎！”批判专制制度所造成的奴性，探讨改造国民性的途径，成了这一时代交响乐章的主旋律。而“以吾固有而兼采他国之粹”，“化分吾旧质而更铸吾新质”，则被看作改造国民性、铸造新国魂的基本途径。如果把“五四”学者关于改造国民性的言论与晚清最后十年思想界的言论相比较，就可以明显地看出其中的继承关系。陈独秀所谓“吾人最后之觉悟为伦理之觉悟”，实在是对梁启超主张的“道德革命”说的继承。鲁迅所概括的中国历史上“暂时做稳了奴隶的时代”和“想做奴隶而不得的时代”的观点，就是来自《国民日报》上的《箴奴隶》一文。但晚清启蒙者尚且肯定我们民族性中有正气之歌、德义之粹，而鲁迅笔下“我们国人的灵魂”却成了阿Q和“未庄的一帮鸟男女”了。

平心而论，无论西学还是中学，新文化人陈独秀、鲁迅的学术成就和思想创造都无法与严复、梁启超、王国维相比。有人把学问与思想对立起来，以此为“五四”学者的学问不足辩护，说他们关心的是社会和现实的人生，而不是故纸堆里的学问。然而，关心社会就是不潜心学问的理由吗？严复、梁启超、章太炎、王国维不关心社会吗？严复也写了许多时评和政论，这并没有影响他在学术上做出杰出的成就。梁启超一生关心社会，戊戌变法期间、护国战争期间和在民国政府任职期间以大量精力奔走国事，却仍能在学术研究上做出巨大贡献。章太炎三入牢狱，为推翻专制不屈不挠，但同时也总是心系“会通华梵圣哲之义谛，中西学人之所说”的学术研究，从中汲取思想营养和精神力量。王国维为争取哲学学科和中国哲学的合法性，敢于撰文批评清廷大老张之洞、管学大臣张百熙禁止大学堂设哲学科的谬说，又在中国最先提倡审美教育，谁又能说他不关心社会和人生呢？

当然，肯定晚清启蒙学者的大学问、大气象，也不是把他们作为新的偶像供奉起来。严复、王国维晚年过偏保守，皆有可议之处。梁启超在表彰传统文化时，也不免说了一些过头话。但是，就他们引领中国文化走向现代化的基本主张而言，却是积极、笃实、全面而稳健的，尤其是他们从普遍的人性出发来发掘传统文化的精华、使之与西学相结合来发展中国文化的思路，远比以科学、民主、新道德为纯粹的舶来品，以中学西学为不可通约的激进主义者和保守主义者高明。

## 二

晚清启蒙者是主张多元文化心态和宽容精神的。梁启超认为，中国古代无抗论别择之风，很少有堂堂结垒针锋相对的论战者。学者们门户主教之见太深，常以嫉妒褊狭之情用事：墨子非儒，以揭阴私为务；孟子拒杨、墨，以恶语中伤为能；荀子非十二子，动辄斥人为贱儒，指责别人“无廉耻而嗜饮食”，如村妇谩骂的口吻。且崇古保守之念太重，师法家教太严，对圣人学说稍有增损，则曰“背师”“非圣”而不能见容于天下。这些缺点贯穿了两千年来的思想界，遂使“一国之学术思想界，奄奄无复生气”[①]。而要改变这种状态，就必须倡导多元开放的文化心态，培育既勇于坚持真理，同时又宽容反对意见的精神。当然，这种精神早在明清之际就有人开始提倡了，李贽论“道非一途，性非一种”、黄宗羲论“殊途百虑之学”，就是显例。

然而，到了“五四”时期，无论是文化激进主义者还是文化保守主义者，态度几乎都是同样的激烈，双方都缺乏宽容精神，容不得反对意见。保守主义者骂激进主义者为“政客”，为“娼妓”，为“迷乱

① 梁启超：《论中国学术思想变迁之大势》，载《饮冰室合集·文集》之七，中华书局1989年版，第38页。

人心”的“魔鬼”，激进主义者则骂保守主义者为“谬种”，为“妖孽”，为“谋叛共和民国”。

先从文化激进主义者来看，以陈独秀、钱玄同、鲁迅、吴稚晖为例。陈独秀虽然宣称“无论何种思想都不能定于一尊”，但他骨子里并没有摆脱传统的一元文化心态。他承认，“容纳异议，自由讨论，固为学术发达之原则”，但他强调提倡白话文之事“是非甚明，必不容反对者有讨论之余地，必以吾辈之主张者为绝对之是，而不容他人之匡正”①；“要拥护德先生又要拥护赛先生，便不得不反对国粹和旧文学”②。提倡科学和民主为核心的新文化当然是对的，但因此也就容不得任何人讲国粹和旧文学，不就是自以为真理在握，容不得不同声音的“定于一尊”的心态吗？杜亚泉讲“君道臣节名教纲常”而呼唤“秦始皇主义”，陈独秀则指斥他“谋叛共和民国”③，都是互不容忍的表现。科学精神要求人们在面对反对意见时要有“我可能是错的，你可能是对的”的态度，可陈独秀却似乎不懂这一道理。

钱玄同号称“学有本原，语多行话”，但其一元化的文化心态和不容忍的态度却未得科学精神之本原。他斥文言老辈为“选学妖孽，桐城谬种”④，明确提出废孔学、灭道教、不可不先废汉字的主张。他说，四库全书中“经不待说，所谓‘史’者，不是大民贼的家谱，就是小民贼杀人放火的账簿……两千年来用汉字写的书籍，无论哪一部，打开一看，不到半页，必有发昏做梦的话”⑤。甚至连端午节、中秋节也要废除。陈独秀竟为钱玄同废汉字的主张辩护，说：“因为自古以来汉文的书籍，几乎每本每页每行，都带着反对德、赛两先生的臭味，又碰着许多老少汉学大家，开口一个国粹，闭口一个古说，不啻声明

① 陈独秀：《再答胡适之》，载《独秀文存》，安徽人民出版社 1987 年版，第 689 页。

② 陈独秀：《〈新青年〉罪案之答辩书》，载《独秀文存》，安徽人民出版社 1987 年版，第 242—243 页。

③ 陈独秀：《质问〈东方〉杂志记者》，载《独秀文存》，安徽人民出版社 1987 年版，第 187 页。

④ 钱玄同：《致陈独秀（1917 年 2 月 1 日）》，载《钱玄同五四时期言论集》，东方出版中心 1998 年版，第 1 页。

⑤ 钱玄同：《致陈独秀（1918 年 3 月 4 日）》，载《钱玄同五四时期言论集》，东方出版中心 1998 年版，第 64 页。

汉学是德、赛两先生天造地设的对头，他愤极了才发出这种激切的议论……难道你们能断定汉文是永远没有废去的日子吗?”[①]

鲁迅则公然主张不宽容。例如，是否应当提倡读经的问题本可以讨论，但鲁迅却将其一棍子打死。他说：“中国的古书实在太多，倘不是笨牛，读一点就可以知道，怎样敷衍，怎样偷生，献媚，弄权。然而能够假借大义，窃取美名。因为我至少读过十三经。”[②] 这一观点即使并非全无道理，也很难为学术界所接受，因为他眼中的传统文化全是糟粕。“经验”使他痛感宽容仁慈一类美德在现实政治中是那样的无能和无力，因而在愤激之下将之抛弃，代之以“不惜以最坏的心思去揣测中国人”，主张“以眼还眼，以牙还牙”的报复逻辑。他一生有很多的论敌，临死前还要说“我一个也不宽容”。

“五四”时期的文化激进主义者还有国民党元老吴稚晖。他积极参加了当时的文化论战，尤其是“科学与玄学”的论战，鼓吹“人欲横流、漆黑一团的人生观”。他反对胡适提出的“整理国故”的主张，观点之激烈比陈独秀、鲁迅亦有过之而无不及。他说：“这国故的臭东西，它本同小老婆、吸鸦片相依为命，小老婆、吸鸦片又同升官发财相依为命。国学大盛，政治无不腐败……非再把他丢在毛厕里三十年”，然后再把它作为古董来保存。[③]

文化保守主义者是不是要温和一点儿呢?诚然，有一些老辈的文化保守主义者是温和的，但也有一些人的态度比激进主义者更激烈。

林纾以翻译西洋小说特别是以翻译《茶花女》闻名。严复曾盛赞：“可怜一曲《茶花女》，断尽支那荡子肠。”时人有“译才并世数严林”之称。辛亥革命后，他以“清室遗老”自居，反对五四新文化运动，指责新文化运动“必覆孔孟、铲伦常为快”。他还借小报上盛载的陈独秀嫖妓之事大做文章，在蔡元培复信说教授的私生活与学校

---

① 陈独秀：《〈新青年〉罪案之答辩书》，载《独秀文存》，安徽人民出版社 1987 年版，第 243 页。

② 鲁迅：《十四年的“读经”》，载《鲁迅全集》第 3 卷，人民文学出版社 1981 年版，第 129 页。

③ 吴稚晖：《箴洋八股之理学》，转引自张岂之主编《民国学案》第 1 卷，湖南教育出版社 2005 年版，第 49—50 页。

无关以后，林纾又在同月的《新申报》上发表了题为《荆生》的影射小说，幻想有一“伟丈夫”出来，把陈独秀、胡适之、钱玄同三人痛打一顿。

杜亚泉是一位自然科学家，曾经发表了许多传播科学知识的文章，甚至也有非常深刻的思想。“五四”时期，他独具慧眼地看到了读书人与中国社会庞大的游民阶层相结合造成内乱的可能性，外国势力与国内政治力量相勾结造成中国内乱的危险性，等等。可是，对于民族前途的忧虑却使他走向了主张“君道臣节名教纲常”的思想。他认为，西洋学说未输入时，中国人读圣贤之书，尚且懂得君道臣节，一切皆有规矩可循；西学输入后，人们“弃其向所以为是者而从之”，遂导致“国是之丧失”，“精神界之破产”。于是他呼吁“政治界之强有力主义”，如秦始皇主义、德意志主义，“以强力压倒一切主义主张”，用他的话来说，就叫做“快刀斩乱麻，亦不失为痛快之举”。他甚至骂新文化人是假借西学来争夺权利和谋求奢侈生活的“魔鬼”。[①]

学衡派人物梅光迪对新文化人的批评也是过激的，甚至流于人身攻击。他首先极言民主法治不适合中国，新文化不适合中国，“彼等模仿西人，仅得糟粕，国人之模仿古人，时多得其神髓”，所以要发扬光大固有文化。从这一基本立场出发，他斥责提倡新文化者“非思想家乃诡辩家”，“非学问家乃功名之士”，“非教育家乃政客”，最后痛骂新文化人不讲道德，“语彼学问之标准与良知，犹语商贾以道德，娼妓以贞操也”[②]。西方的各种学说是否适合中国国情，固有文化在何种意义上可以发扬光大，是一个可以讨论的学术问题，但攻击新文化的提倡者如妓女一般，就未免太过分。

即使是同为文化激进主义者，相互之间也不能互相容忍。“五四”时期钱玄同讲进化论，说“人过了四十就该死，不死也该枪毙”，以免阻碍青年一代成长。钱玄同年过四十以后没去死，鲁迅就作诗讽刺他“作法不自毙，悠然过四十”；钱玄同也骂鲁迅的

① 杜亚泉：《迷乱之现代人心》，载《杜亚泉文存》，上海教育出版社 2003 年版，第 367 页。

② 梅光迪：《评新文化提倡者》，载《梅光迪文录》，辽宁教育出版社 2001 年版，第 5 页。

《二心集》、《三闲集》是三无作品："无聊，无赖，无耻"[①]。他们的不宽容造就了一批思想更为激进的新文学青年，到20年代末，就连鲁迅这位当年的精神导师也被他们骂为"封建余孽"了，于是鲁迅就怒骂他们是长着"一副左得凶恶的面孔"的"才子+流氓"，说他们的作品自以为是"无产阶级革命文学"，其实"可以当嫖学教科书来读"。[②]

在"五四"人物中，接受了自由主义的胡适算是比较清醒、温和、忠厚的。在陈独秀说白话文运动不容异议以后，胡适则说："此事之是非，非一朝一夕所能定，亦非一二人所能定。甚愿国中人士能平心静气与吾辈同力研究此问题……决不敢以吾辈主张为必是而不容他人之匡正也。"[③] 在陈独秀对火烧《晨报》馆说"该"字以后，胡适给他写信说："我记得民国八年你被拘在警察厅的时候，署名营救你的人中有桐城派古文家马伯通与姚叔节……我心中感觉一种高兴。我觉得这个黑暗的社会里还有一线光明：在那反对白话文学最激烈的空气里，居然有几个古文老辈肯出名保你，这个社会还勉强够得上一个'人的社会'，还有一点人味儿"；但这几年"不容忍的空气充满了国中，并不是旧势力的不容忍，他们早已没有摧残异己的能力了，而是来自一批自命为最新人物的人……这种不容忍的风气造成之后，这个社会要变成一个更残忍更惨酷的社会"。他强调，"争自由的唯一原理是：'异乎我者未必即非，而同乎我者未必即是；今日众人之所是未必即是，而众人之所非未必真非。'争自由的唯一理由，换句话说，就是要大家容忍异己的意见和信仰"[④]。

自由主义的宽容不仅是科学知识论的要求，更是一种道德境界。胡适因不赞成陈独秀的偏激，导致陈独秀公开表示与他决裂，但他仍

---

① 陈漱渝：《钱玄同文集序》，载《钱玄同文集》卷首，中国人民大学出版社2000年版，第16页。

② 鲁迅：《上海文艺之一瞥》，载《鲁迅全集》第4卷，人民文学出版社1981年版，第297页。

③ 胡适：《寄陈独秀》，载《胡适文集》第2卷，北京大学出版社1998年版，第24页。

④ 胡适：《致陈独秀（稿）》，载《胡适书信集》（上），北京大学出版社1996年版，第366—367页。

报之以极忠厚、极侠义的态度。一些北大教授借私生活攻击陈独秀，胡适则仗义执言："我并不主张大学教授不妨嫖妓，我也不主张政治领袖不妨嫖妓，我觉得一切在社会上有领袖地位的人都是西洋所谓'公人'（public men），都应该注意他们自己的行为……但我也不赞成任何人利用某人的私行为来做攻击他的武器。"① 他曾多次营救陈独秀出狱，特别是在1933年陈独秀被捕、党国要人纷纷发表通电、要求军事法庭将陈独秀"明正典刑"的时候，是他给最高当局写信，使陈独秀由军事法庭转至民事法庭审判，救了陈独秀一命。他虽不赞成李大钊主张走俄国人的路，但在李大钊被军阀杀害以后，他却冒着风险主持了李大钊的葬礼，并出资为其立碑。他是一位身体力行的真正的自由主义者，一位继承了中国传统美德的自由主义者，而不是20世纪30年代出现的那种继承了传统的官迷根性、宣称"只要能进入政府，可以放弃政见"的伪自由主义者。

文化保守主义者与激进主义者所同具的一元文化心态和不容忍态度最终使他们殊途而同归。"五四"以后，多数激进主义者走向斯大林主义，而文化保守主义者走向认同斯大林主义哲学的也不在少数，有的著名文化保守主义者还盛赞"文化大革命"有助于净化道德，这些都是谁也否认不了的事实。倒是认同自由主义基本价值的一些马克思主义者曾经大力宣传过自由主义的思想理念，如胡绳在抗战时期写的《理性与自由》一书就是最明显的证据，表现出与斯大林主义背辙而与马克思恩格斯以个人自由为社会进步之前提的观点心神相通的思想特征。

## 三

"五四"学者的激烈和不容忍之风从何而来？固然有社会的原因可以追溯，洪宪帝制、张勋复辟、复古思潮甚嚣尘上，都是原因，但不足以构成思想文化主张一定要走极端、对不同的声音绝对不能容忍

---

① 胡适：《致汤尔和》，载《胡适书信集》（中），北京大学出版社1996年版，第678页。

的充分必要理由。对学者自身来说，学问和学风如何与思想主张之间乃是具有直接相关性的。在这一问题上，至少有一点是很清楚的，即：凡是在“五四”学者提出某种深刻思想的场合，都是以学问为根底的；凡是他们的思想主张走极端的时候，其学问上的欠缺和根基不稳也就表现出来了。

陈独秀和鲁迅的著作虽然不多，但其中也有不少基于扎实的学问基础而表达的深刻思想。如陈独秀论民本主义与民主主义的区别，指出前者以民众为君主祖传之家产，后者则是以人民为主体；前者是“for people”，后者则是“by people”。这一论述就非常深刻，颇见学问功力。又如陈独秀论基督教，认为其中有“崇高的牺牲精神”、“伟大的宽恕精神与平等的博爱精神”，主张“今后对于基督教问题……要有甚深的觉悟，要把耶稣崇高的、伟大的人格和热烈的、深厚的情感，培养在我们的血里，将我们从堕落在冷酷、黑暗、污浊坑中救起”[①]，这表明他对基督教是真正有研究的。再如，陈独秀既不同意梁漱溟关于“情感与欲望的偏盛是东西两文化分歧的大关键”——即东方人富于情感，西方人富于欲望——的观点，认为情感与欲望的物质冲动与超物质冲动，都是人类的普遍天性，因此，东西方“两文化的分歧，不是因为情感与欲望的偏盛，是在同一超物质的欲望、情感中，一方面偏于伦理的道义，另一方面偏于美的宗教的纯情感”。又说，“支配中国人心的最高文化，是唐虞三代以来伦理的道义。支配西洋人心的最高文化，是希腊以来美的情感和基督教信与爱的情感”[②]。这些论述都十分深刻且别具慧眼，很有智慧洞观的眼光，这正是他十分熟悉中西历史文化的表现。“偏于”和“支配”这些字眼也用得极佳，可见他在下论断时的审慎和语言运用的功力。鲁迅也是如此，早年固不乏深刻见解，而他晚年的马克思主义水平，也要比那些批判人性和人道主义的所谓马克思主义者高得多。他说：“中国竟有此例，竟会将个性、共同的人性、个人主义与利己主义混为一谈，来加以自以为

① 陈独秀：《基督教与中国人》，载《独秀文存》，安徽人民出版社 1987 年版，第 280 页。

② 陈独秀：《基督教与中国人》，载《独秀文存》，安徽人民出版社 1987 年版，第 280—282 页。

唯物史观底申斥。倘再有人据此来论唯物史观，那真是糟糕透顶了。”[①] 这是何等深刻的卓识！

但另一方面，我们也不能不看到，他们在学问上的欠缺，正是导致他们在思想主张上走极端的一个重要原因。例如，陈独秀在鼓吹革命时，说“明之前后七子及八家文派之归、方、刘、姚……惟在仿古欺人，直无一字有存在之价值”。这一论断在史料的把握上是很成问题的。前七子中最著名的李梦阳为李贽所推崇，说他“扫南宋胡元之陋”；而他所提出的“真诗乃在民间”的命题，正是提倡新文学的陈独秀在400年前的知音。后七子中最著名的王世贞，其中年以后的文学主张，多称说性灵，直可看作性灵派的先驱。归有光是晚明反对拟古文风的健将，主张为文要自发机杼，独抒胸臆，“以妙远不测之旨，发其澹荡不收之音”；论诗歌创作，则曰：“夫诗者，出于情而已矣”[②]。后人高度评价他在明代文学史上的地位，说他“扫台阁之庸肤，斥伪体之恶浊，而于唐宋七大家及浙东道学体又不相沿袭，盖文之超绝者也”[③]。笔者在《晚明文艺启蒙的三次冲击波》一文中，把明代前后七子的文学思想看作晚明文艺启蒙的第一次冲击波，把归有光等人看作第二次冲击波，理由就在于此。至于方苞、刘大櫆、姚鼐的文章，也不能作“直无一字有存在之价值”的全盘否定，严复就是以典雅的桐城派古文风格来翻译西学著作的，其《天演论》开篇，意境高阔宏远，令人百读不厌。钱玄同大骂“选学妖孽”，说六朝骈文“毫无真实的情感”，《昭明文选》“拙劣恶滥的文章触目皆是”[④]，恐怕凡是真正读过《昭明文选》，熟悉其中那些优美的抒情之作的人，是很难赞同他的这一观点的。我怀疑他是否真的读过《昭明文选》，因为该书包括了从屈原到江淹近九百年间100多个作者、700余篇各种体裁的文学作品，其中所选的都是公认的上乘之作，凡是真正读

---

① 鲁迅：《文学的阶级性》，载《鲁迅全集》第4卷，人民文学出版社1981年版，第126—127页。

② 归有光：《沈次谷先生诗序》，载《震川先生集》，上海古籍出版社2007年版，第30页。

③ 王鸣盛：《钝翁类稿序》，载《归震川年谱》附录，上海商务印书馆1936年版。

④ 钱玄同：《〈尝试集〉序》，载《钱玄同五四时期言论集》，东方出版中心1998年版，第47页。

过这部书的人，岂敢如此恣意责骂？鲁迅说乾嘉学者批评理学是遵奉乾隆皇帝的“圣意”，也完全没有看到与乾隆站在完全不同立场上的反理学思潮的历史地位和作用。在这方面，他的知识远不及梁启超和胡适；而他的这点独到见解，适足以使人产生对梁启超和胡适的戴东原研究的怀疑，导致对二人主张的“中国文艺复兴说”的否定。

“五四”一代学者对未经深入研究的问题轻率发表意见，或凭一知半解而驰骋论说，又岂止是陈独秀、钱玄同、鲁迅。在“五四”文献中，无论是激进主义者还是保守主义者，总爱把中西学问和思想完全对立起来，思想方法都是同样片面。梁漱溟说“西方文化是向前追求的，中国文化是意欲自为调和持中的，印度文化是返身向后追求的”；瞿秋白亦以只知在高老庄绣房的茜纱帐中搂着小姐睡觉的猪八戒比喻中国文化，以勇敢进取的孙悟空比喻西方文化，以只知念阿弥陀佛的唐僧比喻印度文化。须知猪八戒、孙悟空、唐僧三个审美意象所表征的乃是同一民族中的三种文化精神，岂可把他们简单地分派到中西印三个不同的文化系统？此外，还有什么“西方主动，中国主静”，“西方是动的文明，中国是静的文明”（杜亚泉、李大钊等），“中国是精神文明，西方是物质文明”（张君劢），什么中西文化的差异在于“一为精神的，一为物质的；一为灵的，一为肉的；一为向天的，一为立地的”（李大钊），什么“中国人的思想是安分、知足、寡欲、摄生，而绝没有提倡要求物质享乐的”，“西洋生活是直觉运用理智的，中国生活是理智运用直觉的”，等等，这些说法其实都不通。中西文化异中有同，同中有异，对差异应作具体的历史的考察，任何绝对化的笼统论定都不是严谨的学者的态度。非此即彼，非彼即此，绝对对立，不能通约，不能调和，只能是要么走向激进，要么走向保守。那时，只有胡适凭着他比其他人更为扎实的学问功力，对上述似是而非的说法有所廓清。他以大量无可辩驳的事实把梁漱溟的立论推倒，进而强调要“拿历史的眼光去观察文化”。他说，东西文化问题是一个很复杂的问题，绝不是梁漱溟所说的或者“连根拔掉”，或者“翻身变成世界文化”两条路所能完全包括。胡适的这一立足于学问基础的驳论和由此引申的思想主张，使个性极强的梁漱溟也不能不为之汗颜，遂致书胡适，声称："承教甚愧……往时态度，深悔之矣。"①但梁漱溟其实并没有真正接受胡适的批评，时过境迁，依旧故我。

如今，学者们依然是动不动就是西方是什么，中国不是什么；西方有什么，中国没有什么。研究中国哲学的一流教授说中国哲学的特点是天人合一、美善合一、情景合一，普通教授就在课堂上年复一年地重复着这一高论；一流教授突然发现"和而不同"是中国自家独有的观念，大家也就跟着大讲而特讲。研究西方哲学的一流教授大讲西方语言是"光态语言"、中国语言是"气态语言"，宣称从中国人的文化基因中永远也产生不出西方式的普遍理性和普世价值。真正学贯中西的王国维地下有知，当为之痛心疾首；而若让钱锺书听到这些高论，当忍不住发出方鸿渐式的窃笑。王国维早就做过论证，指出"万物一体"、"美善合一"、"情景合一"是中西哲学共同追求的境界，"理"字的意义变化在中西语言和哲学中如出一辙；而钱锺书更以其"每立一例，必穿穴群籍"的朴学功夫和比王国维更广的知识面，不仅论证了中西哲学和美学在追求"天人合一"、"美善合一"、"情景合一"，讲求"言、意、象之辨""反身而诚"等方面的高度一致，更详细论列了从古希腊罗马到法国启蒙学者和现代学者关于"和而不同"的论述。②中西哲学和文化不是没有差异，但这种差异并不构成不可互相理解、互相融合的鸿沟。相反，正是共同的人性和共同的理想追求将促使中国人努力接受西学，共赴人类的美好前程。

在历史上，无论中国文化还是西方文化，其实都是多元的。如果要作中外比较，这比较也必须是具体的、多元的。从普遍的人性出发，深入分析人类心灵深处的各种永恒矛盾，就可以发现，在印、中、西三大文化系统中都各自具有大致相同的三种解决人类心灵深处永恒矛盾的方式，而所谓文化的民族差异，只不过是在此一民族中占主要地位的解决心灵矛盾的方式，在其他民族中则仅占次要地位而已，且这

① 胡适：《读梁漱溟先生的〈东西文化及其哲学〉》附录三，载《胡适文集》第3册，北京大学出版社1998年版，第199页。

② 参见拙作《论钱锺书的中西哲学比较研究》，《哲学研究》2008年第11期。

种主次地位也是随着时代的发展而变化的。[1] 我以为只有做这样的比较研究，才可以避免那种只要发现一只黑天鹅则“凡天鹅皆白”的立论就会被完全推倒的尴尬。而只知跟着前人后面人云亦云，是再容易不过的了。

“五四”时期的文化激进主义者和保守主义者几乎都一致认为，科学与民主是外来的，中国文化自身是不可能产生的。只要人们还顽固地坚持这一观点，不承认科学与民主是中国文化自身发展的内在要求，不承认中国文化的历史发展能够产生出现代价值理念的根芽，仍然片面强调中国文化的特殊性，把中西文化看成是不能通约的，就难以避免像以往的文化激进主义者和保守主义者一样走极端。试看中国近年来思想文化界的言论：一方面，激进主义者断言，中国人本来不具有产生普遍理性的基因，也产生不出普世价值的根芽；另一方面，文化保守主义者则高喊，科学与民主是西方人强加给中国人的，五四新文化运动是西方文化对中国文化的“阉割”。这不是很像“五四”时期两派学者的腔调吗？这两派学者之先天的不足，就在于缺乏王国维和钱锺书那样的“大气”。王国维从共同的人性出发来看待中西学问，确认“中国之学，西国类皆有之；西国之学，我国亦类皆有之。所异者，广狭疏密耳”，所以他痛斥那些断断于中西之争者“均不学之徒，即学焉而未尝知学者也”[2]。钱锺书标举“东海西海，心理攸同”，揭示中学西学无往而不有相通之处，认为那些在中学西学之间妄立异同者皆为“无知而发为高论”[3]。他们的话都说得重了点，但却是苦口的良药。

我不反对学者带着时代的问题，尤其是带着中国社会的现实问题去从事学术研究，但这种学术研究必须是体现学术独立的品格的。王国维认为，是否以追求真理为最高目的和唯一目的，是衡量学者是否具有“学术自觉”意识的根本标志。他说：“学术之所争，只有是非真伪之别耳。于是非真伪之别外，而以国家、人种、宗教之见杂之，则以学术为

① 参见拙著《历史的悲剧意识》，上海人民出版社 1991 年版。

② 王国维：《国学丛刊序》，载《王国维遗书》（三），上海古籍出版社 1983 年版，第 202 页。

③ 钱锺书：《管锥编》第 1 册，中华书局 1977 年版，第 1 页。

一手段，而非以为一目的也。未有不视学术为一目的而能发达者。学术之发达，存于其独立而已。然则吾国今日之学术界，一面当破中外之见，而一面毋以为政论之手段，则庶可有发达之日欤。"① 破中外之见，就是要破除片面夸大中西文化差异、片面强调中国文化特殊性的偏见，自觉认同人类文明公认的学问和道德准则；毋以学术为政论之手段，就是要以追求真理为学术研究的唯一目的，反对以学术为论证片面的激进主义和同样片面的保守主义的工具。这与理论的意义在于指导实践的原则并不矛盾，因为未被狭隘的功利目的所歪曲的真理总是比代表某一部分人之利益诉求的所谓真理更有助于人类社会的进步。

时下学术界一提起科学就说是工具理性，不承认其价值理性的意义。殊不知具体的科学知识虽可视为工具理性，但贯穿于各门具体科学中的科学精神则是价值理性。科学的精神是谦虚的精神、自由的精神、宽容的精神，为科学的知识论原理所确证，乃是现代人文精神最重要的组成部分，是知识分子理应具有的基本学养和素质。是否具有这种精神，乃是衡量学者学风是否端正、心态是否健康的重要标志。"五四"时期的文化激进主义者和文化保守主义者都以绝对真理的化身自居、以"为天地立心，为生民立命"和"替天行道"自命，实在有违科学知识论所要求的谦虚的精神；自以为真理在握，把与自己不同或相反的文化主张皆视为异端邪说，不容许不同意见的争论，实在有违科学知识论所要求的自由的精神；互相攻击漫骂，动辄互扣政治帽子，必欲除之而后快，实在有违科学知识论所要求的宽容的精神。这种精神气质遗传给了以后的几代人，愈演愈烈，由此给20世纪中国所造成的民族灾难，真是不忍言，不忍言！由此可见，学风与国运之关系大矣！以此立论，我愿说：吾人最后之觉悟当为科学精神之觉悟！如果我们的科学发展观以科学知识论所要求的谦虚的精神、自由的精神、宽容的精神为精神本质和核心，则中华民族幸甚！

（原载《天津社会科学》2009年第4期）

---

① 王国维：《论近年之学术界》，载《王国维遗书》（三），上海古籍出版社1983年版，第527页。

# 五四新文化运动"修正"中的"志业"态度

## ——对文学研究会"前史"的再考察

姜　涛*

将创立于1921年的文学研究会归因于"为人生"的启蒙立场，或仅从文学独立性的角度进行阐释，都有失笼统，并不能真正揭示"以文学为业"——这一"志业"态度，究竟发生于何种思想脉络之中，与五四时期的社会思潮又存在着怎样的对话关系，在其内部又交织着怎样的张力。事实上，在文学研究会成立之前，郑振铎、瞿秋白、耿济之、瞿世英等发起者，都曾投身于五四时期的社会改造实践，他们后来对文学的参与以及理解，无疑也会携带着上述实践的痕迹。因此，稍稍将视线前移，重新考察文学研究会发起之前郑振铎等人的言论及活动，或许能提供一个具体而微的视角，再次从起点审视在"五四"与"文学"之间，到底发生了怎样的"塑形性"关联。

### "纸上的事业"之"修正"

所谓文学研究会的"前史"，并不是什么崭新的话题，在描述该社团缘起时，一般论者都会提及郑振铎、瞿秋白、耿济之、瞿世英、许地山等人在1919年以社会实进会的名义创办的《新社会》旬刊，

---

* 姜涛，北京大学中文系。

以及 1920 年创办的《人道》月刊。这两份刊物的创办，不仅为文学研究会“提供了最初的核心人物”，也提供了最初的“社团和刊物的组织经验”。[①] 但单纯着眼于群体构成、组织形式、文学观念等方面的延续性，还不足以呈现这段“前史”的重要性，与其孤立地描述社团、刊物的历史，不如将五四时期整体的社会思潮纳入到视野中。

《新社会》杂志依托的社会实进社成立于 1913 年，本来是北京基督教青年会下属的学生组织，以社会服务、改良风俗为宗旨。五四运动爆发后，郑振铎、瞿秋白、耿济之、瞿世英等几个大学生，由于“平常见面多，比较熟悉”，也“成了一个小单位”[②]。当这个“小单位”承担了《新社会》的编辑工作，在延续“社会服务”的思路的同时，他们也试图淡化其中的教会色彩，试图将这种思路和“五四”普遍的社会改造思潮联系起来。在他们的努力下，这份杂志也获得了相当的反响，与《解放与改造》、《少年中国》及《时事新报》等报刊一起，被当局视为“以改造社会、推翻旧道德为标帜，掇拾外人过激言论，迎合少年浮动心理”的激进杂志。[③] 终于在 1920 年 5 月 1 日推出劳动专号后，《新社会》因“主张反对政府”被禁，“小单位”的同人转而创办了《人道》月刊。

虽因“过激”之名遭到查禁，但值得注意的是，《新社会》群体的态度实际上并不十分激进。相反，他们自觉采取的倒是一条温和的改造路线。由郑振铎撰写的发刊词，就明确将“我们”的态度和方法定位于“向下的”、“渐进的”、“彻底的”、“慎重的”与“诚恳的”，并请读者予以批评讨论。[④] 在随后的《我们今后的社会改造运动》、《再论我们今后的社会改造运动》等文中，郑振铎又进一步重申了上

---

① 石曙萍：《知识分子的岗位与追求——文学研究会研究》，东方出版中心 2006 年版，第 1—11 页。

② 郑振铎：《记瞿秋白早年的二三事》，《郑振铎全集》第 2 卷，花山文艺出版社 1998 年版，第 630 页。

③ 此种评断出自浙江督军卢永祥、省长齐耀珊发给北洋政府的密电，见《北洋政府国务院档案》，转引自陈福康《郑振铎年谱》，书目文献出版社 1988 年版，第 24 页。

④ 郑振铎：《新社会》发刊词，《新社会》1919 年创刊号。

述态度，并说明他们之所以要从一点一滴的实际做起，如办学堂、通俗报刊、演讲会，进行社会调查等，目的无他，是为了纠正当时文化运动局限于智识阶级、不切实际、范围广漠等问题，“这样做去，在表面上看起来，似乎功效很慢，又没有什么很大的影响，但这就是达到社会改造目的之唯一方法，舍此以外，再没有别的捷径可寻的了!”① 如果抽离了历史情境，这样的表述似乎并无特别之处，但在1919年底这一特定时刻，它却暗示出：当这个“小单位”形成并正式向社会发言的时候，他们并不是一般性地表态，而是对自己的发言角度、立场，已经有所考虑、有所选择了。

出于对民国政治活动的普遍厌弃，从思想、伦理、文化入手的社会改造，成为五四一代知识分子更为青睐的方案，而在方法和手段上，也存在着诸多的争议，诸如“问题”与“主义”、“点滴的改造”与“根本的解决”之间的冲突，就显示了新文化运动内在的张力。《新社会》杂志创刊的1919年下半年，北京的知识界就爆发了著名的“问题”与“主义”之争。这场争论后来被叙述为自由主义者与马克思主义者分化的标志，但诚如有学者分析的那样，冲突的双方其实不存在决然的对立，相互渗透的情况倒经常发生。② 尤其是当新文化运动流于一种“纸上”的概念运动之时，出于对各种时髦“主义”的厌弃，对一点一滴实际运动的重视相当普遍。《新社会》群体最初选取的路线，似乎就呈现于这种背景中，与当时知识界的风气变动不无关联。比如，郑振铎多次指摘时人热衷的“纸上的事业”，说“现在什么改造、解放，各处都说得很热闹。可是他们都是纸上的文章。见之实行的有几个人?”③“纸上的事业”这一提法，并不是他的个人发明，此前胡适的《多研究些问题，少谈些“主义”》已经指出：“偏向纸上的‘主义’，是很危险的。”④ 在当时的报刊上，类似的说法也屡见不鲜。再有，上文提到的郑振铎《我们今后的社会改造运动》一文，全面

① 郑振铎：《我们今后的社会改造运动》，《新社会》1919年第3号。

② 罗志田：《对“问题与主义”之争的再认识》，《激变时代的文化与政治——从新文化运动到北伐》，北京大学出版社2006年版。

③ 郑振铎：《纸上的改造事业》，《新社会》1920年第8号。

④ 胡适：《多研究些问题，少谈些“主义”》，《每周评论》1919年第31号。

阐发了《新社会》群体“点滴改造”的思路，该文恰恰是郑振铎和耿匡拜访陈独秀后撰写的，其中的许多说法，也直接受到了陈的启发。[①] 有意味的是，此文发表后，上海《时事新报》主笔张东荪也注意到了，还专门写了《现在的文化运动是否应得修正?》一文进行回应。对于郑振铎提出的方案，张东荪虽然颇多不满，但也不乏认同之处：“譬如郑君上头所说的第二条，说现在的文化运动多半是纸上的，这种见解便与我相同。”[②] 张东荪的回应，让郑振铎非常兴奋，此后不断投稿《时事新报》，就文化运动的走向等问题，与张进行了更多的讨论。

在新文化运动形成的权势网络中，《新社会》群体所占据的显然不是什么中心位置，与《新青年》、《新潮》、《少年中国》等群体相比，他们在背景、学识、文化资本等方面，都处于某种劣势。这在某种意义上决定了他们对文化讨论的参与，更多显现出一种位居“下游”的依附性。郑振铎与胡适、陈独秀、张东荪等人的对话关系，就显示了这一点。但无论怎样，在1919年底到1920年上半年，他们主动选择的改造路线，是吻合于当时知识界的普遍潮流的，用张东荪的话来说，即当新文化运动逐渐自我空洞化，甚至流于一场“纸上的事业”时，所谓“修正”的思路便应运而生。更为重要的是，在这样的潮流中，《新社会》群体不仅选取了相应的路线，而且这一路线也在“修正”中不断被再“修正”，某种“分工”进行的专业意识，也随之浮现了出来。

## “固本培元”的“分工”之途

上文提到，当空谈“主义”成为一种风尚，对新文化运动的方向进行“修正”的呼声四处传来，但具体的“修正”方式却各有不同。如果说《新社会》群体所鼓吹的从实际做起、从下层入手、着眼于小区域等，代表了一种“自下向上”的社会启蒙与社会重建思路；那么

① 郑振铎：《我们今后的社会改造运动》，《新社会》1919年第3号。
② 东荪：《现在的文化运动是否应得修正?》，《时事新报》1919年11月26日。

除此之外，还有另一种声音颇为强劲，那就是强调应从学理的角度、乃至专业分工的角度，为这场运动奠定稳固的知识基础。1920年初，在给《少年中国》月刊编辑的信中，《学灯》编者宗白华曾不客气地指出：

> 现在一班著名的新杂志（除去《北京大学月刊》同《科学》杂志）都是满载文学的文字同批评的文字，真正发阐学理的文字极少，只能够轰动一班浅学少年的兴趣，作酒余茶后的消遣品，于青年的学识见解上毫不增益，还趾高气扬的自命提倡新思潮。

他建议《少年中国》月刊以后发表的文字，"篇篇都有学理的价值"，根本打破"一切主观直觉的思想"。[①] 对于"杂志之学"的反感以及对系统研究的强调，宗白华不是第一次表露，在"杂志之学"的持续批判中，他进一步提出了"分工"的重要性。在《我对于新杂志界的希望》一文中，他采用一种生物进化的想象，认为新出版物的雷同与笼统"好像是原始生物的时期"，"但是我们的目的总是要向着分工的一途（进化）做去"，以后新出版品应该"每一种就有一个特别的目的，特别的范围"，因为在宗白华看来，"'分工'就是'进化'最大的表示"。[②]

将专业化的知识分工，当作是修正"纸上的运动"的关键，这并不是宗白华的个人看法，类似见解也被当时相当多的人分享。在五四运动一周年之际，新潮"大将"罗家伦撰写了长文《一年来我们学生运动底成功失败和将来应取的方针》，此文以"以穷则变——变则通——通则久"为副题，目的在于全面反思一年来的学生运动，针对出现的弊病提出解决之道，以求"固本培元"，以"养成真正永久的活动"。在罗家伦看来，导致五四学生运动"失败"的原因，最后归结到一点："就是因为我们只知道做'群众运动'"，"在现代最重要

① 宗白华：《致〈少年中国〉编辑诸君书》，《少年中国》1919年第1卷第3期。

② 宗白华：《我对于新杂志界的希望》，《时事新报·学灯》1920年1月22日。

不过的根本问题，可以说是文化运动了！我们这次运动的失败，也是由于文化运动基础太薄弱的缘故”。为了进行纠正，他提出的最终方案则是：“最要紧的，就是要找一班能够造诣的人，抛弃一切事都不要问，专门去研究基本的文学哲学科学。世局愈乱，愈要求学问!”显然，在罗家伦的眼里，只有系统的文化运动才能解决“五四”的内在危机，起到“固本培元”的效果，而分工进行的知识活动，也被当成了最为紧迫的任务。

基于社会分工的“专业化”取向，是现代知识生产不可避免的趋向。在著名的《学术作为一种志业》中，韦伯就谈道：“学问已进入一个空前专业化的时代，并且这种情形将永远持续下去。”① 韦伯的问题框架当然不能随意挪用，五四时代中国的情境有相当的不同，但对于那一代知识分子而言，“专业化”的问题并不是某种“后设”的虚构。自晚清以降，随着“四部之学”向“七科之学”的转化，以“分工”为前提的现代知识体系，已逐渐深入人心，对学术独立性、专业性的强调，也是以蔡元培、胡适等为代表的知识分子群体一贯的思路。然而，五四之后出现的对“分工进行”“系统研究”的渴望，并不简单呈现于现代学科、知识体制自然扩张的脉络之中，而是内含了一种特定的历史紧迫感。简单地说，突然骤起的学生运动，让一代青年走上了历史的舞台，他们在相当短的时间内，感受到自身蕴含的社会能量，同时也囫囵吞咽了各种流行的观念，怎样消化那些异质的，甚至是彼此冲突的思想资源，使激进的“行”得以在一种稳定的“知”的基础上展开，成为许多青年面对的问题，某种知识上的焦灼感因而也普遍存在。1920 年 11 月，在湖南从事社会运动的毛泽东，致信身在法国的萧三，信中就专门谈道：

> 我意你在法宜研究一门学问，择你性之所宜者至少一门，这一门便要将他研究透澈。我近觉得仅仅常识是靠不住的，深慨自己学问无专精，两年来为事所扰，学问未能用功，实深为抱恨，

① 钱永祥编译：《学术与政治：韦伯选集》(1)，台北远流出版事业股份有限公司 1991 年版，第 138 页。

望你有以教我。[①]

在"五四"后一两年里，毛泽东曾多次做出这样的表白，他也一直希望通过成立"自修大学"等方式，弥补自己在知识上的不足。与毛泽东所代表的边缘知识分子相比，宗白华、傅斯年、罗家伦等人的情况还有所不同。在某种意义上，他们具有更完备的现代知识结构，后来也都曾有留学欧美的经历，因而在他们身上，能看出一种对学术生活本身的兴趣。他们也确实希望通过系统的研究，通过现代科学体系的建立，来确立文化运动的基础，这也就是"固本培元"的含义所在。依照某种阐释，他们努力的目标在于建立一个精英性的"学术社群"，让潜心于各种专业的现代专家发挥指导性作用，逐渐使中国的文化、政治步入合理化的现代轨范。[②]

值得提及的是，1920 年 7 月，少年中国学会还曾发起一次会员终身志业调查，理由是"夫个人不自知其终身欲究之学术与欲做之事业，则其人必终无成就。团体若不自知其各分子终身欲究之学术与欲做之事业，则其团体必无成就，可断言也"[③]。在这项调查中，"志业"的提法饶有意味，它不仅与韦伯的概念"Beruf"之汉译"志业"恰好重合，也体现了大致相似的诉求，即在现代的社会分工中，去从事某项事业，应当以一种明确的专业意识为前提，它要求一种全身心的价值投入感。无独有偶，"终身的事业"这个提法也出现在文学研究会宣言中："我们相信文艺是一种工作，而且又是于人生很切要的一种工作；治文学的人也当以这事为他终身的事业，正如劳农一样"。这段高调的论述，不仅传达了"为人生"的理念，同时也体现出一种鲜明的专业意识。它虽然出自周作人之手，但未尝不可看作是文学

① 引自中共中央文献研究室编《毛泽东年谱：一八九三——一九四九》（上卷），中央文献出版社、人民出版社 1993 年版，第 73 页。

② 对此问题的分析，参见王森《"主义"与"学问"：20 世纪 20 年代中国思想界的分裂》一文中有关五四前后所谓"新学术运动"的叙述，许纪霖主编《启蒙的遗产及反思》，江苏人民出版社 2010 年版，第 221—255 页。

③ 此项调查由少年中国学会欧洲同人提议，引文出自《致少年中国学会》，《少年中国》1920 年第 2 卷第 4 期。

研究会发起者的共同心声。就本文的话题而言，这种专业意识也不是凭空产生的，相关的线索已包含在他们《新社会》时期思路的转换之中。

## 从“向下的运动”到“根本的学问”

虽然从创刊之日起，《新社会》群体就试图与诸多“纸上的事业”区分开来，尝试一条“自下向上”的社会改造道路，但实际上，在他们后来展开的工作中，这种方案并没有得到有效实行。1919 年 11 月，郑振铎和耿匡拜访陈独秀之时，陈曾建议《新社会》改变体裁，变成一种“通俗的报纸，记载本会附近地方的新闻，随事发挥议论，专卖给一个地方的人看”。这种建议无疑吻合于《新社会》“从小区域”做起的思路，但郑振铎等人最终还是没有接受，依然将刊物定位于“传播社会学问的机关”，登载“社会研究的著作”，至于通俗报纸的刊行，“则俟之将来另外组织”。①

暂时放弃下层的启蒙运动，或许与这项工作的难度及可行性的缺乏有关，但更值得关注的，是郑振铎等人思路的转变。1920 年 4 月，在给张东荪的信中，郑振铎这样写道：“现在的新文化运动，实在有修正的必要！前天我在时事新报上看见你的时评，也如此说。不知有什么具体的办法?”② 他提到的时评，大概是张东荪在 4 月 16 日《时事新报》上发表的《再答一苇君》，此文坦明了张的“修正”思路：“我所谓修正文化运动也是指此。将来果真人人不法这些直观的见解而埋头去研究一种学问，便是我们修正的效果。”这种说法与宗白华等人的相近，也是《时事新报》的基本论调，郑振铎的表态似乎又是在迎合这种风气。在这封书信中，郑振铎还反省了自己以前的“修正”方法，亦即《我们今后的社会改造运动》中提出的“自下向上”的点滴改造方案：“现在想起来，似乎过于具体，并且也已经过时；因为现在大家差不多都渐渐的趋向这一方面——向下的运动——来了！

① 郑振铎：《我们今后的社会改造运动》，《新社会》1919 年第 3 号。

② 郑振铎：《通讯》，《时事新报·学灯》1920 年 4 月 22 日。

我想现在的修正应该从运动者的本身上着想。”具体来说，这里所说的运动者本身的“修正”，说白了就是从所谓的“根本的学问”入手：“就是从前从事杂志事业的人，现在渐渐的有许多人觉着自己学问的不够，重又从根本上做工夫，实心实意地研究起学问来。这实在是一个极好的现象——我有许多朋友都是如此！中国文明的再造，或者可以实现了！”① 表面看，郑振铎重申的不外是“修正”的老调，但“此”修正已非“彼”修正了，它的重心已从“自下而上”的社会启蒙转向了“实心实意”地研究学问。

过去的方案已然“过时”，“修正”的本身也需要及时调整，在郑振铎言论的转向里，仍不难看出上文言及的那种依附性。但“变”中也自有“不变”：一方面，是反拨“纸上运动”的点滴渐进、自下而上的改造思路；另一方面，又保持着“传播社会学问”方案，仍回到“纸上的事业”，二者看似有些矛盾，但实际上紧密关联。在《新社会》之后的《人道》杂志上，一位作者就明确地指出了点滴改造与“分工”进行之间的关系。在《人道》创刊号上，陈其田连续发表了两篇文章，强调“社会越发展，职业就越复杂，分门别类，一界一界渐渐的自树一帜起来”。② 而各“界”的分化，恰好与“零碎的社会事业”相关，因为这种事业的“手段不是‘批发’的却是‘零碎’的，不是空谈却是实行，看症下药，分门别类”。③ 在这位作者看来，在“批发”与“零碎”、“空谈”与“实行”的对峙中，“分工”似乎也成为点滴改造的具体手段。陈其田大谈各“界”的分化，目的无他，只是想强调当时“短了一个社会界”，而这恰好是《新社会》《人道》群体的强项，他们的“分工”意识也突出表现在对“社会学”的译介上。

## “社会学”抑或“文学”

对于社会问题的重视，本来就是《新社会》的一大特色，曾多次

---

① 郑振铎：《通讯》，《时事新报·学灯》1920 年 4 月 22 日。

② 陈其田：《短了一个社会界！》，《人道》1920 年创刊号。

③ 陈其田：《零碎的社会事业与新文化运动》，《人道》1920 年创刊号。

发表社会调查或研究，就“女佣”、“婚姻”、“犯罪”、“强奸”、“自杀”等问题展开讨论。1920年初，社会实进社还召开会议，决定该刊须“注重社会学说的介绍，每期应有一篇社会研究的著作，由瞿世英、许地山、郑振铎三君担任”。[①] 在谈及“书报介绍”的时候，他们也明确表示：“我们的介绍是以关于社会科学及社会问题的书籍为限，而不涉旁的科学的”。[②] 将刊物的重心设定于社会学一项，此承诺也基本得到实现。在《新社会》以及后来的《人道》上，有关社会学知识及研究方法的介绍，都占有相当的版面。在1920年4月社会实进会的会议上，还通过了瞿世英的提议，邀请各大学的教授及社会学专家演讲社会问题、社会学原理及世界各国的社会问题。[③]

谈论中国社会学（社会科学）的发展史，一般都要从康有为、梁启超、严复等人对“群学”（社会学）的阐发讲起，自清末民初，包括早期的生物社会学、稍后的心理社会学，甚至处于萌芽阶段的文化社会学，都曾被引进中国，并渗透到诸多社会政治问题的讨论中。[④] 在五四时期，社会改造思潮的兴起，更是推动了这门学科的发展[⑤]，《新社会》群体的译介工作，自然呈现于这样的背景中。但他们对社会学的这种“偏爱”，似乎也与社会实进会的性质及资源有关。在社会学的历史展开中，教会因素的介入是一个饶有意味的话题，譬如在美国，社会学的发展就依靠于一批热衷于社会改革的人士，许多早期美国社会学家都是牧师的儿子，或本人当过牧师，或在神学院就读，美国社会学协会的最初几任会长，在成为社会学家之前，都曾担任过新教牧师的职务。[⑥] 社会学在中国的萌芽，在某种意义上，也离不开教会主办的教育事业。最早将社会学作为一门学科引入学院，并专

① 《北京社会实进会消息》，《新社会》1920年第8号。

② 郑振铎：《书报介绍》（关于社会科学及社会问题的），《新社会》1920年第11号。

③ 郑振铎：《北京社会实进会纪事》，《人道》1920年创刊号。

④ 有关社会学在中国的早期传播，见姚纯安《社会学在近代中国的进程（1895—1919）》，生活·读书·新知三联书店2006年版。

⑤ 社会学家孙本文曾言：“欧美新文化思潮，源源输入，社会科学思想，渐受知识分子的重视，而尤以五四运动以后为盛。社会学的译著，亦渐见增多，各大学中添设社会学课程，并进而创办专系，造就人才。”（孙本文：《当代中国社会学》，胜利出版公司1948年版，第20页）

⑥ 王康主编：《社会学史》，人民出版社1992年版，第112页。

门培养这一类专业人才的，就是美国基督教会在上海开办的沪江大学。[①] 据郑振铎回忆，五四前一年，他常到北京基督教青年协会的图书馆看书，由于那里社会学方面的书籍很多，“我最初很喜欢读社会问题的书”，并认识了青年会干事步济时。这个美国人步济时，后来成为燕京大学社会学系的教授，还曾一度担任过系主任。1918—1919年，他与美籍教士甘博（S. D. Gamble）仿照美国春田社会调查的成例，调查北京的社会状况，结果于1921年用英文在美国出版，书名为《北京——一种社会调查》（*Peking, A Social Survey*），“这是我国都市社会调查的开端”[②]。正是在这个图书馆里，在步济时的指点下，郑振铎等几个青年走到了一起，形成了一个“小单位”，对社会学的兴趣被激发出来。[③]

详尽讨论《新社会》群体对社会学的译介，并不是本文的重点，值得关注的是，几乎是在同时，他们也开始着手于另外的工作。在北京基督教青年协会的图书馆里，不仅社会学方面的书籍丰富，俄国文学名著的英译本也最多，而那个美国人步济时，“他是研究社会学的，思想相当的进步，而且也很喜欢文学”[④]。在这个图书馆里，郑振铎等人不仅接触到了社会学，文学之门也向他们敞开了。就在《新社会》大力向读者推介“社会学”的同时，郑振铎、耿济之、瞿秋白等人翻译俄罗斯文学的工作也热烈地展开。耿匡、瞿秋白在《新中国》杂志上连续发表了大量俄罗斯文学的翻译，郑振铎相继撰写了《俄罗斯文学底特质及其略史》《写实主义时代之俄罗斯文学》《俄国文学发达的原因与影响》等论文[⑤]，《俄罗斯名家短篇小说第一集》也于1920年7月由《新中国》杂志社出版。他们的译介工作，也产生了相应的影

① 该校于1913年设置了社会学系，由美国教授授课，参见韩明谟《中国社会学史》，天津人民出版社1987年版，第36页。

② 孙本文：《当代中国社会学》，胜利出版公司1948年版，第211页。

③ 郑振铎：《想起和济之同在一处的日子》，《郑振铎全集》第2卷，花山文艺出版社1998年版，第580页。

④ 郑振铎：《回忆早年的瞿秋白》，《郑振铎全集》第2卷，花山文艺出版社1998年版，第625页。

⑤ 上述几文分别发表于《新学报》第2期，《新中国》第2卷第7—8期，《改造》第3卷第4期。

响，后来该群体成员参与蒋百里主持的“共学社丛书”，进而得以与商务印书馆接洽，乃至文学研究会的创立，都肇始于1920年间他们对俄国文学的“极力介绍”。

从类型上看，“社会学”与“文学”肯定属于不同的领域，但在《新社会》群体这里，介绍社会学与翻译俄罗斯文学，这两项工作之间并不存在冲突[①]，它们完全可以齐头并进，共同包容于新文化运动的自我修正方案中——社会改造运动应从运动者本身的改造着想，最终都服务于“中国文明的再造”[②]。从他们的角度看，在新文化运动的整体构架中，“文学”和“社会学”一样，不单是自我情感、经验的表达艺术，同时也是一门有用的“学问”，需要以“工作”的方式来推进，而文学研究会成立后，他们除致力于翻译、批评等工作外，也十分重视“文学”知识的普及，思路与《新社会》时期大力译介“社会学”，似乎也并无二致。

## 在“文化运动”与“社会运动”之间

无论是大力介绍社会学，还是翻译俄罗斯文学，从文学研究会的这段“前史”中可以看出，“以文学为业”的态度，不是抽象提出的，而是深深地嵌入到五四社会改造思潮的脉络之中，与当时新文化运动之“修正”意识紧密相关。这种“起点”决定了文学在郑振铎等人那里，作为一种工作，或作为一种“志业”，一方面发生于“固本培元”“分工”进行的思路之中；另一方面，它又绝非是一个封闭于自身的场域，而是关联着社会改造、伦理革命等诸多命题。换句话说，知识传播与社会改造、专业分工与互助联合，在他们的眼中，还不是彼此冲突的领域，而是能够相互沟通、相互推动。[③] 从某个角度说，正是这种内在的开放性和有机性，而非“为人生”的笼统理念，或许才是

---

① 直至1921年6月，郑振铎在一篇随感中仍强调：“文学与科学与哲学与社会主义并不冲突。”（郑振铎：《随感录》，《民国日报·觉悟》1921年6月8日）

② 郑振铎：《通讯》，《时事新报·学灯》1920年4月22日。

③ 事实上，《新社会》同人在社会学、文学译介之外，并没有放弃其他社会活动，仅以“小单位”中最活跃的郑振铎为例，他的身影也常现于其他的小组织之中。

郑振铎等人文学“志业”态度的历史独特性所在。

如果扩展来看，这种态度也并非孤立，它发生于“社会运动”与“文化运动”之间有机关联的总体想象之中。依照五四时期的思想逻辑，文化、伦理的变革最终导致社会的变革，不同的“场域”不仅交错重叠，而且应该呈现出“一元化”状态，用陈独秀的话来讲：文学、政治、伦理本是“一家眷属”①。1920 年初，郑振铎曾有所针对地称：“俄罗斯革命的成功，人家说是列宁们的功绩，我却说是虚无党十年来改变方针，鼓吹农民的效果。没有他们的传播运动，我恐怕俄国到百年后还没有革命呢?”② 这里，他强调的是下层启蒙的重要性。一年多以后，他又有这样的表述：“假使没有托尔斯泰这一批悲壮、写实的文学，将今日社会制度，所造出的罪恶，用文学的手段，暴露于世，使人发生特种感情，那所谓‘布尔什维克’恐也不能做出什么事来。”③ 这两段话的表述方式十分相似，社会革命的发生要追溯更根本的动因，只不过“由下向上”的社会启蒙，被替换为“悲壮、写实”的文学。

然而，文化与政治的有机贯通构成了五四新文化的独特性，但某种内在的紧张也一直存在，五四之后激进思潮的分化线索或许就包含其中。以《新青年》为例，在杂志创办之初，陈独秀就明确宣称：“盖改造青年之思想，辅导青年之修养，为本志之天职。批评时政，非其旨也。”④ 日后，《新青年》的重心的确落在思想、伦理、文学之改造上，但对于时事政治，也一直保持着强烈的关注，有关“孔教”等问题的批判，也指向共和与帝制的纷争。在文学研究会的“前史”中，类似的紧张也同样存在。瞿秋白曾言《新社会》停刊后，《人道》的倾向已有所转变：“要求社会问题唯心的解决。振铎的倾向最明了，我的辩论也就不足为重”⑤。对此，郑振铎也有追述，他谈到《人道》月刊定名时，瞿秋白当时表示了反对，原因是“秋白那时已有了马克

---

① 陈独秀：《答易宗夔》，《新青年》1918 年第 5 卷第 4 号。

② 郑振铎：《社会服务》，《新社会》1920 年第 7 号。

③ 郑振铎：《文学与革命》，《文学旬刊》1921 年第 9 号。

④ 记者（陈独秀）：《答王庸工》，《青年杂志》1915 年第 1 卷第 1 号

⑤ 瞿秋白：《饿乡纪程》，《瞿秋白文集》第 1 卷，人民文学出版社 1985 年版，第 24 页。

思主义者的倾向，把一切社会问题，作为一个整体来看，我们其余的人，则往往孤立的看问题，有浓厚的唯心论的倾向”[①]。《人道》之名引发的这场小小的争论，经常为后人提及，以表明五四之后该群体的分化。但事实上，即使是在《新社会》的时期，瞿秋白的声音也有些异样，对于当时热闹的社会改造思潮，他表现出了更多的反思意识，明确地将文化运动、群众运动与社会运动区分开来，暗示从文学运动到社会运动尚有很大的距离。[②]

瞿秋白的相关言论，暗含了某种忧虑和抵拒。在五四之后激变的社会氛围中，特别是在各种乌托邦式的社会改造实践纷纷挫败之后，“文化运动”与“社会运动”之间的自动关联，也受到了越来越多的质疑。原本持“一家眷属”看法的陈独秀，在1920年的《新文化运动是什么》一文中，还专门谈道：“新文化运动要影响到别的运动上面”[③]。到了1921年，他却特意撰文指出文化运动与社会运动本来是两件事，不能混为一谈——虽然承认文化运动的价值，但已指出了有机性的迂阔，希望那些“拿文化运动当做改良政治及社会底直接工具”的“有速成癖性的人们”打消幻觉。[④] 在社会运动与文化运动的区分中，郑振铎等人选择的显然是文化运动，但两种运动之间的有机性想象并没有改变。换言之，在他们看来，中国先有了“托尔斯泰”，“列宁们”自然会随之产生。但问题是，“分工并进”的知识活动与社会改造的总体抱负之间，并不总是完全一致。郑振铎等人的尴尬在于：一方面，他们的工作仍以文化运动与社会运动之间的有机关联为前提；另一方面，当文学作为独立的“场域”分化出来，他们的努力其实也暗中加剧了有机性的分化。20世纪20年代初，伴随了新文学的扩张，“研究文学和享受文学逐渐成为多数人的欲望”[⑤]，文学青年大量涌现，

① 郑振铎：《记瞿秋白同志早年的二三事》，《郑振铎全集》第2卷，花山文艺出版社1998年版，第632—633页。

② 瞿秋白：《社会运动的牺牲者》，《新社会》1920年第8号；《文化运动——新社会》，《新社会》1920年第15号。

③ 陈独秀：《新文化运动》，《新青年》1920年第7卷第5号。

④ 陈独秀：《文化运动与社会运动》，《新青年》1921年第9卷第1号。

⑤ 叶圣陶：《略叙文学研究会》，《文学研究会资料》（中），河南人民出版社1985年版，第788页。

感伤的诗歌与小说风行一时，文学不仅独立了出来，而且进一步实体化了、甚至消费化了。“为人生”文学的倡导者们，自然对于这种状况不满，开始呼吁“血与泪”的文学，希望能借此挽回文学工作的历史现实性。但“血与泪”的呼吁不免又被吸纳到文学“场域”的内部，成为一种风尚化的符号游戏。

概言之，在社会改造的总体视野中，文化运动与社会运动应呈现出一种彼此连带又彼此区分的动态关系，但在五四之后“分化”与激变的语境中，上述关系一旦丧失了“动态”特征，作为一种现实的、制度化的区分被接受下来，郑振铎等人的尴尬之处就显露了出来。1923 年底，《中国青年》杂志上出现了一系列共产党人的文章，集中火力对当时兴盛的文学运动展开批判。在发难文章《告研究文学的青年》中，作者秋士就意味深长地写道：“以文学为助进社会问题解决的工具的，实在很多——这从他们的言论和作品上，可以看得出来。”但对于这些“有意于解决社会问题的人”，作者的态度是：“我很抱歉地说，实在他们只是‘有意’罢了！”[①] 虽然没有明确的材料证明，但早有学者推测，“秋士”可能就是瞿秋白的笔名[②]。如果此说成立，那么他的话显然是针对他的老朋友们的，他明确呼吁激进的青年们要在“文学运动”与“实际运动”中做出选择，二者的对峙表明了五四时期整体性方案的进一步分化。

更有意味的是，在 1923—1924 年的《中国青年》上，当“文学”遭到猛烈攻击的同时，对于“社会科学”的提倡正紧锣密鼓地展开，相关的文章、通讯发表了多篇，“《中国青年》是提倡社会科学之研究的”，也成为杂志明确提出的口号。[③] 当然，此时他们倡导的已不是资产阶级“孔德系”的社会学，而是马克思主义的社会科学。但重要的不是社会学内容、性质的变化，而是某种知识有机性的彻底分裂。文学批判与社会科学的提倡同步进行表明：在峻急的历史现实面前，不

---

① 秋士：《告研究文学的青年》，《中国青年》1923 年第 5 期。

② 张毕来：《1923 年〈中国青年〉几个作者的文学主张》，李何林等：《中国新文学史研究》，新建设杂志社出版 1951 年版，第 38 页。

③ 启修：《俄国的社会科学》（编者前言），《中国青年》1924 年第 22 期。

同的知识之间是有轻重缓急的区分的，“什么样的知识更为紧迫”的提问，已取代了五四时期分工合作的温和方案。

（原载《文学评论》2010 年第 5 期）

# 重构五四记忆:从林纾方面进行探讨

马　勇*

历史是成功者写的，因而历史的记忆往往是不真切的。由此联想到五四，在我们的记忆中，其实都是经过筛选后的历史记忆，是五四后政治、文化各个领域都呈现为成功的成功者建构和书写的历史，因此在某种程度上有心无心地忽略了其对手、反对者的立场、贡献和说法。这方面可探讨的问题很多，本文主要从林纾方面进行一些探讨，以期重构五四比较真实的历史记忆。

## 一　新文学谱系中的林纾

五四新文化运动被视为中国的文艺复兴，是中华民族精神的重新整理。在这个运动中，即或有不同意见，但在重新振兴民族精神、重建文化体系方面，实际上并没有真正意义上的反对派。换言之，在新文化运动中虽有左中右的区别，但大体上说他们都是新文化运动中一个分子，只是在某些问题上偏于激进或偏于保守，偏于守成或偏于变革，坚守中立或置身于局外而已。当改革已经成为一个民族、一个国家的基本共识时，并不存在本来意义的守旧派、保守派，改革与反改革的冲突只是一种想象，是一种斗争的工具和理由。从这个意义上说，

* 马勇（1956—　），男，安徽濉溪人，中国社会科学院近代史研究所研究员，博士生导师。

新文化运动中所谓的新旧冲突是存在的，但其性质可能并不像过去所评估的那样严重，新旧人物在某些观点上的对立、冲突和交锋，实际上很可能就像胡适在美国留学时与梅光迪、任鸿隽的冲突一样，是朋友之间的交锋与交集，其程度可能也不像我们后人所感觉所想象的那样严重，那样两军对垒。他们的交锋与交集，其实就是你中有我，我中有你，新中有旧，旧中有新的状态，没有严格意义上的绝对新，也没有严格意义上的绝对旧。在传统的五四新文化运动谱系中，陈独秀、胡适以及学生辈的傅斯年、罗家伦在后来占了上风，成为主导，所以在他们自觉不自觉营造的五四新文化运动谱系中，林纾基本上是个反面形象，被定位为新文化运动的反对派，甚至带有莫名其妙的小丑色彩。这显然是不真实的。

不过，从陈独秀、胡适、傅斯年等一系主流话语来说，他们将林纾定位为反对派、守旧者，也是有根据的。一是当胡适、陈独秀等人提出以白话取代文言成为中国人的基本交往工具时，林纾提出了一个很有力量的反对意见；二是当新文化运动的发展稍遇挫折，钱玄同、刘半农等人以演双簧的方式引导舆论，痛骂所谓守旧势力时，林纾毫不客气地站出来，发表了具有纪实格调的小说，刻意反击陈独秀、胡适、钱玄同、刘半农等人；三是当五四学潮一触即发时，林纾发表致蔡元培公开信，指责蔡元培在北大的兼容并包、言论自由，实际上是纵容、默许和支持一些非道德的东西，是对社会常态的冲击。林纾的批评不管是否有道理，他的这个攻击在时间点上都与段祺瑞政府对北大、对蔡元培的迫害、加罪，起到了某种程度的互动关系。所以当段祺瑞政府成为历史陈迹，成为中国政治史上的负面形象时，林纾自然难逃干系。

其实，从比较中立的后来者立场重新检讨，林纾在这三个问题上的判断和立场可能并不像五四新文化运动主流派所批评的那样邪恶那样无耻，而是别有原因在，别有一番意义在。先说第一个问题。

按照陈独秀、胡适等人的判断，林纾是五四新文化运动的反对派，因为林纾坚定地反对以白话取代文言成为中国人交往的唯一语言工具。而后来的事实是白话真如胡适、陈独秀所期待的那样成为中国人的唯一语言交往工具，文言真的成为死文字，于是林纾也就成为十恶不赦的逆历史潮流而动的文化上的反对派。

五四新文化运动之后的历史演变虽然如此，但他们所描绘的新文化运动谱系是有问题的，也就是说，林纾并不是新文化运动的反对派，他之所以能对新文化运动的发展路径提出不同意见，是因为他研究过白话为什么不应该成为中国人唯一的语言工具，研究过文言为什么不应该完全放弃。因此从这个意义上说，林纾并不是五四新文化运动的反对派，而是新文化运动的前驱，大约正是他和那之前几代人的尝试和实践，才为胡适、陈独秀准备了文学革命的基础。只是胡适等人在后来回顾建构五四新文化运动谱系时，有意无意忽略了林纾的贡献，片面扩大了林纾的反对意见而已。

白话文运动确实是胡适提出来的，确切地说是胡适的说法和倡导终于引起了知识界的重视，引起文体改革从个别人的行动走向一个知识群体的共同试验。这是胡适和陈独秀的功劳。不过，正如过去许多新文化运动研究者所指出的那样，白话文在过去中国很长时间并不是不存在，只是这个文体没有登上大雅之堂，没有成为文化的正宗。看看唐宋以来佛教语录，看看在知识界和一般民众那里都流传甚广的《朱子语类》，我们就应该承认白话文并不是到了近代才有，大约始终作为口头语言在流行在使用，古人的口头表达大约也不是书面的文言，只是落实到书面上，为了简洁，为了准确，大约才转换为文言。这大概是中国语言发展的真实状况。

胡适和陈独秀的贡献，就是把这个口头表达的语言转换为书面语言，并以这种口头表达的语言彻底替换了书面的文言。这才是问题的关键和后来引起争论的症结。

从新文化发展脉络看，胡适 1917 年初发表的《文学改良刍议》确实抓住了近代以来中国文化发展的关键，是陈独秀在《甲寅》时代一直思考的问题，那就是怎样在思想文化层面为中国寻找一条坦途，并真正获得落实。因而胡适的这篇文章在陈独秀那里有正中下怀的感觉，而且由于老革命党人脾气，使他觉得胡适的什么“改良”、“刍议”等，实在是不温不火，过于与旧势力周旋，过于担心旧势力的攻击，所以陈独秀以老革命党人的气势，心甘情愿成为全国学究之公敌而在所不辞，高举“文学革命军”大旗，声援胡适，其实是将胡适不温不火的“文学改良”变成了陈独秀风风火火的“文学革命”。[①]

胡适、陈独秀的主张首先获得钱玄同的支持，这一点具有非常重要的象征意味。大家都知道钱玄同是国学大师章太炎的得意门生，都知道章太炎的文章从来都是典雅古文，一部刻意用古汉语且尽量使用冷僻字写成的《訄书》既难倒了许多读书人，更使许多读书人甘拜下风，自叹弗如。然而，人们不知道的是，章太炎其实还是近代中国白话文运动的鼻祖。大约在东京办《民报》的时候，章太炎就尝试着用白话进行演说和著述，当然这些演说和著述大致都不是纯粹的学术文字，而具有教育普及、学术普及的意味。他在那时所做的一系列演讲，后来被结集为《章太炎的白话文》出版，集子的出版时间虽然较晚，但其最初发表则是在1910年创刊出版的《教育今语杂志》上。

《章太炎的白话文》也引起了一些争议，甚至有人怀疑这本书究竟是不是章氏本人的著作。这其中一个重要人物就是钱玄同，因为这本由张静庐策划的小书中就误收了钱玄同的一篇《中国文字略说》。这又在一定程度上说明章太炎、钱玄同师徒两人可能都比较注意白话文在述学中的可能与尝试。这个尝试似乎比胡适的尝试要早好几年。所以当胡适欲以白话作为中国文学正宗的文学改良论发表后，自然能够与钱玄同的思想意识接上头，获得积极反响与回应。

紧接着，刘半农也在《新青年》第3卷第3号（1917年5月1日）发表《我之文学改良观》，对胡适、陈独秀、钱玄同等人的主张予以积极回应，对胡适的“文学八事”、陈独秀的“三大主义”及钱玄同的“选学妖孽”、“桐城谬种”等文学主张“绝对表示同意”，复举平时意中所欲言者，提出自己的文学改良观。刘半农认为，白话、文言暂时可处于相等的地位，同时主张打破对旧文体的迷信，从音韵学角度提出破旧韵造新韵，以及使用标点符号、文章分段等技术性手段，以丰富现代汉语的表达方式和表达方法。



① 《胡适致陈独秀》，《新青年》第3卷第3号。

过去的讨论，总认为刘半农的加入说明新文学的阵营在逐步扩大，但刘半农的几点新建议又表明新文学阵营中也不是意见一致。这种说法只看到了问题的表面，其实，从刘半农的学术志向和学术重心看，他的建议只是在很大程度上丰富了胡适文学改良主张的内容，并不存在新文学阵营内部分歧这样似是而非的问题。

刘半农是一个非常了不起的学者、文人。他有良好的家庭背景，成名较早，只是成名范围限于上海滩的鸳鸯蝴蝶派，所以当他后来加入北大知识分子群时，有时也被那些出身名门正宗的知识分子稍稍轻视乃至蔑视。正是刘半农早期鸳鸯蝴蝶派的文学经验，使他对民间文学，对白话文在文学中的地位和发展有着不一般的个人体验，也使他对胡适的文学改良主张发自内心高度认同，他的发言和加盟不仅使新文学主张有了实践经验作为支撑和验证，而且使新文学阵营更加多样化多元化。

新文学阵营的多样化、多元化是客观事实，其实当陈独秀的《文学革命论》发表之后，胡适就意识到这一点，就觉得陈独秀的主张与自己的主张有很大不同，至少自己是准备以学理讨论的方式进行，而陈独秀似乎并不这样认为。

胡适致信陈独秀说，文学改良这种事情，其是非得失，非一朝一夕所能定，亦非一二人所能定。甚愿国内学术界各方面人士能平心静气与我们这些倡导者一起研究这个问题，讨论既熟，是非自明。我们既然已经打出文学改革的大旗，当然不会再退缩，但是我们也绝不敢以我们的主张为必是而不容他人之匡正。①

很显然，胡适的这些温和的主张如他自己所说的那样，是一种实验主义哲学的基本态度，而其之所以在这个当口再次重申，也不是没有来由。因为当他的《文学改良刍议》发表后，当代古文大家，也是不懂西文却是西方文学名著翻译大家林纾就于2月8日在上海《国民日报》著文商榷，题目就叫做《论古文之不当废》，观点鲜明，理由不足。最引人发笑也反映出林纾最诚实一面的，是他说的这样一段话：

① 《胡适致陈独秀》，《新青年》第3卷第3号。

知腊丁之不可废，则马、班、韩、柳亦自有其不宜废者。吾识其理，乃不能道其所以然，此则嗜古者之痼也。①

林纾的这个说法原本并没有什么不妥当，因为根据他对西方近代文化发展史的了解，西方人讲维新讲变革，并没有将拉丁文作为文化垃圾予以废弃，而是有意识地从拉丁文中汲取营养，作为近代思想文化的资源。然而，林纾这个比较平实比较温和的说法在被胡适、陈独秀等人大肆渲染之后，则成为一种比较荒唐的文化主张。胡适说："吾识其理，乃不能道其所以然"，此正是古文家之大病。古文家作文，全由熟读他人之文，得其声调口吻，读之烂熟，久之亦能仿效，却实不明其"所以然"。此如留声机器，何尝不能全像留声之人之口吻声调？然终是一台机器，终不能"道其所以然"。接着，胡适以调侃的口吻挑剔林纾文中的表述毛病，用现代文法去分析林纾古文表达中的缺陷。

胡适的温和主张并不被陈独秀所接受，陈独秀或许也是基于林纾等人的刺激，以不容讨论的姿态表达自己的主张，这实际上开启了一场原本不一定会出现的文化论争。陈独秀说："鄙意容纳异议，自由讨论，固为学术发达之原则，独至改良中国文学当以白话为正宗之说，其是非甚明，必不容反对者有讨论之余地；必以吾辈所主张者为绝对之是，而不容他人之匡正之也。盖以吾国文化倘已至文言一致地步，则以国语为文，达意状物，岂非天经地义？尚有何种疑义必待讨论乎？其必欲摈弃国语文学，而悍然以古文为正宗者，犹之清初历家排斥西法，乾嘉畴人非难地球绕日之说，吾辈实无余闲与之讨论也。"②

古文家的理由或许如林纾所说"吾识其理，乃不能道其所以然"，但陈独秀的态度无疑是一种新的文化专断主义，这种文化专断主义如果所持立场是正确的如白话文学论，可能不会有什么问题，但从这个立场出发，人人都认为自己的主张是正确的，是正确到不容别人讨论只能执行、采纳的程度，恐怕问题也不少。五四新文化运动后期出现

① 《论古文之不当废》，《国民日报》1917 年 2 月 8 日。

② 陈独秀按语，《新青年》第 3 卷第 3 号。

的所谓新传统主义，其实所采纳的思路、理路，都与陈独秀的主张和致思倾向几乎完全一致。

当然，正如胡适所说，陈独秀这种武断的态度，真是一个老革命党的口气。胡适等人一年多文学讨论的结果，得着了这样一个坚强的革命家做宣传者，做推行者，不久就成为一个有力的大运动了①。到1917年底，文学改革思想已经赢得许多北大学生的热情支持。其中包括傅斯年、罗家伦。

傅斯年和罗家伦都是五四运动中的风云人物，他们同时也是新文化运动的重要代表。傅斯年具有深厚的国学基础，所以他在北大读书时就显得与其他学生很不一样，深受当时北大教授刘师培、黄侃、陈汉章等人的器重与赞许，他们希望傅斯年能够传承刘师培的仪征学统，或者成为章太炎学派的传人，所以这些大师级的教授对傅斯年另眼相看，期待甚殷。

然而由于受到《新青年》所宣扬的民主与科学新思潮的影响，特别是当蔡元培、陈独秀、胡适等新派人物相继来到北大后，新文化的春风深刻影响和激励了傅斯年，使他从先前寻找旧学的迷梦中惊醒，转而支持新文化运动，进而成为新文化运动的主力。

1918年初，傅斯年以“北京大学文科学生”的身份在《新青年》第4卷第1号（1918年1月15日）发表《文学革新申义》，从道义和学理上为胡适、陈独秀等人倡导的文学革命提供声援和支持。傅斯年指出，根据他的了解，文学革命的口号虽然响彻知识界，但国人对此抱有怀疑态度的大有人在，恶之深者，斥文学革命为邪说；稍能容者，亦以为文学革命不过是异说高论，而不知其为时势所造成的必然事实。为回击反对者、守旧者对文学革命的责难，为一般怀疑文学革命价值者释疑解惑，傅斯年在这篇文章中以历史进化论的观点对文学革命的必要性、必然性进行了充分阐释。

紧接着，傅斯年又发表《文言合一草议》一文，对废文辞而用白话的主张深信不疑，以为文言合一合乎中国语言文化发展的必然

---

① 胡适：《逼上梁山——文学革命的开始》，《胡适自传》，黄山书社1986年版，第132页。

趋势，白话优于文言，不是新文学倡导者的凭空杜撰，而是中国文化发展的必然结果：白话近真，而文言易于失旨；白话切合人情，以之形容，恰得其宜，以之达意，毕肖心情。所以在中国文学传统中，真正优秀的第一流作品如《史记》，如《汉书》，如唐诗、宋词、元曲等，其实都大量容纳、吸收了市井俚语、民间白话，历代所谓典雅文字其实都像《诗经》一样是由民间文学提升上来的，并不是文人雅士闭门造车。

在胡适、陈独秀、刘半农等人讨论的基础上，傅斯年提出“文言合一”的方案，以为文言、白话都应该分别优劣，取其优而弃其劣，然后再归于合一，建构一种新的语言文字体系。他的具体办法是：对白话，取其质，取其简，取其切合近世人情，取其活泼饶有生趣；对文言，取其文，取其繁，取其名词剖析毫厘，取其静状充盈物量。简言之，就是以白话为本，而取文言所特有者，补苴罅漏，以成统一之器，重新建构一种新的语言形态。

进而，傅斯年还提出重新建构新的语言形态的十项规条，逐条分析白话、文言在代名词、介词、位词、感叹词、助词等词性中的具体运用，这就将胡适等人引起的讨论向实际创造和实际运用方面深入推进。①

与傅斯年情形相类似的还有罗家伦。罗家伦具有良好的家学渊源，又与蔡元培是绍兴小老乡，因而他在北大读书期间如鱼得水，很受蔡元培的器重和栽培，所以他后来成为北大乃至全国的学生领袖，是五四运动中的北大“三剑客”之一。

根据罗家伦的回忆，他的文学革命思想产生得比较早，大约在幼年时代读私塾时，他就对读死书、读天书、死读书的情形深恶痛绝，以为中国旧有的文化形态严重束缚了中国人的创造性灵，幼年时代的生命体验使他很早就期待文学形式能够发生一次革命性的变化，所以当胡适在《新青年》发出文学改良的呼吁后，罗家伦发自内心表示拥护，主张文学革命，强调要创造国语文学，打破古典文字的枷锁，以

① 傅斯年：《文言合一草议》，《新青年》第4卷第2号。

现代人的话，来传达现代人的思想、表达现代人的感情。

傅斯年、罗家伦的加入，为文学革命在青年学生特别是北大学生中赢得了支持者，他们在 1918 年和 1919 年所写的文章促进了文学改革在青年中的流行，渐渐减轻了文学革命来自青年学界的压力。

不过，更值得指出的是，文学改良、文学革命在 1917 年虽然闹得轰轰烈烈，其实那时真正站出来公开反对的也不多，静观其变、等待新文学实际成就的还是大多数。那时真正用新文学、白话文完成的作品也没有出现，即便是那些在《新青年》上发表的政治散文，虽然鼓吹新思想，鼓吹文学改良、文学革命，但其表达方式差不多也都是文言，像傅斯年的几篇文章就是如此。这就构成一种反差非常强烈的讽刺，当然也引起了文学改良者的自我警醒。傅斯年自我反省道："始为文学革命论者，苟不能制作模范，发为新文，仅至于持论而止，则其本身亦无何等重大价值，而吾辈之闻风斯起者，更无论焉。"① 所以，到了 1918 年，新文学的倡导者几乎不约而同地将精力用于新文学的创造与尝试。

1918 年 1 月起，《新青年》在北大六教授的主持下全新改版，改为完全刊登白话文作品，以崭新的面貌与读者见面，于是风气大开，知识界真正开始尝试用白话文写作各种文体。这就是胡适所期待的"建设的文学革命论"。

在"建设的文学革命论"框架中，胡适宣布古典文学已经死亡，今后的中国只能是白话文的天下。他用十个大字概括"建设的文学革命论"，那就是"国语的文学，文学的国语"。所谓的文学革命，其实就是要为中国创造一种国语的文学。有了国语的文学，方才可能有文学的国语；有了文学的国语，我们的国语才可算得上真正的国语。国语没有文学，便没有生命，便没有价值，便不能成立，便不能发达。这就是胡适"建设的文学革命论"的基本宗旨。

在胡适看来，过去两千年中国文人所做的文学都是死的，都是用已经死了的语言文字做的。死文字绝不能产生出来活文学。所以，中

① 傅斯年：《文学革新申义》，《新青年》第 4 卷第 1 号。

国过去两千年只有些死文学，只有些没有价值的死文学。

简单地说，自《诗经》以下至于今，但凡有价值的文学，都是用白话文做的，或者是近于白话文的。其余的都是没有生气的古董，都是博物院中的陈列品。我们为什么喜欢《木兰辞》和《孔雀东南飞》?因为这两首诗是用白话文做的。我们为什么喜欢陶渊明的诗和李后主的词呢？因为他们的诗词都不是用文言写作的，而是使用了大白话。

到了近代，活文学获得了更大发展，《水浒传》、《西游记》、《儒林外史》、《红楼梦》，都是活文学的范本，都是由活文字创造的。假若施耐庵、丘长春、吴敬梓、曹雪芹这几个人不是用白话文写作的话，而是改用文言，那么这几部作品就不可能有这样强的生命力，也一定不会有这样的价值。所以胡适的结论是：中国若想有活文学，必须用白话，必须用国语，必须做国语的文学，因为死文学绝不可能产生出活文学。①

1918 年，被后人看作是新文学元年。这一年，新知识分子纷纷尝试白话诗的写作，并获得了初步成果。胡适后来出版的《尝试集》，被誉为新文学运动中第一部白话诗集，这部集子中的大部分作品其实都是 1918 年创作的。这部作品在思想内容上诅咒政治统治的黑暗和儒家伦理、旧礼教的虚伪，展示出个性解放、劳工神圣等进步思想，但在形式上则带有旧体诗的痕迹和白话诗的不成熟，显示出从传统诗词中脱胎蜕变、逐渐寻找试验的转型痛苦。但它确实代表了 1918 年中国新文学元年的重要成就。

“文学革命”以及由此引发的白话文运动，是 20 世纪中国最伟大的事件之一。其意义之所在，不仅是中国文学载体的革命、文学形式的解放，而且是中国文化基本范式、中国人的思维习惯乃至日常生活习惯的根本革命，正是从这个意义上说，胡适的主张便不能不引起一些争论乃至反对。其中反对最力者，先有胡适的留美同学梅光迪、任鸿隽，后有著名文学翻译家林纾以及以怪杰著称的辜鸿铭，再有北大教授刘师培、黄侃、林损及马叙伦，还有著名学者章士钊以及在现代

① 胡适：《建设的文学革命论》，《胡适全集》(1)，安徽教育出版社 2003 年版，第 56 页。

中国颇富盛名的杂志《学衡》派的一班人，吴宓、胡先骕等。由于文学革命和白话文运动代表着历史前进的方向，因此这些反对并不能阻挡历史前进的车轮。不过，必须指出的是，当时间过了快一个世纪之后，反对者的言论也有值得重新检视的必要。

如前所述，林纾在胡适的《文学改良刍议》发表后最先敏感地意识到这个问题的严重性，但他似乎还没有想好反对的理由，所以他说他知道古文不应当被废除，但是说不出详细的理由。他的这个还算诚实的态度遭到胡适、陈独秀等人的奚落，于是他的看法就没有受到白话文倡导者应有的重视。

其实，林纾的主张真的应该引起注意，他虽然对文言为什么应该保留，白话为什么应该被适度采纳，说不出多少理由，但他确实是近代中国文学改良运动前驱者之一。清末民初很长一段时间，林纾在朋友的合作下，先后翻译了200多种西洋文学名著，畅销国中，他翻译的小说与严复的“严译名著”齐名。更为重要的是，严复始终坚持用典雅的文言进行翻译、写作，而林纾则比较早地尝试过用民间语言丰富文言的可能，尝试用民间俗语俚语进行书面创作的可能性。

在文化理念上，林纾是中国传统学术文化的忠实信徒，崇尚程朱理学，但也不是盲目信从，对于理学迂腐虚伪之处，也能有清醒的意识，嘲笑“理学之人宗程朱，堂堂气节诛教徒。兵船一至理学慑，文移词语多模糊”；揭露“宋儒嗜两庑之冷肉，凝拘挛曲局其身，尽日作礼容，虽心中私念美女颜色，亦不敢少动”。这些揭露当然是理学的负面，所以他身体力行，维护礼教，试图恢复儒学正宗，指责近代以来在西方思想的影响，世风日下，人心不古，人们欲废黜三纲，夷君臣，平父子，广其自由之途辙。

在文学观念上，林纾信奉桐城派，以义法为核心，以左丘明、司马迁、班固、韩愈等人的文章为天下楷模，最值得效法，强调取义于经，取材于史，多读儒书，留心天下之事，如此，文字所出，自有不可磨灭之光气。当然，对于桐城派的问题，林纾也有认识，因此并不主张墨守成规，一味保守，而是主张守法度，但是要有高出法度的眼光；循法度，但是要有超出法度之外的道力。

在戊戌变法的前一年，林纾用白居易讽喻诗手法写了《闽中新乐府》32首，率多抨击时弊之作，这不仅表明他在政治上属于维新势力，而且更重要的是他在文学表现手法上的创新及对民间文学因素的汲取。所以当白话一兴，人人争撤古文之席，而代之以白话之际，林纾也在他朋友林白水等人创办的《杭州白话报》上开辟专栏，作“白话道情”，风行一时。很显然，林纾早在19世纪末年就是文学改革者，他承认旧的白话小说具有一定的文学价值，他只是温和地反对，如果人们不能大量阅读古典文学作品，汲取古典文学营养，就不能写好白话文。

所以，当胡适文学改良的主张发表后，林纾似乎本着自己的良知比较友好地提出了一些建设性的意见，表示在提倡白话文的同时，不要刻意将文言文彻底消灭掉，在某种程度上说，林纾的主张与梅光迪、任鸿隽等人都相似，就是在向更大多数民众提倡白话文，倡导读书人尽量用白话文写作的同时，也应该为文言文留下一定的生存空间，至少使中国文化的这一重要载体不致在他们那一代人失传。

## 二　新文化运动的右翼

林纾的这个意见如果仔细想来似乎也很有道理，即便到了今天白话文已经成为文学的主体，我们依然会觉得古文魅力无穷，是现代语言的智慧资源。然而当时的一边倒特别是陈独秀不容商量的态度，极大挫伤了林纾的情绪。1917年初，钱玄同出面支持胡适的文学改良建议，原本是一件大好事，但钱玄同的好斗性格使他不忘顺带攻击桐城派等旧文学，并提出什么“选学妖孽，桐城谬种”等蛊惑人心的概念，这就不是简单的学术论争，而是带有一定的人身攻击的意味。

尽管如此，林纾在此后很长一段时间并没有刻意反对白话文运动和文学革命，他甚至到了1919年3月，依然为《公言报》开辟“劝世白话新乐府”专栏，相继发表《母送儿》、《日本江司令》、《白话道情》等，俨然为白话文运动中的一员开路先锋。

林纾其实为新文化运动中的右翼，他有心变革中国的旧文学，但又不主张将旧文学彻底放弃，他在《论古文之不当废》中反复强调古文对现代语言的资源价值，至1919年作《论古文白话之相消长》一文，依然论证古文、白话并行不悖的道理，强调废古文用白话亦正不知所谓古文，古文、白话似乎自古以来相辅相成，所谓古文者，其实就是白话的根底，没有古文根底，就不可能写出好的白话，能读书阅世，方能为文，如以虚枵之身，不特不能为古文，亦不能为白话。林纾的这些意见如果能够听进一点点，中国文学改良或许将是另外一种情形。

从林纾政治、文学观念看，很难说他就是一位极端保守的守旧主义者，他似乎只是主张在追求进步的同时，保持适度的保守，不要过于激进。林纾的本意原本只是间接和谦和的，他不过是说古文文学作品也自有其价值，不应被革弃，而应当像西方对待拉丁文那样加以保存。“古文者白话之根柢，无古文安有白话?”[①] 这个判断在很大程度上说确实是对的。

林纾只是友善地表达了自己的一点不同看法，但在当时的文化氛围中，这也不能被容忍。1918年3月，钱玄同和刘半农在《新青年》第4卷第3号合演了一出轰动一时的双簧戏：由钱玄同模仿守旧者的口吻和笔调，化名王敬轩写了一篇攻击新文化运动的信，其中故意推崇林纾的翻译和古文；而由刘半农以《新青年》记者的身份作《复王敬轩书》，以调侃的口气点名批评林纾，以为林译西方文学名著，如果以看“闲书”的眼光去看，亦尚在不必攻击之列；然而如果要用文学的眼光去评论，那就要说句老实话，即林译名著由“无虑百种”进而为“无虑千种”，也还是半点儿文学味也没有。这种完全否定式的批评，显然已经超越一般的文学批评范畴，而带有蓄意攻击的意味了。这就不能不使林纾感到愤怒，感到痛苦，他自认为是新文学的同盟，却被新文学中的人物视为守旧，视为反动，于是他只能起来被动地消极地进行辩护、辩论和说明，兼带着，也就有睚眦必报的意味了。

1919年2月17日，林纾在《新申报》为他特设的“蠡叟丛谈”专栏发表小说《荆生》，写“皖人田其美”、“浙人金心异”和“新归

① 林纾：《论古文白话之相消长》，《中国新文学大系·文学论争集》，上海良友图书公司1935年版，第80页。

自美洲”的“狄莫”三人同游京师陶然亭。他们力主去孔子、灭伦常和废文字以白话行之，激怒了住在陶然亭西厢的“伟丈夫”荆生。荆生破壁而入，怒斥三人：中国四千余年以纲纪立国，汝何为而坏之？于是伟丈夫出手痛打一顿，皖人田其美等三人抱头鼠窜，狼狈而逃。

这里的皖人田其美，显然是指陈独秀，田与陈本一家，这是中国史上的常识；美与秀对；浙人金心异显然是指钱玄同，钱为金，同对异；新归自美洲的狄莫当然指新近留学归来的胡适，胡为汉人对周边族群的称呼，而狄则带有某种程度的歧视。至于伟丈夫荆生，或以为是段祺瑞的重要助手徐树铮，或以为是练过武功的作者本人，或以为是林纾心目中卫道英雄的化身。

《荆生》的发表使林纾出了一口气，但他似乎也有点得寸进尺，得理不饶人。紧接着，林纾又在《新申报》上发表第二篇影射小说《妖梦》。说一个叫郑思康的人梦游阴曹地府，见到一所白话学堂，门外大书楹联一副：

> 白话通神，《红楼梦》、《水浒》真不可思议；
> 古文讨厌，欧阳修、韩愈是什么东西。

学堂里还有一间“毙孔堂”，堂前也有一副楹联：

> 禽兽真自由，要这伦常何用？
> 仁义太坏事，须从根本打消。

学堂内有三个“鬼中之杰出者”：校长叫“元绪”，显然影射蔡元培；教务长叫“田恒”，显然影射陈独秀；副教务长叫“秦二世”，显然影射胡适之。

对于这“鬼中三杰”，作者痛恨无比，骂得粗俗刻薄无聊。小说结尾处，作者让阴曹地府中的“阿修罗王”出场，将白话学堂中的这些“无五伦之禽兽”通通吃掉，化之为粪。这显然是一种非常拙劣的影射和比附，有失一个读书人写书人的基本风骨与人格。

为林纾这两篇小说居间协助发表的是北大学生张厚载。张厚载即张豂子，生于1895年，江苏青浦人。时在北京大学法科政治系读书，1918年在《新青年》上与胡适、钱玄同、傅斯年、刘半农等北大教授就旧戏评价问题展开争论后，为胡、钱等师长所不喜。所以他后来似乎有意动员、介绍他在五城中学堂读书时的老师林纾创作影射小说丑诋胡适、钱玄同、陈独秀、蔡元培。

或许是张厚载的唆使，使年近古稀的林纾接连写了这两部只能是发发牢骚的影射小说。只是不巧的是，当林纾将第二篇小说《妖梦》交给张厚载寄往上海之后，他就收到了蔡元培的一封信，说是有一个叫赵体孟的人想出版明遗老刘应秋的遗著，拜托蔡元培介绍梁启超、章太炎、严复及林纾等学术名家题词。

蔡元培无意中的好意感动了林纾，他们原本就是熟人，只是多年来不曾联系而已。现在自己写作影射蔡元培的小说，似乎有点不好，所以他一方面嘱张厚载无论如何也要将《妖梦》一稿追回[①]，另一方面致信蔡元培，坦言自己对新文化运动的若干看法。他认为，大学为全国师表，五常之所系属，最近外间谣言纷集，这大概都与所谓新思想的传播有关。晚清以来，人们恒信去科举，停资格，废八股，复天足，逐满人，扑专制，整军备，则中国必强。现在民国将十年，上述期待都成为现实，然而国未强民未富，反而越来越乱、问题越来越多。现在所谓的新思想更进一解，必覆孔孟、铲伦常为快。其实，西方国家虽然没有像中国过去那样崇奉伦常，但西方国家的伦理观念也不是现在所谓新思想所说的那样简单。他指出，天下唯有真学术、真道德，始足以独树一帜，使人景从。若尽废古书，行用土语为文字，则都下引车卖浆之徒所操之语，按之皆有文法；凡京津之稗贩，均可用为教授。若《水浒传》、《红楼梦》，皆白话之圣，并足为教科书，不知《水浒》中辞吻多采岳珂之《金陀萃编》，《红楼》亦不止为一人手笔，作者均博极群书之人。总之，非读破万卷，不能为古文，亦并不能为白话。这是林纾关于文言、白话的系统意见。

---

① 张厚载迅即致信蔡元培，表示稿已寄至上海，殊难中止。见《蔡元培书信集》（上册），浙江教育出版社2000年版，第398页。

至于道德，林纾对当时新道德斥父母为自感情欲、于己无恩的说法予以批评，以为当时学界一些新秀故为惊人之论，如表彰武则天为圣王，卓文君为名媛，尊严嵩为忠臣等，其实都是在拾古人余唾，标新立异，扰乱思想。他认为，大凡为士林表率，须圆通广大，据中而立，方能率由无弊。若凭借自己在知识界的地位势力而施趋怪走奇之教育，是非常危险的。显然，林纾尽管没有直接批评蔡元培对新思想、新道德的支持与纵容，但至少奉劝蔡元培善待全国父老之重托，以守常为是。[①]

《妖梦》小说没有被追回，而林纾致蔡元培的这封信却又被《公言报》于1919年3月18日公开发表。《公言报》为安福系的机关报，专以反对新思想、新文化，反对北京大学为能事，因此林纾原本可以与蔡元培等人达成某种妥协，却因这种机缘巧合而丧失了机会。

蔡元培收到张厚载具有挑衅性的来信后似乎非常愤怒，指责张厚载为何不知爱护本校声誉，爱护林纾。[②] 至于他看到林纾的公开信后，更一反温文尔雅、忠厚长者的形象，勃然大怒，公开示复，就林纾对北京大学的攻击以及对陈独秀与胡适等人废弃旧道德、毁斥伦常、诋排孔孟等言论有所辨明。

就事实而言，蔡元培分三点解释辩白北大并没有林纾所说的覆孔孟、铲伦常、尽废古书这三项情事，外间传言并无根据。借此机会，蔡元培公开重申他办教育的两大主张：

> 一、对于学说，仿世界各大学通例，循思想自由原则，取兼容并包主义。无论何种学派，苟其言之成理，持之有故，尚不达自然淘汰之运命者，虽彼此相反，而悉听其自由发展。
>
> 二、对于教员，以学诣为主。其在校讲授，以无背于思想自由、兼容并包主张为界限。其在校外的言论行动，悉听自由，学校从不过问，当然也就不能代其负责。比如帝制复辟的主张，为民国所排斥，但本校教员中照样有拖着长辫子而持复辟论者如辜

① 《林琴南致蔡元培函》，《蔡元培书信集》（上册），浙江教育出版社2000年版，第391页。
② 《复张厚载函》，《蔡元培书信集》（上册），浙江教育出版社2000年版，第398页。

鸿铭，以其所授为英国文学，与政治无涉，所以也就没有人管他；再如筹安会的发起人，被清议所指为罪人，然而在北大教员中就有刘师培，只是他所讲授的课程为中国古代文学，亦与政治无涉，所以也就没有必要由学校过问；至于嫖、赌、娶妾等事，为北大进德会所戒，教员中有喜作恻艳之诗词，以纳妾、狎妓为韵事，以赌为消遣者，苟其功课不荒，并不引诱学生与之一起堕落，则亦听之。夫人才至为难得，若求全责备，则学校就没有办法办下去。且公私之间，自有天然界限。即便如您老琴南公，亦曾译有《茶花女》、《迦茵小传》、《红礁画桨录》等小说，而亦曾在各学校讲授古文及伦理学，假使有人批评您老以此等小说体裁讲文学，以狎妓、奸通、争有妇之夫讲伦理学，难道不觉得好笑吗？然则革新一派，即或偶有过激之论，但只要与学校课程没有多大关系，何必强以其责任尽归之于学校呢？①

蔡元培的解释或许有道理，但在林纾看来，他之所以公开致信蔡元培，实际上并不是指责蔡元培管理不力，而是期望他能够利用自己的背景，特别是与那些年轻激进分子的特殊关系，方便的时候稍作提醒，不要让他们毫无顾忌地鼓吹过激之论，对于传统，对于文学，还是持适度的保守态度比较好。他在写完致蔡元培公开信的第二天，就在一篇小文章中表露过自己的这点心迹，他表示自己多年来翻译西方小说百余种，从没有鼓吹过弃置父母，且斥父母为无恩之言。而现在那些年轻一辈何以一定要与我为敌呢？我林纾和他们这些年轻人无冤无仇，寸心天日可表。如果说要争名的话，我林纾的名气亦略为海内所知；如果说争利，则我林纾卖文鬻画，本可自活，与他们并没有什么关联，更没有利害冲突。我林纾年近古稀，而此辈不过三十。年岁如此悬殊，我即老悖癫狂，亦不致偏衷狭量至此。而况并无仇怨，何必苦苦追随？盖所争者天理，非闲气也。林纾似乎清醒地知道，他与胡适、陈独秀这些年轻人发生冲突，对

---

① 《致〈公言报〉函并附答林琴南函》，《蔡元培书信集》（上册），浙江教育出版社 2000 年版，第 388 页。

自己并没有多少好处，肯定会招致一些人的攻击谩骂，但因为事关大是大非，他也不好放弃自己的原则听之任之。林纾决心与新文化的倡导者们周旋到底。

然而林纾为道义献身的想法并不被新知识分子圈所认同，当他的《荆生》、《妖梦》及致蔡元培公开信发表之后，立即引起新知识分子圈的集体反对。李大钊说："我正告那些顽旧鬼祟，抱着腐败思想的人：你们应该本着你们所信的道理，光明磊落的出来同这新派思想家辩驳、讨论。公众比一个人的聪明质量广、方面多，总可以判断出来谁是谁非。你们若是对于公众失败，那就当真要有个自觉才是。若是公众袒右你们，哪个能够推倒你们？你们若是不知道这个道理，总是隐在人家的背后，想抱着那位伟丈夫的大腿，拿强暴的势力压倒你们所反对的人，替你们出出气，或是作篇鬼话妄想的小说快快口，造段谣言宽宽心，那真是极无聊的举动。须知中国今日如果有真正觉醒的青年，断不怕你们那伟丈夫的摧残；你们的伟丈夫，也断不能摧残这些青年的精神。当年俄罗斯的暴虐政府，也不知用尽多少残忍的心性，杀戮多少青年的志士，那知道这些青年牺牲的血，都是培植革命自由花的肥料；那些暗沉沉的监狱，都是这些青年运动奔劳的休息所；那暴横政府的压制却为他们增加一层革命的新趣味。直到今日这样滔滔滚滚的新潮，一决不可复遏，不知道那些当年摧残青年、压制思想的伟丈夫哪里去了。我很盼望我们中国真正的新思想家或旧思想家，对于这种事实，都有一种觉悟。"① 鲁迅也在一篇杂文中抓住林纾自称"清室举人"却又在"中华民国"维护纲常名教的矛盾性格大加嘲讽，敬告林纾您老既然不是敝国的人，以后就不要再干涉敝国的事情了罢。②《每周评论》第 12 号转载《荆生》全文，第 13 号又组织文章对《荆生》逐段点评批判，并同时刊发"特别附录"《对于新旧思潮的舆论》，摘发北京、上海、四川等地十余家报纸谴责林纾的文章。

巨大的压力，来势凶猛的批评，终于使林纾顶不住了，这位自称有"顽皮憨力"的"老廉颇"终于感到力不从心，寡不敌众，终于公

① 李大钊：《新旧思潮之激战》，《每周评论》1919 年第 12 号。

② 庚言：《敬告遗老》，《每周评论》1919 年第 15 号。

开在报纸上认错道歉，承认自己在这一系列问题处理上失当，有过错。他在回复蔡元培的信中说：“弟辞大学九年矣，然甚盼大学之得人。公来主持甚善，顾比年以来，恶声盈耳，至使人难忍，因于答书中孟浪进言。至于传闻失实，弟施以为言，不无过听，幸公恕之。然尚有关白者：弟近著《蠡叟丛谈》，近亦编白话新乐府，专以抨击人之有禽兽行者，与大学讲师无涉，公不必怀疑。”在承认自己孟浪进言的同时，也表示自己对于那些“叛圣逆伦”的言论，依然会拼我残年，竭力卫道，必使反舍无声，瘈狗不吠然后已。①

不过，没过多久，林纾的态度差不多根本改变。他在致包世杰书中显得痛心疾首，表示承君自《神州日报》中指摘我的短处，且责老朽之不慎于论说，中有过激骂詈之言，吾知过矣。当敬听尊谕，以平和出之，不复谩骂。② 只是在文言、白话之争问题上，林纾的态度似乎变化不大，依然坚信文言、白话并行不悖，各有优点，不必一味使用白话而舍弃文言：故冬烘先生言字须有根底，及谓古文者白话之根底，无古文安有白话？近人创白话一门自炫其特见，不知林白水、汪叔明固已较各位捷足先登。即如《红楼梦》一书，口吻之犀利，文字之讲究，恐怕都不是只懂白话不懂文言者所能成就。须知贾母之言趣而得要，凤姐之言辣而有权，宝钗之言驯而含伪，黛玉之言酸而带刻，探春之言简而理当，袭人之言贴而藏奸，晴雯之言憨而无理，赵姨娘之言贱而多怨，唯宝玉之言纯出天真。可见《红楼梦》作者守住定盘针，四面八方眼力都到，才能随地熨帖，今使尽以白话道之，恐怕就很难有这样的效果。③ 所以，真正优秀的文学作品固然应该以白话为主体，但根据人物性格、文化氛围，适度使用一些文言，可能比纯粹使用大白话还要好一些。

林纾“适度保守的文学改良”主张在当时并没有获得应有的尊重，尤其是没有得到新文学倡导者的重视，自然非常遗憾。好在这个

① 《林琴南再答蔡孑民书》，《新申报》1919年3月30日。

② 《林琴南先生致包世杰君书》，《新申报》1919年4月5日。

③ 《论古文白话之相消长》，《中国新文学大系·文学论争集》，良友图书公司1935年版，第81页。

讨论并没有结束，只是由于政治环境的变化，暂时转变了方向。

## 三　学潮的另一边

进入 1919 年之后，北京的知识界就处在不安宁的状态，一些在政治上对政府有看法的知识界领袖，正在酝酿着利用第一次世界大战结束带给中国的机会向政府发难，学生们也被以爱国的名义调动了起来。政府当然对这种情形很不满意，他们把矛头对准了北大校长蔡元培，以为蔡元培的办学理念和他的南方革命党人背景，导致了北京学界的不安，因此政府在寻找机会进行解决，只是一直找不到下手的契机而已。因此，从这个大背景上说，林纾在 1919 年五四大游行之前发表的那两篇影射小说和致蔡元培的公开信，即便不是被某种政治势力所利用，也迎合或者说赶上了政府对北大、对蔡元培不满这个契机。

政府对北大、对蔡元培的不满，林纾是知道的，所以他在给蔡元培的公开信中说："大学为全国师表，五常之所系属。近者外间谣诼纷集，我公必有所闻，即弟亦不无疑信。"①

蔡元培何止"必有所闻"，而且正为此事而烦恼。自 1919 年初开始，关于北大的谣传就不断，这些谣传有的是捕风捉影，有的是道听途说，有的是刻意造谣。要之，北大确实进入一个动荡岁月，多事之春。3 月 4 日，在上海出版的《神州日报》"学海要闻"专栏刊载"半谷通讯"，说北京大学文科学长陈独秀近有辞职之说。记者为此往访北大校长蔡元培，询问此事，蔡校长对于陈学长辞职之说并无否认之表示。且谓该校评议会议决，文科自下学期或暑假后与理科合并，设一教授会主任，统辖文理两科教务。学长一席，即当裁去。

"半谷通讯"的"斑竹"为北京大学法科政治系四年级学生张厚载，他同时兼任《神州日报》记者。张厚载或许确实与北大那些新派师长有不同意见，或许与老派师长来往密切，但是不管怎么说，他在

① 《蔡元培书信集》（上册），浙江教育出版社 2000 年版，第 389 页。

1919年初通过《神州日报》的“半谷通讯”栏目一再散布的消息，诸如陈独秀、胡适、陶孟和、刘半农等以思想激进受政府干涉，陈独秀态度消极，准备辞职等，虽然被蔡元培、胡适一再否认，并受到开除学籍的处分，然而我们现在需要反省的一个问题是，张厚载的这些所谓“谣言”，为什么都在后来不幸而言中？

对于张厚载3月4日“半谷通讯”中的说法，显然引起了社会各界的广泛关注，流传甚广，上海报纸甚至有专电以言此事者，或以为北大将发生大变故。不得已，蔡元培在半个月之后致函《神州日报》提出三点更正：

一、陈独秀并没有辞职的事情，如有以此事见询者，鄙人绝对否定之。“半谷通讯”中所谓并无否认之表示者，误也。

蔡元培信誓旦旦说这番话是在3月19日，不幸的是，此后不到一个星期的时间，3月26日，蔡元培就与汤尔和等人商量陈独秀事至深夜。

二、关于文理两科合并不设学长，而设一教务长以统辖教务。蔡元培也在声明中否认，以为此事曾由学长及教授会、主任会议议定，当时陈独秀也在场，经评议会通过，定于暑假后实行。“半谷通讯”说自下学期实行，显然是不对的。至于设立教务长一人，纯粹为教务进行起见，与陈独秀是否辞职并没有必然关联。

蔡元培的解释其实等于承认陈独秀辞职或许是事实，因为文科不再设学长，而归诸教务处，就是“半谷通讯”中说的。而且北大《文理科教务处组织法》确实在3月1日的北大评议会上通过。更为吊诡的是，4月8日，蔡元培召集文理两科各教授会主任及政治经济门主任会议，当场议决将已发表的文理科教务处组织法提前实行。并由各主任投票公推教务长一人，马寅初当选。此中虽有许多新知识分子圈内部不易说不便说不忍说的矛盾和阴谋，但也不能一味指责张厚载是造谣生事。

三、至于张厚载在通讯中说陈独秀、胡适、陶孟和、刘半农四人以思想激烈，受政府干涉，并谓陈独秀已在天津，态度消极，而陶孟和、胡适三人，则由校长以去就力争，始得不去职云。蔡元培在声明中认为“全是谣言”①。

然而，细绎陈独秀等人在此时前后的心迹和活动，也不能说张厚载的说法全无根据，全是谣言。

陈独秀性格率直，不拘小节，他在北大主持文科的时候，确实得罪过不少人，这些被得罪的人在大节上斗不过陈独秀，就只好在小节在私德上做文章，而陈独秀恰恰在这方面上是弱项。

蔡元培有心保护陈独秀，所以在1919年初出面发起北大进德会，规定不嫖、不赌、不娶妾，不做官吏，不做议员，不吸烟，不饮酒，不食肉。这简直有点禁欲主义的味道。尽管如此，陈独秀也在这个戒约上签了字，成为会员。然而入会不久，却有一个流言在北大传播，说是陈独秀逛八大胡同嫖妓，而且因争风抓伤某妓女下部。这可是一个惊天动地的大新闻，终于使那些反对派抓住了把柄。3月18日，林纾在《公言报》发表致蔡元培书，指责北大“覆孔孟，铲伦常”，大概说的就是陈独秀嫖妓这个传闻，“深以外间谣诼纷集为北京大学惜”。

林纾的信件加剧了这些传言的传播，同一天的《公言报》在《请看北京大学思潮变迁之近状》的标题下，以林纾信中所说为据，指责北大教授陈独秀、胡适等人绝对的废弃旧道德，毁斥伦常，诋排孔孟。批评陈独秀以新派首领自居，教员中与陈独秀沆瀣一气的，主要有胡适、钱玄同、刘半农、沈尹默等，学生闻风而起，服膺师说，张大其辞者，亦不乏人。既前后抒发其议论于《新青年》杂志，近又由其同派之学生组织一种杂志曰《新潮》者，以张皇其学说，更有《每周评论》之印刷发行。顾同时与之对峙者，有旧文学一派，旧派中以刘师培为首，其他如黄侃、马叙伦等，则与刘师培结合，亦组织一种杂志曰《国故》，名义出于学生，而主笔政之健将，教员实居其多数。盖学生中固亦分新旧两派，而各主其师说。两派的杂志《新青年》、《新潮》、《每周评论》与《国故》等旗鼓相当，互相争辩，当亦有裨于文化。然而遗憾的是他们两派总是忘其辩论之范围，纯任意气，各以恶

① 《致〈神州日报〉函》，《蔡元培书信集》（上册），浙江教育出版社2000年版，第401页。

声相报复。

这篇文章还说，日前哄传教育部有训令给北京大学，令北大将陈独秀、钱玄同、胡适三人辞退。但据记者详细调查，则知尚无其事。这虽然否认了北大将辞退陈独秀、钱玄同、胡适等人的传言，但无风不起浪，谣言依然在知识界继续流传，人们总是相信这个谣言变成事实也只是个时间问题。

由于《公言报》的这条消息直接牵涉《国故》杂志和刘师培，《国故》和刘师培即便不能认同于陈独秀等人的学术主张，但他们也不愿介入这种人事纠纷，于是《国故》杂志社和刘师培很快发表声明予以驳斥。只是这个声明只涉及《国故》和刘师培自身，至于其他事项，他们当然也不愿表态。

《国故》与刘师培的声明是否受到某种压力，我们不好推测，但蔡元培有恩于刘师培，而刘师培和《国故》且都是北大的人和北大的杂志，则是事实。这个事实当然使他们不希望北大内讧，即便内讧，他们也不希望这些家丑外扬。①

刘师培和《国故》杂志社的声明在一定程度上化解了新派教授对老派教授的怀疑，但是这个化解刚刚开始，不料又被张厚载给粉碎。张厚载大约当此时致信蔡元培，表示林纾的小说《荆生》是他转给上海《新申报》的，"半谷通讯"的栏目是他张厚载的，有关北大的那些传闻都是他张厚载发的。

张厚载的"投案自首"并没有使蔡元培感到高兴，一向对学生无限宽厚的蔡元培这次终于忍不住发火了。他告诉张厚载："在兄与林君有师生之谊，宜爱护林君；兄为本校学生，宜爱护母校。林君作此等小说，意在毁坏本校名誉，兄徇林君之意而发布之，于兄爱护母校之心，安乎，否乎？仆生平不喜作谩骂语、轻薄语，以为受者无伤，而施者实为失德。林君詈仆，仆将哀矜之不暇，而又何憾焉。惟兄反诸爱护本师之心，安乎，否乎？"② 温文尔雅的蔡元培终于一反常态发怒了。

---

① 《北京大学日刊》1919年3月24日。

② 《复张厚载函》，《蔡元培书信集》（上册），浙江教育出版社2000年版，第398页。

蔡元培的愤怒等于坐实张厚载、林纾所言并非全虚，尽管有的地方可能有夸大，有失实，但其毕竟是无风不起浪，总有蛛丝马迹可寻。于是北大和蔡元培的压力越来越大，于是有3月26日在汤尔和家专门讨论怎样处置陈独秀问题的会议，与会者有蔡元培、沈尹默、马叙伦和汤尔和等。而后面这三个人都是蔡元培最为倚重的浙江帮，也就是傅斯年所说的蔡元培的三个"谋客"。他们在蔡元培背后出主意，原本都是怎样对付北洋政府的，不料今天晚上他们将精力、智慧都用在怎样对付陈独秀和胡适等人身上。

按照胡适后来的说法，蔡元培颇不愿意此时"去"独秀，因为这样一来等于承认外面的谣言是对的。而汤尔和不知什么原因力言陈独秀私德太坏，并根据外间传言添油加醋地渲染陈独秀狎妓事，说陈独秀与北大诸生同暱一妓，因而吃醋，陈独秀将该妓女下体挖伤以泄愤。① 汤尔和认为此种行为如何可做大学师表。这个说法其实与林纾的攻击一致。

汤尔和滔滔不绝讲了几个小时，劝蔡元培解除陈独秀的聘约，并要制约胡适一下，其理由无非是要保存机关、保存北方读书人一类似是而非之谈。

蔡元培一直不说一句话，直到汤尔和等人说了几个钟头后，方才点到问题的根本。汤尔和说，如果我们一味保护陈独秀，那么北洋政府就不会放过北大，那么我们多年来的辛苦就将付诸东流。这句话真的打动了蔡元培。蔡元培站起来说："这些事我都不怕，我忍辱至此，皆为学校，但忍辱是有止境的。北京大学一切的事，都在我蔡元培一人身上，与这些人毫不相干。"②

而且，那时，蔡元培还是进德会的提倡者，所以当听了汤尔和等人所讲的陈独秀那些"私德"后，也不好再为陈独秀辩护。于是陈独秀从此之后似乎就与北大没有太多关系，尽管蔡元培后来出于私意并没有让陈独秀立刻离开北大。

---

① 《汤尔和致胡适》，《胡适来往书信选》（中册），中华书局1979年版，第289、291页。

② 傅斯年：《我所敬仰的蔡先生之风格》，《蔡元培先生纪念集》，中华书局1984年版，第81页。

对于这件事情的真相，胡适在十几年后看到汤尔和当年的日记曾有过探究，他认为，嫖妓是北大文科学长陈独秀和理科学长夏元瑮两个人都干的事，这也是老北大的传统和京师大学堂的遗风。但是这个事情非常私密，特别是像“挖伤某妓之下体”这样私密的事情，究竟有谁看见过？及今思之，岂值一噱？胡适说他个人当年就对这件事情的真实性表示过怀疑，当时小报所记，道路传闻，都是无稽之谈，而学界领袖乃视为事实，视为铁证，岂不可怪？后来仔细想来，当时外人借私行为攻击陈独秀，明明是攻击北大的新思潮的几个领袖的一种手段，而汤尔和等几个人亦不能将私行为与公行为分开，终于堕入奸人术中了。

胡适还告诉汤尔和，他当时就怀疑沈尹默等几个“反复小人”造成了一个攻击陈独秀的局面，而汤尔和不察，成了这几个小人的代言人。胡适还说，沈尹默后来用种种方法排挤他胡适，只是他胡适毕竟不是陈独秀，有小辫子在他们手上，所以就采取“不俶不睬”处之，因为他胡适向来不屑同沈尹默这种人作敌对的。①

至于沈尹默为什么要与陈独秀作对，一个最重要的说法就是陈独秀曾经很刻薄地贬损沈尹默的书法，而沈尹默的书法自认为不得了，他后来也确实是以书法名家传世。所以现在许多不知道当年细节的，反而说是陈独秀当年一句刻薄的话成就了沈尹默这个大书法家，不知道陈独秀为这句话所付出的代价。

当然，历史上许多事都是很难说得清利弊得失的，陈独秀离开北大不多久，就参与创建中国共产党，成为中共早期重要领导人，所以汤尔和多年后依然坦然对胡适说，即便没有1919年3月26日夜的谈话，陈独秀也不会在北大继续待下去。陈独秀当然为不羁之才，岂能安于教授生活，即便没有那天晚上的事，他也必脱韝而去。而且，汤尔和继续认为，大学师表，人格感化胜于一切，至少亦当与技术文章同其分量。以陈独秀当年之浪漫行为置之大学，终嫌不类。即便从后来发生的事实看，汤尔和还告诉胡适：如果当年不与

① 《胡适致汤尔和（稿）》，《胡适来往书信选》（中册），，中华书局1979年版，第290页。

陈独秀分道扬镳，则以后接二连三的极大刺激，你胡适老兄的自由主义立场能否不生动摇，其实都是值得怀疑的[①]。这就将历史已经发生的事情，都视为当然。果如此，即便陈独秀看到汤尔和这样的议论，也真的无话可说。

汤尔和、沈尹默、马叙伦，为蔡元培的左膀右臂，又与陈独秀、胡适、钱玄同一样，同属于新文化阵营，所以陈独秀在北大的遭遇，很难像旧教科书所说，是受到了旧势力的攻击和排挤，其实只是新派势力内部倾轧，内部斗争，只是借助于旧派人物作掩护，作招牌而已。

正如汤尔和所认为的那样，陈独秀绝对是一个有性格的男子汉，他当年推荐陈独秀到北大来或许正是看上这一点，现在要让陈独秀出局，或许也是因为这一点。然而从陈独秀的立场看，不管怎样说，这一次离开北大毕竟是夜走麦城，所以他在4月11日途中遇到汤尔和时，“面色灰败，自北而南，以怒目视”，内心的愤怒溢于言表。而汤尔和也只好自嘲为“亦可哂已”[②]。

紧接着，陈独秀理所当然走上更为激烈的反叛之路，他在整个五四爱国运动期间似乎都没有闲着。蔡元培5月9日离京出走后，陈独秀在上海的朋友估计他在北京也肯定会有许多危险和困难，函电他早日南下。陈独秀回答道：“我脑筋惨痛已极，极盼政府早日捉我下监处死，不欲生存于此恶浊之社会也。”[③] 6月8日，陈独秀在《每周评论》上发表文章，表示人类文明的发源地就是研究室和监狱这两个地方，只有这两个地方发生的文明才是真文明，才是有生命有价值的文明，表示他愿意出了研究室进监狱。6月11日，北洋政府的军警终于成全了陈独秀的愿望，以散发传单为理由将陈独秀拘捕，并终于将陈独秀逼上一条充满荆棘的革命之路。

北大内部的纠纷有着复杂背景，像陈独秀案只是新派知识分子内部纠纷的一种表现，更多的还是新旧两种思想观念的冲突。从前面的论述中，我们没有忘记另外一条线索，那就是北大之所以惹来外部麻

① 《汤尔和致胡适》，《胡适来往书信选》（中册），中华书局1979年版，第289、291页。
② 《胡适手抄汤尔和日记和跋》，《胡适来往书信选》（中册），中华书局1979年版，第283页。
③ 《陈独秀案之大疑团》，《民国日报》1919年6月23日。

烦，其实就是从1919年1月1日初版发行的《新潮》杂志开始。林纾、张厚载以及报章杂志如《公言报》的批评说到《新潮》，而最直接的警示，则是对北大爱护有加的教育部长傅增湘。傅增湘3月26日致函蔡元培说："自《新潮》出版，辇下耆宿对于在事员生不无微词"；"国学靡敝，士之秀且杰者，谋所以改弦而更张之。笃旧之伦，疾首疚心，为匡掖废坠之计，趋涂虽殊，用心则一。异同切劘，互资进行，尊闻行知，无妨殊轨。近顷所虑，乃在因批评而起辩难，因辩难而涉意气。倘稍逾学术范围之外，将益启党派新旧之争，此则不能不引为隐忧耳。吾国伦理道义，人群纪纲，镌于人心，濡于学说，阅数百千年。其间节目条教，习惯蜕衍，或不适于现代，亦属在所不免。然而改革救正，自有其道。以积渐整理之功，行平实通利之策，斯乃为适。凡事过于锐进，或大反乎恒情之所习，未有不立蹶者。时论纠纷，喜为抨击，设有悠悠之辞，波及全体，尤为演进新机之累。甚冀执事与在校诸君一扬榷之，则学子之幸也。鄙意多识蓄德，事属一贯。校内员生，类多闳达，周知海内外名物之故与群治之原。诚能朝益暮习，与时偕行，修养既充，信仰渐著，遵循轨道，发为言论，自足以翕服群伦。若其以仓卒之议，翘于群众，乂有未安，辄以滋病，殆有未可。至于学说流裔，如长江大河，支派洄洑，无可壅阏，利而导之，疏而瀹之，毋使溃溢横决，是在经世之大君子如我公者矣。"① 由此可见，傅增湘对《新潮》所代表的激进思想的高度关注，肯定也受到来自政治高层和守旧势力的压力。

傅增湘确实受到政治高层和守旧势力的压力，正如研究者和许多文献都记载的那样，段祺瑞和安福系对蔡元培的教育理念很不感冒，他们其实一直在关注着蔡元培和北大的动静，担心教育上出问题，担心学生闹事。所以从蔡元培、陈独秀，乃至汤尔和、马叙伦、沈尹默等人的理念和防范看，其实也是一直在提防着段祺瑞和安福系的黑手。

说来也很奇怪。段祺瑞和安福系的主要人物都来自安徽，而陈独

① 《傅增湘致蔡元培函》，《蔡元培书信集》（上册），浙江教育出版社2000年版，第404页。

秀、胡适这些人也是安徽人，但是这两股安徽势力各自争锋，他们就是不愿意交叉、不愿意沟通。所以陈独秀在6月被捕时所散发的传单，其主要斗争矛头就是段祺瑞和安福系的徐树铮、段芝贵等人。

大约在3月末，安福系参议员张元奇以北大教员、学生鼓吹新思潮的“出版物实为纲常名教之罪人”，特地前往教育部，请教育总长傅增湘加以取缔，当时携去《新青年》和《新潮》等杂志为证。张元奇还表示，如教育总长对此无相当之制裁，则将由新国会提出弹劾教育总长案，并弹劾大学校长蔡元培。但据新国会中的人说，弹劾案的提出须得到多数议员的赞成，此次张元奇表示要弹劾傅增湘，只不过是参议院中少数耆老派的意见，并不能形成参议院的共识。张元奇向傅增湘提出警告，不过是恫吓而已。[①]

尽管张元奇和安福系一时还没有足够的理由扳倒傅增湘和蔡元培，但其恫吓不能不引起傅之重视。4月1日，蔡元培应傅增湘要求到教育部面谈一切。由于年初以来外间议论纷纷，《新青年》早在2月15日出版的第6卷第2号开篇就刊登大字声明，否认杂志与北大有直接的隶属关系。声明指出，“近来外面的人往往把《新青年》和北京大学混为一谈，因此发生种种无谓的谣言。现在我们特别声明：《新青年》编辑和做文章的人虽然有几个在大学做教员，但是这个杂志完全是私人的组织，我们的议论完全归我们自己负责，和北京大学毫不相干。”[②] 这个声明一方面告诉我们外间的谣传还真的不少，而且时间也比较早；另一方面为保护北大和蔡元培，陈独秀等人理直气壮地声明这个杂志与北京大学无关。

《新青年》编辑部的声明减轻了蔡元培的一个压力，蔡元培需要向傅增湘并通过傅增湘向安福系说明的只是《新潮》杂志的问题。

《新潮》确实是经蔡元培、陈独秀同意出版的一个刊物，其经费补助也来自北大官方。根据傅斯年的回忆，他与罗家伦、顾颉刚、潘家洵（介泉）、徐彦之（子俊）等同学在蔡元培思想自由、兼容并包教育理念影响下，觉得应该成立一个社团，创办一个杂志，表达一些

① 《申报》1919年4月1日。

② 《新青年编辑部启事》，《新青年》1919年第6卷第2号。

主张，为自己将来走向社会提供一次锻炼的机会，所以他们想到了创办新潮社，创办《新潮》杂志，并由徐彦之找文科学长陈独秀汇报，得到陈独秀的大力支持。陈独秀表示："只要你们有办的决心和长久支持的志愿，经济方面可以由学校担负。"所以说，《新潮》当然是北大的刊物，尽管是以学生为主体。

有了陈独秀的支持，傅斯年等人加快了筹备步伐。1918 年 10 月 13 日，他们召开第一次预备会，确定了杂志的基本宗旨：一、批评的精神；二、科学的主义；三、革新的名词。

基于这三点宗旨，徐彦之将杂志的英文名字定为 *The Renaissance*，直译应该是"文艺复兴"，而中文名字在罗家伦的坚持下定为"新潮"，其实也蕴含着英文的意思，两个名词恰好可以互译。11 月 19 日，开第二次会，定妥职员，并着手准备稿件。北大图书馆馆长李大钊把图书馆的一个房间拨给新潮社使用，北大出版部主任李辛白帮助他们把印刷发行等事情办妥。于是到了 1919 年 1 月 1 日，《新潮》如期面世。

《新潮》出版之后很快发生很大的影响，有几家报纸几乎天天骂《新潮》，几乎将骂《新潮》作为他们的职业。甚至在北大的某某几个教员休息室里，也从此多事。傅斯年等人不免有受气负苦的地方，甚至树若干敌，结许多怨，尤其是傅斯年、罗家伦两人更是因此成为许多人攻击的对象。特别是有位"文通先生"，一贯和北大过不去，当《新潮》出版两期之后，他又开始看不惯，有一天拿着两本《新潮》和几本《新青年》送给地位更高的一个人看，加了许多非圣乱经、洪水猛兽、邪说横行的评语，纵容这位地位最高的来处治北大和傅斯年等人。

这位地位最高的交给教育总长傅增湘斟酌办理，并示意蔡元培辞退大约是陈独秀、胡适这两位教员，开除大约是傅斯年和罗家伦这两位学生。这就是当时传言的所谓"四凶"。他们两个是《新青年》的编辑，两个是《新潮》的编辑。所以仔细阅读蔡元培复林纾的信，可以感觉到蔡元培在那封信里，并不只是对林纾说话，而且是向徐世昌喊话。

接着就是所谓新参议院的张元奇找到傅增湘，要求查办《新青年》、《新潮》和蔡元培，弹劾傅增湘。再接着，就是林纾即傅斯年所说的那位“林四娘”找到“他的伟丈夫”徐树铮。接着就是老头子们罗唣当局，当局罗唣蔡元培。接着就是谣言大起。校内校外，各地报纸上，甚至辽远若广州，如成都，也成了报界批评的问题。谁晓得他们只会暗地里投入几个石子，骂上几声，罗唣几回，再不来了。按照罗家伦在《北京大学与五四运动》中的说法，这位“文通先生”就是江瀚，而那位“地位最高”的，就是大总统徐世昌。[①]

按照傅斯年当时的说法，《新潮》之所以在创刊仅两期就遭到如此磨难，主要的还不是《新潮》本身，而是“由于《新青年》记者”，《新潮》不过占了一小小部分。[②] 那么，《新青年》究竟在哪些问题上被这些人盯上了呢？

根据陈独秀 1919 年 1 月 15 日所写的《〈新青年〉罪案之答辩书》，《新青年》确实被许多人甚至一些青年学生视为“离经叛道的异端，非圣无法的叛逆”，看作“邪说、怪物”。至于具体内容，根据陈独秀的归纳，无非是破坏孔教，破坏礼法，破坏国粹，破坏贞节，破坏旧伦理（忠孝节），破坏旧艺术（中国戏），破坏旧宗教（鬼神），破坏旧文学，破坏旧政治（特权人治），共九条。而追本溯源，《新青年》之所以被那些人视为洪水猛兽，视为异端邪说，只是因为拥护那德莫克拉西（Democracy）和赛因斯（Science）两先生。理由是：要拥护那德先生，便不得不反对孔教、礼法、贞节、旧伦理、旧政治；要拥护那赛先生，便不得不反对旧艺术、旧宗教；要拥护德先生又要拥护赛先生，便不得不反对国粹和旧文学。[③] 所以，我们要谈五四新文化运动中的所谓“全盘反传统”，所谓“全盘西化”，都应该按照这个线索去探究。

原本只是从事学理讨论、学术论争的林纾，不自觉无意识充当了

① 《传记文学》1978 年第 5 期。

② 傅斯年：《〈新潮〉之回顾与前瞻》，《傅斯年全集》第 1 卷，湖南教育出版社 2003 年版，第 292 页。

③ 《〈新青年〉罪案之答辩书》，《独秀文存》，安徽人民出版社 1987 年版，第 243 页。

段祺瑞政府的帮凶，这在段祺瑞政府后来成为历史陈迹，而蔡元培、陈独秀等人都成为历史上的正面形象后，林纾在五四历史记忆架构中的形象理所当然比较尴尬、比较负面。

（原载《安徽史学》2011 年第 1 期）

# 鲁迅的五四与新青年的五四

## ——重读《〈呐喊〉自序》并纪念新文化运动九十周年

李　怡*

五四新文化运动九十周年的到来并没有伴随着我们关于五四的更多的思想认同的出现。相反，对这段历史的认识、评价我们持续着的是一系列的分歧。而分歧不过是我们整个现代文化的发展缺少如西方文艺复兴般的“思想平台”的结果。在我看来，五四本身就是充满思想分歧的。在过去，当我们几乎是强制性地将种种出现于新文化倡导者阵营内部、新文化不同的理解者之间、新文化倡导者与旧文化坚持者之间、旧文化传统不同的理解者之间的思想分歧简化为“新/旧”“进步/落后”、“革命/封建”的二元关系，其实便是严重混淆了历史的诸多复杂存在。而今天颂扬五四与批判五四也常常是建立在这样一种历史的混淆当中，思想的混淆必将继续导致思想平台的缺失，这是新的五四新文化研究必须首先要解决的问题。

在五四新文化运动自身所具有的复杂形态中，后来被视作新文化旗手的鲁迅与其他更积极的新文化运动的鼓动者的分歧值得我们注意。鲁迅介入五四新文化运动是被《新青年》“拖进去”的，在这里，我们不妨将借助《新青年》杂志积极倡导新文化的知识分子称作“新青年”，考察鲁迅介人《新青年》杂志的过程，这样能比较清楚地发现

* 李怡，北京师范大学文学院，教授。

其中的重要分歧。

这就是我们今天重读鲁迅《呐喊·自序》的意义。

## 一

“我在年青时候也曾经做过许多梦，后来大半忘却了，但自己也并不以为可惜。”①

这就是《呐喊·自序》的开篇。鲁迅就是以这样的表述，开宗明义地向我们昭示：他与五四时代的许多人有着多么不同的体验与心境！

青春、激情、幻想、梦……这就是我们今天对五四的描述。正如学者刘纳先生所总结的那样：“当年，辛亥革命时期进步诗人在辗转苦辛与心理疲劳中几乎损尽了天真：‘四海风尘艰涕泪，中年哀乐损天真。’五四作者则希望唤回未损的天真。两代同样年轻的诗人，走过的是不同的生活道路：在柳亚子等人已经经历了人生的跌宕起伏，二十出头的五四作者大多才开始面对人生。与自视为不世英才的辛亥革命时期的进步诗人不同，五四作者对自己的实际才能少有过高的估计，他们的笔下不再凝聚着沧桑之感，而是无遮无挡地传达着心灵的信息。不同于辛亥革命时期诗人对人生哀乐有比较深致的体味，时代的春风唤醒了五四作者生命的悟性，使他们获得了对于世界的新的体悟。”② 然而，鲁迅却显然已经不再属于这样的“五四作者”了。

可以说，与积极投身《新青年》激情启蒙的“新青年”比较，五四时期的鲁迅更有着刘纳先生所说的“辛亥革命时期进步诗人在辗转苦辛与心理疲劳”，这样冷静而理性的表述一再说明他的确已经“几乎损尽了天真”，传达的尽是“人生跌宕起伏”之后的“沧桑之感”，同时也是“对人生哀乐有比较深致的体味”。这些对前代文人的描述之所以同样适用于鲁迅，乃是因为鲁迅自己的“新青年”时代的确早在辛亥革命之前的日本就到来了，而从那以后到五四，恰恰是鲁迅在跌宕起伏的人生中逐渐磨损青春、忘却梦幻的过程。

① 鲁迅：《呐喊·自序》，《鲁迅全集》第1卷，人民文学出版社1981年版，第415页。

② 刘纳：《嬗变》，中国社会科学出版社1998年版，第293页。

在日本，在五四之前的十年，鲁迅兄弟和许寿裳、袁文薮等五人共同策划着一本名为《新生》的杂志。鲁迅 1908 年的几篇论文就是为这本杂志准备的，这大概可以说明杂志以思想启蒙为目标的办刊宗旨，同时，据鲁迅所说，这又是一本纯文学的杂志，“凡是愚弱的国民，即使体格如何健全，如何茁壮，也只能做毫无意义的示众的材料和看客，病死多少是不必以为不幸的。所以我们的第一要著，是在改变他们的精神，而善于改变精神的是，我那时以为当然要推文艺，于是想提倡文艺运动了。”① 显然，《新生》几乎就是未来五四新文学杂志的预演，可以说就是当年鲁迅的《新青年》，筹办《新生》的鲁迅本人就属于辛亥革命之前的“新青年”。

然而，对于中国文化而言，鲁迅作为人的“新”与杂志作为理想的“新”都出现得太早了一些。

近代中国，直到民国建立、袁世凯推行专制之前的很长一段时间里，救亡图存的中国知识分子都主要坚持着两种“主义”，一是国家主义，二是实业主义。日本留学界也是如此。然而，独立特行的鲁迅恰恰在这两个基本的方向上完成了自己的根本突破。1908 年前后的鲁迅以“个人主义”实现了对“国家主义”的超越，以对精神信仰的呼唤实现了对“物质主义”和单纯的实业主义的超越。在《科学史教篇》里，这就是对科学救国口号中“至显之实利”与“至肤之方术”的尖锐批判，在《文化偏至论》里，这就是一个重要的主张：“掊物质而张灵明，任个人而排众数”。在《摩罗诗力说》里，则被鲁迅描述为文学艺术所涵蕴的“心声”：“盖人文之留遗后世者，最有力莫如心声。”在《破恶声论》里，是要清除以“科学”、以“兽性”的爱国主义相标榜的“伪士”，同时保留象征人类信仰真实的“迷信”。在鲁迅完成着这一系列前所未有的精神探索与启蒙思想之时，在他第一次以“个人”的立场来读解近代中国文化的危机之时，特别是在他努力将自己对中国人的精神的重建以纯文学的方式予以表达的时候，他实际上是提前十年演绎着未来五四的新文化主题，换句话



① 鲁迅：《呐喊·自序》，《鲁迅全集》第 1 卷，人民文学出版社 1981 年版，第 417 页。

说，1908 年前后就是鲁迅心目中的五四，而《新生》就是鲁迅所要创办的《新青年》。

当然，1908 年的鲁迅是孤独的，《新生》的设计也并没有成功。因为，包括留学界在内的绝大多数中国知识分子都还没有摆脱国家主义与实业主义的思想窠臼。“在东京的留学生很有学法政理化以至警察工业的，但没有人治文学和美术”，鲁迅等人的认同圈子十分狭窄，在如此“冷淡的空气中”，鲁迅、周作人能够“寻到几个同志”策划一种杂志本身就是一件艰难的事情。新生，“名目是取‘新的生命’的意思”。[①] 据许寿裳回忆说，当时“有人就在背地取笑了，说这会是新进学的秀才呢”。[②] 在当时的留日学人中，大约还很少有人能够独立于博大悠久的中国传统与朝气蓬勃的西方文化之外，以全新的生命创造为自己的现实目标，人们很容易理解“清议”、“鹃声”、“汉帜”、“游学译编”之类的称谓，而这“新生”，对绝大多数人而言都仿佛是一个陌生的名目，能够进入其认知范围的恐怕也就是“新进学的秀才”之类了！于是，等待他们的也只有这样的结果：

> 《新生》的出版之期接近了，但最先就隐去了若干担当文字的人，接着又逃走了资本，结果只剩下不名一钱的三个人。创始时候既已背时，失败时候当然无可告语，而其后却连这三个人也都为各自的运命所驱策，不能在一处纵谈将来的好梦了，这就是我们的并未产生的《新生》的结局。[③]

“背时”，这是提前进入五四理想的鲁迅对自己与时代“主流”之关系的准确认识！然而，更重要的还在于，“背时”的鲁迅却进一步将此上升成了关于自我生命的深层认识：

> 凡有一人的主张，得了赞和，是促其前进的，得了反对，是

---

① 鲁迅：《呐喊·自序》，《鲁迅全集》第 1 卷，人民文学出版社 1981 年版，第 417 页。

② 许寿裳：《亡友鲁迅印象记》，人民文学出版社 1977 年版，第 21 页。

③ 鲁迅：《呐喊·自序》，《鲁迅全集》第 1 卷，人民文学出版社 1981 年版，第 417 页。

促其奋斗的，独有叫喊于生人中，而生人并无反应，既非赞同，也无反对，如置身毫无边际的荒原，无可措手的了，这是怎样的悲哀呵，我于是以我所感到者为寂寞。

这寂寞又一天一天的长大起来，如大毒蛇，缠住了我的灵魂了。

然而我虽然自有无端的悲哀，却也并不愤懑，因为这经验使我反省，看见自己了：就是我决不是一个振臂一呼应者云集的英雄。①

鲁迅在这里所表述的绝不仅仅是一次现实的教训，“虽然自有无端的悲哀，却也并不愤懑”，因为这里更包含着他对于人自身局限性的深刻顿悟。鲁迅对于“人”的理解已经从单纯的现实进取发展为生命内部的沉思，从满怀自信的自我期许转换为悲剧性的自我发现。这样的思想演进的深度似乎进一步决定着鲁迅的“背时”：不仅有“背”于 1908 年前后的留日中国知识界，而且将继续有别于 1918 年前后的青年中国知识界。

鲁迅的五四不是留日中国知识界的五四，而青年中国知识界的五四也有别于鲁迅的五四。

## 二

中国知识界从国家主义转进为个人主义，从单纯的实业救国发展为精神改造与文学革命，这样的变动是在鲁迅创办《新生》失败后的将近十年才发生的，其原因则是中国社会特别是政治形势的巨大变化。中国知识分子这种以国家利益为奋斗目标的现代化理想被民国建立之后的乱局摧毁了。在民族完成国家的“整体”革命以后，一个自由平等、保障人权的新中国并没有降临，袁世凯倒行逆施的专制政治击碎了中国知识分子关于“新民”的憧憬，现实政治的震荡让更多的知识

① 鲁迅：《呐喊·自序》，《鲁迅全集》第 1 卷，人民文学出版社 1981 年版，第 417 页。

分子真实地体会到了捍卫“个人”权利的意义与“精神”重建的价值。从《甲寅》月刊到《新青年》，从批判性的政论到建构性的价值探索，中国知识界特别是青年知识分子开始以各自的方式阐述着新一代中国人（新青年）所应当具有的“个人”立场，建构以“个体”“自我”为出发点的“新文化”的思想系统。

当更多的青年知识分子高举起个人、精神与文学的大旗，表达着鲁迅10年前的五四理想之时，却恰恰与此时此刻的鲁迅产生了明显的差异。显然，鲁迅丝毫也不避讳这样的差异。在《呐喊·自序》中，他以大量的篇幅生动地为我们展示了有别于新青年的鲁迅自己的生活方式与思想方式。

当一批年轻而热情的知识分子正在积极推动新文化运动之时，鲁迅却蜗居在S会馆里，这是怎样的一个所在呢？

> S会馆里有三间屋，相传是往昔曾在院子里的槐树上缢死过一个女人的，现在槐树已经高不可攀了，而这屋还没有人住；许多年，我便寓在这屋里钞古碑。客中少有人来，古碑中也遇不到什么问题和主义，而我的生命却居然暗暗的消去了，这也就是我惟一的愿望。夏夜，蚊子多了，便摇着蒲扇坐在槐树下，从密叶缝里看那一点一点的青天，晚出的槐蚕又每每冰冷的落在头颈上。①

空屋，人迹罕至，缢死的女人，古碑，落在头颈上冰冷的槐蚕，这是一个多么缺乏“生人”气息的所在！问题是这一切都是鲁迅自己的选择。在饱尝了“独有叫喊于生人中，而生人并无反应”的滋味之后，鲁迅主动选择了这样一个远离“生人”的处所。

远离了一个时代的喧嚣与躁动，鲁迅仿佛是站在时代的“边缘”来默默地打量着这样一些热情的“孩子”，注视着他们正在沉浸着的“少年中国”之梦。然后，以曾经沧海、不堪回首的老人的沉重与徐

① 鲁迅：《呐喊·自序》，《鲁迅全集》第1卷，人民文学出版社1981年版，第418页。

缓讲述了心中的隔膜："我在年青时候也曾经做过许多梦，后来大半忘却了，但自己也并不以为可惜。所谓回忆者，虽说可以使人欢欣，有时也不免使人寂寞，使精神的丝缕还牵着已逝的寂寞的时光，又有什么意味呢。"①

然而，如果我们就此认为鲁迅在精神上已经与新青年们毫不相通了，那自然也是荒谬的。实际上，从近代以国家主义为起点的现代化理想到鲁迅《新生》失败后的自我反省，中国知识分子的思想层面出现了四类人的三重意义的变迁，它们分属不同阶段的知识者，体现了不同的人生感受的深度，但又存在着某种根本上的联系：

1. 晚清到辛亥革命之前：国家主义的"新民"理想

——梁启超等众多的近代中国知识分子

2. 鲁迅的五四：以个人与灵明为基础的"立人"理想

——鲁迅等极少数青年知识分子

3. 新青年的五四：个人主义、人道主义与文学革命

——五四时期的众多青年知识分子

4.《新生》失败到 1917 前后：对个人与生命局限的追问和思考

——鲁迅等极少数知识分子

我们可以看到，鲁迅当年的五四与新青年 1917 年前后的五四基本上属于同样一个思想层面，他们都坚持捍卫个人与精神的价值，并以此作为新的文化建设的基础。这样一个思想层面无疑是对近代知识分子国家主义立场的突破和超越，但又都洋溢着乐观向上的自信，一往无前的气势，这样的乐观、这样的气势似乎又让我们想起梁启超，想起梁启超的《少年中国说》，在大力推进中国现代化的取向上，它们就是这样的相异又相通。不过，在经历了《新生》失败的孤独的思考之后，鲁迅的思想却有了新的发展，他逐渐涤荡了青年式的单纯的理

① 鲁迅：《呐喊·自序》，《鲁迅全集》第 1 卷，人民文学出版社 1981 年版，第 415 页。

想主义与乐观信念，将其转化为关于人生、人性与生命的更冷静的思索与追问，其实，对自我局限性的把握成为思维的要点。鲁迅由此便与一般新青年的兴趣和态度有了相当的差别。

不过，我们也必须意识到，无论是先前的乐观自信还是今日之怀疑与悲观，对于鲁迅这样的思想启蒙者而言，有一点却并没有改变，那就是对于“立人”理想的建设，对于推进中国现代文化建构，鲁迅并没有放弃，更没有否定。这又是他在五四时期能够继续与新青年们对话，并最终融入其中的重要思想基础。在《呐喊·自序》中，鲁迅关于“梦”的冷漠并没有上升为玩世不恭的冷嘲，他也无意听任自己在冷漠中走得更远，接下来倒是一大段关于童年创伤的追忆，这是对“梦”的破灭过程的追溯，而追溯本身则更像是鲁迅对新青年的一番交代，是一个“过来人”就自己的人生态度问题与和他有明显差异却又不无欣赏的下一代展开的真诚对话：

> “我有四年多，曾经常常，——几乎是每天，出入于质铺和药店里……”
>
> “有谁从小康人家而坠入困顿的么，我以为在这途路中，大概可以看见世人的真面目……”①

这记忆是痛彻心扉的，然而却仅仅是一个开始。以后，从在N地进K学堂到“日本一个乡间的医学专门学校”，从幻灯片事件到《新生》的失败，鲁迅一路写来，似乎在尽情地倾诉自己长久以来的心灵积郁，也是在“鉴赏”这生命的变幻。这里，作为叙述者的鲁迅总是保持着一种特别的冷静，我理解，他是以这样的冷静来保留人生的真相，让更多的新青年能够借此进入到他所遭遇的复杂世界中去。

更有意思的是鲁迅的讲述直接延续到了现在，并且让一个思想与态度迥异的“新青年”闯将进来，在自己思想的核心层面上展开了尖锐的对话，这对话来自两个不同的思想层面，体现着两种不同的人生

① 鲁迅：《呐喊·自序》，《鲁迅全集》第1卷，人民文学出版社1981年版，第415页。

认识，鲁迅以如此完整的方式呈现了他们，揭示的就是一个“复调”的五四：

> “你钞了这些有什么用?”有一夜，他翻着我那古碑的钞本，发了研究的质问了。
>
> “没有什么用。”
>
> “那么，你钞他是什么意思呢?”
>
> “没有什么意思。”
>
> “我想，你可以做点文章……”
>
> 我懂得他的意思了，他们正办《新青年》，然而那时仿佛不特没有人来赞同，并且也还没有人来反对，我想，他们许是感到寂寞了，但是说：
>
> “假如一间铁屋子，是绝无窗户而万难破毁的，里面有许多熟睡的人们，不久都要闷死了，然而是从昏睡入死灭，并不感到就死的悲哀。现在你大嚷起来，惊起了较为清醒的几个人，使这不幸的少数者来受无可挽救的临终的苦楚，你倒以为对得起他们么?”
>
> “然而几个人既然起来，你不能说决没有毁坏这铁屋的希望。”①

鲁迅不厌其烦地收录了这一大段的话语交锋，给读者同时也给自己一次新的玩味的机会。“新青年”首先发起连续不断的追问，而“过来人”先是一再躲闪、回避，在避无所避同时也理解了对方的苦况之后，他终于发出了一大段石破天惊般的反问。铁屋子，一个如此形象如此深刻的比喻，在死亡、幸福与人的自我感受与自我选择之间，也存在着一种两难的复杂的关系。“新青年”最后的回答虽然多少也有一点无奈，然而却自有他的选择上的某种坚定，这坚定又不能不让人有所震撼。在充分表述各自的立场之后，鲁迅以“新青年”这个有力短句作为收束，既展现了彼此的差别，又耐人寻味。

① 鲁迅：《呐喊·自序》，《鲁迅全集》第1卷，人民文学出版社1981年版，第418、419页。

## 三

S 会馆，高不可攀的槐树，这曾是鲁迅试图回避“生人”的所在，然而却又是他最终避无所避，迈向五四新文化阵营的起点。《呐喊·自序》不仅生动地展示了鲁迅与一般新青年的思想差异及其根源，同时也袒露了他如何面对新青年的这些思想挑战的过程：鲁迅没有放弃自我的独立性，但也没有回避挑战本身，而是做出了新的回应：以自己的方式介入五四新文化运动，履行对新的文化建设的有力的支持。可以说，这是经历过怀疑与否定思维的鲁迅的又一次思想与行动的调整。

《呐喊·自序》告诉我们，“新青年”没有能够说服鲁迅，就像鲁迅也没有能够说服“新青年”一样，然而，对话本身却是有益的，因为，鲁迅显然对对方的立场更多了一层理解，也对个人思想与实践选择之间的多重关系有了新的认识：

> “是的，我虽然自有我的确信，然而说到希望，却是不能抹杀的，因为希望是在于将来，决不能以我之必无的证明，来折服了他之所谓可有”，“在我自己，本以为现在是已经并非一个切迫而不能已于言的人了，但或者也还未能忘怀于当日自己的寂寞的悲哀罢，所以有时候仍不免呐喊几声，聊以慰藉那在寂寞里奔驰的猛士，使他不惮于前驱。至于我的喊声是勇猛或是悲哀，是可憎或是可笑，那倒是不暇顾及的……”①

这一段话所表达的意义的丰富性显然已超过了“铁屋子”的判断，它至少包含了这样几个彼此相异却又相互联系的部分：

其一，“确信”是一个重要的前提，鲁迅并没有改变自己的“确信”。他自己也不是“猛士”、“前驱者”，也无意成为“猛士”与前驱者”。

---

① 鲁迅：《呐喊·自序》，《鲁迅全集》第 1 卷，人民文学出版社 1981 年版，第 419 页。

其二，较之于“铁屋子”的对话以前，鲁迅显然更为同情和理解他们这些正在做梦的“猛士”与“前驱者”，他愿意在力所能及的情况下给予他们某些精神的安慰。这表明，鲁迅已经不单单沉浸于个人的“思想”逻辑之中，他接受了自我思想观念与实践选择之间的多重关系，也就是说，不再一味强调将实践的选择严密置于自我思想的内部，在不能认同但又无法否定其他思想观念的时候，只要这样的思想还有它自身的合理性，那么鲁迅也就愿意在实践中予以支持和配合，所以他发出了“呐喊”，也表示要“听将令”，因为“至于自己，却也并不愿将自以为苦的寂寞，再来传染给也如我那年青时候似的正做着好梦的青年”。鲁迅如此的“思想”与如此的“选择”实际上为后来的文学创作带来了“多声部”的复调特征[①]，造成了后人阐释的多种可能性。

其三，即便如此，我们也不可过于夸大“听将令”在鲁迅整体思想观念中的分量，因为，在尽了力所能及的“义务”之后，他并不特别关心自己行动的效果：“至于我的喊声是勇猛或是悲哀，是可憎或是可笑，那倒是不暇顾及的。”后来他又说过“前驱者的命令，也是我自己所愿意遵奉的命令，决不是皇上的圣旨，也不是金元和真的指挥刀”。[②] 鲁迅一直“确信”自己对“铁屋子”的判断，并不对未来抱太多的幻想，1923 年他说：“人生最苦痛的是梦醒了无路可以走。做梦的人是幸福的；倘没有看出可走的路，最要紧的是不要去惊醒他。”[③] 到 1927 年，他还继续提出过关于“醉虾”的理论：“我就是做这醉虾的帮手，弄清了老实而不幸的青年的脑子和弄敏了他的感觉，使他万一遭灾时来尝加倍的苦痛。”[④] 鲁迅在经历了自己的五四以后所获得的思想逻辑是很难为外部世界所轻易撼动的。

其四，我们也应当结合前后文实事求是地理解这里的“猛士”与“前驱者”。显然，他们并不是我们过去一些阐释中所说的“无产阶级

① 严家炎先生曾经阐述过鲁迅小说的“复调性”，见严文《复调小说：鲁迅的突出贡献》，《中国现代文学研究丛刊》2001 年第 3 期。

② 鲁迅：《南腔北调集·〈自选集〉自序》，《鲁迅全集》第 4 卷，第 456 页。

③ 鲁迅：《坟·娜拉走后怎样》，《鲁迅全集》第 1 卷，第 159 页。

④ 鲁迅：《而已集·答有恒先生》，《鲁迅全集》第 3 卷，第 454 页。

先锋”、“阶级革命者”之类，他们其实就是像“金心异”等正在致力于新文学运动的“新青年”。在推动中国的新文化、新文学建设方面，他们义无反顾，走在了时代潮流的“前列”，他们是一些还在“做梦的人”。梦是美丽的，但也许难免会有虚幻性，鲁迅所用的“猛士”之“猛”字，也多少包含了这样的复杂感受：这里既有对奋不顾身者的赞赏，也有对浪漫式冲动的某些慨叹。

从《新生》失败的寂寞走进S会馆的“空屋”，在经过了“铁屋子”的激烈论辩之后，鲁迅介入五四新文学运动的基本姿态已大致确定了下来，这是一个远比一般的五四文学青年复杂得多的心态。

重读鲁迅《呐喊·自序》，考察鲁迅介入《新青年》杂志的过程，揭示这一位新文化运动先驱在思想深处与一般“新青年”的重要差异，这当然不是为了抹杀鲁迅之于新文化运动的价值和意义，而是要借此获得一个更深远的启示：九十年前的五四新文化运动正是由这些不同思想倾向的知识分子共同推动的结果，今天的研究应该由一般的共性研究转向更深入更细致的个性研究，只有这样，我们才能更清晰地把握历史事实的复杂性，并最终在复杂的五四复调的聆听中读解五四，寻找理解中国现代文化与文学的共同思想平台。

（原载《言说不尽的鲁讯与五四：鲁迅与五四新文化运动学术研讨会论文集》，中国社会科学出社2011年版）

# 新文化的南北之争
## ——重新认识新文化运动的复杂面相

汪荣祖[*]

### 一 引言

众所周知，北京大学是新文化运动的摇篮，于五四爱国运动之后，更形成莫之能御的新文化风潮，领袖群伦。五四爱国运动之起，由于欧战结束后，1919 年召开的巴黎和会，竟将德国在山东的权益移交给日本，中国以战胜国而丧权辱国，国内舆情大哗，引发抗争，以及随之而来蓬勃的新文化运动。唱新文化者在文化上刻意求新，将中国的挫败与羞辱归罪于旧文化而欲摒弃之，甚至高唱“全盘西化”之论。唱此新文化之群贤，齐集北大。蔡元培校长虽以“兼容并包”闻名于世，然主要在容纳新派，诸如陈独秀、李大钊、胡适、钱玄同等人，多为其所延揽。蔡校长虽不排斥旧派，但心向新派，且旧派已非主流，不是靠边站，就是引退南下，北大成为新文化的重镇，势所必然。所

* 汪荣祖，男，1940 年生，安徽旌德人。历史学博士，著名中国近代史学家。现任台湾“中央大学”讲座教授、“中央研究院近代史研究所”研究员。主要研究方向为清史、早期台湾史等。

以南北之分并不是“地域之暌隔”，“不能共通声气”，[①] 而是因意见不合而分道扬镳，各据一方。

当年反对激进的新文化运动的人文学者，聚集在东南中央大学（包括前身南京高等师范学校与东南大学）。他们经常被视为反对新文化的一群抱残守缺的顽固派，紧抱传统文化，拒绝外来文化。事实上他们之中亦多清华出身，留学欧美，教育背景实与新派略同。他们坚决反对的是以新文化来取代旧文化，尤其痛恨旧文化之被摒弃，所以极力要维护旧文化，因而被称为反新文化运动的守旧派。其实，他们明言“昌明国粹，融化新知”，[②] 并不反对新文化，他们所主张的“新人文主义”就是舶来品，也是一种新文化，只是他们所要汲取的新文化，有异于陈、胡。他们对新文化的态度也不相同，不要“拿来”，而要“融化”。这群人以梅光迪、吴宓、刘伯明、胡先骕、楼光来、柳诒徵、张荫麟、徐子明、黄季刚、吴梅、胡小石、汪辟疆等学者为中坚，以东南大学（1927 年改组为中央大学）为基地，创办《学衡》杂志与以北大为中心的新文化运动者争锋，俨然是一场民国学术界的南北战争。所谓南北不是地域之分，亦非省籍之别，恰恰因两派学者展开论战时分居于北京与南京而有南北之分。不过，分居南北，并非偶然。北京大学原是五四运动的摇篮，该校教授陈独秀、李大钊、胡适等又是《新青年》杂志的编辑与主要执笔者。与北京学者唱反调者聚集于南京东南大学，则由于梅光迪的“策略”，要大家刻意避开北大，而在南方的“高等教育机构站稳脚跟”。[③] 度梅氏之意，无非是别树阵地，与之相抗衡。历来论及新文化运动偏向激进一派，将温和派视之为保守与落伍而忽之。届此新文化运动百年之际，激情过后，回顾与反思，理当重新检视以新人文主义为旗帜的南方新文化运动。换言之，吾人不应再将焦点聚于新旧之争，而聚于温和与激进之争。激进胜出未必是福，值得检讨。先将双方交锋的主要议题分述如下。

---

① 叔谅：《中国之史学运动与地学运动》，《史地学报》1923 年第 2 卷第 3 期。

② 见《学衡杂志简章》，刊于各卷卷首。

③ 见吴宓 1921 年 5 月 24 日致白璧德函，吴学昭整理《吴宓书信集》，生活 · 读书 · 新知三联书店 2011 年版，第 13 页。

## 二　文言与白话之争

民国九年（1920年）教育部通令全国各校改用白话教学，自此白话文逐渐取代文言文，开展了蓬勃的白话新文学，最后导致文言成为一般读书人难以索解的“古代汉语”。此一转折影响的深远，称为“文学革命”或“文化革命”，并不为过。更具体而言，可说白话革了文言之命。其实，白话并非新创，古已有之，只是古来视白话为俚语，为不登大雅之堂的俗文学，而文言则是典雅的正式文字。

北派大将胡适于五四之后成为提倡白话文的健将，远在五四之前留美期间的胡适已开始与同学兼同乡的梅光迪展开文、白之辩。辩论的结果双方都坚持己见，以至于因反目互诟。在形象上，胡适成为识时务者的英雄，而梅光迪则成为反对白话文的不识时务者。其实，梅氏长胡氏一岁，与胡氏一样考取清华公费留美，先入西北大学，后入哈佛大学，专攻西洋文学，并不反对白话文，他自己也写白话文。他反对的是“废文言而用白话”，不认为文学的演变是新文体取代旧文体，而认为是“若古文白话之递兴，乃文学体裁之增加，实非完全变迁，尤非革命也”。换言之，新旧文体应该承先启后，可以并存，“岂可尽弃他种体裁，而独尊白话乎？”[①] 所以明确地说，梅光迪他们并不反对白话文，重点是反对废止文言，认为不必专用白话而弃绝文言。惜文、白之争最后沦为无意义的赞成或反对白话文之争的假议题，反而忽略了真正的议题：文言是否应该废止，必须被白话所取代？

提倡白话最卖力的胡适在《白话文学史》一书里，如何界定“白话文”就出了问题。他所谓的白话文是“听得懂的”、“不加粉饰的”、“明白畅晓的”，自然包括了那些浅显易懂的古文在内，至于所有深奥华丽、小老百姓看不懂的古文都应该被“排斥”的、不及格的“僵死文学了”。[②] 极力提倡白话文的胡适以死活来界定文言与白话，认为文言是“死文字”，白话才是“活文学”，活文学理所当

① 梅光迪：《评提倡新文化者》，《梅光迪文录》，（台北）联合出版中心1968年版，第1页。
② 胡适：《白话文学史》（上册）自序，（台北）启明书局1957年版，第13页。

然应该取代死文字。其实西方人所谓“dead language”指的是“已废文字”，然而文言在当时仍然是“通行的现行文字”，绝不可能是“已废文字”，废止不用之后才会死亡。据南京中央大学的徐子明教授说，刘半农在巴黎学位口试时，曾说中国文字（古文）已废，“被法国汉学教授 Vissiere 驳斥如下：‘中国文字是已废的文字吗？呸！它全没有废，它是极其通行’”。①

胡适自定文字的生死之余，却又以一己的主观价值在《白话文学史》里收揽了一些自称“已死”的古文，又完全忘了如何处理不明白畅晓的白话文。钱锺书先生曾说：“白话至高甚美之作，亦断非可家喻户晓，为道听途说之资，往往钩深索引，难有倍于文言者”，又说“以繁简判优劣者，算博士之见耳”，“以难易判优劣者，惰夫懦夫因陋苟安之见耳”。② 若按胡适的说法，难道内容艰深、不容易看懂的白话文也都成了“僵死文学了”？其实“文学之死活，以其自身的价值而定，而不以其所用文字之今古为死活”。③ 所以，凭难、易、繁、简来判决文字的死活，是站不住脚的。按文言与白话都是汉文，并非鱼与熊掌不可兼得。白话是“口语”，而文言是“雅言”，口语成为可读的白话文，仍需要雅言作为根底与资源，诚如梅光迪所说：“欲加用新字，须先用美术已锻炼之，非仅以俗语白话代之，即可了事者也。”④ 同时，白话也可使古文除去陈词滥调而更具弹性。换言之，白话可使文学普及，但无须废止讲究“贵族的”、“美学的”菁英文学，原可双轨并行而不悖，如吴宓所说：“文言白话，各有其用，分野文言，白话殊途，本可并存。”⑤ 徐子明更明言：“夫岂知英美德法，其政令公牍及学人著述所用之文字，与寻常之语言绝殊。伦敦、纽约、巴黎，其贩夫走卒孰不能各操其国语。然而授之以通人之撰述，则茫然不解。何则？著述之文字，简洁精窍，不似口语之俗俚猥琐，

---

① 徐子明：《何谓文学革命》，《宜兴徐子明先生遗稿》，（台北）华岗出版部 1975 年版，第 127 页。

② 钱锺书：《与张君晓峰书》，《钱锺书散文》，浙江文艺出版社 1997 年版，第 409—410 页。

③ 老中央大学植物学教授胡先骕语，见胡先骕《评尝试集》（上），《学衡》1922 年 1 月。

④ 语见胡适《胡适留学日记》第 4 册，（台北）台湾商务印书馆 1980 年版，第 978 页。

⑤ 吴宓：“译者识语”，《钮康氏家传》，《学衡》1922 年第 8 期。

故未加研习则不能解。”[1] 然则，口语与行文不可能合一，中外皆然。但是五四之后，文学革命风潮高涨，白话通行，北派成为新文化的领袖，而南派沦为守势，不得不亟力攻击白话独尊，原意是反对尽弃古文，如南派的胡先骕所认为的，古文是前人留下的遗产，不应尽弃，创新必须要植根于传统。[2] 抗战前后在南京中央大学执教的徐子明教授从历史观点指出，罗马帝国通用拼音的拉丁文字，帝国崩解后各族以其土语为国语，各立一国，欧陆便永久分离。中国的方块字根据六书而成，与拼音文字的性质完全不同，异族虽然不断入侵，但无法拼出其土语，只能认中国字，读中国书，最后因认同中国文化而成为多民族中国的成员。所以徐先生认为：“华文的统一文化之功和用夏变夷之力，不管以时间之久长或空间之辽阔而论，可说史无前例。”[3] 换言之，中国文字自有其特性与功效，何必强同，一意西化？幸而汉语拼音化只是纸上谈兵，未付诸实施，否则更难以挽回矣。

然而在相互攻防之间理性的讨论很容易流为情绪性的抨击，因而失焦，如吴宓痛斥北派偏激的主张“卤莽灭裂”，徒以谩骂为宣传，发没有根据的言论，使国家社会受害。[4] 但北派乘趋新的优势，根本不把南派放在眼里，胡适很高傲地宣称：“《学衡》的议论大概是反对文学革命的尾声了。我可以大胆说，文学革命已过了讨论的时期，反对党已破产了。从此以后，完全是新文学的创造时期。”[5] 夸大得意之状，溢于言表。发抒情绪之余，几无理性讨论的空间，变成简单的文、白之争，反对独尊白话被认为是反对白话，主张文言不宜偏废被认为是食古不化。北派成为新文化运动的旗手，而南派则普遍被认为是“反对新文化运动的保守派”。但实情并非如此。

---

① 参见徐子明《宜兴徐子明先生遗稿》，（台北）华岗出版部1975年版，第4页。

② 参见胡先骕《中国文学改良论上篇》，《东方杂志》1919年第16期第3号。

③ 徐子明：《何谓文学革命》，《宜兴徐子明先生遗稿》，（台北）华岗出版部1975年版，第123—124页。

④ 吴宓：《论事之标准》，《学衡》1926年第56期，（台北）学生书局1971年影印版。

⑤ 胡适：《五十年来中国之文学》，《胡适文存》第二集卷1，（台北）远东图书公司1953年版，第259页。

今日尘埃落定，表面上看来，南派败北，白话胜而文言败。平心而论，白话俗语诚然已经证明可成为精致的白话文，但白话文的精粗好坏与能否取法古文大有关系。如何使拖沓繁复的白话成为简洁明畅的文字，有赖于善用文言。他们认为偏废古文不仅是枯竭了白话文的泉源，而且舍弃了汉文化的宝筏，因千年古文所载，乃整个传统文化精神之所寄，也就是吴宓所说“民族特性与生命之所寄”①，与吴宓精神相契的历史学家陈寅恪虽未参与文、白论战，但毕身不用白话作文，以贯彻其信念。吴宓的学生钱锺书虽以白话文创作，但不废文言，晚年巨著《管锥编》即以典雅的古文书之。证诸百年来写白话文的能手，无不从古文泉水中获得滋养，只因古文遭到废弃与漠视，能够借文言使白话文写得精简雅洁者日少，能写文言者更是日见凋零。对极大多数的国人而言，古文不啻已成为枯井竭泉，读来犹如有字天书，反而因受到西语影响，污染了白话文的写作。至今有人呼吁加强国文，岂不晚矣！亦不得不令人感念当年南京中大人文学者，反对废弃古文、独尊白话的远见。

## 三　尊孔与反孔之争

在南京出版的《学衡》杂志于1922年1月创刊，发起者就是梅光迪以及邀梅氏到金陵执教的刘伯明，主编与撰稿最多的则是吴宓，并由吴撰写该志宗旨。作者群包括东南大学师生在内有百人以上，执笔的名家有梅光迪、吴宓、刘伯明、胡先骕、柳诒徵、张荫麟、缪凤林、刘永济、邵祖平、汤用彤、王国维、陈寅恪等人。该杂志的使命一方面想要挽救中国文化，另一方面则极力沟通东西文化，有别于北方的刻意西化。《学衡》的内容以及表达的思想与北京出版的《新青年》杂志在论点上针锋相对，被视为反对新文化的文化保守主义刊物。事实上，《学衡》撰稿人并不反对新文化，在思想上也诉求改良，绝不盲目保守。他们主张中西文化融合会通，反对的是激进主义与轻易废

① Mi Wu, *Old and New in China*, in *Chinese Students' Monthy*, Vol. 16, No. 3 (June, 1921), pp. 200 - 202.

弃国粹。

儒家思想是中国传统文化的核心。然自晚清以来，国势凌夷，愤激之士归罪于孔氏，康有为急求变法维新，借古改制，断然指经古文为伪，不意顺势而下，其所依据之经今文亦遭质疑。章太炎早年遭遇时变，也要“订孔”，晚年主张读经，为时已晚。要因五四之后，孔子更成为众矢之的，戴上封建余孽的大帽子，儒家被视为专制集权的渊薮，经书被视为无用的渣滓，“打倒孔家店”的口号更响彻云霄。打孔余波荡漾，到“文化大革命”一起，批孔怒潮再兴，孔丘不啻成为被污名化传统文化的替罪羔羊。

自五四以来，孔夫子常被定拥护封建独裁之罪；其实，秦汉以来3000年的专制政体并不是孔子的理想政治，他的理想是“祖述尧舜，宪章文武”，也就是说，尧、舜、禹、汤、文、武、周公才是他心目中人君的典范，才能实现治平之道；然而历代帝王名为尊孔，实背道而驰，故南宋朱熹曾说：“八百年来圣人之道，未尝一日行于天地间。”[①]历代所行的专制主要是基于讲求严刑峻法的法家；不过，儒家思想在中国传统社会里愈来愈受到重视，也得到帝王的尊重，因而一方面多少起了“软化”冷酷专制政体的作用。按“儒”之一字，即有“濡化”之义。另一方面儒家道德规范与伦常关系也多少起了稳定国家与社会的作用。南方文史学者深感难以坐实孔子赞同独裁之罪，更忧虑维持社会的礼法因打孔而毁灭，故而梅光迪说：“南雍诸先生深膑太息，以为此非孔孟之厄，实中国文化之厄也，创办学衡杂志，昌言抵排。”[②]

拒绝反孔，确实是南雍诸先生的主要议题之一，当《新青年》猛烈攻击儒家时，就有护孔者认为打倒孔教是犯了感情用事的“心粗胆大的毛病”，因孔子教义“自有其不可诬者”。[③] 要因儒家的经典经过几千年的涵化，犹如基督教之与欧美人，已成为中国人所尊奉的行为

① 朱熹：《答陈同甫》。

② 王焕镳：《梅迪生先生文录序》，《梅光迪文录》，辽宁教育出版社2001年版，卷首语。

③ 参见张寿朋《文学改良与孔教》，《新青年》1918年第5卷第6号；俞颂华《通信》，《新青年》1917年第3卷第1号。

准则。人有行为准则才能异于禽兽，排脱丛林法则，使礼法制度与民生日用随时日进。中国至西周文物已大备，即《论语》所说：“周监于二代，郁郁乎文哉!”[①] 此处所谓“文”，指的就是礼制法令之著于典籍者。然至东周，诸侯征伐，纲纪荡然，孔子遂述哲王之业，订礼乐，欲行治平之道，以冀拨乱反正；然因生不逢时，难展身手，所以只好“述而不作”，以备后王有所遵循。后王应该遵循之道，也就是哲王所用治国的礼制与法令。《大学》讲的就是修己治人之道，《中庸》的要旨也是始言修己，终言治国平天下。故一言以蔽之，儒家经典要在致用，所谓“儒教”，乃儒者的教化，并非宗教。其教除治国平天下之外，以“五伦”与“五常”修身齐家，使行为有所依归，社会和谐稳定。所以反孔对徐子明教授而言，不啻是要破坏伦理，摧毁社会秩序与安宁，因而导致五四以来动乱不已，山河变色。徐氏有言：“治世之大经，终莫逃乎六籍。何则，理义悦心，人情所同，非是则纲纪必紊，是非无准，家国必丧也。”[②] 依徐先生之意，尊孔或反孔更关系到人心之邪正与夫国家的治乱。

## 四 浪漫与古典之争

北大领导的五四新文化运动常被称为启蒙运动，然而由于当时国家危亡无日，与反帝国主义的救亡运动相结合而形成激烈的革命运动，[③] 实与启蒙精神相背。辛亥革命就带有强烈的民族主义情绪，有志之士因清政府无力抵抗帝国主义侵略而欲推翻清廷。民国成立以后国运并未好转，当时的“思想气候”仍然是顺民族主义之势而追求更深入的革命，连思想与文学都需要革命，完全是充满情绪的浪漫心态。作家们在新文学的号召下，感情的宣泄多而理念的追求少，所以北派所领导的五四新文化运动是一场不断推动革命与救亡的浪漫主义风潮。

① 《论语·八佾》。

② 参见徐子明《宜兴徐子明先生遗稿》，(台北) 华岗出版部 1975 年版，第 1 页。

③ 参见李泽厚《启蒙与救亡的双重变奏》，《中国现代思想史论》，(台北) 天元图书公司 1988 年版；Vera Schwarz, *The Chinese Enlightenment: Intellectuals and the Legacy of the May Fourth Movement of* 1919, Berkeley: University of California Press, 1986, p. 297。

对旧文化的强烈批判也就是因救亡而起，认为中国若不从封建威权体制中解放出来，无以立足于现代世界，更不能追求富强。此一强烈的文化批判并不基于理性而是基于激情，诸如“全盘西化”、“打倒孔家店”、“桐城谬种，选学妖孽”、“万恶孝为先”等，都是非理性的、激情的革命口号。

革命的本质也不属启蒙而属浪漫，按启蒙为盛行于 18 世纪西欧的思潮，重视科学、个人、伦理与理性。从历史看，自法国大革命之后，欧洲自 18 世纪中叶到 19 世纪中叶是一重要的历史转折，在此百年间革命一词不绝于耳，政治革命之外，有文化革命、工业革命、农业革命、商业革命、消费革命，不一而足。在思想上则是对启蒙时代理性主义的反动，拒斥学院派而倾向公众，趋向于意志、情绪、民主、权力、回归原始的浪漫风潮。认为文明污染人性以及追求感性的法国哲学家卢梭（Jean Rousseau，1712—1778）成为浪漫运动的先知。浪漫风潮开启了以感性为主的文化，与理性文化针锋相对，可称为一真实的文化革命，也就是要革普世伦理价值之命，革科学实证之命，革普世人文之命。诚如西班牙艺术家戈雅（Francisco de Goyay Lucientes）所说，浪漫乃“理性沉睡后生出来一个怪兽”。[①] 戈雅所谓的“怪兽”指艺术上的幻想与想象，但亦可泛指整个反理性的文化氛围。

发生在北京的新文化运动高唱“文学革命”，主张“平民主义”，欲以俗话代替雅言，发出情绪性的口号，多少可以洞见西方浪漫主义风潮的影子，似亦不免受到整个文化大环境的影响。梅光迪、吴宓等南雍诸公，非仅以传统相抗，更以当时新起的“新人文主义”与之针锋相对。梅、吴两人先后在哈佛留学，受教于白璧德（Irving Babbitt，1865—1933），仰慕至深，奉为导师，师生之间也过从密切。梅光迪在一篇纪念文章中，对老师推崇备至，并深切怀念受教的岁月，略谓“至少对一位倾心受教者而言，当晚间与他一面散步一面交谈于查尔斯河畔之后，感到无边的喜悦与宁静。他的闲谈自发如

① Tim Blanning, *The Romanic Revolution*: *A History*, New York: Modern Library, 2011, pp. 73 - 77.

火焰之光，所透露出来的心智上的力量，不亚于他难以超越的唇枪舌剑”，并提到“他们初识时，白师对孔子以及早期道家已经了然于心，对孔子在性情上尤感相契”。[①] 梅、吴回国后在《学衡》上，一再翻译白师的文章，宣扬其新人文主义学说，不遗余力。诚如吴宓给他“亲爱的老师”信中所说，“我们经常重温你的理念，阅读你写的书（新旧兼读），认真和专注的程度远胜过我们当年坐在西华堂听你讲课。无论我们做什么，无论我们走向何方，您永远是我们的引路人和导师。我们的感受非言语所能表达。我尤其要努力使愈来愈多的中国学生在他们的本土受益于您的理念和间接的激励”[②]。白璧德的人文主义确实是“因迪生先生与吴雨僧先生等之讲述而传入中国”的。[③]

吴宓崇敬的新人文主义理念，就是白璧德与穆尔（Paul Elmer More，1864—1937）所创立的学院派或文学的“新人文主义运动”（neo-hu-manistic movement），主张回归古典，重视教育，强调道德之培养与行为之端庄。当时流行于西方的浪漫式思想解放并非没有具有分量的批判者，班达（Julien Benda，1867—1956）于1928年出版的畅销书《知识人的叛乱》（*The Treason of the Intellectuals*），声讨知识阶级之放弃理性与普世价值。[④] 班达之后白璧德的名著《卢梭与浪漫主义》（*Rousseau and Romanticism*）也在谴责浪漫主义为西方文明颓废之源，因其抛弃准则、逾越界线、嘲讽习俗。[⑤] 这一派新人文主义者面对现代物质文明之兴起，中下层社会的质鲁无文，故拟以教育为手段，文学为工具，挽浪漫主义的颓风，以提升行为规范与社会融洽。白璧德此一思想背景很容易使他欣赏儒家的君子之

---

① 语见英文纪念文载 Babbitt：Man and Teacher，Tributes edited by Frederick Manchester and Odell Shepard，New York：G. P. Putnam's Sons，1941。收入《梅光迪文录》，辽宁教育出版社2001年版，英文作品，第30、33页。

② 吴宓1924年7月4日自东南大学致白璧德函，吴学昭整理：《吴宓书信集》，生活·读书·新知三联书店2011年版，第24页。

③ 张其昀：《白璧德——当代一人师》，《宜兴徐子明先生遗稿》，（台北）华岗出版部1975年版，第16页。

④ Julien Benda，*The Treason of the Intellectuals*，New York：WW Norton，1969.

⑤ 欧文·白璧德：《卢梭与浪漫主义》，孙宜学译，河北教育出版社2003年版。

风、道德规范与重视教育，自然引孔子为知己，笑与抃会，而白氏的中国门生亦因此对人文主义与儒教最为相契而醉心，益增对儒学的信心，深信中华古典与西方古典有可以相通之处，故视欲打倒孔家店者为“鲁莽灭裂”，而欲融儒于新人文主义之中而成为“儒家人文主义”。①

梅光迪于此尤为积极，除了对白璧德个人的高度崇敬外，更希望在中国形成以白璧德与穆尔思想为主导的人文主义运动，成为一非常正面的新文化运动。他认识到中国也正面临急遽转型的时代，遇到前所未有的精神迷茫与心灵空虚，趋向极端，以至于以自家文化传承为耻，怀忧丧志，失去信心。他庆幸发现了白璧德与穆尔，他俩是真正理解儒学，能融合中西思想的西方学者，提供理性的普世价值，加强中国学界对传统文化的信念，足以削弱反叛者的声势，阻止保守的中国走向极端的激进主义。新人文主义也给梅光迪提供了攻击胡适一派的西方资源，指出：“一厢情愿的西化不会给中国带来文艺复兴，而是‘一种中国式的自杀’（a Chinese suicide）。”② 他认为新人文主义不仅是解决西方文明问题所必需，而且是解救中国文化危机的良方，所以他提倡基于谦卑、端庄而明辨的“人文国际”（a humanistic international），必会赢得东西双方的共鸣。③

于此可见，梅光迪及其《学衡》诸友自有其新文化在胸，并不是新旧的战争，而是古典与浪漫的交锋。北方倡言文学革命，南方主张改良；北方提倡“平民文学”，南方则认为不应将菁英文学降格为平民文学，而应经教育提升平民文学；北方要摒弃传统，而南方要继承而后改造传统；北方喜新好奇，而南方强调温故知新；北方以普及为能事，而南方则认为学术思想非凡民所能为，文化不能依赖群众维持；北方以“顺应世界潮流”自命，而南方斥之以盲从趋时；北方亟言学以用世，而南方坚持学术乃万世之业，积久而弥彰。然则诚不能将南

① 此词见诸梅氏文字，Mei Guangdi，*Humanism and Modern China*，收入《梅光迪文录》，辽宁教育出版社 2001 年版，第 13 页。

② Mei Guangdi，*Humanism and Modern China*，p. 18.

③ Ibid.，p. 25.

方的新文化简单地视为保守派，视《学衡》为反对新文化的重镇。《学衡》主编吴宓在“简章”中明言：“以公正之眼光，行批评之职事”，[①] 又强调论学、论人、论事都不应拘泥于新旧，因“旧者不必是，新者未必非，然反是则尤不可”。[②]

文学之外，史学同样可按浪漫与古典分南北。北派以顾颉刚为代表，强烈疑古，但南派史学并不能简单地被视为“信古”。陈汉章原在北大教中国古代史，被新派指为不知利用新史料，且过于信古而于1927年南下，加盟中大。他认为新派所谓改造新史必须收集新史料，仍必须从旧史蜕化而出，如以实证方法治史，史料又何必分新旧。[③] 原任北大历史系主任的朱希祖，为章太炎弟子，亦于1934年南下中央大学任教，讲究以社会科学治史，与同时期北大历史系以史料考证为重相比，其新也，似更胜一筹。[④] 执教于南京中央大学历史系的缪凤林，乃柳诒徵的门人，对北派傅斯年的《东北史纲》，在史料运用上提出严厉的批评，[⑤] 而傅氏未能回应。所以南方史家反对顾颉刚刻意疑古，批评傅斯年的缺失，未必是保守，而是以古典实证挑战浪漫式的疑古风潮与率尔操觚。

这场新文化运动的南北之争在抗战前已决胜负，北全胜而南惨败。惨败的原因很多，相对而言南派势单，在学术圈内的权势更远不能与北派相比，而南派较具领导能力者刘伯明早逝，梅光迪又因人事不协而过早离开南大，远赴美国执教，剩下吴宓支撑，孤掌难鸣。最重要的是，五四以后的浪漫风潮，莫之能御，30年代屡遭日本帝国主义的霸凌，以及抗战的全面爆发，国族主义高涨，已无“普世主义”存在的余地，古典更非浪漫之敌，菁英文化亦难如通俗文化之受欢迎。《学衡》杂志之销路每况愈下，以至于不能存活而停刊，已可略知个中消息。

---

① 见《学衡》1922年创刊号第1期卷首《学衡杂志简章》，江苏古籍出版社2003年版。

② 吴宓：《论新文化运动》，《学衡》第4期。

③ 参见陈汉章《史学通论》，国立中央大学出版（无日期），第125页。

④ 参见尚小明《抗战前北大史学系的课程改革》，《近代史研究》2006年第1期。

⑤ 缪氏之书评初刊于天津《大公报文学副刊》（1933），另见《国立中央大学文艺丛刊》卷1，1933年第2期。

## 五　余波荡漾

1949年前后，南北人文学者移居台湾者不乏其人。如来自南京中央大学的徐子明、方东美、沈刚伯、张贵永、郭廷以、林尹、潘重规等先后到台北上庠执教。然自傅斯年出任台湾大学校长后，来自北方的学者大增，人文学界的实权仍操之北派的北大与清华系统，南北之争的旧议题似已过时，船过水无痕。

迁台数十年来，唯独徐子明一人旧话重提，对以通俗的白话取代典雅的文言尤深恶痛绝，造成一般学子看古籍如天书的严重后果，摧毁了载负传统文化的“宝筏”（文言），导致文化凋零，并将过错归之胡适，曾出版《胡祸丛谈》一书，加以挞伐。但是徐氏言者谆谆而听者藐藐，且多以詈骂而轻之，不仅不能撼动学界，反遭孤立与排挤，寂寞愤恨以终，或可称为学界南北之争的尾声。

值得注意的是，进入20世纪之后期，有识之士莫不认知到国文程度的衰退；衰退之故，当然不是白话文不够发达，而是因为文言文的日益废弃。对年轻一代习文史者影响尤大，读不懂古文，或一知半解，怎能在学术上取得有意义的成就？胡适当年极力要把古文看成“死文字”的努力，已见恶果。[①] 至于孔子，百年来历经订孔、打孔、批孔，反孔好像是大势所趋；孰知连批孔最厉的中国大陆到后来也开始尊孔；不仅儒风大起，而且在世界各地广设孔子学院，遍布全球。时间证明孔子教义“自有其不可诬者”，证明当年轰轰烈烈的反孔言论与行动至少是完全没有必要的。当年在南京中央大学的人文学者逆势而为，貌似顽固保守，实则择善固执，预知儒教终不可废。梅光迪、吴宓、徐子明诸公，若地下有知，必有何必当初之叹！

---

① 犹忆1959年我随台大历史系师生往访胡适于南港寓所（今胡适纪念馆），我曾问胡适：“如何学好文言文?”胡适回答说：“根本不必读文言。”我无言以对，然他至老未改的态度令人印象深刻。

## 六　结论

回眸近百年前发生的新文化运动，以北大教授与《新青年》杂志作者群为主角，影响深远。然而以《学衡》为论坛的南雍诸公，却被认定为反新文化的守旧派，随着白驹过隙，他们几被遗忘。所谓“新文化”主要来自西方，然西方文化内容丰富，种类不一，固不能以某一西方文化为新文化，而以另一西方文化批评或反对此一新文化为反对新文化。

西方两大思潮，17、18 世纪盛极一时的启蒙思潮与 18 世纪后期崛起直入 20 世纪的浪漫思潮；前者讲求理性，认为理性是人生的主宰，照亮个人的知识与良知；后者则认为理性作为分析工具，不足以理解知识之源，而需要直觉、灵感、想象与同情，强调知识里的情感因素，喜好自然表达，毫无拘束、故视一切规范为障碍。在“浪漫氛围”下，影响所至，波及文艺、哲学与政治各方面。令人瞩目的 1848 年的革命发生之后，欧洲进入群众、意志与权力的时代，挑战既有的伦理与美学准则，启蒙已到穷途。浪漫思潮中的一个大潮流便是带有热情的“国族主义”，至 19 世纪而极盛。五四爱国运动就是在外力刺激下引发出来的强烈国族主义，由此产生的新文化运动自然具有无可磨灭的浪漫色彩。此一由北大陈独秀、胡适之、李大钊等领导的新文化，提倡全盘西化，打倒孔家店、颠覆传统伦理，解放人性，以白话取代文言，以平民取代菁英等，所呈现的皆非理性的启蒙精神，而是感性的浪漫精神。即使高唱“德先生”与“赛先生”，在国族主义与革命风潮吹袭之下，变得有点非理性的“民粹主义”和“科学主义”，也不能代表启蒙精神。

浪漫风潮在西方影响广大，并非没有有识之士洞悉其流弊，如自由主义思想大师穆勒（John Stuart Mill，1806—1873）反对强调感性，反对任何的浪漫形式，认为政治尤其需要理性，见解须扎根于坚实的证据，但他孤掌难挽大势所趋。惨烈的欧战造成难以估计的生命与财产之损失，更突出人类的“野性”，引发西方文明危机的呼声，有所反省。文学教授白璧德自1912年起就在哈佛大学任教，他与文评家穆尔共同创立“新人文主义运动”，以“古典主义”来针砭奇特的、强烈的、夸张的浪漫主义。白璧德对浪漫主义的始作俑者卢梭，视为狂徒，抨击尤厉。因缘际会，中国留美学生梅光迪、刘伯明、吴宓等就学于哈佛文学系，接触到白璧德的新人文主义，获得另类新文化的认知。他们不是简单的守旧，而是立足于西方古典主义的高度，批判充满浪漫精神的新文化运动。他们并不是盲目的守旧，一如他们尊奉的老师所知，中国的传统有其缺点，但“毋将盆中小儿随浴水而倾弃”[①]，认为“中国旧学中根本之正义，则务宜保存而勿失也”[②]。梅光迪与胡适原是同乡好友，两人激烈的争论，主要在旧学与传统是否须“随浴水而倾弃”！白璧德不但认可孔子的人文主义，而且直言较西方更优，更规劝中国新文化运动不可忽略道德、不应信从西方功利主义过深，而应在固有人文传统的基础上，进而研究西洋自希腊以降文化的正道，合中西智慧使新人文主义的内容更加丰富。由此可见，南雍诸公何以如此尊奉白璧德，而坚信新人文主义才是中国应有的新文化。

百年后的今日，重估新文化运动的遗产，不宜再奉行故事，而宜仔细辨析、严肃批判，认知到北方新文化运动遗产的负面后果：旧学的脐带不绝如缕；古文对一般读书人而言，犹如天书；一味追慕西风而乏自主性；重功利，而轻人文。我们回到历史现场，也应该记得当年新文化运动花开别枝，若能将别枝留下，或亦可成为宝贵的遗产，却无端被视为反新文化、泥古守旧而弃之，岂无遗憾？今日自当彻底回顾，检讨得失，规划未来，才能谈如何打通中西，融合古今，以重构21世纪的中国思想文化之图谱。

2015年5月1日写于林口

（原载《上海文化》2015年第10期）

① 语见胡先骕译《白璧德中西人文教育谈》，《学衡》第3期。

② 同上。

# 作为一种“思想操练”的“五四”

陈平原*

十年前，我在《触摸历史与进入五四》的“导言”中说过：“人类历史上，有过许多‘关键时刻’，其巨大的辐射力量，对后世产生了决定性影响。不管你喜欢不喜欢，你都必须认真面对，这样，才能在沉思与对话中，获得前进的方向感与原动力。对于20世纪中国思想文化进程来说，‘五四’便扮演了这样的重要角色。作为后来者，我们必须跟诸如‘五四’（包括思想学说、文化潮流、政治运作等）这样的关键时刻、关键人物、关键学说，保持不断的对话关系。这是一种必要的‘思维操练’，也是走向‘心灵成熟’的必由之路。在这个意义上，‘五四’之于我辈，既是历史，也是现实；既是学术，更是精神。”① 十年后重读这段话，我依旧坚持此立场，谈以下四个问题：第一，为什么是“五四”；第二，风雨兼程说“五四”；第三，“走出”还是“走不出”；第四，如何激活“传统”。

## 为什么是“五四”

晚清以降，面对“三千年未有之大变局”，一代代中国人奋起搏

* 陈平原，北京大学中文系教授、博士生导师，香港中文大学中国语言及文学讲座教授，教育部长江学者特聘教授。

① 陈平原：《触摸历史与进入五四》，北京大学出版社2010年版，第3、366页。

击，风云激荡中，出现众多波澜壮阔的历史事件。有的如过眼云烟，有的欲说还休，有的偶尔露峥嵘，有的则能不断召唤阅读者与对话者——“五四”无疑属于后者。五四运动的规模并不大，持续时间也不长，为何影响竟如此深远？我用以下三点理由，试图作出解释。

第一，五四运动的当事人，迅速地自我经典化，其正面价值得到后世大部分读者（尤其是青年读者）的认可。有的事件严重影响历史进程，当初也曾被捧到天上，只是经不起后世读者的再三推敲，逐渐显现颓势，甚至成了负面教材（如太平天国或“文革”）。五四运动的幸运在于，刚刚落幕便被正式命名，且从第二年起就有各种各样的纪念活动。可以这么说，“五四”成了近百年来无数充满激情、关注国家命运、理想主义色彩浓厚的青年学生的“精神烙印”。长辈们（政治家、学者或普通民众）不管是否真心实意，一般不愿意与青年直接对抗，故都会高举或默许五四的旗帜。

第二，五四运动虽也有“起承转合”，但动作幅度及戏剧性明显不如八年抗战。不过，后者黑白分明，发展线索及精神维度相对单纯，不像前者那样变幻莫测、丰富多彩。如果不涉及具体内容，我曾用三个词来描述“五四”的风采。一是“泥沙俱下”，二是“众声喧哗”，三是“生气淋漓”。每一种力量都很活跃，都有生存空间，都得到了很好的展现，这样的机遇，真是千载难逢。谈论“五四”，对我来说，与其说是某种具体的思想学说，还不如说是这种“百家争鸣”的状态让我怦然心动，歆羡不已。①

第三，某种意义上，五四运动的意义是“说出来”的。回过头来看，20世纪的中国，就思想文化而言，最值得与其进行持续对话的，还是“五四”。一代代中国人，从各自的立场出发，不断地与“五四”对话，赋予它各种“时代意义”，邀请其加入当下的社会变革；正是这一次次的对话、碰撞与融合，逐渐形成了今天中国的思想格局。②有的事件自身潜力有限，即便鼓励你说，也不值得长期与之对话；有

① 陈平原：《走不出的“五四”?》，《中华读书报》2009年4月15日。

② 陈平原：《触摸历史与进入五四》，北京大学出版社2010年版，第3、366页。

的事件很重要，但长期被压抑，缺乏深入且持续不断的对话、质疑与拷问，使得其潜藏的精神力量没有办法释放出来。而五四运动的好处在于，既有巨大潜力，又从未成为“禁忌”。

## 风雨兼程说“五四”

历史上难得有这样的事件，当事人的自我命名迅速传播开去，且得到当时及后世读者的广泛认可。尘埃尚未落定，1919 年 5 月 9 日《晨报》上已有北大教授兼教务长顾兆熊（孟余）的《一九一九年五月四日北京学生之示威运动与国民之精神的潮流》，5 月 26 日《每周评论》则刊出学生领袖、北大英文系学生罗家伦的《“五四运动”的精神》，5 月 27 日的《时事新报》上，张东荪的《“五四”精神之纵的持久性与横的扩张性》同样引人注目——“潮流”“运动”“精神”，关于“五四”的命名与定性竟如此及时且准确。此后，一代代文人、学者、政治家及青年学生，便是在此基础上建构有关“五四”的神话。

说“五四”不仅仅是历史事件，更是近百年中国读书人重要的思想资源、极为活跃的学术话题，甚至可以作为时代思潮变化的试金石，我相信很多人都能接受。美国学者舒衡哲在《中国的启蒙运动——知识分子与五四遗产》第六章“五四的启示”中，辨析新中国成立后官方对“五四”的看法，以及诸多纪念活动和回忆文章，还有同时期知识分子的抉择与挣扎。这一章的结语很是悲壮：“‘五四’不只被看作鼓舞知识分子勇士的精神食粮，它将成为照亮中国的政治文化生活的一把‘火炬’。”① 而我的《波诡云谲的追忆、阐释与重构——解读“五四”言说史》则选用《人民日报》《光明日报》《中国青年》《文艺报》四种报刊，观察其在五四运动 30 周年、40 周年、50 周年、60 周年、70 周年以及 80 周年时的社论及纪念文章，并将其与同时期的政治思潮相对应，看关于“五四”的言说如何隐含着巨大的政治风

① ［美］舒衡哲：《中国的启蒙运动——知识分子与五四遗产》，李国英等译，山西人民出版社 1989 年版，第 352 页。

波、思想潜力以及道德陷阱。[①]

不说那些意味深长的“故事”，以我有限的阅历，也都深知聚众谈“五四”，一不小心就会溢出边界，介入现实的政治斗争。谈论李白、杜甫孰高孰低，或者评说《金瓶梅》《红楼梦》的好坏，一般情况下是不会有太多联想的——“文革”除外；可说“五四”就不一样了，因相互误读或有心人的挑拨，随时可能由平和的学术论争一转而成了激烈的政治对抗。关于1999年纪念“五四”的书刊及会议，我在若干小文中略有涉及[②]，实际状况比这严重得多。以致2009年4月23—25日我在北大主办“五四与中国现当代文学”国际学术研讨会时，认真吸取十年前的教训，从时间、议题到人员的选择，都仔细斟酌，可还是一波三折。外面的人只晓得北大与五四运动关系密切，有责任扛这个旗子；不知道北大为了这个“责无旁贷”所必须承担的风险。[③] 可仔细想想，没什么好抱怨的，为什么人家选择在谈论“五四”的会议，而不是唐诗研究或金融会议上说大话喊口号呢？可见“五四”这个话题本身天然具有“政治性”——你想躲都躲不开。

近百年中国的风风雨雨，让我辈读书人明白，谈论“五四”，不管你是沉湎学问，还是别有幽怀，都很容易自动地与现实政治挂钩，只不过有时顺风顺水，有时则难挽狂澜。去年秋天，我选择在进京读书30年这个特殊时刻，盘点零篇散简，凑成一册小书，交给北大出版社，约定今年春夏推出，以纪念现代史上最为重要的杂志《新青年》（1915—1926年）创刊一百周年。[④] 当时绝对想象不到，会撞上如此“新文化研究热”。今年一年，我先后接到十多场纪念“五四”或新文化运动学术会议的邀请；其中，北京大学最为“立意高远”，准备年

① 陈平原：《波诡云谲的追忆、阐释与重构——解读“五四”言说史》，《读书》2009年第9期。

② 如《北大精神及其他》后记，载《书屋》1999年第6期；《在学术与思想之间——王元化先生的“九十年代”》，载《书城》2010年第12期。

③ 陈平原：《〈五四与中国现当代文学〉序》，见王风等编《重回现场——五四与中国现当代文学》《解读文本——五四与中国现当代文学》《对话历史——五四与中国现当代文学》，北京大学出版社2014年版。

④ 陈平原：《〈新文化的崛起与流播〉序·新文化的崛起与流播》，北京大学出版社2015年版。

年纪念，一直讲到2021年中国共产党创建一百周年。

如此大规模纪念“五四”新文化，背后推动的力量及思路不一样，有的知其然而不知其所以然，有的只是盲目跟风，但我相信其中不少是深思熟虑的。官员我不懂，单就学者而言，之所以积极筹备此类会议，有专业上的考虑，更有不满近20年中国思想界之日渐平庸，希望借谈论“五四”搅动一池春水。

## “走出”还是“走不出”

如何看待早就沉入历史深处，但又不断被唤醒、被提及的“五四”，取决于当下的政治局势与思想潮流，还有一代人的精神追求。1993年，我曾撰写题为《走出五四》的短文，感叹“在思想文化领域，我们至今仍生活在‘五四’的余荫里”[①]；可16年后，我又撰写了《走不出的“五四”?》，称不管你持什么立场，是左还是右，是激进还是保守，都必须不断地跟“五四”对话。[②] 从主张“走出”到认定“走不出”(后者虽然加了个问号，实际上颇有安之若素的意味)，代表了我对“五四”理解的深入。

促使我转变思考方向的，除了《中国现代学术之建立》《触摸历史与进入五四》等专业著作，还包括“五四老人”俞平伯的诗文以及我前后两次赴台参加“五四”学术研讨会的直接感受。

1949年5月4日的《人民日报》第六版，刊登俞平伯、叶圣陶、宋云彬、何家槐、王亚平、臧克家等文化名人纪念“五四”的文章，此外，还有柏生的《几个“五四”时代的人物访问记》。在采访记中，俞平伯的回答很有趣：“五四”新文化人气势如虹，想做很多事情，“却一直没有认真干（当然在某一意义上亦已做了一部分），现在被中共同志们艰苦卓绝地给做成了”；因此，这好比是30年前的支票，如今总算兑现了。[③] 又过了30年，也就是1979年，俞平伯撰《“五四”

① 陈平原：《学者的人间情怀》，珠海出版社1995年版，第69—74页。

② 陈平原：《走不出的“五四”?》，《中华读书报》2009年4月15日。

③ 柏生：《几个“五四”时代的人物访问记》，《人民日报》1949年5月4日。

六十周年忆往事》（十首）[①]，除了怀念“风雨操场昔会逢”以及“赵家楼焰已腾空”，再就是将“四五”比拟“五四”，称“波澜壮阔后居先”。最有意思的是第十章的诗后自注：“当时余浮慕新学，向往民主而知解良浅。”比起许多政治人物的宏论，我更认同诗人俞平伯的立场：曾经，我们以为“五四”的支票已经兑现了；其实，当初的“浮慕新学”与日后的“竹枝渔鼓”，均有很大的局限性。

1999 年 4 月我赴台参加政治大学主办的“五四运动八十周年学术研讨会”，会后接受《中国时报》记者采访，谈及台湾民众为何对“五四”不太感兴趣，对方的解答是：“因为我们已经跨过了追求民主科学的阶段。”当时我很怀疑，因为这很像 1949 年俞平伯“支票终于兑现了”的说法。2009 年我赴台参加“五四文学人物影像”开幕式及相关论坛，发现年轻人对“五四”的兴趣明显提升。为什么会有如此变化，除了各大学“中国现代文学”课程的讲授外，还与普通民众不再盲目乐观有关。我曾对照海峡两岸关于“五四”的想象与阐释，既看异同，更注重相互影响。

最近 20 年，海峡两岸在如何看“五四”的问题上互相影响。台湾影响大陆的，是对激进主义思潮的批评，尤其不满五四新文化人对传统文化的批判；大陆影响台湾的，是新文学不仅仅属于温柔且文雅的徐志摩，必须直面鲁迅等左翼文人粗粝的呐喊与刻骨铭心的痛苦。[②]

这里说的主要是文学与思想，实际政治比这复杂多了。但不管怎么说，轻易断言我们已经走出“五四”的“余荫”或“阴影”，似乎都很不明智。

作为历史事件的“五四”，早就翻过去了；而作为精神气质或思想资源的“五四”，仍在发挥很大作用。这本是平常事，为何我会纠缠于“走出”与“走不出”呢？那是因为，五四新文化人的丰功伟绩，某种意义上成了后来者巨大的精神压力。比如，北大师生最常碰

① 此组诗初刊《文汇报》1979 年 5 月 4 日；又载《战地增刊》第 3 期（人民日报出版社 1979 年版）时，改题《“五四”六十周年纪念忆往事十章》，文字略有改动。

② 陈平原：《“少年意气”与“家国情怀”——北大学生的“五四”记忆》，《光明日报》2010 年 5 月 4 日。

到的责难是：你们为什么不再“铁肩担道义，妙手著文章”！如此“影响的焦虑”，导致我们谈论“五四”的功过得失时，难得平心静气。其实，换一个角度，那只是一个与你长期结伴而行、随时可以打招呼或坐下来促膝谈心，说不定关键时刻还能帮你出主意的“好朋友”，这么一想，无所谓“走出”，也无所谓“走不出”了。

## 如何激活“传统”

中国人说“传统”，往往指的是遥远的过去，比如辛亥革命以前的中国文化，尤其是以孔子为代表的儒家；其实，晚清以降的中国文化、思想、学术，早就构成了一个新的传统。可以这么说，以孔夫子为代表的中国文化，是一个伟大的传统；以蔡元培、陈独秀、李大钊、胡适、鲁迅为代表的“五四”新文化，也是一个伟大的传统。某种意义上，对于后一个传统的接纳、反思、批评、拓展，更是当务之急，因其更为切近当下中国人的日常生活，与之血肉相连，更有可能影响其安身立命。

人类文明史上，有时星光，有时月亮，有时萤火虫更吸引人。改革开放 30 多年来，“五四”的命运如坐过山车。20 世纪 80 年代，“五四”作为学习榜样及精神源泉，深深介入了那时的思想解放运动；20 世纪 90 年代，“五四”作为学术课题，在大学及研究所得到深入的探究，但逐渐失去影响社会进程的能力；进入 21 世纪后，随着“传统”“国学”“儒家”地位的不断攀升，“五四”话题变得有些尴尬，在某些学术领域甚至成了主要批判对象。而在日常生活中，你常能听到好像“很有文化”的官员、商人、记者乃至大学校长，将今日中国所有道德困境，一股脑儿推给了“五四”的“反孔”。言下之意，假如没有“五四”的捣蛋，中国不仅经济上迅速崛起，道德及文化更是独步天下。此类“宏论”之所以有市场，除了大的政治局势与文化潮流，也与研究现代中国的学者们大都埋头书斋，忙着撰写高头讲章，而不屑于“争论”有关。

我并不否认“五四”新文化人的偏激、天真乃至浅薄，但那是一批识大体、做大事的人物，比起今天很多在书斋里条分缕析、口沫横飞的批评家，要高明得多。[①] 去年“五四”，我是这样答澎湃网记者问的：1919年的中国，各种思潮风起云涌，诸多力量逐鹿中原，热血青年只在救国救民、寻求变革这一点上有共识，至于旗帜、立场、理论、路径等，完全可能南辕北辙。日后有的成功了，有的失败了，有的走向了反面，今人只能感叹唏嘘，不要轻易否定。经由一代代人的钩稽与阐释，那些长期被压抑的声音，正逐渐浮出水面；而那些阳光下的阴影，也日渐为后人所关注。如何看待林纾的捍卫古文，怎么论述《学衡》之对抗《新青年》，以及火烧赵家楼之功过得失，学潮为何成为一种重要的政治力量，“五四”到底是新文化运动的推进还是挫折等，所有这些，不仅涉及具体人物评价，更牵涉大的历史观。这个时候，既不能抹杀已获得的新视野与新证据，也不应该轻易否定前人的研究成果。通达的历史学家，会认真倾听并妥善处理“众声喧哗”中不同声部的意义，而不至于像翻烙饼一样，今天翻过来，明天翻过去。在我看来，“五四”可爱的地方，正在于其不纯粹，五彩斑斓，充满动态感与复杂性。

我的基本立场是：尊重古典中国的精神遗产，但更迷恋复杂、喧嚣却生气淋漓的“五四”新文化。我曾说过：“就像法国人不断跟1789年的法国大革命对话、跟1968年的‘五月风暴’对话，中国人也需要不断地跟‘五四’等‘关键时刻’对话。这个过程，可以训练思想，积聚力量，培养历史感，以更加开阔的视野，来面对日益纷纭复杂的世界。”[②] 在这个意义上，对于今日的中国人来说，“五四”既非榜样，也非毒药，而更像是用来砥砺思想与学问的“磨刀石”。

今年各地学人几乎不约而同地纪念五四新文化运动，在我看来，这既是大好事，也不无隐忧。因为，任何一个偶然因素，都可能使这

---

① 在我看来，“大国崛起”的过程中，缺的不是高度自信，而是如何保持清醒的自我认识，以及持续不断的自我反省。在这个意义上，五四新文化人的“严于律己”而“宽于待人”，并没有过时——具体论述可以批判，但大方向我认为是正确的。

② 陈平原：《走不出的“五四”?》，《中华读书报》2009年4月15日。

“热潮”戛然而止[1]。能否坚持正常的学术论争，包括与新儒家或国学家之间，改“隔山打牛”为“打开天窗说亮话”，有担当而又不越界，是此次大规模纪念活动能否持续且深入展开的关键。以纪念《新青年》诞辰百年为开端，重新唤起民众对于“五四”的记忆，接下来的几年，只要不因触碰红线而引起激烈反弹，有国内外众多学者的积极参与，不仅可以直接影响大众舆论及某些具体专业（如中国现代文学史、思想史、文化史等）的发展，更可能重塑当代中国的精神氛围及知识版图。基于此判断，如何兼及自信与自省、书斋与社会、思想与学术、批判与建设，将是我们必须直面的难题。

这是一个难得的历史机遇，除了坚守自家学术立场，不随风摆动外，还得有进取心，直接回应各种敏感话题（包括狙击打着国学旗号的“沉渣泛起”）。某种意义上，这是对此前30年“五四话题”升降起伏的一个反省：或许，谈“五四”本就不该局限于书斋，解时代之惑乃题中应有之义。

2015年6月17日初稿、7月3日修订于京西圆明园花园

（原载《探索与争鸣》2015年第7期）

① 在中国大陆谈五四运动，表面上顺理成章，其实潜藏着一个巨大的陷阱：那就是有心人的借古讽今，以及官员们的过度联想。

# 二

# 启蒙的批判与救赎

# 五四启蒙的困境：在历史与价值之间

高力克*

五四新文化运动是一场未完成的启蒙运动。关于五四启蒙的嬗变，一种有影响的解释是将其归因于五四运动突发的历史结果，如胡适的“政治干扰启蒙”说和李泽厚的“救亡压倒启蒙”说。这种化约论和外在论的阐释，显然难以揭示五四启蒙运动内在的思想张力及其演化脉理。本文拟从中国现代化历史语境中启蒙内在的价值冲突，探寻新文化运动的固有思想矛盾以及启蒙嬗变的内在思想原因。

## 一　现代化语境中的启蒙

新文化运动作为中国现代化进程的一个特定阶段，是对辛亥共和改制失败的历史回应。用美国学者舒衡哲（Schwarcz Vear）的话说，它是一种“后政治启蒙”①。辛亥革命废除了帝制却社会腐败积弱依旧，而神圣的共和旗帜则流为袁世凯窃国工具的严酷现实，打破了戊戌以来制度万能的迷信。而民初甚嚣尘上的尊孔逆流，则进一步凸显了中国现代化的文化症结。于是变革民族文化心理的启蒙被提上了时代的日程。辛亥“共和幻像”给改革者最大的启示在于，社会文化是一体进化的，没有文化价值的变革和国民心理素质的改造，任何改革

* 高力克，男，1952 年生，法学博士，浙江大学（玉泉校区）人文学院教授。

① 参见［美］舒衡哲《中国的启蒙运动》，山西人民出版社 1989 年版。

制度的尝试都难免流于形式。梁启超在回顾辛亥后的历史进程时指出：辛亥以来，“革命成功将近十年，所希望的件件都落空，渐渐有点废然思返，觉得社会文化是整套的，要拿旧心理运用新制度，决计不可能，渐渐要求全人格的觉悟”①。陈独秀则把清末以降中西冲突所引发的变革运动归为由“学术”的觉悟到“政治”的觉悟，进而到“伦理”的觉悟的演进过程，并把“伦理的觉悟”归为“彻底的觉悟”②。这种“伦理的觉悟”和“全人格的觉悟”，就是召唤五四启蒙的历史动因。新文化运动的中心课题，是中国文化的重建和国民性格的再塑。启蒙学者洞察到中国传统价值系统与现代性之间深刻的时代差异，因而大力鉴取西方现代文化，试图通过批判和变革传统，来改造国民的文化心理结构，进而推动中国现代化的历史进程。

在启蒙学者看来，要更新中国文化必须取资西方现代文化，其精华为民主和科学。康德认为，启蒙的本质在于“自我的解放”。五四启蒙者以欧洲启蒙人文主义为思想武器，力倡人的自由和个性解放。在著名的启蒙宣言《敬告青年》中，陈独秀通过倡言“人权”和“科学”，揭示了人的自由和解放的启蒙主题。他在文中把欧洲近代历史归结为人的解放的历史，以政治解放、经济解放、宗教解放、妇女解放来阐释“人权平等”的民主运动，把“科学法则”归为破除迷信和蒙昧禁锢的思想解放的理性工具，并将科学视为提高生产效率以增进人生幸福的有效手段。而陈氏所谓“解放”，其要旨则在于“自由”：“解放云者，脱离夫奴隶之羁绊，以完其自主自由之人格之谓也。”③陈独秀的“人权”与“科学”以人文主义精神为基底，他把两者视为实现自我解放的必由途径。欧洲近代人文主义的价值基础是个人，人的解放首先是“个人的解放”或“自我的解放”。因而确立人文主义价值观，首先要求批判中国传统的社群至上的价值取向，而实现价值主体由群体人伦到个体人格的转换。新文化运动之启蒙的中心主题，即在于以个人主义取代群体主义的价值转型。陈独秀号召“以个人本

① 李华兴等编：《梁启超选集》，上海人民出版社 1984 年版，第 834 页。

② 《青年杂志》第 1 卷第 6 号。

③ 《独秀文存》，安徽人民出版社 1988 年版，第 4 页。

位主义，易家族本位主义"，胡适高扬易卜生的"个性主义"，李大钊倡言"自我的解放"，鲁迅主张争"人的价格"，周作人以"个人主义的人间本位主义"来阐扬"人道主义"，高一涵力主"小己主义"，其要旨都在于倡导一种现代人文主义价值观，以唤醒国民的自我意识，从而实现个性解放的价值转型和精神变革。

中西文化在价值结构和价值取向上存在着根本差异。前者以人伦的和谐来维系社会的稳定，后者则以个性的自由来推动社会的发展。五四启蒙学者洞察到这种农业文明和工业文明之价值观的深刻差异，并且鉴取西方人文主义思想武器，对儒家伦理展开了激烈的批判。在启蒙学者看来，儒家伦理的要害在于无视人的主体价值和人的尊严，而以义务本位的孝悌之道，抹杀人的个性和个体的独立人格，从而使个人丧失其主体地位而沦为族权、夫权、皇权的附属物。这种吞噬个性的伦理专制主义，造成了窒息民族生机的主奴根性，它是和尊重人的价值、崇尚人的自由创造精神的现代文明背道而驰的。因而，要实现文化转型和模塑现代公民人格，必须破除以礼教纲常为基础的传统价值系统。陈独秀、鲁迅、吴虞和李大钊等人对儒家礼教的反思和批判，贯穿着立基于现代人文主义的深刻的理性精神。

五四启蒙学者的文化选择，是其对寻求富强的现代化历史情境的回应。他们对西方现代性的体认和对中国传统的批判，与其说源于"人的发现"的形而上哲思，毋宁说出自民族救亡的现实需要。正是从对中西冲突形成的中国文化危机的反省中，他们体认了西方工业文明的世界历史意义，以及中西文化之间巨大的时代落差，从而作出了引鉴西方现代性和改造中国传统文化的抉择。陈独秀在《法兰西人与近世文明》中，强调中西文明代表两个不同的历史时代，西洋文明代表"近世文明"，而中国文明尚未脱"古代文明"窠臼，中国要走向现代必须鉴取西洋文明，尤为向欧洲文明的先进——法国文明学习。陈的启蒙思想充满救亡的忧患意识，在他看来，"欧美之文明进化，一日千里，吾人已处于望尘莫及之地位"，"救于灭亡之运命，迫在目前"。[1] 陈对

① 王光远：《陈独秀年谱》，重庆出版社 1987 年版，第 32 页。

人权和科学的倡言，亦为此民族忧患意识所驱策："近代欧洲之所以优越他族者，科学之兴，其功不在人权说下，若舟车之有两轮焉。""国人而欲脱蒙昧时代，羞为浅化之民也，则急起直追，当以科学与人权并重。"① 这种源于殖民化危机的寻求富强的救亡式现代化诉求，成为五四启蒙的特定历史语境。

## 二　历史与价值：启蒙世界观的二元张力

享誉"中国文艺复兴"的新文化运动，以激烈的西化主义和反传统主义为基本特征。然而，启蒙与传统的断裂性，并非新文化运动的唯一面相。实际上，五四"全盘反传统"的激进表象遮蔽了启蒙与传统的深刻的连续性。中国由民族危机所导引的启蒙运动，匮缺欧洲文艺复兴和启蒙运动之"个人的发展"的人文历史语境，因而其模拟西方启蒙的自由主义伦理革命，不能不具有"爱国的个人主义"的取向，这是中国启蒙的一个基本的价值矛盾。另外，启蒙是一个传统与现代性互动的文化转型过程。大凡文化无不具有稳定性或保守性，尤为中国文化这样历史悠久的高等文化。诚如美国文化人类学家托马斯·哈定（Thomas Harding）所言："当一种文化受到外力作用而不得不有所变化时，这种变化也只会达到不改变其基本结构和特征的程度与效果。"② 价值秩序作为文化系统的"基本结构"，由于文化稳定性的深刻作用，其变革和转型是至为艰难的。在殖民地现代化语境中，当本土文化价值主要受到西方现代性的外部压力而不是传统自我变革的内在挑战时，这种价值变革的驱力往往是有限的。外域强势的西方文化可以冲击传统文化表层的价值规范，却难以触动其深层的价值原则。即便在最激烈最自觉地反传统的新文化运动中，这种本土文化的稳定性和历史惯性仍显而易见。且不论启蒙运动对国民文化心理改造的程度和效果，仅就启蒙者自身的深层价值取向而论，其显然仍未脱传统的深刻影响。我们可以从五四启蒙者的世界观中清晰地看到这一

① 《独秀文存》，安徽人民出版社 1988 年版，第 9 页。

② ［美］托马斯·哈定：《文化与进化》，浙江人民出版社 1987 年版，第 44 页。

点。辛亥以来，伴随着帝国政治秩序的崩解，传统文化价值秩序亦陷于危机。因而，世界观的重构就成为启蒙运动的中心课题。在启蒙运动之意义世界的重构中，深刻地反映出中西文化的冲突和融会。

新人生观是启蒙世界观的重要内容，重阐人生意义是新文化运动价值整合的重要主题。而正是在生命意义这一终极价值问题上，启蒙者表现出深刻的价值矛盾。他们一方面体认了西方人文主义之个体本位价值观的现代性，另一方面则依然崇尚中国人生理想之社群本位的无我境界。对儒家伦理持激进批判态度的五四启蒙学者，在人生理念上则多表现出中西二元价值取向。陈独秀一方面力倡“个人本位主义”，强调“社会是个人集成的，除去个人，便没有社会”，“执行意义，满足欲望，是个人生存的根本理由”；另一方面又主张“个人之在社会，好像细胞之在人身”，“人生在世，个人是生灭无常的，社会是真实存在的”。[①] 在陈看来，“真生命是个人在社会上留下的永远生命，这种永远不朽的生命，乃是个人一生底大问题”。[②] 质言之，生命的意义在于对社会的贡献。胡适人生观的二元取向更为显著，他在《易卜生主义》中用西方人文主义观点倡言“个性主义”，而在《不朽》中则主张社群至上的“社会不朽论”。他强调，个体“小我”依赖于社会“大我”而存在，“小我”是有限的，“大我”是无限的；“小我”是有死的，“大我”是不朽的。“我这个现在的‘小我’，对于那永远不朽的‘大我’的无穷过去，须负重大的责任；对于那永远不朽的‘大我’的无穷未来，也须负重大的责任。我须要时时想着，我应该如何努力利用现在的‘小我’，方才可以不孤负了那‘大我’的无穷过去，方才可以不遗害那‘大我’的无穷未来。”[③] 在胡适看来，个人对社会负有责任，个人只有通过社会整体才能实现自我的价值。易白沙对生命之意义表达了类似的看法。他在《我》一文中，既阐扬了自我的个体人格意义，又强调了“大我”重于“小我”的思想。他认为：“有牺牲个体小我之精神，斯有造化世界大我之气力。……故曰

① 《独秀文存》，安徽人民出版社 1988 年版，第 126—127 页。

② 同上书，第 434 页。

③ 胡适：《不朽》，载《新青年》第 6 卷第 6 号。

二者相成而不相悖也。由先后之说，必有我而后有世界。由轻重之说，必无我而后有世界。有我者，非有我，亦非无我。我与世界无须臾离。无我者，非无我，亦非有我，个体之小我亡，而世界之大我存。”[①] 李大钊则以佛学语言表达了融小我于大我之中的人生理念：“以其绝对统其相对，以其空驭其色，以其平等律其差别，故能以宇宙之生涯为自我之生涯，以宇宙之青春为自我之青春。宇宙无尽，即青春无穷，即自我无尽。”[②] 恽代英亦主张：“在宇宙大法中，个体是为全类存在的，全类不是为个体存在的。所以人群比个人在宇宙中更有个真实的地位。”[③] 此外，高一涵在《一九一七年预想之革命》，傅斯年在《人生问题发端》中，都表达了类似的人生理念。

显而易见，五四启蒙学者这种崇尚社群、主张融个体“小我”于社会“大我”之中的人生理想，带有鲜明的中国传统印记，它是儒、佛、道生命体验和超越意识在五四时代的交汇回响。美国汉学家张灏曾将这一把小我融入大我的思想，概括为“无我同一”，并将其归结为近现代中国思想史上影响深远的主题之一。他认为，这种“无我同一”理念，源于儒、释、道、墨等中国传统中的普遍主义（或世界主义）意识，以及个体生命存在与融化自我以复归原始整体的“分离与回归”的人生范式。这一传统的思想主题，深刻影响了包括五四知识分子在内的二十世纪中国各派知识分子的思想。[④]

除了新人生观，新社会理想是五四启蒙者世界观重建的又一重要主题。我们看到，在对未来社会的展望中，启蒙者亦没有完全接受西方现代性和否弃中国传统思想资源。早在新文化运动之初，陈独秀就明确指出：“吾人理想中之中华民国，乃欲跻诸欧美文明国家，且欲驾而上之，以去其恶点而取其未及施行之新理想。”[⑤] 陈的这种超越西方的“新理想”，很大程度上源于中国传统的道德理想主义。《新青年》创刊伊始，陈就在倡言人权和科学的同时，批评了西方资本主义

① 易白沙：《我》，载《青年杂志》第1卷第5号。
② 《李大钊文集》（上卷），人民出版社1984年版，第196页。
③ 恽代英：《论社会主义》，载《少年中国》第2卷第5号。
④ ［美］张灏：《危机中的中国知识分子》结论，山西人民出版社1989年版。
⑤ 《陈独秀著作选》第一卷，上海人民出版社1987年版，第319页。

文明由竞争造成的社会不平等的流弊。[①] 以后他在倡导民主主义时，赞扬孔子“均无贫”和许行“并耕”的高远理想。李大钊认为中国农业文明“衰颓于静止之中”，而西方工业文明“疲命于物质之下”，世界文明的未来必有赖于“东西文明真正之调和”的“第三种新文明之崛起”。[②] 恽代英则对西方近代文明持更激烈的批判态度，其新社会的理想也更明显地带有传统理想主义的色彩。他认为，“文明亦仅富贵者之事。综而论之，盖文明者，杀贫贱以利富贵也。……吾直谓文明为万恶之凶手而已。”他憧憬的是平等和谐的大同社会：“若夫大同之世，无贫贱富贵之阶级，无竞争防御之忧患，而后利人类之文明日益发达，可以作福全世。”[③]

五四启蒙学者这种具有抵抗和超越西方现代性取向的社会理想，体现了中国思想传统的深刻影响。在近代中国，以儒家大同和谐、释道平等无差和墨家兼爱为要旨的古典理想主义具有复苏的趋势，它与由救亡驱动的中国现代化思潮相激荡融会，构成了一种抵抗的现代性取向。这种中国古典理想主义不仅没有被西化的大潮所湮没，而且通过与西方近代乌托邦思潮的汇流而得以强化。我们可以从康有为的“大同世界”、孙中山的“民生主义”中，清晰地看到这种乌托邦趋向。即便在最激烈的倡言西化和批判传统的五四时代，这种理想主义传统仍深刻地影响着启蒙知识分子的价值取向。五四时期以儒教为基础的传统意义世界的解体，为古典理想主义的复兴提供了思想空间。同时，这种殖民地现代化语境中的理想主义与民族主义情绪和进化论思潮相融会，形成了启蒙时代的浪漫精神。诚如张灏所言：“就思想而言，五四实在是一个矛盾的时代：表面上它是一个强调科学、推崇理性的时代，而实际上它却是一个热血沸腾、情绪激荡的时代；表面上五四是以西方启蒙运动重知主义为楷模，而骨子里它却带有强烈的浪漫主义色彩。”[④]

---

① 《独秀文存》，安徽人民出版社 1988 年版，第 13、252 页。

② 《李大钊文集》，人民出版社 1984 年版，上卷，第 196、560、565、607 页；下卷，第 16、16、96—97 页。

③ 《恽代英文集》，人民出版社 1984 年版，第 3 页。

④ ［美］张灏：《五四运动的批判与肯定》，载《当代》（台北）1986 年创刊号。

五四启蒙运动的这种理性主义与浪漫主义的思想矛盾，源于启蒙知识分子思想中历史理性与价值理性的内在紧张。五四知识分子迎受西方现代性和批判传统的理性主义精神，是其对于民族危机中的历史情境的回应；而其抵抗和超越西方现代文明的浪漫主义精神，则为其对于构成个体生命意义的价值情境的回应。此即梁漱溟所谓“中国问题”和“人生问题”的求索。中国问题的历史选择，促使启蒙者鉴取西方现代性和反叛传统，以寻求现代化而复兴民族；而人生问题的价值求索，则使其亲和传统和超越西方，而追求完美的人性和社会。诚然，启蒙的历史语境与价值语境并非决然割裂对立的，现代性的历史语境直接影响了人的意义世界的价值语境的构成。然而，当启蒙运动的价值变革主要源于殖民地现代化的外在压力，而非本土文化变迁的内在驱力时，这种变革很难触动价值系统的深层结构。此即哈定所谓“文化的稳定性”。例如，尽管个人“竞争”法则一再被近代改革者视为达致富强的历史进化途径，但它几乎从来没有真正在价值合理性的意义上为人们所体认，它总是被改造成“民族”生存竞争法则，以化解知识分子心灵中历史与道德的冲突。这种历史与价值的张力，就是五四启蒙者在价值选择上矛盾彷徨，既倡言“个性解放”又崇尚“无我同一”，既推崇“生存竞争”又倾心“大同和谐”的原因所在。事实上，新文化运动的反传统并非全面而彻底的，启蒙学者对儒学的抨击主要限于其与帝国政治制度功能连锁的礼教意识形态和社会伦理层面，而并未染指其价值内核的生命意义和超越伦理层面。

启蒙知识分子思想中历史与价值的张力，反映了韦伯所谓工具理性与价值理性冲突的现代性困境。自晚清以降，在中国这一具有深厚伦理主义传统的社会，现代性的道德困境曾困扰了一代又一代知识分子，它使多少人困顿彷徨于中西新旧之间。

## 三　启蒙与现代性的危机

中国的启蒙运动较之欧洲的启蒙运动要艰难曲折得多。诚如舒衡哲所言，欧洲的启蒙运动有文艺复兴以来的理性主义开辟道路，而

"五四知识分子则任重道远；他们必须在自己一生中完成欧洲文艺复兴和启蒙运动几百年间完成的事业"。同时，"在中国，要达到并保持世界视野的人生观是很困难的，因为它是与西方帝国主义的强暴和凌辱俱来的。中国知识分子既没有西方启蒙学者那样优越的先天条件，又必须在忍受外强的侵略时接受对方的文化。……而由于政治革命压力，20 世纪中国的文化运动总是仓促而就"。[①] 新文化运动就是一场仓促而就的启蒙运动。

1919 年的巴黎和会骤然加剧了民族危机，第一次世界大战终结以来知识界近于狂热的乐观情绪迅速幻灭了。欧战的终结曾使五四知识分子的浪漫主义情绪一度蔓延高涨。人们都把协约国的胜利和威尔逊宣言视作"公理胜利"和"正义和平"时代的开端。陈独秀在《每周评论》发刊词中，不仅热情讴歌"公理战胜强权"，而且赞扬威尔逊为"世界上第一个好人"。胡适后来回忆这段经历时也承认那是个"狂热的乐观时代"。在"五四"前数月间那个短智的"狂热的乐观时代"中，弥漫着浪漫情绪的知识界，普遍抱有一种寄现代文明理想于英法等协约国的浪漫想象，以为协约国的战争行为是其宣扬的自由、平等、博爱精神的体现。正是基于这种浪漫想象，五四知识分子才会在协约国战胜后爆发"公理胜利"的"狂热的乐观"。当时留学国外的张奚若在致胡适信中对此表示颇不理解："读中国报纸，见官府人民一齐庆祝联军胜利，令人郝颜。读《新青年》等报，见谓公理战胜强权，以后世界将永远太平，令人叹其看事太不 Critcial（批判的）。"[②] 知识界这种缺乏批判理性而近乎幼稚的浪漫乐观情绪，在巴黎和会后顿然幻灭了。由于这种亲西方的幻想曾真诚地寄托了启蒙知识分子的价值理想，因而幻灭也就不可避免地导引了西方文化的危机，它动摇了知识分子对西方文明的信念。

正值中国人在巴黎和会后经历了一场西方幻灭之时，西方文化在其故乡也已危相毕露。欧战以后，斯宾格勒（Oswald Spengler）的《西方的没落》风行欧洲，西方思想界兴起了一股质疑和批判现代文

① 参见［美］舒衡哲《中国的启蒙运动》，山西人民出版社 1989 年版。

② 《胡适来往书信选》（上），中华书局 1979 年版，第 31 页。

明的思潮。梁启超参加巴黎和会后归国，在《欧游心影录》中写道："欧洲人做了一场科学万能的大梦，到如今却叫起科学破产来。这便是最近思潮变迁一个大关键了。"[①] 李大钊亦指出："此次战争，使欧洲文明之权威大生疑念。欧人自己亦对于其文明之真价不得不加以反省。"[②] 这股自西而东的西方文化批判思潮，又大大强化了五四知识分子因协约国幻灭而引发的对西方文明的怀疑情绪。由于西方文化的危机与新文化运动造成的传统文化的危机接踵而至，五四知识界遂陷入"双重文化危机"（胡秋原语）之中。在此启蒙的文化危机中，苏俄的崛起对五四知识分子无疑具有价值导向作用。而其时来华讲学的英美自由思想家罗素和杜威对社会主义的赞许，亦在相当程度上影响了五四知识分子的价值取向。

五四时期的民族危机和文化危机，其实质为中国现代化的危机，它表现为知识分子对现代性价值的怀疑和疏离。在五四后期西方文化危机的思想语境中，知识分子在怀疑和疏离西方现代性的同时，其思想中的价值天平也开始发生倾斜，而出现了道德激情高涨和历史理性失重的现象。人们对现代性价值如自由、人权、民主、竞争、功利等已渐失往日的热情。对知识分子来说，西方资本主义文明已不再是令人向往的人间乐土，而是罪恶的渊薮。陈独秀在《新青年》宣言中宣告："我们相信世界上的军国主义和金力主义，已经造成了无穷罪恶，现在是应该抛弃的了。"[③] 这一宣言标志着启蒙学者对其曾倡导的西方现代性的批判性反思，以及他们告别和超越西方文明而另择替代性的社会文化理想的努力。张东荪在《解放与改造》创刊号上撰文，指出："这次大战把第二种文明的破罐一齐暴露了；就是国家主义与资本主义已到了末日，不可再维持下去。因为资本主义存在一天，那阶级的悬隔愈大一天，结果没有不发生社会的爆裂的。"[④] 值得注意的，还不是陈独秀等启蒙学者对资本主义文明流弊

① 李华兴等编：《梁启超选集》，上海人民出版社1984年版，第724页。

② 《李大钊文集》，人民出版社1984年版，上卷，第196、560、565、607页；下卷，第16、16、96—97页。

③ 《独秀文存》，安徽人民出版社1988年版，第244页。

④ 张东荪：《第三种文明》，载《解放与改造》第1卷第1号。

的批判，而是其价值取向的变化。此时启蒙学者对西方资本主义文明之非人道、不平等诸流弊的批判，更多立基于道德理性而不是历史理性。

启蒙运动的价值嬗变，表现为知识分子从崇尚“自由”到倾心“互助”的思想转变。李大钊的思想流变颇具代表性：“从前讲天演进化的，都说是优胜劣败，……从今以后都晓得这话大错。知道生物的进化，不是靠着竞争，乃是靠着互助。”① “人类的进化，是由个人主义向协合与平等的方面走的一个长路程。”“互助”是五四思想史的一个重要理念，其影响甚至不下于新文化运动前期的“人权”“科学”“自由”“民主”等理念，而且它还是社会主义思潮崛起的价值中介。从“自由”到“互助”，不仅表征着启蒙运动的价值结构从个体回归社群的演变，而且反映了其价值取向由历史而道德的转变。五四后期，伴随着“互助”思潮而兴的是乌托邦思潮，它大大强化了新文化运动固有的浪漫主义精神。疏离西方现代性的知识分子，开始满怀激情地追求完善的未来社会，“互助主义”、“新村主义”、“工读主义”等各种乌托邦风靡一时，人们企盼着建构一种消除一切人间罪恶而完美和谐的大同社会。陈独秀当时曾检省和批评过这种好高骛远、急于求成的乌托邦心态：“此外我们时常用‘彻底’‘完全’‘根本改造’‘一劳永逸’一些想头，也就是这种懒惰的心理底表现。”② 这些追求彻底和完美的社会理想，无不立基于道德理性，而其中并无工业文明之效率和富强的位置。当求索新文明的五四知识分子将其目光越过现代而投向未来理想世界时，其思想中历史与价值的张力已经失去平衡，道德理性已经压倒了历史理性。

五四后期乌托邦思潮和社会主义思潮的兴起，表征着知识分子对西方文明幻灭的思想回应。对于在危机中寻求超越西方的五四知识分子来说，新兴的俄国式社会主义自然成了其探寻新价值理想的目标。经历了西方文明幻灭的启蒙知识分子亟须寻觅一种新的文化理想，以

① 《李大钊文集》，人民出版社 1984 年版，上卷，第 196、560、565、607 页；下卷，第 16、16、96—97 页。

② 《独秀文存》，安徽人民出版社 1988 年版，第 592 页。

求获得一种历史理性与价值理性相统一的新世界观。社会主义无疑满足了五四知识分子的这一思想需要：就历史方维而言，社会主义是一种超越资本主义文明的更新的“第三种文明”；就价值方维而言，社会主义的正义理想又契合中国人期待完善人性与和谐社会的道德理想。因而，社会主义作为超越西方文明的现代性的替代性方案，在五四后期迅速为知识分子所接受。

需要指出的是，五四知识分子是在抵抗现代性和浪漫主义语境中接受社会主义的。其对社会主义的崇尚和对资本主义的批判，都主要立基于道德理性，因而其社会主义观具有浓厚的伦理主义倾向和乌托邦色彩。对五四知识分子来说，社会主义的魅力首先在于其平等和谐的道德价值，而不是其经济上的进步与效率。李大钊认为：“一切形式的社会主义的根萌，都纯粹是伦理的。协合与友谊，就是人类社会生活的普遍法则。”“社会主义者共同一致认定的基础，……就是协合、友谊、互助、博爱的精神。”[①] “我们相信人间的关系只是一个‘爱’字。”“博爱的生活，是无差别的生活，是平等的生活。”[②] 恽代英强调：“社会主义不是从学理上产生的，是从事实上产生的；不是从知识上产生的，是从感情上产生的。”[③] 在他看来，公有制是道德进步的根本途径，“我们为什么要有公有的财产？我们很觉得私心是一切罪恶的根源。……财产公有是铲除私心的良法”[④]。恽的实现社会主义的方案是“乡村的共同生活”，“我们盼望这样便可以全然共产，实行各尽所能、各取所需的理想”。[⑤] 瞿秋白主张：“把我们理想组织一个世界大新村——大同社会”[⑥]，因为人类社会以“爱”的法则为基础，“‘爱’——绝对的爱——是无前际，无后际，人生的对象所以确定，人生幸福，所由流出的。这个爱是伟大的，普遍的，万能的

① 《李大钊文集》，人民出版社 1984 年版，上卷，第 196、560、565、607 页；下卷，第 16、16、96—97 页。

② 同上。

③ 《恽代英文集》，人民出版社 1984 年版，第 250 页。

④ 同上书，第 120 页。

⑤ 同上书，第 237 页。

⑥ 《瞿秋白文集》（政治理论编），人民出版社 1985 年版，第 59 页。

心识”。“凡是能涵有培养绝对的‘爱’的意义之社会制度，都是唯一的良好制度——免除罪恶的制度。”[①] 显而易见，上述这些后来成为中国第一代共产主义者的知识分子，起初都是在道德理想的层面体认社会主义的。他们所借以评判社会主义的，很大程度上仍是中国传统的道德理想。不独如此，五四知识分子还直接承袭了古典理想主义的某些基本价值。如陈独秀认为，中国工商业不进化从“好的方面”来说，是没有造成欧洲资本主义之弊，中国“自古以来，就有许行的‘并耕’，孔子的‘均无贫’种种高远理想”[②]。

这种社会主义观的伦理化和乌托邦化倾向，不只为早期共产主义知识分子所独有，而几乎是五四各派知识分子的共识。一篇刊于《工读》杂志的文章可谓伦理社会主义思潮的代表，文中谈道：“现在的社会是坏极了，不图解救是不可长久的了。……解救之道，当然是社会主义。因为它最公道，最平等，无有军阀财阀，无有种界国界，是相爱相信的世界，不是相杀相欺的世界，经济上固然好，道德上尤其好。”显然作者对社会主义的倾心首先在于其道德上的“最公道，最平等”。蔡元培则强调社会主义与儒家传统的亲和性，他认为：“我们中国本有一种社会主义的学说，如《论语》记孔子说：‘有国有家者，不患寡而患不均，不患贫而患不安。……’就是对内主均贫富。……《礼运》记孔子说：‘人不独亲其亲，不独子其子。使老有所终，壮有所用，幼有所长，矜寡孤独废疾者皆有所养。……’就是‘各尽所能，各取所需’的意义。”[③] 在蔡看来，社会主义的精义在于平等互助，它与中国古代大同理想价值相通。另一位自由主义者张东荪，则把社会主义归为“互助与协同的文明”，并且将其基本特征描绘为：“道德上必定以社会为本位”，“经济上必定以分配为本位”，“制度上必定以世界为本位”，“社会上必定没有阶级的等次”。[④] 这里，张氏用以评判社会主义的仍是平等大同的伦理尺度。耐人寻味的是，新文化运动的一些批

① 《瞿秋白文集》（政治理论编），人民出版社1985年版，第66—67页。

② 《独秀文存》，安徽人民出版社1988年版，第252页。

③ 《蔡元培全集》第3卷，中华书局1984年版，第434页。

④ 张东荪：《第三种文明》，载《解放与改造》第1卷第1号。

评者，在社会主义观上亦与新文化人惊人的一致。梁启超认为："讲到国民生计上，社会主义，自然是现代最有价值的学说。"社会主义"精神是绝对要采用的。这种精神，不是外来，原是我所固有。孔子讲的'均无贫，和无寡'，孟子讲的'恒产恒心'，就是这主义最精要的论据"①。杜亚泉（伧父）也认为："大战以后，西洋社会之经济，将有如何之变动乎？由吾人之臆测，则经济之变动，必趋向于社会主义。……西洋之社会主义，虽有种种差别，其和平中正者，实与吾人之经济目的无大异。孔子谓'不患寡而患不均'，社会主义所谓'各所取须'，亦即均之意义。……实则社会主义，乃吾国所固有。"②

五四时期的乌托邦社会主义思潮，起于对西方文明危机的思想回应，它寄托了幻灭的启蒙知识分子寻求超越一切既存文明秩序而追求理想社会的浪漫情怀。这股浪漫而富有感染力的思潮，使人"不知不觉的就中了社会主义的魔术"③，从而深刻影响了五四知识分子的思想和新文化运动的走向。曾经发起一场伦理革命的启蒙知识分子，在经历了西方文明幻灭后复返向伦理寻觅价值资源，他们不仅以道德理性阐扬西方社会主义，而且重新肯认了中国文化的价值理想。五四后期的伦理社会主义思潮，既光大了中国思想传统中的理想主义资源，也助长了好高骛远的乌托邦精神。这种集高远和空疏于一体的抵抗现代性的乌托邦思潮，构成了马克思主义在中国传播的思想背景，它深刻影响了中国马克思主义的思想取向。

## 四　一场未完成的启蒙

新文化运动是一场未完成的现代性启蒙。它奠定了中国文化转型的现代方向，但却彷徨于文化与政治、中国与西方、现代与传统之间，而未完成现代性的价值整合。启蒙的彷徨和蜕变，固然有其外在的客

① 李华兴等编：《梁启超选集》，上海人民出版社1984年版，第729页。

② 杜亚泉：《战后东西文明之调和》，载《东方杂志》第14卷第4号。

③ 《王光祈致君左》，《五四时期的社团》（一），生活·读书·新知三联书店1979年版，第293页。

观原因，如民族危机急迫的严峻历史环境，欧战凸显的西方文明的危机，苏俄的崛起所导引的社会主义风潮，等等。然而，启蒙思想内部之历史理性与价值理性的张力，则是其更为深刻的内在原因。

胡适曾以“中国文艺复兴”称誉新文化运动。然而，五四启蒙运动与欧洲文艺复兴之间的深刻差异，毕竟是不容忽视的。如果说欧洲文艺复兴式启蒙人文主义的神髓，在于人超越了“种族的成员”而成为“精神的个体”，这种“人的发现”是“个人的发展”的现代表征①；那么五四式启蒙人文主义则是近代中国寻求富强的历史进化语境的产物，其“个人的觉醒”只是“民族的觉醒”的曲折表现。五四式的“个人主义”不仅不像意大利式个人主义那样排斥爱国主义，而且恰恰是以爱国主义为宗旨的，它可谓一种“爱国的个人主义”。这样，在五四殖民地现代化式启蒙语境中，欧洲式“人是目的”的启蒙主题，就被转换为民族富强的文化策略。而在五四启蒙思想之人的图景中，始终存在着欧洲式“精神的个体”与亚洲式“种族的成员”的内在紧张。国家与个人的关系，成为欧洲式人文主义启蒙与中国式现代化启蒙的一个基本价值分野。同时，五四式旨在富强的现代化启蒙，由于匮缺欧洲式“精神个体”生成的商业社会之精神文化背景，其移植的西方人文主义只能流为政治式启蒙话语，它既无从获得有生机的传统的支援，也缺乏变革传统的深层价值动因。与此相联系，五四之现代化语境的启蒙，其富强主义的功利性目的亦决定了启蒙的思想限度和片面性。新文化运动对传统的批判，主要聚焦于儒教与现代性相抵牾的意识形态和社会伦理（礼教）层面，而并未染指其超越性的宗教伦理和生命意义层面。这样，五四启蒙的西化和反传统皆限于世俗价值层面，而儒教与基督教在终极关怀和超越价值层面的对话则付阙如。如此移植欧洲人文主义的“半盘西化”，难免流为匮缺超越性资源之制衡的无根的个人主义。显然，这种世俗性的个人主义难能构成完整的意义世界，而植根于无神论传统又拒斥基督教文化的五四启蒙知识分子，则不能不在反礼教的同时，仍保持与传统人生信仰

① ［瑞士］雅各布·布克哈特：《意大利文艺复兴时期的文化》，商务印书馆 1981 年版，第 125 页。

的认同。启蒙思想之世俗方维的欧洲式个人主义与超越方维的中国式集体主义的价值分裂，即源于此。另外，西方现代性本身具有历史与道德的深刻二律背反，西方殖民主义之强盗兼老师的矛盾形象，还使中国模拟西方的外源型启蒙运动，难以摆脱借鉴西方与抵抗西方的“启蒙的屈辱”和“反西方的现代性”的困境。综上所述，五四启蒙思想的这种历史与价值的内在张力，自始即潜埋下了启蒙失败的思想因子。当战后欧洲文化危机、苏俄革命、巴黎和会等事件改变了启蒙的历史语境时，西方现代性不再成为启蒙的典范，欧洲启蒙式“个人的觉醒”亦不复为中国现代化之“民族的觉醒”的前提，启蒙的蜕变就不可避免了。

（原载《浙江学刊》1999 年第 2 期）

# 人权与国权的觉悟

## ——新文化运动与五四运动同异论

王思睿[*]

“五四”距今已经80年了，而人们对于五四运动的性质却依然莫衷一是。有人说是中国的文艺复兴运动；有人说是青年学生和市民的爱国运动；有人说是自由主义的人权运动；有人说是民族主义的国权运动。混淆的根本原因是把五四运动和与之同时发生的新文化运动搅在了一起。本文指出：这两个运动的演员有所重叠，却是脚本不同的两出历史话剧。两个运动代表了现代中国人思想上的两种觉悟，虽然在后来很长的一段时间里，其中的一种遮盖了另一种。对于新文化运动与五四运动的同异，历来有四种不同的阐释，支撑这些阐释的是四种相互角逐的政治意识形态。其中最为弱小的自由主义，只有自觉地与民主主义和民族主义结盟，才能成为一种影响广大民众的思想力量。

### 一　一根藤结出两个瓜

周策纵的《五四运动：现代中国的思想革命》与彭明的《五四运动史》是中外研究新文化运动和五四运动的两部最具影响力的鸿篇巨制，但它们都把这两个运动混为一谈。依照周策纵的定义：“五四运

---

* 王思睿，北京华阳国际传播有限公司。

动”是一种复杂的现象，包括新思潮、文学革命、学生运动、工商界的罢市罢工、抵制日货以及新式知识分子的种种社会和政治活动，新文化运动被视为五四运动的一个组成部分。[①] 彭明也采取了同样的叙述策略，称：“五四运动是一个爱国运动，又是一个文化运动。”[②] 笔者认为：新文化运动与五四运动之间存在复杂的关系，二者有同有异，不应混为一谈。

新文化运动与五四运动，均为鸦片战争以来在中国不断深化的西化运动的产物。西化运动也可以称为“化西运动”，这完全取决于看问题的角度或特定立场。从纯客观的角度看，西化运动一说可能更为贴切。现在的中小学课程中有多少内容来源于一个世纪以前的传统“中学”，又有多少内容来源于“西学”？粗略估计一下，二者的比重至多是四六开。大学课程中，传统“中学”的成分恐怕还要更低一些。单纯从知识结构上分析而不考虑感情因素，说中国人正在或已经被西化与说满族人汉化同样正确。如果我们事先确定一个中国文化的本位立场，那么任何西化都不过是“化西”，即“拿来”西方的好东西，将其消化吸收，变成中国文化的养料。在这里，对于民族和文化的主观意识是决定性的因素。

梁启超在1922年的《五十年中国进化概论》中，把中国人思想逐渐西化的过程分为三期。第一期，先从器物上感觉不足。这种感觉，从鸦片战争后渐渐发动，到同治年间借了外国兵来平内乱，于是曾国藩、李鸿章一班人，很觉得外国的船坚炮利确是我们所不及，对之有舍己从人的必要，于是福建船政学堂、上海制造局等渐次设立起来。第二期，是从制度上感觉不足。自从甲午败于日本，国内有心人真像睡梦中着了一个霹雳，因想到堂堂中国为什么衰败到这田地，都为的是政制不良，所以拿“变法维新”做一面大旗，在社会上开始运动，急先锋就是康有为、梁启超一班人。他们的政治运动是完全失败的，只剩下废科举一事算是成功了。国内许多学堂国外许多留学生，在这期内蓬蓬勃勃发生。第三期，便是从文化根本上感觉不足。第二期从

① 周策纵：《五四运动：现代中国的思想革命》，江苏人民出版社1996年版，第5页。

② 彭明：《五四运动史》，人民出版社1984年版，第656页。

甲午战役起到民国六七年间止，约历二十年之久觉得我们政治法律等远不如人，恨不得把人家的组织形式一件件搬进来，以为如此一来万事都有办法了。但革命成功将近十年，所希望的件件落空，渐渐有点废然思返，觉得社会文化是整套的，要拿旧心理运用新制决计不可能，渐渐要求全人格的觉悟。恰值欧洲大战告终，全世界思潮都添许多活气，新近回国的留学生，又很出了几位人物，鼓起勇气做全部解放的运动。所以最近两三年间，算是划出一个新时期来了。[①] 从器物层面和制度层面学习西方的分期，对于清朝统治集团来说，基本上是正确的；对于思想家和学者来说，则不尽然，梁启超在这里多少有些自谦的成分。

文化和器物制度是不能截然分开的。在第一期中，便有人从文化和制度的角度来反省中国何以落后。冯桂芬在《校邠庐抗议》中指出：除军旅之事不如夷外，还有“人无弃才不如夷，地无遗利不如夷，君民不隔不如夷，名实必符不如夷”。他又说：“非天赋人以不如也。人自不如耳。天赋人以不足，可耻也，可耻而无可为也。人自不如，尤可耻也，可耻而有可为也。”知耻而自强之“道在实知其不如之所在，彼何以小而强，我何以大而弱，必求所以如之，仍亦存乎人而已矣”。[②] 基于“失学问者，经济所从出也”的道理，他明确主张“采西学”。在第二期中，梁启超本人更是在思想文化上扭转历史进程的一员主将。梁启超的研究者张灏认为：“在从传统到现代中国文化的转变中，19 世纪 90 年代中叶至 20 世纪最初 10 年里发生的思想变化应被看成是一个比‘五四’时代更为重要的分水岭。在这一过渡时期梁是一位关键人物。”[③]

清末民初西化运动的思想精髓可概括为“一个中心，两个基本点”：一个中心便是进化论；两个基本点便是围绕严复《群己权界论》书名中点明的“群”与“己”所展开的理论探讨。

严复将进化论译为“天演论”。他在《天演论》自序中说，将此

---

① 梁启超：《饮冰室合集》第 5 册，文集之三十九，中华书局 1989 年版，第 43—45 页。

② 《校邠庐抗议·制洋器仪》。

③ 张灏：《梁启超与中国思想的过渡（1890—1901）》，江苏人民出版社 1993 年版，第 218 页。

论介绍到中国学界，实因“其中所论，与吾古论有甚合者，且于自强保种之事，反复三致意焉”。其主要论旨为：“物竞”者，物争自存也；“天择”者，存其宜种也。民民物物，各争有以自存，其始也种与种争，群与群争，弱者常为强肉，愚者常为智役。固天演之论，可一言而尽也，进者存而传焉，不进者病而亡焉。时下流行的“落后就要挨打，发展是硬道理”，实为严夏思想的当代版本。对于一向具有文化至上主义传统的中国人来说，本着“师长”的原则，接受源于西方的进化论并不是什么难事。《天演论》出版后，数年中，风行全国，乃至做了中学生的读物。小野川秀美说：“作为一个先驱的进化论宣传者，梁启超的功绩实不可没。达尔文与赫胥黎的关系，正可比诸严复与梁启超。自然淘汰，优胜劣败，适者生存等，都是严译《天演论》中所没有的成语，这些成语之在中国盛传，主要是梁启超从日本传过来的。”①

把“群”与“己”从古代圣贤“万物皆备于我”“与天地万物上下同流”“修身齐家治国平天下”的天人合一与泛家族主义连环套中解脱出来，赋予新的解释，是世纪之交中国思想对传统的突破。

严夏说：“夫既以群为安利，则大演之事，将使能群者存，不群者灭；善群者存，不善群者灭。”② 要“保种”“保国”，就必须“能群”“善群”。从保守的儒家学者王先廉的抨击——“天下之大患曰群”、“群者学之蠹也”③ 可知“群”的概念所具有的新义。梁启超在《说群序》中说：“启超问治天下之道于南海先生，先生曰：以群为体，以变为用。斯二义立，虽治千万年之天下可矣。……以群术治群，群乃成；以独术治群，群乃败。己群之败，他群之利也。何谓独术，人人皆知有己，不知有天下。……以故为民四万万，则为国亦四万万。夫是之谓无国。善治国者，知君之与民。同为一群之中这一人，因以知夫一群之中所以然之理，所常行之事，使其群合而不离，萃而不涣，

---

① 《晚清政治思想研究》，林明德等合译，（台北）时报文化出版事业有限公司 1982 年版，第 295 页。

② 《严复集》第 5 册，中华书局 1986 年版，第 1347 页。

③ 张灏：《梁启超与中国思想的过渡（1890—1901）》，江苏人民出版社 1993 年版，第 68 页注②。

夫是之为群术。”[①]“群”被理解为人类团体，并被看成是人类区别于其他动物的特征。源于荀子，他用“群”来论证“君道”的天然合理性。而梁启超视王权制度为独术，乃败于“群”的根源，“君主者何，私而已矣；民主者何，公而已矣”。秦西行民主，善群术，今我“以独术与群术相遇，其亡可翘足而待也”[②]。张灏指出，梁启超以“群”为核心的社会政治思想包括了三个主要倾向：政治整合、民主化和含蓄而矛盾地接受民族国家思想。这一思想的出现标志着一个重大的转折，即失去内在思想魅力而仅仅保留其宣传价值的“经世”，作为中国政治传统的一个主要理想趋于完结，受需要新的理想和新的价值观来取代经义理想的冲动，中国的政治文化将被近代西方的各种思想意识所吞没。民族主义和国家主义便是其中的首选。梁启超在《新民丛报》第一号“本报告白”中表示：要维新我国，必先维新我民，中国之所以不振，乃在公法之欠缺，故须收集中西之道德，以为德育之方针，改造吾“喜独”之国民性，树立“合群”、“乐群”之新民德：以教育为主，以政论为辅，着重国家主义之教育，以养成国家思想。

中国古代儒家虽然标榜“为己”之学，却不注重个人的权利与自由。严复指出：“夫自由言。真中国历古圣贤之所深畏，而从未尝立以为教育也。”中国恕与西法自由最相似，“然谓之相似则可，谓之真同则人不可也”。“自由即异，于是群异丛然而生。粗举一二言之：则如中国最重三纲，而西人首明平等；中国亲亲，而西人尚贤；中国以孝治天下，而西人以公治天下：中国尊主，而西人隆民；中国贵一道而同风，而西人喜党居而州处；中国多忌讳，而西人重讥评。”[③]他昭示国人，西学的精髓是“以自由为体，以民主为用”；中国若欲富强“必自民之能自利始，能自利自能自由始，能自由白能自治始”；“身贵自由，国贵自主”。[④]在《新民说》中，梁启超一针见血、极其痛快地指出：“天生人而赋之以权利，且赋之以扩充此权利之智识，保

① 梁启超：《饮冰室合集》第1册，文集之二，第3—4页。

② 同上书，文集之一，第109页。

③ 《严复集》第1册，中华书局1986年版，第2—3页。

④ 同上书，第17、23—26页。

护此权利之能力。故听民之自由焉、自治焉，则群治必蒸蒸日上；有桎梏戕壮之者，始焉窒其生机，继焉失其本性，而人道乃几乎息矣。……故夫中国群治不进，由人民不顾公益使然也；人民不顾公益，由自居于奴隶盗贼使然也；其自居于奴隶盗贼，由霸者私天下为一姓之产而奴隶盗贼吾民使然也。”① 由此，开天赋人权说和自由主义在中国之先河。

梁启超曾说：“吾爱孔子，吾尤爱真理；吾爱先辈，吾尤爱国家；吾爱故人，吾尤爱自由。吾又知孔子之爱真理，先辈故人之爱国家爱自由，更有甚于吾者也。吾以是自信，吾以是忏悔。为两千年来翻案，吾所不惜；与四万万人挑战，吾所不俱。”② 此乃对上面所说的“一个中心，两个基本点”的全面概括，表现出20世纪初中国思想家破旧立新的勇气与决心。进化论即当时人们心目中的真理，严复和梁启超的群己之说，则是20世纪中国民族主义和自由主义的共同渊源。正是从这两个挨近的生长点上，长出了新文化运动和五四运动的丰硕果实。

## 二 新文化坛动——自由主义的人权运动

以往把“新文化运动”作为陈独秀、胡适等《新青年》同人发起的思想运动的专用名词，此说近来受到质疑。例如龚书铎就把“戊戌新文化运动”作为论文的题目，称：在中国近代历史发展过程中，不仅在五四时期发生过新文化运动，在戊戌变法时期（就文化的角度说，大致从1895年中日战争后到20世纪初，也曾经发生一次这样的运动。显然，20世纪中国新文化的源头与其说是《新青年》，不如说是《天演论》和《新民说》。③ 但是，我们也要指出，《新青年》和《新潮》等绝不是以“新”来自我标榜，其划时代的意义在于，它们是一代新人登上历史舞台的标志。

① 梁启超：《饮冰室合集》第6册，专集之四，第58页。

② 梁启超：《饮冰室合集》第1册，文集之九，第59页。

③ 《戊戌新文化运动述略》，载龚书铎《中国近代文化探索》，北京师范大学出版社1988年版，第116—123页。

丁伟志等近来予“中体西用”说以新的解释：形式上的重点是在强调中学之为“体”，事实上的重点却在强调西学之需“用”，“中体西用”意在“西用”，表面上抬高中学之地位，恰恰是为着防卫对手的攻击，减少由于重视西学所招致的重大阻力。[①] 此说可以成立，但似乎未击中要害。在我们看来，与其把它当成一种文化观的宣示，不如作为一种历史事实的陈述。康有为这一代人仍是一群标准的传统中国绅士：出身官宦乡绅门第，以科举为进身，熟读圣贤之书，取小老婆，养大家庭。中国的传统伦理道德已经深深浸透于其血液和骨髓中，无论如何鼓吹“采西学”，都只能限于“西用”范畴。但他们“废科举，兴学堂”的成功，却为一代新人的崛起创造了条件。

《新青年》和《新潮》的积极参与者，或为归国留学生，或为国内新学堂的学生，已非传统的士大夫，而是新型的知识分子。他们的身体已经脱离乡土，独自居住在陌生的城市甚至租界中；他们在精神上与传统思想发生了断裂，不像上一代那样有深厚的“中学”根底，而是在一种“西学”的语境熏陶下形成世界观。因而，他们与父辈乃至乡下的发妻出现了巴金小说中所深刻揭示的那种“代沟”。只有到了这一代人，才真正感到需要“重估一切价值”，确立新主体在新环境中的生存意义与价值，也就是陈独秀所说的“伦理革命”。康有为辈向西方学习，主要目的仍是探索中国人这一群体在种族竞争中的生存之道；而鲁迅、郭沫若辈与西哲对话，不仅是要救国，而且是要发现和拯救自己，探究知识分子这一“新人类”在中国社会转型期安身立命的根本。这就使得人性、人权这些自由主义的话题凸显出来。

陈独秀在《青年杂志》第一卷第一号“法兰西人与近世文明”一文中写道：“可称曰‘近世文明’者，乃欧罗巴人之所独有，即西洋文明也；……近世文明之特征，最足以变古之道，而使人心社会焕然一新者，厥有三事：一曰人权说，一曰生物进化论，一曰社会主义。”[②] 值得注意的是，他在这里把人权放在新文明价值的首要地位，而把上一个世代中国先进分子的中心话题进化论放在了次要的位置。

① 丁伟志等：《中西体用之间》，中国社会科学出版社 1995 年版，第 160 页。

② 《陈独秀著作选》第一卷，上海人民出版社 1987 年版，第 136 页。

"举一切伦理，道德，政治，法律，社会之所向往，国家之所祈求，拥护个人之权利自由与幸福而已。思想言论之自由，谋个性之发展也。法律之前，个人平等也。个人之权力自由，载诸宪章，国法不得而剥夺之，所谓人权是也。人权者，成人以往，自非奴隶，悉享此权，无有差别。此纯粹个人主义之大精神也。"[①]

胡适一贯主张将他所倡导的新文化运动称为"中国的文艺复兴"，既然欧洲文艺复兴的历史成果是人的发现、人性的觉醒，这一命名的价值倾向便一目了然。胡适对易卜生主义推崇备至，而易卜生主义即所谓"健全的个人主义"："第一，须使个人有自由意志。第二，须使个人担干系，负责任。"胡适区分了三种个人主义：一种是假的个人主义，或称为我主义；一种是独善的个人主义，采取出世或避世的方式，"要想在现社会之外另寻一种独善的理想生活"；一种是真的个人主义，亦称个性主义，其特性是独立思想，对于自己思想信仰的结果要负完全责任。梁启超在世纪初曾要求个人自由服从团体自由，他说，"野蛮时代，个人之自由胜而团体之自由亡；文明时代，团体之自由强而个人之自由减"。"团体自由者，个人自由之积。"[②] 胡适则认为，牺牲个人自由，去求国家的自由是不可取的。"争你们个人的自由，便是为国家争自由！争你们自己的人格，便是为国家争人格！"他主张"改造社会要从改造个人做起"，要从"自救"开始。[③] 30 年代回顾时，胡适重申："民国六七年北京大学所提倡的新文化运动，无论形式上如何五花八门，意义上只是思想的解放与个人的解放。"[④]

鲁迅、周作人兄弟是新文化运动中以文学倡导自由主义思想的主将。周作人在理论上有较多的阐述，是中国"人的文学"的首倡者。他说："人道主义，并非世间所谓'悲天悯人'或'博施济众'的慈善主义，乃是一种个人主义的人间本位主义。……要讲人道，爱人类，

① 《陈独秀著作选》第一卷，上海人民出版社 1987 年版，第 166 页。

② 梁启超：《饮冰室合集》第 6 册，专集之四，第 44—47 页。

③ 参见欧阳哲生《自由主义之累——胡适思想的现代阐释》，上海人民出版社 1993 年版，第 138—143 页。

④ 胡适：《个人自由与社会进步——再谈五四运动》，载《独立评论》1935 年第 150 号。

便须先使自己有人的资格，占得人的位置。”① 因此，“我始终承认文学是个人的”，“以人类之一的资格，用艺术的方法表现个人的感情，代表人类的意志”。“我们所希望的，便是摆脱了一切的束缚任情地歌唱，无论人家文章怎样地庄严，思想怎样地乐观，怎样地讲爱国报恩，但是我要风流轻妙，或讽刺谴责的文字，也是我的自由，而且无论说的是隐逸或是反抗，只要是遗传环境所触合而成的，也便都有发表的权利与价值。”② 鲁迅则在小说、散文中以令人耳目一新的艺术形象控诉“吃人”的旧礼教，呼唤人道主义和自由主义的新纪元。

《新潮》主要编辑同时也是五四学生游行白话文宣言起草者的罗家伦说，在蔡元培主持北大的时候，发生了三个比较大的运动：第一是国语文学运动，也被称称为白话文运动或新文学运动；第二是新文化运动；第三是“五四”运动。③ 如果把他所说的第一个运动并入第二个运动，那么就无人可以质疑。新文化运动的历史成就已经极大地改变了中国人的存在和话语方式：如果把这两个运动分开来估量，即如罗家伦于20世纪60年代所说：“这新文化运动的工作，至今尚未完成”。新文化运动犹如一道闪电，一声惊雷，在起到振聋发聩、警醒国人的作用，由于第三个运动后——五四运动随之崛起，很快便衰落下去。在60年代的台湾，其价值仍得不到承认，受到“轻视和抹杀”，或成为“谈虎色变”的对象。④

胡适式的自由主义是一种基于个人主义的世界主义，在它的分析框架中，除了个人与人类，其他层次的人群共同体都没有什么特殊的意义。它高扬个人价值，推崇普世情怀，是种族主义和国家主义的天然敌人。因此一旦民族主义占据思想界的主流，自由主义便只能退居边缘。当日寇霸占了东三省，打到长城一线，全国上下反日情绪空前高涨时，胡适仍然坚持唱低调，更使他的自由主义显得不合时宜。

过于强调个人主义，对于早期自由主义传统是一种偏离。在以往，

① 《人的文学》，载《周作人散文》第二集，中国广播电视出版社1992年版。

② 转引自何德功《中日启蒙文学论》，东方出版社1995年版，第141、147页。

③ 关鸿等主编：《历史的先见——罗家伦文化随笔》，学林出版社1997年版，第1、10、138页。

④ 同上书，第137—138页。

自由首先意味的是一个团体拥有适当自主性的权利。柏克认为，自由的问既是与一种权威三角——即个人、国家以及介于这两者之间的各种群体——分不开的。托克维尔提出，一个由各种独立的、自主的社团组成的多元的社会，可以对权力构成一种“社会的制衡”。这一点，乃是促成美国民主制度是一种自由民主的重大因素。[①] 一个个单独的个人实际上是抗衡不了国家权力的。但对于胡适们来说，维护和建构社会团体并不是他们所理解的自由主义的题中应有之义。既然民族国家都不能成为顶礼膜拜的偶像，就更谈不上认同阶级利益和团体利益了。在这种自由主义的价值体系中，多样性、自决权和竞争比公平分配和资源均等具有更大的权重。如果将其折中调和，自由主义就演变为自由民主主义，胡适等中国自由主义者并没有迈出这一步。在讲演“中国问题的一个诊察”时，胡适将中国的病状诊断为“五鬼症”，即贫穷、衰弱、愚昧、贪污和纷乱，而没有提到社会阶级间的严重不公和冲突。[②] 对于大多数具有“拯民于水火”情怀的中国知识分子来说，这样一种无视社会现实矛盾的立场是无法接受的。于是，曾经在新文化运动中集结在人权和自由主义大旗下的新型知识分子，很快便发生了分裂，多数人通过平民主义的桥梁走向社会主义，自由主义则退缩到上层知识分子的一个小圈子中。

## 三　五四运动——公理引导下的国权运动

帮助胡适完成口述自传并将其译成中文的唐德刚指出：“胡适之先生是反对五四运动的。他反对的当然不是他小友周策纵的五四运动，而是他底及门弟子博斯年、罗家伦、段锡朋一干人，于民国八年五月四日，在北京的大街之上，摇旗呐喊的那个五四运动。”[③] 他的话说得太绝对了。那一天发生在北京大街上游行示威运动，作为一场学生爱

---

① 参见顾昕《以社会制约权力——托克维尔、达尔的理论与公民社会》，载刘军宁等编《市场逻辑与国家观念》，生活·读书·新知三联书店 1995 年版，第 148—167 页。

② 参见曹伯言等编著《胡适年谱》，安徽教育出版社 1986 年版，第 417 页。

③ 唐德刚：《“刍议”再议》，载汪荣祖编《五四研究论文集》，（台北）台湾联经出版事业公司 1979 年版，第 157 页。

国运动，得到几乎全体中国人的支持，胡适也不例外，曾称为“一个很纯粹的爱国运动”①。五四运动是争取国权（或曰主权）的学生运动，以后发展至全国各界一致响应的国民运动，其性质已由当事人明白昭示。

在五四运动之前，还有过其他的群众性爱国运动，例如义和团运动。但是，义和团运动并没有得到举国一致的响应，更没有得到新型知识分子的支持。当时在广州的孙中山与兴中会骨干八人联名致书港督卜力，指责清廷诲民变、挑边衅、仇教士、害洋商、戕使命、背公法、戮忠臣、用偾师、忘大德、修小怨。② 梁启超正在长江流域领导自立军起义，他反对哥老会以“排外”、“灭洋”为号召，说服各路会党改变宗旨，将灭洋二字易以自主或救国二字，极力与义和团划清界限。因为在中国知识分子看来，义和团运动只是一种情感的发泄，而缺乏一种得到普遍承认的道理作为后盾。

五四运动则不然，它是有公理支撑和指引的爱国运动。许德珩起草的五四游行宣言再三言之：“夫和议正开，我等之所希冀所庆祝者，岂不曰世界中有正义、有人道、有公理，归还青岛，取消中日密约，军事协定，以及其他不平等条约，公理也，即正义也。背公理而逞强权，将之土地由五国共管，侪我于战败国如德奥之列，非公理，非正义也。”③

这就牵扯什么是公理的问题。世纪之交时的中国知识分子曾认为，现实世界的公理已由进化论所揭示。梁启超当时说：“自有天演以来，即有竞争，有竞争则有优劣，有优有劣则有胜败，于是强权之义，虽非公理而不得不成为公理。”④ 如果承认“强权即公理”，中国便只能发奋自强，“外竞国权”，而没有道义上的理由谴责列强对中国的压迫，反正“落后就要挨打”，况且这种谴责只能引致嘲笑而得不到同情，因而起不了任何实际作用。义和团运动采用迷信落后的手段与八

① 彭明：《五四运动史》，人民出版社1984年版，第276、318页。

② 广东省社会科学院历史研究室等合编：《孙中山全集》第一卷，中华书局1981年版，第191—193页。

③ 彭明：《五四运动史》，人民出版社1984年版，第275页。

④ 吴嘉勋等编：《梁启超选集》，上海人民出版社1984年版，第191页。

国联军对抗，其结果是进一步削弱了中国的国力，这对于一心追求国家富强的知识阶层是一个沉重的打击，当然得不到他们的理解和支持。陈独秀曾说过："甲午庚子之役，皆以不达情势，辱国丧师，元气大损。……爱国适以误国，谋国者不可不审也。"[①] 然而，当崇拜强权的德国在一战中战败后，"公理战胜强权"便成了中国知识分子的新的信仰。

梁启超针对一战后全世界的鲜活思潮称："自达尔文发明生物学大原则，著了一部名山不朽的《种源论》，博洽精辟，前无古人，万语千言，就归结到'生存竞争，优胜劣败'八个大字。这个原则，和穆勒的功利主义、边沁的幸福主义相结合，成了当时英国学派的中坚，同时士梯尼（Max Stirrer）、卡嘎加（Sorer Kiergegand）盛倡自己本位说，其敝极于德之尼采，谓爱他主义为奴隶的道德，谓剿绝弱者为强者之天职，且为世运进化所必要。这种怪论，就是借达尔文的生物学做个基础，恰好投合当代人的心理：所以就私人方面论，崇拜势力，崇拜黄金，成了天经地义；就国家方面论，军国主义，帝国主义，变成了最时髦的政治方针。这回全世界国际大战争，其起原实由于此；将来各国内的阶级大战争，其起原也实由于此。"这样的一种"世纪末"心理导致了世界大战，连西方的许多思想巨匠也承认，"西洋文明已经破产了"[②]。

不仅西方的学界进行了理论反思，西方的政界也打出了新的旗帜。在世界大战中，美国总统威尔逊和苏俄首脑列宁都宣布支持"民族自决"。威尔逊在他称为"世界和平纲领"的十四点计划和随后阐明的各项原则中，提出："和平基于对所有民族的公平正义之上"，"所有问题的公正解决必须受公正原则的指导"；"各民族不应该成为倾向任何均势的交易品"，"应获得绝对的自治权"；"必须根据旨在不分大小国家的政治独立和领土完整提供相互保证的专门盟约"；"创建一个和平组织，使自由国家力量联合起来，阻止侵略以及维护和平与正义"，国际联盟要建立"在统治者同意的基础上、在人类有组织的舆论支持

① 《陈独秀著作选》第一卷，上海人民出版社 1987 年版，第 116 页。

② 吴嘉勋等编：《梁启超选集》，上海人民出版社 1984 年版，第 720—721、725 页。

下的法治”，“遵循唯一的准则就是有关各国人民的权利平等”。[①] 这就是说，世界强国同意把弱小民族维护和保持自己的主权视为一种伦理的权利，一种与强权和帝国主义论针锋相对的世界舆论和公理破土而出。中国知识分子从此得以依托公理而不是仅仅凭借实力来“外竞国权”了。陈独秀在1918年底所做的《每周评论》发刊词中，表达了中国知识分子对新的思想武器提供者的赞许：“美国大总统威尔逊屡次的演说，都是光明正大，可算得现在世界上第一个好人。他说的话很多，其中顶要紧的是两主义：第一不许各国拿强权来侵害他国的平等自由。第二不许各国政府拿强权来侵害百姓的平等自由。这两个主义，不正是讲公理不讲强权吗？”[②] 由于威尔逊没能在巴黎和会上说服英法支持中国的要求，他在中国人心目中的位置就有所下降。在1923年12月北京大学投票选举世界第一伟人的民意测验中，威尔逊在全部497票中得51票，位居第二；列宁得227票，跃居第一。[③]

1921年的华盛顿会议，确定了欧美列强对华政策的基调：尊重中国领土主权完整，门户开放机会均等，不支持不援助中国内战的特定一方。20年代前半期，日本政府推行所谓“币原外交”，其主要内容是：与欧美列强协调一致，经济外交，不干涉中国内政。[④] 日本这一时期对华政策的主要关注点是巩固在东北的特殊权益。这就为苏联政府以援助为手段干涉中国内政、参与中国内战、扩大自身外交和意识形态在华的影响创造了千载难逢的良机。胡适回忆这段历史道：“孙中山先生屡次说起鲍洛庭同志劝他特别注重民族主义的策略，而民国十四五年的远东局势又逼我们中国人不得不走上民族主义的路。十四年到十六年的国民革命大胜利，不能不说是民族主义的旗帜的大胜利。”[⑤]

---

① 王晓德：《梦想与现实》，中国社会科学出版社1995年版，第219—220页。周启朋等编译：《外国外交学》，中国人民公安大学出版社1991年版，第74—75页。

② 吴嘉勋等编：《梁启超选集》，上海人民出版社1984年版，第427页。

③ 参见罗志田《失去中心的近代中国》，载葛兆光主编《清华汉学研究》第二辑，清华大学出版社1997年版，第122—123页。

④ 参见武寅《从协调外交到自由外交》，中国社会科学出版社1995年版，第1页。

⑤ 胡适：《个人自由与社会进步——再谈五四运动》，载《独立评论》1935年第150号。

从强权到公理，从世界主义到民族主义，似乎是几十年西化运动的一个逆转，其实不然，五四前后民族主义和社会主义的流行，正是西化向纵深发展，进入了一个新阶段。中国知识分子据以批判西方帝国主义的理论基础，不论是威尔逊主义还是列宁主义，均为“西学”内在理路的产物。这与当今中国后殖民主义学者依据“东方主义”批判西方文化殖民主义一样，事实上都是新一波“西学”从中心向边缘扩张的世界性运动的组成部分。凸显20世纪30年代的“中国本位文化”鼓吹者便曾惊叹：“中国在文化的领域中是消失了；中国政治的形态、社会的组织、和思想的内容与形式，已经失去了它的特征。由这没有特征的政治、社会、和思想所化育的人民，也渐渐的不能算得中国人。”“有人主张应完全模仿英美”，“除却主张模仿英美的以外，还有两派：一派主张模仿苏俄；一派主张模仿意、德”。“目前各种不同的主张正在竞走，中国已成了各种不同主张的血战之场”①。

19世纪的民族主义与自由主义有很强的亲和力，20世纪的民族主义却往往与自由主义背道而驰，乃至成为共产主义和法西斯主义推行世界革命的工具。20世纪二三十年代，苏联和德国联手，共同扮演颠覆凡尔赛—华盛顿体制所构成的世界秩序的革命者角色。在第二次世界大战爆发前的一个时期内，新兴的革命意识形态压倒了自由主义的意识形态，在世界范围内占了上风，中国也不例外。同时，两种革命意识形态之间也进行着激烈的争夺，在中国就体现为国共两党的斗争。

“公理战胜强权”，意味着伦理学优先于进化论，与中国传统思想中的天理观正相吻合，导致了中国文化保守主义的复兴。以蒋介石、戴季陶为代表的国民党主流派，以纯正民族主义、国家社会主义和文化保守主义作为旗帜，正好为市民阶层提供了所需要的大众意识形态。中共作为共产国际的一个支部，只能坚持一种亲苏反帝的赤色民族主义，有时还不得不依据所谓无产阶级国际主义，支持苏联政府侵犯中国利益扩张苏联利益的行为，因此很难得到市民阶层的支持，被迫从城市撤出。只有在中共和共产国际划清界限，提出“民族化”、“大众

① 罗荣渠主编：《从“西化”到现代化》，北京大学出版社1990年版，第399—401页。

化”的口号，并在抗日民族战争中起到先锋表率作用，而国民党却被不受限制的权力腐化并丧失理想和效率后，前者才赢得了人心，并最终夺取了政权。

## 四 同异论背后的政治意识形态

新文化运动与五四运动究竟是一个运动还是两个独立的运动，是方向一致、相辅相成的，还是相互矛盾、此消彼长的？长期以来大致存在四种不同的论点。两种论点强调二者之异，我们分别称为褒新文化运动贬五四运动论和褒五四运动贬新文化运动论。另外两种论点强调二者之同，我们分别称为超越回归论和脱胎换骨论。而每一种论点的背后都隐藏着一种政治意识形态。

胡适是褒新文化运动贬五四运动论的主要代表。胡适在晚年口述自传时说：“从我们所说的‘中国文艺复兴’这个文化运动的观点来看，那项由北京学生所发动而为全国人民一致支持的，在1919年所发生的‘五四运动’，实是这整个文化运动中的，一项历史性的政治干扰。它把一个文化运动转变成一个政治运动。”“我告你这件事，就是说从新文化运动的观点来看——我们那时可能是由于一番愚忱想把这一运动，维持成一个纯粹的文化运动和文学改良运动——但是它终于不幸地被政治所阻挠而中断了！”[①] 其产生了两个后果：“一是苏联输入的铁的纪律，一是那几年的极端民族主义。”[②] 他在30年代的一篇日记中提出了一种现代思想的分期法：“（一）维多利亚思想时代，从梁任公到《新青年》，多是侧重个人的解放。（二）集体主义时代，1923年以后，其沦为民族主义运动，共产革命运动，皆属于这个反个人主义的倾向。”[③] 显然，五四运动是这两个时期的分水岭。胡适有时也会说五四运动的好话，前提是指出：“当时的文艺思想运动却不是

① 《胡适口述自传》，唐德刚译，华东师范大学出版社1993年版，第183、186页。

② 胡适：《个人自由与社会进步——再谈五四运动》，载《独立评论》1935年第150号。

③ 欧阳哲生：《自由主义与五四传统——胡适对五四运动的历史诠释》，转引自《胡适研究丛刊》第二辑，第33—50页。

狭义的民族主义运动，蔡元培先生的教育主张是显然带有‘世界观’的色彩的，《新青年》的同人也都很严厉的批评指斥中国旧文化。”在用新文化运动对五四运动进行重新诠释后，他自然会认定“十五六年的国民革命运动是不完全和五四运动同一方向的”[①]。支撑这一论点的是胡的自由主义意识形态。

五四前夕，孙中山正处于其政治生涯的低谷。他于1918年5月到日本开展外交活动，看到日本政府无意助己，回到上海后写信给孙科，表示“对于现在之时局，拟暂不过问。”后来又让汪精卫写信给梁士诒，传达自己的意思：“据年来经验，知实现理想中之政治，断非其时，故拟取消极态度，将来从著述方面，启发国民，至于目前收拾大局，但其得有胜任之人，若东海出山，则更不出异议。”[②]五四运动在全国的巨大反响，激励孙中山重新诠释三民主义。此前，孙中山在1912年至1913年曾把三民主义缩减为一民主义：“民族、民权二大主义均已达到目的，民生主义不难以平和办法，逐渐促社会之改良。”[③]二次革命后，孙中山在中华革命党成立大会上公布手书的《中华革命党总章》，规定“以实行民权、民生两主义为宗旨”[④]，仍然没有民族主义的位置。而在20年代初期孙中山阐发的新三民主义中，反帝民族主义成为中心论旨。这首先是受到五四运动的影响，然后受到列宁主义的熏陶。尽管孙中山生前对新文化运动表示过一定程度的赞同，但是随着国民党主流派的日趋保守，他们在继续肯定五四运动弘扬爱国主义和民族精神的同时，对于新文化运动的反传统和倡导自由主义，则给予否定。蒋介石这样评价新文化运动：“所谓新文化运动，究竟是指什么？就当时一般实际情形来观察，我们实在看不出它具体的内容。是不是提倡白话文就是新文化运动！是不是零星介绍一些西洋文艺就是新文化运动！是不是推翻礼教否定本国历史就是新文化运动！是不是打破一切纪律，扩张个人自由就是新文化运动！是不是盲目崇

① 胡适：《个人自由与社会进步——再谈五四运动》，载《独立评论》1935年第150号。

② 彭明：《五四运动史》，人民出版社1984年版，第122—123页。

③ 《孙中山年谱》，中华书局1980年版，第159页。

④ 《孙中山全集》第三卷，中华书局1985年版，第97页。

拜外国，毫无抉择的介绍和接受外来文化，就是新文化运动！如果是这样，那我们所要的新文化，实在是太幼稚、太便宜，而且是太危险了！”[①] 在这种褒五四运动贬新文化运动论的背后，是蒋介石、戴季陶牌号的三民主义，或者说是受到斯大林主义和法西斯主义影响的民族主义和文化保守主义。

孙中山、蒋介石对于新文化运动和五四运动来说，都是局外人。胡适是新文化运动的主要当事人，但与五四运动没有直接关系。在题为《中国文艺复兴运动》的演讲中，他明确表示：“我是的确不负领导五四责任的，说是我领导五四的，是没有根据的。”[②] 对于确实同时负有两个运动的领导责任或者积极投身于两个运动的陈独秀、李大钊、毛泽东、周恩来等人来说，情况就不同了：让他们把两个运动划分清楚，就意味着把自己一分为二，这马上会遇到个人情感与自我评价上的障碍。但是，根据他们后来对新文化运动的真实态度，是坚持其基本理念，还是对思想进行脱胎换骨的改造，又可以将其分为两类人。

五四运动后，陈独秀的思想发生了转折。他写道：“这回欧洲和会，只讲强权不讲公理，英、法、意、日各国硬用强权拥护他们的伦敦密约，硬把中国的青岛交给日本交换他们的利益，另外还有种种不讲公理的举动，不但我们心中不平，就是威尔逊总统也未免有些纳闷。但是经了这番教训，我们应该觉悟公理不是能够自己发挥，是要强力拥护的。……由这彻底的觉悟，应该抱定两大宗旨：强力拥护公理。平民征服政府。”“要之，此等觉悟之进程，以系由外交而及内政，由内政而至社会组织者。”“我承认用革命的手段建设劳动阶级（即生产阶级）的国家，创造那禁止对内对外一切掠夺的政治法律，为现代社会第一需要。”陈独秀等人走上社会革命之路，在很大程度上是受了五四前后访问中国的两位西方思想家杜威和罗素的影响。陈独秀曾摘引罗素在《中国人到自由之路》里的话：“中国政治改革，决非几年之后就能形成西方的德谟克拉西。……要到这个程度，最好经过俄国

---

① 周策纵：《五四运动：现代中国的思想革命》，江苏人民出版社 1996 年版，第 474 页。

② 欧阳哲生：《自由主义与五四传统——胡适对五四运动的历史诠释》，转引自《胡适研究丛刊》第二辑，第 33—50 页。

共产党专政的阶级。因为求国民底智识快点普及，发达实业不染资本主义的色彩，俄国式的方法是唯一的道路了。”① 在陈独秀们心目中，以俄为师并不是抛弃自由人权，而是通向自由的一个过渡阶梯，也是达到更广泛、更高程度的民主的必经之路。因此，他们在五四前后的思想发展具有一种连贯性，五四以后接受社会主义思想是对新文化运动的一种超越和提高，而不是扬弃和否定。事实上，20 年代、30 年代、40 年代的几代中国知识青年，他们在奔赴广州、奔赴延安、奔赴解放区时，绝大多数都抱着这样一种高标准的自由民主理想。

陈独秀的思想在晚年再次向新文化运动回归。在《给西流的信》中，他说：我根据苏俄 20 年来的经验，深思熟虑了六七年，始决定了今天的意见。（一）非大众政权固然不能实现大众民主；如果不实现大众民主，则所谓大众政权或无级独裁，必然流为斯大林式的极少数人的格柏乌政制。（二）以大众民主代替资产阶级的民主是进步的；以德、俄的独裁代替英、法、美的民主，是退步的。（三）民主不仅仅是一个抽象名词，有它的具体内容，资产阶级的民主和无产阶级的民主，其内容大致相同，只是实施的范围有广狭而已。（四）民主之内容固然包含议会制度，而议会制度并不等于民主之全内容，借排斥议会制度同时便排斥民主，这正是苏俄堕落之最大原因，苏维埃制若没有民主内容，比资产阶级的形式民主议会还不如。（五）民主是自从古代希腊、罗马以至今天、明天、后天，每个时代被压迫的大众反抗少数特权阶层的旗帜，并非仅仅是某一特殊时代历史现象，并非仅仅是过了时的一定时代中资产阶级统治形式。如果说无级民主与资级民主不同，那便是完全不了解民主之基本内容（法院外无捕人杀人权，政府反对党派公开存在，思想、出版、罢工、选举之自由权利等）。（六）近代民主制其实不尽为资产阶级所欢迎，而是几千万民众流血斗争了五六百年才实现的。科学，近代民主制，社会主义，乃是近代人类社会三大天才的发明，至可宝贵：不幸十月以来轻率把民主制和资产阶级统治一同推翻，把独裁制抬到天上，把民主骂得比狗屎

① 《陈独秀著作选》第二卷，上海人民出版社 1987 年版，第 17—19、27、164、199 页。

不如。这种荒谬的观点，随着十月革命的权威，征服了全世界，第一个采用这个观点的便是墨索里尼，第二个便是希特勒，首倡独裁制本土——苏联，更是变本加厉，无恶不为，欧洲五大强国就有三个是独裁。在纪念五四运动19周年时，陈独秀要求青年“无保留的以百分之百的力量参加一切民主民族的斗争”，“要坚守住这一据点，必须把所谓‘山上的马克思主义’的混乱思想从根铲除，因为近代的一切大运动都必须是城市领导农村”。①

“山上的马克思主义”，也就是有些人所说的“毛主义”。“毛主义”对于新文化运动的态度，概括如下：首先，形式上予以肯定。但多强调其“破”的一面，即彻底“反封建”、“与传统决裂”；少谈或不谈其“立”的一面，即推崇自由主义，弘扬人道主义和人权观。经过把“反封建”化约为反对地主经济和地方阶级，五四运动和新文化运动就成为反帝反封建的新民主主义革命的两个源头，受到顶礼膜拜。其次，内容上予以否定。凡受其影响者，均需通过批评和自我批评，来一个脱胎换骨的思想改造。毛泽东在《反对自由主义》、《在延安文艺座谈会上的讲话》中批判“人性论”、“人类之爱”，说头脑里还装有这些脏东西的人“就是一辈子也没有共产党员的气味，只有离开党完事”，乃是与新文化运动的思想彻底分手的标志。改造党内和党外知识分子，说到底，就是要清除掉新文化运动的人权思想在一代人头脑中的深刻印迹。周恩来在1951年的知识分子思想改造运动中现身说法：“拿我个人来说，参加五四运动以来，已经三十多年了，也是不断地进步，不断地改造。”② 这一方面说明要改变新文化运动以来知识分子业经形成的思想传统之不易，另一方面则表明在新时代知识分子必须人人改造，时时过关，重新做人。毛泽东并不讳言别人说他是“山沟里的马克思主义”。这种政治意识形态一方面具有中国民族性的特征，与带有浓厚国际主义色彩的列宁主义和不加掩饰的大俄罗斯主义的斯大林主义泾渭分明，是一种所谓的“民族共产主义”；另一方

① 《陈独秀著作选》第三卷，上海人民出版社1987年版，第552—556、478—479页。

② 转引自朱育和等主编《当代中国意识形态情态录》，清华大学出版社1997年版，第88页。

面具有中国传统性的特征，企盼“人皆可以为圣贤”“六亿神州尽舜尧”，热衷于重塑人格、改造人性，与尊重本真人格和多样化个性的自由主义格格不入。

## 五　自由与民主的统一

自由主义从20世纪80年代后期起，重新登上中国的历史舞台，并越来越焕发出新的生命力。学者们开始从新文化运动或者广义的“五四运动”中发掘自由主义的内核，作为当代中国自由主义宝贵的思想资源。对于这种努力，我们极表赞成，但在这里则着重谈一点引申的看法。

作为一种元价值观，诸如罗尔斯在《正义论》中阐明的自由主义，具有逻辑严谨，论证周详的优点，为其他意识形态所望尘莫及。但是，自由主义事实上并没有推荐哪一种具体的价值和具体的善。而是提供了一个开放的空间，为任何一种可能的价值确定了存在的前提条件。而大众则更需要一些具体的价值准则，作为日常伦理的立足点。因此，即使是在欧美国家，自由主义也主要是知识分子所钟爱的思想，而不是一种大众意识形态。在那里，大众意识形态的主要组成部分来自基督教，在五四时代，中国的市民阶层急需一种新的大众意识形态来取代以三纲五常为代表的传统伦理道德，但一些新文化运动的倡导者却陶醉于鉴赏自由主义的精品，一些五四运动的领导人又以科学的名义发起“非宗教运动”，这使得一些具有类宗教的精神感召力和似科学的信条体系的学说得以填补大众意识形态的空白。

大众不拒绝理性，但更受情感支配。民族主义便是依托于大众自发的强烈民族情感。如果自由主义者过于洁身自好，不肯屈尊俯就，与民族主义联姻，便很容易成为一种远离民众的“阳春白雪”，曲高而和寡。

当代西方的主流意识形态——自由民主主义，实际上是自由主义与民主主义妥协的产物；从逻辑上说，二者之间存在明显的矛盾，多数人常常会用民主来限制少数人的某些自由；从政治上说，这却是无数历史经验教训的结晶，是一种极其明智的选择。自由民主主义的现代人权观划清了基本人权的保障范围，并将其他的自由置于民主制度的制约之下。不惜以牺牲少数富人和天才为所欲为的权利为代价。同样，民族主义和民主主义在当代西方也已缔结了牢不可破的神圣联盟。梁启超指出，五四运动体现了国民在两个方面的自觉："第一，觉得凡不是中国人都没有权来管中国的事。第二，觉得凡是中国人都有权来管中国的事。第一种是民族建国的精神，第二种是民主的精神。"①这便是近代意义上的民族主义，即以民主自由为主要诉求的民族主义。这样，民主主义便成为连接自由主义和民族主义的一根红线。

新文化运动是一场伦理革命，一场价值重估运动；五四运动是一场爱国政治运动，一场国民运动。它们虽出自一根藤，却又是两个不同的瓜。但二者的历史遗产我们都要认真总结和继承。

当代中国的自由主义知识分子应当吸取胡适等前辈们的经验教训、既要坚守自由主义的学理并坚持不懈地向民众进行"启蒙"，亦要做一个正视民间苦难、勇于挑战不公的民主主义者和民族主义者。把价值层面和政治层面妥善地结合起来，才能真正继承先辈的遗志，在20世纪中实现建成一个民主文明富强的中国的伟业。

（原载《战略与管理》1999年第3期）

① 梁启超：《五十年中国进化论概论》，载《饮冰室合集》，文集之三十九，第46—47页。

# 继承五四，超越五四

## ——新批判主义宣言

邓晓芒*

五四精神是20世纪中华民族最重要的文化遗产。迄今为止，当代中国人在思想文化上的一切创获，包括20世纪最后这20年所达到的新的辉煌，无一不与五四精神的文化开拓有最本质的关联。但什么是五四精神呢？人们从不同的角度可以得出不同的结论。我曾在《鲁迅精神与新批判主义》一文①中主张，五四精神的实质是一种文化自我批判精神，它以鲁迅为其最高代表，是中国四千年文明从未有过的。就此我提出了与当前盛行的“新保守主义”针锋相对的“新批判主义”，力主继承五四精神的血脉，使鲁迅等人开创的思想文化变革从断裂和名存实亡的状态走上复兴和继续深化的道路。此文发表后，也引起了一些反响和质疑。在这里，我想把新批判主义的宗旨归结为对五四精神的继承与超越，并愿与关注这个问题的同人展开一些讨论。

### 一

与20世纪80年代纷纷回顾五四、重提“新启蒙”相反，90年代思想文化界的主流是对五四的反思和检讨。应当说，这种反思和检讨，

* 邓晓芒，武汉大学哲学系教授。

① 《鲁迅精神与新批判主义》，载《华中师范大学学报》1996年第5期。

如果不是全盘否定五四的精神实质，是很有必要的，它意味着国人思想层次的深化。然而事实上，国内文化界的这场讨论恰好暴露出国人在思想上的懒惰、不思进取和某种伤怀恋旧的情调，一种复古、回归和泛道德主义的思潮取代了严肃冷静的理性思考。当人们众口一词地指责五四思想的浮躁时，自己却如同一个顽童拂去一盘下输了的棋一样，堕入了另一种情绪的浮躁。新保守主义对五四那段历史的非难和对古代桃源的极力美化，也许并不真的是要历史倒退到过去，但至少是想要这历史中的人面向过去，倒退着走向未来——我真担心他们要被后面的石头绊一个大跟头。

新保守主义反对五四的一个重要论点是，追随海外学者林毓生先生的观点，他们认为五四的“全盘反传统主义”造成了中国文化的全面断裂，致使现代中国人已不识古字，不通古文，更不懂得古人的奥义，是导致现代中国人文化水平下降、道德传统沦丧、人文精神失落的根本原因。用这种观点来看待五四，自然就会把五四和“文革”等量齐观，要像拒斥“文革”一样拒斥五四了。这种观点的浅薄是很明显的。现在任何人都会懂得，文化和文献不是一回事。鲁迅先生早就指出，古人写在纸上的是满篇仁义道德，背后透出的却是“吃人”。试想一百年后的人们看我们现在的历史，若只去读那些法律、法规和官样文章，必定觉得我们这个时代是多么的清正廉明。至于古文、古义是否就真的那么好，那么不该“断裂”，今天的中国现实生活是否真的与古文底下的古代现实完全“断裂了”，或者即使是断裂了，是否就那么糟糕透顶，这些都是有待讨论的问题。我以为从现实的层面看，文化是不可能真正“断裂”的，中国文化尤其从来没有过“断裂”。就说“文革”吧，哪怕把线装书都烧成了灰，难道不都是在传统（秦皇汉武、武则天、三国水浒红楼梦等）的巨大阴影下进行的吗？哪个受迫害的知识分子不以屈原自况，哪个老百姓又不崇拜“当今皇上”呢？说到五四，那么我认为，如果说它有什么根本的缺陷的话，也绝不在于与传统的彻底“断裂”，正好相反，是在于它在更深层次上带上了某些不可磨灭的传统烙印。

新保守主义反对五四的另一个重要论点，是指责五四精神缺乏宽容。为此，有人批评他们违背“中庸之道”的古训，有人则说他们不合西方自由主义精神，其实，我以为真正主张宽容（不论是我们传统中的还是西方人的宽容）的人，是不会指责自己的理论对手的“不宽容”的，因为所谓的宽容，不是指对宽容者的宽容（宽容者身上没有什么需要宽容的），而正是指对思想上的异端分子、激进分子甚至极端分子的宽容，也就是指对思想上的不宽容者的宽容，因为思想上的不宽容者多半是有个性者和有彻底精神者，所以有人为鲁迅的“不宽容”辩护说：“谁宽容过鲁迅?”这是极有见地的。因为鲁迅的“不宽容”而不能宽容鲁迅，难道这就是所谓的“宽容精神”吗？当然，对以权势压人、扣帽子搞政治迫害的人是绝对不能宽容的，对他们的宽容就是对宽容的取消，但众所周知，五四人士没有一个是这种人。

新保守主义反对五四的第三个重要论点是，五四盲目地接受了西方的“德先生”和“赛先生”，这既不合中国国情，同时也带来了（或将带来）西方科技文明的弊病，这种弊病是当代西方学者也在批评的。在这方面，新保守主义往往表现出一种“后现代”的姿态，显得比激进还激进。但已有不少论者指出，企图通过“后现代”来为自己的“前现代”立场辩护，这只是一种自欺欺人，它恰好混淆了不同的国情和语境。诚然，德先生和赛先生并没有因五四人士的提倡而在中国盛行，此后数十年的历史反而充满了和过去一样的专制、愚昧和无序。但如果因此就说民主和科学不合中国国情，那无异于说专制主义和愚民政策是最合中国国情的了。其实，现实国情的无序恰好在呼唤着民主和科学，这本身就证明了民主和科学符合中国国情的需要。正因为数千年来儒家那一套治国方略并没有使国情有根本的改变，五四思想家们才试图从西方引进一些新的观念；或者不如说，儒家思想在世俗文化层面上本身就是中国数千年沿袭的国情，而在这一国情再也沿袭不下去了时，五四思想家才引入西方思想来冲击和试图改变这一国情，至于西方科技文明的弊病，并非“后现代主义”的新发现，卢梭早在两百多年前就批评过了。对此我们固然不能忽视，但也用不着津津乐道，因为当年打败我们这个完美无缺的礼仪之邦的，正是这个充满弊病的科技文明。

新保守主义近年提出的这些否定五四的论调，其实并没有什么创意，不过是五四以后整个中国历史文化越来越疏离五四精神这一总体趋势的（也许更为理论化的）表达。这种疏离先是由于“救亡”的需要（所谓“救亡压倒启蒙”），后是由于有“更高”的理想取代了启蒙理想。我常常觉得奇怪的是，中国人（特别是中国知识分子）为什么就不能学会好好地走路，而总想一个跨步就跳过人家的头顶？这种奇迹只存在于武侠小说和武打电影所虚构出来的幻境（在中国，知识分子和老百姓一样爱看武侠小说和武打电影）。我们还没有真正地启过蒙，甚至连什么是启蒙都还未搞清楚，就声称自己已远远超过了启蒙；我们连起码的经济关系和政治体制都还未理顺，就忙于宣布21世纪是“中国文化的世纪”，这与20世纪50年代的“超英赶美”和亩产13万斤的“放卫星”有一脉相承之处。极右和极左，极保守和极疯狂，其实是同一种心态。五四时期是中国20世纪唯一对自身的处境有一种觉醒和自我意识的时代，可惜马上就被中国式的“酒神精神”灌醉了，一直醉到今天，许多人还未完全醒过来。

这就足见五四精神对当代思想的不可取代的价值了，它是一个思想的宝库，有许多思想的种子和根芽在里面沉睡着，有待于我们去发掘和培植；即使是它的缺陷，也不是毫无意义的，而是能引起我们更深入的思考。

## 二

新批判主义从五四精神那里继承和发扬的最主要有如下三点：

第一，首先是怀疑和批判的精神。这是新批判主义之所以称为新“批判”主义的原因。现今人们一提五四对传统的“批判”，总以为是一种“情绪化”的过激冲动，其实当时是有非常冷静地思考的，它可以用胡适提出的三条标准为代表：

1. 对于习俗相传下来的制度风俗，要问：“这种制度现在还有存在的价值吗？”

2. 对于古代遗传下来的圣贤教训，要问："这句话在今日还是不错的吗？"

3. 对于社会上糊涂公认的行为与信仰，却要问："大家公认的，就不会错了吗？人家这样做，我也该这样做吗？难道没有别样做法比这个更好、更有理、更有益的吗？"[①]

可以看出，这三条标准归结为一点，就是要以"现在""今日"和"我"当下的处境为标准，去对一切传统进行毫不含糊的"价值重估"。这也正是鲁迅所谓"要我们保存国粹，也须国粹能保存我们"[②]的意思。当然，这种价值重估并不是、实际上也没有导致毁灭一切传统典籍（如后来"文革"所做的那样），而恰好为胡适大力倡导的"整理国故"提供了理论依据和动力。[③] 换言之，胡适的"整理"就是清理、批判的意思，它的前提是一种普遍的怀疑精神、"疑古"精神；但这种怀疑又不是为后人诟病的"虚无主义"，而是立足于中国文化在当代的现实处境，为人的生存寻求新的出路，包括为传统研究方法寻求新的出路。胡适为现代人研究古代传统在方法论和许多具体考证上立下的汗马功劳，是任何人都无法否认的。五四批判精神正因为从现实生活的需要出发，所以是建设性的，它直到今天都使我们对传统学术的研究受益无穷。

五四的批判精神除了以现实为基地外，另一个重要特点就是以西方文化为参照系，也可以说，后者正是前者的体现，因为20世纪中国文化最大的现实就是西方文化的东渐。以西方文化为参照系绝不是如保守主义所攻击的"脱离中国现实"，而恰好是由于对当今中国现实的实质性理解，而闭眼不看西方、不研究西方，才真正是脱离现实的白日梦。当中国现实中出现了用传统文化的视角不能完全解释，甚至完全不能解释的新现象、新事实（如"天朝大国"败于小小日本）

① 胡适：《新思潮的意义》，见《胡适文存》卷四。

② 见《鲁迅全集》第1卷，人民文学出版社1981年版，第306页。

③ 后世的保守主义把胡适的"整理国故"误当作脱离现实去钻故纸堆的号召，这是大悖于胡适的初衷的。参见易竹贤《胡适传》，湖北人民出版社1994年版，第198页。

时，是什么给我们提供了新的反省视角和怀疑冲动？是西方文化参照系。五四时期和今天都有一些保守主义者出来勉力将“现代化”和“西方化”区别开来，这其实是一种自欺欺人的诡辩。从抽象的语词层面上，我当然可以把这两个概念区分开来，可是我们不可能从语用层面和事实层面上把二者分开，因为没有西方的影响，今天的“现代化”一词没有任何含义。假如影响20世纪中国现代化进程的是外星人，我们也许可以用“外星化”取代“西方化”，可惜事实并非如此，这种咬文嚼字除了反映出一种“恐西症”外并没有什么意思。

新批判主义对五四批判精神最主要的继承对象是鲁迅，因为鲁迅对传统文化的批判不仅是最激烈的，也是最实在、最致命的。他把传统文化归结为“吃人”，把中国五千年文明概括为“暂时做稳了奴隶的时代”和“想做奴隶而不得的时代”的循环交替，特别是对中国传统文人的一针见血的批判，指出他们不敢正视现实，用“瞒和骗”造出奇妙的逃路来，而自以为正路，这都是极有见地的。鲁迅对当时的保守主义和“国粹派”的批驳至今无人敢于正面回应，人们对付他的唯一办法就是不予理睬，我行我素。例如鲁迅所批驳的当时“爱国论”的五大论点至今还在流行着，即：1. 中国地大物博，开化最早，道德天下第一；2. 外国物质文明，中国精神文明；3. 外国的好东西，中国古已有之；4. 外国也有叫花子、臭虫等；5. 中国就是野蛮得好。鲁迅指出，前面几条都不值一驳，唯有最后这条最令人“寒心”，因为它说得更“实在”①。承认中国“野蛮”的事实，却仍然说“好”，这是《水浒》中牛二的态度，这种态度我们今天在各种“寻根”“回归”和展示中国野蛮风俗的“好处”和“美点”的文学作品和影视作品中，看得更加分明。

第二，新批判主义除了继承五四批判精神之外，还特别突出了以鲁迅为主要代表的自我忏悔精神，这种精神其实是五四批判精神的内化和进一步深化。历来人们容易忽视的是，鲁迅的反传统首先是针对着自己，是对自己身上传统毒素的无情的自我拷问、自我批判。他说：

---

① 《鲁迅全集》第1卷，人民文学出版社1981年版，第312页。

“我的确时时解剖别人，然而更多地是更无情面地解剖我自己”，“我觉得古人写在书上的可恶性思想，我的心里也常有……我常常诅咒我的这思想，也希望不再见于后来的青年”。[①] 在《狂人日记》中，他在批判了中国传统四千年“吃人”的历史后，笔锋一转，指向了自己：“四千年来时时吃人的地方，今天知道，我也在其中混了多年……。我未必无意之中，不吃了我妹子的几片肉，现在也轮到我自己”，“有了四千年吃人履历的我，当初虽然不知道，现在明白，难见真的人！”这种忏悔，涉及人性的根，类似于希腊神话中俄狄浦斯的忏悔，即对自己“无意中”犯罪（杀父娶母）的忏悔。

中国人历来相信“不知者不为罪”。难道对不知道而做的事也值得忏悔吗？鲁迅的回答是：是的，否则你永远也不可能知道。忏悔、反省、自我否定是第一性的，“知道”或自知之明只是结果；人类心灵永远是有待认识的，而不是当下即能“返身而诚”地把握的本心、真心、“赤子之心”或“童心”。甚至儿童即已有犯罪的萌芽（类似于“原罪”），只是尚未自知罢了。鲁迅在《风筝》中记述了他少年时代折断了他弟弟快要做好的风筝的事，因为他当时认为放风筝是“没出息的孩子”干的勾当；20 年后他向弟弟去忏悔，可悲的是弟弟已经完全忘得一干二净，早已不觉得痛苦，于是“无意中吃人”的事仍可以每天在我们周围悄悄地进行。《伤逝》中的忏悔精神则更加明显和强烈。这种忏悔，不是忏悔自己做了某种不符合既定道德标准的事，而恰好是忏悔自己从前自认为光明磊落的行为及其不言而喻的道德标准，即“真诚”，是对没有任何遮掩地坦露出来的一片赤诚进行忏悔。涓生和子君结合的基础是真诚，但为什么失去了爱情呢？是因为对这真诚未经反省，自以为绝对可靠，双方都不思进取，只是互相依赖，最终互相都成了负担。鲁迅在篇末发出了这样的悲鸣：“我活着，我总得向着新的生路跨出去，那第一步，——却不过是写下我的悔恨和悲哀，为了君，为了自己”，“我要向着新的生路跨进第一步去，我要将真实深深地藏在心的创伤中，默默地前行，用遗忘和说谎做我的前

---

① 鲁迅：《写在〈坟〉后面》。

导”。中国人从来只忏悔自己的虚伪，只有鲁迅第一次忏悔了自己的真诚。所谓“遗忘”，是对原先那么刻骨铭心、后来发现是虚假的“爱”的遗忘；所谓“说谎”，是要建立自己的人格面具，将真心深深藏起来，不是为了骗人，而是要留给自己不断地反省和拷问，即为了“抉心自食”。

鲁迅的精神象征是游魂和毒蛇：“有一游魂，化为长蛇，不以啮人，自啮其身，终以殒颠”，“抉心自食，欲知本味，创痛酷烈，本味何能知？”“痛定之后，徐徐食之，然其心已陈旧，本味又何由知？”[①] 的确，从来没有人像鲁迅那样对自己做如此阴郁的反思，那样使自己置之死地而后生。他潜入自己的内心深处，虽然并没有解决什么“问题”，但却发现了自身的矛盾。

第三，新批判主义的又一个思想来源也是鲁迅提供的，这就是对进化论的超越。20世纪来，中国最激进的思想、最锐利的武器莫过于进化论，即使对马克思主义、共产主义的理解，也往往掺入了强烈的进化论色彩。鲁迅在很长时期内，也相信优胜劣汰，新的总是好的，社会进步是必然的“铁的规律”。不过一开始，他就与其他进化论者有一点不同，即他对现实的全盘否定的态度，把进化的希望完全留给了未来。他早已看出现实生活并不一定遵守进化原则，优胜劣汰只是个有待实现的理想。因此他寄希望于将来的孩子：“没有吃过人的孩子或许还有？救救孩子！”[②] 他甚至认为自己已经不行了，中毒太深，所能做的只是背着因袭的重负，肩起黑暗的闸门，放孩子们到光明的地方去。能常诅咒自己的恶劣思想，希望不要传给青年。所以，对他所生活的现实世界，他几乎可以说抱有一种“原罪观”，而把进化原则作为一种理想推到未来，使之成为了一种类似宗教的信念。但现实最终教育了他。一代一代的青年无可奈何地走上了旧的轨道，有的学生反过来暗算老师，有的颓唐，有的叛变，一切都是老样子，甚至一代不如一代、优汰劣胜。在《颓败线的颤动》中，他描写青年责怪养育他们的母亲挡了道，成了累赘，小孩子刚会说话已能喊“杀”。进

① 《墓碣文》。

② 《狂人日记》。

化论绝不是什么可以依靠和信赖的“社会规律”，人类若不自己长进，的确会退化、堕落、灭绝，历史上这种例子多得很。

这样，鲁迅的思想就从进化论的藩篱超越出来，更多地带上了存在主义的色彩。当然，对于青年他还寄予希望，但这并不是由于相信将来必定比现在好，而是由于有将来，毕竟就有不同于现在的希望，有再次努力的可能。新批判主义认同鲁迅的“绝望的抗战”，是因为既然在抗战，就不能说绝望；人类的前途、民族的前途在实现出来之前永远是个未知数，没有一个上帝能够预测，一切都靠自己去争取。

新批判主义正是在20世纪末的新的时代环境和国内外环境下，来吸收和发扬五四精神的上述宝贵的思想的，它理应比五四时期的这些思想更具深刻性和系统性，也是不言而喻的。

## 三

在新批判主义看来，五四精神在中国近代史上虽然是石破天惊的一声春雷，但同时也带有从传统而来的一些固有局限。超出这些局限，也就是新批判主义的“新”之所在。所以我对五四的反思与现今许多人不同，在这些人看来，五四的毛病就在于太激进了，必须把五四人物的言论和当时他们的对立面的言论作一个调和、折中，才能达到持平之论。这种看法貌似公允，实际上是想把五四精神以某种大家都“喜闻乐见”的方式纳入到传统“中庸”的眼光中去，使五四的锋芒丧失殆尽。这样一种对五四的“超越”，实际上还远远没有达到五四的水平。我倒认为，五四的缺陷并不在于言论和态度上的“过激”，而在于在这种过激的表象底下仍隐含着某种出发点上的陈旧思维框架，从而陷入了某种未能解决的内心矛盾。我们今天若能解构这一框架，克服这一矛盾，我们或许在言辞上不必显得那么过激和张狂，但在思想上却可以做到更加理性和逻辑化，从而有可能对中国人的国民性作出更深层次的思考和改进。因此，新批判主义打算从如下三个方面对五四的局限性加以反思。

## 一　启蒙背后的民粹主义

五四精神中最突出的一个特点就是启蒙精神。启蒙（Enlightenment）在西方18世纪启蒙运动中是一个最激动人心的字眼，其本意是“光照”“启发”的意思，但并不包含唤起民众的含义，多半倒是一种思想上的个人觉醒。当时的启蒙学者、特别是法国百科全书派，都是些书斋和沙龙里的文人，社会地位都不低。如伏尔泰出身宫廷医生，他本人不信上帝，却认为应该让老百姓有一个上帝。卢梭是他们中最平民化的一个，曾斥责启蒙学者高高在上，脱离民众的贵族倾向。但即使是卢梭，也并不以民众的代言人自居，而更多地致力于自己的理论创新，有一种离弃社会隐居的倾向。相反，五四的启蒙运动则特别赋予了启蒙以“开启民智”的含义，而很少具有思想创新的含义。五四启蒙思想基本上是借用西方现成的观念和眼光来批评中国的现实和传统，以启发和提高群众的认识水平和自觉意识为己任。这是一些留洋的知识分子自己接受了西方思想后反过来“启国人之蒙”，所以表面看来是一场思想解放运动，骨子里包含着更深的政治伦理动机，即替人民说话，代人民立言，教人民于蒙昧。这是典型的民粹主义。

民粹主义是东方农业国家知识分子的共同倾向。儒家的“君子”“圣人”其实是民粹精神的一种表现，他们把自己摆在民众之中，同时又超乎民众之上，力图成为民众的“救星”。在这点上，俄国民粹派与五四知识分子是一致的。在他们看来，知识分子的使命主要不是探讨、发现真理，而是运用自己已掌握的真理达到治国平天下的政治目的，最终使自己在人民中永垂不朽。五四知识分子在20世纪初民族危亡、人民涂炭的现实背景下以民粹主义为动力去学习、介绍和传播西方启蒙思想是可以理解的，但从根本上来说，他们并没有把启蒙当作自己个人精神生活的内在目标和最终归宿，而只是当作一种外在的手段，即对民众进行政治伦理教化的手段，也就是救亡保种的手段。正因为如此，救亡压倒启蒙（李泽厚）就是必然的，不单是“救亡”，而且任何一种别的口号，只要它打着“为人民”“为广大劳苦大众”这一旗号，都可以压倒启蒙。救亡和启蒙实质上并不是什么“双重变奏”，启蒙只不过是救亡的工具而已。正因为如此，所以当知识分子发现随着时局的变化，启蒙已不再能充当合适的工具，另一些东西（阶级斗争学说，暴力革命，“枪杆子里面出政权”等），更能达到救亡的目的，于是立刻就抛弃了启蒙理想。[①] 中国知识分子对于采用什么手段来“救中国”是不在乎的，只要能救中国，他们可以轮番试用西方启蒙思想、无政府主义、马克思主义、中国的儒家思想、法家和墨家思想、阳明心学和气功内丹，也可以有意无意地造神、谀神，接受现代迷信，并能做到义无反顾、心悦诚服。除了极个别的例外（如鲁迅），五四知识分子从早期的激进转向保守，从思考转向行动，几乎是普遍的惯例。启蒙思想并没有在他们思想深处扎下根，几乎没有人把启蒙当作自己个人生死攸关的根本大事，而是使之服从于一种忧国忧民的政治情怀。[②]

但作为知识分子的一种信念，民粹主义自身包含有一个根本的矛盾：既要成为大众的一员，又要当大众的代言人和救主。要成为大众的一员，就必须向大众学习，这就要放弃个人本位立场和启蒙信念；要成为大众的救主则必须比大众更高明，这又必须神化个人；但这种神化又必须以“为大众服务”的名义。在这种关系中，目的转化为手段，手段转化为目的，何者是手段、何者是目的是无法分清楚的：只有为人民服务才能成为人民的救主，反之，只有最高明的救主才能救人民于水火。知识分子究竟是人民的导师还是人民的小学生，则通常要根据其地位而定；当他们感到自己面对现实的无力时，他们是甘当民众的小学生的，而一旦大权在握，则马上颐指气使，左的一套横行。这些在后来的历史进程中应验的双重人格的事实，其实在五四知识分子心态中已埋藏着根苗了。这就是所谓“个人主义和人

---

① 其实，汪精卫的“曲线救国论”并不是他首次发明的，陈独秀在1914年就主张中国像朝鲜那样“自并于日本”，说“亡国瓜分，亦以为非可恐可悲之事”（《自觉心与爱国心》，载《甲寅杂志》第1卷第4号），1918年还在鼓吹“请外国干涉”中国内政，说“这种出于国民自动外国好意的干涉，虽然失点虚面子，却受了实在的利益”（《每周评论》第20号）。只要能达到救亡的目的，任何手段，哪怕暂时当一段亡国奴也在所不惜，这就是中国知识分子当时的心态。

② 即使是鲁迅，尽管坚持启蒙理想最坚决，但从早年以“我以我血荐轩辕”明志，到后来相信“世界却正由愚人造成。聪明人决不能支持世界”（《写在〈坟〉后面》），直到晚年在《一件小事》中面对民众的道德自卑、自惭形秽，可以看出一条隐约的灰线。

道主义的冲突”。

## 二 “个人主义和人道主义的冲突”

五四知识分子在理论上对个人主义和人道主义的关系有时也有比较清醒的认识，如周作人在《人的文学》中曾指出：“人道主义，并非世间所谓‘悲天悯人’或‘博施济众’的慈善主义，乃是一种个人主义的人间本位主义”。显然，真正的人道主义必须首先使自己具有“人的资格”，是立足于个人本位之上的。然而在具体的感受和现实的处境中，五四知识分子往往处于两难。鲁迅在给许广平的信中十分痛苦地表达了自己的“人道主义与个人主义这两种思想的消长起伏”的矛盾，说自己“忽而爱人，忽而憎人；做事的时候，有时确为别人，有时却为自己玩玩”，他把这归结为“我的思想太黑暗”[①]。其实，鲁迅的这一矛盾是五四知识分子普遍的矛盾[②]，只是鲁迅最清醒地意识到这一矛盾罢了，而这也恰好使他避免了要么自命为人民的救主，要么无条件地陷入大众崇拜，其代价则是个人内心。

当然，个人主义和人道主义即使在西方也有其内在矛盾（如由此形成了托尔斯泰和尼采的分歧），只不过西方人对这一矛盾自有解决的办法，这就是诉之于上帝或任何一种彼岸世界的信仰。因此在西方，当人们给予个人以人格独立性时，往往把由此带来的犯罪意识引向来世救赎的方向，以避免由于希图在此岸得救而终致放弃个人的独立性，而当人们为了过协调的社会生活而以“社会契约”的方式结合在一起时，却使这种契约建立在一个超越一切现实的先验前提之上，这就是“每个人生来自由”，它是一个契约社会中每个自由人的一种彼岸信仰，即康德所谓“实践理性的悬设”。但是，这一对立面的统一结构在被五四知识分子引入到中国这样一个缺乏彼岸信仰的文化中来时便解体了。

首先，个人主义在五四知识分子这里从一种抽象、普遍的人格原

① 《两地书》，《鲁迅全集》第11卷第79号。

② 张灏先生在《重读五四——论五四思想的两歧性》（载《开放时代》1999年3、4月号）中敏锐地指出了这一点，但对形成这一矛盾的根源则似未见及，他只提到了这种分裂的“危险性”，并采取了一种折中、平衡的态度。

则被理解成了一种个人气质和处世态度。本来，个人主义虽然为人们张扬自己的个性、发挥自己的才情提供了理论基础，但它本身并不能归结为这些现实层面上的东西，而只是对人皆有一个自己不可替代的人格（或灵魂）这一事实的承认，至于各人要凭这人格去干什么，去纵情声色还是道德自律，那是还未确定的事。所以个人主义并不意味着一种现实的道德生活，而是一切道德生活之所以可能的条件。但五四知识分子一上来就把个人主义理解成了一种值得肯定和赞扬的生活价值，甚至一种光辉灿烂的道德境界。如郭沫若在《女神》中鼓吹一种生命奋进、热情奔放的人生观，令当时一大批新青年如醉如狂，以为这就是个人主义和个性解放的号角。殊不知个人主义完全可以是阴郁的、忏悔的、绝望的，唯有鲁迅看出了这一点。但就连鲁迅也不明白这种阴郁和绝望对于个人主义者来说正是常态，甚至可以说本质上是必然的（如萨特所谓“他人即地狱”）。他只感到自己的内心思想“太黑暗”，并把这归咎于世道和自己的“脾气”，旁人也常把他这种阴郁归结到他性格的偏激或褊狭，常不能见容，更谈不上同情的理解了。鲁迅对自己的这种个人主义也是持批评态度的，甚至常陷于自暴自弃、破罐子破摔。[①] 他希望自己的文章能够速朽，以证明世道的改进。可见，不论是郭沫若还是鲁迅，他们都把个人主义与中国古代知识分子的狂士风度混为一谈了，这种狂士（如魏晋名士，诗仙李白，公安三袁等）放任才情，蔑视礼教，凭个人的气质和性情超越于庸常之上而达到自由的极致。但这顶多只是现实层面上看得见的“积极的自由”，它没有“消极的自由”作为自己先验的前提，终将陷入黑格尔所谓“东方只知道一个人是自由的”这一僵局，使自由等同于任意。这实际也是直到今天中国绝大多数人对“个人主义”和“自由主义”的理解。[②] 所以，这种“个人主义”必然是放纵天才、压制群众的，它与“人道主义”（和“公义”）处于冲突之中就毫不奇怪了。

---

① “但我的反抗，却不过是与黑暗捣乱。……有时竟因为希望生命从速消磨，所以故意拼命的做。”（《鲁迅全集》第11卷，第79页）。

② 甚至饱受西方文化熏陶的杜维明先生也认为，自由和公义“这两个价值是冲突的”（见杜维明、袁伟时《五四·普世价值·多元文化》，载《开放时代》1999年3、4月号），显然他所理解的“自由”即任意。

其次，五四知识分子所理解的“人道主义”，虽经周作人的区分辨析，但毕竟和中国传统的“悲天悯人”“博施济众”的“慈善主义”混同起来了。在他们看来，人道主义就是群体主义，它可以扩张为爱国主义、民族主义乃至世界主义，但无论如何，要求牺牲个人以成全群体、牺牲一己而成全多数是最基本的信条。胡适主张融“小我”为“大我”，认为“小我”对“大我”负有重大责任；陈独秀则把人类社会前进比作蝗虫渡河，由个体的尸骸堆成一座桥；鲁迅则极力推崇“幼者”，认为自己应“肩起黑暗的闸门，放他们到光明的天地里去”。这样理解的“人道主义”，其实与西方的humanism（又译“人文主义”）已有了很大的分别。西方人道主义的信条是“人所固有的我无不具有”，包含对人类的缺点宽容，对人的“小我”抱同情的理解的意思。五四人道主义则更多带有一种“圣人主义”色彩，人们有意无意地设置了一个“伦理英雄”的目标要自己去做，它更容易蜕变为一种“天道主义”（“存天理灭人欲”）。实际上，这种“人道主义”（天理）与“个人主义”（人欲）的冲突是不可调和的，而其终局，也只能是一部分人“堕落”为个人利益的追求者，另一部分人则“升华”为替天行道的革命者，但不论哪一方都没有吃透西方人道主义和个人主义的真精神。因此，五四知识分子对个人主义和人道主义的鼓吹常常处在一种自相矛盾的奇怪状态，未能从二者的辩证统一中锻造出一种健全、完整而有实践力量的真正独立的人格。

### 三　实用理性的世俗关怀

上述个人主义与人道主义的冲突和分裂，其根本原因在于缺乏西方人那种超越现实的终极关怀，缺乏一种逻各斯的理念。五四人士只是在世俗关怀的层面上理解这些原本是普遍的（人人同具的）原则，因而一开始就把自己放在了救世的特殊位置上。他们考虑的是如何救世（救中国），对大众是抽象地崇拜，实际上却视为有待于拯救的对象。所以他们的思维方式有强烈的工具理性和实用理性色彩。胡希伟先生在“理性与乌托邦”一文[1]中指出了中国自由主义者（如胡适）

① 高瑞泉主编：《中国近代社会思潮》，华东师范大学出版社1996年版，第236页。

对传统的批判是立足于工具理性的。其实，陈独秀、鲁迅等人何尝又不是如此。在这些人那里，价值理性和工具理性正如传统的内圣与外王、儒表而法里一样，是密不可分的。正因为如此，价值合理性并没有建立起自己区别于工具合理性的超验根基，而是与工具合理性一起同归于一种世俗关怀。我们看李大钊、陈独秀、胡适和鲁迅对中国前途的设计，往往会感到这是一些谋略家在那里审时度势。许多人都指出的五四重视民主与科学而忽视自由与人权，其源盖出于此。民主与科学是“看得见的”改进，自由与人权则是较抽象的不可捉摸的原则。但是，西方的民主与科学恰好是建立在自由人权这类抽象原则的基础上的，忽视对这些理论基础的探讨必然导致对民主与科学本身的误解。例如认为民主就是“只给大多数人自由，不给少数人自由”，这是与马克思所说的“每个人的自由发展是一切人自由发展的前提”直接相违背的。把人类分为“大多数”和“极少数”，这在世俗层面上是直观通俗的，也能迎合一个历来“不患寡而患不均”的民族的群体意识，更重要的是它在操作层面上具有极大的方便性。在中国，以众凌寡一旦得到道德意识形态的支持，便会恶性膨胀到非人的程度（如“文革”的“大民主”）。当然，五四知识分子不可能预见到这一后果，他们只是感到自己的单薄、无力，因而彷徨、焦躁、困惑，热衷于四处寻找同志；只有投身于群众运动才能获得解脱。他们深感自己是无根之本、无皮之毛，微不足道。鲁迅是能将这种孤独坚持到最后一刻的少数人之一，他知道自己并非一个“振臂一呼应者云集的英雄”，但他仍然纠缠于世俗的恩怨，将自己宝贵的生命耗费在多少有些不值得的“复仇”之中。他与他的对手根本不成比例，他没有意识到自己的真正使命是将那些自己感到困惑的事静静地思索出来，而是过于担心自己的思索成为于事无补的“空谈”。这种实用理性的考虑终于使他不敢把“实话”全部讲出来，害怕“毒死了偏爱我的果实的人”①。

因此，五四时期以鲁迅为代表的“国民性批判”固然极深刻和必

---

① 《写在〈坟〉后面》。

要，但它除了导致“哀其不幸、怒其不争”的愤世之外，就是转过来崇拜民众、向往“投身于时代的激流”，而并没有找到自己理论上的坚实根基。鲁迅本人则尚未从“国民性批判”上升到“人性批判”，未从《狂人日记》中的历史罪感真正提升到普遍人类的原罪感。他不理解人性的忏悔不是哪一代人的事，而应是人性（哪怕是未来的人性、青年和孩子的人性）中永远不能放松的工作和永远不可抹掉的必要素质。他只好把一个“光明的未来”，即国人改过自新变成好人的未来看作是自己的一种准宗教的信念（而不是真正对超越一切现实的彼岸的信仰），这就是我曾称为“五四精神最锋锐的精华”的鲁迅思想的局限。

## 四

以上，是我对五四精神的局限性的一种反思，也是我提出“新批判主义”的背后的原因。当然，这绝不意味着对五四的否定，而恰好是要把五四精神彻底地发扬光大，使之突破自身的局限。所以，新批判主义既要继承五四，同时又要超越五四。这体现在如下三点：

第一，继承五四启蒙精神，但要将立足点从民粹主义和中国传统士大夫的“家国意识”转移到人本位上来。启蒙不是启别人的蒙，而首先是自我启蒙，是自觉地去探讨自己生存的意义，哪怕这种探讨被大多数人置于不顾，甚至视为空谈，也绝不把它用作达到外在政治目的的工具。其目标不是治国平天下，而真正是在于“立人”，是追寻自我、建构自我、完善自我。我们今天具有了五四时代所不具备的社会历史条件，理应有比那个时代更宽松的环境和更大的思维空间，能更从容更深入地铸造我们的灵魂。当然，这一工作客观上必定是具有“改造国民性”的实际效果的，与政治的需要和历史的发展趋势也是合拍的，中国现代化建设和改革需要的正是具有更为独立的人格的人。然而，事物的辩证法恰好在于，过分热衷于世俗的关怀反而不能达到现实改良的目的；将立足点从世俗功利层面转移到个人主体的确立则意味着现实人性的真正提高。所以，新批判主义并不反对关注现实问题和批判传统文化，但首先主张个人对自己的反思和自我批判，并以此来涵盖前一种批判。新批判主义把国民性的弱点视为人性的弱点，因而不再指望用外在现实的手段来克服这些弱点，但也绝不是任其自然或甚至自我标榜和美化，而是致力于精神的觉醒和人性的发现。这是人类自己的事业，不能急功近利和毕其功于一役。所以新批判主义不再以民众的代言人身份说话，但由于这种批判深入个体灵魂最深层次的集体无意识层面，它必定会自觉到这是在代表全民族和全人类而进行忏悔。新批判主义者既不凌驾于大众之上，也不屈从于大众之下，大众只是他进行自我反思的参照，他对大众的爱体现为努力对每个普通人作同情的理解，至于他对自己的反省和批判，同时也是对大众、对人性的缺点的反省和批判。

第二，新批判主义解决“个人主义和人道主义的冲突”的方法，是对个人主义和人道主义重新加以诠释，超越世俗功利层面的理解，更冷静地吸收西方近代思想的有价值的理论成果。新批判主义认为，真正彻底的自我批判本身既是个人主义的，又是人道主义的；个人主义首先是指个体人格的独立，而与是否能借此宣泄自己的本能冲动、满足自己的情感需要没有直接的相关性。个体人格的独立不经过反思是建立不了的，在这方面必须充分发挥五四的批判精神和怀疑精神。这往往并不能带来解脱，反而会带来痛苦，但只要人不回避、不退缩，而是勇敢地承担、冷静地思索，一种饱经锻炼的坚强人格是有可能建立起来的。这样的坚强人格必然是具有普遍人道主义情怀的，因为他通过痛苦的自我反思已经懂得了尊重他人的人格。真正的人道主义不是居高临下地悲天悯人或乐善好施，而是在人性的根基上与他人相通，是灵与灵的平等交往和对话，是通过互相协商来决定人与人相处的一般原则。它不需要牺牲任何一个人，也不需要一部分人崇拜或服从另一部分人（哪怕是绝大多数人）。总之，个人主义不是当下即得的“自性”，而是需要艰难地去建立的一项个体工程，它是使自己更加合乎人道的工程。五四知识分子的这一根本矛盾在这里就被扬弃了。

第三，新批判主义把世俗关怀与终极关怀区分开来，把实用理性和价值理性区分开来，它主张，知识分子应该有，也必然会有世俗关怀，但这只能是第二位的；知识分子作为知识分子应当立足于终极关怀，从这个高度来充当世俗生活（包括自己的生存）的永不妥协的批判者。由此观之，“娜拉走后怎样”的问题是第二位的问题，“娜拉为什么出走、怎样出走”才是最重要的根本问题；前者只涉及肉体上的生存，后者则有关个体人格的存在，绝不能用第二位的问题掩盖、冲淡了第一位的问题。知识分子不是政治家，更不是政客、幕僚，他应当充当人类的大脑，而不是肢体，他应当保持对世俗生活的一定的超越维度。当然这不是主张脱离现实，躲进象牙之塔，相反，知识分子应当从现实出发去思考超越现实层面的问题，从现实中发现超前的意义和永恒的意义。知识分子不搞运动，不拉帮结派，不操纵人，不炒作自己；他应该理解他人，给人以灵魂的震动，因为他致力于理解自己，他探究着自己的人性。知识分子的言论即便没有现实可见的效力，也自有其价值，是人类共同的精神财富——只要它真正切入了人类自身精神上的现实处境。

综上所述，新批判主义对五四精神的继承，正是对五四批判精神，即批判自身传统的精神的继承；新批判主义对五四精神的超越，也正是对五四批判精神所受到的传统束缚的超越。新批判主义是五四精神的进一步彻底化，但却并不一定是更加极端化和过激化，而是排除了五四知识分子的焦虑和浮躁情绪，更加冷静和理性化。这是需要当代中国知识分子共同来从事的一项艰巨的事业。

（原载《科学·经济·社会》1999 年第 4 期）

# 人的尊严:启蒙运动的重新定位

## ——世界化现代化进程中的中国文化变迁

姜义华*

世界经济一体化与现代化背景下中国文化的变迁，是一个非常宏大的题目，在这个题目下，可以写成一部甚至多部专门著作。本文将从启蒙的核心观念在当代中国的重新定位这一视角切入，考察中国文化当代变迁的主要脉络和基本特征。

### 一　启蒙如何走向反启蒙

拉梅特利（La Mettrie）1748 年写了一本书，书名叫做《人是机器》。康德 1784 年所写的《答复这个问题："什么是启蒙运动?"》中就此针锋相对地指出："人并不仅仅是机器而已。"康德要求："按照人的尊严去看待人。"① 康德在解释什么是启蒙时指出，启蒙就是"要敢于认识"，人们应当有勇气运用自己的理智，而不是用别人的思想来代替自己思想。为此，他说："必须永远有公开运用自己理性的自由，并且唯有它才能带来人类的启蒙"②。可是，在 20 世纪中叶中国那个"史无前例"的"文革"时代，最高的信条却是对最高指示"理解的要执行，不理解的也要执行"，几亿颗脑袋无条件地听命于一颗

* 姜义华，复旦大学历史系教授。

① 见康德《历史理性批判文集》，何兆武译，商务印书馆 1990 年版，第 31 页。

② 同上书，第 24 页。

脑袋，服从一颗脑袋。

人们不能不注意到，19世纪末20世纪初，从康有为将“人有自主之权”及“天地生人，本来平等”宣布为人类“公法”起，欧洲启蒙运动所提出的自由、平等、博爱、理性等核心观念，在戊戌维新运动、辛亥革命和“五四”新文化运动中，曾经成为时代的一面旗帜和许多人不畏牺牲为之奋斗的共同目标。看一看陈独秀1915年9月为《青年杂志》创刊所写的《敬告青年》第一节“自主的而非奴隶的”，便可感受到那时先进的中国人对欧洲启蒙运动的核心观念是多么热烈地自觉认同：

> 等一人也，各有自主之权，绝无奴隶他人之权利，亦绝无以奴自处之义务。奴隶云者，古之昏弱对于强暴之横夺，而失其自由权利者之称也。自人权平等之说兴，奴隶之名，非血气所忍受。世称近世欧洲历史为“解放历史”：破坏君权，求政治之解放也；否认教权，求宗教之解放也；均产说兴，求经济之解放也；女子参政运动，求男权之解放也。
>
> 解放云者，脱离夫奴隶之羁绊，以完其自主自由之人格之谓也。我有手足，自谋温饱；我有口舌，自陈好恶；我有心思，自崇所信；绝不认他人之越组。亦不应主我而奴他人。盖自认为独立自主之人格以上，一切操行，一切权利，一切信任，唯有听命各自固有之智能，断无盲从隶属他人之理。①

这一段话，对康德所说的人的尊严、要敢于认识敢于公开运用自己的理性作了非常准确的诠释；也正是这一段话，成了“五四”广大青年知识分子的共同信条。然而，中国为什么在短短几十年时间中，竟从这样激进的启蒙转变为与启蒙反其道行之呢？

近代中国启蒙运动，是在西方政治、经济、军事和文化全面冲击下开始的。但是，中国早期启蒙思想家在接受了从霍布斯、洛克、卢

① 《陈独秀文章选编》（上册），上海三联书店1984年版，第74页。

梭、孟德斯鸠、伏尔泰直到康德等人将一切诉诸理性的启蒙核心观念的同时，目睹资本主义在欧洲本土和广大殖民地半殖民地残酷肆虐的无情现实，对欧洲出现的而且越来越强劲的各类社会主义思潮，以及猛烈抨击资本主义制度的非理性主义、悲观主义思潮，也产生了强烈的共鸣。因此，在中国思想文化启蒙运动中，一部分人从一开始就将欧洲启蒙观念和后来的社会主义思潮结合在一起，另一部分人则从一开始就将启蒙观念与截然否定资本主义的非理性主义、悲观主义结合在一起。而世界格局的重大变化和国内社会大变动的新形势，又进一步强化了中国启蒙运动的这一根本特征。

2002年9月，马丁·沃尔夫在英国《金融时报》上发表的《自由的世界》一文中提出："在十九世纪末二十世纪初，世界经济实现了高度一体化。然而，这种一体化进程在1914年和1945年之间发生了逆转。那次一体化进程的中断是观念、利益集团、经济动荡和灾难性的国际关系共同作用的结果。"在观念方面，最突出的倾向就是"反自由主义观念的崛起，人们满怀热情地接受了军国主义、帝国主义、民族主义、共产主义和法西斯主义"①。1914年爆发了第一次世界大战，列强分裂为两大集团，使高度一体化的世界经济陷于破裂。1917年俄国十月革命成功，在资本主义世界体系之外建立了一种与之相对立的社会制度。在俄国革命带动下，许多受列强奴役的国家民族解放运动的勃兴，使一体化格局在更大范围内被破坏。启蒙所追求的理想被现实击得粉碎。利益集团之间的敌对关系，阶级之间的敌对关系，压迫民族与被压迫民族之间的敌对关系，侵略国与被侵略国之间的敌对关系，使得哈贝马斯所说的工具理性占据了支配地位，人的尊严、人的权利与人的价值常常被搁置一边，启蒙思想家所追求的境界常常被视为空谈甚至是骗局。第二次世界大战结束以后，两个阵营的对垒，冷战的持续紧张状态，使这一倾向愈演愈烈。这是启蒙走向反启蒙的外部环境。

就中国自身而言，启蒙运动，应当说，是伴随着中国现代化进程

① ［英］《金融时报》2002年9月4日。

的开始而发端的。现代化进程，代表了中国历史一个新的发展方向，标志着中国文明进入了一个新的发展阶段。但是，与这一进程几乎同时，根源于中国传统小农个体经济周期性危机爆发，农民运动与现代化运动，相连带地，与思想文化启蒙运动所追求的目标并不一致。农民们要求的是平分土地，保障传统的生产方式和生活方式不受干扰，不被破坏。和启蒙观念相对立的民粹主义及威权体制乘势急速膨胀。而启蒙的核心观念则被当作资产阶级、资本主义的意识形态，被弃之如敝屣。“史无前例”的“文革”时代，否定商品经济、否定价值规律、否定等价交换和按劳分配的民粹主义弥漫于整个社会，个人的威权登峰造极，启蒙很自然地走向了完完全全的反启蒙。

## 二　启蒙在“解放思想，实事求是”中复兴

1978 年“实践是检验真理的唯一标准”的讨论，是现代中国文化变迁的一个重要转折点。它直接否定了“两个凡是”也就是结束了个人对于思想与真理的垄断，还人们以思想的权利；确认实践是检验真理的唯一标准，就是推动人们勇于运用自己的理智，对违背客观事实的谬误产生怀疑，进行批判，在实践中认识真理，掌握真理。启蒙的精神于是在“解放思想，实事求是”中得以复兴。复兴的启蒙，和 20 世纪初的启蒙相比，一个最显著的特征，就是它和中国政治、经济、文化及社会改革紧密结合在一起，彼此积极互动。

在政治上，确认没有民主就没有社会主义。思想解放，给数以百万计、千万计长时间被划归“另类”的社会成员以基本的人身权利，承认他们享有不应被剥夺的政治权利，享有免于恐惧的自由。70 年代末 80 年代初，平反纠正了 300 多万名干部的冤假错案，改正错划的右派分子 54 万多人，摘掉了全国 2000 多万人地主、富农、反革命分子、坏分子的帽子，为约 40 万国民党起义投诚人员落实了政策，在全国被划为资本家的 86 万原工商业者中，确定约 70 万人本属劳动者，并宣布其他工商业者也已成为社会主义劳动者；数以千万计的知识分子不再被作为团结、教育、改造的对象，而被承认为工人阶级中从事脑力

劳动的一部分；“天安门事件”等涉及众多群众的“文革”中的重大案件，以及对待民族、宗教、侨胞、台胞与台属的不公正态度，一一得到纠正。所有这些成员，连同受到株连的他们的子女、家属，累计远远超过1亿人口，得以从沉重的政治重压下解脱出来，不再生活在战战兢兢之中，恢复了人所应有的尊严，成为支持启蒙复兴的一支宏大的生力军。

在经济上，确认贫穷不是社会主义。结束了以阶级斗争为纲，将举国工作重点转移到发展生产、进行经济建设上来，使人们真正享有了免于匮乏的自由。先前民粹主义与威权体制，是依靠不断设置对立面、不断激化和扩大阶级斗争而得以维持的。放弃阶级斗争为纲，就使民粹主义与威权体制无法继续保持下去。继而大力发展社会生产力，使几亿农民取得了生产与经营方面的独立性与自主权，除发展农业外，还可发展乡镇工业，又冲破了农村人口的身份限制，农民能够成千上万地离开农村，进入城市，转移到第二、第三产业。在城市，首先使广大个体劳动者有了广阔的发展空间，接着，多种形式的所有制和经营方式发展起来，最后，国营企业也从行政权力的附属物转变到拥有越来越大的自主权。经济体制的这些决定性的变革，使得几亿农民、工人和其他劳动者的独立性、自主权有了社会的经济的基础与物质的保证，也使得一直生活在传统小农经济与小生产共同体经济中的几亿农民，对启蒙核心观念从往日的怀疑者、排斥者一变而为支持者。

在文化上，确认在一个文盲充斥的国家建成不了社会主义。人们要有勇气、有能力去认识、去思想，就要超越小生产的狭隘性和闭塞状态下不开化的利己性。要使人们真正享有免于愚昧、迷信与盲从的自由，需要教育普及，科学普及，需要文化走向大众，提供广阔的公共空间，使人们有各种机会去获得文化，去享受文化，去参与创造文化。同时，还要容许文化多元化、多样化、多层面的发展，方才能够满足不同人们的不同需要。启蒙的精神就是不断地怀疑、批判、创新；而当人们都能不满足于现存状况而致力于改变现存状况时，启蒙便获得了最为广泛的社会认同。

人的社会本质，是由社会关系的总和构成的。启蒙的复兴，人的尊严，最终必然落实在人的权利与人的价值上。权利与价值，都是一种社会关系，人们正是在社会关系中方才能够真正确立自己的权利与价值。丧失了尊严的人，不了解自己权利与价值的人，只能是一群浑浑噩噩、愚昧无知的人，或者是一群庸庸碌碌、无所作为的人，或者是逆来顺受、苟且偷生的人，或者是花天酒地、醉生梦死的人，或者是横行霸道、肆无忌惮的人。启蒙的复兴，使人们重新发现了马克思主义中长期被忽略、被抹杀的人道主义，同时，也使人们关注社会主义现实社会中存在的难以避免的一些问题。这些问题的提出，足以显示在“解放思想，实事求是”中，启蒙的复兴已经达到什么广度，什么深度。

## 三　启蒙在新挑战中提升

启蒙的复兴，其国际背景是世界经济一体化进程重新高速启动，其国内背景则是现代化进程的全面展开。世界经济一体化进程重新高速启动，得力于科学技术的急速发展及在生产过程中被广泛使用，还得力于20世纪六七十年代以后，由各国社会党、社会民主党努力推行的民主社会主义在欧美及大洋洲等许多国家取得明显成效，缓解了这些国家内部及相互之间的矛盾冲突，使越来越多的民众享受到应有的权利，实现了他们的价值。亚洲众多新兴国家与地区的崛起及参与世界经济一体化，特别是中国实行改革开放，积极参与世界经济新秩序、政治新秩序的建设，加上苏东体制的瓦解，使重新高速启动的世界经济一体化进程，具有19世纪末20世纪初世界一体化所没有的一系列新特点。这一环境无疑有利于启蒙在中国的复兴，有利于启蒙核心观念为人们所认同。

中国现代化进程的全面展开，是一个半世纪以来中国社会大变动中的第一次。就广度而言，不再局限于汪洋大海中若干孤岛，而是在13亿人口中普遍展开；就深度而言，中国的现代化不仅要实现从农耕文明向工业文明的转变，而且在很大范围内开始从工业文明向以知识经济为代表的新的文明转变。现代化，使行政权力支配下的计划经济体制转变到市场经济体制，使几亿农民从传统农业转到现代农业、现代制造业与现代服务业，使数以亿计的农村人口进入城市，城市化程度迅速提高；现代化，扩大了人们的视野，让人们同世界发生了更为密切的直接联系；无论是就读、就业，还是衣、食、住、行，人们都有了更大的空间，更多的选择机会，更大的自由。所有这一切，无疑非常有利于启蒙在中国的复兴，有利于启蒙核心观念得到人们的认同。

然而，世界化与现代化进程在解决大量原有问题的同时，又引发一系列新的问题，而世界化与现代化本身，又都包含着极为深刻的新的内在矛盾。所有这一切，又都对复兴了的启蒙，特别是启蒙的核心观念，提出了严峻的新挑战。

以世界化进程而论，发达国家凭借其经济，特别是资金、科学、技术、人才等多方面的优势，一直发挥着主导作用，广大发展中国家，常常处于被动或附属的地位，因此，全球化反而使全世界的人分化成对立的两极。由于各区域发展巨大的不平衡，上述矛盾便常常表现为世界化与区域化的对立；而当区域化和一定的文化、一定的文明相结合时，上述矛盾便为美国政治学家塞缪尔·亨廷顿概括成所谓“文明的冲突”。其实，从本质上讲，这是一场西方化与本土化的冲突。西方发达国家企图将他们的价值观念与制度构建普世化，强加于世界其他所有地区；而世界其他所有地区，则要求通过世界联系推动自己的文明向现代文明转变，而不是让自己的文明在世界化进程中边缘化或被消灭。与此相应，便导致单边主义与世界多极化的冲突，因为单边主义者固执地坚持全球化即西方化，而启蒙精神恰正支持世界每一地区都有权在世界化进程中充分维护自己的主体地位。这种种冲突，很自然地推动着人们去对启蒙重新加以审视。

以现代化而论，市场化、工业化、城市化、知识化、个人主体化等，常常是一柄柄双刃剑。市场化，激活了经济，但也常常带来效率冲击公平，自由冲击平等，物质主义膨胀，乃至物欲横流；工业化，使生产力高度发展，经济持续增长；但是，它又带来了资源的过度利用，自然环境的严重破坏；城市化，人口、资金、信息、生产力高度集中，高度流动，但也因此破坏了人们传统的联系纽带，造成严重异化与认同危机，乃至反社会行为的增长；知识化，提高了人们的素养，但是，它又使人们常常为科学主义、技术主义所支配，而丧失人文精神、理想信念与价值追求，或在这些方面造成巨大的混乱；个人主体化，给个人提供了自主独立发展的充分自由，但是，它又常常会破坏保障他人享有同样权利与自由的秩序，损害集体利益与国家权威。凡此等等，同样推动着人们对启蒙重新进行反省。

在反省中，海内外都有一批学者对启蒙提出责难。他们认为，康德所说的“人是目的”[①] 乃是导致世界化、现代化诸多问题的罪魁祸首。因为启蒙坚持“人是目的”，导致人欲横流，理性专擅，个人主义极度膨胀，由此造成了生态失衡，精神失衡，社会失衡。这些责难，其实所否定的不仅仅是近代以来的启蒙目标，可以说，它们连同整个人类文明都给否定了。

“人是目的”，这一命题是对人的尊严、人的价值、人的权利的集中概括。这一命题的确立，是为了培育和不断提升人性，使人性区别于动物性，高出动物性。如果人像其他动物一样是纯粹自然物，那么，由于自然物彼此互为条件，自然界没有最后的目的，人当然就不会成为目的。但是，人之所以成为人，是因为人能够制造生产工具，进行物质生产，同时能够运用理性进行反思，进行判断，进行创造，从事精神生产，人能够在进行物质生产与精神生产过程中形成社会联系，通过社会联系与社会关系作用于自然界，从而成为能够进行物质自律、精神自律及社会自律的主体。人由此而超越单纯的自然的存在，超越作为动物性所具的有限性，通过立德、立功或立言，走向不朽。如果不承认“人是目的”，那么，不仅世界化、现代化丧失存在的合理性，整个人类文明都将被视为违反了自然性，人只有退化到猿人时代或者类人猿时代去。从生态失衡到重建生态平衡，是一个动态的过程。正是世界化与现代化发展，使可持续发展有了可能。

---

① 康德：《实践理性批判》：“在目的国度中，人（连同每一种理性生命），就是目的本身。这就是说谁（甚至神）也不能把人仅仅用作手段，而不同时把他本身当作一个目的。因为蕴含于我们本身的人性对我们自己来说一定是神圣的，这么说的理由在于人是道德法则的主体。”参见郑保华主编《康德文集》，改革出版社 1997 年版，第 284 页。

人具有欲望，包括物欲、性欲、求知欲、占有欲、求胜欲等，这是人性的重要组成部分，人也因此而具有生命权、财产权、性生活权、受教育权、发展权、自由权等基本权利。能不能同意世界化、现代化使得人欲横流、道德沦丧这一观点呢？人性究竟是善还是恶，这是人类争论了几千年的一个古老的问题。这一观点，实际上是认定在前世界化、前现代化时代，人性为善，能道德自律。而走向世界化与现代化，则使人性中恶的一面膨胀起来，人们不再能道德自律。但是，历史实际并非如此。在生产很不发达、人们知识还很封闭的时代，只有很少一部分人享有或独占上述权利，绝大多数人的这些权利被剥夺，或者受到严重侵害，恶在相当大程度上成为当时历史前进的动力。启蒙确认每个人基于人性，都应拥有以上各项权利，尽管实践过程中还存在着大量损害这些权利的现象，但大多数人终于有了条件使自己的权利得到前所未有的保障。当然，人性中恶的一面以及非人的动物性仍然保留了不少，而进一步解决这些问题，不是靠放弃启蒙，而是应当在世界化现代化进程中进一步深化和提升启蒙。

所谓理性专擅，实际上抹杀了哈贝马斯所说的“目的理性”，而将整个理性等同于工具理性，再将工具理性等同于科学主义，将科学等同于技术，反过来将唯技术主义的弊端统统归之于理性。反全球化人士常常将目前世界存在的大量问题归咎于理性的存在，其实，在许多发达国家中，也常常是工具理性压倒了目的理性，背离了理性的根本精神——人的自主、人的自立与人的自由，将理性变成了达到功利目标的工具。近代中国启蒙运动从一开始所面临的深重民族危机和社会危机，使之不能不急功近利，要求迅速见到成效，工具理性因之从一开始就取代目的理性而取得支配地位，人的自主、自立与自由在很长一段时间中必须服从于民族战争以及阶级战争的需要。即使转变到和平建设时期以后，由于经济建设与社会发展也从属于民族斗争和阶级斗争，目的理性也仍然处于附从地位。所以，真正的问题是理性缺位，而不是理性专擅。

将个人主义极度膨胀归罪于启蒙核心观念，同样是对启蒙的误解或曲解。启蒙运动确定“人是目的”，确认人的尊严、人的价值与人的权利，其基本立场就是承认每一个人都具有同等的尊严、价值与权利，将每一个成员的尊严、价值和权利视为同样神圣。在康德那里，权利就是以每个人自己的自由与个别人的自由协调一致为条件而限制每个人的自由。恩格斯也指出："只有在集体中，个人才能获得全面发展其才能的手段，也就是说，只有在集体中才可能有个人自由。"① 因此，个人的自由与群体的自由以及人类整体的自由，在"人是目的"中是互相制约又互相统一的。当然，真正达到这一境界并不容易。因为人性有善的一面，所以，这个统一需要依靠道德自律；而人性又有恶的一面，所以，这个统一又需要借助于法治；借助于制度规范。而道德自律也好，法治以及制度规范建设也好，都是一个过程。它们本身各自又都是一项系统工程，人类也正是在这各个领域中，通过不断努力而不断提升自己，不断前进。由此可见，在新的挑战面前，人类不是应当放弃"人是目的"，而是应当始终不渝地坚持这一方向，明确自己的尊严、自己的价值、自己的权利。

## 四　人的尊严与当代价值体系重建

恩格斯在《社会主义从空想到科学的发展》中曾尖锐地指出："和启蒙学者的华美语言比起来，由'理性的胜利'建立起来的社会制度和政治制度竟是一幅令人极度失望的讽刺画。"这是因为富有与贫穷的对立更加尖锐化了，自由变成了小资产者和小农失去财产的自由，商业日益变成欺诈，贿赂代替了暴力压迫，金钱代替了刀剑，成为社会权力的第一杠杆。"② 恩格斯这段论述为人们所熟知，马克思主义也因此被许多人认定为完全否定了启蒙运动，否定了启蒙核心观念。

然而，这一判断很不准确，因为马克思主义者并不否定"人是目的"，并不否定人的尊严、人的价值和人的权利，相反，提出了更具体的要求，更明确的目标，提倡每个人自由而全面的发展。《资本论》明确指出：未来社会应是"一个把每一个人都有完全的和自由的发展

① 《马克思恩格斯全集》第3卷，人民出版社1960年版，第458—459页。

② 同上书，第408页。

作为根本原则的高级社会形态”[①]。早在《德意志意识形态》中，马克思、恩格斯就具体解释过这一目标：“在共产主义社会中，即在个人的独创和自由的发展不再是一句空话的唯一的社会中，这种发展正是取决于个人间的联系，而这种个人间的联系则表现在下列三个方面，即经济前提，一切人的自由发展的必要的团结一致以及在现有生产力基础上每个人的共同生活方式。”[②]

值得注意的是，中共中央总书记江泽民于2001年7月1日纪念中国共产党成立80周年的讲话中突出地对马克思这一基本观点作了专门阐述。江泽民指出：“共产主义社会，将是物质财富极大丰富，人民精神境界极大提高，每个人自由而全面发展的社会。”“要努力促进人的全面发展。这是马克思主义关于建设社会主义新社会的本质要求。我们要在发展社会主义社会物质文明和精神文明的基础上，不断推进人的全面发展。”江泽民还强调这两者互为前提和基础：“社会生产力和经济文化的发展水平是逐步提高、永无止境的历史过程，人的全面发展程度也是逐步提高、永无止境的历史过程。这两个历史过程应相互结合、相互促进地向前发展。”[③]

每个人自由而全面发展，不仅是中国社会主义现代化建设的终极目标和现实的行动纲领，而且应当成为21世纪沟通世界各不同文明，使不同国家、不同民族、不同文明和睦共存、优势互补的共同价值基准和行动指南。因为它使“人是目的”在当代完全具体化了，使人的尊严、人的价值、人的权利明确了得以实现的具体途径，也就是说，它使启蒙核心观念在当代获得了新的生命力，升华到了一个新的境界。为此，每个人自由而全面发展，应成为20世纪全人类的共同宪章。从这个意义上说，启蒙并没有成为历史的陈迹。它仍在继续；它也必须继续，对中国、对整个世界都是如此。

坚持每个人自由而全面发展，将推动中国文化形成崭新的价值体系，形成新的巨大的文化空间，为文化转型与文化发展提供新的强大

---

① 《资本论》第1卷，中文本，第649页。

② 《马克思恩格斯全集》第3卷，人民出版社1960年版，第516页。

③ 见《人民日报》2001年7月1日。

动力。中国文化在广泛吸收世界文化精华的基础上实现伟大复兴，是有希望的。而坚持每个人自由与全面发展，又必将推动世界各大文明在新时代实现伟大复兴。人是目的，人不能对自己丧失信心。

[原载《复旦学报》（社会科学版）2003年第5期]

# 启蒙的批判与救赎

王论跃*

1947 年，霍克海姆和阿多诺合著的《启蒙辩证法》出版。该书开篇即云：“启蒙在广泛的意义上被视作人类对进步思想的追求，其目的是要把人类从恐惧中解放出来，让人成为自主的存在。可实际上被启蒙了的世界充满了灾难。”① 《启蒙辩证法》这种对启蒙的批判在现代思想界具有广泛的代表性。神学家们一直在不遗余力地宣称，随着法国大革命恐怖图景的展现，启蒙主义已经死亡。西方马克思主义认为启蒙运动是以劳工阶级的牺牲换来了资产阶级的权力。后殖民主义指责启蒙思想家将欧洲文化的信念作为全球的普适性观念强加到殖民地民族的头上。后现代主义则整体性地拒绝启蒙主义所内含的理性意识。中国从 20 世纪 90 年代以来也回响着反思和斥责启蒙的声音。对“五四”的质疑，对鲁迅的批判，对传统文化的眷恋，对现存社会制度和既定生存方式的默认和维护，诸如此类的思想意向话语声音都内含了对启蒙的责难，从中随处可以听到对启蒙精神和启蒙运动的怨诉。在现代启蒙批判者看来，启蒙的危害有许多方面，其中最主要的是：

---

* 王论跃（Frédéric Wang），1964 生，男，博士，法国国家科研中心东亚学院研究员，主要研究中国哲学、文学、符号学。

① M. Horkheimer and T. W. Adorno, G. S. Noeer ed. , *Dialectic of Enlightenment*, trans. Jephcott. Stanford, Calif. : StanfordUniversityPress, 2002, p. 1.

全面控制；理性本位；进步神话；他者主导。

## 一

阿多诺与霍克海姆视启蒙为灾难，原因之一就在于他们认为启蒙是希特勒法西斯式的极权主义统治出现的一大根源。《启蒙辩证法》明确宣布："启蒙是极权主义的启蒙。"① 启蒙与极权主义之间的逻辑关联，在《启蒙辩证法》中主要经由"恐惧""控制""理性"三个范畴构建。依阿多诺和霍克海姆，启蒙的核心是理性，而理性则是出自控制的需要；人类社会之所以有控制的要求是因为人类对于无知的事物与对象有一种本能的恐惧。经由理性实现控制，经由控制消除恐惧感，这就是启蒙运动的内在逻辑结构。因此，在历史层面，启蒙带来的是空前的控制，主要表现于三个方面：人类对外在自然界的控制；人对自我的控制；人对人的控制。控制的极端形式就是国家极权主义，最典型的例子是希特勒的法西斯统治。《启蒙辩证法》的作者指出，启蒙的本意是反独裁的。问题是"反独裁的原则最终必然转变为它的对立面，转变为反对理性本身的倾向：即取消了一切自然形成的有成就的联盟，而只准现存的组织接受它的统治的命令和受它的控制"②。阿多诺与霍克海姆对现代社会控制机制的揭露是深刻的。现代社会的确存在控制行为的膨胀，而且也正是这种膨胀对 20 世纪的人类带来了前所未有的历史灾难。无论从历史事实还是从思维逻辑上言，启蒙与全面控制的形成也的确存在关联。启蒙导致全面控制的关键是"控制"的本体性提升。启蒙固然离不开理性，离不开控制，但理性和控制不能在本体性层面定位，不能无限制地发展。历史上的启蒙思想家们没有也不可能意识到或者去关注理性和控制有可能经由自身逻辑的发展走向盲目膨胀，走向本体化，有可能带来全面控制的恶果。正是这种原初思想的盲暗及其对历史进程的实际影响，一些社会出现了控

① ［英］伊丽莎白·迪瓦恩等编：《20 世纪思想家辞典——生平、著作、评论》，贺仁麟总译校，上海人民出版社 1996 年版，第 4 页。

② 江怡主编：《理性与启蒙——后现代经典文献》，东方出版社 2004 年版，第 166 页。

制的本体性提升，带来了全面控制的恶果。

启蒙的核心是理性。理性对于启蒙思想家来说不只是工具和手段，同时还是目的和本体。在很大层面上，启蒙就等于理性。理性在启蒙中的本体地位在思想史上是没有疑义的，当时和后来的许多思想家如伏尔泰、康德、黑格尔、恩格斯等对此都有过明确的论述。

理性在启蒙运动中的本体性本位性是由启蒙运动自身的目标决定的。启蒙的目的是消除愚昧、无知、野蛮。其主要的敌人是教会统治和封建专制。就启蒙运动所设定的目标和对象而言，理性既是手段又是目的。因为要消除无知愚昧野蛮，必然要借助理性这一手段。同时，消除无知愚昧野蛮，也就是建立理性。目标在否定层面上的定位同时是目标在肯定层面的定位，二者只是概念言说的不同而已，实质上没有差别。对于启蒙思想家来说，理性之所以具有本体意义，之所以是生活的目标，原因还在于，与理性和启蒙相对的无知愚昧和野蛮即是黑暗；而生活在黑暗中即是生活在不幸之中。“启蒙”（英文 enlightenment，德文 aufklärung，法文 lumières）的本意即是用光来照亮生存，驱除黑暗。理性正是启蒙思想家们找到的光。光就是真理，就是生活的澄明，就是生存的幸福。在中世纪的时候，人们认为光来自上帝，来自信仰。漫长的中世纪让人们发现上帝和信仰带来的不是光，恰恰是黑暗，于是人们感觉到光存在于盲从与信仰的对岸。理性正是盲从与信仰的克星，正是光源所在。光只存在于理性之中，启蒙就是对于理性之光的寻觅。

启蒙运动对于理性的推崇在启蒙运动中即遭遇了卢梭等人的攻击。随后的200多年，反理性的呼声越来越高。其中最主要的声音来自五个方面：浪漫主义，尼采哲学，弗洛伊德心理学，海德格尔为代表的技术理性批判，后现代思想家们的反控制主义。浪漫主义对启蒙理性的发难从情感的本位性出发。情感与理性的对立，理性本体化所造成的对人们情感世界的压抑，构成浪漫主义批判启蒙理性的主要理由。尼采的酒神精神强力意志包含了浪漫主义所重视的情感，同时包含了超越心理情感的更具有生理学意义的生命本能。酒神精神强力意志生命本能同理性的对立，以及前者在后者的统治下所遭遇的伤害，使尼采的批判越过启蒙思想家的追求将矛头指向了2000多年来的欧洲理性传统。在这种目空一切的批判视野中，理性和启蒙遭遇了更惨重的打击。弗洛伊德的心理学以无意识在个体生命结构中的本体性从根本上颠覆了启蒙主义对理性的定位：人的生命并不受理性支配；实际情形反而是：理性作为人的意识形式受非理性的无意识支配。海德格尔认为技术理性造成了存在的遮蔽和流失，人因此失去了自身生存的家园。后现代在理性与控制的同一性上批判理性。理性除了有阿多诺、霍克海姆所指斥的奥斯维辛、福科眼中的圆形监狱、奥威尔的老大哥统治等罪孽之外，它还与本质主义基础主义逻各斯中心菲勒斯中心等联结在一起。

## 二

启蒙思想家相信进步，他们对历史对文化对生活的巨大热情正是建立在相信社会可以进步的信念之上。他们批判教会，同封建专制进行不屈的斗争也正是为了促进他们头脑中所构想的可以让人们无比幸福的理性王国的实现。启蒙思想家们的乐观主义情怀从下列两部启蒙名著的书名上就可以感受到：杜尔阁《人类精神持续进步的哲学概述》；孔多塞《人类精神进步史表纲要》。里查德·霍克（Richard-Hooker）说，最能够描述启蒙运动特征和欧洲启蒙精神遗产的术语就是"进步"，就是相信社会世界个体可以在未来的发展中日臻完善甚至完美的观念。[①] 法国哲学史家弗朗索瓦·夏特莱也强调指出，人是可完善的而且只有在这种完善中才能自我实现这个观念是启蒙的基本要素之一。[②]

对进步观念的批判同样从尼采就开始了。尼采说："不存在这样的法则，根据它，发展必然是提升增长和加强。"[③] 这是尼采判断历史的一个纲领性宣言，它攻击的火力范围不限于启蒙，但主攻方向是启

① http://www.wsu.edu/dee/GLOSSARY/PROGRESS.HTM.

② ［法］弗朗索瓦·夏特莱：《理性史——与埃米尔·诺埃尔的谈话》，冀可平、钱翰译，北京大学出版社2000年版，第139页。

③ 同上书，第186页。

蒙。弗洛伊德同样是反进步的思想家。启蒙学者谈社会的进步，历史的进步，文明的进步，重心是落在人性的进步上。人性的进步是决定所有其他进步的关键。正是这一关键在弗洛伊德那里遭遇了毁灭性打击。因为性本能必然导致冲突，因为人身上原就有一种死本能在作祟，所以文明和人自身的生存必然是不幸的。而且这种不幸会随着历史的发展而日益加重："如果文明不仅在性上而且在好斗性上强加了同样沉重的牺牲，我们就会更好的理解对人来说很难找到他的幸福。在这个意义上，原始人实际上有更大的幸福，因为他没有任何对其本能的限制。"① 在后现代的视野中，所谓进步是启蒙思想家们编造的神话。在启蒙了的世界中，许多后现代的思想家们所看到的只是奥斯维辛的骨灰，古拉格群岛的幽灵，人的死亡，博克和野兽的横行。"随着后工业社会被推到后现代的暗礁上，进步消失了，只留下至今人们仍对之几乎一无所知的以影像为中心的世界，电子计算机控制的世界。"② 在这个世界上，只有虚无短暂偶然，"虽然城市空间变得清洁有序，但从社会上和精神上来说，城市已经死亡了，除了噪音堵塞和混乱仍然延续着荒谬的生活"③。

在后现代的批判视野中，启蒙精神建立在这样一种文化等级制的基础之上：一部分文化精英以理性之光来照亮普通民众的黑暗的灵魂，让他们从愚昧无知与盲从中解放出来。哈桑称这种文化等级制为精英秩序，他对这种精英秩序的拒绝表达了几乎所有后现代思想家的心声："这样的精英秩序也许是世上最后的神秘祭仪，在我们这些被末日灾难和极权主义吓得心惊胆战的人心中，他们已经不再有位置了。"④

按后现代思想家的观点，启蒙学者扮演了文化立法者的角色，他们以自己的思想见解给整个社会立法，要求广大民众按他们的设想立身行事。用柯林伍德的话来说，启蒙的谬误在于把制度设想为是有才

① ［法］弗朗索瓦·夏特莱：《文明的苦恼》，转引自［法］弗朗索瓦·夏特莱《理性史——与埃米尔·诺埃尔的谈话》，冀可平、钱翰译，北京大学出版社 2000 年版，第 199 页。

② ［加］大卫·莱昂：《后现代性》，郭为桂译，吉林人民出版社 2004 年版，第 129 页。

③ 同上书，第 55 页。

④ ［伊朗］I. Hassan：《后现代的转向：后现代理论与文化论文集》，刘象愚译，台北时报社 1993 年版，第 83 页。

能的思想家所设计的创造发明并强加给人民群众。后现代学者拒绝文化精英的立法者角色。他们认为知识分子不再具有立法的权利，他们所能做的只是阐释：对已经发生的某些事情和所出现的现象作出合乎情理的说明，包括描述其演变的过程，追索其发生的谱系，分析其内在的构成，介绍其产生的影响，等等。鲍曼在《立法者和阐释者》中对当代知识分子身份和权利的这种变化就做过清楚的论述。

后现代对启蒙学者立法者身份的消解包含和依据多种思路，多种途径。其一，解构宏大叙事宏大关怀。宏大关怀是启蒙学者担当社会立法者身份的人格基础。启蒙学者不关注琐屑的个体自身的荣辱得失，他们思考整个人类文明的历史进程。他们企盼着很早以来人们就在期待着的那种千年盛世的建立。后现代拒绝这种关怀的宏大性。宏大关怀以宏大叙事为途径为基础。利奥塔的名著《后现代的状况》其基本主题就是对宏大叙事的消解。经由这一消解，启蒙的宏大关怀也就完全不可能再存在。其二，颠覆科学和理性的崇高地位。在启蒙学者的视野中，科学和理性是开启民智驱除愚昧和野蛮的唯一手段。18 世纪的人们普遍相信世界是由一些隐藏在现象背后的简单的规律规则来结构的，找到这些规律规则，世界的一切奥秘就都会打开。而伟大的科学家就有能力找到这种普遍的规律和规则，所以他们可以当民众的精神领袖，可以为社会立法。后现代思维把上述启蒙学者的信念视为天真的梦想。后现代既不相信存在可以解释整个世界的科学发现，也不相信人类社会中会出现那种能够获得解释整个世界的科学发现的科学家。大卫·莱昂说："科学，曾经被当作知识合法性的试金石，已经丧失了其假设的一致性。随着科学分化出诸多学科及其子学科，它越来越无法保障所有学科都是同一个事业的组成部分。每一种话语形式都被迫产生自在的权威。科学家必须比以往任何时候都要更加谦逊；远远无法绝对断言事物是怎么样的，所能提供的只能是专家意见。"①其三，在本体论层面上以差异性取代普遍性。精英立法意味着启蒙本质上是"他者"的事业：我的启蒙不是由我自己完成，而靠他人实

① ［加］大卫·莱昂：《后现代性》，郭为桂译，吉林人民出版社 2004 年版，第 23 页。

现。他者性的启蒙以确立普遍性的权威为前提。追求普遍一致，相信普遍一致具有绝对的合理性的确是启蒙思想家的基本信念。麦金太尔说：“理性的本质就在于制定普遍的无条件的内在一致的原则。从而一种合理的道德所规定的原则，能够也应该独立于各种环境和条件而为一切人所信奉，亦即能够一贯地为每一个理性的行为者在任何场合下所遵守。”① 康德的实践理性的崇高正是在于它具有超个体的普遍性，它既排除个体的当下体验，也排除个体对幸福感的追求，因为“我们的幸福观念过于模糊不清、变幻不定，保证我们幸福的训诫都只是有条件的假言规则”；而“道德律的一切真正的表达都有一种无条件的定言性质，它们不是假言地命令我们；它们只是命令我们而已”。② 普遍、定言、无条件这些原则在后现代的眼里都成了过时而且有害的规定。后现代崇尚差异、假言、有条件的原则。鲍曼说：“没有普遍的标准。”③ 福柯建议，“选择积极多样的东西，差异胜于同一，流动胜于一致，机动胜于系统”④。

## 三

不能完全否定上述后启蒙思想家们对启蒙的批判。问题是：上述以及连同本文没有言及的所有批判是否就足以构成了对启蒙的彻底颠覆？启蒙是否真如有的理论家所期待的那样应该被完全抛弃？

首先应该注意的是，启蒙运动就其承担和完成的历史使命而言所获得的历史意义不应该被后启蒙时代的社会灾难和人文灾难所掩盖。当教会和封建专制沉重地压在人们头上的时候，当愚昧和野蛮横行于世界的时候，当生存普遍处于不成熟状态的时候，当灵魂在黑暗中苦苦摸索的时候，启蒙是必要的，也是必然的。因为后启蒙时代的灾难

---

① ［美］麦金太尔：《追寻美德——伦理理论研究》，宋继杰译，译林出版社 2003 年版，第 58 页。

② 同上书，第 57 页。

③ ［英］齐格蒙特·鲍曼：《后现代伦理学》，张成岗译，江苏人民出版社 2003 年版，第 62 页。

④ ［加］大卫·莱昂：《后现代性》，郭为桂译，吉林人民出版社 2004 年版，第 138 页。

而否定启蒙的成就，甚至以对于前启蒙时代的美化来成就这种“否定”，只能是一种反历史主义的观点，而且仍然是一种“不成熟”的表现——一种需要启蒙的表现。历史的吊诡往往在于，当一种历史使命完成之后，承担这一使命的主体会被同时取消继续存在的合理性。当今西方社会的启蒙批判就包含了这一历史的吊诡因素。启蒙时代的人们希望达到的许多目的今天在许多发达国家实际上已经成为事实，或者说在很大程度上成为事实，比如，经济发展带来的物质生活的改善，人权的被普遍尊重，对宽容理念的普遍认同，等等。正是这种“已完成性”使人们不再青睐启蒙。但放弃“青睐”是可以理解的，因之而生厌恶，而对过去的历史加以否定却是不应该的。在审视后现代的启蒙声讨时未必不可以质疑其中是否包含了中国人常说的那种“过河拆桥”的心理因素。

其次，可以承认的一个历史事实是，某种本来合理的存在物（观念秩序等）在超越其自身存在的时代之后，会转化成不合理的存在物。这一由“合理”向“不合理”的转化又必然表现在存在物自身的性状上，并由后者体现出来。后启蒙时代很多对启蒙的批判都可以在这一层面上解读。启蒙内含的许多因素在18世纪具有存在合理性并不意味着到19世纪20世纪一定还是合理的。其合理与否要依19世纪20世纪的历史情境而定。正因为历史的情境和语境会发生变化，启蒙理性就可能经由向非理性的转化使自身由合理的存在物变成不合理的存在物。霍克海姆与阿多诺的启蒙批判所针对的正是这一情形。应该说他们实际上并不否定启蒙理性，他们所否定的是启蒙理性后来“转化”成了非理性。这一转化正是对启蒙的背叛。因此可以说，《启蒙辩证法》所批判的与其说是“启蒙”，不如说正是“反启蒙”。历史辩证法所造成的存在物的异变，深刻地表明了历史语境和情境的不可置换性，同时也昭示了历史的延续性，它并不意味着完全割断历史。就启蒙而言，不顾历史的理性原则的沿用蜕化成反理性，说明历史情境必须被尊重。同时启蒙理性在历史维度上的不容许反向蜕化又说明了历史是延续的：启蒙理性应该始终是理性的。“始终是理性的”这一延续尽管只是一种抽象形式上的延续，但它仍然是延续，是历史不可缺少的延续。由具体的历史语境、历史情境的差异造成的抽象形式的历史同一才能保证历史灾难的不发生。20 世纪启蒙理性违背了具体历史差异性和抽象历史同一性的统一因而出现了极权主义的灾难，这正是《启蒙辩证法》内在的逻辑。

具体到上文所言及的“理性批判”、“进步批判”来说，就不应把它们看作是对启蒙的末日审判。且不说《启蒙辩证法》对非理性的拒绝已包含了对理性的肯定，甚至后启蒙时代的理性批判也不构成完全放弃理性的理由。人的存在并不完全甚至主要不是理性的；人类的生存幸福并不完全甚至主要不是建立在理性基础上的，这些观念是现代人普遍认同的。但是认同这些观念只是说明了非理性不应该在理性的铁掌下被掐死，而并不说明理性可以从人的生存中消除。也许可以这样说，就获取和体验生存幸福而言，人类主要靠非理性的能量；但就消除生存不幸而言，人类必须依靠甚至主要依靠理性的力量。在本体论层面上或许可以排除理性，但在工具论、方法论层面上人类是完全不能放弃理性的。启蒙时代对理性的本体论推崇在今天看来是不可接受了。但那个时代的“推崇”有其自身的合理性，因为在当时的条件下，理性的本体化包含了对非理性的合理维护，它在其主要层面上并不与当时人们所需要的非理性力量形成排斥关系。在今日当科学等工具理性具有危及人类的非理性存在与自身生存幸福的时候，对理性的盲目推崇自然应被抑制，但这种抑制却并不导致对理性的完全放弃。在尊重人自身存在的非理性的同时合理地使用理性仍然是当今人类应该重视的重大课题。

“进步”是一个同样需要给予辩证解读的概念。一方面，后启蒙思想家在下列层面上对“进步”概念的批判是对的：以最终真理的接近和发现来定义进步是哲学家们所犯的形而上学错误；从单一的思辨和学科视角来定义整体的进步完全不可能；历史上以进步为名义所进行的很多运动结果带给人类的是巨大灾难。另一方面，同样不可否认的是，“进步”在下列层面上又是存在的：第一，单一领域内的进步随时都在发生，比如，科学家对某些现象的研究，人类某些方面的生存状态的改善；第二，个体的生长史是一个不断进步的过程，至少从孕育到成年的阶段是如此。康德的启蒙定义在此一方面的适用性不可否定；第三，既然存在单一领域内的进步，那么，由各个单一领域所构成的整体的进步就仍是可以期待的，至少从理论设想上来说是如此——当然，对之作理论上的描述也许非常困难。从上述两方面的情形来看，当代思想家对进步概念的正确态度就应该是：在承认启蒙批判的合理性基础上，清除进步概念的误用和滥用，仍旧保留这一概念本身。

## 四

启蒙包含丰富的内容。因为有其内在的丰富性，不同思想家完全可能对启蒙作不同的评价。同一思想家也可能基于不同的语境对启蒙作不同的解读。前者可以胡塞尔、哈贝马斯为代表。与反启蒙的观点相反，胡塞尔在《欧洲的科学危机和先验现象学》中指出18世纪理性主义的真正含义不应放弃。哈贝马斯《现代性的哲学话语》强调不应将主体性和理性不加区分地予以抛弃，帝制理性是应该否定的，但批判理性应该坚持。后者可以利奥塔为例。利奥塔称，启蒙所追求的现代性尚未完成，有待继续、创新。[①] 也因为有其内在的丰富性，在承认后启蒙批判的合理性的同时，应该看到：后启蒙批判并不能也没有构成对启蒙的整体概括，它们没有也不可能囊括启蒙内含的所有精神成分；启蒙仍然可以也应该在多种合理性的维度上加以解读。福科《什么是启蒙?》[②] 的著名论文对启蒙的思考就提供了挖掘启蒙遗产的精彩范例。

福柯对启蒙精神的解读从重读康德的启蒙观开始。福柯认为，康德两百年前的同题论文《什么是启蒙?》（*Was ist Aufklärung*?）“以几乎完全否定的方式将启蒙界定为出口（Ausgang，sortie）或出路（issue）”。所谓“出路”，就是走出“非成人”状态。福柯指出，康德文

① Lyotard，*Le postmodern eexplique aux enfants*，Paris，Galilee，1986，p. 38.

② Daniel Defert ed，*Ditsetécrits*，Gallimard，2001，pp. 1381 - 1397. 参见汪辉据英文译《天涯》1996年第4期。下引文不注者出处同。

章的新意在于对时事的态度：不从某一整体或者将来完成式来理解现时，而是寻找一种现时的差异。启蒙精神的特质和康德对启蒙的理解就是，它提出了这样的问题："相对于昨天来说，今天引入了什么差异?"在文章的第二部分，福柯讨论了波德莱尔对现代性的看法。福科之所以转入对现代性的探讨，原因有下列两个方面：第一，现代性是启蒙的事业，启蒙和现代性本质上同一，讨论启蒙必然涉及也应该涉及对现代性的理解；第二，福柯对现代性内涵的认定与他对启蒙精神的认定恰好一致。福柯指出，现代性是一种态度，一种相对于现时的态度。"所谓'态度'，我指的是与当代现实相联系的模式；一种由特定人民所做的志愿的选择；最后，一种思想和感觉的方式，也是一种行为和举止的方式，在一个相同的时期，这种方式标志着一种归属的关系并把它表述为一种任务。"什么是这种"态度"的具体内涵呢?福柯援引波德莱尔的著名论述对之作了富有诗意的阐释。现代性和现代性的态度就是："在现时时间中"，"抓住某种英雄性的东西"；"而不是在其前或其后抓住某种永恒"。现代性不是"相对于瞬间性的现时的敏感"，而是"将现时英雄化的意志"，是以全新的活力来推进"自由事业"的努力。福柯说："对于波德莱尔，现代人不是那种去发现他自己，发现他自身的秘密，发现他的隐藏的真实的人；现代人是试图创造他自己的人。现代性不是把人从他自身的存在中解放出来，现代性强加给人一个自我发挥的任务。""对于现代性态度来说，现时的高尚价值"就是"不断想象现时，想象它是另一种状态"，在"抓住它的存在形式而不是加以摧毁的条件下不断将之改变"。很清楚，福柯在这里所论述的"现代性态度"正是他论述康德启蒙观时所肯定的"差异论"。所谓"出口"，所谓"现时的差异"，就是波德莱尔所说的"将现时英雄化"。

寻找"现时的差异"，意味着"否定"，意味着"批判"。福柯强调对康德启蒙观的了解要与康德的三大批判联系起来。"康德把启蒙描述为人类运用自己的理性而不臣属于任何权威的时刻，就在这个时刻，批判是必要的。""批判是在启蒙运动中成长起来的理性的手册，反过来，启蒙是批判的时代。"福柯在文章的第三部分又回到启蒙本身。福柯说："我试图强调，可以连接我们与启蒙的线索不是忠实于某些教条，而是一种态度的永恒激活——这种态度是一种哲学的气质，其特征是对我们的历史存在的永恒的批判。"进一步，福柯将当代哲学事业定义为"关涉我们自身的批判本体论"（ontologie critique de nous-mêmes）。依福柯的理解，这一本体论的事业首先是一种"气质"，一种不是设定"界限"而恰恰是"越界"的气质。在这一点上，福柯从后现代的视野出发，强调自己的观点与康德不同。批判不是去设定普遍性、必然性的界限，而是寻找个体的偶发的和任意性的因素。这样的批判不是先验的，它不以形而上学的可能性为目的，它的目标是谱系学，方法是考古学。从反整体反形而上学的观念出发，福柯认为，所有旨在改变整个社会、改变思维方式、改变文化与世界观的做法最终都导致了最危险的传统的再演，所以哲学的任务是放弃对整体性的建构，而寻求具体领域的"明确的变化"。

"现时差异"、"现时英雄化"、"批判性的越界"是福柯从启蒙遗产中所挖掘出来的重要思想。福科对启蒙的解读充分体现了后现代思想的语境规定。它反过来说明，在当代语境中，启蒙依旧具有强大的生命活力，启蒙是不应被轻视的遗产。

## 五

中国的启蒙主要发生在20世纪，一百年中前后有两次重要的推进，第一次是五四，第二次是80年代。不幸的是这两次推进都没能达到理想的效果。如果说第一次不幸是救亡压倒了启蒙（不管这一观点遭到多少批判，它实际上是不可否认的事实），第二次遗憾则是"求生"取代启蒙。随着90年代市场经济的大幅度展开，随着大众文化的空前兴盛，随着西方后现代思潮的大举东来，"求生"成了80年代后中国社会的基本主题，"活着就是一切"成了包括许多知识精英在内的中国国民的普遍心理。"一地鸡毛"，"躲避崇高"，"人生无梦到中年"，"哭也好，笑也好，活着就好"，诸如此类的心境情绪意向状态成为被普遍认同的人生主色调。与此相悖的观念质疑、精神建构、理想追求、制度建设、自我解放、人性升华，或者被打入冷宫，或者被束之高阁，或者变为仅仅是装潢门面的谈资。也正是在这样一种文化心理的潜在作用下，启蒙成了许多人诟病的话语。

中国启蒙的不幸除了特定的历史原因外，从根本上讲是因为强大的中国文化传统天然地存在反启蒙的机制。一个明白无误的事实是，在百余年来的中国社会历史中，启蒙总是与中国文化传统对立。五四时期的思想家们用启蒙来批判传统。今日的反启蒙论者则用传统来批判启蒙。不同的只是具体取舍对象，两者的结构机制并无区别。传统与启蒙的对立涉及很多层面，从具有深层意义的思维方式和价值观念上看，实用理性和理性本位的对立、超个体主宰与个体自主的对立、人化自然与自然人化的对立这三者无疑是最值得关注的。从纯粹认知和整体轮廓的层面来说，这些对立在百多年来的中西文化的对比研究中其实已被普遍认同。启蒙论者和传统论者的争论主要发生在价值学的层面和具体阐释的层面，维护传统的学者们忌恨启蒙对传统的冲击，倡导启蒙的学者则因为深感传统的酷毒而渴望新的文化生命。也许历史的未来确实无法断言，但就当下中国社会的现实来说，上述三个方面的启蒙立场可以作如下简要的辩护：后现代对理性本位的批判被许多学者看成是对中国传统实用理性的价值论证，其实这一比附隐含了一种反历史主义的错误，在特定历史条件下的“理性本位”并不一定与对生命本能的维护相冲突。对此，上文在论及西方18世纪的启蒙理性时已言及。当下中国社会仍然是非常需要理性的时代，在“个体自身生命能力”的意义上，把理性作为本位性因素追求的积极意义并不低于消极意义。特别是顾及民众自我谋生能力的依旧匮乏，蒙昧主义的抬头，野蛮和愚昧仍旧普遍存在于社会生活各个领域等情况下，理性依旧有在18世纪出现时那种作为愚昧和野蛮对立面的本位意义。个体自主是无法逆转的历史趋势，成为人也就是成为个体。依据一些普遍必然的原则信念并通过制度机构的强制让渡个体生命的权力是野蛮愚昧的不人道的行为，西方从古代到今日一直在反抗此种文化机制。中国历史上深受个体缺位之害，从整个社会的制度设定观念建构到个体自身的生命意识来看，中国人依然普遍生活在尚待启蒙的状态中。

由于个体观念的匮乏，在当今中国的文化意识中，真正的个体性追求还常常被扭曲。① 依据启蒙，解救和建设个体生命对中国社会来说仍是沉重的历史使命。在生态灾难严重威胁当今人类生存的时候，许多学者认为中国传统的人化自然观念高于自然人化的观念。的确，盲目的伤害自然是应该被制止的行为，但问题是，这种对自然的盲目伤害正是人的不成熟的表现，是人自身自然没有向人性水平提升的表现。在人性视野中，自然不可能靠自然物拯救；只有在（人自身）自然人化的文明水准上才有“人”对自然的拯救，才有人的健康的生存。企图人化自然、让人变成自然性的存在，不仅达不到拯救自然的目的，而且从根本上说曲解了生命进化的历史。

如同福柯所言，启蒙是一种追求“差异性”的使命。差异性是定位在各个层面上的，古今差异意味着任何传统都必须接受当下现实的审查，无限制的迷恋和归附传统正说明康德所说的人性的不成熟，说明启蒙尚未到场。当今中国的一些文化保守主义者代表的正是前启蒙的文化生存。差异的最终形式是个体生命的差异，是在充分发展的精神层面上所建立起来的个体生命的差异。启蒙与个体生命目标的同一确定了启蒙在中国社会中的崇高性和神圣性，确定了启蒙相对于中国文化来说所具有的绝对给予性。启蒙的个体性原则认同后启蒙批判的等级制拒绝。启蒙应该是个体自身的行为，建立在不平等基础上的任何“他治”形式在现代社会都是难易接受的。在这一点上，中国文化同样有其必须重视的危害性，中国历史上重视的是“圣人教化论”，这是一种与排斥个体强化专制的文化传统一脉相承的观念，我们必须从圣人定制的思想统一模式中解放出来。此外，差异也定位在地域和民族的层面上，西方后现代的不少观念在进入中国的时候就应该在差异的原则下接受准入制的检验。当下中国思想界常见的做法是“西思平移”：简单地把一些西方后现代的思想观念平移到中国的文化语境中，不少反启蒙话语的出现就是如此。不仅不能简单平移反启蒙的主张，连福柯一类的新启蒙言说也不应该简单地平移。福柯的启蒙以批

① 参见张文初、毛宣国《湖南师大文艺学学科点主体性问题座谈侧记》，《文学评论》2005 年第 1 期。

判为本体，在当下中国社会对“批判”就应该做多方面的考量，就当下国人的心理很大程度上依旧处于前启蒙状态而言，批判是必要的，应该通过批判发现建构我们现有心理结构的种种不合理的深层因素。但同时应该注意的是，福柯的批判建立在启蒙理性已经成就了西方人自我理性建构能力的基础上，而当下的我们尚未获得此种理性建构的能力。所以问题是，除了批判外我们同样需要建构包括理性在内的自身生命能力，我们不能只生活在纯粹的批判和解构之中。

（原载《中国文学研究》2006 年第 3 期）

# 启蒙在中国的艰难历程

汤一介*

## 一　16 世纪中国的明末发生过一场不同于西方“启蒙运动”的“启蒙思潮”

康德（1724—1804）提出“要敢于运用理性”作为“启蒙运动”的口号。美国杰里·本特利和赫伯特·齐格勒在《新全球史》的《启蒙运动》一节中说“牛顿（1692—1727）的宇宙理论如此完美和令人信服，以至于它的影响远远超过科学领域。他的成功让人们感到理性分析对人类行为和制度同样重要。……欧洲美洲的思想家雄心勃勃地开展对人类思想的改造，他们期望用理性改造世界”①。因此，我们可以说，“理性”，开启了西方的“启蒙运动”，他们的思想家用“理性”扫除天主教的迷信和世俗的愚昧，在欧洲发生了一场资产阶级的思想文化运动。这场运动不仅使西方的自然科学有了突破性的发展，而且为西方的社会科学奠定了基础。英国哲学家洛克（1632—1704）致力于找到政治学的自然法则，他批判君主专制的理论基础——君权神授，提倡宪政政治，主张主权在民。他的学说为英国的光荣革命和君主立宪制进行了大量的理论辩护。法国的孟德斯鸠（1689—1755）试图创

---

* 汤一介，男，湖北黄梅人，北京大学哲学系教授。

① ［美］杰里·本特利、赫伯特·齐格勒：《新全球史》下册，魏凤莲等译，北京大学出版社 2007 年版，第 696 页。

建一套政治科学，找到能在一个繁荣、稳定的国家中孕育自由的原则。法国卢梭（1712—1778）的《民约论》全面地、雄辩地论证了天赋人权，主权在民和契约在国的基本的民主理论。苏格兰思想家亚当·斯密（1732—1790）将他的注意力放在经济科学的领域，提出市场经济的供求原则。这些社会学理论促使了1789年在法国发生的资产阶级法国大革命，推翻了封建专制，并于1793年发表了《人权与公民权宣言》，其后颁布了宪法。法国的资产阶级革命的胜利沉重地打击了欧洲的封建势力，有力地推动了在欧洲各国相继发生的资产阶级革命运动。这说明，欧洲“启蒙运动”的结果最终落实到欧洲资本主义国家共和制或君主立宪的民主国家的建立。①

在当代中国学术界，虽然常常把16世纪明末发生的反对封建专制的“存天理、灭人欲”的礼教，抨击禁欲主义，高扬个性，“独抒性灵，不拘格套”的“唯情主义”，看作是新的价值观和人文主义的表现，并以“启蒙思潮”、“启蒙文化”、“启蒙思想”、“具有某种启蒙的质性”等等，来说明明末的这场社会运动。但是它和18世纪在欧洲发生的“启蒙运动”在性质上是不同的，正如卢兴基在《失落的“文艺复兴”——中国近代文明的曙光》所说：“我国自身的启蒙文化运动，相当于欧洲14世纪开始的文艺复兴，不过它是土生土长的，又是在明清易代之际的战乱、经济倒退、新王朝的重树理学、大兴文字狱等多重压力下沉落了。”② 这段话大体上可以得出以下两点看法：（1）虽然对16世纪明末的反封建礼教用了“启蒙文化运动”来说明，但认为它仅仅相当于14世纪开始的“文艺复兴”，并不与18世纪的欧洲的“启蒙运动”相似，因此从思想上看并没有提出建立民主共和政体或君主立宪政体的要求；（2）这次“启蒙的文化运动”是土生土长的，它和西方“启蒙运动”“要敢于运用理性”是大不相同的，而是以张扬“情感”的一种“唯情主义”的社会思潮的人性解放运动。近

① 参见［美］杰里·本特利、赫伯特·齐格勒《新全球史》，北京大学出版社2007年版，第696—699页。

② 卢兴基：《失落的“文艺复兴”——中国近代文明的曙光》，社会科学文献出版社2010年版，第5—6页。

现代的一些学者认为，在明末由于商品经济的大发展，资本主义萌芽在社会生活的诸多方面有着深刻的影响，使当时的文人学士尝试用新的眼光看世界，形成了“一股‘启蒙’的狂飙思潮的许多代表人物此时开始重新审视历史，思索人类的命运，给人性以新的定义。……他们强调主观精神，高扬人性……在思想史上，这一派被称为泰州学派。”[①] 他们反对“存天理，灭人欲”的礼教，提出“天理”即“人欲”；“人欲”是人之天性，“穿衣吃饭，即是人伦物理”。还有同时期的文学家袁宏道提出诗文创作应是“独抒性灵，不拘格套”的张扬个性的主张。汤显祖更是直接提出人性解放的唯情主义，他说：“人生而有情，思欢怒愁，感于幽微，流于啸歌，形诸动摇”，故“理顺人情”。[②] 因此，在20世纪30年代，任访秋曾发表一系列文章，从袁宏道研究，扩大到三袁、公安派以及以李贽为代表的泰州16世纪明代文化思潮与五四运动的关系，努力探讨我国的新文化运动的历史渊源，说明明代思想已具有新的启蒙特质。[③] 但是，这次带有某种“启蒙”性质的反封建礼教、张扬个性解放，鼓吹“唯情主义”被清军入关打断了。清朝的统治重新提倡尊孔读经，对人文学士实行文字狱，颁行礼教，康熙九年（1670）颁布《学官圣谕》，“以礼教为先”，“黜弃异端以崇正学”，使僵化的理学再度复兴，使明末一度兴起的解放人性的唯情主义思潮被压下去了。中国社会的变革又得延迟200余年。

## 二　19世纪中叶以来，中国社会在西方“启蒙运动”思潮冲击下的艰难前行

1840年鸦片战争中国惨败，促使中国逐渐认识到自己国家的国力贫弱，而西方国家的国力强盛之原因是由于中国的思想落后和政府腐

① 卢兴基：《失落的“文艺复兴”——中国近代文明的曙光》，社会科学文献出版社2010年版，第71页。关于明末“启蒙思潮”参考了此事，特此说明。

② 汤显祖：《宜黄县戏神清源师庙记》，《汤显祖集》第34卷，北京古籍出版社1997年版，第188页。

③ 任访秋：《中国新文学研究》，河南人民出版社1986年版。

败无能，于是部分知识分子和政府官员在被动挨打的情况下一步一步地接受了西方“启蒙运动”时期的思想和政治制度。

这一时期的西方“启蒙运动”的思想开始进入中国，最早在1895年由李提摩太的《泰西新史概要》就对卢梭的《人间不平等之起源》有所介绍，并提及与卢梭齐名的两位法国启蒙思想家孟德斯鸠和伏尔泰。虽然已有卢梭的《民约论》在日本于1882年由中江兆民以雅汉文文体译出的《民约论》，但《民约论》的中文全译是在1902年由杨廷栋译出。孟德斯鸠《法意》（即今译《法的精神》）在1900年就部分译成中文刊于《译书汇编》1904—1909年严复译出了《法意》的全译本；1902年译出了亚当·斯密的《原富》。由此可以看出，在19世纪末和20世纪初西方资产阶级“启蒙运动”的著作大都有了中文译本。（与此同时，蔡元培先生于1903年翻译了德国科培尔的《哲学要领》；1904年译了包尔生的《伦理学原理》）。这些西方资产阶级“启蒙运动”的思想家提出的民主、自由、平等、人权等观念，对现代社会说是具有某种“普世价值”的意义，它对推动当时人类社会的进步无疑有着重大的意义。

19世纪中国的先进知识分子和多少接触到西方启蒙思想的官员开始自觉到必须向西方学习，他们无不从西方“启蒙运动”民主、自由、人权、法制等中汲取思想营养，试图改变中国积贫积弱、被动挨打的局面，以求平等地自立于世界民族之林。

中国的有识之士，首先认识到西方的强大是靠了先进的科学技术，于是提出了“师夷之长技以制夷”的口号，开展了一场制造枪炮等机器的洋务运动，但是洋务运动并未摆脱“中体西用”的束缚，并未能动摇清王朝的封建专制制度，因而有一批更多地了解西方民主思想和政治、经济、法律制度的知识分子和官吏提出改变现存政治制度、实行君主立宪的主张，并于1898年发动了“戊戌政变”。“戊戌政变”是企图以改良主义的办法，在不改变清王朝统治的条件下，实行“君主立宪”，而这一变法路线本身就是十分软弱无力的，加之在清王朝的封建专制体制的重重压迫下以失败而告终。在这种情况下，以孙中山先生为首的革命者认为用改良的办法不可能改变中国落后的面貌，只能用革命的办法来推翻清王朝。孙中山等革命派追求的是要求建立民主共和国家的政治体制。1905 年孙中山提出了三民主义的革命纲领，拟定了包括军法之治、约法之治、宪法之治的革命程序。1906 年提出了五权宪法的政治体制的构想。辛亥革命取得了胜利，废除了君主专制，建立了中华民国，颁布了《中华民国临时约法》。孙中山所领导取得的革命胜利，其基本精神主要都是来自西方“启蒙运动”的天赋人权、三权分立、自由、民主与法制的精神。孙中山领导的资产阶级民主革命虽然取得了暂时的胜利，但中国的社会问题并没有解决，在外仍然受到帝国主义的侵略和压迫，在内则有两次封建专制的复辟以及强大的旧势力的抵制。中国何去何从仍然是留给中国人民需要不断解决的难题。

## 三　被称为中国“启蒙运动”的“五四运动”，其提倡的“科学与民主”是否在中国已经真正实现？

对“五四运动”在中国学术界有着种种的看法，这里很难一一讨论，但是我认为不能把“五四运动”前的“新文化运动”与“五四运动”的爱国运动分开，认为前者是一场反传统的思想启蒙运动，而后者是一场救亡的爱国运动，也不应把“启蒙”与“救亡”看成相互矛盾的。正因为有新文化的思想启蒙运动，才促使中国知识分子能用新眼光看中国之所以落后，这无疑包含着希望中国富强的爱国内涵；正因为有了“五四运动”才深化了启蒙思想的现实意义，并焕发出中国人的在实际行动上实践了的反帝爱国热情。因此，只有不断地进行思想文化启蒙，提高中国人自身的自立自强的觉醒，才可以实现中国的繁荣富强；同样只有唤起千百万中国人的爱国热情才能使他们在实践中得到思想文化的启蒙。因此，救亡与启蒙本应是没有矛盾的，只是在这个过程中由于统治者或者主政的党派，把两者对立起来，用所谓的“救亡”来压制人民的民主、自由、人权的诉求，而这种所谓的“救亡压倒启蒙”或“只有救亡才可以唤起启蒙”的提法在理论上和实践上都是片面的。

现在我们要问：包括“新文化”的“五四运动”所争取的民主、

自由、人权是否真正在我们的社会生活中实现了呢？换句话说，中国是否已经成为现代化的社会了呢？我想，得到的答案是否定的。但是，这个问题太大，很难在此文中进行全面的讨论。下面我只想举两个例子从很局限的方面谈谈我的看法。

在80年代，我国的著名学者王元化，在上海提出了“新启蒙”的倡议，得到了各地的热烈响应。从1919年的“五四运动”到70年代末在这60年间至少有两三代有识的知识分子都在为争取民主、自由等人的权利而献身，甚至当权的统治者或真或假地也把民主、自由等作为口号，为巩固他们的统治挂在嘴上。在史无前例的“文革”结束之后，邓小平同志提出“解放思想、改革开放、实事求是，团结一致向前看”的改革开放指导思想，把实现四个现代化（工业、农业、科技、国防），以经济建设为中心实现社会主义现代化作为目标。同时，小平同志也提出要进行政治体制改革的要求。广大知识分子都认为，中国将可成为一个民主、自由、有人的尊严的社会。

为唤起人们对争取科学、民主、自由的记忆而提出的“新启蒙”，为政治体制改革提供思想上的支持。1988年出版了《新启蒙》的创刊号，在此创刊号中发表了元化同志的《为五四精神一辩》。他提出，我们必须接续“五四”的科学与民主精神，以“理性”来审视自“五四”以来的历史，以“民主”来促进我国的政治体制改革。同期，还发表了夏衍、邵燕祥、高尔泰等八人的“新启蒙笔谈”。夏衍提出，“新启蒙”要重提科学与民主，迎接新时代的挑战，不能错过了目前这个千载难逢的时机。在《新启蒙》第四期中邵燕祥提出：“思想文化的启蒙，意味着对原有结论的审视扬弃，过时传统观念的更新，旧的思想模式的超越，重新认识历史和观念，中国和世界、封建主义、资本主义和社会主义、马克思主义、列宁主义以及毛泽东思想。”2011年，李锐写了一篇题为《王元化与新启蒙》，充分肯定了“新启蒙”的思想文化意义。从这里我们可以看出，在中国，“启蒙”这一有代表意义的思潮真是在十分艰难中进行，“五四运动”争取的目标“科学与民主”还没实现。

我想提的第二件与“启蒙”有关的事是1985年夏天在深圳举办

的“文化研究协调会”，会上有北京、上海、武汉、西安以及深圳的学者二十余人参加，元化同志出席了这次会议。我们认为，当政者提出“四个现代化”对中国社会意义重大，它针对过去“以阶级斗争为纲”是一项政策上的大转变。但是，“现代化”的问题是否仅仅是工业、农业、科技、国防的问题？我们对此颇有怀疑。从中国近现代史上看，如果把“现代化”只限于科技层面，所得到的结果只能是“现代化”的失败。因为没有政治制度的现代化，特别是没有思想观念的现代化，“现代化”必然会落空。这就说明，我们所考虑的是中国必须实现民主政治，必须使“民主、自由、人权”等具有现代意义的思想在日常生活中成为现实，这仍然是要继续“启蒙”的问题。

## 四　中国社会的“启蒙”将如何进行下去？

自鸦片战争后，西方的“启蒙运动”的思想进入中国，中国在接受西方的“启蒙”思潮已经有160余年的历史，但中国仍然没有全面地完成“现代化”，“民主政治”和“思想自由”在中国尚未成为现实。因而20世纪90年代在中国思想文化界出现了两股反对“一元化”的思潮。一股是来自西方消解“现代性”的“后现代主义”。“后现代主义”在20世纪80年代初已经进入中国，但在那时没有什么影响，而到90年代突然被中国学术界关注了。另一股是追求复兴中国传统文化的“国学热”思潮。其实，在80年代中国学术思想界已经提出应重视中国的传统文化，但并未形成热潮，90年代“国学在燕园悄然兴起”而渐渐形成热潮。这两股思潮的兴起，说明什么问题？

我们知道，西方的“现代化”在发展了两个多世纪后，其种种弊病日渐显露，由于对“科学”的崇拜而认为“科学万能”，从而引发了“工具理性”的一枝独秀，造成了对自然界的疯狂破坏，已经威胁到人类的生存，并使维护人文精神的“价值理性”边缘化。自由经济不受约束的发展，不仅造成人与人、国家与国家、民族与民族的矛盾与相互敌视，唤起了人们对金钱和权力的贪欲，致使人类社会的道德沦丧。西方18世纪崇尚“理性”的“启蒙精神”已被异化了。[①] 为了挽救人类社会、消除“现代性”带来的负面影响，于是有后现代思潮的出现。在20世纪60年代兴起的“后现代主义”是针对现代化社会在发展过程中的缺陷提出的，他们所做的是对“现代性”的解构，反对“一元化”，主张“多元化”，曾使一切权威性和宰制性都黯然失色，使一切都零碎化、离散化、浮面化。因此，初期的“后现代主义”目的在于“解构”，企图粉碎一切权威，这无疑是有意义的。但是它却并未提出新的建设性主张，也没有策划过一个新时代。到20世纪末，以“过程哲学”（process philosophy）为基础的“建设性后现代主义”提出将第一次启蒙（即18世纪的“启蒙运动”）的成果与“后现代主义”整合起来，召唤第二次“启蒙”。过程研究中心创会主任小约翰·柯布说：“建设性的后现代主义对解构性的后现代主义的立场持批判态度……我们明确地把生态主义维度引入后现代主义中，后现代是人与人、人与自然和谐相处的时代。……以建构一个所有生命共同福祉（For the common good）都得到重视和关心的后现代世界。”他们还认为，如果第一次启蒙的口号是“解放自我”，那么第二次启蒙的口号则是“关心他者”“尊重差别”。目前，建构性的后现代主义的影响力在西方还很小，但我相信它在西方和东方都将受到重视。[②]

卡尔·雅斯贝尔斯在《历史的起源与目标》中说：“人类一直靠轴心期所产生、思考和创造的一切而生存。每一次新的飞跃都回顾这一时期，并被它重新燃起火焰。自那以后，情况就是这样。轴心期潜力的苏醒和对轴心期潜力的回忆，或曰复兴，总是提供了精神力量。对这一开端的复归是中国、印度和西方不断发生的事情。”[③] 在20世纪90年代，即将进入21世纪之际，由于中华民族正处在伟大的民族复兴的过程之中，民族的复兴必须由民族文化的复兴来支撑，因此，“国学热”的出现是必然的。那么，中国如何全面实现“现代化”，而

① 尽管这样，但18世纪“启蒙运动”提出的“理性”“自由”“民主”“人权”等等，就其理想性的价值而言，对此人类社会必须重视，我们绝不能丢掉它，更不能排斥它。

② 参见王治河、樊美筠《第二次启蒙》，汤一介的《序》，北京大学出版社2011年版。

③ ［德］卡尔·雅斯贝尔斯：《历史的起源与目标》，魏楚雄等译，华夏出版社1999年版，第14页。

又可以避免陷入当前西方社会的困境；同时，又必须关注西方后现代主义的发展前景，而能较快地使中国文化和后现代主义接轨。我想，也许中国的“启蒙”将可以在这个过程中全面完成，使中国实现“现代化”，并较快地进入后现代。对此，我有一些不大成熟的看法，请批评。

1. “人与自然是一生命共同体”与“天人合一”理论

建构性后现代主义的代表人物柯布说：“今天我们认识到人是自然界的一部分，我们生活在生态共同体中。”这个思想是从哪里来的呢？虽然直接来自怀德海，但它无疑是和中国的“天人合一”理念有着密切的关系。“天人合一”是中国传统思想的核心价值理念之一。它和在西方长期流行的“天人二分”理论是两种不同的思维模式。1992年世界1575名科学家发表了一份《世界科学家对人类的警告》，在开头有这样一句话：“人类和自然正走上一条相互抵触的道路”。自然界为什么惨遭破坏，这不能不说它与在西方长期有着影响的“天人二分”的思维模式有着密切的关系。[①] 与西方这种思维定式不同的“天人合一”思维方式可以说正是为解决自然界惨遭破坏提供了可行的思路。我们可以看到，早在2500多年前的孔子提出既要“知天”，又要“畏天”的思想。“知天”是要求人们认识自然界，以便使人们可以自觉地利用自然界为人类社会谋福祉；“畏天”是要求人们对自然界有所敬畏，认识“天”的神圣性，要自觉地尽到保护自然的责任。朱熹对“天人合一”思想的解释说：“天即人，人即天。人之始生得之于天，即生此人，则天又在人矣。”意思是说，在“天”把“人”产生之后，“天”和“人”就存在着一种相即不离的内在关系，因而“天”的道理就要由“人”来彰显，“人”对“天”就有了不可推卸的责任。我们可以看到，在解决“人”与“天”（自然界）的关系上，中国传统哲学和建构性的后现代主义走着相同的道路。所以正

① ［英］罗素：《西方哲学史》（下册），马元德译，商务印书馆1988年版，第91页。文中说：“笛卡尔的哲学……它完成了，或者说极近乎完成了自柏拉图开端而主要因为宗教上的理由经由基督教哲学发展起来的精神、物质二元论。……笛卡尔体系提出来精神界和物质界两个平行而彼此独立的世界，研究其中之一能够不牵涉另外一个。”

如法国大儒汪德迈说："曾经给世界完美的人权思想的西方人文主义面对近代社会已降的挑战，迄今无法给出一个正确答案。那么，为什么不思考一下儒家思想可能指引世界的道路，例如'天人合一'提出的尊重自然的思想、'远神近人'所倡导的拒绝宗教的完整主义以及'四海之内皆兄弟'的博爱精神呢？可能还应该使儒教精神在当今世界诸多问题的清晰追问中重新认识。"为什么汪德迈把西方的"人权"思想和中国的"天人合一"、"远神近人"、"四海之内皆兄弟"联系起来考虑？我们知道，"人权"对人类来说无疑非常重要，这是由于"人"的自由权力是不应被剥夺的，社会发展只能靠"思想自由"、"言论自由"、"信仰自由"、"迁徙自由"等来实现。但是如何保障"人权"，往往受到外在的力量干扰，甚至剥夺，无论中外都有这种情况。但是，某些思想家或政客把"人"的权力无限扩大，以至于把"人"的权力扩大致可以去无序地破坏自然界，因此，汪德迈认为"人"对自然界的权力应该受到限制，这样就应该从中国的"天人合一"思想中取得有意义的思想资源。在西方由于基督宗教认为上帝已经把世界完整地创造了，似乎"人"再无能为力了。汪德迈则认为虽然上帝把世界完整地创造好了，剩下的事就是"人"的问题，要"人"来做主了。正如法国文学家安德烈·纪德所说："神出主意，人做主意。"中国儒家所说的"四海之内皆兄弟"是和中国传统思想的"天人观"相联系的，它认为，人类最高的理想是"天下大同"（协和万邦），《大学》说：修身、齐家、治国、平天下，因此任何民族和国家要考虑"天下太平"，考虑到全人类的利益和幸福，这应是"人权"中的应有之义。这就是说，西方的"人权"思想应可以在其他民族思想文化传统（如中国的文化传统）中找到某些补充和丰富其原有价值的思想因素，以便人类社会走向更加合理之路。

2. 建构性后现代主义的"第二次启蒙"与儒家的"仁学"理论

建构性的后现代主义提出，如果说第一次"启蒙"的口号是"解放个人"，那么第二次"启蒙"的口号则是"关心他者""尊重差异"。"关心他者"的思想如果用中国儒家思想来表述，那就是"仁者爱人"。"仁爱"是孔子儒家学说的核心价值。儒家提倡的"仁爱"虽是从"亲亲”（爱自己的亲人）出发，如孔子所说：“仁者，人也，亲亲为大。”仁爱之心是人本身所具有的，爱自己的亲人是“仁爱”精神的出发点和基础。但是孔子认为，“仁爱”不能只停留在爱自己的亲人上面，要推己及人。孟子也说：“老吾老以及人之老，幼吾幼以及人之幼。”“亲亲而仁民，仁民而爱物。”从爱自己的亲人出发才能达到对老百姓的“仁爱”，由爱护他人才会对一切事物都有爱心。这样的思想又可以和建构性的后现代主义“关心他者”接轨。建构性的后现代主义认为，他们的哲学是在“保留现代性某些积极的东西”（主要是西方思想家依据理性提出的极有价值的“自由”、“民主”、“人权”等理想性思想）的基础上“以建构一个所有生命共同体福祉都得到重视和关心的后现代世界”，这正是对“关心他者”的更为全面的表述。因为，人类社会的发展，其文化是要不断积累，总是在传承中创新。因此，后现代社会必须是在保留“现代性”社会的“自由”、“民主”、“人权”等中的积极因素，这样“建构一个所有生命共同体福祉都得到重视和关心的后现代世界”的意义才得以充分显现。建构性的后现代主义提出的“尊重差异”，它正是儒家思想所主张的“道并行而不相悖”的另一种表述。不同的思想文化传统往往是各有其特点而不相同，但这种不同可以说对人类社会都有一定的意义，并不是要相互排斥的。[①] 例如肯定西方近代提出的“民主”思想在特定的社会条件下的积极意义，并不要否定中国思想文化传统中的“民本”思想在特定的社会条件下也具有积极意义，更不应否定中国传统文化中的“己所不欲，勿施于人”对人类社会的“普遍价值”。只有承认在不同思想文化传统中都有其对人类社会有积极贡献的部分，这样在不同国家和民族之间才可以“共存”“共荣”。吸收和消化不同文化传统中的优长，以达到“会通”是人类文化发展的必由之路，正如罗素所说：“不同文明之间的交流过去已经多次证明是人类文明发展的里程碑。”[②] 我们应该看到，同为人类就有着共同要解

① （北宋）张载《正蒙·太和》中说：“有象斯有对，对必反其为；有反斯有仇，仇必和而解。”

② 罗素：《中西文化之比较》，载《一个自由人的崇拜》，时代文艺出版社 1988 年版，译文稍有改动。

决的问题，如何解决人类所面对的共同问题，道路可能不同，方法可能有异，但往往目标是殊途同归的。所以“尊重他者”和“道并行而不相悖”有同等的价值。

3. 如何定义“人”与中国传统文化中“礼”的“人权”观

“人权”观念对现代社会说是非常重要的，但如何使“人权”观念真正对建设健康、合理的社会起积极作用是应该在不同的思想文化传统中进行深入讨论的。美国著名哲学家安乐哲、郝大维写了一本书叫做《通过孔子而思》，这本书中有以下一段话：“我们要做的不只是研究中国传统，更要设法使之成为丰富和改造我们自己的一种文化资源。儒家从社会角度来定义‘人’，这是否可用来修正和加强西方的自由主义模式？在一个以‘礼’建构的社会中，我们能否发现可以利用的资源，以帮助我们可以更好地理解我们的根基不足却富有价值的人权观念？”① 这段话大体上说，讨论了以下三个问题：第一，西方不应仅仅研究中国思想文化，而且应用中国思想文化来“丰富和改造”西方的思想文化；第二，要理解中国传统文化是“从社会角度来定义‘人’”的意义；第三，在中国的“礼”文化中包含着极富有价值的“人权”观念。我认为，安乐哲提出的三个问题正是为了对治“西方哲学的根基不足”而发的。正是近现代社会特别重视人的自由权利（第一次启蒙后的历史），才使得人类社会有了长足的发展。这是因为“人”的“自由权利”是一种巨大的创造力。但是，个人的“自由权利”和某一国家和民族“自由权利”的滥用，在一定情况下对其他人的“自由权利”或者其他国家和民族的“自由权利”将构成威胁和遏制，甚至侵犯。中国传统文化中的“从社会的角度定义‘人’”，意思是说“不是从孤立的‘个人’的角度来定义‘人’”，因为“人”一出生就是在各种关系中生活和成长，这颇有点像马克思在《关于费尔巴哈的提纲》中说的：“人的本质并不是单个人所固有的抽象物，实际上，它是一切社会关系的总和。”② 那么，如何处理这种种复杂的“人的社会关系”呢？在中国古代社会特别注意用“礼”来处理“人”

① 《通过孔子而思》，北京大学出版社 2005 年版。

② 《马克思恩格斯全集》第三卷，人民出版社 1960 年版，第 5 页。

在社会中的种种关系。“礼”虽然是观念形态的东西，但它带有对“人”的行为有着约束性的意义。在《论语·学而》中说：“礼之用，和为贵。”“礼”的作用最重要之点就在于促使社会和谐，这就是说中国传统文化中的“礼”是一种带有对社会规范性的力量。在《礼记·坊记》中说：“君子礼以坊德，刑以坊淫。”君子制“礼”是为了防止败坏社会的道德规范，制刑（刑法）是为了防范祸乱社会秩序。汉贾谊《陈政事疏》中说：“夫礼者禁于将然之前，而法者禁于已然之后，是故法之所用易见，而礼之所生难知也。”可见，在中国传统中，对“礼”是特别重视的。这是因为中国儒家认为，在人与人之间应有一种相互对应的关系，如《礼记·礼运》中说：“何谓人义？父慈子孝，兄良弟弟，夫义妇听，长惠幼顺，君仁臣忠，十者谓之人义。”这是说，什么是人与人之间的道义关系，儒家学说认为在人与人之间应有一个权利和义务（责任）相对应的关系，不应只有单方面的权利而不需对所应承担的相对应的义务负责任。中国的“礼”正是为协调社会关系的权利和义务所设。因此，我认为中国前现代社会是不是可以称为“礼法合治”的社会，这当然是一种儒家的理想。从这里，我们可以设想，在确立“人权公约”的同时是否应有一“责任公约”，以便使“权力”和“责任”之间得到平衡。这也就是安乐哲他们所说“礼”对西方颇有价值的“人权”观念可以起着“丰富和改造”的作用。从这里，甚至可以看到“责任公约”或许会对“人权公约”起着保护和提升的作用。小约翰·柯布说：“中国传统思想对建构性的后现代主义非常有吸引力，但我们不能简单地回到它。它需要通过认真对待科学和已经发生的变革的社会来更新自己。前现代传统要对后现代有所裨益，就必须吸收启蒙运动的积极方面，比如对个体权利的关注和尊重。”柯布的这段话对我们研究中国思想文化应说是颇有意义。作为前现代的中国传统文化是需要认真吸收启蒙运动以来现代社会的一切积极成果，如自由、民主、人权等“对个体权利的关注和尊重”的思想，我们绝不能企图排斥“自由”、“民主”、“人权”等“极富有价值”的思想，这样前现代的中国传统文化才能和建构性的后现代主义结成联盟推进现代社会向后现代社会的转型。

我们已经注意到，中国一些学者和西方建构性后现代主义的学者之间不仅有了广泛的接触，而且开始了良好的合作。建构性的后现代主义的代表人物已经注意到中国传统文化对建构性后现代主义颇有吸引力，并已从中吸取营养；同样中国的一些学者也已经注意到建构性后现代主义对当前人类社会走出困境的现实意义，并认真地关注着该学说的发展。在中国已经发生广泛影响的“国学热”和建构性的后现代主义这两股思潮的有机结合如果能在中国社会中深入开展，并得到新的发展，也许中国可以比较顺利地完成“第一次启蒙”的任务，实现现代化，而且会较快地进入以“第二次启蒙”为标帜的后现代社会。如果真能如此，当前中华民族文化的复兴所取得的成果，在人类社会发展史上将是意义重大的。

[原载《北京大学学报》（哲学社会科学版）2012年第2期]

# 启蒙的自我澄清:在神人、古今与中西之间*

任剑涛**

## 一 “启蒙”的准确涵义

当下之所以提出“启蒙的自我澄清”，是基于两个原因：其一，人们常常将“启蒙”（enlightenment）在欧洲思想史脉络中自我的理论延伸和清理，误认为是对“启蒙”的颠覆。因此需要对“启蒙”的自我延续与清理在启蒙的逻辑中加以确认，从而弄清楚“启蒙”并不是一开始就呈现其全部内涵的现代事件，而是在“启蒙”自身不断展现其丰富内涵的过程中，逐渐浮现其不同向度的含义的。换言之，“启蒙”是在启蒙过程中逐渐得到清晰明白的规定性的。其二，中国人谈论启蒙的时候，往往认为是在谈论“西方的”思想史问题。其实，就“启蒙”的本质规定性来讲，只要是接纳现代性和处在现代化进程中的国家，它就是一个处于从14、15世纪开始并席卷全球的现代浪潮的、“启蒙的”国家。在这个特定意义上，“启蒙”本身就是一个“现

---

* 本文是2010年7月2日在北京由博源基金会和《读书》杂志共同举办的“启蒙与中国社会转型”研讨会上的发言记录修改稿。考虑到主题的完整性，本文修改时增补了第四部分，特此说明。

** 任剑涛，1962年生，现任中国人民大学国际关系学院政治学系教授、博士生导师。1996年获哲学博士学位，1998—1999年任美国哈佛大学燕京学社合作研究员。兼任国务院学位办MPA教育指导委员会委员、教育部政治学本科教学指导委员会委员、中国政治学会副秘书长。主要从事政治哲学、中西政治思想与当代中国政府与政治的研究。

代”的展示过程。如果把“启蒙”认作是一个现代世界历史进程的话，启蒙只能从它最初的起点，逐渐通过国别的扩展、全球的认领，来展示其丰富内涵。因而，哪怕是致力清算“启蒙”的所谓“反启蒙”和非启蒙思潮，也构成了“启蒙”的现代化和现代性事业的一个有机组成部分。因为后两类思潮总是以启蒙为思考相关问题的轴心的，缺乏启蒙这个参照系，它们就失去了思想的坐标，无法得到准确的理解。

就此而言，今天我们谈论“启蒙”，首先，就不能止于一个简单的历史叙事，而是处理怎样重建启蒙哲学的问题。在这个意义上，人类生活中启蒙的内在性和处境性，必定使我们得出一个结论，那就是如果我们重述启蒙的历史故事，首先得承诺，启蒙从英国到法国、到德国，后来开展成为一个世界运动的时候，扩展到俄罗斯、进入了中国场域，这一进程不是各个国家对“启蒙”的误会性认领，而是“启蒙”按照自身的逻辑在世界历史进程中的一个渐次展现。这一进程将启蒙运动（theenlightenment）最原初的内容逐渐展现出来，从而“启蒙”对自身进行说明性的呈现，向人们渐次展现启蒙究竟具有什么样的丰富内涵。因此，我们站在启蒙的历史叙事角度，以启蒙纷繁复杂的历史叙事中某一个国别的某一个事件、某一个思想家的某一个主张，就断言哪个启蒙需要批评，哪个启蒙需要超越，这是一种意义不大的历史学功夫。因为这样把“启蒙”本身僵化为某一个国别、某一个时期的某一个历史事件，某一个思想家的某一个主张，这是关于“启蒙”本身的一个非历史的、反过程的，结论性的、封闭的观点。

其次，“启蒙”并不是我们通常所理解的那种意思，因为人们被有蒙蔽了，所以需要一部分先知先觉的人，来启发教育那些后知后觉的人。这是对“启蒙”真正的含义没有加以澄清的情况下，对启蒙的严重误读。我们把启蒙概括为最简单的“你蒙我启”，这是从外部强加给启蒙的特点，那种断言启蒙就是“我先知先觉，你后知后觉，我作为一个先觉的教育者来教育后觉者”，就是一种仅仅把启蒙当作启蒙者自身的封闭性事业。在中国，这种认知，尤其是在讨论法国启蒙的时候，形成了一个僵化的、普遍的定势。

启蒙的真正精神是什么呢？简而言之，可以叫做“有蒙共启”。必定受到某种东西的蒙蔽，这是人类的一种处境，而不只是启蒙时代的精神状况。[①] 对于人类来讲，人人都可能陷入种种新、老的蒙蔽之中，需要以启蒙划破长空的光照，促使人们走出蒙蔽。在这样一种处境中，“有蒙共启”，就是一种人人对人人的启蒙，是一种需要人类共谋的事业，它促使我们自己和别人一道，都能够理性地运用自己的知识、智慧和财富，来揭开自己受到的蒙蔽，而真正使自己身处一派明亮的世界。换言之，启蒙者不能置身启蒙范围之外，单纯以启别人之蒙为职志，他本身既是启蒙的行动者，也是启蒙的对象。因此，可以断言，启蒙的自我澄清，即一种不论是理论理性意义上或是实践理性意义上的启蒙，永远是我们人类的一种处境，绝对不仅仅是一种限于18世纪启蒙运动的历史叙事。

这正符合康德对启蒙的经典定义，“启蒙就是人类脱离自我招致的不成熟。不成熟就是不经别人的引导就不能运用自己的理智。如果不成熟的原因不在于缺乏理智，而在于缺乏运用自己理智的决心和勇气，那么这种不成熟就是自我招致的。Sapere aude（敢于知道）！要有勇气运用你自己的理智！这就是启蒙的座右铭。”[②] 康德在这里申述的宗旨再明白不过了，不是一个人诉诸他人的启发才知道走出蒙蔽的必要，恰恰是自己对于理智运用的重要性的自觉认识！这就是启蒙的准确含义。任何偏离启蒙的基本精神，不在启蒙的自我定位之中去批判启蒙的图谋，都不应由启蒙本身来承担任何责任。

## 二　启蒙的神人与古今划界

“启蒙”确实是一个广义的古今划界的过程。所谓启蒙广义的古

---

① 有论者在讨论启蒙精神的时候，就以人类处在洞穴之中的寓意，解释人类的基本处境和启蒙的基本精神。参见刘擎《启蒙哲学与洞穴政治》，载许纪霖主编《启蒙的遗产与反思》，江苏人民出版社2009年版，第11—12页。

② ［德］伊曼纽尔·康德：《对这个问题的一个回答：什么是启蒙?》，载詹姆斯·施密特编、徐向东等译《启蒙运动与现代性——18世纪与20世纪的对话》，上海人民出版社2005年版，第61页。

今划界，指的是启蒙不仅具有划分古代与现代的时限含义，而且具有划分中世纪的神圣世界与现代的世俗社会的含义。这两个含义需要分别陈述：一是从神统治的世界演变为人自我治理的世界。这是关乎启蒙最为重要的一个标志性事件。启蒙以前，人类是在中世纪的、神的庇护下展开活动的。权力受到神的保护、德性由神规划、日常生活秩序由神保证。启蒙肇始，我们人类再也不需要神的庇护，我们需要的是确认人的价值，伸张“人为自己立法”的原则。我们人类处于一种自由状态情景下，“人为自己立法”体现出人类活动的特征：它展现为一种思想自由的过程，那就是要信仰自由、思想自由、表达自由；它展现为一个政治自由过程，体现为我们人类在政治状态中建立起宪政、民主和法治；它展现为一种社会经济秩序，体现为人类自由自主地运用自己的知识、智慧和财富。因而，这个时候，人类绝对不必说在我们之外，去寻找到一种力量，来对我们人的活动的正当性进行庇护。启蒙运动时期的思想家业已告诉我们，对于人类来讲，最重要的是人不可能再找到神来作为人行动正当性的庇护者，人类必须自己提供行为正当性的证明，这是启蒙划分出的从神到人演变的、一个最重要的分界线。针对认识世界的启蒙特性而言，柏林曾经明确指出，启蒙开创了一个诉诸自然科学的理性认知时代，“空间、质量、力、动量、静止等力学术语取代了终极因、实体形式、神圣目的和其他形而上学概念。中世纪的本体论和神学那套玩意儿被完全抛弃了。人们转而支持有关宇宙被呈现给感觉或以其他方式或推论的方面的符号论。”① 针对社会世界而言，人们将自然科学的理念贯通到社会领域，“科学在物质世界领域里已获得的一切，当然也能在精神领域里获得，更进一步，也能在社会和政治关系的领域里获得”。“自然是个和谐体，其中不会有任何不和谐；既然诸如会做什么、怎么生活、什么将使人公正或合乎理性或幸福这类问题全都是事实的问题，那么，对其

---

① ［英］以赛亚·柏林：《启蒙的时代——十八世纪哲学家》，孙尚扬等译，译林出版社2005年版，第7页。对于启蒙之划分出神与人的界限的确认，可谓西方知识界的共识。如论者指出启蒙时代呈现的基本精神是“哲学正在世俗化，或者说对理性宗教的要求在与日俱增”。［英］斯图亚特·布朗主编：《劳特利奇哲学史·英国哲学和启蒙时代》，高新民等译，中国人民大学出版社2009年版，第1页。

中任何一个问题的正确回答都不可能与对任何别的问题的回答不相容。因此，建立一个完全公正、完全有德性、完全令人满意的社会这个理想，便不再是空想了。”① 可见，启蒙开创了人类自己筹划社会事务的时代，而不必诉诸上帝的神意。

二是展现为古典学的立场、伪古典学的立场与现代启蒙的辩护立场三个差别性向度。18世纪的启蒙运动，无论是苏格兰的启蒙运动，还是法国的启蒙运动或是德国的启蒙运动，有一个最重要的写照，我们常常忘记了，就是启蒙后的“人类往何处去”的问题。英法启蒙的普遍主义预设，与英国开启而德国光大的特殊主义走向，将启蒙后的欧洲搞得有些不知前路何处的感觉。人类好像一幅无可奈何的状态，启蒙了，人类必须为自己立规，但规范似乎没有从天而降。启蒙似乎没有办法继续往前走，人类不得已回到古典中寻找启示。这个时候，古典学成了现代启蒙思想兴起的重要参照。② 但不能不注意的是，以启蒙运动作为标志，古典学显示了两种判然有别的价值立场，二者恰恰是以对启蒙的态度区分开来：一种是真正的古典文明研究。这样的古典文明研究，是要回到文明的原初状态，即回到古希腊、古罗马、希伯来的经典中，以求获取为现代性启蒙辩护和引路的资源。这是一种真正开启古典的现代价值的、可靠的古典学立场。这正是我们中国人所熟悉的“辨章学术、考镜源流”的古籍披览功夫，启蒙乃是从古希腊、古罗马经过中世纪的历史演进的产物，这种“历史还原”，促使希腊的理性精神、罗马的法律理念和希伯来的虔诚精神，“回到”启蒙的现场，构成“启蒙”的重

① ［英］以赛亚·柏林：《启蒙的时代——十八世纪哲学家》，孙尚扬等译，译林出版社2005年版，第16—17页。

② 德国杰出的古典学家维拉莫威兹指出了古典学的这一学术实质，“古典学术的本质——虽然古典学这一头衔不再显示那种崇高地位，但人们仍旧这样称呼它——可以根据古典学的主旨来定义：从本质上看，从存在的每一个方面看都是希腊—罗马文明的研究。该文明是一个统一体，尽管我们并不能确切地描述这种文明的起始与终结；该学科的任务就是利用科学的方法来复活那已逝的世界——把诗人的歌词、哲学家的思想、立法者的观念、庙宇的神圣、信仰者和非信仰者的情感、市场与港口热闹生活、海洋与陆地的面貌，以及工作与休闲中的人们注入新的活力。”见氏著《古典学的历史》，陈恒译，生活·读书·新知三联书店2008年版，第1页。

要思想动力。①

另一种是被启蒙批判和拒斥的伪古典学立场。在18世纪、19世纪、20世纪以及21世纪的今天，在西方、在中国当下，伪古典学都非常流行。这里的“伪”，是伪装、伪托之伪，而非虚假、冒充之伪。所谓伪古典学的立场是什么呢？它有两个标志：一是以对古典的研究，即以“辨章学术、考镜源流”的形式，祈求回归古希腊哲学王统治的方式，甚至回归斯巴达军事化的生活方式，来解决所谓的启蒙无法克服的困境。他们自负地认定，人类在实现现代工业化以后，已经走入绝境，不回到哲人王的路径上，就不足以告别困局，发现美好生活的答案。

实际上，在法国启蒙运动的尾声中兴起的、真正的古典学研究，古典学家就已经对这种伪古典学加以抨击。最典型的代表就是法国著名古典学家库朗热。② 伪古典学是一种以古典学的面目，否定现代的、旨不在学术而在政治的伪学术。换言之，我们不能不在现代性处境背景中，在启蒙已经曙光照人的条件，确信“人为自己立法”的正当性，将“内心的道德律”和“头上的星空”，作为确当实践的支撑、理性探究的对象。

以颠覆“现代”为目标的伪古典学，一方面它把现代性和启蒙事业，看作包含着无法克服的内在悖论的运动，因此我们不仅要到古希腊、古罗马、希伯来的古代典籍中寻求缓解现代矛盾的答

---

① 古典学家们注意到了古典学脉络中不同时代或不同流派的古典学家们的研究旨趣差异，英国古典学家休·劳埃德·琼斯指出，“对老一辈古典学家来说，希腊人是作为理性启蒙的楷模而存在的；……新一代历史学家所坚持的研究古代世界的价值就在于它能为现代世界贡献些什么东西”。引自［德］维拉莫威兹《古典学的历史》，陈恒译，琼斯导言，生活·读书·新知三联书店2008年版，第11页。而在流行的关于古典学的定义中，前述古典学的价值取向似乎是一种公认的立场，玛丽·比尔德和约翰·汉德森合著、董乐山译的《古典学》也指出，“古典学就是一门存在于我们与希腊人和罗马人的世界之间的距离中的学问。古典学所提出的问题是就我们与‘他们’世界之间的距离所提出的问题，同时也是我们同‘他们的’世界之邻近以及我们对它之熟悉所提出的问题。它存在于我们的博物馆里。在我们的文学、语言、文化以及思想方式之中。古典学的目的不仅仅是发现或者揭露古代世界（虽然这是一部分目的，巴塞的发现，或者罗马帝国在苏格兰边界的最远岗哨的发掘，都说明了这一点）。它的目的也是对我们同那个世界的关系进行界定的辩论”。辽宁教育出版社、牛津大学出版社1998年版，第5—6页。

② ［法］库朗热：《古代城邦——古希腊罗马祭祀、权利和政制研究》，谭立铸译，华东师范大学出版社2006年版，第372页。

案；而且另一方面他们认定，人类不仅应当到古典文献中寻求智慧，而且应当径直回到古希腊、古罗马和希伯来状态，这才足以校正现代性悖谬。这完全是颠覆现代性的立场，自然它也就是一种反启蒙和反现代立场。这一思潮起源于德、法的浪漫主义，借助其特别有助于流行开来的诗情画意，扩展为颠覆启蒙的世界思潮。在中国，以研习德国哲学出身的伪古典学者，以对“古典政治哲学”的提倡，申述他们径直回到古希腊、回到他们所期待的哲学王统治状态的主张。

很显然，启蒙的古今划界就像神人划界一样，也是不可忽视的划界。如果不准确把握这两个边界，那我们就没有办法讨论启蒙究竟有什么价值？启蒙在今天的中国究竟有什么作用？在这个意义上，需要特别强调的是，作为一个历史事件的启蒙和作为一个社会现代进程的启蒙，在性质和功能上都是不一样的。

## 三　启蒙的问题指向

需要区别作为“国别的启蒙”① 和作为“问题的启蒙”②。我们单纯讲苏格兰启蒙对中国的示范意义或者法国的启蒙对中国的示范意义有多大，抑或德国的启蒙对中国的教训有多么深刻或沉痛，这都是一种仅仅将启蒙限定为一个国家范围内的说辞。在启蒙的内在互动或自我呈现上来看，作为国别的英格兰启蒙、法国启蒙或德国启蒙，又或是作为社会运动的欧洲启蒙，从欧洲启蒙演进到北美启蒙，从北美启蒙演进到整个世界的启蒙运动，其实都是对启蒙真精神的渐次凸显而已。真正的启蒙精神正是在它作为现代世界变迁的过程中显现出来的，而不是在某个国家的启蒙中间被局限着的。在一个先起的国家启蒙中，一些启蒙内涵显现了，一些内涵仍然被遮蔽着。但在随后进入启蒙状

① 思想史家们习惯于按照不同的国家来陈述启蒙思想的演进过程，这也许是启蒙自身呈现的历史进程提供给思想史家的一种便利。参见［英］斯图亚特·布朗主编《劳特利奇哲学史·英国哲学和启蒙时代》，高新民等译，第九到十二章对法国、英格兰以及德国启蒙运动的分别叙述。

② 作为“问题的启蒙”，指的是启蒙不分国别、只要属于启蒙阵营的思想家们所共同面临的思想问题，尤其是他们共同面临的推动人们敢于运用理智的哲学立场。

态的国家变迁中，那些被遮蔽的内涵也逐渐显现出来。这是一个连续的启蒙演进所呈现的基本情形。真正的启蒙精神，远不能被直白的表达为我们熟知的现代基本理念，比如理性、进步、自由、平等、博爱；也不能被直白地表达为某一种民主的制度形式，比如宪政民主制度；更不能被直白地表达为某种特定的生活姿态，比如存在于西欧的那种现代生活样式。今天反启蒙和非启蒙的主张者申述径直回到古典的立场或者以古典超越现代的主张，其前提就是启蒙存在明白无误的过失，其断言实际上对启蒙问题性的不断延展，存有明显的误读。

作为“问题的启蒙”的精髓，旨在把英格兰、法国和德国启蒙运动的基本精神凸显在我们面前，旨在将先导和后起的启蒙所针对的真问题凸显出来。这里的启蒙真问题和真精神，简而言之，就是让人人都有理性担当精神。这就是康德所强调的启蒙精神——dare to know。人类的理性担当精神，具有两个指向：从纯粹理性上来说是为了认识世界；从实践理性上来说是人为自己负责。这在任何时候，对于我们人类打破神权统治之后，进入“人为自己立法”的状态，都具有决定性价值。从人类的基本理念上看，人类只能以自己的能力承担相应的责任、履行相关的义务，他才成为人。从制度安排上来说，不是因为自由民主和宪政法治落定了的制度结果显示启蒙的制度价值，更为关键的是“人为自己立法”，指引现代人类建构限权文明。而以往我们只有在上帝的名义下才足以限权，启蒙运动刻画了“神为人立法”与“人为自己立法”这两者之间的分水岭；在日常生活状态中，我们从启蒙开始，对别的族群、别的文化怀抱宽容、理解与欣赏的态度，致力研究原始文化的人类学等学科的兴起，就可以视为启蒙精神的产物。

我们中国人谈论启蒙，对启蒙的精神误解最深。由于长期以来我们中国人习惯将启蒙切割为某个国别的事务，因此以某国某个思想家的主张，尤其是某国某个思想家蔑视中国文化的说辞，来断定整个启蒙对于中国的意义和作用，好像“启蒙”对于欧美以外地区的人们的生活和理念持有一种绝对拒斥的说法。基于这种反对“西方中心主义”的主张，人们申述中国人有必要清算启蒙、超越启蒙或告别启蒙的相反主张。他们以为，倘若中国人对启蒙抱持的蔑视东方立场不加清算，中国就无法真正进入健康的现代精神天地。[①] 这是一种误读启蒙的结果。在处理文化间关系上，启蒙的主流绝对不是褊狭的，而是宽容的，正是启蒙开创了文化多元主义。像法国启蒙运动的中坚人物伏尔泰对中国就极为欣赏，这与德国启蒙走到穷途末路时的黑格尔对东方的蔑视，完全是两回事。今天我们中国人没有必要以所谓解构启蒙心态为前提，申述中国儒学的现代价值与人类价值。儒学价值与中国古典政治智慧，早就在启蒙学者的高度关注和悉心模仿之中。

启蒙是不是预设了"西方中心主义"立场，这本身是一个需要探讨的问题。作为问题指向的启蒙，在自身逐渐呈现的、健全的启蒙理念中，并不存在一个完全排斥非西方的预设性立场。启蒙与启蒙后的社会政治变迁，并不能由启蒙承担所有责任。所谓"西力东渐"与"西学东渐"不能被描述为一件事情的两个面方面。前者是整合着的世界体系必然具有的扩张性决定的，后者是文化交流、文化传统渐次展开之后必然出现的胜景。西方携坚船利炮东来，并不是启蒙筹划中的举措，它是一个兴起中的市场经济需要全球市场所导致的政治经济反应机制注定的。西方现代思想向东方的传播，不是政治经济侵略就能自然而然成就的事情，这些现代理念进入东方世界的前提，是东方社会的精英们自觉认同的结果。如果说政治经济运行方式可以由一个国家对另一个国家直接成功地强加的话，文化思想理念很少以同样的方式达到同样的结果。

## 四 启蒙基本理念的再清算

启蒙具有自己的基本预设。这类基本预设由四个支点支撑起来：个人主义、理性主义、普遍主义与进步主义。在启蒙思潮占据现代思潮的主流地位以后，不断出现清算这四个主张的思想与人物。对于任何试图为启蒙辩护的人士来讲，假如不能够对这类清算启蒙的说法进行再清算的话，启蒙的自我澄清就可能沦为自我瓦解。

① 参见哈佛燕京学社编《儒家传统与启蒙心态》，编者手记，江苏教育出版社2005年版。

关于启蒙的个人主义预设。从神主宰的世界转变为人自己主导的世界，人究竟是什么，便成为启蒙必须界定清楚的对象。启蒙的主流思潮认定，人就是不可化解的个人，它既不是上帝的特选子民，也不是他人限定的活动者，而是自由、自主和自治的个体。个人主义对这样的个体进行了全面的界定。① 个人主义既在本体论层面，也在方法论视角，更在发展论的高度得到了充分的阐释。它将个人视为与集体相对的存在，认为个人是政治理论或社会解释的核心，个人的权利、需要或利益应当放在优先地位，社会应该按照使个人受益的目的来建设。个人主义对个人的这些阐释，被个人主义的批评者认定为凸出了一个占有性的、原子式的个人预设，而且指责这种个人预设的非社会性、非历史性即非真实性，因此它不仅从集体主义的一端受到严厉抨击，也从这种个人预设的矛盾性上受到解剖。人们就此以为个人主义的个人预设难以成立，已被瓦解。②

个人主义的个人预设关系到启蒙的行动者与互动对象是不是继续成立的关键问题。一方面，当然要承认面对复杂的现代社会认知，这样的个人预设不可能是十全十美的。这就意味着个人主义的立场总是要受到批评。但这类批评是否具有彻底颠覆个人主义的力量，则要看个人主义是不是还能够维持它的个人预设的必要前提。事实上，个人主义的个人不能简单地解读为占有性的个人与原子式的个人，因为这两种解读刻意将个人主义的个人具有的利他性与社会性排除在外。与此同时，个人主义的个人针对集体主义的抽象集体，不论这一集体的代表是国家还是权威，它所具有的捍卫个人选择自由、个人社会政治权利的价值不可轻忽。当个人选择是在个人之间展开的时候，选择的

---

① 按照捷克学者丹尼尔·沙拉汉的分析，个人主义是西方思想一以贯之的传统，他对个人主义进行了谱系学的梳理。从古代希腊、希伯来“模拟自我”推动人们依靠自己承担责任，到中世纪基督教将个人作为道德辨别与精神更新的主体、宗教改革将个人凸显为自我授权的独立自主道德行动者，终于在现代成就了一个个人主义的时代。现代的个人主义呈现为占有性个人主义、主观个人主义和浪漫个人主义三种形式，但由于个人主义最终成为封闭的系统，因此，走出自我的迷宫，超越个人主义就成为一种趋势。参见沙拉汉《个人主义的谱系》相关章节，储志勇译，吉林出版集团有限责任公司 2009 年版。

② ［英］安德鲁·海伍德：《政治学核心概念》，吴勇译，天津人民出版社 2008 年版，第 165 页。

社会背景就在个人间的行动背后展现出来；当个人醒觉到纯粹利己的不可能性、转而产生利他情怀的时候，倾向于占有的利己冲动就为利他崇高所抑制。而个人选择与个体责任的紧密关联，则将集体主义的抽象集体对责任的回避与虚掷的问题彻底地解决掉了。就此而言，区分真个人主义与伪个人主义[①]的界限就显得十分重要。那种以对伪个人主义的拒斥来解构启蒙的、真个人主义的预设，就缺乏理论支持。而且如果将个人主义与抽象集体主义的群体观念相比较，不论是在逻辑论证上还是在政治实践上，后者的局限性都远远超过前者。

启蒙的理性主义立场尤其外显。论者指出“理性主义是启蒙运动的核心特征之一”[②]，可见理性主义对启蒙、启蒙运动具有的独特价值。通常认为，理性主义主张世界具有一种理性结构，而它是可以被人类理性所揭示的。理性主义不仅相信人类能够认识世界，而且能够凝聚人类的主观愿望改造世界。[③] 作为启蒙核心理念的理性主义自始就受到多方批判。人们指出，理性主义关于世界的主客观二元建构、关于理性认知的线性增进主张、关于世界改造的臻于完美的立场，在在经受不住理论与实践的双重检验。因此，理性主义自身已经宣告了启蒙的瓦解。

其实，启蒙的理性主义是需要分解的主张，启蒙从来没有立场统一、观点一致的理性主义理论。在普遍的理性主义视野中，欧洲大陆的理性主义与英伦的经验主义之间就存在巨大的差异，而且彼此之间相互攻讦。前者被认定为建构理性主义，相信人类能够运用理性的力量重造一个完美的世界；后者自认是进化理性主义，主张人类只能以零星的社会工程改良社会。前者绝对排斥习惯、传统与非理性，后者与习惯、传统不冲突，与非理性携手共存。后者还特别强调“正确运用理性”，即

① 哈耶克对真个人主义与伪个人主义的界限十分看重，在《个人主义：真与伪》这篇文章中，他着力区分了离开社会性和立基社会性谈论个人主义的实质性差异，个人主义本身就是一种社会理论，而不是一种孤立个人的权利哲学，更不是个人理性无所不能的主张。参见 F. A. 冯·哈耶克《个人主义与经济秩序》，邓正来译，生活·读书·新知三联书店 2003 年版，第 9 页以下。

② ［英］安德鲁·海伍德：《政治学核心概念》，吴勇译，天津人民出版社 2008 年版，第 130 页。

③ 同上。

“承认自我局限性的理性，进行自我教育的理性”。[①] 从这个特定的理性主义视角来看，启蒙理性主张恰恰是今天仍然需要坚持的现代立场。

将启蒙的普遍主义理念安置到特殊主义或历史主义的平台上，促成了超越启蒙的非西方、反西方立场的成型。这里的清算，是从西方国家内部开始的，逐渐弥漫到非西方国家。启蒙并不是刻意主张建立在西方文化基础上的一元论，而是欧洲人在自我启蒙的时候，仅仅需要在自己所处的文化氛围中陈述自我启蒙的立场。在一种多元文化并没有直接呈现为现实的文化处境的情况下，这并不是对其他的文化体系的一元主义忽略。但启蒙的普遍主义预设，使它不断承受来自特殊主义、历史主义的指责。[②]

启蒙主张的普遍人性、普世人权和普适规范，确实是较为轻忽实在人性、主权承续和民族价值的。但这并不意味着启蒙就将这些东西打入冷宫，完全不予关注。启蒙仅仅是认定，在一切具有差异性的历史传统、文化体系与特殊处境中的民族，都会遭遇相同的社会政治问题，在这类问题凸显的地方，它们就具有高度的一致性。这正是普遍主义获得支持的深厚理由。就此而言，那种以为普遍主义是一种完全忽略特殊状态的批评，与普遍主义的关联性程度并不是太高。最促使人批评启蒙的是它预设的进步主义立场。似乎因为启蒙的这种预设，就假定了进步主义的西方文化的优越性和非西方文化的落后性，假定了适者生存、优胜劣汰的达尔文主义原则，假定了以强凌弱的国际政治逻辑。其实这也是对启蒙的进步主义知其一不知其二的断定。进步主义也可以区分为两种类型，一种可谓完备的进步主义，它设定人类历史依照既定的辩证法则，从低级到高级、从简单到复杂、从缺失到完美的进步“规律”，这一规律完全是人所不可逆的，只能遵循而无法抗拒。而西方国家恰好以其现代变迁鲜明地体现了这种进步。另一种进步主义申述的仅仅是一种人类必须前进的道德态度，它只是一种对人类未来会更为美好的乐观态度的体现，这种态度对所有民族或文

① ［英］F.A. 冯·哈耶克：《致命的自负——社会主义的谬误》，冯克利等译，中国社会科学出版社2000年版，第3页。

② 参见哈佛燕京学社编《儒家传统与启蒙心态》，江苏教育出版社2005年版，第23页。

化都是一致的，而没有一种西方文化优越于其他文化的假设包含在其中。① 这样的进步主义理念，也许构成了人类社会生活的基本信念。它绝对不是妨害某些民族发展的观念。

## 五　启蒙的中西之辩

我们当然需要重视启蒙的中国命题意涵的开掘。这是一个中西维度的启蒙辨析问题。如果说启蒙的四个支点主要是就它的理论理性蕴含呈现出来的，那么在中西之维理解启蒙问题，就成为启蒙进入中国场域之后，必须慎重对待的实践理性或历史理性的问题。

启蒙的中西之辩这一命题，需要强调三个基本涵项：其一，我们要解释这一命题可能包含的歧义。一是要强调西方的启蒙不仅仅是解决“西方的”问题，而是解决人类现代处境的问题。二是所谓“中国的”启蒙并不是一个对自己本身传统文化的启蒙，而是对中国人勇于运用理性、敢于揭示真相的推动。这是“五四”一代和“五四”后新儒家一代都存有误解的地方。事实上，命题的这两重歧义，使得中国的启蒙被换算为一个中西之辩的问题，而中西之辩又转换为一个中古西今的先进与落后的僵化结构，这是中国启蒙的最大悲剧。中国的启蒙，并不是在“要么中、要么西”“要么古、要么今”之间进行断然选择的问题，即不是一个在中国内部凸显的古今与中西决断的问题。而是一个在古今中西四维中凸显的，中国要不要认同现代理念、建构现代国家的问题。

其二，“中国的”启蒙最关键的问题是什么？从晚清、民国到中华人民共和国，中国经历了三次启蒙、三次夭折，但“中国的”启蒙，以今天中国人仍然还需要深入讨论之作为一个标志性事件，它再次告诉人们，启蒙作为内生的“人”的觉醒状态，它有一种自我澄清和自我发动的机制。只要启蒙任务没有完成，或者再启蒙的形势形成

① 有论者对两种进步主义的理论结构特征进行了比较分析，从中可见进步主义并不是一种高度统一的理论主张。参见雷蒙·威廉斯《关键词——文化与社会的词汇》“进步主义的”词条，刘建基译，生活·读书·新知三联书店 2005 年版，第 367—370 页。而对进步主义观念的历史演进的考察，可参看约翰·伯瑞《进步的观念》有关章节，范祥涛译，上海三联书店 2005 年版。

了，启蒙的任务就会再一次呈现在人们的面前。这不是一个告别启蒙心态的主观宣告可以解决的问题。这也不是借助所谓批判启蒙的武器就可以彻底瓦解的事务。这也就是当今中国处于转型十字路口的时候，启蒙再一次登台最重要的理由。

其三，启蒙之作为现代和现代性揭示出来的情形，它由三重动力提供保障：一是启蒙本身永远是在纵横双向的自我澄清中，一直展示自己不断充实的新内涵，这是启蒙“常谈常新”的原因。人们说启蒙“常谈常悲”，是因为没有看到这种“悲”正是启动新一轮启蒙的动力。因此，启蒙“常谈常悲”正是启蒙“常谈常新”的一物两面。二是“人为自己立法”的状态，是人类打破神学笼罩之后的必然处境。因此，我们有必要清楚“人为自己立法”的这一命题的存在论价值，而不只是琢磨它的认识论价值。三是我们一定要强调人的综合局限性，人自身的、政治的、代际的、社会的诸种局限性，使启蒙本身的动力机制是一个永动机制和有序机制。在这个意义上，今天中国的转型说到底就是启蒙自我澄清的一个新阶段、一个新命题和一个新状态，是我们不可回避的问题。因而新启蒙或者启蒙重回现场，就不是一个我们中国人主观是否选择的问题，而是一个必须客观面对的事实。

## 六　启蒙与中国走向

启蒙重回中国社会政治生活的现场，是因为中国的发展对启蒙的强势召唤。在今天的中国重启启蒙，有几个问题需要分辨清楚：第一，大家讨论启蒙，是否把启蒙说成了包含18世纪到20世纪整个人类历史变化的庞杂概念？断定共产主义运动或者说俄罗斯和中国的现代变化，都是启蒙的组成部分和必然产物，这就恐怕把启蒙概念扩展得太大了。实际上，从18世纪以来，人类社会存在着启蒙和反启蒙的两种力量，这两种力量共同构成了人类社会运转的社会史、观念史、政治史。在这个意义上，启蒙恰恰是要对18世纪以后反启蒙的力量和造成蒙蔽的政治状态，构成一个再启蒙。如果我们把启蒙都说成18世纪唯一运动着的观念史、政治史、社会史，那18世纪以来的人类历史就成了一团理不清的乱麻。而且，也就无法清楚今天中国重启启蒙的历史理由和针对对象。

第二，关于中国经已形成的特殊利益集团的问题，大家一旦触及这个话题都会觉得有点痛心疾首。其实，今天中国所谓特殊利益集团，它的出现并不见得是一个单纯让人感到担忧的事情。在某种意义上讲，无论是现代化先行的欧洲国家也好，还是现代化相对后发的美国也好，其实都是通过不同的政治集团和经济集团之间的相互博弈，最后达成妥协而形成现代制度体系的。一个特殊利益集团不可能垄断国家权力，因此与国家权力发生瓜葛的特殊利益集团之间，就有了为争取权力垂青展开博弈的空间。这中间就有启蒙价值和启蒙功能的效用。因为特殊利益集团之间的博弈，必定造成权力的不均衡运作，而这种不均衡也许是启蒙的动力，而不是启蒙的障碍。

我们今天一谈特殊利益集团就很紧张，没有必要。说到底，国有企业作为党和国家的“长子”存在是有利的，在中国改革开放前，确实没有特殊利益集团存在，就是一个全方位支配性的中央政权，铸就了一个垄断所有权力的政治列宁主义时代。现在中国推行市场经济，尤其是将国有垄断经济集团作为发展或控驭市场的力量，结果搞出了一个市场列宁主义。在国家权力结构没有任何变动的情况下，政治列宁主义与市场列宁主义在对抗。到头来，也许我们只好抛弃列宁主义才能化解这种对抗。[①] 因此不必要太担忧特殊利益集团的出现，在这些集团经济利益之间不可能达成统一的政治意志的情况下，它跟统一的政治意志之间会有重重裂缝。这些裂缝也许是中国现代政治成长的空间。做出这种断定，是基于一种直面现实的、政治的态度，而不是一种回避现实的、道德的态度。

人们会将特殊利益集团与利益集团区别对待，将后者作为经济学和社会学概念加以处理，将前者作为政治学概念予以对待。但需要指出的是，资本跟权力结合的那种特殊利益集团，它不是单一集团。资本与权力结合的方式、结合的情形、结合的状态、结合的结果，都不一样，这中间是有矛盾的。权力集团内部的冲突有利于权力的规范化，

① 参见任剑涛《市场巨无霸挑战政治巨无霸》，载《书屋》2010 年第 5 期。

只要将这种冲突约束在宪政法治的平台上就行。由于我们中国人受西方规范理论的影响太大，习惯于在“国家—社会”二元分化的框架中，对社会的兴起怀抱强烈的期待，总想以社会抗衡国家，实现国家的规范化。从而对所谓社会维权运动，诸如失地农民的抗争、城市居民的维权运动，期望甚殷。这种期待，是一种表错情的期待。因为这是一种单方的期待。社会的维权必须与国家权力的改进互动，才具有推动国家政治发展的功效。特殊利益集团之间博弈的不稳定性和不均衡性，也许是人们忽略的、达成宪政和启蒙的另一种可能途径?!

第三，对于今天中国的转变，我们的主观表态，即我们对它是失望还是心怀希望，千万切忌忽略中国今天发展客观情形的主观姿态。我们不得不承认，近30年中国经济上凸显的奇迹是伟大的。今天我们要筹划国家前途和承担人类使命，必须承诺中国近30年确实发展了。但是发展本身是不均衡的发展。经济上去了，但使用的是列宁主义的手段驾驭市场或者说操控市场；奇迹出现了，但今后该怎么走却没有办法回答。走出这一困局，恐怕社会力量要跟体制内推进改革、从而有利于启蒙的力量对接。我们不要被现实的主观伤感遮蔽了理性的眼睛。审慎的悲观或审慎的乐观是与现实相宜的态度。

我们面对问题需要积聚力量。虽然中国的前途是难以预测的。在某种意义上，今天的中国接近日本的大正时期、美国的进步时期，社会问题非常多。从总体上说，三个国家都处在一个发展的重大转折时期。在今天的中国，无论是统治集团，还是民间力量，大家看到的问题肯定是共同的。作为统治集团最高层的人士所获得的综合的社会发展信息和政治危机信息，比一般人还要充分。因此，人们都意识到，深度的政治体制改革是回避不了的。加之情形含混的当代中国，人们对国家发展也无由断言，甚至人们以拒斥启蒙时代以来形成的现代主流方案为乐，[①] 但以启蒙或启蒙方案，推进中国的深度改革，已经是

① 许纪霖将这类思潮概括为三个面相，一是国家主义，二是古典主义，三是多元现代性，它们均对启蒙构成了挑战，也都以超越启蒙来显示自己的理论雄心。但他以含混的“启蒙死了，启蒙万岁”口号伸张了一种似乎赞同启蒙的立场。见许氏著《启蒙如何虽死犹生?》，载其主编《启蒙的遗产与反思》，江苏人民出版社2010年版。

一个不容置疑的事情。

面对中国的发展，启蒙以历史上前所未有的自我澄清面目，再次光临需要实现启蒙的东方古国。

（原载《学术界》2010 年第 10 期）

# “公同担任”:精神股份制打造的“金字招牌”

## ——百年回眸《新青年》

张宝明[*]

1915年9月，陈独秀从日本回到上海。辗转迂回，通过亚东图书馆的总经理汪孟邹介绍，他认识了群益书社的老板陈子沛、陈子寿兄弟，由此创办《新青年》杂志，以主撰身份撑起一把伞，赢得了一片独立的天空，开启了20世纪启蒙思想史一道亮丽的风景线。时值1936年，亚东图书馆和求益书社联袂重印《新青年》，在一则“通启”中这样广而告之：“我国近四十年来有两大运动，其影响遍及全国，关系国运：一为戊戌政变，一为五四运动。此两大运动之由来，因其先有两种有力杂志倡导之，前者为《新民丛报》，后者则为《新青年》杂志。”① 与此同时，商家也不忘火借风威的营销模式，胡适的现身说法无疑起到了活体广告作用：“《新青年》是中国文学史和思想史上划分一个时代的刊物。最近二十年中的文学运动和思想改革，差不多都是从这个刊物出发的。”② 其实这也不是胡适为推销事功而夸大其词。早在1923年10月，胡适《给〈努力周刊〉编辑部的信》中就有其一以贯之的“成见”：“25年来，只有三个杂志可代表三个时代，

---

* 张宝明，河南大学历史文化学院教授、博士生导师。

① 张宝明、王中江主编：《回眸〈新青年〉·语言文学卷·附录二》，河南文艺出版社1998年版，第545页。

② 胡适：《重印〈新青年〉杂志题词·新青年》，亚东图书馆、求益书社1936年版。

可以说创造了三个新时代：一是《时务报》；一是《新民丛报》；一是《新青年》。《民报》与《甲寅》还算不上。”① 的确，无论是褒是贬的何种党派、无论是持何种观点的学者，无论是思想史家还是出版史家，都不能不为《新青年》这样平台创制了社会与经济效益双赢的奇迹拍手叫好。

就是在今天，学界同仁每每提及《新青年》，还是都掩饰不住发自内心的一种由衷敬意：一是思想史上那些闪亮登场的字眼排列组合成了一轮最为壮丽的精神日出，撩动并加速我们的心跳，二是出版史上发生的当红奇迹无法阻止我们的好奇心。遥想“新青年派”知识群体搭建的历史世界，故事林林总总，撇开其逶迤曲折，我们摭拾其最为鼎盛的“同仁”时期作为我们触摸的对象：在“公同担任”的编辑部里，“精神股份制”下的启蒙运作规则演绎出了一幕思想史上金戈铁马、鼓角争鸣的故事。一个世纪之后，仍是人文知识分子挥之不去的历史记忆。

## 一

1915 年 9 月，《新青年》杂志创刊，其初创名为《青年杂志》，后因触及同名刊物的版权才改为后来广为人知的名字。出道前后的“她”也曾有过鲜为人知的不受待见的遭遇，而以“主撰”定位的陈独秀一文不名，二次革命后的他为生计四处奔波。尽管在亚东图书馆老板面前信誓旦旦地宣称“让我办十年杂志，全国思想都改观”②，但汪氏家族企业还是转嫁给了群益书社的陈氏家族。虽说不是嫁祸于人，但总有穷困潦倒、走投无路之嫌。要知道，当年出版商的压力丝毫不亚于今天互联网时代的出版社。在商家那里，“硬通货”才是硬道理。要把启蒙的生意做大需要多重元素的协力，其中有几个基本要素迫在眉睫：

① 胡适：《致高一涵等四人关于〈努力周刊〉的停刊信》（1923 年 10 月 9 日），《胡适书信集》（上），北京大学出版社 1996 年版，第 321—322 页。

② 汪原放：《回忆亚东图书馆》，学林出版社 1983 年版，第 32、34、32 页。

一是基本的运转经费，二是优质稿源，三是编辑队伍，四是发行人手。其中最为关键的尤以前两者紧要。

陈独秀一人担当时期时刻不忘两个发展主题：一是资本，二是人才。首先是北上集资，为杂志的运转奔波。汪原放这样回忆：“1915、1916年间，酝酿过一个‘大书店’计划。起初曾有群益书社、亚东图书馆、通俗图书局三家合办之议，未果。后又打算群益、亚东合并改公司，并由此而有仲甫、孟邹北上之行[①]对此，我们从陈独秀致友人胡适的约稿信中可以得到佐证：“弟与孟邹兄为书局招股事，于去年十一月底来北京勾留月余，约可得十余万元，南方约可得数万元，有现金二十万元，合之亚东、群益旧有财产约三十余万元，亦可暂时勉强成立，大扩充尚须忍待二三年也。书局成立后，编译之事尚待足下为柱石，月费至少可有百元。……《青年》、《甲寅》均求足下为文。”[②] 陈独秀从一开始酝酿《新青年》就已经就把自己摆进去，成为捆绑式的“股东”了。如同我们看到的那样，主撰“招财”与“招才”互为表里、双管齐下。

如上所述，“招股”是为了延揽“柱石”，而“柱石”又可以为市场化的运作提供卖点的品牌支撑。汪孟邹给胡适的另一封信足见主撰“招股”与“招才”并行不悖的急切心理：“陈君盼吾兄文字有如大旱之望云霓，来函云新年中当有见赐，何以至今仍然寂寂，务请吾兄陆续撰寄，即使转达，求贤若渴的焦急心情仍跃然其上。主撰在2卷1号的扉页上以两则《通告》更是将人与事的“互为表里”逻辑构成暴露无遗。《通告（一）》云：“得当代名流之助，如温宗亮、吴敬恒、张继、马君武、胡适、苏曼殊，诸君允许关于青年文字皆由本志发表。嗣后内容，当较前尤有精彩。此不独本志之私幸，亦读者诸君文字之缘也这个“广告之后更精彩”的自我标榜看似简单，其实它是将“一时名彦”作为卖点捆绑推销。尽管这些作者不可能签订买断的协议，但“文字皆由本志发表”的“通告”却给人以尽收网底之感。这种以

① 汪原放：《回忆亚东图书馆》，学林出版社1983年版，第32、34、32页。

② 陈独秀：《致胡适·陈独秀文章选编》（上卷），生活·读书·新知三联书店1984年版，第171页。

名家托举品牌的战略眼光，也不难从其与大腕作者胡适的君子协定中窥见："他处有约者倘无深交，可不必应之。"言下之意，"不要和陌生人说话"。

恰恰在这里，我们能触摸到主撰捉襟见肘的痛处：经济上惨淡经营，稿件上等米下锅。钱荒和稿荒的双重压力使得《新青年》面黄肌瘦，即偶泛红晕，也不过是涂脂抹粉后的虚胖。

## 二

说起《新青年》的华丽转身，那是在陈独秀北京"招股"不成反被人招的1916年年底。蔡元培的轮番轰炸让一意孤行的陈独秀终于服下软来。1917年初，他携带杂志就任北京大学文科学长，编辑部移到北京。从此，《新青年》一改门可罗雀的冷清，无论是作者、读者还是编辑队伍都开始趋向门庭若市。从《新青年》驻北到"轮流编辑"，从"容纳社外文字"到"不另购稿"，从作者和稿件"俱乏上选"到切实"尤为精彩"，"《新青年》愈出愈好，销数也大了，最多一个月可以印一万五千本了（起初每期只印一千本）"[①] 由此，如日中天的当红杂志也在不经意现出了"前恭后倨"的原形。探其究竟，《新青年》进入了"公同担任"的同仁期，也就是笔者标意的"股份制"时期。所谓"股份制"，是指以入股方式把分散的，属于不同人所有的生产要素（诸如场地、设备、材料、技术、人员、资金等）整合起来、统一使用、合理经营、自负盈亏，按股分红的一种经济组织形式。这里所说的"股份制"人股方式不是我们通常说的厂房、设备、资金等"物质"，而是以各自的知识、思想、观念、信仰等精神产品作为股份投稿《新青年》，这即是我们标题昭示的"精神股份制"。

《新青年》"股份"的运作是以编辑部"公同担任"作为精神信号的。这里先有4卷1号起"陈独秀先生主撰"隐退作为预告，再有1918年3月15日4卷3号的《本志编辑部启事》正式公布："本志自

① 汪原放：《回忆亚东图书馆》，学林出版社1983年版，第32、34、32页。

第四卷一号起，投稿章程，业已取消，所有撰译，悉由编辑部同人公同担任，不另购稿。其前此寄稿尚未录载者，可否惠赠本志，尚希投稿诸君赐函声明，恕不一一奉询。此后有以大作见赐者，概不酬赀。录载与否，原稿恕不奉还，谨布。”无独有偶，另一则《本杂志第六卷分期编辑表》则把《新青年》由一个主撰发展为多头主撰或说公共担当的事实大白于天下：“第一期陈独秀、第二期钱玄同、第三期高一涵、第四期胡适、第五期李大钊、第六期沈尹默轮流坐庄的事实一改主撰“一揽子”的个人意志决策模式，同时也引入了分庭抗礼的“民主”办刊机制。尽管这里尚留“集中”的余温，但一个自由、独立、联邦式的“共和”与“共斗”之“民主”“公共空间”却木已成舟。

论及《新青年》群体开创的公共空间，哈贝马斯的“公共领域”理论是具有重要启示性的。在哈贝马斯的“公共领域”理论的启示下，不少论者都在探讨这一理论对于中国社会的有效性，认为在晚清至20世纪20年代末，中国社会在逐渐孕育生成自己的“公共空间”，而“五四”正是一个核心时期，其中新青年的实践创造了一个独特的“公共空间”。笔者之所以强调自由、独立、联邦式的“共和”与“共斗”之“民主”“公共空间”，就是在说明它的独特性。与西方“公共空间”的生成过程不同，以《新青年》领衔的新闻媒体成为“公共空间”成长的关键因素，在《新青年》群落中，立场接近但又和而不同的人们，由“私人集合而成的公共的领域”①，在晚清以降国家与社会不可避免地急速分离后，以新闻媒体传播为主体载体，迅速建构起巨大的辐射舆论场，思想文化的讨论批判空间，在一定的历史阶段之内，成为能够参与整体国家社会活动的独立力量。但在现代中国，缺乏市民社会的社会基础，仅由先觉们的临时组合构建坚实的“公共空间”，出现各种难解的问题是无法避免的。实际上，正如我们看到的那样，在现代性的多副面孔以及时刻存在的流变面前，缰绳在握、辔头失手的主撰能否将“新青年派”知识群体这一公共空间潜存的内在张力转化为公开透明的协力，不但是对原主撰一个人的考验，也是对每一位



① 哈贝马斯：《公共领域结构的转型》，曹卫东等译，学林出版社1999年版，第80、124、125页。

参与者的集体问责。

毋庸置疑，这个考验源自公共性和个人性的紧张。进一步说，是思想史元命题民主与集中的张力。坚实强大的作者队伍，一直是办刊人梦寐以求的愿望，但同时也是整合队伍使之“听将令”的难点。在思想家各自为战的时代，怎样让作者队伍“心散神不散”是陈独秀主持这一舆论平台的关键所在。“采取同一步调”、“听将令”，则是主编恒久不变的初心。在这一点上，陈独秀的收放自如、把持有度可从鲁迅回忆录中窥见一斑：“《新青年》的编辑者，却一回一回的来催，催几回，我就做一篇，这里我必得记念陈独秀先生，他是催促我做小说最着力的一个。”[①] 此外，鲁迅《〈呐喊〉·自序》中有关“听将令”的自述，也确证了《新青年》主编的执着情怀。

《新青年》公共空间的独特性还在于，不同于资产阶级政治公共领域是由文学公共领域演进而来的，在《新青年》的构建中，文学“公共空间”与政治“公共空间”混杂在一起。在《新青年》群体中，最初陈独秀、胡适同人间相约20年不谈政治、批评时政非其宗旨，重在思想与学术的改造。但是他们的内在逻辑其实是为在教育文化思想等非政治因子上建设新的政治基础，因此他们的“离开”是为了更好的“返回”，根本无法将思想与政治、问题与主义等截然划开。最后，《新青年》群体的努力结果，变成了同仁们开创的《新青年》杂志既是文学“公共空间”，又是思想“公共空间”，还是政治“公共空间”。在这个空间里，你可以时不时谈谈自己的政治导向，也可以以“哲学艺文改造”为主；你可以是欧美自由主义代言人，也可以是欧陆的个人主义主张者，也可以是法俄革命的倡导者，还可以是日本思潮的关注者，同时也可以是弱小民族的人道同情者，甚至可以是师“兽性”、“军国”以自强的模仿秀。凡此种种，不一而足。但有一点却不曾偏向：那就是围绕中华民族现代性目标上的高度一致和统一。陈独秀以最大限度的底线意识（开）“放”、以最小的强度“收”（敛）之编辑原则与蔡元培“思想自由、兼容并包”的办学方针异曲同工。正是在这个

① 鲁迅：《我怎么做起小说来》，《鲁迅全集》第4卷，人民文学出版社1982年版，第512页。

意义上，我们说《新青年》是“精神股份制”浇灌出的思想奇葩。

在这个“精神股份制”规则下，《新青年》编辑同仁们的“公同”担任，不只是轮流值日的担任，也不只是约稿排版的担任。对同仁们而言，流水账似的业务关系都不算是问题。在编辑部同仁们那里，一旦成为编辑部的一员，他们就有了共同的“进”与“出”、“荣”与“辱”。换句话说，作为公共知识分子的一员，他们以舆论家的身份为民族、国家的民主、独立、富强、自由、和谐等人类普世价值观和终极关怀担当着“道义”、释放着家国情怀。虽然松散、自由，但这种“捆绑式”的思想销售如同上了一列转型加速、飞奔迅猛的高速列车。他们可以在编辑方针上各执己见，可以在选稿内容上智者见智，也可以在论述路径上各自为战，但在中国现代性的演进之大是大非的“国是”问题上唯一不二。对此，我们可以从陈独秀立意的破与立之“革命”大纛上，找到同仁们共同奋斗的目标。

1919 年 6 月，“本志同人”本着“吾国革新的希望”发出的共同宣言掷地有声、振聋发聩。陈独秀开诚布公，毫不隐晦同仁们在“反对”与“拥护”上态度和目标高度的一致性。按照陈独秀“不破不立”“不塞不流、不止不行”的逻辑，《新青年》从问世的那一天起，面对的就是“旧”势力的阻碍、质疑和打压。同样的感受和同样的渴望，引发的一定是抑扬顿挫的“同一首歌”。最为率性的“宣言”还在这里：“我们现在认定，只有这两位先生可以救治中国政治上、道德上、学术上、思想上一切的黑暗。若因为拥护这两位先生，一切政府的压迫，社会的攻击笑骂，就是断头流血，都不推辞。”正是这一共同“认定”激励着他们以“铁肩”担负起为中华民族复兴、圆梦“铁肩”重任与道义。在现代性的演进上，以编辑部为主体的“新青年派”这一文化和学术共同体从来没有怀疑过自己认定的方向。所有的发散最终都聚焦在一个关键性的中心：“现在世上是有两条道路：一条是向共和的科学的无神的光明道路；一条是向专制的迷信的神权的黑暗道路。”① 这就是 20 世纪“新青年”一代知识分子在中国道路上的旨归。

---

① 陈独秀：《本志罪案之答辩书》，《新青年》（第 6 卷第 1 号），1919 年 1 月 15 日。

在这一个破旧立新“问题”上，同仁们没有歧义，于是也才有了在同一条战线上协同作战、再造中国的默契和诉求。

时至1919年，虽然编辑部已经到了山重水复的境地，但以陈独秀口径出炉的《本志宣言》火力更加迅猛、意志更加坚定：“本志具体地主张，从来未曾完全发表。社员各人持论，也往往不能尽同。读者诸君或不免怀疑，社会上颇因此发生误会。现当第七卷开始，敢将全体社员的共同意见，明白宣布。就是后来加入的社员，也共同担负此次宣言的责任。”“全体”、“共同”一扫内部的张力，他们共同追逐着未来那若隐若现的中国梦：“我们理想的新时代新社会，是诚实的、进步的、积极的、自由的、平等的、创造的、美的、善的、和平的、相爱互助的、劳动而愉快的、全社会幸福的。”遗憾的是，“新青年派”的宣言也预示着一个声名鹊起的团体即将“散掉”；残酷的是，“公同担任”的“精神股份制”时代也将成为同仁们难以释怀的心结。

## 三

对于《新青年》这样的一“公共空间”来说，“公共性”既是秩序，又是原则。“公同担任”的“精神股份制”之所以能够形成“金字招牌”，两点因素不容忽视，其一是因为新青年群体知识分子具有“公开运用自己理性的自由”①，这是“公共性”的前提，也就是上文所说的陈独秀以最大限度的底线意识（开）“放”。其二则是“具有批判意识公众相互之间达成的共识”②，即以最小的强度“收”（敛）之编辑原则，意在如此，而这也是启蒙的底线。由此，理［生、秩序、公共，成为“公同担任”的核心观念，这也是《新青年》及其知识分子群体得以辉煌的保证。然而这一“公共空间”的同仁性随着时间的推移已逐渐淡化，启蒙共同体内部已然出现分化。

而从哈贝马斯的“公共领域”的理论视域来看，由于公共舆论在

① 哈贝马斯：《公共领域结构的转型》，曹卫东等译，学林出版社1999年版，第80、124、125页。

② 同上。

合法性取得上的至关重要的基础性地位，因此，《新青年》编辑同仁们以新的启蒙现代性的公共舆论介入了当时复杂的话语场中，试图主导社会思想并赢得公共话语权力，确立自身合法性地位。但是，公共舆论的建立也并非是理想的交往理性的结果，中间依然存在着话语的权力特质与意识形态属性，《新青年》启蒙话语公共舆论中潜藏的“话语霸权”不仅表现在对于传统文化、宗教话语的专制挤压，还包括《新青年》“公共空间”内部的话语权力的不平衡与隐藏的冲突的基因，也就是说，同仁性绝非铁板一块，一旦出现分裂，就会成为集团“散掉”的重要诱因。

论及《新青年》的同仁性，它具有公开、透明的特点，更有开放、包容的气度，还有担当、执著的气象。或许，正是“精神股份制”浇灌的启蒙之花让他们备加珍惜，以至于以爱恨交织的不同心态和文字流布出依依不舍的复杂情感。对此，我们不难从同仁们关于“金字招牌”之何去何从的寄托中体味到其中的爱恨情仇。

事情的经过要从陈独秀的个人际遇谈起。1919 年 4 月 8 日，蔡元培宣布北京大学废除学科的学长制。时值“五四运动”爆发前夜，于是便有了陈独秀个人命运与 20 世纪中国历史的改变。陈独秀本来对政治就情有独钟，脱离北大便如同一匹脱缰野马飞奔左转，当年与胡适“二十年不谈政治”的承诺也在顷刻间化作历史烟云。如果说此前的“谈政治”尚有“君子协定”的诺言牵制，那么当学长离职后对本志同人“往往不以我谈政治为然”的“不以为然”则完全暴露撕破底线。以这篇发表于1920 年9 月 1 日的《谈政治》为标志，陈独秀直接把自己的“主义”提到台面，由遮遮掩掩、拐弯抹角地“谈”变成直言不讳、开诚布公地“说”了。尽管胡适对“色彩染浓”一再申述，甚至“联合抵抗”，但《新青年》上的同仁文章日渐稀少，间或发表一些周作人、鲁迅、胡适的文章，那也不过是不成体系的豆腐块。十分巧合的是，9 月 1 日也是“新青年社”成立之日。同是发表《谈政治》的公开文字的 8 卷 1 号，“新青年社”的《本志特别启事》“以免误会”的“预先声明”一目了然：“本志自八卷一号起，由编辑部同人自行组织新青年社，直接办理编辑印刷一切事务。”杂志封面由

"上海群益书社印行"调整为"上海新青年社印行"的"变脸",标志着陈独秀与群益书社7卷42期的合作画上了完全的句号。

8卷1号的《新青年》表现出"经济"(独立)与"政治"(色彩)冲突加剧、分裂在即的双重信号,这使得杂志在内忧外患中陷入剪不断、理还乱的纠结和忐忑中,同时面临着经济和政治歧路。这是一个无法回避的"拐点",而这一切,又都是围绕他们倾心、精心打造的"金字招牌"展开的。

1920年5月1日,《新青年》第七卷第六号为"劳动节纪念号",那时的陈独秀终于从其热衷的政治中获取了足够的理论资源。鉴于篇幅增至400多页,书社提出加价,双方相持不下。或许是"劳动者"对"资本家"的意识上升,而且《新青年》的发行对象大多数是下层无产者,所以尽管汪孟邹出面调停,陈独秀还是恼羞成怒、"大拍桌子",最终还是闹得不欢而散。一贯喜欢自作主张的陈独秀这次依然胸有成竹:"自办一书局",而且"非有发行所不可"。在5月7日给胡适、李大钊的信中,陈独秀对自己的想法与事情的原委都一并交给了同仁:"非自己发起一个书局不可,章程我已拟好付印,印好即寄上,请兄等切力助其成,免得我们读书人日后受资本家的压制。……现在因为《新青年》六号定价及登告白的事,一日之间我和群益两次冲突。这种商人既想发横财,又怕风波,实在难与共事,《新青年》或停刊,或独立改归京办,或在沪由我设法接办(我打算招股自办一书局),兄等意见如何,请速速赐知。"①

尽管习惯擅作主张,也是"一个有主张的'不羁之才'",但在这个"独立"问题上却反复追问甚至有点穷追不舍,这多少显得与固执己见、刚愎自用的独秀先生不符。原来,这个声名显赫、大红大紫的《新青年》是以"知识"和"思想"为精神代价换来的如日中天之"金字招牌",用今天的商业话语即是:冠名权就是一个了不起的数字,更何况其社会价值和效益是无法用金钱来衡量的。想当年,从第四卷开始取消了"每千字自二元至五元"稿酬而改为"所有撰译悉由

① 黄兴涛、张丁:《中国人民大学博物馆藏"陈独秀等致胡适信札"原文》,《中国人民大学学报》2012年第1期。

编辑部同人共同担任”也是大幅度降低了办刊成本的。当时虽然同仁自掏腰包，但那靠“智力”所入的“干股”不能不说隐含着很高的含金量，在某种意义上也是精神畛域的“真金白银”。眼下，只是成本降低后还需要面对排版印刷、经营发行等问题，更何况随着《新青年》同仁性的淡化，杂志又慢慢回到原初的路子上来，内容单调、文风单一、空间萎缩、思想式微等不能不影响到《新青年》的发行量。

万般无奈，陈独秀在此想到了当年的办法：“招股”。比起上次的招股，这次是“内外”兼招。就像“空城计”没有第二次可以上演一样，“空手套白狼”的事情至少在同仁“内股”上已经难以再次奏效。原来，政治和经济总是缠绕不清、相克相生。当年《新青年》同仁上演的那一幕，堪称启蒙思想史上的“政治经济学”。说同仁们落井下石有点夸张，若用祸不单行来形容陈独秀却也不算过分。最后，陈独秀绕来转去，“新青年社”招股“不便”是因为像“一个报社的名字”；为便于对外宣传“招股”又取名“兴文社”，结果还是绩效平平，最终以“兴文社已收到的股款只有一千元”而作罢。

面对窘境，是重振雄风还是偃旗息鼓？对陈独秀来说无疑是前者。但这关键要看同仁的参与程度。对此，他在上海向北京同仁提出甚为直接的条件：一是同仁慷慨解囊；二是“非北京同仁多做文章不可”。当然，从这两个条件来看，前者属于上海同志的一厢情愿，后者则在于北京同仁的有为还是无为之主动性与否。细说起来，同人内部尤其是胡适，无论是“招外股”（经济）还是“聘外人”（政治）都是颇有微词的。所以我们看到，无论陈独秀在上海怎样的千呼万唤，北京的同仁总是无动于衷：不是软磨就是硬抗。7 月 2 日，他给高一涵的信中催“存款和文稿”，并请其“特别出点力”，同时也埋怨“编辑同人无一文寄来”。时至 9 月中旬，陈独秀还在催“适之兄”的股款和演讲稿，那“百元”和讲稿居然都成了救命稻草，足见《新青年》的潦倒，涉及股份，无人回应；论及稿件，寄来的几乎全是应付差事的演讲稿。比起当年的意气风发，陈独秀这回算是“呼天天不灵呼地地不应”了！的确，如陈独秀本人感叹那样：“长久如此，《新青年》便要无形取消了。奈何！”“招外股”无效，“招内股”无果。最后，“将稿费算入股本”的做法也只能杯水车薪。

原本我们通常将《新青年》的分化归因于问题与主义、启蒙与革命、思想和政治的分歧，现在看来未免有夸大之嫌。事实上，上述论争恰恰能够说明新青年这一“公共空间”的公共性和自由性，只要把它限制在“思想讨论”的范畴。如陈思和所言：“《新青年》不是一个政党，更不是权力机构，只是一个基于民主理想、先锋做派而自由结合的文人团体，更何况从这个团体建立之初，同人之间就充斥了善意的互相批评，胡适有在《新青年》上宣传实验主义的自由，李大钊当然也有宣传马克思主义的自由。”[①] 理性、自由、秩序和同一这一基础尚未被触及，公共空间内部就不易分化。但是当陈独秀迫不及待地打破同仁们的“不谈政治”的承诺，“色彩”急速转向“Soviet、Russia”并付诸于政治实践时，理性便很难保持，自由民主也被集中替代，秩序已被打破，同一业已分化。

陈独秀的万般无奈之本因，还是要算到《新青年》僭越了同仁空间而让“聘外人”破门而人的规则上。北京同仁的被动、冷战、袖手无不因“人”而异。本来，陈独秀这里的“政治”歧异的“色彩”问题“一意孤行”、“成败听之”的誓言在先，完全可以索性让《新青年》顺理成章地完成“从哪里来还到哪里去”的归属使命。如果说在这次的分歧上陈独秀还有固执的话，那就是他在“政治”，准确地说是在“Soviet、Russia”倾向上的“不以为然”仍然不减当年。而在京沪去留、停办另立等“拐点”上的“优柔寡断”确有一反常态之嫌。不过在这些不可思议背后，折射出的还是同仁难舍、旧情难割的深层心理。

从 1919 年 9 月出狱算起，陈独秀经历了北京、上海、广州的二步走。每走一步，就与同仁们疏远一次。这一时期的北京和上海之间书信往来中心议题基本上都是关于《新青年》的起、承、转、合问题。1920 年 4 月 26 日，陈独秀写信给李大判、胡适、周作人等 12 人，进行公开、广泛地征求意见，显示出作为“伙计”应有的民主与公平。

① 陈思和：《重读有关〈新青年〉阵营分化的信件》，《上海文化》2015 年第 1 期。

细读之下不难发现，“咨询”无非是一种台前幕后的过场，说穿了是无疑而问的（摆）设（之）问。从其相继邀请陈望道与沈雁冰参加《新青年》编辑工作和撰稿工作的情形看，在上海的陈独秀已经胸有成竹了。殊不知，这些正是上海“同志”惹恼北京同仁的冲突升级点。所以其“请速赐复”的请求得到只能一纸空文。

《新青年》北京、上海“两栖”之时，针对杂志“色彩”问题，胡适多次写信与陈独秀交涉。12 月 16 日，他在给胡适和高一涵的信中说：“《新青年》编辑部事有陈望道君可负责，发行部事有苏新甫君可负责。《新青年》色彩过于鲜明，弟近亦不以为然。”[①] 胡适心急火燎，陈独秀却“不以为然”，同时倒打一耙：“同仁多做文章”才是。起用新人的做法本来就令同仁不满，更何况陈独秀还给那些素不相识的陌生人诸如沈雁冰、李达、陈望道等支付薪水：不但同仁时期圈存的家底要流入外人的腰包，而且外人以一边倒的思想倾向把控《新青年》，这怎能不让北京同仁义愤填膺？撇开中间飞鸿穿梭的意见征求，精神股份制打造的“金字招牌”花落谁家成为你推我搡的议论焦点。我们看到，在胡适得知陈独秀闻讯而感情用事后，他便很快向在京同仁发出紧急信件，以“征求意见”的名义联合抵制“色彩”与“分裂”。这时的“色彩”问题已经被“分裂”与否所取代，而“分裂”还是“统一”的问题则是在为一个“名目”。胡适曾为消解陈独秀的火气这样安慰过同仁李大判、鲁迅、钱玄同、周作人、王星拱等伙计们：“《新青年》在北京编辑或可以多逼北京同仁做点文章。否则独秀在上海时尚不易催稿，何况此时在素不相识的人的手里呢？”[②] 这是胡适的真实想法，也是担心破裂而走出的“妥协”一步：《新青年》这一如日中天的“金字招牌”究竟鹿死谁手才是手中的底牌。

归根结底，胡适向同仁“征求意见”的议题只有一个：“把《新青年》移到北京编辑”，因为他担心《新青年》会随时失控。于是在陈独秀气急之时，他很快收回“另起炉灶”的要挟，态度上 180 度大转弯，说“我们这一班人决不够办两个杂志”。当陈独秀在气头上表

---

① 《陈独秀书信集》，新华出版社 1987 年版，第 252 页。

② 耿云志、欧阳哲生编：《胡适书信集》（上），北京大学出版社 1996 年版，第 75—77 页。

示“此事（指另起炉灶——笔者注）与《新青年》无关”时，胡适就又换了一种要挟的口气和方式：“然岂真无关吗？”这个疑问的口气中除了要挟外，还有一种对同仁多年心血的讨价意味。这里，胡适不愿意分裂的态度从来没有这样鲜明过，他竟然主动地迁就起陈独秀来：“一个公共目的，似比较的更有把握，我们又何必另起炉灶，自取分裂的讥评呢?”结果是：包括胡适自己在内的9位北京同仁，有张慰慈、高一涵、陶孟和、王星拱6人态度明确的支持“移回北京”；鲁迅、周作人、钱玄同则明确表示“索性任他分裂”、“不必争《新青年》这一个名目”、“不在乎《新青年》3个字的金字招牌%李大钊则以“调和”的态度“主张从前的第一个办法”。更重要的是，鉴于大家与《新青年》都有点关系，不是“你的或他的”，所以“大家公决”、“总该和和气气商量才是”。作为精神股东，《新青年》的同仁董事会是以飞鸿传书的形式进行的，他们往往不在现场，但个个圈阅、人人担当、从不缺席。

其实，《新青年》同仁内部之分化在某种程度上是中国现代知识分子群体的分裂，若往后推至20世纪30年代，这种趋势无疑一目了然。让我们先回到李欧梵的一篇文章之中：《“批评空间”的开创——从〈申报自由谈〉谈起》，在这篇将“公共空间”与报刊杂志联系起来的研究论文当中，作者似乎委婉但却明晰地将20世纪30年代公共空间的缩小某种程度上归因于鲁迅式杂文的生产，“这种两极化的心态，把光明与黑暗化为两界做强烈式对比，把好人和坏人、左翼和右翼截然分开，把序语言不作为“中介性”的媒体而作为政治宣传，或个人攻击的武器和工具，——逐渐导致政治上的偏激化，而偏激之后也只有革命一途”① 撇开作者的论点不说，从此文行间论述中，我们就已感受到，20世纪30年代新青年式的“公共空间”早已不复存在。如果说鲁迅的《伪自由书》恰恰是为了争取真自由的话，那么胡适等人所力保的“公共空间”充其量不过是权力网络下的“伪公共空间”。

马克思曾运用政治经济学对于资产阶级公共领域的虚假性和背后

① 李欧梵：《“批评空间”的开创——从〈申报·自由谈〉谈起·批评空间的开创：二十世纪中国文学研究》，上海东方出版中心1998年版，第117页。

隐藏的权力关系进行了无情批判，而哈贝马斯不同意马克思仅局限于对资产阶级公共领域的斥责，而是认为一旦一个阶级拥有了绝对权力，真正的“公共空间”便难以存活，不会有更好的希望。自《新青年》同仁群落形成，直至20世纪30年代的中国知识分子群体的主要分化过程，背后依据的正是这样的历史逻辑。

或许当看到20世纪30年代无论是上海左翼文人的“公共空间”因其偏激决绝而逐渐缩小甚至被取缔，北方自由主义知识分子的妥协软弱换来的“公共空间”的苟延残喘，我们才意识到五四时期的“新青年”同仁们的“公同担任”、“精神股份制”、“金字招牌”的时代早已一去不复返，真正属于中国社会的“公共空间”自新青年之后也再难存在。在此种意义，就不难解释同仁们对于新青年分化不可阻挡的五味杂陈之心情。

不言而喻，无论是正能量的“调和”、“商量”、“和和气气”，还是看似负能量的“索性”、“不必”、“不在乎”，都从不同侧面反映了同仁们对这个金牌杂志的留恋、珍视和惋惜。前者的心态是一种重整旗鼓的呼应，后者则是一种酸葡萄心理作祟。“索性”背后的寡断、“不必”背后的势必、“不在乎”背后的很在乎，隐匿的是难分难舍的情怀。固然我们必须承认《新青年》在其运作过程中有一定的“物质股份制”成分，但相比之下同仁共同浇铸的这一品牌更多的是灌注着生气淋漓的“精神股份制”神采，由此也才有了因为同仁所以辉煌的《新青年》。在当下关于“知识分子还能感动中国吗”、“知识分子都到哪里去了”、“知识分子的背叛”之声此起彼伏、不绝于耳之际，回眸《新青年》同仁以“精神股份制”运作方式浇灌出的思想园地，我们不能不感怀万千并一言以蔽之曰：“你如何能禁止我的心跳？”[①]

（原载《探索与争鸣》2015年第8期）



① 闻一多：《静夜·死水》，上海新月书店1928年版。

# “启蒙的反思”学术座谈

杜维明　黄万盛　秦　晖　李　强　徐友渔　赵汀阳　等

《开放时代》2005年第3期刊出杜维明和黄万盛先生的长篇学术对话《启蒙的反思》后，引起学术界的广泛关注。为推进此一话题的讨论，哈佛燕京学社协同《开放时代》杂志社和《世界哲学》杂志社邀集京城学界名家，于2005年12月15日在北京大学临湖轩举办“启蒙的反思”学术座谈。文字根据录音整理而成，并经发言人审校（除李强先生外）。发言标题为《开放时代》编者另拟。

黄万盛（哈佛燕京学社）：各位朋友，欢迎大家在百忙中前来参加“启蒙的反思”学术座谈会，首先我代表哈佛燕京学社感谢《开放时代》和《世界哲学》，作为本次会议的协办单位，吴重庆和李河先生为我们的会议做了大量和周密的准备。

杜维明先生和我的学术对话“启蒙的反思”刊出后（首发于《开放时代》2005年第3期——编者注），很快就受到了思想文化界的注意，我们也读到了一些初步的评论。对启蒙进行反思是个大话题，它不仅涉及对现代性的重新思考，也关系到对启蒙以来的世界观和生活方式的反思，它涉及的领域几乎包括了人文和社会科学的一切方面，哲学、历史学、政治学、经济学、社会学、文学艺术等，都在其中。对中国而言，它的意义更为重要，也是我们反思的重点所在，从“五四”的启蒙以来，五四启蒙的世界观已经成为对中国当代思想文化产生深刻影响的一套基本心态，这种心态影响了几代中国知识分子，对于中国现当代社会的走向所产生的持续的影响力是绝对不可低估的。它不仅影响了我们的过去，而且正在影响着我们的现在，当然也会影响我们的未来。正因为如此，我们希望“启蒙的反思”能够经受各个方面的批评考验，通过“交叠的共识”，发展成一个公共领域。希望大家尽可能地提出不同的批评意见。

**杜维明（哈佛燕京学社）：超越启蒙心态**

启蒙可以从三个不同角度来了解，作为一个文化运动，作为哈贝马斯所谓的一个理念，还在完成的理念，但是也是一种心态，我的重点就摆在启蒙心态。我的观点事实上很简单，就是说启蒙心态从18世纪以来，是人类文明史到现在为止最有影响力的一种心态。科学主义、物质主义、进步主义，我们现在熟悉的话语，都和启蒙有密切关系。社会主义和资本主义都是从启蒙发展出来的。市场经济、民主政治、市民社会，还有后面所代表的核心价值，比如说自由、理智、人权、法制、个人的尊严，这些价值也都从启蒙发展而来，而这个力量不仅是方兴未艾，而且在各个地方已经成为文化传统中间不可分割的部分。所以我进一步说，在文化中国的知识界，文化的传统之中，启蒙心态的影响远远要超出儒家的、道家的、法家的、佛教的、道教的、民间宗教带来的影响。值得注意的是，最近和很多西方的学者接触，我们大家都共同讨论、辩难，不仅是女性主义者、环保主义者，还有后现代、后解构等各方面的学者讨论了，就觉得启蒙的心态有很大的盲点。这个盲点使得我们必须要超越启蒙的心态。让我提出四个盲点吧。

第一个就是人类中心主义（anthropocentrism）。因为启蒙是从反宗教发展出来的，所以它对两个我们认为非常重要的领域没有敏感。我们平常用一个观念，就是韦伯的观念，就是musicality的问题。韦伯说，宗教对我讲起来，我是“音盲”的（unmusical）。音盲就是他对宗教没有体验。但是，你看韦伯的学术主题即是宗教，宗教在韦伯的学术生涯中是重点，而且他对新教的伦理和资本主义精神的发展，乃至比较宗教学研究都谈得非常深入，价值取向的问题对韦伯至关重要。但是宗教，作为一个个人的信仰，个人安身立命的一种观念，他基本上很难认同。这种心态，也影响了哈贝马斯，到了晚年，哈贝马斯全部力量集中在研究宗教。但他的整个理论结构，宗教占的分量很少。另外一个大的范围，就是自然。基本上，在一些举足轻重的西方思想家当中，自然不是他们考虑的大问题。比如像 John Rawls，*A Theory of Justice*，这里面，宗教和自然的问题几乎未提，主要的考虑是个人和社会，个人和群体，个人和国家、社会之间的一些大的课题。所以我觉得这算是个盲点。

另外就不要详说了，大家比较熟悉。从这个工具理性（instrumental rationality）所发展出来的一种宰制性的科学主义；从极端的个人主义所导致的一种带有侵略性的“经济人”的观念的出现；在 Economics 里面，至少我们知道的 Adam Smith 绝对不是一个狭隘的经济学家，他自己绝对不会认为他是经济学的创始者。他的自我认同是道德哲学家。他所考虑的问题是 moral sentiments 的问题，是所谓道德情感的问题。所谓“苏格兰的启蒙”（Scottish Enlightment），休谟（David Hume），AdamSmith，他们基本上是在处理价值问题。但是一般现在认为，“经济人”就是从 neo-classical economics 发展而来，“人”是一个理性的动力，了解他自己的利益，在自由市场的结构中间，扩大他的利润，只要不犯法。法律、自由、权利、市场，还有个人对利益的了解，理性把这些价值都体现了出来。但是还有很多其他的价值，责任、同情，这些价值基本上没有考虑在内，所以这是很大的问题。因为这样，所以有些学者就说，启蒙以后，西方的杰出的政治学者或政治思想家，对 community，社群，社会，对 global community 的观念基本上没有充分的发挥。为什么现在在美国或者是在欧洲所谓 communitarianist，社群伦理的学者，比如说我的同事 Michael Sandel（桑岱），还有 Charles Taylor 和 Alasdair MacIntyre，这些人为什么现在在学术界有相当大的说服力，他们所谓代表了一番 Communitarianist，即社群伦理，这和自由主义的政治哲学没有突出社群价值有关系。因为这个原因，所以我最后就提了关于儒家的人文精神，儒家的人文价值的一些问题，提了一共有七点，从这七点能够看出儒家的人文精神可以和西方凡俗的人文主义中间进行一个对话。2004 年 11 月在巴黎召开的 UNESCO

会议中，他们用了另外一个词，叫 transversal values，就是价值的互换问题。我觉得儒家的人文精神可以为我们争取到对话的权利，有对话的可能。同时也在对话的中间能够发展我们自己对这些问题的理解反思的能力，和扩大我们的象征资源。

最后我再说一点，如果说儒学它有创新，它能够发展，主要是它经过了相当长的一段，非常痛苦和艰难的过程。简单地做一个描述，鸦片战争以后，像康有为、梁启超或者谭嗣同，他们已经开始讨论这个问题。特别从五四以后，比如说从 1919 年到 1949 年这 30 年，当时的，包括当今贺麟、熊十力、梁漱溟、冯友兰，他们基本上是希望通过对西方的了解使得儒学能够有再生的可能，他们基本上是西化大潮的那部分人。所以我说儒学在那段时间受到了西化的影响。怎么样把西方的价值，用西方自由、民权、民主的价值来彻底转换儒家传统和小农经济、家族制度和权威政治不可分割的千丝万缕的联系。比如说“三纲”，我不相信任何一个真正从事儒学创新的学者，能够毫不保留地接受“三纲”的观念。好像康有为的立场就非常明显，他甚至把“五伦”也扬弃，只承认“朋友”一伦的价值。但是我认为“三纲”和“五常”，就是“五伦”有很大的内在矛盾。“三纲”基本上是单向的，君为臣纲，父为子纲，夫为妇纲。但“五伦”基本上是双向的，君仁臣忠，父慈子孝，兄友弟恭，朋友有信，夫妇有别，“别”的观念可以从分工的观点来理解，但“别”的方式可以完全变化。以前说“男女有别”，就是男主外，女主内；到底现在是男主内，女主外的，这些问题都可以讨论。但是“别”就是 difference，其中有不可消解也不容忽视的差异性。但是那个时候，比如自由的观念，个人的尊严，理性的观念也经过了很大的转换。从 1949 年到 1979 年这段时间，在中国大陆的发展，现在我们开始了解像冯契、张岱年，实际上做了非常有创意的哲学工作。张岱年先生是关于价值论和关于伦理学，冯契则是如何把儒家的修身哲学和社会主义的实践哲学进行结合。从 1949 年到 1979 年这段时间在台湾和香港，特别是东海大学和新亚书院，方东美、钱穆、唐君毅、牟宗三、徐复观先生，他们最关切的就是到底儒家的人文精神和现代性，和现代社会有没有关系，即唐君毅先生所谓“人文精神之重建”的问题。1958年由唐先生起草，徐复观、牟宗三、张君劢等先生签署的宣言，其中一些观点大概已经过时了，也体现了非常狭隘的民族主义和民族情绪，有很多体现了一种对传统文化的含情脉脉，一种浪漫式的情结，对西方的批评有偏颇的一面。但其提出的大的问题今天还有意义，值得我们再进一步地反思。经过了西化，经过了现代化，儒家传统的人文精神，人文关怀，可以和启蒙所带来的最强势的人文主义进行深层的对话，现代西方启蒙所开发出来那么多的光辉灿烂的价值，特别是科学技术方面的价值，和人的个人的个性解放，人的精神的发展，儒家的人文精神和现代西方人文主义之间的对话和互动的空间有没有，有哪些课题需要讨论，这是我关注的问题，我想各位可以从各个不同的方面更深刻地、更全面地剖析这个问题，提出自己的看法。

**李强（北京大学政治系）：思考启蒙运动要和思考中国问题分开**

这么长的文章仔细地拜读花了不少时间，我觉得提出的问题非常重要，就是西方学术界对他们的启蒙的反思已经有一段时间了，这个一方面是对西方的反思，另一方面就是思考传统中国文化的价值，我觉得非常的重要。我自己想现在中国恐怕已经到了这个时候，因为近代我们内忧外患，国家面临很大的危机，在这样一种情况下，当时的人就必须思考救亡的问题。我们是个大文化，原来在世界中一直有很高的地位，一下子就受到了很大的冲击，当然人们的心态也不平衡。在这样一种情况下，当时反思的时候可能就过激了些，这个也是可以理解的。今天，因为危机的时代过去了，所以需要重新思考。所以我觉得这个问题抓得很好，但是这个对话，我只看这个对话，我的感觉，恐怕我自己有一些稍微不同的意见。

对西方启蒙的反思，实际上这里面先后谈了很多，对西方启蒙又做了一些批评，而且又谈到启蒙心态。实际上，我自己感觉呢，所批评的对象也还需直接划分成三个层面的东西，一个层面是启蒙运动中或者启蒙时候独特的一支，好比说自由主义，那里面是强调个人，或者是极端的个人主义，“经济人”，重视自由而不重视权利。而启蒙运动中的另一支，好比说社会主义，那一点也没有忽视社群。所以说，对于启蒙，它的心态忽视了 community，这是启蒙里面的一支。对 community 的弘扬，有几种不同的形态，好比说，马克思主义要实现的共产主义，这是一种 community，比较典型的 community；还有民族主义，它也是一种 community；还有其他的多种类型。第二个是现在的启蒙运动，杜先生概括好比理性主义、世俗主义、还有科学，假如说我们把这三点概括为启蒙，这是个启蒙，在这个启蒙的框架下，它可能孕育出来一个以个人为中心的自由主义，也可能孕育出来一个以社群、群体为中心的社会主义、共产主义，所以，我觉得这是两个层面的问题。还有更深的，第三个层面的问题，西方的文化中，希腊传统中包含着理性的传统，好比这里面提到说西方的启蒙运动区分理性和学术，理性和学术的区分是希腊的区分。希腊哲学家，像柏拉图，有一种很坚定的信念，那就是用理性的方式来找到一种真理，所有的学术的，opinion，是一种意见的东西，都不能算数的，都要经过理性的批判，这是一种理性主义。要是从这个角度来讲，你对理性的反思，要一直反思到前苏格拉底了，就不是反思启蒙了。就是你批评的实际有三个层面的东西，一个是启蒙运动中独特的一种形态——自由主义，个人主义；另一个是近代启蒙运动所展示出来的，假如说，理性主义和世俗主义，科学呢，实际上，启蒙运动我自己感觉，尊重科学和科学主义之间还是有差异的，启蒙运动中导致科学主义的，可以说是非常极端的一支。第三个层面就是西方整个传统里面，从希腊传统就分理性和学术。那为什么要理清这个东西，我觉得这样批评的对象就会比较清楚一些。否则的话，有一些它不是启蒙运动的必然产物，比如说自由主义啊，等等，那我们就要从另一个角度来谈论问题了。

如何评价西方的启蒙？从我念政治哲学的角度来讲，在这些年，西方分析启蒙的，大概他们集中批评西方近代以个人主义为核心的这块。就是启蒙所弘扬的理性主要是一种个人的理性，批评个人主义嘛，就是最核心的。批评个人主义一般有两个方向，一个就是像施特劳斯他们这个学派，在批评现代的个人主义，现代的理性要回到一个古代的视野，现代的理性是一种个人的理性，它把政治的视野降低了，就是保障个人的利益，把最高的价值观，道德理想抽掉了，道德就变成了相对主义的，基于怀疑主义之上的，只好回到希腊，再寻求一些智慧，寻求一个更高的具有普遍性的理性，这个是道德。从这个角度可以去批评启蒙运动。另外一个可以从历史主义的角度，那就是不同的文化有不同的传统，这就是历史主义，就像我们中国文化你不能用启蒙运动这个东西去代替。那我现在就感觉我们现在是要思考中国的问题，那我们以一个什么角度来批评启蒙。我自己感觉，从很高的，像那个新柏拉图主义，像施特劳斯学派那个很高的理性主义去批评启蒙运动的话，只能会导致一种更极端的普遍主义，使得我们的中国文化压根就没有立足之地。如果用理性和学术的观点来分析，我们充其量也就是个学术而已。任何事物，万事万物最后都有一个理，所以说，我觉得思考启蒙运动要和思考我们中国自身的问题分开。

关于中国自身的问题，我简单谈几点：

一个就是对近代的同情和理解。我们中国是一个很大的大文化，几千年一直相当的不错，自己感觉也不错，但是到了近代，一下子遇到了船坚炮利。这种屈辱的地位如果放到一个小国，小文化，一个低文化，他是能够接受的，如果放到中国，他是不接受的。不接受当然他就要把工具理性的问题放到很重要的层面去思考。在器物层面呢，人家有船坚炮利，我们也要有船坚炮利啊。否则的话呢，当时是“保种”呢，还是“保国”呢，还是“保文化呢”，所以先要有个“保国”的问题，所以工具理性得到很大的弘扬是有它的原因的。

我自己感觉，中国近代应该是两个纬度都有，一方面是追求工具理性和富强，另一方面，实际上在中国近代文化中有另一个纬度，就是追求一种理想的社会，这个呢，一直还在。而这个理想的社会，在很大程度上，承载了传统儒家的一些理念。否则的话，你就没有办法理解 1949 年以后的共产党的政权，没有办法理解今天很热闹地提“以人为本”啊，“建和谐社会”啊。这两个就是在近代也是有的，这两个都有。实际上，如果要承认这两个都有的话，那么就有一个对整个近代中国在多大程度上受到了启蒙运动的影响的评价。由于这个文章里面多次提到整个近代中国所秉持的价值观，也完全是自由、民主、人权被普遍接受。这个要是和李慎之讲的话，他肯定要说，那是不可能的。中国近代还是一个，目前中国的价值观还是一个专制的、权威主义形态的，自由民主人权在中国社会普遍被接受的观点，他肯定是不承认的。所以，中国近代一方面接受了启蒙运动里面一些工具理性的层面；另一方面，在根本的价值观方面来讲，是不是我们并没有像想象的，像 Levinson 所描述的，儒家就彻底地认输，彻底地完蛋了。在核心的价值观里面，在人们的行为方式里面，是不是仍然有传统的东西，这是我想反思中国的第二点。

另外我想到第三点，我们在座念哲学的老师们居多，我自己感觉呢，我们过去在思考中国文化的时候，是不是从哲学的层面讲得比较多，因为近代最早思考中国传统，像胡适之，他从美国念哲学回来，写了个《中国哲学史》，所以，他拿国外的那个框架，把我们所有能说成体系的东西都说成是哲学，这样一来，大家都思考一个所谓"内圣外王"的问题，那就是个哲学，是我们在哲学上的一套法则。实际上，我现在感觉，我在去年写过关于西方文化的政治解读，它实际上有两个层面，一个是哲学的层面，还有一个最核心的，任何一个大文化里面，都有一个政治的层面。政治的层面，我理解至少有三个要素，一个最核心的就是 identity 的问题，属于建立合法性的那个基础；再一个就是 institution，就是一个制度性的结构；第三个是政策性的结构。如果按这个 Eric Voegelin 的观点，秩序，Order and History，我们的秩序的基本构建是在商周时期，只是在构建了的秩序导致了重大的缺憾，导致礼崩乐坏之后，许多人提出来反思这个秩序，怎么来补救这个秩序，才出现了我们中国所谓的"哲学"——儒家、道家，他们的理念的提出是在现成的秩序里面提出来的，就像孔子说，吾从周，述而不作，他就对基本的秩序框架没有进行过反思和思考，如果假如说我们现在思考中国文化，只局限到"内圣"这个层面，就是儒家这个层面，那么实际上把儒家孔夫子没有说的那套东西就给忘掉了，孔夫子儒家我理解他是基本接受商周以来的制度框架的，只是因为制度框架在新的形势下崩溃了，所以他希望重新塑造君子来恢复这个制度框架，于是传统中国的这个 order 是包括制度方面的层面，和哲学家们用语言所表述出来的层面。以这样一个方式如果重新思考的话，那么就可能会比较好地挖掘我们这个中国文化传统的整个一个order的结构。我自己感觉，要支撑我们order这个结构，不能用反启蒙的，特别是不能用列维·施特劳斯那种反启蒙的，追求普遍主义的一种道德，老批评启蒙运动破坏道德，导致道德相对主义，只能用历史主义的方式，我自己感觉呢，就是像Eric Voegelin他的观点，就是他的order，秩序这个结构。中国文化，它所构成的秩序结构原来就是和西方文化非常不同的秩序结构，这个秩序结构不仅有儒家文明中所包含的理念，而且还有儒家文明没有明说，但是它创建作为基础的整个制度性的因素。起码说，中国政治中的“外王”的理念不能从儒学中挖掘出来。所以，政治学和哲学在这个地方要分开，因为你反思这个启蒙必须比较全面。

**杜维明：**你讲得非常好，很谢谢你。我记得我们上一次在张维迎家里谈过，我现在还提醒你一下，因为在张维迎家提到哈耶克，特别是爱德华·希尔斯，我很希望你对你的老师，爱德华·希尔斯的一些观点做深层的阐发，因为希尔斯晚年非常重视道德和政治的关系，特别考虑知识分子的问题，曾专门撰写有关印度知识分子的文章，据说也开设了讨论儒家知识分子的课程。你提的那几点对我非常重要，我想我先做一些回应。在开始讨论这个问题的时候，还有一个背景，为什么启蒙运动中特别的一支成为我们关注的对象，你讲得非常清楚。因为启蒙运动实际上就有强烈的communitarianism，就是社群主义的色彩。这从法国大革命以后的雅各宾一直发展，社会主义、共产主义、民族主义都体现了这一倾向。这个问题是在1992年第一次海湾战争以后，因为福山提出“历史终结”而凸显。所谓“历史终结”是指社会主义和资本主义的斗争结束了，意识形态的大问题解决了。我们找到了一条路，而这条路就是人类文明发展的前景。所以从福山突出美国的路线，现在美国的单向主义，实际上跟这个路线是可以直接联系起来的。所谓启蒙心态所代表的思路不仅在中国，在东亚、东南亚、南亚，在西方之外，还有相当大的说服力。就是我们成功了，就是我们走出的这条路是唯一的路，大家都应该照着走。李慎之先生，我跟他从1978年吧，就是很好的朋友了，相当长的时间，他在从事中国哲学的反思，有一段时间他认同我们所代表的所谓新儒学的问题。你们知道，于光远曾经跟他说，你怎么能堕落到认同儒家呢。这几年，他强烈地反对儒家。他的反感是和现实政治有密切的关系，他说任何观点，任何价值，如果能助长专制倾向（还不一定是专制主义）或者是权威倾向，即是非价值。他在 MIT 访问了一年，我们见面几次，也有讨论，他说我非要批评儒学不可。因为儒学基本上是为现实政治专制主义找借口。我很同情他的看法。他的核心的问题就是如何反权威、反专制，从那个角度上他提出他的观点。所以第一个问题为什么突出启蒙运动中那特别的一支，就是美国所代表的民主政治、市民社会、市场经济。

我也是完全赞成这样的一种看法，就是说，那个理想，那个道德要求非常高的理想，就是回到希腊最早的，理性和道德和社群直接关系的那种理念，会走向一个抽象的普世主义，但抽象的普世主义要在实际的环境中落实，有非常大的困难。我觉得我和黄万盛的对话中有一个很大的缺失，也就是你所讲的对工具理性的批评。其实工具理性，在为了追求富强这方面，是我们所不可分割的文化资源，因此我们没有重点讨论工具理性，不讨论现代化的确实的策略，就很难进一步走。我也赞成你的说法，就是 historicism，就是历史主义所代表的，那个比较现实的，那个观点它的可行性可能更大。

另外，我也接受你的观点，也是我们的盲点，就是当时在考虑的时候没有关注到的问题，什么问题呢，就是纯粹是制度和政治层面。这个问题，一个是 identity politics，你讲认同，一个是制度结构和政治结构，但是现在有一批学者，也与儒学有关，以韩国的学者为例，我介绍一下咸在鹤和咸在凤这两个兄弟。咸在鹤是在哈佛法学院拿到博士学位的，他的论文是 Confucianism as Constitutionism，“作为宪法主义的儒家”，基本上用的完全是韩国的经验，但中国这方面他也很熟悉，他说我们对“礼”没有真正地理解，“礼”和“法”不是对立的，“礼”的范围，整个西方，特别英美的习惯法，大概都在“礼”里面，所以这个“礼”是作为传统中国社会最重要的一个 regulatory system（调控机制），和宪法主义在西方，比如说美国，作为调控机制有很多异曲同工之妙。而且他提出它的长处和它的短处。这是非常重要的论文，现在在哈佛的法学院作为大家讨论的对象。而咸在凤则在延世大学组织了非常大的队伍研究儒家的制度含义（institutional implications of Confucianism）。现在他们已经出了第一本书，这第一本书是剑桥大学出版的，有很多学者参加，就是到底儒家的传统里面，它的制度资源在哪里，这个制度资源就不是“内圣”心性之学了，就是政治儒学了。另外我也完全接受你的看法，就是政治儒学只是政治问题中间的一个侧面，如果是讲政治又何止儒学，比如说法家的，儒学中荀子的，还有中国实际政治上的实证的试验。

我想还有最后一点，我也觉得非常重要，就是假如我们能够从你刚才提到的这几个角度对启蒙进行反思，那有很多我们原来都没有联系的那些学者都可以变成我们的谈友。这中间牵涉的这个问题我一直在考虑，就是“内圣外王”的问题，那么像汤一介先生，我曾和他交换有关这一课题的意见，他提了两个观点，一个观点是“内圣外王”是完全分开的问题，最不宜做王就是圣，还有圣就不能做王，他所谓圣不能做王的意思就是圣就像是佛教啊、道家啊，或者以前斯多葛尔学派那纯粹的精神磨炼。但这个观点我完全不能接受，如果这样的话，我们了解儒家传统就出了偏差。儒家传统对这一课题的态度很清楚：没有一个不懂事，不做事，不在世上接受磨炼的圣人。这和西方的哲人正好相反，西方的哲人就是什么俗事、什么一般的事情他都不懂，所以他可以想大问题想得掉到井里面去，他可以拿着灯笼去找真理，他是完全地追求真理，这是他唯一的价值。而中国“圣”的观念，绝对是要在实事上都要一步一步地去处理，所以这个和列维·施特劳斯他们的观点比较接近，就是真正的 moral leadership 和 politics 之间的关系。

还有一个重要的大问题就是现在批评“内圣外王”，什么老“内圣”要开出新“外王”，这都没有可能性，“内圣”怎么能开出“外王”，很多这些讨论的问题。我从两方面来看这一问题。一个就是儒的理想，这个理想，特别你提到在现实中国的政治里面影响还是非常大的，我的感觉就是说，反传统，这是我最近了解得比较深刻一点的，这中间还有很多问题。就是这一批真正反传统的知识分子，包括胡适、鲁迅、陈独秀、李大钊他们，又都是强烈的爱国主义者，因为他们是强烈的爱国主义者，他们不完全是李泽厚说的“救亡压倒了启蒙”，他们是认为真正中国的救亡一定要靠启蒙，这是大家的共识。就要靠启蒙，跟传统决裂。Levenson 基本上是对的，就是说像梁启超，是在感情上面和中国传统有千丝万缕的联系，但理智层则彻底认同西方的价值，所以在理智上的认同没有感情的动力，在感情上的牵连没有理智的认识，造成了人格上的张力，而且后来发展成了困境，这是一种浮面的看法。更深层的看法呢，就是这些知识分子，因为爱国主义，因为反帝国主义，反殖民主义，反强权，他们对中华民族必能复兴的信心是非常坚强的。在中国现代知识分子的文化心理结构里面，确有非常强的政治理想。譬如大同，天下大同，你看，梁启超他们所有的人都不是一个狭隘的人，他都不可能做一个狭隘的民族主义者，他有一种大同的理念，他有那种价值，所以在他的心灵结构里面，他有很多和儒家有密切关系的价值，可是绝大多数他们所照察到的，都是负面的东西。就是鲁迅的“国民性”所描写的大概都跟儒家有关系，那种国民性的落伍，那种胡适所讲的“一百种不如人”啊，都和儒家的社会习俗有关系，所以那个感受特别深刻。所以我们要了解那个时候复杂的心态，我们还要做很多很多实证方面的工作。讲得太多，请包涵。

**谢文郁（山东大学哲学系）：启蒙运动的底气在哪里**

杜先生谈到启蒙问题的时候，提到了一个很重要的想法，就是所谓的心态对理念，认为启蒙不是理念，而是一种心态。杜先生在谈论启蒙的时候也常谈到宗教问题，特别是基督教在启蒙运动中所起的作用。我在听的时候就在想，一个没有理念的心态会是一种什么样的心态？就是说，我们现在不冲着任何一个东西去的时候我们的心态会是什么样？这就引申出来另外一个问题，我想就此发表点想法。

我们在谈论启蒙的时候好像忽略了一个很重要的方面，就是，我们生存的出发点在哪里？近代启蒙运动中有一个很重要的情绪，我愿意借用杜先生用的“心态”这个词，就是说当时有一个很重要的心态，这就是，当时的天主教在一千多年的传统中树立了一种叫权威解释的东西，（或称权威思想、权威学说。）这个所谓的权威解释主要是一种对基督教圣经的解释，以及在此基础上对世界的看法。我们看到，路德起来反对这个权威解释，他提出了一个非常重要的想法，就是，面对圣经，我们每个人的解释都是平等的。当然，这涉及了怎么样去理解路德如何能够反对那么强大的，占主导地位一千多年的圣经权威解释的问题。我不想在这里进一步展开。我想谈谈那帮启蒙运动主义者，他们怎么能有那么大的勇气（或心态）去反对当时占统治地位的权威学说？或者可以这样看，这帮人走的是一种所谓的人文主义路线，他们究竟站在哪个出发点上？换句话说，我们说话是要讲究底气的，他们的底气究竟在哪里？不难发现，一个人如果没有底气的话，他说的每一句话，在强大的占主导地位的传统意识形态压力下，如果只是说说而已，那只是边缘化的声音；在边缘化中，一两个人说说没有关系，发发情绪骂骂都没有问题；但是，作为一种运动，我们就要搞清楚他们的底气在哪里。一定要找到他们的底气。如果他有底气，他说话时就觉得他所占据的出发点要比当时以权威解释作为出发点高。

我最近的阅读和思考引发了这样一种想法：近代启蒙运动那帮人在反对传统的占主导地位的意识形态时所依据的底气和儒家直接相关的。基督教传统不可能允许他们这样说话。我在北大的时候是搞古希腊，一直在教柏拉图，在美国的时候则是做基督教哲学史方面的东西；我的第一本英文著作是《自由概念》（*The Concept of Freedom*），是2002年出版的，也是理这条线。我一直在注意西方人在想问题的时候究竟从哪出发的。我发现，在整个西方思想史上不可能养成像卢梭这种人，不可能养成像康德这种人。康德晚年发表《理性范围内的宗教》这本书的时候，第一部分发表后，马上收到了当时的国王的警告，说你这么受尊敬的学者怎么能写出这样反对我们传统思想的著作。康德在那本书上谈论的是说我们的心灵何以能够改变，认为人的善良意志是心灵改变的基础。这种说法否定了当时的基督信念：人性在堕落后完全是恶的。康德可以说冒着他名誉上的危险，冒着他职业上的危险，硬是不顾国王的警告出版了本书的后两部分。这后两部分都谈的是，我们要改变一种心态，出发点究竟在哪里面？他说，只要在绝对自由的基础之上，我们是可以改变心态走向完善的。

康德在谈他的自由概念的时候，在我的阅读里面，我发现和《中庸》，和整个宋明里面谈的那个“诚”字是相通的。也就是说，康德的自由和《中庸》的诚是相通的。虽然一个叫诚字，一个叫自由，但它们基本上是一回事。我这里谈论的当然是在概念上的联系。究竟在史料上如何建立它们之间的联系还需进一步探讨。我的问题是，康德怎么会提出那样一个自由概念？我认为，那样一个自由概念在西方思想史上是不允许的，尽管它和柏拉图有某种联系，但这种联系不足以使康德很自信地，甚至是很自以为是地，认为他找到了一种和西方思想史根本不同的自由概念。他觉得他有一种站在出发点上的底气。所以，我一直在想，我们在反思整个启蒙运动的时候，整个西方的启蒙运动其实是在寻找一种不同于西方思想传统的出发点。他们所找到的那个出发点在我看来就是最后卢梭所说的那个“良心”。这个“良心”后来在康德里面引申为一种自由意志，引申为一种自由，那是概念上的联系。卢梭是怎样提出他的“良心”概念？朱谦之在20世纪就已经对这个问题进行过研究，认为卢梭的良心应该和王阳明的那个良知是相通的。我的阅读也是这样。但是在史料上，以及概念上怎样展开这个思路还需要进一步做。很可惜，我们没有接着做。我觉得需要继续认真去做。我发现了一个很重要的思想史现象，在整个西方传统里头，一方面是基督教传统，基督教传统归根到底是恩典的传统。在恩典概念中，出发点在于信仰。你得相信。“相信”这个词的意思是说，我不了解你基督是谁，我不了解你作为神是什么东西；在这样的情况下我就相信。这样一个出发点怎么进入到西方思想史中是另外一回事。但是，我们看到的是，自从基督教进到了西方思想史以后，它就成了一个唯一的出发点。在中世纪时这种信任转化为对权威解释的信任。在这一出发点上，人不能依据自己做判断，而是要通过在神父面前忏悔，并作决定。和这个出发点相对应的是：从我个人出发进行判断。一切都从我自己出发，由我来做判断。如果你这件事没有通过我来做判断的话，我是不会认定你这件事是做对还是错的，或者是真的或者是假的。这个传统强调从个人出发，从我自己出发。这里的底气在哪里呢？我们在儒家思想的一个中心概念中找到了这一底气，即在

"诚"中。也就是说，我们是在"诚"里头去判断善恶的。当一个人完全真实地面对自己的时候，人就在诚中，从而能够知道善恶并加以判断选择。在"诚"中也就是在出发点地位上。这一点在我看来是属于儒家传统的精髓所在。所以儒家可以充满底气地谈论修身养气。儒家对这一底气的感受在 17、18 世纪也被近代的启蒙思想家感受到了。他们反对对权威的信任，认为必须回到自己的判断权上。而且，在当时的崇拜中国文明心态中，他们把他们从儒家那里得到的底气注入他们所发起的启蒙运动。依靠这一底气，近代启蒙运动形成了一种对当时占主导地位的权威解释进行解构的力量。这一点，在我们反思近代启蒙运动时，我觉得需要我们十分重视。

回顾我们五四运动以来所谓的启蒙运动。这场运动的起因是西方的船坚炮利，我们确确实实被打趴下了。因为被打趴下，我们就觉得我们老祖宗所提供的出发点不管用了，于是想到要寻找新的出发点，于是有了各种各样的救亡努力。对于出发点问题，我觉得我们现在好像还在追寻。我最近发表了一个没有成文的演讲，题目也很怪，叫"在解构里面进入客观性"。讲完了以后，就引起了一通围攻。我的基本想法是，中国文化目前在解构力量问题上没有底气。我们不知道如何解构自己的思想体系，也没有力量去解构主流思想体系。我要强调的是，解构不是一种理性的行为，不是用一种理论来批判另一种理论。解构就是杜先生所说的一种心态性的东西，一种情绪性的东西，是非常情感性的东西。只有在情感中，你才能谈论解构。那么这个解构的力量究竟在哪里？当然中国思想史上有解构的力量，像庄子和禅宗都提供了解构力量。但是，这个解构力量已经不足以抗拒目前，特别是近代以来的理想主义思潮。理想主义在中国目前依然是很流行的。理想主义，就是刚才杜先生所谈论的"理念"。启蒙不是一种理念性的东西。当我们指向某种理想的时候，这个理想就成了我们全部生活的出发点。它好像是未来的，好像没有实现；但是我们所有的行为都得以它为中心。这便是所谓的理想主义。但面对这个理想主义，如果没有一种力量去解构它，我们就谈不上启蒙。五四运动所倡导的启蒙运动，其实是把西方的某种思想体系引入中国，并用它来批判乃至代替现行的思想体系。这种做法，我认为，并不是真正的启蒙。

**杜维明**：我也做一点点回应吧。非常谢谢你！西方的启蒙运动，从伏尔泰、卢梭、莱布尼茨、狄德罗及其他百科全书派，有一个共识，就是儒家是最重要的参考思想，中国社会是最重要的参考社会，这是毫无疑问的，所以才有魁奈，就是重农学派的魁奈，把孔子像摆在他的书房里面。有伏尔泰，还有莱布尼茨，有的学者认为他的思想和《易经》有关系，反正有这么一套思想。对康德，以前秦家懿做过，我不知道她的材料是怎么找来的，但是有句话说，康德是从 Konigsberg（哥尼斯堡）来的伟大的中国人，用英文说是 A Great Chinese from Konigsberg，这句话大概是尼采讲的，但是为什么说，我没有好好地解读过，也许不是随便讲的。但是我想你提出了一个大问题，就是到底康德把定然律令，和灵魂不灭，和上帝存在，作为同等的基本的前提，所以他认为他的革命是一个“哥白尼式的革命”。他的思想，这个到底后面是什么东西。你现在提出来，假如说确实当时大的问题是从路德提出的信心得救而来，然后再来是充分个人自由，中间造成的张力。那至少意味着，康德的这种思想的出现，就是很实用，你的自由本身就是最基本的假设，从这个理性角度讲起来。他对西方当时，不管是社会习俗，乃至重大的哲学思考上面来讲，他是一个异类。毫无疑问，现在康德哲学变成了一个重要的主流，在哲学方面，绕过康德几乎不可能。这个重要的转折点，有没有一些比较文化学上的理由，是什么灵感（inspiration）使他这样构思，这是进一步研究的大问题。

**高全喜（中国社会科学院法学研究所）：对启蒙的反思要有一个度**

我认为关于启蒙的反思，要有一个立足点，就是到底为什么要谈这个问题，在中国当前的现实情况下我们谈这个问题究竟有什么意义。

首先，我觉得刚才李强教授谈得很有意思，确实这个启蒙，它从时间上来说在西方持续了一二百年，从它的形态和渊源来说，我觉得大致有三个。一个是苏格兰启蒙思想，一个是法国启蒙思想，一个是德国启蒙思想，可以说 17 世纪、18 世纪、19 世纪的西方，基本上在思想观念乃至社会运动领域，表现出了一个关于启蒙的不同形态的多元模式，并且在它们之间呈现出各种维度下的一种张力性的关系。刚才李强说自由民主的思想理路是从启蒙过来的，社会主义的理路也同样是从启蒙过来的，甚至还有一些其他的思想路径，如当今的第三条道路、社群主义等，也都可以在启蒙思想那里找到它们的发源地。在西方，上述有关启蒙的不同渊源、形态，相互之间一直在打架，可以说，整个近现代西方思想史就是一个启蒙思想及其运动自己的各种不同价值、观念、主张相互之间争斗的角斗场。到底谁胜谁负呢？现在还很难说。20世纪之后又有一种反思启蒙的或者解构启蒙的新的东西出来了。这种新的东西，可以从古典时代的思想中找到渊源，也可以从东方文化中找到某种共鸣。但是，现在我们要问的是，对启蒙的反思到底是要反思上述三个主要渊源中共同的东西呢，还是它们分别不同的东西呢？我觉得在这里应该有所警惕。比如说，新左派乃至社群主义等，它们重点质疑的是自由民主的现代化成果，认为这些是启蒙之病，但是问题在于，它们除了高调的批判之外，自己建构出什么东西了呢？实际上，对于启蒙的批判处于一种非常吊诡的处境，一方面他们认为后现代已经来临，但是，他们反思启蒙的一个前提却是基于自由主义或者说宪政民主的框架之上的，如果这个制度框架倒塌了的话，或者像他们所企图的被消除的话，我看他们的所谓后启蒙时代将不知伊于胡底。固然现代化带来了诸多的毛病，有些甚至是极其严峻的，但解决这些问题是否要彻底摒弃启蒙所构建的自由宪政民主制度，我的看法是否定的，对启蒙的反思要有一个度。要建设性的或继承性的反思，而不是要对启蒙这样一个新传统采取一味摒弃的态度，其实这是一个简单的常识，可不知怎么到了左派的思想家们手里就变得如此复杂高妙了。

前面我只是说了针对启蒙思想中的自由民主这一支，此外，对于相当多的国家，特别是后发国家来说，启蒙所导致的另外一支，即社会主义这一支，对于它的反思似乎更为必要。刚才李强教授谈得特别好，如果现在说是要反思或者批判启蒙，那么如何看待这样一支具有强大影响的，而且依然持续存在的社会主义思想意识形态以及制度结构呢？这显然比前面一个问题更为重要。说到这里，我就回到了第二个要谈的问题，就是中国立场或中国意识。我们说启蒙的反思，从大的理论上说，到底反思的是哪种启蒙？启蒙中哪些东西值得反思？是基于后现代的立场反思整个启蒙之病？还是反思社会主义的启蒙或市民阶级的启蒙？此外，哪些东西还是要坚持的，甚至要继续发展的？在中国可以说从五四以来，甚至某种意义上说，自1840年以来，我们就开始接受西方文明的影响，产生了观念的、制度的、工具的等各个方面的碰撞和吸收，特别五四之后，这种启蒙的思潮一直到现在，源源不断。最近一些年，有一些呼声，说我们应该告别启蒙了，我们应该走过启蒙时代了。在中国立场、中国语境下，我觉得这个观点要从正反两方面看。我们现在的制度框架，大体上是顺着社会主义这条路子过来的，启蒙中所谓的自由宪政民主这条路子在中国并没有开花结果，时下文章中大量搞的是反思、批判和解构以西方的自由宪政民主为对象的这一套把戏，可这个批判的东西，在中国目前还没有真正建立起来，我们有什么资格调用所谓后现代的思想理论来反思我们从来没有的东西呢？如果要反思的话，我看主要是对于社会主义这一支的反思，但我不知道后现代的那些东西究竟能为我们反思这个启蒙形态提供多少有用的资源。相反，启蒙不同形态之间的张力关系，如自由宪政民主与社会主义相互之间的对立性关系，或许对我们思考中国今天的问题更有启发性和建设性意义。

我知道这又回到对于启蒙的理解，这个理解有三个层面，一个是心态方面的，一个是观念方面的，另外一个是制度方面的。启蒙的结果不单单是导致了人类的思想、生活和观念方面的变化，它同时还构建了一套现代民族国家的政治与法律制度，特别是自由宪政民主制度。这个制度是启蒙的一个非常坚硬的成果，它是政制意义上的，不是政策意义上的，这个东西在当前对我们国家有非常重大的意义。我们一方面要把启蒙继续深入地进行下去，真正实现它的制度上的成果；另一方面也要反思启蒙在西方社会近一二百年来，以及在中国近几十年或者一百年来，所导致的各种弊端。这是两个完全不同的目标，我觉得要把逻辑的线索和层次谈清楚，否则就容易导致思想混乱，特别是误导年轻人。在西方现代社会，启蒙的现代化结果在一些方面是值得反思的，我们不能把西方各种后现代的思想理论一棍子打死，那是它们的问题，人家社会形态走到了这一步。但是对中国来说，我们是不是也要鹦鹉学舌，后现代起来？我认为在现代中国最关键的问题不是批判启蒙，而是应该继续启蒙，当然对启蒙要有一个更深度的理解，即选择正确的启蒙之道。

在中国还有一个特殊的情况，就是中国的传统文化。这是我要说的第三个问题，即启蒙与传统的关系。西方的任何国家，比如说苏格兰，它们的启蒙运动是与当时英国的历史传统，诸如英国的普通法、议会制度和自由权利观念等，相结合的，法国也是，高卢的积极自由精神是法国文明的象征，至于德国就更不用说了，日耳曼精神是与它们的启蒙思想结合在一起的。我们中国，五四启蒙的反传统确实是需要检讨和反思的，这一点，杜维明先生的对话中谈得很多了，我是赞同的，特别是站在21世纪来看这个问题，问题就更明朗了，我们对传统应该有一个同情的理解。但是，这是否意味着对于启蒙要全盘否定呢？我不这样认为，我觉得我们的启蒙并没有完成，但新的或正确的启蒙与尊重传统、继承传统并不存在截然对立的关系，新启蒙诉求的是自由的社会政治制度和多元文化的并存与沟通，所谓和而不同。而要真正做到和而不同，我认为恰恰是自由主义的制度才能提供出来的。蒋庆的政治儒学属于一种拟古不化的复古主义，康晓光对于自由民主的敌视更是属于个人的偏见，他们并不代表传统的真精神。我个人主张把自由主义的宪政民主制度，与中国古典的传统文化结合在一起，我最近主编的一个丛刊叫《大国》，它的主旨就是寻求自由主义和民族主义的结合，提倡的即是自由主义的制度框架，现代民族国家的建设以及传统文化的继承和新的塑造，而这些显然都需要继续启蒙。

总之，我认为，对启蒙的反思不是基于西方后现代的状况来抛弃启蒙，而是寻求新的正确的启蒙之道，鉴于中国现代问题的复杂性，基于中国当前的立场或问题意识，如果过多地提倡对启蒙的反思，乃至批判，可能会带来一些负面作用。

**秦晖（清华大学历史系）：在继续启蒙中反思启蒙**

一　启蒙的要义在于“群己权界”

刚才李强、杜维明和高全喜几位先生都提到对启蒙思想中几个重要概念的理解。杜先生提到启蒙，说启蒙弘扬的是个人主义，然后李强又说启蒙中还有集体主义这一支。其实我觉得，严格地说，启蒙提倡的既不是个人主义，也不是集体主义，而是个人和集体之间的一个分界。实际上，这一点中国人一开始接触启蒙的时候就已经理解得很透彻，就是严复讲的那个“群己权界”。而且这一点的确是启蒙运动孕育的两大主要思潮：自由主义和社会主义（指社会民主主义，不是斯大林主义）的共同点。因为从某些方面来说，社会主义者其实是非常个人主义的。几年前布伦德尔（John Blundell）和格斯卓克（Brian Gosschalk）就分析说，现在我们所讲的左派（他们称为“社会主义者”），在伦理上恰恰是主张极端个人主义的，但在经济上则讲集体主义。他们在伦理上往往持极端的个人自由立场，从一般的婚姻自由发展到堕胎自由、同性恋权利、性解放等，我们官方过去说这是“腐朽的资产阶级观念”，是否腐朽我不好说，但这都是西方典型的左派口号，是右派强烈反对的啊。然而左派在经济上则反对自由放任，主张搞公共干预、福利国家。反过来，西方右边的一翼，有些人说是自由主义，有些人说是保守主义。不管怎么叫吧，他们的主张很清楚，那就是经济上要搞个人主义、自由竞争而反对国家干预，伦理上则相反，他们主张社会、国家要干预个人，要强调个人对家庭的责任，对宗教的责任，对国家的责任，不允许什么个性自由在伦理方面泛滥。比如同性恋、堕胎、性解放这些自由，都是他们深恶痛绝的。最近小布什对麻州承认同性婚姻的“婚姻平等法”就非常敌视，反应强烈。

所以我觉得，启蒙运动的这两支都各自在一个方面强调个人自由而在另一方面强调公共利益，并非一支只讲个人而另一支只讲集体。如果要在这方面谈启蒙，启蒙运动实际上就是突出了一个“群己权界”问题。而且这个问题，不仅在启蒙运动当时，直到现在西方也还在争论。但重要的是，它使人们在很大一部分的群域，和很大一部分的己域方面，已经形成了“重叠共识”，也就是不分左右派的“共同底线”。比如在西方国家，不管左派还是右派，都不可能反对言论自由，因为言论自由是个人权利，这里不能讲多数决定，任何统治者也都不能以所谓公意的名义剥夺我的这种自由。在伦理方面，如果说同性恋仍然引起争议的话，那么至少异性恋自由是公认的，右派不会像高老太爷那样逼你“为家族的利益”而嫁娶，左派也不会像《激情燃烧的岁月》那样“为革命利益”搞“组织上包办婚姻”。就是在看上去似乎分歧最大的经济制度方面，虽然你可以说左派喜欢“公有制”而右派喜欢“私有制”，但他们实际上都尊重作为权利主体的个人自由选择，即所谓“处置公产需要公众同意，处置私产需要私人同意”。工党不会支持像强制拆迁这样的侵犯私产，保守党也不会赞成“掌勺者私占大饭锅”式的私有化。反过来说，不管左派还是右派也都不会否认国家的立法属于公共领域，公权力的授予和运作也是公共领域，不能个人或小集团“自由”决定。也就是说，己域要自由，群域要民主，这也是没有问题的共识。凡是个人权利领域的事就应该有个人自由，而公共领域的事就要民主决定。不能颠倒过来，让个人把持群域，公权侵犯己域。

但是除了公认的群域和己域，以及群域要民主、己域要自由这些公认的规则外，人的行为中的确还有很多模糊领域很难绝对说是群域还是己域，应该公共民主决定还是个人自由选择，于是就有了左右的争论。而且争论了两百几十年以后，还是分歧依然。但是群己权界又不能不划清楚，否则群己不分就会出乱子。于是便有这么个制度安排：对这部分模糊的领域，每隔几年让公众有机会重新选择。比如说所谓的两党制，最典型的就是社会党和保守党了，让国民对这两党隔几年重新选择一次，其实质无非就是每隔几年重新划一次群己权界。如果这几年经济上己域过大而伦理上群域太广，咱们就把社会党选上去，让它把经济公益、社会民主扩张一点，把伦理上的个性解放、个人自由推进一点。过几年咱们又觉得经济上群域过分，伦理上自由太多，那就再调整一下，把保守党选上来，让它在经济上扩张自由而伦理上强化责任。这些规则成为大家的共识。

今天在发达国家，左右派对群己权界怎么划分仍然各执己见，但是他们都接受这些规则：“权界要划清，不能群己不分；己域要自由，不能让所谓公共权力乱干涉，群域要民主，不能任个人或未经公众委托的少数人专断；基本的群域与己域有共识；而达不成共识的模糊区则定期让公众重新划定。”上次在武夷山，王绍光说西方其实不像我们所说的那样保护私产，例如高税收高福利制度，如果税率高到80%，那不也跟共产差不多？他的意思是我们也不必那么强调保护私产。我说你这话也不是没有道理，问题在于这种选择在他们那里绝不是一元的和一次性的。首先高税率作为公共事务不能由个人和小集团说了算，而必须经由民主程序进行公共选择。其次如果公众选择了高税率，主张低税率的人仍有宣传的自由，下一回也许公众又选择零税率，那群己权界不就又移回来了吗？所以，哪怕你是个主张税率100%的极端集体主义者，只要你这主张是供大家选择而非强迫大家，只要你承认别人可以宣传别的主张，只要你同意大家的选择并非仅此一次，那么你仍然是启蒙精神的代表。但他说那不行，选来选去的还有没有个准了？我说那就完了，你在反启蒙了。如果这样，不管你主张100%税率还是零税率，乃至中庸之道的50%税率，公众都没有好果子吃。

所以很难说，到底启蒙运动的主流是个人主义还是集体主义。但是的确，作为启蒙运动的结果在制度安排上建立起来的这种所谓“群域要民主，己域要自由，模糊区让大家定期重划”的办法，我认为到现在为止没人能超得过。现在有人把儒家描绘成在自由主义与社会主义之间搞中庸之道的人，似乎自由主义者过分强调个人，而社会主义者又过分强调集体，儒家就不偏不倚两头兼顾。我说这样的区别并不存在。西方并不缺少中左、中右乃至中中派，而儒家本身就是多元的，既有主张自由放任的（例如司马光），也有主张国家统制的（例如王安石），所以问题还是在于这群己权界怎么划，谁来划，能否一次划死。儒家在这方面有什么高见吗？

当然没有也不要紧，西方也不是从来就有的。过去儒家没有，今天的“新儒家”发明了也不错。我们当然可以做新的制度设计，但这个制度设计恐怕也离不开上面说的那个启蒙底线吧。如果我们真正要反思启蒙，那你就要提出有没有比这更好的做法。也就是说，是不是群己权界可以一锅粥地不加划分，是不是己域可以不要自由，群域可以不要民主，或者说是不是群己之间的这个模糊领域可以采取另外一种处置方法，比如说立一个圣人，一劳永逸地就划出了一条线，以后绝对不能更改。或者说，既然这条线模糊过，我们也就不划了，就在群己不分的状态下过日子。如果这样，好像我们都很难讲什么反思启蒙。但是的确启蒙运动没有彻底解决这个问题，我们还是在“试错”，而且我想也许人类永远不可能彻底解决这问题。所以这个启蒙过程，我想是永远处在一种自我反思之中的。其实启蒙本身就是反思，先反思中世纪，再反思以后，这个过程大概永远也不会结束。所以启蒙的过程与反思启蒙的过程可能是一而二、二而一的，而且都没有终点。

二　要反思的是中国的启蒙

话说回来，现在我们所谓的反思启蒙，与其说是反思一般意义上的启蒙，不如说实际上有个很具体的内容，就是反思近代史上发生在中国的启蒙运动，清末以来的启蒙运动。因为的确这个启蒙，五四以来的启蒙，不管是“救亡压倒启蒙”还是“启蒙压倒救亡”，总之是从启蒙中最激进的一支后来发展出共产党，接着陆续发生了后来我们看到的一连串事情。的确，当年最早的共产党人如“南陈北李”都是最主张西化的，而且严格地讲，也是最早提倡个性解放，推崇个人权利的，在这一点上他们也最激进。所以要说中国的共产主义就是集体主义也很难说，因为当时恰恰是在个性解放方面最激进的这些人引进了这个主义。

其实以前有人也提出过这个问题：为什么在清末人们觉得中国文化不行了？如果仅仅说是被西方的船坚炮利打蒙了，这不足以解释。因为你看明末整个大明帝国都彻底败亡了，汉族知识分子也痛苦地为此反思，但这种反思只是反省明朝的统治为什么不行，从来没有怀疑孔孟之道，怀疑儒家文明有什么不行，更没有向满族人学习。他们对自己文明的自信还是非常强，而且这反思就是要强调回归真道统。包括黄宗羲他们那些人，都要求回归古儒，甚至科举时代都不行，要回到察举时代。就是说当时的反思具有一种“复古”的形式。

可以说，明清之际与清末民初人们对“被打败”的反应截然相反：南明覆灭后汉族士大夫在军事上对满族几乎完全服气了，即便像黄宗羲、顾炎武一类保持气节不愿与满清合作的人也仅限于当隐士，对于起兵反满已完全绝望。但他们在“文化”上对满族的优越感几乎完好无损，根本谈不上服气。而清末虽然屡败于列强，国人在军事上却并未服气，仍然持续追求振武强兵抗敌雪耻，但“文化”上的优越感则前所未有地低落，“国学”迅速趋于边缘化，无论自由主义者还是社会主义者都一心学习外国，而像辜鸿铭这样宣传中华优越的“顽固派”，也是以外国出身英文比中文好为资本才能立足。为什么？

现在说清被打败了，但它那个被打败哪能跟明朝被打败相比啊？也就丢了一些藩国、一些边地嘛，中国主体部分还在清朝主权之下，与明朝的彻底灭亡差远了。但就是在周边吃了那么几个败仗，就至于人们对两千年的道统都产生了破灭，转而向西方寻求真理？明朝彻底亡掉了，也没有让人失去对道统的信心，更没人转向满族、向萨满教寻求真理嘛。

所以说清末的西化潮只是因为西方打败了我们，那是说不过去的。其实当中国的那些儒者开眼去看西方的时候，最令他们震撼的并不是什么船坚炮利。最令他们震撼的，如果用传统语言来说，就是他们西方比“我大清”更仁义！当然这“仁义”不包括国际关系，那是强权政治，不用说是国人必须反抗的。但是他们国家对自己的人民，就比大清仁慈，他们的社会关系，就比大清道德。这是很多带着儒家思想的人去观察西方的时候都有的感慨。比较之下他们猛然发现，我们这个国家已经“礼崩乐坏”了两千年。戊戌时代的儒者感到的礼崩乐坏并不是西学带来的礼崩乐坏，而勿宁说是“三代”之后、“暴秦”以来的礼崩乐坏。用谭嗣同的话说：“两千年来之政，秦政也，皆大盗也。二千年来之学，荀学也，皆乡愿也。”中国已经被“大盗”和“乡愿”统治了两千年。

这痛感倒也不是晚清才有，明亡后黄宗羲那一代大儒也曾有类似痛感。其实真正的儒者（而不是拿儒术做敲门砖的官僚）历来是不满现实的，孔子说：“道不行，乘桴浮于海”。朱熹说：“尧舜之道未尝一日得行于天地之间。”不同的是，晚清的儒者找到了一个“仁义”的来源，那就是西方。用徐继畬的话说：“推举之法，几于天下为公，骎骎乎得三代之遗意焉。”他们并没有真正明白西方的自由民主是什么东西，但凭直感，从儒家的观点，就感到那是个比“我大清”更讲道理的礼义之邦。像首任驻外公使郭嵩焘，与曾国藩等人一样是个翰林出身的理学名儒，出国时已58岁，价值观已经定型，实际上他也看不了外国学术书，自由主义也好，社会主义也好，他一概不看，但是他在那边待了几年，对西方社会发了很多观感与议论，看到那个法治社会“公理日伸”，基督教“劝人之善”，“乡绅”（即议员）公议政事，国王尊以崇礼，于是大加赞赏，以为我们应当学习。但是郭嵩焘虽对英国印象很好，却并未批评儒家，他正是把英国看成儒者向往的“礼义之邦”的。

去年我在哈佛期间还看到一份清末驻奥公使杨晟写往国内的一封信，那封信很有趣。他当时遇到奥地利发生工潮，维也纳20多万工人示威游行“以争准举工党为议绅”，就是要推举他们的议员，要争取工人的选举与被选举权。当时杨晟与徐继畬、郭嵩焘这些大儒一样把议员称为“乡绅”，因为按儒家思想，乡绅就是“从道不从君”的士大夫，是代表“公论”而独立于君主的。当然在中国只是理论（而且是古儒的理论，董仲舒以后这种理论也不大讲了）上如此，并没有制度安排来保证我们的乡绅会代表“公论”，倒是在西欧，我们的儒家看到了真正的“乡绅”。按这位公使大人的说法，奥国官方对这些工人“议绅”礼贤下士，“首相及两院首领善言安慰”，而工人更是“知礼好义”，“聚众至二十余万人之多，而始终无喧搅市廛之举”。“沿途工人礼貌整肃，一如平日。”公使大为感叹：“彼为下流社会，尚且如此，足证奥人风纪之纯美也。”如此上下沟通“风纪纯美”之景与国内官贪民刁、官酷民暴、官逼民反、世风日下之景相比，怎不让这些儒者萌生改革之心？

显然清末的这些士大夫，他们看到西方的感想跟明末士大夫看到满族人的感想完全是两回事。满族人尽管武力强大，类似“船坚炮利”吧，但是他们在满族那里看不到“仁义道德”，而在西方看到了，并且很自然地产生向往（这并不妨碍他们爱国，并在国家利益方面抵抗西方侵略）。他们当时想的不是什么西儒对立、西儒冲突，更不是什么西学导致礼崩乐坏，相反他们认为西人之所以富强是有道德根基的，并因而主张引进西学来排拒“大盗”与“乡愿”，消除礼崩乐坏以解救儒家。这是当时一种很强的思潮，我称为“引西救儒”，就是说西学可以把儒家从法家的压迫下解救出来。

这种想法其实也非常合乎逻辑。本来在中国的“传统”中，古儒当初本以西周社会作为它的理想。而西周社会本来就是以小共同体本位为特征的族群“封建”（不是我们后来意识形态宣传的那种“地主佃农”构成的“封建主义”）体制，它那种“孝高于忠”的观念，“家高于国”的观念，“父重于君”的观念都很突出。包括它所谓的“性善论”。其实这个所谓的“性善论”从常识层面来讲就是血缘共同体中的一种“亲情”，人与人之间是不是与人为善、心存利他的呢？这很难说，但是父子之间，母子之间，一个家内应该是这样的。这样就相应地形成一种权责对应的观念。就是刚才杜先生也提到的：在熟人共同体中权力与责任是对应的，上下的义务是双向的。君君臣臣，父父子子；君不君则臣不臣，父不父则子不子。

这里的一个问题是，权责对应不能只有这样一种观念，必须有一种制度安排能够保证这个对应。但是当时儒家不讨论这个问题，道理很简单：因为儒家取向于小共同体本位，它本身就不赞成“个人主义”或“君国主义”。而只要共同体足够的小，比方说在亲近的熟人圈里，乃至在一个家庭里，一般来讲仅仅亲情就可以解决这个问题。在家内不需要选举父亲，也无须搞什么三权分立。一般来说，父权和父责是天然统一的，子女当然要尊重父亲，但是父亲一般都会护着子女，会尽养育之责，而很少把子女当牛马当奴隶来虐待的。因为“虎毒不食子”嘛，天然的亲情在这里就起到了制约作用，使权责达到对应。

但是问题就在于，如果这个共同体的范围扩大，如果人与人交往的半径进入陌生人社会，那么这个权责对应，也就是说权力与责任的双向性，恐怕就不能只靠亲情来维系了。“父父子子”好说，君君臣臣，谁来保证？儒家经常说君和父可以类比，臣和子可以类比。但是老实说，在先秦时代很多人就怀疑这一点，而且儒家自己也讲过君不能等同于父。最近郭店出土的楚简儒书中就明确讲了，“君所以异于父者”，就是“朋友其择”嘛。父亲对我尽责，我有切身体会，但天高皇帝远，皇上对我尽了什么责任？既然这个共同体放大以后，这个权责对应的维系就不能只靠亲情了，那么，怎么样才能够做到权责对应呢，怎么样才能做到统治者的权力要对被统治者负责呢？这个问题我认为在近代启蒙过程中西方解决了，那就是用宪政的办法来解决这个问题，所谓宪政，就是治者与被治者之间的一种契约安排：你的权力是我授予你的，授予你的唯一目的就是让你为我提供公共服务，承担“公仆”责任。你若不负责任，服务提供的不好，我就收回对你的授权。就用这个办法来解决了权责对应的问题。

但是当时的儒家，说句调侃的话，当时的儒学设想的就是“家内靠亲情，国内靠革命”。就是在家内我们靠亲情（伦理、性善论）来维系“父父子子”的权责对应，在家以外呢，我们就设想“君君臣臣”，号召君臣向父子学习，君要爱护臣，臣要尊敬君。但是，如果君不君的话怎么办呢？儒家说君臣“应当”如父子，但他们心知事实未必如此。于是只能说：如果君不君，那就搞革命。那就是所谓的“汤武革命，顺天应人”，那就是“抚我则后，虐我则仇”，“闻诛一夫纣矣，未闻弑其君”，“君视臣如草芥，臣视君如寇仇”，直到后来的“伐无道，诛暴秦”，乃至辕固生对汉景帝讲的那番“受命放杀”理论，等等那套东西，都是在用“革命”来吓唬君主。我们先不说后来的“法家化之儒”不再敢这样讲了，就是他们仍然坚持，这种通过“革命”来推翻暴君（但无法保证“革命”后上台的就是贤君）的办法也未必比借助宪政的制度安排来维持权责对应的社会成本更低吧。

## 三　启蒙与反儒

当然“家内靠亲情，国内靠革命”毕竟还是反对绝对君权的，因此我同意古儒中的确有反专制的思想资源，五四时代把专制与儒家画等号的确不妥。但是“亲情加革命”这套东西乃至整个儒家的小共同体本位的构制，对于法家的官僚制帝国来说都是不可接受的。专制皇帝既不容你“亲亲爱私”而“为父绝君”，更不容你对他“革命”。因此从战国到秦汉，就不断地搞“思想改造”。首先是法家发明“三纲”，明确否定权责对应，强调绝对君权。接着道家（黄老）出面否定“革命”之说，最典型的就是黄生对辕固生的那番反驳，而且由景帝给“辕黄之争”定调，不许再讲“革命”道理了。再后来董仲舒接受“三纲”而放弃“革命”，开始了“儒表法里”。但董又搬出“天人感应”，还想以那套装神弄鬼的谶纬保留一点吓唬皇上的手段，尽管那装神弄鬼本是道家阴阳家的东西，而且素为古儒不屑。但我看董子也是不得已啊，后人说他搞这一套是想帮皇上吓唬老百姓，良心大大地坏了。我想不能说没有这个成分，但董老先生主要还是想以此吓唬皇上、多少保留一点古儒限君之遗意。不料后来的皇上主要从法家道家那里学来“唯物主义”，不吃你这一套，干脆就把谶纬给禁了，而且禁得似乎比“暴秦”焚书还彻底，如今我们已经根本无缘见识那些图谶纬书。同时东汉又发展了“尊周不尊孔（实际是尊官不尊士），传经不传道（实际是从君不从道）”的古文经学，对董子用心良苦的“微言大义”嗤之以鼻。还把一部来历不明、没有什么伦理味儿的官僚制帝国中央集权法《周官》冒称“周礼”并当作“三礼”之首置于宗法伦理之前。到了这一步，儒者也就徒唤奈何了。

后来所谓的儒，也是很大程度上被法家化了的儒。当然实际上，儒家对这种被法家化的状态也一直不甘心，也一直有一种礼崩乐坏人心不古的感觉。到了清末，他们终于觉得找到了解决礼崩乐坏的办法，这个办法其实说得简单些，就是引进西方的制度安排来根治这个官僚制帝国的法家化（或法道互补）弊病，包括儒家本身的法家化危机。

实际上整个维新变法运动都是按照这个模式搞起来的。

问题是维新运动失败以后，维新派中的一些人不愿意承认自己在政治策略等方面的拙劣，为了给自己的失误作粉饰，也为了维新派寄望于光绪而不愿在指责王朝专制制度方面走得太远，于是就把失败说成是因为中国人素质太差。这样就产生所谓的“新民说”，产生对国民性的质疑。对国民性的质疑势必进入教化层面，于是就说这几千年的教化有问题。而教化用的是儒家，于是西化必排儒，排法反而成为次要，甚至不要。

更重要的是，中国的启蒙是在一个救亡的背景下进行的，我同意刚才杜先生所讲的，这不是救亡压倒启蒙，而是启蒙和救亡相互结合在一起。就是为了救亡，才要启蒙，而且救亡最积极的人也都是启蒙最积极的人。应该强调，我这里所谓的“最积极”还是特指在追求个性自由方面最积极。因为所谓的“救亡压倒启蒙”这个概念，其实是特指的压倒自由主义的启蒙，因为救亡肯定没有压倒马列主义的启蒙嘛。我们通常所讲的“救亡压倒启蒙”是讲的救亡压倒了自由主义的启蒙。但是实际上，你看一看五四前后的历史就会知道，要讲个人主义，要讲个性的张扬，其实都和救亡扣得很紧。而且很多人都在这两者中走得很极端，包括五四中最激进的那批文化人，其中有相当一批成为马列主义者，成为共产党员，他们最初都是从要求个性自由、摆脱包办婚姻、脱离传统家庭、家族与家长的桎梏，都是从这个层面表现出叛逆的。

但是这种“个性自由”却有一个国家主义的背景，我想后来的启蒙，包括对自由、对个性的启蒙后来都走向了一个渠道，就是这种启蒙很大程度上是把个人从自己身边熟人（家庭、家族）的束缚中解放出来，然后把他交给一个无所不能的国家，启蒙运动对个人主义的弘扬，变成了“以国家主义来反对宗族主义”，“以大共同体本位反对小共同体本位”，结果把个人从宗族中“解放”出来却落到了不受制约的国家权力的一元化控制之下。应该说这不是民族意义上的国家，而是“totalitarianism”，直译就是“整体主义”，中国最常用的翻译是“极权主义”，实际上两者是一回事。就是认为有一个至高无上的整体利益和代表这个利益的、不容置疑的“整体”权力。这个权力高于一切，压倒一切。那么这个权力在中国就不仅否定了个人权利的存在，也否定了小团体利益、小共同体权利的存在。

现在我觉得，如果真正要反思中国的启蒙，恐怕很难说这个启蒙是太保守还是太激进。启蒙的价值并没有错，但最大的问题是，由于有救亡的背景，它的针对性的确有严重偏差。从戊戌失败以后一直到五四的这个期间，启蒙出现了一个问题，就是它对个性的张扬主要是冲着小共同体来的，具体地说，主要是冲着家族、宗族来的。那么在反对宗族主义的背景下，就给极权主义和伪个人主义的结合提供了一种空间，以至于导致了以追求个性解放始，到极端地压抑个性终这样的一种“启蒙的悲剧”。

在今天，我觉得如果真要反思，那么就有两个问题：第一，在现代化过程中，儒学能够扮演什么角色？戊戌以后“反儒不反法”的启蒙方式总体上是有利于还是有害于中国的现代化？第二，那就是对现代化本身进行反思，儒学是不是能够扮演一种后现代文明的角色？显然杜先生关心的是后一个问题，西方人对于儒学的关心也主要是基于后一问题。对此我们是完全理解的。并且我以为，用中国尚未现代化、所以还没有资格反思现代化的理由来回避这一问题，也不是可取的态度。但是我的确认为，这个问题能否谈出点新意，取决于不管是新儒家，还是对儒学资源有兴趣的人，是不是真的能够设计出一套比西方现有的制度安排更可行，也更合乎理想（即更可欲）的这样一种制度。在这方面，我觉得“袖手谈心性”是不解决任何问题的。新儒家一个很大的局限性就是现在基本上是在形而上层面谈论问题，在形而上层面谈问题如果不落实到制度层面的话，就很难有实际意义。

但是如果在制度层面去谈论儒学的资源对于当代中国现实的问题，有没有可以借鉴或者可以用的地方呢，我觉得还是有的。这首先不是说这种成分比现代文明要高明多少，而是说这种成分对于中国摆脱现在的这种状态，就是刚才高全喜先生所讲的，中国人现实感到的那种压迫，会起什么作用。也不仅是“现在的”，因为这种状态实际上在中国秦以后两千年来基本没有中断过。在这一点上，我觉得毛泽东倒是看得很准，就是他讲的所谓儒法斗争的问题。很多先生包括刚才杜先生也提到，儒家有一种从个人出发的、个人主义的根基，我觉得儒家如果说有“个人主义”的话，主要也是讲个人责任和个人义务这种意义上的个人主义，而就个人权利而言，儒家的确可以说是不考虑的。儒家谈到的个人主要是讲个人应该怎么反省自己，应该怎么强化自己的道德修养等等，主要是在这个意义上谈个人。但是个人应该拥有什么样的权利，这点儒家是没有谈的。

但是儒家谈到小共同体权利，谈到小共同体的自治权，尤其是谈到小共同体应该有独立于所谓君国的这种自治权。尤其是古儒，它是一直有这种取向的。例如我最近曾提到的所谓“杨近墨远”：尽管孟子对杨朱的个人主义和墨子的整体主义都很不赞成，但是他又认为相对而言，杨朱的说法较之墨翟之说离儒更近，也就是说，小共同体本位和个人主义很接近，而与整体主义，或者说极权主义有一种对峙。虽然这种对峙在近代以前没有什么力量，在近代以前，儒家实际上是没有办法解决礼崩乐坏的，而且已经屈从了“大盗”和“乡愿”，至少在很大程度上是这样。但是现代，在通过启蒙引入新的制度因素后，似乎就有了一种可以摆脱“两千年秦政与荀学”之压抑的可能，这种压抑是对个人主义（己域自由）的压抑，也是对集体主义（群域民主）的压抑，而过去它实际上也是对小共同体本位，即对儒家所憧憬的那种东西的压抑，在这种情况下，我觉得就有了一种可能，即通过“西儒会融”来使中国走向一个更好（如果不比西方更好，至少也比“秦政”更好，如果达不到“后现代”，至少比“秦政”更接近“三代之遗意”）的状态。

也就是说，就“中国的启蒙”而言，应该反思的不是它“过分现代化”，也不是它“过于激进或过于保守”，而是它的“反儒不反法”，甚至“以法反儒”，从而反掉了“儒表”却强化了“法里”，或者说是从“儒表法里”变成“马表法里”——就是老人家讲的“马克思加秦始皇”，实际上是斯大林加秦始皇。我的反思结果，就是“西儒会融，解构法道互补”。

四　什么是“文化”，如何去“保守”

最后，我要讲一下我们最近反思“文化”，讲“文化多元”的一个逻辑前提。我觉得现在谈文化，不管怎么定义，基本上都是把它当作一种价值偏好来谈的。就是中国人喜欢什么，西方人喜欢什么。从最形而下的方面来说，中国人喜欢吃中餐，西方人喜欢吃西餐，这是所谓饮食文化的不同，到最形而上的，像中国人喜欢综合思维，西方人喜欢分析性的思维。但是不管怎么样，这里讲的都是一种价值偏好，价值偏好本身有一个边界，就是你既然谈的是“价值偏好”的区别，理所当然就有一个前提，即假设这些人是有同等的价值判断或者价值选择权的，从而我们就必须区分两个问题：“选择什么”是文化问题，“能否选择”恐怕就不是什么文化问题了。

在文化识别上，比如有人说，中国文化是重视道德的，西方文化则是重视功利。那么我说这个判断就要看你怎么做了。假设两个民族都搞那种自由民主选举，那么如果有一个民族选举出来一个雷锋式的善人，另外一个民族如果选出一个比尔·盖茨式的能人，那你可以判断这两个民族价值偏好的确不同。（有人插话：比尔·盖茨就是个雷锋。）也可以这么说，他是个慈善家，我知道。我这里只是做一个假设。假如说在自由程度同样，选择可能性也是同样的情况下，一个民族挑选出道德很高尚，但是未见得很有能耐的人，另外一个民族挑出一个非常有能耐，但是道德上可能有瑕疵的人，那么你就可以说的确这两个民族是有文化的区别，他们的价值偏好是有不同的。

但是如果没有一个可供比较的平台，也就是说，一边是用选举的办法产生的一个能人，另外一边那个“善人”却是自封的，和大家的偏好并没有什么关系，并不是因为大家有这个偏好，他才上了台，那么你就不能说这两者之间有什么文化的差异。因为造成两边不同的，并不是两边的人们作出了不同选择，而只是一边可以选择另一边不能选择。我这里只是讲概念逻辑，并不预作价值判断。你也可以为另外一边辩护，说这种不准选择的状态是很好的。那你尽可以说这种“规定”好，这种“制度”好，但不能说这种“文化”好。因为在上面所说的情况下你根本连两边是否会有不同的选择、不同的价值偏好亦即不同的“文化”都无从判断，又何谈比较其优劣呢？

这个问题在五四的时代其实就出现过，因为当时宣传启蒙的那些人，比如说陈独秀，他们都主张解放个性，主张尊重个人权利个人自由。当时比较保守的一派就骂他们，说他们毁灭中国文化，说他们攻击礼教，就是要“讨父仇孝”，说他们在鼓吹“万恶孝为首，百善淫为先”。当时陈独秀有一个回答很精彩，他说我们其实是赞成孝道的，我完全赞成子女孝敬父母、媳妇孝敬公婆。我们唯一反对的就是那种不合理的父权，就是父亲公爹以“孝”的理由来剥夺子女选择的自由，搞那种“父要子死，子不得不死”的父权。我觉得这就把理挑明了：你得区分两种情况：假定在“中国文化”里，中国人从骨子里来说就是孝敬父母的，那么你为什么非得要在一种“父要子死，子不得不死”的威胁下才能行孝呢？没有这种父权，对孝道有什么影响呢？那么反过来说，假如说有这种父权，中国人才能行孝，没有这种父权中国人就不孝了的话，那就很难说中国人真的是崇孝，他只有在“父要子死，子不得不死”的威胁下才行孝，如果没有这种威胁他就忤逆胡为。那么你能说他是真孝子吗？能说这种“文化”真是崇孝的吗？而如果所谓“孝文化”根本没有存在过，又何谈“毁灭”了它呢？

所以我觉得，我们如果要谈中国文化，那就是谈中国人的价值偏好，谈中国人“选择什么”的问题。但不管这种偏好、这种选择是好是坏，首先在价值选择上，就先有一个能否选择的问题，或者至少是否有更多选择自由的问题，然后才能进入选择什么的话题上。所以我有一个非常极端（但自认为在逻辑上绝对自洽）的表述：现在世界上有两个“文化差异”最大的民族——这个差异是在实证意义上能够证明的，而不是姑妄言之。那么是哪两个呢？是“西方”和中国吗，是西方和穆斯林吗，乃至美国和俄罗斯吗，都不是！这不是说说而已，不是哪个伟大人物说的，而是真正从实证的角度证明，表现出价值偏好相差最大的两个民族，我觉得就是美国和瑞典！

大家会问：什么？这世界上那么多关于“文化冲突”、“文明冲突”的说法，从来没听说与美国和瑞典有什么关系，你怎么说他们“文化差异”最大？

为什么这样说呢？因为这两个民族是在基本上类似的选择可能的情况下，就是他们都是有自由民主制度的，都是通过每个人的价值偏好来产生一个公共选择的，那么选择出来的结果是，瑞典人选出来“从摇篮到坟墓”都委托给国家负责的这么一套安排，而美国人选出来一个基本上是自由放任的制度，福利国家不是没有，但是很少（比我们当然多多了，但在发达国家中可以说是最少）。而这种选择真正是体现了这两个民族公众的价值偏好的差异（不仅仅是某两个人的差异）。这种差异难道不是最大？你能举出更大的吗？

你会说：过去俄国的那种安排不也是和美国相差很大吗？的确是这样。但问题在于：俄国的那种安排是俄国人民（而不仅是几个俄国人）选择的吗？能体现他们的价值偏好或“文化”吗？当他们有了选择的机会，那种安排不就被放弃了吗？即便这种安排很好，与“文化”又有什么关系？或者至少可以说：俄国人民选择或不选择那种安排的能力，与美国、瑞典人民选择各自安排的能力相差太悬殊。因此那种差别在很大程度上，恐怕就不是“选择什么”的问题了，而是“能否选择”的问题了。在“选择什么”的问题上，也许每一种“文化”都有它的合理性，甚至每个个人的选择（如果不损及他人权利）也许也都有合理性。但是在“能否选择”这个问题上，恐怕还是有所谓的进步与落后的区别的。所以，现在真正的问题不是“儒家文明”和“基督教文明”，或者说“中国文明”和“西方文明”此优彼劣，还是彼优此劣的问题，而是无论儒家或者中国文明，还是无论西方或者基督教文明，恐怕他们都讨论一个最重要的问题，不管左派还是右派也都在寻求答案。这就是：每一个人的自由和一切人的自由如何能够更好地结合起来。用自由主义的中国式表述就是寻求更合适的“群己权界”，而用马克思的话，就是如何使“每一个人的自由是实现一切人的自由的条件”。

**杜维明：**我就一句话，狄百瑞（Theodore de Bary）还有好几位，我们已经做了一个关于儒家与人权的问题。现在基本上已经接受，就是说从儒家的道德理念发展人权，与个人主义的自由主义大异其趣。诺斯的高足科恩（Joshua Cohen），他评论我的文章的时候提出了这样一个观点，在儒家传统里面，可以从领导者的责任引发出一种相对成熟的人权观念。举个简单的常识例子，越有权，越有钱，越有影响力，越能掌握资源的人应该对多数人的福祉做出贡献，所以父亲，他的权利越大，他的责任越大。小集体的领导，中集体的领导，大集体的领导，其中地位高的人，都应该有责任。从这个方面发展出一套要求领导者对人的基本权利，生存的权利、发言权等这一套权利的认可，可以发展出一套领导者的责任中发展出的人权理念，现在不仅是自由主义的学者，包括诺斯的学生，也在重新考虑这个问题。哈贝马斯从他的那个沟通理性里发展出一个，就是怎么样把权力和责任联系起来。这本身的论断大家都觉得不错，权力大家都认为就应该有责任，越有权力，越有影响力的人就应该越有责任。

还有一个观念，这个在制度建构的过程中很复杂，但是理念很清楚，就是公和私的关系，从儒家来讲，这是常识性的，我不叫它辩证关系，我叫它对话关系，对话关系怎么发展呢，就是异者永远不要把它消解了。辩证关系的话，是通过综合，通过正和反，之间还有张力，最终把张力消解了。儒家伦理以为，我是私，家庭是公；家庭是私，族群是公；族群是私，乡里是公；乡里是私，社会是公；社会是私，国家是公；国家是私，人类社群是公；人类社群是私，生命共同体是公，包括动物、植物；生命共同体是私，宇宙万物是公，从这样一种观念推出来。两个课题解释，一个是根源性的问题，一个是共同性的问题。没有根源性，就是说我不落实在我的身体，不落实在我的个人，不落实在我的家人，便是无根的，无根的普世化会把个人变成原子，把所有四周的枷锁都打垮了，结果你变成了最大的集体，这是很危险的发展。但是根源性和共同性会使得我们在一个抽象的普世主义和封闭的特殊主义之间寻找一个对话的空间。这中间制度怎样建构，这是大问题。儒家面临了一大挑战，像狄百瑞曾讲过，《大学》中讲“修身、齐家、治国、平天下”，从家到国，社会呢？像葛兆光他们都做了很多工作，中国从家到国之间的这个社会有非常复杂的关系，这个整个社会的空间全部填满了，填得丰富多样，比如说通过社学，通过乡约，通过商会、行会，通过各种宗教的组织，甚至习俗、礼俗，总之各种方式，使得中国的社会空间也就是家国之间充满了各色各样的社会活动。中世纪西方的都市发展，从一个城到另外一个城之间都是危险地带。举例而言，中国在南宋，你从一个地方到另外一个地方旅行，每行走一天半日的时段就会有庙，有歇脚居住的地方。所以朱熹可以从福建到湖南论学，又从湖南跑到江西辩论，也到浙江一带弘法。那个时代，你想才十三四世纪，已经有一个复杂的社会联网了。这是我补充的。

**赵汀阳（中国社会科学院哲学所）：人民的理解才重要**

现在讨论国学和儒家往往在西方的观念框架里进行，好像学术的标签也太多了，从西方学术套用来的大量标签，贴了那么多标签，好像也没有取得什么进展。这不仅仅是在说儒家研究，其他的研究同样都是标签太多，脱离实际，和真实的生活和当下问题基本没有关系，现代新儒家尤其如此。这样的学术更像是学术界自己的学术经济学，不是为了表达真实问题，而是为了编造一个学术传统和学派，以便获得学术位置，这样的学术对某些学者有用，可是对更多的人又有什么意义呢？人们需要的是与真实生活和当下问题有关的国学。

至于启蒙问题，长期以来已经谈了很多，请允许我说点稍稍不礼貌的话，我觉得很少真正表达出中国百年来真实的社会变迁，表达的都是非常狭小的知识分子或者学界里的幻想。说来说去，无非是知道了同事们关于启蒙的各自的幻想，说得不好听呢，几十个知识分子关于启蒙的定义什么的，这些基本没有意义；说得好听呢，最多算是学界内部的一个“想法史”，与真实的社会史、文化史和政治史好像没有什么关系。学者们的那些想法有没有意义，关键要看那些想法是否影响了社会变迁，如果没有什么影响，就与真正发生的启蒙没有关系。好像许多人不太同意李泽厚关于启蒙的分析，“启蒙与救亡”这个模式未必是准确的模式，但它是一个接触到真实社会变迁的分析模式。简单地说，许多学术问题的真实对象是社会问题，而不是学者的想法，比如启蒙问题，它是个导致了社会变迁的社会运动，所以领袖和群众对启蒙的理解才是更重要的问题，无论理解得多么走样，但事实上人们已经按照那些“错误的理解”把事情做了，社会因此变化了，这才是事实和问题。至于学者的那些或许更准确地对西方观念的翻版理解并没有什么用。所以我觉得关于启蒙的反思大多数都没有真正表达中国这一百年间不管叫启蒙还是叫西化过程中真实发生的事情和问题。一种学术要研究的是什么，这一点必须清楚，否则会搞错，假如有人提出了关于“仁”的一个更好的理解，那么这是个纯粹学术问题，这要听学界的；可是像启蒙对中国的影响这样的社会运动，显然不是在讨论启蒙的正确定义，而是要发现它作为中国在西方影响下的一个社会运动所导致的社会变化，在这里，教授们的定义是不重要的，人民的理解才重要。

西方进到中国来的启蒙的两条主线，一般概括为“德先生”和“赛先生”，当然这是太粗略的概括了。属于“德先生”的那条线里包括有自由、平等、民主，这条线在西方的成功有着他们的价值观和政治背景的支持，它与西方的传统仍然是连贯的，所以不会导致社会混乱。但是在中国，它是个外来传统，进来之后把中国文化赶下台，旧的稳定基础没有了，新的制度又缺乏背景资源，难免有邯郸学步的效果。自由虽然好，但自由不是一个价值观。传统有一套价值观，告诉我们什么是好的，什么是坏的，而自由没有说具体什么事情是好的，自由只告诉你可以按照自己的偏好随便选择生活方式，而且还要获得政治保护。当失去关于具体事物的好坏标准，所谓自由平等民主，就变成了失控的自由和没有价值标准的民主。尤其是平等，它取消的不仅仅是社会地位的差异，而且取消的是所有文化的品质等级。要命的恐怕还有被错误理解的科学观念。真正的科学其实与中国文化不矛盾，尽管中国文化没有科学传统，但也没有理由拒绝科学和理性。可怕的是以科学为名而以文化/政治为实的“进步”观念，这个“进步”观念不是“越来越好”的意思，而是说“西方定义为好的才是好的”，于是，所谓进步就是追赶西方的价值观，好像全世界都在西方道路上赛跑，如果不能赶上西方，就是错误的、失败的、落后的、劣等的。通过这个跑步模式，进步观念彻底摧毁了中国文化的理念和心态，使人意识不到中国文化的伟大之处，忘记我们自己能够定义什么是好的。

最后说一个啼笑皆非的事情。到了八九十年代，大陆的变化是非常戏剧性的，它形成了一个独特的极度西化现象，全民动员的西化运动把西方的观念、市场和生活方式在中国实践中搞成了一个不伦不类的西化现象，西方所有的欲望，在这边以一种没有秩序的方式充分表达出来，效果非常奇特。这并非全是坏处，它的意义需要分析，这个离奇的西化现象是对“西方”这个概念的非常厉害的解构，让西方人完全晕掉。在这里大事情就不说了，可以随便讲一点生活小事，比如，晚上街头空场地，有无数市民在那里跳所谓的国际标准舞，大家就这么跳，国际标准舞就变成这个样子和具有了这样的社会功能。还有很多人批评中国的建筑和城市建得太难看了，我非常同意，是太恶心了，但是有没有考虑到，人们需要疯狂发展，需要生机勃勃，即使是丑陋的生机勃勃。我们还可以看到难以置信的巨大的装修市场、灯具城、窗帘城等，还有“中国自己的”圣诞节、情人节什么的。在现代化的实践中，或许可以看到自由、平等和民主是如何被具体理解的和变成地方生活的。我想说的是，如果我们更多地具有社会学的眼光，更多地具有历史学的眼光来深入地看中国发生的社会变迁和意识变迁，应该会有一些发现。如果总是局限于儒家的理解方式，恐怕单薄了一些。

**杜维明：**很短的回应。赵汀阳先生提的我接受，很多学术里面的讨论在和现实完全脱节以后，基本上就是在我们自己编制的语境中打滚。实际上，如果不能接合，不受现实的考验，那我的工作本身就会陷入很大的困境。

**陈来（北京大学哲学系）：从文化自觉的层面反思启蒙**

这个讨论本来是希望对杜先生和黄万盛的这个对话做一个批评。关于启蒙的反思的想法我基本上也是赞成的，这跟我自己的文化立场比较接近，所以我就没有什么话好批评的了。因此我今天上午是专门来听大家的一些批评的，听了半天也有一些自己的感想。关于启蒙心态的问题，对于中国人来讲，就是所谓中国人对启蒙的了解。在那种了解下，启蒙成了一种一元化的价值体系和心态，这个心态基本上是排斥传统，排斥宗教，排斥古典的。

但现在看起来，这个问题如何表达比较复杂。就像秦晖、高全喜他们都谈到的，因为一开始杜先生他们的想法不是专门针对中国的，是从一种普世主义的角度来考虑的，但是很显然，中国是一个很重要的文化的对象，所以不能不考虑在中国的现实社会文化环境中可能作出的反应。所以第一个就是，我们在做启蒙反思的时候，对启蒙的哪些价值仍然有肯定，要有一个明确的说明，以免误解。当然有些学者，包括杜先生的这个对话，可能都认为那个是不言自明的，所以没有把它提升到明言的层面。就是说，我们其实对启蒙的有些价值的评价是持肯定的，需要明确讲清楚。第二个就是启蒙的反思的层次，按照杜先生讲的，有哲学宇宙论的层次，也有价值观的层次，也有政治制度的层次。当然，政治制度的层次大家谈得比较多，从中国人的角度来说，这是很正常的，也是很合理的。因为杜先生原来的语境是全球的语境，所以他们并不特别地关照中国的语境，这也使大家觉得这方面的工作可能不够。如果要更多地面对中国的语境的话，就政治制度这方面，也有反思的空间，你不能说对民主就不能反思。但是，在政治制度领域哪些价值是肯定的，对现实的制度领域中哪些东西是我们现在要致力改革的，这个在理念上大家应该是有共识的。

我的看法是这样，因为我自己一贯是从文化方面来考虑问题的，所以杜先生的这个想法对我来说很容易接受，启蒙反思涉及很多方面，像哲学宇宙观啊，政治制度等方面，而我比较重视的是所谓文化自觉的层面，从文化自觉的层面我比较容易接受对启蒙世界观的反思这样一种观点。我觉得，所谓启蒙心态，就像我刚才讲的，它是用一元性的启蒙价值去排斥所有古典的、宗教的这些价值。所以启蒙的反思，就是要我们在肯定启蒙价值的同时，能够肯定还有多元的价值的存在，能够肯定古典的价值，肯定各种宗教文明自身的价值。这样从中国的语境来讲，就有了一个文化自觉的问题。“文化自觉”当然是费孝通先生提的，像我这样的人比较容易接受，当然有些人不一定，比较主张世界主义的人可能觉得没有必要去强调什么文化自觉，认为文化自觉还是站在某一个特殊的文化层次上来讲的。但从我的立场来讲，我觉得文化自觉的问题和启蒙心态以及启蒙心态的反思连接得最紧密。而且我觉得在中国也是有现实的意义，比如说刚才有人讲社会主义的启蒙问题，对此大家有不同的看法，但是启蒙心态所带来的以前我们对古典传统的那种认识，在今天应该重新改变，这一点我觉得比较能够结合我们今天的文化心态，而且也比较能得到大家的共识。

怎么把启蒙心态的反思和文化自觉的问题好好地展开，让它能够针对中国的文化建设，这是我比较关心的问题，这也是我的总体的看法。所以一方面，可以请杜先生他们在政治制度的层面来考虑启蒙的反思的表达；另一方面，即是我们在中国，怎么把这种思考不仅仅局限在政治制度本身，把文化的层面考虑进来，也是很重要的。比如刚才秦晖讲了这个群己权利，就是说己要自由，群要民主，这个问题是在政治制度层面上很有意义，但是这个原则也不可能是万能的，在文化的问题，在道德的问题上，基本上还是不能用民主选择的办法。比如说道德的问题上，共同价值观的问题，不能仅仅归结为个人的问题，假如这些是一个“群”的问题，那么这些都不是一个民主选择能够解决的问题。另外比如说讲儒家的个人主义，儒家的个人主义最重要的是个人的尊严，不仅仅讲个人的责任。照历史来讲，联合国宪章对个人尊严的强调就是与一个中国的学者利用孟子的思想参与到其中并提了意见有关系。所以，如何从文化的层面丰富我们对这个问题的思考，可能是我们大家共同要考虑的。

**彭国翔（清华大学哲学系）：对启蒙心态的多种回应**

启蒙的反思基本上可以有两个论域：一个是当前西方内部自我的反思。这一论域杜先生在他的书里面讲得比较多。这个反思不是来自外部的压力，它是一种自我的反思，自动自发的。你比如说女性主义、全球伦理、生态意识、宗教多元论，这当今西方世界的四大思潮，都是他们面对自己的内在问题自发的反思。另外一个论域是在中文世界，或者说文化中国的启蒙反思。当然，这个是跟着西方对启蒙的反思而来的。实际上，清末民初以来，国人所谓的启蒙心态大体也是跟西方一样的。到现在为止，我们还不能摆脱跟着西方思考的这个基本的模式。不过，在这两个论域当中，我想，反思启蒙心态所面对的具体的问题和我们所要调动的思想资源是不一样的。我这里主要是想从中国大陆这个论域里面来谈几点看法。

所谓启蒙心态，最重要的一点在于它是一种去神圣化，而建立的一种 secular humanism。这种世俗主义呢，它必然蕴含着一种人类中心主义。目前许多问题，比如生态环保的问题，信仰危机的问题，都可以说是从这里面出来的。不过，这种启蒙心态所反映的人文主义，和中国文化尤其儒家传统一贯所讲的人文主义有很大、很重要的不同。正如杜先生提到的七点，儒家不是近代以来西方意义上的 humanism。我们经常说儒家是一种人文主义，其实，儒家不是近代以来西方意义上的那个 humanism，而可以说是一种 religious humanism，John Dewey 曾经使用过这个词。这种宗教性的人文主义是以人为本，从人出发来了解天道与自然，但不是人类中心主义。它不仅注重个人与他人、个人与社会的关系，同时也注重个人与个人的关系。以前我们经常说儒家不重视人与自然，实际上不然。但是呢，除了这种横向的与他人、与社会、与自然的关系之外，儒家还有一种纵向的关系，那就是个人与天地之间的这种关系。在这个意义上，我们讲儒家可以有一种“trinity”、天地人、的“三位一体”。儒家经典包括《中庸》、《西铭》和《大学》里面都体现了这一点。因此，儒家的 religious humanism 或者用杜先生说的那种“涵盖性的人文主义”，非常不同于西方的启蒙心态。同时，它可以作为反思启蒙、回应启蒙心态的一种重要而有效的资源，那是顺理成章的。

不过呢，我现在想说，除了我们这种反思、回应启蒙心态的方式之外，中国的大众其实已经有了另外的回应的方式。如果说我们现在这里还是“坐而议”的话，那么很多中国社会的大众、社会的老百姓他们已经是“起而行”了。什么叫“起而行”呢？他们回应的方式是什么呢？你比如说，民间宗教的发展，现在很多人信基督教，其实都可以被视为一种对于世俗人文主义、secular humanism 的不能满足，要寻求一种精神上、价值上的依托。并且，如今信基督教的恐怕还不仅仅是普通大众，也有不少高级知识分子。如果说启蒙心态的核心是去神圣化的话，那么，这当然是一种回应的方式。但是，民众的这种回应启蒙心态的方式往往是不自觉的、离散的，或者说不是基于理性思考基础之上的，尤其是未能自觉、深入地从“自家无尽藏”即儒家传统中去汲取资源。那么，作为一个文化中国意义中的儒家知识分子，我们如何从儒家传统中汲取有效的资源，对这些问题作出回应。面对民间这种特殊的回应方式，我们再如何去回应它，这个我想值得我们注意。

在目前中国大陆的知识分子群体中，还有另外一种也可以说是回应启蒙心态，甚至可以说是回应整个西方文明的方式，那就是复兴儒学的呼声和现象，特别是在20世纪90年代以后。当然，我想，重建儒家传统，不应该是在一个一元宰制的意义上，这个应该是包括杜先生，包括陈来先生，以及我本人在内大部分认同儒学核心价值的学者一致赞同的。但是，目前中国大陆有一些人，他们所谓弘扬文化保守主义，刻意谋求建立大陆新儒家的方式，却很值得检讨。其实，我们早已经生活在一个反传统的传统当中了，对于中国文化、儒家传统的体会和了解都需要加强。即使是我们受中国学专业训练的这些人，无论是文、史、哲，在多大程度上能够深入我们的传统，这还是个值得反思的问题。因此呢，所谓的“弘道”，如果说不能建立在深厚的学养之上，“无学以实之”，那么，大陆目前的这些少数人，有些人已经不是严格意义上的学者了，他们弘扬儒学、试图将儒学作为一种信仰方式来重建时，在很大程度上就难免不会跟狭隘的民族主义、极端的原教旨主义纠结在一起。这样一来，问题就大了。我记得杜先生提出过一个很重要的问题，就是说：中国今天在世界上的崛起，除了政治、经济之外，能够向世界传达的文化信息是什么？如果说中国大陆儒学的重建和国力的增强相伴随，传达给世人的是一种狭隘的民族主义、narrow-minded nationalism 和极端的原教旨主义、radical fundamentalism，那我想就比较麻烦了。那样的话，美国和西方的“中国威胁论”以及亨廷顿的“文明冲突论”，就不是无的放矢了。我觉得如果现在中国大陆，或者说文化中国之内，以重建儒学的方式来反思甚至回应启蒙心态，或者说从儒学传统中去发掘调动有用的资源去反思、回应启蒙心态的话，那么，对于中国大陆来说，首要的一步就是要重新真正深入地体认、了解儒家传统的问题。借用佛教的说法来讲，就是首先要有“正知识，正闻见”，然后才能真正去 practice。否则的话，无论是借儒学的旗号而别有用心的人，还是真正信仰儒学但其实并不是基于对儒学有深刻了解的人，都不免走火入魔。如果那样的话，儒学的复兴以及对启蒙的反思与极端的原教旨主义和狭隘的民族主义互为表里，那将是非常麻烦的。根据我个人一点粗浅的体会，谈不上杜先生的“体知”啊，我觉得，在某种意义上，越是能够真正地深入儒家的传统，所谓“掘井汲泉”，了解儒家的精神方向和精神价值而能得其“环中”，就越能够避免狭隘的民族主义和极端的原教旨主义，充分地吸纳西方正面的价值。同时，对以启蒙心态为代表的整个西方文化的缺失能够明察秋毫。我想举出一个事实来作为论证。晚清以来，最先和真正能够了解、欣赏并接纳西方正面价值的人，都是当时那些最优秀的儒家知识分子。

**杨学功（北京大学哲学系）：如何寻找反思启蒙的资源**

我最近看了一些材料，提两个问题吧。

第一个问题，启蒙反思的力量来自哪里？刚才有的同仁已经谈到了，我觉得启蒙传统本身内部就是有张力的，就像高全喜先生所谈的，苏格兰的启蒙传统，法国的启蒙传统，德国的启蒙传统，它们是不一样的。实际上，启蒙运动内部就包含了一种自我反思的力量。我们至少可以举出两个非常典型的例子，一个是卢梭，一个是马克思。我们对启蒙传统的概括，一般说它是理性主义，进步主义，个人中心主义，等等。但是，所有这些概括似乎都能从启蒙运动内部找到它的反例。比如，我们说启蒙传统中有一种进步主义的神话，然而卢梭在 18 世纪就已经表明，人类的科技发展并没有给我们带来进步，反而带来了道德和风化的堕落。可见，卢梭早就对这个进步主义的神话表示怀疑了。而且，卢梭也不信奉那种“人定胜天”式的征服性、掠夺性自然观，反而提倡“回归自然”。再则，对启蒙运动所宣扬的自由、平等、人权等，马克思也进行过尖锐的批判。马克思主义本身来自启蒙传统，同时又对启蒙价值有一个颠覆性的批判。按照马克思的理想，启蒙思想家所宣扬的那些价值，在现实资本主义社会中，都是一幅令人失望的讽刺画。就是说，启蒙思想家用华美约言所许诺的那些东西都没有兑现。至于说到后现代主义者，他们对启蒙传统的反思更是不言而喻的。所以，我们寻找启蒙反思的力量，首先要考察西方文化传统内部。启蒙运动本身并非铁板一块，而是在内部包含着一种张力。

第二个问题，反思启蒙从哪里找资源？我很明白杜先生的意思，他所说的“启蒙反思”，并不是要颠覆启蒙，或者是要否定启蒙的价值。我很认同他的基本立场：我们不是说启蒙的价值不好，而是说它不够、不足。启蒙的价值都是很好的，现在还要继续把它们发扬光大。特别是在中国的语境中，在中国走向现代性的过程中，启蒙的那些价值都要充分地把它们发扬出来。但是，是不是光有启蒙的那些价值就够了呢？当代人类所面临的种种困境说明，实际上是不够的。在这样一种情况下，我们是否应该秉承雅斯贝尔斯的轴心文明的理念，从其他的精神文明中寻找资源作为启蒙价值的补充和借鉴呢？按照杜先生的思路，是要从儒家的传统里面，去寻找一些资源来补启蒙之不足。但是在这一点上，我也有一点疑问：儒家的哪些价值观可以用来补启蒙之不足？因为儒家的价值体系和启蒙的价值体系，按照我个人粗浅的理解，它们在很多基本的理念上可以说是针锋相对的。这里我们讨论一个简单的例子，就是美国汉学家费正清先生在《剑桥中华民国史》一书中所谈到的几个关键术语的翻译。哪几个术语呢？一个是freedom，一个是individualism，还有一个是right。这几个关键术语恰恰都能反映启蒙价值的根本理念。而这几个术语，当用儒学的话语来翻译时，就会产生一种偏离。这可以作为一个切入点，通过它来透视二者之间实际存在着多么巨大的差异。

例如，"individualism"（汉译为"个人主义"），在西方是启蒙运动关于人权和社会道德伦理的神圣概念。Individualism实际上是诉诸个人，就是说，整个社会的宪政体制和整个社会的一套制度设计，应该以个人为基点，它是这样一种主张。可是翻译成中文后，中文里面的"个人主义"这个词是一个非常令人讨厌的词，它融进了"任性胡为"这样一种含义，成了"人人为自己"这一信条的附庸。这样，经过翻译之后，individualism这个词就从一种正价值变成了一种没有责任感的自私放纵，正统儒学中人对此避之唯恐不及。至今在汉语语境中，人们仍然把"个人主义"和"利己主义"（egoism）作为含义完全等同的概念来使用。又如，"right"（汉译为"权利"或"法权"），在西方也是启蒙运动关于人权和社会政治、法律、伦理学说中的核心概念之一。它是从中世纪神权观念束缚下解放出来，人性特别是个性普遍觉醒的产物，因而是具有重大历史进步意义的观念。但是在中国文化传统中却没有与之相关的背景，以"忠"、"孝"、"节"、"义"、"三纲五常"为基本道德准则的儒家伦理中，根本找不到以个人为主体的"权利"概念。汉语中的"权利"一词，资料显示，是美国传教士丁韪良1864年在翻译《万国公法》时的发明。但是汉语里面的"权利"这个词，根据望文生义去理解，它根本就不具有西方意义上的"right"同等的含义，它常常被理解为"权力—益处"，或"特权—利益"的结合物。这就使关于个人权利的主张变成了一种自私恋权的把戏。

类似这样的例子都能够说明这样一个问题，就是西方的启蒙价值观和儒家价值观在核心理念上可能确实存在着很大的差异。在这样一种情况下，我们怎么样来谈二者互补呢？就是说，在什么样的意义上，在什么样的层面上，使它们变成一种互补的东西？关于这一点，我觉得可以借用杜先生的思路，就是要超越西方/非西方的二元对置，从一个更宽广的人类社群共同体、全球生命共同体的视域上，来看能不能在二者之间建立一种互补。因为单纯站在西方本位的立场上，或者单纯站在中国本位的立场上，它们可能都是无法相互补充的。

**杨立华（北京大学哲学系）：当我们处于本有的不成熟状态**

我提一个小的问题，读杜先生的这篇《启蒙的反思》的感觉，我觉得“启蒙”这个帽子用得太大了，变成用启蒙这个现象把很多的现象全部收进去了。比如说，我们如何分清对启蒙的反思，对现代性的反思，对资本主义的反思，以及对全球化、商业化和消费社会的反思。有很多这里归为启蒙的问题我觉得应该是放到资本主义的范畴，或者是现代化的范畴里面去，当然这些都是和启蒙有关联的，但是在真正反思启蒙的时候，我觉得做一定的分梳是必要的。

另外，我接着陈来老师刚才的话，对秦晖先生的意见提一个小的质疑。康德对启蒙有一个经典的定义：所谓启蒙，就是人类从自己加诸自己之上的这样一种不成熟状态中摆脱出来。我们要从自己加诸自己的不成熟状态中摆脱出来。但是这里面还有一个问题需要面对：我们很多时候处于本有的，而非自己加给自己的不成熟状态。当你处于一个本有的不成熟状态的时候，你需不需要别人的引导？你能在本来就处于不成熟状态的时候说，我对一切都要进行一个自由的选择吗？这是不明智的。比如刚才秦晖先生说，孝道是可以选择的。如果是这样的话，那么孩子能否说我选择不受教育呢？我们这里已经有例子了，现在有小孩要控诉自己的父母：“你们凭什么把我生下来？”我们怎么来面对这样的指控呢？所以我觉得自由民主有它适合的地方，有它适用的范围。

**干春松（中国人民大学哲学系）：将儒家的理路设定成思考问题的方式**

对于启蒙的反思，其实五四的一代人有过一次反思，那就是张申府、陈伯达和艾思奇他们在三四十年代有过一个“新启蒙运动”，他们有过一个口号，叫“孔夫子、罗素和列宁的综合”，这实际上是取列宁的组织，取孔夫子大同的理想和罗素思维的方式。这些反思主要就是针对“五四”时期的一些过于激烈的看法。你们提出要反对折中主义，也反对全盘西化，你们有一个设想，就是有一个真正的综合。我的问题是，真正的综合是怎样的？我们知道，张岱年先生在世的时候就倡导这个综合创新。但是他活着的时候我问过他，他在30年代写文章讲综合的时候，他说基础是社会主义文化，在他九十来岁的时候我问他，我说你综合创新的话，虽然我不说“体用”，但总要有个基础，那综合创新的基础在哪里，你现在还是认为是社会主义吗？他晚年的一个说法认为，综合创新可能不应该是西方文化为基础，可能是个中国的。我的问题是，你们所谓的“真正的综合”是一个类似与像张申府他们那个孔夫子、罗素、列宁三圣所谓的“三位一体”的呢，还是在儒家的基础上的综合创新呢？这是我的一个疑问。如果真正的综合的基础是儒家思想的话，那么，难道中国的问题仅仅就是儒家的问题吗？特别是涉及政治法律体制的话，法家到底起到了一个什么样的作用，我觉得这是一个特别需要反思的问题。我的感觉是，你们在说中国的事的时候就是化约为儒家的事。

接下来再谈一下我的一些看法，首先，儒家本身的立场其实是有一点普遍主义的，虽然它不强迫人家去接受，但是它始终是认为自己的价值观是“普天之下”的，所以它强调“天理”，它并不认为它提倡的价值观是（只）适合我们中国的。你们的口号中有对多元文化的反思，这涉及近代儒家的一个很重要的悖论，它一方面是坚信这个普遍主义立场的，比如梁漱溟的“三路向”，最后还是要回到儒家的路向上来；另一方面，面对西方文化的这种强势呢，新儒家又要把自己设计成地方性的一种知识。这个里面值得注意的问题是，儒家某种程度上的普遍性和近代以来的地方性知识的假设之间有什么样的一种关系。最后一点涉及我们现在应该怎样看待儒家。国内大多数人讨论儒家的现代意义时候，往往是对应式的，比方，我们缺民主，我们认为儒家早期有民主的观念；我们现在有环境问题，我们会提出一个理念，认为儒家原来的概念里面有解决环境问题的方式。这里面有一个特别重要的思维的障碍，就是没有我们现代中国人，只是从传统的资源中“淘宝”。我们其实应该设定这样一个思维倾向，就是假如说孔子是活在今天的，他会怎么看我们现在的问题？而不是说，我们从两千年前他的文本里面去找对我们现在问题有治疗作用的那些东西。这样我觉得就可以设想一种可能性，就是我们是否有可能把儒家的某些理路设定成思考问题的方式。其实这个问题历代的儒家一直要讨论，我个人特别欣赏章学诚关于“道”和“迹”的立场，他认为，要法“圣人之所以为法”，而不是找一些圣人做过的那些事例。如果说你是找圣人做过的那些遗迹的话，便是一个最大的误区。这些问题在咱们这个文本里面，偶尔也能看到。我曾写过一篇文章批评杜先生的《道·学·政》那本书，在那本书中，他就是把儒家装扮成极其现代的公共知识分子形象。但是我们说孟子，他不可能成为我们现在意义上的公共知识分子，在他那个时代，他做的已经很好了。我们现在要设想的是，孟子或孔子如果要活在今天会怎么想，而不是拿我们今天的标准来装扮古代的儒生，我在看文本的时候还是能够感觉到这种生描古人的感觉。

**卢风（清华大学哲学系）：不必高估儒学的阻碍作用**

杜先生和黄先生在着力挖掘儒家的资源，对这一点我以前是非常反感的，我认为儒家的东西只有负面效应，没有积极的东西。因为它根本阻碍了民主制度的建立，它不能提出分权制，它不能提出权力制衡的思想。现在看来，儒家的阻碍作用可能没有那么大。现代性是有它很强大的内在逻辑的，市场经济是一种很强大的制度，是一种带有很强价值导向的制度，一旦我们认同了市场经济，我们就必须认同民主与法治。中国的民主与法治会趋于成熟，当然，迄今为止，我们还不能说已经建立了成熟的民主法治文化，或者像罗尔斯所讲的“民主公共文化”。一旦我们已培养了成熟的民主公共文化，就可以说中国已经完成了现代化任务，走完了我们的现代化历程。当然，我认为这只是一个大趋势，我没认为它能在二十年或三十年之内完成，它可能还要经过一段时间，但这个进程已经不可逆转了。我现在认为，儒学对民主、法治，以及现代市场经济，可能没有那么强的阻碍作用，因为从日本、韩国以及当代中国来看，它都不可能产生那么大的阻碍作用。但是我又想到另外一个问题，那就是，启蒙把思想自由作为基本权利确立起来，就必然会导致信仰的多样性，必然会导致社会宗教的多样化。比如说韩国，它的民主化并没有经历多长时间，但是今天，它的宗教已经是多样化的了。本来它是一个深受儒学影响的民族，但今天基督教却在韩国占据了绝对的主导地位，它有三分之一的人口是基督教徒。我相信中国真正建立民主与法治之后，宗教马上就会兴旺起来，自由主义者喜欢也好，不喜欢也好，这都是必须接受的，因为宗教信仰是人们被允许拥有的一种信仰自由。那时候我倒是担心，中国这么一个有着悠久文明历史的国家，会以一种外来的宗教为主流宗教。当然，如果真的是那样，我们也就只好接受了，因为必须给人们以信仰自由。不过我倒是希望那个时候儒学能够成为一个最有影响力的群众信仰，而不是让基督教在中国成为最有影响力的信仰。如果中国的宗教到那时都变成以基督教为主流了，那么中华民族是不是被更进一步地西化了呢？老实讲，儒学在组织方式方面确实有不足，基督教在组织方式上确实比儒学做得好，所以它更具有吸引力。黄先生和杜先生都努力希望去挖掘儒学的制度建设方面的资源，我觉得儒学在制度建设方面是不是真有那么强，或者说真有那么丰富的资源，倒很值得怀疑。但是它作为一种信仰，作为一种心性之学，在一个民主化的后现代社会，可能会产生重要的影响。

我不认为启蒙思想就是一种无须反思的东西，就是我们必须全盘接受的东西，就是一种完全的真理。说到底，它就是一种意识形态。无论如何，我认为反思主流意识形态是具有重要意义的！

**唐少杰（清华大学哲学系）：从启蒙的反思到反思的启蒙**

启蒙的反思在中国不论是过去还是今天，都有一个非常尴尬的境况。中国处在一种其实还没有完成，至少是还没有达到启蒙的那种状况，就像是说中国的现代化一样，中国是一种前现代化，是正在争取实现现代化，但是后现代化又来了。这就像当年争论资本主义的“补课”问题一样，既“苦于资本主义，又苦于资本主义的发展不够”。就是前面有“狼”，后面有“虎”，自己处在中间的夹缝。谈到这个启蒙的问题，可能有一个更大的视野或更大的论域。

启蒙的反思提出来以后，结合中国的实际，启蒙做得够不够，即中国需不需要更深一步的启蒙的问题，这是比较矛盾的。我有一个担心，就是对启蒙的否定或批判过多，会不会造成一种负面的影响。你看杜先生在对话中提到的那些弊端、那些社会丑恶的现象，实际上都是启蒙不够的一种标志，或者讲，是启蒙还没做到的一种恶果吧。我有一种感觉就是，启蒙的理论和启蒙的实践有着无限的差别，或者说一种巨大的反差。怎么去解决这个问题呢？在讨论或者对话当中，我个人认为应该和中国今天的实际结合起来，这会是你们将来进一步研究和阐述的一个生长点。这是第一个问题。

第二个问题呢，可能与我自己的兴趣有关，就是李泽厚、刘再复讲过“救亡压倒启蒙”。中国的启蒙为什么最后发生了变形、异化和走样，成了“革命压倒启蒙”，“革命代替了启蒙”。这里有一个问题，就是启蒙和革命是什么关系，启蒙最后为什么转换成了一种连它自己都想象不到的或者都始料不及的革命后果。中国的百年或百年多的启蒙史，实际上也就是一种贯穿着革命的历史，从 20 世纪初八国联军侵入北京引发的问题，1911 年的辛亥革命，20 年代的北伐革命，30 年代的民族革命，40 年代的政治革命，50 年代的“大跃进”即经济革命，60 年代的“文化大革命”即灵魂革命，到 70 年代最后革命的破产，再到 80 年代革命的全面转型即改革和 90 年代的反思革命，几乎每一个十年左右，甚至在 1949 年以后到“文化大革命”结束之前，每五年左右就来一次革命。现在人们讽刺说，革命运动七八年来一次，来一次就七八年。这里的问题之一就是致使启蒙走向革命的必然性和合理性究竟在哪里？为什么启蒙史往往就变成了革命史？现在中国的改革似乎远不如过去二十年得心应手、势如破竹，那是不是就像包括一些媒体，某种大众心态啊、或者若干文章啊，以及处在弱势阶层的某些老百姓所认为的那样，就要等待着来一场革命？在中国正在进行启蒙的“补课”或者大力开展启蒙工作的时候，要么是所谓否定革命，要么就伴随或盼望着一种革命，那么革命和启蒙到底是什么关系？

《启蒙的反思》给我们重新思考和审视这个问题带来了推进。一方面，在“启蒙的反思”下，我们应该重新审视我们一百多年来从外域吸收或借鉴来的人文观念和思想学说以及那些一个个曾流行中国大地的概念、术语和思潮，特别是要重新考察甚至重新转换它们与中国本土的思想资源的契合及其途径；另一方面，我们还必须同时从“启蒙的反思”前进到“反思的启蒙”，我们必须重新正视甚至有必要改革这些外来的东西在中国结出的“正果”和“负果”，并且更好地预见和把握这些外来的东西在中国未来的“出路”。这里的一个重要任务就是要对启蒙做出再启蒙，即“启蒙的启蒙”。我们确实已到了反思和总结中国一百多年来的启蒙史的时刻了，即我们不能再对启蒙本身抱着一种无知无为甚至迷信的态度了，我们特别要自觉地理解和把握启蒙给我们带来了什么、留下了什么和未完成什么。进而，我们有否可能在20世纪使中国一代代仁人志士未竟的启蒙事业自身，无论在精神形态上还是在物质形态上，都得以飞跃、升华呢？我们能否从铸就我们近、现代史之一个组成部分的“启蒙”问题中，开启出20世纪的新的思想生长原点，甚至有助于创造出与以往不同而又切实可行的精神典范，并且使古老的中华民族思想资源焕发出新的生机和活力呢？这些都是包括我们在座的知识分子义不容辞的责任，也是摆在大家面前十分紧迫的任务。

相比较一下，20世纪苏联或俄罗斯的社会历史演变，人家为什么那么大的苦难产生了那么大的所谓精神成就，如同黄老师您讲的叫“创造精神典范，成为伟大民族”。面对中国20世纪的历程，我们始终拿不出来，说得难听点，与我们这个国家、民族的苦难相“匹配”的、相对应的这么一种精神反思的成就或精神领域的成果。当前有些人士，比如说在座的秦晖、徐友渔等先生他们可能正在尝试这个工作。但是，为什么很长时期以来，我们的启蒙到最后连精神上的成就或进展都不是那么显著，都不是那么值得受到世人的真正关注和后人的切实汲取，更不用说真正“匹配”于我们的前人和我们自己所经历的那一个个全民性的苦难了。在这个意义上，无论是“启蒙的反思”，还是“反思的启蒙”，都关系到制止或避免这一个个苦难的重演。今天的讨论会，其实对我们有一个最大的好处，就是说不但对启蒙这个问题，而且对启蒙的反思进行反思，或者说叫“启蒙的启蒙”，这些都可能给我们提供了一个非常好的视野，或者一种尝试。

**牛可（北京大学历史系）：我们已有的知识思想存量是否足够**

对世界、对人生、对社会的反思是在多个层面和角度上进行的，其中有一个反思的角度，而且是一个非常有利的、很好的角度，关乎我们这个世界的许许多多的重要问题的角度，就是对现代性的反思。启蒙的反思在我看来就是对现代性，对发端西方的，宰制当代世界的现代化模式的一个反思。我们都觉得，我们这个世界有问题，有很大的问题。我们也都会同意，这些问题当中有很多就是发端于西方的，很多问题与现代性变成了一种权力在全世界施加影响力和宰制力的情况有关。对于现代性的反思，有不同的学科和不同的思想家都在进行，比如说西方左翼的政治经济学，比如说沃勒斯坦，其实也是一种对现代性的反思，这些资源都应该被纳入中国人知识和思想的库存中。今天在办好中国人的事情的时候，我们很容易会觉得对现代性的批判和反思是一种知识奢侈，觉得这些问题对我们太远了。我在哈佛燕京的时候和黄老师谈得比较多，黄老师经常谈到一步棋和几步棋的关系的问题，我觉得这个问题对我很有启发，就是说我们要办好目前的事，就是需要站在比较高的立足点上去理解和处理一些大的问题和基本的问题。其中我想对解决好中国目前问题的一个非常必要的工作，就是系统地清理西方对现代性反思的已有的资源，包括后现代的资源和左翼批判的资源。我们已有的知识的和思想的存量当中是不是已经包容了足够多的资源，这是我们应该不断追问的问题。所以我不认为这样的工作是没有价值的。

**徐友渔（中国社会科学院哲学所）：只有 points，没有 arguments**

杜维明、黄万盛先生反思启蒙的观点，主要表现在这个“对话”中，传了这个文本给我之后，我非常仔细地看了好几遍。我觉得这个文本传达了一种强烈的意识形态倾向，把你们的意图、观点和立场传达得比较充分。我自己以前也很重视这个问题，在1990年，杜维明就在《二十一世纪》上发表了一篇“化解启蒙心态”的短文，我就非常重视这个问题。当时我就觉得杜先生有一个优点，在当代中国思想舞台上，反对启蒙的有两股力量，一股是后现代，一股是新儒家，而同时能操两种武器，就是洋枪和土枪同时出击的，好像就是杜先生一个人，这就很厉害了，这说明他对中国传统的资源和后现代的东西都非常熟悉。而这一篇杜维明先生和黄万盛先生的对话呢，我觉得就说得更开了。杜先生对中国和日本的现代化经验给出了另外一种解释，这种解释能够支持他的观点，但却跟我们已知的各种解释恰恰相反。

我今天提出的主要批评意见是，我认为最重要的是，你提出了那么大、那么高、那么广泛、那么多的主张以后，并没有论证。我自己的思路是这样的，就是英文中的argument是很重要的。我对这篇文章的批评可能比前面诸位的批评更彻底一点，更全面一点。也就是说杜、黄的对话只有points，没有arguments。在这种情况下，我可以说我的整个研读的过程，是一个充满迷惑，甚至很痛苦的过程。因为差不多在读每一段我都在想：这段话能不能信？当然我充分看到这种对话者他的主观意图，但是我觉得每一段话都存在着学理上的问题。当然我这话说得很坦率了，今天时间关系，我就拿其中很短的一点做几个例子。

我先说两个方面。一个方面，我觉得这个对话里面每一段，甚至说得夸张一点，几乎每一句都有问题。我要说的第二个方面就是所有的正面的、核心的观点都没有论证。我现在就举一点简单的例子，我这明显是分析哲学的一种解读了，大家耐心一点。

开始黄万盛先生说，他认为“启蒙时代的重要任务就是要用人的经验和理性所发现和掌握的知识去代替神启的智慧，一切事物的准则必须建立在实证知识的基础上”，“康德建立的理性主义世界观，完成了从经验到理性的启蒙哲学世界观的奠基工作”。哪怕这么很短的一段话，我就觉得有问题。因为他这段话前面说启蒙强调理性和经验，这个层次我觉得是对的，但是他马上把它代换成“实证知识”就有了问题，经验主义和实证主义是两回事，我觉得混淆了这两点。再往下读就会出问题了，经验主义并不等于实证主义，也不等于实证知识，这是第一点。

然后我说第二点，我们都知道，启蒙主义的思想家既包括英国的经验主义思想家，比如培根、霍布斯、洛克，同时也包括德国的思想家莱布尼茨、沃尔夫、莱辛、赫尔德，还有法国的卢梭。而后面的那些人，他们的倾向却不是经验主义而是理性主义，所以黄万盛先生的这句话“康德建立的理性主义世界观，完成了从经验到理性的启蒙哲学世界观的奠基工作”，我觉得根本就不是这回事。因为如果是这样的话，除非你把启蒙的思想家只当成是培根或者是洛克，你怎么解释莱布尼兹、沃尔夫、莱辛、赫尔德，还有法国的卢梭呢？因此我觉得你们在说话的时候，非常的随意，说启蒙有一个从经验主义到理性主义的转变，我觉得根本不是那回事。

然后再看杜先生说的话，我念原文：“‘百科全书派’的出现，标志了这样一种信念，人可以通过知识的途径掌握所有的未知的秘密，所谓百科全书意思就是它可以涵盖一切，知识可以了解和控制所有的领域。”当时“百科全书派”的出现实际上是这么一回事，当时法国“百科全书”派首领狄德罗迫于生计，接受了出版商的提议，翻译、补充、更新、发展英国一本百科全书叫《钱伯斯百科全书》，后来狄德罗他们这批人编的百科全书包含了三方面的内容，第一是科学，第二是艺术，第三是机械。而且他们在撰写百科全书的时候往往都是借题发挥，攻击宗教、政治，这大家都知道的。因此，对“百科全书派”我们不能望文生义，实际上他们并没有那种主张，即科学知识可以涵盖一切，知识可以了解和控制所有的领域。所以我说法国启蒙思想家聚集在一块编纂《百科全书》是偶然的，就是他们找不到工作，别人叫他们去把英国的《百科全书》翻译出来，他们并不是像杜先生所解释的那样，“百科全书派”有一种纲领性的想法，就是“百科全书可以涵盖各种知识”。我觉得根本就没有这回事，杜先生的这种说法我觉得是太随意了。

杜先生还说笛卡尔花了毕生的精力论证“我思，故我在”，我觉得任何学哲学的人都知道，“我思，故我在”是笛卡尔唯理主义哲学的一个出发点，他不可能是一辈子都在论证这一点。

如果说在1990年，杜先生写“化解启蒙心态”是可以简单一点，不作论证的话，那么现在这么一个重要的问题，还是用对话的形式，而不是用一种学术专著的话，我们怎么认真地对待你们的观点呢？虽然我举的都是小例子，但这种小例子太多了就会影响整体。就像建一座大楼有一大堆脚手架，我抽掉一块，因为不是核心观点，对整个大楼没有什么影响，但如果三分之一脚手架的材料不可靠，就会出问题。

然后我谈第二个方面，就是你们的这些观点没法争论，因为你没有任何论据。我再举例：黄万盛先生在“对话”里面说，“所谓启蒙反思的问题意识主要集中在这些方面：以人为核心的人类中心主义，以理性为唯一准则的理性的傲慢，以及与此相关的社会工程的权威心态，以追求技术和工具理性所产生的科学的迷信，以及由此而派生的线性的发展观、历史观，和由理性至上加技术主导所形成的迷恋规律的独断论的宇宙观和方法论，由启蒙的地缘意识导致的欧洲中心主义”。我现在问，哪些人，在哪些著作里面说过这些话？这些话的上下文原意是什么？没有。他们的观点又是怎么影响了人类的社会和历史的实际情况，也没有。如果没有的话，前面那么多、那么系统、那么严厉的指控怎么能够成立？我们不知道，比方你说了这样的话我完全不知道怎么去判断你这句话对不对，一点都不知道。完全没有例证，别的地方也一样，通篇是感想、印象、立场、观点，没有任何论证。所以我们就很难判断启蒙是否真有这种问题。刚才的发言者说得不像我这么坦率吧，启蒙到底有没有你说的那些问题我不知道，你全是观点没有一个论据，就像是法官的一个宣判，那怎么行呢？黄万盛先生又说，“‘五四’时期提出的‘德先生’和‘赛先生’几乎垄断了一百年来中国思想界全部的思想动力和创造激情，关于民主和科学的反复念叨是我们中华民族一百年中唯一的精神寄托。这情景很像一个大写的祥林嫂，有点悲哀”。这也有同样的问题，我说这只是个人的立场和观点的主观表达。因为我们对于“中国人一百年来追求民主和科学”这样一种表达，一直是给予正面评价，你现在给出这么一个负面的评价，“像祥林嫂，有点悲哀”，那到底是怎么了，为什么我们不能说中国人一百年来追求民主和科学这个事业至今还没有完成，我们还在追求中？为什么不是可歌可泣的呢？为什么不说是前仆后继的呢？如果照你们说的，跟过去的解释完全相反，那么怎么解释这么一个事实：一个多世纪以来，中国所有的志士仁人几乎都是在干这件事？如果你要颠覆历史的话，你就得比那些顺着历史走的人要花更大的代价，但是你现在一点代价都不付，你就说追求民主自由就是像祥林嫂那么可怜，就没有了。那为什么是祥林嫂？里面的理想和价值是什么？这些都完全没有阐述。

这是我举黄万盛先生在“对话”里面说到的，然后我们再来看杜维明先生说的。我下面念到的一段在整个对话里面是稍微有一点阐发的，不像其余部分，只是那么高屋建瓴地只提几个纲领。杜维明先生在阐发清朝维新变法时是这么说的，“可以看出一条反思的基本线索，从军事回应的失误，到政治制度，到社会组织，尔后走到‘五四’，要在文化认同的基础上脱胎换骨，这是最后一道防线，把中国最好的精神资源都看作已经完全失去了应付现代化大潮流的制度资源”。然后他还把日本的明治维新和中国变法的失败做了一个对比，他说：“现在，我们回顾总结，中国这条道路与日本明治维新的不同到底在哪里？以前有一个错误的看法，明治维新能够成功是因为全盘西化做得好。”他说：“日本所以在这方面比较成功，有一个重要因素，就是儒学的普世化。”

我还是想提到以前主流的观点，即认为中国变法维新失败和日本变法维新成功，这之间有一个鲜明的对比，一方抛弃阻碍现代化的因素不够，一方批判得要多一点。如果你现在完全要颠倒，给出一个相反的说法，以前说中国太保留传统了，日本则把传统抛弃得比较多，你现在刚好相反，说中国失败和日本成功，是中国抛弃得太多，日本保留得很多，那你得花多大的功夫做这件事啊。我觉得杜先生的论证做得非常少，杜先生说中国的失败是因为中国把最好的精神资源都丢掉了，如果是这样，他必须推翻已经有的现成说法，解释为什么那么多守旧派的人坚持祖宗礼制，坚持“名教纲常”，而这么做就使得维新变法难于进行，对于这个事实，你就要解释。当时满清慈禧太后和那些守旧派主张“祖宗之法不能变”，那你怎么去解释这件事，你轻而易举地说“中国失败就是因为把儒家东西丢掉了”。你对以前这些事实怎么办？

罗兹曼在《中国的现代化》一书中说，中国之所以没有能够在19世纪中叶以及在以后获得更彻底改革，部分原因就在于人们普遍不愿意抛弃古老的道理，而倾向于把这些道理重新界定。其实中外学者对中国的失败、日本的成功做了大量的解释。而像杜先生这么简单的只有一个说法，就硬着头皮说了，那对以前的各种知识，像守旧派坚持守旧阻碍了维新，像罗兹曼以及中国的那么多人说的认为中国失败是对传统批判得不够这些观点，怎么办呢，你不能采取鸵鸟政策啊。

我们来看日本，1868年10月6日，日本政府发布了名为“五条誓文”的声明，决定破除旧的陋习，向全世界寻求新的知识，作为改革的基础。明治政权在1868年采取的第一个行动，就是明确地否定自己过去提出的排外的口号，明治维新时期最重要的思想家福泽谕吉写的名著《文明论概略》中第一章就用实用主义精神作为价值判断的标准，取代了儒家的是非善恶的判断标准。而福泽谕吉的《文明论概略》的第二章的题目就是“以西洋文明为目标”，从各个方面说明了把欧洲文明作为日本国民的目标，所以日本有学者说，中国是拘泥于古法，日本在是在未败之前学习西洋的东西。

杜维明和黄万盛先生的“对话”里面，杜维明还有一句话，我觉得太打马虎眼了，他说我们都知道，福泽谕吉是非常懂儒学的，用这个例子证明日本人之所以成功，是因为儒学的普遍化。我们知道，懂儒学和日本的成功，这之间有那么多逻辑的桥梁，怎么就打马虎眼跳过去了。我们知道鲁迅和胡适也是很懂儒学的，他们正因为懂儒学，所以才看到儒学有那么多弊病啊。杜先生的这句话这么随意我觉得就是一个问题。关于这一点，就是中国维新的失败和日本维新的成功，杜维明先生给出的解释就是“因为中国坚持儒学不够，日本坚持儒学很够”，这没有说服力。

我认为更重要的问题是，我们不能把中国的失败和日本的成功作杜维明先生这种文化决定论的解释。如果说以前给的文化决定论解释是不对的，就是中国之所以变法维新失败，是我们破除儒学不够，而日本能成功是他们破得彻底，他们破除儒家做得更好，如果说以前那种文化决定论的解释是不对的话，你现在反其道而行之，给一个相反的解释，而且还没有论据，那同样是不对的。实际上我觉得对于这个问题可能有很多解释，光通过我们坚持了儒学或者抛弃了儒学来解释这种成功和失败，我觉得是不够的。

我现在想申明我谈到第二点的时候也是因为时间关系，只是整个对话的五分之一。所以这样看来的话，如果不是专著，只是两个人像“隆中对”那样天马行空，高屋建瓴地哗哗哗就谈下来了，谈的每一句话都经不起推敲，那么这么一个东西作为我们讨论反思启蒙的文本，我觉得是不够格的。可惜的是，我们现在还没有一个够格的文本。假如下回我们还要讨论的话，我们应该先有一个够格的文本再说。如果再这样泛泛而论，我觉得讨论是没有意义的。

**叶苇（上海师范大学历史系）：反思启蒙，解读革命文学**

因为我目前所学的专业是现当代文学，所以我想从这方面对启蒙与反思的问题谈点感想。我觉得，如果在革命文学史的研究中导入“启蒙的反思”，将有助于找到一个研究突破点。现在我们对革命文学史的研究基本上存有两种倾向：一种是“辩诬翻案”的研究思路，只要是以前被打倒的，现在就要“平反”；第二，就是所谓“公共知识分子”的界定。在第二种研究中，公共知识分子通常被简单地定义为对权力的抗争，与权力抗争成为认定“公共知识分子”或者“自由知识分子”的充分条件。其实在抗争现象下，动机、过程都是非常复杂的。以胡风为例，他在革命文学内部确实是被视为异端，同时却又左得出奇。在绝大部分研究中，“异端”色彩被无限放大，而他攻击纯艺术的思想却被简单过滤。沈从文先生曾经讲过：要是胡风上了台，比周扬还厉害。纵观革命文学，这种排他性的一元论的文学观念，普遍存在于当时参与文学论争的各个派别。是否可以设想，以上涉及的方面，是否是当时的左翼文学家和现在的研究者，片面接受启蒙思想所引起的？另外，关于革命文学史的研究，也许可以从启蒙对知识分子的影响这一向度上重新解读革命文学。如果单纯从公共知识分子角度入手的话，可能就形成了一种从纪念性史学的角度去研究革命文学史。

**黄万盛：并非只是简单的意愿**

我简单地做一些回应，因为今天下午有很多朋友提出了很多批评和意见。比如说徐友渔先生刚才对我们的批评，就是我对启蒙的负面特征的归纳后面没有一些 argument 的东西。也许他说得对，我们应该把与这个论域有关的书目做一个最后的注释。但是就每一句来看，对于那种在西方学术界已经有一定共识的话，如果统统都加上注释的话，有时候会显得太过烦琐了，甚至还有点炫耀自己的意味。即使在西方学术规范中也不会对有一定程度共识的观点、判断、结论提出这样的要求，但是，我还是接受徐友渔的批评，就中国目前的学术状况来说，这样做还是有意义的。就上面所提的问题，简单地说，我随便举几个人，爱德华·西尔斯、彼特·伯格、丹尼尔·贝尔、麦金太尔，等等，他们有成本的著作是在讨论这些问题。所以对启蒙的反思我们现在知道的是两方面的问题意识，一方面是在西方语境内部，事实上已然开展了关于启蒙反思的学术方向和学术课题，有一批学者可以说长年累月地坚持比较严肃地面对这个问题。第二个语境是什么呢？就是从1989年之后，中国加快了它在经济改革中的步伐，现代资本主义包括现代性的一些特征在这个过程中慢慢呈现了出来，假如我们能够及时地把现代性出现的一些问题导致的对启蒙的反思这部分学术资源带进中国语境，我们希望带进中国语境能使中国转型的问题意识变得复杂一些，就是有一些已然走过的弯路和缺陷由于我们主体的自觉可以尽量地避免。这是我们的一个愿望吧，的确是想把这些学术资源能够带进来的问题。所以你说我们后面有的是一些主观性的东西，是一种意愿的东西，的确不错。我承认这当中有很多是我们心愿，但是这个意愿并不意味着在面对问题的时候，这只是意愿立场，如果那样的话，那就的确如你讲的了，脚手架上的每一块材料都是靠不住的。

简单可以说，从启蒙一开始出现的时候，对它的批评就一直伴随着。这一次对启蒙的反思之所以跟以前对启蒙的批评不大一样，很大的问题的确是跟现代性有关系。就是在现代性的意义上，把启蒙的正面或者负面的资源表现得更加充分和彻底，而且使得它跟人们日常的生活方式，跟社会政治的运作方式扣得更加紧密，所以启蒙的反思最近20年在西方学术界变得突出起来，它是跟现代性的问题紧密相连。所以，假如你把现代性的问题看作是我们进行启蒙反思的核心的方向和愿望，我认为这并没有错，并没有把我们的想法搞错。我们的确有一个现代性反思的预设，跟启蒙的反思放在一起。那为何不仅仅叫“现代性的反思”呢，这可能跟我们的学科背景有关系，因为杜先生和我都是从哲学出来的，所以我们希望把现代性当中所出现的一些问题放到更大的思想脉络上去考虑，那这样就把一些社会学的，历史学的和哲学的因素带了进来。而且基本上，我是这个心态，就是现代性所出现的问题绝不仅仅是生产方式，绝不仅仅只是一般的技术观念，它后面跟康德，跟法国的启蒙运动，包括苏格兰的启蒙运动所塑造的那个基本的世界观有关系，由此，不仅是启蒙的反思，将来我们可能还有另外一个问题要讨论，就是从康德以后的整个哲学典范的转移的问题，友渔你在分析哲学上花工夫，对问题的认识论要求非常严格，这我能够接受。但这的确也出现另外一面的问题需要思考，比如说罗尔斯，他是分析哲学出来的，他的整个的工作都在关心价值理论的问题；普特南也是分析哲学的专家，但他晚年的问题，一直到现在的问题，基本上都是在考虑四个犹太思想家和价值领域的这些问题。所以不是说分析的东西不重要，分析的东西绝对重要，因为它的确是给了我们一套方法，让我们比较准确地接近问题，但是的确也有分析哲学所造成的局限，尤其是价值领域的问题。对于一些深刻的问题，复杂性比较强的问题，仅仅用这个方法还不够，而我们处理的问题，恰恰是一个内部的张力非常大，相互之间的关系不是能够那么简单确定，需要有一些复杂推敲的大课题。

**杜维明：**我介绍一下我所了解的这个问题意识，我想至少对我的那个思路有点帮助。就是说，在20世纪60年代，人类大概第一次跳出了地球，又反观了地球，因为太空船给我们创造了史无前例的条件，这个情况在以前从来没有出现过。维根斯坦曾经说过，如果你没死过的话，大概你就不知道人生的意义。就是你只有完全离开这个人生，你才能知道人的生命意义，这是人生的意义永远都有争论的缘故。维根斯坦也好像说过，如果没有离开过地球，就不会了解地球。现在有一个情况，就是我们确实可以离开了地球而反观地球。从太空人的高度俯视地球，在无限行星的大气中地球的有限性一目了然，不仅它的资源有限，现在大家都很清楚的是油的有限，季羡林先生曾提醒我们，还有水也是有限的。当然我们现在也了解，地球外面三百英里的大气层也有限而且可以“受伤”，现在还有所谓的温室效应。这些情况，过去的学者，没有经历这一段，是无法真切了解这一现象的可能。所有从18世纪启蒙运动以来的大的思想家，包括康德、黑格尔和维根斯坦，都没经历过这一段。面对这些新的情况和新的问题，西方学术界对启蒙的批评很多，简略地概括，分为两大派，一派认为，不要再担忧了，你再担忧你就落伍了。这个现在是显学，也没有办法否认。

显学最突出的就是法国的一些学者，从福柯一直到德里达。德里达提出要从语言等各方面解构欧洲中心主义，这是大潮流，这个潮流当然对我们有很大的吸引力，比如女性主义啊，生态环保主义啊，新左派啊，各方面思想都与此有密切的关系。我和德里达也见过，也谈过，实际上我有一个非常好的朋友 Richard Bernstein，他把德里达、福柯和哈贝马斯的哲学观点带到了美国的哲学界。欧洲大陆的哲学和美国的分析哲学能够进行互动，Bernstein 是功臣，这是毫无疑问的。我和他是非常熟的朋友，我也曾参加过他的一位博士生肖阳的答辩工作，所以了解这样一个现象。

另外就是哈贝马斯，哈贝马斯认为启蒙的理念还没有完成，我们还要继续完成，还要继续努力，哈贝马斯一生的努力都在这一方面。与哈贝马斯很接近的是 Schluchter，是哈贝马斯介绍我认识 Schluchter 的，当时我参加他关于韦伯的讨论，基本上用的是韦伯和帕森斯（T. Parsons）的理论。我自己的心态比较接近哈贝马斯，不能说排拒德里达他们，因为我了解他们的批判力度，他们的批判力度极强，很有吸引力，这中间像吸毒的问题，他们讨论得很全面。那么在这样一种情况下，我了解哈贝马斯要想发展启蒙，他碰到一个什么样的困难。

我对哈贝马斯的谱系是非常清楚的，他从马克思，经过韦伯，经过帕森斯，又在向前发展。帕森斯是在哈佛讲现代化理论的杰出教授，他也可以讲是我的师友之间，我跟他念了两年书。如何看哈贝马斯，他很伟大的工作就是如何把理性论域进行扩展，他确实从沟通理性的角度把理性的范围扩大了很多。他和他的老师阿培尔（Apel），当然他们的学术观点有些不同，但是都在考虑怎么样回到康德的启蒙，从沟通理性的角度讲，就是在人的理性的最核心的地方建立它的统治，这个任务非常艰巨，要对德国哲人像海德格尔的批判作出回应。到晚年的时候，他和罗尔斯成了非常好的朋友，罗尔斯后来说我拒绝再和其他人进行任何的对话，因为我把我全部的精力都用来了解哈贝马斯。哈贝马斯和罗尔斯之间的最后讨论在西方的政治哲学，特别是自由主义政治哲学方面是一件了不起的大事，就是德国的哈贝马斯代表的法兰克福学派所发展出来的论域和美国罗尔斯的政治哲学论域之间的对话，我对他们这个对话极为关注。但是他确实有几个很难解决的问题，第一个对于宗教的问题，他没有办法解释。这里面有很多原因，比如我上面讲的“音盲”的问题，还有对自然，怎样处理对自然的问题，这在他的理论体系里也是很难的。现在假如我们要继承启蒙，我认为我们都是启蒙的受惠者，特别是在中国的语境下，启蒙的影响力极大，我们要继续启蒙。而且我认为救亡图存的问题，事实上不是救亡压倒启蒙的问题，压倒的启蒙基本上像秦晖讲的那样，压倒的是自由主义所代表的启蒙，不是社会主义或者集体主义的启蒙。如果要顺着启蒙这条路走，我们会碰到什么样的困境，这是我要考虑的。

我用了一个比较宽泛的观念，就是“科学主义”的问题，实际上，“科学主义”是和“工具理性”结合的。我不觉得现在中国国内所代表的“科学主义”这种心态和“沟通理性”合在一起。科学理性是另外一套思想，这套思想我们可以举一个例子，第一个是进步主义思想，早上有人谈到，就是人类文明发展，通过迷信宗教，经过形而上学，进而进入科学理性阶段。到科学理性的时候，形而上学的问题就不必讨论了，那么宗教的问题更不要讨论了，所谓“理性之光照耀以后，黑暗就可以驱除了”，它有这样一个非常坚定的信念。另外，确实，像哈贝马斯、德里达这些二战以后的西方学者，他们没有比较文化学的视野，这不是西方哲学发展的主流。因为一战以后，在法兰克福，有 Richard Wilhelm（卫礼贤）建立的中国哲学研究，参加的人有 Carl Juna，Martin Buber，有 Gabriel Marcel，很可能还有其他一些人。就是说西方有创意的一批思想家，他们对东方，对西方以外的思想有兴趣，而且进行过研究。但二战以后，这一情况变了，西方最好的一批思想家，因为西方的问题本身，就是现代性的问题太复杂了，太严峻了，所以很不愿意把他们的注意力移开焦点去关注印度、中国和其他的地方。他们感觉花时间去做这些地区的研究不仅浪费时间，而且不是问题的核心所在。这个一直发展下来，现在，就像我刚刚讲的那样，成为两个完全不同的语境，一个到了后现代主义的语境，在哈佛，你到英文系，到文化研究，所有跟启蒙有关的问题都已经边缘化了，没有人讨论。另外有一批学者，包括分析哲学的学者，哈贝马斯这方面还重视，就是努力想办法一步一步地把启蒙的思想资源再开采全。事实上，这是两波，没有太大的内在沟通，就是同一个大学也会出现这样的情况。那么我们的问题意识当然和他们大不一样，就是我们怎么样进一步考虑这个问题，我想我的问题意识在这个方面。

另外我再提一点，argument 的问题以后再说，就是最近 Daedalus 发表了一个专号，叫 Multiple Modernities，多元现代性。这个专号的出现本身就显示了我们现在碰到的课题。艾森斯塔德和我合作有相当长的时间了。大概在 20 世纪 90 年代初期，我和 Daedalus 的编辑 Stephen R. Graubard 取得了共识，就是我们应该讨论现代性的问题。我们和艾森斯塔德合作，通过他我们又和瑞典的科学研究院合作开了一个学术讨论会，就专门讨论对现代性的反思，与会的有日本的学者，有欧洲的学者，由瑞典的科学研究院主持。这个学术会议大概比这个还大一些，后来会议的主席，就是 Daedalus 的编辑，Stephen Graubard，在会议开了三天以后，在我们交了论文讨论了三天以后，他说很对不起，我们（Daedalus）不愿意把这批论文搜集起来出一个专号，因为有很多不太成熟的观点，另外还有很多其他领域，比如说伊斯兰世界，都没有被包括在内，所以他们放弃了那一期。瑞典科学院在准备这一工作的时候也花了很长的时间，这等于是一次合作失败的经验。三年以后，我再跟他讨论，我说由燕京社出面，开一个小型的工作会，然后再组织一次总体的讨论。他同意了。于是我们就到剑桥和艾森斯塔德讨论，一共九个人，谈了三天，大家认为这个问题绝对值得讨论。我记得那时正好赶上是黛安娜王妃突然出车祸，Stephen Graubard 就在最后一天说今天下午我绝对不能参加了，因为基辛格要来参加葬礼，我要和他们见个面。所以他就缺席了半天，这个我记得很清楚。那次会议形成的共识就是要为 Daedalus 筹办一个专号，后来就在以色列由杜鲁门基金支持开了一个关于“多元现代性”的讨论会，这批论文大家觉得可以出版了，所以就由他们出版。当时的一个辩论和我们的讨论有点关系，就是到底用什么名义。艾森斯塔德提议用 multifaceted modernity，就是“多元、多样的现代性”，我就建议 multiple modernities，就是“多元现代性”。表面上看起来好像差不多，其实这是一个大的飞跃。要说服他们太难了，艾森斯塔德和丹尼尔·贝尔（Daniel Bell）的看法一样，我和丹尼尔·贝尔做过对话，我曾经问过他，我说在西方现代性之外，还有没有其他的可能性。丹尼尔·贝尔的回应非常有趣，他说各种可能性都有但出西方现代性之外皆是灾难，就是说只有一种现代性，就是西方所代表的现代性，这个现代性的内容非常的复杂，你不了解它的复杂性，你就说有另外一种现代性，这都是无稽之谈，这是丹尼尔·贝尔基本的观点。后来艾森斯塔德的观点有所改变，因为他特别注重日本，这和爱德华·希尔斯有关系，这样看起来，我们可以不可以考虑多元现代性的问题。

我的论点事实上也很简单，但是有经验事实有更多否证，也就是说到底小农制的东亚是不是一种现代性，假如是，它们当然受西方文化的影响，甚至现在受美国文化的影响。可是它们所体现的文化形式，是不是因为受到西方影响，受到美国影响，就是西方文化的翻版，或者是西方文化的变调 variation，或者是现代文明的一个侧面，因为它们自己本身并不能独立成为具有地方特色的现代性。假如你认为有可能性，我的论点是这样，那就成了所谓现代性中的传统问题，离开了传统去考虑现代性是不可能的。我编了一本书，由哈佛大学出版，事实上我编那本书比我自己写一本书所花的时间还要多：*Confucian Traditions in East Asian Modernity*：*Moral Education and Economic Culture in Japan and the Four Mini-Dragons*。参加撰写的有十多人，但是每一章的序言和介绍都是我写的。最大的问题就是到底东亚有没有现代性出现，如果有，一方面就是现代性和传统的问题，另一方面是不是现代化这个过程可以拥有不同的文化形式，还是只有一种文化形式，这种文化形式可能是错综复杂的，但是只有一种。最后艾森斯塔德和我之间有了一个很大的裂痕，他就坚持 multifaceted modernity，后来人类学家 Stanley Tambiah，专门研究斯里兰卡、泰国及东南亚其他地区的佛教，所以他对文化多样性做过很多研究，他支持我的观点。他说我们应该有点勇气使用 multiple modernities，面向未来，我们这个说法可能更有说服力。现阶段的也许就一种现代性，内部有这种繁杂的斗争和矛盾，但是用“多元现代性”这个表达法可能更有说服力。那时候支持过这一讨论的瑞典的一个学者维洛克（Bjorn Wiffrock）也支持这一观点。你看他那篇文章非常有意思，他完全从西方出来，他说现代化不能回到罗斯托（W. W. Rostow）在其著名的“非共产党宣言”中所宣称的那种单一路线上去。所以后来 multiple modernities 的理念就树立起来了。在 multiple modernities 专号出版之前，Daedalus 的“pre-modernity”，就是把中国、印度、伊斯兰，还有欧美的现代转化以前的前现代问题也做了讨论。

**谢文郁：民主的理念是否可成为当代中国政治的全部基础**

我想顺着刚才徐教授的话题，因为在徐教授一点点地挑毛病的时候，我感到很震惊，一点情面都不留，而且每挑一句，都句句在理。但是我在阅读这个材料的时候，我有另外一种读法。就是说，人们在读一本书的时候，一方面我们从逻辑上看有没有论证，另一方面我们还有一种情感上的东西出现。我在读书时，有时会特意地看看它能不能把我的情感调动起来。在读发过来的这几十页纸的时候，我便是采取这后一种方式。读的时候，我就在挑一些能够把我的情感挑起来的问题；因此我读的时候不像徐教授那样很痛苦，有些地方我还觉得可读。这里，我想把在阅读中想到的一些问题趁此机会和大家分享一下。

上午，杜先生提到责任和权利两个词的关系。我想把这个问题进一步挑起来讨论一下。西方在启蒙运动以后，特别是卢梭以后，提出了一个很重要的观点，就是说人有一种权利，这个权利是谁都拿不走的。这个可以说是启蒙运动的一个很关键的要素。因为霍布斯和洛克在争论社会契约的问题的时候提出一个很重要的问题，即奴隶问题。问题是这样提出的，在社会契约中，我作为契约的一方可以把我的权利全部给出去，从而甘愿做奴隶。从社会契约这个理论来看，这样的专制社会逻辑上是允许的。但洛克认为不可能出现这样的状况。为什么不可能出现？洛克说我们在给出权利的时候都是在追求某种好的东西，他用的是 common welfare；一定要有了这个好东西我们才能够交出权利。他们两个在争论的时候，洛克实际上有更多的追随者，但在逻辑上一直没有办法解决霍布斯的“我要成为奴隶，你奈我何?”这一困境。对此，卢梭有一个很重要的贡献，他认为，在契约中人有一个权利是交不出去的，那就是在契约中交换权利的那个权利，这个权利你是交不出去的。你总得把权利给别人啊，这个权利既然你交不出去，那就永远在你那里。因此你还可以用这个权利把你交出去的权利拿回来。这样的一个论证就完全解决了启蒙运动的“奴隶问题”困境。因此，“权利”在西方思想史上，特别是从美国社会史的立法角度看，就变成了一个出发点；就是说，一切都围绕这个权利出发。这个权利是交不出去的，立法者就要保护这个权利；所以保护这个权利就成为全国立法的出发点。这一点在我看来，是西方法制史上的一个重要现象。

那么在中国文化里头呢，我发现在整个以儒家建立起来的政治体系里面，强调的是“责任”这个词。我们从“修身，齐家，平天下”这个角度出发，一开始是允许我们每个人都平等地发展；每个人都有权利发展自己；但是这个权利是不能外用的，这个权利只能用来发展你自己。所以呢，它只跟你有关，跟社会无关。什么时候你跟社会发生关系呢，你一定得修身到一定程度，养成了你的责任感；拥有责任感的时候才可能和社会发生关系。因此，这个社会构成的出发点就不是权利，而是责任了。在责任里面来谈权利，我想是儒家政治学说的基本出发点。相比之下，在西方语境中，是在权利里面谈责任；你在使用你的权利的时候，你是要负责的，对你自己负责，对你使用这个权利以后的结果负责。这是一种以权利为基础的社会。这两种思想体系的根本出发点是不一样的。我们必须十分重视这个问题。把这个问题弄清楚了，我们再来看看儒家。儒家以责任为出发点，能不能建立一种政治体制，并且能够完整地运行？为了回答这个问题，我想需要澄清一点：我们在谈论民主的时候，往往把民主当成一个理念来追求。这种谈论忽略了民主的基本功能，即：通过民主，把最杰出的人选出来做社会的领袖。我的意思是说，如果我们没有民主制度，在以责任为基础的前提下，有没有可能我们建设一种政治体制，通过它来产生优秀领导人。如果可能的话，那么，我就会认为，一个没有西式民主的儒家社会也仍然是可能的，仍然是个好的社会。所以我说，在这个意义上，我不是一个支持西式民主制度的人。儒家的出发点是很不一样的，几千年的政治制度完全是从责任出发，并在此基础上运行的。从历史的角度看，我们遇到不少问题，比如说我们有君王作为天子。如果君主是好的，那么这个社会也是好的；如果君主不是好的，那么社会就出问题。所以归根到底还是我们能不能在责任的基础上产生出一个好的领导来。

我们有时候在谈论当代中国政治时，经常有一种预设，认为民主的理念是全部的基础，然后在民主理念的基础上再谈如何构造未来的中国社会。这是一个很重要的法哲学问题，需要我们更多的讨论。以权利为基础的西方民主制度可以说是启蒙运动的结果之一；我们在理解西方的启蒙运动时，要看到这一点。但是，中国社会几千年来流传下来的文化积淀不是那么容易就被替换掉的，把西方的民主生搬过来也不一定有效。儒家政治思想中的责任意识，即要求每一个在位置上的领导人都能按责任做事，而我们每一个人作为社会的一员也有其应尽的社会责任，这在中国人心中已成心理定式，在当代社会具有强大的传统惯性。这种责任高于权利的意识，要想通过启蒙来把它改掉，在我看来是不可能的一件事情，而且也不是一件好的事情。

**秦晖：日本的“反儒”与明治的“成功”**

刚才徐友渔先生与杜维明先生谈到日本儒学与明治维新“成功”的关系。杜先生认为明治维新成功是因为弘扬了儒学，而徐先生则相反，认为明治维新是反儒学而获得成功的。而我对这个问题的看法是：如果从福泽谕吉、吉田松阴这些对明治思想影响比较大的几个人来看，他们正如徐先生所说，的确是反儒的，但这是不是一种“成功”则要看在什么意义上说了。明治维新实现了富国强兵，这当然可以说是很大的成功。但明治后的日本走向了天皇专制、法西斯和军国主义。如果从自由民主的角度讲，明治维新就不能说是成功的，它与其说是经验不如说是教训，而教训之一恰恰是反儒。所以杜先生如果说明治不应当如此反儒，我在某种意义上是赞成的。

我自己不是研究这些人的专家，只能谈谈感想，谈谈别人对他们的研究。中国台湾有个学者张昆将是研究这两人的，他专门写过吉田松阴的传，大陆有南开的李冬君，也是研究明治这一段历史的。根据他们的研究，友渔说吉田松阴等人对儒家非常不屑，这应该是无疑的。因为吉田松阴和福泽谕吉他们这些人明明这么讲过。的确明治时期有很强的“排儒”、“反儒”倾向。但是，从另一方面讲，吉田松阴和福泽谕吉他们的“排儒”恰恰是因为他们认为孔孟是“不忠”的。他们举例说，孔子周游列国，待价而沽，是一个对君王不负责任的人。他们还说，中国的“儒权”妨碍了皇权。儒者自以为有识之士，头脑复杂，凡事都想独立思考，对国事评头品足，所以中国干不成事。而日本武士懵然无知，头脑简单，天皇一声令下，他们就会赴汤蹈火。所以只要排除了“儒权”的捣乱，一旦天皇听了咱们的，举国也就“脱亚入欧”了。

可见福泽谕吉他们虽然反儒，但他们反儒的出发点很难说是自由、民主这些理念。其实他们的反儒有点类似中国的法家，就是嫌儒家专制得不够。这也不难理解，因为就日本历史的逻辑来说，在明治以前，它就是藩主政治，即我们汉语意义上的封建政治，是领主很活跃的时代。明治维新的一个重要内容就是确立了天皇的集权，如果抛开别的不说，确立天皇集权的这个过程有点像秦始皇统一六国、中国发生周秦之变的那样。所以正如在周秦之变的时代人们对儒学很不感兴趣一样，对于他们来说，为了中央集权，为了天皇的神圣权力，就派生出崇尚皇权而排斥“儒权”、斥责儒学不忠，或者说专制得不够，从这个角度去批判孔孟。实际上这也的确从反面表明儒学、尤其是孔孟古儒之学的确与专制有冲突。所以，儒学对中国走明治之路的确是有妨碍的，但另一方面，相对于日本而言，儒学对中国走共和之路是有帮助的。

事实上，近代中国那些真受古儒遗风影响的士大夫往往认为共和比专制更近于“三代遗意”，而在君主制中，英国式的虚君宪政又比日本式的实君行政更近于“天下为公”。早在徐继畬时，他对共和制美国的赞誉就比君主立宪的英国高许多。而当时（19 世纪 40 年代）美国国力还不如英国，打败中国的也是英国，而非美国。如果只是因为被打败而崇拜强者，徐继畬何以有如此评价？其实徐已明确地说：这是因为华盛顿开创共和的“贤德”之举已成为联结“古代圣贤”与后代伟人的纽带。甲午之后国人纷纷赴日，当时所谓的西学也多经日本转介而来，日本对中国的影响可谓大矣。但是，当清末出现立宪思潮时，除了慈禧和炮制“皇族内阁”的一班满族亲贵倡言学日本，中国知识界当时所谓的立宪派几乎都是主张英国式虚君宪政，而明确反对搞日本式实君立宪的。他们与共和派的差别其实很小，辛亥以后也就几乎没人谈君宪了。这恐怕不能只责怪中国人太“激进”吧？

所以我觉得杜徐两位先生的说法都有可取和可商之处。明治时代的日本改革派显然是反儒的，但他们反儒带有很浓的日本历史特色，这个反儒并不是像我们有些中国人所讲的那样，说儒家是自由民主的大敌。实际上在更多的、更本质的场合，他们说的是儒家是中央集权的大敌。所以他们虽然反儒，但的确也保留了很多相当传统的东西。这个传统是好是坏就不说了。在主张宪政民主方面，我和友渔的价值观比较类似。但“日本经验”对我们这种价值观有何意义，我们的看法恐怕不同。同样主张民主宪政的袁伟时先生也讲过日本，但他是在对日本批判的意义上讲的。比如他最近为抗战 60 周年写的一篇文章就说，有人说，日本的现代化是成功的，但他认为恰恰相反，从某种意义上讲，日本还没有中国那么现代化。他说明治维新保留了很多专制主义的内容，后来的法西斯军国主义就是从这里头产生出来的。反而是中国在清末、五四的时候对这些东西的批判非常深刻。显然在价值判断上，袁先生对日本道路是持批判态度的，他并不认为这是好的；但事实判断上，他的确说出了日本的明治维新保留了（在某种意义上我认为甚至是发扬了）专制传统。这个保留好不好？在价值判断上我比较倾向于袁老师的看法，正是因为它保留了这一套，所以后来出现了很糟糕的局面。但袁老师没说、我也不知道他是否同意的一点是：日本人保留乃至发扬专制传统，并不等于保留儒家传统。恰恰相反，当时日本扩张皇权完全是在反儒的背景下搞的。这个过程我觉得还有进一步分析的必要。并不是说日本“排儒”就是“西化”，更未必就是“自由民主化”，明治维新就是“排儒”了，但接受“西化”的程度并不像人们所说的那么高，否则也不会有美国战后对日本的民主化改造了。

**杜维明：**这个我做一点点回应。现在沟口他们做的工作值得我们参照，沟口研究认为，日本的“官”和“公”在日本思想界是混合的。所以它的“忠”的观念出来以后，变成了一种很强烈的愚忠的思想。魏克曼（F. Wakeman）就讨论过这个问题，传统中国“公”“官”和“私”是能够分开的，日本不能分开。在中国，“官”和“公”没办法完全合在一起，为中国的民间社会反对专制，反对独裁创造了一些条件。明代的知识分子（士君子）可以对朝廷进行非常严厉的批评，认为朝廷所代表的是“私”而不是“公”，如果“官”是为私利所惑，那民间社会，主要是当时的知识分子，可以对朝廷以民间的名义进行批评，这是一个非常有趣的现象。

**陈来：**我以前也写过一篇文章，叫做“中日韩三国儒学的特色”。我讲中国儒学的特色就是突出“人”，韩国儒学的特色就是突出“义”，日本的儒学就是突出“忠”。沟口雄三呢有一个关于公和私的讲法，就是讲日本的价值体系，以日本儒学为代表，当然包括其他日本文化参与。他认为为什么日本能够快速工业化，因为在日本的价值体系里面，比较容易接受弱肉强食的观念，这是非常重要的，自19世纪发展以来，日本非常容易接受丛林法则、弱肉强食这套规则，所以它能够这样发展。这套价值偏好的理解到中国讲也很有背景，所以你刚才讲罗素说中国很可能选择社会主义，应该跟这个根源是有一定的关系的，就是你的选择跟你的文化中的价值体系的偏好是有关系的。因为我们是儒学研究的从业人员，一听到儒学总是倾向于为它辩护，认为儒学对中国来讲当然是好东西，但是我对日本的儒学一贯是比较清醒。因为我总是觉得日本的儒学是有问题的，什么问题呢，就是它始终没有把人道主义这一法则放在第一位。所以日本其他问题的发展，都跟这个价值的缺陷有关系。这个缺陷是跟它的儒学的形态有关系的，这个形态你要说除了文化的原因，还有没有别的原因，也可能有，就是你刚才讲的那个。因为你要看中国文化，西周最强调忠信，孔子的意义就在于这，就是在忠的上面提出人的尊严。

**秦晖：**我补充一下，就是说日本的儒学强调“忠”，但这个“忠”在明治前后是有很大的区别的，明治前的日本儒学强调“忠”其实不是讲的忠于天皇，而是忠于那些小领主，当然这的确和古儒的说法一致。而且我觉得日本儒学讲的“忠”和中国古代的儒学一样，也是讲双向性的。不过我觉得这是人之常情。就是共同体小到很小的时候，权利和责任容易自然融合。比如说一个小领主，他就有“士为知己者死”的问题，你给了我恩，我就报答你，中国先秦时代的聂政啊、专诸啊那些人不都是这样嘛，你确实对我有恩，但是皇帝的恩就不一样了，天高皇帝远，谁知道皇恩是怎么回事。共同体大了以后，权利和责任的对应就变得比较困难。我的看法可能和你不一样，可能我的阅读有限，我倒是觉得像吉田松阴他们做的工作的确是在很大程度上化解了明治以前的儒学。但是明治维新以前的日本儒学倒有一点中国先秦时代的儒学的特点，就像你刚才讲的，因为日本的领主制是和西周的制度有点类似，它强调的是小忠，就是针对小共同体或者小领主的忠，而且这个忠是有双向性的。那么明治以后的颠覆是在这两个方向上的颠覆。一个它变成了效忠天皇是无条件的，另外一个它把所谓的“私忠”给排除出去了，它认为孔子不忠，指的就是孔子对国家不忠，它不但讲孔子，它说连孟子都是这样。而且由于孟子讲了一番蔑视皇帝的语言，所以福泽谕吉对他更是大不以为然。所以我觉得这个东西很难说，从某种意义来讲，如果我们真的认为现代化的目的是解放个人，当然这个说法能不能成立也是一个问题，那么我倒觉得中国本来意义上的儒学，乃至日本明治以前的儒学与现代性的矛盾恐怕更小一些。不过这里有一个不可比的就是，因为日本是在领主制的基础上搞现代化的，它现代化的第一步就是搞中央集权，这个我觉得从它的历史脉络来讲，也是顺理成章的。但是中国阻碍现代化的恰恰就是这个东西，就是秦始皇以后形成的两千年的这个东西，所以中国的现代化是要破这个东西。就像欧洲一样，欧洲也是从领主制转向现代化的，而我们是在官僚制帝国的基础上讲现代化的。比如说同样讲官僚制，韦伯就可以说官僚制是政治理性化的核心，但是在中国你这么讲是不是成立这就是一个问题了。因为的确有人说秦始皇时代的中国就是非常现代化的，就可惜在技术手段不够先进，所以他那套官僚政治的理念不能够正常运作，现在还有人说就是连坐、保甲等这类制度都是交易费用最小的一种治理手段。如果你从领主制，要建立民族国家，消除领主割据这个角度来推，那当然有这样的结论。但是你要说中国的现代化就不能搞秦始皇的那套专制，如果你要从这个角度讲的话，那它的意义恰恰相反。明末清初的那些大儒们批判的恰恰就是官僚制，比如说黄宗羲就是认为科举考试不好，他认为察举还比科举好，他说科举考试就搞出了一帮没有心肝的官僚，按照他的说法，以前的察举是按照道德的标准选人的，不是按照文字游戏的技巧来选人的。所以我觉得中国和日本本身现代性的起点就不一样，所以有些东西不能简单地来用。

**徐友渔：问题意识的交错**

我首先对黄万盛先生的大度表示非常感谢，同时我也想表示，我还不至于那么没有理解力，以为你对我的批评无法作出回应。我肯定不认为我的批评是绝对正确、没办法回应的。

我现在想说另外一个问题，就是你们都提到，在你们对话文本表述的背后实际上带有了你们个人的情感，就是 personal feeling，这是引用杜先生说的话，而黄万盛先生也提到了这一点，实际上我能理解你们的意思。

我还要谈我另外一个感受，我说我读他们的对话文本很痛苦，这是一个方面。实际上我在读你们的书的时候更深层次的感受是，我一方面非常怀疑，另一方面也非常钦佩。我完全理解黄万盛先生刚才说的，你们在谈这些学术的时候，实际上有一个起始的动机。我自己也有深刻的体会，而且不光是你们这个“对话”，从你们最近几年一直在做的工作也能看出来。你们开始有一个动机，这个动机照我的理解（当然也许我理解错了），那就是对于中国的事情，中国的未来，你们有一种志士仁人般的关切，因此你们才到大陆来进行这种学术交流。让我很钦佩的地方在哪呢？一般中国人要是有志士仁人的动机，就会像康有为那样“托古改制”，把学术当成是一种工具，在那里实现一个高尚的社会目标、道德理想。我觉得你们这方面完全不一样的是，你们的学术、观点跟你们的志士仁人的动机是一致的。

我先说我的忧虑在哪，你们是在那里风尘仆仆地来往于北美和大陆之间，你们在谈学术，同时也在宣传着你们志士仁人式的关切，为什么你们的立场和大陆那些也自我定位为“志士仁人”的人的立场有那么大的差距？你们的这种动机为什么不被另外一些动机一样的人所接受？而且他们甚至对你们还有对立情绪。这里面当然有一个最肤浅的解释，就是中国是处在前现代和前启蒙，你们现在已经在反思启蒙、批评启蒙了，就是有一个错位的问题。我觉得这样的解释有点浅层次，实际上问题可能很复杂，一方面我能体会到，根据我对中国近代史的了解，中国一大批志士仁人，当然我是指做学术的志士仁人，他们确实对世界上最新潮流的学术是不太懂的，或者是不知道的。比方说严复读《天演论》，实际上是误解了赫胥黎本身的意思，这就是一个最明显的例子。在我看来，也许国内的志士仁人们的问题意识是和世界的思想主流或者最重要的东西脱轨的。在这个意义上，他们可能道德意识有余，而学养不足。在这方面，我觉得要做的是，中国国内的这些志士应该跟着你们，理解你们。

这是一种可能，但是我觉得还有另外一种可能。就是你们那种问题意识也有可能是不对的，从今天的谈话就可以看出，我们谈一句话，杜先生就可以引证十本书，一百个人，说他们说了什么。但是理论上有这样一种可能，就是你们的问题意识虽然比国内新锐，但也可能有一种方向的错误。在这个问题上，我觉得我对你们的工作一方面是很钦佩，钦佩的地方在于我并不是只想从逻辑的层面去提醒你们，就像我刚才批评的那样，我能读到字里行间你们另外一层意思，这种意思是非常可敬佩的，你们有这么一个动机，但是这个动机之下的具体主张对错我觉得现在还很难说，是国内这批人的问题意识是大大落后于时代呢，落后于国际学术潮流，还是你们虽然站在国际学术潮流前面，但仍然不能保证你们的问题意识是对的。我觉得你们现在实际上是想抛给中国大陆学术界、思想界一个思想性的纲领，我们都对中国近百年的状况非常不满意，你们是想用反思启蒙这个纲来回答中国近代面临的各种问题，这个点选得对不对，我是深表怀疑的，哪怕你们背后有那么强大的话语优势，有那么多的学理支撑。我觉得要真正去体悟历史是很困难的，在这方面我也很坦率地跟你们说，骨子里我认为你们的问题意识是有点错位的。当然我也能够理解，我看了大量中国国内的近代志士仁人，这些优秀的学者，他们在道义上是非常好的，但是他们的问题意识就是跟真正的学术落后了非常大的一段距离。我觉得这两种可能性都有。这也许需要我们双方都去考虑，带着一种自我批判的意识去考虑，到底问题是什么，因为这对我们中国是非常要紧的。

**陈来：**你刚才讲那个我想大家也都能了解，我就讲两句话。第一，就像刚才杜先生和黄先生都讲的那样，据我的理解，他们提出的启蒙的反思并不是要解决和说明百年以来中国所有的问题，我认为他们不是这样的，他们可能只是针对某一种问题。第二，我想我们现在很难用“国内”“国外”这样一个对比，国内根本就不是铁板一块，并不是你刚才讲的那样好像是一个整体、跟国外的不一样、更接近中国的问题意识。中国本身就是有不同的观念，就是具有很多元的观念的表达，其中有一部分就是比较能够接受杜先生他们的观点的。

**杜维明：**我提一点我自己个人的经验。在 20 世纪 80 年代，受到西方一些学者的影响，特别是 Wilfred Cantwell Smith，国内学者不太熟悉他的观点，他有一个观点，英文叫做 communal critical self-consciousness，我经过一番考虑以后，把它翻译成了“群体的批判的自我意识”，重点在“自我意识”，就是 self-consciousness，但是我每一次用这个观念，我说这个重点在“自我意识”，但这个“自我意识”有群体性，是一种批判的，不管我怎么讲，研究生也好，教授也好，都会把它听成“群体的自我批判意识”。最明显的例子是在 1986 年，我在上海参加一个王元化主持的讨论会，那时候陈奎德还是个复旦大学哲学系的研究生，我的印象很深，他说杜教授你讲的这些，跟现实几乎没有什么关系，我希望你五十年以后再来讲，我一听，五十年以后，那不行，五十年以后可能我就没办法来讲了。那么他的问题意识是什么，他认为我的问题是错位的，跟他现在遇到的大的问题是不相干的。王元化先生后来在《光明日报》上发表一个讨论，我觉得非常的惊讶，他说杜先生讨论的问题我都非常清楚，但是我就是不能想象他为什么要讲儒家的一枝独秀。我再荒唐我也不会说儒家的一枝独秀，这话我从来不会讲，所以我觉得奇怪。更奇怪的是，他为什么还要讲群体的自我批判意识，现在是我们进行更深刻反思的时候，不是自我批判。我说我没有讲“群体的自我批判意识”，我是讲“群体的批判的自我意识”。可是一直到 20 世纪 90 年代，就是上几次，那个误解在学术界还是非常明显。我提出 mental mode，翻译就叫“心智模式”，心智模式比较符合托克维尔在了解美国民主后所用的名词，Robert N. Bellah 非常喜欢这个名词，就是 habits of the heart，Robert Bellah 的一本书就以此命名，中文翻译成“心灵的积习”，就是说我们积累的思考习惯就成为我们看东西的视角，这个东西既是个人又是群体的，这种情况一般不易察觉，这人类学界和心理学界讨论的多一点，但很多问题是和这个问题连在一起的，虽然你没有这个意识，但是和这个问题连在一起的。所以这次我的第一个反应，就是说形成一个问题意识本身，它有很多完全不能掌握的因素，问题意识的本身，不是对或错。你的问题意识是什么，常用德文大写的 Problematik 或法文 problématique 来表述，他们喜欢用这样一个名词，就是我现在考虑的不是你的问题，不是通过一个手段去解决一个问题，是很多问题，很多问题所造成的一个问题群或者问题的复合体。这中间交错影响很复杂。所以才用德文的 Problematik，或者是法文的 problématique 这个观念，正好和英文的 problem-solving 以手段—目的方式解决具体问题的思路相反。大家常常在考虑问题意识，问题意识就是你的问题性，就是你想处理什么问题，那么你在处理问题时所采取的途径可以有错误，可以有偏差。形成的问题意识，比如说掌握的资源，或者说你考虑的面向，可以有浅可以有深。但形成的问题意识的过程本身也是一种既有个体性又有群体性的知性活动，这和所谓社会资本有关系，它不能量化，但是通过我们去面谈，经过讨论和辩难，可以逐步形成一个我们共同的愿景，这个共同的愿景是什么，这一般大家都意见不统一，看法比较多元，但是有没有一个重叠的共识，有没有一种共同考虑的问题，从这个角度来提出问题的意识。

**黄万盛：发展真正有涵盖性的人文社会理论**

友渔，我给你点回应。就是说中国公共知识分子和有各种各样社会关怀的专业知识分子，面对的那些中国的社会问题、政治问题、感情问题，我基本上相信我能够理解，而且我从来没有认为因为我出国了，我就置身于这个之外。所以我很多问题的考虑，对那些问题是有涵盖性的，虽然涵盖的程度不一定像在座的各位那么深，但可以说我从来没有离开过那些问题。关于人的权利的了解，关于整个政治体制的转变，关于这个社会贫富差距如何消减，弱势群体如何保护，关于言论的权利和知识分子参与社会的权利能不能得到公正地体现，这类问题都在我的视野当中。在考虑对话的过程当中，这些问题意识是在起作用，把这些问题意识抽掉不去考虑，我们只考虑国际社会在讲什么，我们的问题完全和国际社会接轨，后面没有任何中国意识和中国关怀，这不是我们的情况。我们的立场是，在眼前的各种关怀后面，是不是还有一条深刻的谱系可以进一步考虑，这条深刻的谱系是说，比如近代意识形态话语的形成对整个中国近现代历史的影响，我们是不是有充分的了解。比如五四期间形成关于科学和民主，我在北大历史系和哲学系都讲过，我说向西方寻找真理这个话语没有错，但后面那个预设，就是要想向西方寻找真理必须全盘性地反传统，这个预设当中有问题。关于启蒙价值，如果没有启蒙这个大的意识形态的出现，人的自由绝不可能像今天这样有深刻和广阔的天地；如果没有启蒙把科学和技术带到人类的生活当中，我们今天不可能有那么充裕的物质条件；如果不是启蒙把人作为关怀的对象，乃至医学这类东西都不可能充分地得到发展。所有这些东西，假如你不能公平对待，那我不觉得我们现在的考虑是一个真正合法的、真正有前瞻性意义的东西。我们希望的是，如果我们现在对于中国转型的各个方面的忧虑能够综合已有的各种各样的经验教训，包括中国的，包括西方的，这也许是我们的福音。这个至少是我自己的一个基本的心态。所以我不会说我们考虑问题的时候整个的资源背景只有西方，我也不会说我们考虑这个问题意识的资源背景只有中国。我们真正想避开曾经长期支配着我们的那个世界观，就是看问题不是一就是二，不是黑就是白，而希望在各个资源当中建立一个复杂的关系，来考虑中华民族的再生应当走一个什么样的健康的道路，并且这个健康的道路有没有可能对人类今天所面对的各种困境做出一个创造性的回应。我们中华民族有能力发展出真正有涵盖性的人文社会理论。

好，我们今天这个会就开到这里，感谢大家出席这个会议。

（原载《开放时代》2006 年第 3 期）

# 三

# 激进、保守及其当代形态

# 我对"五四"新文化运动的再认识

王元化*

"五四"运动已经过去将近八十年了。八十年来，无论是东方或西方、中国和全世界都发生了翻天覆地的变化。随着我国和世界政治、经济、文化、科技等形势的发展和变化，对我国政治、思想、文化生活起过并还在起着重大影响的"五四"运动，应该有一个再认识、再估价的问题。近年来，对这个问题我有过一些研究和思考，现在我想把我的一些观点和看法简述如下，供对此问题有兴趣的学者专家参考，欢迎提出批评指正。

对"五四"运动的评价，我个人认为不应因袭过去的陈说，将"五四"时期的文化简单看作是"文白之争"或"新旧之争"。因为这两个概念不能完整地规范"五四"文化的整体，应该说，它具有更深远更广阔的内容。我认为，近年来受到学术界重视的"独立的思想和自由的精神"，就是"五四"文化思潮的一个重要特征，如果从这方面去衡量"五四"时代的学人，过去惯用的文白界限就很不适用了。因为倡导白话从事新文化运动的人。并不是个个都能体现上述这一特点。有的甚至很不符合这一要求。而那些用文言写作的，也有不少人吸收了外来的自由思想，坚持学术的独立地位。

长期以来，人们用德赛二先生来概括"五四"文化思潮。我觉真

---

* 王元化，原华东师大教授，博士生导师，原上海市委常委、宣传部长。

正可以作为“五四”文化思潮主流的，是不是民主与科学还值得探讨。当时对这两个概念并没有较深入的认识。理解得十分肤浅，仅仅停留在口号上（甚至至今还需补课）。就以民主来说，关于民主学说的源流，它在近代所形成的不同流派，我国从近代开始接受外来民主学说的历程及其存在的问题等，我们都缺乏切实的研究。一般教科书大抵沿着欧洲大陆理性主义的路子介绍民主观念，偏重法国大革命和巴黎公社的民主革命经验，特别是关于卢梭的公意学说，而对于经验主义的民主学说。如洛克等人的学说，则茫然无知（我本人长期以来就陷入这种偏向之中）。

我以为“五四”时期的思想成就主要在个性解放方面，这是一个人的觉醒时代。长期以来，我国儒家传统轻视个性，这是一些儒学传统的人（如杜亚泉、梁漱溟等）也承认的。自我意识从长期酣睡中醒来，开始萌发于清朝中叶，当时可以龚自珍的诗文、曹雪芹的小说、戴震的《孟子字义疏证》、惠栋的《易微言》等为代表。但这些个性解放思潮的萌芽只是五四时期波澜壮阔的个性解放运动的微弱先声。五四时期在这方面所取得的成果是值得我们近代思想史大书特书的。

我认为“五四”时期所流行的四种观点是值得注意的：第一，庸俗进化观点（这不是直接来自达尔文的进化论，而是源于严复将赫胥黎与斯宾塞两种学说杂交起来而撰成的《天演论》。这种观点演变为僵硬地断言凡是新的必定胜过旧的）；第二，激进主义（这是指态度偏激、思想狂热、趋于极端、喜爱暴力的倾向，它成了后来极“左”思潮的根源）；第三，功利主义（即学术失去其自身独立的目的，而将它作为为自身以外目的的服务的一种手段）；第四，意图伦理（即在认识论上先确立拥护什么和反对什么的立场，这就形成了在学术问题上往往不是实事求是地把考虑真理是非问题放在首位）。五四时期开始流行的这四种观点，在甚至相互对立学派的人物身上，都可以或多或少地发现它们的踪迹，而随着时间的进展，它们对于我国的文化建设越来越带来了不良影响。我们在回顾对 20 世纪文化思潮发生巨大作用的五四新文化运动时，今天已经到了可以对它们作出清醒的再认识再估价的时候了。

“五四”是反传统的，但不是全盘反传统。“五四”时对庄子、墨子、韩非子以及旧传统中的民间文学是肯定的。不过，第一，庄、墨、韩学说还不是传统中的主流，传统中占重要地位的儒家学说在五四时期是被激烈反对的。第二，“五四”对庄、墨、韩等的肯定，或是用来作为一种反儒的手段（如肯定庄子），或是用来附会西方某种学说（如用韩非附会进化论与功利主义），还不能被视为是吸取传统资源以建设新的文化。第三，“五四”号召提倡平民文学，打倒贵族文学，固然使长期被湮埋的民间小说、山歌、民谣等得到重视，为中国文化建设开拓了新领域，但是同时将封建时期的士绅文化或精英文化一概目为必须打倒的贵族文化，却具有很大的片面性。

五四时期的国学研究方面的两门显学是值得重视的。这就是晋鲁胜为之作注的《墨辩》，在亡佚千余年后，经清代毕沅重拾旧续，将其残编断简重新加以整理，到五四时期则成为当时许多具有代表性人物所关注和研究的学问之一。另一种则是对佛学唯识论和久被遗忘的《因明人正理论疏》，这门由印度输入的有关逻辑的理论也是当时为不少学者所关注的学问之一。可是这种热忱只是昙花一现，很快就无以为继了。倘得以深入下去，将会产生积极影响。当时在融化西学方面做得较有成就的是中国通史、哲学史、小说史等。

（原载《炎黄春秋》1998 年第 5 期）

# 五四·普世价值·多元文化

杜维明　袁伟时*

五四时对人格的尊严，对人的自由，对学术的独立探讨精神，这些价值正是当前我们开发社会资本，培养文化能力，发展有创见性的理论思维、道德理性和精神价值的必要条件。

从五四开始80年来，自由主义是最珍贵的传统之一。我们如能扎根中国现实，对西方各种派别的自由主义进行全面、充分的认识，并且对它确实要有一种自我批判和自我理解的能力。这种自我调节甚至自我批判意识的出现，对自由主义在中国的健康发展大有裨益。

世界的多元化应该有一个基本前提，就是要承认一些基本的共同的现化性，比如法治、民主、人权、自由、宪政、理性……这些是全世界任何国家任何民族都应该分享的现代文明成果。在这个前提下，各个民族和国家才能持续、健康地发展。

**袁伟时（以下简称袁）**：今年是五四运动80周年，我想请你谈谈对五四新文化运动究竟有什么看法。

**杜维明（以下简称杜）**：我觉得如果以一般的理解，五四新文化运动想要通过吸收西方最先进的一些思潮，希望通过现代西方启蒙运动所能展现出来的一些基本的价值：自由、人权、民主，对清朝的腐

* 杜维明，哈佛大学教授；袁伟时，中山大学教授。

败所造成的各种困境，尽量把它的负面因素化解。只是他们把传统的阴暗面可能估计得太轻松了一点，过分乐观了一点。所谓轻松了一点，乐观了一点，可以从当时一种形象的说法取得证明，即把传统的阴暗面像包袱一样丢掉。所谓传统的阴暗面，如官本位、不健康的人际关系、权威主义等消极因素已渗透到民族文化的各种结构里去，要想消除它，是不能简单地像包袱一样丢掉，要经过更深刻的转换，转换的进程非常复杂。也就是说，要清除已经渗透到骨髓里面、血液里面，而且好几代努力都还不能消除的“毒素”，不能只是从外部引进资源，一定要开发自己的传统文化资源。这个工作做得太少，太草率、太浮浅。但是五四的文化精英都是中国文化的受惠者，同时也是牺牲者，那一代知识分子本身的叛逆精神，为民请命的意愿，对家国天下的关切，对社会的参与，对文化的感受，这些与儒家文化里比较优良的传统确有非常密切的关系。因此当时所碰到的一个严肃的课题就是，已经渗透到骨髓血液里面的封建遗毒既然和现实政治上的权威主义和官僚主义结合起来，那么，这复杂的机制绝不能够一厢情愿地靠自己不熟悉的外来价值，一定要开发传统资源的精华，来对治这些阴暗面。这些工作当时估计得很不够，所以现在如果重新回顾五四以来 80 年的发展，特别是在政治文化、商业文化、社会文化种种方面还有很多需要重新清理和考虑的议题。另外对西方文化方面也不能完全从工具性，而要从更深刻地触及真善美的价值来了解。

五四时代初期的知识精英曾经强调自由与人权的重要，从自由人权转向科学民主。这个中间，一般来讲非常符合当时中国的需要。中国需要建设，需要发展，需要科学技术，建设需要管理知识，需要发展物质条件，和调动人民参与建国的积极性，要把一盘散沙凝聚为具有公民意识的国家民族。其实自由人权是西方启蒙思潮的灵魂，它和科学、民主有内在的联系。只发展科学、民主而不注重自由、人权，这在理论上和实践上都有非常巨大的缺陷。因为自由是突出人的价值，人权是突出对每一个人的尊重。如果牺牲极少数人的利益为了全体大众的福祉，假如大家百分之九十九点九都可能赞成这样一个原则，那么它的本身却具有不可预期的杀伤力。这种为大家福祇设想的观点本身有不合理性，甚至是一条通向权威乃至专制的路。对每一个人的个人人格尊重是对全体人格尊重的前提，不应该放弃。马克思说，个人的自由是全体人的自由的前提，这是同样的一种论述。从五四以来，这个原则的误用和误导曾经造成了非常大的灾害。

**袁**：我很同意你这个看法，新文化运动最初提出人权与科学，到后来变成民主与科学，这种转换过程里面有很丰富的内涵。但我认为，整个新文化运动，它对自由人权没有背弃。其实，整个新文化运动的核心问题，就是要恢复人的尊严，人的自由、自主的权利，这是一条最基本的线索。1919 年 1 月，《新青年》发表了陈独秀执笔的《本志罪案之答辩书》明确地说："要拥护那德先生，便不得不反对孔教，礼法，贞节，旧伦理，旧政治"，所谓旧政治指的就是"特权人治"。可见在他们心目中民主与自由、法治是密不可分的。批判孔教和旧伦理无非是扫除自由的障碍。有人批评或否定新文化运动，说它对自由坚持得不够，我想这是对新文化运动的全面资料了解不够的错觉。

理解新文化运动还有很重要的一点，当时已经初步建立起一个现代的文化教育制度。虽然是初步，确实已有这样一个制度。蔡元培改造北京大学，就将一批新知识分子集中、吸引到北京大学来，更重要的是他把原来北京大学旧的教育思想抛弃了，在教育思想、教育精神上跟现代教育接轨了。他继承了洪堡的教育思想，可是这个教育思想是跟整个现代西方一样的。用蔡元培自己的话来说是："仿世界各大学通例，循思想自由原则，取兼容并包主义。"这是现代大学的灵魂和标志。中国人自己办大学，始于盛宣怀 1895 年创办天津头等二等学堂（后来改称北洋大学堂），但严格来说，真正符合标准的现代大学，是从 1917 年蔡元培整顿北京大学为开端的。用这样的精神来办北京大学，为新文化的发展提供了很好的基础，亦为全国大学树立了榜样。

另外经过两次反复辟（袁世凯和张勋复辟），对新闻自由的限制打破了。袁世凯去世以后，段祺瑞就下令将袁世凯制定的报刊条例废除，新闻自由、言论自由有了基本保证，这一条也是新文化运动能够发展的重要条件。但也不是一帆风顺，也有禁止报纸，甚至抓编辑记者的情况出现，但不多。同时，从清末新政时期开始。办报办刊都实行登记制度，不用什么官署或官员批准，比较自由。当时全国一下子冒出400多种支持新文化运动的报刊，大都是新办的，其骨干又多半是北大或其他大学培养出来的。这些现象体现着现代文化教育制度的建立。新文化运动不能离开这个制度的基础去理解。以思想自由、学术自由和言论自由为核心的制度恰恰是新文化运动的目标之一，体现着它所追求的现代人的自由和权利，是新文化运动性质的重要方面。

现在很多人都在讲要超越新文化运动。有的人甚至认为这是什么“后殖民”。其实当务之急是继承新文化运动，发扬光大。简单点说是继承五四，回归五四。任何事物都不可能完全一样，这不可能。但从基本精神和基本制度上面应该回归五四。

**杜：**这80年有很大的变化。在五四时代，中华民族命运是“人为刀俎，我为鱼肉”。那时候中华民族是千疮百孔，一无是处。现在情况已有很大的改变。毫无疑问，现在碰到另外一个问题，刚才我们所讲的，如果理解错误的话会变成狭隘的民族主义。“人为刀俎，我为鱼肉”的情况现在被新的情况所取代了。这新的情况是中华民族的再生。现在以知识界为例，对所谓的中国文化，传统文化，特别是儒家文化，所知甚少，但在生活世界之中特别是所谓人伦日用之间又和儒家伦理，包括心灵的积习结了不解之缘。我基本上是赞同你讲新文化运动有个主线，但这个主线有时会变成潜流。主线是独立人格，是自由。这个价值现在看来不仅有生命力，而且非常重要。北大的学风是通过自由探讨，树立独立人格、学术独立这些价值。我想现在这些价值在学术界还有巨大的生命力和说服力。自由、人权、民主科学和理性的价值，在学术、知识和文化三界各领域都获得认可，回顾五四的文化心理，其中有一个值得进一步分析的问题，就是从西方启蒙心态所引发的基本价值，在面对民族的再生和国家的统一这一大的课题时它扮演的角色是什么。我认为当时五四知识界的共识是：救亡就是要启蒙，启蒙是救亡的不二法门，那个启蒙是我们现在所了解的现代西方启蒙心态的启蒙，就是欧美的启蒙。

西方从18世纪发展起来的启蒙运动是一种极端的人类中心主义。这种西方的启蒙心态和中国传统的人文精神大异其趣，因此当代学人坚决否定中国传统曾发展出具有现代意义的人文精神。农业经济，家族社会和专制政体有千丝万缕的联系。不过我要强调儒家传统的确开展出一个涵盖性的人文景观，就是个人和社会的互动、人类和自然的和谐，人心和天道的合德，这是比较全面的，不是反宗教，不是反自然，也不是反传统的人文思想。这和西方启蒙心态所代表的极端的个人主义的人文思想不同，它是要冲破一切传统与社会的枷锁，自然及神权的枷锁。

今天我们碰到的问题，除了政治民主化、新闻自由、言论自由、集会自由、信仰自由、人权保障这些价值以外，还有文化资源怎样持续的问题，能不能储备充分的文化资源，拥有足够的文化资源来面对现在碰到的人类困境。全球人类社会和自然的关系，全球人类社会各个不同的社群之间如何能够和平共存，如何能够和谐，如何能够通过对话，而不是通过冲突去解决问题，再就是如何能够在各种不同的风暴，除了自然灾害的风暴以外，还有金融风暴和其他风暴的环境中间，发展出一条既能够使得个人价值充分体现，又能够使得社会稳步前进的这样一条复杂的道路。经过80年，现在所碰到的挑战有这几种，一个复杂的现代文明在储蓄经济资本之外，还必须储蓄社会资本。而社会资本一定要通过对话、交谈、沟通各种信息的来往，使得这个资本由单薄转而雄厚。殊不知，没有对话、交谈、辩难，会导致社会资本的薄弱即无法回应市场经济带来的多种选择，结果必然会步调大乱，人云亦云。

第二个问题，除了科技能力以外，必须要累积文化能力，文化能力主要靠报刊、电视、新闻等各种媒体。我现在担心的是国内的知识界，所掌握的信息，能够发展的舆论空间，讨论问题的渠道等都非常有限，殊不知不同的声音，多元多样的信息，各种独特的观点正是为复杂的现代文明培养文明能力所不可或缺的条件。如果知识界的信息量，知识界的各种各样的观点不够，没有合法合情合理的渠道发表观点、声音，从而发挥其激励创意的作用，那么不仅对外无法因应，对内也无法形成起码的共识。

第三，除了智商以外还需要发展情商和伦理价值，国内有很多人是在企业管理各方面有一定的智商，可以赚钱，可以发展的人才，但是他没有足够的伦理价值来维持发展。伦理价值是通过复杂的市场经济的运作所发展出来的一种机制。

第四，除了物质条件以外，还有精神价值的问题。五四时对人格的尊严，对人的自由，对学术的独立探讨，这些价值正是在开展社会资本，培养文化能力，发展有创见性的理论思维、道德理性和精神价值的必要条件。假如不给年轻人培养这些资本，他就没有经过风吹雨打，他的观念非常简单，对价值理念、道德理念各方面的看法非常单一，那将来他在更宽广的世界里面运作，会碰到困难。

综合上面的观点，我们一方面要坚持放诸四海皆准的基本价值，就是把人当人看，不把人当工具看；把人当目的看，不把人当手段看。这个人不仅是群体，而且是个人。严格地说，人权就是在这个价值中体现的。西方有一套符合西方社会的人权论说，我们可以说欧美政客用西方人权的论说在政治和经济上，对第三世界施压，因此我们必须反抗这种霸权，但如果追溯其价值根源，人权的基本信念就是政府对每一个国民的基本权利和人权的尊重。市场经济，民主政治和个人尊严三者必须配合。中国这几十年来的发展有显著的进步。这个显著的进步为我们带来了崭新的课题。单从经济发展本身来看，为了发展国力就必须培养一大批拥有深厚社会资本、文化能力、伦理智慧和精神价值的知识分子，否则只以科技为导向的策略会造成创意缺乏，头脑简单而竞争力薄弱的不良后果。

**袁：**现在从上到下都讲中国人面对知识化的时代，面对全球化的时代，最重要的是要有创新的能力。这里面如何从文化心态和制度上保证中华各族人民创新的能力。跟杜先生的几次交谈，我有一个很深的印象，你对怎样积累社会资源、文化资源非常重视。我感到应充分从历史经验中吸取智慧。

100 多年来的历史经验，包括新文化运动的历史经验，我认为最基本一条就是文化上要坚决反对自我封闭，把儒家的学说变为将中国封闭起来的工具，这是很危险的。19 世纪不准以夷变华的天朝心态，结果一再延误了清帝国的转化。到了 20 世纪，封闭的危险仍然是主要的。有的人认为新文化运动将儒家文化冲垮了，其实不是那么回事。新文化运动以后，官方提倡的主流意识形态仍然是要以儒学为基本的指导思想。北洋军阀时代，那些人讲的东西仍是儒学那一套。当时就有人骂袁世凯徐世昌这些人，说你当总统，但你发的那个文告还是清代皇帝上谕的变种，里面讲的话还是儒家教化的那种口吻。到了国民党时代，官方口口声声讲道统，提倡四维（礼义廉耻）、八德（忠孝仁爱义礼和平），还是儒学的东西。到了1949年以后，表面看来好像不提倡儒学，实际上不但用革命的词句培育和发展盲目的民族自大和封闭，而且继承了传统文化很多很糟糕的东西。

总之，假如儒学或其他意识形态变为一个国家自我封闭的工具，那就非常危险。新文化运动的贡献恰恰就是打破这个封闭，这是一方面。另一方面则是在世界文化的格局里，儒学如何发挥作用。我同意杜先生讲的，应该有一个多元化的世界、多元化的文化。我不知道有没有理解错，我想杜先生的意思是不是这样：多元化应该有一个基本前提，就是要承认一些基本的共同的现代性，比如法治、民主、人权、自由、宪政、理性……这些是全世界任何国家任何民族都应该分享的现代文明成果。无论道路多么曲折，各国人民始终会走到这里。在这个前提下，各个民族和国家才能持续、健康地发展，充分保留和发展那些该保留和发展的自己的文化传统、文化特点。

**杜：**你的论点我很有同感。我想就你提的这两个观点，作点回应。传统的儒家文化所造成的一种天朝的封闭心理，乃至造成在中国的政治文化中间一次又一次从军阀一直到国民党甚至到新中国成立以来很多的习俗，各种习俗——政治文化方面的习俗，还是深受相当不健康的儒家的封建遗毒的影响，特别是在文化心理结构中下意识层次的影响。这一点我是赞成的，而且这也是我前面所说的五四的知识精英把传统文化的阴暗面当作包袱一下丢掉，对其根深蒂固而且继续不断的腐蚀力估计得不够。但是作为封建遗毒的儒家传统经过好几代人批判还在发挥消极的作用，这表示想要消除它并不是那么简单。姑且把这种潜势称为“心灵的积习”，即在民族的文化心理的底层所积聚下来的一种“习”，它有健康的、不健康的。不健康的一面非常明显，特别是政治文化中，对权威政治的认可所预设的权威意识在充分体现工业文明的新加坡也有这个认识。比如说我不太接受李光耀所讲的儒家所代表的权威主义，但是批评儒家的权威主义并不一定把儒家在政治文化中间一些积极的作用消除掉。比如韩国这次金融风暴，全国上下共赴困难。如果不是被政治化的民族的感情，而是为了更大的目标来奋斗，这个是健康的。但健康的因素反而容易被利用而异化。这些“心灵积习”怎样处理，还需要一代一代人去努力。

另外，我也很赞成你提到的，就是说进入现代文明——有些人说后现代，有些最基本的价值——人在世界上的最基本价值，对这些基本价值的认同应是现代文明价值取向的前提。因此这些价值都有各种不同的文化体现。但是基本价值如果被消解了，前提就不能产生，就会变成一种文化相对主义，或者变成因为我们属于儒家文化，所以不要讲人权；因为我们讲儒家文化，所以不讲个人自由；因为我们讲儒家文化，所以不讲言论自由。这是很荒谬的。

但是，我觉得这个最基本的价值，它的层面可能还要宽一些。在美国学术界讲儒学，我作了这样一个考虑，就是到底在道德推理这一层面，自由和公义这两个价值之间的关系如何。我们要突出自由是毫无疑问的，但是我们不能不照顾到公义。就是很好的价值之间甚至是最好的价值之间可能就有不可消解的冲突。譬如自由是非常好的价值，公义是非常好的价值，而这两个价值是冲突的，这就极需要在一个复杂的现代社会对这个冲突而又都是健康的价值之间进行一种协调讨论，一定要在自由的空气里面讨论这个问题。

还就是理性，这是毫无疑问的一个价值，但是理性和同情，这两个价值要配合。西方强调理性，凡是不注重理性的道德推理，西方哲人必加以批评。那么同情呢？恻隐之心在中国传统文化里含有非常深刻的道理，亦就是说“不忍人之心”。“文革”反对这种“温情主义”，甚至反对家庭的温情。这一种反对“同情”的论说，我觉得很不健康。

再就是法律和习俗之间如何配合的问题。我们不能说法治即可维持社会秩序。这个中间怎样配合是一个非常值得考虑的课题。另外，一种社会的凝聚力，不靠法律而是靠长期积累的习俗，就是个人作为一个独立的个体和个人作为一个群体关系网络的中心点，这中间的互动如何解决，再加上权利譬如权利意识，但是权利和义务必须配合。

这些都应该是基本价值，它的源头，特别是启蒙心态所体现的价值当然是来自现代西方。但来自中国传统文化，特别是儒家文化的启蒙思想或说人文精神的也不少。我是非常赞成人权的，特别是国际人权宣言所指的基本价值。人权还有非常基本的理念，这个理念就是，一个真正代表人民的政府，不能够用文化或者其他理由来损害一个人最基本的尊严。比如说，不经过正常的法律程序把他逮捕，不经过法律程序就宣判其罪行。

另外，我想进一步讨论中国的自由主义所代表的各个层面，包括自由、人权、民主、个人的尊严、法治、隐私权，还有理性，这些价值在中国的土壤里哪一些资源可以促使它真正发扬光大。这是非常值得讨论的议题，因为这是一个千秋万世的大课题，并在现实中有更宽广的意义。我们如能扎根中国现实，并对西方各种派别的自由主义进行全面、充分的认识，而且对它确实要有一种自我批判和自我理解的能力，也许就叫它为“内在反馈体系”。自我调节甚至自我批判意识的出现，对自由主义在中国的健康发展有极大的裨益。我觉得从五四开始这 80 年来，自由主义是最珍贵的传统之一。在五四时代所讨论的水平，后来在抗战的时代，有些地方超过台湾在 60 年代所讨论的水平。80 年代很多学者提出关于自由人权的理念，但未必超过 60 年代台湾学术界讨论的理论水平。我觉得现在很值得中国大陆和港澳台地区及海外华人共同合作一起来开发自由主义的资源，开发资源一定要有引进各种体系的自由理念，而且一定要有批判的认识。

从知识分子群体，特别是中国知识分子群的自我意识的角度来观察，现代自由主义所关切的，例如暴力问题，言论自由，人格尊严，学术独立及信息流通受到限制的问题，对此大家都有很强的共识，不再说是属于自由主义知识分子关切的议题，保守的知识分子则可不闻不问。那么困难在什么地方呢？就是如果要进行此类问题的探讨，自由主义者认为，他们的手是被绑起来的，不能畅所欲言地进行辩难。因为不能开放公平地进行辩难，所以自由主义者有一种难言之痛，必须采取佛教的方便法门。这个方便法门就是旁敲侧击的方便法门。这一类的方便法门比较容易引起激情，这个激情的本身不是针对其他学术界的派别的问题，而是针对另外一个不能讲但它的阴影又使得你不能充分发挥理念的东西。

**袁**：中国当前面临的是什么问题呢？这是一方面。另一方面，就是下一步，更遥远的，仍有一些问题。这两步都应该看到。

**杜**：但是后面的问题跟现在如何运作是配合起来的。其实西学本身的多元，并不能跳出如来佛的掌心，也就是启蒙心态发展到现在的论域，今天西方最杰出的一些知识分子已经在这个论域中开展了许多新的问题意识，传统与现代的对话问题，东西方的对话问题。我们现在应当从这些问题切入。当然我们不能把现实性消解掉，因为太严重了。不过当前的现实性，和后面更宽广的论域可以结合，因为指导我们在面对现实的困境中能做出回应的资源正在做更深层的反思。以自由主义为例，仔细讨论柏林和哈耶克的异同，详论自由理念的内涵，深究自由和人权、平等、正义责任的关系，剖析欧美社会自由主义的多元性，表面上，和当前自由主义者所关切的政治、现实并无直接的关系，但这些问题的探讨，可以为自由主义开拓更加丰富的人文资源。将来实际情况改变了，这些资源不仅有价值并且有很多其他的资源可以从中开拓出来。最近和李慎之先生对话，我即强调自由主义如何在中华大地扎根和开花结果的长远构思，这和重建中国自由主义谱系和诠释当代中国自由主义传统课题紧密联系。如果中国自由主义的发展只能随着政治起舞而不能在更宽广的价值领域之中建立承先启后的传统，前景是不乐观的。

**袁**：19 世纪 90 年代严复提出八个字："人贵自由，国贵自主。"我认为在 100 多年来，没有人概括得比这八个字更好的了。我们现在解决了后面四个字，就是国家的独立……

**杜**：现在问题是不是解决了？我认为还没有解决。为什么呢？国家当然是独立了，这个毫无疑问，但我认为一个真正独立的国家，应该有一批真正有自主能力的知识群体，才能在国际社会上发挥作用，因为文化信息的传播必须靠身体力行，如果中华民族的再生并没有为独立人格、自由思想创造条件，那么文化信息如何能够传递？

**袁**：这里面我们可能有不同的地方。我同意一个国家应该出自己的大思想家，出新的孔孟老庄。问题是这里必须首先要有一个现代的思想文化制度，不要再回到鸟笼文化。没有自由探讨是不可能出什么大思想家的。五四为什么出了那么多的人才呢？它有相当自由的环境。这是第一步要解决的问题。在这一点上我们其实是相同的。第二，我想，儒学或者是中国传统文化在现代思想的深层结构上有三个作用，第一个作用是对应，就是说世界文化和各个民族文化有共同点。例如西方讲“博爱”，我们中国讲“仁”，还有“和”、“中庸”，在中西经典中都有，如此等等，很多内容是对应的，这叫“心同理同”。中国文化中有很多宝贵资源，是我们自己独立发展起来的，不是从西方搬过来的。在轴心时代，我们自己达到这样的高度，很了不起。第二个作用是中介作用，一个文化体系如果是健康的，应该有接受外来文化的中介功能。在这方面，中国文化既有这样的资源，也有排他的机制。应该排除这种排他的机制，发扬光大那些有助于吸收外来文化的因素。“一事不识，儒者之耻”、“经世致用”、“实事求是”……这些都是很好的东西，先驱们就是用这些内在的可作中介的因素，砸开自我封闭的铜墙铁壁的。第三个作用是一种独创的，或者说是可以为世界现代文化增添光彩的功能。这个独创的功能，现在还没能充分发挥，但不能抹杀这个可能性。这方面说的不仅是中国人自愿保留和珍视的文化特性，而且具有普世性，为许多异族乐于接受。我想杜先生强调的可能是在这一方面，但这里面有隐含的危险，假如搞不好就变成狭隘的排他东西。

**杜**：我完全赞成。我现在就是在想这个课题，你刚才那番话于我心有戚戚焉。可是我想突出的一点，就是第三者事实上和前面两个方面不仅能够配套，而且为前面两种努力的合法性创造良好的条件。借中医的说法，知识分子的气要理顺，从五四以来，甚至从鸦片战争以来，中华民族知识精英的气很不顺。当然中华民族的每一分子都有局促不安的无力感，但这种压抑之情在知识分子身上显得特别严峻，因为知识分子善于反思，因为知识分子看到世界各方面的情况，可以比较，因为知识分子还有一种深层的内疚。政治方面，军事方面或企业方面那些打天下的英雄豪杰乃至在民间文化、民间宗教里发挥巨大影响的人物，他们的气不顺还能靠魄力承担，开发出各种事业。知识界最糟，一直到现在，还是纠缠不清，对西方，对传统文化，对自己的家国，对自己本身都是又爱又恨，难分难解。我们现在要把气弄顺，弄顺了以后才可能培育博大精深的气度，因为现在条件有了，以前没有这种条件，以前要想不亢不卑常常只是一厢情愿，现在有这个可能性了。另外，虽然深知狭隘的民族主义，封闭的思想，以及官本位所造成的各种困境还很严峻，在这个复杂的情况下为什么还要突出第三点呢？因为传统文化的创新，是真正能够气顺的一个非常重要的通道，乃至先决条件。我们一定要和西方对话，不是向西方学习，也不是抗衡，而是要和西方对话。

自由主义如果在中国发展，它所碰到的困境，不仅是个现实的问题，后面还有很多非常复杂的传统问题。你刚才讲的最主要的几项：法治、人权、理性、个人尊严各方面，落实在中华大地这片土地里面，它怎样运作，这中间除了实践的问题，还有传统文化的资源问题。譬如说，我们是突出工具理性还是突出沟通理性，还是突出超越理性；人权的运作，是政治权、经济权、社会权，其中的交互关系是什么，假如突出的是政治权譬如言论自由，那么和经济权以及文化权的问题应该怎样做一个协调？这些问题都要谈，非谈不可。因为我们现在还碰到这类课题，谈出来的智慧，不仅是我们将来要跟西方进行平等互惠对话的资源，而且也是面对现实选择的参照。我深深地感到，我们的资源从开发传统而取得的精神资源，和日本、印度以及伊斯兰教的知识分子相比都显得太薄弱、太不够了，这个问题确是燃眉之急，不能掉以轻心。

**袁：**你这个意见值得重视。是不是也要看到100多年来，其实很多中国知识分子已经开始在这方面用力。比如梁启超是启蒙大师，他的许多工作不完全是简单的、介绍性的。他已经开始批判中国的传统，另外也从传统里面挖掘不少优良成分。他讲十种德性相反相成，就讲得很好。

**杜**：对。像年轻人讲的，你先要了解你自己的困境，也期待你自己把西方的东西引进来，引进以后改造你自己，改造你自己再输出，再对西方进行批判的理解并获得更高的综合，这是非常健康而且很有气魄的提法。

**袁**：这里面有两个问题。一个是应该承认，到现在为止，我们的文化还是比西方落后。在中国还有一个向西方学习的任务，这个任务还没有完成。

**杜**：对，就像李慎之先生所强调的，如果坚持中国有科学，中国有民主，会灭杀向西方学习的意愿。但我想这不是策略问题，因为科学民主如果真有普世意义，不仅可以在中国文化也可以在印度、伊斯兰和其他文化中间发展，而发展的先决条件之一是重新认识和解读自己传统文化的有利因素。

**袁**：这是一个，另一个我认为这个学习应该有独立自主精神。一方面不要有限制。应该是自由交流的，任何限制都是错误的。另一方面，你是以一个独立自主的现代人资格去考虑问题的。西方文化有多种流派，国家社会主义（纳粹）也算得上一种吧，由少数人选定后就不准怀疑不准讨论，那很危险。不是少数甚至一两个人说些民族主义大话就叫独立自主，关键是大多数国民都有自由思考，平等待人，尊重自己，也尊重别人的现代公民素质。这里有一个概念我是要反对的，就是所谓“文化侵略”。

**杜**：这样说吧，即便有文化侵略的一面，但是要向西方学习的议题也不因为有文化侵略的事实而变得不重要，它还是最重要的，这是我完全赞成的。我自己可以说是一个样本——我自己的个人经验。我二十多岁到西方去的时候，跟所有的学者进行沟通都是以一个非常开放的心态向他们学习。我不会说是要去说服他们，去向他们传播儒家之道。不过刚才后面你讲的那一点很重要，我确是以一个独立的能够自我发展，而且我认为我有自己的资源，这样的一个学生向他们请教的，因此我请教的过程是一个对话的过程。其实我们的知识界有非常多的资源，但是我们没有把握去正面地肯定这些资源。事实上我们去消解它，把它当作负价值弃而不顾，这是一个复杂的问题。举一个简单的例子，用科学民主的标准对整个儒家传统进行判断是一个失误，因为儒家传统并没有发展出类似西方的科学民主，我们才要向西方学习科学民主。如果以科学民主的标准来对儒家传统进行判断，那么儒学传统之中的确存在许多非科学民主，但却非常有价值的理念，比如伦理方面，美学宗教方面的资源，但这些都被扬弃了。固然我们需要用现代精神去评价儒家传统，但不能在评价的过程中把和科学民主无关的丰富资源都消除掉了，对话的可能性是有的，去除傲慢的心态，对话才是平等的。

**袁：**关键在于，不要将文化的交流理解为民族的对抗。任何人都应以现代人的身份平等地在世界的学术文化领域活动。这个交流，如杜先生讲的，一个中国人，应该从自己的传统文化里面，将那些经过思考整理的好东西贡献出来。这是完全应该的。

**杜：**对。而且现在，条件也逐渐具备。另外，国际社群已经要求我们这样做了，通过合作，渐渐达到对话，这个潮流我觉得是健康的。但是知识群体要形成一个既有继承性，又有批判性的关系。

**袁：**现在问题在哪里呢？在中国最危险的是误解这个问题，甚至片面理解这个问题。把这个说成一种对抗，说到反对西方的文化侵略，按照这个路子走下去是危险的，另外还有一个“21 世纪是中国文化的世纪的说法！”

**杜：**这种观点已有了修正，现在不奢谈什么“十年河东，十年河西”了。我觉得我们不应接受“21 世纪是中国人的世纪”，也不应接受“21 世纪是亚太人的世纪”，更不能接受“21 世纪是儒学的世纪”这种单元的、肤浅的说法。从我自己的学术研究，我希望，面向 21 世纪再生的中华民族，能够为国际社会秩序的重组做出一些积极的贡献。另外我希望儒家传统，特别是从事儒学研究的同人所关注的儒家传统，能够进一步深化，使传统的资源特别是体现、涵盖人文精神的资源能够充分发挥，阴暗面则通过非常严厉的自我批判而逐渐减少，使它成为复杂多元的 21 世纪全球社群中间的一大资源。这个资源越丰富，就越多元地发挥它的积极作用。我们尽力而为，即便所获有限，还可以慢慢发挥，如果当下不积极努力，就没有发展前景可言。如果我们不仅不做，而且掉以轻心横加扭曲的话，儒家传统有可能变成一种负价值、负资源。这个工作迫使我们回到五四时代，因此必须把如何对治深层的心理积习的阴暗面的问题，重新提到日程上，这不是一个一丢了事的包袱。

民主、自由、人权等价值如果真正要落实在一个现代社会，它们必须要进到我们的生命世界里，这个生命世界与政权势力之间的关系会有一些新的互动，这个工作非常重要。如果自己是一个权威主义者，而且权威主义的积习浸润于血液骨髓之中，虽然主动宣扬民主却在生活世界及生命形态中处处暴露非民主的霸道。如果不能在家庭平等中践履民主之道，即使民主的游戏规则耳熟能详又有什么实质的意义？

**袁：**我很赞成你的观点。为什么会这样？很重要的一条是我们的教育体系特别是大学破坏得很厉害。假如没有真真正正现代意义的思想自由、学术自由，没有自由讨论、互相尊重的学风的话，这样的大学，培养出来的人是危险的，整个国家也不可能有源源不竭的创新能力，中国文化就有枯竭的危险。可惜，朝野上下还没有意识到这一问题的严峻。

（原载《开放时代》1999 年第 2 期）

# 鲁迅“国民性”论述的深刻性、困境与实际后果*

林毓生**

鲁迅先生的“国民性论述”是非常重要的论述，其深刻性、困境与实际后果所产生的影响可以说在各方面都非常多、非常重大。我相信没有人不知道鲁迅先生的“国民性论述”，也许大家都看过，要是没看过的话大概没资格做我们现代中国的国民。“国民性”这个词实际上是日本翻译来的，中国原来是没有这个词的。在鲁迅先生的《马上日记》里他说“国民性”就是“民族性”两者交换着使用。所以国内，有些学者说“国民性”是一个意思，“民族性”又是一个意思，这不是鲁迅先生自己的意思，是在钻牛角尖。鲁迅先生实际上是两个替换着用，在《马上日记》中显得非常清楚，“国民性”就是“民族性”，用英文来讲就是“national character”。当时（20年代）的确有很多国际学者在研究“国民性”，不单在日本有，欧洲学者也有谈“国民性”的。现在已经没有人谈“国民性”了，因为“国民性”这个问题实际上是个假问题，当时认为是个真问题，所以因为种种缘故就谈这个问题。中国的国民性特色是什么呢？当然“国民性”的意思就是中国“国民性”，不是美国“国民性”，不是英国，也不是日本，是中国的“国民性”。中国的“国民性”跟日本“国民性”不一样，

---

* 本文由林毓生教授2008年11月7日在南京大学的同题讲座的录音整理而成，发表前未经作者审阅。

** 林毓生，美国威斯康星大学历史系荣誉教授。

它有特殊性，要不然就不必提什么“民族性”“国民性”了，它本身就蕴含着一个独特性的解释。在当时认为这样想没有什么不对，你们去旅游也好，你们去研究文献也好，你们到日本去，那日本人就有点日本味，韩国人就有点韩国味；你到欧洲去，从远处看都是欧洲文化，但你到德国去，德国人就是不像法国人，他们同时信基督教、都看《圣经》，但并没有影响到使他们的“国民性”都变得一致。德国就有德国的“国民性”，法国有法国的“国民性”，英国有英国“国民性”，意大利尤其是有意大利的“国民性”。意大利的人做事还没有做成功就开始唱歌了，德国要是不成功绝对不唱歌，开车开得很快，喝啤酒。你说这种“国民性”不对也不见得完全很正确，的确有这么一个特色。

那我们中国“国民性”是什么呢？鲁迅先生说中国“国民性”可以由阿 Q 来代表，这是可以从文献上找到的，不是我来推论的。在鲁迅先生的原始文献里面阿 Q 就是中国的“国民性”。这个文献很容易找到，就是《阿 Q 正传》出版以后，他们兄弟（鲁迅和周作人）在没有吵架还很亲密地工作的时候，有一天周作人先生，就是鲁迅先生的弟弟，写了一个关于《阿 Q 正传》的分析，拿给哥哥看，哥哥看完说可以，你了解得还不错，正确。在周作人写的这个《阿 Q 正传》的分析里，周作人说：阿 Q 是什么呢？阿 Q 是中国“国民性”的总和的照相（当时照相的技术已经可以用总和性的技术了）。换句话说，阿 Q 是中国“国民性”综合的反映。

阿 Q 性格是什么样的呢？阿 Q 的性格有以下几个特点：第一，他是世界上最深刻的哲学家，他有一个无往不利的哲学方法论，其他哲学都是老想不通，走了死胡同的。因为他有很强的方法论，所以阿 Q 所有的问题他都可以想通的。这个方法论叫做精神胜利法。他被侮辱了，他并不觉得被侮辱；他被歧视了，他并不觉得被歧视。阿 Q 是永远快乐的。人生需要快乐，不需要太多痛苦，所以为什么阿 Q 被人家打、被人家侮辱，他都没有感觉呢？因为他有一个很深刻的哲学方法论就是精神胜利法。你们打了阿 Q 以后，你们就成了阿 Q 的儿子，被打的人就成了打人者的父亲了。换句话说，精神胜利法的特色使得阿

Q 或者是他代表的“国民性”无法面对真实。好比今天在下雨，这是一个物理上的真实，阿 Q 和我们民族被侮辱、被西方帝国主义侵略，这是一个真实，阿 Q 没办法面对，因为阿 Q 老是把真实的、所有的事情转换成快乐的泉源。这是第一点，这是方法论方面的。

至于阿 Q 的性格呢？阿 Q 除了方法论特别深刻以外，还有什么性格呢？这个性格，不同于方法论，不是应用到每个地方的。好比有些人喜欢吃酸的，有些人喜欢吃辣的，像我我就喜欢吃酸的，什么东西都要一点醋，这就是特点、特性，这不是方法论。阿 Q 的性格有两种：软性的自我解嘲和硬性的自我解嘲。自我解嘲也不见得就那么糟糕，人生总需要有一点自我解嘲的能力或者习惯，才能渡过很多难关。人生得意不得意不是完全能自己决定的。有的时候会不得意，你要是一点自我解嘲都做不到的话，一不得意就严重得不得了，那就只好自杀了。软性的自我解嘲并不是特别要被看不起，我们每个人都拥有，包括我本人在内。比如说算了吧，也许这次遭遇不太好的结果，将来说不定是促成我的好的结果的一个开始。很多人有这种想法。但阿 Q 的自我解嘲不是软性的，而是极为硬性的自我解嘲。所以人家屈辱他，他觉得胜利，这不是一般人的、弱势的力量，这是极为强势的、坚强的一个力量，也可以说是反面的摧毁他人格的力量。这个自我解嘲跟一般人必须有的一种生活能力，需要的生活本能是不一样的。另外，你们注意阿 Q 有什么别的性格？第一，阿 Q 是一个非常卑鄙的人。不但自我解嘲、精神胜利法，他很窝囊，人家屈辱他，他就是屈辱他的人的父亲，这个只好笑一笑。但是下面几点性格可不能笑了，除非你是一个卑鄙的人。阿 Q 是个弱者，但是村庄里面还有比他更弱的弱者。当强者来欺负阿 Q 的时候，阿 Q 没有任何反抗能力，自我解嘲。但是他欺负比他弱的弱者，小尼姑过来以后，阿 Q 调戏小尼姑，大家哈哈一笑，阿 Q 继续拧小尼姑两下，使大家很快乐。这是非常卑鄙的，这种卑鄙就相当于你看见一个瘸腿的人，一脚把他踢到沟里去，大家觉得很快乐。除了你很卑鄙，那些很快乐的人当然也非常卑鄙。阿 Q 就是这种人。阿 Q 最后变成什么呢？对了，阿 Q 很喜欢赶时髦，流行什么阿 Q 也就去。当时流行搞革命，大家都是革命党，把头发弄上，他也变成革命党了。他不晓得为什么革命，因为大家流行革命，所以阿Q自己睡了一觉，他也搞革命了。当然他的命运很悲惨，因为要找一个替死鬼，所以就把阿Q抓起来。因为别人被抢了，阿Q就无缘无故被抓成刑事犯了。阿Q也不知道是怎么回事，最后就行刑了。人家说画押，阿Q稀里糊涂就画了。在这里还有一个非常深刻的描绘，就是中国的统治阶级对于底层社会是没有人情味的，说让画押，没有对阿Q解释，阿Q说“我不认得字”，在这个说“不认得字”的时候失去了一点信心。阿Q一向就是很得意的，你打了他他也得意，戏弄小尼姑他也很得意，大家快乐他也跟着快乐。但是呢，中国的传统的文化内化到他心里去了，他也有很强的自卑感。一叫“你写字吧，签个字吧”，阿Q有点慌慌张张，在内心里信心不足，因为他不认识字。旧式的价值系统，受教育的人高，不受教育的人低，无形中内化在阿Q的心里面。他说“我不认得字”，上面就说“画个圆圈”，阿Q非常努力地画个圈，表示他对于统治阶级这种统治的认同，不是有意的认同，是自然的、内化的认同。他努力画个圈，因为很少用毛笔，最后画成个椭圆。画圈画押就是要枪毙了，不是砍头，当时砍头已经是特别野蛮了。他就上去了，上去以后，阿Q说：“我二十年后又是一条好汉”。只有在一颗子弹把他打死的时候，阿Q才真正了解了事实，知道自己要死了。除了在最后面对的真实这一刹那时，他知道了发生在自己身上的事，而整个一辈子他就不知道真实。他知道自己要死了，在死之前，他有恐惧，因为跟着看阿Q的人都有一种狼的狠毒。阿Q的这些性格总和起来有什么特色呢？就是阿Q没有内在的自我，因为没有内在的自我，所以没有学习能力，不能根据外在的教训改进自己的能力，没有反思的能力。他的脑子是一种交替反射式的，而不是反思式的。人和动物的不同，就是人有反思能力。失败了以后，根据失败在脑子里内在自我可以检讨为什么失败，然后想办法改正缺点，下一次不要失败，或者从失败之中学到东西。事实上人生就是一个试验的过程，试一试，不一定成功，根据试的经验再改进一下，科学界的实验也就是这样。但是阿Q没有这个能力，所以在这个层次上，阿Q是不是可以成为一个人，一般人所了解的人？因为一个人从小孩变成成人，中间有一个过程，到了成人的时候都有自我反思能力，没有一个人没有，这不是认不认识字的问题。作为人，受过教育也能反思，没受过教育，根据经验也可以学习反思能力。阿Q没有反思能力，没有内在自我，这是一个最大的特点。另外，阿Q对于生命没有感受，对于自己的生命、对于别人的生命、对于人的生命没有感受。从鲁迅先生的立场来讲，《阿Q正传》作为有思想性的文学作品，是一个非常成功的著作。至于你们同意不同意，那是另外一个问题。作为文学著作反映当时时代的痛苦，这是非常完整的、有世界水准的一个著作，虽然不是长篇，但在中篇著作中是世界文学里面的高峰。鲁迅先生写的这篇作品作为具有极大代表性的一个激烈反传统思想的文学代表著作，是极为成功的。因为它成功，所以有非常大的力量。为什么有力量？因为这是一个非常有力量的成功的文学创作。这个创作出来以后，影响非常大，使很多人对传统产生了极强的“两分法”：传统是坏的，中国要做激进、彻底的革命，把旧社会、旧文化传统扔掉，最后到了“文化大革命”（我不是说“文化大革命”就是阿Q）。历史传统文化中有很多政治原因，还有文化原因。“文化大革命”有很多种原因，但是其中一个思想文化的原因就是继承了“五四”的激烈反传统思想。这是一个在思想文化上极重大的力量，就是中国要有新生的话，就要跟过去一刀两断，重新发展，要革命而不是改革。改革和革命的不同是：改革是改传统的一部分，是渐进的，不是整体的；革命是一刀两断的，截然的（能不能做到是另外一个问题，革命完了以后是不是还表现一些传统的后遗症，传统影响很大是另外一个问题）。在主观的意识里，革命是要一刀两断的，旧的坏，新的好。在这方面，中国左派思想与自由主义思想当时是有很多一致性的，胡适之先生也有类似的想法，语言上没有这么强烈，实际的逻辑意义跟这个差不多强烈。所以胡适先生最后讲科学变成科学主义。科学主义到今天，一讲到科学就是正当性的。实际上科学本身并不能完全解决问题。你问爱因斯坦：“你是谁？”爱因斯坦说：“我叫艾伯特·爱因斯坦。”你说：“你懂不懂科学啊？”爱因斯坦说：“我懂一点。”你说：“爱因斯坦先生，你是研究科学的，你是研究物质世界的，请问爱因斯坦先生，什么叫做物质?”爱因斯坦说：“物质，这个问题太难了。我可以解释一点点，从我的几十年研究的观点来解释什么叫物质，至于物质是什么，我还正在继续研讨探索之中。”为什么呢？假若说科学界都定了，这就是科学，这就是真理，那第二天科学家都退休了，没什么好研究的了，我们都知道了科学是什么了。所谓“科学的”在国内不是真正的科学，是一种意识形态的科学主义的反映，是一种宗教的反映，是把科学当作宗教似的崇拜的反映。因为有这种低层的东西，所以科学的就等于对的，科学的研究就是对的研究。至于研究为什么对，还没有研究怎么就对呢？用这个路线去研究就对呢？这还有其他的原因。所以“五四”反传统思想说到最后实际上是一个非常有力量的思想。

下面这个问题就是：反传统就反传统吧，打倒了就打倒了吧，打倒了几十年变成了一个大的政治性的文化运动，全民力量打传统。但是他没有意识到下面真正的问题，整个打传统（当然有很多政治原因，不是我们这里讨论的）假若从文化思想上来讲的话，它没有为了一个真正的问题。真正的问题是这样的攻击传统，本身的思想上的意义是什么？这样激烈地攻击传统，传统都是黑的、下流的、卑鄙的，都是不能面对真实的，都是没办法继续发展的，都是整个发展的阻碍，所以要把它们全部打倒。这个问题本身在思想上有什么含义？含义就是后果，产生什么后果，产生可能的或已经发生的后果。这种激烈的反传统思想产生了什么后果就是含义。这个反传统思想产生了自我毁灭的后果，毁灭了改革，毁灭了自我。假如不喜欢这么强烈的字眼的话，就是自我否定的逻辑。以鲁迅先生为代表、以《阿Q正传》为代表的激烈反传统思想，目的是改革或革命，产生新的东西、产生新的价值、产生新的规范、产生新的文化，使我们民族完全发展，用鲁迅先生的话说是“产生中国的新生”。但是这种办法是不是能产生新的中国、新的价值、新的规范、新的文化？不但不能产生新的，而且他们整个运动就是错误的，这个错误从内在的逻辑里就能看得非常清楚，是个自我否定的逻辑。

大家静下来想想看，中国传统这么糟糕的话，这个糟糕来自于什么？鲁迅先生的《随感录》（三十八）说得很清楚（是鲁迅签的字，实际上是周作人写的）：“中国最主要的原因就是思想混乱，所以要搞思想革命。”想用思想革命的办法对付中国的困难，也就是阿 Q 为代表的“国民性”。病是思想有病，要思想变了就好了。问题是以阿 Q 为代表的国民性思想本身的特性，假如我刚刚的分析是可以接受的话，阿 Q 思想已经病入膏肓，无药可医。鲁迅先生伟大就在这里，它里面蕴含非常强的逻辑性。阿 Q 思想已经有病了，没有内在自我，没有对生命的感受。鲁迅先生的深刻性就在于这种病不能再严重了，作为人来讲人的思想的病还有比阿 Q 的病更严重的吗？我想不出来。任何大作家的反传统水平我相信只能达到这个水平。你把大作家找来，站在反传统的立场说，对于反传统的深刻性还有比《阿 Q 正传》的创作更深刻的吗？阿 Q 的思想已经有病了，病到无药可医，请问他怎么能知道自己有思想的病？所以阿 Q 不知道自己有病，所以阿 Q 没有办法改革自己，没有办法革命，因为他病入膏肓不知道自己有病。你可以强迫他做苦工，因为他要活着；但他没有办法从事思想革命，因为他不知道自己有病。即使知道自己有病了，退一步讲，他也没办法学习，没有学习能力，没有内在自我，没有反思能力，没有反思能力如何学习？实际上根本不愿意学习，不知道自己需要学习、需要反思。不知道自己需要反思的人如何从事思想革命？所以这个激烈反传统思想走到这么深刻的时候，已经产生了自我否定的结论了。思想革命是不成功的，是不可能成功的，因为以阿 Q 为代表的大部分中国人（少数人可能觉醒了）是不知道自己有病的，再哭再闹再侮辱他，他也不知道自己思想有病。既然不知道思想有病，如何知道去做思想改革的工作呢？所以这个逻辑本身蕴含了自我否定，就是“五四”运动主张的思想革命在自己的逻辑里面否定了可能性，就是不能思想革命。但有人不放弃，因为自己思想不通，没有搞清楚，继续做。大部分的人没有思考得这么深，不晓得这个逻辑里面蕴含着自我否定。自我否定就是这个事不能做，你要做就是个意愿，实际上根据理性的逻辑是做不成的。要做可能因为个人情感如热爱祖国、民族主义或是政治影响，没办法不做，但你自己的思想革命是不能成功的，根据这个思想革命的内在逻辑。少数人已经觉醒了，自我改革，我们民族这么大当然有例外。但是《狂人日记》里记得很清楚：悲哀得很，《狂人日记》里面狂人跟其他人是一个世界，但是其他的人把狂人放在一个世界，其他人另外一个世界。所以其他人的观点，他哥哥、他朋友、邻居认为狂人在自己的世界里，我们正常人另外一个世界。所以从其他人来讲，《狂人日记》这个小说里面实际上有两个世界，一个世界是狂人在里面待着，另一个世界是正常人待着。所以从正常人的标准来看，这个人是个疯子。狂人可不知道，狂人认为自己是一个世界。狂人是所有的人里唯一经过启蒙的，他了解情况。他跟大家说你们就变一变，只要好好变一变就是一片光明，往前走就可以了。他哥哥说哎呀老弟不提了，医生马上就来了，你休息休息喝杯茶吧。两个人不沟通，没有共同语言。一般人跟狂人是属于两个世界，他哥哥、嫂嫂、朋友把他当作疯人的疯话，不沟通。狂人却认为不是两个世界，自己跟大家一个世界。狂人是经过启蒙的人，是要用启蒙的力量来教育、启蒙未被启蒙的人。结果怎么样？不可能成功。因为启蒙的人被认为是个疯子，没有共同语言。他讲了半天大家不认真了解，认为他在说疯话，再有逻辑也没有意义，要找医生看看，开付牛黄清心丸来治治。所以根本不可能。鲁迅先生的内在逻辑是根本不可能从事思想革命的。鲁迅先生跟其他“五四”运动的人有异同的。五四反传统大运动的同志里面所运用的思想革命的办法来改革中国，鲁迅先生也做了，但是鲁迅先生的文学创作里面已经否定了这种可能性。鲁迅先生既然自我否定了为什么还做呢？因为他很矛盾。他觉得没有希望了。鲁迅先生的创作里面是有完整性的，不能小看。他说像一个铁屋子，大家闷头睡觉，最后闷死了。有人说我们搞启蒙，把大家叫醒，开始念像自由民主的这类书。鲁迅先生说一两个人起来了，把大家都吵醒，叫大家在醒的情况下在铁屋子里憋死呢，还是在睡梦中昏睡地憋死好呢？蕴含着很强的悲观。后来金心异说既然一两个人起来了，你怎么能保证不把这个铁屋子打碎打破呢？鲁迅先生那个时候已经到中年了，很受感动，因为鲁迅先生早年有爱国的热忱，“我以我血荐轩辕”只要国家好，自己牺牲了也无所谓，他爱国的激情压倒了理性的逻辑。然后说你既然讲的是未来，我也不是先知，我也不一定说我对，那么我们就试试看吧。因为他早年就希望参与中国新生的启蒙运动，所以就写了这么多。所以他里面很复杂很矛盾的：一方面他觉得不能成功，虽然没有讲得这么白，但意思蕴含在里面；另一方面鲁迅作为爱国者，又觉得还是做做试试看，不能完全地放弃。他跟许广平说："我心里的黑暗，你们根本不知道，我不敢告诉你们年轻人。"因为年青人都有个希望，鲁迅先生作为一个年长者，怎么好意思告诉年轻人说还没有开始就没有希望呢？所以他不好意思把整个黑暗的意识告诉你们。但是他偶尔露出来，最后说"在绝望中抗战"，绝望就是没有希望了，他还希望再战一下，整个生命结束之前，他晓得一定失败，在失败之前绝望，还是要先打一战再讲，这是战斗精神，但并没有影响到逻辑的有效性。"五四"运动的主流是要用激烈的反传统思想来为中国新生工作。鲁迅先生比别人深刻就是看出了整个"五四"运动的自我否定的逻辑、自我否定的结论，这个结论在整个中国现代思想跟政治和历史的互动过程中，结果非常清楚，不是因为我们现在知道结果很清楚，当时就很清楚。可惜当时把逻辑搞清楚的人不很多，因为当时人的激情压倒了理性。激情和理性的内在是有冲突的，激情压倒了理性就参与运动了，尤其是年轻人。

这个逻辑发展从历史上看很清楚，既然以激烈反传统为前提的启蒙思想运动是不可能成功的，之所以不可能成功是因为它否定了自己可能的前提。世界上没有一个启蒙运动是在否定自己民族文化的前提之下进行的，只有中国。换句话说，中国的启蒙运动一开始就夭折了。你要说浅薄，这就是民族的浅薄。以鲁迅先生为代表，在深刻性里面表现出浅薄。世界上欧洲启蒙运动，以及受到西方启蒙运动以来的文化、价值和科技影响，参与了各种现代化、追求现代性的运动的非西方国家都多多少少有一些启蒙运动，启蒙运动就是脱离传统的不合理的东西，找寻新的价值，尤其以平等、自由、科学、民主、人权等现代价值为基础的价值，全世界没有一个非西方国家和西方民族不受这个影响，这些都是从西方来的。虽然中国传统思想非常丰富、非常有价值，但是中国传统思想没有产生启蒙运动，后来说启蒙运动先驱黄宗羲也有民主思想，那是附会了，因为黄宗羲到后来还是希望有圣王再现。黄宗羲非常实在，是了不起的思想家，不是完全空想，在《明夷待访录》里面讲到改革，他最后觉得不容易成功。他认为由圣王起来（带领）的话，改革是会成功的。所以，他还是孟子以来传统反抗专制的思想的一个极致，并不蕴含着真正类似于西方的像康德代表的那种启蒙思想。

所有的民族的启蒙运动都是受西欧影响的，包括美国在内，所以史华兹先生有一句名言：西方文明坏的东西太多了，但有一点我认为有普遍的意义，是宪政民主的制度与宪政民主的思想和价值。制度与思想是配合的，不是制度产生思想，也不是思想产生制度，两者是互动的。因为宪政制度来源有好几条河流，到 18 世纪汇合，法制思想是一条河，英国议会制度是一条。就是国王与贵族的争权，与人民没关系，后来普及了。人权就是特权，贵族有，农民没有，到 18 世纪开始普及，20 世纪初每个人都有了，才是人权。为什么史华兹先生认为是有意义的？因为世界的政治制度只有在宪政民主的条件之下可以产生一个和平的游戏规则，宪政制度是一个规则，在这个规则里面权力竞争可以不伤害人。权力竞争一向血流成河，中国历史上太多了，促进了一个个王朝、家族，像什么李家、赵家、朱家，血流成河，有很多名堂了，什么天命、天王、圣明的。只有民主制度，权力欲可以互相竞争（斗争也可以），但是在和平的条件下，共同遵守一个游戏规则。西方人并不是没有权力欲，并不是不腐化。在宪政民主的制度下，在三权分立的制度下，你有权力我也有权力。权力倾向于腐化，绝对权力绝对腐化，西方也是一样，权力就腐化。权力腐化不是好事，没有人说腐化是好事，如何对付它呢？中国也了解很深：道德教育。拜托了，我们都有良知，请你发挥良知良能，给你找个好老师，启发你一下，拜托你不要腐化，用道德劝说和道德教育来限制权力的腐化。这会有一点效用，但基本上没有成功的，尤其是权力欲特别强的人。只有在宪政民主的条件之下，可以限制腐化，不是阻止腐化。为什么会这样？因为只有西方发现一个机制，只有用权力来对付权力，才能阻止权力腐化。所以权力要分立，你有行政权，我有立法权，他有司法权。法院独立，你再大权力，法院定了以后你就得听，不是开玩笑，是法院定的法律必须执行，没有执行的法律是骗人的。怎么会执行？就是演变成机制。这是个真正的游戏规则，在政治权力斗争的条件下，唯一的历史上证明比较有效的机制。在宪政民主的游戏规则之内，大家来参与面对各种艰难的挑战。能不能成功不一定，但是史华兹先生说这是一个重大的价值，非西方民族也可以试验。

回到原来的这个理论，就是用“五四”思想革命的方法，鲁迅先生已经看到不能成功了，但是他作为爱国者还是要参与。结果怎么样？结果是假若思想革命不能成功，用这个内在逻辑的分析（思想革命不成功也有很多外在的原因。一个历史的结果是很多原因互动促成的结果，一个内在很强的力量，假如外在力量不配合的话，也不一定能成。这是很复杂的），就是“五四”运动一元制的以激烈反传统为主流的启蒙运动产生了自我否定的逻辑。这个结论不被当时中国接受，即使不可能也继续做。在求好求变的前提下，思想革命是不可能的，至少在逻辑上是不可能的，很多种原因加起来我们还是要继续奋斗，还是要求好求变。所以在思想革命不可能的逻辑里面蕴含了另外一个逻辑，这个逻辑是在求好求变的逻辑之下，思想革命不成功产生了另外一个自我的逻辑的要求：思想革命是不能成功的，我们要继续革命求好求变，我们就要火与剑。鲁迅先生说：“无论如何，总要改革才好。但改革最快的还是火与剑。”他认为火与剑还是比文人拿笔杆从事启蒙运动更有效。

我要仔细说一下我的逻辑，思想革命不成功蕴含了另外一个逻辑，因为思想革命的逻辑自我否定了，不能发展下去，这个逻辑本来不能发展下去就产生了另外一个极强的辩证逻辑，另外一个逻辑就是我要参与政治军事革命，不要思想革命了。政治军事革命以后还要思想革命，那是为政治军事革命服务的思想革命，不是真正“五四”运动的思想革命。“五四”运动是以思想来决定思想革命的思想革命，后来的思想改造是以政治为前提来决定的思想革命，是有权力的人决定的、符合他要求的思想革命，不是我们知识分子根据自我检讨用反思的能力产生的思想革命。所以当初的思想革命是知识分子反思而想出来的思想革命，这个思想革命产生自我否定的逻辑，这个逻辑蕴含着另一个逻辑；换句话说，思想革命本身蕴含着自我否定产生了新的要求，这个新的要求也是个逻辑的力量，就是要用最强大的知识力量做遵命文学。我们知识分子要搞革命（不是思想革命），不知道怎么搞，知识分子自我否定了自己的逻辑以后产生了新的要求，有个极强大的力量就是要做“遵命文学”。我的思想革命已经不能成功，我现在就听你的，你是政治上决定，我是做你的“遵命文学”。这个逻辑说白了的话就是我做政治革命的奴隶。遵命是什么？听你的不是为了做你的奴隶，是为民族牺牲，我愿意听你的，因为我不会这个。从这个逻辑来讲，整个中国知识分子的悲剧来源于“五四”运动，其中主要的原因是一元式的传统思想模式的影响（不是传统思想内容，内容是多元的），中国思想模式经过分析以后可以知道是一元式的有机式的逻辑，影响到“五四”。所以中国的“五四”思想模式上相当强地受到了传统思想模式的影响。也就是说，中国的悲剧不是个人的问题。将来希望有新的机会能产生比较复杂的、有力量的思想，但现在令我们觉得悲哀的是，中国知识分子半懂不懂地已经分裂了。半懂不懂当然也包括我个人，没有一个人是全懂的，中国知识分子还没有搞清楚，已经是“新左派”了旧左派了什么的，放弃了带着共同的期望走向宪政民主。“新左派”认为宪政民主根本是坏的东西。“新左派”跟老左派表面上语言不一样，实际上是继承了老左派，反抗西方民主，不要接受西方，要用自己的力量产生思想。实际上中国知识分子还没有搞清楚自由呢，自由多复杂，自由和民主本来不是一个事，到十七八世纪才慢慢汇流，法制是另外一个事。一般西方的共识就是法制实际上来自中古时代，落后的、大部分人不认识字的时代，这时产生了法制的根源。假如没有西方的封建时代，就不可能有西方式的法制和西方式的民主，根源很重要的一点是西方中古时代的封建制度。实行宪政民主在思想上是非常复杂、非常深奥的问题，制度建立方面也是非常曲折彼此互动的结果。中国的知识分子还不懂，少部分人懂一点，就已经分派，开始批评了，说法制都是代表西方统治阶级的利益，中国知识分子分裂了，就很难产生共识。知识分子的最大力量就是假如有共识的话，就会有正当性，会有很大的影响力，影响到政治。左翼运动之所以有这么大力量就是因为知识分子有共识，当时没有成功以前，知识分子的主流，以鲁迅先生为代表带领知识分子参与左翼运动，赋予左翼运动的正当性，这是对左翼运动成功的非常重大的贡献。假如知识分子有共识的话就会有很大的力量，可惜现在已经分裂了。有人还提倡西方的保守思想，还歌颂希特勒。就我个人的感受而言，浅白地讲就是窝囊，还没有搞清楚就分裂了不是窝囊吗？不能发生力量了。

此外，从我在台湾受教育的经验来看，国民党是反对“五四”的。国民党右翼的法西斯的传统跟“五四”不合。国民党有的只是假仁假义的矫情的中国文化复兴运动。国民党基本上是右翼的法西斯运动，但是也没有那么凶悍。当然这样也很好，因为凶悍会死人的。死过一些人但不多。以殷海光先生为代表的那些人是国民党最恨的，殷先生本来是右派，是支持蒋介石的，后来反思以后就不同了，他的思想根源是从道德来的。我大学读书的时候受他很多影响，因为他很令我敬佩。国民党最讨厌殷先生的就是他主张自由民主，在台湾主张自由民主是反对国民党的，不是站在左翼反对国民党，是站在自由主义反对国民党的，是知识分子多多少少比较认同的。国民党是反对自由民主的，是右翼的独裁。国民党反对“五四”我们有很多证据。国民党是一种右翼式的威权主义，也给予了相当多文化跟社会的自我运转的空间。实际上它也想控制文化，想控制社会，但它兴趣没那么大，本领也没那么大。它搞的不是大的革命运动，是一种自我保存的法西斯运动，主张民族主义什么的，所以破坏性没有那么大。台湾今天的民主的发展，从中国来讲是某种进步了，从内部来讲，搞了二十年没有建立宪政，台湾的宪政有非常多违反宪政原理的宪法，是不合理的非常落后的宪法。因为台湾主张自由民主的人，不是真正主张自由民主的，李登辉、蒋经国、陈水扁，都不是要建立自由民主的真正宪政的。蒋经国开放的最主要的原因就是他儿子跟黑道联合杀了江南以后，他泄了气，右派有很多自卑感，没有信心。他有很多病，外国反映又很强烈，美国侦查速度很快，就泄了气。一泄气之下，还因为民主的运动，为了调和地方上的力量，就开放党禁了，结果因为没有基础建设，一塌糊涂。开放党禁可以有选举但是没有内容，民主的内容是需要很多条件的，宪法要比较健全、政治文化要比较健全、社会比较有力量等等。最后就变成所谓民粹主义了，就是政客利用口号、选举得到权力。

谈到启蒙思想的资源问题，我们不得不提到胡适先生。胡适先生对西方的了解实际上非常肤浅，我的很多著作都是针对胡先生写的。我写过一篇短文，是在北大“五四”运动七十周年的会上讲的，叫做《平心静气论胡适》。从比较深的启蒙运动资源来讲，胡适先生对科学是完全误解了。胡先生提倡两点，一点是科学，一点是民主，科学完全错误，没有一点对，民主在常识层次上有些了解，不能深问，胡先生对于民主的典籍都没有看过，像托克威尔的《论美国的民主》与《旧制度与大革命》等，我看过胡先生的文献，可以非常清楚地证明他没有看过。假如我们中国学者从中国文献中看出了的确有宪政思想，有三权分立思想，有如何运作民主制度的思想，那没话讲。假如是人道精神，那是辅助的，根源还是从西方来的。黄宗羲有启蒙思想，是对于专制的痛苦的反思，并不就蕴含有对民主的真正的了解，因此没有走向民主。思想家要有根据，民主思想要有制度动作的关系。中国传统制度没有发展出机制来限制权力，因此都不是宪政思想。可以拿西方文献和中国文献对比，能明显看出来。思想家要根据现实历史才能想出问题来，中国没有这个基础，出现宪政民主思想不现实。

民主和自由合流是后来的事。在西方历史上，一直到18世纪初年，民主都是坏字眼，一提到民主就是负面的。18世纪开始有民主思想，但不用民主，用“共和主义”。像美国建国之父詹姆士·麦迪逊写得很深刻的为美国宪法辩论的《联邦论》，他的贡献是把欧洲思想转化成制度，面对美国的现实问题进行深刻反思，到现在为止还是经典。国内有译本，不太好，应该特别仔细翻译的精彩之处都没有翻对。民主的来源与自由的来源是两个。民主的来源主要就是大众投票多数来决定事情。历史结果是大众投票多数不一定正确，往往不正确，甚至自我损害。大多数不知道自己利益，受政客影响投了票，结果不但没有产生好结果，反而损害了自己的利益。民主的结果不一定是好结果。西方的自由主义者为什么和民主合流呢？自由是什么？假如讲人权的话，就是权力，最初是特权，只有一部分贵族有，本来贵族也没有，16 世纪有一点点民主思想，17 世纪产生专制时代，是对自由的反动，国王与贵族斗争，但是历史演变复杂得很，无法预期。结果落实了，大思想家未预期的结果落实了，19 世纪开始变成主流了，自由与民主汇流了，有好有坏。现在意义的自由在制度上保障个人的独立，在宪政的保障下，假如不犯法，你有做自己兴趣的事的自由。在强力的法律保障之下，个人自由比较落实。自由有两种：一种是积极自由，一种是消极自由。消极自由就是保障人权，使政府的力量不能侵入个人自由范围，免于强制的自由；积极自由是个人必须有理性提出的自由来自律，在自己管自己的条件下做自己要做的事，这是康德来的，西方这方面发展比较弱。我现在比较多地讲积极自由。消极自由保障你有自由，国家不管自由的内容，只要不侵害别人。积极自由，康德说人有好几个理性，人的理性自然会产生自我立法。追求良知良能，自己管自己才能有尊严，尊严来自自律。假若有消极自由而没有自律的话，很容易变成自恋。自由本身蕴含了平等，因为每个人都有理性，理性赋予一种自我力量，每个人都发挥理性的条件下，大家一样，是平等的，但这是很高的要求。民主的平等跟自由的平等不一样。民主蕴含的平等往往产生同一性，美国就是特色。民主会产生一个压力，因为大家一样，我愿意跟大家多数一样。这一点托克威尔在《论美国的民主》里分析得很深刻。

（原载《扬子江评论》2009 年第 1 期）

# 王元化与新启蒙

李　锐*

1982年3月，我被陈云派到中央组织部组建青年干部局，实现干部四化——革命化、年轻化、知识化、专业化。首先通过十二大，清洗“文革”中坏分子，选出新的年轻领导人，当时称为选拔第三梯队。十二大结束后，立即全国换新的省部级班子，我参与其事。1983年初，上海成立新市委时，元化担任宣传部长。

元化是黎澍介绍我们相识的，了解他的“胡风分子”经历，在长年逆境中，坚持独立思考，未脱离本行，特别是研究《文心雕龙》。当年我也是不赞成批判胡风的，庐山会议后开除党籍的罪状中，就有这一条。我敬重元化还有一个原因，知道他的父亲是清华大学的教授，他是在清华园长大的。1934年我没有考上清华，乃生平遗憾。

记得江泽民到上海就任前，来我家辞行，我谈到上海不仅是中国经济的半边天也是文化的半边天。这时元化已下岗，我建议他还可以起顾问的作用。后来知道，元化确受到尊重。听说有这样一件事：元化的夫人张可是研究莎士比亚的专家，他们夫妇合译的《莎剧解读》出版后，江泽民曾打电话要了一本。

关于我同元化的交往，现在记得的有三件比较重要的事，第一件就是创办《新启蒙论丛》。

---

* 李锐，中共党史专家。

“实践是检验真理的唯一标准”讨论后，全国思想界面貌焕然一新。胡乔木和邓力群极为不安，胡乔木首先发难，反对周扬、王若水等谈“人道主义和异化问题”，认为社会主义没有异化现象，个人崇拜、贪污腐化、以权谋私、变公仆为主人等等，只是“消极现象”，都不算异化。给人道主义戴上“唯心主义”的帽子，实际上是要保护人道主义所反对的神道主义和兽道主义，两者正是“文化大革命”的重要特征，想以此来掩盖毛泽东晚年的错误，并对当事人进行了严厉的组织和行政处理。后来他们还搞“反对精神污染运动”，被胡耀邦、赵紫阳很快制止后，“反对资产阶级自由化”，就一直影响到1989年那场“风波”了。

当时我们这些不同意胡乔木和邓力群的“左”倾观点的人，都认为应当在思想理论领域中彻底澄清他们的错误，必须重新大举五四运动中民主和科学两面大旗，从而走上实施宪政的国家现代化的大道。《新启蒙论丛》就是在这种情况下诞生的。

大约在1987年下半年，元化来北京见到黎澍和我时，我们就谈到创办这个丛刊的设想。我们的共同想法是以此进一步解放思想，造成全民族的新启蒙运动，推动政治体制改革。由元化担起主编的职责，由黎澍、于光远、王惠德、李慎之、胡绩伟、秦川、王若水、李洪林、李普和我等人组成编委会；时任湖南省委宣传部副部长兼省新闻出版局局长的李冰封，在征得省委副书记焦林义的支持后，将出版任务交给湖南教育出版社（冰封原任该社社长）。冰封跟我是老同事，元化直接同他交谈的。

1988年10月，《新启蒙》第一期创刊，到1989年4月，共出了四期。第五、六期已经编好，由于来了那场风波，从第五期就被勒令停刊了。现在冰封将已出四期中和五、六期中重要文章的一些内容和目录，以及有关情况写信告我，特摘录如下：

第一期有两篇重要论文：童大林的《中国改革开放与思想解放运动》，王元化的“为五四精神一辩”。

“新启蒙笔谈”中，刊登了夏衍、邵燕祥、金观涛、高尔泰等八人的有关文章，阐述何谓“新启蒙”。夏衍在文章中强调“新启蒙”要重提科学和民主，迎接时代的挑战，不能错过了目前这个千载难逢的机会。邵燕祥则明确提出："思想文化的启蒙，意味着对原有结论的审视扬弃，过时的传统观念的更新，旧的思维模式的超越；重新认识历史和观念，中国和世界、封建主义、资本主义和社会主义、马克思主义、列宁主义以及毛泽东思想。"（第四期）

讨论异化和人道主义，作者们发表的意见，都不同意胡乔木的论点。先刊出王若水的《论人的本质和社会关系》，认为马克思的论点是：人的本质是自由，自由只能在社会中获得，但社会关系也会异化，人的"存在"也会同人的"本质"相矛盾，从而使人不成其为人。随后又刊出王若水的《社会主义社会没有异化吗？——答复和商榷》，正面反驳了胡乔木认为社会主义社会没有异化的奇谈怪论。此外，还刊出了高尔泰的《论异化概念》（第三、四期），从哲学史的角度，阐述了异化概念。

发表了李锐的《庐山会议的由来及教训》（第四期），此文即《庐山会议实录》的引论与结束语部分。《实录》一书此时已决定由湖南教育出版社和春秋出版社（中央党史出版社的副牌）联合出版，先内部发行。此文刊出后，引起广大读者的关注，各地发行机构纷纷来电、来函要书，一时供不应求。

最先发表顾准的《希腊思想与史官文化》一文，并最先向读者介绍顾准其人。王元化在第二期"编后"中写道："顾准很早参加革命，但命运多蹇，在流离颠沛的黯淡生活中度过了二十多年的悲惨生涯，于'文革'中身故。编者曾读了他的大量遗稿，对他十多年前处于封闭环境中所写的这些有见解的文章，不得不感到惊讶和赞佩，尤其在一系列论述民主问题的文章中的某些观点，今天看来仍堪称为先进的卓识。"

在被勒令停刊的第五、六期中，有如下一些文章未能同读者见面（底稿也找不到了）：于光远的《关于当代社会主义和资本主义的若干基本概念》，苏绍智的《对资本主义的再认识》，于浩成的《权力与法律》，黎澍的《新文化与传统文化》，王元化的《启蒙与人的觉醒》，邵燕祥的《文字狱传统在当代》等十余篇。

1989 年 1 月，元化到北京，开了一次关于《新启蒙》发行问题的座谈会。会后，就有各种谣言散布，公安部门就到湖南出版局调查这个丛刊的发行情况。一时风雨满楼，传言湖南省委要查封这个刊物，事实上也调去五、六期原稿审查，就这样不许出版了。“风波”以后，首先抓了李冰封开刀，安上了一系列罪名：“背离党的出版方针，批准出版有严重政治问题的书籍”。“推荐和批准出版有资产阶级自由化‘精英’人物撰文和宣传资产阶级自由化的《新启蒙》。”“宣扬了一系列资产阶级自由化的观点，为资产阶级自由化‘精英’人物制造动乱和反革命暴乱作舆论准备提供了阵地。”对于光远、黎澍、曾彦修和我一些老同志创办的，由李冰封安排出版的《社会主义初级理论探索丛书》，认为这些书都是“自由化”的，都是为“制造动乱和反革命暴乱作舆论准备”。于是，李冰封受到“留党察看并行政降级”的处分。后来，中纪委曾批示要对李冰封错案加以复查，湖南只是草草应付一下，迄今未予纠正。

冰封在信中说，王元化当时对这件事如此评说：要说“左”，那时，全国都“左”，但像湖南省一级这样左得稀里糊涂，左得愚昧无知，左得莫名其妙的，恐怕还很少见。

第二件事，1994 年，《顾准文集》出版（这本书是顾准的弟弟陈敏之编的），有元化的序言，他立即送给我一册。在这之前我只读过《新启蒙》上那篇文章，不太了解顾准其人其事其文。元化早年曾经在顾准领导下工作过，他说顾准的思想超前了十年。我读了《顾准文集》以后感到，不止同一般学者相比，顾准的思想大大超前；同善于思考的学者相比，顾准的思想也是超前的。我同孙冶方是对门邻居，很谈得来。他 50 年代就倡导尊重价值规律，是很重要的贡献。现在才知道，他是受顾准的启发，顾准比他更厉害。赵紫阳读了顾准的书，也向我称赞顾准是一位了不起的思想家。为此，我在《东方》杂志 1996 年第二期发表了一篇谈顾准的长文《一刻也不能没有理论思维》。文中有三个小标题：受难使人思考，思考使人受难；对这 100 年的历史应有个反思；敢于思考最根本的理论问题。不料这篇文章发表以后，有人向我发难：“请求党中央审查李锐，问他还信不信共，不信就送客。”中直机关党委还将此信转交与我。我只得又写了一篇四千字的答辩文章：《小风波与大悲哀》，其中刊登了发难者对我“质疑”的五个观点（即刊《东方》原文中）：“马克思设想的共产主义也有空想”；“马克思设想的社会主义，是生产力高度发展的结果，是资本主义制度不能容纳的产物”；“可以说，从马克思到恩格斯、列宁、斯大林、毛泽东，都过分强调了阶级斗争的作用”；“迷信精神变物质，上层建筑改变经济基础，苏联失败了，斯大林失败了，毛泽东也失败了”；“列宁所痛斥和批判的第二国际，在北欧、西欧的资本主义国家中，倒是注入新的血液，也影响到北美，使资本主义并没有到‘垂死阶段’，资本主义生产力尤其是科学技术的作用，还在进步发展中”。在文中我最后写道：“这次小风波引起我的大悲哀在于：时至今日，‘左’的东西仍有市场，类似‘文革’的‘左’的阴影仍未消散；市场与阴影，上面有，下面也有，社会上有，机关内也有。可是，同这种市场与阴影一直作斗争的人与文，包括我这个人及其文，却仍不免遭受明箭与暗箭的攻击，使人感到似乎有人还想搞以言治罪。”

第三件事，元化好学深思，对重大问题常有独到见解。20 世纪 90 年代，中共十四大前夕，我曾写过一篇八万字长文：《毛泽东晚年“左”的错误思想初探》，刊在月刊《桥》1993 年第 1 期，改题名：《悲剧，晚年毛泽东》，一次刊完。不幸的是，由于刊登了这篇文章，这个办了五年多的畅销刊物，就被停刊整顿了。元化读后，写给我一封六页纸的长信，下面都是他信中的话：

> 你选择的题目是极“左”思潮的关键。毛的失误不是因他教条地理解了马克思著作。我党左的错误往往出于教条主义，而他不是。他的理论有极强的个性色彩（你说的浪漫主义是对的）。他使用的语言也都打下他个性的烙印。就气质说，他决不甘为人后，在思想上即表现为不模仿别人，纵征引经典，也必夹己意，出自他自己心裁的创见。他是怎样失足的，其中原因错综复杂，一时说不清，要掌握大量资料长时间的研究，方才探知其底蕴。
>
> 我要补充的一点是，他的“两论”是他的理论根底，除你文章所涉及的“精神变物质”外，我对你说的斗争哲学再作如下补充：
>
> 毛比列宁的《唯物主义和经验批评主义》更进一步，把实践作唯一标准，而他所谓的“实践”，又是一极为狭窄的范围，他用知性分析法把复杂的、丰富的东西经过抽象，舍弃其具体的血肉及细节，

最终归结到一个概念中去。这种方法也来自传统的理学。如陆象山在鹅湖之会上与朱熹辩论所提的支离事业竟浮沉（嘲朱熹的繁琐），称其为“简易工夫终长久”。这二字大概也由他而波及其他老同志，无形中成了党内思想的一种模式。此话说来话长，容见面时详陈。总的来说，毛的思想方法是知性的分析方法，则往往将生动的、具体的、复杂的、丰富的东西化约为一种平板的苍白的概念。照毛化约的结果，实践最后抽象为“斗争哲学”。这与其说他性格好斗，毋宁说他的好斗是贯彻了他的实践哲学观。可是，斗争毕竟只具有普泛意义。如何斗？也就是说斗争必须选择一种最佳形式来进行，才能落实。毛所选择的最佳形式即他的一大发明：一切通过搞政治运动来实行，这就是“与天斗其乐无穷，与地斗其乐无穷，与人斗其乐无穷”的由来。以运动贯彻斗争哲学的理论与实践是属于毛自己的，马恩列斯均无此说。如果一定要探其渊源，我认为是汲取总结了农民运动的经验，那篇列于卷首的《湖南农民运动考察报告》，不仅已露端倪，而且成了四十年后文化大革命的指导性蓝图。农民运动的经验加之他在党内积累和经历，明乎此，就可以理解曾经使我大惑不解的为什么新中国成立以来运动一个一个不断，明乎此，也可以理解何以与人斗通过运动，与天斗与地斗为什么一定也要通过运动。回顾一下四十多年的历史，还没有一种政治行为不是不通过运动来进行的。毛根据自己的经验，认为任何事都是斗争，认为世界上没有对立的情况是不存在的。他撰写《矛盾论》时苏联正在批判德波林的理论，后来他也发动过一场批判合二为一观点的运动。《矛盾论》直言不讳：差异即是矛盾，这是他斗争哲学的核心。在此种思想的专横统治下，新中国成立以来，我们的教科书看不到作为马克思主义哲学的一个重要范畴的“多样的统一”了，既然矛盾无处不在，对任何一个问题就要通过斗争去克服其中的矛盾。毛曾说：“综合就是不是你吃掉我，就是我吃掉你。”这样阐释科学方法和哲学概念的综合，可以说是绝无仅有的。毛从农民运动和革命经验，摸到这样一类规律：政治运动是进行斗争解决问题的最佳方法，用政治运动去进行斗争，是发动群众，调动群众积极性最便利的手段，力量大，速度快。他认为运动是使人净化达到轻个人重集体的惟一途径。群众只有在政治运动中才能提高认识，受到教育（即毛的实践出真知）。

为了写这篇纪念文章，我翻箱倒柜，好不容易找到这封信。21世纪初，曾接到上海来信，要给元化编书信集，我曾找到十多封元化给我的信寄出，大都是交流思想认识的。这些信我是否留了底子，也记不清了，这次只找到这一封多么重要的长信。

元化一生笔耕不辍，思想独立，精神自由，贡献甚多，尤其人文科学方面。他的许多著作，我没有都细读过，更谈不上研究。他70岁的时候，我曾写了一首诗向他祝贺，以表我的敬仰心意：曾经刺额寻寻觅，因得文心瓣瓣香。思辨精神随老壮，一枝犀笔更锋芒。

（原载《炎黄春秋》2010年第9期）

# 林毓生与王元化“反思五四”

## ——兼论王元化学案“内在理路”与“外缘影响”之关系

夏中义*

没有20世纪90年代反思，王元化（1920—2008）也就不是那个被公认为“思想家”的王元化。

王元化20世纪90年代反思，又称其精神史上的“第三次反思”，有两大选项：“反思《社约论》”与“反思五四”。若着眼于时空维度，这是两条独自波动，又偶尔纠结的思索轨迹。若着眼于价值维度，则这对醒目的、大幅度震荡的心灵曲线，又分明在缠绕同一主轴，此即：反思纵贯百年中国的激进思潮的来龙去脉。所谓“来龙”，是指王元化把此思潮在世界思想史上的源头，追溯到了18世纪卢梭的政治学名著《社会契约论》。所谓“去脉”，是指王元化将此思潮对百年中国的深层负效应，概述为以五四先驱为符号的“激进政伦人格构成”。

正是在“反思五四”一案中，林毓生对王元化的影响不小。有两个看点：

第一，就王元化思想的内部脉络而言，不能不说20世纪90年代“反思五四”首先是对其1988年文章《论传统与反传统——为五四精

* 夏中义，上海交通大学中文系教授。

神一辩》的重要修正。[①] 而《一辩》当初所针对的海外学界，其代表人物主要是林毓生。

第二，王元化“反思五四”始于1993年8月，其标志是为《杜亚泉文选》撰序，这是作者精神史上的重大转轨。就在这重大转轨的节骨眼上，林毓生起了理论“扳道夫”的作用。

原先被视作“论敌”的林毓生，为何五年后能转为王元化由衷钦佩，且愿以心相许的海外同人？这一不无戏剧性的思想史情节若被清晰释证，王元化“反思五四”这出重头戏将变得很耐看。

## 一 “反思五四”意在解构“五四定论”

元化晚境虽对其20世纪80年代写作评价不高，意谓“心粗气浮”[②] 佳作寥寥，然无碍《一辩》仍颇具思想史意蕴，很用力。此文的论辩性不言而喻。一是作者所质疑的林毓生《中国意识的危机——“五四”时期激烈的反传统主义》一书，主题聚焦于五四思潮的“全盘性反传统”取向，[③] 故其《一辩》的正标题索性为“论传统与反传统”。二是《危机》在体例方面颇重注释，大凡怕有碍正文的雄辩节奏但又不宜疏略的史料或间接释证，几乎全纳为释文。比如《危机》第二章正文不足9000字（含标点，下同），然其附录的尾注则细细密密地挤着7000余字，约为正文篇幅的78%。这对尚未讲究“学术规范”的20世纪80年代大陆学界来说，不无视觉冲击力。饶有回味的是，王元化以往述学不重注释，然撰《一辩》既要与《危机》演对手戏，故行文格式也相应而破先例：除随注7条外，文末也拖了5条长

---

① 参见王元化《论传统与反传统——为五四精神一辩》，见氏著《传统与反传统》，上海文艺出版社1990年版，第6—31页。此文以下简称《一辩》。修订版见《王元化集》卷六（思想），湖北教育出版社2007年版，第325—339页。以下引用《王元化集》，只随文标注篇目、卷号和页码。

② 王元化：《清园近思录》，中国社会科学出版社1998年版，第248页。

③ 参见林毓生《中国意识的危机——“五四”时期激烈的反传统主义》，穆善培译，贵州人民出版社1986年版，第7页。此书为林毓生20世纪60年代在美国芝加哥大学师从哈耶克时做的博士学位论文，脱稿于1974年，1979年出英语版，1986年出汉译版。“全盘性反传统”是纵贯全书的总体理论预设，林著更愿表述为“全盘性的反传统主义”。此书以下简称《危机》。

长的尾注，近4800字，约为其正文13000字的37%。这相对于林著的篇幅同类比来说，虽仍逊色；但若与作者20世纪70年代末两篇大作《韩非论稿》(1976)、《龚自珍思想笔谈》(1977)相比，[①] 则显然判若“另类”了。李泽厚说形式不仅仅是形式，因有意味在焉。王元化注入《一辩》的那股拗劲，还真别具风味。

然言及《一辩》的思想史意蕴，恐仍得回到大陆语境才能说明白。滤去24年前弥漫此文的论争气息，作者的倾向至今鲜明，这就是：坚定地、毫不隐讳地重申“五四精神”即“个性解放、人的觉醒、自我意识、人性、人道主义”。[②] 这既是作者在20世纪80年代与仁人志士启动“新启蒙”的价值共识，更与其1977年撰文揭晓龚自珍“情本位”是近代思想史上的“个性解放”一脉相承。[③] 亦可说，这既代言了大陆学界在当年所达到的思想史标高，也表白了作者内心永不动摇、不容颠覆的信念或精神底线。

也正鉴于此，故当王元化读到《危机》不仅未对“五四精神”给出正面定义，反倒剑走偏锋地纵论“‘五四’时期激烈的反传统主义”，杜维明甚至“把五四运动跟义和团相提并论”[④]，而林著则干脆让“文革批孔”与“五四打倒孔家店”直接牵手，以期表明“毛泽东继承了五四的彻底反传统主义”[⑤]，等等，这就终于让王元化忍无可

---

① 《韩非论稿》正文20000字，随注8条，极简约，仅涉古籍篇目，寥寥数字，文末“附记”不足百字。《龚自珍思想笔谈》正文25000字，随注7条，亦简约得只涉书名、篇目，文末“附记”200字。参见王元化《文学沉思录》，上海文艺出版社1983年版，第219—249、180—218页。

② 王元化：《论传统与反传统——为五四精神一辩》，见氏著《传统与反传统》，上海文艺出版社1990年版，第8页。此书第33页，又称其为“‘五四’的真精神”。

③ 参见王元化《龚自珍思想笔谈》，见氏著《文学沉思录》，上海文艺出版社1983年版，第194、196页。

④ 王元化：《传统与反传统》，上海文艺出版社1990年版，第11页。王元化《一辩》脱稿于1988年9月2日，然作者1988年2月24日致王若水、冯媛函，已言及“杜维明把五四与义和团等量齐观……堪虑”1988年7月10日，致王若水、冯媛函又提《一辩》“此篇对海外华人学者及国内学者的某些观点进行了反驳，大概会伤一些朋友，但也不管它了”（卷九，第10、16页）。

⑤ 王元化：《传统与反传统》，上海文艺出版社1990年版，第13、19、30页。王元化对《危机》的方法论质疑从未放弃，只是在不同语境用词有所差异。海内外学界对林著方法论的献疑，最初似可追溯到殷海光1968年5月9日给林毓生的一封长信。见《殷海光林毓生书信录》（重校增补本），吉林出版集团2008年版，第199—218页。

忍，举笔为旗，豁出去，非“为五四精神一辩”不可了。

尤其是当作者发觉《危机》之痛批“五四反传统”，其方法论并不可靠，只“是先立一框架，然后再去填补材料，多少带有先验模式论倾向”；[①]或曰《危机》的“理论模式”暨“分析范畴”，“是作为先决条件提出来的。而这些先决条件本身是有待论证的”。[②]——这就更把作者的论辩激情点燃了。

无须讳言《一辩》与林著的对峙，仅属大陆学界与海外学界的初步过招，乍看不无紧张，然在“最重大问题”上却又针锋未接。这“最重大问题”（对大陆语境而言），即《危机》所尖锐提出的，从陈独秀、胡适、鲁迅等启蒙先驱到毛泽东策动“文革”之间，贯穿着一条承前启后、愈演愈烈的百年激进主脉，这是否属实？若它作为重大历史现象本无可避讳，那么，包括王元化、林毓生在内的海内外汉语学界，有否责任追问：这条纵贯百年中国的激进思路究竟是怎么形成的？若从五四先驱到“文革”造反派皆系激进一路，则维系其人格构成之遗传的文化基因何在？若不宜将启蒙先驱的偏激等同于毛的极权霸气，那么，区别两者的异质界限又是什么？……显然，截至1988年，无论林毓生，还是王元化，抑或海内外其他智者，皆一时无力回应思想史的如上“天问”。而思想史的那串“天问”若被智慧地破译，则它对刷新中华民族乃至人类对大陆政治的理性解读所蕴含的历史大义，怎么高估也不为过。这可谓是刻骨浸润百年中国思想的第一症结。与此相比，林著所强调的“反传统”话题的分量反倒转轻，似乎它只是百年激进“症结”赖以表达的一个“症候”。

破译思想史“天问”之要害，当是对主流版“五四定论”作双重解构。主流教材将1919年五四运动册封为中国现代史的源头，一举搅了两笔糊涂账：一曰“遮蔽”了1916年开始的、以

① 王元化：《传统与反传统》，上海文艺出版社1990年版，第13、19、30页。王元化对《危机》的方法论质疑从未放弃，只是在不同语境用词有所差异。海内外学界对林著方法论的献疑，最初似可追溯到殷海光1968年5月9日给林毓生的一封长信。见《殷海光林毓生书信录》（重校增补本），吉林出版集团2008年版，第199—218页。

② 同上。

《新青年》为符号的“新文化启蒙”，与1919年5月4日学生示威为标志的政治事件之间的异质界限；二曰“遮蔽”了以“个性解放”为旗帜的“五四精神”，与以偏激言论为导向的“五四思潮”之间的异质界限。

这就是说，大凡想在当代语境真正重燃“五四精神”之火炬者，其前提，便是须对上述“五四定论”所蕴含的双重“遮蔽”，作针对性的双重“剥离”即“解构”。周策纵是海外学界解构“五四定论”第一人，因为1960年周已出版《五四运动：现代中国的思想革命》一书，[①] 确凿地将“五四”划为“学生救亡”与“新文化启蒙”这两块。《一辩》开篇即融入了周著的观点且在尾声称周著“至今仍是一部佳作”。[②] 毕竟周著在破解“五四定论”的第一“遮蔽”方面，比王元化足足早了28年。

但王元化在1988年对“五四定论”的第二“遮蔽”尚无觉识，恐亦史实。否则，《一辩》对林著纵论“五四反传统”也就不至于反弹甚大。因为若王元化能在学理上明确“五四精神”并不简单等同于偏激言论为导向的“五四思潮”，其《一辩》的心气语调想必会沉凝从容得多。[③]

抚今追昔，24年过去，当笔者静心回溯往事，也发现有诸多史料可印证王元化在1989—1991年间，确实还没觉悟到能清晰地破解“五四定论”的第二“遮蔽”。试举三例：

其一，1989年10月4日王元化致函其弟子吴琦幸（现任美国圣

---

① 参见周策纵《五四运动：现代中国的思想革命》，周子平等译，江苏人民出版社1996年版。此书根据哈佛大学出版社1960年版译出。

② 王元化：《传统与反传统》，上海文艺出版社1990年版，第25页。

③ 林毓生1979年撰文《五四式反传统思想与中国意识的危机——兼论五四精神、五四目标与五四思想》，主张“应把五四精神、五四目标与五四思想加以分析，使之分离”，并把“五四精神”设定为“一种中国知识分子特有的入世使命感”，把“五四目标”解读为一个“在合理、合乎人道、合乎发展丰富文明的原则之下进行的爱国运动”。见林毓生《中国传统的创造性转化》，生活·读书·新知三联书店1988年版，第147—148页。似给人如下印象：王元化是从1916年启动的“新文化启蒙”去定义“五四精神”，林毓生是从1919年的“学生救亡事件”去定义“五四精神”。然王元化1995年8月18日致林毓生函，依然说：“你把五四目标和五四精神和它在主流内容中的僵化的、封闭的意识形态方面分离出来的说法，我是完全赞同的。”（卷九，第387页）

莫妮卡学院教授)，“希望你做一个正直的具有丰富人性人情的人（我一生中——尤其在‘文革’及运动中，经历了太多的残暴、冷酷、兽性。因此，我希望你们一代不再有人格的侮辱，能保持自己的人的尊严)”(卷九，第127页)。《一辩》的原则立场依旧，鲜明而单纯。

其二，1990年5月王元化论著《传统与反传统》出版，以其辑入的《一辩》正标题来冠名，嗣后赠书频频，[①] 也足以表明其1988年观点未变。

其三，1991年2月18日，王元化飞抵夏威夷，首次参加国际性学术会议，当夜与林毓生持续交谈四小时，但其学思境况仍不能让他划清“自由”与“激进”之界限。他“自认为自己的思想，其本上属于自由主义”，但“有些方面我的主张是激进的”，于是“我不知道应该站在哪里”(卷八，第84页)。而只要划不清“自由主义”与“激进主义”的异质界限，王元化也就无计在学理上识别“五四精神”与“五四思潮”之差别，这恐不仅仅在逻辑水平，更在价值水平。

## 二 “激进政伦人格”元素解析

说王元化20世纪90年代“反思五四”，首先是对其1988年《一辩》的重要修正，这并不表示作者在“做减法”，即放弃他对“五四精神”的坚守。相反，作者是在“做加法”，他独辟蹊径，沉潜于“激进政伦人格构成”，去纵深认证从五四先驱偏激到“文革”时“造反派的脾气”(1993年8月21日致林毓生函，卷九，第371页)，其间委实绵延着一条《危机》所警示的激进脉络。而这本是《一辩》未曾正视的。

王元化“反思五四”几近纵贯20世纪90年代(1993—2001)，其时而沉吟、时而突进的思路，除了撰文《杜亚泉与东西文化问题论

---

① 阅王元化1990年日记，6月2日至9月14日，有幸获其赠书者如下（姓氏按日期为序)：钱鸿瑛，黄源，邓伟志，李志林，冯契，戴鹏海，贺绿汀，钱伯城，魏同贤，罗多弼，Freaderic Wakeman，夏衍，李一氓，张光年，陈荒煤，钱钟书，杨绛，梅志，曾彦修，于光远，范用，朱寨，王春元，陈辽，叶纪彬，劳承万，钦本立，陆灏，金永华，张珏（参见卷八，第27—54页)。

战》（下简称《杜亚泉论》）颇凝练而连贯，其余大多是在短简札记或回应不同对象的访谈时随机迸发、斟酌、纠结、提升的。[①] 然细读仍可颖悟其思绪之飞扬，并不缺结构性内倾。为了系统、准确、简明地整合王元化分布在各篇目的“五四反思”，本章写法拟取概论式，将侧重“激进政伦人格”元素分析，及其元素间的整体“构成”效应论述。

是的，若攀到“反思五四”之论纲高度来俯瞰，则最令王元化含玩不已的关键词组也就四个：“意图伦理”、“庸俗进化”、“激进主义”（宜为“言行峻急”）、“启蒙心态”。这既可说是笔者的研读心得，也可说是王元化对其曾历经的价值苦旅的庄严告别。若尚可在如上词组之间连线，那么，“意图伦理”→“庸俗进化”→“言行峻急”→“启蒙心态”，此递进程序所昭示的，当不仅仅是王元化“反思五四”的逻辑线路，而更是流贯百年中国的左翼精神谱系赖以构成的基本元素及其整体框架，同时也是数代志士的政伦人格所以会被“炼成钢铁”的根源。故亦可说“激进政伦人格”是左翼谱系的血肉内化，而左翼谱系则是“激进政伦人格”的历史呈现。

（一）意图伦理（an ethic of intentions）

“意图伦理”原典出马克斯·韦伯，被王元化用来指称“激进政伦人格”的第一元素，寓意遥深。若转换为本土词语，“意图伦理”很接近那首久违的民谣：“什么树开什么花，什么阶级说什么话”。诚然，一个阶级成分也颇杂，犹如林子大了，什么鸟都有，故阶级的权益或声音便经由党派来定调且宣讲，于是又有了“立场”或“态度”一说。“长期以来，我们太重立场、态度问题”（1996 年 6 月 18 日致高增德函，卷九，第 473 页），这是王元化的感慨。

“立场”有两种表达式：“俗”与“雅”。“雅”是借助于学术，

① 王元化“反思五四”之文脉（除《杜亚泉论》外），全系如下篇目来延展：《关于现代思想史答问》（1993）；《关于斯城之会及其他答问》（1993）；《关于近年的反思答问》（1994）；《自述》（1994）；《近思札记》（1994—1996）；《对五四的思考》（1998）；《对五四的再认识答客问》（1999）；《人文精神与二十一世纪的对话》（2001）。其间，答问录占 5 篇；问者依次为胡晓明（现任华东师大教授），张国良（《文汇报》编辑），傅杰（现任复旦大学教授），李辉（《人民日报》编辑），胡晓明（参见卷六，第 2 页）。

把“立场”定义为多元社会存在中的归属性站位。其中“立”即“立足点”，“场”即现存社会结构或权益格局。合起来，“立场”便是责令你一旦进入政治界面，屁股须认准组织所指定的那条板凳。由此，“立场”之“俗”称，也就被简化为“把屁股移过来”或“屁股决定脑袋”，“这意思是说，在认识真理、辨别是非之前，首先需要端正态度、站稳立场。也就是说，你在认识真理以前首先要解决爱什么、恨什么、拥护什么、反对什么的问题”，“但是这样一来，你所认识的真理，已经带有既定意图的浓厚色彩了”（《对五四的再认识答客问》，卷六，第 365 页）。此即“韦伯所谓意图伦理”（1996 年 6 月 18 日致高增德函，卷九，第 473 页）。

王元化对“意图伦理”的敏感，最初诚然可追溯到 1993 年阅读杜亚泉。但值得确认的是，他又分明是把杜亚泉纳入其思想史视野来体悟的。否则，当他警觉近百年来“几乎支配了绝大多数论者”的“意图伦理”（1993 年 8 月 21 日致林毓生函，卷九，第 372—373 页），其源头竟可追溯到“五四”时，他就不会哀痛它已铸成世纪文祸：因为当“意图伦理”把精神文明异化为“标语与口号”乃至“旗帜与炸弹”时，也将数代愤青娇惯成了一群“自以为最进步、最解放、最新潮，但实质是一知半解的狂妄分子”（1993 年 8 月 21 日致林毓生函，卷九，第 373 页）。

（二）庸俗进化

“庸俗进化”作为“激进政伦人格”的第二元素，实是在用似是而非的史学词汇来为“意图伦理”虚拟其正当性。大凡“意图伦理”者对己皆有此心理暗示：即他们所以斗胆“以真理自居”而出言不逊，据说全系其“旗帜在手，正义在胸”。此正义便是“推陈出新”这一“历史必然”，凡是“新的都是好的，进步的，而旧的都是不好的，落后的。所以谈论旧的就被目为回眸，批评新的就被目为顽固。在进化论思潮下所形成的这种新与旧的价值观念，更使激进主义有不容置疑的好名声”，无怪数代“意图伦理”论者在历史上“每一次新的出现都以征服者或胜利者的姿态睥睨群伦”（《关于近年的反思答问》，卷六，第 243 页）。

如此生硬浅陋的“庸俗进化”，也好意思冠名为“进化论”，实在是辱没了达尔文。旨在从物种器官功能的变异暨完善来揭示生物演化之宏大图景的达尔文，并不曾将此理论硬套在人类社会的头上。故达尔文不是斯宾塞，“达尔文主义”也不是“社会达尔文主义”。虽然“物竞天择”理念经严复《天演论》之译介，曾激励了国人自强的民族尊严，但把一个享有世界声誉的、内涵待定的生物学学说，“抽象化”为“新的要比旧的好”这一“思维模式”（《对五四的再认识答客问》，卷六，第369页），这就不是“通俗”，只能说是“庸俗”了。然可叹的是，王元化发现“五四时代几乎没有一个思想家不信奉这种进化论”（《关于近年的反思答问》，卷六，第243页），包括鲁迅。

王元化警觉“庸俗进化”论对中国思想带来的坏影响，且痛感遗风至今犹存，比如“任何一种新思想新潮流，不论是好是坏，在尚未较深入研究之前，不少人就一窝蜂地赶时髦。推其原因，即来自长期所形成的‘越彻底越好’和‘新的总比旧的好’这种固定的看法，并以这种看法去判断是非”（《关于近年的反思答问》，卷六，第243页）。

也因此，王元化特别反感“世界潮流，浩浩荡荡，顺之者昌，逆之者亡”之类套话。他说：“虽然这是一句名言，但我不喜欢它那种带有威吓的口吻，况且潮流也不是都趋向光明和进步的。倘使任何一种潮流，不问正和反、是和非，由于害怕‘逆之者亡’就顺着它走，试问：你又如何保持你那不肯曲学阿世的独立人格和自由精神呢？”（《对五四的再认识答客问》，卷六，第370页）

（三）言行峻急

“言行峻急”作为“激进政伦人格”的第三元素（王元化命之为“激进主义”），实在是激进者因受惑于“庸俗进化”而生发的社会行为外射。理由很简单：既然“庸俗进化”在伦理上钦定了激进者是领衔演示历史法则的使者，那么，他们不论说什么，做什么，皆形同“替天行道”。王元化曾说其症候有四：“思想狂热，见解偏激，喜爱暴力，趋向极端。”（《对五四的再认识答客问》，卷六，第372页）其中，前两条“思想狂热，见解偏激”是“言”，指“意图伦理”的文体或语体特征；而后两条“喜欢暴力，趋向极端”是“行”，亦可读作是对“意图伦理”的肢体性操作之延伸，故颇具破坏性乃至反理性。

王元化说：“我是先思考激进主义，才对五四作再认识的反思的。所谓‘再认识’就是根据近八十年来的经验教训对五四进行理性的回顾。五四有许多值得今天继承吸取的东西，也有一些不值得再吸取的东西。”（《对五四的再认识答客问》，卷六，第370页）王元化未把“五四”视作“言行峻急”的“激进主义”的滥觞。相反，他确认，“保种图存”的国族焦虑与近代改革的屡屡挫败，致使中国大地自20世纪初（1903年）便风行无政府主义。作为最早传入我国的西方革命思潮，无政府主义实质便是“激进主义”，为了改变现状，主张走极端，即使诉诸暴力，只破坏，不建设，也在所不惜。王元化注意到深受无政府主义浸润的文化人士除刘师培外，当时一些和平稳健人物，如蔡元培、马叙伦，甚至太虚和尚也系此列（《对五四的再认识答客问》，卷六，第371页）。

此风弥漫到“五四”，启蒙家亦未能免疫。胡适坦承他曾为当时梁启超所谓“破坏亦破坏，不破坏亦破坏”之愤词而感动（参见《对五四的再认识答客问》，卷六，第371页）。陈独秀更是说“货物买卖，讨价十元，还价三元，最后结果是五元。讨价若是五元，最后的结果，不过是二元五角。社会上的惰性作用也是如此”。[①] 这就让人联想鲁迅的另一番话，说为了能在黑屋子开扇窗，你偏说要掀屋顶，反倒奏效。这叫“矫枉必须过正”。诚然，后人难以体认先驱在鞭策民族进步时曾肩负何等黑暗，但历史遗训也在提醒读者：纵然把“激进主义”归咎为国史的诡异所编导的悲剧，国人也千万不宜将此史实层面的无奈，夸耀成史识层面的智慧，“以致形成以偏纠偏，越来越激烈，越来越趋于极端”，“一直延续到数十年后的政治批判运动中”（《杜亚泉与东西文化问题论战》，卷六，第155页）。

王元化直言：“‘文革’时期的‘造反有理’、‘大乱才有大治’、

① 陈独秀：《调和论与旧道德》，《新青年》第7卷第1号。

‘破字当头立在其中’、‘两个彻底决裂’等等，都是这股思潮愈演愈烈的余波。我的反思是想要发掘极‘左’思想的根源。”（《近思札记》，卷六，第 223 页）

（四）启蒙心态

“启蒙心态”在“激进政伦人格”编码中排位为四，其特点是激进者对其角色选择所生的自我体认近乎“道德优越”。

王元化谈“启蒙心态”要点有二。其一是“以为人的力量是万能的，人的理性可以掌握终极真理”。若仅仅是这般从普世理念角度来读，新意不多，因为西方现代派在 20 世纪初便瞄准这一点，且嘲笑它是近代人类的“精神自恋”癖。王元化的卓识是将它与特殊国情相连，昭示“启蒙心态”的另一要点：“一旦自以为掌握的是真理（即‘真理在握’），必不容怀疑，更不容别人反对”（1998 年 11 月 29 日日记，卷八，第 502 页），甚至“他就会以真理的名义，将反对自己和与自己有分歧的人，当作异端，不是去加以改造，就是把他消灭掉。于是人性改造工程，灵魂爆发革命，洗脑就成为当然”（《人文精神与二十一世纪的对话》，卷六，第 379 页）。

从知识分子“思想改造”到“文革”时“灵魂深处闹革命”，皆是 1949 年后的事。但有人“以真理自居，必不许反对意见有反驳余地，从而无形地限制了自由思想的空间，给专制主义预备了必要的精神土壤”，类似先例则是 1919 年前便有了。陈独秀在“五四”时曾扬言白话文问题不许讨论。胡适日记也提到陈的不许讨论，使白话文的普及提前了十年。王元化却将此“独断态度称作意识形态的启蒙心态”（《对五四的再认识答客问》，卷六，第 367 页）。因为他想得更深远：“五四时期的文白之争，其性质是属于文化上的问题……（可有人）在辩论中丧失了冷静，把它上纲上线，变成了一场你死我活的斗争，以致出现了攻击、漫骂、诅咒、污蔑等等。这哪里还是什么学术民主自由讨论？……我觉得这和后来路线斗争中所出现的‘残酷斗争，无情打击’也有某种相似之处。”（1997 年 8 月 17 日日记，卷八，第 431 页）

“启蒙心态”的独断性，让笔者想到一个词语：“威权亲证”。它大概更能标识“启蒙心态”的深层含义。此“威权亲证”可以是群体的，也可以是个体的。个体亦可分两类：长官与俗子。长官重器在握，威权兼具，一言九鼎，当无须赘言。耐人寻味的倒是确有此“无名人氏”，当他孤居底层，饥寒交迫，委实像荒郊野草在默默地生与死；但当他侥幸卷入燎原烈火，逐鹿神州，且光荣翻身后，他斜睨日常人间时的眼神就很难滤去不屑。似乎他归附某尊贵力量，其名分也俨然汲得高人一等的尊贵，道义上也变得天然高尚。以前什么都不是，后来变得什么都是。因为当他站在高处，对大庭广众说话时，也官腔十足，空话连篇，仿佛舍此他已不知说什么。他也不再有“平常心”去容忍他者的争辩与质疑。历史的诡异，就这样让他从“启蒙心态”又回到“意图伦理”。诚然，事关权益的“意图伦理”一旦宣示于公共空间，又往往不涉“私意”，而饰以纯粹“公意”的亢奋与激越，仿佛它所代表的并非世俗化意志，而是真有“替天行道”的神圣。

从“意图伦理”到“庸俗进化”，到“言行峻急”，再到“启蒙心态”，末了又返回“意图伦理”，这条“反思五四”的逻辑线路，见证了王元化穿越20世纪90年代的探索心迹确乎沉实且深挚。无须说，王元化所给出的“激进政伦人格”的封闭结构又活像一条蛇，将长长的肢体弯成圆圈，最后嘴咬住尾巴。海内外从来不曾有人对此重大话题给出如此概观，一个既历史又逻辑的“反思”型自圆。此圆曾被公认为光环，是桂冠，其实也形同魔圈，因为远不是所有人被套上后，又能摆脱。王元化则是其间既从道义上，也从学理上走出来的，为数甚少的大智大勇者。

## 三　“人伦不守衡”：“反思五四”之启动

前章所述，有识者不难见出两点：

第一，王元化所草拟的、因“激进政伦人格”的代际遗传而承递的左翼谱系，实质上就是林著曾警示的那条纵贯百年的激进主脉。彼此差别只在于，对同一思想史现象给出了异样表达：若说林著是在用望远镜隔岸观火；王元化则从其心灵创痛掘出殷鉴。

第二，与1988年对“五四精神”的朴素守望相比，王元化在勾勒启蒙先驱的“激进政伦人格”时几近忧患，这两者价值反差太大，大到“激进政伦人格”弄得不好，便一口啃掉“五四精神”。这出思想史的“悖论”恶作剧，大概可冠名为“人伦不守衡”。

“人伦不守衡”，在此首先是指陈独秀等先驱于《新青年》期间的言论不对称：即当他们高举“个性解放、科学、民主”的旗帜，以期摧枯拉朽时，却屡屡失控于公共空间，不给异议者以基本的人格尊重——仿佛这世道只有《新青年》同仁的人性存在堪称尊严，而跟异议者论争则可不讲“科学”，也无须“民主”。这无形中是辜负乃至玷污了“五四精神”的旗帜。

请不要小觑“人伦不守衡”这五个字。当初王元化“反思五四”之实质性启动，恰恰始于他对陈独秀“人伦不守衡”的惊诧。这一切都与“杜亚泉”这个名字相连。

历史最初往往萌动于偶然。1993年8月前，王元化或许还不知杜亚泉“何许人也”；或许只是依稀耳闻“杜亚泉是站在新文化运动对立面的国粹派”（1999年5月3日日记，卷八，第532页）。因为杜曾主掌有文化声望的《东方杂志》笔政十年（1910—1920），与陈独秀及其《新青年》唱过对台戏，且又早逝于沪淞战役年后，故其生平、功业甚少人追忆，1949年后更被主流教科书“诋为落伍者”，“毁多誉少”（《亚泉与东西文化问题论战》，卷六，第151页）。谁知事过境迁，浙江上虞有人缅怀这位乡贤，在其诞辰120周年筹划出版《杜亚泉文选》，诚邀王元化执笔撰序。王从1993年8月1日“始读杜亚泉资料”，至8月4日，他“读得越多，就越感到杜未被当时以至后代所理解，更未被注意”（卷八，第192、193页）。

这儿有一对关键词：“当时”与“后代”。“当时”，若指1920年后杜因迫于情势（受累于跟陈独秀的论战）而辞职《东方杂志》主编；那么，“后代”，则理所当然也有王元化一份，因为杜黯然去职那年，恰逢王的诞辰。

正是“不看不知道，一看吓一跳”！以前不是说杜为“落伍者”吗？现在一读原始资料，绝然相反，杜少时便刻苦自修理化、矿物及动物诸科，且通日语，精于历算；1898 年被蔡元培聘为绍兴中西学堂算学教员；翌年创办亚泉学馆，出版《亚泉杂志》；1904 年应商务印书馆之邀赴沪后，主编自然科学教材多达百余种。王元化不禁感言："笔者少时读代数所用的盖氏对数表，就是他编译的……至今仍在沿用的化学元素中文译名不少也是出于他的首创。由于这些成就，人们称他是中国科学界的先驱。"（《杜亚泉与东西文化问题论战》，卷六，第 149 页）

以前不是说杜为"国粹派"吗？王元化更无法以为然。王细读杜的《减政主义》、《论人民重视官吏之害》、《个人与国家之界说》、《论思想战》诸文，确信"他不仅是启蒙者，也是一位自由主义者"（《杜亚泉与东西文化问题论战》，卷六，第 151 页）。他写道：

> 照杜亚泉看来，保证社会不发生专制集权现象的重要条件之一，就在于要有一个民间社会的独立空间。政府需要受到法律的严格限制，才可以避免对于社会进行过多的干预。他认为社会活力具有伟大的创造力量，一国的兴衰就视其社会活力是受阻而涸竭，还是相反得到了通畅的发展。这一观点十分近于西方的小政府、大社会的国家学说……大多认为如果无条件地承认国家至上独尊的地位，就会导致国家对人民权力的剥夺或侵吞。杜亚泉在《个人与国家之界说》中，也批判了国家主义"强他人没入国家"与"强个人没入国家"的现象，这是侵犯他人的自由，蔑视基本人权。他在《论思想战》中，把这种自由思想阐发得更为透彻。这篇文章提出四条原则：（其中）一条是"勿轻易排斥异己之思想"，另一条是"勿极端主张自己之思想"。这种毋意、毋必、毋固、毋我的观点，固然来自传统资源，但杜亚泉使它和现代民主思想接轨。（《杜亚泉与东西文化问题论战》，卷六，第 151 页）

王元化说，杜"在五四前后就提出这些看法，说明他的思想敏锐，这使他在当时知识分子中间居于领先的地位"（《杜亚泉与东西文化问题论战》，卷六，第151页)。后学愿补白的是，若杜有幸高寿至今，放言当代语境，如上警世之声，又怎能不令海内外肃然起敬？

然想不到，就是这位既懂“科学”，又懂“自由、民主”的国宝级启蒙思想家（参见《杜亚泉与东西文化问题论战》，卷六，第151页)，到头来，却因传统伦理一案与《新青年》有异议，竟惹陈独秀一时情急，上纲上线，给了杜一顶“谋叛共和民国”① 的大帽子，逼迫杜不久淡出公共论坛，湮郁而终。

事情是出在杜1918年4月刊于《东方杂志》第15卷第4号的《迷乱之现代人心》一文。近百年前的旧文，而今复审，杜作为一个理性的、关怀国民精神进程暨社会心理境况的思想家的良知，可谓昭然。

1918年是个特殊年头。已告尾声的一次大战（1914—1918）把古堡优雅的欧洲捣成废墟，这就反向刺激了“国粹派”纷纷问责自洋务运动以来“西学东渐”之正当性何在。这便导致杜所忧心的“国是之丧失”，“国是之本义，吾人就文字诠释之，即全国之人，皆以为是者之谓”。② 若转换为现代术语，“国是”即能让国人信奉的价值共识。然晚清衰世的礼崩乐坏，尤其是民国初期及“新文化运动”之鼓吹西化，价值多元碰撞，国民莫衷一是，这在社会心理层面委实“遂成一可是可非、无是无非之世局”。这与“吾人在西洋学说尚未输入之时，读圣贤之书，审事物之理，出而论世，则君道若何，臣节若何，仁暴贤奸，了如指掌；退而修己，则所以处伦常者如何，所以励品学者如何，亦若有规矩之可循”③ 相比，不免大相径庭。《迷乱之现代人心》本义在此。

显然，杜把话说到这份儿上，充其量属“文化时评”，而非“政治动员”。它是对面临文化转型而难免的国民精神紊乱所作的认识论层面的事实判断，并非是在针对政局作孰是孰非的价值裁决，更与1917年张勋复辟无涉，故不值得陈独秀神经过敏，以“《东方杂志》

① 陈独秀：《质问〈东方杂志〉记者——〈东方杂志〉与复辟问题》，见《杜亚泉文选》附录，华东师范大学出版社1993年版，第357页。原载《新青年》第5卷第3号。

② 杜亚泉：《迷乱之现代人心》，见《杜亚泉文选》，华东师范大学出版社1993年版，第307页。

③ 同上。

与复辟问题”[1] 为名目，打上门去。至于陈大动肝火地“请问此种文明此种国基，倘忧其丧失忧其破产，而力图保存之，则共和政体之下，所谓君道臣节名教纲常，当作何解？谓之迷乱，谓之谋叛共和民国，不亦宜乎？”[2] 这就未免捕风捉影，无的放矢，既不“科学”，亦不“民主”了。

思想论争也宜讲“科学”，此“科学”即实事求是，要让自己写的每一句话，每一个关键词，都经得起思想史的检测或证伪。这就亟须论者还原对方的本意，对方是什么，就把它说成什么，既不放大，也不缩小，切忌无中生有。这借胡适的话，也近乎“有一分材料，说一分话”。若用熊十力的话，则是“根柢无易其固”。[3] 此“根柢之固”，即对象（含对方观点）的本来面目。即使你想“接着说”出对方想不到的高见，其前提仍是你须无误地“照着说”出对方的本意。否则，所谓思想论争，很可能沦为你说你的，我说我的，乍看热闹，其实扯淡。若做不到在给定语境说有效的话，那么，所有的话，说了也白说。总之，“科学”的、合乎“学术规范”的思想论争之起码条件，是从不误读或曲解对方开始。

正是在这点上，可谓陈独秀“犯规”了。因为当陈苛责杜之忧心“国是之丧失”（实为文化心理危机），是旨在“力图保存”业已崩坏的名教纲纪乃至“谋叛”亚洲第一共和国，这实在是一堆无根之词，或强近人以从己意矣。大凡有识者不难读出杜之本义，是忧心于因名教衰变与西潮登岸所交织的价值混沌，致使国人一时难以适从而已，而绝非主张开历史倒车。否则，杜断然不会在同篇文章说出这番持平之论：“夫先民精神上之产物留遗于吾人，吾人当发挥而光大之，不宜仅以保守为能事。故西洋学说之输入，夙为吾人所欢迎。”[4] 更不会

---

① 陈独秀：《质问〈东方杂志〉记者——〈东方杂志〉与复辟问题》，见《杜亚泉文选》附录，华东师范大学出版社 1993 年版，第 354、357 页。

② 同上。

③ 转引自王元化《熊十力二三事》，见氏著《思辨随笔》，上海文艺出版社 1994 年版，第 181 页。

④ 杜亚泉：《迷乱之现代人心》，见《杜亚泉文选》，华东师范大学出版社 1993 年版，第 308、312 页。

说："故仅仅效从前顽固党之所为，竭力防遏西洋学说之输入，不但势有所不能，抑亦无济于事焉。"① 这就表明杜绝非陈所痛斥的"顽固党"，这也更有力地印证杜之忧心"国是之丧失"，拟属认知论水平的事实判断，并非政治学水平的价值判断。这彼此间有一条异质界限："事实判断"旨在回答对象"是什么"或"不是什么"；"价值判断"则须回答主体"要什么"或"不要什么"。

陈独秀所疏略的那条异质界限，在王元化那儿未被疏略。王直言陈对杜的误判"十分严厉，已经从文化问题牵连到政治问题上去了"（《杜亚泉与东西文化问题论战》，卷六，第172页），暗示陈已越出思想论争所应有的"科学"边界了。

王元化以为，杜之确认"君道臣节及名教纲常之大端"实为"我国固有文明之基础"，"这并不是任性使气，而确是他对传统的基本观点"（《杜亚泉与东西文化问题论战》，卷六，第172页），亦即一种有涉文化史的"事实判断"。② 而且，王元化发现，当年参加东西文化论战的梁漱溟与未参加论战的陈寅恪，其观点也与杜相近。宛如杜对传统从未像国粹派（如辜鸿铭）一味泥古，③ 也从未像激进派（如陈独秀）一气颠覆，梁漱溟在认孔儒伦理为"絜矩之道"之同时，也看到了"古代礼法，呆板教条，以致偏欹一方，黑暗冤抑，痛苦不少"（转引自《杜亚泉与东西文化问题论战》，卷六，第174页）。当梁正视名教曾是中国社会赖以整合的纲纪，此属"事实判断"；当他指控礼法之黑暗冤抑，此属"价值判断"。

王元化说，陈寅恪对礼教一案所持的双重判断"也存在着看来类

① 杜亚泉：《迷乱之现代人心》，见《杜亚泉文选》，华东师范大学出版社1993年版，第308、312页。

② 王元化1999年5月2日日记"补记"："柳诒徵所说的'西方立国在宗教，东方立国在人伦'都不是对中国伦理进行评价，而只是指出一个事实，即在中国传统文化中，伦理（三纲等）是其主要内容，这些都不关涉到说它好或坏的问题。"（卷八，第529页）

③ 王元化从杜亚泉《论社会变动之趋势与吾人处世之方针》一文也觉察到这一点：一方面，作为"事实判断"杜确实说到传统思想"以克己为处世之本"；但另一方面，作为"价值判断"杜认为此传统"并非没有流弊，以其专避危险之故，至才智不能发达，精神不能振起，遂成卑屈萎靡，畏葸苟且之习惯。我今日社会之所以对于西洋社会而情见势绌者，未始非克己的处世法之恶果"（参见卷六，第179页；《杜亚泉文选》，华东师范大学出版社1993年版，第79页）。

似的矛盾”：

> 他一方面在《王观堂先生挽词并序》中感叹三纲六纪之沦丧，一面又在《论再生缘》中赞赏被斥为“不安女子本分”的陈端生，说她“心目中于吾国当日奉为金科玉律之君父夫三纲，皆欲借此等描写以摧破之也。端生此等自由及自尊即独立之思想，在当日及其后百余年间，俱足惊世骇俗，自为一般人所非议”。陈寅恪从写法俗滥、为人轻视的弹词小说《再生缘》中，发现了一个平凡女子为人所不见的内心世界，说明他具有一颗深入幽微的同情心。（《杜亚泉与东西文化问题论战》，卷六，第174页）①

结论只能是：当陈独秀在思想论争中失却“科学”维度，故杜、梁、陈在对文化遗产作“双重判断”所呈示的辩证思维弹性，也就被陈简化为含混莫辨的刚性抨击了。

更无须说陈强加给杜的那顶政治高帽了。这只能说陈在公共空间已失“民主”风度。稍有“民主”常识者皆知思想论争的“第一法则”，是你可以不同意对方观点，然你又须维护其持异议的权利。陈没有做到这一点。令人惊愕的是，当年舆情竟也激进得不知宽容为何物，竟逼迫商务印书馆不再留任杜。不能说陈对杜的厄运毫无责任。陈在杜案所崭露的那份唯我独尊的激进霸气，与其弘扬“科学、民主、个性解放”的那面“五四精神”旗帜相对照，不啻有霄壤之距。

## 四　“意图伦理”让王元化结识林毓生

同样参与思想论争，为何杜对陈未“以其人之道，还治其人之

① 王所引陈寅恪论陈端生那段话，可阅陈寅恪《论再生缘》，见氏著《寒柳堂集》，生活·读书·新知三联书店2001年版，第66页。王说陈对礼教的看法“存在着看来类似的矛盾”但没说清此“矛盾”源自“双重判断”间自有其界限。王元化至1999年才确凿地分辨对传统的“事实判断”有别于“价值判断”。而在此前，王只是认同陈寅恪对礼教持“双重判断”所显示的辩证思维弹性，比如：“寅恪以三纲六纪为儒家思想之本原加以重视，至于尊崇之以用于今日则未必也。”（1992年6月7日日记，卷八，第128页）

身”？或曰，同样作为五四时期的启蒙思想家，为何陈做不到“人伦守衡”，杜却做到了呢？这就触及彼此政伦人格激进与否这一根子了。

参与思想论争，各方皆不免立论，然立论的价值存根未必一致，这大概是区分政伦人格激进与否的明显标志。王元化注意到杜对论争所以一贯理性，慎终若始，是因为杜认定“态度非思想，思想非态度”，“态度呈露于外，思想活动于内。态度为心的表示，且常属于情的表示，思想为心的作用，且专属于智的作用，二者乌能混而同之？”① 杜后又圆说，就心理层面而言，“因感情意志发生思想，或因思想发生感情意志，固有密切关系，然谓感情与意志为思想之因或果，固属不误；若为思想二字下界说，则不能不将感情与意志，划出范围之外”②。

王元化未引用的这段杜的补白，极其重要，因为它不仅在“态度（情欲）”与“理性（理智）”之间划了一道清晰的逻辑分界，而且杜明确主张：“人当以理性率领情欲，不可以情欲率领理性。譬如我见一好图画，我爱他，我要学他，此是情欲的冲动，我当即用理性来判断此图画究竟好不好，当爱不当爱，当学不当学，然后决定我的态度。”③ 显然，杜的言语似不无忧患，他已隐隐洞察，若人的理智对自身源于欲望—意志的功利态度或情感取向，不预设内省机制即自我检点，那么，人在日常现实中做什么都是可能的，这就未免可怕。杜说：

> 以感情与意志为思想之原动力，先改变感情与意志，然后能发生新思想，是将人类之理性，为情欲的奴隶。先定了我喜欢什么，我要什么，然后想出道理来说明所以及要的缘故，此是西洋现代文明之根柢，亦即西洋文明之病根。④

---

① 参见杜亚泉《何谓新思想》，见《杜亚泉文选》，华东师范大学出版社 1993 年版，第 418 页；《杜亚泉与东西文化问题论战》，卷六，第 157 页。

② 杜亚泉：《对蒋梦麟〈何谓新思想〉一文的附志》（此标题系编者所加），见《杜亚泉文选》，华东师范大学出版社 1993 年版，第 422 页。

③ 同上书，第 423 页。

④ 同上书，第 422 页。

王元化显然被这段杜氏语录所打动，即按语道："这里所说的西洋文明的病根，即杜亚泉下文所指出的第一次大战时，西方以国家主义、民族主义、竞争主义等等名目，作为发动战争、进行侵略的借口。杜亚泉曾多次撰文对这种行径加以指责，并引用俾斯麦回答奥人的话：'欲问吾开战之理由耶？然则吾于二十四小时寻得以答之'。认为这正是先有了要什么的态度，再找理由去说明的生动例证。"（《杜亚泉与东西文化问题论战》，卷六，第158页）

百年中国学界几乎无人像杜那般独具慧眼，能从蒋梦麟"态度即思想"的粗率语式，见出其间不仅蕴含着《新青年》、《新潮》同仁的激进定势，[①] 也幽闭着权力意志的虚妄乃至政客辞令的卑劣（实用主义）。这诚然是王元化被杜所深深感动的地方。王也一眼看准"这一问题的讨论具有普遍意义"：

> 许多人至今仍相信思想取决于态度的正确。解决思想问题，不是靠理性的认识，而是先要端正态度，先要解决爱什么、恨什么、拥护什么、反对什么的问题这种态度决定认识的观点，正是马克思·韦伯所说的意图伦理（an ethic of intentions）。我们都十分熟悉这种意图伦理的性质及其危害，它使学术不再成为真理的追求，而变成某种意图的工具。这种作为意图工具的理论文章，充满了独断和派性偏见，从而使本应有的学术责任感沦为派别性意识。（《杜亚泉与东西文化问题论战》，卷六，第158页）

请注意"我们都十分熟悉这种意图伦理"中的"我们"这一称谓：除了王元化，还有"谁"?!

因为，检索王1993年8月前发表的全部学思文字（包括日记、私函），王从未用过这个"意图伦理"概念。诚然，若作为经历或记忆，王在1993年8月前太"熟悉""文革"前后的"以论带史"及其"大

① 杜亚泉"曾见《新教育》第一卷第五期〈改变人生的态度〉中所说的三个方法，第一个就是推翻旧习惯旧思想，鄙人谓'揭示新思想者，大率主张推倒一切旧习惯'实有所感触而发，并非武断"。《杜亚泉文选》，华东师范大学出版社1993年版，第422页。

批判”确可归入所谓“意图伦理”，因为它们“非学术、零思想”；[①] 但这并不等于王此刻在学理上也很懂“意图伦理”一词，足以在思辨层面对那些思想史症候给出深度概括乃至准确命名。经验性史实与学理性命名的关系，大概迹近王在1991年所言及的“底蕴（meaning）”与“义蕴（significance）”的关系（卷八，第93页）：若曰“底蕴”是指蕴含在对象深处，虽被知性触及，却远未被明晰观照的内涵；那么，“义蕴”当指已被知性充分觉知，且被准确命名的对象含义。这就是说，当王元化在1993年9月以“意图伦理”来涵盖如上思想史症候时，这固然表明作者已清晰把握其对象堪称“义蕴”；然当作者在1993年8月前尚不知“意图伦理”为何物时，那么，这委实表示如上思想史症候对作者来说，还是一团在潜意识层浮动的暧昧“底蕴”。虽然，“意图伦理”一词，已被韦伯在1920年就作为“责任伦理”的伴生概念创造且运用了。

还有，大陆学界自新时期迄今，首次系统综述韦伯学术的专著，是苏国勋问世于1988年的《理性化及其限制——韦伯思想引论》一书，[②] 没有迹象能证明当年寓居沪上、正忙于“新启蒙”的王元化对此曾有所眷顾。于是，一个不得不做的预设是：从1993年8月1日王始读杜亚泉，至9月21日“论杜亚泉”脱稿，王肯定从“谁”那儿觅得了“意图伦理”这一法宝。

这个“谁”不是别人，正是林毓生。

这是思想史上难得的“无巧不成书”：一位在1988年曾刺激王元化“为五四一辩”的海外学者，谁知五年后，又轮到他有助王元化深化了“反思五四”。这就亟须关注林毓生的另一部书《中国传统的创造性转化》（下简称《转化》）。作为赠书，林是在1991年2月与王元化首次相遇于夏威夷时面呈的。然王真正用心读却已两年半过去了。那是王读杜亚泉读了整整一周，想换口味，于是1993年8月7日“休

① 王元化1995年1月4日（时在温哥华参加国际学术会议）日记：“大陆学者强调观点乃四十年来宣扬‘以论带史’的后遗症。事实上，观点并不能代表学术的全部意义。有新颖观点的学术论文，也可能是内容空洞思想贫乏的。”（卷八，第310页）

② “意图伦理”在苏著那儿被汉译为“信念伦理”。见苏国勋《理性化及其限制——韦伯思想引论》，上海人民出版社1988年版，第74页。

息时读林"，"某些观点颇难悟入"（卷八，第193页）；然至8月21日，王兴致郁勃地"续写致林毓生函毕，共十一纸，六千余言（谈读他的书感想）"（卷八，第194页）。

纵览王元化"第三次反思"（1992—2008），真正令他亢奋得非写长信不足以抒其胸臆者，只有两次。该先例便是1992年6月23日致李锐函，也是洋洋六千余言，其一半篇幅用于转述他在同年6月19日所读到的、朱学勤对卢梭《社会契约论》与法国大革命关系之创见（参见卷八，第130页）。他认为朱博士这篇学位论文极具思想冲击力，致使他在心头堆积了半世纪之久（1938—1992）的惯常观念，突然雪崩似的，内心"咔嚓"一声，冰架断裂，转眼便轰隆隆地垮塌，狂泻不已。他给李锐的长信便是其思想的狂奔。

事隔一年，他给林毓生的长信也有六千言。而且，有意味的是，王没来得及读完《转化》，仅"一口气读了大作中的第一部分"，却"怕现在心中的新鲜印象将来会褪色，甚至忘掉，所以匆匆把我的读后感写给你"（卷九，第368页）。王说"大著一百四十多页的文字中，容纳了极为丰富的思想"（卷九，第369页），然最能拨动王的心弦的，无疑是《转化》第129页开始出现的"意图伦理"概念：

> 你援引韦伯关于"责任伦理"与"意图伦理"的论述和引申，给我很大启发。我在读你著作前对这样一个重要问题，只有犹豫不定的朦胧观念，你的话不多，但把问题说深说透，令人折服！（由于传统和五四以来潜藏在论者思想内不知不觉起作用的观点，几乎支配了绝大多数论者。我也包括在内。）你把韦伯的话加以阐释，如果联系到大陆许多青年的"革命意识"，是太有意义了……这引起我（还有别人）的深深共鸣。（卷九，第372—373页）①

① 王元化对自己从林著获悉韦伯的"意图伦理"与"责任伦理"学说一直感怀不已，数次致函直白："你书中、文中提出的韦伯的意图伦理与责任伦理，乃十分精辟之论……前几年读到，深为折服"（1995年1月25日致林毓生函，卷九，第381页）；"我尤为赞赏你关于韦伯观点的阐发使我深受教益。我想你可从拙文中见出，你给我的影响"（1996年8月28日致林毓生函，卷九，第390页）。

无须赘言。林所转述且引申的“意图伦理”概念，对王元化“反思五四”的重要性，恰似薇依说过的一句箴言：从陌生人身上发现兄弟，就像从宇宙发现上帝。因为“意图伦理”，确实宛如一枚能同时打开两把锁的金钥匙：

其一，“意图伦理”嗣后转为王元化剖析“激进政伦人格”的第一构成要素，而该人格的代际传承，恰恰从精神谱系表征了中国激进思路的百年一脉。

其二，这也表征了大陆学界“反思五四”客观上已与海外学界携手共建了国际化平台，对中国激进脉络的协同认证可谓范例，虽然王走了一条迥异于林的路子，却又殊途同归。这就像从原先对峙的两端去凿通一条冥冥中已被蓝图设定的深山隧道；这更像是科学探险中的无意识分工，当林从《新青年》（犹如月球正面）来概述“反传统”为特色的五四思潮的激进倾向，而王则非自觉地绕到林所忽略的《东方杂志》那儿（犹如月球背面），[①] 通过考辨杜亚泉的厄运与陈独秀“人伦不守衡”之关系，来坐实五四思潮的激进性之确凿。明乎此，再回首当年有人轻言王元化“反思五四”是缘自海外影响，[②] 这即使不算“有眼不识泰山”，至少也是“事出有因，查无实据”。君不见王元化从1988年“为五四精神一辩”到1993年“论杜亚泉”，其内心转轨，不正是想从被激进言论所支配的五四思潮中，打捞出他心中所珍重的“五四精神”么？这也可谓是对主流版“五四定论”的再突破：即不仅要区别“新文化启蒙”与“学生示威”是两个异态“五四”；还要在“五四精神”（作为普世价值）与“五四思潮”（作为思想史存在）之间划出一条异质界限。诚然，这是1986年汉译林著《危机》所不曾兼顾的。

① 林曾忆其就读台湾大学历史系（1954—1958）时，常赴中研院史语所借阅“五四”旧刊，那儿藏有《新青年》《新潮》杂志（激进派），未提有杜亚泉主编的《东方杂志》（非激进派）。这在林1974年脱稿、后经修订于1986年汉译的博士学位论文《危机》也可见出，此书论及的五四启蒙思想家只有陈独秀、胡适、鲁迅三家，分章专论之标题为：“第四章陈独秀的全盘性反传统主义”；“第五章胡适的假改革主义”；“第六章鲁迅意识的复杂性”。即没有杜亚泉的份。即使细读此书全部注释，亦然。

② 王元化在2000年12月所写的《1991年回忆录》提及，其“反思五四”为标志的“对于激进主义的批判则被认作是受到海外学者（实际上是指余英时）的一篇文章的影响”（卷八，第91页）。

## 五　法治："反思五四"新的生长点

王元化想从五四激进思潮中提纯"五四精神"，这其实暗含一个亟待深思的问题：即陈独秀作为启蒙先驱激扬"五四精神"，为何却未能制约他像崇尚自己的人格尊严一样去善待杜亚泉，以规避"人伦不守衡"呢？当然也可说王剖析"激进政伦人格"似已触到这症结：因为"意图伦理"所驱动的"人伦不守衡"者大体信奉"庸俗进化"，故他往往自我暗示是"新潮人物"，而俨然在道德上高人一等，于是就有权喝令江山，甚多"酷评"。[①] 故当蒋梦麟说他与胡适"不谋而合"，都认"'思想'、'思潮'两个名，是没甚区别"，皆释"新思想"作为"一个态度是向那进化方向走的"，反之，则"是向旧有文化的安乐窝里走的"。[②] 所谓"安乐窝"，当隐喻无前途、无意义、无价值——这就恰巧印证了王元化关于"激进政伦人格"的内在动力定型，首先是从"意图伦理"→"庸俗进化"，甚为警策。

但问题并没完：杜亚泉作为精神分量不亚于陈独秀的"本纪"级启蒙思想家（相比较，蒋梦麟拟属"世家"或"列传"），为何杜在论争中能做到"人伦守衡"，偏偏陈做不到呢？这固然与杜坚执"态度非思想，思想非态度"有关。因为思想隶属于理智，理智近乎人心深处的自省、自控机制，很在乎自己于公共空间何者可为，何者不可为，故不会非理性地放纵情感或情绪，自以为是，一意孤行，以致破了"人伦守衡"。然要害是，杜的"人伦守衡"，纯属微观道德自律，它并非社会法治，能从宏观上有效制约陈的"人格不守衡"。于是，缺乏公共"游戏规则"的五四论坛犹如野生丛林，很可能是愈懂得尊重

① 王元化常用"酷评"一词，讥刺学界论争中的"人伦不守衡"。1998 年 11 月 28 日日记："中国知识分子之间往往不能建立一种合理的正常关系。他们不是像刺猬或豪猪（为了避免伤害，你不碰我，我也不碰你），就是像豺狼（一旦在一起就眼睛发红，露出了牙齿）。酷评在最近又风行了。"（卷八，第 501—502 页）

② 蒋梦麟：《何谓新思想》，见《杜亚泉文选》附录，华东师范大学出版社 1993 年版，第 424 页。

他者的人，弄到后来，不仅得不到他者的尊重，反而更多地忍辱负重。这真是“秀才遇到兵，有理讲不清”。“秀才”与“兵”在此是象征两种异质伦理。结果，不仅“秀才”（杜）被“兵”（陈）打伤，且又因其不奉行“以牙还牙”，故只好憋死在荒江老屋。

必须指出，在“论杜亚泉”之前，王元化从未在学理上郑重提过（更无系统回应）这一重大命题：应有怎样的政治秩序观，才能在理论上正告一个自由主义者既有道德自律诉求，以恪守“人伦守衡”，同时又有社会法治诉求，以期从制度上来宏观制约“人伦不守衡”。

但对林毓生来说，恰恰相反，这正是其强项：因为早在1984年7月26日台湾举行的“殷海光先生逝世十五周年纪念学术座谈会”上，林就对此有过专题讲话，至同年10月15日，林又把讲话扩展成一篇专论《两种关于如何构成政治秩序的观念——兼论宽容与自由》，有25000字（不含注释），后辑入论著《转化》，正好是王元化1993年8月7日始读此书的“第一部分”之压轴。[①] 想必如下理论要点，会对王元化产生强劲冲击：

（一）林著认为，1959年台湾《自由中国》杂志连续刊发的两篇文章，堪称是中国现代思想史上的重要文献：一是胡适的《容忍与自由》；二是殷海光的《胡适论〈容忍与自由〉读后》。林说，胡、殷作为公共知识分子在当年困境中既做了他们“应该做的呼吁”，体现了“承担”自由主义理想这一“使命感”，然同时也“呈现着内在的局限性”（《转化》，第104页）。

具体而言，是殷首先在原则上认同胡的自由信念，因若无对异议的起码的容忍，反倒唯我独尊，“以为真理只有一个，而且‘这一个’就在我手里”，这往往将引发狂激心理，这在古代是迫害异教、在现代则是制造思想犯的“原动力”（《转化》，第106页）。

接着，殷从社会操作层面提出两个问题：一曰“每个人是否能够

① 林毓生：《两种关于如何构成政治秩序的观念——兼论宽容与自由》，正文见氏著《中国传统的创造性转化》，生活·读书·新知三联书店1988年版，第98—131页，注释见上书第131—144页。以下此书简称《转化》，只随文标注书名、页码。

很容易养成容忍的意识和态度”，二曰“不同的政治环境是否对养成容忍的意识与态度会产生很大的影响”（《转化》，第108页）。殷的观点是，基于“同样是容忍，要求别人对自己容忍易，要求自己对别人容忍却难。同样是容忍，无权无势的人易，有权有势的人难”；也基于“当着没有外力抑制而犹能自律，这只有最高‘心性修养’的人才办得到”，而“一般人是当有外力抑制时，他就收敛些；当外力不存在时，他就放肆些”，更不用说“有权有势的人颐指气使惯了”[①] ——若此推导在理，则胡氏“容忍”论之“浮泛”也就露馅：因为当“少数有‘心性修养’成就的人能够容忍大多数的人，但大多数的人并不能容忍这些少数人，也不能彼此容忍；那么，社会上自然没有什么个人自由可言了”（《转化》，第109页）。

林毓生说，殷的“思路在此已逼出以外在的法治的制度来限制与疏导政治权力的观点了”（《转化》，第113页）。[②] 亦即像胡适那般靠理性去唤醒国人良知之诉求诚然可贵，然就为公民自由权利提供制度保障而论，已不足为训。

（二）这般看来，自由主义理论似有两张脸。若着眼于“纯粹理性”，自由主义以肯定个人的尊严为出发点，当数康德说得最透彻。可惜康德未谈怎么操作。故林又认为“自由主义同时必须提供一个实效理论，以便说明尊重个人自由的社会会给个人、社会以及整个文明哪些裨益”（《转化》，第212页）。这又靠近“实践理性”了。

林特别推崇博兰霓与哈耶克这对20世纪思想大师，是因为其“理论主要是建立在法治（the rule of law）的观念之上的，而其最重要的关键则是自由产生秩序的洞见”（《转化》，第212页）。

① 殷海光：《胡适论〈容忍与自由〉读后》，原载《自由中国》第20卷第7期，转引自林毓生《中国传统的创造性转化》，生活·读书·新知三联书店1988年版，第108页。殷海光的推论，实已解释了恪守“人伦守衡”的杜亚泉，为何在“五四”语境倒被“人伦不守衡”的陈独秀所“击溃”之缘由。

② 王元化1992年5月3日致张灏函：“胡适晚年曾引用他老师白尔的话并加以引申说：‘容忍比自由更重要’。这句话虽平凡，确是真理。没有容忍，没有多元化，就没有自由。”（卷九，第271页）这儿有两个看点：1. 似表明王在1992年对胡适论“容忍与自由”所持看法，与1959年殷海光相比，不在一个水准；2. 相信王在1993年8月读了林著后，其眼光将有变化。

"法治"又叫"法律主治"，它不同于专制者的"法制"（rule of law）。基于"法治"的民主宪政旨在制衡国家最高权力，而专制者借"法制"主要用于"以法统治"。故只有"法治"秩序最具法的精神，它公平得像阳光能照应到每一国民，而不是专为特权阶层效劳。林转述道："法治会给社会里每一个人带来一个公平的与没有具体目的的行为架构。人们在这个架构中，可以根据自己的意愿做自己所要做的事，他不会受到别人的干扰，却会得到别人在根据他们的意愿做他们所要做的事的过程中，所提供的他所需要的服务。"（《转化》，第213页）

林最后一句话说得有点拗口。其本义是讲，国民若普遍认法律为公平，是一视同仁，那么，法律将转为公众的价值共识或基本"游戏规则"；而只要公众按此"规则"出牌，不论各自意图有多复杂，彼此间仍会生出一种总体性协调。博兰霓说："这种自发式的协调所产生的秩序，足以证明自由有利于公众。"① 此即著名的"自由产生秩序"。

（三）林进而推理，正因为"在法治所形成的自由秩序中，每个正常的人知道守法是自利的，不守法是对自己不利的，所以每个正常的人都很自然地享有了自由"，亦即"个人自由来自社会的秩序，是与容忍的态度不相干的"（《转化》，第123页）。说得更直白些，无非"每个人都须守法，而且都相当愿意守法（这样对自己有利）"，故"即使心里不喜欢某人的行为，不想容忍他，但只要他的行为没有逾越法律的范围，也只好予以回避或漠视了。易言之，在法治架构所形成的自由秩序之内，即使一个人对另外一个人或一组人存有相当不容忍的态度，但结果仍产生了对之容忍的事实"（《转化》，第123—124页）。简言之，林在此最想说的一句话是："社会中个人的自由与人际之间的容忍不是思想或态度直接造成的结果。"（《转化》，第124页）

---

① 博兰霓语（转引自《转化》，第122页）。这颇类似在MBA打篮球：因事先设定的赛场规则不偏护任何一支球队，故同场竞技的双方皆认规则为公平；若总体上无"黑哨"（执法不公不具正当性），那么，对手的艺高胆大，往往能刺激本方球员的超水平发挥。这大概是对"自由产生秩序"的形象注释。

林从不看好胡适的“容忍”说。

（四）鉴于法治为基石的自由秩序“只能以渐进的累积方式进步”，故林不相信它“能由急遽的革命方式产生”（《转化》，第128—129页）。其理由是“因为革命必须集中权力，统一指挥，如果能够成功，也只能产生新的政权与新的统治阶级，但却不能建立法治”（《转化》，第128页）。也因此，一步一个脚印，近乎经验主义的法治架构的有序建设，乍看很不解渴或过瘾，远不及革命有轰动效应，然却踏实、靠谱、有效，其“表面上呈现的妥协性格，事实上是来自他所坚持的、韦伯所谓‘责任伦理’的原则。这种原则，使他必须熟悉自己行为可以预见的后果，并对其负责。他必须用这种态度从事政治活动与社会活动。他的行为不是根据‘意图伦理’的”（《转化》，第129页）。

请不妨体悟王元化被林著的沉潜雄辩裹挟而去的那份心灵的激荡。王仿佛听到了思想的海啸之声。此海啸原本涌动在英伦与欧陆之间，后经洛克、康德、韦伯，再到博兰霓、哈耶克的推波助澜，终于愈益壮阔地澎湃于台湾海峡之两岸了。是林毓生将其负笈留美所习得的西学资源，压缩为25000字，丰饶、深沉、严谨、朴质地转述给了王元化。那是王元化从来不曾系统披阅过的一部西方近、现代政治学“简史”。看得出，此“简史”本是林为其故国转型的潜在理论诉求而撰，故其编著的内涵皆能渗透到百年中国思潮的深处。否则很难置信，为何王元化愿搁下已在酝酿的“论杜亚泉”，而耗数日致函林毓生？更难置信心气甚高的王元化，怎么会在信笺用赞美诗般的排比句去诉说自己对林的由衷倾慕？① 须知王比林年长14岁，他们在思想史上是两代人。然有意味的是，一旦涉及对林著思想的深入品鉴，王元化的笔

① 王元化1993年8月21日致林毓生函：“你在治学为人上是一位多么令人钦佩的人。你的一丝不苟的严谨态度，你的好学深思的钻研精神，你的开阔的仁慈的胸襟，使我感到那么亲切。记得我曾对你说过，你是我的一位尊敬的‘畏友’。这就使我更想把自己的想法向你陈述，得到你的教益。”一气8个“你”字。还有“我将你视为在学术问题上，可无话不谈的朋友。我从你书上领受到你的治学严谨，为人热忱，这是我要好好学习的。你的书‘容量’很大，不像有些人洋洋洒洒写了一厚本，而内容却空洞无物。你的精美纷纶的见解，我很佩服”（卷九，第368、373页）。又是一气5个“你”字。

又有所拘谨，只明智地在若干会意处感言一二。[①]

平心而论，期盼王元化用半个月（1993 年 8 月 7—21 日）就能系统体会、接纳或消化林著留美 20 余年之积学，这不公平。王致林的那封长信，当读作这对思想史巨子的光荣相遇的实质性开端。他俩并肩齐驱、促膝谈心的日子还很长，直到 2008 年 1 月 18—19 日，距王逝世（2008 年 5 月 9 日）只剩百余日，王还在病榻与林有长达两天的临终对话。也就是说，再回到 1993 年 8 月，当时王对林著的理论资源的吸纳，与林著所蕴有的、可以有效阐释重大思想史命题的偌大能量相比，无论是质还是量，算不上对称，这很正常。因为这对有思想史胸襟的大学者，各自的履历、学涯反差太大。

具体到理论资源，其实林著最心仪博兰霓关于"自由产生秩序"的法治学说（哈耶克也颇赞赏），这是林著心得甚厚、用力甚多、楔入大陆语境甚深的一个话题。然王对此话题的理论敏感，似远不如韦伯"意图伦理"更契合其内在期待。或者说，当王被"意图伦理"所击中，以致在内心瞬间照亮了他对五四先驱"激进政伦人格"的构成编码时，"意图伦理"在林著的上下文语境，不过是林用来推演博兰霓学说面上的一个点。

事实上，当时王元化"反思五四"之兴奋点，也在对自身曾浸润的，却又被历史与良知所证伪的左翼教旨作思想史呕吐。故韦伯"意图伦理"会令其瞳仁发光。"吹灯灭影形还在，炯炯三更伴寂寥"[②] 这是一双因深刻回眸而洞察到历史秘密的慧眼。但林毓生 1984 年回台湾为纪念殷海光所作的、有涉博兰霓"自由产生秩序"的理论阐释，确是前瞻性的：这是面对未来的法治构想，以期为国民真正享有自由与尊严诉诸制度保障。显然，这一"反思五四"的新的生长点，已逸出王元化当年的期待视野。故林著的如上篇章，王虽然读了，当时却没放心里去。

① 此感言为："你对自由和自由主义的阐释，真是精美纷纶，超迈五四时代的前哲，这是谁都会首肯的……你对自由所下的界定，说自由不是放纵，必须尊重而不能妨碍他人的自由，这道理虽平实，但针对今天大陆的情况实属必要。大陆一些青年，自命是'解放派新人物'，傲睨一切，气焰不可一世。（实际上却无形中承袭了文革遗风，骨子里却有着那么股'造反派的脾气'。）"（1993 年 8 月 21 日致林毓生函，卷九，第 370—371 页）

② 王夫之：《读念庵诗次之》，见《王船山诗文集》（下册），中华书局 1962 年版，第 285 页。

## 六 “五四精神”的两种存在形态

林著所引申的博兰霓理论，对深化王元化的“反思五四”也很重要吗？是的，首先它可被用来解惑王元化曾触摸的那件思想史公案：即为何“人伦守衡”的杜亚泉，在氛围峻急的五四语境，反倒顿挫于“人伦不守衡”的陈独秀呢？这一历史情景，用殷海光的话来说，是个别讲“心性修养”的“容忍者”最终被一群缺“心性修养”的“不容忍者”所围剿；换作博兰霓的话来说，则是“容忍”若不能作为“事实存在”由法治秩序所自发且自由地生成，而只乞灵胡适式的个体道德自律而幸存，这不仅很不靠谱，而且危如累卵，迟早崩塌。

若在思维上再深一步，以“个性解放”为第一要义的“五四精神”，对晚近百年思想史又意味着什么？这不是数代知识分子共同信奉的中国特色的“自由”概念么？于是悬念就大了：若陈独秀为先驱的“五四精神”的弘扬者，都没做到像尊重自己的尊严那般尊重他者的尊严，那么，另群漠视“五四精神”的庸众（借鲁迅《呐喊》时期的用语）又会怎样？

接着，再让此议题回到王元化身上：王元化把“五四精神”从五四思潮中打捞出来，这诚然可嘉可敬，然更具前瞻性或挑战性的重大课题恐怕是，“五四精神”被打捞后又将怎样？它靠什么才能切实地、“自发且自由”地扎根于社会土壤，而不致二度沦陷于思想史的迷津？正是在此意义上，林著所传播的博兰霓理论对海峡两岸的重大启迪，绝不亚于密尔 1859 年撰《论自由》，把“公民权利”从 1793 年法国大革命的血泊中打捞出来。1994 年下半年，即读林著后的第二年，王元化有一段谈“公民意识”的话，表明其思索似在向博兰霓靠近：

> 长期以来，由于公民权利没有受到应有的重视和维护，以致影响到每个公民对于自己应尽的责任和义务，采取了一种不关痛痒的冷漠态度。这是形成长期缺乏公民意识的主要原因……倘使每个公民没有出自内心的需要，认为讲公德和自己的利益休戚相关，倘使没有这种公民意识的自觉，那么，无论依靠来自外面多么严厉的强制手段，也

是无济于事的……在这样一个社会里，每个人只会关心自己的小天地。由于一种反拨作用，甚至不惜以邻为壑，把一切公德置之脑后，成为毫无群体意识的自私自利者。(《近思札记》，卷六，第218页)

这段话很别致，它表征王元化“反思五四”有了新的生长点。王元化剖析“激进政伦人格”为枢纽的“反思五四”，总体上是内倾型的，旨在从左翼精神谱系追问极“左”思潮的根源何在。这是一株饱经沧桑、老而弥坚的拔地苍松。然1994年这段话却像是从这思想树上新抽出的一根横斜绿枝，它不“内倾”，而呈“外向”，开始从社会制度（非法治）层面来试探“公民意识”之缺失。当王元化认为“公民意识”之发生，实有赖于“社会契约”对国民合法权益的制度性兑现时，这在实质上，很接近博兰霓关于“自由产生秩序”的理论路径。

将此路径与王元化“反思五四”链接，可发现“五四精神”之存在形态似分“原生—再生”两种。“原生态”，是指活在五四思潮语境的那个“五四精神”，它是朴素的，曾被启蒙先驱所激扬，数代知识分子所眷念，又不幸被极“左”意志所变异；“再生态”，则指接受了王元化“反思”洗礼的那个“五四精神”，后被注入现代法治之基因，故它是成熟的，有免疫力，对极“左”污染具“排异功能”。

原生态“五四精神”，大体是一种个人道德诉求，它能唤醒国民的个性尊严，进而挣脱或反抗宗法—专制；但它还不是一种社会制度诉求，故它未及思考自己何以能在人间秩序被日常地践履。再生态“五四精神”则既是个人道德诉求，也是社会制度诉求，它相信可在现代法治构架找到繁衍的根基。故亦可说原生态“五四精神”是不彻底的自由主义，它仅满足了自由主义的必要条件（人格自律），尚不具备充分条件（制度他律）；而再生态“五四精神”是彻底的自由主义，因为自由主义的必要条件暨充分条件，它皆能满足。“五四精神”之发生，是晚近百年中国思想史的源头，也是其“第一关键词”。甚至可将百年思想史，首先简述为关于“五四精神”的观念阐释史。“五四精神”酷似试金石或测谎仪，可从论者解说“五四精神是什么”抑或“不是什么”中，大体不差地甄别“他是谁？他正在哪里？他欲去何方?”曾几何时，坊间盛行的是不讲“五四精神”，且淡化新文化启蒙的“五四定论”。1988年王元化“为五四精神一辩”如雷贯耳，重申“五四精神”之真谛在“个性解放”；1993年“论杜亚泉”，立论须把“五四精神”从五四语境中打捞出来，否则，有被“激进政伦人格”掩抑之虞；1994年更醒悟，若为“五四精神”注入现代法治基因，则“五四精神”将从“原生”走向“再生”，从朴素走向成熟。这些是王元化20世纪90年代以来最能感动中国思想的重大贡献之一。另一重大贡献就是其1992—1998年的反思卢梭《社会契约论》。王元化说：“卢梭的《社约论》与五四的民主与科学一向是我国上下一致所信奉的国家学说和民主理论。”（1999年3月15日日记，卷八，第522页）[①] 王明白他已为当代中国思想奉献了什么。他也清楚林毓生对深化其“反思五四”一案起了何等影响。

有如上铺垫，再去体悟王元化1995—2000年致函林毓生时的两个评价，也就不至于因心中无底而导致误读：一是“你的那篇论自由与民主的大作，我很喜欢，觉得这是大陆最需要的。我不是功利主义者，从学术发展看，打好基础，是必要的”（1995年1月25日致林毓生函，卷九，第381页）；[②] 二是“我相信将来的读者会知道你是当前最具卓识的思想家”（2000年10月16日致函林毓生，卷九，第396页）。这两段话皆具思想史的前瞻性，皆在感念林著为其深化“反思五四”时所提供的西学资源，对大陆语境而言，不啻是珍贵的启示。此启示之卓越，王元化有幸比一般读者领悟得早。

这不禁让人回味一段往事：朱学勤1990年为王元化新著《传统与反传统》写书评，预告了王与林毓生“在精神上的接近”，然当时王“并不同意他这种说法”。[③] 至1992年2月王元化撰《思辨发微》序，

---

① 准确地说，原生态“五四精神”义近“自由”范畴，再生态“五四精神”义近“民主（含法治）”范畴。

② “那篇论自由与民主的大作”，应为王元化1993年8月所读林著的那篇《两种关于如何构成政治秩序的观念——兼论容忍与自由》。

③ 王元化：《思辨发微（序）》，见氏著《思辨随笔》，上海文艺出版社1994年版，第370页。朱学勤称他在1988年读完“元化先生与林先生争辩五四的文字”，即“预见这两位学界前辈虽然观念不同，迟早有一天，他们会心灵相通”。未细说缘由。参见朱学勤《热烈与冷静》“编后记”，见林毓生《热烈与冷静》，上海文艺出版社1998年版，第303页。

虽转而佩服朱的“远见卓识”（1991 年王与林相遇于夏威夷，始视林为“我最敬重的朋友”），然仍以为大抵是因“心灵的相契有时比观点上的分歧更为重要”；为此，王还着意引了熊十力赞赏庄（子）惠（施）关系的一段话：“二人学术不同，卒成至友，博学知服，后人无此懿德也”；王释：“我谨记这几句话，为的是鞭策自己不忘涤除逞强好胜之风。”[①] 王当然想不到翌年，即 1993 年 8 月后他读林著会屡屡读出顿悟且感动。有识者不难想象：如不惮将王元化“反思五四”比作一片思想史绿茵场，他在禁区前踢进的两粒金球（一是剖析“意图伦理”为第一元素的“激进政伦人格”；二是为“五四精神”注入法治观念基因），足以奠定王是 20 世纪 90 年代中国思想的“最佳射手”；林毓生则无愧为外籍“最佳助攻”。

让人动容的是，王生前对此不仅不讳言，相反，还不断坦呈心迹，以示对林的诚挚敬意。此敬意似分两层，除纯私己性抒怀外，[②] 王还尤为敬畏林作为一个现代自由主义者在公共秩序中的“人格自律”及“人伦守衡”，且视之为日常践履其“自由主义信仰”的生命样式来仰慕。[③]

① 王元化：《思辨发微（序）》，见氏著《思辨随笔》，上海文艺出版社 1994 年版，第 370—371 页。

② 王元化 1994 年 7 月 22 日致林毓生函：“恭贺一生为学术的独立思想自由精神努力的林毓生教授荣膺中央研究院院士”；1995 年 8 月 18 日致林毓生函：“我将你视为可以无话不谈的挚友”；1996 年 4 月 5 日致林毓生函：“我一直把你视为可以毫无拘束谈心的友人。对于不太熟悉的人，我是不会写这样的信的”；2000 年 10 月 16 日致林毓生函：“你是我可以把思想和感情交托的朋友”（卷九，第 380、388、388、395 页）。

③ 王元化很在乎林毓生在公共空间的“人伦守衡”。王说“我陡然对他萌生了好感”，是缘自林“那种出于自然的对人平等的态度”；“他是质朴的，在他的身上你不可能找到任何矫揉造作的痕迹。人类的感情是微妙的，你对一个人的好感，往往不是对这个人经过了审慎的衡量或理性的分析，而且凭借着他所说的某些具有个性特征的话语，或在他脸上流露出来的某种情绪。”王更珍视林“很注重躬行践履，使自己的行为符合自由主义思想原则”。有一次听演讲，“我觉得演讲内容空洞，就约他一同出去在哈佛校园散步。没料到竟遭到拒绝，他认为这样不好，他在这方面也是极其认真的，虽然我知道他对这类演讲也不会感兴趣。”（《1991 年回忆录》，卷八，第 83—84 页）1988 年夏，朱学勤第一次见抵沪演讲的林毓生也曾有类似记忆：朱因长途车很疲惫，坐在学术沙龙门口点了一支烟，林当众责问：“这是公共空间，你怎么可以吸烟？房间不大，你不是污染空气，干预别人自由吗？”朱“当时虽然不愉快，但内心对林先生的直言秉性还是佩服的”。参见朱学勤《热烈与冷静》“编后记”。

## 七　“激进型”怎么变异为“激进主义”

王元化“反思五四”踢进两粒金球，哪一粒更有含金量？就其对思想史所达到的涵盖幅度、深度与力度而言，当数“激进政伦人格构成”一说。

“激进政伦人格”与林毓生提出的“百年中国激进主脉”之关系，在逻辑上呈相辅相成之伴生结构：当你愿把前者读作后者在微观人性水平的精神内化，你也就可把后者读作前者在宏观历史层面的动态演化。这就导致林著所设定的“百年中国激进主脉”这一平面概念，后因其根须伸进王元化所探幽的“激进政伦人格”的错综构成，故此论域所可能包容的思想史对象也就转眼拓宽，此论域所可以自期的思想史阐释潜能也就厚得难以估量。

“激进政伦人格构成”，作为方法论层面的、阐释晚近思想史的思辨框架，在王元化看来，它是“一种思维模式和思维方式”（《对五四的再认识答客问》，卷六，第 369 页）。这是对同一史实给出不同的命名，并不有损对象的质的稳定性。然若用学院派尺子来衡量，则“思维”一词不契。学科意义上的“思维”作为人的认知机能，它属知性，其特点：一是用概念，二是讲逻辑。心里有话想说，却一时不能用“概念”来明晰表述，这可谓“意识”，还不是“思维”。“思维”是用“概念”来传达的“意识”。“逻辑”亦然。“逻辑”不通乃至自相矛盾，这叫“思维”混乱，也就不算“思维”。

若将此“思维”概念再与“政伦人格”诸元素一一相系，更欠熨帖。比如“意图伦理”本属“非知性”甚至“反知性”，无论它是作为对内心教义的信仰或迷信，还是对外部指令的无条件服从，这些皆与擅长分析、辨异的知性“思维”相悖。更不必讲“庸俗进化”是历史观之虚妄，“峻急言行”是破坏性的偏执逞强，“启蒙心态”是自造的、直觉水平的道德优越“幻像”了。故还是用“激进政伦人格”来概括王元化的“反思”精义，经得起推敲。

政伦人格从“激进型”向“激进主义”变异，实是王元化“反思五四”所蕴涵的一条思想史主线。用“蕴含”一词，无非指王虽不曾明言，然又确乎暗含。这宛如胎儿尚未诞生，但目睹母腹一日日隆起，已属不争。但也正因为思想还未发育到理论分娩的程度，故王元化对思想史上某些乍看类似、属性有别的现象之考辨，不免半明鉴，半含混。当王不认同将启蒙先驱的“峻急言行”与“文革”红卫兵的狂热造反混为一谈，[①] 这是明鉴；当王将彼此形似的“政伦人格构成”皆叫做“激进主义”，这是含混。虽然其理由是：“我并不认为激进主义专属哪一党派。”（《近思札记》，卷六，第 225 页）

此理由没有强劲到足以忽略不计“激进型”有别于“激进主义”的那道异质界限。“异质”二字分量不轻，因为它在指向“五四精神”这“第一关键词”。这就是说，用心将“激进型”启蒙先驱与“激进主义”极“左”派分开，是因为这两者对“五四精神”的价值判断有天壤之别。这也就是说，不论陈独秀当年对杜亚泉如何盛气凌人，其内心永远不愿割舍“五四精神”主心骨；其人格缺陷是只求自己“个性解放”，却不尊重对手的尊严，此即“人伦不守衡”现象。但极左派是将“激进”推演到“主义”这一政伦等级的最高端，近乎信仰；其特点是丝毫不给“五四精神”以价值正当性；其政治运作的终极目标，则是要奠定与强化极权体制，令其能以神圣名义来化约所有国人的合法权益。当整个秩序被设定为以“敌我矛盾”“阶级斗争”为背景，不受任何法律约束，以滥用暴力来维稳的权威系统时，“五四精神”也就被连根拔了且废了，“人伦不守衡”也就不再是“激进型”人士的人格缺失现象，而已泛滥为制度所驱动的普遍法则，遂成“人道主义灾难”。[②]

---

① 王元化：“五四运动是被压迫者的运动，是向指挥刀进行反抗。‘文革’反过来，是按指挥刀命令行事，打击的对象是手无寸铁、毫无反抗能力的被压迫者。”（《对五四的再认识答客问》，卷六，第 367 页）

② 以“文革”为符号的“人道主义灾难”之特色在于，它把“人伦不守衡律”理论化了。其推理如下：既然“激进主义”是在“阶级斗争”学说框架否定了一般人性，那么，“不把人当人”作为普遍前提将推及到所有人。但鉴于它又预设了一个“敌我矛盾”，故“皆不是人”的人至少得被一分为三：“革命派”，“中间派”与“反动派”。“革命派”为了亲证自己的权力快感，最愿意说对方“不革命”或“反革命”。甚至谁敢无法无天地私判“反革命”，且不惜以“红色恐怖”来撕裂无辜者的生命尊严，谁还可能被追捧为“最革命”。老红卫兵主演的这台“文革”惨剧，血腥地破译了“左比右好”或“愈左愈好”，所以会长期主导政局的主要危险之秘密。

借此重温主流教材将中国革命史的源头定在1919年“五四运动”，也就意味深长。因为这不仅在知识学层面阻隔了后人对1916年《新青年》所启动的“新文化启蒙”的探寻，并在价值论层面一刀切断了“个性解放”为旗帜的“五四精神”对革命者的人格召唤，其结果是“顺理成章”地推出主流版“五四定论”，让后学去背诵。不难想象，数代莘莘学子的“五四”视野所以鲜见先驱的启蒙呐喊，而北大学生“火烧赵家楼”的热血场景却被放大，这实在是主流教程的“成功”。

“五四定论”犹如全息胚，它幽闭着晚近思想史演化的最大秘密是：若能去掉“激进型”人格身上的“五四精神”，那么，它将直接变异为“激进主义”。这是思想史上的“基因突变”（从左到极左）。

“五四定论”之“去五四精神”，至少在共和国前30年（1949—1979）屡见不鲜，其特点是割裂或扭曲启蒙先驱的文化形象：比如几乎“40后”、“50后”、“60后”在未成年时，皆知陈独秀是中共初期右倾路线头子，却无视其五四启蒙巨子的功绩；只知胡适是搞“反动”唯心论的红学家，而漠视其当年堪称《新青年》主将；至于鲁迅，则确信他是大文学家暨大革命家，直到20世纪才被披露，鲁迅若活到1957年日子也不好过。[①]

王元化认识到：“两论认为共性寓于个体之中，共性与个性两者可以相等，二而一，在共性之外无个性，所以没有抽象的非阶级性的人性（即在阶级性之外的共性），只有阶级性的人性。而个人的个性也是被阶级性完全浸透的。因而‘私意’——‘众意’——‘公意’中的‘公’是完全涵盖‘私’的。这也是卢梭的哲学。”（1992年11月23日日记，卷八，第163页）容笔者作二小注：一是引文中的“两论”当系《矛盾论》、《实践论》；二是“卢梭的哲学”应指其“公意说”。

---

① 周海婴披露，1957年毛泽东抵沪邀若干湖南乡贤聊天，在回答罗稷南（时任华东师大教授）提问“要是今天鲁迅还活着，他可能会怎样”时说，“以我的估计，（鲁迅）要么是关在牢里还是要写，要么他识大体不做声”。2001年7月周海婴拜访王元化时，王建言周“应当可以披露，此事的公开不致于对两位伟人会产生什么影响”，他自己也听说过这件事情。参见周海婴《鲁迅与我70年》，文汇出版社2006年版，第318—319页。

不难想见，“五四精神”既以“个性解放”为第一要义，它若不在“延安整风”时挨整，[①] 反倒怪事。对此，王元化在 1992 年 5 月 22 日（恰逢《在延安文艺座谈会上的讲话》发表 50 周年前夕）就看准了，其日记云：“延安在 1942 年开始整风”，“毛所提出的知识分子改造运动的关键，首先在于批判中国近代启蒙思想所倡导的个性解放”（卷八，第 125 页）。于是，那群满怀憧憬、奔赴延安的左翼知青（从王实味到丁玲），也就在劫难逃。谁让他们把对“五四精神”的纯情眷恋系在“小米加步枪”身上呢？以致当亲历者（如韦君宜）晚境“思痛”，还忍不住惊呼：“革命吃掉自己的儿女！”[②]

若能真正“反思”性地重读那批“干部必读”书，其实不难确认“激进主义”所要塑造的政伦人格，恰恰是非“去五四精神”不可的。“延安整风”的思想史意味，恐怕正在这里。也因此，当王元化在 1992 年感慨艾思奇 1944 年便懂得“知识分子走向大众”（“大众”作“革命”代词），“他首先必须清算了自己思想中的各种个人主义因素”（1992 年 5 月 22 日日记，卷八，第 124 页）。其内心必有别一番滋味。因为晚年元化很清醒，艾思奇所谓的“各种个人主义因素”，其源头就是“五四精神”。故也可说“革命吃掉自己的儿女”，其实质是“选择性食子”。并非是“激进主义”特别歧视或仇视知识分子，而实在是当年追随革命的左翼知青大多有“五四精神”情结。思想史的“诡异”或许正在这里：当呼唤“个性解放”的“五四精神”推动一群群不满且反抗旧秩序的知青走向革命，然革命的“激进主义”最想从他们身上拔掉的，又偏偏是“五四精神”这枚钉子。这是一个在延安的知青必修的政伦课。

为何强调“延安”？就王元化的红色履历来讲，他 1938 年入党是在上海，隶属地下党文委，其领导孙冶方、顾准、黄明等皆有“大将风度”，能容忍且欣赏青年元化的“无忌童言”，尽管王 1942 年对《讲话》的“政治标准第一，艺术标准第二”持异议，仍提拔他“代

① 王元化 2003 年 1 月 22 日致李普函：“（周扬）他将延安整风也称为思想解放运动，实为大谬。”（卷九，第 117 页）

② 韦君宜：《思痛录》，十月文艺出版社 1998 年版。

理”文委书记。但好景不长。“延安整风”后派来的新上级获悉王曾有如此“自由思想”，就不再让王“代理”了。1949年解放军进驻上海，有关方面还因此不准王的党籍重新登记。1955年王竟敢对毛钦定“胡风反革命”案说不，为此“独立精神”，其支付的代价更是长达24年（1955—1979）的屈辱，濒临绝望。王太明白这一切都是“五四精神”惹的祸，但又无怨无悔，至死不改。例证有三：一是1977年他以“戴罪之身”撰《龚自珍思想笔谈》，因为他珍惜龚自珍“情本位”之内核，正是近代思想史上的“个性解放”，也可说是对“五四精神”的近代预言；[①] 二是1983年他已任中共上海市委宣传部长，却仍因参与周扬撰写有涉“人道主义与异化”的大作，而承受审查；三是1988年他“为五四精神一辩”，其实质在于公示“五四精神”的要义不是别的，正是“激进主义”剿灭了近半个世纪却终究未死的“个性解放”（尽管王当时尚未反思“激进主义”）。

总之，王元化有太多的阅历、经历及醒悟，能让他“反思五四”时，把曾引以为傲的那个“激进政伦人格”，[②] 读作左翼谱系植入自己心头的精神内存，同时又把林毓生关注的那条“百年中国激进主脉”，读作是“激进政伦人格”的历史展开。故当王把左翼思想史大体释为“激进主义”对知识分子所珍重的“五四精神”持续窒息与阉割的变异过程时，这与其说在“反思五四”，毋宁说更是在为思想史的百年苦难呈上血写的证词。

## 八　王元化“内在理路”的内驱力及其生成

当王元化把晚近思想史主脉讲疏成“激进主义”持续切割知识分

---

① 王元化曾说：“自我意识从长期酣睡中醒来，开始萌发于清代中叶。当时可以龚自珍的诗文、曹雪芹的小说、邓石如的书法、郑板桥的绘画、戴震的《孟子字义疏证》、惠栋的《易微言》等为代表。但这些个性解放思潮的萌芽只是在五四时期波澜壮阔的个性解放运动的微弱先声。”（《对五四的思考》，卷六，第341页）

② 晚年元化撰《自述》，忆其抗战初结识满涛，成了“最好的朋友”，皆崇拜鲁迅的峻急：“我们对鲁迅精神作了自以为深刻其实不无偏差的理解，以为在论战中愈是写得刻骨镂心、淋漓尽致，也就愈是好文章。偏激情绪对于未经世事磨炼、思想不够成熟、血气方刚的青年来说，并不是什么好的征兆。”（卷六，第259页）

子（含启蒙先驱）所珍重的“五四精神”的过程，并进而让“人伦不守衡”从个别人格效应推演为一般体制法则时，可以说，这就是王元化“反思五四”的“内在理路”。

“内在理路”典出余英时，也是王元化所认同的一种方法论意义上的史学研究原则。[①] 余提出“内在理路”，当有感于“西学东渐”语境中“方法—对象”关系的逻辑错位，这就是“削足适履，把外国的东西当作一个模式，把中国的材料尽量剪裁放进去”，其结果往往是为了见证西学“方法”的原型性，而折损了国史“对象”的独特性与丰富性。余说：“这是我们研究中国史学——特别是在‘五四’以后——所遇到的最大困难”，故其“内在理路”之特点，是强调“必须在中国史料里面找到它本身的脉络”，此脉络“内部有一套逻辑、一条思路，它逼着你”只能以此线索来追溯对象的历史演化，而“不是因为有外在的东西影响你”。[②] “激进主义”在启蒙先驱与“文革”红卫兵之间，又插入延安审干及1949年后全国全面的知识分子“思想改造”（所谓“脱裤子，剪尾巴”，即剪“五四精神”尾巴）这段苦痛国史，也逼着王元化“反思五四”时只能走此“内在理路”，而不能“为学却作媚时语”，虚拟一套。

王元化“反思五四”的“内在理路”，在述学文体上既呈现出大体融通、粗放的论纲式轮廓，又意蕴丰盈得像一株奇崛的思想树，[③] 有太多的史料可以系上去，也有太多的悔悟、洞见从那儿长出来。王元化说：“五四以来的许多观念是不是也有某些是值得再认识再估价的？哪些要发扬，哪些还需要联系中国革命经验所显示的问题，作进一步考虑？比如……陈、鲁、胡诸人，他们留给我们哪些必须吸取的教训。举一例：鲁迅的斗争哲学与政治上的斗争哲学有无共同处？鲁

---

① 余英时说：“刚刚过世的王元化先生，他很同意我的一个看法，就是我们必须在中国史料里面找它本身的脉络，只有这样才能追溯中国的历史，不管研究的是政治史、经济史、文化史还是思想史。”余英时：《史学研究经验谈》，上海文艺出版社2010年版，第3页。

② 余英时：《史学研究经验谈》，上海文艺出版社2010年版，第2—3、15页。

③ 王元化曾说起著作封面设计：“《思辨随笔》我选了马蒂斯的线描，一棵枝叶繁茂的树。”参见蓝云《琐忆先生》，见邵东方、夏中义主编《王元化先生九十诞辰纪念文集》，上海文艺出版社2011年版，第370页。

迅从《二心集》开始对他并不了解的政治表现出来的遵命倾向，应如何公正的（既非崇拜也非诋毁的）评价？鲁迅全盘反传统的主张（拿来主义是功利性的，非建筑在科学学理上的正确主张）……诸如此类，均应探讨……今天，我有以上这么多近乎‘天问’式的质疑，是经过痛苦的实际生活后产生出来的。”（2000年5月22日致摩罗函，卷九，第571—572页）

王元化很清楚爬梳这条“内在理路”的内驱力源自何处。王不是不知治学须疏离世事困扰，但“艰难岁月也使人有可能将环境施加在自己身上的痛楚，转化为平时所不容易获得的洞察力”，他相信“忧患意识长期以来促成中国知识分子的思想升华”（《自述》，卷六，第256—257页），其“内在理路”正是此“思想升华”的结果。这就决定了王对此“内在理路”是扮演了思想家，而非理论家的角色。有人说作为思想家，用西学的眼光看，他须做出成系统的思想体系。其实，思想与理论在思辨建构方面有不同形态。作为思想家，其责任是要能提出与回答有重大意义的公共命题，至于他对其思想表达能否达到系统的、周密的逻辑建构，这是理论家的工作。鲁迅是思想家吗？是。他有什么理论？谈不上。理论须借概念系统，对有价值的说法给出完整表述。也有人曾把王元化说成是哲学家，亦不靠谱。王是有哲思气质的思想家，但不是哲学家。哲学家是应该对人类世界乃至宇宙构成的基本命题给出系统创意表达的人。若只有系统表达而无创意，他可能是哲学教授，但不是哲学家。

人类的精神建构至少有四个层次：经验层次；概念层次；概念丛，即理论；四是体系。要成为体系，至少得满足如下条件：一是要有一个一以贯之、统辖全局的元概念作为思辨起点；二是此元概念能像全息胚那般从中生长即推导出整个理论系统赖以构成的其他概念；三是从元概念推导出相关概念的运演过程要达到行云流水，自圆其说。故这是一个逻辑思辨的建构形态问题，与能否对公共命题发出独立的原创之声，没有必然关系。

与此“体系”条件相比，王元化“内在理路”之表述当有所不符。仅举两例：其一，王元化不是没有贯穿思辨全程的基点（又称

"思辨框架"），此即王称为"思维模式"的"激进政伦人格构成"。但王是在1999年3月才明确此"思辨基点"究竟何谓，[①] 这离他1993年8月"论杜亚泉"即实质启动"反思五四"，已迟到近五年半矣。这就迫使王不能像理论家那般，在其"内在理路"系统表达前就预设"思想架构"，以期它像工程流水线一般将所有述学元素缀为整体。林毓生确认其博士学位论题是在1963年，脱稿于1974年，然林与其恩师殷海光借越洋信函探讨论文的"思想架构"问题最早可上溯到1962年。[②] 王元化做不到这点。他近乎"摸石头过河"，走一程看一程，明明早走在"内在理路"上，却要熬到后来才追认。其二，王元化"内在理路"的史学呈示，实是围绕"激进政伦人格"这一元概念的内涵构成及其变异而绵延且纠结的。然正是在这关键点上，王的治学炉火未臻纯青，这体现为他对该人格构成的四元素的命名及其有机排序，在整个"反思五四"期间（1993—2008）仍处"现在进行时"状态，被夹在松散与定型之间，虽不无整体感，但并非结构严谨、棱角分明、线条流畅的述学整体。

笔者将王元化论及"激进政伦人格"构成四元素——"意图伦理"、"庸俗进化"、"峻急言行"（又称"激进主义"）、"启蒙心态"及其交互关系——的最早出处、上下文语境与定稿日期列一简表（见表1），以祈明察：

**表1　"激进政伦人格"构成四元素**

| 政伦人格元素 | 最早出处 | 上下文 | 定稿日期 | 备注 | 检索 |
|---|---|---|---|---|---|
| 意图伦理 | 《杜亚泉与东西文化问题论战》 | 这种态度决定认识的观点，正是马格斯·韦伯所说的意图伦理。 | 1993年9月21日 | 独署 | 卷六，第158页 |
| 意图伦理 功利主义 | 《关于现代思想史答问》 | 如五四运动中所出现的"意图伦理""功利主义"等等。 | 1993年12月5日 | 与胡晓明对话 | 卷六，第184页 |

① 王元化是在1999年3月2日"对五四的再认识答客问"时明确此义（卷六，第369页）。

② 林毓生1962年5月29日致殷海光函，见《殷海光林毓生书信录》，第85—89页。

续表

| 政伦人格元素 | 最早出处 | 上下文 | 定稿日期 | 备注 | 检索 |
| --- | --- | --- | --- | --- | --- |
| 庸俗进化 | 《关于近年的反思答问》 | （过去我同情激进主义）这也是由于受到五四庸俗进化观的影响。 | 1994 年 12 月 20 日 | 与傅杰对话 | 卷六，第 242 页 |
| 庸俗进化，激进主义，功利主义，意图伦理。 | 《对五四的思考》 | 我认为五四时期所流行的四种观念是值得注意的：第一，庸俗进化观点；第二，激进主义；第三，功利主义；第四，意图伦理。 | 1998 年据 1997 年稿修订 | 独署 | 卷六，第 342 页 |
| 意图伦理，激进情绪，功利主义，庸俗进化。 | 《对五四的再认识答客问》 | 我对五四的意图伦理、激进情绪、功利主义、庸俗进化论这四个方面的分析反省……是把它们作为一种思维模式和思维方式看待的。 | 1999 年 3 月 6 日 | 与李辉对话 | 卷六，第 368—369 页 |
| 启蒙心态 | 《人文精神与二十一世纪的对话》 | 我对近现代知识命运的反思，集中在描述一种我称之为“意识形态化的启蒙”或“扭曲的启蒙心态”。 | 2001 年 9 月 13 日 | 与胡晓明对话 | 卷六，第 378 页 |

几点说明：

（一）如表 1 所示，王元化对其“内在理路”的主轴建构，委实经历了从单一元素发现到诸多元素集合，又从外部观念内化为人格构成这两个阶段。前者耗时五年（1993—1998），后者花了一年（1998—1999）。但还未真正整合定型，因为“启蒙心态”到 2001 年才补上。且不说 1998—1999 年的人格构成诸元素的关系大体仍成平面并列，其潜在的有机递进或自循环的隐性结构，很值得后学去深入发掘与阐明。

（二）笔者未将“功利主义”融入“激进政伦人格”结构，是基于“功利主义”与“意图伦理”有同义反复之嫌。因为当王元化把“欲达目的不择手段 = 极端功利主义”（1995 年 2 月 15 日日记，卷八，第 327 页），王忘了就在他读过的《转化》中，林对“意图伦理”有这样一段话：“在政治行为的层次上，‘意图伦理’常易使人为了目的而不择手段，即使手段的后果与当初的意图完全相背也在所不惜。”

（《转化》，第129页）

（三）笔者试将“峻急言行”置换“激进主义”而成“政伦人格”元素之三，根由亦在“激进主义”含义繁复，明显与其他人格元素交叉。1999年王曾把“激进主义”简释为“思想狂热，见解偏激，喜爱暴力，趋向极端”。[①] 其中，“思想狂热”近乎态度决定一切的“意图伦理”；“见解偏激”，则确乎很少有比“庸俗进化”更“偏激”的“见解”了；至于“喜欢暴力，趋向极端”几近“峻急言行”的同义词组——故不如索性以“峻急言行”来代言“激进主义”原本最想表达的意思。再说，陈独秀、鲁迅当年那咄咄逼人的文风，也实在“峻急”得堪称“趋向极端”的语言“暴力”。

不要苛求王元化成为维特根斯坦。维特根斯坦对锤炼概念所应达到的思辨纯度之追求，丝毫不亚于爱因斯坦要让其质能转换公式焕发简洁的数学美。科学家长年沉潜于实验室的静谧，然后才可能在心底让最单纯的词语来凝结最深邃的智慧，但内心焦灼的王元化在1990年前后已很难纯粹为学术而沉凝。“王者元气委大化，只缘纵浪忧患中”，年届古稀的王元化进入20世纪90年代，还能做出“反思五四”那样的“有思想的学术”已大不易，近乎传奇。根子是在1992年6月至1993年8月间，其日常语境及学思视野突然有了变化，或曰他在内心兀地领悟到了某种强大的、令其不得不凝视的“外缘影响”。

## 九　“内在理路”对“外缘影响”的选择性吸纳

“外缘影响”同样典出余英时，它是余在研究清代学术思想史案后，作为“内在理路”的孪生范畴而提出的。余认为任何重大的历史变动之造因都极复杂，故大凡“试图将历史变动纳入一个整齐系统的

① 王元化1994—1999年在不同语境四次简释“激进主义”大同小异，又显出命名不定型。依次如下：1994年下半年释文为“激烈手段，见解偏激，思想狂热，趋于极端”；1995年释文为“思想狂热，见解偏激，破坏手段，趋于极端”；1996年释文为：“趋向极端，崇尚暴力，蔑弃人道，反对民主”；1999年释文为：“思想狂热，见解偏激，喜爱暴力，趋向极端”（卷六，第222、225、229、372页）。

努力都是失败的”。[①] 这落到“内在理路”一说，也就生出二义：一是“‘内在理路’说不过是要展示学术思想的变迁也有它的自主性而已（此即所谓‘The autonomy of intellectual history’）”；二是此“‘自主性’只是相对的，不是绝对的；学术思想的动向随时随地地接受外在环境的影响也是不可否认的客观事实”。[②]

诚然，余英时论及“内在理路”与“外缘影响”之关系时，主要着眼于学术思想史的宏观考察，比如有大量史料可坚强地证明“儒学从‘尊德性’向‘道向学’的转变”，[③] 本是清代学术转向之“内在理路”。其实，余英时的如上方法论思考，若用来观照王元化“反思五四”的“内在理路”生成与“外缘影响”之关系，也颇有效。王元化学案纯属微观，但微观也蕴含宏观，甚至可说，若1991年后王未能幸逢强大的“外缘影响”，也许未必能生成“反思五四”这一“内在理路”（即使生出什么，也势必不是这般模样）。

被“第三次反思”光环照晕了眼的读者，或许不能想象1990年前后的王元化心境曾灰暗孤寂到何等地步。不妨将相关材料列出，以示史实：

1. 1987年2月15日致张光年函：“这次发生了大变动，虽非完全出于意料之外，但一时仍不理解，故也不免为之忧心”，“最近读书未抓紧，自然这和心情有关。”（卷九，第302页）

2. 1987年4月11日致何满子函：“所悲者，乃祖国之前途及少年时即已形成的信仰与理想耳。每念及此，辄悲从中来，索然而无生趣。”（卷九，第149页）

3. 1987年7月9日致张光年函：“为时事忧。我自己虽未遭遇什么，但见到一些人受到不公正待遇，而感到难过”；“几个月来什么都没干，书也没好好读”（卷九，第307页）。

---

① 余英时：《论戴震与章学诚》增订本自序，生活·读书·新知三联书店2000年版，第2—3页。

② 同上。

③ 同上。

4. 1988 年 8 月 12 日致张光年函："不像你那样沉稳宁静，而深感自己总是骚动不安，静不下心来。"（卷九，第 316 页）

5. 1990 年 5 月致吴琦幸函："我一生处动荡中，岁月不居，时光流逝，少怀大志，长与愿违，庸庸碌碌，成为时代的过客。"（卷九，第 133 页）

6. 1991 年 7 月 7 日致蒋述卓函："我这几个月来，一直划出半天时间读写，这才恢复了过去的学人生活。我读了些书，也写了些小文，觉得这样生活才有点意义。"（卷九，第 519 页）

7. 1991 年 8 月 14 日致楼适夷函："近来我对清代掌故颇感兴趣，曾请人找来近百种，于夜间枕上翻阅，并摘录若干则，写成《夜读抄》，发表在晚报上"；"因为我也一样觉得自己思想中光亮太少"；"瞻望未来，茫茫不见光在何处，每念及此，辄觉悲从中来"。（卷九，第 537—538 页）

8. 1991 年 8 月 10 日致邵东方函："我已年逾古稀，精力日衰，枯坐荒江老屋中，听风听雨，为时事忧，老朽矣，无能为矣。"①

9. 1991 年 9 月 25 日致张万馥、温流函："目前大局如斯，青年时的豪情已烟消云散，但毕竟不能忘怀家国，每念及此，辄觉苦恼。到了我这年纪，渐渐懂得鲁迅说他思想太黑暗是什么缘故了"。（卷九，第 158 页）

不妨再读一束私函信息，看王元化怎样从先前阴郁蛰伏的心灵洞穴（让人联想鲁迅在加盟《新青年》前，独自于京师绍兴会馆抄古碑的孤冷）逐步爬出，开始瞥见心头悸动的火光：

1. 1992 年 11 月 1 日致邵东方函："爝火不必太阳之明而自行熄灭。"（卷九，174 页）

2. 1993 年 3 月 17 日致吴琦幸函："杜维明近日观点有变化"，

① 参见邵东方《"尺牍书疏，千里面目"——与王元化先生在 1991 至 1992 年的来往书信》，见邵东方、夏中义主编《王元化先生九十诞辰纪念文集》，第 270 页。《王元化集》卷九（书信）辑录此函时，此语删削。

“对五四观点亦有变化”，“我的观点也有些变化”（卷九，141 页）。

3. 1993 年 3 月 23 日致林同奇函：“我这两年思想变化较大，原因是对自己进行了反思”；“大陆学人近二三年，变化也较大，有的改行转业，有的在沉默反思。后者暂不写文章，但我相信，过一段时期他们会写的”；“你倘注意这一点，一定会有新的认识的。我认为这种外表平静而实际在急骤变化的情况，是大陆知识分子最堪瞩目的特征”；“来信说对《传统与反传统》一书中的一篇有兴趣”，“但对我来说，它已成过去”（卷九，第 346—347 页）。

4. 1993 年 4 月 26 日致林同奇函：“学人在沉默中反思，各人情况不尽相同”，“然大体而言，可说是向深沉、去浮躁”（卷九，第 347 页）。

5. 1995 年 1 月 28 日致林毓生函：“我今年已七十有五，其所以一息尚存，此心不死者，不忘中国知识分子的一点责任心而已。”（卷九，第 381 页）

将如上两组私函所透露的心境反差，置于王元化“反思五四”的“内在理路”生成与“外缘影响”之关系框架去咀嚼、回味，不难析出如下要旨——

（一）王元化“20 世纪 90 年代反思”并非是世代轮替的自在产物，而确是其心灵对“外缘影响”的重大撞击所激发的学思回应。能够得上“强大撞击”指数的“外缘影响”主要有两项：一是 1992 年 6 月 19 日王元化审阅朱学勤有涉“卢梭《社约论》与法国大革命的关系”的博士学位论文，驱动其“真正进入了（20 世纪 90 年代反思——引者）角色”（《1991 年回忆录》卷八，第 91 页）；[①] 二是 1993 年 8 月 7 日王元化始读林著《转化》强有力地加速其“反思五四”，生命不息，探索不止。

① 王元化说：“学勤的论文引证了为我陌生的一些观点，对我的思想发生了剧烈冲撞，促使我去找书来看，认真地加以思索和探索。其结果则是轰毁了我长期以来所形成的一些既定看法，对于我从那些教科书式的著作中所读到而并未深究就当做深信不疑的结论而接受下来的东西产生了怀疑。从这时起，我对卢梭的国家学说、对法国大革命的认识，发生了很大的变化。我开始去寻找极左思潮的根源，纠正了原来对于激进主义思潮的看法……所以可以说，主持朱学勤的学位论文答辩这件事，是导致我在九十年代进行反思的重要诱因。他的论文引发了我对卢梭《社会契约论》的思考。这一思考延续到本世纪末，直到 1998 年我才以通信形式写了长篇论文《与友人谈社约论书》，作为我对这一问题探讨的思想小结。”（《1991 年回忆录》，卷八，第 90—91 页）

（二）基于林著的“外缘影响”是发生在王开始“20世纪90年代反思”后一年，故王在读林著前，他对“五四”（特别是对其1988年“为五四精神一辩”）已有所反省。王说：“这种反省之所以发生是鉴于自己曾经那么真诚相信的信念，在历史的实践中已露出明显的破绽。”（《关于近年的反思答问》，卷六，第247页）这就是说，王“反思五四”实是始于对精神活体解剖的自我临床执行。王“反思”自我内存所达到的广度、深度与力度，将直接制约他对左翼精神谱系的“反思”广度、深度与力度。此即王读林著前就有的潜“内在理路”（王后来用术语表达的“内在理路”实是其学术外化）。因为王认定其精神内存不是别的，首先就是左翼谱系刻在他脑中枢的那个“激进政伦人格”。正是这个潜“内在理路”，决定了王读林著时的“心理定式”或“期待视野”。

这就预示着王对林著的“外缘影响”做不到照单全收，而不免转为某种为支撑其潜“内在理路”的正当性所进行的寻觅证据的活动。也因此，王对林著所呈阅的诸多西学资源之取舍及其感应之强弱，也未必与林毓生的著述初衷全线交接，而更多地呈现出“为我所需”。

这就亟须回到思想史“现场”，搜寻复核第一手资料，再作结论。这个“现场”，就是王元化1993年8月7日至21日读过的林著《转化》第一部分，共144页。真正击中王元化心扉的韦伯“意图伦理”概念，在此书的首次亮相，是在第129页第9行。若允许把“意图伦理”喻为令王折服的一句精辟台词，那么，不得不说的是，林著让此台词发声且闪光的那个剧情预设，格局更大，寓意更深。

这有点像把原先凸显“意图伦理”这一特写的长镜头慢慢后退，让画面先回到“现场”中景：这就是林著让“意图伦理”露脸的上下文语境，是旨在建言“今后中国自由主义进展的具体步骤（《转化》，第126页）。若再给出“现场”全景，此即林著第一部分中分量最沉、篇幅最大的力作：[①]《两种关于如何构成政治秩序的观念——兼论容忍

① 林著第一部分的篇目及其篇幅以此列下：《中国人文的重建》（第40页）；《什么是理性》（第22页）；《论自由与权威的关系》（第11页）；《再论自由与权威的关系》（第12页）；《论民主与法治的关系》（第10页）；《两种关于如何构成政治秩序的观念——兼论容忍与自由》（第49页）。

与自由》，共九章，如上"中景"实系"全景"之压轴。所谓"如何构成政治秩序"的两种观念，在林著那儿是指：要么是"传统中国式"地"诉诸思想与道德的力量，希望借此改变政治领袖的态度，使他们真心向善"；要么是"自由的政治秩序必须建立在法治之上。没有法治便没有自由"（《转化》，第126页）。简言之，前者是人格至善诉求，后者是制度更新诉求。

林著主张制度诉求：若要让"中国自由主义未来""能真正获得实质的进步"（《转化》，第126页），务必郑重领悟博兰霓"自由产生秩序"所植根的"法治"观念。博兰霓就这样高屋建瓴地成了林著的理论主角。至于韦伯的"意图伦理"则算小配角，那是林著为了论述现代法治不宜由急剧的革命方式来催生，否则就背离了韦伯的"责任伦理"，而沦为"意图伦理"——"意图伦理"才被带出来。于是，有识者不难从林著那儿读出一页"角色表"（按其理论含量大小来排序）：先是博兰霓的"自由产生秩序"及"法治"演主角；接着由韦伯的"责任伦理"扮配角；"意图伦理"殿后，属次配角。此即"意图伦理"在林著格局中的真实位置。然到了王元化笔下，一切却翻个儿了：韦伯"意图伦理"在"反思五四"这出大戏中转眼担纲主角；"责任伦理"因常被提及，依旧算配角；而原先林著最看好的、与博兰霓相连的"法治"，王却印象不深，1994年下半年言及"公民意识"，才算对"法治"有所念旧。

这又得返回王元化学案的"内在理路"与"外缘影响"之关系框架，去寻找答案。王"反思五四"含两大发现：一是以解析"激进政伦人格"为枢纽，来解密百年中国激进主脉之起源及其变异；二是辨析"五四精神"分"朴素—成熟"两种形态，"朴素型"很难规避"激进政伦人格"的自行掩抑而呈弱势，"成熟型"则可借现代法治这一制度保障而趋强势。这两大发现足以标志大陆学界自20世纪90年代以来，在"五四"思想史论域所达到的珍贵高度。但若就王对这两者的学思准备境况而言，却又厚此薄彼，不宜同日而语。因为王对"激进政伦人格构成"命题的学思积淀，远远超出对另一命题的储备。

也因此，当王从林著的字里行间一眼瞄准"意图伦理"，其内心积郁了半个世纪多的忧思悲情就像核能反应堆被粒子击中一般，瞬间雷电迸射，天地为之变色。透过“意图伦理”四字，王从中看到了太多太多：既有列宁的“党派性”原则；斯大林当“灵魂工程师”时颁布的“立场、方法、观点”；也有盛行国中的“屁股决定脑袋”及其“‘四个一’：一言堂、一面倒、一刀切、一窝蜂”（1992 年 11 月 20 日致邵东方函，卷九，第 176 页）；更有日前刚读到的杜亚泉与蒋梦麟争论“态度非思想”……“意图伦理”就这样顺着王的“内在理路”，而成为他洞开“激进政伦人格”基因编码的第一把钥匙。嗣后逐年发现的“庸俗进化”“峻急言行”（又称激进主义）及“启蒙心态”，不过是“意图伦理”这第一“外缘影响”所引爆的连锁反应而已。

韦伯“意图伦理”对王元化“反思五四”居功至伟，说到底，是它颇对王的“内在理路”，即“意图伦理”所蕴蓄的理论阐释潜量，与王的“内在理路”所期盼的“被阐释”取向，正好相遇且相契，近乎“一见钟情”而成眷属。这就让原先在林著那儿只配演配角儿的“意图伦理”，转嫁到王元化“反思五四”麾下，即被晋身为主角儿。相反，原先在林著那儿领衔的博兰霓“法治”观念，王元化因对它体悟不深，积学不厚，故它参演王元化“反思五四”，也就只好屈尊。

这又表明，王元化即使在吸纳学院派所传播的理论资源（“外缘影响”）时，他也没像学院派那样去皓首穷经，严格地把“接着说”置于“照着说”之后（即须先在原型意义上给对象以整体逻辑还原，再说出自己的创意或裁决）。例如，尽管王元化对韦伯“意图伦理”激赏不已，但王所吸纳、或被他织入“反思五四”文本的那个“意图伦理”，与林著所转述的韦伯原型也有差异。当林在忠于韦伯原型的基础上讲“意图伦理”迥异于“责任伦理”，他是中性的。故林在政治行为层面强调“意图伦理”迥异于“责任伦理”，同时能兼及在高于政治运作的人生境界，一个信仰者对其信奉为真的理想的守望，也可说是某种“意图伦理”（《转化》，第 129 页），虽然它与政客为了实用而不择手段有异质界限。显然，王元化对“意图伦理”已顾不上讲辩证法。这不禁让人联想青年王国维对叔本华哲学之接受，也不讲究先“照着说”，再“接着说”，而更热衷于从叔氏哲学中去发掘“审美是对人生苦痛之超越”这一观念，以期为《人间词话》的诗学建构安顿一块总体思辨基石。这能否说，主体对“外源影响”之取舍及其感应程度，与其说是绝对受制于对象，毋宁说是更取决于主体的“内在理路”呢？

或许有人问：为何像林毓生那样的学院派，在转述或引申相关理论资源时，能尊重乃至忠实其原型呢？这大概与角色自期不一有关。看一个学者像不像学院派，首先应检测的，是查其学术能在多大程度尊重研究对象之原型。这应是学院派赖以自期且自律的第一角色选项。“角色的自期—自律”是什么？不就是学者的“内在理路”赖以生成的人格背景么？

记得余英时曾说，他所以立论“内在理路”说，是为了“破除现代各种决定论”（determinism）的迷信，如“‘存在决定意识’之类”。[①] 后又补白包括“那个绝对的反映论”。[②] 假如说，宏观视野中的学术思想史的“内在理路”作为“社会意识”，“不必与外缘影响息息相关”[③] 这一点，便足以消解“社会存在”对“社会意识”的决定论式的强制；那么，微观视界中的个别学案的“内在理路”对“外缘影响”的选择性吸纳，是否也足以解构“绝对反映论”之虚妄呢？

2012 年大暑于沪上学僧西渡轩

[原载《清华大学学报》（社会科学版）2013 年第 4 期]

① 余英时：《论戴震与章学诚》增订本自序，生活·读书·新知三联书店 2000 年版，第 2、3 页。

② 余英时：《史学研究经验谈》，上海文艺出版社 2010 年版，第 15 页。

③ 余英时：《论戴震与章学诚》增订本自序，生活·读书·新知三联书店 2000 年版，第 2、3 页。

# 清末正派，五四歧出

## ——20世纪前20年的“新传统主义”与“反传统主义”

邵　建*

### 现代：一个错位的起点

2015年是新文化运动100周年诞辰。1915年9月15日，《新青年》创刊（该杂志先期名为《青年杂志》），五四运动由此启幕。这个影响了中国100年的文化运动，被主流意识形态视为中国现代的开端。中国现代史、现代思想史、文化史、文学史的书写无不以此为起点，但，这未必不是一种历史偏差。

如果通贯20世纪100年，可以看到，辛亥革命前的清末十二年，实为我族华夏现代之始，但这一时段习惯上被视为近代。这一时代思想文化学术上的杰出人物，如严复、梁启超、王国维等，大体被视为近代人物而非现代人物；正如五四新文化三杰——陈独秀、胡适和鲁迅，他们才是现代知识分子（而且是第一代），由他们所代表的思想文化亦即五四新文化才是一种文化现代性。

近代与现代，非止于时间之差，而是价值之异。近代，往往被视为传统到现代的过渡，现代则是其过渡的完成。美国华人学者张灏有一书名为《梁启超与中国思想的过渡》，梁启超时代为什么是中国思

* 邵建，南京晓庄学院中文系教授（南京，210093）。

想的过渡，它要过渡到哪里去。清末十二年，梁启超有效地主导了当时的思想舆论，是那个时代影响最大因而也是最重要的思想家。他的政治思想是立宪，文化思想是新民。立宪乃终结皇权专制，新民则培育公民精神。这分别体现了那个时代的政治现代性和文化现代性。如果这样一个组合尚不足以称现代，那么，现代到底又是什么。尤其是，梁启超不但从政治文化两面给这个民族输入新价值，却又立足传统而不抛弃之。因此，由他所代表的清末十二年岂止20世纪现代之始，且是正派。但，按照20世纪的观念习惯，是梁启超以后的时代，即五四文化才最终完成了从传统到现代的转型。它终结了传统，开启了一个崭新的现代。因此，新，不但形成我们对五四新文化的事实判断，同时也是肯定意义上的价值判断。其价值就在于它彻底反传统，超越了所谓近代对传统持守的局限，因而革命性地过渡到现代。从20世纪进步主义意识形态来看，近代与现代之别（同时也是新旧之别），大率如此。

时代的划分，政治从来就是一个重要的维度。以五四为现代起点，本身便是政治划分的结果，因为它引发了新民主主义革命。一部现代史在主流意识形态那里，就是新民主主义的革命史。由于孙中山的辛亥革命被视为旧民主主义革命，故而被划入近代范畴。显然这是胜利者的历史划分。如果从国民党的角度，现代的出现便是中华民国的庭生。只是政治如果不失为一种划分尺度，它不应该仅仅被简化为胜利者的尺度。如果可以超越党派政治，并着眼于传统政治和现代政治的分野，那么，中国现代政治史的书写，应该以1901年梁启超发表《立宪法议》为发端，因为它引发了其后清末十二年的立宪运动。这不啻是中国政治现代化的先声。

这里简要说明两点：一是中国政治现代化的开始所以起点于20世纪初的清末立宪而非19世纪末的戊戌维新，盖在于后者更多表现为传统性质的变法，它没有触动皇权根本，其主张事项带有明显的行政改革意味而非政治改革。它远不如后来的清末立宪，极为内在地触动了皇权制度根本。虽不推翻皇室，但以宪政框架制约并虚化之，使传统的君主专制转化为现代政治文明性质的君主立宪。故清末十二年的宪政运动，正是1688年英伦“光荣革命”的翻版（虽然功亏一篑），它不独是20世纪的开端，也是中国现代史和现代政治的开端。二是与梁启超清末立宪派同时的孙中山革命派，以共和为目标，试图以暴力革命的方式终结皇权，用民主取代君主。无疑也是一种政治现代性。不同在于，立宪派以英伦现代性为前瞻，革命派踵继的则是法国大革命。这是欧西两种不同版本的现代性在清末竞演。只是笔者看来，相对于改良性质的英伦版，法国版的暴力激进是当时政治主流的歧出。虽然因为擦枪走火获得了成功，但实际上延宕了专制问题的制度解决（以后的历史不是君主框架下的专制，而是共和框架下的专制，而是共和框架下的专制），并且给后来的政局带来了清末所未有的混乱。由于本文并非完全的政治论，此一问题姑且点到不再展。

从政治现代性到文化现代性。清末十二年和五四新文化，不是从近代到现代，而是第次出现的两种不同的现代（性）。1902年，人在日本的梁启超创办《新民丛报》，至1907年因火而停。这是那个时代影响最大的一份杂志（包括梁启超前此创办的《清议报》〈1898—1901〉）。如果说1915年创办的《新青年》如何影响了时人及后来人，《新民丛报》则同比程度影响了它那个时代的读者及后人；而且《新青年》的作者群，因为年龄的落差，他们都是读着《新民丛报》的文字成长的（包括胡适和鲁迅）。当然，清末十二年，影响他们的文字不独梁任公，甚至影响更大更深入的还有严复，尤其是他的《天演论》。

这样两份杂志，代表了两个时代。但无论《新民丛报》还是《新青年》，都以“新”自命。一个是要新民，一个是要新青年。它们所谓的新，都是指与传统不同的西方文化。传播西方思想文化是这两个杂志的自觉的使命。其差异在于，相较于《新民丛报》全方位地介绍欧美，《新青年》则比较偏食。它前期较多偏重法国（因其对法国大革命的欣赏），正如后期偏向苏联（因其对十月革命的认同）。当然，更重要的不同在于，它们对传统及传统文化的态度迥然有异。五四新文化的整体性反传统已自不待言。但，清末十二年，无论严复梁启超，他们对新旧文化的态度都是会通中西、交互阐释。他们从不因为传统文化的旧而欲彻底否定，只是希望通过西方文化的引进从而对其更新。

这就是20世纪的前20年，它不是从传统到近代而现代，而是对传统的态度不同呈现出性状不同的两种现代。因此，把五四新文化作为现代源起乃是时间的错位，现代发生的时间表理应提前。就第一个十年而言，它所体现的现代性方案是推陈出新，从“陈”亦即传统当中推出“新”来。第二个十年的现代性方案毋宁也是推陈出新。但，它的推，不是推出而是推倒，亦即推倒传统，让新横空出世。然而，从传统中出新，是人类文明的自然演化。离开传统的新，是谓无根，而且不可能。故，20世纪前两个十年，清末十二年为正派，五四新文化则是歧出。

## 清末十二年的“新传统主义”

“新传统主义”是美国学者张灏在《梁启超与中国思想的过渡》一书结语中提出的一个概念，用以指陈五四新文化运动中的另一股重要思潮，与五四新文化反传统思潮相对抗。“新传统主义只指那样一些人，他们基本上仍认同传统的价值观，他们接受现代西方文明的某些成分，主要将它们作为促进和保存那些有价值的传统价值观的一种方法。”[①] 在笔者看来，张灏先生的新传统主义与其用来称谓比如陈独秀与之论战的杜亚泉等文化保守派，还不如直接将其指陈清末十二年的严复、梁启超等。正如有人误将清末严梁等人称为“文化保守主义”，但此处的保守主义显然不及“新传统主义”更合适、更准确。要其言，新传统主义及其所指应当在时间上提前到清末，同理，文化保守主义发生的时间则应推后至五四。

保守主义是相对激进主义而出现的一种意识形态，它不是主动的而是被动的，不是先发的而是因应的。如果没有法国大革命，就不会有伯克式的反激进的保守主义，故伯克经常被视为西方保守主义的鼻祖。同理，如果没有新文化的全盘反传统，就不会出现所谓的文化保守主义。落实到清末十二年，其时并没有反传统的力量出现。当然，



① 张灏：《梁启超与中国思想的过渡》，江苏人民出版社1995年版，第306页。

清末并非没有保守主义，但那是政治保守主义而非文化保守主义。政治保守主义是反对孙中山革命派的那些立宪改良的主张（如康梁），文化保守主义要迟至新文化运动出现方才出场。就清末那些全力介绍西方思想的严梁等人而言，他们对传统的态度无一不是革新传统而非抛弃传统。可以说他们是新传统主义（相对于当时保守的排外势力而言），却不宜指其为文化保守主义。当然，到了新文化运动那里，时移事易，严梁等人则由此前的新传统主义转化为文化保守主义，因为这时他们面对的已不是清末极端保守派，而是激进反传统的现代派。从新传统主义（革新传统）到文化保守主义（持守传统），学界习惯上指责他们早年进步，晚年趋于保守即落后，这显然是无知之论。严梁等人在不同的时代，面对不同的对立面，自然表现出不同的因应，呈现为不同的侧重。西学新进，面对传统积弊和守旧阻力，不免大张鼓吹，故给人以新字当头的印象。相反，五四新文化欲摧毁传统而后快，他们以保守持正的声音匡其时弊，故让一味趋新之人觉其落伍。其实变化的未必是他们，而是时代。就其一贯而言，他们在文化上的基本价值取向未曾有根本性的变化；并且于前后两种极端之间，始终体现的是中道。

新传统主义的出现，是后发现代化民族国家对欧美现代化冲击所形成的一种刺激反应。1840 年以后，一代代士大夫深感不引介西方文明、不变革自身传统则无以应付“三千年未有之变局”。除极端守旧者外，士大夫阶层基本上都意识到危机的进逼，都自觉主动地面向西方文明，务以引进为新，或科技或政治或文化。但，咸与维新，并非问题全部。这里值得注意的，是其中两种基于不同的主张。

一中体西用。这是包括王韬、冯桂芬、沈寿康、张之洞等在内的许多人的文化主张，晚清很流行。1898 年张之洞于《劝学篇·设学第三》中规划办学要略：“一曰新、旧兼学。四书五经、中国史事、政书、地图为旧学，西政、西艺、西史为新学。旧学为体，新学为用，不使偏废。”① 这便是后来广为人所传播的“中学为体，西学为用”

① 张之洞：《劝学篇》，广西师范大学出版社 2008 年版，第 76 页。

（具体提出者是沈寿康，但张影响更大）。在张看来，学与政的关系是“其表在政，其里在学”[①]；学以致政，政教合一。由于张氏坚持“三纲为中国神圣相传之至教，礼政之原本”[②]，故，中学为体，西学为用，便是以儒家纲常名教为治学和治政的根本，以西学补其不足。至于西学中的西政西艺，则见张之洞办学的另一要略：“一曰政、艺兼学，学校地理、度支赋税、武备律例、劝工通商，西政也；算绘矿医、声光化电，西艺也。”[③] 大致我们今天所谓的自然科学，即张之眼中西艺也，西政则大体偏于相关的社会科学以及各种政府事务，而非指西方的政治制度。制度是自己的，学问是人家的。无论是西方的自然科学、社会科学还是其他，无不可以为我所用；但董仲舒以来的儒家纲常名教制度，则“道之大原出于天，天不变道亦不变”。这便是张之洞中体西用思想的基本内涵。

二执西用中。这是严复在与他的门生通信中提出的观点。其原文为：“士生蜕化时代，一切事殆莫不然，依乎天理，执西用中，无一定死法，止于至善而已。”[④] 至于当时流行的中体西用，严复认为不通。1902 年他在“与《外交报》主人书”中即指出其不通之处：“体用者，即一物而言之也。有牛之体，则有负重之用；有马之体，则有致远之用。未闻以牛为体，以马为用者也。……故中学有中学之体用，西学有西学之体用。分之则并立，合之则两亡。”[⑤] 故尔，在比喻的意义上，严复认为：“使所取以辅者与所主者绝不同物，将无异取骥之四蹄，以附牛之项颈，从而责千里焉，固不可得，而田陇之功，又以废也。”对中体西用的解构，当然不是抛弃传统。“然则今之教育，将尽去吾国之旧，以谋西人之新欤？曰：是又不然。英人摩利之言曰：‘变法之难，在去其旧染矣，而能择其所善者而存之。’”故，正确的方略是：“统新故而视其通，包中外而计其全。”严复认为，只要于民力、民智、民德有所裨益（这是严复认为当时中国亟待解决的问题），

① 张之洞：《劝学篇》，广西师范大学出版社 2008 年版，第 2 页。

② 同上书，第 2—3 页。

③ 同上书，第 76 页。

④ 严复：《严复集》第三册，中华书局 1986 年版，第 615 页。

⑤ 同上书，第 558—559 页。

"不暇问其中若西也，不必计其新若故也"[1]。

同样作为新传统主义，"执西用中"与"中体西用"的不同，不在于不引介西学，而是反对中学为体。如其上，在张之洞等人那里，传统政学互为表里，它指的是汉儒董仲舒以来的纲常名教。1906年清廷学部按照中体西用的原则颁定国家办学宗旨，"忠君"具首。此即所有西学皆可以为忠君制度所用，唯忠君本身乃体用之体，不得动摇。然而，严复的执西用中动摇的恰恰是这个体。如果读严复的《辟韩》，它所批判的正是韩愈的忠君思想。在严复眼里，君是民用自己的赋税养活的，如果它不能为民去除各种患害且自身成为患害，那就要从制度上废君。这样的思想是张之洞等不可想象的。所以，严复的新传统主义，不但西艺西学西政，都可以执而为中所用；关键更在于对传统进行制度更新。制度本身也是一个体用结构，1895年严复在《原强》一文中指出西洋之所以强盛，"推求其故，盖彼以自由为体，以民主为用。"[2] 这样一个体用结构，乃西洋之所有，中国之所无（民主）。故同样可以按执西用中之原则，纳于国中。可见"自由为体，民主为用"，所以不同于中学为体，西学为用，即它不是以"中学"即忠君那一套为体，而是以"中"为体，这个体就是所谓中国或中华民族之本身。此体非彼体，它要突破以传统政学为体且政教合一的藩篱，将自由民主制度作为更新传统的根本。

严复式的新传统主义，另一代表人物是梁启超。1908年戊戌变法期间，由梁启超参与起草的"奏拟京师大学堂章程"，在言及中西文化时强调"中西并重，观其会通，无得偏废"。[3] 这一思想我们可以从1902年梁启超《新民说》第三节"释新民之义"中看到更具体也更精彩的阐发。它的精彩与其在于对西方的引进，不如说更在于强调对传统的持守："新民云者，非欲吾民尽弃其旧以从人也。新之义有二，一曰淬厉其所本有而新之，二曰采补其所本无而新之。"（本节下引俱

① 严复：《严复集》第三册，中华书局1986年版，第560页。

② 严复：《严复集》第一册（上），中华书局1986年版，第11页。

③ 北京大学校史研究室编：《北京大学校史研究室·北京大学史料》第1卷，北京大学出版社1993年版，第82页。

出此，不另注)[①] 采补本无即援引西学，固然为新。但新的另一面更值得我们注意，它不是外来，而是旧有。淬厉固有而使其一新，这是一种积极的新传统主义。淬是锻炼，厉是砥砺，以这种方式使古老的传统不断更新。在这个意义上，梁启超甚至自称守旧主义者："吾所患不在守旧，而患无真能守旧者。真能守旧者何，即吾所谓淬厉固有之谓也。"在强调守旧的意义后，梁启超纵论守旧与进取两者间的关系："世界上万事之现象，不外两大主义，一曰保守，二曰进取。"有人认为"两者并起而相冲突"。但梁却主张"两者并存而相调和"。这是新与旧的调和，中西文化的调和，也是传统与现代的调和。在此，梁启超特别推崇欧西英伦的盎格鲁撒克逊人，认为他们是伟大的"善调和者"。他很形象地为他的调和论张目：进取与保守，"譬之蹞步，以一足立，以一足行；譬之拾物，以一手握，以一手取"。人之行走，设若去掉保守之一足，或没有它的支撑，又何以进前。相映成趣的是，前此严复在《主客平议》中也有过相同的论述："非新无以为进，非旧无以为守。且守且进，此其国之所以骏发而又治安也。"[②] 最后，梁启超的结论是："吾所谓新民者，必非如醉心西风者流，蔑弃吾数千年之道德学术风俗，以求伍于他人。亦非如墨守故纸者流，谓仅抱此数千年之道德学术风俗，遂足以立于大地也。"

清末十二年是20世纪中国的黄金时代，担纲这一时代的思想政治人物，如严梁等，都是传统的士君子。由于1905年清廷宣布废除科举，年轻人纷纷出国留学，因而成就了从东洋和西洋回来的"第一代知识分子"。相比而言，严梁等人可谓中国历史上"最后一代士绅"。这样一个群体，精彩在于，自"旧"的一面言，他们的身份往往是双重的，既是文化保守主义者，又是政治保守主义者。自"新"的一面言，他们对传统的革新，俱是从制度层面入手，意欲借鉴西方的"自由为体，民主为用"，以改造传统的儒家政治。严复是中国第一代自由主义者，他翻译的现代自由主义经典《自由论》，于1903年由商务印书馆出版，这意味着中国自由主义时代的开启。梁启超是中国第一

① 梁启超：《饮冰室合集（6）·饮冰室专集之四》，中华书局1989年版，第5—7页。

② 严复：《严复集》第一册（上），中华书局1986年版，第119页。

代宪政主义者，1901 年他的《立宪法议》发表，引发了数年后国内轰轰烈烈的宪政主义运动。任公本人始终是这一运动的舆论领袖。自由与宪政的关系，正如哈耶克所称许的那样："剥离掉一切表层以后，自由主义就是宪政。"① 以制度化的宪政保障个人自由并规范传统的政治权力，是 20 世纪中国自由主义或宪政主义第一波。严梁等人不但知识上传播自由主义和宪政主义，他们以其自身的言动也很好地体现了自由主义的文化宽容包括政治宽容。如在新旧关系上，严复认为"惟新旧无得以相强，则自由精义之所存也"②。新旧相容而并非彼此强制，这才是自由主义的精髓。虽然他们生活在传统政治占主导地位的时代，但他们在文化和政治上的努力，却为 20 世纪的历史开了一个很端正的头，这是一个自由主义的头（或文化上的自由主义以及政治上的宪政主义）。如果以清末十二年比况后来的历史，一个公道的评价应该是，由严梁等"最后一代士绅"所开风气的时代，不但是 20 世纪传统中国的"现代之始"，也是 20 世纪最好的时代。

## 五四新文化的"反传统主义"

五四新文化运动发生在 20 世纪第二个十年，它的时段大致为《新青年》发刊的 1915 年至五四运动发生的 1919 年乃至 20 世纪 20 年代初。时移世易，20 世纪第二个十年，国内风气，为之一变。活跃在历史舞台上的，已经不复是严梁等"最后一代士绅"，他们已经成了前朝人物。取代他们的则是与科举切割并有留洋背景的所谓现代知识人，如陈独秀、胡适、鲁迅等。他们不妨是 20 世纪中国"第一代知识分子"。和上一代的传统士绅不同，他们在政治和文化上（尤其后者）都具有浓厚的激进主义色彩。政治上他们无不认同业已发生了的辛亥革命。相对于清末立宪而言，这本是 20 世纪政治现代性的歧出。文化上，或由他们发动并代表的新文化运动，和清末新传统主义最大的不同，就是激进地反传统。故新文化运动是一种反传统主义的新文化。

---

① ［英］哈耶克：《自由秩序原理》（上），生活·读书·新知三联书店 1997 年版，第 243 页。

② 严复：《严复集》第一册（上），中华书局 1986 年版，第 119 页。

显然，文化上反传统，而且是全盘否定式的整体性反传统，也是一种现代性。如果可以借用杜威的概念，这不妨是一种“极端的现代性”。1926 年 10 月，胡适在英国伦敦收到他的老师杜威一封信，信中有这样一段表述：“两年前我在土耳其讲演时，就注意到这两个国家以及中国，存在一些共同的倾向，例如，革命，民族主义，排外，害怕外来势力的侵略，极端的现代主义以及极端的中世纪主义……”[①]杜威 1919 年来过中国，并待了长达两年之久，无疑他的观察是深刻的。革命、民族主义、排外和反帝，正是五四新文化运动以来中国普遍流行的社会症候，并吸附了众多的青年。至于“极端的现代主义”，杜威虽未作内涵上的阐释，但用以指陈五四新文化所表现出来的文化品格，不妨也是可以成立的。五四新文化的新，是彻底断绝传统的新，因而是一种空前性质的全新。因此，由它构成的新与旧二元对立、无以两存的现代，便是一种极端的现代（这里可以率先用鲁迅的话演示：“那就是将‘宗教，家庭，财产，祖国，礼教……一切神圣不可侵犯’的东西，都像粪一般抛掉，而一个簇新的，真正空前的社会制度从地狱底里涌现而出”[②]）。相对于此前从传统中演化而出的现代，这种现代便是一种极端的现代，并且是现代的歧出。

《新青年》第一号开篇有一题为“新旧问题”的文章（作者汪叔潜），它奠定了这份杂志乃至由此推广开去的五四新文化的反传统基调。文章开篇即认为政治有新政治和旧政治，同样学问有新学问和旧学问，道德亦有新道德和旧道德，包括交际应酬有新仪式和旧仪式等。从国家到社会，“无事无物不呈新旧之二象”。这本来是宇宙世界的常态，但作者奉持的态度是“新旧二者，绝对不能相容”。在该文看来，“所谓新者无他，即外来之西洋文化也；所谓旧者无他，即中国固有之文化也。”那么，“西洋文化和中国文化根本上是否可以相容？”这是该文自问，它的回答是：“二者根本相违，绝无调和折衷之余地”；而且“新旧之不能相容，更甚于水火冰炭之不能相入也。”这样的表述其实是五四新文化对清末十二年的一个批判。当年严梁等人俱奉持

① 《胡适日记全编》卷 4，安徽教育出版社 2001 年版，第 385 页。
② 《鲁迅全集》卷 4，人民文学出版社 1982 年版，第 426 页。

中西文化调和论，但在该文，调和即折中："以为二者可以并行不悖。新者固在所取法，旧者亦未可偏废。"针对严梁等这种本来是正确的文化主张，作者的态度毫不含糊："吾恶夫作伪，吾恶夫盲从，吾尤恶夫折衷。"①

五四新文化一代是对清末上一代的反叛。以上这种二元对立式的绝对主义表述，并非个别，它是《新青年》的主导思维，甚至主导了那个时代。陈独秀是《新青年》的创办人和主办人，在新旧问题上，他与上文不但同调，甚至语言都一样。《新青年》创刊的头条文章是陈独秀自己的《敬告青年》，其中陈认为中国传统故步自封，"举凡残民害理之妖言，率能征之故训，而不可谓诬。谬种流传，岂自今始！固有之伦理，法律，学术，礼俗，无一非封建制度之遗"②。从伦理到礼俗，这是一种整体性的反传统。如果说以上梁启超认为"所谓新民者，必非如醉心西风者流，蔑弃吾数千年之道德学术风俗，以求伍于他人"，那么陈独秀在《今日中国之政治问题》中恰恰认为"无论政治学术道德文章，西洋的法子和中国的法子，绝对是两样，断断不可调和迁就的"。"因为新旧两种法子，好像水火冰炭，断然不能相容。要想两样并行，必致弄得非牛非马，一样不成。"③ 这种整体性还表现在如果你反对传统政治，那么政治以外的传统的一切，都得成为反对对象。在《吾人最后之觉悟》中，陈独秀声称："吾人果欲于政治上采用共和立宪制，复欲于伦理上保守纲常阶级制，以收新旧调和之效，自家冲撞，此绝对不可能之事。"他的态度是，"绝对不可相容之物，存其一必废其一。……焉有并行之余地。"④ 如果说传统伦理与政治尚有一定的联系，那么文学呢？《新青年》的推论是，反对旧政治，必定反对旧文学。五四新文化最重要的标志之一，便是以白话文为写作语体的新文学。胡适等人推广白话文和新文学固然有其历史功绩，但他们对旧文学的态度却是以进化论的理由视其为淘汰物。旧文学不但

① 本节引文俱出自《新旧问题》文，见《新青年》第 1 卷，宁夏人民出版社 2011 年版，第 4—16 页。

② 同上书，第 2 页。

③ 《新青年》第 5 卷，宁夏人民出版社 2011 年版，第 2 页。

④ 《新青年》第 1 卷，宁夏人民出版社 2011 年版，第 337 页。

是淘汰的对象，更在于他们认为反对旧政治，不可能不同时反对旧文学。因为“旧文学，旧政治，旧伦理，本是一家眷属，固不得去此而取彼”[①]。这是由胡适和陈独秀联合署名的答读者来信（《论〈新青年〉之主张》），只要视之为旧，一样都不能保留，“须一律扫除”（此乃本文中的读者来信之语）。这就是五四新文化反传统的整体主义逻辑。

新旧不相容，现代与传统不两存，这种二元对立的思维，必然导致专制主义倾向的一元独断，它是反自由主义的。如果以上严复“惟新旧无得以相强，则自由精义之所存也”，那么，当新以现代的名义对旧进行强制性的压倒，自由主义将不复存在。《新青年》当时以反专制名世，殊不知它自己的文化表现就具有一种专制性，“新”的专制（尽管它尚未获取权力）。传统文化以孔门儒家为主体，五四新文化的反传统其实就是反孔，比如四川吴虞在《新青年》发表反孔文章，被胡适称赞为“只手打到孔家店的老英雄”。1916 年，《新青年》第三号有陈独秀的《宪法与孔教》，声称：为了“组织西洋式之新社会，以求适今世之生存”，不但需要输入西学，而且“对于与此新社会新国家新信仰不可相容之孔教，不可不有彻底之觉悟，勇猛之决心；否则不塞不流，不止不行！”[②] 另外，以上胡陈联署的答读者来信，针对该读者的看法，即提倡新文学不必破坏旧文学，两者可以各行其道；胡陈回答是：“鄙意却以为不塞不流，不止不行，犹之欲兴学校，必废科举”[③]；此即推广新文学就必须堵塞和禁止旧文学。“不塞不流，不止不行”，此语出自唐韩愈的《原道》。当时佛老流行，儒道不兴。为了兴儒辟佛，韩愈将儒佛视为势不两立，强调佛不堵塞则儒不得流通，佛不禁止则儒不得推行。这就是二元对立中的一元独断，它们的关系是你死我活。1960 年代，中国发生“文化大革命”，传统文化受到摧毁性的冲击。在“文革”“破四旧、立四新”即破除旧思想、《新青年》在当时青年中的影响是巨大的，毛泽东即是终身受其影响的一

① 《新青年》第 5 卷，宁夏人民出版社 2011 年版，第 336 页。
② 《新青年》第 2 卷，宁夏人民出版社 2011 年版，第 146 页。
③ 《新青年》第 5 卷，宁夏人民出版社 2011 年版，第 336 页。

位（而且青年毛泽东也在《新青年》发表过文字）。1940 年毛著《新民主主义论》，文章的立论思维、语句乃至口吻都是典型的新青年式的。当年陈独秀的不塞不流不止不行，到了毛泽东那里有了更进一步的发展。在毛看来，当时在新文化运之外还有帝国主义文化和半封建文化。就后者言，凡属主张尊孔读经担倡旧礼教旧思想反对新思想新文化的人们，都是这类文化的代表。”它和帝国主义文化结成了反动同盟，“是应该打倒的东西”。如果“不抱这样东西打倒，什么新文化都是建立不起来的。不破不立，不塞不流，不止不行，它们之间的半争是生死斗争。”① 旧文化、旧风俗、旧习惯的运动中，不破不立，不塞不流，不止不行，作为最响亮的口号到处流行（尤其是其中的不破不立）。从五四新文化到“文革”破四旧，前者从观念上摧毁传统文化，后者则以运动的方式将其实现。历史就是这样草蛇灰线，从“文革”那里不难看到五四新文化的逻辑。

由二元对立到一元独断的绝对主义和全盘反传统的整体主义，如果说这是《新青年》的文化逻辑，那么，这一逻辑的观念原点则是它所奉持的“进步论”。《新青年》开篇《敬告青年》第二部分的题目是“进步的而非保守的”：“人生如逆水行舟，不进则退，中国之恒言也。自宇宙之根本大法言之，森罗万象，无日不在演进之途，万无保守现状之理。”如果比较以上梁启超的“譬之蹞步，以一足立，以一足行”，进步与保守，乃相辅相成；但在《新青年》这里，它们却成了对立形态的非此即彼。所以，陈独秀“吾宁忍过去国粹之消亡，而不忍现在及将来之民族，不适世界之生存而归削灭也”②。进步论如此广泛地影响了不止一代的中国知识人，五四人则是受其影响最大的一批。进步论本身不是来自五四新文化运动，而是来自清末十二年。是严复翻译赫胥黎的《天演论》传播了达尔文的进化思想，正如他也翻译了密尔的《论自由》。不幸在于，不是《论自由》而是《天演论》左右了当时的时代，五四知识人不但陷入进步焦虑，更患上了可怕的进步综合征。新的一律好，旧的一律坏，为了进步而彻底排斥保守与传统，

① 《毛泽东选集》第二卷，第 688 页，人民出版社，1966。

② 《新青年》第 1 卷，宁夏人民出版社 2011 年版，第 2 页。

直接导致五四新文化的偏至。这种反常识的偏至，常人都能看出，但五四知识分子自己却陷溺其中难以自知。胡适留学时有一则日记，颇能说明这一问题：时在美国的胡适“偶语韦女士吾国士夫不拒新思想，因举《天演论》为证。达尔文《物种由来》之出世也，西方之守旧者争驳击之，历半世纪而未衰。及其东来，乃风靡吾国，无有拒力。廿年来，‘天择’‘竞存’诸名词乃成口头禅语。女士曰：‘此亦未必为中国士夫之长处。西方人士不肯人云亦云，而必经几许试验证据辩难，而后成为定论。东方人士习于崇奉宗匠之言，苟其动听，便成圭臬。西方之不轻受新思想也，未必是其短处；东方之轻受之也，未必是其长处也。’”① 旁观者清，韦女士所言非但正中肯綮；而且更像是对五四新文化的一个预言。五四新文化除了反传统，它的另一病象即是接引外来文化的“轻受之短”。

即指此也。它在中国这“第一代知识分子”那里表现得很普遍，陈独秀、胡适和鲁迅等无一豁免。由此可见，20 世纪第二个十年，五四新文化也就做了两件事。第一件事是破，即从文化观念上彻底反传统（从创刊到 1917 年至 1919 年）；第二件事是立，乃从制度观念上一味树苏俄（从 1917/1919 年至 1920 年以后）。这一破一立两件事，一前一后，构成了 20 世纪第二个十年中五四新文化的历史，并一直延续至今。

## 我们需要什么样的现代

今天，20 世纪一百年已然过去。决定一个世纪历史的，往往在于它的开头。20 世纪前 20 年，作为中国现代之始，它其实给我们开了两个头。严梁等“末代之士”的第一个十年给 20 世纪开了一个自由主义的头；五四“第一代知识分子”的第二个十年，则给这个世纪开了一个俄苏式社会主义的头。后者如果是五四新文化的后期作为且是政治论，不妨搁下。那么，前期它的文化表现非但不是自由主义的，

① 《胡适日记全编》卷 2，安徽教育出版社 2001 年版，第 128 页。

而是反自由主义的；并且由于对传统的整体性反对，使它在极权主义未入中土之前，自身已具备契合的可能。整体论的思维便是极权论的思维。极权主义的思维逻辑，在《新青年》的反传统中已经潜形，它为以后的历史埋下了伏笔。

清末正派，五四歧出。从新传统主义到反传统主义，后来历史的发展，沿着新文化的歧出一路下行。前此政治的歧出加上文化的歧出，国家任督二脉俱被打破。当然，五四以后包括新文化在内的历史，你可以说它是进步，也可以说它是以进步的名义倒退（这在于每个人奉持的历史观）。至于活跃在清末十二年间的“最后一代士绅”，自进入民国之后，逐渐被边缘化，老的老、死的死。他们的主张，包括文化的和政治的，俱成为一种“被放弃了的选择”（黄克武），终在中国现代史上销声匿迹。不但大陆这边的主流现代史是从五四新文化开始书写，即便对面台岛，1999 年为纪念五四运动八十周年而推出的十卷本“现代中国自由主义资料选编”（编者云是为《现代中国自由主义史》做资料准备），居然也是从五四新文化开始。它给人的错觉是，现代中国的自由主义始于五四新文化（严梁等 20 世纪第一代自由主义完全抛弃在视野之外）。这就是五四新文化的影响。问题在于，如果五四新文化所处的北洋时代依然是一个自由的时代，但五四新文化本身却不是自由主义的。自由即宽容，思想的宽容和文化的宽容是自由主义题中应有之义。但身为新文化人物的胡适走出五四不久，很快就感受到那个时代的极端不宽容了。1925 年胡适致信陈独秀，内中感言：“这几年以来，却很不同了。不容忍的空气充满了国中。并不是旧势力的不容忍，他们早已没有摧残异己的能力了。最不容忍的乃是一班自命为最新的人。”对此，胡适坦承自己“实在有点悲观。我怕的是这种不容忍的风气造成之后，这个社会将要变成一个更残忍更惨酷的社会，我们爱自由争自由的人怕没有立足容身之地了。”[①] 后来的历史果然如此。

“旧者因多而废噎，新者歧多而亡羊。”[②]（张之洞《劝学・序》）

---

① 《胡适来往书信选》（上），中华书局香港分局 1983 年版，第 360 页。

② 张之洞：《劝学篇・序》，广西师范大学出版社 2008 年版，第 2 页。

对20世纪而言，前者没有成为问题，问题出在后者。但，我们对后者的态度始终缺乏一个根本性的体认。几十年来，每十年中的逢九之年，都是有关五四部文化的整周纪念。尤其是大陆学界，率以弘扬为主，雅领不绝，当然反思亦有，但鲜有批判。如果1915年是五四新文化创始之年，1919年为其高潮；那么，一个世纪过去，从2015年始，至2019年止，由于这是五四新文化百年之诞，可以想见，新一轮的纪念陆续会在两岸知识界铺开。好在这些年来，在纪念五四新文化的同时，反思的声音也不断出现（尽管很边缘）。以反思的眼光看五四新文化，以及以反思的眼光看受五四新文化影响的20世纪，至少这种反传统主义的现代，抑或极端的现代，应该成为我们今天全面反思历史的镜鉴。现代是一个过程，其中内含着各种各样的现代性。英伦光荣革命是一种现代性，美国以宪法立国的宪法修正案是一种现代性，法国大革命也是一种现代性，由此而下的俄国革命同样是一种现代性包括来自意大利的法西斯和德国的纳粹等，无不属于可以成为我们价值选择的现代性。那么，我们到底应当选择一种什么样的现代性，不是五四新文化而是清末十二年，不独在对传统文化的态度上，而且在对外来文化的选择上，后者都可以给我们以纠偏性的启迪。

穿越五四，回望清末，接引传统。自“文革”过后，传统不再是一个整体性否定的对象。反过来，今天甚至有的学人主张“通三统”，或弘扬儒家宪政等，体制本身也在不断强调来自儒家的德治。这是从政治层面让儒家回归。对此，需要注意的是，正如我们反对五四新文化对传统的全面排斥，同样也反对对传统的全面抱持。万物无不负阴而抱阳，对西方文化有一个价值选择的问题，对传统本身亦当如是。因此，如何面对传统，同样是清末十二年，当时的两种路径，依然需要我们今天仔细斟酌。张之洞的“中学为体，西学西用”，是以儒家的纲常名教为体，这是儒家政治的制度核心，无法亦不能施之于20世纪的今天。今天弘扬儒家宪政其实就是弘扬儒家政治，这是当年张之洞的老路。张之洞当年没能走通，今天亦难。同样，当年没能走通而今天需要赓续的，恰恰是张之洞之外的严复梁启超的道路。严梁等人会通中西，权衡新旧。文化上他们认可传统，制度上他们试图以英伦的自由更新传统。这就是严复的“自由为体，民主为用”。所谓“新传统主义”，要义正在于此。

秉承严梁思路，同时针对张之洞影响甚大的“中体西用”，笔者2007年曾借用张氏八字句表达过这样一个看法：“中学为私，西学为公”①。人的生活不是铁板一块，至少可以划分为私人领域和公共领域。在私人领域亦即我们的日常生活中，不妨更多地保持传统文化的某些内容，此即“中学为私”。至于在制度层面的公共领域，则主张努力构建现代政治文明，接续隔了一个世纪的严梁未竟之业，这就是“西学为公”。把张之洞的体用模式转换为这里的公私结构，是因为人的私人生活和公共生活是两个空间，虽有联系，但不宜混淆。私人生活要自由，正如公共生活要民主。这正是严复“自由为体，民主为用”的含义。传统社会虽有自由，但缺乏制度保障。保障个人自由的是宪法，因为它限制的是最容易侵犯个人自由的政治权力。梁启超当年之所以全力推进清末立宪，盖在于自由优先即宪政优先。在宪政的框架下继而推进民主，而非脱离宪政或宪政阙失的民主先行，这便是严梁等人清末时的政改路线图。它对我们今年制度运作的公失领域依然极具范导意义。

以上文字探讨20世纪中国现代化的文明进程，它不是截断历史，从后来的五四新文化起论，而是往前推，勾陈被历史遮蔽了的清末十二年，并将20世纪作一整体观。同时比较前后两个十年的“新传统主义”和“反传统主义”，这样的对比是意味深长的。一百年前，它们各自为20世纪开了两个不同的头，从而影响了后来的历史。刻下我们正处于21世纪的前二十年，面对一百年前的两种现代和后来弯曲的百年史，对我们来说，便存在着一种可以影响一本世纪的选择。现代，抑或现代的歧出，但愿历史让我们变得更成熟些，以使我们今天的选择可以不负21世纪。

① 邵建：《中学为私西学为公》，《南方都市报》2007年9月25日。

2014 年 11 月

“清末正派，五四歧出”系两个时间概念，清末指 20 世纪初至辛亥革命为止的第一个十年，五四指 1915 年《新青年》创刊至 1920 年左右的第二个十年。另外，这里的五四指的是“五四新文化”。作为一个时代借代，它与 1919 年发生广北京的“五四运动”没有关联，且后者不在本文论过之列。

（原载《探索与争鸣》2015 年第 1 期）

# 新文化运动与中国文化的未来(圆桌论坛)

秦　晖　杜维明　等

## 重估新文化运动的价值

**陈卫平（华东师范大学教授）**：大家上午好，今天圆桌论坛的主题是："新文化运动与中国文化的未来"。共有两位引言人，刚才杜先生跟我说顺序上有所调整，第一位是秦晖先生发言，后面再是杜维明先生发言。

我们的会议经过两天的讨论，大家都发表了很多意见。今天的圆桌会议，主题聚焦到我们会议最核心的问题，就是新文化运动对于中国文化发展的未来，究竟提供了一种什么样的价值。下面，我们先请秦晖先生发言。

**秦晖（清华大学教授）**：谢谢大家，本来应该是杜先生先发言。但杜先生要我先讲，不好意思。

新文化运动已经100周年了，的确，我们有很多事情需要反思和深化认识。尤其是改革开放以来，我们对新文化运动的再认识，已经经历了几十年。这几十年，主要有两种思潮，而且是截然相反的思潮，对我们影响很大。

一种就是所谓"救亡压倒启蒙"的说法，其前提就是认为启蒙半途而废，不够彻底，认为启蒙应该进一步深入。

另一种思潮恰恰相反，认为启蒙太激进，它基本上属于保守主义的话语体系。这与20世纪90年代所谓“告别革命”的说法有关。

一个很奇怪的现象，就是“救亡压倒启蒙”和“告别革命”这两句话说的是同一位先生，但这两句话一句认为激进还不够，另一句认为过于激进。这其实非常有意思。

如果你是一个法国人，一方面说法国的问题是卢梭的学说被压倒，另一方面说法国的灾难是大革命造成的，那就很难理解。如果说卢梭的学说真的被压倒，还有大革命吗？如果大革命那么糟糕，那导致革命的这种学说被压倒又有什么不好呢？我觉得这是很大的悖论。

在我最近写的一篇文章中，我觉得救亡对启蒙的影响并不是很大，因为依我看，新文化运动的转向，或者是中国启蒙的转向，其实是在巴黎和会以前早就发生了，在辛亥革命前后就已经发生了。这里还有另外一个问题，就是我们以前只把新文化运动叫做“启蒙”，这其实在世界史上是比较奇怪的。因为世界史上一般启蒙都是在革命之前，无论是法国的启蒙运动和大革命的关系，还是英国的所谓苏格兰启蒙运动和光荣革命，以及不太光荣的克伦威尔革命，那都是革命在启蒙以后的吧？那为什么中国在启蒙以前就有革命呢？实际上，在辛亥革命之前就有一场启蒙，而且这场启蒙已经把民主、共和，在所谓“天下为公”和反对“家天下”的名义下，搞得几乎人人皆知了。我觉得“‘五四’提倡民主和科学”的说法并不确切。科学姑且不论，民主共和早在五四运动之前大家都知道了，只不过那个时候的民主共和经常与儒家反对“秦制”合在一起，讲得简单一点就是用“天下为公”反对“天下为家”。实际上就是反对中国秦始皇以来的专制制度，或者叫“儒表法里”的制度。那个时候的启蒙是冲着“法里”，并不是冲着“儒表”的。

但到了辛亥革命以后，启蒙就越来越变成了冲击“儒表”的运动。这场运动其实跟救亡的关系并不大，但是和日本近代思想影响的关系是非常密切的。众所周知，戊戌变法以后中国出现了留日大潮，新文化运动主将除了胡适等个别的人之外，大部分都是留日学生。而且五四运动中代表性的理论提出者除了胡适以外，基本上都是留日学生。而留日学生在中国提倡的主要是自由主义，不是民主共和（当然不是不讲民主共和，而是辛亥革命前已经讲得不少，并非五四运动才讲），但是这种自由主义是一种日本式自由主义。五四新文化的主题其实就是个性解放，不是民主与科学，当然也不是爱国之类，我这里指的是“大五四”。

新文化运动的主题是个性解放、个人自由，而且带有很浓郁的明治风格。明治时代的个人自由、个性解放，比如说福泽谕吉这一代人提出的自由和个性，主要是针对小共同体而言的，讲得简单一点就是从父母那里，从藩主那里，从所谓的“封建”制下把个人解放出来。解放出来干什么？解放出来要求他们为国尽忠，为天皇效力。可见，明治时代的个人自由，不是真正成为自由的个人，而是把他们从父母那里解放出来，变成君主的人，变成天皇的人，变成所谓的忠臣。

这样的自由诉求，在辛亥革命以前并不是主流（辛亥革命以前主要的潮流是民主共和包括立宪，且主要是指英国式立宪），但已经有很强的呼声，这个呼声最经典的就是在1908—1910年，法律界所谓的礼法之争，比如说杨度的观点。留日回来的杨度，对礼教抨击得非常厉害。很多人认为他是从法制的角度来抨击，现在来看不是。杨度从年轻时代就表明他对儒学不感兴趣，“只知霸道不知儒”，他就是对强权政治感兴趣，反对家族主义，主张国家主义。这其实跟现代的法制没有太大的关系，但是和明治时代的日本自由主义有很大的关系，就是强调人不应该服从家族，但应该服从天皇或者服从国家。

这种诉求到了新文化运动中，构成了对礼教的强烈冲击。这的确是新文化运动和辛亥革命以前的那次启蒙很不同的一点，我们后来总是把启蒙跟反儒挂在一起，认为新文化运动才是启蒙，在辛亥革命以前是没有启蒙的。我觉得这种观点是不对的。

但是新文化运动以后的启蒙的确有一个特点，它从反对“法里”，变成了反对“儒表”。反对“法里”一开始是以日本式自由主义为基础的，而这个日本式自由主义很快就过渡到俄国式社会主义。因为这两者之间有非常多的相似性。现在很多人总是在清末民初的历史中搞

“中西”的划分，比如新学和旧学，新文化和旧文化，保守和激进，等等，所谓的法理和礼教也是这样。其实这里的每个层次中，差别都很大。像我刚刚提到的杨度，杨度不仅仅是立宪派，而且曾被认为是立宪派中最“反动”的，这个所谓的反动还不只是他后来支持袁世凯，他在辛亥革命以前的立宪派中就是非常强调实君立宪，而不是多数立宪派主张的虚君立宪。他主张的立宪主要是限制家长的权力，而不是限制皇帝的权力，比明治的立宪还要“反动”。但他的主张和我们历来称为革命党的章太炎先生其实非常相近，我们一般把章太炎列为典型的革命派，他那时是反孔扬秦的。“文革”的时候给章太炎封了一顶“大法家”的帽子，其实这个大法家的帽子封给杨度更合适，只是他作为“帝制祸首”被忌讳了，但他们的观点是非常相近的。所以中国历史上传统的儒法之争，就是贵族政治和君主专制之争，在中国历史上有影响，而且对晚清的中国起到了很大的作用。

启蒙的后果，是中国的法家传统同时继承了日本式自由主义和俄国式社会主义。启蒙当然是一场思想解放运动，但最后的后果，是辛亥革命以前中国的自由主义者和社会主义者，甚至包括儒家都没有想象到的。一方面就中国传统而言，儒家的仁义道德被扫地出门，但法家的“强国弱民”得到了广泛推广。另一方面就外来资源而言，无论是自由民主还是福利国家，在中国几乎都没有立足。但是日本式军国主义和俄国式极权主义影响非常大。今天我们对此的确要有比较深刻的再认识。

**陈卫平**：谢谢秦先生。下面有请杜先生。

**杜维明（北京大学人文讲席教授）**：之所以请秦晖先生先发言，是因为昨天我们协商以后，觉得这样对议程很有利。先请秦晖先生对百年的文化发展做一个归结。他的归结我基本上同意，不过还有很多细节问题可以讨论。

我想就在这个基础上考虑“化现代”，考虑新文化面向未来的课题。我们作为文化意义上的中国人，面对着百年的运动，同时也面对着今天的困境，即人类的存活问题。而传统文化，特别是儒家，有什么资源可以提供给大家来思考？这个课题不是一个严格意义的学术问题，这是一种感受，当然也是一种期望。

很明显，代表现代西方基本精神的民主政治、市场经济、现代大学、科学技术，以及各种现代金融组织、跨国公司，都是启蒙以后发展出来的。社会主义、自由主义、资本主义、集权主义和个人主义，也都是启蒙所发展出来的。这些已经成为我们今天文化传统中不可分割的部分，而且力量非常大。另外，传统文化在中国的士人社会和民间，心灵的积习也非常高。新文化运动的知识精英虽然批评传统文化，但生命的底色中有强烈的爱国主义或文化敏感，或自觉或不自觉地有一种对文化的强烈认同。当然，即使如此，是不是我们就可以说，中华民族包括海外华人在各方面已经成为生命的共同体了？我想还不能这样说，但是大方向是这样的。面对着人类文明的重大问题，我们的生命共同体到底能起怎样的作用？哪一种资源会起积极的作用？简单来说，应该是新人文主义的兴起。

这个新人文主义和从欧洲启蒙运动以来的人文主义在各方面都有不同，特别和以科学理性为代表的人文主义，也就是所谓的世俗人文主义，有相当大的不同。我并不是说世俗的人文主义正在退潮，而是说我们正面临一种新的精神人文主义（也有人叫普适的人文主义）。这中间有强烈的张力，但从大的方向看，这个趋势是比较明显的。从中国知识分子的角度看，精神人文主义兴起的迹象也相当的明显，当然，遭遇的挑战也非常大。

其中最大的挑战，就是我们所谓“西方”的普适价值，也就是我们一般批评的普适价值，如何与中华民族的价值对话和相互借鉴，并内化为中华民族的价值。这中间有很多复杂的关系。其中第一当然是理性，包括建构理性、工具理性、沟通理性和很多其他类型的理性。第二就是刚刚秦晖先生提到的个性解放，以自由为主。再有就是法治，还有人权和个人尊严。这些都是启蒙运动在中国发展的重要价值。而这些价值也就是今天经济人所有的价值：一个人有他的理性，知道自己的利益，在相对自由的市场扩大他的利润，只要不犯法，这样的人必须是自由的，必须有他的权利，必须要在法治框架中被保护，同时，他必须要有个人尊严。

我觉得这些价值在新文化运动以来基本上都已经提到过，只是因为救亡图存，碰到各种灾难，所以没有得到充分的实现。但这些价值追求其实在中国已经被广泛地接受了，因为那时所有的知识分子，不管保守不保守，都认为唯一能够救亡的就是启蒙，只有靠这些价值、这些制度、这些方法才能够使中国复兴，才能使中国走出败亡的迷途。

可是今天来看，全世界所有的人，包括美国人、日本人、法国人、非洲人都碰到了很多难题。这些难题使得经济人的这五种价值变得非常不够用。不够的意思不是说它们不重要，或者说它们不是现代社会的基本价值，而是说对于人类所碰到的更大的、更深远的人生意义和现实问题，比如金融风暴、女性问题、生态环保、文化多样性、宗教多元性，乃至人的人生意义问题，仅凭这些价值，不能很好地解决。很明显，精神性人文主义和以经济为唯一导引的人文主义之间有很大的不同。

我们赞成富强，但社会主义核心价值观中最重要的应该是最后两个——诚信和友善，而不是富强、民主。富强、民主的过程要通过诚信友善，通过人的自觉逐渐发展。我们赞成富强，但它不是最终目的。我们固然要富强，要自由，但也要正义，这个观念在经济人的价值观上没有提上来，但以后会越来越重要。

我们要发展理性，但更重要的是要同情、移情、慈悲、恻隐。现在讲具有人文意义的资本主义发展，最近在法国准备召开良知高峰会议，为了气候，为了生态，需要唤醒每个人的良知。我们要注重法律，但绝不能忘记礼乐。礼是孔子所说的基本做人的道理，它是民间的，是全人类的，是文的而不是武的，是文明的而不是野蛮的。这一套基本的人生价值是必需的，人权之外就是责任的问题，这毫无疑问。张彭春先生参与起草《世界人权宣言》时，特别强调“仁”的价值，《人权宣言》的第一句话说：“每个人都有理性和良心”，讲的就是这个问题。

我们要做一个全面的人，第一要把握好自己的身心灵神的各个层次，第二要能和他者健康互动，第三整个人类要跟自然能够持久和谐，还有一个是必须强调的，因为这个问题中国学术界还不太重视，也就是人性和天道的问题。我们一直谈，中国文化重要的资源就是“天人合一”，但其实真正讲起来，“天人合一”是不是就仅仅指人和自然的关系？我相信这里面其实有更深刻的精神价值，这种精神价值跟轴心文明以来的不管是希腊的，或者是希伯来的、印度的，或者是希伯来发展出的基督教和伊斯兰教的，乃至很多原住民的精神价值都可以相沟通。

正因为如此，在我们力图发掘传统文化，并用轴心文明以来的基本精神面对人类困境的时候，有很多我们习以为常的话语的核心意义，必须要发挥出来。“万物皆备于我”，“仁者与天地万物为一体”的问题，张载提出的“乾称父，坤称母，余兹藐焉，乃浑然中处”的“民胞物与”问题，王阳明《大学问》里面讲到人和家庭、社会和天地之间的共同关切问题，说白了都属于“仁”的大传统。这个传统从“德”到孔子的“仁”，还包括了政治儒学的“仁政”问题、制度问题，等等。百年来的历史经验是我们的资源，而它了不起的地方在于它是对文明的考虑，它不仅仅考虑中国文化的复兴问题，而且考虑整个人类文明的问题，所以当时才会对欧战有那么大的反响。这种考虑与整个欧洲、整个世界的文明都有很大的关系。

另外“个性解放”是很重要的。除了在现实的权力结构中的解放，还要有人的自由的开发。在儒家传统里面，“自得”“仁者与天地万物为一体”的“仁”是一种自得之学，是为己之学。还有，人的尊严也绝不是知识精英专有的，而是每一个人都需要的。“一日克己复礼，天下归仁焉。”像每个人的自由是所有人的自由的基础一样，每个人的仁即是天下归仁的基础，这种理念和儒家的深刻的大我精神相契合，不是私己的小我心理。

假如把个人的独立尊严放弃，而以群体为目标，这样的看法是不恰当的。我们现在很多人说，中国文化是群体高于个人，我不接受，这个观点太绝对。个人的价值、自由的价值、个人的理性，是非常重要的。在这个基础上，我们讲出一套中国文化复兴的话语，这套话语要对美国人、英国人有价值，要对日本人有价值，甚至要对非洲人、对原住民有价值，否则就不是普适的价值。

以前中国的情况，我们是受害者，一直遭受屈辱，因此存活就是尊严，现在存活已经不是问题，应该发展我们的关怀能力和责任意识，而新的人文主义，必须要有真正的涵盖性。具体来说，就是首先要对西方已经提出来的价值比如人权、自由、法治、理性和个人尊严的正面意义，进行深入的挖掘，因为中华历史中走过一些弯曲的路，我们觉得很惭愧。除了这些价值以外，还有一些使得中华民族源远流长的价值资源，是全世界都要有的。我们怎么发掘这些资源？这不是简简单单融合整体的问题。怎样处理自由和公正的问题？还有更重要的，怎样看待理性和同情的问题？怎样把人的情不看作是非理性或者是反理性，而看作是深刻的理性和合理性？这些价值资源和康德所讲的尊重、敬畏感如何配合？和西方对神的敬重、对阿拉的敬重，还有佛教的智慧如何对话？这些问题都要谈。在这个基础上我们所走出的路，在文化上面才能站得住。

**陈卫平**：刚才两位都做了非常精彩的发言，按我的理解，两位的发言有共同点，也有不同点。共同点是他们都认为中国文化的未来走向，应该是以新文化运动的启蒙作为出发点。问题在于由此作为出发点，然后怎么走呢？

秦先生的意见是要反思启蒙当中存在的一些问题，就是他讲的日本式自由主义和俄国式社会主义的混合。这些对于中国社会、中国文化，是有一些负面影响的。因此，我们要反省这个出发点的问题。杜先生的观点是，我们面临今天人类需要回答的问题，不能仅仅停留在新文化运动的启蒙上，也就是说新文化运动启蒙给我们提供的价值是不够的。现代社会实际上流行的是经济人的价值。对此我们需要用中国几千年来的儒家人文精神作为价值资源，将这作为中国文化发展的一个重要导向。由此才能使得中国文化具有普遍性，对于整个世界文明有巨大的贡献。

### 民主共和与天下为公

**邓晓芒（华中科技大学教授）**：我想给秦晖先生提两个问题。我刚刚听了您的发言，很受启发。您谈到日本对新文化运动时期启蒙学者的思想影响很大，甚至比救亡的影响还要大。我有一点不太同意。当然具体来说可能是这样，当时主要是以日本为榜样，但是日本为什么成为榜样，还是从救亡中找原因，救亡不是20世纪才出现的一个话题，是自1840年以来就出现的话题。在国际列强对中国多次显示出威胁的情况下，有一个救亡保种的使命，这个恐怕还是更长远的基础。后来讲救亡压倒启蒙，不一定是当时有什么样的救亡口号，但是已经有了救亡的共识，那是国民的共识，甲午战争时真的是面临灭顶之灾，一个小小的日本都可以把我们打败。再一个，五四运动以前，中国就已经有“民主”的概念，就认为是“天下为公”，好像已经达成了共识。

**秦晖：**“共识”在任何时候都没有，大家都知道任何时候都会有争议的。

**邓晓芒：**说到“天下为公”，不仅是五四时期那些人提倡的，孙中山提倡的，而且是自古以来就提倡的一个东西。我们所理解的民主就是当天下者不为一己之私，而是出于公心为民做主的意思，是尊重广大老百姓的意见，“天视自我民视，天听自我民听”的意思，但绝对没有“把权力关进笼子”的意思。当然新文化运动提出的民主和科学还是有一定意义的，对当时的思想界还是有一定的震动作用，但理解有偏差。

秦晖先生提出的我有一点是赞同的，就是很多中国人包括知识界，对于民主的理解，确实就是天下为公的意思，这也反映了新思想底下有很深的传统带来的理解，就是用传统来理解西方的民主和科学这样的价值，这倒确实值得我们讨论和反省。包括您刚刚提到了自由和个性解放，用个性解放来理解西方自由的观念，或者是像日本的个体独立，解放出来，干什么？解放出来就是干大事。这一点在日本没提到，在中国就是治国平天下，天下兴亡，匹夫有责。要从家庭走出来，才能够承担这样的责任。但却不讲个体人权，不讲基于个体人权之上的法治。所以有火烧赵家楼之类的事。这恰好是值得我们反省的，我们理解的民主、科学、自由这样一些概念，今天都要把它们翻出来讨论一下，包括陈独秀、胡适、鲁迅，他们对这些概念的理解，我觉得渗透了很多传统的东西，比如说从老庄、魏晋、明清那些个性解放的传统来理解西方的自由。

后来我们接受马克思主义，是从苏联接受过来，好像是外国来的，其实一到中国它就变了。马克思主义既是儒家的，也是法家的，更多是法家的。就像毛泽东的理论更多代表法家，刘少奇的理论更多代表儒家。他们自己也很自觉，把这些结合到一起，马克思主义中国化了。这是我们应该关注的，我们今天反思启蒙的问题，恐怕这应该是一个重点。

**何怀宏（北京大学教授）：** 我对杜维明先生的发言提一个问题，您提到了文化的异同、未来发展这个话题。但有一个问题，我们谈到文化，比如说文化的重新创造、发展、走向高峰，可能需要一种追求优秀、卓越的冲动，我记得当年参加新文化运动的傅斯年也讲过人类有两种基本的冲动，一种是追求平等，一种是追求优秀和卓越。

那么传统社会的价值取向看来是比较倾向于追求优秀，现代社会则是更为追求平等，我比较赞同托克维尔的观点，认为现代性的中心概念就是平等。

追求文化的创造、发展、高峰，不能没有一种追求优秀和卓越的冲动，需要一种出众而非从众的冲动，但这就会产生一种紧张，那么怎样说明这样一种紧张，怎么处理这种紧张，这里是有悖论的。我们一方面在政治上追求民主、平等，在这同时，在文化领域怎么处理另外一种冲动，那就是追求优秀和卓越。这跟文化的发展复兴，走向高峰，甚至保持高峰很有关系。而平等正是我们现代人拥护的道德和政治上正当的东西，但平等在社会文化上的结果，可能就是像托克维尔所说的：上面的拉下来，下面的提上来，走向中等化的趋势，尼采所说的则比较尖锐——“末人”，“最后的人”。当然，如果我们满足于这一点，也没有什么不好，但要指出这一矛盾和悖论。总之，我觉得这里面有很大的紧张，而不只是和谐。这就是我希望杜先生或者在座的朋友谈谈，怎么样甚至要不要处理这种紧张性、悖论性或者是矛盾性的东西。

**秦晖：**我主要回答邓晓芒先生的两个问题。第一，您说民主如果说是天下为公，那中国自古以来就有。但是这里我要讲的是，鸦片战争以后，由徐继畬、郭嵩焘、谭嗣同等人开始，他们的确用了“天下为公”，但他们很明确地讲，秦以后“天下为公”这个东西就断掉了，这是三代以前有的，而且他们具体地讲，天下为公就是选举制度，“推举之法几于天下为公”，“民之有德者，皆可推之为君”，等等。几乎每个人都强调的是皇帝应该由老百姓选出来，而不是像“秦制”那样一家传子孙。而且他们特别强调即使是老百姓选出来的皇帝，也必须尊重所谓的“乡绅”，按照古代儒家的原意，就是“乡举里选”产生的具有独立意志的士大夫，实际就是小共同体的代表，是“从道不从君”的。当时他们实际上就把乡绅解释为议员，说中国已经没有乡绅了，只有御用文人即古儒所骂的“乡愿”，而古儒讲的“乡绅”现在都在西方，西洋国家把这些“乡绅”集中在一起就是“乡绅房”，其实就是所谓议会最早的中文译法。说国王是不能左右他们的，他们就在这里替天行道，为民请命，把国家治理得很好。

不管这个东西跟我们现在所理解的西方民主共和有多少细节上的差异，但它至少讲的是民主选举制度，皇帝要为老百姓负责的，而且老百姓可以换皇帝，“君也者，为民办事者也；臣也者，助民办事者也。赋税之取于民，所以为办民事之资也。如此而事犹不办，事不办而易其人，亦天下之通义也”。皇帝是选出来当公仆的，大臣是帮他当公仆的，我们已经交了赋税，就要得到服务；如果我们付了钱还得不到服务，我们就把他拉下来，换人。

这些话在五四前很多人都在讲，没有讲的就是自由个性，这倒也不是五四前完全没有人讲，只是与民主共和相比讲的很少。章太炎可能是始作俑者，最早他在五四前就讲，但那个时候讲的人很少，五四以后，个性解放成为弥漫性的大潮。倒不是说五四不强调民主，但如果要讲特色的话，讲民主共和，并不是从五四开始，否则没有办法理解辛亥革命为什么发生。五四以前，人们对于秦制非常不满，而且这个不满有根源，讲得简单一点就是中国传统中本身就潜藏着的“崇周仇秦”情绪，古儒总说“三代”最好，秦以后就坏了，2000 年坏到现在简直糟糕透了。现在一看，西方就是“三代”。所以我们学西方，就是恢复三代的传统。

这个思想，其实是根深蒂固，这个思想跟儒家没有矛盾。但一引进了个性解放的确就是跟儒家冲突了，因为古儒讲的是小共同体本位，不是个人本位，五四以后转向“反儒”跟这个有关。

第二个讲到救亡，当然可以说从鸦片战争以后救亡一直是中国人挥之不去的关怀，但我们要解释中国人的启蒙或者是思想历程，在鸦片战争以后经历多次的转变，在转变的具体过程中，救亡到底起了什么作用？转变前没有救亡，因为要救亡就转变了？说实在的，救亡对一些转变未必起了多大的作用，最典型的就是巴黎和会，它当然是直接引发“小五四”的源头，但它和整个新文化运动，包括新文化运动以后的向左转，实际上没有太大关系。现代的统计数据其实已经证明了这一点，有人根据《新青年》中出现的词频，证明虽然巴黎和会当时是很重要的新闻事件，直接导致了学生上街，但是以思想探讨为主的《新青年》杂志，当年就没怎么提这件事，《新青年》一直到 1921 年后才忽然对巴黎和会感兴趣，提得越来越多，在此之前他们并没有特意关注这件事。我觉得金观涛的说法是对的，即他们已经转向之后，才觉得巴黎和会是一个重要话题。而且更重要的是，巴黎和会的恶果，在两年后的华盛顿会议上基本解决了。可是新文化运动对于这个问题是怎么反映的呢？我知道一种反映就是骂华盛顿会议，说华盛顿会议对于中国来说不是好事，是坏事，那么这种骂还可以说是一种激进的民族主义。但其实有人就指出，真正的问题还不是骂，而是无视。

其实，五四新文化运动提华盛顿会议和提巴黎和会正好是相反的，对华盛顿会议绝大多数人都是作为新闻事件在议论，这个会议开完，大部分人都忘记了，根本就不提，连批评都很少。一组有趣的数字是：1923—1924 年，刚刚开过的华盛顿会议，只被提到了 4 次，但是 5 年前的巴黎和会被提到 12 次。1925—1926 年，华盛顿会议只被提到了一次，而巴黎和会被提到了 60 次。

其实，中国在华盛顿会议以后这几年，所谓的救亡危机是明显缓和了，中国收回了不少权益。当然后来又出现了中东路事件和“九一八”事件，这两次恰恰是俄和日严重地损害中国，中国当时恰恰是以学俄日为风气的，由于西方欺负了我们，我们就不学西方，这个说法完全站不住脚。中国学习谁和谁侵略我们几乎没有多大的关系。

**杜维明：**何怀宏先生提出的是大问题，这中间不仅有张力，乃至悖论，也直接关系到民主的问题。民主从熊彼特（Shumpeter）的角度来看是投票选举加上多党，但是最近桑德尔（Sandel）还有森（A. Sen）等人的讨论，除了选举和多党以外，还特地提出了公共空间的问题，提出理性的辩论和讨论，也就是公民意识的问题，又涉及所谓共和主义的问题。这个观点认为，共和主义所根据的，除了平等以外，还有强烈的对人的尊严和最高的超越向往的心态。

美国宪法是调控系统，有很多人情愿说它除了是一个法律制度之外，它的大经大法也体现了美国的精神。人权宣言，如果严格地说，是一套法律制度，也是一套所有文明国家接受的、人类向往的更高的理想。人不仅仅是一个吃面包的动物，人权的问题也很重要。自由、平等、民主，现在大家都接受了。

我在想这个问题的时候，做了两个不太相同的框架，并考虑这中间的互动可能。一个框架是经济学方面的，是十字架，上面是自由，下面是平等，左边是效率，右边是团结。在美国，长期突出自由，突出效率，对于平等和团结不太重视。而社会主义强调平等，强调团结，效率不够。改革开放以后，突出自由的选择，经济的发展突出效率，结果社会发展到相当的程度后，社会的矛盾冲突越来越明显，尤其是在农村，于是又要回到平等或者团结。

另外一个框架也是一个十字，中间是“仁”，我用的是仁爱的“仁”，上面是天，下面是地，左边是自我，右边是社群。在这样的框架下，人在天地之间。人和自然的和谐，人的存活和自然界的关系超越所有国家和民族，关爱地球成为一个关键的问题。个人不是原子式的，而是关系网络的中心点，因此必须要有和他者之间非常频繁的互动。个人不是孤立绝缘的投票主体，个人必须要有他的选择，有他的发展。

儒家有两个观点，一个观点是人人皆可成圣贤，这与佛教里人皆有佛性是一致的。另外一个说法却是，任何一个人，包括孔子，都不可能成为真正的圣人。每个人都有可能性，但存在论上你永远是在朝那个方向发展。在长期的民主政治话语以后，我们已经把很多正面的积极的价值，特别是宗教精神文明的价值脱开了。政治领域讲程序、讲法制、讲平等都是严格规定的，这是现在大的潮流，不可抗拒的，美国最明显。但如果不把思想价值的问题，不把族群的问题，不把认同的问题，还有很多人生意义的问题考虑到，要真正讨论民主、讨论自由、讨论平等就有很大的困难。

以前说平等，就把美国比喻成一个大熔炉，大家都进这个大熔炉。很明显，美国的非洲裔是反对这个观点的。这样说来，文化的多样性、多元性、根源性，族群、语言、信仰、民族、地域、阶层等具体的原初联系都有非常重要的价值。每个独特的人身上，都体现着非常复杂的特色。我们怎样尊重个人？不是尊重他的人权的抽象性，而是首先尊重他是一个实在的人，在这样的基础上再来讨论民主政治，再来讨论在公共领域中，怎样可以把投票制度设计得更加完善，从而使少数族群也能够得到代表。这样就把一般的平等问题复杂化了。在这个复杂化的过程中，就会提到人生意义的问题。会涉及平等、自由、效率和团结之间的互动。

## 儒学的当代价值

**任剑涛（中国人民大学教授）：** 杜先生的发言，主题一如既往的宏大，视野非常开阔，表达的意向令人赞同。但我也有一些问题想请教杜先生：

第一，我们熟络于心的“继承、发扬和光大古今中外一切优秀文化传统”，其实是很难做到的。新文化运动百年来的发展历程告诉我们，这常常流于一种文化意向。突破纯粹的文化意向，真正将中国文化融入世界就已经不错了。如果我们长期陷入自设的继承发扬并光大古今中外一切优秀文化传统的陷阱，可能导致我们对文化何谓优秀失去标准，就此可能造成一种以绝对的相对主义态度审度别的文化的定势。我们是不是会因此失去文化发展的“现代”意向？

第二，在今天的世界上，如果确认多元主义是一种政治正确的话，是不是无法厘清这种政治理念的得失？面对多元主义可能的败相，也许我们需要对之保持警惕。多元主义的败相，大致从两个方面得到认知：一是在民主国家内部，多元主义并未如预期那样有效[illegible]合族群关系，保障国家认同。一个国家，不论族群，需要就国家的基本制度形成共识，因此国家成员必须认同人权价值、分权制衡体制等。倘对之缺乏认同，而任由族群和个体在不同价值观念中取舍，国家内部的成员与群体之间失于对话和尊重，国家就会失序。对此，德国总理默克尔曾经提醒国际社会，民主国家的多元主义实践已经归于失败。二是从国际社会来看，IS（“伊斯兰国”）的兴起，对现行国际社会的基本价值与秩序构成极大的挑战。政教合一的卷土重来，变成 IS 最有号召力的地方。在这样的情景下，国际社会还能在多元主义的理念中展开对话吗？这种对话，可能只是认同国际社会主流价值者之间的局限性活动。对 IS 而言，它跟国际社会的对话，不仅资源严重不足，动力也严重不足。就此而言，多元主义是不是已经让国际社会流行的对话冲动失去了价值准星？

第三，寻求天下大同，同时又尊重个人价值和所在族群的群体价值，这之间是不是存在可靠通道？如果不同个体与群体都试图占据文化—文明对话的优先性，文化整合和政治整合是不是就会变得异常困难？更重要的是，在文化整合的伦理欲求和政治欲求之间，常常存在很大距离。因此人们总是以一种非常善良的愿望，处置相关对话事务。不过愿望的前置，也许完全无法落定到社会过程中和政治议程上。就此而言，重叠共识的理念有其特殊价值。同时，在反思民主政体达成政治共识的机制上，是不是一定要指责一人一票的选举制度？一人五票，是不是就优于一人一票？每个人五票，可能并不优于每个人一票。至于分人来决定选票数量，似乎更不可期。选举的复杂性与认同的复杂性，似乎不是选民手持选票数量的问题。至于反思现代原子式的个人，是不是就可以改善政治共同体的状态，也让人怀疑。

**萧功秦（上海师范大学教授）**：第一次见到杜维明先生是在 30 年

前的一次学术讨论会上，当时是1984年，我还是刚进大学任教的一个青年教师。记得当时我向您提出过一个问题：“您谈到儒学的第三期复兴，您从美国看到的儒学，如同一棵大树上的果实又大又甜，但为什么我们这个深受文化专制主义灾难的民族，所感受到的儒家，实际上却如同[illegible]棵树上的果实，又酸又涩？”现在想来，我们彼此的分歧，是由于我们各自所取的角度不同，您的关注点是西方现代性所造成的人的异化，而30年以前我们大陆的知识分子，更强调的是对儒家文化中的专制主义因素的批判，我们更同情的是五四时期的批判思潮，更多的是强调发扬五四精神。

其实我们双方都没有错，我们各自根据困扰自己的问题意识，而分别从儒家思想中寻找各自感兴趣的东西，我们都是从自己的角度，对儒家作选择性的强调。儒学是一个整体，由于我们每个人关注的问题不同，我们对它的强调点也各不相同。

我觉得杜先生要做的事，就是要借鉴西方文明中好的价值，与中国儒家文明中好的价值结合起来。例如，杜先生强调仁爱精神可以与自由结合起来，然而问题是，西方文明是一个有机整体，是西方人在应对自身环境的挑战过程中形成的集体经验，儒学实际上同样是中国人在千百年历史中应对自身挑战而产生的文化有机整体，儒家思想中的各个概念与要素之间，彼此是相互关联在一起的，是相互依存的。例如，孔子说：“人而不仁如礼何？人而不仁如乐何？”这表明，仁是与礼和乐联系在一起的整体，而礼、乐又跟“君臣之辩”“三纲五常”联系在一起。

我的问题是，您把这种仁的价值从原来的儒学的有机整体中剥离出来，把它与西方文明结合起来，这样的中西合璧，其实是一个人为的“大拼盘”。“大拼盘”当中各个概念五颜六色、五彩缤纷，然而，彼此之间并没有有机联系。例如儒家的“仁”，来自中国文明的自然发展，而“自由”“民主”则来自西方文明的自然发展，现在它们分别被我们主观地选择出来，并让它们拼在一个盘中，看上去似乎很美，但却是无法融合在一起。这种中西结合其实是无效的。鱼与熊掌不可兼得。鱼是生在水里的，熊是生在陆上的，把两者放在一起，怎么让它们相互补充，相互依存，并产生好的效果？这个拼盘如何形成新的有机整体？如果这个问题不解决好，就很难有说服力。我很想就这个问题请教杜先生。

**陈卫平：**两位提到了共同的问题，在中国文化未来走向当中，儒学价值的落实是否有可能。虽然我们现在都认为儒学是有价值的，但这种价值落实是否有可能，因为中国社会已经发生了很大的变化，世界文明也发生了很大的变化。所以，他们共同提出的问题，就是当代中国儒学价值的落实如何可能？

**汪荣祖（台湾中央大学教授）：**新文化运动至今已百年，这100年是不短的时间，所以我觉得我们应该有更多的后见之明，来正确地理解新文化运动。五四运动周年就有纪念文章，10周年、20周年、30周年都有纪念文章，在60周年的时候，我当时在台湾客座，也出了一本五四研究文集，集海外和台湾的学者，70周年、80周年时，我不知道有没有人把这些纪念文章结合来看看，我们对五四新文化运动的认识有什么进展。我个人没有做这个仔细的研究，给我的印象，很多都是应景的文章，这个问题在哪儿？我们都缺少一个比较反省跟批判的眼光来看新文化运动。所谓的批判并不是去否定，也不是说不去做同情的了解，而是用批判的眼光才能更正确地来了解新文化运动。

我觉得杜先生的观点对新文化运动有一点反省的意思。更具体的有几项值得反省。一个就是打倒孔家店的事情。这些虽是文人的口号，可是影响很大，我们看从五四以后孔子一直都是被羞辱被打倒的对象，我记得在纽约的华人中也有些人参与了批林批孔。

另外，提倡白话文确是新文化运动的重大贡献，可是这个贡献是在牺牲文言文的代价上成功的。我记得瑞典的罗多弼先生讲过，废除文言文没有必要，甚至是错误的。为什么？因为The popular culture（普及文化）和elite culture（精英文化）可以并存。文言文被废除值得我们检讨，使年轻一代读古文只能一知半解，影响是很大的。

昨天开会说到文言文被废除是因为没有市场，而不是因为五四反对，其实五四的时候我们可以看到他们是极力反对文言文的。在抗战之前，还有很多学术著作是用文言文写的，我很惊讶在1979年，钱锺书先生的《管锥篇》销了几万本，这不是市场的问题，而是五四运动使白话文取代文言文，结果在1920年教育部通令，宣布以白话文取代文言文。1920年以后从学校体制出来的学生，对古文都一知半解，到现在，我觉得这个蛮严重的，不要说一般的大学生，学文史的大学生，读古文也多有误解，例如刚才提到的“天下为公”这个“公”不是指公民，很多人以为是公民的意思，其实“公”就是公府，即天下属于政府。

昨天讨论到五四启蒙，实际上五四的本质是浪漫的，重意志胜于理性，比如说讲爱国，讲革命，等等，我们可以看到在1915年，《新青年》是启蒙的，介绍各种西方的知识，但经过1919年5月4日的爱国运动以后就把新文化运动政治化了。大家可以看到1921年后《新青年》变成了马克思主义专号，这个转向当然不是新文化运动的既定方针，但是大势所趋，已成为无可改变的历史。

**杜维明：** 过去30年，对于启蒙，我的思想也有相当大的改变，或者说希望有某种意义上的改进。会上有教授提到了亚当·斯密，其实他本人认为他最重要的作品是关于道德情操的问题，或者是道德情感的问题。很多学者做过这样的研究。虽然我们封他为经济学之父，但他本人却认为《国富论》远远没有《道德情操论》重要。

儒学确实是有机整体，但很早我就认为它有很多张力，有些是创造性的张力，有些是破坏性的张力。我最早的论文就是写“仁和礼之间的创造性张力”。一个有机体必须要面对两个挑战，一个挑战是认同的问题，一个挑战是适应的问题。如果没有真正的认同，适应就变成了大拼盘，不一定能够保有自己的生命特质。儒学有机体不是仅仅靠中华民族的实际经验所积累起来的，它被从孔子甚至孔子以前一直到现在的一种凝聚数千年集体智慧的相当强势的文明理念所贯穿。孔子没有钱也没有权，但他希望通过教化改变政治的游戏规则。这个工作是否成功，每个人的理解不一样，但儒家有自己的方向，有内在的价值和逻辑。其中最重要的就是，能够对于现实世界上活生生的人作出回应，它的价值不建立于超越外在的实体上，而建立在对人的全面反思上。而人的全面反思，包括人的社会性、政治性、经济性和超越性，包括人的精神的永恒追求。我认为，一个文明在发展的过程中，受到外在的挑战，内部会发生改变，甚至可能会使它放弃自己的核心价值，变成另外一种文明。但也可能没有改变它的核心价值，而是进行了各种不同的转化。比如儒家就经过了道家、法家、阴阳五行等的挑战，到汉代才有董仲舒的思想出现。董仲舒的思想绝对不是大拼盘，而是新的综合。朱熹的思想也是非常有机的整合，是大的突破。以后再这样发展下来，还必将有大突破，这是儒家发展大的脉络。

所以说萧先生的忧虑我也有，但文明要能够存活，必须要有重要的转化机理，不仅是创造性的转化，也是转化的创造性。任何新的因素进来以后，所有的历史都要重新撰写，从王阳明来看儒家的传统，和朱熹就有所不同。

另外值得注意的，儒家不像其他的重要精神文明体，它是没有教条的，任何观念、价值、人物都可以受到批评，而且是长期的批评。

任剑涛先生的问题，以后有机会再进一步讨论，我觉得他的问题也非常重要。我不赞成调和主义，不赞成包容主义。现在有各种不同的核心价值，各种不同的文明，都需要对人类所碰到的困境作出回应。儒家回应的特色在哪里？它的缺点在哪里？这是值得我们关注的课题。其中一个大的问题就是族群融合的问题，亨廷顿去世前很担心美国认同的问题，认为美国如果变成多元文化，就崩溃了。这种观点，自由主义和女性主义都不能接受。一个文化，像中华民族的文化，之所以能够一再重新整合，就是因为其具有文化的凝聚力，能够包容不同民族、不同宗教，假如没有这样的包容性是不行的。因此我们对少数民族的沟通和了解，特别是藏族、维吾尔族，需要做的还很多。

我们反对 IS，正表示我们强烈地认同开放、多元、自我批判、自我反思以及文明对话的价值。当然，假如没有核心价值，只是一个平台，只有自我优越感是不行的。我们有没有自己的机制呢？我们经过了时间的考验，经过了各种不同的碰撞，经过了百年来几乎所有思潮在中国沃土上的发展。我们以五四的开放精神打倒孔家店，儒家受到很多挫折，几乎使得它变成了金刚之身。因为经过了各种不同的屈辱，它所有的缺陷都以放大镜的方式展现出来，任何其他精神文明，比如基督教等都没有这样的遭遇。然而儒家还有生命力，这表明这个生命力是真的，是有影响力的。这不是一厢情愿的狭隘民族主义或者狭隘的文化优越性可以解释的。

往前发展的过程非常艰难，我非常赞成邓晓芒先生所谈到的深层的反思。必须要有认真的深度反思，才可以有真正的生机，如果现在就已经觉得很高兴了，以为一阳来复的时代已过，否极泰来了，那会非常危险。

**陈卫平：** 刚刚杜先生做了一个发言，还是维护他的一个观点，认为传统与西方两种价值应对我们今天文化面临的问题，都有它的制约性。

刚才提到严复翻译的《国富论》，其实严复也注意到亚当·斯密的《道德情操论》，为什么选择《国富论》翻译，其中也蕴含这样的意思，就是觉得注重道德情操是中国的传统、儒家的传统，他也是希望把这两个东西融合在一起，他当时提出的概念就是“开明自营”，合理的利己主义。李大钊也提出大同团结，个性解放，要把两者结合起来，大同团结来自于儒家传统，个性解放来自于西方，这是五四的一个特点。但问题是把两种价值融合在一起，形成一种新的价值体系，似乎从五四到现在100年来，始终没有太成功，我想这也是我们应反思的一个课题。一般来说，大家不会反对把这两种价值融合在一起，但这种融合如何落实，如何具有现实性，是需要进一步讨论的问题。

**秦晖：** 我想对一个小问题做回应，刚刚好几位先生提到了“经济人”，其实亚当·斯密没有提这一概念，我看到经济学说史的说法，最早是1836年约翰·密尔在《政治经济学定义及研究这门学问的哲学方法》一文中首次提出这个概念。但是密尔明确地说，“经济人”假设人追求利益最大化，提出这个概念并不是说人实际上就是这样的，更不是说人应该是这样的。他说，我之所以提出这个概念，只是说如果不把这个东西作为一个逻辑预设，那么一套制度就很难运行。我的理解就是要保证一个底线的东西，你设计的这个制度，不是只在一帮君子之中可以运作的，而是在所有人中都可以运作，所有人中肯定不可排除一些人要利己的，根据经济人原则而制定的制度从来不会妨碍大家有慈善之心，从来不会妨碍谁主动奉献，牺牲私利去搞公益。只是假如有人自私怎么办？讲的直白一点，中国也有这样的智慧。这就是我们通常讲的“先小人后君子”，或者“亲兄弟明算账”。一种可行的制度一定要有这个底线，那就是要鼓励慈善，但防止抢劫，包括以好听的借口抢劫，怎么防止？那就要承认个人权利，包括产权，他可以用他的东西奉献，你可以用你的东西奉献，但你不能抢他的东西来奉献。有这个底线，你在道德理想上怎么高调都可以。但这个底线是不能没有的。

我认为中国以往的一切弊病肯定不是因为我们的道德太高尚，但如果这个制度不保障个人权利，你可以抢他的东西来奉献，那不是纵容抢劫吗？这种恶行如果打着道德的旗号，那不是放纵伪君子真小人消灭真君子吗？不是毁灭道德吗？所以经济人这个概念，实际意义就是保障个人权利，我觉得跟我们弘扬道德没有什么矛盾，也正因为这样，亚当·斯密虽然没有用经济人这个词，但实际上他有这个意思，但他也是一个在弘扬道德方面很有名的人。实际上，提出经济人预设的密尔也是如此，他承认个人权利但也强调社会公平，西方有些“右派”甚至说他是社会主义者，当然，他绝不可能是斯大林主义者。

讲到五四和孔家店的关系，其实有人提出过，说五四并没有讲“打倒”孔家店，那时指名道姓骂孔子的也很少，除了易白沙、吴虞几个人，很多人对孔子还讲过很尊重的话。这都没错。不过，以五四为代表的新文化运动，主要矛头是对准儒家，对准礼教，这也是否认不了的。因为如果你重点是强调个人自由和个性，势必和儒家产生矛盾。辛亥革命以前，儒家可以和民主、共和兼容，他们可以把民主共和解释为所谓的天下为公，为“三代”反对秦制。但是儒家又讲长幼有序，你要在家里讲自由个性，子女对于父母的独立，跟儒家肯定是有冲突了。

但中国的近代化，真的一开始就是要以否定家长权作为起步吗？这又回到刚刚讲的“礼法之争”，过去很多人说这是“法理派”和“礼教派”之争，“礼教派”是真的，“法理派”我要质疑。被称为“法理派”的杨度其实就是要在法律条款上排除家长权，要国人只服从皇权，不做孝子，只做“忠臣”。但是我们通常所讲的近代法治首先是一种体制，最基本的要素比如司法独立，三权分立，他是绝口不提。这些都没有，仅仅从法律条文中把家长权排除，就是近代法治吗？当然不是。我们说西方法治可以溯源于古罗马，在罗马共和国和帝国早期就是承认家长权的，但到拜占庭时代独尊皇权，就取消了家长权，皇权可以直接及于家人。可是拜占庭通常都被认为是一个东方专制帝国，和西方法制传统完全背离了。杨度所谓否定家长权是要维护皇权，而不是民权。当时根本就没有什么礼法之争，真正发生的还是儒法之争。杨度不是法治的代表，而是法家的代表。但是很有意思，杨度从来没有介入过新文化运动，因为杨度作为“帝制祸首”，他在新文化运动中是众矢之的。活跃的是章太炎的弟子，所谓章门弟子，鲁迅兄弟、许寿裳等一大帮，在新文化运动中是非常活跃的，所以这个所谓新旧之间，我想是不是有一些我们以前没有注意到的，超越俗见之上的更深刻的一些分歧呢？

## 重新理解启蒙

**谢遐龄（复旦大学教授）：** 本次会议的题目，有一点不是很清晰——文化和文明这两个概念，是不是需要做一个区分？我看论文题目中许纪霖提到这个问题。很多人讲文化，实际上讲的是文明。这里文明指的是汤因比的用法——涉及制度、社会整体性的结构和它的价值体系的话，就称作文明；文化涉及的是文明要素。因此，区分文化和文明还是有必要的。

刚刚讲到个性解放的问题。个性解放确实是新文化运动里面最激动人心的，对青年起了极大的动员作用。比如傅斯年，他就是因为解除包办婚姻获得了巨大动力。当然这么说，也许不全面。但无疑是获得了很大动力。

如果我们要对整个中国这段时间的发展，做一个实证研究，我就建议从夫妻关系、男女关系着手。直到现在，我们两岸华人的家庭，实际上都是没有纲常的。家庭内部没有秩序。没有关于家庭的理论；

相应地，没有实际的秩序。考察新文化运动，考察中国社会现代化，人的发展是个视角吧？人变成什么样的了？家庭研究是个切入点。套一句“君不君、臣不臣”，就是“夫不夫、妻不妻”，人还是人吗？人是具体的，或男或女、或夫或妻。夫不夫、妻不妻，还有家庭吗？现代社会，人变成什么了？这是要认真研究的问题。

再讲讲启蒙。按照我的想法，启蒙要倒推到从宋明开始。何谓启蒙？启蒙是人对自身有理性自觉。不是见到了西方文明才开始启蒙——那是受了西方文明中心观的影响。不是到晚清睁开眼睛看西方才启蒙。明朝耶稣会就来传教了，清朝皇帝精研西学，都不算启蒙吗？启蒙就是一个文明对自身的理性自觉，表现为主流思想家的觉醒并向民间传播。对中国文化的理性自觉，宋明是极为光辉的时代。从周敦颐到王阳明，开掘到极为深密的内涵。什么内涵呢？就是人的文化存在的纯粹性。通过周敦颐论诚为五常之本、王阳明论良知反观，中国思想的发展达到极高成就。王阳明比康德早200年，足见中国比西方社会的理性自觉早，中国思想比那时的西方思想高明。怎样理解启蒙内涵？中国的启蒙始自何时？这两个问题关联在一起。研究新文化运动，应该重新思考启蒙概念。

当然，启蒙运动后来被清朝打乱。现在评价新文化运动与启蒙的关系，是添乱、助乱，还是接续？我主张还是从人的存在、精神两个视角入手做研究，不宜从一些现象层面的问题着手——那样不容易理清问题，反而会引发无穷无尽的却又价值很低的争执。比如说民主政治。现在有一种情结，似乎一人一票选举制是个判据，是个最高的评判准则。这个判据很可疑啊！选举制好像设定了一个前提吧？每一票都经过深思熟虑，当事人知道自己投的这一票到底是为了什么目的。这算是理性设定吧。对身边的事务，这个设定能满足。稍大一些，哪怕选个地区议员，这个设定就难以满足了。涉及国家大事，这个设定不可能满足。儒家把社会分成君子和庶民两大群体，与共产党把社会划分为干部、群众，美国人把社会划分为精英、大众，大体相当。庶民不满足理性设定。他手里的选票，在实践中必定是各种势力想方设法操纵拉拢的猎物，从而出现各种各样的丑恶现象。不同政治派别彼此揭对方的短，混乱一团。美好的理想，后果乱糟糟，令人扼腕叹息。

选举制度，包含着如此深刻的矛盾。理性要求演变成暴力为宗。人类很多理想在付诸实行时，会遇到很多问题。先贤考虑总有不周全处，难免播下龙种后果却是收获跳蚤。这些问题怎么解决，既要经实证研究设计出适当方案，更要“摸底”深层研究其判据。这是我们这些后人的任务。

再回到家庭问题。男女平等这个概念能否换算为夫妻平权？人们怎样理解权？right，还是power？男女平等是个适合全社会的概念，是权利（right）平等。到了家庭里，讲究夫妻平权，意思是权力要有平等的地位；或者干脆说，哪个收入高，他或她就有更多的权力。社会乱象源自概念不清。现在在中国社会看到的一些人权问题，在具体事务中，成为老百姓之间的权力之争。这就要求我们研究：社会思想中，权利和权力这两个概念，为什么没有得到很好的区分？包括在政治思想、政治生活中这两个概念区分不清楚，以至于形成纷争局面。这里面有很多需要深层解释的论题。不是简单提出理想、搜罗一些论据加以论证就可以解决的。

关于启蒙，还有选举制，我想听听两位引言人的看法。

**杜维明：**我觉得，生活世界所碰到的具体问题，就是儒家传统能够继续发展的最重要资源。儒家最深刻的价值，都应该在人伦日用的日常生活中能够有实际的效果和实际的作用。假如没有，那它本身就是虚脱的。我觉得现在碰到的课题不是说传统能够通过什么样的渠道借尸还魂，或者脱胎换骨，而是生活世界中碰到的具体问题，如何能够从传统中获得资源，并从传统的内在转化来进行理解。比如说，最简单的就是三纲、五伦和五常之间的关系问题。很多人都批评儒家对于权力的问题理解不够，我认为，一个大的问题在于，“君君臣臣父父子子”常常被误解为是一种既定的静态的价值模式，但其实它是一种动态的互动模式。比如说在《孝经》里，曾子问“从父之令”怎么样，算不算孝？孔子的反应非常强烈，“是何言哉！”天子有七个谏臣，诸侯有五个谏臣，大夫有三个谏臣，如果仅仅是服从父亲的命令，不能抗争，那会陷父于不义，怎么能算作孝呢？

关于夫妇，很多人觉得因为受到阴阳关系的影响，基本上男女不平等这个观点在儒家中没有办法消解。其实这一点在韩国的女性主义中已经做出了很好的解释，就是把阴阳观念扩大，不把性别关系变成定义阴阳关系的唯一标准。比如说如果女性是你的领导者，那她就是阳你就是阴。父亲在40多岁和孩子之间的关系，父亲是阳孩子是阴，当孩子到40岁、50岁，父亲是70岁、80岁时，父亲是阴，孩子是阳。阴是凝聚的一种机制，而阳是一种创造发展的机制。这种类型的考虑，我相信都已经开始了。儒家本身要存活，要使最高的价值在人伦日用中能够体现，而不能诉诸外在超越的上帝或者外在的集体社会来作为发展道德资源的唯一标准。有了这样一个基本的假设，那个性解放的问题，和自己内部的动力，应该是一致的。

**秦晖：**我觉得谢遐龄先生提出的关于选举利弊的问题值得回应，这是个在西方文化中源远流长的问题，包括亚里士多德也批评过所谓的民主，或者是多数政治。

**谢遐龄：**而且小城邦跟大国适用的制度会是根本不同的。套用一句人们熟知的哲学话语——量变引发质变。

**秦晖：**其实这种批评在西方也是源远流长，而且正因为这种情况，关于限制选举权或者是非普选的选举权，即只有一部分人有权选举，这在西方也古已有之。一开始是贵族有选举权，包括波兰在中世纪就是共和国，但那个共和国是贵族共和国，只有贵族才有选举权。不过波兰的贵族和我们现在理解的贵族不是一回事，波兰除了农奴以外只要是自由人就是贵族，大量没有农奴的小自耕农都是贵族，波兰的贵族选举权占的比重很大，最多时候占到总人口的15%，比近代的财产资格限制下选举权的覆盖面还要大。后来又有了所谓的财产资格制，我觉得这个关于普选制的批评，无非就是说一般老百姓的素质比较低，这个说法古已有之；而且为此采取了种种限制，不管是道德上做限制，还是财产上做限制，都比根据政治权力来做限制好。选举的本义就是承认竞争，选举一定要有竞争，没有竞争就是假选举。

如果真的对选举权要有限制，我觉得以往的那些限制的理由，都比按照政治权力限制要更好。所谓的贵族选举权，那个意思本来就是和儒家有点接近，就是所谓的贵族被认为品格高尚。我们知道希腊语的“贵族”（aristos）就是“最优秀公民”之意，在亚里士多德时代，所谓贵族的本意并不指他出身官家、他很有权势，而是指道德高尚、品行优秀者，有点类似儒家所谓的“君子”。亚里士多德认为道德高尚的人才有选举权，这和今天有些自命儒家的人反对普选制、认为只有君子才有选举和被选举资格并没有很大不同。

但这里有很大的问题：谁来判断谁有道德呢？正是因为这个问题解决不了，后来又变成了财产资格制。财产资格制的好处是标准明确，以资产多少划线，上线就有选举权。但糟糕的是因为财产资格限制，穷人就没有选举权，导致很严重的问题。但财产资格制说实在也有它的道理。因为那个时候大家都承认“无代表不纳税”，它的逆定理就是“不纳税则无代表”。所谓财产资格的另一面就是你是国家财政的主要负担者，穷人是不纳税的。财产资格确立的是纳税大户的选举权，那纳税大户对国家尽的义务、承担的责任的确比一般人多。他说我们尽了更多的义务，就应该有更大的权利。你们不纳税的贫民，权利也就少一点。这也算是一个标准。

但后来实行的结果也不好。最糟糕的一点是：你如果不许穷人有选举权，就没有办法让穷人觉得这是他的国家，不是我的国家我为什么要服从？不能用选票来博弈，那就用拳头。这就无法排除暴力革命。而且从纯逻辑的角度讲，一个定理成立并不必然意味着它的逆定理成立。不纳税并不意味着对国家没有义务，服从国家治理就是一种义务。根据权利义务对应原则，作为一个自由公民，我服从就意味着我应该享有相应的权利，如果这权利不是选举，那还能是什么？

所以关于普选权的利弊，谈了几千年，实际没有一种更好的办法去解决这个事，不管选举权按照道德的标准还是财产的标准。但话又说回来，即使是非普选、有限制的民主，都比没有任何民主好吧？如果这都没有，还去谈普选民主好不好有什么意义呢？而且我这里要讲，普选制虽然的确是有问题，但是当代西方民主碰到的困境，我觉得有鲜明的时代特色，其实和普选制本身没有太大的关系，但和全球化有很大的关系。全球化使得一个国家内的普选制本来有的不大的弊病变得严重放大了，这真的是很大的问题。

**谢遐龄：**我想提的是这样一个问题。从文化的问题，文化的要素，或者人们对自身的反思达到什么样的水准，这些“微观的”情况，怎样过渡到文明的问题，就是形成“宏观的”制度和结构。这个中间环节、过程是怎样的？先不涉及哪种制度好、哪种制度不好。那些问题的讨论，是另外一个层面的问题，属于实际问题。我想讨论的是规律和原理等学术问题。有中介的结构（间接的结构），按照黑格尔法哲学的看法，必须要个人和民族达到对自身意识无限的反思，才会有这个权利。如果我们中国人的发展，人格的发展，尚没有达到这个阶段，与这种情况对应的，应该是一个什么样的体制和结构？刚才讲的国人把权利悄悄地换成权力，说普通话会搞混，上海话里“力”是入声，按说上海人不应搞混，但偏偏在上海最为混淆。可见是思想问题，不是语言问题。不是老百姓素质差，恰恰是老百姓素质高，巧于运用文化要素。问题出在文化。讲权利，要求的是无条件尊重他人意志。然而人们对民主的理解就是投票，就是少数服从多数，换句话说，强迫他人服从自己意志。这就转换为暴力主义。权利被理解为权力。我盼望中华民族早日进步到每个人都学会无条件尊重他人意志，那是一个美好的状态。在此之前，家庭里还是必须有个纲的。就是说，要把纲确立为文化要素。这是在崇尚暴力的世界中避免暴力频繁使用的路子。

**陈卫平：**我理解，谢先生的意思，简单来讲，就是在我们家庭里面夫为妻纲还是应该的。

**谢遐龄：**不是的！杜先生引述的阴阳（乾坤）新解——妻强则视为乾纲，我认为这样的理解可以考虑。我是主张要有纲。至于具体方案，则从实践中来，须充分研究。

**陈卫平：**谢先生认为五四破除了家庭对个人的束缚，但儒家讲的伦理道德、三纲五常，对于今天中国的社会秩序（包括家庭秩序）的重建还是有正面意义的，这里有一个怎么重新诠释、怎么重建的问题。

## 启蒙与革命

**张宝明（河南大学教授）：**听了秦晖先生的引言，我产生了两个想法和问题。第一个问题，就是刚刚说到的救亡和启蒙。“救亡压倒启蒙”再和“告别革命”联系起来确实是个问题。就启蒙而言，无疑是说思想革命范畴的内容，是文化史、思想史意义上的精神事件。换言之，也就是学术史上所说的借助思想文化解决问题的舆论模式。而就与思想启蒙对应的政治救亡而言，我想换一个概念或许更能充分表达这个命题的逻辑关系，那就是革命。显然这个革命是政治意义的革命。

我们为什么要将革命与启蒙牵扯到一起呢？这里有两层意思。首先，无论是启蒙还是革命都是将救亡作为目标的，它们都是手段。这样如果能把启蒙与救亡的关系换算成启蒙与革命的关系，那就在逻辑上顺畅得多。其次，如果说启蒙引发或说导致革命是历史上屡见不鲜的现象，那么就要反思一下启蒙是不是一定要导致革命这个命题。这是一个非常值得深思的问题。启蒙必然导致革命的结果，中外历史都有昭示。如果把启蒙引发革命才算启蒙成功作为最高标准，那是一种非常危险的思想史逻辑构成。

第二个问题，秦先生写了一篇文章，说五四新文化运动的矛头搞错了对象，应该对准法家而非儒家。如果回到历史现场，还是感觉到五四新文化运动选择的对象在当时是具有现实性和针对性的，在今天看来是具有历史性的。因为那个时候，无论是袁世凯称帝还是张勋复辟，无一例外地拉出孔子来作为护身符，而且都玩的是老生常谈的把戏。鲁迅、蔡元培等人当时就一再强调孔子高悬对时人生活和心理的影响。显然，孔子作为一个历史遗存，是被最大化地利用着。如果孔子活到现在，他老人家一定会问为什么受伤的总是我？原因很简单，因为穿上他老人家的外套做挡箭牌要比法家的得体、妥帖。在这个意义上，新文化运动将矛头对准孔子，不但无可非议，而且可以说是切中肯綮。从《新青年》发表的文章我们也看到了，无论是陈独秀还是李大钊抑或其他思想先驱，当时还是较为理性和清醒的，他们都众口一词地评说道：抨击孔教不是抨击孔子本人，也不是说他在中国古代的社会毫无价值，而是他不能适应现代的生活。即是说，在历史性和时代性、民族性和现代性之间，后者更为迫切和需要。

**秦晖：**所谓启蒙和革命的关系，如果革命只是指暴力革命，当然两者没有必然的关系，启蒙一定会导致暴力？这种说法我肯定是反对的。

但是启蒙这么一种思想的变化如果足够深刻，会导致制度的变化。如果这个启蒙真的是很深刻，恐怕革命是难免的——启蒙以后人们的想法改变了，于是政治、经济等各方面体制，都会因此发生变化。

我过去说过，革命或改良是一个问题，暴力或非暴力是另一个问题。两者不是一回事：革命也可以是“天鹅绒式的”革命，改良也可以是血腥的改良，明治维新就比辛亥革命血腥得多，死人也多得多。我觉得这不是一回事。

至于革命是否一定要拿孔子做对象？有可能，但并不必然。有可能，因为既然过去是儒表法里，从汉武帝以来就拿孔子作为一个号召，反帝制就反到孔子头上了。但并不必然，因为儒表法里2000多年了，辛亥革命以前的启蒙者，基本是找准“法里”来反，而不反“儒表”。他们普遍是用孔子打秦始皇，尤其是用孟子来打秦始皇的。民贵君轻，“一夫纣”可诛，这是很普遍的认识。辛亥革命以后真正的问题并不在于袁世凯拿孔子当挡箭牌，汉武帝以后所有的皇帝都拿孔子当挡箭牌，但原本人们还是分得清的。关键是后来法家思想借助学习日本的复兴，这一点很重要，使得人们对于秦制的批判被转移了，再加上，很多人认为辛亥革命已解决了秦制的问题，但我们知道，实质远远没有解决。

还有谢遐龄先生刚才提到的一个问题，就是儒家一些不平等的设想，比如说谁为谁的“纲”，这种不平等不自由的思想，有人说是有价值的。因为社会总要有秩序，极端的自由往往令人想到无政府状态，为了反对无政府，有人强调要有秩序，有秩序当然就要有一个服从的问题。

但从人类历史上看，有各种各样的秩序，也有各种各样的非自由和不平等，如果真要对此给予“同情的理解”的话，那么共同体的半径越小，这种同情理解的合理性可能就越大。

简而言之，儒家的性善论，在大共同体本位的情况下，是很难操作的，无怪乎人们说是“虚伪”，但是，在先秦儒家当时视为理想的小共同体本位条件下，即他们认为的“三代”背景下，就不能说是虚伪的。道理很简单，如果共同体的范围小到一定程度，它就是熟人社会，熟人中是有情感的。如果再小到亲人社会就更是这样。儿子要听父亲的话，从平等的角度讲不一定合适。但父亲不把儿子当人，毕竟比皇帝拿臣民不当人的概率小得多。这一点先秦儒家法家都提到了，儒家的《六德篇》就讲了，它说我们都讲君君臣臣父父子子，其实谁都知道君臣不等于父子。父子有骨肉之亲，父权和父亲的责任由于亲情可以不依赖于制度约束，就很自然地结合在一起。但君臣就不是这样了。中国的老百姓都知道，皇帝和父亲是不一样的："天高皇帝远，民少相公多"，那就真可能"一日三遍打，不反待如何"。但在家庭里边，如果你真的要讲夫妻之间有不平等，父子之间有不平等，如果你真的要找理由还是找得出来的。

有次在课堂上有学生对我说，他认为西方人相信性恶论，人性靠不住，就需要制度的制衡，但中国人相信性善论，相信皇帝会为我们着想，不会害我们，我们也为他着想，互相体谅，就不那么考虑制度的约束。

我说不对，西方在共同体很小的半径下，也是相信亲情伦理，不太强调制度约束的。你看即使是西方在民主制度高度发达的时候，恐怕也没人提出在家里搞三权分立，提出民主选举父亲吧？其实道理很简单，"虎毒不食子"，不管是谁当父亲，一般情况下他还是爱子女的。可是皇帝就不一样了，他认得我是谁呀？他会拿我像他儿子一样爱护？所以宪政制度、民主制度主要的价值就是在陌生人社会中，或者在大共同体中，建立靠亲情无法实现的权责对应机制。而在小共同体的熟人亲人之间，就不一定需要。比如村级民主选举，如果不是把它作为起步而一步步推进到乡、县……而是原地踏步的话，以我对农村的了解，那的确没有太大的意义。

村子越小就越是这样。我当年插队时，一个村子 13 户人，就有 11 户当过生产队长，那时生产队长没有人愿意当，几乎是轮流当的。就那么几户人，当时又不流动，同族共姓一家亲，低头不见抬头见，谁会怎么坑害谁呀？但是国家和皇帝就不一样了。小共同体里的个性是不是要那么独立，可以讨论。但是陌生人社会如果没有自由民主，如果你相信皇帝真的对你就跟对儿子一样的，你就傻了。法家和儒家都知道不是这样的，只不过儒家法家的对策大不一样。

儒家说正因为“君之于臣，非骨肉之亲也”，所以皇帝如果不像父亲那样对你，你就不像儿子那样对他，甚至如果他成了暴君，那么我们就把他推翻。我曾经把儒家的思想归结为两条：在家靠亲情，在国靠“革命”。简而言之就是在家里面我相信亲情就可以维持温情脉脉的关系。但在大共同体里那就只能试错—纠错，你对我好我就当你是君；你对我不好，我就当你是仇，以“革命”推翻你。君视臣如草芥，臣视君为寇仇。而法家韩非也讲过“君之于臣，非骨肉之亲也”，但他的办法恰恰相反：就是靠拳头，让你无条件单方面服从我。你想不服从，我就把你宰了；你如果为我所用，我就重赏你。法家从来没有设想过君臣情意，什么忠诚、道德等联系，就是用赤裸裸的暴力来解决问题。

所以我们一定不要把自由民主的对象搞错，那些东西始终最应该落实的地方就是大共同体，就是陌生人社会。而我们把自由民主变成主要是针对爹妈的，只在家里搞造反，我觉得这是非常大的错误，如果说要反思五四新文化运动，这一点是最值得反思的。

**陈卫平：**刚才秦先生提出的问题，对以往有关儒家文化的看法是有所质疑的。因为原来我们讲儒家文化，一般都会说到，它的君臣、君民关系，是把血缘关系、伦理关系与政治关系统一在一起的。今天秦先生提出，儒家其实也意识到，虽然他想把家庭的血缘关系，跟伦理关系、政治关系混淆在一起，但其实在实际中是行不通的，这也涉及，虽然儒家的影响是整体性的，但其中的复杂性我们也可以分析。

另外，我自己想做一个简单的说明，其实五四的时候，没有任何一个人提出过“打倒孔家店”这五个字，这在五四的文献中是找不到的，只有“打孔家店”，是在胡适的《吴虞文录序》里出现的。100年了，这个历史事实要搞清楚。我们不能说五四喊出“打倒孔家店”这个口号，因为这个口号不存在，最多是说五四有这样的精神，但肯定没有这样的口号，而且我认为“打”跟“打倒”是不一样的。我用一个非常土的比喻，我们的父母都打过我们，但是父母打我们是爱我们，是不希望我们倒，而是希望我们能更好地站立。

其实胡适在写《吴虞文录序》的时候，这个意思已经表达出来了，他讲吴虞是攻击孔教的健将，同时还将他比喻为北京大街的清道夫，要把儒教的渣滓扫干净，但并不是说把这条大街毁掉。吴虞是在五四反孔中激进的人，当时胡适对他的精神的概括和评价是“打孔家店”。到底五四有没有喊过“打倒孔家店”，如果没有喊过这个口号，历史教科书不应该这么写，因为文献上找不到根据。

后来我们为什么把五四精神概括为打倒孔家店？这个要到 20 世纪 30 年代的时候，当时可能正是感到这样一种概括与五四对传统文化的批评不是很吻合，所以在 20 世纪 30 年代新启蒙运动中提出了这样的口号：“打倒孔家店，救出孔夫子”，这是比较符合原来五四提出的打孔家店的精神。

**秦晖：**这个问题非常重要，但是五四新文化运动主要是反儒学，这一点其实没法否认。如果把反对的矛头主要指向小共同体，势必就是打击儒学，因为古代儒学认为服从皇帝并不是太重要的。所谓“为父绝君，不为君绝父”。法家骂儒家最厉害的就是这一点，什么“鲁人从君战，三战三北，仲尼以为孝”等等。其实儒学对于捍卫君权并不是太强调，但儒学的确是非常重视以孝为本，在家里面维持长幼尊卑秩序。假如你冲击了这个东西，不管你对孔子个人是不是尊重，的确跟儒家之间就会形成很大的分歧，后世的人们有五四反儒的印象，这个印象不能说是虚幻的，对一些细节进行更正当然非常重要，五四时期的教授不会用“文革”式的粗话骂“孔老二”，但他们反儒这个宏观印象恐怕还是很难改写。

**邓晓芒：**但有一点，我想提醒一下，秦晖先生讲到在一个比较小的共同体里面，好像就可以采取这样一种情感式的或者是家族维系式的体制，这个恐怕还是要看情况。中国传统社会，经常可以采取这种方式，比如说清官难断家务事，小共同体采取家庭、家族的规矩这种方式就可以很好地维系住了。

但是进入现代，情况就有所变化，小共同体也存在很大的问题。比如说基层干部，贪污的，擅自把村里的土地卖掉的，中饱私囊的很多。大家都是亲戚，但有的就是搞个人私利，或者几个人抱团，甚至家庭内部也出现一些问题。在现代商品经济社会里面，也出现一些靠儒家传统解决不了的问题，比如说兄弟分家，或者是家庭暴力，婚内强奸，还有虐待儿童，或者儿女独立发生的一些冲突，恐怕靠儒家那套东西解决不了，得上法庭。刚刚秦晖先生讲到的中国传统社会的很多情况，在现代社会已经变化了。

**徐贲（美国加州圣玛利学院教授）：**我对秦晖老师做一点补充，我很赞同他，君跟民的关系与父亲跟儿子的关系是不同性质的，不能用后一种关系来代替前一种关系。但关于选举问题，我想要补充一点，他刚刚划分了两种完全不同的群体，一种是大的陌生人群体，一种是小的熟人群体，小到13户的小村子，大到国家。其实，我们还总是生活在一些不大不小的公共群体里面，这是我们选举的基本环境，不同的选举都是在一些不大不小的群体范围内进行的。陌生的候选人要介绍自己，让自己变得不那么陌生，这就是竞选。我们不能在完全是陌生人的大群体中进行选举，即使在一个广大的国家里，如果你对候选人一点都不了解，也是没法选举的。太陌生没法选举，太亲近也没法选举。这就像宽容一样，宽容是一种在不远不近的人际关系中的美德。太亲近的人之间难有宽容，对太遥远的人也谈不上宽容，因为根本就不相干，随便怎么都无所谓。我们是在不大不小、不远不近的人际关系中考虑和确定我们的政治和社会行为的。

我非常同意秦晖老师的看法，不管是以什么条件来进行选举，身份的条件、性别的条件、财产的条件，总比没有选举好。这是我非常赞成的。但需要补充的是，条件都不是绝对武断的，都是建立在某种合理性上的。刚刚谈到以财产为条件的选举设立了不平等的壁垒，的确是这样。但如果我们把它放在不远不近、不大不小的群体中，还是可以看到它的合理性的。以财产为条件的选举是有合理性的，为什么？因为以前人的财产主要是土地，你有财产，就常住在一个地方，所谓有恒产者有恒心，你跟居住地的群体有密切的利益关系，你就会更多、更周全地思考与这个群体有关的事情。在美国也是这样，当时为什么拿财产作为一个条件呢？并不完全是因为有钱的人要这样决定。当然现在可以用批判的眼光看有钱人，但以前有很多流浪汉，他们跑到一个社区，住很短的时间，他们对地方事务的长久福祉是无所谓的，他们的政治决定，或者是他们其他的决定，跟常住在那儿的人的决定是不一样的。我赞同秦晖老师讲的，任何一种条件下的选举，都比没有好。一个重要的理由是，选举所体现的自由和平等价值，先只是在一个有限的范围内实行，但这些价值一旦被确立，其适用范围就会不断扩大，渐渐变成具有普遍性的价值。

在一定的范围内先实行民主，先进行自由、平等的选举是一个实践理性的问题。所谓理性，就是在道理上说得通，但光有道理不行，还得要有实践。实践就是要去做，我们现在有太多的理论，但我们从来不做。这就叫摸着石头不过河，这个时间太长，我们需要在一些不大不小的范围中，先做起来才可以。

在美国，民主和选举也是从有限范围里开始的，但一直在做。现在人们批评美国的政治制度，说那是虚假的，说以前白人可以选举，黑人不可以。其实当时宪法规定，白人是自由人，每人1票，每个黑奴按3/5个自由人计算，也就是3/5票。

**秦晖：**关键是要有竞争性，没有竞争什么都是假的。我觉得现实中每个人都可以投票，但关键看有没有竞争。

**徐贲：**哪怕投3/5票也好。

**寇志明（澳大利亚悉尼新南威尔士大学教授）：**我只想补充一两句话，我觉得我们现在讨论儒家思想忽略了一个很重要的因素，就是为什么新文化运动的这些积极人士那么讨厌儒家思想，并不是因为它本身的意义，而是因为袁世凯想利用儒家思想遮盖他自己的篡国阴谋，还有张勋复辟的时候也想靠康有为用儒家来遮盖他自己的复辟，也可以说是篡国阴谋。这并不是对儒家本身的攻击，而是对民国初年，儒家被这些政客、军阀利用，提出了质疑。

**罗多弼（瑞典斯德哥尔摩大学教授）：**我在这里感觉到我既是一个参与者，也是一个旁观者。我认为，讨论反思五四新文化运动是很有意义的。这几天我很有收获。

新文化运动需要反思，特别需要反思的一点是新文化运动把中国文化传统和西方文化传统对立起来。实际上，西方文化也好，中国文化也好，都非常多样化，我个人认为每个传统内部的区别跟两个传统之间的区别一样大，也认为这两个传统之间的区别主要体现为几个主题的变奏，而不代表本质上的区别。

新文化运动一些核心的内容，可以用“启蒙”这个词来概括的内容，我觉得还是很值得继承。比如，关于启蒙下的德先生和赛先生，有很多问题可以思考和讨论，但是中国的问题，毕竟不是赛先生扮演的角色太大了，更不是德先生扮演的角色太大了。需要继承启蒙的那些理想，而继承的过程中，我们也会发现，赛先生和德先生，跟中国传统文化没有本质上的矛盾。

## 如何审视文化激进主义

**杨联芬（中国人民大学教授）**：在众多博学鸿儒面前，我只能算学生的学生。不过，我仍不揣浅陋，提两个问题，求教于前辈和同仁。

杜先生的忧患与关怀，一直令我敬佩和感动。这次会议，在反省新文化激进主义、重估传统上，大家有许多共识。但我有一点疑虑：我们强调儒家传统的现代传承，讨论的是价值的问题，而不仅仅是知识的问题，价值问题必须落实到实践中，才有意义。但在当下现实环境中，倡导儒家传统，在实践中却往往变成闹剧，比如让中小学生集体给父母磕头或当众表演孝敬，让小学生背《弟子规》，等等。当看到那些与儒家精神毫不相干的官员身着“汉服”祭孔时，感觉很怪异，往往联想起五四新文化人对尊孔读经的辛辣讽刺。美好理想在落实到现实层面时，为什么总是变成肤浅的滑稽表演？我担心的是，今天我们对于儒家伦理的推崇，会不会与现实中的保守思潮形成共谋？

我这些年的研究，从家庭伦理、男女关系入手，清理新文化激进主义的一些负面影响。如“恋爱自由”及“自由离婚”思潮，原本体现的是个人自由的正义伦理，然而当个人主义缺乏“关怀”的维度时，男女平等、个性解放等正义观念，在实践中却往往导致非正义，如两性新的不平等，以及女性被遗弃的人道主义危机。又如新文化激进派对婚姻契约的蔑视，对家庭形式的忽略，以及儿童公育理念下个体归属于革命大家庭的乌托邦理想，导致现代中国家庭很多伦理、情感和心理的问题。但当我跟学生交流时，发现我的对话对象，跟我拟想的对象差异很大——学生比我更保守。他们一点也不激进，反而是太保守。这使我对自己的研究产生了一些疑虑：在一个需要理想和激情的时代，我却以苛刻的态度，审视理想主义的偏颇；在一个需要变革甚至革命的时代，我却以怀疑和否定的姿态剖析历史上的变革与革命。更严重的是，在女性由昔日的“半边天”，重新沦为权力和市场的奴隶，在不同阶层中以不同方式遭遇相同的公开歧视时，我却对曾经使中国妇女从暗昧与奴役中浮出地表的“解放”进行批判。我这样的研究，会不会跟现实的保守主义思潮合流，或者起到共谋的作用？

我有时怀疑：我们对于五四激进主义的反省，是不是存在视角问题？即以今日之“果”，归咎新文化之“因”。新文化激进主义的负面影响是否如我们估计的这么严重？因为即便是五四时代最激进的人，如周氏兄弟、胡适等，在家庭生活中，基本还是谨守传统伦理如孝悌等，而周作人三四十年代更自称儒家。民国时期的社会伦理状况，以及后来台湾的情形也证明，新文化与儒家传统并非水火不容，二者是可以相互兼容而形成普适价值的。所以，中国后来的问题，是否要算在五四新文化的账上，这个我也有点疑惑。

**杜维明：**这与我现在接触的议题还有一些密切的关系。新加坡虽然在相当长的一段时间内受到西方文化各方面的影响，但仍然非常突出孝道。这在日本是不可能的，日本是“忠”，在台湾也不一定这样。儒家价值的转化，在文化中国的背景下看，必须要进入文明对话的逻辑。我们长期把西方当作对话的伙伴，但和印度接触比较少。如果从西方扩展到印度、伊斯兰世界还有非洲，就会发现，儒家所提的问题，和普适价值很有关系，很有现实意义，比如女性主义、同情、责任、代际之间的关系问题，儒家都有提出。

如果把儒家文化的发展前景与五四以后的困境结合起来，与中国的现实结合起来，同时与人类现在碰到的很多大问题也结合起来看，它的发展可能会有很大不同。只举一个例子，我在哈佛大学的“道德推理”课程里做过一个非常简单又有代表性的调查。开始是在20世纪80年代，问题是：“假如必须二选一，在理性和同情、自由和公正、法治和礼让、权利和责任、个人尊严和社会和谐之间，你怎样选择?”在那个时候，75%的学生都选择左边的，也就是理性、自由、法治、人权跟个人尊严。到2009年左右再问这个问题的时候，改变非常大，赞成同情和赞成理性几乎一样多，注重责任的和注重权利的也几乎一样多。注重礼让在很多地方和注重法治也几乎一样多，唯一维持原状的就是个人的尊严和社会的和谐。

美国的学生有非常大的改变，我们觉得这似乎是走向保守，但问题不是这么简单。问题在于，现在世界秩序正在重组，越年轻的人对生态环保的敏感度越高，越年轻的人掌握的知识越多，对各种种族、文化的接触越多，所以他们的容忍度也越高。现在信息时代进入美国文化、中国文化、印度文化，有一种青年文化的出现。这种青年文化的出现，经过网络各方面的交流，形成一种非常强势的力量。而我们前面所提到的价值和法律，对年轻一代的亲和性在什么地方？对于理性的理解，依旧是非常复杂，对于自由和权利的理解也变得非常复杂。现在如果要重新反思五四传统，反思这100年，现在要考虑伦理的问题，到底应该采取什么样的态度？这不仅是儒家如何发展的问题，而是人类存活必须要有一定价值的问题。这不是中西文化融合的问题，不是这样简单的问题。在人类现在要存活的大环境下，国际秩序却非常难建立，贫富不均非常严重，霸道、强势都出现了。但是，多元倾向是没办法避免的，不可能一个文化战胜一切。多元现代性的可能有没有？还是说只有现代性中的复杂多元性？如果有多元现代性的可能，那除了西方现代性以外，东亚、非洲、伊斯兰世界的情况是怎样的？现在大家看到IS事件，认为斗争不可抗拒，非用暴力对峙不可，但如果这样，是不是回到了福山讲的历史终结问题？那对话的问题怎么去理解？我不认为对话只是一种空泛的文化交流，它中间有非常现实、实质的内涵。

中华民族的文化认同塑造不可能是封闭的，因此不能走狭隘民族主义的道路。但是民族主义从爱国主义发展到现在是非常强势的力量，不可抗拒，这是我们的主体性，但要开放，也必须是多元的。多元不是表示我们没有标准，只是变成相对主义，因为我们要开发的资源来自于自己的文化传统，而我们的文化传统是多元多样的。在这个基础上，我认为自我批判的理念非常关键，我们要以一个逐渐扩大的心胸，了解到多元现代性的可能。在这个基础上，我想才有互相对话的可能。

在现阶段，中美关系是非常紧张，我们有一个工作做了一段时间，成效很低，就是中美核心价值的文明对话问题。一个民族对另外一个民族的核心价值要有同情的了解，在这个基础上，其他的讨论才能够摆在更宽广的框架中间来进行。如果我们的视域到现阶段仍然跳不出富强的问题，也就是竞争和对抗的富强的问题，那对其他价值问题，我们会有一种无奈感和无力感。

**许明（上海社会科学院研究员）**：在整个20世纪中影响中国历史进程的“文化激进主义”，正在成为当前思想界的一个热点。实际上，关于什么是“激进主义”？“激进主义”这个概念的历史渊源是什么？谁将五四前后的新文化运动定义为“激进主义”？这些问题在学术研究中仍然是一团雾水。不少人，尤其是年轻的学者，把五四前后的反传统、白话文运动、马克思主义思潮、社会主义、无政府主义、造反、革命……一股脑儿地定义为“激进主义”，其中关于文化激进主义，当然少不了将“左翼文化运动”也包括进去。

在这里无法考证“激进主义”的学术渊源。好在目前的一些研究文献，在批判、反思“激进主义”的名义下，其所指的第一层含义是反传统，第二层含义是20世纪上半叶的左翼革命运动。这场革命运动，最终是用枪杆子来解决问题的。在一些学者眼中，这是典型的激进主义历史。我们见到所论之处，出现了革命与改良之争，渐进与激进之辩。有人为康梁扼腕，为光绪叹息，为历史上的五四评价翻案。当然，也排斥为20世纪上半叶的“文化激进主义”作理性的辩护。

本人的观点是明确而又一贯的，1993年，《文学评论》发表了我的一篇文章：《文化激进主义的历史维度》，指出：“我们不能站在历史身后指责说这本来不该如此。”文中还提到：“历史是不能被指责的，因为它不是拟人化的主体，而是一种进程。我们都想到了列宁那句著名的话：历史总是开玩笑，当你想去这个房间的时候，它偏偏让你走进另外一个房间。有人曾开玩笑，拿破仑如果再高十厘米，法国的历史就会重写；也有人做事后诸葛亮：假如希特勒不实施‘巴巴罗莎计划’（进攻苏联），欧洲的版图就不是今天的样子。同样的思维逻辑，在80年代的文化运动中，对五四以来的文化激进主义，不少人也提出了相同的说法。”

历史运动是社会合力的产物。对五四时期的激进主义的历史评估只有在对综合性的历史运动的分析中才能得出。20世纪上半叶，历史没有给中国提供得以顺利地进入世界舞台的契机。从世界史的角度来讲，中国的这场现代性运动不可能产生日本明治维新那样的历史条件，这不是中国人喜欢用激进主义的方法，而是历史不容许。简言之，一是传统束缚的力量太强大；二是创造现代性的主体——人民群众还没有形成；三是帝国主义列强不允许。

从大历史观来看，这又是中国社会的历史性转型时期的一种特殊的“文化生态”：各种主义交汇纷杂，激进主义独领风骚。它使得历史是“如此”而不是“那样”。我特别要指出今天我们研究“文化激进主义”，不要“遗忘”20世纪上半叶广义上的“文化激进主义”——马克思主义文化运动和左翼革命思潮。今天讨论它们并不让我们感到羞愧。我的团队用5年时间完成了8卷本的《20世纪中国马克思主义文艺活动史》，已交河南人民出版社出版。这场生机勃勃的文化运动正因为它属于底层劳动大众，属于革命知识分子和民族解放的历史使命，所以，它的生命力和历史合理性是无可非议的。

当然，我在这里不是一概而言地全面肯定作为一种文化现象的激进主义。20世纪下半叶的革命文化运动出现了一些历史曲折，这是另外的话题了。

**陈卫平：**我们的圆桌论坛基本上很圆满，大家有不同的意见发表，这种不同的意见有两个问题需要我们进一步考虑，第一个问题是传统文化在当代中国如何实现其价值，第二个问题是中国文化的发展，如何在多元性中保持它的主体性，我想这是我们需要继续讨论的。

（原载《探索与争鸣》2015年第7期）

# 新文化运动的主调及所谓被“压倒”问题

## ——新文化运动百年反思(上)

秦　晖*

### 从“救亡压倒启蒙”谈起

自晚清“西学东渐”以来，国人在历经磨难中对以“市场经济+自由民主”为主要内容的近（现）代化模式呈现了从认识到认同的趋势。无论这一认同初期是多么肤浅，无论把这一模式看成历史进化论意义上的一个“社会阶段”（“资本主义”），还是看成文化类型学意义上的一个“他者横移”（所谓“西化”），也无论实现这一认同是要通过渐变改良还是激进革命的方式，这个趋势似乎是明显的。

但是在一战期间兴起的“新文化运动”却出现了一大变数：一方面，新文化运动似乎是上述趋势的一大高潮，它不仅对中国“传统”的激进批判前所未有，而且对“西学”的认识明显深化，从几十年前先觉者泛泛地“叹羡西洋国政民风之美”（郭嵩焘）、“推举之法，天下为公”（徐继畲）、“礼义富足”（洪仁玕）、“君民一体，上下一心”（张树声），发展到细究“群己权界”，对“法意”“自繇”“民权”“个人”等概念有了切实的领会，并且使法治、自由、人权和个性解

* 秦晖，清华大学历史系教授、博士生导师。

放等成为流行话语；从过去笼统的“西学”，发展到西方有左中右，有多少思潮多少派，我们也相应地有左中右，有多少思潮多少派，“自由主义”“社会主义”乃至法西斯主义都曾大行其道。从这方面看，新文化运动确实是一场大“启蒙”。但另一方面，新文化运动后来的走向，乃至由运动中激进者带入的国家走向，却越来越与“启蒙”的初衷相悖，以致几十年后在“彻底反传统”的礼崩乐坏之中，我们不但没有学到“西洋国政民风之美”，反而出现了一面“打倒孔老二”，一面又“东风压倒西风”之局，儒道沦丧的同时西学几绝，一度造成“浩劫”悲剧中的文化荒漠。

这是为什么？改革开放以来人们就在不断反思，影响最大的主要有两种解释：一说是归咎于“激进”和“革命”，二者又皆因“启蒙”过了头。典型的说法是“夭折的宪政”应该怪“倒退的五四”①。另一说则相反，责怪“救亡压倒启蒙”，民族主义大潮使得“新文化”功亏一篑，该启的蒙没能启成。这两种说法都看到了一些现象，但逻辑上其实都难以自圆其说。最典型的矛盾，就是20世纪80年代倡言“救亡压倒启蒙”之说的李泽厚先生②，到了20世纪90年代又成为“告别革命”论的巨擘，同时他却又不肯放弃前说。这就像一个法国人既惋惜卢梭学说之被“压倒”，又痛骂大革命之鸱张——但大革命难道不正是卢梭学说的实践吗？如果卢梭学说真被“压倒”了，怎么还会有大革命？如果大革命应该否定，卢梭学说不正应该被“压倒”吗？又何惋惜之有？

当然，如果所说的法国启蒙只指伏尔泰、狄德罗一支，而排除卢梭于启蒙之外，这矛盾似乎就可缓和。换言之，“启蒙”包含庞杂的内容，“激进”亦有不同的方向。如果说法国伏尔泰、狄德罗式的启

① 2013年《东方历史评论》创刊礼适逢五四纪念日，活动主题就是“夭折的宪政，倒退的五四”。会上对后一命题设问道：“倒退的五四”是说后来人从五四的立场上倒退了呢，还是五四本身就是倒退？演讲者答曰：“我会选择第二个（理解）……五四本身是一个大倒退。”见http：//cul. qq. com/a/20130514/010336. htm。

② 最早提出救亡与启蒙之矛盾的似乎是美国学者舒衡哲，见［美］微拉·施瓦支《中国的启蒙运动：知识分子与五四遗产》，李国英等译，山西人民出版社1989年版，英文版发表于1984年，但李泽厚的“压倒”说更加形象而尖锐，故不胫而走。

蒙还不够，而卢梭式的启蒙却“过分”了，导致后来出现卢梭式的革命，却缺乏伏尔泰式的理性，这样解释庶几可以自圆其说——笔者并不以为法国的历史可以如此简单地解释，但显然，把“启蒙”和“激进”一锅煮更会把人搞糊涂。

就“激进”和“保守”而言，如果只讲所谓“传统”与“西化”这个维度，那么显然胡适与陈独秀尽管后来“主义”不同，但有一点却类似，他们都是“反传统”“倡西化”的激进派。而“新儒家”“最后一个士大夫”梁漱溟和冯友兰则是这个意义上的保守派。但是对于中国后来的走向，胡适固然是典型的反对者，陈独秀其实也很早就下了车，临终时实际也是反对的。而梁漱溟、冯友兰则上了车，后者还一直紧跟着走到“浩劫”年代结束。显然，尽管“文革”似乎激进到把孔子的墓都刨了，但把从“五四”到“文革”的历史简单地用“激进”或“保守”“传统”或“西化”来理解，还是不行的。

实际上，“救亡压倒启蒙”之说倒是认识到“启蒙”的复杂性的。虽然当时不便明说，但谁都知道，所谓被“压倒”的启蒙不包括马克思主义的启蒙（那恰恰是从“五四”起成为大潮的），而“救亡”如果是指民族主义，那应该说从晚清起它本身也是启蒙的内容之一，甚至是“西化”的内容之一。众所周知，以德国、意大利、波兰及土耳其为话题的西方式民族主义话语资源自晚清被引进后，在新文化运动中和运动前后都很风行，无论对辛亥前“兴汉反满”的汉民族主义，还是后来“反帝爱国”的中华民族主义都起了巨大的推动作用。

说穿了，“救亡压倒启蒙”实际上指的是民族主义压倒自由主义，并帮助了列宁主义的崛起。这与所谓“小五四（1919 年 5 月 4 日那天北京学生示威抗议巴黎和会对中国不公）压倒大五四（通常以 1915 年《新青年》创刊为起点标志而持续到 20 世纪 20 年代初的新文化运动）”的说法相呼应，并与几十年来关于“五四精神”的内涵是“民主与科学”还是“爱国与进步”之争相表里。其实，不要说“爱国与进步”，就是“民主与科学”，也曾被一些人认为是过于民粹而忽视了自由主义。以至于后来被称为“新左派”代表人物之一的甘阳，都曾一度批评“五四”只讲“民主与科学”，而无视“自由与秩序”。①

## 压倒“启蒙”的是“救亡”吗？

但是，说“五四”使民族主义压倒自由主义，并帮助了列宁主义的崛起，也面临很多解释困境。

一方面，民族主义如果与自由主义冲突，它怎么又会与列宁主义结合？众所周知，尽管列宁主义在后来的岁月里的确演变成了俄罗斯民族沙文主义，但在“十月革命”之初即新文化运动引进它之时，却是以极度排斥民族主义著称的。在1917年的列宁那里，“爱国主义”“护国主义”，甚至“革命护国主义”都是反动派的代名词。在一战时期的欧洲和俄国，一般左派反战运动只是主张和平，列宁却主张“变外战为内战”“使本国政府战败”，在很多俄国人看来没有比这种主张更“卖国”的了。虽然掌权后的列宁转变为扩张苏俄势力，但也不是在“爱国”或民族主义的旗号下，而是继承马克思“工人没有祖国”的传统，在“世界革命”和“国际主义”的旗号下实行此一转变的。

同样，尽管列宁主义传入中国几十年后也日益变成了“中国崛起”式的民族主义，但是当初它在中国激起的与其说是民族主义，不如说是打着“国际主义”旗号的亲苏情绪。当时的亲苏者尤其是其中坚，主要并不是把苏联视为中国在国际政治中合纵连横的助力，而是把苏联的制度视为比自由主义更“进步”的人类理想，因此而亲苏信苏的。这就不难理解当中苏主权和国家利益发生冲突时他们总是向苏联“一面倒”，甚至在苏联大举入侵中国的中东路事件中还打出“武装保卫苏联”的旗号。

另一方面，过去人们经常强调一战后巴黎和会对中国不公，导致民族主义在新文化运动中占了上风。这似乎符合表象层面的舆论分析。尤其是晚近金观涛、刘青峰先生运用数据库分析以数值证明：在新文化运动主要阵地《新青年》全部存在时期提到的国内外大事中，一战

① 甘阳：《扬弃“民主与科学”，奠定“自由与秩序”》，《二十一世纪》1991年第3期。

（“欧战”“世界大战”“欧洲战争”）遥占首位，共被提及448次，而十月革命只被提及287次，国内事件被提及最多的两次帝制企图（张勋复辟和洪宪帝制）只有133次，其他如义和团、辛亥革命等被提及的就更少了。而在《新青年》的一战评论中，前期并无明显倾向，一战后期的评论则明显强调协约国是正义的一方，其战争目的是“公理战胜强权”，并且对中国参战后能够得到“公理”之助、享受战胜国待遇、改变晚清以来被列强欺负的状态抱有期待。但巴黎和会后国人大失所望，主流评论又变为此战无正义可言，甚至越来越接受列宁的“帝国主义战争”之说。①

但是，进一步的分析又使人觉得这因果关系不那么简单。首先，上述数据库还显示：巴黎和会在1919年“小五四”当时虽为社会热点，但以思想文化评论而非新闻报道定位的《新青年》当年其实没怎么提及此事②，直到1921年后，即陈独秀等《新青年》主持人转向马克思主义后，才大量提及巴黎和会。金观涛等据此分析说：巴黎和会虽是五四当天游行的直接原因，但从观念史上看“它还不能被视为推动知识分子放弃自由主义的最重要事件。巴黎和会的意义，是在中国人接受马克思主义意识形态的过程中不断被加强、深化的”③。

笔者对此深以为然，并愿申而论之。我们知道，在巴黎和会上美国的立场是比较接近于中国的。由于美日国家利益的竞争，尤其是在太平洋地区坚持门户开放、列强均势而反对日本独霸中国的“海约翰主义”与日本侵华意图的冲突，不可否认也由于此时美国外交思想中“威尔逊主义”（以“公理战胜强权”、支持“民族自决”等为内容的美国式理想主义）而非“汉密尔顿主义”（不讲道义的国家利益至上）

① 金观涛、刘青峰：《观念史研究：中国现代重要政治术语的形成》，香港中文大学出版社2008年版，第398—402页。

② 和会发生当年的《新青年》第七卷（1919年12月—1920年5月）只提及1次，第八卷（1920年9月—1921年4月）甚至根本没提。中共成立时的第九卷（1921年5月—1922年7月）才重新提及，后来几年提及越来越频繁，最后不定期刊的一年多（1925年4月—1926年7月，此时该刊已基本在中共影响下）就提到了60次。

③ 金观涛、刘青峰：《观念史研究：中国现代重要政治术语的形成》，香港中文大学出版社2008年版，第399页。

正居主流[①]，美国在巴黎和会中本倾向于抵制日本对华企图，虽然因为英法等盟国迁就日本而没有实现，但美国人对此也很不满，美国国会因此拒绝批准凡尔赛和约。中国的拒签和美国的拒批，使得亚太的战后国际秩序在巴黎和会后仍然悬而未决。在“小五四”中体现的中国人民的愤怒、“海约翰主义”和“威尔逊主义”下美国的不满，加上战后英日同盟的解体、英国更愿意附和美国，都使纠正巴黎和会的不公有了可能。

1921年11月至1922年2月，在美国倡议下召开了解决远东及太平洋地区问题的华盛顿九国会议，中国在会议上据理力争，西方列强（主要是美国）在尽量维护自己在华权益的前提下也对日本形成很大压力，最终使凡尔赛和约惹怒中国的主要错误（把德国的“山东权益”转给日本）得以纠正，并延及中国参战前日本对华最无理的逼迫（“二十一条”与“民四条约”）也被追究，即所谓“将日本之对华进展给以强制之清算”[②]。尽管美国也有私心和对日绥靖的一面，中国也做了若干妥协，但总体上中国仍是赢家，不仅成功收回了山东的权益，“二十一条”和“民四条约”实际上被废除，而且开启了对战胜国列强改约维权之路[③]，在关税自主、撤退外邮、收回租借地、限制乃至分步骤取消治外法权等问题上都取得了进展。如今国内学界大都承认华盛顿会议标志着“中国国际地位的缓慢回升”，国人在会议上“得到了大体可接受的结果，与巴黎和会的空手而归形成了对比”，因此对华盛顿会议的成果“应给予一定的积极评价”。[④]

① 美国外交思想史上向有“威尔逊主义”（国际道义至上）、“汉密尔顿主义”（经济利益至上）、“杰斐逊主义”（国内自由优先而怀疑强国政策，主张孤立主义外交）、“杰克逊主义”（民粹主义和实力至上的国际干预）四大传统之说，参见 Walter Russell Mead, *Special Providence: American Foreign Policy and How It Changed the World*. Routledge：2002。实际上，任何国家尤其是有历史影响的大国，外交动机都是“私利”与“公义”兼有，权重或因时而异，但纯私利与纯公义的动机至少是很罕见的，“社会主义”的苏联和“资本主义”的美国都是这样。区别只在于不同体制下定义国家“私利”的机制：民主国家的对外“私利”接近于其国民利益，而专制国家则接近于朝廷或皇上的利益；不同意识形态的“公义”也有区别：有的乐于输出“民主”，有的乐于输出“无产阶级专政”，有的可能乐于输出基督教，有的则乐于输出伊斯兰教，等等。

② 李祥麟：《门户开放与中国》，上海商务印书馆1937年版，第204—205页。

③ 中国参加一战时已经废除了对德奥等敌国（后来的战败国）的不平等条约。

④ 汪朝光：《中国近代通史》第6卷，江苏人民出版社2007年版，第287—302页。

国际上通常把由巴黎和会到华盛顿会议形成的一战后远东格局称为“凡尔赛—华盛顿体系”，显然，如果仅看“凡尔赛”，中国作为战胜国几乎一无所获，国人的被欺辱感是明显的。但是从整体上看，由于“凡尔赛”的不公在“华盛顿”得到很大程度的纠正，中国作为战胜国的所得不仅是“大体可接受的”，而且就中国当时的实际实力地位而言，甚至可以说是很大的成功。只要看看以当时中国经济与军事的孱弱和政治上的四分五裂，却能在此后几年里先后收回青岛、胶济路、威海卫和原则上收回广州湾，就能理解华盛顿会议的意义。再考虑中国到一战晚期才参战，而且只派出了华工，并未实际参与作战，相比二战中中国“提前”抗日和举国大规模殊死作战所付惨重代价而言，一战后中国的所得应该说是很可观了。

但新文化运动尤其是其激进一翼对此却完全没有反应。由于从新文化运动中后来发展出来的国共两党势力都全盘否定北京政府，对这个政府的外交成就基本上没有给予“民族主义”的评价。说“基本上”，是因为仅就对华盛顿会议的批评来看，似乎还是有点激进民族主义色彩——这方面也是逐步显露的，像陈独秀这样的新文化运动激进派（陈当时已领导初创的中共）在华盛顿会议期间只是提醒国人求人不如求己，不要忘记巴黎和会的教训，不要对列强的“慈悲心”抱过多幻想。[①] 后来激进派的批判则越来越激烈，甚至说华盛顿会议对中国不仅无益而且有害，使中国的“半殖民地化”反倒加深了。但是，如果说类似这种指责还是“激进民族主义”对北京政府的民族主义过于温和的不满，那么真正耐人寻味的却是：连这样的指责其实也不是很多。新文化运动对华盛顿会议的真正主流态度与其说是批判，毋宁说是“无视”。

上述数据库分析表明，《新青年》对华盛顿会议的提及（61 次）不仅少于巴黎和会（87 次），而且绝大多数提及都是在会议期间的“新闻性”关注（50 次左右），会议结束后基本就不怎么置理了。而

① 陈独秀：《太平洋会议与太平洋弱小民族》，《新青年》第 9 卷第 5 号。

对巴黎和会则截然相反，如前所述在1919年《新青年》对巴黎和会的提及其实并不多，但华盛顿会议后，对巴黎和会的“思想性”关注度却随着时过境迁反倒急剧上升。1923—1924年，刚结束不久的华盛顿会议仅被提到4次，而5年前的巴黎和会却被提到12次，1925—1926年（此时《新青年》基本已经成为共产主义刊物），两者的差距更是达到1次与60次的悬殊程度。① 已经被华盛顿会议纠正的巴黎和会随时间推移被越炒越热，而纠正巴黎和会的华盛顿会议却很快被“忘记”，不仅没有赞扬，连批评也几乎没有了。这种奇怪的态度难道是“民族主义”能够解释的吗？

当然人们可以说，华盛顿会议并没有根本改变中国对外积弱之局，以后更有中东路事件和九一八危机，“救亡”仍然是头等大事。但是，那个时代中国救亡与对外学习、自我改造（所谓启蒙）事实上一直是并行的。所谓“救亡压倒启蒙”如前所述，其实指的是启蒙的学习对象由学欧美变成了学苏俄。这能用“救亡”解释吗？即便巴黎和会上西方列强迁就日本，拒绝支持同为协约国盟友的中国，确实严重地伤了中国人的心，说国人因此愤然改换“老师”似乎还说得通。（其实也未必，晚清以来国人在被侵略后一面谋反抗一面“师夷长技”，乃至“师夷长制”改革自身以图自强一直是常事，甲午战败后很快掀起了留学日本大潮就是一例。巴黎和会上西方列强的不公，只是表现在他们没有仗义执言帮中国对抗日本，当时西方自身并无新的对华欺凌之举，何以就会使国人气得不愿再学西方？）而华盛顿会议上既然西方已经改变了巴黎和会时的态度，此后中国再受的侵略（如前述的中东路事件和九一八危机）基本都是来自日、俄（苏），何以学习俄国而不再学习西方的“救亡压倒启蒙”却仍然在继续发展？

## 新文化运动倡导的主要不是民主，而是个人自由

“救亡”如此，“压倒启蒙”也很值得质疑，即便就自由主义的启

① 金观涛、刘青峰：《观念史研究：中国现代重要政治术语的形成》，香港，香港中文大学出版社2008年版，第398—400页。

蒙而言也是如此。一战期间发生的俄国革命对中国无疑有巨大影响，毛泽东对此有“十月革命一声炮响，给我们送来了马克思列宁主义”的名言。有意思的是，数据库的分析表明，在整个新文化运动期间不仅十月革命的影响远没有“欧战”大（《新青年》提及前者的全部次数只有后者的64%），而且与巴黎和会类似，在十月革命的当时乃至以后几年，这一革命被提及的次数也很少，1919—1920年更是明显下降，只是在1920年下半年开始重新被注意，尤其在1921年（中共成立之年）后对十月革命的提及才出现爆炸式增长。金观涛等对此评述说：《新青年》知识群体在头几年对十月革命“并不特别关心”，因此与其说是“十月革命一声炮响”使国人知道了社会主义，毋宁说是接受社会主义才使国人听进去了俄国的这“一声炮响”，在知识分子越来越认同“社会革命”，乃至接受社会主义后，“才对十月革命愈来愈有兴趣”[①]。

联想到前述巴黎和会与华盛顿会议的影响就更有意思。按后来流行的说法，巴黎和会上西方列强没有主持公道使国人心寒，而十月革命初期苏俄对华的高调“平等”姿态赢得国人好感。但问题在于，这两个因素都是在这两件事刚发生时最明显。后来就越来越走向反面：华盛顿会议后巴黎和会的恶果基本消除，而苏俄的对华“平等”不久就显示出口惠而实不至，甚至欺华比沙俄时还变本加厉。但是，偏偏在巴黎和会与十月革命后的初期，这两件事对国人的影响很小。事情走向反面以后，这两件事才被越炒越热，这时对两件事作出上述“民族主义”的解释应该越来越困难、越来越牵强。那么，这两件事的影响究竟是怎么回事呢？

显然，国人“无视”华盛顿会议并不是因为列强没有让步，而是因为使其让步的，是国人（主要是新文化运动精英及其后续的国共两党）不喜欢的北京政府（贬义说法是“北洋军阀”政府）。而国人在列宁上台四五年后“才对十月革命愈来愈有兴趣”，也并不是因为这几年之后苏俄对华外交越来越友善和平等，而是因为上述国人对苏俄

① 金观涛、刘青峰：《观念史研究：中国现代重要政治术语的形成》，香港，香港中文大学出版社2008年版，第399—400页。

的社会改造和新社会模式越来越看好。

换言之，变化的动力主要来自“启蒙”本身，而不是来自“救亡”。不是因为西方对中国的威胁变得更大使中国的学习对象从西方转向更为友好的苏俄，进而学习目标也从西方式的自由主义转向了俄国式的社会主义，而是相反，由于国人启蒙兴趣转向“社会革命”，导致国人、主要是新文化精英的“救亡”抗争对象从俄国人那里移除，而集中对准了“西方”。①

但是这个时期“启蒙”究竟发生了何种变化？其动力又何在？所谓“压倒启蒙”如果说是压倒了自由主义的启蒙，难道巴黎和会前后国人真的出现了追求民主、平等、民族复兴和社会主义，而不再追求“自由”的转变？

这自然涉及什么叫“争取自由”。典型西方自由主义所讲的自由不同于“多数决定”的民主，也不同于“国家的自由”“民族的自由”这类“集体自由”概念，而是与个人主义、个体权利、个性解放相联系的个人自由概念。革命尘埃落定后，中国建立的苏联式体制确实一度压抑这些东西。但是要说新文化运动，包括巴黎和会以后“向左转”的新文化运动不包括这些东西，显然也不是事实。尽管陈独秀的“德先生”“赛先生”之说脍炙人口，使得五四运动追求“民主与科学”成为习语，但是如果以为五四运动，包括其中的左翼就回避个人自由，或者把个人自由看得很次要，甚或像甘阳那样断言五四运动只讲民主不讲自由，那就大错了。

事实上根据大规模近代语料数据库进行的词频分析，“自由”“个人”“自由主义”“个人主义”“个性”等概念，其实都是在新文化运动之前不久才引入中国，而在新文化运动中大行其道的。而“民主共和”传入中国则要早得多。从鸦片战争后不久徐继畬就称道美国的“推举之法，几于天下为公”（《瀛环志略》）；薛福成说西方“匹夫有

① 众所周知其间有个聚焦于抗日的时期，那是日本侵华战争逼迫的。从新文化运动到“文化大革命”的整个历史来看，由当初学习西方到后来仇视西方显然是主流，而且主要不是在国际政治，而是在思想文化层面出现的这种变化——明显的事实是：新文化运动中曾经的“西化”激进派并不放弃针对西方列强的维权，而毛泽东晚年亲美的外交转向也没有改变他与西方相反的意识形态。

德者，民皆可戴之为君”[①]；张树声极言西人“论政于议院，君民一体，上下一心……此其体也”（《张靖达公奏议》卷八）；郭嵩焘赞叹英国“国政一公之臣民，其君不以为私”，“臣民一有不惬，即不得安其位”（《伦敦与巴黎日记》）；洪仁玕盛称美国“凡官民有仁智者，写票公举，置于柜内，以多人举者为贤能也，以多议是者为公也”（《资政新篇》）；直到谭嗣同说：“君也者，为民办事者也；臣也者，助办民事者也。赋税之取于民，所以为办民事之资也。如此而事犹不办，事不办而易其人，亦天下之通义也。”（《仁学》）总之，西方的统治者由选举产生，议会掌权，君主虚位，民权强大，令苦于专制的国人羡慕。这已然久矣。

然而“个人”的概念却传入很晚。1907 年鲁迅曾指出：“个人一语，入中国未三四年，号称识时之士，多引此为大诟，苟被其谥，与民贼同。意者未遑深知明察，而迷误为害人利己之义也欤？夷考其实，至不然矣。”[②] 按此说来，“个人”的概念是 20 世纪初传入的，而且初时很受抵制。正是新文化运动改变了这一局面。所以，后来新文化精英们常以个人解放作为新文化运动的首要特征和主要贡献。如胡适认为：“民国六七年北京大学所提倡的新文化运动，无论形式上如何五花八门，意义上只是思想的解放与个人的解放。”[③] 茅盾则说：“从思想上看，‘五四’的建设就是‘人的发见’和‘个性的解放’”，“人的发见，即发展个性，即个人主义，成为五四时期新文学运动的主要目标”。[④] 郁达夫也说：“五四运动的最大的成功，第一要算‘个人’的发见。”[⑤] 直到改革时代，王元化先生仍强调“‘五四’在中国思想

---

① 《薛福成日记》，吉林文史出版社 2004 年版，第 712 页。

② 《鲁迅全集》第 1 卷，人民文学出版社 1981 年版，第 50 页。

③ 胡适：《个人自由与社会进步——再谈五四运动》，《独立评论》1935. 5. 12，1935 年第 150 号。

④ 茅盾：《“五四”的精神》，《文艺阵地》1938 年第 1 卷第 2 期；茅盾《关于“创作”北斗》，《创刊号》1931 年 9 月 20 日；转引自卢毅《章门弟子与近代个性解放思潮》，《北方论丛》2006 年第 2 期。

⑤ 郁达夫：《中国新文学大系·散文二集》，上海良友图书公司 1935 年版，导言。

史上曾发生重大作用的是个性解放”①。

而后来对五四运动不以为然的批评者，也把“个人主义”当作五四运动的主要过失，如“新国家主义”者陈启天说：“我国自五四运动以来之最大特征为个人主义之昌行……吾人不可不明辨之而加以修正也。”②

可以说，“民主”与“共和”在新文化运动之前已成大潮（标志就是辛亥革命），而个人自由正是因新文化运动才形成大潮的。在这个意义上，与其说五四（指“大五四”）倡导“民主”，实不如说五四倡导“自由”——个人自由意义上的“自由”——更准确。

## “启蒙”之前的革命与革命之前的启蒙：民主共和，“天下为公”

何以如此呢？在讨论这个问题之前笔者首先想问：晚清中国人为何想到要学习西方？一种流行的说法是：鸦片战争后中国出现学习西方的“三千年未有之变局”，初期的原因就是西方列强打败了我们，我们觉得“落后就要挨打”，挨打就证明落后，于是去学习打败我们的人。实际上，这个说法既不能解释历史也不能解释当时。

不能解释历史，是因为历史上中原汉族国家被“夷狄”打败，乃至被彻底亡国也不止一次，何以那时汉族不认为挨打就是落后，而抛弃传统去“胡化”，反而常常是打胜仗的夷狄走向“汉化”？而且，晚清所谓被打败，其实主要是丢失一些藩属和边地，比起西晋、北宋的怀愍徽钦之祸，南宋、南明之覆巢毁卵、军事上彻底败亡皆不可同日而语，晋人宋人明人没有因此抛弃道统而学习夷狄，何以晚清那么点失败就会因此自认落后，要去学习对方？

再说不能解释当时。毛泽东曾说中国人放弃学习西方，是因为“先生欺负学生”。但是如果说过去学习西方，是因为“落后就要挨

① 王元化：《对于五四的再认识答客问》，http://www.oycf.org/Perspectives/Chinese/Chinese_2_05312001/WangYuanHua.html。

② 陈启天：《新国家主义与中国前途》，《少年中国》1924年第4卷第9期。

打”，那不就是学习“打”了我们，亦即欺负了我们的人吗？如果那时我们知道“师夷之长”与“制夷”并不矛盾，没有因为“先生欺负学生”而拒绝学习，如今何以就相反？何况，晚清西方欺负中国，是几度打上门来，兵戎相见，中国战败求和，割地赔款，虽然不比宋、明之亡国，但与巴黎和会上西方只是没有主持公道助我拒日相比，晚清那种欺负还是严重多了，更何况如前所述，巴黎和会的错误不久还得到了弥补。晚清那样的欺负都没有妨碍我们学习，怎么巴黎和会就会妨碍？

其实，说巴黎和会让中国人对西方失望并不假。但这种说法本身却会带出另一个问题：为什么中国人在和会前会对西方充满希望？鸦片战争让国人对“英夷”失望了吗？火烧圆明园让国人对“英法二夷”失望了吗？没有，因为那时一般国人对“夷狄”本无好感，谈不上希望，自然也无所谓失望。要说失望也只是对自己（没能战胜夷狄而）失望。但是到巴黎和会前就不同了，那时国人曾相信协约国列强的胜利意味着“公理胜过强权”，换言之，国人觉得西方列强不仅有实力，而且有真理；不仅强大，而且代表正义。后来发现未必如此，所以才会失望。

指望列强在国际关系中讲正义，确实难免会失望。但是，之所以会有这种指望，却是因为那时国人首先在很大程度上相信了他们内政方面的“仁义”——至少比“我大清”来得“仁义”。而这种看法其实已有很长历史，甚至（如果以徐继畬在鸦片战争后仅3年的作品为标志）比许多国人重视他们的“船坚炮利”还要早。而且，当初国人中的先觉者之所以得出这样的看法，并不是因为他们改信了基督教或接受了“西方价值观”，恰恰相反，他们那时就是从中国的传统价值观，具体说就是从“孔孟之道”出发，对比了中西现实后，发出了中国早已礼崩乐坏，而“三代圣贤之世”却见于西土的感叹。因此实际上，学习西方的动力就在中国内部。

一个奇怪的情况是：人们都知道西方的思想启蒙是在政治革命之前，无论法国的启蒙运动与后来的大革命，还是英国的清教运动与后来的国会革命及“光荣革命”，都是思想变化在先，然后革命才有了精神动力。但是论及中国近代，被当成“中国启蒙运动”的新文化运动却是在辛亥的政治革命之后才发生，这是怎么回事？

其实我们应当承认，中国的思想启蒙早在辛亥前几十年就已经出现，并且不断发展，否则根本不会有辛亥革命。只是相对于中国过去的“儒表法里”而言，中国那时的启蒙主要是冲着“法里”，而不是冲着“儒表”的，甚至“儒表”被激活了古代的崇周仇秦情绪后，还成了呼应“西学”的启蒙动力。只是后人由于种种阴差阳错把“启蒙”与“反儒”画了等号，才忽视了这“第一次启蒙”的存在。其实正是由于这第一次启蒙的推动，中国才有了冲着“秦制”而不是冲着“孔教”来的辛亥革命。而革命后发生的“新文化运动”已经是第二次启蒙，但它一方面是第一次启蒙的深化，另一方面却也是对上一次启蒙方向的偏移，而且由于种种原因后来还偏移得越来越厉害。

事情要从源头讲起。在晚清之变前2000多年，中国曾经历了另一次深刻变化，即“周秦之变”，以血缘亲情为基础的、小共同体本位的、温情脉脉的“周制”，被依靠暴力与强权统治陌生人社会的“秦制”所取代。希望挽救周制的儒家和全力推行秦制的法家成为那个大转型时代“百家争鸣”最主要的对手。儒家崇周仇秦，怀念“三代”，认定今不如昔；法家则不择手段无条件维护专制，“以古非今者诛”，终于建立了“焚书坑儒”的帝国。尽管“暴秦”的极端残酷导致其短命并使法家声名狼藉，但儒家“三代盛世”温情脉脉的乌托邦也无法恢复，最终在从秦皇到汉武的多次反复后，“汉承秦制”的制度基础上嫁接了经过“法家化”改造的、识时务的儒家（笔者谓之“法儒”），这就是所谓的儒表法里或“儒的吏化”。

但是，尽管汉武帝以后法家的制度与儒家的话语似乎都被定于一尊不容置疑，所谓的“儒法斗争持续两千年”之说在多数时段也只是“秦制”极端维护者的神经过敏，然而秦制的积弊毕竟无法消弭不满，“儒表法里”体制的表里冲突明显存在，古儒崇周仇秦传统的不绝如缕，也非“法儒”所能完全切断。在秦制下真正的儒者（而不是拿儒术做敲门砖的官僚）历来是不满现实的。从孔子的“道不行，乘桴浮于海”（《论语·公冶长》），朱熹的“尧舜三王周公孔子所传之道未尝一日得行于天地之间”（《答陈同甫》），到明清之际黄宗羲“为天下之大害者君而已”（《明夷待访录》）的惊世之言，这种“反法之儒”虽未必像如今一些拔高之论所说有什么“古典的宪政民主思想”，但“从道不从君”的古儒之风，以“民本”反极权，以“封建”反帝制，以士大夫的尊严和人格追求“独立之精神、自由之思想”，也确实给走出“秦制”的近代中国提供了思想动力，并为接轨“西学”提供了本土资源。过去他们的理想不是远溯三代，就是编出个子虚乌有的桃花源，或者缩小到某个“义门”之家，在大尺度上找不到一个现实的支点。然而到了晚清，尽管西人打开国门用的是坚船利炮，但当中国那些儒者透过这个窗口开眼去看西方社会时，最令他们震撼的并不是什么船坚炮利，而是——用传统语言来说——他们西方比秦制下的“我大清”更仁义！如王韬所言，西洋“以礼义为教”，“以仁义为基”，“以教化德泽为本”。①

当然，这“仁义”不包括国际关系，列强对大清搞的强权政治，不用说是国人必须反抗的。但是他们民主国家对自己的公民，就比大清对草民仁慈；他们的社会关系，就比大清道德；他们的法治，就是比大清讲理；他们的吏治，就是比大清清明……这是很多以儒家眼光观察西方的人那时都有的感慨。比较之下他们猛然发现，我们这个国家固然曾有伟大的文明，但已经“礼崩乐坏”了2000多年。“三代以前，独中国有教化耳……自汉以来，中国教化日益微灭。而政教风俗，欧洲各国乃独擅其胜。其视中国，亦犹三代盛时之视夷狄也。”（郭嵩焘《伦敦与巴黎日记》）

在他们看来，没有“秦制”的西方至少就其内政而言，似乎就是“三代”的再现、“仁义”的样板，用徐继畲的话说：“推举之法，几于天下为公，骎骎乎得三代之遗意焉。”而薛福成则说：“唐虞以前，皆民主也……匹夫有德者，民皆可戴之为君，则为诸侯矣。诸侯之尤有德者，则诸侯咸尊之为天子。此皆今之民主规模也。迨秦始皇以力征经营而得天下，由是君权益重。秦汉以后，则全乎为

① 钟叔河：《走向世界：近代中国知识分子考察西方的历史》，中华书局1985年版，第66—70页。

君主矣。”“孟子‘民为贵、社稷次之，君为轻’之说，犹行于其间，其犹今之英、义诸国君民共主政乎？……所以三代之隆，几及三千年之久，为旷古所未有也。”① 西方搞的其实就是我们三代“有德者天下共举之”的“公天下”，可是我们自秦以下却堕落成“家天下”，甚至“二千年由三代之文化降而今日之土番野蛮者”。用谭嗣同的话说：“二千年来之政，秦政也，皆大盗也。二千年来之学，荀学也，皆乡愿也。”（《仁学》二十九）中国已经被“大盗”和“乡愿”统治了2000多年！

什么叫“乡愿”？读过《孟子》就知道，那是古儒最讨厌的一种人，就是墙头草，随风倒，趋炎附势，谁掌权就跟谁。“乡愿”的对立面就是古儒所谓的“乡绅”，今人或把乡绅解释为“地主”。但古时所谓“绅”指的是儒者特有的一种服装，“乡”意指“乡举里选”的小共同体代表，据说“乡绅”的职责就是维护公理，独立于权势，“从道不从君”。在晚清这些“反法之儒”看来，秦制下这样的“乡绅”已经绝迹，秦以后就只有“乡愿”了；到了清朝，更是“群四万万之乡愿以为国，（儒）教安得不亡？”（《仁学》十九）那么“乡绅”哪里去了？在西方。西方的议会特别是完全民选的议会下院，晚清时最早就被译作“乡绅房”，“聚乡绅于公会”的民主制度“欧罗巴诸国皆从同”（《瀛环志略》）。据说那里的国政就靠这批不听皇上、只认公理的议员（“议绅”），成天忙于替天行道、为民请命呢。

无怪乎郭嵩焘“每叹羡西洋国政民风之美”，而薛福成、陈兰彬、黎庶昌等凡是出过洋的均有同感，“皆谓其说不诬”②。更早的徐继畬说那里“治国崇让善俗”。洪仁玕说那里“礼义富足”，“诚实宽广，有古人遗风焉”。有趣的是郭嵩焘等都是清朝官员，洪仁玕则是反清的“粤匪”，但他们对西方的看法却差不多。

当然那时朝堂上这种说法是犯大忌的，郭嵩焘、徐继畬都为此受了处分，有人更专以打小报告整他们为晋身之道。但有趣的是，这些所谓的极端守旧派只要出过洋的如刘锡鸿、陈兰彬之流，朝堂上抨击

① 《薛福成日记》，吉林文史出版社2004年版，第712页。

② 同上书，第538页。

别人称道夷狄的异端邪说，私下里“叹羡西洋国政民风之美”却比郭嵩焘等还高调，活脱脱一个“晚清毕福剑”！还有的官场油子如张树声，平时大言我朝“声明文物高出万国之上”，“不必效法西人”而官运亨通，临终不再顾忌官运了，却上遗折恳请朝廷“采西人之体，以行其用”，比后来张之洞的“中体西用”都激进许多。

这一切都是鸦片战争后、戊戌变法前即新文化运动之前几十年的事。郭嵩焘这些人当然不懂什么“新文化”，他们其实还是传统儒者，西方更未必真与“三代”相似，但是一经与西方比较，古儒心底潜藏的对“秦制”的不满就冒了出来。而崇信人性恶的法家拜服的是铁腕赏罚、顺昌逆亡的皇权，对皇上本人谈不上真正的忠诚，无权的“虚君”难免墙倒众人推。这就是中国没有搞成君主立宪，却在“公天下”（古儒的理想，据说也是西方的现实）推倒“家天下”的革命中成了“亚洲第一个共和国”的文化原因。这时并没有什么西学与儒家的冲突，相反，人们看到的是“反法之儒”开创“学西”之风，在民主共和、天下为公的旗号下实现西儒合力推倒法家秦制的图景。

值得指出的是，这些先进者把古儒“官不与民争利”“藏富于民”的“民本思想”，与西学中民权优先、国权服务于民权的民主观念结合起来，明确提出改革的目的是为老百姓的幸福和权益，“富国强兵”只是顺带的目标，甚至明言不能善待百姓、提高百姓地位的“强国”很可怕，这显然也与历史上法家的“强秦”“暴秦”图景与他们眼中的“洋三代”的对比有关。

如郭嵩焘就说：“岂有百姓困穷，而国家自求富强之理？今言富强者一视为国家本计，与百姓无与。抑不知西洋之富专在民，不在国家也。”① 谭嗣同甚至认为，专制的国家强大了反而是祸害，还不如不强大：“幸而中国之兵不强也，向使海军如英、法，陆军如俄、德，恃以逞其残贼，岂直君主之祸愈不可思议，而彼白人焉，红人焉，黑人焉，棕色人焉，将为准噶尔，欲尚存噍类焉得乎？”（《仁学》三十五）极而言之，他甚至说西方军队打败中国也具有防止“君主之祸”

① 《郭嵩焘诗文集》，岳麓书社 1984 年版，第 255 页。

的积极意义。

这种说法或许过于极端，甚至有点走火入魔，但宁死也不随师友康、梁出国避难而慷慨为变法捐躯的壮士谭复生当然不是不爱国，也不是不希望中国强大，他只是把百姓的福祉、民众的权利看得更重，主张“先民主，后强国”。这应该算是“人权高于主权”在本土思想中最早、恐怕也是最极端的表述了，即使放到现在，这种观点都算得上惊世骇俗。有趣的是，谭嗣同这种思想显然受西学东渐的影响，但看看前后文就知道他并未称引西哲，这番言论完全是从孔孟的说法中推出的。而这与“救亡压倒启蒙”“挨打证明落后”显然毫不相干。

## “个人主义”与“日本式个人主义”：西儒何以对立

但从甲午以后直到一战开打，上述局面逐渐改变，新文化运动就是集这些改变之大成。改变的原因当然很多：西学进来多了，人们一方面发现了更多的可“叹羡”之处，另一方面也逐渐明白西方与“三代”还是不同的。加之庚子“拳乱”的刺激，除了朝廷的昏庸人们更痛感国民的愚昧。辛亥后的失望，推翻了“秦制”，国家还是没有立见起色。当然也有“救亡”的影响，今人强调鸦片战争带来危机意识，其实当时国人对这沿海的失利多不太重视，反思多限于用错了人（误用琦善错贬林则徐）而已，连重视船坚炮利也是20年以后的事，远比徐继畲叹羡洋人“推举之法”更晚。但甲午就不同，中华文化的学生“小日本”居然把自认为已经学会船坚炮利的老师打得如此惨败，还首次割走了一个省，不但使人真正产生亡国之忧，也带来“文化”上的巨大冲击。然而一个重要原因是以往很少被提及的，那就是个人自由观念的引入，尤其是转经日本引入的这种观念，与欧美的“原版”个人自由思想又有微妙的，但却是重要的不同。

如前所述，鸦片战争后几十年间中国的先进者多是从儒家立场，尤其是崇周仇秦的古儒即反法之儒立场欢迎西学的。当时并没有什么

"西儒对立"，反倒是流行从法家秦制的压迫下"引西救儒"的想法，而且引的还不是"西用"（船坚炮利之类）、"西末"（办公司做生意之学），许多人直接就是称道"西体""西本"（"推举之法""乡绅房""民贵君轻""论政于议院"等"天下为公"的"国政"或"洋三代"之制）。

这当然不是说当时中国已经有了强大的"民主派"，事实上，专制者基于既得利益反民主，清朝帝王与路易十六、查理一世皆然，清朝权贵与西方权贵也大都皆然，这并不是"文化"问题。只读诗书不出国门、完全不懂"夷情"的冬烘先生以至文盲草民"盲目排外"，其实是信息缺乏的问题，也不是"文化"问题。至于反侵略与"师夷之长"本不矛盾，更不是"文化"问题。而如前所述，当时但凡知晓夷情的儒者大都"叹羡西洋国政民风之美"，区别只在于少数人公然在朝堂上说，多数人只在私下说，甚至有人朝上是揭批"叹羡"者的"极端守旧派"，私下却"叹羡"得更厉害；有人为做官从来不说真话，临终的"遗折"才表明心迹而已。这才是当时真正的"文化"现象，也是辛亥之变能够成功的重要原因。

西学（指自由主义）和儒学（反法之儒）在反对"秦制"这点上是共同的。古儒本来不满现实，认为三代乃至更早的"禅让制"比"家天下"高尚，把民主共和理解为"天下为公"并不困难。哪怕西学中的宪政民主其实不同于古儒的"三代封建"，至少西方中世纪的"封建"也的确比"秦制"更接近于"周制"，而近代西方离"封建"只有200年左右，中国废"周制"却已2000多年了，说近代西方更多"三代遗意"也合乎逻辑。西方宪政与"封建"时的"大宪章"也确有某种联系①，儒者因喜欢"封建"、反感帝制而接受宪政、"叹羡"西方并不奇怪。

但是，个人自由观念引入后就不同了。古儒在权利观念上主张小

---

① 尽管笔者反对时下那种极度强调这种联系的流行观点，更反对直接把宪政与"封建"画等号。至于秋风先生那种认为汉武帝不是继承秦制而是恢复了"封建"，"封建"又等于宪政，因此汉武帝以来中国就有宪政的论证，从史实到逻辑都是不能成立的。本文提到的晚清儒者不满时制而"叹羡"西方的事实，也说明清朝没有宪政也不是"封建"，否则郭嵩焘们还"叹羡"什么呢？

共同体本位，“为父绝君，不为君绝父”；法家则正相反，主张君权至上，大共同体本位，“君之直臣，父之暴子；父之孝子，君之背臣”。两者对立是明显的。董仲舒们在皇权威慑下捏着鼻子做“法儒”，其实不大甘心，看到西方的“洋三代”他们是很“叹羡”的。但是个人自由意味着权利观念上的个人本位，无论法家的大共同体本位还是儒家的小共同体本位与此都是格格不入的。借《六德篇》的用语说，那就不是“为父绝君”抑或“为君绝父”的问题，似乎是为“我”可以既绝君也绝父了。

反过来讲，持个人自由观念者对古儒也会产生扞格。然而，如果这种个人自由观念是英美近现代那种模式，也未必会把儒家当作主要对手。因为第一，现代个人自由观念既不接受父权至上更不接受君权至上，既不是小共同体本位也不是大共同体本位，所以持这种观念的人们对儒家如果持异议，更不可能对法家有好感。而且在儒表法里的旧制下，真正扼杀个性和个人权利的是法家体制（法里）而不是儒家话语（儒表），在逻辑上他们也应该把法家与秦制作为主要障碍。

第二，自汉武帝以后儒家已经从一个思想流派，在相当程度上变成了一种文明识别的符号体系，就像欧洲的基督教。无论古罗马还是中世纪的基督教会都不见得有个人自由的观念，甚至这两个时期的基督教各支教会都曾经以不宽容、搞异端审判和圣战著称。但自由主义和个人自由观念必须消除不宽容等，却未必要取缔基督教，事实上消除这些东西后个人自由完全可以在基督教文明中实现，并且和教会共存。同样，在“罢黜百家，独尊儒术”的中国，自由主义要消除的是“罢黜百家”之“独尊”，而不是“儒术”，消除这些弊病后个人自由也完全可以在儒家文明中实现，并且和儒学共存。但是，19—20世纪之交引入中国、新文化运动中影响大增的个人自由观念却不是这种模式，而是很大程度上来自日本。

值得注意的是，甲午以后尤其是庚子以后一方面学习西方的必要性被越来越多的人认可，另一方面日本被认为是学习西方成功的典型，国人多以日本为学西的中介。加上文化与地理更近，留学成本更低。不仅民间这么看，官方重臣如张之洞也说：“游学之国，西洋不如东洋：一路近费省，可多遣；一去华近，易考察；一东文近于中文，易通晓；一西学甚繁，凡西学不切要者，东人已删节而酌改之；中、东情势风俗相近，易仿行。事半功倍，无过于此。”[①] 于是留日大潮兴起。庚子以前，中国留美幼童留欧学生总共只有 200 人左右，而庚子以后，留学生就读日本者 1905 年已达 8600 余人，归国者也有 2000 余人。[②] 大批中国学子“北自天津南自上海，如潮涌来”，东渡扶桑“船船满坐”，[③] 远非此前之留学欧美可比，形成了当时世界史上规模最大的出国留学运动。[④]

当时国人赴日不仅数量大，而且与国内政治文化变革联系紧密。政治侨民众多，中国的维新派在戊戌失败后，革命派在辛亥胜利前，都以日本作为主要流亡地，自然也受到日本的影响，并把这种影响传回国内。至于一直在国内发挥影响的立宪派干将如杨度、汪荣宝等，也是留日回来的。尤其在一战期间欧洲兵燹连年，出国留学者几乎都往日本。而这个时期恰恰是个人自由观念大举进入中国之时。如果说 19 世纪的“西学东渐”主要靠华人赴西和西人来华，20 世纪 20 年代中国的激进思潮相当程度上来自留法学生，那么 19—20 世纪之交的个人自由思潮，包括以这种思潮为标志的新文化运动，更主要是留日学生带来的。从初期倡导个人自由最力的章太炎及“章门弟子”鲁迅、周作人、许寿裳[⑤]，到后来成为共产党缔造者的“南陈北李”陈独秀、李大钊，以及文化姿态更激进的那几位——主张废除汉字的钱玄同，直接点名批孔的易白沙、吴虞等人，都是留日出身，且他们在新文化运动时期的个人自由思想之形成，都与其留日经历密切相关。

① 《张之洞全集》第 12 册，河北教育出版社 1998 年版，第 9738 页。

② 邵宝：《清末留日学生与日本社会》，博士学位论文，苏州大学，2013 年，第 153 页。

③ 青柳笃恒：《清国人子弟何故游学于我邦》，《早稻田学报》1906 年第 141 期。转引自邵宝《清末留日学生与日本社会》，博士学位论文，苏州大学，2013 年，第 2 页。

④ 《剑桥中国晚清史（1800—1911）》（下），中国社会科学出版社 1985 年版，第 393—395 页。

⑤ 卢毅：《章门弟子与近代个性解放思潮》，《北方论丛》2006 年第 2 期。

## 日本式自由主义："个人独立"如何接轨于"军国主义"

当时日本的个人自由思想虽也是受西学影响，但却更受到明治维新时代日本独特的问题意识所培育。与中国大不相同的是，日本明治时代的近代化不是一个走出"秦制"的过程，却更像是一个走出"周制"的过程。明治以前的日本是一种诸藩林立、天皇虚位的"封建"状态，某种程度上类似于中国的"周制"，而维新就是要"大政奉还"（诸侯向天皇交还权力）、"废藩置县"。如维新先驱吉田松阴所言："天下为天皇一人之天下，而并非为幕府之天下"，力倡"一君亿兆臣民"。① 而按木户孝允的说法，明治变法"三百诸侯举而其土地人民还纳，不然一新之名义不知在何"②。显然这位明治元勋心目中的"一新"就是实现了周秦之变式的大一统，而只字不提民主。

当时这样认识者大有人在。中日双方都有不少人把日本的变革比之为"西化"版的"周秦之变"。与中国周秦时期的"儒法斗争"类似，日本在明治时代"脱亚入欧"之前也经历过一场"脱儒入法"的江户时代"新法家运动"，获生徂徕、太宰春台、海保青陵相继尊荀崇韩、存孔灭孟，宣称"儒者尽蠹物也"。"王道"是"悖理之道"，而"霸道"才是"合理之道"。③ 而明治时期的反儒学西虽然引进了一些宪政成分，却主要是用它消除"藩权"，而非消除皇权。④ 藩权消除后皇权反倒坐大，并经其后的发展，在军部专权和北一辉的"皇道社会主义"推动下湮灭了宪政，短暂的"大正民主"成为小插曲，由明治到昭和的主流使日本走上军部鸱张、天皇独断、以举国体制穷兵黩武造就"虎狼之师"的军国主义之路。

---

① ［日］吉田松阴：《将及私言》，转引自冯天瑜《"封建"考论》（电子版）。

② ［日］木户孝允：《版籍奉还建言书案·木户孝允文书》（八），日本史籍协会，第 25—26 页。转引自冯天瑜《"封建"考论（电子版）》。

③ 韩东育：《日本近世新法家研究》，中华书局 2003 年版，第 220—221 页。

④ 论者认为"日本式立宪"之不同于"英国式立宪"，就在于后者裁抑君权，前者却捍卫君权。见侯宜杰《二十世纪初中国政治改革风潮——清末立宪运动史》，人民出版社 1993 年版，第 557 页。

需要指出的是："军国"和"军国主义"这类词在后来抗日时期的中国成为严重的贬义词，但在清末民初传入中国，尤其是第一次世界大战和新文化运动期间，它不仅没有贬义，而且明显是一个褒义词。早在20世纪初，严复就把传统社会的现代化描述为"宗法社会"变成"军国社会"的过程，在他看来"周秦之变"就把这一过程完成了一半，现在要完成另一半。① 当时的革命派汪精卫、胡汉民、章太炎（有趣的是，这三人都是留日出身）等与他辩论，但辩论的主要是"排满"革命并非出于"宗法"偏见，也无碍于乃至有助于追求"军国主义"。② 换言之，在"军国主义"值得追求这一点上，双方并无异见。

而追求"军国主义"就必须实行一种独特的"个人解放"，即严复所谓"言军国主义，期人人自立"③。"人人自立"应该说是自由主义的追求，但何以说是"独特的"？那是因为当时风行的这种个人解放实际强调的是个人对于家庭、家族、乡里、采邑等依附性亲缘社会、熟人社会或笔者定义的"小共同体"的独立，而非个人对民族、国家、"人民"以及自命为代表这些"大共同体"的"组织"的独立。甚至把个人从家庭、家族、宗藩中解放出来，就是为让其能为"国家"或"组织"的伟大事业所用，成为这些大共同体的工具，而不是让其成为真正自主的、无论对大小共同体均拥有充分权利的现代公民。

关于这一点，在上述辩论中留日而主张"排满"的章太炎等人似乎比留英的严复更明确。但是，1905—1907年的这场争论主要关键词还是"军国主义"而不是"人人自立"，到了新文化运动中，"个人"就越来越成为"关键词"了。

实际上，2000多年前中国的周秦之变中，法家抨击儒家时就倡导过这种"爹亲娘亲不如皇上亲"的"伪个人主义"。大共同体本位的强化需要直接对个人进行控制，为此就不能容忍小共同体梗在其间，

① 严复：《政治讲义》，《严复集》第5册，中华书局1986年版，第1245页。

② 罗福惠、袁咏红：《一百年前由译介西书产生的一场歧见——关于严复译〈社会通诠〉所引发的〈民报〉上的批评》，《学术月刊》2005年第10期。

③ 《严复合集》第12册，（台北）辜公亮文教基金会1998年版，第145—146页。

这就是韩非所谓的“欲为其国，必伐其聚；不伐其聚，彼将聚众”（《扬权》）。因此在小共同体内提倡“各顾各”以瓦解其“聚”，就成了秦制的一大特色。法家提倡“性恶”，奖励“告亲”，禁止“容隐”，强制分家，“不得族居”，规定父子夫妻各有其财，鼓励做“君之直臣，父之暴子”，而反对做“父之孝子，君之背臣”，甚至造成一种六亲不认的世风：“借父耰钼，虑有德色；母取箕帚，立而谇语；抱哺其子，与公并倨；妇姑不相说，则反唇而相稽。”（贾谊《过秦论》）而日本在明治前的“脱儒入法”也具有类似的特点。

到了明治维新时，这种“日本式自由主义”达到高潮。以福泽谕吉为代表的日本式启蒙思想家，一方面鼓吹子女独立于父母、家臣独立于藩主、个人独立于群体，“一身独立，一家独立，天下国家亦独立”。“独立即自己支配自己的身体，无依赖他人之心。”“‘独立自尊’的根本意义恰恰在于主张个人的自主性。”[①] 但另一方面，福泽谕吉又宣传无条件忠于天皇，并且为此抨击儒家妨碍“忠君”。继明治前夜吉田松阴抨击孔子周游列国是为“不忠”之后，福泽谕吉更提出反“儒权”而扬皇权。福泽谕吉宣称：中国文人“深受儒权主义的教养，脑中充满骄矜自夸的虚文”，头脑比较复杂，难于唯君主之命是从。而“日本的‘武家’大都无知，不懂学问”，“只以武士道精神而重报国之大义，一听说是国家的利益，他们就会义无反顾地去做，犹如水之趋下一般自然”。[②]

于是福泽谕吉的“自由”与“个人独立”，其具体含义就变成独立于藩主，而效忠于国家；独立于本家族，而效忠于天皇；总之是独立于小共同体，而依附于大共同体。后之流风所及，连所谓婚姻自主、个性解放等，也都是叫人从“父母的人”变成“天皇的人”，而非真正成为独立的人。甚至养儿不尽孝而去当“神风队”，养女不事夫而去做慰安妇。女子可以不从父母，不守妇道，私奔苟合不以为意——明治以后日本的“性解放”，是很多留日中国人津津乐道的：“日本女

① ［日］福泽谕吉：《福泽谕吉全集》第3卷，岩波书店1958年版，第57、71、77页。

② ［日］福泽谕吉：《西洋事情》。

性爱笑，而中国女性爱哭，似已举世皆知”[①]，“与被封建思想束缚的中国女性相比，日本女性在社交方面的确要开放得多”[②]。很多中国留学生“对日本女性这种开放、积极的态度感到吃惊”[③]。但事情的另一面却是：“不受礼教束缚”的日本女性似乎更适合成为“军国”的工具，国家或天皇一旦召唤，她们就应该“报国奉仕”去供人蹂躏！日本式的“个人自由”就这样与“军国主义”成为二位一体的怪胎。

启蒙思想家福泽谕吉当然没有直接鼓吹过这种要妇女“为国”献身的邪恶制度，但是这种“日本特色启蒙”的逻辑如果贯彻到底，不就是这种结果吗？

随着军国主义在福泽谕吉身后的继续发展，强大起来的日本从学习西方变成了对抗西方，福泽谕吉时代的“脱亚入欧”也变成了皇道派敌视欧美的“大东亚主义”。但是，“脱儒入法”式的“日本传统批判”却在军国主义狂潮中继续发展。一些狂人在敌视西方的同时也不满意日本过去沾染上的“儒家劣根性”，他们除了崇奉被认为是日本国粹的神道外，仍然佩服中国的法家，以为后者的“大陆精神”可以治疗日本的“岛国病”。

明治后日本之走向军国主义，几乎是“脱儒入法”的逻辑延伸。这从日本最极端的军国主义学者、战前皇国史观代表佐藤清胜的言论中可见一斑。佐藤清胜于侵华战争期间、太平洋战争前夕的1939年出版两卷本大部头的《大日本政治思想史》，书中极力贬低儒学对日本的影响，他认为儒家在日本的影响只是从大化改新到桓武天皇这一时期（即相当于我国唐朝的奈良时期），与日本原有的“神治”“祷治”混合运行，形成所谓“神德两治”与“德祷两治”。而桓武以后就衰亡了。到江户时代出现以法家来改造儒家的所谓“武德两治时代”，其进一步的发展便形成了明治的“法治时代”，按照他的说法，这时出现的明治维新更是以法代儒，犹如近代版的周秦之变。

不同于明治时期日本的“欧风美雨”，这时随着“大和魂”“武士

① 不肖生：《留东外史·补》，大东书局1927年版，第168页。
② 沈殿成：《中国人留学日本百年》（上册），辽宁教育出版社1997年版，第233页。
③ 邵宝：《清末留日学生与日本社会》，博士学位论文，苏州大学，2013年，第102页。

道”的膨胀，以佐藤清胜为代表的军国主义意识形态显然已是敌视西方（主要是敌视所谓“资本主义的”自由民主）、蔑视中国（尤其蔑视儒家），但耐人寻味的是他仍崇尚韩非式的所谓“法治”。其贬儒反西而扬法的色彩十分明显。[①] 尤为有趣的是，他还热衷于批判日本人的“劣根性”。当时就有中国学者指出：佐藤清胜“为敌国‘弄笔’军人中之自厌色彩最浓者……又高唱日本人应摆脱岛国性，求为‘大陆人’以开创新历史之说。彼之《满蒙问题与大陆政策》一书，骂政府、骂国民，怨天恨地，以日本甘于岛国性之桎梏为不当，甚至诟东京为‘笼城’，迹其跳踉叫嚣之目的，无非以整个吞噬中国为制就日本人为‘大陆人’之基础而已。彼有一幻想，即使日本国都向大陆迁移，其计划之第一步迁东京政府于朝鲜，第二步迁于‘满洲’，第三步迁何处，彼未言，以意测之，殆北京、南京乎？佐藤因素持迁都大陆论，战前对其本国之诸多建设皆表不满，甚至架铁路、装电线、浚河川，彼皆以‘不必要’一词而否定之，其自厌程度之深，可想见矣！”[②] 这个佐藤清胜可算是“脱儒入法但不入欧”的代表，既反“西方”也反儒的“国民性批判”之典型了。

（原载《探索与争鸣》2015 年第 9 期）

① ［日］佐藤清胜：《大日本政治思想史》，大日本政治思想史刊行会，昭和十四年版，上卷，第 46—219 页；下卷，第 86—253 页。

② 张慧剑：《辰子说林》，《中华历代笔记全集·民国》本，其中提到的佐藤清胜著作即《满蒙问题与大陆政策》，春秋社昭和六年版。

# 新文化运动的主调及所谓被“压倒”问题

## ——新文化运动百年反思(下)

秦　晖

### 新文化运动中的“个性解放”与“社会主义”

尽管各有特色，但就本质而言，中国现代化的目标与日本乃至其他国家本无不同。然而为达到这一目标所要走的路，则因两国“前近代”社会结构的基本相异而应有所不同，“走出秦制”的中国如果在这方面仿效“走出周制”的日本，会导致严重的“问题错位”。这确实可以在新文化运动中明显地看出。

如前所述，主要由留日出身的学者为主力发动的新文化运动大力倡导个性解放和个人自由，这一诉求在思想层面主要以反儒家、反宗法“礼教”，而不是反法家为特色；在社会层面则主要以反家庭、家族和家长制，而不是反“秦制”反极权为特色。而且，这样的“自由”诉求不仅在新文化运动后期，甚至在其后的左派文化运动中仍然高涨。1920 年，已经在筹建共产党的陈独秀仍然为“个人主义”辩护，他宣称：“我以为戕贼中国人公共心的不是个人主义，中国人底个人权利和社会公益，都做了家庭底牺牲品。”① 但在 1921 年，他却又大骂起“个人主义”来：“中国人民简直是一盘散沙，一堆蠢物，

① 陈独秀：《新文化运动是什么?》，《新青年》1920 年第 7 卷第 5 号 1920.4.1。

人人怀着狭隘的个人主义，完全没有公共心，坏的更是贪贿卖国，盗公肥私。”[①] 金观涛对此评论说：一年之内陈对“个人主义”的看法“来了个一百八十度大转弯”[②]。

但笔者认为这个“大转弯”其实未必存在：针对家庭、家族等小共同体的“个人主义”，直到后来的左翼文化乃至共产主义革命文化中仍然受到“辩护”，甚至还更加被弘扬；而针对大共同体的“个人主义”，早在严复和章太炎等人论战时就不被看好了。

有学者曾指出：正是在清末民初“这场个性解放运动中，章门弟子（鲁迅、周作人等）异军突起，正式登上了近代中国的思想舞台”，“在中国近代思想家中，最彻底强调个性解放的是章太炎”。[③] 1907 年，章太炎提出“个体为真，团体为幻”，进而声称：“人本独生，非为他生”，坚决反对“张大社会以抑制个人”[④]。章太炎的这种“个人主义”萌芽于他早年对宋儒的不满，但留日期间受到江户晚期荻生徂徕等“新法家”和明治思想影响更大。他初时出身汉学（古文经学），颇讥宋儒之义理；出道后两度赴日，淹留十年，颇染明治之风，于是进而由汉学而徂徕学，“归宿则在孙（荀）卿、韩非”[⑤]，讲了许多“反孔扬秦”的话，“文革”中因此被盛夸为大法家。章太炎本与许多汉学一派的学者一样重训诂不重“大义”，“赋性近保守”，接受西学相对较晚。但“一经顿悟，则勇猛精进，有非常人所可几及者”[⑥]，因而很快成为以激进革命立场与改良派论战的好手。

不过，章太炎的激进与其说在于自由民主，不如说更多地在于其强烈反满的汉民族主义—国家主义。因此他对黄宗羲激烈反君权的古儒民本言论，远不如对其他晚明遗民的兴汉反满言论感兴趣，自谓：“康氏之门又多持《明夷待访录》，余常持船山《黄书》相角，以为不

① 陈独秀：《卑之无甚高论》，《新青年》1921 年第 9 卷第 3 号 1921. 7. 1。

② 金观涛、刘青峰：《观念史研究：中国现代重要政治术语的形成》，香港中文大学出版社 2008 年版，第 168 页。

③ 卢毅：《章门弟子与近代个性解放思潮》，《北方论丛》2006 年第 2 期。

④ 《章太炎全集》（四），上海人民出版社 1985 年版，第 458、444—445 页。

⑤ 《太炎先生自订年谱》，香港，龙门书院 1965 年版，第 6 页。

⑥ 秦燕春：《历史的重要：章太炎卷（现代学者演说现场）》，山东文艺出版社 2006 年版，第 16 页。

去满洲，则改政变法为虚语，宗旨渐分。”① 在这里他通过人为制造黄（宗羲）王（夫之）“相角”，明显地把民本—民主诉求与民族主义诉求区分开来。他曾明确说：“吾所谓革命者，非革命也，曰光复也，光复中国之种族也，光复中国之州郡也，光复中国之政权也。”②

在“欧风美雨”的明治日本，章太炎无疑也接受了许多经日本转手的“西学”中的自由个性之教，他著有《说我》《明独》等文，鼓吹个性解放和个人意识的觉醒，在这方面也算个启蒙大家，而且相当激进。但有趣的是，他在“群（共同体）独（个人）”关系中一面极力弘扬“大独”（激进个人主义），一面却又力挺“大群”（国家至上、军国主义），只用个性解放来摒弃“小群”（在他看来宗族、乡里乃至党派等皆属之）。在这方面，中日两国的“法家”传统都给他以强烈影响。徂徕学、明治维新与中国的“脱儒入法”之一脉相承，可以从章太炎此语证之：“孔教是断不可用的……程朱陆王的哲学，却也无甚关系……日本今日维新，那物茂卿（即荻生徂徕）、太宰纯（即太宰春台）辈，还是称颂弗衰，何况我们庄周、荀卿的思想，岂可置之脑后？”③

于是，章太炎得出结论：“大独必群，群必以独成……由是言之，小群，大群之贼也；大独，大群之母也。”④ 激进个人主义就这样转化成了激进的国家主义。

无怪乎王元化先生曾经以章太炎及鲁迅等章门弟子为例，解释“五四运动为什么反儒不反法？”他说：章太炎著的《秦献记》《秦政记》等，对秦始皇取肯定态度。为了“克服所谓‘一盘散沙’现象”，他把“大独”与“大群”拉到了一起，共同对付“小群”。他反对亲缘宗族的所谓“小群”，这不仅是章太炎一个人的思想，康有为破九界倡大同说，谭嗣同申言“无对待”等，莫不如此。所以这是时代思潮，其产生有具体历史背景。五四时期为什么主张非孝而反对家庭？

① 《太炎先生自订年谱》，香港龙门书院1965年版，第6页。

② 秦燕春：《历史的重要：章太炎卷（现代学者演说现场）》，山东文艺出版社2006年版，第7页。

③ 同上书，第6—12页。

④ 《章太炎全集》（三），上海人民出版社1984年版，第54页。

主张非孝的胡适、鲁迅在行为中却信守孝道。中国旧式家庭也未必像五四时代所讲的那么黑暗。只有梁漱溟对中国的家庭比较肯定，这几乎是唯一的例外。用上引的章太炎的说法，这个问题似乎不难解决。这就是他说的，“大独必须大群，无大群即无大独”。这是直接把大共同体和“个人主义”相联系了。“要实现大群，首先必破除小群自治；而所谓大独，即是从小团体、小宗派中解放出来，破除亲缘宗法的羁绊（当时所说的封建，并非指西方的封建概念，乃是指我们的宗法制度，宗法社会）。这恐怕是五四时期把非孝和反对家庭作为反封建的一个主要原因。”①

可见，“个人主义”只针对小共同体，不针对大共同体；只针对儒家，不针对法家，这并不始自陈独秀，也不始自新文化运动，早在20世纪初就由章太炎等人倡导了。

而另一方面，只用大共同体来压制“个人”，不用小共同体来压制个人，乃至继续支持针对家庭、家族的“个人主义”，也没有终结于陈独秀，更没有终结于新文化运动。直到后来的左翼文化中，弘扬个性解放，支持“娜拉出走”，仍然是热门的主题。尤其是城市里和知识分子中，很多人就是从追求个性解放和个人幸福、摆脱包办婚姻和“旧式”家庭家族，反抗族权父权夫权家长权，抗婚逃婚离家出走，而走向了“革命队伍”的。

## “礼法之争”还是儒法之争

显然，辛亥之前，乃至戊戌之前中国已经经历了一波启蒙。戊戌辛亥以后，以新文化运动为代表的启蒙是第二波。但是以往人们谈启蒙多略过第一波而只讲新文化运动，其原因恐怕不仅是后者的影响更大，更在于两者的模式大有区别。这区别主要不在于近年来人们常讲的“激进”与“保守”——实际上，不仅谭嗣同言论批判的激烈程度绝不下于新文化运动中人，包括作为五四激进派典型的陈独秀及鲁迅，

① 王元化：《对于五四的再认识答客问》，http：//www. oycf. org/Perspectives/Chinese/Chinese_ 2_ 05312001/WangYuanHua. html。

而且就行动之暴力抑或和平角度论，五四的“火烧赵家楼”也未见得甚于戊戌时的围园兵变、暴力“勤王”图谋。但是，戊戌前的启蒙针对“法里”，辛亥后的启蒙针对“儒表”。戊戌前的启蒙者抨击秦制，向往“洋三代”，类似西方中世纪晚期要求回到古希腊罗马去（实际是开创近代化）的“古典复兴”①。而新文化运动则弘扬个性抨击儒家礼教，追求一种似乎中国过去从来没有过的东西。

尽管就历史进程的实质而言，“现代化”无论在中在西确实包含许多前所未有之事，但由于古今中外基本人性其实大致相同，现代化的文化形式其实是完全可以用过去已有的象征来冲击现有弊病这种“托古改制”的方式实现的。而且由于成功的变革必须在相当程度上考虑历史形成的“路径依赖”，与人们已知的符号系统尽可能兼容，一般都不会采取“一切推倒重来”的方式。例如在西方，不要说“古典复兴”，即便后来的启蒙运动乃至法国大革命，也有浓厚的“复古”形式，所谓“革命者都应该成为罗马人”的著名口号就是一例。因此，过去人们囿于五四以后“西儒对立”的成见，简单地把“追新”与“复古”对立，以是否反儒来界定是否启蒙，实在是一种误判。

而在戊戌以后、辛亥以前是这两波启蒙之间的过渡，此期的一件大事，即清末新政时期法律改革中的“礼法之争”就很能体现这一过渡的特点。

1907—1910年，在新政大潮中围绕《大清刑律草案》的修订，引起一场大论战。辩论中的对手是以沈家本、杨度为代表的支持新律者和以张之洞、劳乃宣为代表的反对者。前者被看成“折衷各国大同之良规，兼采近世最新之学说”的“法理派”，后者则是墨守“历世相沿之礼教民情”的“礼教派”，通常认为前者进步而后者保守。但正如梁治平先生所言，今人多注意到“两派固均主张革新旧制，援用西法”②。当时“法理派”方面主要的理论家杨度和汪荣宝都是留日出

① 过去中文多译为“文艺复兴”，其实拉丁文 Renaissance 就是“复兴”“恢复”，并无“文艺”之义，这场运动也不仅有达芬奇、拉斐尔等的“文艺”成就，更是对被中世纪埋没了的包括罗马法、希腊哲学等在内的古典文明的全面“再发现”，并借以走出中世纪。

② 梁治平：《“家国”的谱系：家国的终结》，《文汇报》2015年5月8日。

身，沈家本虽未留日，但他请日本法学家冈田朝太郎、松冈义正等四人为顾问，其中冈田不仅在修律中起重要作用，使新律具有明显的明治风格，而且在辩论中“亦助沈氏辞而辟之”[①]，因此说“法理派”基本体现“日式自由主义”是不会错的。

这场辩论初期似乎只是就某些条文进行具体商榷，但不久杨度就上纲上线，大谈“国家主义”要打倒“家族主义”，对“礼教”进行了“体制内”罕见的激烈抨击。他在讲话与文章中，直接将“中国之坏”归咎于“慈父、孝子、贤兄、悌弟之太多，而忠臣之太少”，不仅国人因为顾家孝亲就不愿为国家而打仗，甚至贪官污吏也是因为顾家孝亲而走上腐败之路。可见中国的积弊就在于“家族主义发达，国家主义不发达”。在他看来如今的变革“以国家主义为宗旨，则必要使全国的孝子、慈父、贤兄、悌弟都变为忠臣”。他还追根溯源说：中国自古以来“天子治官，官治家长，家长治家人，以此求家庭之统一，即以谋社会之安宁”。这种“家族主义”就是中国礼教之真精神。反之，家长只对未成年子女行使监护、管教之权，成年后则变家人为国民，不许家长代行管制，“必使国民直接于国家而不间接于国家，此国家主义之国也”。当今之世，优胜劣汰，“国家主义胜，而家族主义败”，这是社会进化规律使然。中国要成为富强、先进的国家，就必须消除观念和制度上的家族主义残余，进至国家主义阶段。

对于杨度这种极端“反家族”的批判，礼教派代表劳乃宣反驳说：中国人的确有“但知有家、不知有国”的弊病，但造成人民漠视国家的原因，首先是专制国家的漠视民权、奴役人民。不是杨度所骂的“家族主义”，而是秦以来的专制政治使人民与国家隔膜。他指出：“从三代以上”到“春秋之世”家族最为盛行，但“列国之民无不知爱其国者”。[②] 直到“秦并天下，焚诗书以愚其民，销锋镝以弱其民，一国政权悉操诸官吏之手，而人民不得预闻”，他们怎么能真心爱国？相反，西方各国废除了专制，“行立宪政体，人人得预闻国事，是以人人与国家休戚相关，而爱国之心自有不能已者”。而且宪政国家关

① 杨鸿烈：《中国法律思想史》（下册），上海商务印书馆1937年版，第326页。
② 劳乃宣：《桐乡劳先生遗稿》（一），台北，文海出版社1969年版，第240页。

心百姓家计，更不会挑唆人民六亲不认，故“欧美之民何尝不爱其家哉”，他们既爱家，当然也爱国。因为他们知道自己是国家的主人，“深明家国一体之理，知非保国无以保家”。而杨度“今乃谓民之不爱国由于专爱家，必先禁其爱家，乃能令其爱国，亦不揣其本之论矣”[①]。

至于杨度说贪官污吏皆出于“孝子慈父”，就更令礼教派反感，劳乃宣指出中国的家族主义绝不是单言孝、悌，“事君不忠非孝也，战陈无勇非孝也”，这是广义的家族主义。“广义之家族主义，谓之国家主义可也，谓之国家的家族主义可也。今欲提倡国家主义，正宜利用旧有之广义家族主义以为之宿根。”[②]

这些所谓礼教派其实也承认，当今“天下事变亟矣”，“创闻创见之事月异而岁不同……犹拘于成法以治之，鲜不败矣。则法之不得不变者，势也”[③]。但他们留恋小共同体温情脉脉的古风，主张先改国家政治，变专制而为宪政，摆脱“秦制”的大共同体本位桎梏。梁治平先生评论说：“值得注意的是，礼教派为家族主义所作的辩护，其意绝非要抵制所谓国家主义，相反，他们试图……证明广义家族主义实乃国家主义之‘宿根’，主张将家族主义修明扩充，渐进于国家主义等等，不过说明了，他们可说是没有批判地接受了法理派所力倡和推动的国家主义。就此而言，我们可以说，法理派有其对手，国家主义却没有反对者。”[④] 笔者认为这话并不完全准确，这时的劳乃宣当然也主张爱国，但他明言所爱的是宪政之国，而非“秦制”之国，按劳乃宣的说法，他维护的“国家主义”实质上是“国民主义”——“三代以上之法，正家族主义国民主义并重者也”。这样的主张，其实是对徐继畬、郭嵩焘直到谭嗣同一路的“反法之儒”学习西方的发展。

反观杨度，他只反“家族”不反秦制，不但对专制制度毫无批判，还居然说：“以君主立宪国论之，则国君如家长，而全国之民人

---

① 劳乃宣：《桐乡劳先生遗稿》（一），台北，文海出版社 1969 年版，238—239 页。

② 劳乃宣：《桐乡劳先生遗稿》（二），台北，文海出版社 1969 年版，第 1007—1008 页。

③ 劳乃宣：《桐乡劳先生遗稿》（一），台北，文海出版社 1969 年版，第 85 页。

④ 梁治平：《“家国”的谱系：家国的终结》，《文汇报》2015 年 5 月 8 日。

人皆为其家人，而直接管理之。必不许间接之家长以代行其立法司法之权也。"[①] 这显然是十足的谬论。就其本源论，宪政的基本要义就是限制乃至取消君权，却未必取消家长权乃至领主权。古罗马的共和制就是只认男性家长为公民，有全权得参加选举而为共和；家属则置于家长权之下，并非"自权人"。反倒是罗马帝国晚期及拜占庭时期家长权崩溃，皇权直接及于家人，然而那早已是专制，没有什么共和了。中古英国作为宪政源头的"大宪章"更是限制君权，却认可贵族领主权。

当然，现代宪政应该是个人本位的自由民主宪政，不会像古代那样认可那些小共同体权力，但更不会认可绝对君权，何谈视"国君如家长，全国之民皆为其家人而直接管理之"？显然，杨度所谓的宪政并非当时民间立宪派期望的英国式虚君宪政，而是日本式的"实君宪政"，甚至是秦始皇式的绝对君权，所谓立宪云云，杨度倒也不是不想搞，但那只是用来反"封建"，而不是反专制的。

杨度反"礼教"，说礼教"以家族为本位，而个人之人权无有也"，所以他要"破此家族制度"，"采个人为单位，以为权利义务的主体"。[②] 他频频讲"个人"，以"个人主义"与他要弘扬的"国家主义"相表里。但实际上他把个人从"家族"中解放出来不是使之成为宪政国家的自由公民，只是使之成为皇上的"忠臣"；让他们脱离虽不自由、一般还有温情脉脉的亲缘小共同体，只是为了那个"天高皇帝远，民少相公多，一日三遍打，不反待如何"的大共同体。在"国君如家长，全国之民皆为其家人而直接管理之"状态下，能有自主的个人吗？秦制的残暴无道不都因此吗？

杨度关于减少"孝子"以增加"忠臣"之说，与韩非推广"君之直臣，父之暴子"有何不同？杨度关于百姓只知有家不知有国、只知尽孝不知尽忠的说法，更与韩非对所谓"鲁人从君战，三战三北，仲尼以为孝"的抱怨如出一辙。其实，"秦制"就是针对这一套的。杨度说中国的传统是"天子治官，官治家长，家长治家人"，其实"周

① 刘晴波：《杨度集》，湖南人民出版社 1986 年版，第 531 页。
② 同上书，第 256—258 页。

制”可能是这样，“百代都行秦政制”以后就不是了。暴秦推行“分异令”，汉武实行“强宗大姓不得族居”，北魏“废宗主立三长”，直到清乾隆年间在广东、江西等家族盛行地区搞“毁祠追谱”，历代征收口算、丁庸、力差、丁银，朝廷管制到每一个人，“任是深山更深处，也应无计避征徭”。所谓“家长治家人”只有在不妨碍这种管制的前提下才可以。劳乃宣说秦制使百姓不爱国，是指人民对暴政的不满，不是说专制国家无管制。明末大儒黄宗羲就以“敲剥天下之骨髓，离散天下之子女，以奉我一人之淫乐”来谴责君主专制，杨度却似乎觉得“天下子女”离散得还不够，皇上对他们的“直接管理”还要强化？

杨度和劳乃宣都是希望维持清廷存在的官方立宪派，但正如革命派中的宋教仁与章太炎并非一类一样，他们两人也大有区别。在清末大变局中，人们往往注意君宪还是共和、改良还是革命、渐进还是激进、西化还是国粹、新文化还是旧文化的区别，却很少注意到在上述区别的每一方中都还有个在中国历史上更为悠久的“儒法之别”。劳乃宣谴责秦制的极权，而希望维护儒家珍爱的小共同体温情脉脉；杨度则相反，他像韩非一样主张爹亲娘亲不如皇上亲，希望人人做“君之直臣，父之暴子”，为了无上的皇权可以杀爹杀妈。从今天的角度看，两派都有历史局限。劳乃宣对礼教的维护过于死板，而且尽管他谴责秦制、鼓吹“国民主义”，但儒表法里的痕迹仍在，这使他对杨度关于贪官污吏源于孝子贤孙的谬论反驳很不到位。今天显而易见，贪官污吏大多是因为权力无制约，法治无保障，舆论无监督，而不是因为“家族主义”不够“广义”，不是因为他们不懂“事君不忠非孝也”。但总的来看，更接近当时中国变革之切要的是劳乃宣，而非杨度。

过去人们从“法理派”与“礼教派”两个名词出发，通常都认为杨度的主张要比劳乃宣“进步”，近来随着“国学热”升温，两边都有所褒贬似成主流，但哪怕是更偏向褒劳者，也是从“西儒之别”和维护儒家的立场出发的。然而现在从更广阔的文化社会背景看，笔者认为这场争论很难说是“西儒之争”，其实也不是“法理”与“礼教”

之争。从表面上看双方争的只是刑律条文，并未涉及对于近代法治而言更为重要的三权分立和司法独立问题。而脱离上述二者，仅仅在刑律上排除家长权是否就会更接近现代法治，恐怕大成疑问。在世界历史上，更加排斥家长权而独尊皇权的拜占庭被视为“东方帝国”，而承认家长权的罗马共和国却更像是现代西方法治的传统之源。因此在当时的背景下，劳乃宣和杨度之争更像是“儒法之争”，而非“礼法之争”。

杨度早年在日本曾作《湖南少年歌》，自述出身湘军之门：“我家数世皆武夫，只知霸道不知儒。家人仗剑东西去，或死或生无一居。”又说“归来师事王先生，学剑学书相杂半”①。现在我们知道杨度自青年时代就“习帝王之术”，是晚清“帝王术”大师“王先生”王闿运的得意门生。所谓“帝王术”就是造就并维护皇权的法家权术，特点是蔑视道德与理性，迷信专制皇权，却不专忠某个帝王，而是奇货可居，待价而沽，择主而事。王闿运曾劝曾国藩篡清称帝，杨度反对共和却不忠于清室，后来怂恿袁世凯称帝则是人所共知。杨度留日以后视野开阔，倒也不泥于“国学”及“东洋之学”，但无论中外东西，他喜欢的都既非“民主与科学”，亦非道德与哲理，而只是权谋与武力：“毕（俾斯麦）相、拿（破仑）翁尽野蛮，腐儒误解文明字。欧洲古国斯巴达，强者充兵弱者杀。雅典文柔不足称，希腊诸邦谁与敌？区区小国普鲁士，倏忽成为德意志。儿童女子尽知兵，一战巴黎遂称帝。”

他把中国法家“当今争于气力”的“霸术”理论与西学中的“社会达尔文主义”融为一体，形成了他的价值观：“于今世界无公理，口说爱人心利己。天演开成大竞争，强权压倒诸洋水。公法何如一门炮，工商尽是图中匕。外交断在军人口，内政修成武装体。”② 值得注意的是此诗作于1903年，当时从谭嗣同大谈所谓“西国仁义”、中经庚子后士人普遍感到太后拳民愚昧贾祸而西学更盛，直到一战后期国人希望威尔逊主义实现而巴黎和会使国人失望之前，是国人无论学西

① 杨度：《湖南少年歌》，“百度百科”网站。

② 同上。

学儒都对现代“公理”期望最殷的时期。杨度却于此时宣称“于今世界无公理”，仅就国际关系而言确实可以说他有先见之明，但从国际关系蔓延到古今中外社会人文一切领域都“无公理”，国内政治经济都只靠强权，“工商尽是图中匕”，“内政修成武装体”，就未免过分。再发展为总体上蔑视文明崇拜野蛮，“雅典文柔不足称”，只有“强者充兵弱者杀”的斯巴达值得羡慕，就不免令人毛骨悚然了。以这样的价值观而反对“礼教”，到底是“西学”在反对“国粹”、“法治”在反对“德治”、现代法学在反对传统儒学，还是根本就是以“霸道”反对“王道”、法家反对儒家，乃至反对一切道德观念？

当然，杨度受到的外国影响无疑主要还是来自日本，他反对家族、强调个人直接服从国家无疑也是来自“日本式自由主义”。以留日的杨度为主要辩手、冈田朝太郎等日人为主要修律顾问的“法理派”与反对者的论战，常常被人拿来与1888—1892年日本的“法典论争”相提并论。“清末礼法之争”被认为是十多年前日本这场论战的中国翻版。论者在列举两场论战的诸多相同点时，也提到两者的一些不同：诸如中国的论争只在官员中以现场辩论和诉诸报端的方式进行，日本的争论则是身为教授的两派法学家以学术论文方式进行；中国的争论似乎是西学和儒学的冲突，而日本的两派则是学宗法国的大陆法系学者与学宗英国的普通法系学者的辩论等。[①]

但在笔者看来最耐人寻味的区别是：日本争论中“个人主义”的一派被认为既与“家族主义”也与“国家主义”相对立，他们的对立派则是同时捍卫“家族主义”与“国家主义”的。而中国的杨度，却把家内六亲不认的“个人主义”当成“国家主义”的工具，只抨击“家族主义”！显然，日本的争论是在明治维新已经完成“反封建”的情况下，由明治“帝国自由”向“大正民主”发展过程中的产物，那时的“个人主义”属于趋向大正民主的西式自由民权运动，是既反“封建”也反军国专制的。而杨度的“个人主义”虽然受启发于日本

① 孟祥沛：《东亚近代法制史上的两次大论争：清末“礼法之争”与日本“法典论争”的比较》，《比较法研究》2003年第6期；丁明胜：《日本明治时期民法典论争与我国清末礼法之争》，《北京市政法管理干部学院学报》2004年第1期。

而且时间比日本那场争论更晚，却带有更多的明治色彩，是只反“封建”（儒家或周制的“礼教”）而不反专制，甚至极力推动军国专制的。当然除了日本影响，它还带有更多中国本土的韩非色彩，与其说是“法理派”，毋宁说是反儒的“法家”更确切。

总体上看，现代化过程当然要有个性解放，不合理的家长权领主权需要摆脱，对于明治前日本那样的“封建”体制而言这还是首要的，因而是最重要的一步。可是对于“秦制”的中国而言，2000 年的专制皇权更需要摆脱。从徐继畬、郭嵩焘到谭嗣同就是为此学西求变的。看来，劳乃宣继承的倒是从徐继畬到谭嗣同的西儒汇融以排秦制之路，而杨度则开了借鉴明治的“学西”、以中国传统法家的立场“反礼教”的潮流。

就此潮流而言，杨度和前述的章太炎“以大独反小群而求大群”倒是非常相似的。但是章太炎被视为典型的“革命党”，杨度则不但是立宪派，而且在很多人看来还是立宪派中最“反动”者。[①]“章门弟子”后来大都成为新文化运动积极分子，而杨度作为“帝制祸首”却是新文化运动的众矢之的。尽管如此，他们的观点却有许多近似之处。“文革”时章太炎被封为“大法家”，其实杨度本来更有资格受封，只是“帝制祸首”的恶名使他失去了受封资格——但是当后来人们忽然得知他“晚年入党”时，惊讶过后会不会觉得“良有以也”呢？

## 启蒙运动真正大变化之开端

笔者说“大五四”的主调不是民主而是个性解放，这当然不是否认“大五四”主角诸君大都是民主派，只是说民主并非由他们“启蒙”而已。就他们本身而言，应该是相信抨击“家族”和“礼教”的个性解放也属于“民主”事业的一要素。如果不考虑“秦制”的存在，这种想法也并非不合逻辑，毕竟现代民主社会是要用“群己权

① 不仅指其后来怂恿袁氏复辟，而且清末立宪派本来就有主张英式宪政的民间立宪派和主张日式宪政的官方立宪派之别，即使在官方立宪派中，笔者认为他也比劳乃宣这类人更维护专制。

界”来约束小共同体权力的。但是在“百代都行秦政制”的中国，反家族礼教却显然并非民主派的专利，甚至不是他们的首创。从极权主义的立场“反礼教”，不仅在逻辑上是可能的，事实上也是秦制下的特别专横者屡屡做的。就是在近代，“只知霸道不知儒”的杨度反礼教不但在“大五四”诸君之前，而且“激进”程度也不亚于后者。

而杨度故事的更加耐人寻味在于：来自皇权强硬捍卫者的“反礼教”几年后竟然变成了“民主派”的呼声！更让人叫绝的是：最后由新文化“激进”一翼衍生的政党，日后竟然开除了创党领袖民主派陈独秀，而接纳了杨度！这难道是偶然的吗？是陈独秀和杨度两位恰好都改变了初衷而互换了立场，还是新文化运动中的“激进”其实就蕴含着一种走向反面（不是走向“保守”，而是走向“反向激进”）的逻辑？这里也可以提出这样一个问题：今天不少人遗憾清末或袁氏立宪未成，但清末姑且不论，袁氏如果作为军头按杨度的想法立宪，可能是“虚君宪政”吗？怕是不仅民主派共和派自由派无法生存，连劳乃宣这样的立宪派都够呛了吧，当然“礼教”倒是可望消灭的——就像韩非设想的那样。

杨度的故事也可以证明，中国启蒙运动真正发生的大变化，是从徐继畬、郭嵩焘、谭嗣同时代的“西儒汇融，反对法道互补”“反法之儒引西斥秦”，转向了章太炎、陈独秀时代的“西儒对立”“脱儒入法”。这一转变始于甲午、戊戌，和日本对中国的影响以及国人从直接学西改由日本中介有重大关系，又由于第一次世界大战彰显“西方弊病”，而日本思想界及留日学人对中国的影响大增，这一转变遂在当时的新文化运动中得到了更为凸显的反映。

尽管表面看来，反思自身、学习西方在这一变化前后似乎是连续的，而且之后的学习西方和反传统比之前更为规模宏大。但是除规模大小外，更为深刻的变化却是“西方”与“传统”的形象都发生了变化。

在这以前，国人之先觉者学习西方是为了走出“秦制”，在这以后，学习西方却似乎是如日本人那样走出“周制”，甚至隐隐然是要走向“强秦”。过去的思想者盛称西方如“三代圣世”，而中国之弊则由秦汉始；现在的思想者却厌恶“三代”的“封建”，而视秦汉为西方式的“平等”。最明显的是同为戊戌明星的康有为与谭嗣同，殉难于戊戌的谭嗣同追羡“三代之文化”，而抨击始皇以后“二千年来之政，秦政也，皆大盗也”。而康有为活到民国以后，却不再以“三代”为然，转而夸奖“自秦、汉已废封建，人人平等……一切皆听民之自由。凡人身自由，营业自由，所有权自由，集会、言论、出版、信教自由，吾皆行之久也矣。法国大革命所得自由平等之权利，凡二千余条；何一非吾国人民所固有，且最先有乎？”①

戊戌前后的两代“学西”人，实际上有着两种几乎相反的西洋形象：以前的西洋是：“彬彬然见礼让之行焉，足知彼土富强之基之非苟然也”（郭嵩焘）；“西土之桃花源”，“国无苛政，风俗简朴纯良，数百年不见兵革”，“百姓亲附，邻国之民喁喁慕义”（徐继畬）。而以后则是：“西洋民族以战争为本位，东洋民族以安息为本位。儒者不尚力争，何况于战……若西洋诸民族好战建斗根诸天性，成为风俗，自古宗教之战，政治之战，商业之战，欧罗巴之全部文明史无一字非鲜血所书”②；中西文明“一为自然的，一为人为的；一为安息的，一为战争的”③。前者羡慕的是一个温情脉脉的“儒家化的西洋”，而后者羡慕的则是个杀气腾腾的“法家化的西洋”。

“儒者不尚力争，何况于战”之说或许使人想到“救亡压倒启蒙”。的确，把“西洋文明”看成铁血文明是与“救亡”意识有关。但重要的显然不在于此，因为这时西洋文明的另一面即所谓“博爱”，陈独秀们也讲了不少，有趣的是他们仍然要从“反儒”方面来解读。陈独秀指出：“我们不满意于旧道德，是因为孝悌范围太狭了。说什么爱有等差，施及亲始，未免太猾头了。就是达到他们人人亲其亲长其长的理想世界，那时社会的纷争恐怕更加利害；所以现代道德的理想，是要把家庭的孝悌扩充为全社会的友爱。”④ 耐人寻味的是，这里

① 汤志钧：《康有为政论集》（下），中华书局1981年版，第708页。

② 《陈独秀文章选编》（上），生活·读书·新知三联书店1984年版，第97页。

③ 《李大钊文集》（上），人民出版社1984年版，第557页。

④ 《陈独秀著作选》第2卷，上海人民出版社1993年版，第125—126页。

对孟子“人人亲其亲长其长”的小共同体本位思想之批判，与先秦法家反儒的理由几乎完全一样：“亲亲则别，爱私则险。民众而以别险为务，则民乱”（《商君书·开塞》），也就是“社会的纷争恐怕更加利害”。不过，正如秦前批判儒家“亲亲”之说并未导致墨家“兼爱”的乌托邦，却导致了法家的“政胜其民”“国强民弱”一样，陈独秀后来也没有再讲“博爱”，而是变成大讲“阶级斗争”和“阶级专政”了，这时他怎么就不担心“社会纷争更加利害”了呢？

总之，从为反“秦制”而学西，到仿效日本为反“周制”而学西，从学西者“反法不反儒”到“反儒不反法”，从萌芽中的市民社会个性因素与传统小共同体自治因素联手先摆脱“秦制”，到集中冲击小共同体的“日本式个性解放”为大共同体的一元化控制开路，中国“启蒙”的变化早在巴黎和会导致救亡呼声之前已经很明显。整个新文化运动其实都是这一变化的产物。正是由于在对宗法礼教发动激进抨击的同时，并未对儒表法里的传统做认真的清理，个性解放的新文化在反对宗族主义的旗号下走向了国家主义。尽管笔者并不认同今天某些“新儒家”的反启蒙之说，也不赞成把“五四”和后来的“文革”作直接的因果联系，但无可否认，后来在“文革”中发动的“批儒崇法”、反孔扬秦（始皇）运动实际上是把新文化运动的这一滥觞推到了极端。

当然，所谓反宗族主义不反国家主义，并不是说那时的人们只反族长不反皇帝。新文化运动这场“文化革命”是继承辛亥政治革命、反对帝制复辟的激进运动。许多新文化精英对皇权专制的批判不亚于对宗族桎梏的抨击。章太炎与鲁迅肯定秦始皇只是体现一种“强国”情结，并不妨碍他们强烈反对帝制复辟及袁世凯和蒋介石的专制。何况明确肯定秦始皇的也只是章、鲁和毛泽东等人，陈独秀等似无这种言论，而作为新文化精英后来又成为左翼文化运动翘楚的郭沫若还曾写过《十批判书》，骂秦始皇以影射蒋介石（但毛泽东后来说他很反对此书）。

然而，新文化运动“反专制”的主流只是把传统专制当作皇帝个人的或皇帝家族的“家天下”来反，缺乏对大共同体扼杀公民个人权利（甚至也扼杀小共同体权利）的批判。似乎只要不是一姓之国而是“人民”之国，就有理由侵犯乃至剥夺公民个人自由。似乎皇帝专制是恶，而“人民”专制却是善。换言之，五四式的民主理念固然是既针对父权专制也针对皇权专制，但五四式的自由理念，即“日本式自由主义”，尽管当时的影响不亚于“民主”，但性质却不尽相同，至少在很多人那里，这种“自由”只针对家族整体主义，不针对“民族”“国家”“人民”的整体主义。在中国革命中，针对家庭、宗族等小共同体要求个人自由的认识是非常明确的，在这方面的个性解放当时可以说不亚于任何其他国家的现代化改革或革命，在这类领域决没有所谓“民主压倒自由”的问题。

但是一旦超越家族、村落进入更大范围的共同体时，这个原则就消失了。人们在针对家规族法要求解放的时候，反对的不仅是家长本人的独裁，同时也是共同体对个人自由的压制，家族长逼我嫁给某人是不行的，那么家族集体“民主表决”逼我嫁给某人行不行？当然也不行。因为我的自由人权既不是以族长个人威权，也不是以所谓家族多数意志乃至整体意志的名义可以剥夺的。但是，在大共同体面前，这种观念似乎就不存在。我反家长权也反皇权，但我对家族可以讲自由，对“民族”却似乎不能讲自由；我不能为家族利益而嫁人，却似乎应当为“人民利益”而嫁人。反对代表家族利益的家长包办婚姻，却接受代表“人民利益”的“组织”包办婚姻，在当时并不罕见。

要说已经形成的这一趋势在新文化运动前后期有什么变化，那首先是由于世界大战导致国人对西方的仰慕发生变化（绝不仅限于外交，巴黎和会也没有那么重要），在新文化运动后期即使经过日本中介的“学西”也在降温，与西方对立的苏俄逐渐成为新的“老师”。其次，由于此期间袁世凯、张勋两次帝制复辟引起国人“民主”“革命”情绪反弹①，在大共同体本位的形式上以“国家”利益打压个人为主逐渐变成以“人民”“革命”利益打压为主（这也可以显示打压

① 帝制复辟是《新青年》提到最多的国内事件，也是第三多的国内外事件，它对新文化运动的反向激励非常明显。见金观涛、刘青峰《观念史研究：中国现代重要政治术语的形成》，香港中文大学出版社2008年版，第398页。

自由的主要并不是民族主义或“救亡”需要，而是民粹倾向）。最后，如果说章太炎只是主张“大独”不能反对“大群”，那么后来的左翼文化就变成“大群”要压倒“大独”（为“人民”而反对“个人主义”）了。这几条都显示“俄式社会主义”的影响占了优势。

但是即使这种状况下，“大独”反对“小群”（针对家庭家族的个性解放）仍然是受鼓励的。在小共同体层面，婚姻、爱情甚至财产等仍被视为个人权利。前两者就不必说了，后来的左倾政治虽然倡导“共产”，但对非官办的草根小共同体财产却是提倡“小私有化”的。当年苏区“乡绅共产党人”傅柏翠未经“组织”准许就利用其乡里道德感召力搞起“公田制”的“共家社”，却被打成“反革命”。[①] 一个有趣的现象是：革命中的土改不仅分掉了富人的私有土地，而且分掉了“公尝土地”或“族庙公产”（许多地区这类地产比地主私有地更多，成为土改的主要对象）。传统乡村中自商鞅变法后就不发达的小共同体财产至此完全消灭，农村一时出现了“百分之百的小农私有”。当时消灭“族庙公产”的理由是管理不民主，“公产”实际上控制在家族长手里，所以那是“封建”的。但是后来大共同体的国有财产以及大共同体行政末梢的“集体财产”难道就是民主管理的，就没有被权势者控制？显然，关键在于土改建立的这种“私有”只是针对小共同体而言，后来上面一声令下，百分之百的“一小二私”马上变成了百分之百的“一大二公”。笔者曾指出：有村社集体主义传统的俄国农民之“被集体化”，要比完全“小私有”的中国农民困难得多。[②] 这才是土改时消除小共同体集体主义的真正理由。

总之在小共同体内，婚姻、爱情、财产这些“个人问题”不仅家长的“专制”权力不能决定，即便家内、族内众人“民主决定”也是不行的。但是在大共同体层面，个人权利或许仍不该屈服于皇上或（革命者所反对的）政府的专制决定，然而如果是“人民”的多数意志，或者代表“人民”的“组织”意志，个人权利就无效了。换言之，小共同体中无论“专制”还是“民主”似乎都不能取消“自由”，

① 林国清：《奇人奇事傅柏翠》，《炎黄纵横》2006 年第 1 期。

② 秦晖：《传统十论》，东方出版社 2014 年版，第 241—261 页。

但大共同体中皇上似乎不能取消自由，“人民”或“人民的权力”却是可以取消自由的。

而如前述，那种只对小共同体有效的自由或“个人主义”，即“日本式自由主义”，过去可以和“军国主义”结合，如今也可以和俄式社会主义结合。事实上，到新文化运动发生时，日本已经处在“大正民主”时代，明治宪政一时似乎有向英国式宪政演变的趋势，福泽谕吉式的“日本自由主义”也似乎在向一般自由主义发展。然而，这一时期日本思想界对中国有影响的已经主要是左派社会主义者，如幸德秋水、河上肇、堺利彦、小林多喜二等，这种日本左派思想的影响已经从属于俄式社会主义，而在中国社会主义来源中不占重要地位了。加之“大正民主”转瞬即逝，相比之下，日本自由主义对新文化运动时期的中国自由主义影响更大，而这些影响仍然是明治时代的遗产。

## “娜拉出走以后”：从日式自由主义到俄式社会主义

有种说法认为，民国时期中国自由主义的毛病是其经济观点带有费边社拉斯基式的社会民主主义色彩，对自由市场缺少弗里德曼或哈耶克式的彻底信服，这导致了他们后来做了不合适的选择。笔者理解这种说法的心路，但不能苟同此说。20世纪前半期中国的命运归根结底是一场战争决定的，哪怕中国自由主义者个个如哈耶克，对战争结果也未必有什么影响。其次，无论弗里德曼或哈耶克对不对，像他们那种“彻底的”市场观点在西方也并不那么流行。而遑论“带有色彩”，就是拉斯基们完全掌权了的“民主福利国家”哪怕有种种缺点，但都不会给自由带来灭顶之灾。更何况经济观点与政治选择未必有固定的联系，胡适也对市场经济有保留，但他的政治选择并不与罗隆基相同。就算是罗隆基，所谓的选择也只是使他作为自由主义者受了迫害，并没有使他变成自由的反对者和扼杀者。

但是“日本式自由主义”则不同，它直接有“暗道”通向反自由的体制，无论是日本式的“军国主义”还是俄式的极权主义。在这方面，新文化运动的最著名代表之一，无论作为“章门弟子”传播自由个性还是后来走向左翼文化运动都堪称典型的鲁迅可以作为样本。

王元化先生曾指出鲁迅与其师章太炎一样深受留日时期的影响，一样“反儒不反法”，一样欣赏“法道互补”，一样称赞过秦始皇（但同时也坚持反对“不代表人民的”专制，如章太炎之反袁世凯、鲁迅之反蒋介石），一样提倡“大独大群”而反对“小群”。“章太炎常常提到的拜伦、尼采等思想家，也同样为鲁迅所尊崇；甚至连章太炎惊世骇俗地‘承认自己有神经病’，也成为鲁迅后来创作《狂人日记》的原本。”①

但是我们看到，章、鲁也有很不相同之处：章太炎行文极尽古奥，鲁迅却不但提倡白话，甚至还想废了汉字改行拉丁拼音。章太炎晚年复归于“国学”，鲁迅却由学日而进一步师俄，而他提出的“娜拉出走以后怎样”的著名问题，更是对“日本式自由主义”前景的拷问。

鲁迅是在新文化运动末期向左翼文化运动转化的1923年年终提出这一问题的。娜拉是挪威作家易卜生剧作《玩偶之家》中为追求自由个性而离家出走的女主角，但易卜生本人并没有提出这个问题，或许在挪威的环境下这个问题并不重要。然而鲁迅敏锐地觉得这是中国的一个严重问题。他认为在当时中国的条件下，出走后的娜拉多半只有两个结局：或者“堕落”，或者“回来”。在鲁迅看来两个结局都很不妙。鲁迅认为这是由于社会经济不平等造成的，他明确地说：“如果经济制度竟改革了”，那关于娜拉出走之后的担忧就“当然完全是废话”了。②

显然，鲁迅的结论是出走以后的娜拉应该投身于变革经济社会制度的事业，亦即投身于“革命”。然而他绝对没有想到，在“日式自由主义”转化成“俄式社会主义”的中国，这样做的娜拉们可能会遇到更大的问题，甚至比“堕落”与“回来”都犹有过之。

---

① 王元化：《对于五四的再认识答客问》，http://www.oycf.org/Perspectives/Chinese/Chinese_2_05312001/WangYuanHua.html。

② 《鲁迅全集》第1卷，人民出版社1980年版，第158—160页。

## 从“儒表法里”到“马表法里”：历史的循环与启蒙的再出发

第一次世界大战与新文化运动已经过去一个世纪，如今反思，令人感慨万千。第一次世界大战后巴黎和会对中国不公，导致民族主义在新文化运动中占了上风，这是过去人们经常强调的。但是巴黎和会的不公其实在几年后的华盛顿会议上基本得到了纠正，新文化运动尤其是其激进一翼的趋向极权化却没有改变，甚至变本加厉。这是为什么？

笔者认为，比所谓“救亡压倒启蒙”更为深刻的变化，来自“启蒙”本身。首先是西方自由主义经明治后日本中转的变异版本。日本式自由主义要求人们从家长和藩主束缚下解放个性，解放的结果是效忠天皇与国家，这种“伪个人主义与军国主义二位一体”的版本一战前即对中国有影响，代表是章太炎，一战后影响更大，代表是鲁迅。而原版的西方自由主义本来影响就弱，一战后受“反资本主义”潮流影响更弱。战后日本对华影响大增，日本式自由主义影响下的鲁迅—巴金式的反家庭反礼教“启蒙”不仅没有被“救亡”所“压倒”，反而与救亡相得益彰、互相激励，出现“启蒙呼唤个性，个性背叛家庭，背家投入救国，国家吞噬个性”的悖反现象，而这又与一战后西方社会主义经俄国中转的变异版本一拍即合。

鸦片战争后因“反法之儒开创学西之风”而出现的转型机会，一变而为“马克思加秦始皇”。中国社会从“儒表法里”经历了无数波折之后，只是变成了“马表法里”。

当然，这并不能否定新文化运动的大方向。今天的改革也并不是重新要回到“儒表法里”的时代（重回“三代”就更不可能）。事实上，如果“秦制”不是积弊深重，只靠“尊王攘夷”，国人是不可能这么热心地掀起“新文化”大潮的。而人类的现代化尽管可以有无数的“特色”，但明确“群己权界”、己域要自由、群域要民主，无疑是个普遍规则。平心而论，自由主义与社会主义对实现这些规则都是至关重要的。在西方，两者只是“群己权界”的界有不同的划定：左派倾向于在经济方面扩大群域而在伦理方面扩大己域，右派则倾向于经济方面扩大己域，而在伦理方面扩大群域，从而导致经济领域的自由放任 VS 福利国家、伦理领域的婚姻规范 VS 同性恋权利之类的争论。

但是，以个人权利为基础，“由身份到契约”，以个人同意让渡某些权利来建立公共领域，这些原则其实是共同的。“我们越往前追溯历史，个人就越表现为不独立，从属于一个较大的整体”[①]，而现代化就是要摆脱这种状况，追求人的自由个性——作为客观过程描述，历史是不是真的如此容或可商，但作为价值诉求，马克思的这个说法其实与自由主义并无二致。当近代中国面临“三千年未有之变”时，这个问题也摆在了人们面前。

然而无论在东在西，“个人独立性”从来不是一蹴而就的。西方中世纪是个“小共同体本位”的体制，摆脱小共同体的束缚曾经需要一个“市民与王权的联盟”，即霍布斯与博丹的时代。到了“市民”摆脱“封建”以后，他们就开始与王权斗争，要求摆脱对“大共同体”的依附了。这就是洛克与卢梭的时代。而秦制下的中国恰恰是个“大共同体本位”的体制，不仅压抑个性最严重的是秦制，古儒向往温情脉脉的小共同体，也反感秦制，现代化价值观本来与这种“反法之儒”处于类似西方走出中世纪时“市民与王权”那样的联盟状态。而这个时候西方“市民”恰恰又已经摆脱王权，由此形成的反王权专制、争取民主自由的思想资源本来是国人最能接受——尤其是持古儒立场者最能接受的。这就是戊戌前乃至辛亥前的状态。

但是日本则不然，日本近代化要从“走出周制”开始。他们的自由诉求不是冲着王权而是冲着小共同体是很自然的。日本人“脱儒入法但不入欧，而是走向‘大东亚’”，导致明治后日本没有建立宪政民主而是建立了“一君亿兆臣民”的“军国”体制。军国主义的膨胀最终不仅祸害了亚太各国尤其是中国，而且也给日本带来灾难，使明治后得以振兴、一战后进一步崛起的这个“强国”到了二战便化为一片废墟，直到二战后才在美国强势影响下摆脱“秦制”而走上宪政民主

① 《马克思恩格斯全集》第 46 卷（上），人民出版社 1979 年版，第 21 页。

的轨道，同时由“军国”转向和平发展。但是，如果就日本自身的历史进程看，明治维新的“脱儒入法”“伪个人主义与军国主义结合”无疑是一种合乎逻辑的变革。

明治时期的启蒙思想家津田真道曾宣称：“宇内国体数种，概括为君民二政”，亦即君主制和民主制。而“君政其内，唯封建、郡县二体”，前者如明治前日本及先秦中国，后者如秦后之中国。津田承认民主制更“文明”，但现在日本还不够条件，而中国秦制以来的历史表明“封建生于国初草昧之世，郡县形成于稍具文明之秋”，所以后者应该成为日本现时的目标：“天下皆郡县，四海唯一君。陪臣及陪臣的陪臣，皆为朝臣。”以后到“文明”进一步提高时再考虑转向“民政”。①

尽管后来日本并没有自行完成向“民政文明”的进步，而是军国主义栽了大跟斗后在被占领状态下实现的民主化，但是，日本的现代化确实是从走出“周制”（“封建”）开始的，而明治维新确实完成了这个任务。明治后日本一度得以“富强”虽未必就是“秦制”之效（战后日本在民主制下的富强无疑远超于战前），但确实是走出“周制”加上学习西方之效。从这个意义上讲，明治天皇不能比之于华盛顿，但比之于彼得大帝、路易十四和威廉一世，还是当得起的。

然而，中国在这方面向日本学习，结果就东施效颦，比日本还不如了。中国早在2000多年前已经结束了“周制”，而“秦制”之弊则积重难返，儒者既已积郁思变，学西理所当然。由“反法之儒”承接的“西学东渐”所开启的中国现代化，实际就是要走出“秦制”。然而日本学西速效，使国人欲循其“捷径”，却从日本那里学来了“走出周制”的药方。结果是明治式的“富国强兵”没有学来——本无“周制”可以走出的中国并未获得走出周制的好处，反倒使“秦制”之弊变本加厉。以儒家而非法家为敌的“日本式自由主义”犹如在日本那样没有给中国带来民主宪政，却也没有带来日本式的富强，只是使中国的新文化运动也走向了“伪个人主义破坏小共同体而为军国主

① 津田真道：《郡县议》，《中外新闻》1869年第6号1969年3月。

义开路”的方向。

但是“军国主义”并没有像在日本那样解决中国的贫弱问题，一战的灾难和20世纪20年代末开始的大萧条又严重地损害了“西学”的影响力。这个时候中国人又“顺理成章”地找了第二个老师，那就是苏俄。如果说军国主义膨胀后的日本放弃学西后转向以自产的“武士道”来对抗西方的自由民主，那么远未富强也不那么自信的中国人则从俄国拿来“社会主义”以替代“西学”。其实，社会主义与自由主义一样本来都是“西学”的左右两翼，前者倡平等，后者争自由。在西方，前者衍为福利国家，后者衍为市场竞争。但是经过日俄两国转手后的两种“主义”都已经不是原来“西学”中的样子。

无论中日，近代化中的对外学习始终有个“先生欺负学生”的问题，所谓“救亡压倒启蒙”也有这个意思。但是这个问题本来并不那么难解。日本在黑船叩关后一边“攘夷”一边“入欧”，中国又何尝不是如此？19世纪欺负中国的主要是西方列强，但中国的“反法之儒”在反侵略的同时恰恰最热衷于西学。到了20世纪，西方列强在华实际处于尽量维护既得权益（但也在逐渐退缩）状态，基本没有新的权益扩张。而侵略中国更狠，甚至使中国真正面临“救亡”危机的主要变成了俄日两个强邻。但是恰恰在这时他们取代西方成为我们先后学习的主要对象。

这本身也未必就是严重的问题，正如19世纪思想上体制上学习西方与国家权益上抵制西方并不矛盾一样，20世纪对日俄本来也可以如此。思想上深受日本影响的鲁迅在国家利益上并不是所谓的“亲日派”(与乃弟不同)。但真正的问题在于，这时对于中国自身的近代化诉求而言，学日、学俄都造成了严重的问题错位，而这又与我们自身深厚的“秦政荀学”传统有关。日、俄作为国家对中国的侵略行为，他们当然必须负责。但是中国人在自身改革中学习他人的思想，借鉴他山之石，只要不是被强加的，而是我们的自主行为，这一过程中的问题错位是不能怪别人的。如清末修律时请冈田朝太郎为顾问，他对“法理派”影响很大，其可以反思之处已如上述。但冈田作为学者的影响是“法理派”自主接受的，冈田本人对日本官方扩张日本法律效力于国外的企图是批判和抵制的。把他对中国法律改革的意见视为“外国侵略者的发难”是不对的。①

“法家学说成为军国主义和极权主义两者的共媒，而儒家道德与自由民主西学成为两者共同的牺牲品”，这就是我们要反思的问题。在这方面，新文化运动的全力反儒，和作为其反弹的“反西之儒”一味斥西，都可以说是找错了“敌人”。结果是：在本土“传统”方面古儒的仁义道德很容易被毁弃，法家的“强国弱民”却变本加厉。而在外来影响方面，“自由民主”与“福利国家”对我们的影响非常有限，但军国主义和极权主义的影响却一直是个大问题。这就是我们在今天的反思中应该要注意的。

（原载《探索与争鸣》第 10 期）

① 杜钢建：《沈家本冈田朝太郎法律思想比较研究》，《中国人民大学学报》1993 年第 1 期。

# 知识分子如何避免观念的陷阱

## ——从新文化运动的启蒙理性到政治激进主义

萧功秦*

近30年以来，知识界对新文化运动的心态发生了明显的转向。如果说，从20世纪八十年代初期，处于改革开放初期的中国主流知识界对这场思想文化运动怀有强烈的道德激情与浪漫审美心态，那么，现在更多的是转向平和、冷静与审慎的反省。本文尝试以一个保守主义者的视角，从经验主义立场，怀着同情理解的态度，对20世纪这场决定中国命运的思想文化运动中的激进主义作进一步的反思。

### 中国激进反传统主义是世界思想史上的独特现象

众所周知，发端于1915年的新文化运动，其内部始终存在两种思潮势力，一种是北方以《新青年》为代表的激进反传统派；另一种则是南方以《学衡》为代表的，被汪荣祖先生称为具有新古典主义的人文主义立场的保守派。① 在这两种思潮对话与碰撞中，保守派与激进派在现代思想史上都有重要地位，都为中国20世纪的思想发展作出了

* 萧功秦，上海师范大学历史系教授、博士生导师。

① 汪荣祖：《新文化运动的南北之争——重新认识新文化运动的复杂面相》，《探索与争鸣》编辑部《“现代化与化现代：新文化运动百年价值重估”国际学术讨论会论文集》（上册），2015年，第19—27页。

自己的贡献。然而，必须承认的是，北派的激进反传统主义思潮是新文化运动的主流。陈独秀在《敬告青年》中宣称，“固有之伦理、法律、学术、礼俗，无一非封建制度之遗”，“吾宁忍过去国粹之消亡，而不忍现在及将来之民族，不适世界之生存而归消灭也”。[①] 这种激进反传统主义思想可以说是新文化运动北派的宣言，这种话语在当时占有优势地位是毋庸置疑的。

这种激进的全盘传统主义的强烈程度，吴稚晖、钱玄同与鲁迅三人表现得最为典型。吴稚晖喊出“把线装书扔到茅坑里去”的著名口号。钱玄同提出要“废除汉字”，在他看来，“2000 年来用汉字写的书籍，无论哪一部，打开一看，不到半页，必有发昏做梦的话”，“初学童子则终身受害不可救药”。[②] 他还说：“欲使中国不亡，欲使中国民族为 20 世纪文明之民族，必以废孔学灭道教为根本之解决，而废记载孔门学说与道教妖言之汉文，尤为根本解决之根本解决。”[③] 钱玄同认为，为废孔学而废汉文之后，可用世界语取而代之。陈独秀则对钱玄同的激进反传统思想予以坚决支持，他认为自古以来汉文的书籍，几乎每本每页每行，都带着反对“德”“赛”两先生的臭味。

鲁迅最著名的观点是“礼教吃人”，他在《狂人日记》写道，“我翻开历史一查，这历史每页上都写着‘仁义道德’几个字，我仔细看了半夜，才从字缝里看出字来，满本都写着两个字，是‘吃人’”。《狂人日记》的意象在于，中国的传统文化是如此的畸形，人性是如此被彻底扭曲，以致生活在这种文化中的所有人都不正常了，唯一的正常人则被整个社会看是“疯子”。鲁迅通过这个奇特的文学意象，表达了他心目中的中国传统历史、文化与社会的荒诞性，《狂人日记》可以说是中国激进反传统主义思想达到的巅峰，其激进与极端程度在人类思想史上可以说是独一无二的。尽管有些咬文嚼字的学者曾质疑鲁迅的《狂人日记》有抄袭果戈理作品之嫌，但绝大多数人并不认同

① 陈独秀：《敬告青年》，《中国现代思想史资料简编》，浙江人民出版社 1982 年版，第 5 页。

② 钱玄同：《中国今后之文字问题》，《中国现代思想史资料简编》，浙江人民出版社 1982 年版，第 417 页。

③ 同上书，第 420 页。

这一点，因为这个具有激进反传统的文学意象，太具有颠覆性、独特性与原创性了。

值得注意的是，这种全盘的反传统主义思潮对新一代中国人的思想文化与政治选择，均具有持续的影响力。在接受马克思主义以前，1917 年 9 月，青年毛泽东在对友人的谈话中就鲜明主张，“现在国民性惰，虚伪相从，奴隶性成，普成习性。安得有俄之托尔斯泰其人者，冲决一切现象之网罗，定展其理想之世界。行之以身，著之以书，以真理为归，真理所在，毫不旁顾。前之谭嗣同，今之陈独秀，其人者，魄力颇雄大，诚非今日俗学所可比拟”。他还主张，应“将唐宋以后之文集诗集，焚诸一炉。又主张家族革命，师生革命。革命非兵戎相见之谓，乃除旧布新之谓”①。

这种激进反传统主义对于打击保守势力有正面贡献，但也带来一系列消极后果。激进反传统的思维方式以人们并不曾意识到的方式延续到“文化大革命”，1966 年 6 月 1 日《人民日报》发表“横扫一切牛鬼蛇神”的社论，支持红卫兵的“横扫一切”的“破四旧”的革命行动，其逻辑论据就是“彻底砸烂旧世界”。“文化大革命”反传统思潮的核心就是，包括所有“旧思想、旧文化、旧风俗、旧习惯”在内的传统，都是“封建主义的腐朽上层建筑”，因而被统统列入要打倒与扫荡之列。

毫无疑问，20 世纪初期中国现代思想史上的激进反传统主义，是前无古人、后无来者的独特文化现象。众所周知，在 20 世纪历史上，几乎所有的非西方民族，在走向现代化的发展历程中，都是曾不约而同地诉之于本民族的古老传统，来强化民族凝聚力与认同感，以此来推进本民族的现代化进程，日本是如此，“复兴传统的土耳其”为号召的土耳其基马尔是如此，以“印加帝国”作为民族共识的来源的秘鲁现代化精英也是如此，而中国的知识界主流，却选择了与传统文化公然决裂的方式，来启动本国的现代化运动。英国著名历史学家汤因比曾经说过，中国是人类有史以来的 23 种文明中，唯一一个没有中断

① 《张昆弟记毛泽东的两次谈话》，《毛泽东早期文稿》，湖南人民出版社 2008 年版，第 575 页。

过的古老文明。然而却在20世纪初期，这个唯一没有中断的文明中，却出现了一代最激烈、最彻底地誓与本民族文化传统决裂的新人，他们以其激进的思想来宣称现代化时代的来临。这是世界文明史上何等吊诡的奇特景象。

## 浪漫主义与进化论：激进反传统主义的两重动力

为什么会产生这种激进的全盘反传统主义思潮？事实上，后发展民族意识到本国文明与西洋文明的差距，都会产生西方文明先进与本土文明落后的意识，但这并不意味着非要全盘地否定自身传统。例如，《文明论概略》的作者福泽谕吉认定当时的欧洲各国与美国是世界上最文明的国家，土耳其、中国、日本等亚洲国家则被他判识为“半文明”国家，他把非洲、澳洲地区的一些民族判识为处于“野蛮”阶段。他得出的结论是：“现在世界各国即使处于野蛮状态或是还处于半开化地位，如果想使本国文明进步，就必须以欧洲文明为目标。确定它为一切议论的标准。而以这个标准来衡量事物的利害得失。”① 福泽氏用“文明阶梯论”作为分类的标准，在这一分析框架中，他采取的是实用理性的观念，用文明程度高低为标准，这种文化比较并没有导致全盘反传统主义。

中国的全盘反传统思潮产生的原因，可以从情感与思想逻辑两个层面来考察。在心态情感层面，浪漫主义崇尚自发的冲动、独特的个人体验，强调人在冲决世俗平庸生活的规范信条时，在破除习俗、铁笼般的制度对人心的束缚时，所产生的高峰生命体验，在他们看来，由此而形成的生命美感体验要比可能导致的实际后果更为重要。用罗素的话来说，浪漫主义者在推开对人性的种种束缚时，往往会获得“一种新的元气”，一种“权能感与登仙般的飞扬感”②，这会使他觉得即使为此遭到巨大的不幸也在所不惜。浪漫主义在人类思想解放中，具有重要积极作用。思想解放不可能是冷冰冰的理性判断的结果，它

---

① ［日］福泽谕吉：《文明论概略》，商务印书馆1982年版，第11页。

② ［英］罗素：《西方哲学史》（下卷），民元德译，商务印书馆1956年版，第221页。

肯定要伴随着人们在精神上强烈的对“登仙般的飞扬感”的追求。罗素认为，平庸是人类生活的宿命，而冲破这种平庸，又是人类精神上最深层的渴望。任何重大的思想解放运动中都可以看到人类的浪漫主义的影子。而中国近代史上的浪漫主义，是对僵化的、死气沉沉的、铁屋般的保守习俗与现状的一种刚愤的反向运动。

浪漫主义还有另一种由此派生的含义，那就是通过这种“主体向外扩张”的移情作用，来宣泄、抒发、寄托内心的深层愿望。用欧洲思想史学者斯特伯朗伯格的说法，就是“主体的心灵参与了对客体的塑造”①。

当人们用激情、悟性、意志、“以美为真”（英国诗人济慈语）的快感来张扬理想时，就会油然而生一种强烈行动趋向。浪漫主义，就是快感至上主义，它由此产生的一种改变现状的强烈热情，在人类历史上曾产生巨大的变革作用。

新文化运动中的浪漫主义，不同于18世纪欧洲以“回归中世纪”为主旨的牧歌式的浪漫主义，这是一种在极端反传统的快感宣泄中，在与传统的断然决裂中获得精神飞扬感的浪漫主义。陈独秀的《敬告青年》，是对青年的浪漫礼赞，他歌颂青年“如初春，如朝日，如百卉之萌动，如利刃，如人身新鲜活泼之细胞”。李大钊也同样热情地歌颂青年：“青年之口头，无‘障碍’之语；惟知跃进，惟知雄飞，惟知本其自由之精神，奇僻之思想，锐敏之直觉，活泼之生命，以创造环境，征服历史。”② 新文化运动的浪漫主义者通过对青年的礼赞，来呼唤新时代所需要的勇气、意志力、雄心、直觉、想象力与理想精神。虽然浪漫主义者常常因其不切实际而四处碰壁，经受挫折与失败，但浪漫主义可以极大地激发人的主观精神，而主观精神的调动，又产生改造现实的能动的影响。

如果说，19世纪末谭嗣同“冲决网罗”的呐喊是中国20世纪浪

---

① Roland N. Stmmberg, *European Intellectual History Since* 1789, New Jersey: Pint-ice Hall, 1981, p. 50.

② 李大钊：《晨钟之使命》，《中国现代思想史资料简编》（下卷），浙江人民出版社1982年版，第115页。

漫主义思潮的滥觞，那么，邹容、陈天华等人则是20世纪初中国浪漫主义的开先河者。《革命军》的作者邹容鼓吹“非尧舜，薄周礼，无所避”继之，陈天华以《猛回头》《警世钟》再继之。陈天华对中国人的民族性的判断，与近代中国人在现实生活中显示出来的经验事实并无关系，也完全不涉及前辈知识分子如严复、梁启超等人经常提到的中国国民性的种种负面表现，陈天华对中国民族性的美化还表现在他把西方民主政体视为“珍馐已罗列于几案之前，唯待吾之取择烹调，则何不可以咄嗟立办”。他鼓吹“吾民之聪与明，天之所赋也”[①]。这种浪漫主义可以说是新文化运动激进文化主义的核心价值。

如果说浪漫主义是心态层次的因素，那么，社会达尔文主义的进化论则是支撑激进反传统主义思潮的学理与思想逻辑层面的因素。根据进化论的逻辑，“适者生存，不适者淘汰”，那么，适者为优，不适者为劣，由“优者”淘汰并取代“劣者”，就是“物竞天择”的必然逻辑。既然传统渗透着腐败与没落的东西，它扼杀了自由人性，使我们民族陷入生死存亡的危机，那么，为了求生存而淘汰它，那就成为一个理性人必须接受的“无上命令”，再也没有比这更强大的命令了。陈独秀说：“吾宁忍过去国粹之消亡，而不忍现在及将来之民族，不适世界之生存而归消灭也。”社会达尔文主义为激进地抛弃传统提供了一种完整的理论逻辑框架。

要看到的是，社会达尔文主义是一剂具有强大摧毁力的话语猛药，它是一把双刃剑。一方面，只有近乎极端的“优胜劣败”两叉分类，才具有刚性的话语力量，来摧毁顽固、封闭、僵化的专制文化对人心的束缚，才能砸碎传统官学的保守壁垒；然而，另一方面，到了新文化运动时期，激进反传统主义者把自己祖先创造的文化，整体上看作是必须淘汰的“劣者”，使人们进入一种“文化自虐”状态，这种“文化自虐”心理恰恰是宣泄浪漫主义快感的温床。可以想象，当吴稚晖、钱玄同与鲁迅说出这些极端反传统的言论时，会产生“痛即美”的快感。事实上，心态上的浪漫主义与进化论提供的逻辑，在此

① 陈天华：《论中国宜改创民主政体》，《辛亥革命前十年间时论选集》第2卷，生活·读书·新知三联书店1960年版，第120—125页。

时已经交融在一起了。

## 启蒙理性的程序漏洞和两种启蒙理性的崛起

传统，包括习俗、习惯、制度与文化，乃是一个民族千百年来应对自身的环境压力与挑战过程中形成的集体经验，传统被打倒后，它们不再成为人们行动的准则与选择的标准，那么用什么东西来取代传统，以引导人们作出自己的行动选择？

在扫荡传统之后，填补空白的就是启蒙理性，所谓的启蒙理性，就是以普世价值的“第一原理”为演绎依据，运用概念推演得出真知判断的思考方法。启蒙理性主义者认为，抛弃传统后，就可以经由这种启蒙理性，根据这种理性认定的普适原则、公理与价值，推论出一个好的社会。在启蒙主义者看来，这个好社会的蓝图，是无须以经验为基础的，只要根据理性与“科学”原则，就可以在人的头脑中建构起来。此前大凡人类的传统制度，都是以千百年来各民族在应对自身环境挑战过程中形成的集体经验为基础的，人们根据这种经验组织社会生活，形成社会规则与制度，而启蒙理性主义者心目中的理想社会，则是可以通过“理性的”“科学的”方法，通过理性的建构，来予以确定并作出选择。当人们运用启蒙理性提供的普世价值与组织社会的第一原理，设计出重建社会的施工蓝图，它就进一步发展为建构理性，在建构理性主义者看来，理性人就完全可以如工程师设计机械一样，设计出理想社会的施工蓝图，建构一个好社会。在这里，建构理性与我们在经验生活中运用的常识理性不同，常识理性也可称为世俗理性，它是指健全人在日常生活中，摆脱宗教狂热、信仰教条的影响，追求功效最大化而使用的世俗理性。

用建构理性取代经验有什么问题？以往的人类总是依据经验来作出选择，一个在传统经验世界中生活的人，一般不会未经经验中的尝试，就去争取历史上不曾存在的东西。对理性推导能力的崇拜，让人的理念具有了独立性，人们就可以脱离经验，直接根据理性推导的观念来重建社会，这就使人们的行动具有与经验事实脱节的可能性。

激进反传统主义导致两种启蒙理性的崛起。一种是右翼的、以西方地方知识为普世价值与仿效标准的西化自由主义。陈独秀在 1915 年发表的《东西民族根本之差异》一文中认为，东方宗法制度的恶果是“毁坏了个人独立自尊的人格，窒碍了个人意思之自由，剥夺了个人法律上之平等权利，养成依赖性，戕贼了个人之生产力，东洋民族种种卑劣不法惨酷衰微之象，皆以此四者为因。欲转善因，是在以个人本位主义，易家族本位主义”①。《新青年》提倡的正是这种以西方个人主义为本位，以道德、伦理、政治与法律系统为准则的启蒙理性。以个人本位为基础的普世价值，对于冲击专制文化造成的奴性人格，固然具有革命意义，但以此为基础设计好社会，就会陷入全面脱序的困境。

除了这种以个人自由为基础的启蒙理性，还有一种是左翼的启蒙理性，包括工团主义、基尔特主义、安那其主义、暴力革命主张的平等世界论。以上两种启蒙理性，都相信可以在脱离本土经验的条件下，按主体认定的普世性有效的价值，建立起好社会来。这个社会不是根据本民族已往的经验为根据，而是根据道德理想与美好价值为依据。

虽然启蒙主义思潮在打击专制旧传统方面有其正面贡献，然而由于传统不能成为中和、缓冲启蒙理性的中介物，启蒙理性就会在自身逻辑的支配下，走向建构理性主义，由于理性本身具有的缺陷，会使这种对理想社会的追求，容易演变成对左或右的乌托邦世界的追求。另外，观念与精神对人心的吸引力是如此强大，又可以使崇尚这种观念、主义与精神的知识分子成为唯心主义观念的奴隶，而观念、主义与现实经验的完全脱节，又会给社会带来无穷的灾难与始料不及的危险后果。全盘西化论产生的对西方民主的建构主义的追求，以及“文革”的极左思潮对乌托邦极左世界的追求，都是右与左的建构理性的产物，它们也都是观念的异化的历史后果。

① 陈独秀：《东西民族根本之差异》，《辛亥革命前十年间时论选集》第 2 卷，生活·读书·新知三联书店 1960 年版，第 9 页。

## 知识分子与观念的陷阱

自新文化运动以来，中国知识分子在历史上的作用表现得更为明显，与传统时代相比，20 世纪的人们是以主义来行动的，20 世纪是思想主义盛行的世纪，是由知识分子创造的各种主义支配人们的历史行动的世纪。知识分子在人类文明进步中的重要性就在于，他们通过自己的思想，在社会上形成一种话语的力量，正是这种舆论场上的话语力量，会进一步形成群体性的思潮与主义，认同这种思潮的人们，就会结合起来进行集体行动，并经由行动而形成人类生活中的历史选择。正因为如此，20 世纪的知识分子通过他们的话语、思想而影响、改变，甚至改造了世界。

人们相信知识分子，因为知识分子比一般人能讲出道理来，知识分子也很自信，因为他们觉得读了书就有知识，对自己往往有很高的估计。然而，人们对知识分子的期望不能太高。事实上，正如历史上所表明的，知识分子也会造成时代的灾难。这是因为，知识分子是运用自己的理性能力来进行思考与思想创造的，而人的理性本身却有着一些先天性的缺陷，它有一种逻辑上“自圆其说”的能力，它会编织出一种观念的网罗，让人脱离现实，变成作茧自缚的“观念人”。一般来说，理性的缺陷主要表现在以下几个方面。

首先，个人的理性是通过抽象思维，把复杂事物予以简化。抽象与简化对于概括事物是不可避免的，也是必要的，但简化的结果往往忽略了客观事物的复杂性、多元性、多面性以及多义性。运用简化的理性思维来作出判断与历史选择，其结果往往是消极的，甚至是灾难性的。例如，观念型知识分子对西式民主具有的普世性的认识，造成民国初年的“旧者已亡，新者未立，伥伥无归”的社会失范状态，建构理性简单地把西方历史上演变过来的体制搬用到落后的第三世界中来，这样造成的结果是，旧的传统体制被打破了，而新的西化的体制却由于缺乏西方社会的各种条件，而无法有效运行，这种脱序会形成全面的整合危机。辛亥革命后的议会失败固然有多种原因，但这种体制缺乏本土资源的支持而造成的弱政府化、党争、军阀混战与国家碎片化，也是中国20世纪灾难的起源。

又例如，中国“穷过渡”的平均主义，当人们要用全面的计划经济这个“完美”的制度，来取代历史上形成的有缺陷的市场经济时，往往只想到这种由理性建构的“计划”的好处，却忽视了它的另一面，它同样也可能产生计划体制下的官僚主义化，压抑了劳动者的积极性与创造力，以及“大跃进”这样的由计划制订者造成的人为的灾难。最为典型的是，波尔布特以废除城市、货币、市场，以及大清洗的方式来制造“新人”的“红色高棉革命”，这些都是左的建构理性的产物。

其次，个人理性的缺陷还表现在，一个社会主体所掌握的信息总是不全面的，当人们根据这种片面的信息来决定历史性的行动选择时，就会导致历史选择与判断的失误。

再次，主体自身的信仰、激情、人性中的幽暗的心理，以及浪漫心态，这些情感性的非理性因素，如同海面下面的冰山，会不自觉地在人们的潜意识中，支配着显露在海面上面的理性，主体的理性受感情与其他非理性因素的支配，也就会发生判断的扭曲与错误。

更具体地说，人们总是以为自己是根据理性原则来进行判断与推理的，但支配人的理性的，往往是混杂着潜意识中的非理性的东西。人们总是把自己内心所希望的东西视为当然的、可以实现的东西，然后用“理性”的、逻辑的语言，把内心浪漫主义的意愿，论证为“社会规律”或“普世性”的第一原理，论证为“客观”的实在法则。这些浪漫主义的、非理性的东西，经过华丽的理性外壳的包装，被误认为是真理。换言之，建构理性有许多“程序漏洞”，容易被浪漫主义乘虚而入，人的建构理性可能被人的信仰、感情、浪漫心态这些非理性因素无形中支配，建构理性很容易变成浪漫主义情怀的俘虏。脱离人类集体经验的建构理性，往往最容易与人心中的浪漫主义结缘，将浪漫主义者追求的美，视为客观实在的真。于是，浪漫主义就披上“理性”冠冕堂皇的外衣，登堂入室，大行其道。

当主体把浪漫主义的东西论证为真理来追求，把浪漫主义付诸社会实践，就会造成乌托邦的灾难。这种把浪漫主义的心灵投影，自圆其说地论证为“科学”，是建构理性陷阱，这种“建构理性”是被浪漫主义包装起来的“类理性”，它与自然科学的理性并不是一回事，它只是看上去仿佛与科学理性是一样的，但它其实是浪漫主义的衍生物。用一套看起来符合逻辑的语言，把自己心目中的实际上是乌托邦的东西，当作行动的目标来追求。其结果就可想而知了，无论左的还是右的激进主义与极端主义，都是左右乌托邦主义的实践者。

社会上的左与右的激进主义者，他们所推崇的愿景，无论是“穷过渡”的“一大二公”的平均主义乌托邦世界，还是在落后专制基础上直接建构起来的符合西式普世价值的民主，实际上，都是在浪漫的“类理性”基础上形成的观念的陷阱。

## 回归有方向感的经验主义

早在百年以前，严复就对当时如日中天的激进反传统主义思潮抱有深切的忧虑，他指出，当人们把旧价值完全抛弃，“方其汹汹，与之具去，则斯民之特性亡，而所谓新者从以不固”。他还认为，对传统进行精择，这样的任务并非老朽国粹家所能完成，“只有阔视远想，统新故而视其通，包中外而计其全，而后得之，其为事之难如此”①。

激进反传统主义对集体经验的否定与扫荡，使之不能承担过滤外来经验与信条的功能，导致乌托邦主义大行其道，五四新文化运动以后的建构理性主义与“泛科学主义”，进一步导致各种超越本土经验的舶来的主义在中国的长驱直入，人们经由主义而行动，并改变着周围的世界。

正因为如此，对21世纪知识分子来说，要避免成为“观念人”，最重要的就是回归经验主义。所谓经验主义，就是尊重历史中形成的

① 严复：《严复集》，中华书局1986年版，第560页。

经验的连续性，就是在尝试过程当中，在错误中不断地进行纠正，来找出有效的解决问题的办法来。经验主义和理性主义这两条理路中，经验主义比较安全、比较稳妥，知识分子应该用经验主义来避免“建构理性主义”的缺陷，因为生活太复杂，历史制约因素太多，我们只有在经验与试错中，找出相对而言更适合我们的路径与制度。

知识分子对本民族的文化传统，也应该有一种“同情的理解”态度，知识分子做一个批判者并不难，只要你执着于某种价值尺度，就可以评点万事万物，难的是，还要同情地理解包括文化传统在内的各种事物的多面性，因为人类现实生活永远是“神魔混杂”的、充满两难性与矛盾的。所谓同情地理解，就是不要根据自己的价值喜好，对所看到的事物随便贴用一些标签，不要仅仅用“好”“坏”褒贬来进行简单判断，而要有一种同情地理解事物的复杂性、多元性、多义性、两难性。从它们的历史渊源中，从它们产生的背景与面对的疑难矛盾中去理解传统，并从中找到其内在的有意义的东西。只有具备了这种客观态度，才能更客观地对待传统，并从传统中获得启示，更务实地、更有效地提出解决矛盾的建议与办法。

近代以来，中国历史上最伟大的历史人物之一就是邓小平。他在思想史上的贡献就在于，从 20 世纪初的唯理主义思维回归经验主义思维。他摆脱了唯理主义的教条信仰的干扰，以经验主义的实事求是为出发点。他的“摸着石头过河”以及“实践是检验真理的标准”的理论，就是回归到经验主义哲学，就是尊重事物的复杂性和多面性。通过经验试错，来寻找实现富强的合适路径，渐进地走向强国、富民、法制与民主的目标，实现中国向现代文明转型。

需要指出的是，单纯的经验主义有其缺陷，我们在经验摸索过程当中，还需要一种方向感，这种方向感就是追求更美好的价值，这个美好价值是与人类共同的价值相通的。之所以称为“方向感”，这是因为，方向感意味着，当人们在坚持追求美好价值的方向时，仍然谦虚地保持着对事物复杂性的尊重，意味着存在对未来可能性的更大的思考空间。

一个世纪后，当人们对新文化运动进行反思时，应该意识到，对社会进步真正做出积极贡献的知识分子，应该是尊重事物的复杂性与多面性、警惕意识形态化的启蒙理性对我们判断力形成干扰、有方向感的经验主义者。只有这样，知识分子才能避免左与右的各种激进主义和极端主义思潮对自己思想的干扰与支配，避免陷入观念的陷阱；而只有以有方向感的经验主义为基础的中道理性，才能客观认识世界，这样的知识分子才能摆脱主观主义，为社会进步做出真正的贡献。

（原载《探索与争鸣》2015 年第 11 期）

本书得到首都师范大学文化研究院和上海交通大学人文学院资助，特此致谢。

下

陶东风 张蕴艳 吴娱玉
编

# 新文化运动

## 百年纪念文选

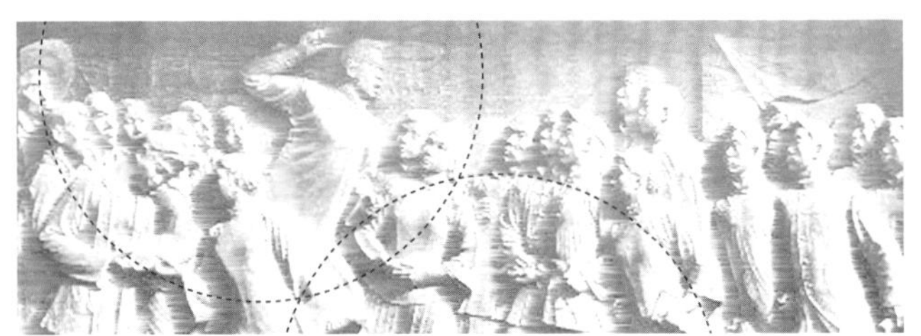

中国社会科学出版社

# 目　录

## 下　卷

### 四　现代性、启蒙、救亡

## 五　重申自由主义



## 六　儒家传统及其现代转化

# 下　卷

# 四

# 现代性、启蒙、救亡

# 未完成的现代性(上)

## ——论启蒙的当代意义并纪念“五四”

高远东*

90年代以来，中国的社会、价值、文化经历着深刻的转型。80年代的三大思想主题即反封建、人道主义和异化问题、主体性问题及“文化热”随着市场逻辑的渗透、消费文化价值的形成和文化民族主义的勃兴成为明日黄花，而惊蛰的“新儒学”、对“五四”运动的批判，乃至如福柯、德里达、詹姆逊等西方“后现代”理论的引进适逢时会，早已脱略过时的“国粹”和“西化”形迹，以一种新的包装形象出现。其中，“新国学”运动①和“后现代”言论构成了质疑“五四”及其传人——80年代启蒙主义思潮的两极，其价值取向或者以“五四”新文化为反题，或者强调由“五四”奠基的中国现代性的困境——鲁迅的思想和作品则往往

---

* 高远东，北京大学中文系教授、博士生导师。

① “新国学”运动指兴起于二十世纪九十年代的文化保守主义思潮，兼有学术研究和意识形态建设的不同内涵。八十年代后期季羡林、张岱年等人即有复兴中国文化的保守主义言论，但九十年代在学界和政府意识形态主管部门都有响应和认可，北京大学中国传统文化研究中心的建立和《国学季刊》的创刊可谓标志。从其思想谱系看，它可视为“五四”时期“学衡派”、三十年代的“中国本位文化”派、四十年代中后期的“新理学”及五十年代台港学者徐复观、牟宗三、唐君毅、张君劢等人的精神后裔，与启蒙主义（包括自由主义和激进主义）、马克思主义等“西化”思潮的价值取向针锋相对；但从知识谱系看，笔者认为其自认“五四”新文化之“整理国故”、30年代清华国学研究院为学术圭臬是有道理的，仍是地道的现代学术精神。本文议论的是作为意识形态而非学术的“国学”，二者的精神价值和社会功能有所不同。

成为其有的放矢的靶子，“重估现代性”① 作为对当代西方思想的本土呼应与新文化自身的问题纠结到一起，成为包括鲁迅研究、“五四”新文化研究在内的有关中国现代性问题研究中难以绕开的话题。

然而，无论“新国学”运动还是“后现代”言论，其对于“五四”的批评、对现代性的质疑、对启蒙之精英主义的清算却挣不脱自身学术利益与知识逻辑的局限，笔者以为，不见得是20世纪90年代中国发展得极不平衡的文化现实，而是卷土重来的世界范围的文化保守主义思潮、福柯的知识——权力的解构政治学、詹姆逊的“后马克思主义”、方兴未艾的后殖民主义文化批评等驳杂的当代西方理论为它们提供了价值保障和思想支援。“重估现代性”的要求以现代性的尊严形象遭受嘲弄甚至亵渎的方式提出，启蒙的崇高内涵被揭示为居心叵测的权谋，尤其是在一个现代性尚未有效地建立的社会，消费社会的文化逻辑却已实质性地销蚀其生命力——启蒙主义的组织原则，这一切促使人们思考，譬如说，“现代性危机”的知识、社会、文化依据问题，它在什么意义上可视为一种知识学的警告而非现实的颠覆？“重估现代性”应基于什么立场：是历史/现实的、知识/社会的、批判/建设的，还是现代/后现代式朝代更迭的？笔者无力全面回答所谓“后启蒙”或“后现代”的问题，仅仅想就不断遭受市场文化逻辑和文化民族主义困扰的启蒙的意义提出意见，回应当代思想对于启蒙精神——当然包括“五四”精神——的批评和质疑，以期重建现代性。

① 顾名思义，“现代性”即现代之为现代的本质。但何谓“现代”？学界一般认为有两层含义：从时间上看，它指从十六世纪意大利文艺复兴开始，经由十七八世纪法国启蒙运动和十八九世纪德国古典哲学奠基，直到二十世纪八十年代至今仍在发展中国家延续的漫长历史时期；从性质上看，它指针对中世纪宗教神学的思想解放及主体性原则在知识、道德、审美领域的确立，亦即以启蒙主义为核心的文化合理性工程，工业化和民主制度是主要的社会政治目标。在我国，由建立现代民族国家导致的启蒙和救亡工程是基本内容。另外，在笔者所触及的中国文献中，“现代性”一词最早见于《新青年》1918年第4卷第1期，乃周作人对于英文“modernity”的译意。在周译英国W·B·Trites《陀思妥夫斯奇之小说》中，作者认为较之狄更斯，陀氏小说有“非常明显的现代性”。“重估现代性”的口号由中国的“后现代”言论提出，但笔者把八十年代启蒙主义思潮对于“五四”的反省和对于十七年社会主义经验及“文化大革命”的批判视为其主要事实之一。

## 上篇　问题的背景与描述

“重估现代性”的问题和实践源于下列事件：20 世纪 80 年代末对于“五四”启蒙主义的反思和 90 年代才蔚然成风的“后现代”理论的引进。前者植根于近代以来中国的现代化历史及思想困境，后者不啻一次对于消费社会文化逻辑冲击现代性的理论呼应，而多元化和中心离散的“后现代”召唤则使文化民族主义的“新国学”运动成为塑造 90 年代文化新精神、替代由“五四”思想完成的启蒙叙事的某种现代性反动。

以 1989 年纪念“五四”运动的各种形式的讨论会为高潮的关于“五四”思想的反思，基本围绕林毓生提出的所谓“全盘性反传统主义”暨“借思想文化以解决问题”的“整体论”方法、“五四”与“文化大革命”的关系、“五四”启蒙精神的历史异化等问题展开，强化并深化“五四”民主和科学的现代性取向是其主要特征。对于多数人来说，始于 20 世纪 70 年代末的思想解放运动，80 年代初关于人道主义和异化问题的讨论，乃至后来蔚为大观的主体性问题讨论，都不只是对于新中国成立后 17 年的独特现代化路线的简单接续，更是对于未完成的伟大的“五四”启蒙计划的追溯。尽管其思想氛围大致由李泽厚的“启蒙—救亡”说、海外学人林毓生的“全盘性反传统主义”、杜维明的“新儒学”言论等营造，社会文化病症的明朗同时也促进了问题表述的清晰，它对“五四”的各种思想形态诸如激进主义、自由主义、保守主义等的审视具有了新的收获，这就是把如“学衡派”“东方文化主义”（梁漱溟）及 40 年代的“新理学”等文化保守主义重新纳入现代性的范畴，但在现代性逻辑内反思中国的现代性问题，毕竟难以触及“五四”思想的前提——现代性何以成立与确立的途径等根本，容易在更新与传统的关系时陷于独断和盲目。在这种意义上，“后现代”理论坐标的设立不无其辩证的积极作用。无论其作为一种文化资源和思想体系对于当代文化建设存在多少问题，至少它展示了知识的另一种可能，使我们在呈示自身的同时能预及过去、现在、将来三种“时态”的存在本质，自觉启蒙的限度。

与90年代强调知识方法、思想规范的学术性反思不同，80年代“重估现代性”的实践主要在历史批判的范围内进行，属于启蒙传人的自我批判。我们知道，尽管始于文艺复兴、成形于17世纪末法国启蒙主义的现代性运动，基于从哥白尼和笛卡尔以来的“现代”自然科学和哲学的成果难免在优越感中顾盼往昔，但从文艺复兴、法国启蒙运动、德国古典哲学到尼采、马克思，再到韦伯及法兰克福学派，再到福柯、哈柏玛斯、利奥塔德的近400年中，现代性的形成史也就是对它的质疑史，或者换句话说，在不断的自我否定中更新自己与既往时代的关系并形成自我意识正是现代性的特征之一，其以“发展客观科学、普遍化道德与法律以及自律的艺术”为指归，通过人的理性控制不仅达到对自然的有效利用，还企图促进对“世界、自我、道德、进步、机构的公正性甚至人类幸福的理解”[①] 的现代性计划正是经过不断质疑的提纯。中国的现代性进程虽是被动的，始于中西知识的交融和西方炮舰背后资本扩张的合力作用，其自我更新的意志仍强烈地表现在对现代民族国家的向往上，引进西方现代文化和批判阻挠这一进程的固有文化只是问题的两个方面。就80年代“重估现代性”视景中的“五四”新文化运动而言，这场中国语言、价值、社会和知识范式的成功革命，无疑提供了中国现代性较成熟的思想资源，其成体系的启蒙计划不仅隐喻着近代以来国人对于现代性从“船坚炮利”的物质文明到“商估国会”的社会经济政治制度，再到以“科学和民主”为代表的现代思想文化观念之层层深入的认识，而且体现了一种清醒的文化觉悟——对于自我的客观认识，真正代表了中国文化对于现代性的主体回应。其内含的问题诸如“全盘性反传统主义”的文化态度、权威主义的启蒙精神、救亡压倒启蒙的历史抉择乃至后来“文革”的非理性革命都植根于旨在完成现代社会转型和建立民族国家的中国现代性的独特历程。在80年代的历史反省中，由不同思想力量汇合而成的“五四”的文化统一性重新得到强调，曾被各种历史力量“车裂”的激进主义、自由主义、保守主义等不同取向的共性在超脱

① 尤尔根·哈伯玛斯：《现代性：一个未完成的工程》，引文见王岳川、尚水编《后现代主义文化与美学》，北京大学出版社1992年版，第17页。

历史恩怨的背景下被凸显了出来，其差异则随时过境迁而隐入纯知识的记录。只有传统向现代的转化及随之而来的文化自我认知问题为论者所特别重视：在一种普遍具有的目的论的历史观和世界观的烛照下，启蒙计划与历史实践的矛盾、现代性的普遍精神与中国特性之间的问题，合乎逻辑地被理解为普遍价值与特殊规则之间的对抗，这种特殊性既内在于文化又内在于历史，因此现代性的确立就意味着对于文化特性，至少是受制于时代的那部分特性的扬弃。在不同的反思者那里，中国特性具有广延的特点：社会制度、价值结构、知识体系、语言艺术等，几乎涵盖中国文化的所有方面。围绕这令人头疼的中国特性，人们自然不乏形形色色的改造方案，“五四”启蒙主义尤其是以鲁迅和胡适分别代表的激进主义和自由主义与40年代中后期成形、光大于中国台湾和新加坡经济起飞时期的“新儒学”，被奉为主体再造的不同思想资源，无论“中国特色的社会主义”的官方文件、“儒家资本主义”的参考样板，还是如“基督教文化救国论”（刘小枫）乃至“三百年殖民地说”（刘晓波）等极端言论，其实都难以摆脱现代性建设中扬弃特性和保存国粹的思想拔河。好在启蒙的逻辑与从“五四”到“文化大革命”的历史教训终于取得某种统一性，使八十年代的启蒙思想挣脱“国粹派”和“西化派”的死结，对“五四”以来激进主义、自由主义、文化保守主义进行了一定程度的综合，从“中体西用”的历史现实走向“西体中用”① 的新现实——一种在技术理性指导下强调优先发展经济并以此为基础协调其他社会文化指标，进而确立中国价值的权利的实用主义意识形态。

李泽厚的思想演变可视为这一转向的一个缩影。作为当代最有影响的思想家，他从80年代初就高扬主体性哲学和美学以清算“文化大革

① 李泽厚认为，“中国现代化的进程既要求根本改变经济政治文化的传统面貌，又仍然需要保存传统中有生命力的合理东西。没有后者，前者不可能成功；没有前者，后者即成为枷锁。其实这就是我们今天讲的‘马克思主义中国化’‘中国化的社会主义道路’；如果硬要讲中西，似可说是‘西体中用’。所谓‘西体’就是现代化，就是马克思主义，它是社会存在的本体和本体意识。……所谓‘中用’，就是说这个由马克思主义指导的现代化进程仍然必需通过结合中国的实际（其中也包括中国传统意识形态的实际）才能真正实现。这也就是以现代化为‘体’，以民族化为‘用’”。（《试谈中国的智慧》，载《中国古代思想史论》，人民出版社1986年版，第317—318页。）这可算“西体中用”的较早阐释。

命”的封建主义遗毒和呼唤人的解放；80年代中期重入中国现代思想领域以反省肇始于“五四”的中国现代性，以“启蒙与救亡的二重变奏”来解释启蒙精神的失落；80年代后期则专注于传统思想的现代阐释，对原始儒家、宋明理学、庄子和禅宗作出了富有创意的理解，直到参照所谓“儒家资本主义”的经验为中国现代性道路开出了“西体中用”的药方。值得注意的是，李泽厚是带着中国的现实问题去反省中国的现代性传统，并深入西方现代性的最重要奠基者康德思想和中国特性之源——中国古代思想中寻求答案的，其知识素养、问题意识、思想才能使他无愧于八十年代中国现代性的杰出阐释者，也使这一审慎的抉择不同寻常。笔者认为，尽管把现代性问题置于“体用”模式内思考既不新鲜也无法指望中国特性有更好的待遇，但由于转化或融会问题的复杂性，与其把这种转向视为回归传统的保守举动，毋宁说它在强调“体用”模式内含的问题仍然未变，是一种既着重全面现代化又寻求民族归属感的特殊折中方案。事实上，90年代的社会转型正在证实这一方案的可行：在思想上，呼唤现代化、思想解放和人的主体性的启蒙思想重心从人文领域转向政治、经济、法律等社会科学领域，意识形态化的“主义”已转化为更多亟待解决的“问题”，所谓“借思想文化以解决问题”的“整体论”途径已经日渐遭受专业化、个人化的分离；在实践上，中国的现代性基础渐渐与全球化的资本主义进程相一致，而包括经济、政治、文化在内的社会行为亦深刻地受制于资本的活动，在这一过程中，文化民族主义的兴起成为确立中国价值的权利的象征。看来时代已在夹缠不清而又众口难调的思想纷争中自行做出了选择。

二十世纪八十年代“重估现代性”的问题背景具有近代史的丰富和复杂性，新中国成立以来社会主义建设的教训和记忆犹新的“文化大革命”创痛及文化灾难，不仅使“五四”启蒙思想中的问题更加清晰和明朗，而且在有限文化选择空间内进一步促使人们向它认同，比如把“十七年”的社会主义经验（一种第三世界的现代性形式）与封建主义的历史传统并为一谈，把“文革”不是视为简单的“与传统文化的断裂”而是“与‘五四’新文化的断裂”，就可隐约见出其典型的“五四”式思路，一种强调现代性的普遍本质的启蒙定见。“重估现代性”很大程度上被理解为世界文化和现代文明的普遍准则与民族特性的结合，或者如白鲁询所说，“现代化的本质是糅合地方文化价值与世界文化的普遍标准”[①]，那么较之“五四”，它关于“糅合”普遍准则与特殊价值的现代性本土化过程的思考则大大深入了。一方面，包括政治制度、经济组织、历史文化及毛式社会主义在内的中国特性与科学、民主、法制等现代价值之间仍紧张；另一方面，由于所谓“儒家资本主义”的兴起，传统思想与现代性之间不再势不两立，其促生的可能反而得到过分关注。在八十年代后期，“重估现代性”的历史反思呈现如下特征：中西文化或传统和现代之间的关系由简单的“取代”转向切实的“转化”或融会，现代性中共性和个性的矛盾被纳入“体用”的结构中化解，思想从原则性思考转为技术性操作规范……虽然饱受头绪纷繁的“文化热”的冲击，某种转型的信息仍意味深长地透露出来：作为资本主义文化先声的八十年代对于启蒙主义的自我反思，在“重估一切价值”后耐心等待水落石出的结果。

二十世纪九十年代的变化为人们始料未及，尽管通俗文化的崛起、市场文化逻辑点滴而不容置疑地渗入以人文文化为资源的社会价值体系可宽容地看成八十年代启蒙主义思潮的逻辑结果，其直接以“五四”以来建立的意识形态和制度为价值敌手的指向仍使人们吃惊。就八十年代启蒙主义而言，其深入社会转型实践与表面价值的失落形成鲜明的反差：一方面，由它奠定的改革的舆论基础已成为一种强大的转型力量，与政治强权的价值结盟和利益共识在某些层面上使之无辱于自己的使命，至少在有关经贸制度、司法方面成功地完成了“与国际惯例接轨”的理解和价值转换；另一方面，其精英文化的价值取向和理想主义姿态不仅受到金钱的质疑，而且受到自身的逆子——“中国后现代主义”的挑战。如果说通俗文化的崛起意味着现代化过程中市民空间的形成和精英文化的合理分流，其气势汹汹的出场虽足以炫人耳目却无法撼动精英文化的根基，那么脱胎于八十年代极端反传统的虚无主义倾向的“后现代”言论从内部的质疑却令人担心现代性计

① 白鲁恂：《中国民族主义与现代化》，《二十一世纪》1992年总第9期，香港中文大学中国文化研究所。

划的颠覆和启蒙价值的崩溃。笔者以为，它与西方对发达资本主义或称后工业社会等的文化矛盾进行批判，进而质疑其根基——以启蒙主义为中心的文化合理性工程所确立的现代性的知识革命的“后现代思潮”不同，不但没有类似的对消费社会文化问题的质疑，反而充满快乐的理论呼应，尽管它那实用主义的理论武器五花八门，其实剥离其解构主义、后现代主义、后马克思主义、后殖民主义的标签，倒是可以暴露其中国特色的市场文化意识形态的本质的，它是一种兼具文化虚无主义和文化民族主义的现代性特殊形态。

其“重估现代性”的基本前提是二十世纪九十年代中国社会和文化转型的价值无序、中心缺失、文化失范、欲望的无限生产等经验，对八十年代后期出现的先锋派文学和艺术的解读，以及西方“后现代”镜子映照的“中国现代性”的光怪幻象。从“后现代”立场质疑现代性到确立文化民族主义的“中华性”是它迄今所走的思想历程①，“重估现代性”被呈现为一个“五四”至80年代以来同启蒙主义建立的意识形态和思想制度遭遇市场文化逻辑或消费社会的文化逻辑冲击后自行崩溃的过程。在它看来，受商业逻辑支配的通俗文化意味着一个中性的、不受任何意识形态支配、自由狂欢的“后现代”空间，在这里，欲望的主体替代了启蒙主义的“理性主体”（笛卡尔、康德、黑格尔）和质疑启蒙精神的“意志主体”（叔本华、尼采）及批判资本主义的“社会主体”（马克思、法兰克福学派）；以利润为宗旨的文化产业在制造商品的同时也在制造着自己的消费者和意识形态，并在与精英文化的对峙中，逐渐把量的优势转化为质的优势，促使注重政治实利的官方意识形态与之合流，从而占据中国当代意识形态的主导地位；而丧失社会和文化价值阐释权的启蒙知识分子只能无可奈何地从中心走向边缘，思考被描绘为劣于感觉的反自然状态，人们不再幻想用文化来救赎现代生活，文化成为纯粹个人的职业，娱乐和宣泄甚至成为比创造更合时宜的选择。在这一欲望释放的过程中，启蒙的目标及其深入社会和文化问题的实现方式被抛弃，建基于理性的现代知

① 参见张法、张颐武、王一川《从“现代性”到“中华性”》，载赵剑英主编《世纪之交的中国文化》，广西人民出版社1994年版。

识不是与宗教、政治专制抗衡的合理权威而成为一种文化霸权……通过抛弃启蒙思想确立的现代性计划及实现方式，不仅不堪重负的社会、道德、历史承担被轻松地卸掉，“反权威、反文化、反主体、反历史”① 的取向还使它在“重估现代性”之后走向虚无的荒原。

不过，欲望的主体性不可能在文化废墟上实现。在拒绝了据称是西方话语的现代性目标和现代化方式之后，走向民族主义的第三世界立场。确切地说，应该是与一直自信而寂寞地坚守“国学”阵地的“国粹派”传人的思想合流就成为一种必然。但较之它对于启蒙主义思潮的批判，其价值转换的依据仍是不充分的。比如说，从“反权威、反文化、反主体、反历史”的“后现代”式虚无主义转向仍属现代性范畴的“新国学”和“新保守主义”，是否由于自身逻辑的内在运动？在“后现代”空间中，难道先前为之雀跃欢呼的通俗文化与精英文化的对立现在就不再存在？要知道，强调依靠民族文化资源而非外来文化以完成多元共生时代的文化主体再造的“新国学”运动，不仅幻想以传统文化来拯救现代生活，还企图使之成为“21 世纪”的主导文化，重返中心。既然如此，在肯定文化民族主义和批判启蒙主义之间，就应该给出令人信服的理由。实际上，正是作为西方“向后现代过渡时期的文化政治”的后殖民主义批判理论为它提供了价值依据。后殖民主义文化批判本属当代西方文化内部对于“欧洲中心主义”——一种占据世界中心的文化霸权的自我意识的质疑和批评，但在 90 年代的中国语境中，中国后现代主义者却直接把其对西方“文化殖民主义”的批判改造成一种论证中国文化重返中心的民族主义话语。西方文化的问题被直接等同于中国启蒙主义的问题，启蒙主义成为西方文化霸权控制世界的思想基础，启蒙知识分子再次被指为熟悉的“西方外来形态”的代理人，地缘政治学与地缘文化学被混为一谈。这确实反映了“后现代”言论无能力理解和消化中国的问题，不能真正进入中国历史的先天不足，其弱点正如论者所指出的，“没有一位中国的后殖民主义者采取边缘立场对中国的汉族中心主义进行分

① 参见陈晓明《“精英”与“大众”殊途同归的当代潮流》，《文艺研究》1994 年第 1 期。

析，而按照后殖民主义的理论逻辑，这倒是题中应有之义。具有讽刺意味的是，有些中国后现代主义者利用后现代理论对西方中心主义进行批判，论证的却是中国重返中心的可能性和他们所谓中华性的建立。”① 从“后现代”幻象到“新国学”图景，其“重估现代性”的历程既像是某种启示录，又仿佛一幅讽刺画。

“后现代”言论的贡献在于对20世纪90年代社会转型时期各种文化矛盾、纷繁的世相、价值变故等复杂现象的传神记录，对于先锋派文学和艺术的会心领悟和意义的阐发，以及歪打正着地对“五四”以来权威主义启蒙方式的修正，但当它试图把“后现代”知识远景和先锋派的艺术乌托邦扩展为针对启蒙主义思潮的历史批判时，其“反权威、反文化、反主体、反历史”的价值取向却根本无法找到与启蒙主义对话的渠道和进入启蒙主义的问题，其“重估现代性”的解构实践很大程度上是在描述社会和文化转型现象的同时，用一种新的理论语言复述80年代启蒙主义的自我批判，只是立场和观点更加中立和悬浮，对中国现实和历史的理解更加抽象，对“文革”之类民族灾难的理解到了无关痛痒的程度。由于“理性主体”为感受性的“欲望主体”取代，感受的长处和短处成为其思想的长处和短处，对大众传媒和商业广告中拼贴风格的绝妙模仿使其思想呈现为一幅泡沫丰富的图景：他们乐于以命名来代替思考，对不断涌现的新事物、新现象的不断命名几乎是其命题延展的唯一动力，而随生随灭也就成为某种宿命。其思想看上去既像宣言或广告，又仿佛文化先锋沙龙传出的语声喧哗，独语的嘟浓和对白的嘈杂响成一片，在不断的语声重复中意义的制造和灌输得以完成。在这个通货膨胀和消费热的时代，“五四”式论战的、独白式的、导师式的启蒙作风和80年代反省的、思辨的、批判的、演说式的、引经据典的、反省的、注重沟通的思想风貌与时代的反差愈来愈鲜明地扩大，或许只有它与走向“新国学”才能填补空白的思想空间。

（原载《鲁迅研究月刊》1995年第6期）

① 汪晖：《当代中国的思想状况与现代性问题》，韩国《创作与研究》1995年第1期。

# 未完成的现代性(中)

## ——论启蒙的当代意义并纪念“五四”

高远东

### 下篇　回答对于启蒙的几种质疑

倘若不仅把启蒙视为发生于18世纪西欧奠定现代性基础的思想运动，而直视为一种从西方向全球扩张之脱离传统进入现代的思想动力，一个不同地域文化难以避免的“西方化”过程，那么，像康德那样把启蒙解释为一个“通过运用自己的理性而获致成熟性”[①] 的普遍教育和训练计划，或者泛指把人类从迷信、恐惧中解放出来和确立其主权的“最一般意义上的进步思想”[②]，乃至如“五四”时期中国现代性的奠基者普遍具有的信念：脱离蒙昧、走向文明的中西文化融会的脱胎换骨过程，以及树立民主、科学、法治的权威的文化革命，现在看来，仍未能曲尽其全部内容。启蒙的问题，正如福柯所言，“标示近代哲学没有能力解决但也没有办法摆脱的一个问题在深思之中

---

① 康德:《答复这个问题:“什么是启蒙运动?”》，载《历史理性批判文集》，商务印书馆1991年版，第22页。引文参酌其他译本，文字略有不同。

② 参见M. 霍克海默、T. 阿多洪合著《启蒙辩证法》中译本序，重庆出版社1990年版，该译本常有误译，并非佳本。

进入了思想史”[①]，不论其发生于何时何地，亦不论其答案之是与否，在其所思所行中难免存在特征与现代性的纠葛，现代性和反现代性的对峙，其实很大程度上可视为对于启蒙问题的个性解答。

在20世纪90年代中国思想中，追问启蒙的意义可能是最严重的主题之一，国外有关思想资源如韦伯、法兰克福学派、福柯、后现代理论、后殖民主义批判理论的引进被戏称为最具颠覆性的“外资”引进项目。这些多来自当代西方的思想展现了一幅迥异于“五四”思想先驱和80年代启蒙主义思潮的现代性“末日”图景：韦伯通过揭示理性的分裂及工具理性与价值理性之间难以通约和相互敌对所造成的社会后果，批判了现代性的根本；霍克海默和阿多诺则把法西斯纳粹制度的起源追踪到启蒙精神的自我摧毁，在历史领域反省哲学问题，把启蒙的辩证法呈示为一个理性、主体日渐神话化的过程，最终的结果是理性变为非理性、启蒙走向蒙昧；福柯关于知识与权力的解构政治学用来揭示启蒙计划背后的权力关系尤为适宜，以“反现代”为宗旨的“后现代”理论（如利奥塔德）则从质疑启蒙叙事入手质疑一切现代知识形式及其法则，现代性危机被明确为知识的合法性危机；而激进的后殖民主义批判更直言启蒙的文化侵略内涵，启蒙计划被逻辑地理解为对西方文化霸权的确认，启蒙知识分子成为其文化控制的工具和通道，重建本土文化的价值和尊严则近乎必然的选择。在这一图景中，诸如理性、主体、知识、进步等观念不再是启蒙殿堂巍然耸立的柱石，而作为现代化不良后果的原因频频受到拷问，启蒙及其问题与现代性建立以来“各种社会变化的成分、各型政治制度、各种知识形式、各种把知识与行为加以理性化的计划，以及各种技术突变”[②]的难题之间处于一种夹缠不清的状态，被撤去了界标和柱石的现代性不再是具有诱惑性的知识前景，而成为可资争论的思想遗产。中国“后现代”言论和“新国学”运动追问启蒙的意义，其知识、社会、文化依据主要即由它所提供。这种对启蒙的质疑与中国现代性之间的

① M. 福柯《论何谓启蒙》，中译文见台北《思想》（联经思想集刊①），“福柯”台湾惯译为“傅柯”，今从大陆通例改之，后面不再一一注明。

② 同上。

纠葛可解析为四个问题，即理性—主体神话的破灭、启蒙设计中的知识—权力关系、文化等级与进步的观念及交流沟通与文化归属之间的悖论，分别关涉启蒙的资源、方法、实践、作用等内容，有待我们围绕这四个方面就启蒙的意义作出辨析。

理性—主体神话的破灭　我们知道，在知识、道德、美学、历史、自然等领域确立人的主体性以对抗中世纪的神权统治和宗教迷信，是启蒙思想的基本特征之一，而人的主体性又主要是指理性的主体性。理性不仅能够自立权威，确立知识、伦理、法律、科学等法则，提供人对抗上帝的资源和掌握自然的命运，而且能够掌握自身的命运，使人类历史走向一个正义、自由、平等、进步的和谐终端——“理性千年福扯王国”。尽管这一过于乐观的设计曾一路遭受质疑启蒙精神的如尼采、克尔凯郭尔、施蒂纳等鲁迅所谓“新神思宗”和青年黑格尔派、马克思、法兰克福学派的两面夹攻，战争、灾害、暴政等天灾人祸也为启蒙以来的历史作了相反的注释，但它“作为一种将真理的进步与自由的历史拉上直接关系的事业”[①]，其内含的创造激情、人道魅力和知识远景仍能加固对自己的信仰，尤其当它从一件欧洲社会事件演变为一个“将整个人类都卷入”的复杂历史过程时，情况更是这样：在“五四”版和80年代版的中国现代性拷贝中，理性及基于理性的主体，无疑居于价值的中心，一切现代知识形式及其法则都被奉为思想和学术圭臬，复杂的文化和社会转型问题在“借思想文化解决问题”的整体论逻辑中被组织成为一项严密的合理化工程。

把对启蒙的批判置换为对理性—主体的质疑，中国当代思想最早援引的是如尼采一类强调生命直觉、感性立场的非理性主义的意志主体性理论，如20世纪80年代后期刘晓波和李泽厚的论争，就具有尼采和康德的不同思想背景，但由于指涉对象的不同，这类批判虽能深入文化的根本，直面人自身的问题，尤其是内部精神生活的问题，却无法汇入其关于社会和文化合理性基础的沟通和建构实践，仅仅从身

① M. 福柯《论何谓启蒙》，中译文见台北《思想》（联经思想集刊①），“福柯”台湾惯译为“傅柯”，今从大陆通例改之，后面不再一一注明。

心分裂的角度质疑理性，把人的物化设定为主体的死亡，并不具有说服力。由于源各有自，其以意志主体性替代理性主体性的救赎现代文化的方案，实在是启蒙的修正和补充而非颠覆。理性—主体的观念从思想到具备真正的历史内容，当然有赖于启蒙以来各种知识、社会、文化的实践，它根植于它的程度，必将其具体存在化为一种深刻的历史诘问，而产生能够真正撼动其根基的力量。笔者以为，源自启蒙时代理性主义传统的马克思、韦伯、法兰克福学派等将主体社会化的思想庶几近之，尤其是霍克海默和阿多诺，以启蒙的逻辑质问启蒙，以理性的力量锤炼理性，以对主体的信仰宣判主体的消亡，使启蒙自身的问题逃无可逃，也使其对启蒙意义的追问更加显得严重。

声称“对现代性仍然深信不疑”① 的他们是从追踪纳粹制度的精神缘起进入对启蒙的批判的，其思想和结论深刻地影响了20世纪80年代末至90年代初中国反省现代性的言论。把纳粹制度及各种极权形式、由科学工具化所造成的技术与社会的脱离现象、思想商品化、蒙蔽理性之光的文化工业等发达资本主义的社会病症作为启蒙的结果，以考察“这种思想的概念，以及这种思想错综交织在其中的社会的具体的历史形式、机制”②，令人感触其内在的锋芒。它被展示为一个启蒙精神自我摧毁——理性成为神话、主体沦为个体的过程。在他们看来，启蒙最大的问题在于对一种使人类统治自然的知识形式的追求，它带来两方面的后果：一方面，理性作为“用主体的设想来解释自然界”③ 的神话的解毒剂出现；另一方面，理性又借助各种知识形式把主体的暴力施加到自然界身上，“以他们与行使权力的对象的异化，换来了自己权力的增大”④，成为一种新式神话。科学与对象的关系、启蒙精神与事物的关系被类同于独裁者与人们的关系。这样，科学和逻辑的意义都成了问题。尤为严重的是，这种统治形式还随人类对自然的支配日益渗入人类社会，理性的统一性和形式逻辑的简约在社会领域演

① 参见《启蒙辩证法》导言，重庆出版社1990年版，第1、3页。

② 同上。

③ 霍克海默、T. 阿多诺：《启蒙的概念》，载《启蒙辩证法》，重庆出版社1990年版，第4、7页。

④ 同上。

化为极权主义的恐怖，而启蒙最工具性的形式——文化工业的出现则带来更大的问题：操纵技术的权力（一种主体性方式）日益为商业利益和意识形态让步，批量生产远离真实的伪知识、伪文化产品，对它们的不断消费导致批判能力的丧失和陷入新的愚昧，理性的普遍主体被分割为无数互不相干、无个性、物化的个体，启蒙的精神沦为欺骗群众、操纵大众意识、扼杀个性和自由的当代资本主义的极权形式。

启蒙最终被自身的逻辑和机制所摧毁，理性呈现为非理性，主体的统一性遭受分割和宰制，零散为碎片，“人类不是进入到真正合乎人性的状况，而是堕落到一种新的野蛮状态”[①]，这就是理性—主体神话破灭后的现实。应该说，这种基于启蒙逻辑的批判，以及其注重思想与历史实践、现实状况的因果关系的考察具有一种致命的力量，但如果广义地把它也理解为启蒙思想的成果，启蒙的精神就不能说完全被自己摧毁了或必然被摧毁，其贡献和问题的尖锐性都来自将启蒙的思想与实践、崇高的动机与最恶劣的后果并置之“以果责因”的决定论方法：它把启蒙的问题揭示得深入而准确，却有赖于把其最坏的实践当成全部实践的误认。在其意识中，现代性的基础、整个西方文明的基础与法西斯主义制度的基础被完全混同了，似乎启蒙的逻辑及机制驱使自身从条条大路通向罗马——一种法西斯主义的政治、社会和文化的必然性。其实，尽管纳粹制度与启蒙精神不无某种联系，可视其为启蒙实践中现代民族国家的一种形式，但毕竟还存在与启蒙精神联系更紧密、更符合启蒙设计的其他政治、社会和文化形式。况且既然启蒙是现代文明的共同基础，纳粹之为纳粹的原因就不可能在于共性，而必须到启蒙思想以外的个性文化中寻找。事实上，纳粹的意识形态与启蒙思想并不一致，倒是利用了质疑启蒙的如尼采一类的反理性的意志主体性理论及反动的种族主义、反犹主义等资源。霍克海默和阿多诺在1969年再版《启蒙辩证法》时曾含蓄地说他们当时（1940—1944年）未“非常准确地估计到向有秩序世界的过渡”，启蒙之“全面协调一致的发展过程被打断了，但并非断绝了”[②]，默认其夸

① 参见《启蒙辩证法》导言，重庆出版社1990年版，第1、3页。

② 同上。

大了纳粹精神的普遍性。其中所谓“有秩序世界”，我理解就是接近于启蒙精神的世界。另外，纳粹制度及其他极权制度的逐渐消亡也可反证启蒙精神并未自我摧毁，而是处于自我完善、自我更新的新陈代谢过程之中①。

霍克海默和阿多诺的真正遗产并非对于启蒙的辩证法的揭示，而在于对现代性的发达形态——当代资本主义的激进批判，尤其是对于工具化的理性形式——技术文明在社会各个领域的制约机制及其束缚、分离主体的趋向的分析，以及对于启蒙实践中的知识的生产不单是理性的意识而是现实的意识形态的发现，这些思想深刻地影响了人们后来对现代性问题的认识，构成了20世纪六七十年代兴起的“后现代”理论的经典问题，并引发新一轮对整个现代制度进行追问的需求，像福柯针对西方知识——思想史的批判解构理论，就充满源自它和尼采这两种不同思想路数的灵感。在福柯那里，类似霍氏和阿氏那种对于主体、本质、整体性、规律等整套理性主义传统的信仰没有了，相反却质疑构成主体的规则和条件，追寻隐伏于知识生产过程中的权力关系，主体和真理位于复杂的生产和意指关系之中，植根于笛卡尔和康德的普遍主体之理性的运作早已让位于对欲望、禁令、惩罚等不同主体形式的探讨，法兰克福式理性——主体神话的破灭主题经由阿尔都塞被倒置组织为对现代文明制度的批判：围绕所谓知识之轴、权力之轴、伦理之轴，福柯试图通过反抗使个体变为主体的权力形式——现代国家。“通过反抗这种强加于我们头上好几个世纪的个体性，来推动新的主体性形式的产生。”② 福柯的主体——知识——权力理论无疑是把我们导入“后现代”理论视野的最佳途径，也使启蒙的问题更富于研究的意味。

启蒙设计中的知识—权力关系　尽管20世纪80年代中国的启蒙

---

① 国内外学界常有人把发生两次世界大战、出现纳粹制度和斯大林极权模式视为现代性的失败，如瑞士汉斯·昆《神学：走向“后现代”之路》（见王岳川、尚水编《后现代主义文化与美学》，北京大学出版社1992年版，第164页）。认为“由于两次世界大战，现代的大厦至少在法西斯主义和斯大林主义中已从根基上摧毁”，这种看法混淆了思想的必然性和历史的“结局”，简单地把历史的直接等同于逻辑的，值得注意。

② 福柯：《主体与权力》，见H. L. 德雷福斯、P. 拉比诺《米歇尔·福柯：超越结构主义和阐释学》跋，钱俊译，台湾桂冠图书公司1992年版，第277页。

主义思潮在一定程度上仿佛在追求一种西方业已实现的现代性，福柯对于西方现代文明制度的批判与90年代中国的追随者对于“五四”以来至80年代建立的现代性基础的挖掘仍然非常不同，其差异极类似福柯自己与所谓“反思想家”的关系：“他们基于人类主体是由能指的任意运作而构成的空洞愿望这一非历史理论，把严肃性彻底打入冷宫并坚持每个人都应该毫不留情地进行冷嘲热讽”①。中国的追随者是在把90年代社会和文化转型期的文化失范、价值无序、中心缺失等走向资本主义的不适与西方理性—主体神话破灭后的“合法性”危机混为一谈的基础上同福柯的思想进行汇通的。他们把当代精英文化地位的衰落、主体与历史的迷失及由此而来的“中心化”价值解体的文化情境归因于启蒙地位——据于社会和文化中心的价值、符号系统的创造者和阐释者——的失落，并把这一时刻描绘为“一个混乱如巴赫金意义上的文化狂欢节”②：启蒙的话语，“那些教化式的呼喊有如老式唱机发出的声音”；而理想主义的姿态，也因不合时宜成为“堂·吉诃德式的狂舞”。不过，其中一些比较认真的思考，则能够套用福柯的主体—知识—权力理论，揭示启蒙设计中内含的知识—权力关系，把有关启蒙的质疑推向深入。

一般而言，启蒙的问题广义地涉及三个方面：人、知识、社会，福柯的思想虽不是专对启蒙而来，但其问题却深深植根于启蒙以来的主体性、知识、社会机构的实践之中，甚至更远。③ 对于人的问题，福柯重在考察把人变成主体的不同客观化方式，把主体性拆解为处于生产、意指和权力关系中的元素组合；对于知识的问题，福柯通过判明由知识、权力、语言三方面因素合成的“话语形成”，瓦解启蒙以来在主体观念支配下的认知传统，把真理的规范相对化、条件化；对于社会的问题，福柯特别关注合理化实践建立的机构与权力之间的关系，通过对监狱制度及监

① 德福雷斯、拉比诺：《何谓成熟？论哈伯玛斯和傅柯答“何谓启蒙？”之争》，《傅柯：超越结构主义和阐释学》跋，钱俊译，台湾桂冠图书公司1992年版，第359页。

② 陈晓明：《“精英”与“大众”殊途同归的当代潮流》，《文艺研究》1994年第1期。

③ 在《主体与权力》中，福柯曾写道：“即使启蒙运动在我们的历史和政治技术的发展中是一个非常重要的时期，我仍觉得如果想要弄清为什么我们会掉入我们自己的历史的陷阱，我们还应考虑更遥远的历程。”

控技术的历史考察，厘清了其中知识—机构—主体之间的制约关系，并把它发展为对西方社会制度的质疑。对他而言，把个体化技术同整体化程序结合于同一政治结构中的现代国家形式，无异于对社会的全景监控，其中既充满科技进步和理性统治的内容，又意味着自由的失落和非人性的恐怖。福柯曾把启蒙理解为“就是修正意志、权威及理性运用之间的原有关系”[①]，其对于整个现代文明制度的批判，也可视为对启蒙的全面质疑，一种对发达的现代性之中合理化与权力之间的关系的拷问。

福柯之“知识的政体（regime dusavoir)”的概念包含着丰富的意思。对于启蒙而言，既然知识的意志就是理性的意志，那么理性的统治必然表现为合理化的进程。这一发生于人、知识和社会领域的合理化运动围绕某种主体化形式而进行：人的合理化是助人摆脱不成熟状态并“影响人性构成因素的变迁”[②]；知识的合理化是使之通向真理的唯一途径；社会的合理化则必然走向现代民族国家——一种福柯高度警戒的权力形式。为了理顺这一进程中意志、权威、理性运用之间的原有关系，康德在《答何谓启蒙》中的经典答疑可谓旨在确立启蒙内部之主体化机制的审慎而艰苦的努力。对于康德来说，人成为主体已囊括了关涉启蒙的大部分问题：在应该运用理性的领域和时刻敢于运用理性去求知；经由理性的批判——界定理性运用的合法性程序——确立各种权威；能够正确区分私人的理性运用和公共的理性运用的不同，即作为社会个体和作为普遍主体的不同理性运用方式。消除了意志、权威和理性运用之间的失衡，并建立起保证其比例协调的机制，不仅意味着主体化的完成和臻于成熟之境，而且是合理化地完成和获致自由的标志。但福柯并不认为康德这一强调合理化进程和主体化进程的统一的答案构成了启蒙的充分描述，对他来说，它始终未能圆满地解决一个问题，即“理性的运用如何获致它所需要的公共形式，以及在个体尽量谨慎服从的同时，如何能在光天化日下发挥求知的勇气”[③]。福柯根本不能相信存在一个超脱

① M. 福柯：《论何谓启蒙》，中译文见台北《思想》（联经思想集刊①），“福柯”台湾惯译为“傅柯”，今从大陆通例改之，后面不再一一注明。

② 同上。

③ 同上。

于各种私人目的的、中性的、不受权力关系牵制的“批判主体”的知识源泉，不经过“总是依照一定程序受到控制、挑选、组织和分配的”话语生产就能使理性获致其公共形式，即使在启蒙思想为客观、公正、纯粹的知识生产领域也是如此。因此，所谓“知识的政体”可视为一个有别于启蒙之理性知识论的知识政治学的分析领域，其中能够洞穿启蒙设计中的知识—权力关系之秘密的关键，正在于对知识—权力关系的重新认识。

福柯认为，应该重新考察那种基于启蒙原理的知识论预设，即只有在权力关系暂不发生作用的地方知识才能存在，只有超越它的命令、要求和利益，知识才能发展。其实知识的生产过程同其他社会过程一样充满权力的角逐，知识与权力的关系正好与之相反：

> 我们应该承认，权力产生知识（而且，权力鼓励知识并不仅仅是因为知识为权力服务，权力使用知识也并不只是因为知识有用）；权力与知识是直接相互指涉的；不相应地建构一种知识领域就不可能有权力关系，不预设和建构权力关系也就不会有任何知识。因此，对“权力——知识关系”的分析不应建立在一个与权力关系有关或无关的某个认识主体的基础上，相反的，认识主体、认识对象以及认识模态应该视为权力一知识的这些基本含义及其历史变化所产生的许多效果。总之，不是认识主体的活动产生某种有助权力或反抗权力的知识体系，相反的，权力——知识、贯穿权力——知识和构成权力——知识的发展变化和矛盾斗争，决定了知识的形式及其可能的领域。①

对于启蒙而言，“知识的政体”中知识—权力关系及其表现形式——主体化进程和合理化进程同样是统一的，但福柯显然承担着发达现代性的后果而来，经由法兰克福学派对于“启蒙的辩证”过程的演示，他已洞悉在发达资本主义社会中主体性为工具理性消损殆尽，人只能

① 福柯：《规训与惩罚——监狱的诞生》，刘北成、杨远婴译，台湾桂冠图书公司1992年版，第26页。

沦为整个社会机器的孤立的、物化的个体零件的现象，尤其是阿尔都塞把主体揭示为一种意识形态赋予的“自我中心”的幻觉：“大写主体（Subject）的主观意识，反过来恰恰是它被意识形态主宰的现实，即小写 subject，意为‘受支配或被征服者’”[①]，使源远流长的“主体化”和“合理化”命题的含义发生了倒转：“主体化”不再意指不成熟的个体脱离蒙昧成为独立自主、不迷信权威、独特的主体，而获致自由的本质；“合理化”也不再被视为指涉人类幸福、进步、秩序的中性技术手段，而是共同促成一种“使个体变成主体”或“使个体屈从并处于隶属地位的权力形式”[②]。这种权力形式广涉人、知识、社会的统治，其核心在于融会了一种源自基督教机构的权力技术——牧师权力（pastoral power）。

这种权力技术也就是启蒙的权力技术。在福柯眼中，以“拯救”为目的、乐于为群体生活和理想献身、关怀个体、包含一种良心的知识和指导它的能力的“牧师权力”是现代一系列权力形式诸如国家、家庭权力、医学权力、精神病学权力、教育权力和雇佣者权力等的原型，它虽然是一种历史现象，但伴随18世纪启蒙运动的发生，“这种几个世纪（一千多年来）一直同一确定的宗教机构连在一起的牧师型权力，突然散播到整个社会机体，并获得大量机构的支持”[③]。这一历史变革虽不能完全归因于启蒙，但福柯对它稍作归纳后就提到康德的《答何谓启蒙》一文显然是意味深长的。就启蒙内含的目的能力、沟通关系、权力关系，即前述意志、理性运用、权威之间的关系而论，康德并不特别强调其关涉启蒙者和启蒙对象双方的权力的运作，而是基于对沟通中介——理性运用的公共形式的纯洁性的自信，侧重目的能力（摆脱不成熟）和沟通实践（理性交流和不迷信权威）的完成。但呈现为主体化和合理化进程的启蒙既无法摆脱这种权力关系，也不

① 赵一凡：《福柯的话语理论》，《读书》1994年第5期。

② 福柯：《主体与权力》，载《福柯：超越结构主义和阐释学》，台湾桂冠图书公司1992年版，第272页。福柯曾这样解释“主体”一词的意思：“通过控制和依赖主从于（subject to）别人，和通过良知和自我认识束缚于自己的个性。两种含义都意指一种使个体屈从并处于隶属地位的权力形式。”这显然受到阿尔都塞的影响。

③ 同上书，第276页。

能任凭它对于目的能力和沟通关系的扭曲和篡改而没有自觉。福柯清楚地区分了这一进程中目的能力、沟通关系和权力关系之间的纠结。就康德及一般启蒙者所重的沟通关系而论，“沟通总是某种作用于他人的方法。而意义要素的产生和流通无论是作为目的或作为后果，总会在权力范围内有所反映，但后者不单单是前者的一个方面”[①]。他认为，我们不能混淆权力关系、沟通关系和目的的能力，虽然哈伯玛斯也曾区分支配、沟通和最终行动，但这并非意指存在三个不同领域，即“一方面是有关事物、完善的技术、运作和转化现实的领域，另一方面是有关符征、沟通、相互性和意义产生的领域，最后是有关强制手段之支配、不平等和一些人作用于另一些人的领域”[②]，而是意指三种不同的关系：它们相互渗透、利用，并以此为手段达到某种目的；它们之间并不存在一种总的均衡，而是随时随地变换或形成其合目的的相互关系模式。像启蒙及类似的教育权力，就相对注重“能力的调节、沟通的来源和权力关系构成协调一致的系统”，其能力—沟通—权力关系的设定始终可按照一定的需求而互相调节。正是在此基础上，某种称为管制或监控的纪律被历史地建构起来。

由于权力的本质并非“共识的表现”，而是管制和支配，在某种程度上，它对于启蒙诚如利奥塔德所言，“按照理性的双方可以达成一致意见这一观念来判断，具有真理价值的陈述在陈述者和倾听者之间导致共识的规律便能够成立：这就是启蒙叙事”[③]——便天然地包含一种颠覆的力量，尤其当它把知识内含的权力也包括在内且不与其他权力进行区别时，便必然陷入控制和解放的悖论：启蒙即反启蒙，控制即解放，受监管即自由等。我想关键仍然在于管制或监控的纪律的确立方式：是突出权力关系、沟通关系还是目的能力，是否顾及三者的均衡或协调，其结果是完全不同的。在“知识的政体”或社会中，福柯所反抗的“主体性的屈从性”倘若意指某种权力网络的制

① 福柯：《主体与权力》，载《福柯：超越结构主义和阐释学》，台湾桂冠图书公司1992年版，第275页。

② 同上书，第278页。

③ 让－弗朗索瓦·利奥塔德：《后现代状态：关于知识的报告》，载《后现代主义文化与美学》，北京大学出版社1992年版，第25页。

约，或者知识的对象化，那么其对于主从关系的斗争便注定是“无政府主义的”，很难期望积极的、建设性的成果。由于福柯始终把自己作为在历史上受到启蒙并为启蒙所限的生命来分析，重在探讨所谓“必然事物在当代的限制”（contemporary limits of the necessan），对于启蒙以来建立的知识论传统的另一方面——同宗教权力施诸知识领域的暴政的不懈反抗则难免会遭受忽视，当今或许只有仍时受“史前权力”骚扰的第三世界能够感受启蒙的知识论原则的生命力和建设性。事实上，为福柯所揭发的启蒙的知识论基础同样充满对权力的对抗，无论强调理性运用的公共形式之纯洁，还是真理意志的中正光大，还是什么客观、独立、中立的种种说法，都是一种为抵御权力关系的扭曲以维护其话语意志的努力。我们知道，存在各种各样的知识：真理、假说、信仰、故事……现代科学和哲学曾确立过形形色色的验收标准，亦有人以科学和意识形态、事实与价值、真理与形而上学、真伪命题区分等范畴分析这一知识学的混沌和矛盾，康德关于科学、艺术、道德（宗教）的三分法是现代知识的经典分类；其不同类属内含的权力关系绝对是不同的，像福柯那样把科学、伪科学、前科学、意识形态化的社会科学统统视为相同的话语群，显然存在一些问题。其对知识——权力的诘问已把问题逼到了绝境，因为任何知识都要与对象发生一种关系，即通过对象化的方式达到对于对象的控制，但它正确与否却具有完全不同的“权力效果”，只有正确的知识才会产生正当而持久的权力。当然福柯并不期待一个不存在权力关系的领域或社会，对他而言，揭示人、知识、社会中普遍存在的支配关系或权力结构，展现并激发自由意志不屈不挠的反抗，或许真是天赋于斯人的“内在于所有社会存在的永恒的政治任务”。

（原载《鲁迅研究月刊》1995 年第 7 期）

# 未完成的现代性(下)

## ——论启蒙的当代意义并纪念“五四”

高远东

文化等级与进步的观念　应该说，对于启蒙意义的追问，无论霍克海默和阿多诺的启蒙辩证法，还是福柯关于知识—权力的解构政治学，还是本文稍稍提及的“后现代”理论，也不管其对启蒙理想的坚持程度如何，是否愿意立足于重建的立场，其共同特征是把启蒙视为发生于欧洲社会或文化的“内部”事件，其对启蒙逻辑与内在机制的微观揭秘，纵然能够给非西方的启蒙工程以启迪，但也难免忽略对他们而言或许更重要的文化更迭与转型的问题。把启蒙的问题领域从时间转到空间，把福柯式的批判从西方文化内部扩展为针对不同地域文化之间的支配关系的文化政治学的宏观视野，涉及作为西方向全球进行文化扩张的机制，一种全球化的“文化霸权”，则如詹姆逊的第三世界文化理论、赛义德的“东方主义”及其引发的“后殖民主义”文化批评成为质疑中西现代性历史的利器。这些理论正是在反省“五四”及八十年代启蒙主义思潮的问题的背景下，在“重估现代性”的实践中，被引入九十年代的中国，在一定程度上成为文化民族主义或所谓“新保守主义”的基本价值源泉，与“新国学”运动殊途同归。

詹姆逊的第三世界文化理论、赛义德的“东方主义”及斯皮瓦克、霍米·巴巴等“后殖民主义”文化批评之间虽背景各异却存在着千丝万缕的联系，撇开时常若隐若现的马克思、福柯、德里达等人的面影不谈，其最大的相同在于均代表一种西方文化内部自我反省其“西方中心主义”的现代性扩张史的文化政治良知，其思路大致植根于第二次世界大战以来现代性的多极发展——由民族觉醒和反殖民主义运动导致的当代世界文化、政治的多元化格局——的共识前提，即类似列维·施特劳斯的著名报告《种族与历史》中的观念：强调文化的多元取向、各种意识形态和价值的共存；认为不同地域文化并无绝对一致的发展模式，任何价值和特性只有在一定文化“内部”得到评价，都能以其个性赋予人类文明以多样性。基于这种标志人类进步的共识，隐伏于19世纪以来现代性全球化发展的逻辑——尤其是启蒙的文化扩张机制被揭示出来，它既关系到历史地建构起来的现代世界秩序，非西方文化、政治的正当发展问题，也包括西学东渐过程中的不平等关系及由此而产生的关于东方的知识误区。

在詹姆逊特有的“马克思主义”语境中，现代化是伴随着文化征服的资本主义的世界化进程。在这一进程中，无论非洲原始或部落社会，还是中国和印度的亚细亚方式，“所有第三世界的文化都不能被看作是人类学所称的独立或自主的文化”①。“第一世界文化帝国主义”或称现代性的统治不但未能促成类似西方社会的成果，反而导致葛兰西所谓“臣属”（Subalternity）的出现，这种耐人寻味的意志状态令人想起康德对于“不成熟状态”的经典描绘，“是指在专制的情况下必然从结构上发展的智力卑下和顺从遵守的习惯和品质，尤其存在于受到殖民化的经验之中”②。为什么源于启蒙的现代化进程会出现这种“从结构上发展的”必然的蒙昧？答案自然存在于“文化帝国主义”的文化政治学中。对于第一世界与第三世界或现代性的发达状态与发展状态，“黑格尔对奴隶主与奴隶的关系所做的熟悉的分析仍然是区别两种文化逻辑的最有效和戏剧化的分析”③，而第三世界的现代文化

① 弗·詹姆逊：《处于跨国资本主义时代中的第三世界文学》，张京媛译，《当代电影》1989年第6期。

② 同上。

③ 同上。

只有在“与第一世界文化帝国主义进行的生死搏斗之中”才能生存发展。奇怪的是，詹姆逊绕开主体化和合理化的“西方式”启蒙方案而单纯强调“民族主义”式的反抗，甚至连鲁迅启蒙主义性质的文化生产即所谓“对中国‘文化’和‘文化特征’的批判”也被扭曲为一种讨论“民族主义”的“复杂方式”，则表明其对第三世界内部推进现代性的多元取向的简单化理解和隔膜。[①] 笔者以为，仅仅依靠所谓反抗“文化臣属”的“文化革命”与未能成为启蒙工程的有机组织的单纯“民族主义”的取向，并非解决非西方后进文化之发展问题的理想方法，反而易于陷入抱残守缺的境地，阻塞其学习、沟通和交流的途径。

作为“后殖民主义”文化批评的基石和先声，赛义德的“东方主义”似乎有助于解决詹姆逊提出的现代化过程中反而出现“从结构上发展”必然的蒙昧——无论叫它“文化臣属”还是“后殖民性”的问题。它试图通过反省西方关于“东方”这一异己文化的知识传统和认识迷误，揭露隐蔽于其文化、学术或机构背后的权力关系以及制约着现代世界的不平等秩序的“知识的殖民体制”。在他看来，“东方主义”——西方关于东方的一整套知识体系其实是西方企图控制东方的一种政治教义，它总是有意无意地把自己主体化，把非西方文化视为客体，进而建立一种主从关系。这样在认识上就会导致两种结果：一方面，只有当非西方文化成为异己者时，东方才会成为其知识对象（姑且不提它实属充满偏见、无知、优越想象的“东方神话”）；另一方面，其自我赋予的“中心”位置把东方永久地边缘化了，东方文化只能处于西方文化的宰制和抑制之中，即使是民族主义性质的文化反抗也无助于这一地位的改变，因为从逻辑上讲，原汁原味的“本土性”反倒只能加强其“中心”“主体”的幻觉。遗憾的是，由于资料所限，笔者尚未看到赛义德关于“东方主义”充当西方殖民主义的意识形态支柱的具体说明，但笔者想，其内含的殖民化、压抑与控制的机制必然就是能够有效地阻挠或破坏启蒙之“立人”和“立国”的主

① 笔者曾就詹氏对于鲁迅的理解写过商榷性文字，可参见《经典的意义》，《鲁迅研究月刊》1994 年第 4 期。

体化和合理化的机制，只有这样，才能保证西方即使在经济上被赶上也不会丧失其“文化霸权”。这里涉及处于同西方文化的不平等关系中非西方文化发展的悖论：只有建立“西化”的启蒙机制才能有效地抵制“殖民化”，促进本土文化的健康发展。

这样理解和阐释似乎有违赛义德的原意，但却凝聚着真正“东方”立场的思想家如严复、胡适、鲁迅乃至20世纪80年代中国启蒙思想的痛苦经验[①]，其中是否存在把西方价值普遍化的问题？是否意味着对于西方知识强权的“臣属”？我想，假如人们真是明白任何价值和特性只能在一定文化“内部”得到评价，或者懂得文化或理论的主体性其实可随不同的使用语境而发生转移的道理[②]，那么这类皮相的质问自然会消失。事实上，文化多元论既然成为共识，对于当代世界“后殖民主义”的病症，赛义德的医疗逻辑只能导致“民族主义”的反抗药方。也正基于此，国内拥护言论发现了所谓“西方主义”的新大陆，把从张之洞到李泽厚，从近代直到八十年代末的整个中国现代性进程统统归在“西方主义”名下来考察：或者指其为“中国的学术界在西方强势文明冲击下，产生出来的一种浮躁的、盲目的、非理性的对待西方文化的

① 关于鲁迅的西方文化取向与赛义德理论的中国版之间的紧张，张隆溪曾作过令人信服的议论：“也许五四时代的中国知识分子，尤其是鲁迅最能代表非官方的西方主义。鲁迅曾经劝中国的年轻人读外国书而不读中国书，对中国的传统文化和国粹派攻击得不遗余力。他处处把西方的先进文明与中国的愚昧落后相对照，以当代西方理论的眼光看来，可以说鲁迅完全袭取了赛义德所抨击的那套东方主义的观念和语汇。但我们读了赛义德的书，再反过来看鲁迅，是否就觉得一无是处了呢？鲁迅有不少过火偏激之处，这是不必讳言的，可是我相信，头脑正常的人大概不会说鲁迅是在为西方殖民主义或帝国主义张目，于西方当代理论无论有多少深厚修养的人，大概也不至于说鲁迅肤浅，说他对待西方文化的态度是浮躁、盲目、非理性的。事实上，如果说鲁迅和五四时代希望改变中国现状的知识分子采用了西方的概念和术语，不断追寻自由、民主、科学、进步等西方启蒙时代以来的价值观念，这恰好说明这些概念和术语本身并不是什么压迫性的，中国知识分子这样做的目的不是为了证明西方文化高明，而是想把中国由弱变强，不再受西方列强的欺侮。在这个意义上，中国知识分子的‘西方主义’和赛义德所谓‘东方主义’，可以说恰好是南辕北辙，背道而驰……如果说‘五四’以来的近代历史有不少挫折甚至失误，我们在重新审视这段历史时是否就应当完全否定现代性本身而缅怀往古，在反思的名义下让历史的沉渣泛起呢？”见《关于几个时新题目》，《读书》1994年第5期。

② 最明显的例子是翻译——知识从本源语言进入译体语言，其意义，不可避免地要随新语言的历史环境发生变化，在一定条件下被挪用，这时，知识与权力的关系已被使用者所重构，而原有主体性也随之转移给了译体语言的使用者。出处参见刘禾《一个现代性神话的由来——国民性话语质疑》，《文学史》第1辑，北京大学出版社1993年版。

态度"[①]；或者直言启蒙的扩张机制"隐含于文化中的等级制"或者把当代中国注重沟通和交流的文化现实目为"处于发达资本主义霸权下的后殖民主义文化"[②]；或者把矛头直指"那个来自西方的并在中国生根的'现代性'或现代化）理论，其中包括迄今仍被用来征服世界的意识形态，如进步、权力、民族国家和目的论历史观（teleological history）"[③]。

确实，"文化中的等级制""进步、权力、民族国家和目的论历史观"等都是现代性理论的核心观念，也是启蒙的公理预设和基本信念，由于某些不尽如人意的现代性实践，诸如纳粹制度、斯大林模式以及西方殖民主义对第三世界的掠夺和摧残，尤其是它被作为谋取政治利益的意识形态手段，所谓"文化等级""文明程度""进步""目的论历史观"云云在今天有点声名狼藉了。但假如改换一下陈述方式或许有助于问题的澄清，譬如把"文化等级"理解为文化发展的不同程度，把"进步"的观念与文化发展之由低到高的进程相联系，就可能穿过"后殖民主义"的意识形态迷雾，建立讨论的较好基点。其实，"后殖民主义"文化批评所关注的非西方民族的政治模式与文化选择以及更重要的反控制问题，早在启蒙的全球化进程伊始就成为民族现代性的中心问题，对于西方形形色色的控制策略和手段，非西方民族亦有从军事、政治、经济到文化方面的反抗，否则根本不会有当今世界现代性多极发展的格局，所以，"后殖民主义"的问题本身并不新鲜，新鲜的是，它认为基于启蒙的文化选择和反控制方式错了。首先，启蒙计划中隐含着一个等级森严的文化秩序和世界图式，难以对非西方文化一视同仁，"世界"仅仅是西方式的世界；其次，既然现代性的东方路程难免出现"东方主义"的错误，对于非西方文化而言，走同样的路未尝不会陷于"西方主义"的泥淖，丧失民族文化的根本。在中国的"后殖民主义"批评的逻辑中，这种"西方主义"自然非主张向先进文化学习的启蒙主义和民族现代性理论莫属。问题在

① 张宽：《欧美人眼中的"非我族类"——从"东方主义"到"西方主义"》，《读书》1993年第9期。

② 陈晓明：《"精英"与"大众"殊途同归的当代潮流》，《文艺研究》1994年第1期。

③ 刘禾：《一个现代性神话的由来——国民性话语质疑》，《文学史》第1辑，北京大学出版社1993年版。

于，难道所有文化真是等值的吗？倘若如此，文化之由低到高的发展问题应该如何理解，或者说进步的结构究竟应该怎样构成？如何处置启蒙或现代性逻辑中所谓“文化霸权”的问题呢？

这诚然是取决于文化“内部视点”的问题，是否能够从文化自身尤其是其中最关键的人的生存和发展方面着眼，回答会完全不同。前面曾说过，“文化等级”或“文明程度”与“进步”的观念在启蒙思想中本非问题，相信历史进步、文明发展的一切学说都承认文化存在不同程度发展的事实，没有这一认识基础，现代性进程或启蒙的机制就会丧失其动力和合法性。正如论者的设问：“如果真如兰克（Leopold von Ranke）所说，所有时代和所有社会都同样靠近上帝，那么何必为更好的时代或社会而奋斗？”[①] 笔者理解，“后殖民主义”的问题重心并非文化不同程度的发展，而在于对这一事实的确认所造成的“文化的等级制”可能给非西方文化造成文化认同的困难和归属的危机，因而其针对包括曾为马克思、鲁迅、福泽谕吉等整个现代理论所信奉的“进步”观念的质疑，其实质仍在于寻找一条解决本土文化发展之由低到高的正当途径，或有别于启蒙的合理化和主体化的方法。

在现代性理论或启蒙设计中，这一问题即进步的结构线性地展现为一个福泽谕吉所谓“谋求文明的顺序”[②]，也就是鲁迅所谓从“立人”到“立国”，再从民族国家“终于也会扩展到各民族相互之间的外部关系，直至走向世界公民社会”[③] 的理想进程。其中，文化更迭或转型是顺序递进的，尽管可能确实存在“一种沾沾自得，贬抑一切前代的以及与我相处的社会形式”[④] 的“启蒙病”，但它从社会或文化为人的生存和发展所提供的自由和解放的可能性方面建立有关“进步”的机制与判断“文化等级”或“文明程度”的准则，较之简单地

---

① 哈伯玛斯、安德森：《哈伯玛斯：哲学—政治写照》，《思想》（联经思想集刊①），台湾。引自安德森的提问，并非哈氏的答复。

② 福泽谕吉：《文明论概略》，北京编译社译，商务印书馆 1959 年版，第 14 页。

③ 康德：《重提这个问题：人类是在不断朝着改善前进吗?》，载《历史理性批判文集》，何兆武译，商务印书馆 1990 年版，第 160 页。

④ 哈伯玛斯、安德森：《哈伯玛斯：哲学—政治写照》，《思想》（联经思想集刊①），台湾。引自安德森的提问，并非哈氏的答复。

根据社会或文化的合理化程度或单纯依靠本位文化的是否舒展去理解进步的意义，显然具有更开阔的视野。进步关涉的是社会或文化的普遍结构，其陈述之不易正如哈伯玛斯所说：

> 关于一个社会的发展水平的陈述，只能关涉到单一的向度（single dimenssions）与普遍的结构（universal Stucture）；亦即，一方面关涉社会制度的反省性（reflexivitl）与复杂性，另一方面关涉社会生产力与社会整合的形式。一个社会在经济或管理体系的分工水平上，或在法律建制方面比另一个社会采得优越，可是我们不能因此断定这个社会的整体（as a whole），作为具体的整体、作为一种生活方式，就有更高的价值……我们观察生活世界"进步的"（progressive）合理化趋势，但当然不是视之为定律，而是视之为历史的事实。现代社会有别于传统社会的趋势再三得到证实，例如：文化传统的反省性增加，价值与规范日益普遍化，沟通行动从种种限制规范中得到解放，社会化的模型得到扩散而促进个体化（individuation）与抽象的自我认同（ego identity），等。[①]

这正是对于进步的现代性发展成果的典范提示。康德在讨论该问题时曾提到"人民的启蒙""哲学家的任务"及"公开化"等字眼，把经由教育而达成的道德提高、消灭侵略战争、社会法制化等视为进步的经验指标[②]，令人油然而生一种古典的人道情怀。但如上所述，当今世界乃是一种不同文化之间日渐发生广泛和深刻联系并处于不断的对话或相互作用之中的复杂现实，本土文化的发展不再存在一个自足的空间，只能在伴随着优势文化之支配关系的学习、沟通和交流实践中进行，因此，就与文化进步相关的反控制而论，强调理性双方的沟通以达成共识的启蒙式"师夷之长以制夷"的方案显然比单纯民族

---

① 哈伯玛斯、安德森：《哈伯玛斯：哲学—政治写照》，《思想》（联经思想集刊①），台湾。引自安德森的提问，并非哈氏的答复。

② 康德：《重提这个问题：人类是在不断朝着改善前进吗?》，载《历史理性批判文集》，何兆武译，商务印书馆 1990 年版，第 160 页。

主义式的制造沟通障碍的反抗更为根本。

如何在强势文化的“压迫”中解决发展的问题，以何种方式建立现代的民族文化的主体性，进而与西方文化、非西方异己文化进行文明的交往、正当的对话及和平的竞争，最终走向整个人类文明的进步与繁荣？笔者以为，启蒙的设计仍是迄今为止副作用最小的答案。“后殖民主义”批评所关注的“文化霸权”或“文化殖民主义”等东西方文化交往中的不平等关系，“新保守主义”所号召的民族主义的反抗，均仅仅抓住了问题的一个方面，而更重要的关于文化发展或自我完善的内容，却在文化多元主义和文化相对主义的催眠声中被掩盖了，以至于否认进步的存在，陶然于“三十年河东，三十年河西”的历史循环迷梦之中。“现代性”理论固然不无偏见，但它是否是西方征服世界的意识形态，世界能否为它所征服，却完全取决于非西方文化自身回应、转化或反控制的能力。就其所涉及的文化政治而言，能否立足于文化“内部”的观点去决定不同文化价值和特性的取舍，直接影响着反控制的资源——文化主体性的质量，而任何文化“内部”发展的需求都是比外在的“文化霸权”的影响更强大的动力，这就是说，进步的结构主要依赖于文化内部的组织而不是外来影响，外来资源只是在相似的文化情境中才能发挥作用——这或许就是张隆溪指出的鲁迅之于西方文化，可谓处处符合赛义德的理论逻辑，事实却恰好与之南辕北辙的原因[①]——普列汉诺夫曾讨论过不同社会和文化交往中存在不同影响模式的问题，话虽久为人熟知，但其基于文化不同发展程度即落后文化和先进文化的区分对交流或相互作用过程中权力关系的分析，隐然嵌入了一个关涉进步的图式，笔者想，较之时新的“后殖民主义”批评带有“水浒气”的言论，期待发展一种在相互作用和相互影响的交往条件下诞生的文化的“相互主体性”，或许并不比奢望真理——又一个来自西方的现代性话语——更远。[②]

---

① 参见《关于几个时新题目》，《读书》1994 年第 5 期。

② 普列汉诺夫的有关思想可参看《论一元论历史观之发展》第五章《现代唯物论》中讨论不同社会或文化相互影响相互作用的部分。他把社会或文化本质视为其社会、历史、文化环境的产物，由于形成环境的各种关系和因素的特殊，产生于其中的本质或主体性也永远是特殊的。外在的影响无论强弱都无法改变其对内部结构和发展需求的依赖，因而无论“文化霸权”（转下页）

交流沟通与文化归属之间的悖论　这种文化的“相互主体性”能否确立，很大程度上取决于理解交流沟通与文化归属之间的悖论的质量，其偏倚既可造成启蒙主义与文化民族主义的分野，其中正也可导致一种新的发展——基于融合的文化进步。

在现代性的世界化过程中，正如人们经常直观地描述，一方面，诸如全球化的资本主义经济、国际化的劳动分工、民族国家系统、世界军事秩序乃至文化（如传媒的）全球分布，使整个人类处于前所未有的相互依赖之中，所有文化都失去了单独发展的可能，必须进入这一相互影响和相互作用之网去寻求发展的道路，共享风险和利益，因而交流沟通的要求比任何时候都强烈，寻求不同文化交往的正当途径成为文化思想的焦点之一；另一方面，随着交流沟通实践的日渐广泛和深入，不同文化在趋同的同时又会产生求异——关涉身份认证和文化归属的问题，更由于全球经济、政治、文化发展的不平衡，发达形态的文化难免把自己的规则当通则，在与发展中形态文化的交流沟通中形成不平等关系，尤其是经由政治的染指，有意把文化的不平等延展为利益的不平等，把不同文明价值的交流演变为谈判桌或生意场上的讨价还价，从而激起文化民族主义（或称文化保守主义）的反抗。文化民族主义在指涉民族国家、身份认证和群体归属感方面的长处使其有碍沟通交流的短处常常被掩盖，这或许就是它始终在现代化进程中此起彼伏的原因。因此，对于启蒙而言，既然它能把一个现代性的扩张进程转化为一个疏通交流和沟通障碍的进步，把外来资源内化为

---

（接上页）如何强大都无法导致特性或主体性的丧失。例如文学的国际交流，虽好似在相互影响中“将有一种为全体文明人类所共有的文学”，但“一个国家的文学对于另一个国家的文学的影响是和这两个国家的社会关系的类似成正比例的。当这种类似等于零的时候，影响便完全不存在，例如非洲的黑人至今没有感受到欧洲文学的任何影响。当一个民族由于自己的落后性，不论在形式上亦不论内容上不能给别人以任何东西的时候，这个影响是单方面的，例如前世纪的法国文学影响了俄国的文学，可是没有受到任何俄国文学的影响。最后，当由于社会关系的类似及因之文化发展的类似的结果，交换着的民族的双方，都能从另一民族取得一些东西的时候，这个影响是相互的，例如法国文学影响着英国文学，同时自身亦受到英国文学的影响”。（人民出版社1957年版，第286、285页，为便于理解，引文对博古译文语序略有变动，表示定语和中心词之间领属关系的“底”一律依现行通例改为“的”，另外，由于着重号太多使符号失去了作用亦将它一并删去了）这种着重“先进——落后”之别的文化交流和影响图式与“后殖民主义”批评展示的“压抑—反抗”的交往图式完全不同。

本土文化结构的发展的需求，那么，也理应对于关涉身份认证和文化归属感的难题作出回答，在进步的结构中包含或容纳文化主体性的确立途径——如何通过执着于交流和沟通实践，在强势文化的压力下争取新的创造空间，以表现本土的文化和想象力。

一个例子是鲁迅的小说。在小说这种美学客体中交流和沟通的机制如何建立，权力机制怎样通过叙述（或其他修辞策略）的形成制造其主体意识，它可提供一个参照。詹姆逊曾在“第三世界文化”理论的基础上把它作为凝聚着中华民族生存经验的“民族寓言”来阅读，认为其“寓言”的形式和结构深深植根于反对“文化臣属”的第三世界文化“内部”的革命语境之中，而作为第三世界民族文化命运的表达，它最终隐含了对于西方奴隶主的成功反抗，抵消了殖民意识。[①]较之第一世界知识分子埋头于专业化的“铁屋子”中从事文化生产的困境，鲁迅式与民族的历史、道德、文化和问题发生广泛而深刻的纠结的写作方式，甚至能提供某种学习的借鉴。但詹氏把鲁迅确立文化主体性的途径民族主义化了，恰恰忽视了其更接近事实和更根本的“启蒙主义”式写作的特征，即鲁迅的小说本身就是执着于中外文化交流和沟通实践的产物，无论其思想还是艺术都可视为一种关涉古今中外文化价值的对话、沟通、冲突或创造性转化的文本，也就是所谓“和世界各国取得共同的思想语言的”“真正现代意义上的文学”[②]。由于本土文化的落后性，鲁迅的文化生产自然无法摆脱诸如人道主义、个性主义、进化论等西方现代性理论的“支配”，但其知识权力机制并非如赛义德所预料的制造了殖民意识，反而完全积极地参与了民族文化的现代主体性的建构，不仅提供了新文化反抗“老中国”封建宗法制度的资源，而且最终也成为第三世界反抗殖民化、半殖民化的思想武器。鲁迅本人非常强调执着于交流沟通实践确立文化主体性的途径，在他看来，理解为文化民族主义所着重关涉自我身份认证和群体

① 弗·詹姆逊：《处于跨国资本主义时代中的第三世界文学》，张京媛译，《当代电影》1989 年第 6 期。

② 严家炎：《鲁迅小说的历史地位——论〈呐喊〉〈彷徨〉对中国文学现代化的贡献》，载《求实集》，北京大学出版社 1983 年版，第 77 页。

归属感的文化特性（“国粹”）问题，不能脱离更为根本的人的问题即所谓“一要生存，二要温饱，三要发展”的内容抽象地论辩，因为只有人的价值接近于绝对价值，而其他一切价值都是相对的。“国粹”也罢，“文化霸权”“殖民工具”也罢，只有置于关涉人的发展和解放的天平上，才能掂量出其真正的分量。[①] 事实上，鲁迅在期待一个与古今中外人类优秀文化的无限交流的巨大创造空间，这就是著名的“拿来主义”——一种完全不同于“后殖民主义”和文化民族主义的选择。

另一个例子是张艺谋的电影。如果说，鲁迅的小说由于深深植根于本土的文化现实，自然而然地解决了处于交流和沟通实践中的身份认证和文化归属问题，也就是通常所谓“现代性”和“民族性”的完美统一问题，且由于其现代经典地位不至于成为“后殖民主义”批评的公开靶子，那么，以张艺谋的电影为代表的20世纪80年代以来中国大陆文学、美术、音乐、电影等文化生产方式，即强调“走向世界”的沟通和学习——由此分化产生侧重模仿、移植与着重“寻根”的两极对话手段——希望被接纳、承认，以致产生强烈的“诺贝尔文学奖”（或奥斯卡奖、国际声乐比赛奖）等西方文化权威认证情结这种“刻意强加的面向西方文化的姿态”，受到中国“后殖民主义”批评的关注则近乎必然。在他们看来，这无疑是“处于发达资本主义霸权下的后殖民主义文化”的征象，因为：

> 对于发达资本主义文化霸权的认同，并不仅在于当代商业社会制造的文化形式、种类出自对资本主义文化的抄袭；说到底，这乃是一种不自觉的认同，它是被历史之手不由自主地推着走，是现代工业化社会的伴生物，是世界经济一体化的副产品。更重要的，这种认同隐含在自觉的文化创造中，隐含在文化想象力的原始动机中，特别是渗透在对中国本土文化的自我指认中。某种意义上，“越是民族的就越是世界的”“中国人只能搞中国自己

① 此类观点在鲁迅的著述中触目即见，恕不一一列举。

的东西”已经变成一个致命的悖论，这种“民族性”的自我指认，包含着对发达资本主义文化霸权的认同前提。①

而张艺谋的成功正好用来说明当代中国文化的本质——“后殖民”文化的意义。其作品本脱胎于中国电影“第五代”的实验化和先锋性的“西化”电影艺术语境中，早期代表作无论《一个和八个》（吴子牛导演，张艺谋摄影）还是《黄土地》（陈凯歌导演，张艺谋摄影），都具有20世纪80年代中国文化显而易见的主题：前者基于人道主义立场讴歌人性与党性、阶级性与民族性在共产党人身上的完美体现；后者则集文化批判与激发中华民族的生命力和创造力的旨归于一体，唯有电影叙述语言显示了不同于“第四代”的鲜明特征。由于经历了对世界尤其是第二次世界大战以来优秀电影艺术和思潮的广泛学习、吸收，其艺术取得了长足的进步，可以说获致与世界尤其是西方进行沟通和交流的资格和手段。但根据陈晓明的阐释，此后开始的中国电影的“走向世界”乃是一个从“民族性”到“后殖民性”的“文化臣属”的过程。在他看来，张艺谋的成功得力于对“民族性”的虚伪建构，从《红高粱》《菊豆》到《大红灯笼高高挂》，所谓“民族性”已变成十足的“后殖民性”——“第三世界文化为获得发达资本主义文化霸权的认可而刻意表现自己的所谓的‘民族性’”“它除了表示文化上自觉的从属地位而没有表现民族的文化或生活的真正历史命运”。具体而言，《红高粱》中“具有鲜明的本土文化特征”的“中国民族的粗野、强悍、勇猛的生存性格”，在张艺谋面向世界（西方）的讲述中，“它像是在实施一次精心设计的文化拍卖”；《菊豆》中的东方情调和中国“民族性”的文化符码成为“对东方（中国）民族生存状态和文化禁忌的‘他性’展示”，尽管因此在西方世界大获成功，但“在西方文化权威的惊奇和同情的目光注视下，《菊豆》更像是第三世界文化向发达资本主义献上的一份土特产品”；而《大红灯笼高高挂》中的“民族性”则被简化为“外在的民俗仪式”，这

① 陈晓明：《“精英”与“大众”殊途同归的当代潮流》，《文艺研究》1994年第1期。下面有不注明出处者皆引自此文。

“不仅是掩盖他对这种生活的把握有些力不从心，更主要的是大红灯笼乃是为西方世界看客挂起的文化标签，它看上去更像是第三世界向发达资本主义文化霸权挂起的白旗，而不厌其烦的民俗仪式，则是一次精心安排的‘后殖民性’朝拜典礼”。

这真是可怕的误解。张艺谋之于当代中国文化的意义完全被倒置了。倘若真的存在一种文化生产方式，确实大量制造一种旨在加强中西当代文化的交流和沟通的本文，而且由于当代资源的枯竭——对于西方的仿作不得不从古代或民俗等边缘文化寻找与“老外”交谈的材料和话题，以至于老是顺着别人说，直到这种“交谈”成为一种“臣服的文化进贡和艺术拍卖”，丧失自己的主体性。问题的关键不在这种可能，不在于张艺谋之“走向世界”或“面向西方”的姿态本身——姑且这么认为，我相信寻求与不同文化的理解和沟通本身并非罪恶，而在于如何理解确立交流和沟通的机制对于当代中国文化生产的意义，或者说，它对于“自觉的文化创造”或“本土的文化想象力”到底是构成了抑制还是解放。在前述批评中，张艺谋从事文化生产的真实条件被大大简化了。中国“后殖民主义”批评家仿佛刚从外星上走来，在制约张艺谋的文化生产的众多条件中一眼就看出它与赛义德的理论教条之间的“似是”，而更重要也更有力量的“内部”制约——譬如电影审查制度及其意识形态化的运行机制的“而非”却被排斥在其视野之外。人们或许愿意思索张艺谋们为争取国内生存空间比取得西方文化权威的承认花费更多时间、经历更多周折的原因。就其遭受批评的所谓“民族性”的自我指认而言，张艺谋之文化博物学的建构方式其实植根于20世纪80年代中后期“寻根文学”的趣味之中，隐含着对于从“五四”到“文化大革命”的某种文化观念的反拨或觉悟，并非单纯旨在取悦西方的交流和沟通手段。对于张艺谋刻意表现的中国文化，无论其态度是展览、拍卖，还是炫耀、猎奇，这都属个人的艺术选择，较之其作品中文化主体性建构的成败，是应该给予更大的自由和理解的。在张艺谋对“民族性”的自我指认中，诸如《红高粱》中的爱欲境界和酒神精神，《菊豆》中“对东方（中国）民族生存状态和文化禁忌的‘他性’展示”，《大红灯笼高高挂》

中的生命隐喻，乃至被排斥于“后殖民主义”批评视野之外但对理解张艺谋文化生产的完整性却至关重要的《秋菊打官司》中的现实擅递，其成败得失或有不同，却都能立足于本土文化的真实状况进行艺术表现。应该说，较之过去的中国电影，由于“走向世界”的交流和沟通，其自由创造的艺术空间进一步扩大了；对世界优秀文化成果的学习和交流，不是抑制了而恰恰是解放了电影艺术家的文化想象力，促进了中国电影的主体性的健康确立。可以设想一下，假如没有张艺谋、陈凯歌们的严肃而独立的工作及“走向世界”的努力，中国电影是否反而在世界影坛不居于“文化上自觉从属的地位”呢？所谓“中国民族本土的特征”本来就是在不同文化的坐标中比较性地确认的，处于世界一体化进程中的现代文化只能是“互为主体”或“互为他者”的格局，但中国“后殖民主义”者却为本土的交流资源即所谓“土特产品”感到耻辱，在把普遍的现代文化、经验、价值说成是西方文化、经验、价值的同时，偏偏又把张艺谋电影中的“民族性”指为“他性”，这难道不正是因为他们自己不具有“内部”视点，而错戴西方式有色眼镜所致吗？

文化交往中的身份认证和群体归属的问题触及启蒙主义与“后殖民主义”及文化民族主义的深刻分歧，从表面上看，前者强调置于“进步”的结构内，通过发展一种在相互影响和相互作用的交流和沟通条件下产生的不同文化的“相互主体性”来解决；而后者则注意到这种交流和沟通中的不平等关系，认为异己文化的强烈影响和作用足以导致本土价值的迷失出现文化认同危机，从而陷于任人宰割的境地，因而坚持在与强势文化的对抗中寻求本土文化发展的道路；但实际上，更深刻的分歧在于其不同的问题立场，如前所述，前者以人为本位，认为文化是人创造的，“人不为文化而存在”[①]，因而文化的自由交往只能意味着一个开阔的创造空间和无限的可能性；而后者以文化为本位，认为文化制约着人的本质，人不能脱离自身的文化来抽象地谈发展，因而在文化交往中坚持一种文化民族主义的立场。但问题在于，

① 王得后：《人类的生存困境与鲁迅的文化创新》，《鲁迅研究月刊》1995年第5期。

不但诸如鲁迅、张艺谋的文化生产实绩足以消解文化民族主义的问题，而且其知识逻辑本身也存在许多可质疑之处，鼓励隔绝机制的产生是其一[①]；最根本者，则是误解了文化（价值、制度）的不同构成。笔者以为文化虽然制约着却并非直接实现着人的本质，它乃由两部分构成：一是原则性规范，关涉文化的普遍性；二是规则性规范，关涉文化的特殊性。前者基于理性标准而相对稳定，为不同文化所共有；后者则由于约定俗成而较具变易性，往往随时代、地域、种族、传统的不同而发生变化——文化民族主义在解决文化身份认证和群体归属感的幌子下所捍卫的其实正是这些规则性内容：把文化的可变部分当成了不变部分，“把自己所属文化的精神提升至普遍性的高度”“但同时又把这种普遍真理与本民族的独特性联系在一起”[②]，其谬误可想而知。

说到底，交流沟通与文化归属之间的悖论其实只有一个难点，即文化身份认证和群体归属感的问题，也就是在现代化过程中如何保持民族文化特性的问题。我们知道，既然文化特性是由文化的规则性内容构成，而它又随时代、地域、种族、传统的“约定”而“俗成”，具有变易性，那么捍卫文化特性的工作便无异于让时刻在变易的东西不变，这实在是过于困难的劳作。反过来说，尽管现代化的全球进程带给不同文化以相同的意义，正如艾恺所描述的：理性主义、国家主义、个人主义、普遍的商业化、都市化、大机器生产、官僚化、契约原则、无所不在的法律的统治等，导致传统社会制度、机构、价值的日益萎缩，而“这种历史趋势不受任何地理界域、意识形态和文化相对性的限制，具有真正的普遍性”[③]，但这种普遍性的实现毕竟有赖于它与不同文化特性的结合。在我看来，二者的结合既是一个在交流沟通和寻求文化归属之间的“扭行”，也是一个完美融合了文化普遍性

① 最有趣的例子是列宁对“爱国主义”的定义，为人所熟知的旧译是民族主义立场的理解：爱国主义是千百年来培养起来的一种极其深厚的感情；新译则是世界主义立场的理解，强调了其中隔绝机制的作用：“爱国主义是由于千百年来各自的祖国彼此隔离而形成的一种极其深厚的感情”（新版《列宁全集》第35卷，第187页）。

② 梁治平：《现代化的代价》，《二十一世纪》1992年12月号，香港中文大学中国文化研究所。

③ 同上。

和特殊性的新的主体性建构里程。因为归根结底，文化的存在毕竟是独特的、个别的、不可替代的、未完成的，只有在自我与“他者”的对话和沟通中才能较充分地实现其主体化的进程。也正如论者所说，文化的存在能够成为生机勃勃的进程，所依靠的正是“主体的互有”，主体与“他者”的关系应该是也只能是你中有我、我中有你、相互影响，在发展中形成特性的多元共存格局。在此条件下，文化民族主义的勃兴既像是在演出一出向过去告别的仪式，又仿佛对这一陌生形势的感叹，当然它除了反证时代的进步外或许并不说明别的。

1995 年 4 月—7 月写于磨砖居

（原载《鲁迅研究月刊》1995 年第 8 期）

# “救亡压倒启蒙”

## ——对八十年代一种历史“元叙事”的解构分析

李　杨*

“救亡压倒启蒙”是李泽厚于20世纪八十年代中期提出的著名观点，在一篇题为《启蒙与救亡的双重变奏》的文章中，李泽厚以“启蒙”与“救亡”两大“性质不相同”的思想史主题来结构中国现代史，认为在中国现代史的发展过程中，“反封建”的文化启蒙任务被民族救亡主题“中断”，革命和救亡运动不仅没有继续推进文化启蒙工作，而且被“传统的旧意识形态”“改头换面地悄悄渗人”，最终造成了“文化大革命”“把中国意识推到封建传统全面复活的绝境”①。

1989年，李泽厚在为自己的文集《走我自己的路》的增订本所作的序言中，再次明确指出，20世纪中国现代史的走向，是“救亡压倒启蒙，农民革命压倒了现代化”②。

就对八十年代人文知识的整体影响而言，将李泽厚的这一“救亡压倒启蒙论”称为八十年代人文知识的一种“元叙事”（meta-naart ive），显然并不过分。“文革”后最普遍的历史叙述，是将“文化大革命”解释为封建法西斯的“复辟”与历史的“倒退”，即认为“文化

* 李杨，北京大学中文系教授，博士生导师。

① 李泽厚：《中国现代思想史论》，东方出版社1987年版，第7页。

② 李泽厚：《李泽厚十年集・走我自己的路》（增订本），安徽文艺出版社1994年版，第10、323页。

大革命”的悲剧根源于中国现代史上“反封建”的不彻底。这种对“文化大革命”性质的理解逐渐延伸到整个20世纪中国的“救亡”史及其与之相关的社会主义实践——“封建主义披着社会主义衣装复活和变本加厉了”①。李泽厚的“救亡压倒启蒙论”之所以能够迅速为广大知识分子所接受，成为八十年代中国知识分子理解共同的历史与现实的一个寓言式话语来源地，显然是因为这一历史叙述使后“文化大革命”思想获得了一种简洁明快的表述方式。“启蒙”与“救亡”的对立隐含的是“现代”与“传统”的对立，通过这种二元对立的方式，20世纪五十年代至七十年代的中国历史被视为“封建”时代或“前现代”历史而剔除出“现代”之外，而“文化大革命”后的“新时期”则被理解为对“五四”的回归和“启蒙”的复活。这种“启蒙”与“救亡”及其隐含其中的“现代”与“传统”的二元对立，不仅是“文化大革命”后不同知识——历史学、文学、政治学、社会学、思想史等得以建立的基本前提，而且也是八十年代的“知识分子”界定自身的基本方式——通过将“文化大革命”的封建化来确立劫后余生的知识分子作为启蒙者的“现代”身份。九十年代以来中国思想的一个重要趋向，是所谓的“重访八十年代”的口号的提出及其相关的学术实践。八十年代一些重要的精神命题被还原为“知识”加以重新发掘和清理。在这种现实与历史的对话中，李泽厚的“救亡压倒启蒙论”无疑是一个首当其冲的命题。本文所进行的工作，即通过对“救亡”与“启蒙”、“传统”与“现代”这一二元对立的解构，尝试提供另一种理论解释，即20世纪中国历史中出现的“救亡”与“革命”，不但不是“启蒙”的对立面，反而是“启蒙”这一现代性生长的一个不可替代的环节；不但没有“中断”中国的现代进程，反而是一种以“反现代”的方式表达的现代性。

值得指出的是，本文对“救亡”的现代性的揭示，目的绝不是为在20世纪八十年代被压抑的“救亡”“翻案”，更无意于“复辟”“救亡”对中国现代史的支配地位。事实上，对“启蒙”和“救亡”、

① 李泽厚：《中国现代思想史论》，东方出版社1987年版，第36页。

"现代"和"传统"这些重要的思想范畴，是将其放置在八十年代现代性建构的立场上进行讨论，还是将其放置在90年代开始出现于中国思想界的对现代性的反思与解构的平台上进行认识，意义将迥然不同。本文的工作当然是在后一个层面上展开。

## 一 "救亡"的现代性：民族国家的建构

"救亡压倒启蒙论"之所以能够从"救亡"与"启蒙"的对立中推演出"传统"与"现代"的对立，是因为这一元叙事将"救亡"解释为一个"传统"的范畴——当"救亡"被理解为对业已存在数千年的传统"中国"的拯救，"救亡"与"启蒙"的对抗便顺理成章地变成了"传统"对"现代"的抗拒。因此，要拆解这一二元对立，必须首先揭示"救亡"的现代性。这一现代性表现为：近代中国一再出现的"救亡"，并非是以拯救一个已经存在的中国为目标，而是一个具有现代"民族国家"（antion-state）意义的全新的中国的创造过程。

"世界之有完全国家也，自近世始也。"[①] 国家虽早已存在，但前现代即传统社会中的国家与社会、文化和法理基础都与现代国家完全不同。欧洲古代历史基本上是城邦的历史，中世纪史是普世世界国家的历史，近代历史是民族国家的历史。[②] 现代民族国家取代传统国家，是欧洲现代化的主要内容。中世纪的欧洲国家基本上都是政教合一的政体，文化和社会形态是教会威权式文化。与这种政体和文化相对应的社会结构，其特点是宗教承担了道德、经济、政治、教育等相关的功能。在这种政治结构中，二位一体的权力和威权的合法性有着不可质询的神秘来源。与此相类似，虽然"中国"这一概念早在秦汉统一以前即已经为诸夏民族广泛使用[③]，到秦始皇时代更建立了以汉族为主体的统一国家，但这个中国是"天授皇权"的政体，文化和社会形

① 梁启超：《国家思想变迁异同论》，载《饮冰室合集（第一册）·文集之六》，中华书局1989年版，第12页。

② 李宏图：《西欧近代民族主义思潮研究》，上海社会科学院出版社1977年版，第249页。

③ 王尔敏：《中国近代思想史论》，台北华世出版社1977年版，第441—480页。

态是无神的儒教威权式文化，建构国家认同的是一种称为“天下”的文化意识——除了以地域和种族作为区分标准外，最重要的是以文化的异同与高下来作判断标准。从周人自称“有夏”并视殷商为“中国”来看，这里的“中国”指的都是夏、商、周所处的共同地域。“它原是基于文化的统一而政治的统一随之，以天下而兼国家的”[①]。中国人历来认为中国即是“天下”，即是“世界”，自己因居于世界的中心，所以才称“中国”。皇帝不但是“中国”的国君，而且是“天子”。中国四周居住的是一些“非我族类”的蛮夷之族，这些种族并非是与华夏民族对等的民族或国家，而是应该附属于“中国”的不开化夷邦。因此，中国与周围其他民族的关系，是中心之国与四邻蛮夷的文化等级关系，天朝上国与周围属国的藩属关系。列文森（Joseph R. Lvenson）据此认为传统中国只是“文化”的中国，而非“民族”的中国，因为后者是竞争的产物。在传统中国士人的心目中，中国的文明就是天下的文明。蛮夷可以武力屈服中国，但最终会同化于华夏文化。竞争局面既不存在，民族主义亦无由发展出来。[②]

现代意义的民族国家出现于17世纪的欧洲。由于宗教革命，教会地位受到严重挑战，作为传统政治基石的普世性原则动摇乃至崩溃，与此同时，16世纪的远洋航行、军事革命以及资本主义的兴起，扩张了国家活动空间，增加了国家竞争的频率和强度，从而使国家内部民众动员的需要发生变化，驱动了各种政治的结构性变化。民族国家的诞生就是这种政治结构变化的主要标志。这一全新的世俗政治津构为经济生活和社会秩序的世俗化铺平了道路，在打破了封建经济制度的同时，也打破了传统社会中权力和权威合法性的神秘来源，全面推动经济活动从宗教生活秩序的关联中分离出来。当国家建构不再是上帝授权的行为，而是人的自然理想的结果的时候，社会秩序才真正摆脱了“此岸”与“彼岸”的关联，民族国家成为启蒙时代真正的开路先

① 梁漱溟：《中国文化要义》，载《梁漱溟全集》卷三，山东人民出版社1990年版，第294页。

② Joseph R. Levenson, *Confucian China and Its Modern Fate*: *A Trilogy*, Berkeley: University of California Press, 1965, pp. 148 – 149.

锋。一部欧洲近代史，可归结为民族国家与民族主义发展的历史。作为现代社会标志的商业活动的扩张与技术工业的发展，都可视为民族国家这一世俗政治建构的后果。

遗憾的是，20世纪八十年代的中国知识分子在讨论中国现代的启蒙运动时，常常只是从个人主义或者个人本位意识的角度理解启蒙，而对于启蒙运动的另一个重要范畴——民族国家意识以及作为其变体存在的“民族主义”或“爱国主义”却往往视而不见。事实上，作为封建教会对立面出现的欧洲启蒙思想，不仅仅是否定宗教神性的“个人”意识，而且还有民族国家这一世俗政治建构，而对于中国这样的“被现代化国家”而言，“民族国家”意识比“个人”意识具有更强烈的现实意义。

用艾凯的话来说，民族国家既是启蒙的产物，也是“朝向以征服自然为目标的，对社会、经济诸过程和组织进行理智化”的过程的一部分。[①] 民族国家的一个重要的特点，是要求在固定的疆域内享有至高无上的主权，建立一个可以把政令有效地贯彻至国境内各个角落和社会各个阶层的行政体系，并且要求国民对国家整体必须有忠贞不渝的认同感。作为一种超越文化和宗教差别的政治性组织，民族国家通过某种程序把所有的公民联合起来，为所有的成员介入“公民政治”（civil poiltics）提供了有效身份。这种特殊的社会化网络超越了公民的个体特性，有自己的权威结构。由于具有其他政治组织方式所不具有的加强国家凝聚力、动员和集中社会资源、提高政治效率的能力，民族国家成为保护确定的共同体抵御有害的全球性影响，特别是抵御国家控制力之外的政治及其他有害的全球性影响的一个主要装置。因此，建立自己的民族国家并使之巩固和成熟，成为传统社会摆脱依附、走向发达的根本前提。在欧洲，不仅近代以后相继出现的法国、英国这样的“现代化挑战者”都是以民族国家的面目出现，对于德国、俄国这样的“被挑战者”而言，建立自己的民族国家更是回应挑战的先决条件。“现代的国家主义、民族国家和现代化都是在英、法两国发生的。英、法两国一旦现代化，建立了官僚制的民族国家，世界的其他

① 艾凯（Guy S. Alitto）：《世界范围内的反现代化思潮——论文化守成主义》，贵州人民出版社1991年版，第18页。

国家——如果没有其他的理由——就算只是要自卫，也被迫非跟着改变不可。”①

在某种意义上，可以说现代民族国家基本上是“打”出来的。如果从中世纪的英法百年战争开始计算，这种战争在欧洲近代的历史上从未中断过，一直持续到拿破仑战争的结束，才有了几十年短暂的和平，随之而来的1848年革命以及德意志和意大利的统一战争，几乎使近代欧洲的历史成为一部战争的编年史。因此，在帝国主义时代，殖民地半殖民地的民族意识受到激励而觉醒，首要的问题是如何抵御帝国主义列强、如何实现“平等”的国家关系和“公平”的国际秩序。取得国家身份意味着成为现代国际体系内的主体，成为在法理上不受任何外来强制、不亚于任何其他主体的自由平等的角色。正是在这个意义上，从晚清至1949年以前的中国现代“救亡”史，是从文化主义向民族主义转化、从传统样式的文明向现代样式的民族国家转型的历史。

历史学家通常以科学水平和西方的“船坚炮利”来解释中国不可避免的失败。然而，对西方如何取得科学、军事的长足发展，却常常注意不够。其实，西方在近代的迅速崛起，一个更为重要的原因就是民族国家的兴起。“英、法两个最先现代化的国家能更有成效地动员其种种资源，我们可以把这种对资源的动员视为军事与行政现代化的一个步骤。”② 因此，1840年后的中国社会所面临的问题，就显然不仅仅是文化自身的危机，而是一场前所未有的政治危机——西方民族国家的挑战。一个没有正式国名，没有明确边界，没有国旗，没有国徽，没有国歌，更为重要的是，没有一个为全民认同的“现代政府”的“文化中国”根本无法回应这一挑战。当时中国的军事力量只能对付零星的海盗，却不能与西方国家的军事力量相抗衡。中国的民族国家问题开始变成无法回避的历史要求，并且不断以政治危机与社会危机的方式提到日程上来。

---

① 艾凯（Guy S. Alitto）：《世界范围内的反现代化思潮——论文化守成主义》，贵州人民出版社1991年版，第29页。

② 同上书，第30页。

长期以来，中国民众在封建专制统治下一直缺乏近代全民国家观念。他们把一家一姓之朝廷作为效忠的对象，只知有朝廷而不知有国家，“知有天下而不知有国家，知有一己而不知有国家”[①]。老百姓的任务就是完粮纳税，“除纳税诉讼外，与政府无涉，国家何物，政治何物，所不知也”[②]，甚至“国亡，他可以不管，以为人人做皇帝，他总是一样纳粮”。与国家相比，倒是宗族利益更能使其“牺牲身家性命”“至于说到对于国家，从没有一次具极大精神去牺牲”[③]。梁启超就曾痛感国人常“独善其身，乡党自好，畏国事为己累而逃之”[④]。这种狭隘的乡土意识和家族主义观念严重阻碍了中国民族国家观念的产生。

这是第一次鸦片战争——传统中国和现代西方首次正面遭遇时的历史性画面：当英国舰队突破广州虎门要塞，沿江北上的时候，江两岸聚集的数以万计的当地居民，平静地观看自己的朝廷与外夷的战事，好似在观看一场与自己毫不相干的争斗，用马克思的话来说，是“人民静观事变，让皇帝的军队去与侵略者作战”。[⑤] 直到“五四”时期，来中国讲学的杜威仍然为中国人表现出来的对国家问题的冷漠而震惊。当他在上海问及一个中国人对日本占领满洲的看法时，这个中国人神色自若地答道：“哦，那是满洲人的事儿，与我无关。反正是他们要付出代价，不是我们。”惊愕至极的杜威发出了这样的慨叹：“这种看法不仅明显是对现实政治的极端漠视，同时在政治问题上也表现出极端的愚蠢。”[⑥]

这种深深刺激过青年鲁迅的“看客”的场景，凸显的是两个世界相逢时的经典画面：对峙的双方一方是信仰天下主义的一盘散沙式的

---

① 梁启超：《新民说 · 论国家思想》，《饮冰室合集（第六册）·专集之四》，中华书局 1989 年版，第 21 页。

② 陈独秀：《吾人最后之觉悟》，载中国社会科学院近代史研究所编《“五四”运动文选》，生活 · 读书 · 新知三联书店 1979 年版，第 15 页。

③ 孙中山：《三民主义》，载《孙中山选集》（下卷），人民出版社 1956 年版，第 590 页。

④ 梁启超：《新民说 · 论国家思想》，《饮冰室合集（第六册）·专集之四》，中华书局 1989 年版，第 18 页。

⑤ 《马克思恩格斯选集》第 1 卷，人民出版社 1995 年版，第 709 页。

⑥ 张宝贵编著：《杜威与中国》，河北人民出版社 2001 年版，第 33、39 页。

中国，另一方则是高度政治化的西方民族国家以及同样以民族国家面目出场的日本。

“在19世纪七十年代之后和九十年代初，具有改良思想的知识分子普遍感到在西方国家富强的背后不仅存在技术和财富生产方面的才能，而且也存在醒目的统一意志和集体行动的能力。与西方国家的政府和人民密切联系相反，中国在统治者和被统治者之间存在着政治隔阂。为弥补这一隔阂，并加强对政府的政治支持，必须在统治者和被统治者之间建立政治沟通。”① 在西方民族国家强有力的挑战之下，传统中国专制集权政治制度所固有的种种弊端完全暴露无遗。最明显的例证，即在于这种传统政治制度既无法有效地加强国防，动员民众，抗拒外敌的入侵，也没有能力汲取足够的财力，将国家导入经济现代化的轨道，与外人展开激烈的商战，反之，却在历次对外战争中一次次惨败，一次次以割地赔款告终。

甲午战争是日本“开拓万里之波涛，宣布国威于四方”这一对外侵略扩张基本国策的产物。从1894年8月1日清政府被迫宣战到1895年4月17日签订丧权辱国的《马关条约》，历时8个半月。拥有陆军约95万、海军军舰71艘、4亿人口的偌大的中华帝国，却被一个只有29万军队、二十几艘军舰（其中有9艘在修理）的区区岛国打败了。一个多世纪以后，费正清在谈到这场战争的时候，仍然认为这是一场中国必然失败的战争。因为“战争的一方日本这时已成为一个现代国家，民族主义使它的政府和人民在共同的目标下团结起来对付中国，而作为另一方的中国，它的政府和人民基本上是各行其是的实体。日本的战争努力动员了举国一致的力量，而中国人民几乎没有受到冲突的影响，政府几乎全部凭借北洋水师和李鸿章的淮军”②。难怪失败之后李鸿章叫苦不迭，称甲午战争其实是北洋海军独自同日军决战，这话虽然有推脱责任之嫌，却不能说全无道理。

---

① 张灏：《梁启超与中国思想的过渡（1890—1907）》，崔志海、葛夫平译，江苏人民出版社1997年版，第23页。

② 费正清编：《剑桥中国晚清史（1800—1911）》（下卷），中国社会科学出版社1985年版，第129页。

显然，面对现代民族国家的挑战，以儒家思想为核心的中国传统文化已经根本不具备回应的能力。梁启超曾经痛心疾首于民众的缺乏群体意识、民族意识和国家意识，斥责对国家兴亡不闻不问、自私自利的"旁观者"："今我中国国土云者，一家之私产也；国际云者，一家之私事也；国难云者，一家之私祸也；国耻云者，一家之私辱也。民不知有国，国不知有民，以之与前此国家竞争之世界相遇，或犹可以图存，今也在国民竞争最烈之时，其将何以堪之卜……民无爱国心，虽摧辱其国而莫予愤也。"[①] 可以说，中国近代知识分子经历文化危机的心路历程，凸显出中国人发现自己是一个现代化的"落伍者"所产生的普遍焦虑、亢奋和迷乱。不断加剧的危机越来越体现为一种"认同危机"，那就是何谓西方国家？中国和西方国家的关系到底该如何？新老儒家"修、齐、治、平"的道德理想主义所持的正是与"民族国家"工具理性世界观针锋相对的"文化主义"天下观，在这种文化的"天下"观念和"中国中心"观念的框架下，这些问题是不可能得到答案的。要以"中华民族"的形态解决危机问题，只有在国家的政治框架里才有可能。这意味着20世纪初叶中国知识分子和政治精英的民族主义冲动，最终要表现为和传统文化彻底决裂的政治革命。如果说明末清初具有强烈反清意识的王夫之、黄宗羲和顾炎武坚持反清复明的言论背后，仍然是明华夷、辨人禽的传统观念，那么，到了林则徐、魏源和冯桂芬这里，文化中国的信念已经开始动摇。而在马建忠、王韬、薛福成、陈炽、陈虬和郑观应等人的著作中，全新的民族国家意识则已经开始萌动。他们的言论表明，中国是世界体系中的一个普通的国家，而不再是"君临天下"的"天朝帝国"。

可以说中国知识分子对民族国家的真正自觉，是在戊戌变法即最后一次在传统中国的框架中进行的变革失败之后出现的。完成这一转折的标志性代表人物是梁启超。张顿曾经总结梁启超在1890—1907年思想转变的两个过程，那就是："第一，摒弃天下大同思想，承认国家为最高群体；其次，把国家的道德目标转变为集体成就和增强活力

① 梁启超：《论近世国民竞争之大势及中国前途》，载《饮冰室合集（第一册）·文集之四》，中华书局1989年版，第60页。

的政治目标。”[①] 在1895年前，主宰梁启超思想的主要是传统的华夏中心主义和排满的种族民族主义。1897年，当梁启超在《变法通议》中提出“平满汉之界”的“泛黄种主义”的时候，他的思想还未能真正摆脱中国传统的“天下”观念所形成的“华夷之辨”。虽然“华夏”的内涵已扩展为“黄种人”，“夷”的内容已改为“西洋”。这时的梁启超尚处于由传统民族主义者向近代民族主义者的转变之中。1898年年底，戊戌变法失败，梁启超亡命日本，此后又辗转美国、澳洲等地，才开始“言论大变”。从此以后，“国家”在他的头脑中上升为最高的竞争单位，儒家的“公羊三世说”逐渐为西方现代政治学说所取代：“吾爱孔子，吾尤爱真理！吾爱先辈，吾尤爱国家。”[②] 他明确表明自己绝不再言排满，绝不再言种族革命，直陈“今日吾中国最急者……民族建国问题而已”[③]。为了解释现代国家的观念，梁启超将“西方”分解成不同的民族国家，在描述这些欧洲国家各自的历史之后，梁启超指出强国之所以具有较大竞争力，是因为人民并没有把“文化”作为尽忠的唯一标准，而是将“国家”作为尽忠的目标。在他看来，只有抛开文化层面的问题，仅仅把国作为竞争单位的时候，“我的祖国”的概念才会出现，“爱国主义”意识才可能产生。梁启超在1902年前后发表的许多政论文章中，都集中论述了中国人头脑中的“文化的中国不接受挑战”和“国家的中国不存在”的问题，认为这势必导致人们尽忠的目标是文化而不是国家，势必削弱人们对“国家的中国”关注的程度，“窃以为我辈自今以往，所当努力者，惟保国而已，若种与教，非所垂蚕也”[④]。正是基于这一认识，梁启超在解释民族主义这一现代性范畴时，不仅仅注意到了共同血缘，尤其是共同文化联系的重要性，而且还明确指出了“独立自治”“完备政府”“谋公益”“御

---

① 张灏：《梁启超与中国思想的过渡（1890—1907）》，崔志海、葛夫平译，江苏人民出版社1997年版，第211页。

② 梁启超：《保教非所以尊孔论》，载《饮冰室合集（第一册）·文集之九》，中华书局1989年版，第59页。

③ 梁启超：《新民说·论自由》，载《饮冰室合集（第六册）·专集之四》，中华书局1989年版，第44页。

④ 同上。

他族”等关键词，正确描述了西方近代民族国家的政治属性及职能：“各地同种族、同言语、同宗教、同习俗之人，相视如同胞，务独立自治，组织完备之政府，以谋公益而御他族是也。”① 反映出到了梁启超这里，中国知识分子对西方政治制度的了解已经非常深入。

值得注意的是，在梁启超这里，强调个人意识的自由主义与民族主义已经成为一个整体。在他看来，民族主义与自由主义并行不悖，自由主义只是达到或完成民族主义的一种手段。他在解释西方民族主义的起源时，将自由主义视为民族主义兴起的一个动力，将法国以卢梭为代表的大陆理性自由主义和英国以斯宾塞为代表的经验论自由主义学派均作了“民族主义”的解释。② 由此可见，为“自由主义”打造一个“民族主义”的归属——即所谓的“救亡”压倒“启蒙”，其实并非如李泽厚等人所言，只是“五四”一代人或共产党甚至是抗日战争爆发之后的新发明。

在民族国家的建构中，梁启超之后的另一个标志性人物是孙中山。孙中山之所以死后被尊为“国父”，是因为他作为引进现代国家学说的集大成者，明确提出了现代民族国家的纲领——“三民主义”并将其付诸实践。

1905 年时的孙中山还算不上一个真正的民族主义者，这一时期提出的口号“驱除糙虏，恢复中华”，仍然是以反满为中心内容，尽管辛亥革命后他也提出过“五族共和”，但其思想中的大汉族主义色彩仍然非常浓厚。到 1919 年他写作《三民主义》的时候，他对民族国家及其相关的民族主义概念的理解已经发生了翻天覆地的变化。他指出：“夫汉族光复，满清倾覆，不过只达到民族主义之一消极目的而已。从此当努力猛进，以达民族主义之积极目的也。积极目的为何？即汉族当牺牲其血统、历史与夫自尊自大之名称，而与满、蒙、回、藏之人民相见于诚，合为一炉而冶之，以成一中华民族之新主义。”③

① 梁启超：《新民说·论自由》，载《饮冰室合集（第六册）·专集之四》，中华书局 1989 年版，第 44 页。

② 梁启超：《国家思想变迁异同论》，载《饮冰室合集（第一册）·文集之六》，中华书局 1989 年版，第 19 页。

③ 《孙中山全集》第 5 卷，中华书局 1985 年版，第 187 页。

在这样的理论构架中，华夏民族这个具有浓厚文化民族色彩的概念终于被“中华民族”这个政治民族概念所取代。

孙中山坚决反对君主制，在中国历史上第一个提出了“推翻帝制，建立民国”的口号。由“民有、民治、民享”组成的“三民主义”，蕴含了社会、国家、公民之间的全新关系，成为民族国家意识的完整表达。在孙中山那里，民族主义开始摆脱文化民族主义的束缚，融入了现代自由、民主、平等的新精神。中华民国标志着一个民族国家的建立，体现了国家是由领土、人民、主权三要素组成的，并开始按照现代国家操作。中国人之所以认同这个现代国家，就是因为被儒家伦理分离的各种社会集团、持有不同的身份的中国人，都可以被“共和国”所整合。

从此以后，国民党与共产党之争，已经不再是“传统”与“现代”之争，而是在这一全新的民族国家框架中的现代性之争。辛亥革命后爆发的五四运动、马克思主义在中国的传播、国共两党之争乃至中华人民共和国成立，都可视为已经具有民族国家雏形的现代中国向更成熟的现代国家转变过程。

事实上，当“救亡压倒启蒙”论将这一现代民族国家的建构过程表述为“救亡”时，“中国”这一概念的现代性被完全忽略了。这种误读的产生，当然与民族国家这一概念本身的复杂性有关。这种复杂性表现在传统的“文化认同”与现代“政治认同”之间的界限并非总是一目了然，尤其是当民族国家认同为了建构自身合法性而常常自觉和不自觉地借用传统文化资源的时候，现代民族国家与前现代国家，其实是一对需要仔细辨析的概念。

对这个问题，研究现代民族政治的著名学者如安德森（Benediet Andesron）、霍布斯鲍姆（E. J. Ho-bsbawn）和史密斯（Anthoy D. smith）等人都有过非常有说服力的描述。在安德森那里，民族国家是一个没有任何依据的“想象的共同体”（an imagined communitr），所谓一个民族休戚与共的感情，在他看来不过是印刷资本主义在特定疆域内重复营造的“想象”①。霍布斯鲍姆也持类似的观点，他认为所谓一个民族的传

① Anderson, Benedict, *Imagined Communities: Reflections on the Origin and Spread of Nationalism*, London: Verso Books, 1991, pp. 42－46.

统，只是1870年以后西方国家为了巩固既有政治秩序而进行的一连串"发明"，而民族国家认同则是一个人发掘、认识自我与民族大我正确关系的过程，认同的基础是某种"本质性"（esential）的存在，或者说认同的过程是指一种本质性的建构过程。民族国家常常并不是什么自然发生、本质不变的人群的聚合，没有任何一个族群拥有纯净的血缘与一致的文化。我们之所以接受国家认同的召唤，是因为在特定的时空条件下，这个过渡性的国家组织能凝聚大众，安内攘外。因此，民族国家认同完全不同于传统的建立在血缘、种族、语言乃至历史文化认同之上的集体认同。①

史密斯并不反对民族国家是一种"国家建构"（nation-builidgn），但他认为在讨论民族国家的建构性时，还应当考虑民族国家作为一个现代认同方式对传统认同方式的借用，也就是说，在他看来，这个"想象的共同体"并非完全出于虚构和想象。他指出：

> 只要进入一个现代民族国家的"历史"，我们就不难发现一种"被发明的传统"，这种"被发明的传统"其实是对过去历史的"重新建构"。种族的过去当然会限制"发明"的想象空间。虽然我们可以以不同的方式"解读"过去，但"过去"毕竟曾经存在，它具有明确的历史事件的线索、独特的英雄人物和特定的背景谱系。我们绝对不可能任意取用另外一个共同体的过去以建立一个现代民族国家。②

正是基于这种理解，史密斯认为任何一个特定民族国家的起源都必须借用"族群"认同的资源。所谓族群（ethnic community）是一群意识到自己拥有与其他群体不同的历史记忆、起源神话、生活文化与共同家园的人群。族群的本质不属于原始发生，也不完全是人的主观

① 埃里克·霍布斯鲍姆（E. J. Hobsbawn）：《民族与民族主义》，李金梅译，上海人民出版社2000年版，第87页。

② Smith, Anthony D., *National Identity, Ethnonationalism in Comparative Perspective*, Reno: University of Nevada Press, 1993, pp. 15–16.

想象，而是介于两者之间，由历史经验及象征性的文化活动（如语言、宗教、习俗）所凝聚产生。在近代欧洲民族国家出现之前，欧洲族群并立，彼此之间或者争战不休，或者根本不知对方之存在，随着战争、天灾、宗教活动的影响，族群生灭起伏不定。一直到中世纪结束前后，若干较强大的族群通过招抚与吞并的手段将邻近的弱小族群吸纳进自己的势力范围，而形成“族群核心”（ethnic cores）。现代国家政府的组织形态出现后，这些新兴的政治势力就自然以境内主要族群核心为基础建立所谓的民族国家，它们继续以国家的武力、教育、税收等手段驯服境内及邻近的弱小族群，得以最终完成民族国家的建构。

由于充分考虑到了民族国家认同与前现代的认同之间的复杂关系，史密斯的观点显然深化了我们对这一问题的认识。作为典型的现代性范畴，民族国家是一个高度抽象的概念。把“我们”和“他们”分开的标准，不是种族、语言、宗教，甚至也不是文化、传统——因为不同的国家之间完全可能有同样的语言或宗教甚至文化。然而，这种自我理解和自我规定的实现并不以单纯的个人和集体意志为转移，而是有着复杂深刻的历史、社会、文化、心理和政治根源。民族国家由民族国家成员的认同意识构成，它是通过共同的价值、历史和象征性行为表达集体的自我意识。无论在西方还是在中国，民族国家的建构都无一例外地借用了大量的“传统”，无一例外地具有自己特殊的大众神话及文化传统。在这些为共同体成员认同的文化传统、历史和命运等集合性的符号的“制造”过程中，作为民族国家原型的传统共同体的认同方式如种族、宗教、语言以及文化等都成为重要的资源。虽然民族国家的历史是根据共同体认同的需要“编造”出来的，然而这一“编造”过程被不断地擦抹，民族国家被自然化和非历史化了。当一个全新的民族国家被解释为有着久远历史和神圣的、不可质询的起源的共同体时，民族国家历史所构成的幻想的情节才能被认为是曾经发生过的真实的存在。正是通过这种驯化和熏陶，民族国家神话被内化为民族国家成员的心理、心性、情感的结构。

这正是民族国家的建构被表述为“救亡”的原因，或许也正是这一现代性范畴的吊诡之处：一方面，民族国家的确立在于对传统共同体的某些基本要素如血缘、地域、语言、宗教、文化等的超越，并因此与“文化国家”划清界限；另一方面，民族国家又必须借用这些要素的某些部分，将其融入一个新的历史范畴。

因此，值得特别指出的是，存在于民族国家认同与传统认同之间的这种复杂关系，不应该影响我们对这两种范畴的有效区分。霍布斯鲍姆曾经非常明确地指出这一问题：“虽然存在民族主义原型的地方，近代民族主义的进展便可较为顺利，即使二者之间有很大的差别亦无妨，因为他们可以以近代国家或近代诉求为名，来动员既存的象征符号和情感。不过，这并不意味二者是同一件事，更不表示这二者之间必然具有逻辑上的因果关系。”[①] 他进而指出，理解现代意义的民族国家与作为民族国家原型的“民族”之间的关系的要点，不仅仅在于将民族国家理解为“想象的共同体”，连“民族”本身都是一项相当晚近的人类发明。“民族”的建立跟当代基于特定领土而创生的主权国家（mdoern territorial state）息息相关。因此，“并不是民族创造了国家和民族主义，而是国家和民族主义创造了民族”[②]。

## 二　“救亡”：马克思主义与中国的社会主义实践

20 世纪八十年代的中国知识分子常常为以下问题所困扰：为什么“启蒙”会被“救亡”中断，为什么中国知识分子在“五四”时期产生的对个人解放的认同很快就被民族国家的认同取代，为什么知识分子的自由主义理想会让位于马克思主义和社会主义思想，事实上，这些问题只有放置在民族国家这一理论框架之中，才可能获得有效的解答。

按照李泽厚提供的解释，马克思主义在中国的实践强化了“救



① 埃里克·霍布斯鲍姆（E. J. Hobsbawn）：《民族与民族主义》，李金梅译，上海人民出版社 2000 年版，第 87 页。

② 同上书，第 10 页。

亡”这一传统的历史命题，因而是以“启蒙”的对立面出现的。李泽厚指出：“中国革命实质上是一场以农民为主力的革命战争。这场战争经过千辛万苦胜利了，而作为这场战争的好些领导者、参加者的知识分子们，也在现实中为这场战争所征服。具有长久传统的农民小生产者的某些意识形态和心理结构，不但挤走了原有那一点可怜的民主启蒙观念，而且这种农民意识和传统的文化心理结构还自觉不自觉地渗进了刚学来的马克思主义思想中。特别是现实斗争任务要求马克思主义中国化和在各种方面（包括文化和文艺领域）强调民族形式的形势之下。”①

在另一篇文章中，李泽厚更明确地将中国的马克思主义表述为“红装素裹的儒家文化”：“毛泽东在《新民主主义论》中提到，要从新民主主义逐步过渡到社会主义，但从来并没有这样做，而是以很快的速度搞所谓社会主义的合作运动，毛泽东当时把大量的精力投在这上面，结果封建主义披着社会主义衣装复活和变本加厉了。”② 正是通过这种隐喻式的描述，“启蒙”与“救亡”的对立在演化为“现代”与“传统”的对立的同时，又构造出新的对立：马克思主义与资本主义、东方与西方的对立。在这样的二元叙事中，中国的马克思主义信仰作为反西方的思想，被简单地理解为一种前现代思想的复活，而中国的社会主义实践则被解释为传统文化的借尸还魂。

因此，如果我们不是将启蒙仅仅理解为“个人”的启蒙，而是将民族国家的建构视为政治现代化的一个重要环节——尤其是充分考虑“被现代化国家”现代化进程的复杂性，那么，在我们重新阐释“救亡”的现代意义的同时，我们实际上也在拆解另一种二元对立，那就是中国的马克思主义信仰与社会主义实践与“现代”的对立。

马克思主义当然不是一种民族国家理论，马克思理论中的“阶级”是一个超越民族国家的范畴。共产主义对民族主义者的告诫是：“全世界的人民团结起来，你们失去的只是你们的习俗和传统，但得

① 李泽厚：《中国现代思想史论》，东方出版社 1987 年版，第 45 页。

② 李泽厚：《李泽厚十年集·走我自己的路》（增订本），安徽文艺出版社 1994 年版，第 323 页。

到的将是整个世界。”[①] 因此，马克思主义常常被理解成对民族国家意识的批判与反动。然而，马克思主义革命是在民族国家的范畴内进行的。马克思主义对民族国家的超越，绝对不是要回到民族国家诞生之前的姿态，而是提供一种建立在民族国家之上并且能够超越民族国家的“解放”。马克思主义从来没有否认民族和民族主义的存在，相反，马克思主义强调民族主义是实现社会主义的重要手段。马克思列宁主义的世界革命理论以阶级理论为基础，把世界民族划分为两个阵容，即统治民族和被统治民族、压迫民族和被压迫民族。按照马克思的理解，民族不平等的起源在于国际资本的存在，帝国主义是国际资本的政治表现。所以，争取民族独立就要反对帝国主义即国际资本主义。只有建立一个独立的、享有独立完整主权的国家，民族才能真正独立。而革命是实现这一目标的唯一手段。因而在马克思看来，每一个民族的民族解放运动都是世界革命的组成部分。列宁则更进一步指出，世界社会主义运动已成为全世界无产者同被压迫民族的联合行动，它以世界帝国主义为革命目标，民族解放运动可以帮助无产阶级登上国际舞台。

对“被现代化国家”而言，马克思主义提供了一个将现实与未来连为一体的全新的理想国。它既承诺民族国家的建构，同时又承诺对民族国家的超越。这种彻底解放的承诺——一种更高级的现代性，恰恰是包括中国在内的许多“被现代化国家”选择马克思主义的历史动因，这个由马克思提出的能够对近代以来以“资本”为中心的世界政治经济秩序提出挑战的伟大想象，被俄国的十月革命具体化了。作为世界上第一个社会主义国家，苏联的诞生经历了沙俄帝国解体、民族独立、内战和反对外来干涉以及各独立的苏维埃共和国联合等复杂的过程，它提供了解决帝国主义时代民族国家问题可能的历史途径，证明“无产阶级的世界革命”可以动员民族主义的资源，从而实现国家独立。在这个意义上说，十月革命在西方和东方之间架起了一道桥梁，加速了世界民族国家的现代化进程。

① 参见《马克思恩格斯选集》第1卷，人民出版社1995年版，第271页。

霍布斯鲍姆曾经这样描述马克思主义与民族主义之间的关系："1945年之后，各国争取独立及反殖民化的运动，却都和社会主义及共产主义的反帝国主义运动结为一体，这就是为什么那些脱离殖民统治和新独立的国家，都会自称是'社会主义国家'之故。"[①]"工人和知识分子都选择了国际主义，可是，此举却反而同时加深了他们的民族情操。"[②]

这恰恰是"五四"时期信仰个人主义、自由主义的知识分子皈依社会主义的重要原因。为什么说近代中国需要整合和组织起来？这是因为中国需要成长为一个统一的民族国家以对抗外患。一个统一的民族国家是有效利用资源的前提，而有效利用资源离不开组织起来实现工业化。在中国传统农村社会以"国家—自耕农"为主要格局的社会结构中，由于经济联系的狭隘，人们几乎没有任何忠诚的对象。因此，"五四"以后许多知识分子的转向，是因为他们越来越发现中国的现实问题并不是个人自由的匮乏，而是高度统一的政治认同。在一盘散沙式的中国鼓吹个人自由，无疑会使情况更为恶化。毛泽东在1937年对自由主义进行了极其严厉的批判，他说："自由主义……结果使党和革命团体的某些组织和某些个人在政治上腐化起来。"[③]到了20世纪30年代后，自由主义几乎没有了任何感召力，一些曾经坚定的自由主义者纷纷呈现出失望情绪，有些甚至转而主张极端的国家主义。

马克思主义在中国的现代性实践，同样只能作如是观。在中国，依照清末民初盛行的社会达尔文主义图景，每个群体的命运只能由其自身负责。但"五四"以后马克思主义的进入却使知识分子认识到中国的问题只能从资本主义历史性的全球等级秩序中加以理解。如果世界资本主义已经塑造出一种专制的制度，持续地、系统地制约着中国富强的可能性，那么首先要做的就不是埋头自强，而是改造世界体系本身。这意味着"中国"面临的问题不是"中国"自身的问题，

① 埃里克·霍布斯鲍姆（E. J. Hobsbawn）：《民族与民族主义》，李金梅译，上海人民出版社2000年版，第178页。

② 同上书，第175页。

③ 参见《毛泽东选集》第2卷，人民出版社1991年版，第359页。

不是“中国”的“现代”与“传统”之间的问题，而是整个全球化问题的一部分，是一个不折不扣的现代性问题。用马克思的话来说，是资本主义全球化——全球经济一体化的结果。马克思主义使中国知识分子具有了前所未有的“全球化”眼光，将具有民族国家身份的“中国”放置在现代世界地缘政治的版图上进行体认，并提出了一种使“民族国家”获得彻底解放的承诺，因此才吸引了一代一代的中国人的前赴后继。

以五四运动的“总司令”陈独秀为例，今天不少学者将陈独秀转变为一个马克思主义者的原因归结为他的激烈个性，这样的解释显然忽略了民族国家意识与马克思主义之间的内在联系。五四运动使陈独秀的民族主义情绪空前强烈地爆发出来，他号召用强力拥护公理，反抗发达民族对弱小民族的压迫，并由平民来征服政府。陈独秀的这些主张与“五四”后第三国际对远东地区输出革命的理论，即与马克思主义的阶级论的民族主义不谋而合。这一点在毛泽东身上也不难找到印证。1936 年毛泽东在会见斯诺时就如此明确地谈到了他理解的民族主义与共产主义：“对于一个被剥夺民族自由的人民，革命的任务不是立刻实现社会主义，而是争取独立。如果我们被剥夺了一个实践共产主义的国家，共产主义就无从谈起。”① 毛泽东在这里讲得很清楚，即一个现代意义的民族国家是实现社会主义与共产主义的基本前提。而在另一位著名共产党人李维汉的笔下，“资本主义社会，是现代民族形成并获得发展的时代；社会主义社会是民族全面充分发展的时代；共产主义社会是民族逐渐消亡的时代”②。

事实上，在现代中国的政治统一过程中，马克思主义意识形态发挥了重要的文化整合功能。“中华人民共和国完成了民族国家的一系列历史任务，即科层制国家组织，从优选拔的意识形态，文化的一致性，以及政治统一等。国家的政治统一使马克思主义意识形态发挥文化整合的功能。”③ 马克思主义和 1949 年以后在中国进行的社会主义

---

① 埃德加·斯诺：《西行漫记》，生活·读书·新知三联书店 1979 年版，第 374—375 页。

② 李维汉：《关于民族理论和民族政策的若干问通》，民族出版社 1980 年版，第 91 页。

③ 徐迅：《民族主义》，中国社会科学出版社 1998 年版，第 14 页。

实践，为民族国家内部的齐一化（homogenisation）提供了历史动因、形成机制、神话过程、文化结构乃至一系列基本的政治文化符号。通过深入每一个社会角落的马克思主义，中国的民众接受了关于历史目的论和建立在进化论之上的唯物史观以及对“民族国家”的效忠这些现代性的全面启蒙。统一的政治体系、统一的文化体系，以国家为统治的统一的集体行为，构成了统一的集体身份，这就是“中华民族”的整体概念。“中华民族”成为各社会集团、阶级、种族、个人都认同的符号和共同享有的民族身份。

“一个民族国家可以采用异质性来反抗西方，但是在该国国民中，同质性必须占优势地位。如果不建立黑格尔所称的‘普遍同质领域’(u in ve o al ho m o ge - no us sPhe er)，就成不了国民。所以，无论我们喜欢还是不喜欢，现代国民的现代化过程应该排除该国民内部的异质性。”① 民族国家成为现代性宿命的一个重要原因，是因为传统社会显然无法适应以效率为基本目标的现代化大生产的要求。因此，作为跨文化、跨地域的政治共同体，无论在东西方，民族国家的确立和维系都意味着对各种地方的、民间的、私人的生活形式的压制或强迫性改造。民族国家通过一系列社会运动、政治变革、观念更新、文化创造，乃至不惜千万人的流血牺牲而倡导和推行一个功利理性的规划：摆脱传统社会种种限制劳动力、资本、信息流动的等级界限和地区间的相互隔绝状态，拓展和保护统一的国内市场，培养适应新的社会生产方式和交流方式的标准化的“国民”大众——“在历史、文化遗留下来的百衲衫式的差异性地图上为‘时代精神’的世俗普遍化确立最大有效单位或‘现实形式’”②。

由于始终无法建立起强有力的中央政府，1949 年之前的历届中国政府一直未能实质性地统一全国。自太平天国之后至南京国民党政权覆灭，地方势力一直是困扰中国社会的一个严重问题。中央政权的日

① 酒井直树：《现代性与其批利——普遍主义和特殊主义的问题》，白培德译，载张京媛主编《后殖民主义与文化批评》，北京大学出版社 1999 年版，第 408—409 页。

② 张旭东：《民族主义与当代中国》，载《知识分子立场——民族主义与转型期中国的命运》，时代文艺出版社 2000 年版，第 429 页。

趋式微，地方实力派的不断膨胀及其对中央政权的离心，始终对中央政府构成严重的威胁。由于未能建立起有效的全民政治认同，辛亥革命只是从形式上完成了民族国家的建构。对南京国民党政权而言，在其1927年宣布全国统一告成之时，也才大约能够在全国25%的土地上对66%的人口建立了有效的统治。从辛亥革命到1949年的整整38年间，中国仍然处于四分五裂之中。满清灭亡以后，一直处于半独立状态的西藏发生了大规模地驱逐汉人的运动，除西藏外，东北、蒙古、新疆等近一半的中华民国国土都有独立可能，上海租界林立，旅顺、大连、青岛都不在治下；全国各地军阀割据，战乱连连，城乡黑帮盛行，青帮红门与哥老会自设法庭，搜行私法。抗战胜利后，国民党政权在大敌当前之时勉强与各路大军阀，比如阎锡山、李宗仁、白崇禧、傅作义等人结成的同盟再度濒临瓦解……这些地方势力对中央权威构成严重威胁。将主要精力用于对付这些社会势力的中央政府始终无法调动全社会的资源投入现代化建设。传统的中国农村处于小农经济的汪洋大海中，在以往任何传统时期，国家政权只到县一级，在乡村实行的是乡绅主导下的自治体制。无论是晚清、北洋政府还是南京政府都没能从农村中获得重要的财政收入。土地税一直为地方占有。以南京政府为例，中央政府的财政收入80%左右来自仅占国民收入10%—15%的现代经济部门。失去极为重要的农村财源，无疑极大限制了现代化所需的资金，同时，加重了现代经济部门的负担。

如果说对外的主权独立和对内的政治统一是民族国家的基本任务，那么，这一任务显然是由中华人民共和国来完成的。这个新的民族国家不仅彻底消灭了中国的黑帮，收回了旅顺、大连、青岛，并且第一次为了“国家”的利益不惜和世界上最强大的资本主义国家美国作战，20世纪60年代初更与社会主义“老大哥”苏联彻底决裂，所有这些体现国家权力的政治运动，无不以“中华民族”的利益作为基本的诉求。而在民族国家的内部，当革命重建了统一的民族国家和社会基本秩序后，新政权需要更多地把农业剩余转化为工业化积累，以参与以民族国家为身份的现代化竞争。在这样的背景下，强化国家对经济资源的集中动员和利用，加快推进工业化特别是优先发展重工业，就成为革命后新政权合法性的最主要物质基础。工业化是需要资本积累的，在一个工业基础薄弱而又雄心勃勃的国家里，它主要来源于本国的农业剩余，即农民地租。新政权开始的农村社会主义改造运动，目的非常明确，那就是为了使中国农村有几千年历史的松散的以家庭为基本生产单位的传统生产方式，改变为适合组织现代化大生产的、能提供更高生产效率的新的组织形式，为了更多地把农业剩余转化为工业化积累，为了将农业剩余最大限度地集中到国家手里，以服务于工业化这个关系民族国家危亡的“最大政治”。经过了土地改革、人民公社和更加激烈残酷的“文化大革命”之后，不仅仅血缘、地域、宗教、传统伦理与文化等“前现代”认同被彻底摧垮，“民族国家”认同中的传统资源也被一扫而空。到了人民公社化时期，中国农村以乡村自治为主的传统政治格局被完全打破了，农民成了顶着“公社社员”招牌的“国家农民”，与“国家干部”和“国家职工”一样，从生产到消费完全列入国家计划。不仅几千年来根深蒂固的宗族组织土崩瓦解，连乡村原有的文化组织诸如香会、赛会、花会和看青会等也烟消云散，农村的公益、教育、娱乐等活动全部由国家政权出面组织。为了民族国家的工业化，中国农民付出了史无前例的牺牲。仅在三年自然灾害期间，中国农村因饥饿而死亡的人数就高达数千万。

历史的吊诡之处在于，社会主义理想是在对资本主义残酷的原始积累的批判中产生的，然而，致力于创造一个全新生活方式的社会主义实践却再一次重复了资本主义的“原始积累”的历史。社会主义之所以无法摆脱这一宿命，最主要的原因是社会主义对资本主义的反抗是在或者说只能在民族国家的框架中展开。民族国家的性质和功能决定了社会主义理想的表达方式，而且由于以民族国家这一世界体系中的“他者”身份出场，在控制技术上，社会主义国家甚至比资本主义国家更加“现代”。

我们都非常熟悉官方历史学家对中国现代史过程的描述：1840 年以来，具有悠久历史和文化的中华民族备受帝国主义列强侵略、宰割、瓜分、蹂躏；马克思主义传入中国后，唤醒了民族意识，在中国共产党的领导下，中国人民以革命的手段争取民族独立，建立了社会主义国家，从此中华民族以一个主权国家自立于世界民族之林。

这种历史叙事凸显的是马克思主义与中国现代民族国家意识的内在关系：一方面，民族国家意识成为马克思主义传播的土壤；另一方面，马克思主义又极大地推进了现代中国的民族国家意识——马克思主义以反现代性的方式完成了对传统中国的现代性启蒙。这一描述其实也解答了中国自由主义知识分子皈依马克思主义的原因。“1949 年以后许多有自己明确的哲学观点、信仰甚至体系的著名学者和知识分子如金岳霖、冯友兰、贺麟、汤用彤、朱光潜、郑听等人，也都先后放弃或批判了自己的原哲学倾向，并进而接受马克思主义。尽管他们对马克思主义哲学了解的深度和准确度还可以讨论，但接受的内在忠诚性却无可怀疑……这与他们热情肯定共产党领导革命成功使国家独立不受外侮从而接受马克思主义有关……”① 李泽厚的这一描述无疑是非常准确的，至少比那些只知道从道德和品格意义上指责知识分子“变节”的言论要清醒得多，只可惜他只能将这一现象放在“启蒙”与“救亡”的二元对立中加以理解。

1939 年，继梁启超论述“大民族主义”理论 36 年后，毛泽东对“中华民族”的概念作了如是界定：“我们中国……四亿五千万人口中，十分之九以上为汉人。此外，还有蒙人、回人、藏人、维吾尔人、苗人、彝人、壮人、仲家人、朝鲜人等，共有数十种少数民族，虽然文化发展的程度不同，但是都已有长久的历史。中国是一个由多数民族结合而成的拥有广大人口的国家。”②

在民族国家的建构者这一点上，毛泽东显然是以孙中山的继承者自居的：“现代中国人，除了一小撮反动分子以外，都是孙先生事业的继承者”。③

在二十世纪的世界历史中，发生在社会主义与资本主义之间的对抗常常表现为东方与西方的对抗，于是，这种对抗—反抗很容易被一

① 李泽厚：《中国现代思想史论》，东方出版社 1987 年版，第 323 页。
② 《毛泽东选集》第 2 卷，人民出版社 1991 年版，第 622 页。
③ 《毛泽东选集》第 5 卷，人民出版社 1977 年版，第 311 页。

些思想懒惰的人顺理成章地理解为“传统”对“现代”的反抗。只是这样的推论忽略了对一个至关重要的前提的辨析，那就是社会主义是在现代性之内还是在现代性之外对资本主义进行反抗——以中国为例，是以传统中国为主体，还是以民族国家为主体对西方进行的反抗。如果是后者，那么，这种反抗就不可能迟滞中国的发展，相反会极大推进中国的现代化进程。这正是酒井直树一再言说的一种事实“东方对西方的扩张作出了反应，也对它进行了抵抗。然而，正是在抵抗的过程中它被结合进西方霸权，而作为一个契机，它促进完成了以欧洲为中心的一元世界历史”[①]。因为在酒井直树看来，“假如东方不曾抵抗，它永远不会现代化”[②]。也就是说，只有通过这种“反现代的现代化”或“反西方的西化”，非西方人才能完成自身的“现代化”。

## 三　整语：“救亡”及其“民族国家”的未来

不管因此沮丧还是因此惊喜，生活在地球上的人们今天不得不面对的世界，是一个在政治、经济、文化领域空前一体化的世界，曾经生活在一个因为差异而显得巨大而遥远的地球上的“人类”，如今自愿或并非自愿地迁徙到一个鸡犬相闻的“地球村”之中，过一种被1991年诺贝尔文学奖得主、墨西哥诗人巴斯（Octavio Paz）所称的“命定地现代化”（condemned to modernization）的生活。在这一被人们爱恨交织地称为“全球化”的演变过程中，作为“想象的共同体”的“民族国家”扮演了极为重要的角色。“由一人之竞争而为一家，由一家而为一乡族，由一乡族而为一国，一国者，团体之最大圈，而竞争之最高潮也。”[③] 正是在“民族国家”出现之后，人类的这种一体化过程才速然加速，以令人炫目的速度，仅仅用两三个“世纪”的时间走过了人类数万年的历程，并进一步衍生出诸如“阶级”甚至“普遍的

① 酒井直树：《现代性与其批判——普遍主义和特殊主义的问题》，白培德译，载张京援主编《后国民主义与文化批评》，北京大学出版社1999年版，第406页。

② 同上书，第407页。

③ 梁启超：《新民说·论国家思想》，载《饮冰室合集（第六册）·专集之四》，中华书局1989年版，第18页。

人性、人权”这样的更加宏大、更为抽象的现代性范畴，将人类带入一种被冠名为“全球化”的新生活。

仅仅将“民族国家”视为“想象的共同体”当然是不公平的。事实上，如果说在人类的童年时期通过血缘关系建立的认同是一种不需要“想象”的、具体可感的关系，那么从此以后所有的认同，包括建立在地域上的认同、建立在宗教上的认同、建立在语言上的认同、建立在文化上的认同，乃至“民族”认同以及民族国家——“主权”认同、“阶级”认同、“人权”认同，都是需要“想象”的抽象认同。只是这种认同政治的演变是循着一个不变的方向进行的，那就是认同的对象越来越抽象、越来越庞大、越来越需要想象力——越来越“现代”！

那么，什么是民族国家——我们在本文中讨论的“救亡”的未来呢？

显然已经不可能是曾经希望替代“民族国家”的“阶级”。1945 年后，世界政治一分为二，分别由两个超级强权所领导。这两个超级强权就像两个巨无霸的民族国家，在各自的世界中完成了意识形态和经济、文化的统一。马克思主义通过与资本主义对抗的方式完成了对非西方国家的现代性启蒙。冷战结束的原因很多，然而，一个不应忽视的原因则是马克思主义已经完成了将这些前现代社会带入“现代”的历史使命。

对于“民族国家”和“民族主义”的未来，人们有过各式各样的猜测。一种很著名的预测是亨廷顿式的。这位著名的自由主义政治学家虽然承认社会主义与资本主义的冲突不过是西方文明的内部冲突，然而，他认为冷战的结束——资本主义与社会主义的这种互为他者的政治认同溃散之后，阶级认同将重新回归文化认同。由于建立在历史、文化，甚至宗教之上的“文明冲突”将成为后冷战时代的基本形式，民族主义将再度复活。①

在某种意义上，亨廷顿的“文明冲突论”的确获得现实的支持。共产主义在多民族的南斯拉夫创造出的该地有史以来最长的民族和平已经被打破，苏联的解体也使多年销声匿迹的民族问题再度“浮出水

① 亨廷顿（Samuel P. Huntington）：《我们的冲突？》，香港：《二十一世纪》1993 年 10 月号，第 9 页。

面”，越来越强烈的民族分离主义与泛伊斯兰主义这样的地域文化交相辉映，甚至在亚洲也出现了标榜“亚洲价值”的泛亚洲主义；在中国，“实现中华民族的伟大复兴”成为最响亮的政治口号。

左派史学家霍布斯鲍姆的观点却与亨廷顿截然不同，在他看来，虽然民族主义耀眼如昔，但它在历史上的重要性已逐渐西斜。在冷战之后，无论是民族国家还是民族主义都不可能再现19世纪或20世纪早期的风采，再度化身为全球各地的政治纲领。未来的世界历史绝不可能是“民族”和“民族国家”的历史，不管这里的民族定义指的是政治上、经济上、文化上甚至语言上的。“新的民族分离主义运动是在这样的新的世界秩序中展开的。这种新世界体系由诸如‘欧洲经济共同体’这类大型的‘民族国家’联盟所组成，且完全由诸如‘国际货币基金’这类国际体进行操控……大企业的经济交易完全脱离民族国家的掌控。在上述种种发展中，民族与民族主义意识形态显然完全使不上力。”①

德里达亦认可这一推论，不过他的理由要简单得多。在他看来，改变一切的是电子传媒的出现。电子传媒终结了传统的文学、哲学、精神分析学甚至爱情信件，而这些学科都是与印刷文明乃至民族国家观念、言论自由的权利结合在一起的。德里达因此断言，政治制度将退居第二位，民族国家的地位没落了。②

民族国家究竟日益茁壮或日趋式微，这个问题似乎应当交由未来的历史见证。只是在了解了“民族国家”及其现代性的发生史之后，我们或许有更多的理由接受后一种推论——如果连对现代性的反抗都只能是现代性的一种表达方式，我们还能够相信会出现“倒着走”的“历史”吗？

（原载《书屋》2002年第5期）

---

① 埃里克·霍布斯鲍姆（E. J. Hobsbawn）：《民族与民族主义》，李金梅译，上海人民出版社2000年版，第214页。

② 希利斯·米勒（Miller J. Hillis）：《现代性、后现代性与新技术制度》，《文艺研究》2000年第5期。

# 当代中国的启蒙主义遗产

韩毓海*

当代中国的启蒙主义不是一个整体，但是，它却提供了当代知识和思想叙述的那些最一般、最令人耳熟能详的二元冲突形式：传统与现代、中国与西方、民族与世界、普遍主义与特殊主义等。启蒙主义同样是现代性的一种表述，而且是我们最熟悉的那种表述，我们首先来分析一下这种现代性表述的历史根源。

在西方，启蒙的现代性产生于贵族骑士反对“传统的”、非科学性文化力量旷日持久的历史拉锯战中，在 17 世纪是伽利略们反对教会，在 20 世纪是“现代化者”反对毛拉们，在所有这些问题上据说都是“理性”与“迷信”的对立，“文明”与“愚昧”的冲突。有些人断言，这个“文化冲突”现象类似于政治经济领域里资产阶级企业主对贵族地主的造反。

启蒙主义所代表的“文化冲突”或者“文化斗争”模式其实建立在一个隐藏的前提中，这就是所谓“当下性”（temporality）。“现代”被认为在时间上是新的，而传统在时间上是旧的，存在于现代之前。实际上，人们经常把传统理解为反历史的，因而几乎是永恒的，但这个前提是一个历史性的谬误。其实，所谓现代与传统，包括现代/传统的对立模式都是被“当下性”制造出来的，而且是“临时制造”出来

* 韩毓海，北京大学中文系教授，博士导师。

的“临时存在”。在“当下性”的视野里，没有任何东西永远是“新”的、“现代的”，同时也没有什么东西永远是旧的、“传统”的。例如，在20世纪40年代的中国思想界，马克思主义就是新的，“自由主义”就是旧的，而20世纪八十年代的新旧对立依旧存在，只不过好像“旧的”变成了马克思主义，而新的东西则又变成其对立面。时至21世纪，在中国启蒙主义的知识构架中，自由资本主义竟然变成了“新”的、“文明”的那一方——如果这不是历史的讽刺，那它就只能更深切地说明现代性的“当下性”意味着什么：用马克思的话来说，它仅仅意味着在这个现代性的视野和世界中，“一切凝固的东西都化为乌有了”。

这不是说启蒙主义现代性的“当下性”品格实质是一种思想和知识的机会主义，并且具有根深蒂固的虚无主义色彩，而是说必须认识到启蒙主义思想和知识是现代性的造物，或者说是有意识的创制。

首先，诸如民族、种族、边缘、亚文化、特殊主义等是西方现代性的一个有目的的创制，从全球资本主义的角度看，就是为了把劳动力在“当地”以尽可能低的报酬水平创造出来。按照这一断言，经济和政治上受压迫的人首先是因为他们在文化和知识上是“劣等”的，要成为合格的“现代人”需要一个“过渡”（实际上“过渡”总是永无尽头的），如果中心地区的劳动力可以被称为正式“劳动力”的话，那么其他地区的则是等级不同的“学徒”或者学生工。这种劳动力配置的外在标志，就是学徒们特殊的文化——宗教、语言、价值观以及特有的日常行为方式。

但是，资本主义的现代性仅仅在世界制造种族主义的压迫机制还是不够的，因为还需要自我压制的机制。大体上说，为了控制广大的下层集团，必须同时制造出一个中间集团，当作世界警察体系的不拿报酬的宪兵加以利用。学徒工劳动力能否持续、有效地工作，取决于干部对他们的管理，于是干部也要被创造出来，加以社会化，并被再生产。而用来创造、社会化、再生产干部的意识形态不是种族主义、特殊主义意识形态，而是普遍主义意识形态。非常尴尬的是，被挑选出来作为干部梯队的，经常是非西方国家的知识分子。

普遍主义、世界主义同样是在资本主义经济扩张中形成的，这一扩张既包括经济结构的边缘化，也包括文化层面上的一系列后果：基督教教化、强制推行欧洲语言、教授特定的技术和道德标准，改变法律条文等。这一转变部分是由军事和商业资本的力量实现的，部分是由“教育者”在“干部”的协助下完成的，这个西方化的合法性源泉来自分享普遍主义意识形态的经济文化果实的渴望。

对普遍主义文化的推行和制造出于两种考虑：其一是经济效率，要想在全球化的经济舞台上进行表演，有效的办法就是清除自己的文化，在文化上与“世界接轨”。其二是政治安全的考虑。西方资产阶级相信，如果边缘地区的所谓精英们“西方化”了，他们就会与自己的民众分离，从而就不大可能造反，或者无力组织起一批追随者来进行造反。但这一点被证明是个历史性失算，近代以来中国的大多数社会造反和反抗资本主义、帝国主义的革命，恰恰经常是由留学生和知识分子们组织起来的。

正像启蒙主义的二元关系是现代性的创制一样，现代中国知识分子也是现代性的一种创制。大体上说，对吸收进西方文化特权圈子里的这些“干部培养对象”来说，他们对西方普遍主义的信息也怀有深刻的矛盾心理，在充当西方普遍主义热情门徒和因对其种族主义的厌恶而引起的文化抗拒之间摇摆，在某种意义上决定了中国启蒙主义的经典语式就是传统/现代、中国/西方、普遍主义/特殊主义的二元关系。而其在20世纪八十年代的当代思想中最广为人知的表述就是所谓“救亡与启蒙的双重变奏”。

但是，与现代中国在帝国主义、官僚资本主义和社会主义思想冲突的夹缝中成长的现代启蒙主义思想传统非常不同，20世纪八十年代驳杂的“启蒙”知识群体，是在批判传统社会主义和追求现代化改革的新的社会目标的过程中才结成同盟的。这决定了当代中国的启蒙主义思想虽然与社会主义者分享着诸如“人的自由”和“人的解放”等有关现代性的叙事。但是当代中国的启蒙主义却并不像社会主义者那样关心社会平等的问题，在某种程度上，它是从批判传统社会主义的“平均主义”造成的“社会专制”的角度来申述自己的。换言之，社会主义的现代性经常将人的自由和解放与生产资料的公正分配结合起来，而当代中国的启蒙主义现代性则将这一“人的自由”的目标与“现代化”和社会的“理性化”等同起来。这就是指：科学对于自然的强制许诺把人从自然中解放出来，社会的理性化进程许诺把人从社会中“解放”出来。由于分享着相似的现代性关于人的解放的前提，尽管具有完全不同的社会诉求，中国的新启蒙思潮与中国的社会主义思想在话语结构上还是具有强烈的同构性，那就是不但诉诸一套知识，而且诉诸一整套现代道德价值，或者说它不仅仅是一系列社会改造方案，而且也是一整套关于“真理”的道德的话语，或者说是在一整套信仰支配下的知识。最简单地说，前者是关于社会政治平等和公正的“真理”，后者是关于现代化的“真理”，它们都以人的自由与解放的现代性叙事作为自己的信仰。

20 世纪八十年代，随着社会主义思潮和社会主义实践遭遇问题的逐渐暴露，当代中国的启蒙主义思潮却得到了强有力的资源支持，这些资源包括：其一，中国的启蒙主义首先从西方的宗教改革和古典哲学（主要是康德哲学）中汲取思想资源，在反对封建专制的号召下，把对中国社会主义的批判扩展为对整个中国社会、中国历史的“封建主义”结构的批判。这一批判与旷日持久的西方现代普遍主义对中国的理解与认知不谋而合，与资本主义现代性产生以来，西方普遍主义思潮对于“中国”和“东方”的想象完全一致。它既受到当代世界最强大的普遍主义话语，或者说西方话语的支持，而且也是这种最强势的世界主流话语的一部分。其二，中国的新启蒙主义把西方现代化已经实现的目标作为中国社会变革的最高规范，这一目标与改革国家和改革国家的“开放”目标完全一致。20 世纪八十年代，中国的新启蒙思潮充当的是最有力量的现代化的意识形态，甚至就是改革国家的意识形态，得到了所谓“改革派”的强力支持。其三，在 1989 年苏东崩溃和改革国家的私有化进程完成之前，新启蒙思潮扮演着“公开的社会异议者”和“国家”批判者的暧昧角色。正是这一角色在特殊历史环境中的暧昧，包括它所诉诸的人的自由与解放的现代性叙事的道德感召力量，使新启蒙思潮得到了社会的支持，甚至包括那些在改革中逐步丧失了权利从而追求社会平等的社会阶层的支持，尽管历史证明，这种来自社会的支持在很大程度上是一种历史的误解。其四，也许最重要的是，新启蒙思潮把人的自由理解为在社会的各个领域建立“自主性”的过程，这就是指所谓“自律的市场”、形式化的法律和文官制度、言论的传媒化、“自生自发的市民社会”等。这一整套以人的自由为名义建立起来的社会改造方案，得到了在改革过程中获得最大利益的地方势力和利益集团的衷心拥护，与他们急于将这些利益合法化的要求不谋而合。新启蒙关于社会自主性的社会“合理化”方案，最明确的结果就是将改革所造成的利益分隔和利益分化的既成事实“合理化”，在这个意义上，中国的新启蒙思潮是当代资本主义的文化先声。

1989 年以后中国新启蒙思潮的严重危机是以其支援力量的解体为条件的。首先，随着私有化进程造成的社会分化的加剧，对广大的社会阶层来说，现代化不再是一个共同的目标，相反，“什么样的现代化”和它的目标究竟是什么，则成为一个尖锐的社会问题。人的解放也不再具有道德的感召力，代之而起的是“哪一部分人的自由”“谁的解放”和哪一部分“主体性”的实现的追问。新启蒙的抽象、乐观的现代化叙事逐渐被具体的社会分化进程所瓦解，被社会所质疑和抛弃，从而逐渐丧失了社会的支援。其次，随着社会利益分化的“合理化”过程的完成和社会利益转移合法化的实现，新兴的社会利益集团已经不再需要诸如人的自由和解放此类现代性的伟大叙事作为遮羞布，而且或许只有无情抛弃这些，才能够“自由地”走上私人资本积累的不归路。于是，当新兴的利益集团也抛弃了新启蒙主义作为“道德信仰”的“现代化”，而走向赤裸裸的资本主义时，我们终于听到新启蒙思潮土崩瓦解的战壕中传来的悲哀的呐喊：“人文精神失落了！”

1994 年，由上海的青年知识分子发起的关于“人文精神”的讨论，是对于新的商业文化和市场过程的一个直觉的反应。但是，当它试图在肯定这一过程的前提下，探讨现代化过程中的道德和精神面向，捍卫知识分子的人文自觉时，这一举措却更深入地暴露出新启蒙思潮将人的解放与现代化等同起来的根本矛盾。无论将这一根深蒂固的矛盾概括为新的历史条件下“人文精神与市场经济”的重新整合是否恰当，与20世纪八十年代完全不同的是，无论广大的社会阶层还是新兴的利益集团，都已经对这一现代性虚构不再感兴趣。在缺乏起码的社会呼应的情况下，人文精神的讨论只能寄希望于知识分子的“道德趋向”去影响社会。但是，离开了对当代市场社会的分析和把握，所谓道德影响就是空洞的。人文精神的讨论暴露出：①1989年以后，知识分子逐渐成为一个丧失批判能力和社会影响能力的孤立阶层，这是一百多年来从未出现的现象。②它直觉地表达了知识分子不应放弃自己作为社会批判角色的声音，也宣告了新启蒙阵营的瓦解，昭示了这一阵营中进步的、左翼的部分，向社会分析和社会批判方向转化的可能性。随后开始的“文化研究”和文化批判活动，为人文精神的讨论深入大众文化层面提供了坚实的桥梁。（有关“人文精神”，参见王晓明、陈思和、张汝伦等人的论述。文化研究参见黄平、李陀和戴锦华的相关研究。）

当代中国昙花一现的所谓“后现代”思潮则显示了新启蒙阵营向右的方面的瓦解。十分特殊的仅仅是，后现代思潮完全缺乏对于市场社会及其文化的切实分析与思考，缺乏当代条件下资本、市场活动与文化活动之间的关系的反思，也丝毫没有涉及在全球化背景下国家政策的改变和国家角色的调整等基本问题。恰恰相反，中国的后现代思潮作为市场的乐观主义者比人文精神论者有过之而无不及。这表现在后现代把人文精神的讨论视为精英主义的叙事，用解构的策略为商业和消费主义文化提供合法性论证，显示出更为空前的拥抱市场的热望。实际上，中国的后现代思潮既没有任何社会分析能力，也没有任何社会批判的对象，它勉强把“人文精神”当作批判对象，只不过是按照现代性的“当下性”逻辑，不得不需要一个对立面来确立自身以便进行“文化生产”。中国的后现代本身就是市场消费主义文化的一部分，它动用传媒进行炒作的方式为此后的文化、理论的商业化生产提供了仿效的范本。

1989年以后，西方资本集团对于中国的战略进行了大幅度的调整，这就是通过资本全球化和跨国资本的方式与中国新兴的利益集团联合，通过将这些资本转化为“国际资本”进行资本积累，西方资本新的总体战略因而是鼓励中国的“私有化”和“资本国际化”，其直接兴趣已经不再是思想、价值和文化，而是资本和“财富”。因此，第三世界，包括社会主义国家的“启蒙知识分子”在全球资本战略中的地位有所下降，这种“干部队伍的调整”使得中国的利益集团代替启蒙知识分子站在了新一轮世界普遍主义文化队伍的最前排。新启蒙主义思潮得以兴盛的国际背景也正在发生转化。

1994年亨廷顿《文明的冲突?》一文的发表就是这一调整的明确标志。亨廷顿的文章从西方的角度明确拒绝了文化普遍主义的可能性，对于新启蒙主义思潮所坚持的文化普遍主义信念和坚持这一信念的“干部”来说，无疑是致命的打击。尽管随后包括《二十一世纪》杂志在内的海内外刊物发表了大量与亨廷顿“商榷”的文章，这些文章几乎无一例外地从第三世界知识分子的角度论证、维护文化普遍主义的可能性。但是，西方对于文化普遍主义的冷漠拒绝和新启蒙主义知识分子对于文化普遍主义的执着，这本身就不能不说是一种令人尴尬的历史讽刺。或许新启蒙知识分子永远难以理解的是：作为被特许进入西方普遍主义文化圈子的“干部”，在西方眼里，他们转眼之间如何反倒成为一种最具威胁的“异己力量”？——而这恰恰是亨廷顿文章的题中应有之义。

随后发生的亚洲金融危机和轰炸中国大使馆事件，从事实上揭开了西方资本集团战略调整的大幕，也仿佛印证了新启蒙主义者的“担忧”。在轰炸大使馆事件发生之后，中国的新权威主义者和新启蒙主义的右翼，立即迫不及待地攻击中国民众的抗议行为，并把所谓民族主义和民粹主义指为“中国思想的两个病灶”。这一迫不及待的指责根本就没有也无意在殖民主义、帝国主义的民族主义，与反对殖民主义和帝国主义的民族主义之间，在国家的民族主义与普通百姓的民族主义之间，乃至在文化民族主义与军事暴力的民族主义之间作出起码的区分，而是把指责和谩骂强加在受害者、牺牲者和被杀戮者的那一方，加在血迹未干的中国人民的头上。这一前所未有的空前恶劣的表现，甚至到了连他们的西方主子都难以理解的地步。如果说什么是堕落，这就是堕落。

中国当代启蒙主义是一个极其复杂的社会思潮，启蒙主义的知识分子也从来不是一个整体，对启蒙主义右翼势力的批判，并不意味着否认当代中国的启蒙主义曾经是，将来也许还会是中国社会批判和社会民主改革的重要力量；同样，质疑新启蒙运动对于人的自由和解放这些现代性叙事的误用和滥用，也不意味着我们不要为这一解放、这种自由进行不懈的斗争。恰恰相反，在新启蒙主义在当代世界丧失了其存在条件的时刻，我们应该竭尽全力去阻止这一思潮向右翼的、保守的方面转化，那就是新启蒙主义右翼与新权威主义、新自由主义的结盟，也许在这个意义上我们才可以说：启蒙是一个未完成的方案。

（原载《文艺理论与批评》2002 年第 5 期）

# 挪用与重构

## ——80 年代文学与“五四”传统

贺桂梅*

### “成也‘五四’，败也‘五四’”

80 年代的文学、文化及思想状况与“五四”传统之间的密切关系，是一个形成了广泛共识的话题。这种关联不仅体现在 80 年代开端的时刻，人们关于“新时期”文学/文化的理解与构想当中，也体现在经历 80—90 年代转折，人们立足于 90 年代的社会文化现实对 80 年代的反省当中。

“文化大革命”结束，伴随着经济、政治和社会文化的调整，文学界也提出了“新时期”文学的概念。这种预期中的文学之所以“新”，在当时实则以否定“文化大革命”文学并重提 50—70 年代受到批判的各种文艺观念和文艺政策为前提，比如对“文艺是阶级斗争的工具”提法的否定、为“黑八论”的平反、“百花文学”以“重放的鲜花”为名的重新出版、周恩来在“新侨会议”上讲话的重新发表并组织学习等。这表明在 80 年代受到批判并处在边缘位的文学形态和文艺观念，已经渐次成为主流。但“文化大革命”后文化/文学的转

* 贺桂梅，1989 年就读于北京大学中文系，2000 年获文学博士学位。现为北京大学中文系讲师。著有《批评的增长与危机——90 年代文学批评研究》（1999）、《转折的时代——40—50 年代作家研究》（2003）。

型却并不仅止于此，一个更重要的文化传统的重新启用，深刻地影响了80年代的文化想象和文学建构的方式，这就是被重新评价的“五四”传统。70年代后期至80年代初期，这种重新评价的重心在于，突出“五四”新文化运动的“反封建”意义，并将其视为当代“思想解放运动”的榜样。与此同时，人们在文化/文学实践中，也找到了“新时期”与“五四”的契合点。李泽厚如此写道：

> 一切都令人想起“五四”时代。人的启蒙，人的觉醒，人道主义，人性复归……都围绕这感性血肉的个体从作为理性异化的神的践踏蹂埔下要求解放出来的主题旋转。“人啊，人”的呐喊遍及各个领域各个方面。这是什么意思呢？相当朦胧；但有一点又异常清楚明白：一个造神造英雄来统治自己的时代过去了，回到“五四”时期的感伤、憧憬、迷茫、叹息和欢乐。但这已是经历了六十年之后的惨痛复归。[①]

正是在这样的意义上，80年代被看作是“第二个‘五四’时期”。开启了以“五四”思想进行的“新启蒙”运动阶段；而新时期文学的发展也被视为类似于“五四”时期那样的“文学复兴”。

经历十年的发展，原本将出现于“五四”运动七十周年纪念活动中的总结和推进，遭到1989年政治事件的影响，并没有获得预期中的深入展开。但这种总结和清理随后出现于20世纪90年代初期的知识界活动当中。由《学人》杂志发起组织的关于“学术史研究”和“学术规范”[②] 的讨论，在反思80年代“学风空疏”，并希望重新选择“学术传统”时，讨论者明确提出了“走出‘五四’”的说法，因为“在思想文化领域，我们今天仍生活在‘五四’的余荫里”[③]；而1993—1995年文化界展开的“人文精神”论争，则在直面90年代后的商业化冲

① 李泽厚：《二十世纪中国文艺之一瞥》，载《中国现代思想史论》，东方出版社1987年版，第209页。

② 参见《学人》第1辑“学术史研究笔谈”，江苏文艺出版社1991年版。

③ 陈平原：《走出“五四”》（1993年），收入《学者的人间情怀》，珠海出版社1995年版，第69—75页。

击和大众文化兴起时，将问题的症结诊断为以“五四”为核心的“人文精神”的失落[①]；而在文学界和理论界造成很大影响的“后现代”理论，则宣告“五四”知识分子建构的“现代性的神话”的终结，并判定1989年后的中国社会已经进入“后新时期”[②]，一个“后启蒙”的时代。类似讨论，关于80—90年代社会转型的意义、对90年代社会现实状况的判定，以及人文知识分子对此应做出的反应方式等，都有着不同的取向，但他们的一个共同点，则是将对80年代的思考直接导向对“五四”传统的重新评价。同样，在90年代思想界相继展开的关于全球化、文化保守主义、民族主义、自由主义等的讨论中，“五四”和80年代的关联依旧是一个无法绕开的争论的原点。

80年代与“五四”传统的这种密切关系，套用一句成语，或许可以概括为“成也‘五四’，败也‘五四’”。但到目前为止，对于这种关系的讨论，大多停留于一种印象式评介或意识形态判定的水平上，而缺乏更为深入的历史清理和理论辨析。本文将在较为开阔的思想/文化背景下，相对深入地探讨80年代文学的基本问题与“五四”传统之间的复杂互动关系。80年代文学以何种内在逻辑接续并重构了“五四”传统，“五四”传统以怎样的方式制约80年代的文化想象和文学实践，同时形成了怎样的错位关系，这是本文试图探讨的主要问题。

## “重写历史”和历史的重写

“重写文学史”思潮，构成整个80年代文学活动的核心面向之一。这种对文学历史的重新书写，并不简单表现为新文学史写作范式的调整，更为深刻而内在的是蕴含于这种书写活动中的文学、历史观念和意识形态诉求。它不仅建构出一种不同于50年代、70年代的文学史图景，同时更为80年代的文学实践提供了历史依据和意识形态的合法性。

明确提出“重写文学史”这一说法，是在陈思和、王晓明1988

① 参见王晓明主编《人文精神寻思录》，文汇出版社1996年版。

② 参见谢冕、张颐武《大转型——后新时期文化研究》，黑龙江教育出版社1995年版。

年在《上海文论》杂志上主持的“重写文学史”专栏。但也可以说，80年代新文学研究的整个过程都是一种“重写”文学史的行为，这种“重写”历史的契机，最早来自70年代后期作为学科重建工作的重要组成部分的文学史写作。针对“文化大革命”时期文学史形成的空白，不仅50—60年代的现代文学史被重版或修订再版，同时，一些被排除在50—60年代文学史之外的作家作品开始被纳入研究范围。这种拓展现代文学史边界的做法，导致人们最初就如何理解文学的“现代”标准发生争论。争论的分歧所在，是到底把“现代”理解为一个时间概念，即“从‘五四’时期起，我国开始了真正现代意义上的文学，有了和世界各国取得共同的思想语言的文学”①，还是从是否表现了超越古典文学的新品质这一标准衡量文学的“现代性”，即“从内容到形式，都具有真正现代意义的文学，它只能是近代思想影响下的‘五四’的产物”②。相对而言，前者形成了更大的影响，这使文学的“现代”面目开始变得模糊起来。更具有挑战性的文学标准，来自海外70年代出版并在大陆学界产生很大影响的两本文学史专著：夏志清的《中国现代小说史》（1979年）和司马长风的《中国新文学史》（1974年）。夏志清对沈从文、张爱玲、钱钟书、凌叔华等人的高度评价，司马长风以“诞生期”“收获期”“凋零期”来划分新文学发展的时段，并对“新月派”“语丝派”“孤岛文学”等文学思潮的重视，在很大程度上形成了一种与以“反帝反封建”作为基本线索的文学史彼此冲突的历史图景。与上述争论相伴随的，是持续的“重新发现”现代作家和文学流派的活动。从80年代初期出现的“沈从文热”，到80年代中后期重新发现张爱玲、梁实秋、周作人、钱钟书等现代作家；从“现代派”诗歌的重评，到“新感觉派”“新月派”“京派”等文学流派的重新挖掘，都构成这一思潮的组成部分。尽管这种重评在80年代初期的语境中，所强调的是如同司马长风所说“打碎一切政治枷锁，干干净净地以文学为基点写的文学史”，或如夏志清所说，是在

① 严家炎：《鲁迅小说的历史地位——论〈呐喊〉〈彷徨〉对中国文学现代化的贡献》，收入《求实集》，北京大学出版社1983年版，第15页。

② 唐弢：《关于现代文学——严家炎著〈求实集〉序》。

“寻找一种更具备文学意义的批评系统”，但非左其文学在现代文学史当中占据了越来越大的比重却显示出：以“文学/政治”作为对立的评价标准，隐含的是一种不同于50—70年代的文学观念和历史图景。

1985年“20世纪中国文学”概念的提出[①]，成为隐含在“重评”活动中的文学史观念的明确表达。它不仅仅是用“20世纪”这一公元纪年，取代“现代文学”/“当代文学”的学科划分，而是将整个新文学视为具有统一的衡量标准和历史坐标的历史过程，即“一个由古代中国向现代中国文学转变、过渡并完成的进程，一个中国文学走向并汇入‘世界文学’总体格局的进程，一个在东西方文化的大碰撞、大交流中从文学方面形成现代民族意识的进程，一个通过语言的艺术来折射并表现古老的中国民族及其灵魂在新旧谊变的大时代获得新生并崛起的进程”。——在此，传统/现代（同时是旧/新）、中国/世界（西方）统摄了自鸦片战争直到80年代的文学进程；在这一进程中，“五四”构成一个历史的制高点，并与“新时期”文学融合在一起：“如果把新时期文学和‘五四’新文学看作是两个高潮的话，这之间是不是有一种否定之否定的现象。既然它是一种螺旋式的上升，那就带有一种整体性”[②]；或者，“五四”以来的文学史构成了一个“圆形图”，新时期文学“在废墟中接受了‘五四’传统，形成新文学的第三阶段”。[③]

“重写文学史”不仅表现在现代文学研究领域，也同样表现在当代文学界。“当代文学”这一范畴在50年代后期的提出，用以概括并规范文学的“社会主义”性质。基于毛泽东所提出的两次革命的进化历史图景，“当代文学”具有比“现代文学”（作为新民主主义文学）更“高级”和更“进步”的性质。[④] 因此，以“现代文学”和“当代文学”时期文学进行的不同性质的阶段划分本身，就包含了一整套历史观、文学观。这种文学史以左翼文学作为基本线索，并以不断筛选

① 黄子平、钱理群、陈平原：《论“二十世纪中国文学”》，《文学评论》1985年第5期。

② 黄子平、钱理群、陈平原：《二十世纪中国文学三人谈》，人民文学出版社1988年版，第30页。

③ 陈思和：《中国新文学整体观》，上海文艺出版社1987年版，第45—46页。

④ 相关论述参阅洪子诚《“当代文学”的概念》，《文学评论》1998年第6期；《当代文学概说》，广西教育出版社2000年版。

和剔除非左翼文学的纯粹化激进实践作为主要特征。“文化大革命”的中断，事实上也是这种文艺实践的中断。在强调“新时期”文学的“新质”时，如何重新整合“当代文学”的性质，成为一个暧昧的问题。关于“当代文学”能否“写史”的争论中，“当代文学”的性质被做了一次重要的改写，即将其转换为一个抽离历史语境的普泛性概念：Contemporary Literature。隐含在“当代文学”“不能写史”的观念中的，正是对“当代文学”在50年代后期所建构的历史内涵的否定。与此同时，评价“现代文学”与“当代文学”的标准也发生了变化，即不再以是否具有“无产阶级”品性这样的“政治”内涵，而是以“形象性”“含蓄性”“多样性”这样的“文学”标准。当后者成为衡量新文学的统一标准时，“当代文学”相对于“现代文学”的优越地位就发生了逆转。1980年，赵祖武在《一个不容回避的历史事实——关于“五四”新文学和当代文学估价问题》[①] 中，依照这样的标准，发现“当代文学”的文学价值“赶不上”“五四”新文学，而且“在一定程度上扭曲了”后者。因此，他提出“新时期文学”的任务，应当是“完全恢复和真正全面地继承、发扬‘五四’新文学优秀传统”。

将“新时期”文学直接接续到“五四”新文学传统之上，事实上建构了一种不同于毛泽东在《新民主主义论》等文章中勾勒的“新民主主义文学——社会主义文学”的线性进化史图景，而呈现为“上升（五四文学）——降落（从‘革命文学’到‘文革文学’）——回升（新时期文学）”的回旋图景。也正是在这样的历史图景中，“新时期”与“五四”形成了一个结构性的类同关系，并以“五四文学”的标准（“文学”）取代了“当代文学”的标准（“政治”）。这构成了“新时期”文学的历史自我意识，并将“五四”时期的历史/文化坐标直接挪用于80年代。

如果更进一步追溯这种历史类同关系如何得以确立，则必须将文学问题纳入70—80年代转型过程中的整体社会/思想氛围之中加以考察。

在某种意义上，70—80年代的社会文化转折，清晰地呈现于关于

① 赵祖武：《一个不容回避的历史事实——关于“五四”，新文学和当代文学估价问题》，《新文学论丛》1980年第3期，北京人民出版社。

“五四传统”的阐释之中。1979 年的五四运动六十周年纪念，构成这一转折时期的重要事件。问题的关键首先在于如何判定“文化大革命”历史。“文化大革命”被认为是“封建法西斯”“复辟”的历史，“长期封建专制主义在思想政治方面的遗毒”被认为是造成“文化大革命”这场历史浩劫的原因。[①] 正是在这样的意义上，“五四”开启的“反封建”任务并没有完成，“反封建”应当成为“新时期”的“总任务”，以“补‘五四’的课”“还‘五四’的债”。对“‘五四’传统”的阐释，强调的是其“思想解放”的意义，并直接将这种阐释指向当代的社会现实，即当代的“思想解放运动”就是如同“五四”时期打破“封建传统”那样，从“文化大革命”所制造的“现代迷信”“新蒙昧主义”“新奴隶主义”的束缚下解放出来。[②] 毛泽东对五四运动的定性——“彻底地不妥协地反封建主义”——之“彻底”，被阐释者改写为：“‘彻底’一词，是指当时对帝国主义和封建主义来取了坚决反对的态度，而不是指反帝反封建运动所达到的程度”[③]。1979 年“五四”纪念活动的另一重要特征，是非常重视“亲历者”的回忆和关于五四运动史料的重新整理。这事实上针对的是由毛泽东阐发并在 50—70 年代成为官方说法的“五四”阐述。通过亲历者的重新讲述和对史料的整理，50—70 年代“五四”叙述中置于中心位置的鲁迅（革命家）、毛泽东、周恩来等“五四”人物，渐次被鲁迅（思想家和文学家）、胡适、陈独秀、蔡元培等人物取代；而五四运动的性质，也由“标志着无产阶级登上历史舞台”转移为以知识分子主导、以一刊（《新青年》）一校（北京大学）为核心的新文化运动。——由此，强调“五四”运动中工人运动面向的阐释，被强调知识分子文化运动面向的阐释所取代。1986 年，李泽厚的《启蒙与救亡的双重变奏》[④]，则集中将这种重新阐释“五四”的取向表述出来。他首先将五四运动一分为

① 《中国共产党中央委员会关于建国以来党的若干历史问题的决议》。

② 周扬：《三次伟大的思想解放运动》，《人民日报》1979 年 5 月 7 日。

③ 黎澍：《关于“五四”运动的几个问题》，收入《“五四”运动六十周年学术讨论会论文选》（一），中国社会科学出版社 1980 年版，第 275 页。

④ 李泽厚：《启蒙与救亡的双重变奏》，《走向未来》1986 年创刊号。收入《中国现代思想史论》，东方出版社 1987 年版。

二："一个是新文化运动，一个是学生爱国反帝运动"，由此区分出"启蒙"与"救亡"，并重构了整个现代中国历史。"这是现代中国的历史讽利剧。封建主义加上危亡局势，不可能给自由主义以平和渐进的德步发展……革命战争却又挤压了启蒙运动和自由思想，而使封建主义趁机复活……启蒙与救亡的双重主题的关系，在'五四'以后并没有得到合理的结局，甚至在理论上也没有给予真正的探讨和足够的重视，特别是近 30 年的不应该有的忽视，终于带来了巨大的苦果。"正因此，"新时期"便应当重新提出"五四"的启蒙问题，在当代中国社会展开"新启蒙"运动。

"启蒙"/"救亡"论所勾勒的现代中国历史，正是文学史领域出现的"上升—降落—回升"图景的同一版本。毋宁说，由于"启蒙/救亡"论在80 年代所形成的巨大影响，被重写出来的文学史图景是这一思想史图景的翻版。它们共同以一种历史隐喻的方式，将"文化大革命"（革命、毛泽东时代）等同于五四运动之前的"封建社会"（前现代历史），进而把"新时期"视为第二个"五四"时期，从而为 80 年代的现代化运动提供历史依据。这种历史叙述将毛泽东时代视为"农民小生产者的意识形态和心理结构"的历史表现，从而将其剔除出"现代"历史。但它所忽略的，是毛泽东时代"作为反现代性的现代性"[①] 特征，即一方面完成了工业化基础建设和建立独立的民族国家，同时又强调缩小"三大差别"的平等意识，以及对官僚国家体制的破坏。更重要的是，当"启蒙"/"救亡"论强调用"民主与科学、人权与真理"等源自西方的现代性规范"启蒙"中国时，始终忽略了现代中国是在反抗西方帝国殖民扩张的过程中开始现代化，因此必然存在着"反现代"这一抵抗西方的面向。

也正是因为这一历史类比关系（"文化大革命" =封建社会）的存在，"五四"时期的历史坐标被重新移置于 80 年代的历史语境之中，构成了 80 年代社会/文化启动的起始点。它以重写历史的方式重构并挪用了"五四"时期的历史坐标。而这一"现代性装置"一旦形

① 汪晖：《当代中国的思想状况和现代性问题》，《天涯》1997 年第 5 期。

成，便构成了80年代书写历史和现实的方式。

## 历史坐标的挪用与重构

自1919年5—6月的社会运动中出现“五四运动”一词，继而又提出“新文化运动”这一范畴[①]之后，关于这场运动的阐释，便成为一个不断赋予其意义、不断地将其符号化和寓言化的书写过程。这种书写构成了“五四传统”颇为歧义而又具有一定的“同一性”的独特内涵。[②]这种“同一性”不仅表现于“民主、科学、人性”等具体提法，更重要的在于其所提供的一套规范现代中国走向的历史坐标，即在传统/现代的二元对立格局中，将批判传统文化作为现代化的基本前提；在中国/西方（世界）的二元对立格局中，将“西方”视为现代性规范的来源。处于此一坐标中心的，是从传统宗族秩序中摆脱出来并以人道主义话语表述的“新人”。80年代所借重的，正是“五四传统”的这一基本内涵。它不仅规范了“新时期”提出问题的框架，也规范了人们所能提供的关于“现代化”的想象形态。但正因为80年代并不是“五四”时期，而是在批判毛泽东时代的现代化实践的基础上，结束冷战阵营造成的“封闭”时期以纳入全球资本市场和政治格局的市场化过程，这也就决定了80年代时“五四”传统的重新启用，仅仅是一种“挪用”；而同时在具体的文化实践过程中，对这一传统进行了改写和重构。

1. “文明与愚昧的冲突”

传统/现代的框架，是“新时期”文学确认自己历史意识的首要坐标。这种框架，隐含在“伤痕”“反思”等文学作品关于历史/现实的时

---

① 参见周策纵《“五四”运动：现代中国的思想革命》，江苏人民出版社1996年版；陈平原、夏晓虹主编《触摸历史——“五四”人物与现代中国》，广州出版社1999年版。“五四运动”一词最早见于学生运动的小册子；1919年5月26日，罗家伦在《每周评论》上发表《五四运动的精神》。“新文化运动”的提法出现于1919年下半年。12月，北大学生创办《新潮》，将之称为“新文化运动”。1920年1月29日，孙中山在《致海外国民党同志书》中将五四运动与“新文化运动”并举，这种提法逐渐流行。

② 参见周策纵《“五四”运动：代中国的思想革命》；汪晖《中国的“五四观”——兼论中国现代文学史和思想史的历史前提》，收入《无地彷徨——“五四”及其回声》，浙江文艺出版社1994年版。

立描述中。《伤痕》（卢新华，1978年）、《天云山传奇》（鲁彦周，1979年）、《月食》（李国文，1980年）和王蒙的《春之声》（1980年）、《蝴蛛》（1980年）等作品中，“离去/归来”的叙述模式，同时显示的是一种“终结/开端”的现代时间意识。与此同时，一种深切的“落后”焦虑开始萦绕在文学关于现实的表述当中，正如改革英雄乔光朴的名言：“时间和数字是冷酷无情的，像两条鞭子，悬在我们的背上。”（蒋子龙：《乔厂长上任记》，1919年）这种理解历史/现实的方式，形成了一种被季红真所概括的“文明与愚昧的冲突”主题。[①] 在此，“断”/“旧”“现实”/“历史”对应于“现代”/“非现代”，并被赋予“文明”/“愚昧”这样的价值内涵。构成历史参照的反面形象，则是“文化大革命”时期：“对于中华民族来说，‘文化大革命’十年动乱无非意味着：野蛮代替文明，迷信代替科学、愚昧代替理性。”与此同时，在思想界，“最引人注目的问题是：为什么中国封建社会长期延续达两千年之久”，并进而提出中国封建社会的“超稳定结构”。[②] 在这样的理解中，造成的一种错觉是：似乎中国社会的现代化是从“新时期”开始的。但其“现代化”的理论资派与“五四”时期相比却发生了很大变化。取代毛泽东时代以“革命”范式实践的现代化方案的，是一种现代化理论（modernization theow）。与“五四”时期关于“现代”的想象不同，这种源自第二次世界大战后的美国社会科学界的现代化理论[③]，不仅仅是一种参照“传统”而成立的现代价位，同时是一种全球性的经济、政治和社会组织方案，而且“这次是明确地以美国为中心的”[④]。当文学界启用“五四”话语来描述这种现代化构想时，它与其所指涉的社会现实之间，形成了一种错位关系。

作为一种修辞方式，80年代的文学再度借用了“五四”时期的乡

---

① 季红真：《文明与愚昧的冲突》，浙江文艺出版社1986年版。

② 金观涛、刘青峰：《中国古代社会的超稳定结构》，收入《金观涛、刘青峰集——反思·探索·创造》，黑龙江教育出版社1988年版。

③ 参见［美］雷迅马（Michael E. Latham）《作为意识形态的现代化：社会科学和美国对第三世界政策》，中央编译出版社2003年版。

④ ［日］酒井直树：《现代性与其批判：普遍主义与特殊主义问题》，收入张京媛主编《后殖民理论与文化批评》，北京大学出版社1999年版，第383—413页。

村/都市的对立模式，以确立传统/现代、乡村/都市的同构叙述。《乡场上》（何士光，1980年）、《爬满青藤的木及屋》（古华，1981年）等作品中，乡村再度成为"封建"的化舟，成为现代化的障碍和为现代化所拯救的对象。但随即发生的一种微妙而相当重要的变化是，"封建乡村"在文学中的形象逐渐向"田园牧歌"转移。1983年，《我的遥远的清平湾》（史铁生）、《那山那人那狗》（彭见明）、《鲁班的子孙》（王润滋）、《最后一个渔佬儿》（李杭育）等的发表，构成了文坛的重要现象，以致王蒙质问道："是不是这几年又时兴'古朴'了呢？怎么那么多人、那么多作品热衷于写混沌未开之地、混沌古朴之民、混沌原始之人性呢？为什么有不只一篇作品用混沌古朴之美善与通都大邑之罪恶、科学文明之罪恶、害足之罪恶相对比呢？"① 而1984年"沈从文热"的出现，在这样的脉络中也就并非偶然。同样的情形也出现于电影界，戴锦华将之解释为"心理/知识构架中的裂痕"和"前行中的后倾姿态"②。如果说类似的现象所呈现的，是人们对于"现代化"的认知因切身体认而开始变得复杂化，那么它同时显现的，也是以"文明与愚昧的冲突"来对应传统/现代的认知框架的矛盾。

在传统/现代的框架中，被启用的另一重要"五四"资源是"国民性"话语。关于"文化大革命"的反思，使得人们不再满足于以忠奸、善恶的戏剧性情节来表现历史的罪人，而开始追问国民性格中的问题。高晓声如此判断："李顺大在十年浩劫中受尽了磨难，但是，当我探究中国历史上为什么会发生这样的浩劫时，我不仅想起李顺大这样的人是否也应该对这一段历史负一点责任。"③ 国民的这种"劣根性"不仅是造成"文化大革命"浩劫的土壤，同时也是阻碍现代化的历史惰性。《我们建国巷》（叶之榛，1980年）、《辘轳把胡同9号》（陈建功，1981年）、《高女人和她的矮丈夫》（冯骥才，1982年）、《井》（陆文夫，1985年）等作品，延续了鲁迅小说的叙事视角，即叙

① 王蒙：《读一九八三年一些短篇小说随想》，《文艺研究》1984年第3期。

② 戴锦华：《料塔：重读第四代》，收入《雾中风景——中国电影文化1978—1998》，北京大学出版社2000年版，第16—22页。

③ 高晓声：《〈李顺大造屋〉始末》（1980年），收入彭华生、钱光培编《新时期作家谈创作》，人民出版社1983年版，第39—47页。

述视点的发出者，是散播种种“流言蜚语”“人情世故”并把持种种“习惯”裁决的无名的庸众，从而在叙事结构上构成虚拟的群体与孤独的个体之间的“看”与“被看”关系。更为集中地体现“国民性”话语叙述的，是高晓声的“陈奂生系列小说”。在此，构成国民性话语核心形象的阿Q，被直接对应于当代农民陈奂生。高晓声在借用国民性话语颠倒毛泽东时代的“工农兵文艺”中农民的主体地位的同时，在很大程度上略去了鲁迅在《阿Q正传》中经由叙事人的暧昧特征而表现出来的复杂性。正如刘禾在她的文章[①]中分析的，《阿Q正传》中，“鲁迅不仅创造了阿Q，也创造了一个有能力分析批评阿Q的中国叙事人”，这个叙事人在小说的第一部分中直接出场，后来导向第三人称叙事。这种叙事位置的复杂性，形成了小说试图通过阿Q来描述“中国人”国民性的裂痕。但是在高晓声的小说中，并不存在这种叙述者的焦虑和含混，他在一种置身事外的“善意的嘲讽”中，完全将陈奂生表现为一个被叙客体，从而将鲁迅的高度抽象性和漫画化的国民性书写，转换为一种写实性和具有说明特征的表达。这种差别的存在，也可以说是80年代的作家略去了“五四”国民性话语生产者的矛盾性，而将其接受为一种既成的话语“神话”。如果说“国民性”是一个包含了“知识的健忘机制”的现代性神话，从而隐去了产生这种话语的地缘政治中的权力关系，那么，真正破解这一神话的，是被80年代知识界所呼唤的“全球化”时代。

2. “中国”想象与“世界文学”

将“古今”之争等同于“中西”之争，构成80年代“反传统”和“世界主义”的两面。如甘阳表述道：“中国文化与西方文化之间的地域文化差异常常被无限突出，从而掩盖了中国文化本身必须从传统文化形态走向现代化形态这一更为实质、更为根本的古今文化差异问题。”[②] 但正如酒井直树所提醒的：“前现代—现代—后现代这一系列似乎给人

① 刘禾：《国民性理论质疑》，载《跨语际实践——文学，民族文化与被译介的现代性》，生活·读书·新知三联书店2002年版，第75—108页。

② 甘阳：《八十年代文化讨论的几个问题》，《文化：中国与世界》第1辑，生活·读书·新知三联书店1986年版。

一个纪年性顺序的印象。然而，必须记住这个顺序从来都不是与世界的地缘政治的格局截然分开的……这个基本上属于19世纪的历史图式提供了一种视角，通过它来系统地理解各个国家、文化、传统与种族的位置。”[①] 当80年代的新启蒙话语将“古今”等同于“中外”时，他们抛弃了毛泽东话语中的“反帝”层面，并且在将“铁屋子开裂”时分“西方”的介入理解为“现代性”发生的时刻的同时，内在地接受了“中国”作为“非现代”的特点。“国民性”话语尚在寻找传统国民的精神层面的非现代性，而80年代中期的“寻根文学”则在“世界主义”的导向下重构了“中国”形象。

“寻根文学”的产生有着不同的引发因素：其一是将对历史的反思从“政治”层面引向“文化”层面，其反思的指向，仍使得“老（传统）中国”的形象成为当代中国政治形象的隐喻；其二是“知青”作家的集体登场，并不约而同地将知青的乡村经验作为“中国”想象的来源；其三，正如倡导者明确提到的，“寻根文学”的提出正来自拉美作家加西亚·马尔克斯获得诺贝尔文学奖这一事件的刺激。后一因素使得“寻根文学”不同于80年代前期仅仅在传统/现代的向度上理解现代化，而是将“西方”内化为文本构成，颇为自觉地建构“民族寓言”。在以“封闭的空间”和“停滞的时间”作为主要叙事特征的寻根小说中，虚位以待的正是一个“西方他者”的观看眼光。正因为这种“民族寓言”的书写内在地接受了“前现代—现代”这一纪年顺序所给定的地缘政治位置，“中国”的“非西方”的、因而是“非现代”的位置，使得“寻根文学”不可能给出一个关于中国未来的叙述。颇有症候性的是，“寻根文学”的两篇代表作品《爸爸爸》（韩少功，1985）和《小鲍庄》（王安忆，1985），都以一个中国孩子的诞生作为叙事的起点，这无疑可以作为拟想中的民族未来的主体形象。但这两个孩子一个成为丑陋的永远不会死绝的生存象征，一个则死于“仁义”。同时，这两篇小说中所谓“新派人物”（仁宝、鲍仁文）的滑稽化处理，也可以象征性地看作曾被“五四”文化设想为拯救力量

① ［日］酒井直树：《现代性与其批判：普遍主义与特殊主义问题》，收入张京媛主编《后殖民理论与文化批评》，北京大学出版社1999年版，第383—413页。

的“现代文明”的反讽性呈现。“寻根文学”的困境，集中表现为其宣言与创作实践的矛盾，它不期然地使“寻根”转为了“掘根”。而造成这种困境的原因，正在于隐含在关于“现代化”想象中的以“传统/现代”对应于“中国/西方”的地缘政治位置。

与“寻根文学”同期构成80年代文坛的另一面向的，是所谓“现代派”文学。这是“世界文学”想象在文学创作中的具体实践。80年代打开国门的开放政策，被理解为结束“闭关锁国”时期，迈向“地球村”“世界”的举动。在这一理解中，五四新文化运动的历史意义被建构为“东西方文化的大撞击、大交流”①，是“东西方交流的产物”，也是“在推动东西方文学交流和触合的基础之上的一体化世界文学的实现”的一个历史的制高点。② 这种迈向“世界文学”的举动，也被理解为实现文学现代化的方式。但真正构成80年代“现代派”文学的悖论的，是这种在西方社会中具有“反现代”特征的现代性美学，却被用于推进80年代中国现代化进程的资源。

在80年代前期，对于西方现代派文学的译介，曾展开过较为激烈的争论。徐迟在这场论争的纲领性文章《现代化与现代派》③ 中，论证现代派文学的出现正是“现代”社会的重要标志；而叶君健在为《现代小说技巧初探》④ 所作的序言中，更是以人类文明的阶段与文艺形式的对应，说明一个“电子和原子时代”必然要用“20世纪的现代主义”取代“19世纪的现实主义”。这种将文学进化的形态对应于社会进化形态的方式，正源自“五四”时期。陈独秀在1915年的《现代欧洲文艺史谭》⑤ 中，就勾勒出了“古典主义—理想主义—写实主义—自然主义”的文学进化脉络；茅盾也描绘了相似的路径：“古典主义—浪漫主义—写实主义—表象主义—新浪漫主义”。他们不约而同地从中国“国情”出发，认定“写实主义”应当成为“五四”时期

① 黄子平、钱理群、陈平原：《论“二十世纪中国文学”》，《文学评论》1985年第5期。

② 曾小逸：《论世界文学时代》，曾小逸主编《走向世界文学——中国现代作家与外国文学》，湖南人民出版社1985年版。

③ 徐迟：《现代化与现代派》，《外国文学研究》1982年第1期。

④ 高行健：《现代小说技巧初探》，花城出版社1981年版。

⑤ 陈独秀：《现代欧洲文艺史谭》，《青年杂志》1915年12月15日。

中国文学的当务之急，茅盾预期了未来的方向：“新浪漫主义声势日盛，他们的确可以指人到正路……我们定然要走这路的”[①]。但有趣的是，在50年代，也正是茅盾自己否定了这文学进化路线顶端的“新浪漫主义”，将其称为作为“假古典主义的本质的形式主义”的“僵尸”。他同时还说明，所谓“新浪漫主义”正是“现代派”：“现在我们总称为‘现代派’的半打多的‘主义’，就是这个东西”[②]。而在50年代被茅盾所否定的“现代派”，被80年代的倡导者重新拾起，所采用的逻辑，正是茅盾在“五四”时期所创立的进化论思路。

由于50—70年代对于“现代派”的严格防范，导致80年代的文学者感觉“现代派”的出现“就好像在空旷寂寞的天空上，忽然放上去一只漂亮的风筝”[③]，并将其视为“走向世界文学”的必经之道。正如同传统/现代框架中的“中国”想象，以文学“现代化”作为诉求的“世界文学”构想，同样以西方文学作为最高规范。这使得80年代文学界对于“现代派”文学的态度，以一种悖论的形式展开。以反抗“资产阶级的现代性”作为主要特征[④]的“现代派”文学，它的“给资产阶级的庸俗趣味的一个耳光”[⑤]的反现代性特征完全被忽略，西方“现代派”文学所批判的东西恰好成为80年代“现代派”文学所追求的东西。从朦胧诗中的“自我表现”和反理性的感伤姿态，到《无主题变奏》和《你别无选择》中不无自我欣赏意味的“颓废”，在某种意义上都被视为一种步入“现代”的标志。也正是出于这样的原因，“真/伪现代派”才得以成为一个问题在80年代中期提出。

3. 人道主义话语及其变奏

在整个80年代的文化/文学进程中，人道主义话语构成了一种绵延不绝的思潮，这事实上也正是在实践一种现代化“新人”的话语。这种思潮在不同时段呈现为不同的表述形态，但其内在的二元对立框

① 茅盾：《我们现在可以提倡表象主义的文学么?》，《小说月报》1920年2月25日。

② 茅盾：《夜读偶记》，《文艺报》1958年第10期。

③ 冯骥才：《中国文学需要“现代派”——冯骥才给李陀的信》，《上海文学》1982年第8期。

④ ［美］马泰·卡林内斯库：《现代性的五副面孔》，商务印书馆2002年版，第47—53页。

⑤ 茅盾：《夜读偶记》，《文艺报》1958年第10期。

架却始终如一。

如同汪晖的研究所显示的，在“五四”时期存在两种 humanism 话语的论争，即（学衡）派的人文主义话语和《新青年》的人道主义话语。[①] 与《学衡》派信奉“人性既非纯善，又非纯恶，而兼具二者”的人文话语不同，《新青年》信奉的是人性善，“人生下来，本是善的”[②]。因此，在他们眼里，“青年”是天然的“新鲜活泼之细胞”[③]。而破坏人性的，是“社会”：“社会与个人互相损害；社会最爱专制，往往以强力摧残个人的人性，压抑个人自由独立的精神”[④]。——这种社会/个人的二元对立，在“五四”新文化运动时期，对应的是封建宗族社会与现代个人的关系。“五四”之后，尽管革命话语以“阶级论”重组了个人/社会的关系，但 50—70 年代始终在阶级/个人、集体/个我、大我/小我的二元对立的格局中讨论个体的认同关系，其极端表述，则将“个人主义”视为“万恶之源”[⑤]。这使得阶级论话语并没有摆脱“五四”时期确立的二元对立框架，不过从相反的层面延续了这一逻辑。

80 年代初期批判 50—70 年代阶级话语的理论形态，是马克思主义人道主义话语。1978—1984 年，理论界以马克思的《1844 年经济学—哲学手稿》中的“异化”理论作为资源，批判那种“把‘人性’和‘阶级性’对立起来，把‘人性’‘人情味’‘人道主义’等奉送给资产阶级，无产阶级只要党性和阶级性”[⑥] 的正统马克思主义，并认为社会主义也存在“异化”现象。[⑦] 但因为这种关于“异化”的讨论，始终是在“人类本性”“恢复人的本来面目”的思路上展开，因此，对于社会主义历史实践的反省并未引向关于现代性本身的反思，而再次延续了“五四”人道主义话语的批判逻辑。在文学修辞层面，以阶级斗争

① 汪晖：《人文话语与中国的现代性问题》，收入陈清侨编《身份认同与公共文化》，香港牛津大学出版社 1997 年版。

② 孟真（傅斯年）：《万恶之原》，《新潮》1919 年第 1 卷第 1 号 1919 年 1 月 1 日。

③ 陈独秀：《敬告青年》，《青年杂志》1915 年第 1 卷第 1 号 1919 年 9 月 15 日。

④ 胡适：《易卜生主义》，《新青年》1918 年第 4 卷第 6 号 1918 年 6 月 15 日。

⑤ 周扬：《文艺战线上的一场大辩论》，《人民日报》1958 年 2 月 28 日。

⑥ 王若望：《大胆和可贵的尝试——评〈人啊，人!〉》，《花溪》1980 年第 11 期。

⑦ 周扬：《关于马克思主义的几个理论问题的探讨》，《人民日报》1983 年 3 月 16 日。

为纲的社会主义国家政权，被呈现为类似西方中世纪神权或中国传统政权的专制形象；而所谓“人性”，则表现为爱情、婚姻、家庭等涉及私人生活空间的人际关系。“公”“私”领域的区隔带有明显的价值判断色彩，“国”与“家”之间的对抗关系，成为伤痕、反思文学在表达“人性”时的重要修辞。历史的残幕表现为“国”对“家”的破坏，如《伤痕》（卢新华，1978 年）、《我该怎么办》（陈国凯，1978 年）、《如意》（刘心武，1981 年）等；而昭示历史重回正轨的方式，则是让“好人”“有情人终成眷属”，让“坏人”无家，如《人啊，人!》（戴厚英，1980 年）、《芙蓉镇》（古华，1981 年）等。家/国修辞尽管相对于“五四”时期发生了反转，但此“家”非彼“家”。“五四”小说是将“家”视为压抑“个人”的社会力量，而“新时期”小说则将“家”视为一种从专制政权中拯救“个人”的力量；而隐含在这种世俗生活关系中的性别、阶级关系，则成为 80 年代人道主义话语的盲点。

1984 年马克思主义/人道主义的讨论告一段落，但人道主义话语却并未终结，而是获得了新的表达形式。“主体论”的哲学表述由李泽厚提出，并经由刘再复的更为通俗的文艺学阐释，获得了空前广泛的影响。事实上，在李泽厚的主体论与刘再复的主体论之间存在着微妙的偏差。李泽厚在“实践论”和重新阐发康德哲学基础上形成主体论，他虽然强调人具有“能动”地改造和认识社会的能力，但历史和社会“积淀”却会内在地规范人的行为和心理。而在刘再复那里，人的“主体性”却强大得多。他建构了“内宇宙”和“外宇宙”的说法，同时认为：“这个内宇宙是一个具有无限创造能力的自我调节系统，它的主体力量可以发挥到非常辉煌的程度，而这，正是人的伟大之处”[①]。正如夏中义指出的，刘再复“最终将一个受制于历史具体的有限能动‘主体’，演化成一个漫游于历史时空之外的无限能动的‘主体’”[②]。刘再复所建构的“内宇宙”与“外宇宙”的对立关系，并将其现实批判指向毛泽东时代的社会主义实践对人的限制，事实上，正重复了“五四”时期在个人/社会之间的对立逻辑。他进而直接将

① 刘再复：《论文学的主体性》，《文学评论》1985 年第 6 期。

② 夏中义：《新潮学案——新时期文论重估》，上海三联书店 1996 年版，第 31 页。

"性格组合论"和"文学主体论"推向"国魂反省论",从而将"主体论"结合进关于"人的现代化"的论述中。在此,"主体论"不仅与"五四"话语建立了直接的关联,而且其"主体"被作为"国民性"的理想形态(即新型的现代化的国民)而出现。

由于"主体论"始终将"人学"和"文学"相提并论,认定"文学就是人学",而并未形成更为学科化的文学表述,因此80年代后期所形成的"文化哲学"(或称"诗化哲学"),在某种意义上构成对"主体论"的发展。"文化哲学"出现的标志,可以说是1985年翻译出版卡西尔的《人论》。卡西尔提出的"人是一种'符号动物'",被译介者作了很大的偏移:"'人—符号—文化'成了一种三位一体的东西,而'人的哲学'—'符号形式的哲学'—'文化哲学'也就自然而然地结成了同一哲学"[①]。这也就是说,人可以通过文化—符号自由地创造意义,并进而创造生存价值。刘小枫的《诗化哲学》、周国平的《诗人哲学家》、刘晓波的《审美与自由》等著作,则从德国浪漫美学和欧洲存在主义哲学那里寻找思想资源,并将"审美"视为"人类唯一能走向自由的捷径"。这种"文化哲学"与"人道主义话语"的相关性在于,它的基本前提仍旧在于:把人性视为无限创造的源泉;所不同的是,它确立了"审美"这一"自律性的概念",将其视为超越一切社会限定,并能完成人的自我价值生成的"飞越"。尽管这种美学/哲学表述,为80年代文学始终寻求的与"政治"的脱离提供了更为学理性的表述,但它将"审美生成"等同于"价值生存",或"把本体诗化或把诗本体化"的诉求,却使得它成为80年代实践"新人"理想的人道主义话语的一脉。更有意味的是,这种美学理论在90年代的市场社会中呈现出它所未曾预期的政治意味,如同伊格尔顿所阐释的:"自律的观念——完全自我控制、自我决定的存在模式——恰好为中产阶级提供了它的物质性运作需要的主体性的意识形态模式"[②]。在某种意义上也可以说,不仅是人道主义话语,整个80年代文学现代化的实践本身,都在90年代遭遇了它未曾预料的繁复后果。



① 甘阳:《〈人论〉·中译本序》,载《人论》,甘阳译,上海译文出版社1985年版,第8页。
② [英]特里·伊格尔顿:《审美意识形态》,广西师范大学出版社2001年版,第9页。

## 结　语

80 年代以一种历史隐喻的方式，将自身的历史起点对接于“五四”时期。“五四”新文化/文学为 80 年代文学所提供的，不仅是用以表述自身的思想资源与文化传统，同时更是一个借以建构自身的理想镜像。然而，由于话语建构与社会实践层面的错位关系，如同张旭东所说，在某种意义上，“80 年代变成了 90 年代的感伤主义的序幕”“一个世俗化过程中的神学阶段”①。而“五四”话语则构成这种“感伤主义”和“神学”特性的核心养料。正因为此，80 年代文学的展开，并非印证“五四”话语的过程，毋宁说，这种展开本身，其实就构成对五四话语的重构和解构。

在今天，重新清理 80 年代文学与“五四”传统的关系，必然是一种立足于 90 年代之后的中国社会/文化现实，揭示出“80 年代文学”与“五四传统”之间如何彼此建构、彼此塑造的解构行为。这种“解构”的便利显然得益于某种“后见之明”，但这并不意味着我们可以轻视五四话语在 80 年代文学中所鼓动起来的那种创造的冲动和激情。在这样的意义上，对历史的清理，或许同时也是一种调整我们看待历史与现实的眼光，并借以寻找文化出路的方式。

（原载《上海文学》2004 年第 5 期）

① 张旭东：《重访 80 年代》，《读书》1998 年第 2 期。

# 个人、家族、民族国家关系的重建与现代文学的发生

旷新年*

1917 年文学革命是中国现代文学的重要开端，文学革命并不是一个单纯的文学运动，新文学运动是新文化运动的一部分，与中国现代政治、思想、文化的变化有着密切的联系。中国现代文学成为现代经验的一种重要的凝聚和表达，反过来，它对于现代世界观的塑造具有重大意义。在某种意义上，中国现代文学成为中国现代的一种“神话叙述”。伴随着中国现代文学的发生，小说和戏剧逐渐上升到文学正宗的地位。这种变化是十分有趣的。梁启超最早提倡“小说界革命”，发表了著名的《小说与群治之关系》，将小说的社会作用神话化。我们通常只注意从晚清到“五四”小说从边缘到中心的地位的变化，而没有意识到在这种地位的变化中小说的性质的重大改变。通过“政治小说”的倡导，长期被排斥在文学正统之外的小说由于与政治结合成为一种高级的现代文体。“新小说”已经不再是一种无足轻重的“稗史”和“小道”，相反，已经成为一种宏大叙事，承担起社会重整的功能。

1978 年 8 月 11 日上海《文汇报》发表卢新华的小说《伤痕》，成为“伤痕文学”的一个重要起源。《伤痕》也成为 20 世纪对于个人、

* 旷新年，清华大学中文系教授、博士生导师。

家、国，书写的一个重要转折和新的重写的起点。笔者在这里所使用的“伤痕文学”这一概念较之通常的“伤痕文学”潮流具有更广泛的含义，笔者用它来指整个“新时期文学”，因为整个“新时期文学”实际上逐步发展成为对于中国当代文学乃至二十世纪中国文学的全面重写。《伤痕》这篇小说的前半部分讲述的是一个“离家”的故事：主人公王晓华是一个“林道静”式的人物，为了保持革命的纯洁性而与家庭决裂，同“戴愉式的人物”——母亲划清界限。小说的后半部分则是“回家”的故事。小说通过苏小林这个人物对“革命”发出了这样的追问：“你说革命者会是一个丝毫没有感情的人吗?”因此，在这篇小说中，我们可以找到“告别革命”的线头，它也成为“告别革命”的一个症候。在当时引起了巨大争议的白桦《苦恋》的主人公对“国家”提出了强烈怀疑。更值得玩味的是90年代的新的书写，在李锐的《旧址》中，革命的神话破碎了，革命者被“还原”成为一个家族主义者。银城历史上第一个女共产党员，革命的女英雄——李紫痕，参加“革命”的原因是家族手足之情：“李乃之没有想到，自己经过七年读书思考才做出的抉择，姐姐竟在一夜之间就做出了。第二天早晨，姐弟俩在饭桌前坐下来的时候，李紫痕毅然决然地告诉弟弟：‘弟弟，我也革命。要死我们骨肉死在一起!’”“伤痕文学”在对于“国家”的批判与对抗中，“个人”重新做出了选择，个人、家、国关系发生了重要调整。

中国现代的革命主要有两种，一种是国民党的民族革命，另一种是共产党的社会革命。然而，最终国民党和共产党不过体现了两种不同的对于现代民族国家的构想。用毛泽东的话来说：“我们共产党人，多年以来，不但为中国的政治革命和经济革命而奋斗，而且为中国的文化革命而奋斗；一切这些的目的，在于建设一个中华民族的新社会和新国家。”中国的现代革命展开了漫长的家国的冲突。

鲁迅的《狂人日记》因为对于家族制度的极端否定和现代白话文的使用而构成中国现代文学的重要起源。詹姆森把第三世界的文学称为“民族寓言”。在某种意义上，确实，鲁迅的《狂人日记》与其说是“现实主义小说”，还不如说是一种“历史寓言”。与此同时，中国的娜拉们发出了“我是我自己的，谁也没有干涉我的权利”的振聋发聩的个人主义呐喊。郁达夫《沉沦》这篇小说在个人的沉沦和国家的失败之间建立了联系：“祖国呀祖国！我的死是你害我的！你快富起来，强起来吧！”通过文学想象，郁达夫将个人的命运与国家的命运联系起来。这种对于个人、家、国的关怀和叙述成为中国现代文学的重要起点。在某种意义上，实际上中国现代文学的发生必然导致个人、家、国关系的重新表述与安排。

中国现代文学叙述的是一个“破家立国”的过程，“文化大革命”把这种“破家立国”推向了极端。作为对于现代性的极端追求，在革命样板戏中，家国关系的重写达到了一个顶点。《红灯记》中的“革命家庭”，通过“阶级”重构社会和国家，它彻底超越了传统的“血缘伦理”。《红灯记》产生了一种不同的家国想象：“爹不是你的亲爹，奶奶也不是你的亲奶奶，祖孙三代本不是一家人。我姓李，你姓陈，你爹他姓张。”它通过革命家庭从而建构了一种现代“革命伦理”：“都说骨肉的情义重，依我看，阶级的情义重于泰山。”“文化大革命”体现了毛泽东对于一种新型的现代民族国家的构想。

五四新文学运动提出了两个重要目标，用胡适的话来说，有两面旗帜：一是“国语的文学”，一是“人的文学”，即民族主义目标和个人主义目标。在80年代的“伤痕文学”的叙述中对立的这两个目标在中国现代文学的起源中是一同提出的。从晚清到“五四”的白话文运动蕴含了鲜明的民族主义目标。胡适在《建设的文学革命论》中说：“我的‘建设新文学论’的唯一宗旨只有十个大字：‘国语的文学，文学的国语’。我们所提倡的文学革命，只是要替中国创造一种国语的文学。”茅盾说：“在我们中国现在呢，文学家的大责任便是创造并确立中国的国民文学。”与此同时，在“五四”文学革命中，周作人提出了“人的文学”的口号。郁达夫甚至说：“‘五四’运动的最大的成功，第一要算‘个人’的发现。”周作人在《人的文学》中说：“我们现在应该提倡的新文学简单地说一句，是‘人的文学’。”他提出要“从新发见‘人’，去‘辟人荒’”。然而，实际上并不是说在周作人《人的文学》发表以前，中国就没有“人的文学”，就没有“人”

存在，而是周作人对于“人”进行了重新界定，他是要重新创造资本主义制度下的现代“新人”，它要将人从传统封建宗法制度下解放出来，确立成为现代“主体”。也正是在这样的意义上，鲁迅在《狂人日记》中发出了“礼教吃人”的控诉。

中国现代个人主义的产生和西方具有明显的区别，在中国，是一个在民族危机中由民族的觉醒到个人的觉醒的过程。中国现代启蒙主义实际上包含了两个阶段和两种内容：民族国家的启蒙和个人的启蒙，即民族国家意识和个人意识的发生，个人主义知识和民族主义知识的传播和合法化。在八十年代的“新启蒙主义”的语境里，李泽厚将这两种启蒙割裂、区分并且对立起来，他将前者命名为“救亡”，将后者命名为“启蒙”。现代民族国家是现代资本主义世界体系的基本单位，而个人（国民）则是现代民族国家的最基本的细胞。中国现代的启蒙者都充分认识到现代世界的基本生存规律和逻辑。梁启超说：“今世界以国家为本位，凡一切人类动作，皆以国家分子之资格而动作者也。”“故今日欲救中国，无他术焉，亦先建设一民族主义之国家而已。”因此，当中国从“天下”加入到“世界”之际，首先是进行民族主义的启蒙，而进行民族主义启蒙则必须摧毁家族主义的旧知识。孙中山在《三民主义》中写道：“中国人最崇拜的是家族主义和宗族主义，没有国族主义，外国旁观的人说中国是一盘散沙，这个原因在什么地方呢？就是因为一般人民只有家族主义和宗族主义，而没有国族主义。中国人对于家族和宗族的团结力非常大，往往因为保护宗族起见，宁肯牺牲身家性命……至于说到对于国家，从来没有一次具有极大牺牲精神去做的。所以中国人的团结力，只能及于宗族而止，还没有扩张到国族。”中国现代的各种“解放”，不论是个人解放、妇女解放，还是阶级解放，都与民族解放的目标联系在一起。以妇女解放为例，正如杜赞奇在《从民族国家拯救历史》中所指出的：“中国五四时期的文化叛逆者利用另外一种策略把妇女纳入现代民族国家之中，这些激进分子试图把妇女直接吸收为国民，从而使之拒绝家庭中建立在亲属关系基础上的性别角色。”而所谓“革命”，不言自明，一个最重要的内容，就是对于“家”的“革命”。在现代民族国家的建构和对于现代民族国家目标的追求中，传统家族制度成为民族主义目标的重大障碍，家族主义与民族主义构成了尖锐的对立，传统的家族制度成为现代民族国家与个人之间一道重要的障碍，也因此家族以及家族制度成为中国现代文学叙述中否定的对象。20世纪中国摧毁家族制度最终是为了建立一个现代的民族国家，“家族制度的罪恶”归根到底在于妨碍了现代民族主义的目标。

在八十年代“新启蒙主义”的论述中，经常将个人主义与民族主义简单地、抽象地对立起来，并且最终凝结成为李泽厚“救亡压倒启蒙”的经典叙述。然而，实际上，中国现代个人主义的起源与民族主义目标有着内在的联系。现代民族国家和个人双重的建构成为现代的追求，也成为中国现代叙事的重要主题。从晚清开始，随着民族主义思想的高涨和救亡的要求，发生了大规模的面向广大社会下层的启蒙运动。为了“新中国建设”，中国现代民族主义之父梁启超提出了“新民”的概念。“欲抵当列强之民族帝国主义，以挽浩劫而拯生灵，惟有我行民族主义之一策。而欲实行民族主义于中国舍新民末由。”个人无法脱离社会控制和社会结构而孤立地存在，现代个人只能存在于现代民族国家的结构之中。梁启超说：“人者固非可孤立生存于世界也，必有群然后人格始独立。”不仅中国现代“国家”是先于“个人”而发现的，而且现代个人脱离现代国家即无法存在，因此，在摧毁传统家族制度的“五四”新文化运动中，个人主义和民族主义成为共谋。个人并不是凭空地获得解放，个人并不是被个人所解放，而是被国家从家族之中解放出来，砸碎家族的枷锁，最终是为了将个人组织到国家的现代结构之中去。因此，现代在解放了个人的同时，又把个人供奉于民族主义的祭坛之上。梁启超在《新中国未来记》里借黄毅伯的口说：“干涉政策，和爱国心是很有关系的。我中国人向来除了纳钱粮、打官司两件事情之外，是和国家没有一点交涉的。国家固然不理人民，人民亦照样的不理国家。所以国家兴旺，他也不管；国家危亡，他也不管；政府的人好，他也不管；政府的人坏，他也不管。别人都说这是由于没有自由的缘故，我倒有一句奇话，是由于没有干涉的缘故。”现代斩断了传统个人/家庭的联系，与此同时，在个人/

国家之间建立了新的关系。“我丢了一个儿子，而国家会得到一个英雄！”老舍的长篇小说《四世同堂》里钱默吟的话语充分体现了家族与国家对于个人的这种争夺与控制。巴金的《家》和路翎的《财主底儿女们》等作品展示了个人/家族/国家新的话语争夺，并且这种争夺形成了现代文学新的叙述空间和叙事的可能性。不仅中国现代个人的解放、妇女的解放，从根本上说是由民族主义所启动的，而且甚至梁启超的“新小说”也是包含于他“新中国”的构想之中。梁启超深刻地认识到个人和国家是紧密地联系在一起的，一方面，没有国权就没有人权，“国亡而人权亡”；另一方面，欲兴国权，则必先兴民权，“故民权兴则国权兴，民权灭则国权亡……言爱国者必自兴民权始。”在中国现代历史上，不是“救亡压倒启蒙”，而是救亡开启了启蒙，或者说，正是民族主义的目标导致了个人主义的兴起。在中国现代，民族主义是目标，个人主义是手段。正如《黑奴传演义》所说：“恐怕民智难开，不知感发爱国的思想，轻举妄动，糊涂一世，可又从哪里强起呢？作报的因发了一个志愿，要想个法子，把大清国的傻百姓，人人唤醒。”小说《黄绣球》也同样“阐独立自由，以进于合群为归宿。”

从晚清到“五四”，我们可以看到从民族主义话语到个人主义话语的一种转换，如果说在晚清，思想的关键词是“国家”，那么在“五四”，则思想的核心已经转变成为了“个人”。然而，“五四”并未将个人和国家、个人主义与民族主义抽象地对立起来。陈独秀说：“吾人非崇拜国家主义，而作绝对之主张……吾国国情，国民犹在散沙时代，因时制宜，国家主义实为吾人目前自救之良方……国家者，乃人民集合之团体，辑内御外，以拥护全体人民之福利……近世国家主义，乃民主的国家，非民奴的国家。”“五四”时期，个人主义话语的兴起，个人主义的流行，并不是对晚清民族主义的简单的反动。梁启超在《个人主义与国家主义》中也曾经说：“国家主义与个人主义，似相对待而实相乘，盖国家者，实世界之个人也。”在中国现代文学发生中，个人主义与民族主义都属于一种现代规划，个人与国家还没有构成一对矛盾，而是相反，个人与国家在对家族制度的破坏和批判中构成了一种共谋的关系。

因此，在中国现代历史发展中，个人、家、国的关系不断调整；然而，在整个现代民族国家的建构过程中，救亡和启蒙、民族主义和个人主义始终是一个不可分割的整体。所谓救亡就是民族的解放和建立现代民族国家；而启蒙就是个人的解放和现代个人的确立。实际上，所谓现代性从根本上说不外是现代民族国家主权和现代个人主体的双重建构。在现代，个人的建立与民族国家的建立是联系在一起的，个人主体与民族主体的建构是现代性的两个重要的方面。同时，现代化的过程，不论是救亡还是启蒙，都是一个权力提取的过程，说到底，启蒙也是一个将个人纳入现代民族国家管理的过程，是为了现代民族国家的目标对于个人强行干预和塑造的过程。现代化的过程是一个对于个人不断驯服和控制的过程。

对于欧洲来说，“到了19世纪，国家对于人民的干涉，已经深入到日常生活的各个层面，而且变得愈来愈制度化。”而这种国家通过知识分子对于个人的强行塑造则是发生于20世纪当传统的中国不再适应于现代资本主义世界体系的生存之际。在现代民族国家的形成中，个人、家、国不得不成为中国现代文学的重要主题，不仅如此，它也深刻地影响了中国现代文学的语言和形式。文学写作和思维实际上总是受制于特定的表达制度和表达规范，在特定的时代只有特定的内容才能够获得表达，并不是所有的内容都能够得到表达。

（原载《中国现代文学研究丛刊》2006年第1期）

# 国民性批判与近代思想史的逻辑关系

摩　罗[*]

## 国民性批判：思想文化视角

以1840年鸦片战争的失败为开端的中国近代史，是中华民族最为耻辱、最为痛苦的一段酷史。以此为背景的中国近代思想史具有两个明显的特征。第一，每一代思想家都在积极寻找抵御殖民主义之掠夺、凌辱的方法。这些方法不外乎学习先进技术，壮大经济力量和军事力量，调整社会组织模式和政治制度。第二，调整社会组织模式和政治制度，由抵御殖民者掠夺的外在需求，逐步演变为限制君权、扩大民权、改造社会、强国富民的内在需求。由龚自珍、林则徐、魏源第一代先知先觉者，到曾国藩、李鸿章、张之洞等洋务派，再到康有为、梁启超、谭嗣同等改良派和孙中山、宋教仁等革命派，这条思想的历史脉络十分清晰。

可是，到了五四运动时期，新崛起的一代时贤忽然较少讨论政治制度、权利限制等问题，而将历史的注意力引向思想、文化、教育、意识形态、国民精神等务虚的领域。陈独秀说："孔教之精华曰礼教，

* 摩罗，中国艺术研究院中国文化研究所副研究员。

为吾国伦理政治之根本。其存废为吾国早当解决之问题，应在国体宪政问题解决之先。今日讨论及此，已觉甚晚。”[①]

这种与文化“相见恨晚”、抓住历史机遇努力解决文化问题的思路，不只是陈独秀的个人意见，而是那个时代一批精英分子的共同认识。胡适在《陈独秀与文学革命》中说：“在民国六年，大家办《新青年》的时候，本有一个理想，就是二十年不谈政治，二十年离开政治，而从教育思想文化等，非政治的因子上建设政治基础。”[②] 后世学者林毓生苛评“五四”前贤企图借思想文化解决中国的问题，此种表述甚有概括力。如果考究一下“五四”时贤跟前辈思想家的血肉联系，我们不得不承认，他们再造中国、开创历史的路径选择，并不是妄想妄为。

陈独秀、胡适这一代精英人物，在前几代精英人物之挫折和失败基础上的幡然醒悟，才有新的选择。洋务派（曾国藩、李鸿章、张之洞、郭嵩焘、薛福成）致力于中国的经济发展和经济制度改造，未能造出一个新中国；立宪改良派（王韬、郑观应、陈宝箴、皮嘉佑、康有为、梁启超、谭嗣同）致力于民权的伸张和政治制度的改造，也未能造出一个新中国；资产阶级革命派（严复、章太炎、孙中山、邹容、陈天华、宋教仁）一举颠覆了王权，以民权的名义建立了中华民国，算是完成了政治制度的彻底改造，可是中国并没有旧貌变新颜。

每一代人的失败，都启示下一代精英人物必须从新的角度、新的基点上重新起步，寻找超越前辈的改造中国的新方案。“五四”一代的新方案是真正的焕然一新，它不是头疼医头、脚疼医脚的方案，而是企图从根本上解决问题。历代前贤在致力于中国改造工程的时候，都是立足于上层社会、针对上层社会用力。比如洋务派必须得到皇帝和精英群体的支持，于是他们游说于皇帝和大臣之间。改良派必须说服皇帝和皇室对民权做出妥协与让步，于是致力于跟皇室讲道理、向皇室启蒙。孙中山的革命派有意依靠新兴的资产阶级力量打倒罪恶的

---

① 陈独秀：《宪法与孔教》，载《独秀文存选》，贵州教育出版社2005年版，第64页。

② 胡适：《陈独秀与文学革命》，载《独秀文存选》，贵州教育出版社2005年版，第373页。

皇权，于是致力于唤起资产阶级上层社会的响应和支持。

只有“五四”一代精英人物的思维产生了巨大的变化，他们对业已掌握权力的人物感到非常绝望，不想在他们身上白费力气。他们将工作的对象调整为社会中下层的普通民众，因为这些普通民众才是文化的最广泛的承载者。文化是政治的基础，中下层普通民众是文化的基础。中国的文化改造若是不抓住这广泛的中下层群体，也就无法拥有基础，其他更加远大的社会理想就无从谈起。

既然顽固的专制、混乱的社会都是以腐朽的文化为基础的，而腐朽的文化又是以中下层普通民众为基本载体，那么，抓住了中下层普通民众的文化习性，也就抓住了中国一切黑暗因素的根源；只要中下层普通民众的文化习性改造好了，中国一切黑暗因素的根源也就消灭了；中国一切黑暗因素的根源消灭了，那一切黑暗、腐朽、罪恶等自然也就消灭了。

中下层普通民众的文化习性，有时候被称为民族性，有时候被称为国民性，有时候被称为国民精神，有时候被称为国民劣根性。

如何改造中下层普通民众的文化习性？首先是对这一切不良习性予以否定和批判，所以，国民性批判是“五四”新文化运动中一个举足轻重的主题，它比打倒孔家店的主题持续得更加长久。

中下层普通民众的文化习性就是中国古老的传统文化的表现形式，所以，对中国国民性的批判，跟对中国传统文化的批判是合二而一的工程。传统文化是一种精神存在，国民性是这种文化精神在国民身上的性格体现。

中西技术、科学方面的比较，中西经济模式方面的比较，中西军事力量和军事体制方面的比较，中西政治制度、社会制度方面的比较，都给中国近代思想家带来了巨大的启示，为他们寻找富国强兵、振兴民族的方针提供了依据。现在，“五四”时贤致力于中西文化和中西国民精神的比较研究，这种研究也许是最为深刻的研究，它能一层层剥掉表面，直探支撑中西不同国家、不同制度的最隐秘原因。

“五四”精英群体对文化的关注、对国民性的关注，从路径上看与前辈思想家确实有某种断裂。致力于社会政治制度的改造，与致力于文化、精神的改造，思想的脉络颇有分道扬镳之感。但是，仔细研究“五四”时贤弘扬思想启蒙的文本，认真领会他们进行国民性批判的意旨，我们不难发现，他们的动机、他们的出发点，与前辈思想家具有紧密的逻辑关系。在抵御强敌、弘扬民权、再造民主中国方面，中国近代思想史上的每一代思想家都是一脉相承的。

## 国民性批判的帝国主义压力

正如上文所及，中国近代史和近代思想史的一个基本背景，是我们在西方殖民者的侵略、掠夺下节节败退，清王朝统治集团无法组织国人进行有效的反侵略、反掠夺。这个时代的社会精英十分清楚，抵御西方压迫与凌辱是中国社会的基本命题，所以，他们的思想都具有强烈的现实感和针对性。

“五四”时贤虽然着力于批判中国固有的文化传统和精神生活，可是这种自我批判、自我清理也是为了寻找更好的文化资源和精神动力，以便及时调整中国社会的组织模式，有效抵御和摆脱殖民者的压迫与掠夺。他们的国民性批判，也是为了寻找国人反抗侵略、抵御外侮、保种卫国、奋发自强的精神动力。如果没有这种现实针对性，他们的思想就不会激起那么大的社会反响；如果没有这种现实针对性，他们的自我批判、自我清理也就缺乏历史合理性。

就“五四”新文化运动的几个代表人物而言，他们那个时代的著述，确实主要以精神文化的自我批判、自我清理为主题；但是，殖民压迫与掠夺的严酷现实，成为他们所有言说的背景，读者时时都能感受到这个庞大背景的存在。这个背景有时候远远地隐伏在地平线上，有时候则以三言两语的方式突然呈现在前台上。陈独秀十分强调每个生命都应该有“抵抗力”；鲁迅批评国人在狼面前成为羊、在羊面前成为狼的特性，要求国人在狼面前也应该做一只敢于反抗与厮杀的恶狼；胡适痛心地悲叹我堂堂中华为什么如此一蹶不振。所有这些言说，都包含着明显的“应变”痕迹，其矛头都是指向西方侵略者的。正因为具有这种清醒感和现实性，他们的文化启蒙和国民性批判，才被时人和后人称为思想，而不是被称为学术。

在杂文《看镜有感》中，鲁迅严厉抨击国人的保守排外，称赞汉唐时代对外来事物随意取用、自由驱使的气魄，劝谕当下国人应该敞开胸怀接纳西洋的新鲜事物。为什么要接纳西洋的新鲜事物呢？因为“倘再不放开度量，大胆地，将新文化尽量地吸收，则杨光先似的向西洋主人沥陈中夏的精神文明的时候，大概是不劳久待的罢”[①]。杨光先是清代反对洋人汤若望担任钦天监监正的廷臣，声称“宁可使中夏无好历法，不可使中夏有西洋人”。康熙大帝将汤若望治罪，任命杨光先担任钦天监监正，可是这个国产监正连闰月都推算错了。鲁迅没有追究杨光先和汤若望谁的天文水平高，他在意的是杨光先为了排斥西洋人的西洋历法，那么积极地向满族主人力陈中夏文明。任何外族的文明都可以吸纳，但是任何外族对我们的压迫和统治都是应该反对的。杨光先那么奋勇地讨伐西洋人及其历法，而对于本来也是“洋人”的满族权贵却那么以心相许，这种悲惨境遇让鲁迅黯然神伤。所以，他希望国人博采众长，谋求振兴，不要从这个特定洋族的奴隶沦落为另一个洋族的奴隶。担心欧美殖民者成为我们的新的“西洋主人”，希望国人从这种命运的可能性中摆脱出来，才是鲁迅的关注点。

在 1925 年五卅运动中，鲁迅对于屠杀中国公民的英国帝国主义者表达了无可遏制的愤怒之情，严厉谴责这些屠杀者是“伪文明人”，告诫国人凡是力量强大的人群，都是不会讲公道的。我们不要热衷于向这些强盗要公道，而必须自己强大起来。[②]

虽然到 1925 年，中国抵御帝国主义掠夺的能力比清末有所增强，可是鲁迅依然像清末时期一样，担心中国会在帝国主义魔爪下惨遭灭亡。他经常以宋末之后就是元、明末之后就是清的深重忧虑，来表达他对于殖民者的高度警惕和仇恨。在《忽然想到》中，他用各种方式告诉读者，国人如果不能正视自己的劣根性，亡国灭种的悲惨命运可能为期不远。“试将记五代，南宋，明末的事情的，和现今的状况一

① 鲁迅：《坟·看镜有感》，载《鲁迅全集》第一册，人民文化出版社 1981 年版，第 200 页。

② 鲁迅：《华盖集·忽然想到》，载《鲁迅全集》第三册，人民文学出版社 1981 年版，第 88、91 页。

比较，就当惊心动魄于何其相似之甚，仿佛时间的流逝，独与我们中国无关。现在的中华民国也还是五代，是宋末，是明季。难道所谓国民性者，真是这样地难于改变的么？倘如此，将来的命运便大略可想了，也还是一句烂熟的话：古已有之。”[①]

陈独秀的表述比鲁迅更加直白一些：“万物之生存进化与否，悉以抵抗力之有无强弱为标准……自政治言之：对外而无抵抗力，必为异族所兼并；对内而无抵抗力，恒为强暴所劫持……一旦丧失其抵抗力，降服而已，灭亡而已，生存且不保，遑云进化！”[②] 这篇写于1915年的论文，对于虎视眈眈意欲瓜分中国的西方帝国主义者具有强烈的针对性。这种亡国灭种的忧虑，是“五四”时贤们共同的忧虑。

在第一次世界大战结束的时候，帝国主义标榜“公理战胜强权”，实际上却只关心本国利益。陈独秀愤然写了一则一百多字的随感录，表达了他对战胜国的失望，标题就叫《揭开假面》。随感录全文是：

> 协约国攻击德国的旗帜，就是“公理战胜强权”。如今那海洋自由问题，国际联盟问题，巴尔干问题，殖民地占领问题，都是五个强国在秘密包办。至于弱小国的权利问题，缩小军备问题，民族自决问题，更是影儿没有。我们希望这公理战胜强权的假面，别让主张强权的德意志人揭破才好。[③]

他还说：“巴黎的和会，各国都重在本国的权利，什么公理，什么永久和平，什么威尔逊总统的十四条宣言，都成了一文不值的空话。那法意日本三个军国主义的国家，因为不称他们侵略土地的野心，动辄还要大发脾气退出和会。”[④] 他认识到这些分赃会议，不过是几个强盗披着政治家、外交家的华服，关门弄鬼殆害人类。中国如果不能迅速强大起来，就永远只能处于任人宰割的卑屈境地。

---

① 鲁迅：《华盖集·忽然想到》，载《鲁迅全集》第三册，人民文学出版社1981年版，第17页。

② 陈独秀：《抵抗力》，载《独秀文存选》，贵州教育出版社2005年版，第49页。

③ 陈独秀：《揭开假面》，载《独秀文存选》，贵州教育出版社2005年版，第189页。

④ 陈独秀：《两个和会都无用》，载《独秀文存选》，贵州教育出版社2005年版，第194页。

五四运动期间的陈独秀，对于日本鲸吞中国的野心已经有所觉察。他曾经专门撰文谴责日本使馆在北京逮捕朝鲜人。他说，所谓治外法权，不能越出使馆，最多也不能越出租界。日本的行为远远越出了治外法权，“是侵犯中国的主权”[①]。他似乎意识到在垂涎中国的帝国主义列强之中，日本的野心最为坚韧，它拥有其他列强所不具备的地缘上的优势，所以他在1919年春天颇有针对性地说：“亡国总是一件不幸的事体，卖国也是一种不好的行为。却不能因为亡在哪一国，卖到哪一国，在道路远近上，人种差别上，分别幸与不幸，好与不好。同一亡国卖国，若说亡在卖在道路较近人种较同的国家手里，就说是亲善，不算是亡国卖国，这个道理无人能懂。”[②]

陈独秀在论述打倒孔家店的必要性时曾经说：“吾人倘以为中国之法，孔子之道，足以组织吾之国家，支配吾之社会，使适于今日竞争世界之生存，则不徒共和宪法为可废，凡十余年来之变法维新，流血革命，设国会，改法律，及一切新政治，新教育，无一非多事，且无一非谬误，应悉废罢，仍守旧法，以免滥废吾人之财力。”[③] 可见，在陈独秀看来，无论改造国家制度、社会制度，还是引进东洋和西洋的思想文化，目的只有一个，那就是用新的方式组织中国的社会资源和力量，抵御东西方强盗国家的侵凌与掠夺，而不至于天天忍受被压迫被掠夺的耻辱。

正是这种面临丧权辱国所产生的恐惧感和紧迫感，使得他发起了疾风暴雨式的启蒙运动；正是这种被披挂各式漂亮外衣的权贵们所诓骗所戏弄所鲸吞的屈辱感，使得他决心发动底层社会的受难者行动起来，鼓励他们掌握自己的命运。陈独秀日后的政治道路，跟他所意识到的帝国主义压力紧密相关。他之发起新文化运动，他之进行中国传统文化批评和国民性批判，跟现实中步步紧逼的帝国主义压力也息息相关。

---

① 陈独秀：《日本人可以在中国随便拿人吗?》，载《独秀文存选》，贵州教育出版社2005年版，第192页。

② 陈独秀：《亡国与卖国》，载《独秀文存选》，贵州教育出版社2005年版，第191页。

③ 陈独秀：《宪法与孔教》，载《独秀文存选》，贵州教育出版社2005年版，第68页。

“五四”那一代启蒙知识分子，很少直接批评西方国家和文明的负面特征，因为国内的保守派喜欢以此作为中国不应该向西方学习的借口，启蒙知识分子只能不失时机地强调西方文化中胜过、超过中国固有文化的那些优点。因为他们的目标是借助西方文化中的优点，来改造中国文化中的缺陷。这是一代精英人物对于西方历史、现实及其文明状态的叙事策略。

胡适是这种叙事策略的最典型代表。胡适很少发表对西方社会文化的缺点予以揭示或者表示反感的言论，但是有时候还是会偶尔承认西方社会文化也有极为恶劣的一面，而且常常是作为退一步讲的论证方法而使用的。比如，胡适曾说：“十五、十六世纪的欧洲国家简直都是几个海盗的国家，哥伦布、马汲伦、都芮克一班探险家都只是一些大海盗。他们的目的只是寻求黄金，白银，香料，象牙，黑奴。”①

胡适论及这些海盗文明的时候，并不是要批评西方文明也有罪恶昭彰的一面，而是意在表明：退一步讲，即使西方文明如何如何，也还是值得我们学习的。这里他对海盗文明的描述，就是这种论证方法的一部分。他的用意是：退一步讲，即使西方文明在基因构成上是不道德的，可是它们最终创造了最为道德的人类文明。他接着上述材料论证道：“然而这班海盗和海盗带来的商人开辟了无数新地，开拓了眼界，抬高了人的想象力，同时又增加了欧洲的富力……人类的同情心也逐渐扩大。这种扩大的同情心便是新宗教新道德的基础。”② 这种论证是为他以下结论服务的：西洋“近世文明不从宗教下手，而结果自成一个新宗教；不从道德入门，而结果自成一派新道德”③。所以，中国人不要急于攻击近世西洋文明的罪恶，而要不遗余力地输入之、学习之。

这种论证未必完全合理，但是此中说明胡适对于帝国主义的掠夺性质不是没有明确认识。他如此义无反顾地主张学习西方文化，是因

---

① 胡适：《我们对于西洋近代文明的态度》，载《胡适文存》第三卷，黄山书社 1996 年版，第 7 页。

② 同上。

③ 同上。

为改造中国腐败社会和固有文化的任务过于急迫。任务之所以过于急迫，固然因为其具有自求新生的内在动机，然而也包含着急于自奋其力以与西方帝国主义强盗相抗衡的强烈愿望。

在另一些场合，他明确表述过这种唯恨中国不能迅速自奋其力的怨愤之情。他说："鸦片固是从外国进来，然吸鸦片者究竟是什么人？何以世界的有长进民族都不蒙此害，而此害独钟于我神州民族？"[①] 他还说："帝国主义者三叩日本之关门，而日本在六十年之中便一跃而为世界三大强国之一。何以我堂堂中华便一蹶不振如此？此中症结究竟在什么地方？岂是把全幅责任都推在洋鬼子身上便可了事？我的主张只是责己而不责人，要自觉的改革而不要盲目的革命。在革命的状态之下，什么救济和改革都谈不到，只有跟着三尺童子高喊滥调而已。"[②]

可见，胡适对于帝国主义用鸦片毒害中华的罪行，对于帝国主义强加给中国的不平等条约以及其他一切伤害，不是视而不见，其愤恨之心绝不少于那些坚决反对和控诉帝国主义的爱国人物，只是他提出的解决路径不一样。他的意思是：我们不要止于控诉，我们学习人家的长处，迅速强大起来，以免永远受制于人。

由此可见，主张"全盘西化""充分世界化"的胡适，虽然很少批判帝国主义的罪恶，甚至总是免不了用帝国主义的文化眼光来看待中国文化，甚至主张用帝国主义的文化标准来改造中国文化，可是他的主张的背后，依然是希冀中国摆脱帝国主义的掠夺、毒害与控制。他要学习的是帝国主义的科学技术、精神文化、社会政治制度，他要摆脱的是帝国主义的权力，当然也包含着摆脱国内独裁权力的企图。只是这种背景非常深远，常常让人一眼看不出来。他经常强调说："我的主张只是责己而不责人。"[③] 这里"人"与"己"的界分，非常接近"敌"与"我"的界分。这种界分里面，就包含着他对帝国主义的警惕、拒斥和抗争。只是他的表述过于含蓄，常常让

① 胡适：《答梁漱溟先生》，载《胡适文存》第四卷，黄山书社1996年版，第325页。
② 同上。
③ 同上。

人一眼看不出来。

这样的现象在鲁迅的著作中同样明显，当鲁迅批判“国民劣根性”的时候，有人认为鲁迅专跟国人过不去，其实他的每一句话都在诅咒压迫国人的权力，当然包括对帝国主义强盗权力的诅咒。

就此而言，陈独秀、鲁迅、胡适那一代人，他们的思想背景，他们进行思想启蒙的动力，在血脉上跟魏源那一代刚刚“睁眼看世界”的先知先觉者，是息息相通的。

## 国民性批判的政治制度指向

在回应西方列强抢掠与屠杀的历史过程中，中国精英人物最早重视的是如何通过学习侵略者的技术而拥有抵御侵略的能力，后来这种思路发展为旨在富国强兵的洋务运动。今天的学者习惯于批评这些人思路狭窄，意思是他们不知道从事制度的变革和文化的改造。这种评价乃是只知其一，不知其二。

在“师夷之长技以制夷”的时代，那些先知先觉者对制度问题已经有朦胧的意识。鸦片战争失败后，中国军方震惊于英国海军的船坚炮利，曾经一度从事英国军舰的仿造。这本来是“制夷”的一个重要措施，可是，由于军方控制的官办工业制度僵硬、执事官员贪污腐败等原因，造出的军舰达不到技术要求，无法实现预想的航海能力和战斗力。当此之时，先知先觉者魏源就提出，应该严格限制官办军事工业的发展，严格限制官员参与经济活动，主张让民间力量从事造船工业。魏源指出，我们需要的不只是军舰，我们还可以建造远洋轮船从事航海运输，随着民间海洋贸易的发展，造船业将会前途无穷。[①]

魏源的主张包含两层意思，一是在工业生产中限制官权、扩大商权（民权之一部分）；二是迅速发展中国的海上军事力量与贸易能力，并将二者统筹考虑。这两点不但关系到整个经济制度的调整，事实上

① 参见袁伟时《晚清大变局中的思潮与人物》，深圳海天出版社 1992 年版，第 53 页。

也关系到政治制度的调整。在著名的《海国图志》中，魏源大致准确地介绍了英国、美国、瑞士的民主制度，论及西方的富强与民主政治之间的内在联系，对中国无可摇撼的君主专制制度充满怀疑和愤恨，对中国君王予以激烈的批评。

魏源式的制度关怀和焦虑在中国知识分子身上延续了几十年，后来的洋务运动之所以困难重重，无法发扬光大，主要原因就在于制度的束缚。直到一百多年之后，当今中国社会发生了多方面的变革，依然无法挣脱制度的瓶颈。

可以说，中国近代以来的先知先觉者，在应对西方列强的思想和实践中，从一开始就意识到了制度的调整乃是中国的重要课题。只是由于国家权力的限制，他们一直无力解决制度问题。直到康梁变法时代，精英人物为了解决制度问题而决意奋力一搏，最后依然遭到惨痛失败。

“五四”时贤虽然选择了文化领域作为他们改造中国现实的着力点，而没有选择制度改造作为着力点，这一点似乎与前辈思想家之间出现了某种断裂。但是他们的选择背后依然充满了制度关怀和焦虑，这一点与他们的前辈一脉相承。

所谓制度改造，主要指政权主体及其结构的变革、政治运作程序的变革、社会组织模式的变革。凡是对这三方面的关注、研究、阐述，都是他们制度关怀与焦虑的表现。

鲁迅一直热衷于批判中国文化的吃人本质，可是他并不认为仅仅通过文化批评或者国民性批判就能改造这种文化。改造的力量来自哪里？他认为来自社会制度的变革。在《灯下漫笔》的结尾，向来不敢以青年导师自居的鲁迅竟然颇为自信地对青年人发出了一种号召：“扫荡这些食人者，掀掉这筵席，毁坏这厨房，则是现在的青年的使命！”[①] 而“扫荡这些食人者，掀掉这筵席，毁坏这厨房”的工作，显然都不是文化批评和国民性批判之类的工作，而是制度建设的工作。

① 鲁迅：《坟·灯下漫笔》，载《鲁迅全集》第一卷，人民文学出版社1981年版，第217页。

鲁迅对于文化批评和制度改造的不同作用及其分工问题，具有清醒的认识。他曾说："便是悲壮淋漓的诗文，也不过是纸片上的东西，于后来的武昌起义怕没有什么大关系。"[①] 1927 年 4 月 8 日，在黄埔军官学校讲演时，他还说："中国现在的社会情状，止有实地的革命战争，一首诗吓不走孙传芳，一跑就把孙传芳轰走了。"[②] 在这里，鲁迅对直接诉诸社会政治制度改造的革命战争进行了充分的肯定。

在讨论五卅运动时，他沉痛指出："我们的市民被上海租界的英国巡捕击杀了，我们并不还击，却先来赶紧洗刷牺牲者的罪名……张着含冤的眼睛，向世界搜求公道……公道和武力合为一体的文明，世界上本未出现。"[③] 很显然，在鲁迅看来，"武力"是左右社会政治的主要力量，"公道"只是一种意识形态，是文学、文化之类。鲁迅明确表示，我们需要的是力量，因为力量能够对社会政治予以控制和改造，至于"公道"之类，至多只是辅助性的。

既然鲁迅对于制度改造的重要性具有如此明确的、自觉的认识，那么，他之因为"听将令"而拍马上阵所从事的文化批评和国民性批判工作，在他看来就只能是服务于制度改造的一种辅助性工作。

胡适是学习西方文化最为激进的提倡者，甚至曾经提出"全盘西化"的文化口号。一个在中国语境中出生和成长的文化人，仅仅在留学期间受到西方文化的熏陶，为什么会如此死心塌地地倒向西方文化？是因为他对本土文化没有一点感情吗？当然不是。

1940 年蔡元培逝世的时候，陈独秀写了一篇《蔡孑民先生逝世后感言》，特地强调指出，那场声势浩大、开创历史新篇章的"五四"新文化运动，在思想言论上负主要责任的人，乃是陈独秀、胡适和蔡元培。[④] 也就是说，胡适是那场新文化运动的主要领导者之一。这个

① 鲁迅：《坟·杂忆》，载《鲁迅全集》第一卷，人民文学出版社 1981 年版，第 221 页。

② 鲁迅：《而已集·革命时代的文学》，载《鲁迅全集》第三卷，人民文学出版社 1981 年版，第 423 页。

③ 鲁迅：《华盖集·忽然想到》，载《鲁迅全集》第三卷，人民文学出版社 1981 年版，第 88 页。

④ 陈独秀：《蔡孑民先生逝世后感言》，载《独秀文存选》，贵州教育出版社 2005 年版，第 372 页。

雄心万丈的文化领袖不但常常被人误解为数典忘祖的西化论者，还常常被人误解为文化决定论者。实际情形大悖于此。

1930年，新文化运动已经涛声远去的时候，胡适在介绍自己的思想时，明明白白地说："请大家认清我们当前的紧急问题。我们的问题是救国，救这衰病的民族，救这半死的文化。在这件大工作的历程里，无论什么文化，凡可以使我们起死回生、返老还童的，都可以充分采用，都应该充分收受。我们救国建国，正如大匠建屋，只求材料可以应用，不管他来自何方。"[①] 文化上的一切努力，都归结为一个目的，那就是要"救国"，要"把这个国家整顿起来"，要"这个民族在世界上占一个地位"。[②] 所谓"把这个国家整顿起来"，主要的方式肯定不是文化的，而是政治的。

1929年，胡适写过一篇文章叫作《请大家来照照镜子》。文章从技术、机械、政治、道德、文化等多方面对比了中国社会与西方社会的巨大差距，最后将这些差距总结为"百事不如人"。然而最让作者沉痛的还不是这"百事不如人"，而是国人至今不知道应该学习人家，应该急起直追。我们应该学习的最关键内容是什么？胡适明确地说："我们到今日还不肯低头去学人家治人富国的组织与方法。"[③] 可见，胡适最注重的其实是学习西方的社会政治制度，以便组织好民族力量，尽早实现富强。他之所以要进行文化批评和国民性批判，不过是因为国人"到今日还不肯低头去学人家"，其直接作用在于说服、动员国人"低头去学人家"。至于所学内容，最为重要的只能是"治人富国的组织与方法"，也就是社会政治制度。这跟上文所引述的，他早年所说的虽然着力点在"教育思想文化"，目的却在于"建设政治基础"[④]，堪称一以贯之。

在写作《请大家来照照镜子》《介绍我自己的思想》的时期，中国"亡国灭种"的危机感，比起世纪初新文化运动时期已经大有缓

① 胡适：《介绍我自己的思想》，载《胡适文存》第四卷，黄山书社1996年版，第459—460页。

② 同上。

③ 胡适：《请大家来照照镜子》，载《胡适文存》第四卷，黄山书社1996年版，第24页。

④ 胡适：《陈独秀与文学革命》，载《独秀文存选》，贵州教育出版社2005年版，第373页。

解，胡适尚且做了此种声嘶力竭的表述。在他领导新文化运动之初，内心是如何急切地企图通过文化批评和国民性批判，而指向政治制度的改造，可想而知。

陈独秀是新文化运动的主要发起人，堪称中国现代社会“文化启蒙”“文化改造”运动的领导者。但是，我们必须明白，发起和领导新文化运动，只是陈独秀一生革命活动中的一小部分，他的大部分精力都在从事社会政治活动，致力于政治制度和社会制度的改造。他先后建立了十几个政党，每个政党的目标都很明确，就是要推翻旧制度、建设新制度。

可见，政治制度的改造、社会组织模式的变革，一直是他关注的焦点。他的新文化运动一直没有离开制度变革的指向。

就在他领导新文化运动期间，他也没有放松对于社会政治制度改造的努力，正是在此期间他亲手缔造了他一生中所建立的最大的政党——中国共产党。1921 年，他曾发表这样的观点：“社会底进步不单是空发高论可以收效的，必须有一部分人真能指出现社会制度底弊病，用力量把旧制度推翻，同时用力量把新制度建设起来，社会才有进步。”①

辛亥革命虽然导致了专制制度的灭亡，却未能造出一个新中国，这对于陈独秀那一代知识分子是巨大的打击。几十年间逐渐成长起来的新兴资产阶级的政治努力，所收到的效果如此微小，确为不可思议。此种残酷现实逼迫一代贤哲从政治之外去寻找原因。陈独秀所找到的原因是什么？他说：“我们中国社会，经济的民治，自然还没有人十分注意；就是政治的民治，中华民国的假招牌虽然挂了八年，却仍然卖的是中华帝国的药，中华官国的药，并且是中华匪国的药；政治的民治主义这七个好看的字，大家至今看了还不大顺眼。”② 他将原因归结为国民对新兴的政治观念和模式“至今看了还不大顺眼”，也就是国人的价值观念、文化性格、心理习惯、思维模式等未能发生变化。总之，是国民性的保守僵化导致了社会政治革命没法产生实际的效果。

① 陈独秀：《革命与制度》，载《独秀文存选》，贵州教育出版社 2005 年版，第 223 页。

② 陈独秀：《实行民治的基础》，载《独秀文存选》，贵州教育出版社 2005 年版，第 112 页。

那么，要想达到社会政治革命的成功，就必须首先改造国民性，让改造后的国民性与社会政治革命所达成的新制度相适应。

这是陈独秀、胡适和鲁迅等“五四”精英人物比较普遍的想法。他们就是基于此种想法，才将一代人的努力方向引导到思想启蒙、文化改造和国民性批判上来。

在这种思想的指导之下，他们考虑问题就有了一个新的模式，那就是无论是什么样的社会政治问题，都只有通过国民性批判和文化改造的方式，才能得到最后的解决。这种思维习惯形成之后，他们将人类社会的所有问题，特别是后发展国家的所有问题，都转化为国民性问题；国民性问题成了解决中国社会历史问题的关键所在，而国民性批判就是最简捷最有力地解决一切问题的万能钥匙。

比如，袁世凯复辟帝制问题，这本来是社会变革中非常普遍的左右徘徊现象，在欧洲国家比如法国、西班牙等国的现代化历程中，也曾经多次出现，连缔造民主制度的英雄人物拿破仑还禁不住黄袍加身的诱惑，亲自复辟过帝制，体验了一番帝王的滋味。我们知道今天的法国全称是“法兰西第五共和国”，这个名称记录了他们在政治制度上的反复和曲折。西班牙直到 1937 年，还为政体问题爆发全国性的残酷内战。鉴于此种国际经验，袁世凯复辟并不是中国历史的独特现象，更不是什么国民劣根性作祟。

可是陈独秀却把袁世凯复辟帝制看作中国特有的现象，而且将其原因归结为中国的陈腐思想与学说。他认为：“袁世凯之废共和复帝制，乃恶果非恶因；乃枝叶之罪恶，非根本之罪恶。若夫别尊卑，重阶级，主张人治，反对民权之思想之学说，实为制造专制帝王之根本原因。”①

至于近代史上的诸般革命尽归失败，原因也在于我们的精神文化和国民心理有问题。他说：“吾苟偷庸懦之国民，畏革命如蛇蝎。故政治界虽经三次革命，而黑暗未尝稍减。其原因之小部分，则为三次革命，皆虎头蛇尾，未能充分以鲜血洗净旧污；其大部分，则为盘踞吾人精神界根深蒂固之伦理道德文学艺术诸端，莫不黑幕层张，垢污

① 陈独秀：《袁世凯复活》，载《独秀文存选》，贵州教育出版社 2005 年版，第 78 页。

深积。”①

这种理解问题的模式，跟主张复辟帝制的思想模式竟然惊人地相近。主张复辟帝制的人认为，中国经过几千年的帝王统治，整个思想文化、精神心理都跟帝王制度相配合，打倒帝王、革除帝制将会导致国人思想文化、精神心理的反弹，从而出现社会动荡。为了消除社会动荡，尊重国民的文化习惯和心理需求，我们只有恢复帝制。

与复辟派不同的是，复辟派以适应国民的文化心理模式为理由而主张恢复帝制，启蒙派认为为了推翻帝制并防止帝制复辟，就必须首先消除与帝制相互依存的国民文化心理模式，于是主张立即行动起来，致力于国民文化心理模式的改造，也就是致力于国民性批判。

不管陈独秀等“五四”精英人物的思维方式是否正确，有一点可以肯定，那就是，他们的思想启蒙运动，他们对传统文化和国民性的猛烈批判，始终具有明确的制度指向，甚至可以说，他们的目的就在于制度之改造。就此而言，他们跟致力于制度改造的维新派、革命派乃是一脉相承的，只不过在维新派、革命派遭到惨痛失败之后，他们认为应该以思想启蒙和文化改造的方式绕个弯子。

所以，国民性批判的目的并不在于国民性本身，而在于变革制度、再造中国。

正是这样的目的，使得“五四”精英人物跟近代思想史上力求制度变革的历代精英人物具有无法剥离的血肉联系，我们由此能够清楚地触摸到“五四”新文化运动和国民性批判运动跟近代思想史的逻辑关系。

（原载《鲁迅研究月刊》2009年第9期）

① 陈独秀：《文学革命论》，载《独秀文存选》，贵州教育出版社2005年版，第80页。

# 断裂与连续：四种“五四”文本的“话语故事”

郭若平*

话语是建构起来的，正如西人所云，它“不仅是表现世界的实践，而且是在意义方面说明世界、组成世界、建构世界”。但这并不是平白无故的想象性建构，它“关系到一些信息如何得到强调、如何得到背景材料，如何作为新的东西被提供、被展示，如何被选为‘论题’或‘主题’，一个文本的一部分如何给连接到文本之先前的组成部分和其后的组成部分，连接到文本‘之外’的社会情景中去”①。自从“五四”这个概念符号被生产出来后，有关它的种种“话语故事”就层出不穷，以至于各门人文社会学科的现代之史都力图挖掘这种“故事”，以资各自学术起源的合理性论证。

“五四”这个巨型文本，由各类“话语故事”所构成，改革开放30多年来，思想界借助“五四”言说，再造了“五四”新的“话语故事”。这种新的再造，是一种意义赋予，实际上重写了新时期意识形态的政治叙事与文化叙事。那么，是哪些“话语故事”编织的文本，才够得上意识形态叙事的再造呢？换个问法，被列为象征再造意识形态叙事的文本，应当具备何种条件，方可充当这种象征的身份呢？就像拉开的社会荧幕，无数图像奔赴而至，任何人都可快速地从中获

---

* 郭若平，中共福建省委党校党史教研部副主任、教授。

① ［英］诺曼·费尔克拉夫：《话语与社会变迁》，殷晓蓉译，华夏出版社2003年版，第60页。

取所需，构造自己心中的意识园地。但是，意识形态的建构是社会性的，并非“任何人”私下体悟所能形塑的，尽管不能排斥这种“体悟”的可能价值。个体意识假如不能转化为社会公共意识，那么，这种“意识”至多像一尊塑像的沉默面孔，不具备意义的传递功能，除非受到额外的解释。“意识”的公共话语化，是话语权力得以施展建构功能的前提。显然，在“五四”文本与意识形态话语权力互为塑造的关系中，“五四”叙事文本只有在公共话语化之后，才能显示意识形态话语权力已被建构，或者正处在持续不断地建构过程中。因而，“五四”阐释的个体化“意识”，只有当其被提升为思想共同体或知识共同体的话语形式之后，它才具备建构意识形态的能力，所谓的“再造”才有可能。“五四”的个体性叙述，当然不能将其排除在文本之外，聚集于某份报纸、某类期刊、某种文集中的“五四”话语，首先都是以个体文本形式出场的。但是，这种“出场”已经进入公共场域，这就意味着整体性话语文本的形成。因此，在公共场域编织“五四”的“话语故事”，不能不将问题阐释聚焦于集体性话语文本，因为只有这类文本，才能显示问题同构意义上的话语关系和话语交锋。

“五四”集体性话语文本聚集了不同的“声音”，尽管“五四”的意义赋予是这种“声音”的主题，但其中蕴含的基调却不尽相同。晚近30余年来，这种“声音”有过四次代表性汇集生产，每次相隔10年，并相应生产出四种“五四”文本①，构成了四种递进式的、交叉性的“五四”文本化的“话语故事”。这四种“五四”文

① 这四个年份的“五四”纪念研讨会出版的论文集，有的年份并非仅有一种，如2009年的“五四”90周年纪念，就集结出版了有代表性的、比较大型的研讨会论文集，诸如北京大学纪念五四运动90周年国际学术研讨会论文集《“五四”的历史与历史中的“五四”》，牛大勇、欧阳哲生主编，北京大学出版社2010年版；北京新文化运动纪念馆和北京鲁迅博物馆联合举办纪念五四运动90周年学术研讨会论文集《纪念“五四”运动90周年学术研讨会论文集》，北京新文化运动纪念馆和北京鲁迅博物馆编，文物出版社2009年版；中国现代文化学会主办纪念新文化运动90周年论文集《开放的文化观念及其他——纪念新文化运动九十周年》，陈于武编，国家图书馆出版社2009年版；中国文化论坛第五届年度论坛（与上海社科院联合主办）论文集《西学在中国：“五四”运动90周年的思考》，童世骏主编，生活·读书·新知三联书店2010年版；中国社会科学院近代史研究所编《纪念“五四”运动九十周年国际学术研讨会论文集》（上下册），社会科学文献出版社2012年版，等等。

本，分别历史地——尽管不太久远，封藏于四次研讨会之后结集出版的论文集中。[①] 如果将这四种“五四”论文集视为“五四”阐释或再阐释的整体性文本，那么，其中又可分割为单一的独立文本，并且都有自身的“话语故事”，它们之间的互为对话关系，是一种意义共建的文本间性关系。

据学界贤哲提示，“文本”不能简单地等同于“作品”，像“五四”研讨论文集这样的“作品”，只能是“五四”文本的“能指”，对它的“阅读”，意味重新恢复这种文本的生产实践，揭示其中意义生产的法则。就历史思维而言，“阅读”“五四”文本——一种阐释的或再阐释的文本，其可能性在于重构或恢复其中的历史语境。实际上，任何历史语境的生成，虽然可以罗列出一大串生硬概念的表达，也可以“嫁祸于”扑朔迷离的因素，但都不可能摆脱意识形态的羁绊，无论这种意识形态是政治性的，还是文化性的。“五四”被持续生产的四种文本，其意识形态意义形象的塑造，是在断裂与连续的过程中形成的。在这里，意义的断裂，隐喻着“五四”的“话语故事”的非连续性，而意义的连续，则意味着“五四”的“话语故事”的互文关系。四种“五四”文本中的每一种，都有其单独的“话语故事”，这种“故事”的意义蕴含，被“故事”讲述者的语言所“记录”——一种意图阐释的话语方式。每种讲述“记录”，都试图讲出“五四”过去的历史，都试图讲出“五四”现在的意义。或许这种“讲出”，并没有在意开“讲”之时的语境，但其所“讲”，正是某种语境使其可能如此地“讲”。恰恰如此，意识形态就在“讲”的此时翩然而至，为这种“讲”的秩序预设语境，而这种语境的构成，可能是政治氛围

① 这四种讨论会论文集的名称分别是：①《纪念“五四”运动六十周年学术讨论会论文选》（一）（二）（三），系1979年5月2日至9日中国社会科学院举行的纪念五四运动60周年学术讨论会的论文选集；②《“五四”运动与中国文化建设》，系1989年5月5日至7日中国社会科学院举行的以“‘五四’运动与中国文化建设”为主题的学术讨论会论文选集；③《“五四”运动与二十一世纪的中国》，系1999年北京大学纪念五四运动80周年国际学术研讨会论文集；④《“五四”运动与民族复兴》，系2009年4月28日北京大学纪念五四运动90周年暨李大钊诞辰120周年理论研讨会学术论文集。之所以选择这四种纪念文集为讨论对象，乃因其“产地”为国家最高人文社会科学研究机构或学府，能够占据学界对相关问题讨论的制高点。为行文方便，对以上四种论文集，文中分别以“79文本”“89文本”“99文本”“09文本”作为简称。

的布置，也可能是观念陈迹所致，甚至可能是讲述者心中社会情绪的引导。无论如何，“五四”的“话语故事”，是一个意义的讲述过程，也是意识形态的解释过程，这个过程应验了这样一句话：“意义通过正在进行的解释过程被确定和再确定。”①

自从“五四”历史形象诞生之后，“五四”的“话语故事”就有了叙事文本，历史上这种叙事文本曾经不断地演绎，时至今日依旧如此。但这种演绎的断裂与连续，到1979年受到了重新审查。这一年是“五四”六十甲子之年，纪念研讨会后生产的论文集，也就历史地转化为一种意义阐释文本——简称“79文本”。与其说1979年这样的年份，对“79文本”的意义生产是个特殊的时刻，倒不如说这个年份集聚的思想语境，制造了“79文本”可能被再解释的价值。1979年前后，中国社会除了思想领域之外，各个领域尚谈不上发生什么重大的变革，尽管政治路线的拨乱反正已是一种导航标志。思想领域的变革，在“解放”一词的舆论覆盖下，被社会意识诠释为观念的变革。这种观念变革，在“五四”的“79文本”中，借“思想解放”语境之助而得到诠释。周扬是位老资格的理论家，“79文本”中“记录”了他的一篇“报告”，其中开宗明义便说：“‘五四’运动不仅是反帝反封建的政治运动，同时也是空前未有的思想解放运动。”②“五四”时期并没有“思想解放运动”这一称呼，显然这一称呼是事后赋予。“五四”当年的思想存在方式，并不以此特定概念命名，当年人们对这一特定概念的内涵所指，肯定一无所知。因此，周扬的“报告”对此概念的援引，只是对1979年前后中国社会思想生态的呼应。原本无而赋予其有，正适应了革命意识形态塑造自身的需要，因为对于革命意识形态而言，它的理论形态建构本应是当下性的，历史资源只有在被赋予当下意义之时，才具有价值正当性。因而以“思想解放运动”这种在“此时此刻”思想语境下制造的概念，赋予“五四”以现实意义，显然符合革命意识形态建构的惯例。

---

① ［英］约翰·B. 汤荇森：《意识形态与现代文化》，高铦等译，译林出版社2005年版，第317页。

② 周扬：《三次伟大的思想解放运动——在中国社会科学院召开的纪念“五四”运动六十周年学术讨论会上的报告》，载中国社会科学院近代史研究所编《纪念“五四”运动六十周年学术讨论会论文选》（一），中国社会科学出版社1980年版，第6页。

概念命名的缘由并不令人困惑，隐蔽在这种命名背后的意识形态理论意图，才是真正需要阐释的问题。命名显示的是一种意识形态的建构方式，周扬的《报告》是否有意采用这种方式，这是无法确认的，但《报告》实际上执行了这种运作程序。《报告》因纪念“五四”而作，但主旨并非单纯在解读“五四”，虽然不可能不谈论“五四”，但这种谈论的用意，则在于推出这样的结论：“封建传统的打破带来了思想的大解放，为马克思主义的传播和共产党的建立准备了不可缺少的条件。毫无疑问，这是五四运动的最重要的成就。”① 这个结论为当代革命意识形态理论建构提供了历史根据。问题是，将“封建传统的打破”作为“五四”历史出场的条件，尚符合一定程度的历史情理，而将其作为当代革命意识形态理论建构的前提，则其中的因果关联显得似是而非，因而《报告》将其延伸到思想解放的层面，因为“思想的大解放”与“五四”当年情景可对接。显然，捕获这种“情景”的历史图像，就可以重塑“五四”在政治上与文化上的价值，并将其转化为思想史上的“解放”行为，并且也可以顺水推舟地适用于其后类似的行为。周扬的《报告》由此塑造一种看似循环但不断深化的“思想解放”历史。在周扬的历史描述中，现代历史从“五四”开始，之后跨越了一个甲子，而在这个甲子中的思想历程，可以用“历史表明”的方式，被解读为是一种思想的“解放”过程。这样，不在场的思想历史图景，在《报告》文本上就可以塑造成“解放”的逻辑图景，“解放”于是参与了革命意识形态建构史的三次历程。

第一，“五四”当然是现代中国第一次思想解放的运动，周扬在《报告》中断然认定，中国有史以来还不曾有过这样一次敢于向旧思想势力挑战的思想运动，这次思想解放运动的价值在于：“没有民主思想的觉醒，不可能有民族意识的高涨，也不可能接受马克思主义的思想，把社会主义当作彻底改造中国的道路。”② 革命意识形态因为有

① 周扬：《三次伟大的思想解放运动——在中国社会科学院召开的纪念“五四”运动六十周年学术讨论会上的报告》，载中国社会科学院近代史研究所编《纪念“五四”运动六十周年学术讨论会论文选》（一），中国社会科学出版社 1980 年版，第 9 页。

② 同上。

了“五四”这种历史基础，才获得理论建构的可能，“五四”由此塑造了“思想解放”的第一道历史环节。

第二，继“五四”之后，“思想解放”这个思想史符号，被转换为1942年开始的延安整风运动。这次被周扬称为“新的启蒙运动”，是“一次比五四运动更为深刻的思想解放运动”。它“不是把人们的思想从封建教条下，而是从‘左’倾机会主义者制造的关于马列的教条、第三国际的教条下解放出来”[①]。革命意识形态从此确立了基本的理论形态，而“五四”因此成为塑造“思想解放”第二道历史环节的载体。

第三，经历前两次的经验，“思想解放”被看成是一种革命性的模式，已经有了既定的历史轨辙，并且构成现代思想史的“前知识”，因此，当代中国——20世纪70年代末，新的一轮“思想解放”波澜再次涌起，逻辑上就是这种思想史的连续，尽管思想蕴含的指涉对象是“断裂”的。在政治意义上，改革开放思潮是一种迅速凝结国人观念的思想大潮，它构成了“思想解放”政治符号的基本内涵。这种思想大潮承载的理论任务，在周扬的《报告》中将其称为：“在马列主义、毛泽东思想指导下，彻底破除林彪、‘四人帮’制造的现代迷信，坚决摆脱他们的所谓‘句句是真理’这种宗教教义式的新蒙昧主义的束缚，把马列主义、毛泽东思想的普遍真理，同在中国实现社会主义现代化这个新的革命实践，紧密地结合起来。”[②] 这段政治宣示，预示着革命意识形态即将打破极“左”僵化模式，走上良性发展的轨道，而此时的“五四”，则成为观察这次“思想解放”第三道历史环节的窗口。

“思想解放”是周扬试图向当时政治生态表态的“报告”命题，其针砭的对象分别是“封建思想”“‘左’倾思想”“现代迷信”等。但是，“思想解放”这个核心命题的蕴意，并不在于简单地批判所针

---

① 周扬：《三次伟大的思想解放运动——在中国社会科学院召开的纪念“五四”运动六十周年学术讨论会上的报告》，载中国社会科学院近代史研究所编《纪念“五四”运动六十周年学术讨论会论文选》（一），中国社会科学出版社1980年版，第10、13页。

② 同上书，第16页。

砭的对象，而在于借助这种针砭，将革命意识形态建构统摄于“思想解放”的框架内，联结成同质性的理论话语形式，以此圈定革命意识形态的论述轮廓。从这个意义上说，周扬的“报告”，是以阐释“五四”的话语形式，提示“五四”“79文本”蕴含的“思想解放”意义，是如何契合于革命意识形态的塑造意图。

“五四”的“79文本”，仿佛一张思想话语的结构之网，各种可供摄取的思想资源都可以附丽其上。这个文本中的“五四”言语措辞积蓄了巨大的思想批判能量，尤其是反对“现代迷信”对人们思想的宰制。可是，恰恰如此，人们完全有理由质疑，为何“五四”思想启蒙已跨越了半个多世纪，“现代迷信”依旧像个魔咒，禁锢着人们的思想与观念。人们意识到，对“现代迷信”的反抗，首先需要在思想上拨乱反正，而借“五四”历史遗产进行反思——这无疑是国人长期养成的思维习惯，构成了思想上拨乱反正的切入点。“五四”之所以能够担当此任，是因为“五四”的两大主题——“民主”与“科学”，契合改革开放之初社会思想对“现代迷信”的愤慨。这种愤慨略带情绪化的发泄，但更多的是反思性的论证，像“没有民主，就没有社会主义”“没有社会主义民主，就不可能在我国实现四个现代化”“没有民主，就没有科学”[①]“没有科学也就没有民主”[②]等蕴含意识形态语义的用词，频繁地呈现在“79文本”的话语陈述中。这些话语陈述的语言行动，虽说由“五四”的意义能指所牵引，但体现的却是对社会思想变革的诉求，以至于有论者提出要补“五四”之课。“补课”观点虽然针对的是国人曾经追求过的，但在“现代迷信”威权钳制下失去的“民主”与“科学”的精神，而这种精神正是日后被赋予的“五四”的启蒙主义。“补课”就是当代中国的再启蒙：“‘五四’启蒙运动，曾被认为是补辛亥革命的课。从一定意义上说，我们今天又在补‘五四’启蒙运动的课。但是，我们的补课，不是简单的

① 齐振海：《发展社会主义民主加速四个现代化的建设》，载中国社会科学院近代史研究所编《纪念“五四”运动六十周年学术讨论会论文选》（一），中国社会科学出版社1980年版，第124、132、134页。

② 吴家麟：《健全民主制度　维护法制权威》，载中国社会科学院近代史研究所编《纪念“五四”运动六十周年学术讨论会论文选》（一），中国社会科学出版社1980年版，第137页。

'温故'，而是创造的'知新'，即采取马克思主义的批判的继承的态度。"①

显而易见，"五四"的"79文本"是对此前中国社会政治生态与思想生态的反思性产物，而批判"现代迷信"的一系列论说，则构成了"79文本"的反思话语秩序。长期积淀的极"左"意识形态及其思想观念，应验了常言所谓"物极必反"的箴言，反倒成了"思想解放"的助产婆，也构成"民主"与"科学"意识形态理论话语重新出场的动力。在这种重新出场的语境下，革命意识形态获得了重构的机会。

经历思想转型的中国社会，意识形态建构逐渐摆脱梦魇般的极"左"形态，重新开始对历史与现实进行再解释，这种再解释的入口处，就是文化现代性问题的意义生产。20世纪80年代文化思想领域的纷争，就是这种意义生产的历史表征，而"五四"话语俨然是旋涡中心。在1979年至1989年的10年交锋与争执中，文化现代化问题几乎占据了理论思想的地盘。在1989年"五四"70周年纪念时刻，聚集了来自各路的"文化"队列，试图展示各自的文化主张。然而，尽管在文化的屏幕上，"中体""西体""中用""西用"等阐释命题，快速地翻转，但是，所有的争执，似乎都在穿越"五四"历史隧道。显然，对"五四"的再阐释与意识形态建构的再论述，共同复制了"五四"的"89文本"，这个观点纷繁而意义复杂的文本，再造了人们对现实知觉的思想和观念世界。意识形态的文化性建构，通过"89文本"的叙述，赋予人们认知的历史形式，其中储存着样式各异的"话语故事"，而"现代化"陈述语境下生产的"故事"，正是这个时期革命意识形态赋予的文化情节。

"现代化"叙述语境，并不等于现代化进程本身的实在语境，而是作为社会发展工程的现代化变迁被话语化后形成的一种语境。20世纪80年代的中国社会，上到国家层面，下到普通百姓，人们所面对的社会公共语言，除去物质领域转化而来的利益表达——如"商

① 彭明：《民主、科学和社会主义》，载中国社会科学院近代史研究所编《纪念"五四"运动六十周年学术讨论会论文选》（一），中国社会科学出版社1980年版，第205页。

品”“财富”“收入”等之外，在社会文化和社会意识层面，“现代化”一词恐怕是受到最多关注的概念。对这个概念历史与现实的内涵阐释，生产出这个时期的“现代化”理论形象，而这个形象却有赖于理论知识界的形塑。因此，“现代化”叙述语境，实际上就是这些理论知识话语的场域语境，尽管这种场域语境脱离不了社会现代化的现实过程，但无论如何两者并不能完全等同。“89 文本”中的“五四”与革命意识形态的互为塑造关系，只有在这种场域语境中才能被理解。

在“五四”“89 文本”的思想生产年代中，思想界对“现代化”的理论兴趣，并不在于对现代物质性成就的追捧，冰箱的生产或彩电的制造，仅仅被看成是“现代化”的世俗低级形式。但是，即便是这种“世俗低级形式”，也被追问如何可能。因此，问题就被转换成对文化机制的反思。当然，文化领域的反思，并不是对意识形态论域的替代，而是意识形态试图重构“现代化”的理论经纬，借助对古今中外文化同质性与差异性的分辨，来获取中国社会发展的认知地图。因此，有论者面对现实揭示说：“国家进入建设时期，就需要进行物质建设和文化建设，增进物质文明和精神文明，不能畸轻畸重。但这几年的实践，不是这样的，是有轻有重的。我们重于物质文明建设，轻于精神文明建设……文化包括物质文明和精神文明，畸轻畸重就会成为跛脚骡子，匍匐不前。”① 这里的论述，显示的是对文化在社会建设（现代化）中作用的警醒，尽管没有触及文化本身的内在问题，但它却是这个时期“文化热”② 理论思考的结果。尽管此时人们已经意识到，超越“五四”是当代中国文化建设必经的路径，但这种超越却是建立在重估“五四”文化价值基础上的。所谓“重估”，是重新定位“五四”在现代文化思想史上的价值，有论者从“最高层次的意义”的高度，赋予“五四”全能性的功能，认为“五四”“在中国历史上

---

① 陈元晖：《纪念“五四”新文化运动 70 周年》，载中国社会科学院科研局、《中国社会科学》杂志社编《“五四”运动与中国文化建设——“五四”运动七十周年学术讨论会论文选》（上），社会科学文献出版社 1989 年版，第 6 页。

② 关于这场“文化热”的综合性描述，参见吴修艺《中国文化热》，上海人民出版社 1988 年版。

第一次提出了包括精神文化在内的全部中国文化必须现代化的历史课题”[①]。“全部中国文化”就不仅是物质层面、制度层面，还应当是精神层面。“五四”的这些文化遗产，一方面可能为当代中国革命意识形态的文化建构提供参照；另一方面重建以“五四”为基础的当代中国文化，这种“重建”的可能性，并不是回到“五四”的文化旧观，而是面对现实，进入这样的文化空间：“历史发展到今天，对外开放的形势给我们带来了一个崭新的全球新图景和进行历史反思的多方面的广泛的可能性。”[②] 那么，如何重建当代中国文化，以及重建什么样的当代中国文化，“五四”的“89 文本”显然并没有统一的主张。虽说如此，但诸如以民主与科学为精髓的“理性主义”文化[③]、“立足于传统的深厚根基上，寻求向现代化作创造性转化”的文化[④]、以“马克思主义的现代形式”为主体的文化[⑤]、以“传统文化、现代科学民主思潮、马克思主义”为三大基石的文化[⑥]等话语叙述，却共同构筑了“89 文本”文化建构的观念“路线图”。

然而，文化建构的观念“路线图”，不得不由复杂思想生成的交叉、重叠、迂回、中断等话语要素构成。这些话语要素的存在，意味着文化建构的话语行为，总是随时势转移而产生思想差异与争议，其

① 王富仁：《对全部中国文化的现代化追求——论“五四”新文化运动的意义》，载中国社会科学院科研局、《中国社会科学》杂志社编《“五四”运动与中国文化建设——“五四”运动七十周年学术讨论会论文选》（上），社会科学文献出版社 1989 年版，第 271 页。

② 李鹏程、汝信：《“五四”运动与当代的思想解放》，载中国社会科学院科研局、《中国社会科学》杂志社编《“五四”运动与中国文化建设——“五四”运动七十周年学术讨论会论文选》（上），社会科学文献出版社 1989 年版，第 543 页。

③ 张岂之：《“五四”精神与中国传统文化研究》，载中国社会科学院科研局、《中国社会科学》杂志社编《“五四”运动与中国文化建设——“五四”运动七十周年学术讨论会论文选》（下），社会科学文献出版社 1989 年版，第 625 页。

④ 何新：《“五四”精神：继承与超越——中国现代化问题的再思考》，载中国社会科学院科研局、《中国社会科学》杂志社编《“五四”运动与中国文化建设——“五四”运动七十周年学术讨论会论文选》（下），社会科学文献出版社 1989 年版，第 653 页。

⑤ 王鹏令：《论当代中国文化的选择和重建》，载中国社会科学院科研局、《中国社会科学》杂志社编《“五四”运动与中国文化建设——“五四”运动七十周年学术讨论会论文选》（上），社会科学文献出版社 1989 年版，第 567 页。

⑥ 杨义：《“五四”思潮与中国文化》，载中国社会科学院科研局、《中国社会科学》杂志社编《“五四”运动与中国文化建设——“五四”运动七十周年学术讨论会论文选》（上），社会科学文献出版社 1989 年版，第 624 页。

中最为典型的，就是制造出20世纪90年代的文化“主义”之争，而文化“主义”之争实际表征的，却是对革命意识形态文化定位的重新洗牌。如果说“89文本”还只是在检讨“五四”的文化价值，还只是反思文化之于当代社会（现代化）建设的作用，那么，这种检讨或反思在“五四”的“99文本”中，却上升为对“五四”以来形成的文化“主义”进行反思。既然是“主义”反思，那么文化思想的对峙、交锋、辩驳就不可避免。思想的争执性语境，并非人造的幻影——尽管人是其中的主角，却是由中国社会现代化进程的机遇与危机交织而成。这种语境蕴含的“中国问题”——经济的增长与衰退、政治的清明与腐败、伦理的维持与失序、民生的拯救与困顿、文明的冲突与融合、未来的期待与迷蒙、信仰的守成与失落、学术的尊严与媚俗，等等，诸如此类现象之间的复杂纠结，似乎都侵入争执问题的张力之中，而探寻解决问题的方案，大都聚焦在“敢问路在何方”。

社会犹如结构化的机体，上到国家运作，下到百姓谋食，“中国问题”无论是整体性的，抑或碎片化的，都会从各种社会接受渠道渗入人们的精神世界，衍生为观念化的建构性认知。这种认知会像“毛细血管”那样，流向社会政治生活的各个角落，最终汇集到思想理论的大脑中枢并接受管控，也就是说，接受思想理论的评判与反思。所谓的文化“主义”之争，就是这种评判与反思的特殊方式。这种特殊方式在90年代，以文化上的激进主义、保守主义、自由主义、民族主义等之间的思想争论，作为其理论表征形式。从当代中国文化思想演进历程观察，学术界不少人将20世纪80年代称为“新启蒙运动”的年代，以上各种“主义”之争实际上已有滥觞之势，只不过到了90年代，才聚集成以“主义”命名的对峙，“到90年代底，新启蒙运动所建立的脆弱的同质性已经完全解体，无论在目标诉求/价值指向，还是知识背景/话语方式上，都发生了重大断裂，变得不可通约”①。源于这种文化思想背景，使得“99文本”在讨论“五四”历史价值之际，不能不将文化争议的“主义”命题收拾其中。

① 许纪霖、罗岗：《启蒙的自我瓦解：20世纪90年代以来中国思想文化界重大论争研究》，吉林出版集团有限责任公司2007年版，第14页。

晚清以来持续塑造的“五四”形象的历史时光，流逝到20世纪90年代，其政治与文化蕴含及其传承的精神，逐渐被人们视为一种精神“传统”①。对于这个“传统”，或者像有论者称的“被解释的传统”，在国人的观念中，积淀成为这样一种心理意识：“五四运动随着对它阐释的话语不断扩充，渐次形成了一种‘五四崇拜’或反‘五四崇拜’。”② 无论何种心态，“崇拜”或“反崇拜”，一旦被推向系统化论述，它的极致化产品就是一种构成式的思想观念。在不同思想观念的博弈中，其中的对话或交流、争辩或驳议，乃至会议桌面上的对峙或口角，似乎都是在为心中想象的“五四”争得话语权。这种话语权争夺的理由，在理论上可以追溯到对社会变迁的判断上，而判断则往往要对未来社会的演进作出预测性的观察。当“五四”成为这种观察视点时，打出的最具鼓动性或号召力的品牌，就是以“主义”或赋予“主义”命名的理论主张。上列各项思想文化上的“主义”，与其说是“五四”的思想原生态，毋宁说是“五四”的事后话语制作。因此，可以将这种“主义”概念，浓缩为思想理论界重估“五四”历史是非的反思性符号。从表意上说，这些符号都是意识形态的象征形式，其中蕴含着持续不断的政治重塑或文化重塑的意图。

对“五四”话语意义的反思转换，呈现在“99文本”中的是一种极具批判性的反思。王元化在对“五四”的批判性反思中发现，“五四”生产出一种观念，它是“我们今天不应吸取的‘五四’的思维模式和思维方式”。这种思维模式或方式的具体内容，他在《对“五四”的思考》一文中就已提出，认为“五四”的历史局限性给后世带来了不少麻烦，表现在：第一，庸俗进化观，“这种观点演变为僵硬地断言凡是新的必定胜过旧的”；第二，激进主义，“是指态度偏激、思想狂热、趋于极端、喜爱暴力的倾向”；第三，功利主义，是指“使学术失去其自身独立的目的，而作为为其自身以外目的服务的

① 彭明：《“五四”运动与二十世纪的中国》，载郝斌、欧阳哲生主编《“五四”运动与二十世纪的中国——北京大学纪念“五四”运动80周年国际学术研讨会论文集》（上），社会科学文献出版社2001年版，第35页。

② 欧阳哲生：《新文化的传统——“五四”人物与思想研究》，广东人民出版社2004年版，第166—167页。

一种手段”；第四，意图伦理，“即在认识论上先确立拥护什么和反对什么的立场，这就形成了在学术问题上往往不是实事求是地把考虑真理是非问题放在首位”。[①] 后来在一篇《答客问》的文章中，王元化再次对“五四”的这种思维模式或方式进行“再认识”，尤其是对“激进主义”和“意图伦理”的“再认识”。王元化认为，“激进主义”思维是一种认同“越激烈越好，矫枉必须过正，结果往往是以偏纠偏，为了克服这种错误而走到另一种错误上去了”[②] 的观念。至于“意图伦理”这种观念，则是一种意识形态的制造方式。因为“意识形态化往往基于一种意图伦理”[③]，表现在对认识真理问题上，不是以分辨是非为目的，而首先是以“既定意图”为前提，先以态度、立场或者先入为主的观点为出发点，来判断问题的是非性质。此类行为制造的现象，犹如当今俗语所谓的“屁股决定脑袋”。虽然王元化的反思只是一种个体性独立思考，但在实际上，可以将这种反思的问题及其思考的方式概括为“王元化答客问”现象，看成是中国社会思想开放后，对历史上沉积已久的极“左”意识形态思维方式的一次“围猎”，无论这种“围猎”所获如何，它都有助于人们从中吸取历史教训。

“王元化答客问”现象的存在，不但意味着极“左”意识形态内在的理论紧张，而且坐实了“五四”思想资源可能制造意义的分歧。在“99 文本”中，对具有反思性问题的揭示，大都出自剖析“五四”的先天性矛盾。针对一时期内，某些时贤指摘“五四”新文化运动，应该对 20 世纪激进主义泛滥负责之论，袁伟时论证道，“激进”原本只是一种中性概念，是对急切改变现状的言论或行为的描述。就现代中国政治变革与“五四”新文化运动的关系而论，后者并非制造激进主义的根源，反倒是中国现代社会复杂的矛盾交织，政治舞台的各种势力因素的纠结，孕育了“激进”思想的发生，并使之与政治势力结合而得到延续。因而不存在新文化运动为激进主义的泛滥背书，更谈

① 王元化：《九十年代反思录》，上海古籍出版社 2000 年版，第 127 页。

② 王元化：《对于“五四”的再认识答客问》，载郝斌、欧阳哲生主编《“五四”运动与二十世纪的中国——北京大学纪念“五四”运动 80 周年国际学术研讨会论文集》（上），社会科学文献出版社 2001 年版，第 97 页。

③ 同上书，第 93 页。

不上存在责任关联。袁伟时的结论，尽管同样值得商榷，但他由此获得的“历史经验”当是可取的：“化解激进，稳定社会秩序，最根本的保证是寻求建立适当的制度”，“如果需要‘超越五四’，也应该从当时的制度缺陷中寻求可供今日改革借鉴的智慧，完成新文化运动清理中世纪意识形态，确立现代观念，分享现代文明成果的历史重任”①。诸如此类试图为当代中国文化寻找创造性转化的努力，在“五四”的“99文本”历史叙事中，还存在各式各样的“话语故事”，同样提示文化思想交锋的复杂性。

文化保守主义与西方文化价值的冲撞，或许是值得关注的一种“话语故事”。这种只是观念上的评判或判断的“故事”现象，折射出20世纪90年代理论界“主义”之争的一个侧面。蔡仲德在论及“五四”价值的“恒久意义”时承认，“在九十年代，反思‘五四’，批判‘全盘西化’论，弘扬传统文化，无疑是国内主要的文化思潮”。但这种文化思潮却是以“超越‘五四’”的名义，对“五四”现代价值的否定。“海内外主张‘超越五四’的学者们无例外地都倾向于高度评价传统价值，充分肯定‘仁’‘礼’‘和’等传统价值，而尤其致力于肯定传统伦理道德即纲常名教的价值。”② “学者们”在蔡文中是专有所指的，林毓生、余英时等只是附带的，陈来的学术观点才是主要的争论对象。陈来虽未自称是文化保守主义者，但其对“五四”以来批判传统文化的思想行为抱有理智上的反感，认为“从‘五四’到‘文化大革命’‘文化热’的过程，文化的激进主义始终在其中扮演了重要角色”。对这种跨度不短的历史所做的判断，陈来的立论理由在于将文化与政治看成同质性的互相纠缠，是彼此无法分割的共同体。在他看来，“‘五四’的文化活动家们在意识中有一种两重性，一方面，新文化运动的发展是基于认为中国近代化历程之困难，其根源在于深

---

① 袁伟时：《新文化运动与激进主义》，载郝斌、欧阳哲生主编《“五四”运动与二十世纪的中国——北京大学纪念“五四”运动80周年国际学术研讨会论文集》（上），社会科学文献出版社2001年版，第288、289页。

② 蔡仲德：《论“五四”价值及其恒久意义》，载郝斌、欧阳哲生主编《“五四”运动与二十世纪的中国——北京大学纪念“五四”运动80周年国际学术研讨会论文集》（上），社会科学文献出版社2001年版，第306、311页。

层的文化价值之中，因而文化意识的革命是一切政治活动或制度革命的前提，这个立场的逻辑指向文化的长期缓慢的改造和教育，而不是积极参与社会政治进程。另一方面，新文化运动的产生又是为了解决中国政治问题……是自觉为建立政治秩序服务的。这种基于明显的政治意识的文化主张，正是所谓‘指向政治行为的文化主义’，很容易在某种外缘的刺激下放弃前一面的立场而迅速转为政治行动”。这种“政治取向不仅会使文化批判难以平衡发展，促成文化激进主义，文化激进主义又很可能转变为政治激进主义”，并且“很容易走向对文化传统的全盘否定，使文化的继承与建设皆不可能，从而也无法为良性政治秩序准备一个稳定的文化生态环境”。[①] 陈来深藏忧患的论述，虽然不是出现在“99 文本”之中，但它与“99 文本”同处在一个话语空间，因此它构成“99 文本”“话语故事”的药引子。蔡仲德在长篇辩驳中，将“五四”新文化运动看成是“西方近代价值”的文化替身。从这种预设前提出发，蔡文认为陈来的观点“蕴含着一种否定‘五四’价值——西方近代价值而肯定儒家传统价值的倾向”[②]。在方法论上，包括陈来在内的海内外“学者们”，借“五四”评判而对中国传统文化的辩护，似乎是时代的误置，“他们对‘中国思想传统’所作的‘现代诠释’，则是‘六经注我’，存在将古人思想现代化的倾向，无助于‘中国传统的创造性转化’”[③]。简约而论，蔡文对陈来观点的驳议，只是以“西方近代价值”之“矛”，攻打“儒家传统价值”之“盾”，并无产生实质性的反响，但这种单枪匹马式的战斗，却是 90 年代思想领域文化“主义”之争的缩影。尽管怀抱不同价值取向的文化论者都在精心制造各自的意义文本，以至于在整个 90 年代都因之而酣战炽热，毫无鸣金收兵之意，但问题是，争执的战绩得分，却总是处在推延计算之中。

文本争执的历史叙事，其“故事”蕴含犹如德里达的意义“延

① 陈来：《人文主义的视界》，广西教育出版社 1997 年版，第 83、96、97 页。

② 蔡仲德：《论“五四”价值及其恒久意义》，载郝斌、欧阳哲生主编《“五四”运动与二十世纪的中国——北京大学纪念“五四”运动 80 周年国际学术研讨会论文集》（上），社会科学文献出版社 2001 年版，第 321 页。

③ 同上书，第 314 页。

异”——“它既具有延迟的时间性意义，也具有使某物推迟的意义：‘这种推迟也是一种时间化和空间化，是空间的时间化和时间的空间化。’此外，它还具有更普通的差异意义，指向不一致之物”[1]。但思想变迁不能没有停靠站，思想的意义只能在“延异”与“驻足”的时空关系中被阐释。“五四”符号会不断生产新“能指”，因而“五四”的再认识、再解释、再塑造总是处于循环评论之中。这种循环评论，并不是漫步在思想平面的圆圈上，好像呼啦圈那样永远是一个平面，相反，假如循环评论具有价值，那么其中的释义就是再建构，因为“释义必然是一个历史过程，它自己不停地推敲某一个理解中所把握的含义，也不停地推敲该理解的含义。在这一方面，理解并非只是对于过去理解的重复，它还分担了当今的含义”[2]。分担“当今的含义”，是“五四”之所以一再被评论的一大缘由。各类文本化的“五四”，历史地构成自足的“话语故事”，而其中所分担的“当今的含义”，也由相应的现实语境所提供；语境的变化，“当今的含义”也随之变化。因此，“五四”的意义无论如何“延异”，都不可能在原地打转。尽管“五四”文本的不同存在时空，似乎总在自我确证意义的断裂，即便如此，并不意味“五四”释义的弱化或倒退，或许存在某些老生常谈的话题，但社会变迁带来的语境变化，规约了“五四”释义的提升。从“五四”的“99 文本”过渡到 2009 年的“09 文本”，“五四”释义的变迁，或许可证意义断裂中的连续。

犹如章回小说的“且听下回分解”，“五四”的“99 文本”之后，“09 文本”又开始了它的“话语故事”叙事，但这是在时光逝去整整 10 年后的意义生产。后者接续了前者的意义叙事，“五四”符号内含的思想盛宴，依旧是五味杂陈，但思想“拼盘”与“故事”情节的损益终究免不了，这就是历史链条中的意义“断裂”与“连续”。承续“99 文本”的论题，“09 文本”的聚焦点，同样朝向“五四”历史遗产的再评价。但时过境迁，世纪更替，主题是旧的，问题却是新的。

---

① ［法］弗朗索瓦·多斯：《从结构到解构：法国 20 世纪思想主潮》（下卷），季广茂译，中央编译出版社 2005 年版，第 45 页。

② ［美］D. C. 霍埃：《批评的循环》，兰金仁译，辽宁人民出版社 1987 年版，第 65 页。

"09文本"——在这里，只能说是一种独特选择的"五四"阐释文本。任何对"选择"的质疑，答复的可能就是：历史本身就是选择的。实际上，被"选择"的"五四"文本，只要在其论域之中具有阐释功能，这种文本就"约定俗成"地有被阐释的价值，尤其是在意识形态论域更是如此。"09文本"的独特性，在于"五四"并非仅仅被理解为历史客体的价值重估，也就是说，"五四"原本可能延伸的意义，如思想的"现代性"建构、文化的中西优劣评判等，已不再构成不得不阐释的领域。相反，"五四"与当代政治理想的追求，构成了"五四"之所以需要阐释的理由。因此，"五四"的"09文本"将"民族复兴"纳入论题的中心，使得"五四"阐释进一步地意识形态化。

在一个国家的社会意识中，"民族复兴"话题的浮现，并非任何时候都存在，只有当国家的整体实力发展到足以谈论这个话题的时候才有可能。但是，这个话题同样不是社会心理自发地生产，它在观念层面上是建构性的。对于中国而言，"民族复兴"显然不是汉唐帝国的回归，但它是民族尊严、独立、发展、富强、自由等信念的展示，它呈现的是一种雍容大度的文化姿态。这种文化姿态的形成，在"09文本"中被描述为起源于"五四"："'五四'运动的爆发，使中国革命由旧民主主义革命转到新民主主义革命。其后，中华民族的复兴伟业开始以崭新的态势向前大踏步迈进，五四运动也因此成为中华民族伟大复兴新的历史起点。"[①] 这种起源说的历史心理，无疑是近代中国屈辱记忆的反射。这种反射性的历史记忆在"09文本"的话语表述中，借助"五四"的历史承载，以回溯性的方式，转换成为"民族复兴"的政治意识形态目标。典型的论述，在出生于"五四"时代的老学者黄楠森笔下，转化为一种"刻骨铭心"的自述："像我这样的知识分子，不管我是否赞成'五四'运动的精神，它的影响是无法回避的，而且是深刻而持久的，特别是作为一个在北大生活和工作了60多

① 闵维方：《弘扬"五四"爱国主义精神推进中华民族伟大复兴》，载杨河主编《"五四"运动与民族复兴——纪念"五四"运动90周年暨李大钊诞辰120周年理论研讨会学术论文集》，北京大学出版社2010年版，第4页。

年的人，它的影响可能是刻骨铭心的。”① 黄楠森用语谨慎的表达，试图传输一种认知，这就是将“五四”化约为新文化运动，而之所以是一种“新”的文化形态，是因为“五四”的“民主”与“科学”口号被赋予了马克思主义的新内容，“民主从资产阶级民主转化为社会主义民主，科学从自然科学扩大到哲学和社会科学，成为包括认识的一切领域的科学，包括指导人类社会实践的一切领域的科学”。而“民主是中国社会的改造，科学是中国社会的建设，社会改造的目标是社会主义，社会建设的目标是全面现代化”。因是之故，“五四”就“蕴含着新的实现中国现代化的道路，即新的民主和新的科学的道路，或者说，不是通过资本主义，而是通过社会主义来实现中国的现代化”。“五四”的这种当代解释，自然也可推及未来，“只要坚决循着民主与科学的道路走下去，既一脉相承，又与时俱进，不断创新，我们民族的伟大复兴就是指日可待的”②。这一连串的“认知”，或许不能仅仅被理解为一位学者笔端的象征性期待，而应当被理解为革命意识形态对这种“象征性期待”的成功塑造。

“民族复兴”是一套政治话语的象征性符号，其感召力意义的生产，有待于相应的叙事载体的介入。“09 文本”中的一系列“五四”纪念语言，显然接受了革命意识形态的意义管辖，其话语行为蕴含的目的性，隐喻性地建构了“民族复兴”这个政治符号的意义秩序，而“五四”在其中起着一种历史修饰的功能。“五四”历史意蕴出现了转义，成为革命意识形态建构性意义的表达修辞，尤其是提喻式的——局部与整体的语义合成关系，将自身这种现代史上的一种特殊现象提升为“民族复兴”的整体性期待。这样一来，社会整体意识就包罗了“五四”意义的集体认同，从而在意识形态领域建构起“五四”与“民族复兴”的延伸关系。“09 文本”中的一段学术“综述”，似乎可以证明这种延伸关系的蕴意：“‘五四’运动之所以能成为民族复兴的

① 黄楠森：《继续沿着“五四”运动开辟的道路前进　完成民族复兴的历史任务——纪念“五四”运动 90 周年》，载杨河主编《“五四”运动与民族复兴——纪念“五四”运动 90 周年暨李大钊诞辰 120 周年理论研讨会学术论文集》，北京大学出版社 2010 年版，第 75 页。

② 同上书，第 78、80、78、81 页。

重要历史起点，与‘五四’运动在以下几个方面的贡献是分不开的：一是‘五四’运动促进了马克思主义在中国的深入传播，找到了指导民族复兴的思想武器；二是‘五四’运动让更多的中国人看到了走社会主义道路的光明前景，明确了实现民族复兴的发展方向；三是‘五四’运动孕育了中国共产党的诞生，形成了领导民族复兴的核心力量；四是‘五四’运动展示了群众运动的历史地位和作用，找到了推进民族复兴的正确途径。”[①] 学术“综述”实际上是一种意义的再解释，尽管意愿上可以声称忠实于原作，但无论是有意还是无意，这种“再解释”呈现的正是一种塑造意识形态的操作方式。“思想武器”“发展方向”“核心力量”“正确途径”四组排列式用语，已蕴含不可更改的意旨，再分别辅以“找到了”“明确了”“形成了”“找到了”带有行动意味的表达，显示四句陈述已是“行动”的结果。这样的句式“使听者或读者集中注意某些主题而牺牲其他主题”，它“把过程叙述为事物，删除行动者与代理者，把时间建构成现在式的永恒延伸”，[②] 省略一些具体的社会历史细节叙事，使得描述对象如“民族复兴”，可以被处理为一种近似于必然发生的过程，而无须考虑历史的社会时空维度——历史的“结果”是“历史地”造成的，历史“详情”尽管重要，却已是多余，意识形态的建构性意义，就在这种隐匿时空背景中被普遍化，而普遍化则是意识形态认同的维系纽带。

在存在方式上，单独的“五四”文本“话语故事”，似乎只是自足的象征性言说形式，它承载的意识形态意指总是因时因地独具内涵，这种“内涵”是以相应的言辞行为，发挥实施塑造意识形态形象的行为功能。这种“话语故事”的意义发挥只能在文本内部自行循环，多少有点自话自说的嫌疑。但是，一旦这种文本共存于知识共同体的话语系统之后，它就开始与其他文本“协同作战”了，其“话语故事”释放的意义，就是一种共同语境下生产的意义，它与其他话语意义就

① 余锴：《北京大学“五四”运动与民族复兴理论研讨会综述》，载杨河主编《“五四”运动与民族复兴——纪念“五四”运动90周年暨李大钊诞辰120周年理论研讨会学术论文集》，北京大学出版社2010年版，第213页。

② ［英］约翰·B. 汤普森：《意识形态与现代文化》，高铦等译，译林出版社2005年版，第74页。

可能产生互文的关系，尤其是在阅读反应过程中，这种文本间的关系就无处不在。诸如已经看到那样，从“五四”的“79 文本”到“五四”的“09 文本”，即便是陈述“五四”的意义，或者陈述“五四”与意识形态建构的关联，文本的生产主体也并非仅仅是在单纯描述一种事实，相反，其“描述”言辞背后，隐蔽的却是在施行某种集体性的意向。这种依托言辞陈述的集体性意向，正是意识形态建构意义的完形塑造。问题在于，即便是集体性意向，总要以话语形式来表述，而话语表述本身就是一种语言行动，就像哲学家提示的那样：“说些什么就是做些什么；或者通过说些什么或在说些什么当中，我们实际上是在做些什么。”① 显然，“话语故事”的意义表达方式同样是一种语言行动，这种语言行动预备意指什么，是依据政治时势的转移而定位的。因而，“五四”的“话语故事”蕴藏的意识形态意向，因语言行动的多样性，各种论断就往往独具风景或别开生面，而意义生产也不像一道流水线，其结果对意识形态的塑造来说，就仿佛是一种意义不连贯的表述。但是，这种貌似意义断裂的文本“故事”，在意识形态理论体系化的建构上却是连续性的，因为意识形态需要容纳多重性意义蕴含，对各种类型的“故事”意义进行“并购”，并将其转化为同质化的社会意识，由此传达出可被认同的思想、观念、信仰等价值信息，在意义释放与意义接收的关系之网中，自行塑造主流地位。意识形态的意义建构，并不能像赌徒那样，将骰子一撒，靠绝对点数来取胜，它不能不借助某种类型的叙述话语——就像“五四”意义阐释这种特例（之所以是“特例”，是因为还存在种种可供介入的话语类型），来建构或生产意义秩序，以获得社会的认同感、归属感，从而塑造自身的合法性权威。

（节选于郭若平著《塑造与被塑造——“五四”阐释与革命意识形态建构》的第六章第三节，社会科学文献出版社 2014 年版，第 369—387 页）

① ［英］J. L. 奥斯汀：《如何以言行事》，杨玉成、赵京超译，商务印书馆 2012 年版，第 10 页。

# 五

---

# 重申自由主义

# 重新点燃启蒙的火炬

## ——“五四”运动八十年祭

李慎之*

今年是“五四”八十周年，也是20世纪对“五四”的最后一个十年祭。

“五四”是中国近代史上最大、最重要的一次启蒙运动，一次思想解放运动：“五四”的精神虽然长期湮没不彰，但是随着21世纪的来临，“五四”的精神力量越来越显得重要，它是全人类的需要，更是中国人民的需要。

中国的启蒙应该说是从1840年西洋人以大炮轰开中国的国门之后就开始了：前乎“五四”者，自甲午而戊戌而辛亥；后乎“五四”者，自“五卅”而北伐而抗战，应该说都标志着中国人民作为全体而言的觉悟与进步；然而就觉悟的程度而言，一个半世纪以来，还是“五四”先贤的觉悟为最深最广最高。“五四”在80年前定下的个性解放的奋斗目标，不但现在还谈不上超越，而且还远远没有达到。

“五四”运动从来就有窄宽二义。窄义的“五四”运动是指1919年5月4日那一天北京几千学生，以北京大学为首，游行到天安门，喊着“内除国贼，外抗强权”的口号，开大会，发传单，反对北洋政府向日本出卖主权，答应日本提出的“二十一条”无理要求的一场学

---

* 李慎之（1923—2003）中国社会科学院副院长兼美国研究所所长，资深新闻人，著名的国际问题专家。

生运动；宽义的是指大体上从1915年起陈独秀在上海创办《青年》杂志（次年即改称《新青年》）反对旧礼教，提倡“民主”与“科学”的一场新文化运动；这场新文化运动因为“五四”学生运动的声威以及继起的历次群众运动而影响日益扩大，总的来说，它确定了中国要走向现代化的目标，中国的白话文与新文学由此推行到全国而且扎下根子而不可逆转，各种社会科学与自然科学的新思潮也由此大规模地引进中国；除此之外，“五四”的影响还及于社会和政治方面，中国的工人运动和妇女运动都导源于“五四”，中国国民党因此而改组，中国共产党因此而成立，影响十分深远，只是它的启蒙的目标还没有完成。今天所说的“五四”运动实际上是合两者而言，而尤其指一般名为“新文化运动”的启蒙运动。

“五四”的精神是什么？是启蒙。何谓启蒙？启蒙就是以理性的精神来打破几千年来禁锢着中国人思想的专制主义与蒙昧主义，用当时人的话来说，就是要“以现代知识”来“重新估定一切传统价值”的“一种新态度”。

现在有些人把“五四”的精神归结为爱国主义，这当然是有根据的。80年前5月4日那一天使北京学生斗志昂扬、壮怀激烈地走向天安门的口号“内除国贼，外抗强权”就证明了这一点，但是“五四”的意义却远远不是爱国主义足以概括的，它与欧洲的文艺复兴、与宗教改革一样，是人的解放的开始，是中国走向世界的开始。

中国共产党人一直把“五四”看成是社会主义和共产主义传入中国的开始，所谓“十月革命一声炮响给我们送来了马克思列宁主义”，它是中国共产党创立的契机，也是中国走向共产主义的契机，其终极目标是解放全人类，其意义当然远远超出爱国主义的范围。

自从秦始皇统一中国以来的二千二百年间，中国传统文化的核心就是专制主义，由专制主义又必然衍生出蒙昧主义：当然，中国文化是多层次、多方面的，是可以称为博大精深的，然而作为其核心的却是专制主义，连近年来有些学者所艳称的“天人合一”，其政治上的含义也是“天子承天命以御天下”。中国当代著名的史学家陈寅恪对中国文化的观察与概括最为深刻简练，他说：“吾中国文化之定义具于白虎通三纲六纪之说，其意义为抽象理想最高之境，犹希腊柏拉图所谓IDEA者若以君臣之纲言之，君为李煜，亦期之以刘秀；以明友之纪言之，友为郅寄，亦待之以鲍叔。”这实际上就是说，君虽不君，臣不可以不臣；父虽不父，子不可以不子；夫虽不夫，妇不可以不妇。旧时中国人家里的堂屋中都供着有“天地君亲师”的牌位，中国人历来就生活在这一张从天到地、从朝廷到家庭无所不包的网罗之中，直不起腰来。对迫切要求现代化、赶上世界先进潮流的“五四”先贤来说，就是要引进作为专制主义对立面的“民主”与作为蒙昧主义对立面的“科学”，亦即所谓的“德先生”与“赛先生”。

这个要求，陈独秀1915年在《青年》杂志创刊号即已露其端倪。他揭橥办刊的宗旨为：①自主的而非奴隶的；②进步的而非保守的；③进取的而非退隐的；④世界的而非锁国的；⑤科学的而非想象的。《新青年》办了三年，出版满三十期以后，在社会上产生了重大的反响，除了积极拥护者外，也招来了“八面非难”，因此陈独秀又在1919年《新青年》第六卷第一号上发表《新青年罪案之答辩书》说：“本志同人本来无罪，只因拥护那德莫克拉西（Democracy）和赛因斯（Science）两位先生，才犯了这几条滔天大罪，要拥护那德先生便不得不反对孔教、礼法、贞节、旧伦理、旧政治，要拥护那赛先生，便不得不反对旧艺术、旧宗教。要拥护德先生又要拥护赛先生，便不得不反对国粹和旧文学。大家平心细想，本志除了拥护德、赛两先生之外，还有别的罪案没有，请你们不要专门非难本志，要有气力，有胆量来反对德、赛两先生，才算是好汉，才算是根本的办法。”

德先生与赛先生之名因《新青年》而在80年来流传全国，深入人心。这确实是“五四”精神，但是要进一步了解“五四”的“人文精神”，还得深究一下“五四”领导人的主张。

“五四”运动，按陈独秀在1942年追悼蔡元培的文章中说，“是中国现代社会发展之必然的产物，无论是功是罪都不应该归到哪几个人，可是蔡（元培）先生、（胡）适之和我是当时在思想言论上负主要责任的人”。我们不妨看看他们当时“最尖端”的主张：

胡适之言曰：“社会最大的罪恶，莫过于摧折个人的个性，不使他自由发展。发展个人的个性需要有两个条件：第一，须使个人有自由的意志。第二，须使个人担干系，负责任。”他还说：“现在有人对你们说：‘牺牲你们个人的自由，去求国家的自由！’我对你们说：‘争你们个人的自由，便是为国家争自由！争你们自己的人格，便是为国家争人格！自由平等的国家，不是一群奴才建造起来的。’”

陈独秀之言曰：“广举一切伦理、道德、政治、法律、社会之所向往，国家之所祈求，拥护个人之自由权力与幸福而已。思想言论之自由，谋个性之发展也，法律之前，人人平等也，个人之自由权力载诸宪章，国法不得而剥夺之，所谓人权也，人权者，自非奴隶，悉享此权，无有差别此纯粹个人主义之大精神也自唯心论言之，人间者，性灵之体也；自由者，权利之实行力也。”所谓性灵，所谓意志，所谓权利，皆非个人以外之物。国家利益和社会利益，名与个人主义相冲突，实以巩固个人利益为本因也。

至于被称“五四”新文化运动的护法的蔡元培，姑且不提他说过“道德之精神在于思想自由”，言论自由与思想自由为现代共和国家“绝对之原则”这样一些名言说论，仅以陈独秀在纪念他的文章中说的，他任北大校长时“对于守旧的陈焕章、黄侃，甚至主张清帝复辟的辜鸿铭，参与洪宪运动的刘师培都因为他们学问可为人师而和胡适、钱玄同、陈独秀容纳在一校；这样容纳异己的雅量，尊重学术思想自由的卓见，在习于专制，好同恶异的东方人中实所罕有”。

正是蔡元培在1917年出任北京大学校长以后，以“囊括大典，网罗众家，思想自由，兼容并包”的精神改造了北京大学，使之成为新文化运动的策源地。

由此可见，“五四”先贤的思想倾向就是三百年来早已成为世界思想的主流正脉的自由主义和个人主义。

至于还有一位“五四”运动中杰出的人物，中国新文学的开山大师鲁迅，不但以其文学的天才刻画出中国人在两千年的专制主义下受扭曲的性格，如阿Q和《狂人日记》中的“我”，大大扩大和加深了“五四”运动的影响，而且也在思想战线上树起一面不朽的个人主义旗帜，而且在晚年和蔡元培、宋庆龄一起组织保卫人权大同盟，为确立和发扬中国的民权鞠躬尽瘁，死而后已。

大约十年以前，也就是“五四”七十周年纪念的时候，在海内外忽然兴起了一种论调（大概是因为探索中国为什么会在20世纪后半期出现二十年的“极左思潮”与十年“文化大革命”而引起的吧），据说中国之所以出现“文化大革命”是因为“五四”精神过于激进的；据说“五四”先贤的思想以“打倒孔家店”与“全盘西化”为代表，主张彻底推翻中国的旧文化，结果使中国社会失其统绪，中国传统价值完全失落，社会无法维系，遂致造成后来的十年浩劫。

“五四”先贤的思想过激了吗？

胡适是“文学革命”开第一炮的人，他自己也因此而“暴得大名”，至今中国文人可以下笔万言，洋洋洒洒地用白话写文章，都应拜他之赐。当时在主张保存古文的人如林纾到胡先骑这样的人眼中，他已经是一个过激派了，然而在整个20世纪，他是中国自由主义的第一位代表人物，以“宽容”为自由主义的第一要义，他往往因此而倾向妥协，遭人诟病。然而，他本人倒是立场一贯，守正不阿，到晚年还知其不可为而为之地呼吁蒋介石开放民主。如果胡适还要被称为过激，那真不知天下还有谁不是过激派了。

陈独秀是“五四”运动当之无愧的第一员猛将，反对起作为儒学用以维系社会的精髓的“名教纲常，君道臣节”来，真有千军辟易的气概，但是如果说他全部否定孔子，也是诬蔑不实之词。他不但在1917年就说过“孔学优点，仆未尝不服膺”，而且在二十年后的垂暮之年还作《孔子与中国》，其中明确地说，“在现代知识的评定之下，孔子有没有价值。我敢肯定地说有”。

何况，据罗荣渠考证，“打倒孔家店”之说，出于胡适在给《吴虞文录》作的序中称赞吴虞是“只手打孔家店的老英雄”这句话，其中并无“打倒”字样，后来，倒是张申府提出过“打倒孔家店，救出孔夫子”。

事实上，多亏“五四”先贤们的努力。在20世纪末的中国，知识分子已经只知道孔子，说的是“己所不欲，勿施于人”“苛政猛于虎”“和而不同”“天下为公”……这样一些话，而不像80年前的人们（不仅是知识分子）所领会的，极其烦琐的、据说都是孔子说的或转述的、一体遵行不得有违的那一套“周公之礼”了。那套细致严格的规定，陈独秀在《孔子与中国》中言之略备。现在即使是专家学者也弄不清了。把这一切统统忘掉，是中国的一大进步，但是如果要怪罪“五四”先贤为何非孔，那么看一看倒是有益处的，那一套是非“非”不可的。

确实曾经提出过“全盘西化”，后来又改为“充分世界化”的胡适说：“如果对新文化的接受不是有组织的吸收的形式，而是采取突然替换的形式，因此引起旧文化的消亡，这确实是全人类的一个重大的损失。因此真正的问题可以这样说：我们应当怎样才能以最有效的方式吸收现代文化，使它同我们固有的文化相一致协调和继续发展这个问题的解决，唯有依靠新中国知识界领导人物的远见和历史连续性的意识，依靠他们的机智和技巧，能够成功地把现代文化的精华相连接起来。”

这不正是当代中国知识分子所称的“综合创新”或“创造性的转化”吗？

所谓“极左路线”和“文化大革命”之所以出现，其原因应当到中国历史中去找，到中国传统文化中去找。

应该说，世界上许多国家的历史中都曾有过专制主义与蒙昧主义，只是中国在这方面的传统实在太长太深厚，谁叫我们早早当上了世界第一大民族，而且还是四夷“向风慕化”的“天朝上国”呢？从鸦片战争到中日战争，从戊戌变法到“五四”，不论看起来一次又一次的刺激何等强烈，其实还是刺激不到深处，刺激不了全民。中国传统文化托钵于“上下五千年，纵横九万里，人口四万万（现在是已经超过十二万万了）”的这个庞然大物，真是有足够的生命力腐而不朽、垂而不死，来包容、来消解，尤其厉害的是还可以篡改与转化这些刺激，使许多一度反对之者最后又回到原来的样子，而以“文化大革命”达到顶峰，它是对“五四”精神的完全背离与反动。

正如几十年来不少中国人说过的那样，中国是一个“大染缸”，不论什么东西进去，都可以染成一团墨黑，对中国传统文化的力量，必须要有足够的估计。

如果我们不能继承“五四”先贤的志业，进行持久的、全面的、认真的启蒙，历史不但已经重复了，而且还不是没有可能再重复，至少至今还没有能看到足以防止的保证。

我们当然不能对历史提出苛求，但是从学理上看，“五四”对传统的批判确实还不够全面。第一，“五四”先贤把批判的矛头针对儒教，却放过了其实同样是中国传统意识形态的正统的法家，曾经有过一场争论：三纲之说起源于儒家还是法家？结论还是归到儒家，然而中国专制主义的鼻祖秦始皇却正是以反儒任法而统一中国的。其次“五四”先贤还有赞扬以洪秀全为代表的太平天国革命的。其实农民革命胜利的结果还是回到专制帝王的统治，两千多年来未尝有一日脱出这个循环。

中国近代自由派知识分子的特性是重视思想学术而轻视政治的作用，其实中国传统文化的重中之重就是政治，就是政治的运作和制度的建立。现在，几乎人人都知道中国的传统哲学是“政治/伦理哲学”，然而很多人都不去注意，既然是政治/伦理哲学，它对两千多年来的政治与伦理，实际上也就是对全中国的精神生活起了什么样的主导与规范的作用。

“文化大革命”实质上就是中国传统哲学在百年来受到某些挫折以后卷土重来的一次强烈表现，它在政治上大搞个人迷信，在伦理上强调斗私批修，总之都是要扼杀个人，扼杀人性。

宣统逊位以后的民国历史实际上充分表现了中国传统文化继续在起作用的特点。虽然风云多变，然而草蛇灰线，轨迹宛然。袁世凯当上了大总统还不过瘾，非要当皇帝不可，虽然只当了83天。但是一方面天下嚣然，另一方面群臣劝进，这是最初的表现，贤哲如孙中山，因为政治运作的需要，还说“自由万不可再用到个人上去，人不可太过自由，国家要得完全自由……便要大家牺牲自由”。蒋介石是在“五四”启蒙运动以后，以国民革命的名义誓师北伐登上最高权力的宝座的，他利用民族主义来转化人民的自由要求，做得尤其巧妙，以“国家至上，民族至上，力量集中，意志集中”和“为国家尽大忠，为民族尽大孝”的口号，作为排斥异己实行独裁的理论基础。抗战胜利之后，还在南京演出了一场献九鼎的个人迷信的国粹丑剧。

毛泽东消灭蒋介石的八百万大军取得了中国革命胜利。他一再强调，“中国革命实质上是农民革命”。中国学者受了他几十年的教育，但是却很少有人研究，既然“实质上”是农民革命，就不能不“实质上”打上历史上农民革命的印记，重复历史上农民革命的特点。农民革命初起时，总是带有特别“平等”“自由”的色彩，即所谓“哥不大，弟不小”，但是随着革命的胜利，为了克服平均主义、宗派主义、山头主义……就必然要求越来越严酷的纪律，直到实行孔子所说的“天无二尊无二上”的古训。

青年时就有“湖南农民王”之称的毛泽东对农民运动的研究是十分深入的：一部《毛选》，开宗明义第一篇就是《中国社会各阶级的分析》，接着又是《湖南农民运动考察报告》，可谓大匠不但示人以规矩，而且示人以巧了，但是言之者谆谆，听之者藐藐，很少有人以此为切入点来研究“文化大革命”的起源与成因。

毛泽东在青年时期曾经是无政府主义者，在“五四”时期（据他自己对斯诺讲）又对胡适倍加敬仰，但是，成为政治领袖以后，就自称是“绿林大学毕业”了，到了晚年更自称是“马克思加秦始皇”。他对农民革命几乎没有停止过提示，尊之为中国历史发展的主流正脉。五十年前，全国解放前夕，吴晗到西柏坡向他请示对朱元璋的评价，毛泽东就指出吴晗对朱元璋的批评过当，因为朱元璋的所作所为都是为了巩固政权之所必需，到“文化大革命”中林彪出事以后，毛泽东亲自出来批判，又在中国历史上举出陈胜、吴广、洪秀全、杨秀清四个人许为同道。到“文化大革命”末期批林批孔的时候，他还举出了一个盗跖以反衬孔子之恶，盗跖大概是中国历史上最早的有文字记载的农民起义领袖了，自他以下，毛泽东对不少人都有过评论，最著名的如“大跃进”期间号召全国学《张鲁传》，学习五斗米道“有难同当，有福同享”的精神。

以上是指实际的社会运动与政治运作而言。就意识形态而论，毛泽东在70年代提出扬法抑儒，而且提出儒法斗争是中国思想政治史的主线。说实在的，当时颇有一些自以为对中国历史有点知识的人口虽不言，实际上是腹诽的，我自己就是一个。现在想起来，毛泽东的确可称独具卓见。不过说儒法斗争，也许还是说儒法合流或儒法互补更妥当一些。他说，“千古皆行秦政制，十批不是好文章”（后一句是批郭沫若扬儒抑法之非），实与谭嗣同说“两千年之政皆秦政也”相一致，也与许多史家评中国历代实行的都是“外儒内法”“儒表法里”相一致。如果我记忆不错，朱元璋就曾因为孟子倡言“民贵君轻”，差一点把他革出文庙，不得配享从祀，法家思想在中国文化传统中的地位值得大加重视，有深入研究的必要。

总之，以我愚见，像“文化大革命”这样重大的政治事件必有其深厚的历史原因，绝不可能仅仅因为几个知识分子在几年内思想“过激”就能产生出来的。何况“五四”时期的中国思想界十分活跃，除自由主义与个人主义而外，共产主义、无政府主义、国家主义、新村主义……不一而足，还有教育救国论、科学救国论、实业救国论……甚至还有张东荪的主张只立不破，以新换旧的“不骂主义”。倒确实是一个“多元化”的社会。只可惜这样的多元化在法律上并无保证，政权还是一个专制的政权，不过由于军阀混战而控制力稍松，暂时放出了一批牛鬼蛇神而已，至于这些思潮中哪种思想后来被历史选中，只有整个文化传统才是其答案。顺便说一句，当时名高一世、以后也可能名垂千古的《新青年》，起初销路只有一千份，以后也没有超过一万五千份，这个数目怎么看都不能说是很大的。海内外某些学人之指责“五四”过激，一个理由大概是因为正是“五四”时期从俄国输入了马列主义，当时称为“布尔什维主义”，中文有的即译为“过激主义”或“过激党”。但是它在“五四”时代，也不过是“百家争鸣皆欲以其学易天下”中之一家而已，而且中国人之接受马列主义，不但因为其思想吸引力，更是因为政治上的原因。就在 1919 年 7 月 25 日，正当北京学生与全国人民愤怒抗议日本“二十一条”企图鲸吞中国而列强装聋作哑之时，加拉罕代表苏维埃政府对中国南北政府发表宣言，建议废除沙俄政府与中国签订的一切秘密条约和不平等条约，放弃在中国的一切特权。虽然这一宣告由于弄不清楚的原因，一直到 1920 年 3 月才到达北京，而且北洋政府还称为误传而拒绝与苏俄政府谈判，可是对中国人民来说，它同日本与其他列强的态度却形成了如同黑白的对比。同是一个俄国，革命以前同革命以后，对中国和世界的态度就全然改变，成了世界上唯一以平等待我之民族，要想使中国人不闻风响应，并且想进而探讨有此改变的原因，可以说是根本不可能的。何况共产主义是一个世界性的思潮，在二三十年代的世界各国中，共产主义思潮强过于中国的国家并不少，但是它们后来并没有发生“文化大革命”。所以，外铄的、思想的原因，未必就是中国后来走向“极左”的根本原因，只有“极左”这个词倒是外来语，而且确实是与马列主义有关的。当然，苏联模式，或者干脆就说斯大林模式，对中国所起的坏作用不应低估，但是它顶多也只能是辅因，而不能是主因，主因还是要到中国社会、文化的历史中去找。在国际共产主义运动中，中国模式的“主动创造”特别多，就足以证明这一点。

还有人认为“五四”启蒙运动的最大缺点是没有大力提倡“经济自由主义”，这话在今天看起来尤其重要，因为中国自古重农抑商，专制帝王还一再扼杀市场经济，这也许正是中国知识分子历来不重视经济的缘故。不过“五四”时期正是欧战期间，列强无暇东顾，中国民族工商业第一次得到机会大发展的时候。而且在河上肇的《经济学大纲》传入中国以前，中国大学里的经济学课程实际上都是沿着严复开辟的路子，综述亚当·斯密的学说，亦即自由主义一统天下的局面。不过跟世界上大部分地区一样，中国人作为全体真正意识到“市场经济”和“私有经济”的重要性已经是到20世纪末的事情了。

我浅陋不学，于外国的事情所知极少，不敢妄议，但是总觉得民族国家虽然在它最早的发源地——欧洲已开始弱化，却仍然还是今天世界上最根本的单位，仍然还会存在很长的时间。各种重大的历史事件，长期的历史趋势，大概总是在本民族的文化传统中有其根源（本文的“文化”一词均取其最大义，包括政治、经济、社会、意识形态等各个方面在内），我们如果能够探究出“文化大革命”在中国发生的来龙去脉，也许对其他在现代化道路上蹭蹬不进的国家也会有借鉴意义，至少对与中国有近半个世纪在意识形态上相似的俄国，对与中国同称五千年文明古国的印度，很可能如此。甚至我们在地理上和文化上同是近邻的日本，20 世纪末就由落后国家经过明治维新一跃而为世界强国（这被称为第一次开国），又在第二次世界大战后努力发展经济（这是所谓第二次开国），有“经济优等生”之称，被西方人称为“名列世界第一”垂二十年、实际上成为“亚洲价值”的代表与样板。到了 20 世纪的 90 年代忽然泄了气，现在又面临第三次开国的任务了，这些国家的兴衰升沉也许都有自己深刻的历史背景，有似乎马克思所谓“死人拉住活人”之说。以我之陋，不敢深论，只能以此一孔之见作野人之献曝，供世之博雅君子参考。

关于“五四”启蒙运动之所以未能起到应有的作用而归于夭折的历史，前几年有所谓救亡压倒启蒙之说；征之上述蒋介石以“民族至上，国家至上压制中国人要求个人自由”的事实也自有其道理。但是，中国历史上最大的启蒙运动——五四运动恰好发生在袁世凯接受“二十一条”卖国条约以后，主权不保，国将不国之际，五四运动不但抵制了这一类卖国行为，而且使民气高扬，思想学术界与整个国家的面貌为之一新，这又该如何解释呢？中国古训“殷忧启圣”“多难兴邦”，外国也不乏国家振兴于危亡之际的例子，这又该如何解释呢？平心而论，如果抗战军兴，主持全国政权的国民政府能够实行共产党提出的“三七五减租”和各界开明人士所提出的各项民主改革政策，抗日战争时期的整个局面也许就会有很大不同；又如果，在抗战胜利以后，国民党政府能够接受共产党和各民主党派提出的各项政策，也包括民主启蒙的政策，中国政局的发展也许又会有很大的不同。当然，这只是我这样出生在“五四”以后的老人根据亲身经历提出的一些猜想，“谋事在人，成事在天”，历史不能假设，追悔是没有用的，更何况在共产党取得胜利、掌握全国政权以后，它又把自己曾经建议过的各项政策连同“仁政”一起一概斥之为过时的甚至反动的政策，径自进入社会主义，启蒙也就成为既陈之刍狗了。

说到底，启蒙这两个字原来是外来语的翻译。欧洲的启蒙不但也经过了一个世纪的时间，而且它是继承了几个世纪的文艺复兴与宗教改革反对中世纪以神本主义为基础的专制主义与蒙昧主义的历史而来的，而且也经历了各种风刀霜剑。我们这80年的挫折，并不足以使我们灰心丧气。只能使我们再接再厉：灰心丧气只能延长痛苦，而绝不能回避问题。中国要现代化，启蒙是必不可少的，个性解放是必不可少的。

长长的80年过去了，中国人民付出了血、泪、汗的代价以后，终于取得了民族独立。在物质文明方面也总算取得了可观的进步，所谓"救亡压倒启蒙"的问题，即使过去有过，现在也不应当再存在了。进入21世纪，我们应当可以顺顺当当地完成启蒙的任务了，固然"三纲六纪""纲常名教、君道臣节"这样支配了中国人两千年的话，早已不入于当代青年之耳，但是"文化大革命"刚过去不久，它的阴影还压在中国人的心头。不妨提一个不客气的问题："'文化大革命'中，几个人敢说自己不是奴隶，不是奴才?"就这方面说，不能否认中国传统文化中的专制主义与蒙昧主义的遗毒仍然根深蒂固，由此而来的极端主义的心理状态，深深埋在中国人民的心底，随时可以复苏而反扑过来。一个世纪以来反复有所表现，除20世纪中期的"文化大革命"而外，1899年的义和团和1999年的法轮功就在世纪的两头遥相呼应，真是所谓"心中贼难除"。

然而，全球化的浪潮汹涌拍岸，中国的大门既已打开，也就绝不能长期自处于其影响之外，中国有"文化大革命"这样近乎独一无二的反面教员，我们对之进行细致的解剖、深刻的反省，由此得出鲁迅所谓"立人"的正道的日子不会太远了。"五四"先贤的遗徽绝响必然会重新振作，他们的嘉言懿行必然会重新点燃启蒙的火炬。他们的信念——只有"人"本身才是目的，必然会成为全中国人民的信念。九曲黄河归大海，万流虽细必朝宗。到那个时候，中国将成为世界上极文明的国家，中国人民人人都能得到极好的公民教育，尊严地以自由、自律、自强、自胜的姿态参加全球价值的建设工作。当务之急就是要把启蒙的火炬重新点燃起来！

1999年6月

（原载《书屋》1999年第6期）

# 给李慎之先生的信

## ——也谈“五四”、鲁迅与胡适

林贤治*

李慎之先生：

拜读过近年来先生的一些大作，得知先生如此高龄，仍在社会思想领域里做艰难的探索和启蒙工作，实深感佩！

顷接今年第五期《书屋》杂志，即将先生给舒芜先生的信读完，文中谈“五四”，谈启蒙，谈鲁迅与胡适，结合个人经验道来，尤足启发来者。先生的论题均是大问题，其中有些我亦曾思考过，与先生颇出入，今不揣游陋写出就教于先生。因先生是公开刊布的，故不另付邮，权当公开信发表。冒渎之处，乞希鉴谅。

首先是“五四”精神，抑或从“个性解放”说起。我同意先生说的“个性解放”是“五四”精神的一个部分，“五四”运动作为一个精神运动来看，前前后后确乎有着更为丰富的意义，但是，它无疑是最基本的部分。什么叫“个性解放”呢？蒋梦麟写过一篇《个性主义与个人主义》，称个性解放为个性主义，其实与个人主义是同一个东西，只是前者多表现在文化教育方面，后者则表现在社会国家方面，都是以个人价值为本位的。这是“以平民主义为标准之个人主义”，要旨是“国家社会有栽贼个人者，个人将以推翻而重组之”。对此，

---

* 林贤治，1948 年生，诗人，学者，代表作诗集《骆驼祥子》、《梦想或忧伤》，评记集《胡风集团案：20 世纪中国的政治事件和精神哥件》、《守夜看札记》等。

"五四"的代表人物是有共识的。陈独秀在比较东西民族的思想差异时说："西洋民族自古迄今，彻头彻尾个人主义之民族也。"对于个人主义，他的阐释是："举一切伦理，道德，政治，法律，社会之向往，国家之所祈求，拥护个人之自由权利与幸福而已。思想言论之自由，谋个性之发展也。法律之前，个人平等也。个人之自由权利，载诸宪章，国法不得而剥夺之，所谓人权是也。人权者，成人以往，自非奴隶，悉享此权，无有差别，此纯粹个人主义之大精神也。"看得出来，陈独秀并没有像先生那样，把个人主义从民主、法治、自由主义那里分开，恰恰相反，在意涵方面，它与后者是有密切联系的。胡适提倡易卜生主义是有名的。在文章中，他把这位挪威戏剧哲学家称作"最可代表十九世纪欧洲的个人主义的精华"。倾向社会主义的李大钊，同样反对"压服一切个性的活动"，倡言"真正合理的社会主义，没有不顾及个人自由的"。"五四"活跃一时的无政府主义者更不用说了。而鲁迅，早于 1907 年便撰《文化偏至论》，标举先觉善斗之士，力疾鼓吹个人主义。他认为，欧美之强，根底在人，说是"首在立人，人立而后凡事举；若其道术，乃必尊个性而张精神"。至于《摩罗诗力说》，则把诗作为人类内在精神的一种象征性形式，仍属愈在个体反抗；在一片顺世和乐之音中，可谓不同凡响。鲁迅一生所坚持的"思想革命"，即先生说的"启蒙"，便发端于此。总之，个性解放，个人主义，乃是"五四"的灵魂。正因为"自觉至，个性张"，才能一时间产生那样蓬蓬勃勃的，至今被我们视为启蒙旗帜的知识分子的自治运动。当时的知识分子，几乎无不以"个人"解构家族，解构国家，解构传统观念、风俗习惯；一旦消除了个人的自觉意识，一个群体，一场运动，只是一群如古斯塔夫·勒庞所称的"乌合之众"而已。事实上，转眼之间，历史便开始轮流上演一类万象息响的哑剧，一类乱糟糟的闹剧，如此一直拖完了将近一个世纪。

其次想说的是："斗争"何以成为问题？

现今的知识界，好像谁都把可恶的"斗争"同鲁迅联系起来，连先生也如此；甚至因为鲁迅主张"打落水狗"，便说"不免为先生盛德之累"，实在很使我感到意外。斗争在鲁迅这里，从来是以小对大，以弱对强，与权势者自上而下，以强凌弱，以众凌寡的所谓“批判”或“斗争”是大两样的。话语这东西，如果真的不经分析便可以混淆黑白的话，那么对于鲁迅的斗争，则应当换成另一个语词，就是“反抗”。这种基于自由意志的个体反抗，居然有人拿它比附20世纪60年代的红卫兵运动或别的“痞子运动”，真是匪夷所思。

在过往的人为的阶级斗争和政治运动里，确实“树立”过不少斗争的英雄典型。但是，在此期间，不也出现了像张志新、遇罗克一样的人物吗？谁可以否认他们曾经同恶势力做过斗争这一事实呢？连先生大为称烦的顾准，其实也都是在暗暗地做着斗争过来的。鲁迅说：“人被压迫了，为什么不斗争？”我以为，这是千真万确的。见到“斗争”的字眼，便感到恐惧或厌憎到要呕吐，除非把自己置于如鲁迅说的那类“万劫不复的奴才”的地位里去；不然，只能说明我们从来未曾像鲁迅，或像张志新、遇罗克、顾准们那样斗争过，只是一味挨“斗争”而已。

与此相关的是“宽容”问题。先生在信中高度评价宽容精神，其实，从伏尔泰、洛克以来，“宽容”一词，都是针对政治和宗教迫害而发的，而且主要是针对国家权力和集团势力而发的。对于无权者个人，免受损害还来不及，如何可能形成“场权话语”而要求他“宽容”呢？伏尔泰在著名的《哲学辞典》中撰写过“宽容”的条目，还专门写过一本题名《论宽容》的书，他就认为，宽容精神是有原则的。在著作中，这个主张宽容的人经常使用一个词，就是“败类”；有意思的是，有一个时期在给朋友的信中，最后都要写上一个口号样的短语：“消灭败类”。一望而知，“消灭”一词是很不“宽容”的，然而，正是终生对“败类”所做的不妥协的斗争，使伏尔泰成为“欧洲的良心”。至于鲁迅，在先生看来是太缺少宽容精神——谢泳先生称为“民主风度”的了。先生列举的“打落水狗”一说，出于鲁迅的《论“费厄泼赖”应该缓行》一篇；在整本杂文集《坟》里，恰恰这是作者自己最看重的文章。这缘由，或者正如他所说：“因为这虽然不是我的血所写，却是见了我的同辈和比我年幼的青年们的血而写的。”其中说的“落水狗”，比喻的是“反改革者”，而且是咬人、咬死人的“反改革者”，明显比伏尔泰的“败类”还要“败类”。文章的“结末”实在太好，太精辟，而且已经回答了好像作者早已料到的关于不宽容的诘难似的问题，先生不妨多读几遍，为了免劳翻检，今一并抄在这里：“或者要疑我上文所言，会激起新旧，或什么两派之争，使恶感更深，或相持更烈罢。但我敢断言，反改革者对于改革者的毒害，向来就并未放松过，手段的厉害也已经无以复加了。只有改革者却还在睡梦里，总是吃亏，因而中国也总是没有改革，自此以后，是应该改换些态度和方法的。”果然，文章发表以后两个月，“三一八”惨案便发生了。眼见北京政府枪杀了大批请愿的学生，主张“费厄泼赖”的林语堂随即撰文表示收回他的看法，也就是说，不再“宽容”了，并且对鲁迅表示大佩服。可惜后来的人，把这段故实连同刘和珍们的血全给忘记了，这其中就包括了先生。

## 一　相关的还有革命问题

先生称：“鲁迅倾心革命，胡适倾心改良”，这个概括大抵上是不错的。

不过，首先得弄清楚的是，革命在鲁迅那里是什么意思？他说过：“‘革命’是并不稀奇的，惟其有了它，社会才会改革，人类才会进步，能从原虫到人类，从野蛮到文明，就因为没有一刻不在革命。”显然，鲁迅的革命观，是包括了先生说的改良在内的，所以他又有“大革命”和“小革命”的说法，小革命即指渐进式的改革。但是，当世上的人们都大叫着“活不下去了”的时候，他是赞成和拥护革命的。自辛亥革命以来，他经历的太多了，只是被称作“革命”的都是假革命；就像他说的，革命前是奴隶，革命后反而成了奴隶的奴隶了。但正因为这样，他才会主张一切都得从头来过，也就是说，得有一场真正意义上的革命。他反对把革命描述为非常可怕的事，“摆着一种极左倾的凶恶的面貌，好似革命一到，一切非革命者就都得死，令人对革命只抱着恐怖”。他对革命的理解，我以为是充分的，用他本人最简洁的话来概括，就是：“革命并非教人死而是教人活的。”仅仅在做革命的奴隶，还是不做奴隶而革命这一点上，便把他同胡适，以及后来以各种方式宣告“告别革命”的尊贵的学者区分开来了。

“革命”这个词，首先是资产阶级发明的，正如“自由”“平等”“博爱”“人道主义”一样，理论上如此，实践上也如此。为什么要革命？因为有巴士底狱。一个如此坚牢的监狱般的社会，如果不给毁掉重建，如何可能“改良”？托尔维尔著《旧制度与大革命》，明白地指出，大革命来源于旧制度，革命的规模和手段其实是早经旧制度预设好了的。所以，那个时代的人，深明革命是属于他们的自由权利，因此必须把它写进大宪章。著名的法国《人权宣言》，列述各项受保障的人权，其中之一，就是“对压迫的反抗”。这就是革命，即洛克说的“革命的人权”。既然革命乃基本人权之一，就意味着它是天然合理的。“人民主权”理论其实说的也就是这个意思。我们可以任意谴责假“革命”之名的各种暴力性政治行为，但是对于革命本身，又有什么权利去否定它或贬损它呢？

## 二　民主与法治

先生特别看重“规范”的民主，“制度化”的民主，也即民主宪政。在信中，先生说这“规范”是“五四”所确立的，其实是不确的。“五四”处在礼崩乐坏的阶段，运动中没有人会考虑到给政府修宪，将民主法制化。其时的民主，意谓平等、自治，就像“科学”一样，唯是一种精神、观念，不“规范”的运动正是在这样的民主的感召下，才有了对抗政府的行动，有了平民教育，有了“神圣劳工”的新崇拜，以及嗣后的劳工运动。知识分子以此埋葬了知识分子，这在历史上是很带戏剧性的事。那时候，“立宪政治”是受冲击、受批判的对象。陈独秀就认为，它是19世纪过时的事物，不但不能保障人民的信仰、集会结社和言论出版“三大自由权”，反而沦为“一班政客先生们争夺政权的武器”。他说：“倘立宪政治之主动地位属于政府而不属于人民，不独宪政乃一纸空文，无永久厉行之保障，且宪法上之自由权利，人民将视为不足轻重之物，而不以生命拥护之，则立宪政治之精神已完全丧失矣是以立宪政治而不出于多数国民之自觉，多数国民之自动，唯日仰望善良政府，贤人政治，其卑屈陋劣，与奴隶之希冀主恩，小民之希冀圣君贤相施行仁政，无以异也。”“共和宪政，非政府所能赐予，非一党一派人所能主持，更非一二伟人大老所能负之而趋。共和立宪而不出于多数国民之自觉与自动，皆伪共和也，伪立宪也，政治之装饰品也，与欧美各国之共和立宪绝非一物。”所以，他主张以“自由的自治的国民政治”取代立宪政治，实质上要的是先生说的“实质民主”，也即“直接民主”。这样的民主，可否实行另当别论，但至少在“五四”时期是一种普遍的理念。后来到了抗战期间，陈独秀提出“大众的民主革命”，反对“国社主义”及“格柏乌政治”，与“五四”时期的民主思想一脉相承，但毕竟未能完全脱离党派政治的理论框架；即便如此，以未脱羁囚的在野之身而言政治，挑战苏联及共产国际霸权，无论如何是可敬佩的。

“好政府主义”者的胡适，受先生推许的地方很多，大的方面，当是在“五四”初期狠狠地“破”了一下以后，转到“立”的上面，即帮助国民党政府设计并实行民主宪政，慢慢“改良”。实际的情形如何呢？南京国民政府成立十多年后，在抗战时期，才在各种政治力量的促成之下，发起“宪政运动”。主持修宪工作的最高首脑，也即党的最高首脑蒋介石，还是决定一切的。经过几番折腾，各种委员会成立过了，各种会议开过了，却是无疾而终。此间的一些言议，如“结束党治”“保障人民思想、言论、结社、出版等自由”之类，包括胡适的主张人民参政、规定政府权限等，不能说没有一定价值，就是不能实行。因为这里存在着一个为胡适们一致承认的前提，即一切通过政府。这是一个政治悖论。胡适们徒有拯救“党国”之志，其奈政府专制腐败何，结果意欲“改良”而不能，反倒愈“改”愈“劣”，等到《中华民国宪法》出台，不出三年，这政权就一命呜呼了。

也许，鲁迅确如先生所说，重“实质民主”而轻“形式民主”。但是，说到根由，却并非如先生说的那样，是出于对规范的民主缺乏认识。早在留日时代，他就在先生指为不怎么高明的那两篇文章中批判过“国会立宪”之说了，大概这与他自觉“奴隶”而非“公民”的角色认知有关，也与以“精神界之战士”的使命自期有关，因为他实在不是那类专家型学者或政治智囊人物，根本无须了解那样成“套”的“规范”。此外，这也跟他对政府的构成，也即国家的性质的看法有关。国民党的所谓“国民政府”，根本不是像美国那样的民选政府，而是在“清党”大屠杀之后建立起来的，靠所谓的“党军”和特务政治排持的，完全剥夺了人民的自由民主权利的流氓政府。1927 年以后，鲁迅多次论及“流氓”，看来，他是跑到民主的背后窥侧和掩乱去了。在中国现代政治辞典中，“流氓政治”与“民主政治”实在是绝好的一副对子。总之，他不会与这样的政府沾边儿，“好政府”也不沾边儿。在一次讲演中，他已经表白得再清楚不过了，“偏见如此”，他说，“所以我从来不肯和政治家去说”。

## 三　关于知识分子，专家学者，廷臣及其他

知识分子的分野、分化和转化问题，是一个大问题。先生对鲁迅和胡适的评价，看来主要与这个问题有关。

知识分子的定义如何，真是言人人殊，正因为如此，知识分子作为社会角色的具体规定，通过何种方式在社会上发挥作用，以及作用到底有多大，等等，也都没有划一的看法。我认同的是，所谓知识分子，首先得有相当的专业知识，他立足于自己的专业，关心专业以外的广大社会，并且以自己的理想价值，设法加以干预、批判、改造。一般而言，知识分子是不结盟的，即使参加某一个社团或组织，他也能够以固有的自由的天性，超越本阶级本集团的利益局限。但是，他无论如何不会与权势者合作，因此始终保持独立的身份；在言论方面，也持毫不妥协的姿态，即使在失去自由的情况下，仍然得以曲折的形式表达个人的基本理念和良知。知识分子操使的是批判性的个人话语，他们主要通过言论，而非组织的联络而在社会上构成为“舆论压力”。所谓知识分子的作用，就显面而言，其一就是舆论压力，以此促使权势者做出改革。倘使没有舆论，甚至连言论也没有，那么压力将降至零点。但是，仅此还不能说知识分子的职能便被取消了，因为通过零

散阅读，他仍然可以在社会上传播思想的星星之火。此外，还存在着一个隐面作用，就是独立人格的、道德的、审美方面的影响。先生似乎太看重知识分子在政治层面的影响，而且主要是通过政府的合法形式发挥的影响，所以会想到章尼采和杰弗逊作比较；说到鲁迅，贬之以民主宪政的认识问题，“被利用”问题，也都是这样。其实，鲁迅的价值完全落在社会方面，即使当时的中国社会未曾形成一个知识分子集团与之呼应，也仍然无损于他的力量和作用。鲁迅的伟大是本体的伟大，是东方抵抗知识分子的典型。

与知识分子不同，专家型学者一般执着于他的专业，甚至不问政治。倘若一旦成为官员，进入决策层，那么作为知识分子或学者的角色就要发生根本性蜕变。胡适 20 年代闹闹别扭，30 年代就从边缘进入权力中心，成为廷臣了。1931 年“九一八”事变后，民族问题加剧，这时，中国的知识人、科学家和技术人员便有了一个与国民党政府进行全面合作的契机。1932 年国防计划委员会的成立是一个标志，最初班子五十人，都是学术界有名望的人物。至 1935 年，蒋介石的“人才内阁”或“行动内阁”敞开大门，以胡适为首的《独立评论》圈子内的人物纷纷入阁，基本上都做了部长或委员。这是知识分子的胜利呢，还是全面溃败呢？先生举唯一的一个证明“胡适关心的面要比鲁迅为宽”的例子，就是 40 年代末，胡适出任北大校长时，曾向“当局”提出把一批研究原子物理的年轻科学家聚集到一起，研究原子科学。先生所以称道，并不在自然科学发展本身，而在此举可以增强国力，到底是廷臣的意见。就像先生说的那样，即使中国在这方面的发展“不致落在苏联之后”又如何呢？苏联此后的结果又如何呢？在胡适的思想中，自由主义已然转向，作为廷臣，是不能不让位于国家主义的。就在陈独秀称为“党权为重国权轻”的时候，胡适哪怕试图加强“国权”，壮大国家的力量，实际上还是稳定了“党权”。因为当时的中国乃是“党国”，这种极权主义政体的性质是不可能自动改变的。

从启蒙知识分子到一般学者再到廷臣，胡适一生的道路，在中国知识分子中间是具有一定的代表性的。传统士人便一直在廊庙与山林之间兜圈子。请允许在此抄引一段洋鬼子李普曼的话，因为我觉得借此描述胡适一类人物是最恰当不过的，他说："把追求知识分子与行使政治权力结合在一起是不可能的；那些试图这样做的人，结果不是沦为相当恶劣的政客，就是成为冒牌的学者。"自30年代以后，胡适基本上与独裁专制的政治代表人物为伴，且以"净臣"自许。这是胡适的喜剧，也是胡适的悲剧。知识分子角色的存在是以远离权力门槛为前提的。正因为这样，"五四"的一群——包括当年的胡适在内——才有了一种反叛的精神，自治的精神，破坏偶像，狂抓突进的精神。"五四"精神的沦亡有种种原因，来自知识分子内部的，则有胡适的背叛。因此，说胡适在"五四"时期是一个代表人物则可，若以他服务于国民党"一党专政"下的"民主、政治、宪政"建设为"五四"精神的代表则不可；说胡适一生多少保持了自由主义的一些理念则可，因为他仍然可以借此同蒋家讨价还价，若以此讨价还价为自由主义的轨范则不可；若说可，也无非是中国特色的自由主义罢了。

## 四　关于鲁迅的"被利用"

其实，鲁迅在生前死后都在被利用。至于先生说的"被利用"，乃专指政治人物的利用，实际上，说是"被改造"也许更确当。先生认为，鲁迅被"圣人"化的命运，他本人是脱不掉干系的。信中举了三个理由：①鲁迅从来未曾以"理论的形式"提出其个人主义的主张。我不知道，个人主义思想的存在本身，是否可以为鲁迅开脱一点责任，还是非带上"理论的形式"不可？鲁迅首先是一个文学家，他的话语形态自是不同于逻辑学者的，先生这里未免强人所难。②"相信苏联"。这里有多个方面的原因，比如信息的封闭，从北洋军阀政府到南京政府的反宣传等。但是，毋庸讳言，鲁迅轻视"形式民主"，不免要给他的思考留下某些"空洞"，对首创"一党专政"政体的苏联缺少必要的警觉，或者造成觉悟的延缓，都未尝不是一个原因。但是，他对苏联的许多做法是仍然持有保留态度的。即使如此，无非说明他实在并非那类无过的"圣人"而已，那么"被封为圣人"者与非圣人之间有什么关系呢？③先生指鲁迅“在和郭沫若、周扬到杨郁人这样一些人战斗的时候，自认为是同导师们的思想是一致的”，这“自以为”不知根据何在？我对鲁迅知之不多，只知道他从来是反对“鸟导师”的。

## 五　鲁迅与胡适的留学背景

先生为了说明胡适与鲁迅的高下，有一段说到两人的留学背景。不同国家的文化背景，在留学生那里产生不同的影响，这是一个事实。至于影响的正反深浅，关系到综合的因素，往往因人而异。先生在信中说：因为明治维新后的日本在“民主制度”方面极不成熟，所以鲁迅在那里接受的现代化思想“天然是有残缺的”；至于胡适，因为有幸留学在美国，而美国又是“天生的现代国家”，因此他“天然地站在历史的制高点上”。把一个国家的文化形态完善程度对应于留学生的思想状况未免太简单化，倘如此，对于土生土长的本国人来说，则大可以无视其他条件，直接由所在的国家、种族来判定优劣了。

## 六　鲁迅有过“超越五四”的说法吗？

先生说：“鲁迅的悲剧，其实也就是超越‘五四’的悲剧。”但先生并未引鲁迅只言片语，只引了瞿秋白的话；因为鲁迅有过“人生得一知己足矣”一联赠瞿秋白，所以在先生那里，瞿秋白的账也便成了鲁迅的账。这种逻辑推理，有点近乎“株连”。鲁迅一直慨叹“‘五四’失精神”，可以说，他本人便是“五四”精神的招魂者。至于“超越”之说，于他不但未曾有过，而且简直讨厌；批评创造派的要点，便是反对“超时代”。

## 七　关于鲁迅被“误导”和被鲁迅“误导”

先生引了某“研究者”的话说：“可以证实的是鲁迅后来似乎接

受了组织的领导。”说到“组织”，有点语焉不详，如果指的是一般社团，鲁迅30年代就在左联的组织里。左联多有共产青年，也有党组织，鲁迅所以加入，与当时共产青年被屠杀，被缉捕，不能见容于专制政府有关，自然也与他的信仰有关。但是应当看到，这是有条件的，是一种自由选择，虽然受“导”，在他本人却是一点也不迷“误”。他的清醒，透彻，只要参阅左联成立的当月（1930年3月）27日致章廷谦信即可。冯雪峰、瞿秋白，确乎是鲁迅的朋友，受到他们的一些观点的影响是可能的。但是，可以肯定的是，以鲁迅的多疑和固执，要他改变自己不是一件轻易的事。事实上，他与瞿秋白、冯雪峰在许多相同的问题上，比如翻译，比如大众化，比如知识分子问题，比如统一战线，看法并不一致；而且只要一比较，总是鲁迅显得锋利、稳健，而且深刻得多。

鲁迅对“组织”这东西是一直存在戒心的，且看他对许广平信中询之以是否加入“团体”问题的答复：“这种团体，一定有范围，尚服从公决的。所以只要自己决定，如要思想自由，特立独行便不相宜。”他后来之所以加入一些团体，如左联，又如中国自由大同盟、中国民权保障同盟，要而言之，都是为了与政府对抗，目的是借个人以壮大社会反抗的力量。这类团体在构成方面并不严密。因此，他的加入是以不致损害个人的自由意志为前提的。如果个人与团体之间发生冲突，他或许有“顾全大局”而隐忍的时候，如他在信中曾经说到，如受伤的野兽一样，钻入林莽间舐干伤口的血迹，不让人知道；但这也是有限度的，一旦超出自设的限度，就要公开反抗了。这反抗，正是他在组织里保持的个人自由。左联的情况就是这样。他不能让个人屈从于所谓的“组织”，或什么“元帅”之类，且看他最后的反抗——答徐懋庸的万言长文是最有代表性的反抗文本——是多么勇猛，庄严，富于道义的力量！

至于说到鲁迅“误导”别人，包括先生，大约这要同“接受主体”有关的罢？至少我相信，鲁迅不同于别的“教唆犯”，他没有说要别人相信他，相反则是要别人不相信他，他说他没有那样给别人指明出路的本领，连对诚恳请教他的学生也如此；此外，他把他的东西写出，就像他打的比方那样，“所有的无非几个小钉，几个瓦碟”，一并摆在地摊上，任人挑拣。而先生以为合用，何以不挑这个而偏拣那个呢？

历史怎样演变可以存而不论，不过，倘使先生当年确是出于鲁迅的引导，才奋起同一个独裁专制的政府做斗争的话，我至今仍然得说，这“导”并不见得是“误”，无论对鲁迅，对先生，都很可以引为光荣的。

## 八　最后，说说破与立

先生说“启蒙应当有破与立两方面的意义”，这是正确的。对于破与立，行文间虽然未曾作优劣之分，但毕竟倾向于以“立”为上。在比较鲁迅不如胡适时，先生指鲁迅主要是“破”的，而胡适则主要转到“立”的上面去便是。学界大抵也持类似的看法。其实，破与立其来有自，所司不同，彼此亦往往交互为用，不可取代。作为一种象征性符号，破与立可以作许多引申，例如：知识分子就是破的，学者和廷臣是立的。知识分子同学者廷臣一样使用共同的专业知识资源，但是通过批判，却能以社会问题激活既有的专业知识；学者和廷臣惟在积累，学者积累学问，廷臣则积累权力化的操作技术。扩而言之，社会运动也是破的，“五四”运动就是最大的破，而宪政建设一类则可以说是立的了。但是，社会运动——自然不同于蒋介石以“党国”名义制造的“新生活运动”之类的政治运动和文化运动——的能量是不容低估的。先生屡次申言继承“五四精神”，应当被认为是对“五四”作为社会批判运动的作用所做的高度估量；如果舍弃了批判，舍弃了破，在禁锢严密的传统文化面前，陌生的西方现代观念将无隙可乘，那么所谓的“五四精神”剩下的会是一些什么呢？在一定的历史场合，破比立甚至显得更为重要。

说到鲁迅的“立”，先生指为“因为创造社的攻击而学得的新思潮，又因为冯雪峰与瞿秋白的介绍而向往的新世界”。但不知先生之“新”何谓？鲁迅留学时介绍19世纪后叶的“新神思宗”算不算“新思潮”，其自立的“人国”算不算“新世界”？如果“新”乃指共产主义，在中国，也非鲁迅首“立”；但于接触和阅读，则要比创造社辈早得多。他确曾说过感谢创造社“挤”了他看了“几种科学底文艺论”，仅此而已；也确曾说过“相信惟新兴的无产者才有将来”，这也是他一贯的与“有产者”相对立的平民意识的表现，并非宗共产主义的宣言。马克思主义作为一种思想资源，正如其他主义一样，无疑丰富了鲁迅，却未曾改变鲁迅。他有他的思想。既能容纳新潮，又能抗拒时流，此之谓真正的独立的思想者。

退一万步说，即使鲁迅毫无其他的“建设性”可言，没有立，只有破，我们就能小觑这样一个中国社会的清道夫吗？在一个充斥着官僚学者聪明人奴才和大量看客的中庸而且苟且的“老大帝国”里，鲁迅的存在本身，就是最大的立。

关于知识分子问题的讨论，大的方面是朝野之分，国家集团与个人之分。如果连根本性的问题，譬如像“革命”与“斗争”，“主人”与“公仆”，“奴隶”与“奴才”，“乱”与“叛”，“流氓”与“战士”，“自由主义”与“好政府主义”，“权威主义”，“宪政主义”与“动物主义”等一些语词，到底是什么含义还未弄清楚，虽然给中学生编了“公民教科书”，也怕难免“误导”。至此，忽然想起鲁迅写的一首打油诗《公民科歌》，说的是周实先生老乡的事，不觉哑然失笑。实在扯远了，失敬得很，就此打住。

即请

夏安

二〇〇一年五月二十日，深夜里

（原载《书屋》2001 年第 Z1 期）

# 价值重估的尺度

## ——论“五四”人学思想及其现代意义

李新宇[*]

“五四”新文化运动是一场价值重估运动。“五四”新文化运动重估一切价值的尺度是什么？在这个问题上，中国学界一直缺乏必要的认识，因而导致了对新文化运动阐释的许多混乱。其实，“五四”新文化先驱者们的实践早已证明：人，是“五四”新文化运动的基本出发点和最终目的，也是重估一切价值的最高价值尺度。“五四”新文化运动的先驱者们用以比较和判断东西方文明优劣的价值标准不是别的，是个人的独立、自由和权利。这是新文化运动的基本态度，因此也决定了新文化运动的根本性质。正因为这样，新文化运动才在中国文化史上具有了划时代的意义。

根据胡适的说法，“五四”新文化运动是一场价值重估运动。在《新思潮的意义》一文中，他说：“据我个人的观察，新思潮的根本意义只是一种新态度。这种新态度可叫作评判的态度。”“评判的态度，简单说来，只是凡事要重新分别一个好与不好。”他告诉人们：对于世俗相传的制度风俗，要问：这种制度现在还有存在的价值吗？对于古代圣贤的教训，要问：这句话在今日还是不错的吗？对于社会公认

---

* 李新宇（1955— ），男，山东青州人，吉林大学文学院教授，博士生导师。

的行为与信仰，要问：大家公认的，就不会错了吗？人家这样做，我也应该这样做吗？难道没有别样做法比这个更好、更有理、更有益吗？在胡适看来，这种对传统的质疑即“评判的态度”，而“评判的态度”就是尼采所说的“重新估定一切价值”。

新文化运动系统审视了传统文明，对其方方面面进行了重估，如孔教问题、伦理问题、女子解放问题、贞操问题、婚姻问题、父子问题、教育改良问题、戏剧改良问题、文学改革问题，等等。胡适说：“孔教的讨论只是要重新估定孔教的价值。文学的评论只是要重新估定旧文学的价值。贞操的讨论只是要重新估定贞操的道德在现代社会的价值。旧戏的评论只是要重新估定旧戏在今日文学上的价值。礼教的讨论只是要重新估定古代的纲常礼教在今日还有什么价值。女子问题只是要重新估定女子在社会上的价值。政府与无政府的讨论，财产私有与公有的讨论，也只是要重新估定政府与财产等制度在今日社会的价值。”① 正是在这种重新估价中，新文化运动对传统文明做出了否定性的结论，而且给予了猛烈的批判。

值得注意的是，中国传统文明早已形成而且延续了几千年，问题也罢，罪恶也罢，并非到“五四”时期才出现。比如性别秩序中的女子问题、长幼秩序中的儿童问题、君臣秩序中的民权问题、各种旧伦理之下的生活方式和心理状态……都是中国上千年的存在，然而，它在过去的岁月里并未成为问题。一代代先贤都目睹过女人缠脚的痛苦，却都没有感到是个问题。究其原因，并不都是本性因为他们残忍，也不全是出于男人的私利而让女人做如此牺牲，而是因为身处传统之中而熟视无睹。传统的力量是巨大的。一种传统通过反复的社会化过程，使人们形成了种种习惯，习惯了压迫，也习惯了被压迫；习惯了施虐，也习惯了受虐。于是，一种文化特色或特殊国情得以形成，人们因司空见惯而见怪不怪，甚至把苦难视为理所当然，把罪恶看作天经地义。正因为这样，在过去的几千年中，虽然也不乏少数挑战者，但人们并没有感到中国文化传统问题的严重性，更没有感到它必须进行“再

① 参见《胡适精品集》第2册，光明日报出版社1989年版，第289页。

造”。唯独到了陈独秀、胡适、鲁迅等人的眼里，才变得问题严重，难以容忍，必欲彻底推倒而后快。

对世世代代习以为常的传统文明表示厌弃，进行态度决绝的批判，这显示着价值尺度的重大变化。一切价值重估都需要价值尺度。离开了价值尺度便无所谓长短和优劣。正是价值尺度的变化使新文化运动的领袖们对中国传统作出了不同于前辈的判断。

那么，“五四”新文化运动重估一切价值的尺度是什么？在这个问题上，中国学界一直缺乏必要的认识，因而导致了对新文化运动阐释的许多混乱。其实，先驱者们的实践早已证明：人，是“五四”新文化运动中重估一切价值的根本尺度。

在《敬告青年》一文中，陈独秀对青年提出了六条要求，第一条就是“自主的而非奴隶的”。他认为人“各有自主之权，绝对无奴隶他人之权利，亦绝无以奴隶自处之义务”。他希望中国青年能够摆脱奴隶状态，实现个性的解放和人格的独立。他说：“奴隶云者，古之昏弱对于强暴之横夺，而失其自由权利者之称也。自人权平等之说兴，奴隶之名，非血气所忍受。”“解放云者，脱离夫奴隶之羁绊，以完其自主自由之人格之谓也。我有手足，自谋温饱；我有口舌，自陈好恶；我有心思，自崇所信；绝不认他人之越俎，亦不应主我而奴他人。”在他看来，“忠孝节义，奴隶之道德也；轻刑薄赋，奴隶之幸福也；称颂功德，奴隶之文章也；拜爵赐第，奴隶之光荣也；丰碑高墓，奴隶之纪念物也”。原因是“以其是非荣辱，听命他人，不以自身为本位”“个人独立平等之人格，消灭无存，其一切善恶行为，势不能诉之自身意志而课以功过”。在这里，个人的“自主自由之人格”已经成为明确的目的。也正是在这篇文章中，陈独秀提出了新文化运动最先的纲领性口号：科学与人权。

在《东西民族根本思想之差异》一文中，陈独秀指出东西民族根本思想的三大差异，其中之一就是“西洋民族以个人为本位，东洋民族以家族为本位”。他赞美西洋民族：“举一切伦理，道德，政治，法律，社会之所向往，国家之所祈求，拥护个人之自由权利与幸福而已。思想言论之自由，谋个性之发展也。法律之前，个人平等也。个人之自由权利，载诸宪章，国法不得而剥夺之，所谓人权是也。人权者，成人以往，自非奴隶，悉享此权，无有差别。此纯粹个人主义之大精神也。自唯心论言之，人间者，性灵之主体也；自由者，性灵之活动力也。自心理学言之，人间者，意思之主体；自由者，意思之实现力也。自法律言之，人间者，权利之主体；自由者，权利之实行力也。所谓性灵，所谓意思，所谓权利，皆非个人以外之物。国家利益，社会利益，名与个人主义相冲突，实以巩固个人利益为本因也。”他批判东方社会：“自游牧社会，进而为宗法社会，至今无以异焉；自酋长政治，进而为封建政治，至今亦无以异焉。宗法社会，以家族为本位，而个人无权利，一家之人听命于家长……自古忠孝美谈，未尝无可歌可泣之事，然律以今日文明社会之组织，宗法制度之恶果，盖有四焉：一曰损坏个人独立自尊之人格；一曰窒碍个人意思之自由；一曰剥夺个人法律上平等之权利；一曰养成依赖性，戕贼个人之生产力。东洋民族社会中种种卑劣不法惨酷衰微之象，皆以此四者为之因。”因此，他提出了鲜明的主张：“以个人本位主义，易家族本位主义。”[①] 在这里，他用以比较和判断东西方文明优劣的价值标准不是别的，而是个人的独立、自由和权利。这是新文化运动的基本态度，也决定了新文化运动的根本性质。关于新文化运动，陈独秀作过如此解释：“新文化运动影响到军事上，最好能令战争止住，其次也要叫他做新文化运动底朋友不是敌人。新文化运动影响到产业上，应该令劳动者觉悟他们自己的地位，令资本家要把劳动者当作同类的‘人’看待，不要当作机器、牛马、奴隶看待。新文化运动影响到政治上，是要创造新的政治理想，不要受现实政治底羁绊。譬如中国底现实政治，什么护法，什么统一，都是一班没有饭吃的无聊政客在那里造谣生事，和人民生活、政治理想都无关系，不过是各派的政客拥有各派的军人争权夺利，好象狗争骨头一般罢了。他们的争夺是狗的运动。新文化运动是人的运动。我们只应该拿人的运动来轰散那狗的运动，不应该抛弃我们人的运动去加入他们狗的运动！”[②]

只要牢牢把握这一点，就不至于对“五四”新文化运动作出种种曲解和误解。

---

① 参见《陈独秀文章选编》（上），生活·读书·新知三联书店1984年版，第98页。
② 同上书，第517页。

遗憾的是，恰恰是在这个问题上，长期以来一直存在着曲解和误解。一些人有意无意地认定新文化运动的目的是救亡，所以价值重估也似乎自然要以是否有利于民族救亡和国家富强为尺度。根据流行的观点，新文化运动之所以发生，原因在于中国传统已无法解决中华民族面临的危机，在西方文化的冲击之下，它不仅节节败退，而且日益显示着落后，显然不能适应国家富强的需要，因此便有了新文化运动的发生。然而，这种解释是依据晚清洋务派到维新派的思路进行的，所以只适合于解释晚清的改革，而不适合于解释“五四”新文化运动。新文化运动虽然与洋务运动和维新运动一样与救亡有关，但它之所以发生，已经不只是国家和民族的危机以及救亡的冲动，因而再造文明的目的也不只是国家的强盛，价值重估的尺度也不再是民族和国家的利益。一个必须注意的事实是：在西方现代意识的烛照之下，本来致力于寻求救国之路的中国知识分子终于走上了救人之路。因为在人类健康文明的对比之下，他们终于发现了中国的问题不仅是国家因贫弱而被列强所欺，更为触目惊心的是人的生存惨状和几千年天经地义的血腥秩序。他们发现了传统文明对人的自由、尊严与权利的剥夺，发现了人性被扭曲和扼杀的千年一贯的悲剧。他们终于意识到，这样的国家即使繁荣富强，也只是一个好监狱、好屠宰场，是“人肉筵宴”的华丽餐厅，而不是“人国”，更不是人的乐园。于是，他们梦想掀翻几千年的“人肉筵宴”，结束“吃”与“被吃”的命运，让中国人也能像人一样生活。

正因为这样，新文化运动关心的问题大都不是国家和民族的问题。他们关心的是人，因而常用的词汇也是“吃人的礼教”“奴隶的国度”“非人的道德”，他们努力创造的新文学也定位于“人的文学”。他们的最终目的已经不是像康有为、梁启超、严复、孙中山那样设定在国家和民族，而是定位于人的解放。他们不是民族主义者，不是立于庙堂之上的帮忙文人，在人与国家之间，他们更关心的是人的生存、发展和自由，是个人的自由和权利的保障。

在陈独秀看来，“人民何故必建设国家？其目的在保障权利，共谋幸福”。然而，“吾国伊古以来，号为建设国家者，凡数十次，皆未尝为吾人谋福利，且为情戕害吾人福利之蟊贼；吾人数千年以来所积贮之财产，所造作之事物，悉为此数十次建设国家者破坏无余；凡百施政，皆以谋一姓之兴亡，非计及国民之忧乐，即有圣君贤相，发政施仁，亦为其福祚攸长之计，决非以国民之幸福与权利为准的也”。因此，他的结论掷地有声：“若而国家，实无立国之必要，更无爱国之可言。过昵感情，侈言爱国，而其智识首不足理解国家为何物者，其爱之也愈殷，其愚也益甚。”[①] 归根到底，爱国不应是盲目的、无条件的。正因为这样，才有了他的如此之论：“平情论之，亡国为奴，岂国人所愿，惟详察政情，在急激者即亡国瓜分，亦以为非可恐可悲之事。国家者，保障人民之权利，谋益人民之幸福者也。不此之务，其国也存之无所荣，亡之无所惜。若中国之为国，外无以御侮，内无以保民，不独无以保民，且适以残民，朝野同科，人民绝望。如此国家，一日不亡，外债一日不止；滥用国家威权，敛钱杀人，杀人敛钱，亦未能一日获已，拥众攘权，民罹锋镝，党同伐异，诛及妇孺，吾民何辜，遭此荼毒，奚我后，后来其苏。海外之师至，吾民必且有垂涕而迎之者矣……或谓恶国家胜于无国家？予则云，残民之祸，恶国家甚于无国家。失国之民诚苦矣，然其托庇于法治主权之下，权利虽不与主人等，视彼乱国之孑遗，尚若天上焉。”[②] 在考察了失掉国家的犹太人之后，他说：“不暇远征，且观域内，以各土地之广，惟租界居民，得以安宁自由，是以辛亥京津之变，癸丑南京之役，人民咸以其地不立化夷场为憾。”并且为这些人民辩护：“此非京津江南人无爱国心也，国家实不能保民而致其爱，其爱国心遂为其自觉心所排而去尔！呜呼！国家国家！尔行尔法！吾人诚无之不为忧！有之不为喜！”[③]

在辛亥革命前后，陈独秀曾经是一个热烈的爱国主义者，并于1905年组织过“岳王会”。但在创办《新青年》前夕，他却不再是一个盲目的爱国主义者，他的思想基点由国家和民族本位转向了个人本位。声称“国人唯一之希望”乃“外人之分割”[④] 当然是愤激之语，

① 参见《陈独秀文章选编》(上)，生活·读书·新知三联书店1984年版，第68页。
② 同上书，第71页。
③ 同上书，第72页。
④ 同上书，第66页。

但其中却包含了一种现代国家理念：为国家而国家不是目的，国家的合法性只能以保障公民权利而获得。如果一个国家不能保护公民的权利，如果外国人的统治比本国人的统治能给公民更多的自由和权利，那么，被外国人瓜分也没有什么不好。

值得注意的是，这不只是陈独秀个人的见解，而是新文化运动领袖集团的共识。

胡适赞美易卜生主义，在《易卜生主义》一文中特意引用了这样一段话："个人绝无做国民的需要。不但如此，国家简直是个人的大害。请看普鲁士的国力，不是牺牲了个人的个性去买来的吗？国民都成了酒馆里跑堂的了，自然个人是好兵了。再看犹太民族，岂不是最高贵的人类吗？无论受了何种野蛮的待遇，那犹太民族还能保存本来的面目。这都因为他们没有国家的原故。国家总得毁去。这种毁除国家的革命，我也情愿加入。毁去国家观念，单靠个人的情愿和精神上的团结做人类社会的基本——若能做到这步田地，这可算得有价值的自由的起点。"他赞美易卜生的"为我主义"，主张在世界陆沉的时候最要紧的是"救出自己"。他认为："社会最大的罪恶莫过于摧折个人的个性，不使他自由发展。"若干年后，当新生的国家权威努力教育青年为了国家利益而牺牲个人自由的时候，胡适在《介绍我自己的思想》中告诫青年："现在有人对你们说：'牺牲你们个人的自由，去救国家的自由！'我对你们说：'争你们个人的自由，便是为国家争自由！争你们自己的人格，便是为国家争人格！'"

鲁迅在"五四"时期有一句话："要我们保存国粹，也须国粹能保存我们……保存我们，的确是第一义。"① 这是他对传统的态度，也是对国家和民族的态度。它是一种以个人为本位的可以讨价还价的市场规则，也是卢梭以来现代国家理念中的契约原则。直到晚年，在抗日救亡高潮来临之际，鲁迅仍不忘告诫人们："用笔和舌，将沦为异族的奴隶之苦告诉大家，自然是不错的，但要十分小合，不可使大家得着这样的结论：'那么，到底还不如我们似的做自己人的奴隶好。'"②

① 参见《鲁迅全集》第1卷，人民文学出版社1981年版，第305—306页。

② 参见《鲁迅全集》第6卷，人民文学出版社1981年版，第595页。

根据陈独秀的见解，伦理的觉悟是“最后的觉悟”。所以，从某种意义上说，新文化运动最核心的内容就是伦理的觉悟。由于中国传统文化中政治的伦理化和伦理的政治化，伦理的觉悟最集中的表现就是“三纲革命”。用胡适的语言表达，即对三纲的价值重估。在此，我想选择对三纲的重估作为考察的对象，看“五四”一代人是如何对其进行了重估，在重估活动中使用的是什么样的价值尺度。

新文化运动发生之际，“君为臣纲”的传统统治秩序早已随着辛亥革命的成功而失掉了理论上的合法性。虽然作为一种传统观念，它会继续留存于人们的头脑之中，而且随时可能被统治者所利用，但在理论上，问题已在辛亥革命前后基本解决。所以，在“五四”新文化运动中，我们看到的主要已经不是对君权的抨击，而是对民权的捍卫。总统发布训令，陈独秀发现了问题：“古时专制国，皇帝是家长，百姓就是弟子。此时共和国，总统算是公仆，国民算是主人。家长式的皇帝下一道上谕，拿那道德不道德的话来教训百姓，原不算稀奇。现在公仆式的总统也要下一道命令来教训国民，这是怎么一回事？”[①] 政府下达命令，开头就说“道以得众为先，政以养民为本”，陈独秀立即写道：“共和国没有皇帝，不是家天下，不知什么人想得众做什么？共和国人民是靠自己养自己，不靠人养的，更不要官养的，不但不要官养，并且出租税养了官”，因此，“用不着什么‘抚育元元’‘加惠黎庶’的恩诏！”[②] 这一切，直接捍卫的是公民的个人权利。面对长与幼、男与女的传统伦理秩序，新文化运动付出了更多的努力。在对传统的父子、长幼秩序重估中，他们非常一致地站在“子”的立场上，对父亲权威提出了挑战，以激烈的姿态颠覆了父与子、长与幼的传统秩序。中国传统讲究孝道，而且“不孝有三，无后为大”。胡适却公然主张“无后主义”，对传统的孝道不以为然。他反复声称：做父亲的对儿子只有教养的义务而没有索取的权利。他在诗中对自己的儿子说：“我要你做一个堂堂的人，不要你做我的孝顺儿子。”[③] 这首诗因

① 参见《陈独秀文章选编》（上），生活·读书·新知三联书店1984年版，第306页。

② 同上书，第314页。

③ 参见《胡适精品集》第2册，光明日报出版社1998年版，第256页。

此引起争论。有人指责胡适“竟把一般做儿子的抬举起来，看作一个‘白吃不回账’的主顾”[1]。面对这种指责，胡适无论是在日记中还是在文章中都仍然继续强调：父母教养子女是必尽的义务，但决无资格示恩，子女对父母的爱和敬应该是有条件的。他问道：“假如我染着花柳病，生下儿子又聋又瞎，终生残废，他应该爱敬我吗？又假如我把儿子应得的遗产都拿去赌输了，使他衣食不能完全，教育不能得着，他应该爱敬我吗？”[2] 他似乎要执意破坏传统的长幼秩序，对中国人历来引为骄傲的孝道进行攻击，认为中国家庭父母视子女如养老存款，以为子女必须养亲，子女则视父母遗产为自己固有，甚至兄弟之间也要相互依靠，这就养成了一种多重的依赖性，使人自己都不能成为独立的人。

鲁迅考察中国人怎样做父亲，看到的是：“中国的孩子，只要生，不管他好不好，只要多，不管他才不才。生他的人，不负教他的责任。虽然‘人口众多’这一句话，很可以闭了眼睛自负，然而这许多人口，便只在尘土中辗转，小的时候，不把他当人，大了以后，也做不了人。”“所有小孩，只是他父母福气的材料，并非将来的‘人’的萌芽……大了以后，幸而生存，也不过‘仍旧贯如之何’，照例是制造孩子的家伙，不是‘人’的父亲，他生了孩子，便仍然不是‘人’的萌芽。”“因为我们中国所多的是孩子之父；所以以后是只要‘人’之父！”[3] 在《我们现在怎样做父亲》中，鲁迅说：“中国的‘圣人之徒’，最恨人动摇他的两样东西。一样不必说，也与我辈绝不相干；一样便是他的伦常，我辈却不免偶然发几句议论，所以株连牵扯，很得了许多‘铲伦常’‘禽兽行’之类的恶名。他们以为父对于子，有绝对的权力和威严；若是老子说话，当然无所不可，儿子有话，却在未说之前早已错了。”他认为：“后起的生命，总比以前的更有意义，更近完全，因此也更有价值，更可宝贵；前者的生命，应该牺牲于他。但可惜的是中国的旧见解，又恰恰与这道理完全相反。本位应在幼者，却反在长者；置重应在将来，却反在过去。前者做了更前者的牺牲，

---

① 参见《胡适精品集》第 2 册，光明日报出版社 1998 年版，第 251 页。
② 同上书，第 295—296 页。
③ 参见《鲁迅全集》第 1 卷，人民文学出版社 1981 年版，第 295—296 页。

自己无力生存，却苛责后者又来专做他的牺牲，毁灭了一切发展本身的能力。”① 他对传统长幼秩序的批判重点在于对年轻生命的扼杀，对于幼者权利的剥夺。他所希望的是无论长幼，都能成为“人”。

夫为妻纲的原则形成了传统家庭中的夫妻关系秩序，并且由此生成男尊女卑的社会等级秩序。在这一秩序之下，种种制度和观念使女性陷入了不幸的命运。新文化运动对传统秩序下的女性命运给予密切的关注，对关涉女性命运的一系列传统观念进行了重估。胡适写了《贞操问题》《论贞操问题》《再论贞操问题》《论女子为强暴所污》《美国的妇人》《女人解放从哪里做起》《大学开放女禁问题》《女子问题》等一系列文章，中心主题就是为妇女获得做人的权利和人格的尊严而呐喊呼吁。他从报纸上看到一些报道：唐烈妇在丈夫去世之后的三个月中九次自杀；一个未出嫁的姑娘因为未婚夫死亡而绝食七日；一个上海姑娘在听到未婚夫死讯几小时后吞了砒霜……按照中国传统的观念，她们都是女人的楷模，是学习的榜样。胡适却为此而无法压抑内心的痛苦和愤怒，挥笔哀悼这些无辜的死者，批判仍在流行的“全无心肝的贞操论”。他指出，俞氏女不过是信了荒谬的贞操迷信，所以要为未结婚的丈夫绝食而死，而那位在报纸上赞美这种迷信的人，却是早已丧失了人性。他惊异于共和国家竟然有褒扬烈妇烈女的条例，因为以人道主义的眼光看来，褒扬烈妇殉夫正是与杀人一样的罪恶。他说：“在文明的国度里，男女由自由意志，由高尚的恋爱，订了婚约，有时男的或者女的不幸死了，剩下的那一个因为生时爱情太深，故情愿不再婚嫁。这是合情理的事。若在婚姻不自由之国，男女订婚之后，女的还不知道男的面长面短，有何情爱可言？不料竟有一种陋儒，用‘青史上留名的事’来鼓励无知女儿做烈女……我以为我们今日若要作具体的贞操论，第一步就该反对这种忍心害理的烈女论，要渐渐养成一种舆论，不但永不把这种行为看作‘猗欤盛矣’可旌表褒扬的事，还要公认这是不合人情、不合天理的罪恶，还要公认劝人做烈女，罪等于故意杀人。”②

① 参见《鲁迅全集》第1卷，人民文学出版社1981年版，第132页。

② 参见《胡适精品集》第2册，光明日报出版社1998年版，第232页。

鲁迅则如此描述中国女人的不幸："死了丈夫，便守着，或者死掉；遇了强暴，便死掉；将这类人物，称赞一通，世道人心便好，中国便得救了。"[①] 他认为："道德这事，必须普遍，人人应做，人人能行，又于自他两利，才有存在的价值。"由此可见，鲁迅是个体生命本位的道德论者。这与中国传统的道德论完全不同。中国的旧道德维护江山社稷的稳固、社会家庭的稳定、君主家长的安康等，却从不考虑个人的生命是如何被秩序吞没。鲁迅的道德观是从人出发的，什么是道德的，什么是不道德的，对于鲁迅来说，很容易做出结论：凡是能够使人幸福，给人带来益处的行为就是道德的，否则，就是不道德的。一种道德如果给人带来的不是幸福而是痛苦，它本身就是不道德的。所以，鲁迅一再追问：节烈难吗？答道，很难。节烈苦吗？答道，很苦。女子自己愿意节烈吗？答道，不愿。既然如此，节烈的价值就无须多说了。鲁迅号召要为那些无辜的牺牲者开一个追悼大会："我们追悼了过去的人，还要发愿：要除去于人生毫无意义的苦痛。要除去制造并赏玩别人苦痛的昏迷和强暴。我们还要发愿：要人类都受正当的幸福。"[②]

由此，我们不难得出结论：人，是"五四"新文化运动的基本出发点和最终目的，也是重估一切价值的最高价值尺度。无论对于政治制度、经济制度、道德规范、文化传统，他们都以这一根本尺度确定取舍存废。新旧文化冲突的焦点就在这里。站在新文化的立场上，人是主体，以人的生命和个人权利为本位，一切文化传统和社会规范都只能为人所用，于人有益则取之，于人有害则废之；站在旧文化的立场上，却不以人的生命和个人权利为本位，而是以社会秩序和既定传统为本位，就很容易把制度、规范这些人们创造出来的东西当成不可动摇的神圣之物，甚至为了维护风化，可以扼杀人的生命；为了维护传统，不顾人的死活等。

需要注意的是，一切传统都是人的创造物。是人自觉或不自觉地创造了文化，为某种需要而创造了制度和规范，而人的行为并不总是

① 参见《鲁迅全集》第1卷，人民文学出版社1981年版，第117页。

② 同上书，第125页。

正确的，人类也无法根除邪恶。那些成为传统的东西有的曾经能够满足一时之需，却未必是最好的选择，有的即使在当时也是邪恶的产物。因此，任何传统和历史形成的东西都不应成为人的生存和自由发展的障碍，更不应成为剥夺人的权利的理由。人不能成为自己的创造物的奴隶，更不能忘记人类文明的最高价值尺度只能是人。新文化运动的领袖们坚决地揭露和反抗宗法制度和专制主义，彻底地批判旧伦理和旧道德，表现出的正是他们对摧残人的个性、压制人的自由、剥夺人的权利的恶劣传统的反叛。在他们那里，人成为全部文化活动的基本出发点，也成为价值重估的尺度。正因为这样，新文化运动才在中国文化史上具有了划时代的意义。

（原载《齐鲁学刊》2002 年第 3 期）

# 重寻"五四"

林贤治

所以中国今日思想，不要统一，只要分歧。

——《新青年》第四卷第三号

"五四"运动的发生，距今已有九十个年头。当年的风云人物已然逝去，文物部分保留下来，部分遭到湮灭。所谓历史，更多的是历史学话语，不同的时代有着不同的阐释者，从权力者到学者文人，也都带着不同的身份、利益、自己特有的观念和意识形态来审视过去。由是，"五四"出现了众多的面貌。无论是事件和事实本身，或是固有的意义，"五四"历史的完整性都没有得到充分的敞现，反而，通过不断的改写而被遮蔽。

## "五四"作为矛盾统一体

1919年5月4日，北京的学生聚集在天安门广场，举行游行示威活动，抗议中国政府对日的屈辱政策。以北京大学为首，印发《北京学界全体宣言》，散发传单，高呼口号，火烧赵家楼，痛殴章宗祥，深得工商界及市民支持。在政府出动警察逮捕学生之后，斗争的怒火迅速蔓延到了上海，以至全国各地。

其实，爱国斗争有很长一段引信。正如李长之在1944年的一篇文章所说："'五四'运动当然不仅指1919年5月4日这一天的运动，乃是指中国接触了西洋文化所孕育的一段文化历程，'五四'不过是这个历程中的一个指标。"

经历过鸦片战争、戊戌变法、辛亥革命后的两度帝制复辟和军阀统治的阵痛，新兴的知识阶级上下求索，终于选择了一条有别于原来的"富国强兵"的道路，即通过思想文化方面的变革，普及教育，传播新知，以促进广大社会的精神觉醒。在此期间，《新青年》杂志的创办及北京大学的改革是值得大书特书的两个标志性事件，显示了中国现代知识分子的创造性力量；在"五四"运动的发生和发展过程中，一刊一校做出了不可替代的重大贡献。

"五四"运动是诞生于20世纪的政治与文化的连体婴儿，既血肉相连，又相互牵制。"五四运动"一词的发明者，运动的干将罗家伦明确提出："五四"运动是"新文化运动"与"救国运动"合流而成，着重的是两者的统一。新文化运动的领袖之一胡适对"五四"作为"青年爱国的运动"持一种批评意见，强调两者的矛盾性，说五四事件使学生成为一个政治的力量，思想成为政治的武器，使原先的新文化运动"政治化""变了质"，是"一场不幸的政治干扰"。

无论作为一个过程，或是一个结构来看，"五四"都是一个矛盾统一体。我们看到，《东方杂志》及《甲寅》群体虽然与《新青年》杂志群体相颉颃，但是，杜亚泉、章士钊、吴宓等人也都在不同程度上推介过西方的观念和知识。就是说，敌对的双方依然存在着某种一致性。我们还可以就"五四"新文化，包括政治文化在内进行观察，其中，孙中山政治激进，文化保守；胡适文化激进，政治保守；陈独秀和鲁迅在政治和文化方面均显得相当激进，然而，一个最终投向政治革命、集体主义，一个坚持"思想革命"，坚持"独战"，激进的方向和形态也各有不同。作为一个运动过程，"五四"是从清末民初的政治革命走向思想文化运动，再走向社会运动并还原为政治革命的，前前后后发生过很多变化；而作为一个结构，一个实体，"五四"同样是多元多向，参差多态的。因此，必须看到这种文化现象的矛盾性，看到新旧事物彼此冲突、斗争和互相转化的必然性和合理性。

但是，这并不等于说，“五四”没有一个基本的面貌，没有一个核心价值。在这里，需要指出的是：①“五四”是新旧政治文化势力的一场殊死斗争，对“五四”的评论必须首先置于斗争的场域中进行。②“五四”运动的主体是知识分子和青年学生，知识分子是有意识地、自觉地要充当戏剧的主角即启蒙者而出现在历史舞台上的。毛泽东说“五四”运动的“弱点”，就是“只限于知识分子，没有工人农民参加”，正好从负面揭示了这个事实。对于“五四”或“五四”人物的评价，我们不能离开知识分子的一般定义，不能离开知识分子与权力、群众和社会的关系来进行。③“五四”是中国现代化的重要源头，当我们试图发掘并利用其中的思想文化资源时，必须立足于当今中国社会的变革之上。

“五四”作为一个历史评价对象，是先天地具有倾向性的。因此，所有关于“五四”的阐释，无论如何标榜“中立”“客观”“公正”，其实都是有倾向性的，显示出各自的官方的、民间的、进步的、保守或倒退的立场，没有哪一位论客可以避免。

## 世界主义与本土主义

胡适称“五四”新文化运动为中国的“文艺复兴运动”。意大利文艺复兴运动是人本主义对中世纪神权统治的挑战，就这一意义上说，“五四”颇有与之洽合之处。但是，在欧洲，作为一场思想解放运动是内发的，是古文明的复活；而在中国，所有更新的观念都是从外部植入的；现代观念的引进，意味着古文明——实质上是专制化等级化的儒家文化的覆灭。

所谓现代观念，从某种意义上说，其实就是西方的观念。自由、民主、人权、共和、科学，这些名词无一不是从西方输入的，放诸四海而皆准，是谓“普世价值”。《新青年》高张“德先生”“赛先生”两大旗帜，简单化的理解惟是要求“民主”与“科学”，实际上其包含的意义是更为广泛的。只要回头看看当时的文献，就可以知道，小至个人行为，大至国体，没有不在讨论的范围之内。

没有破坏就没有建设。但是，不要以为破坏是容易的事。“五四”一代提出“价值重估”“打倒偶像崇拜”，要以自由主义、个性解放代替三纲五常，以尼采、易卜生代替孔夫子，势必引起旧文化卫道士的惊慌和仇恨，全面进击势必遭遇顽强的抗拒。

“五四”前后，都曾有过关于东西新旧文化孰优孰劣的激烈论争，“科学与人生观”的论战，“中国文化本位”与“全盘西化”之争，本质上是其中的一部分。传统主义者极力鼓吹东方精神优越论。康有为上书总统、总理，公然主张“以孔子为大教，编入宪法，复祀孔子之拜跪明令”。杜亚泉称说儒家思想是中国的“国基”，输入西洋学说是“精神界之破产”。辜鸿铭也大肆鼓吹自二千五百年来君道臣节名教纲常之固有文明，作《中国人之精神》。“五四”时被称为“国粹派”者，重弹这些“保古家”的论调，反复强调东方民族的特色，反对世界主义而固守本土主义，在政治人物中更为普遍。袁世凯就打着“特殊国情”的招牌，恢复尊孔读经。蒋介石在“新生活运动”中鼓吹“礼”，不惜美化儒家文化，都因为它有助于政治“大一统”的形成。

清代以降，海禁大开。“洋务派”主张“中体西用”，虽面向西方而多有保留；至辛亥—“五四”人物，才真正是一代气魄宏大的世界主义者。鲁迅说的“拿来主义”，可以说是一个非常有代表性的口号。他们主张学习西方，不是不知道西方的制度、理论学说有不完善的地方，正如不是不知道旧文化中也含有一些合理的成分一样，然而他们不得不走极端，在非常时期采取非常策略，连素性温和的胡适也如此。比如，陈独秀承认孔子学说属“名产”，有其“精华”，但是不能不指出问题的实质在于它只适应于宗法社会封建时代而不适应于现代社会，所以，不能不赞同乃至鼓吹“打倒孔家店”的破坏性行动。“全有”或“全无”，这是一种状态，也是一种策略和方法。在累积了几千年的封建势力及其意识形态面前，倘若像一些貌似平和的论客主张的那样规行矩步，一代人是根本无法走出绝无窗户的“铁屋子”的。

但因此，陈独秀们被指为“全面反传统”，当年的反对孔教也被等同于“文革”时的“批孔”，正如称指他们的激进主义成为“文化大革命”“打、砸、抢”的“滥觞”一样。“批孔”将学术政治化，出于政治阴谋是尽人皆知的，如何可以拿来同一场源自自由集体的思想解放运动作比呢？传统的力量是强大的。君不见直至今日仍然有人反对全球化大趋势中普遍认可的精神和物质文明，仍然有人对世界主义说“不”，仍然有人主张尊孔读经，仍然有人主张恢复繁体汉字，仍然有人在儒家经典中寻找现代性的因子，主张建立“儒教社会主义国家”，仍然有人甚至是官员带头发起大规模祭祀活动。可以断定："五四"一代对传统的破坏，实在太不够了！

## 爱国主义与个人主义

“五四”运动被称为“爱国运动”，救亡图存，是清末直至“五四”一代的基本主题。比起辛亥的一代，“五四”一代更为激进的地方，在于进一步质疑国家，反对国家主义。他们高倡“民主”与“科学”，是民主的爱国者、科学的爱国者。他们心目中的国家，是建立在民主基础上的国家，是人民的国家。这里说的科学的爱国，实际上是理性的爱国，也即俄国知识分子恰达耶夫说的爱“真理的祖国”。

一般来说，专制主义者、传统主义者，都一致标榜国家的利益至上，并主张无条件地服从。当时，一代精英如严复、梁启超等，都散布过大量的效忠国家的论调。严复提出，保存国家并使国家强大，是衡量价值、制度和观念的唯一标准；梁启超则明确表示，要站在中国的民族主义的主流之中。

这种民族主义、国家主义的思想观念，同样为后来的政治家所推广，那后果是可以想见的。孙中山首倡“国家自由”论，说“自由”这个名词“万不可用到个人上去，要用到国家上去。个人不可太过自由，国家要得完全自由”。蒋介石后来发展了这样的思想，反对“个人自由”。他强调说：“在社会上，就是要服从各级政府，遵守一切法令。必须我们都能严守纪律，服从领袖！”就在这一国家至上的思想基础上，又引进“党在国上”“一党专政”的思想，建立起国民党的现代独裁统治。

宪法和法律是隶属于国家的。对待所谓“法治”的态度，未尝不可以看作是对国家的态度的一个侧面。“五四”事件发生后，北大教授梁漱溟发表《论学生事件》一文，公然提出：“我愿意学生事件付法庭办理，愿意检厅去提起公诉，审厅去审理判罪，学生去遵判服罪。检厅如果因人多检查的不清楚，不好办理，我们尽可一一自首，就是情愿牺牲，因为如不如此，我们所失的更大。”他的道理是，打伤人就是“现行犯”，运动中被称为“卖国贼”的曹汝霖、章宗祥等纵然罪大恶极，在罪名未成立时也仍有自由，民众不能侵犯。他让学生到检厅自首的言论甫出，即遭到蓝公武等人的反驳。要法律、要稳定的秩序呢？还是要人道和正义？北京《晨报》专门载文讨论“学生事件和国家法律问题”，其中提出：第一个疑问就是国家和正义到底能不能一致？我们人类对于反正义的国家裁判，到底有没有服从的义务？第二个疑问：就是法律的功用，到底是在除暴去恶，或是单在维持秩序？接着指出：“现在的国家法律的观念：第一要希望和正义相合……反人道正义的国家和法律，我们实在没有受他们裁判的义务。我们要到正义门前去自首，不要到强权武力门前去自首；我们要服从正义的裁判，我们决不甘心受强权武力的裁判。像这样的国家的法律，不许人保全他自己的国家，不许人讲公理，不许人谈正义，就应该不要它才是……”知识分子群起为学生辩护，提倡“司法独立”和“教育独立”，捍卫思想、言论和出版自由。

1919 年 11 月，剑农撰文明确指出：“宪法的性质，从一方面说，是保障人民的权利；从他方面说，是范围政府的行动。”“无论甚么法律，（除开宪法）大都是由行政立法两部的合力制定的。假若一党派得势，不问良恶，无论什么法律，都可制定；别一党派得势，不问良恶，无论什么法律，都可推翻，（舆论无势力的国尤然）。把人民万不可丧失的言论出版自由权，委托于这种机关所制定的法律，实在是非常危险的。”1920 年 8 月，胡适、李大钊等发表《争自由的宣言》，宣言说：“在假共和政治之下，经验了种种不自由的痛苦。便是政局变迁，这党把那党赶掉，然全国不自由的痛苦仍同从前一样。政治逼迫我们到这样无路可走的时候，我们便不得不起一种彻底觉悟，认定政治如果不由人民发动，则不会有真共和实现。”宣言正式提出，《治安警察条例》应即废止。

民主和共和精神，是“五四”一代所热烈鼓吹的。事实上，他们不但是一群激情主义者，也是一群理性主义者，并不如后来的学者指责的那样一味“激进”——“激进主义”在学者手里成了盲目、狂热的代名词。陈独秀、李大钊等人强调国家的民主性质，甚至认为没有民主便没有国家。陈独秀在《偶像破坏论》中把国家列入“骗人的偶像，在破坏之列”，主张建立民主国家，以“人民的统治”代替“君主的专制”。他说：“民主国家，真国家也，国家之公产也，以人民为主人，以执政为公仆者也。”他的所谓“民主”，即林肯定义的“民治、民有、民享”；他的民主政治不是“政党政治”，而是“国民政治”，国民拥有“国民之人格”，而不是“附属于特权者之奴隶”。他在一篇政论文章《爱国心与自觉心》中指出，除非国家保证人民的基本权利，并关心人民的福祉，真正的爱国心就不会存在；除非这样的条件存在，否则国家的存在就没有正当的理由。他说：“国家者，保障人民之权利，谋益人民之幸福者也。不此之务，其国也存之无所荣，亡之无所惜。”李大钊一样认为民族国家的强大与光荣并非基本目的，而着眼于人民的尊严、和平、自由与幸福，指出：“民与君不相立，自由与专制不并存。”胡适对于国家的批判态度也十分激烈，他说：“每一国人民都有权决定自己的政府形式。”他认为，应当把国家仅仅看成是个人属于其中的许多集团中的一个，是为个人的自由发展而组成的。他批评“高谈爱国，而不知国之何以当爱；高谈民族主义，而不知民族主义究作何解”。1918 年作诗《你莫忘记》，甚至反问：“这国如何爱得”，以致“指望快快亡国”。他自命为“世界公民”“不持狭义的国家主义，尤不屑为感情的‘爱国者’”。

“人民”，成了“五四”一代谈论国家或爱国的关键词。但是，值得注意的是，人民在这里并非指简单的多数，而是“个人”的集合，没有个人就没有人民，没有国家。《新青年》编委之一的高一涵出色地发挥了这一个人主义的思想，他在《国家非人生之归宿论》质问说，一个人是否应该无条件地忠于自己的国家？他认为，国家只是一种实现个人潜力和世界文明的手段，而非人生的归宿。他提出国家资格与个人人格在法律上互相平等，个人与政府是两个关系平等的主体，不能“扩张国家的权利，使干涉人民精神上的自由”；又说：“国家为人而设，非人为国家而生。”陈独秀指出：“社会进化，因果万端，究以有敢与社会宣战之伟大个人为至要。”胡适提倡“易卜生主义”，其实就是个人主义，他强调，“要想社会上生出无数永不知足，永不满意，敢说老实话攻击社会腐败情形的‘国民公敌’”；指出“社会最大的罪恶莫过于摧折个人的个性，不使他自由发展”。他说，如果个人没有“自由权”，像做奴隶一样，那种社会国家便绝没有改良进步的希望。傅斯年明确说：“破坏个性的最大势力就是万恶之源。”蒋梦麟认为：“共和之国，其要素为平民主义。平民主义之要素，在尊重个人之价值。”所以，他提出：“国家社会有戕贼个人者，个人能以推翻而重组之。”这些言论，在中国历史上是从来不曾有过的，众声喧哗，惊世骇俗。

《青年》杂志宣称：“堂堂正正以个人主义为前提。”个人主义是“五四”最大的思想成果之一，是现代中国最重要、最宝贵的精神资源。难得的是，这些先驱者在鼓吹个人主义的同时，对“唯我主义”(egoism) 和真正的个人主义 (individuality) 作出区分，对公私的权限作出区分。可是，历史发展的一个事实是，这种讲求科学的理性的态度，非但没有得到确认，相反遭到歪曲，恰恰把个人主义当作唯我主义来批判，结果国家成了没有个人和个性存在的国家，爱国主义也因为丧失了个体的灵魂，而仅仅表现为鲁迅说的“合群的爱国的自大”。这是“五四”被遮蔽的最主要的层面之一。

## 无政府主义与好政府主义

“五四”之后，胡适与李大钊曾经有过“问题与主义”之争。其实，“五四”时代既是一个问题的时代，也是主义的时代。这时，自由主义、实用主义、功利主义、改良主义、无政府主义、社会主义，各种社会思潮汇合到一起。1936 年，毛泽东会见美国记者斯诺时说：“当时 (1918—1919 年)，我的思想是自由主义、民主主义、改良主义和乌托邦社会主义的奇特混合体。”这种思想状况在当时的青年知识分子中间是具有代表性的，也可以看作是无序的思想社会的一种反映。在这期间，无政府主义在各种社会革命思想中间势力最大，流行最广。

早在“五四”运动发生前十年，无政府主义思潮便已开始涌动并流行起来。当时，思潮有两个中心：一个是巴黎的“世界社”，领导者是李石曾和吴稚晖；一个在东京，名为“社会主义讲习会”，由刘师培、何震夫妇主持。此外还有广州师复发起建立的“心社”。他们编印杂志，分头活动，此呼彼应。1919—1925 年，中国共出现九十二个无政府主义组织；1922—1923 年，国内外共出现七十余种无政府主义刊物。1910 年，无政府主义的大多数经典著作已有中译本，这些译本的内容包括政治经济问题、个人和社会关系问题、家庭在社会中的地位问题、妇女的地位问题、教育问题、科学和社会思想问题，都是“五四”期间知识界及全社会关注的核心问题。而马克思主义的主要著作，直至 1920 年才有中译本。因此，无政府主义的广泛传播，对“五四”时期激进思想的形成起着关键的作用。中国政府十分敌视无政府主义，不断追捕从事宣传活动的极端分子，反而扩大了各种“疯谈”的影响。当时，许多不满现状、向往革命的激进青年开始信仰无政府主义，中国共产党的早期领袖，除了陈独秀，几乎全部接受过无政府主义的影响。

特里 · M. 珀林指出：“无政府主义者一直是一些具有反抗精神的男男女女，他们企图组织起来去破坏社会结构。无政府主义对其信徒来说，意味着一场反对邪恶的伟大斗争，一个反对贬低自己的非宗教改革运动，一场反对社会堕落的战斗，而国家似乎就代表了这种社会堕落的思想与现实。无政府主义反对政治，反对权力主义，是一种不断造反的精神状态。”著名的无政府主义者埃玛 · 戈德曼的定义是：“无政府主义是指从宗教的统治下解放人类的思想，从财产的统治下解放人类的身体，从政府的枷锁和束缚下解放出来。”总之，无政府主义者在当时几乎囊括了所有热爱自由的、反叛的青年。

无政府主义者旨在反抗霸权，幻想实现一个把社会责任与个人自由结合起来的社会。这种社会革命思想的一个突出特征，就是使社会与政治对立，致力于文化革命，并把它看作是改造社会的最基本的手段。这样，无政府主义者就不是新文化运动的旁观者，而是积极的推动者和参与者，他们不但影响了整个运动的思想定位，而且提供了一套新的话语。

从“五四”运动的整个过程来看，这是一场自发的社会革命，没有一个有形的中心领导来决定一切，是知识分子的自治运动。它充分体现了无政府主义反对政治组织，反对权威，无中心性、无限制性的特点。中国新青年不但不满于黑暗的国家统治，也不满于侵害个人日常生活的家庭权威，不满于长者对幼者、男人对女人的压迫。他们要打破的偶像，首先是窒息生机的日常存在的偶像，他们所体验到的传统的重负直接威胁到自身的生存，而所有这些，都可以从无政府主义那里获得一种冲决的勇气，一种前瞻的想象。可以说，正是无政府主义创造了一代激进文化。

但是，不能认为无政府主义只是破坏的、解构的，而没有建设。无政府主义以自身的文化革命思想，在新文化运动中促进基本社会结构的革命化。首先，无政府主义者把教育看作革命的基础，但不是规范意义上的教育，而是改变生活习惯完善个人道德的教育，在教育过程中，将知识和劳动相结合，创造一个消灭脑力劳动与体力劳动的根本差别的社会空间。他们发起工读机构，1914 年建立新的“勤工俭学会”，最先教育赴法的中国工人，后来转向留法学生，所有在这里的中国学生都成了无政府主义者。工读计划实践一个重要的思想，就是从中扩展劳动意识和劳动者意识，通过教育—互助，知识和劳动相结合——以最终改造个体的道德，创造新一代青年。

无政府主义者在“五四”期间的活动，保持了从文化革命到社会革命的一致性。这些活动，包括从法国的工读运动到国内的工团活动，从北京大学的“进德会”到周作人发起的“新村运动”，还有各式各样的实验，以一种社会革命的理想吸引广大青年学生，开始了现代劳工运动，一时成为潮流。而今，我们的学者仍在不断攻击“五四”的激进主义。其实，激进主义不但是一种状态，而且是一种思想，是一整个时代的灵魂。试图抽掉激进主义，就斫丧了“五四”的生命。

新文化运动的领袖陈独秀、胡适都是不满于无政府主义的，尤其是胡适。

1922 年 5 月 13 日，胡适和他的朋友共同发布了一份名为《我们的政治主张》的宣言。起草者胡适大约受了美国“好人政府协会”的思想影响，在宣言中重在宣传“好人政府”，作为“政治改革目标”。显然，这是同激进的反政府、反权威的新文化运动相悖的。“好政府主义”和无政府主义，正好是一副对子。

20 世纪 30 年代以后，中央集权统治形成，无政府主义作为汹涌一时的思想潮流已经沉落。这时，胡适和同留学欧美的一群朋友集体入阁从政，完成了对由他参与发动的新文化运动，以及作为一个独立的、批判的、边缘的知识分子身份的背叛。

一个世纪以来，在兴起于“五四”前后纷纭众多的思想中，恐怕没有一种思想比无政府主义遭到更为无情的歪曲、诅咒、嘲笑和彻底抹杀的了，而深嵌其中的那些诱人的乌托邦图像，以及一代践行者的忘我开展的社会活动，是那般激荡着一代青年的心！与此相反，在运动中暴露了知识分子的软弱，奉行“好政府主义”，努力将自由批判的知识分子意向转变为权力导向的胡适却被偶像化，尊为“中国自由主义之父”！

这种对比，不妨看作是“五四”这出悲壮剧落幕之后，继续上演的一出短小的谐谑剧！

## 社会运动与政治革命

在新文化运动的领袖那里，计划中的运动应当仅限于文化运动，“启蒙运动”即通过自由出版、言论、教育、文艺及学术活动，由知识精英向广大民众进行新知识、新观念、新思想的传播。社会活动的勃兴，乃至在此基础上形成的政治革命恐怕是他们所始料未及，至少在思想上是准备不足的。这种情形，正如长期致力于中国革命史研究的美国学者阿里夫·德里克所描述的：“当初的领导者发现自己已不再能控制他们所发动的运动了。当从这个角度来看新文化运动时，那些将之视作一种纯粹的、简单的思想运动，并且力图使人保持这种方向的新文化运动的参加者所做的、越来越无效的努力就不是运动的本质，而是其中的一种思想观点了。他们提出了以运动的理性主义来控制他们的思想已无法控制的社会激进主义。”

就在“五四”事件退潮之际，胡适这个自称为“实验主义的信徒”，率先主张“踱进研究室”，“少谈些主义”而“多研究些问题”。其实，他对于社会运动一直是怀有逃避心理的。早在 1915 年袁世凯政府同日本谈判“二十一条”，留学生群情激奋时，他写下《致留学生公函》，认为关心国事即可，上策乃是“认真地、安静地、不受干扰地和毫不动摇地专心致力于学习”；“五四”刚满周年，他和蒋梦麟共同发表《我们对于学生的希望》一文，面对“一年以来，教育界的风潮几乎没有一个月平静的，静静一年光阴就在这风潮扰攘里过去了”，“学生抛弃学业，荒废光阴”的局面，明确说：“单用罢课作武器是最不经济的方法，是下下策，屡用不已，是学生运动破产的表现。”胡适表示了对聚会演讲中那些像“同胞快醒，国要亡了”“杀卖国贼”“爱国是人生的义务”一类“空话”的不满，呼吁学生“从今以后要注意课堂里、自修室里、操场上，课余时间里的学生活动”，并确认“只有这种学生活动是能持久又最有功效的”。当政治黑暗，民智大开，抗议运动的兴起是一种必然。在这里，胡适反潮流的主张存在的一个问题是：由于过分强调教育的独立性而脱离社会现实的需要，结果知识者的知识乃至人格将因此失去社会资源的涵养。此外，无论出于蔑视或者恐惧，试图逃离社会运动的主体——民众，都将因取消了教育对象，而自动放弃了知识分子借以安身立命的启蒙工作。中国现代知识分子生于忧患，不同于西方知识分子的是，他们必须坚持在救亡中启蒙。

胡适在 1917 年回国时，誓言“二十年不谈政治”，“踱进研究室”可以算得上是一种践约。然而，到了国民党行将建立“党国”时，他又倡言“人权”，大谈政治了，可见他一直徘徊在政治与文化之间。其实，在他身上有着很深的中国传统士大夫的“帝王师”情结，所以最后入阁不是偶然的事。入阁以后，他还不至于完全丧失一个半吊子的自由主义者，即好政府主义者的身份，力图把政府工作纳入一种法治秩序的正轨。但因此，他也就成了后来许多自称喜好“自由主义”“改良主义”和“宪政主义”者心目中的典范。

所谓宪政民主即宪政加民主，是一种复合民主，就是说，宪政并不等于民主。宪政指的是制定宪法并使之付诸实施的一个行为过程。但是，在这一过程中，有可能出现这样两种情况：一种情况是在制定时，只通过法律控制人民，而不限制政府，这就等于把民主尽早地加以合法的扼杀；另一种情况是政府只说不做，或者说一套做一套，宪法可以写得尽善尽美，实际上是一纸空文，宪政和民主是马车的两个轮子，缺少其中任何一个，都不可能使民主政治顺利运行。尤其在独裁政体中，倘若不是在扩大民主的基础上，单方面推行所谓的“宪政主义”，只能在反民主的道路上愈走愈远。

其实，“五四”运动之所以能够在一天完成，是因为辛亥革命前后在社会上初步形成了一种民主共和的空气，而逼使军阀政府相对成为“弱势政府”，行使权力时不得不有所收敛的缘故。“五四”前后，特别在后期，社会运动空前高涨，从而集中而强势地普及了文化启蒙运动的主导思想。专制无能的北京政府之所以很快塌台，并非完全取决于南方革命军的力量，其中社会运动对于权力结构的瓦解作用是不可低估的。运动的开展有两个不可或缺的前提：一是舆论自由。当时，白话文广为流行，白话报刊如雨后春笋，1917—1921 年达到 1000 种以上。而且严格的报刊审查制度尚未建立，这些报刊基本上拥有自由表达和批评政府的权利。二是结社自由。“五四”前夕，新式学校不断增加，学生多达 570 万人，学生团体和青年组织多得不可胜数；商会也有近千个，且每年以 100 个左右的速度递增。学生和其他知识分子一起建立以学习、讨论、普及教育和服务社会为宗旨的组织，还同其他社会团体进行合作，成立各种“联合会”，还有具有鲜明政治色彩的团体。社会运动中的一个接一个事件，游行集会，罢课、罢工、罢市，普及性讲演，开办平民夜校，免费学校，组织勤工俭学活动，等等，许多为社会学者查尔斯·蒂利所称的具有“进取性”的行动，都来自这些组织的策动，后来许多左派或右派的重要的政界人物，都是从这些组织中开始步入其政治生涯的。可以设想，如果取消了言论、出版自由，以及产生于这一背景之上的众多的社会团体，所有的社会运动都将随之烟消火灭。蒂利指出："社会运动为那些在循规蹈矩的政治生活中沉默的一群人、一类人，以及无人提及的议题提供了一个至关重要的途径，使之得以在大众政治中获得一席之地。"但是，不可理解的是，当今致力于"反思""五四"的学者，对于当时不得不采取激进姿态的社会运动，对于诸如鲁迅等旨在扩大社会势力而不惮与专制政府相对抗的知识分子行为颇多贬抑，而独独赞赏保守主义，改良主义也即"好政府主义"，岂非咄咄怪事？

"五四"之后，在风起云涌的社会运动中，新的政党及革命团体成立，这时，政治革命与社会革命开始交织在一起，乃至代替了社会革命。以五卅运动为标志，五四运动作为一个知识分子运动（文化运动—社会运动）基本宣告结束。

这里说的政治革命，在当时即所谓"国民革命"。革命政党既包括共产党，也包括国民党，在此后一段时间内还曾有过两党合作，目标在于推翻北京的军阀统治，以重建民主共和政体。国民党最终以恐怖和专制的"一党专政"背叛了革命是一个事实，但是，并不能据此否定革命本身。自著名的"告别革命"论开始，20世纪九十年代以后否弃革命在学术界成了一种潮流，这里同样牵涉对"五四"的评价问题，反对"激进主义"就是同一个思路。事实上，从五四新文化运动到社会运动再到政治革命，是势所必至的事。我们之所以称为革命，肯定其发生的合理性，就在于当时的北京政府是专制的、腐败的，背叛了辛亥革命——中国历史上第一次革命的原则也即反革命的，所以，不能不在体制外作颠覆性的反抗。至于革命发动之后如何运作，或革命成功以后会不会重蹈旧制度的覆辙是另一回事，但是不容否认的是，当时追求社会变革的要求势不可遏，而且有着雄厚的社会运动的基础，条件已经成熟。

本雅明论及历史时说："被压迫者的传统教育我们，我们生存的紧急状态，并非例外，而是常规。"革命，其实也就在常规的"紧急状态"之内。他尊重被压迫者的生存经验，并确认这一活生生的经验是社会变革的原动力，而且是理论判断的唯一依据。

“五四”一代在关键时刻为民族打开了一个缺口。而这时，几千年的农业文明繁衍下来的仍然是饥饿、贫穷、愚昧、禁锢和落后，中产阶级未及长成，工业时代遥遥无期，西方观念的种子在东方找不到最适宜生根发芽的土壤。新一代知识分子的启蒙工作，可谓举步维艰。

在传统势力，包括专制政治的围困之下，“五四”一代的功利主义和激进主义是无可厚非的。如果一定要指摘他们的缺失的话，那正是源于知识分子的脆弱性，没有把这种激进的抗争韧性地进行下去。即便如此，凭着他们的乌托邦理想和英雄主义的激情，短短几年间便创造了惊人的业绩。有人借“反思”“五四”而批判“五四”，把“五四”的最富于自由特质的部分给否定掉了。

要准确地描述“五四”，我们不但需要拥有如“五四”一代的志向、知识、思考和行动的能力，更为重要的是，必须获得那一代人的生气勃勃的“新青年”状态。他们是谁？他们是一群惟是追随真理与自我、无所畏惧、自由反抗的精灵。不要轻言“超越”，还是让我们谦卑地回到历史现场中去，回到“德先生”和“赛先生”那里去，听讲关于“公民身份”的第一课那时开始。

（原载《书屋》2009 年第 3 期）

# “五四”：一个次好的时代

傅国涌*

以往我们对“五四”的理解有很误区，比如：将“五四”单一化地理解成一个全盘反传统的新文化运动；将“五四”政治化，认为“五四”导致马列主义在中国出现，甚至还有一个极端的说法是“五四”导致了“文化大革命”；将“五四”狭隘化，纯粹看作是1919年5月4日学生上街游行以及由此引发的学生和民众运动。当然还有其他一些误解，比如说，“五四”是不主张私有制的，“五四”只讲思想、不讲制度，那一代知识分子没有对制度进行讨论……诸如此类，实际上跟“五四”的真实面貌都有差距。

我所理解的“五四”不是1919年5月4日发生的那个“五四”，而是1919年前后那个时代，是“五四”时代。

在我心目中，“五四”不是一个最好的时代，只是一个较好的时代，一个次好的时代，至少它是一个非常有魅力的时代。

## 一

我所了解的“五四”不是一个政治的“五四”，也不仅仅是一个文化的“五四”，而是一个社会的“五四”、经济的“五四”，是一个

* 傅国涌，历史学者，自由撰稿人，当代中国著名知识分子。主要著作《金庸传》《百年寻梦》等。

全面的、多元化的“五四”。我留意过“五四”时代的经济史，发现今天在讲民营经济、发展经济，这些东西在“五四”那个时代是天经地义、根本不需要讲的，人生下来就拥有那些权利：创办企业、创办银行。我们今天老百姓要创办一家私营银行，恐怕还有制度的障碍。但在“五四”时代，任何一个中国人，只要你有能力、有勇气，甚至不需要巨额的资本，就可以去注册一家民营的银行。

民营银行在中国出现是在晚清。进入民国以后，特别是“五四”时代，在1915—1925年这10年间，中国出现了大量的民营银行。这些银行都是个人创办的。最早的海归派之一陈光甫在上海创办了上海商业储蓄银行，以这家银行为标志，当时中国从南到北有很多类似的民营银行。上海商业储蓄银行的本金只有7万元，在当时是一个非常小型的银行，但它在很短的时间内就发展成了上海举足轻重的大银行。后来陈光甫被称为中国的摩根，在美国、欧洲享有很高的声望。所以，抗日战争的时候，国民政府才会派他和胡适到美国去借款，因为他在美国金融界有信誉。作为美国密歇根大学的留学生，他没有资本，也没有显赫家世，白手起家创办一家银行，而且做得非常成功，创立了很多在金融业界可以成为标本的做法，包括一元钱起存，这个在今天看来十分平常的事情，在90多年前的中国却是一个创举。

“五四”时代不仅可以随便办银行，当然更可以随意创立自己的企业。

另一个海归派，一代“棉纱大王”穆藕初，回国以后就创办了一系列的纺织企业。荣德生、荣宗敬号称“纺织大王”“面粉大王”，尽管他们创业的起点是1900年八国联军进京的时候，但是他们的企业真正做大、起飞也是在“五四”时代。那一代民营企业家几乎都是在“五四”时代发扬光大，成为各自领域的大佬。当时有很多称“王”的企业家都是民营的，他们在创办企业时不存在任何制度的障碍，好像天生就拥有那样的权利。其实，什么私有制、股份制、民营企业都不是新生事物，在那个时代早已是稀松平常的事情，任何人只要你愿意、有机会，你都可以这么干。谈论“五四”是不能离开这个经济背景的。那确乎是一个社会经济多元化的时代，经济的多元化导致了思想的多元化。

“五四”时代，中国不仅有知识分子关心中国的命运，很多做企业的人也同样关心这个国家。美国留学回来的穆藕初，在自己创业不是很久，赚的钱不是很多的情况下，竟然计划拿出一笔巨款，一年一万大洋，在经过“五四”洗礼的学生当中选5个人，完全用民间的方式建立基金会，资助他们赴美留学。穆藕初委托蔡元培（胡适、蒋梦麟、陶孟和辅助）去物色候选人，最后物色出来的人里包括罗家伦（前清华大学校长）、周炳琳（著名法学家，曾任北京大学法学院院长）等人。这完全是企业家发自内心的无偿捐助，不求回报，根本不是说想要借这个事件炒作自己，给企业做免费广告。我们现在很多企业家也会做一些公益事业，但在做的时候会拉新闻媒体大肆炒作一番，这个钱花得比广告费的效果好得多，事实上起到了广告起不到的作用。

在“五四”时代，企业家和知识分子之间的关系是非常默契的。穆藕初到北京来，都是跟蒋梦麟这些人游玩，而不是去跟商场上的人或达官贵人往来，企业家的心中有一种对知识的敬畏，对精神的敬畏。他们虽然在从事工商业，但在他们的心中文化有更高的地位。

我们现在提起“五四”时代，往往只看到学生、知识分子，好像那个时代只有这些人似的，其实不是这么一回事，那个时代企业家的声音恐怕一点都不亚于知识分子，他们的声音大得很，而且更有实力。他们跟我们这个时代的企业家不可同日而语。那个时代的企业家本质上还是读书人，无论是留学回来还是没有什么学历的，无论什么出身，他们都有共同的特点，对国家和故土都怀有一种说不出来的情感，这种情感绝不是今天抵制家乐福的那种情感，它是一种刻骨铭心的对这块土地的连带感，这块土地是他祖祖辈辈生老病死的地方，他们跟这块土地之间有一种神秘的联系，他们要把自己的一切奉献给这块土地。

这些企业家今天看来更像读书人，他们的业余时间都爱看书。我不知道是不是因为当初消遣方式比较单一，虽然那时也有歌厅、舞厅、俱乐部等娱乐场所，但我发现，这些做得非常成功的企业家，他们的休息时间，特别是晚上常常是在做跟国家命运有关、跟文化有关的事，而不是跟娱乐有关的事。我们不能只看那个时代北大的教授们怎么想、怎么做，而应该把那个时代企业家想什么、做什么和北大的师生做什么联系在一起，才可以看出一个更完整的时代面貌。

中国几千年以来的文化传承到1919年前后的那几年，不仅没有被反掉，而是有非常好的传承。在那些知识分子和企业家的身上保留着中国文化温情、美好的一面，也兼具了西方文化中进取、向上的一面。他们不仅有很深的中国文化的造诣，而且呼吸到了西方文明的空气。也只有那个时代才有可能产生真正算得上学贯中西的人。

## 二

“五四”时当政的徐世昌恰好是一个文人总统，而不是一个武人，在他之前，黎元洪也好，袁世凯也好，后面的冯国璋、段祺瑞、曹锟、张作霖这些人，确实都是军阀。虽然徐世昌是从袁世凯的幕府里走出来的，幕僚出身，但是与拿枪的总是有所不同。在徐世昌当总统期间，正好是“五四”的黄金时代。就因为是文人政府，比张作霖这些人要收敛，要更为节制。

我们不应把“五四”狭隘化为1919年5月4日那一天发生的事，如果放在1919年前后的中国来看，它更大的意义是让国家萌生了各种可能性。

比如说，那个时候的总统是国会选出来的，虽然总统候选人是各个实力派进行博弈、较量、反复权衡推出来的。但是他毕竟要通过选举的形式。1923年，布贩子出身的曹锟要贿选，今天我们觉得贿选是一个大丑闻，但贿选本身就说明了他承认宪政框架，承认国会才能选他做总统，他为什么不把国会解散了，自己任命自己为大总统？一分钱也不用花。贿选代价是很高的，五千块大洋一票，国会议员是800人。还有一种方法就是派一个连包围国会，刺刀一架，不选他的不准出去。他为什么不这么干？至少说明这个选票还值钱，这个宪政体制他是承认的，总统、国会、内阁这一套制度安排他是承认的。所以，假如说这套架构继续玩下去，一轮、两轮……不断地按这个路子玩下去，前面有很多丑闻，这条路到后面也或许能走通。一个制度能不能健康地运作，最终是靠选民，是公民，而不是政党，不是职业政客。

“五四”提供了每个人追求自己梦想的各种可能性。你想追求什么梦想，你就可以去追求。蔡元培去世之后，陈独秀写了一篇文章说，“五四”没有领导人，但在言论上负主要责任的是他和蔡元培、胡适三个人。这三个人基本上代表了三个不同的方向。胡适代表一条渐进的变革之路；蔡元培更大度一些，他讲兼容并包，甚至能兼容左右翼；陈独秀是胡适的另一面，代表了以激进的革命来改造社会的道路，当然，他到晚年也反思了，回到了没有踏上激进之路前的“五四”状态。中国最后选的是陈独秀的激进之路，陈独秀反思了，但别的人沿着他的路走了下去。历史有很多的峰回路转，有很多的“之”字形，走来走去，这个历史又走回来了。

有人认为“五四”导致了之后的“文化大革命”，在历史的链条上我们很难找到这个论证。“五四”和“文化大革命”之间没有任何可以链接的地方。“五四”最强调的核心词之一就是独立的个人主义，即胡适讲的易卜生主义。学生一辈、老师一辈普遍认同。无论你主张无政府主义、马克思主义，还有其他什么主义……一辈子信仰无政府主义的巴金，把巴枯宁和克鲁泡特金作为他的偶像。

17 岁的少年巴金在四川信仰上了无政府主义，还办了杂志，被军阀查封，后来漂流出川。他仅仅是无政府主义中的小字辈，无政府主义者当中有很多大字辈，比如只活了三十几岁就病故的辛亥革命元老刘师复，他不要政府，干脆连姓也不要了，就叫师复。他也是“五四”的一个代表人物，无政府主义的狂热信仰者，人品非常好，非常纯洁、高贵。无政府主义在当时还是一股非常向上的思潮，所以有很多人追求这个信仰，青年毛泽东也曾被吸引。

无政府主义这股思潮光开花不结果，但是我们不能因此否定它存在的意义和价值。追求无政府主义本身也是对社会公正的一种诉求，不是简单地要去建立一个无政府主义的天堂，那是建不起来的。

看“五四”时代，政治甚至有点边缘，因为社会得到一定程度的解放，人们就不太把政府说的话当回事，社会的价值评判体系并不掌握在北洋军阀手里，不掌握在徐世昌手里，总统、总理、总长不代表真理。

真理和权力是分离的，这是“五四”的又一个特征。“五四”的魅力，最深的魅力就在这里——权力中心和真理中心不是合一的。“五四”时代，人们跟政府之间，跟权力之间保持着一种相对游离的状态。我们还不能说那时已有了非常成熟的公民社会，但至少有一个相对独立的个人空间，有一个相对独立的民间社会，这是没有问题的，从经济上看是这样，文化上看是这样，政治上看也是这样。但这样一个多元的、有各种可能性的时代很快就结束了。

## 三

美国的林毓生有个著名观点，认为“五四”是全盘的反传统，是要打倒中国的传统文化。从“五四”代表人物的一些只言片语中，我们看到一些相关的表述，比如说鲁迅讲的“青年人不要读中国书”，胡适讲的“中国百事不如人”，钱玄同讲的“废除汉字”……这是老师一辈的一些言论，学生一辈的傅斯年、罗家伦也有类似说法，但在这些只言片语后面，我们仔细去看“五四”的代表人物，老师一辈的胡适，甚至是只手打孔家店的吴虞，他们恰恰都是熟悉传统文化的人，而且一辈子都没有离开传统文化。

胡适晚年致力于《水经注》的版本研究。鲁迅虽然叫别人不要读中国书，尽量读外国书，但是他自己读的还是中国书多，外国书只读过一些德国的、俄国的、日本的，英美的基本没读。他弟弟周作人说他读得最多的是野史，所以鲁迅的精神资源很大一部分还是来自中国文化。代表他学术建树的是一本《中国小说史略》。我们不能只看这些人说过几句否定传统文化、貌似很激烈的话，然后就凭这几句话来论断他们都是全盘反传统的。当时，林纾写公开信攻击蔡元培把北大搞得乌烟瘴气，仿佛都在搞白话文，否定文言文。事实上，北大的学生有主张白话文、办《新潮》的，也有主张文言文、办《国故》的，校方都给予了支持。

在北大，马克思主义者可以搞自己的小社团，甚至在北大校刊上公开发表马克思主义社团的宣言，但北大讲其他主义的更多了。任何的主义，任何不同的思想、主张，都可以同时在北大并存。这就是蔡元培讲的“兼容并包”，它在当时不是一句空话，也不只是北大这么做。

杭州第一师范学校的学生也办了类似于《新潮》的杂志《钱江》《双十》，但同时有一个反对新思潮的学生凌荣宝，一个人办了一份杂志，就叫《独见》，背后也有一些老师支持，这本刊物也用白话文。赞成白话文、和主张文言文的、赞同新思潮、新文化和反对新思潮新文化的，在学生中各有读者，这些都是非常正常的现象。

整个“五四”时代，陈独秀创办的《新青年》很有代表性，但是我们常常忽略了《新青年》之外的其他刊物，比如1917年创刊，1925年停刊的《太平洋》杂志。这个杂志非常重要，如果要研究中国近代史，《太平洋》在我看来不亚于《新青年》。《新青年》所缺乏的在《太平洋》上就有。

以往讲到“五四”时的代表性刊物，像《新潮》《新青年》，不讨论制度性的大问题，只关注思想文化层面的东西。如果从《新潮》《新青年》上的文章来看确实是这样。但是《太平洋》恰恰是以制度讨论为主要内容的一本政论性杂志，在这上面发表文章的学者，包括北大教授王世杰、陶孟和、周鲠生、杨端六、李大钊、胡适、李四光以及李剑农等人。1919年之后，特别是1921—1922年，《太平洋》发表了许多关于中国走什么道路的文章，尤为突出的是关于联省自治的讨论。联省自治简单地说就是联邦制，当时在中国已成了一个热潮。《太平洋》赞成浙江、湖南、四川等地制定省宪法，推行省自治。学者们认为中国应该实现联邦制，中国太大了，搞成一个大一统的中央集权制国家很难。如果说这些省都自治了，省搞好了，各省之间签订一个契约，就可以走向联省自治。关于分治还是统一，联省自治还是中央集权制的讨论，当时曾经非常热闹，《太平洋》上几乎每期都有这样的文章。《太平洋》讨论的问题恰好可以补充《新青年》的欠缺。

《新青年》上的随感，那些关于文化、思想的讨论和《太平洋》杂志上关于制度的讨论放在一起，才构成了“五四”一代知识分子完整的思想图景，他们到底想了些什么、说了些什么、做了些什么。如果我们单独把《新青年》拿出来说这就是“五四”，“五四”一切的资源都在这里了，那我们看到的“五四”就是片面的。要还原历史真相，一个重要的方法就是让它不同的侧面都呈现出来，而不仅仅刻意地强调某一个侧面。我个人有一个猜测，1949 年以后我们对《新青年》顶礼膜拜，把它放大到足以遮掩当时所有报刊的程度，应该是跟它后来的转变有关。它到了 1920 年以后变成了一本宣传马克思列宁主义的杂志，所以它身上就天然地罩上了政治正确的光环，以后的人们就只看到它一家身上笼罩的光环，而《太平洋》等就被慢慢地湮没、遗忘了，很少有人去提，去研究。而对于我们理解历史来说，只有看到历史的许多不同侧面，我们才知道当时究竟是怎么样的状况。

此外，我们不能只看北京这个政治中心在做什么，还要看看省会城市，甚至更偏远地方的人在做什么。“文学研究会”是在北大发起的，但是在江苏苏州一个叫角直的小镇，叶圣陶当年是那里的小学教师，虽然生活在一个小地方，但他跟北大师生的精神生活是同步的，他也是“文学研究会”11 个发起人之一。因为他有个中学的同学在北大读书，他们就可以这样连在一起，而北大学生也绝对不会认为叶圣陶是个小学老师，没有读过大学，只是个中学生跟我们混在一起做发起人有什么不得体。

后世的人们回眸那个时代总感觉隐藏着什么不同的东西。其中一个不同就是中国文化的根还没有被切断。胡适他们虽然在美国留学多年，但骨子里仍是传统的中国人，他们身上有非常中国文化的一面。我们不能狭隘地把中国文化理解为儒家文化、四书五经那一套。中国文化有很多的侧面，特别是我们现在忽略的东西，比如中国文化中非常强调地域文化，每个地方的文化都具有独特的个性魅力。

胡适就是典型的徽州文化的产儿，再加上西方文化给他的滋养。鲁迅身上带有江浙文化，特别是绍兴文化给他的影响，包括一些负面的因素，但是他最有魅力的一面也正是地域文化带给他的。抗战，“文化大革命”，不同的时代一轮一轮对文化的毁灭，对文化的伤害，到最后不但切断了几千年精英文化的根，也切断了草根文化的根，切断了地域文化的根。而地域文化中恰恰包含一个人安身立命最需要的东西。四川人就是四川人，陕西人就是陕西人，浙江人就是浙江人。今天可能四川人、陕西人差异并不大，但在50年前、100年前，这种差异是非常大的。地方有它自己的文化体系，相对独立，连换王朝也换不了的一套文化、习俗。

这才是真实的“五四”。新旧之间有冲突，地域之间有差异。在“五四”时代更重要的不是我们今天所看到的学生可以上街集会、游行，这是当时的人们天然拥有的权利。那个时代真正是“大社会”“小政府”，北洋政府比较弱，政府越弱，社会越大，社会的空间越大，所以才会产生一个相对开放、相对宽松的时代。

## 四

这里，我概括一下“五四”的几个特征，第一个最重要的特征是社会的出现，或者说是社会的解放。我们平时讲思想解放、个性解放，但最本质上的解放应该是社会的解放。只有社会解放了，思想解放、个性解放才不至于成为空话。社会不解放，思想解放就没有地方可以安置，无法在大地上落实。真正的解放是自己解放自己，而不是某个救世主来为你做主，来解放你，这是社会自我解放的前提。

第二个特点是语言的转换。我们长期以来使用文言文，一直到“五四”时代白话文才成为主流语言、教科书通用的语言，新式标点才开始进入所有的读物。我这里讲一个细节，当年，一批留学美国的学生，大部分是读理工科的人，组织了一个中国科学社，这是“五四”时代一个重要的产物之一，他们在美国创办了可以跟《新青年》比翼双飞的《科学》杂志，正是这本民刊首次使用了新式标点，而且是横排的，《新青年》在国内一直是竖排的。可以说，为中国引入现代科学的那批人也是最早引入了新式标点和横排方式的人。《新青年》后来也慢慢加了标点。白话文替代文言文，一切都发生了质的变化。虽然文字只是一个符号，一个表面的东西，但是它的背后是一种思维方式的转换。文言思维和白话思维是两个完全不同的思维，文言相对更具有贵族性，是少数人才拥有的权利，而白话就是口头随意说的话，一个时代使用哪一种语言作为主要语言，人的思维方式就发生了变化。

第三个特点就是价值评判体系的多元化。“五四”之前，中国已经废除了科举，出现了新式学堂。中国最早的几所大学大致上都是19世纪末开始出现的，包括京师大学堂、山西大学堂、北洋大学等。但那时进学堂的学生多是有科举功名的，最后还是要回去做官的。事实上，在科举废除之后相当长的一段时间，整个的价值评判体系还是科举时代的评判体系，还是学而优则仕，还是读书当官一条路。只有到了“五四”时代，我们的价值评判体系才开始多元化，一个人上了新式学堂，留洋回来有无数不同的出路，可以去银行当职员，可以去工厂做工程师，做工厂的管理人员，也可以去学校做老师，可以做编辑、记者……出路的多元化就导致整个社会价值评判体系的多元化，社会开始出现一些新的因素。以往几千年来那种“学成文武艺，卖与帝王家”的单一模式开始解体。正是这样一个时代才会产生出新文学、新思潮。

历史留下的遗憾是，“五四”时代那种多元的，各种思潮并存，人们可以坐下来讨论、对话的社会气氛，在“五卅”之后激荡的民族浪潮中不可能幸存下来。一种比较片面、激烈的思潮逐渐占了上风，加上国际上的两大背景：一个是红色思潮崛起，另一个是第二次世界大战。对中国来说，从第一次世界大战时日本占据青岛起，不用等到“九·一八”了，在这样一种民族危机的压力下面，“五四”那种生活方式很难再维持下去了。所以，在“九·一八”之前胡适在学生当中的影响要比鲁迅大得多，而“九·一八”之后鲁迅受到的欢迎就日趋上升。鲁迅其实从来没有发表过抗日言论，没有写过什么抗日的文章，他跟日本人关系非常密切，也是留日出身，但是他杂文里面民粹主义夹杂着一点民族主义的因素，对政府、精英的冷嘲热讽，加上他出色的文学才华，似乎代底层、边缘、弱势立言的平民立场，要比代表精英文化的胡适更能吸引中下层的青年学生。

李慎之曾说过一句话：“21世纪将是胡适的世纪”，我不知道这句话是否会应验，我们可以拭目以待。这个时代是我们生活的时代，我想这个时代应该比“五四”时代更好，当然，更好的前提是我们愿意付出多少的努力。

地上建不起天堂，我们只能建设人间，生而为人注定了只能做人间的平凡事。“五四”的那一代人他们只是在实践他们自己的人间。

（原载《人物》2009 年第 5 期）

# “五四”新文化运动的当代意义

资中筠*

1919 年爆发的“五四”运动，已经迎来它的 90 个周年纪念。年年谈“五四”，话题却常新。这一点就足以说明“五四”运动在中国历史上的重要性。而近年以来，对“五四”的否定观点也屡见不鲜，有学者甚至认为，“五四”反传统过分，甚至把当时的非孔与“文化大革命”期间的批林批孔相提并论。那么以当代文化的视角来审视，五四精神的精髓究竟何在？90 年后的今天，“五四”与当代的文化又有着怎样的联系？我们又能获得什么样的借鉴意义？

非议“五四”，主要有两个方面的说法，一个就是觉得反传统反得太厉害了，把中国的文化都断裂了，让中国人丧失了文化上的自信，全盘西化了，变成文化殖民地了。还有就是说，中国文化的断裂应该由“五四”时候的批孔来负责，因为“五四”提出了打倒孔家店，其实打倒孔家店并不是“五四”运动提出的，至于是什么人提出的，现在都不可考。

大家对“文化大革命”的批林批孔都记忆犹新，但“五四”运动的时候是怎样反传统的，一般的人不去好好研究，所以这个东西很有煽动性。“五四”的时候是打倒孔家店，而大家都知道“文化大革命”的时候批林批孔荒唐得不得了，弄得这一代的人都失学，造成了文化

* 资中筠，国际政治及美国研究专家、翻译家。

上的断裂，于是就把这些根源都怪在“五四”运动的身上。所以我要着重讲一下，“五四”的所谓反传统和“文化大革命”的批林批孔究竟区别在什么地方。

第一个要说的是“五四”的反传统的方向是什么，这个“五四”，不是1919年5月4日，而是指广义的“五四”新文化运动。新文化运动的这个反传统，反的是政治上的极端专制的制度，从文化上讲就是以孔孟之道、以三纲五常为口号的，把人的思想完全禁锢起来的那种礼教，就是鲁迅所说的吃人的礼教，反对这样的一种极端顽固的传统和把人的思想全禁锢起来的一种习俗，一种习惯的势力，这个势力一方面是有政权的势力在支持的，但更重要的是它渗透在整个的社会里。

譬如你想到学校去，那时候学校已经开始有新学堂，也教了一些新的课程，回来之后，立刻就不行了，家长就觉得你学的那些东西都是离经叛道的，所以一些新思想根本进不来，那么要男女平等，要女的去上学，或者是能够婚姻自主，根本谈不到的，所以对于那种非常顽固的势力，要是不大声呐喊去反对它的话，那你就寸步难行，所以在当时这么一种形势之下，有一些比较激烈的言论是正常的，要冲破这种专制文化，然后再引进科学和民主这些西方文化的精华，当然在今天看来，你说科学发展到科学主义了，又有它的弊病了，民主也有很多问题等，但是在当时的情况下，反专制要民主，反愚昧要科学，这一对矛盾是非常明确的。这个方向本身是推动社会进步的。如果没有这个东西的话，我们今天所有的一切新的观念从哪来？如果没有新文化运动的话，你自己绝对没有独立的思想，所以从那个时候到今天，我们已经走得很远了，但是这一代人先驱的努力是功不可没的，这是个方向问题，就是把中国推向现代化，推向民主，推向使得人开始有人权。

第二个就是这场运动的主力是哪些人。就是一些先觉悟起来的知识分子，他们已经有了很深的传统文化的修养，同时也睁眼看到了国外的一些东西，接受了一些外来的新思想，他们的身上有着很高的社会责任感，承载着社会的良心。

第三个就是它的后果是什么。在我看来，文化一点儿没断裂，为什么呢？假如说把1919年划为一个分界线的话，那么20年代、30年代的中国的文化情况是什么样的呢？那个时候，我们今天所熟悉的那些老学者，像冯友兰、张岱年这一批人，包括我们可以举出的好多好多人，蔡元培办学召集的那么多精英，一些名教授，就是我的老师那一代的名教授，包括自然科学的，现在我们的科学院院士，大概八九十岁，或者刚去世的，这一代都是“五四”新文化运动的受益人才。不说自然科学，就说人文方面，是不是跟传统文化完全断裂了呢？就我自己的经历来讲，我上学的时候也就是三四十年代的时候，上小学和中学的时候，我念的古文是很多的，那个时候国民党的政府教育局所审订的国文课本里头，古文占的分量是相当多的，另外有的时候还读经，四书五经选读也有的，就是说那个时候我们的文化是没有断裂的，这个断裂不是从“五四”运动开始的。

对“五四”的第二种非议是相反的，就是说五四这一代人，太崇拜法国大革命了。法国大革命代表什么呢？代表激进的暴力革命，就是从这里开始，他们培养出了一大批激进派，激进派后来接受了十月革命的暴力，以至于以后的各种各样的坏事，从强制性的思想改造到各种各样的政治运动，一直到“文化大革命”，都要“五四”这批人负责，我也觉得有点牵强。因为“五四”新文化运动最大的成果在于解放思想，解放了思想以后，各种各样的思想都进来了，它所起的作用就是，什么都是可以想象的，本来除了孔孟之道什么也不能想象，其他的都是歪门邪道，全是异端邪说，那么“五四”打破了这个迷信之后，什么东西都是可以想象的，所以实际上20年代初一直到30年代，差不多世界上各种各样的思潮都在中国有反映，从无政府主义到自由主义，到马克思主义，到法西斯主义，就连所谓国家社会主义在中国都有代表人物，都在那里争鸣过，“五四”实际上造成了一个可以百家争鸣的局面，但是它并不能够为后来取哪一派学说，或者哪一派思潮占上风，甚至于变成了哪一种政治革命负责。“五四”打开了大门，使得各种思潮都能进来，至于后来怎么选择，那是后来的事。

第三个非议就是，一个社会的前进，一个民族的崛起，制度是起决定性作用的，文化是空的，它不起作用，所以“五四”这一代人用很大的精力去改造文化是选错了重点，真正的仁人志士要改造中国，要革新中国，应该是改变制度，而不是去革新文化。

中国在皇权制度底下已经存在两千年了，大多数人所认可的行为方式价值观就叫做文化，这个制度所形成的文化反过来会维护这个制度，使得任何改造都非常困难，很难冲破，因为你一要搞一个新的事，马上就会引来所有人的反对。

造反的时候，革命性非常强，而且都是很值得同情的，好像都是讲平等，等到他造完反之后，一上台，他能够建立的还是一个皇朝，他想不起别的东西来，因为文化里头就没别的东西。我觉得中国只有在受到外来的这些影响冲击了以后，才忽然发现，原来还可以有另外一种方式，这就是一种文化的改造，没有这种文化的改造，就促进不了制度的改造。就是说中国的知识分子的家国情怀也是寄托在明君身上，另外中国的统治者一旦掌握了最高权力之后，他认为自己是奉天承运，他自然就是应该掌握生杀予夺之权的，这就是造成了即使是刚性的制度改了的话，里面有无数的潜规则，这潜规则就是文化，就是大家所习惯的一种做法，不管明文规定的条例是什么，法律是什么，但是自然而然就有那么一种习惯势力。但是这个东西是可以改的，并不是不可以改，改选在什么地方，我觉得就是需要启蒙，当时也就撕开了一点，使得各种各样的思想都能够进来了。

所以说文化和制度的关系就是这么一种关系，思想不改变的话，制度已经改了，并且明文规定应该这样，但是大部分人的思想都还没变的话，就会又滑到原来的地方去。比如说亚洲很多国家也实行什么议会制度、选举制度、三权分立，什么都实行了，但是在客观的效果上就不太一样，还是乱得不得了，到时候还是枪杆子里说了算，好几个国家都还是这样，我觉得这跟文化基因有关系。说明它的文化还需要改造，需要一步一步地，扬弃一些旧的东西，吸收一些新的东西，但是这些都离不开它原来的文化的土壤，不可能从天上掉下来。所以文化和制度是相辅相成的。

那今天中国是怎么一个状况呢？我觉得今天的中国已经不应该再以文化为说辞，说我们中国就是这样的一种文化，我们几千年来就这样走过来的，因此我们根本就不需要承认一些普世价值的东西。你看从我们领导人的讲话里头，比起 10 年以前已经有很大的进步了，承认民主、法制、人权以及言论自由这些东西都是有普世价值的，不是西方特有的，也不是资产阶级特有的，这一点非常重要。这里面，开启民智还是非常重要的。这个用不着矫情，知识分子凭什么去教育别人，当然知识分子并没有高高在上的权利，认为自己掌握了所有的真理，要教训别人，但是你至少是有幸多受了一截教育，我们中国 13 亿人口，能够受大学教育的到现在还是少数，就跟先富起来的人一样，有少数人先富起来，他就有责任用他的钱为社会多做一点事情。你受了教育以后，对你所了解的东西完全不和人家分享，你认为哪些文化是更加先进的，对国家的前途是更有好处的，假如你认为别人还没认识到的话，你完全有权利、有责任、有理由去大声疾呼我就是这么主张的，最好能够大家一起来讨论，应该有一个百花齐放、百家争鸣的局面，然后让各种各样的思想在平等的基础上公开地讨论，这样大家肯定会达成一个基本的共识，然后推动社会再前进一步，不管是改造制度也好，改造文化也好，接着往前进。

所以无论是主张先改造制度也好，还是先改造文化也好，有一个前提是必需的，就是言论自由。你要改造制度，也得让大家说出来你需要什么样的制度，然后你才能够改，你要是改造文化，更得要大家来自由地讨论一些问题，这是绝对必要的，而我的结论就是说，文化和制度是相辅相成的，是互相促进的，回归到“五四”新文化运动，它的精髓是继承了传统文化的精华，吸收外来文化的精华，以便结合成一个新的中华民族的文化。它的另外一个精神就是自由讨论，就拿《新青年》来说，里头各种不同的意见，互相批评都非常尖锐，它不仅仅有批判传统的，还有维护传统的，比如杂志（《论衡》），里头有很多讲维护传统的，把新文化的这部分人批得一无是处，胡适提倡白话文，另外就有人主张文言文，而且用文言文来写，反对白话文运动。所以在这种气氛下，才会有大众的选择，就会形成一种共识，而且这个共识是向前推进的。

有人认为“五四”仅仅是一个启蒙运动，而启蒙是一种很急功近利的文化立场，它很难从长远的意义上来发展文化和建设文化。而对启蒙的理解，我正好与他相反，我觉得启蒙就是为一个长远的未来打开道路，就是说本来是封闭的，被你撕开了，然后你就可以有所选择，你就看到外头原来还有这么好的风景，至于你上哪去，那是你自己选择的问题。我对启蒙的理解是这样。并不是说，你必须这样，你必须那样，但是把“五四”运动作为一种急功近利的理解，把它变成一个单纯的反帝爱国运动，就是为了当时反对“二十一条”，反对帝国主义的不平等条约等，这是当时需要的，无可厚非的，这启蒙恰巧是一种长远的爱国运动而不是急功近利的。

也有人认为，目前我们国家的知识分子特别需要自由民主制度的解放，但是对于一般人民而言，他们的民智启蒙是要由知识分子来完成的，觉得知识分子是有话说，但是不让他说，而下面的民众，他们是不敢说，或者是连想都没有想的。我觉得知识分子需要一种制度解放，而下层的民众需要一种文化上的启蒙，所以这两个该有一定的先后顺序，或者说有一个重点的问题。对此，我的观点是，中国现在各个阶层的人的要求当然是不一样的，比如说我看到过一个事例，就是搞法律的大学生到农村，他本来是要进行普法教育，让他们能够懂得如何拿起法律的武器来为自己维权，结果发现完全不是那么回事，他们需要的完全不是这样，而且这个做法离他们太远了，如果你真的去叫他们随时都拿起法律的武器来打官司的话，完全是害他们，结果他们就会非常倒霉，而你也保证不了他一定能够得到法律公正的对待。所以真的要去贴近老百姓，希望更多的年轻人能够更加贴近老百姓，了解他们真正的需要，不要好高骛远，不要说大话，要一步一步来，他真的需要什么，但是一定要往前引一步，而不是说，你就这样吧，反正也没希望，你需要讨好，需要去贿赂你的村干部，你就去吧，也不是这样，总要慢慢地来，假如有很多的人愿意去做这样的事情的话，它就是一种新的启蒙，但是这个启蒙是在不同的层次、在不同的地域，根据不同人群的要求慢慢地做。

还有人认为“五四”运动的一大遗憾在于它处在一个非常矛盾的时期，一方面，这个时期群情激荡、热情澎湃；另一方面，这个时期又推崇理性，崇尚科学，同时这个时期，大家又抵制宗教，诅咒一切可能个人崇拜的东西。还有一方面，他们对个人崇拜的偶像又有极大程度的需求。这种矛盾怎样看待呢？

矛盾是存在的，所以才会有后来的选择，我记得李泽厚说，启蒙和救亡的矛盾然后救亡压倒了启蒙，但是我觉得启蒙本身也带有救亡的意思，只不过它太长远，只是当时中国所面临的局面使你没办法慢慢地从从容容地去干这个、干那个。正好有这么一代人继承了“五四”的优良传统，就变成了后来西南联大所代表的那种精神，就是既救亡又启蒙，他们一方面做着非常好的学术工作，好多名著都是那个时候写出来的，但是同时他们又在进行救亡的工作，很多学生后来都上战场了，我觉得这是很好的一个结合。

（原载《晚霞》2009 年第 10 期）

# 厘清新文化运动与五四爱国运动的基本问题

## ——献给五四运动90周年

袁伟时*

我们是在争议声中迎来五四运动90周年的。多元纷争是学术繁荣的朕兆和常态。新文化运动和五四爱国运动是两个不同的概念。愚意以为为了深化对这两个运动的研究，有些基本问题必须厘清。

从多年的争论看，有九个问题需要讨论清楚。

### 一　什么是中国的新文化运动?

什么是新文化运动？它是在中国这块土地上，为了摆脱国家落后和危亡状态，介绍现代文明，传播人的自由权利及其制度保障（法治、民主、宪政等等），促进思维方法变革，推动中国文化更新和社会变革的运动。只要向现代社会转型的历史任务还没有完成，它就不会止息。

换句话说，它是贯穿传统社会向现代转型全过程的思想文化现象，是社会转型的先导和动力。

概括起来，它有贯彻始终的四个共同点：

1. 救国呼唤启蒙。国家危难之秋，启蒙必然勃兴；落后状态尚

* 袁伟时，中山大学哲学系教授，主要从事中国近现代史研究。

在，启蒙仍会继续。实质是以先进国家为参照系，认识和改革本国的落后制度，寻求摆脱困境的根本途径。

2. 睁开眼睛看世界，介绍和吸收世界先进文化。

3. 推动臣民文化向公民文化转化，实现人的解放，推进教育、学术、伦理、表达工具和观念的变革。

4. 以制度改革为目标，思想与制度互动。从民间到官方，由先驱到大众，由异端变主流，思想变革一波一波推进，其结果则体现在制度变革上。

这里有两个要点：一是人的解放——确立个人自由。二是制度变革或社会转型。只要制度改革的目标尚未实现，指向未来的思想启蒙总会以各种形式顽强地继长增高。这是新文化运动累扑累起的缘由。

这个定义如果成立，新文化运动的起讫、分期、内容等等，都与习惯的说法有很大差异。

## 二 为什么会有中国的新文化运动？

在讨论其他问题之前，需要先回答为什么会有中国的新文化运动？这里有三个前提：

第一，中国社会没有办法自行转型。

有个说法是假如没有外敌入侵，中国社会会自行缓慢地转变为现代社会。出了很多书，叫做中国资本主义萌芽研究，图书馆里面有大量这类书籍。但说得不客气一点，这些大都是跟风拍马的印刷垃圾。

首先，《资本论》已经说到，古代社会，已有资本主义式的手工业、工场这一类经济成分，但不成为一个体系。也就是说，“萌芽”早就有了，不用费劲去寻找。值得研究的是这些“萌芽”为什么不能转化为社会制度？要成为一个体系（社会制度）需要的是整个社会的变革；这样的变革要有很多社会条件配合。

这些社会条件包括包括法律体系，对财产权和其他公民权利的保障。非常巧合，这些东西在西欧有，它有分封制度，有规定国王与诸侯和臣子之间各自的权利义务的契约关系。比如英国1215年的《自由大宪章》规定："伦敦城，无论水上或陆上，俱应享有其旧有之自由与自由习惯，其他城市、州、市镇、港口，余等亦承认或赐予彼等以保有自由与自由习惯之权。"用62条条文详细规定臣民享有的自由权利以后，第63条宣告："英国教会应享自由，英国臣民及其子孙后代……充分而全然享受上述各项自由，权利与让与"。① 哪些权利？城市自治，经营商业的自由权利，财产权，选举权，不随便纳税的权利，还有司法独立的权利，国王不能选用没有经过训练，没有法律知识的人来做法官等等。1215年，在我们南宋时候。中国有这样的保障自由的宪章吗？没有。

为什么产业革命首先在英国发生？不是发明了某种技术，而是有适合的制度。简单地说，因为英国提供了产业革命赖以产生和发展的制度环境。1993年诺贝尔经济学奖得主道格拉斯·C. 诺斯说得好：

> 产业革命的技术不是出现在结构变迁以前，而是在其之后。尽管火药、指南针、优良的船舶设计、印刷术和纸张在西欧的扩张中起了作用，但结果却很不相同。与产业革命相联系的技术变化要求事先建立一套产权，以提高发明和创新的私人收益率。②

产权得到比较充分的保障，包括经济自由在内的公民的自由得到比较充分的保障，那样的环境推动了产业革命。用另一诺贝尔经济学奖（1973年）得主哈耶克的话来说是：

> 英国人在18世纪所享有的无可争议的个人自由造就了一种空前的物质繁荣。③

个人自由是经济发展的基础。中国人的切身经验也证明了这个颠

---

① 《自由大宪章》（1215年6月15日），《世界人权约法总览》，四川人民出版社1991年版，第229、235页。

② 道格拉斯·C. 诺斯：《经济史中的结构与变迁》，上海三联书店1994年版，第166页。

③ 哈耶克：《自由社会的秩序原理》，冯克利译，《经济、科学与政治——哈耶克思想精粹》，江苏人民出版社2000年版，第391页。

扑不破的结论。改革开放三十年经济快速发展的奥秘，无非是改革僵化的制度，逐步扩大了公民的经济自由。

中国传统社会没有足够的内在力量自行向现代转型，因为它是一个宗法专制社会。它从思想文化到制度的核心是三纲六纪。中国的传统法律——中华法系有丰富的内容，但是以刑法为主，是阶级统治的工具，核心是三纲六纪（六亲）。犯了法，按照亲等不同有很大差别。假如你打人，打了父母跟打了其它人，那是完全不同的。你骂人，骂一般人无所谓，骂尊长是犯罪，如果骂了皇上则是大不敬，要千刀万剐。财产权的保障是社会转型的基础，在三纲六纪的法律中，普通公民是不能随便保有财产的。一个罪名是“别籍异财”，只要父母、祖父母在，另立户口，分割财产，要判刑。此外，办新式企业和到边疆贸易要政府批准，海上贸易更在禁止之列，经济自由被剥夺，更不要说其他自由了。

中国社会不能自行转型，是顾准在 1975 年作出的判断：“我们有些侈谈什么中国也可以从内部自然生长出资本主义来的人们，忘掉资本主义并不纯粹是一种经济现象，它也是一种法权体系。”[①] 所以要引入外来思想推动变革。

第二，文化的差距。

中国有丰富的传统文化。这里面包括中医药，文学艺术，历史典籍等等，给人类文化增添了异彩，有永恒的价值。传统文化要保护；所有文化遗产，不管人们认为好坏都应该保护；即使是要淘汰的东西，也应该保护——藏入博物馆。一个法治社会不容许破坏文化遗产。

但是，有人说，所有文化都是平等的，无所谓优劣，没有差距。这个说法成立不成立？世界上所有的民族、种族毫无疑义应该平等，所有人生下来都是平等的。但是，文化有没有差距，有没有高低？教育是文化很重要的部分，说中国的教育跟其它先进国家的教育没有差距了，你能证明这一条吗？有人说中国的大学比哈佛还要好。这是言论自由，应该尊重。但有多少人相信是另一个问题。一个伟大的国家，

① 《顾准文集》，贵州人民出版社 1994 年版，第 318 页。

一个现代公民，应该敢于反省自己的弱点。个人或集体敢不敢反省自己的弱点，是成熟、不成熟的标志。要坦诚地承认，中国传统文化固然有很多优秀成就，但也有不少地方与其他文化体系有差距。

先秦是中国文化的一个高峰，但是跟它同一个时期的古希腊的差距是不是很明显呢？

我们那时有儒家的政治思想，法家的政治思想，有管子的治国理念。但跟古希腊的苏格拉底、柏拉图、亚里士多德他们所讲的政治学，有没有差距？翻翻《论语》、《孟子》、《管子》，对比一下古希腊有关著作，是不是高下立判呢？

我国古代数学有很高成就，但偏重于实际运算，没有上升为完整理论。我们没有《几何原本》那样完整的几何学。19 世纪，曾纪泽代其父曾国藩为《几何原本》全译本作序时就指出：

> 盖我中国算术以《九章》分目，皆因事立言，各为一法……知其然而不知其所以然……《几何原本》不言法而言理，括一切有形而概之曰：点、线、面、体……《九章》之法，各适其用，《几何原本》则彻乎《九章》立法之源，而凡《九章》所未及者无不赅也。①

一百多年过去了，中国人应该比曾国藩父子更加开放、勇敢，敢于正视本国文化的弱点吧。

中国有逻辑思想的萌芽，一些学者还在《墨子》里面寻找中国逻辑学的起源，但是有一条是推翻不了的，中国没有发展出完整的形式逻辑理论。孟子他们论证问题是不讲逻辑的。例如："天下之言，不归杨，则归墨。杨氏为我，是无君也。墨氏兼爱，是无父也。无父无君，是禽兽也。"② 一下子就下结论：这是无父无君，没有逻辑论证过程。这对中国思想文化发展很不利，可以说是致命的弱点。

科举制度建立以后，我国知识阶层读四书五经，无需接受系统的

① 《几何原本序》，《曾纪泽遗集》，岳麓书社 1983 年版，第 134 页。

② 《孟子·滕文公下》。

数学教育（简单的计算和珠算之类除外）。高深的数学、天文，是少数人的专门学问。西方中世纪讲七艺，是知识层一定要学的。其中一项就辩论，实际上是逻辑课程，这是中国没有的。他们有数学课，有法律课，这在中国古代教育里面都是没有的。

早在“1745 年（乾隆九年）兵部侍郎舒赫德上奏：科举徒尚空言，不适实用，请予废止，别求遴选真才之道。”[①]

后来也陆续有人提出这样的建议。不幸，这样的真知灼见都没有被采纳。一代又一代的中国知识阶层只能在远远落后于时代发展水平的故纸堆中耗费青春，与西方的差距日益扩大！于是，进入 19 世纪，危机四伏，即使没有鸦片战争，改革也已成为急迫课题，随后更演化为救国家于危难中的任务了。

李约瑟问，中国古代有那么多技术成就，科学成就，为什么中国发展不出现代科学？其实，李约瑟是后知后觉。明末的利玛窦已经提出了这个问题。他提出中国人不懂逻辑规律，中国多数人对数学等等不感兴趣，因为读四书五经可以做官，研究其它学问没有这样的利益[②]。多数人朝科举那条路上升，所以现代科学在中国是不可能发展起来的。

第三点，是否承认思想变革是社会变革的先导。这条道理不用多讲，没有文艺复兴以来的思想变革，西方的变革就少了一条内在的动力。

由于这三方面的原因，中国需要有一批人，一批盗火者，一批播种者，将人类文明的成就在中国传播、普及，结合中国实际推动其实现。十九、二十世纪乃至二十一世纪的中国历史其中一个很重要的内容就是推进新文化运动。

晚清的顽固派认为引进西方思想文化，“以夷变夏”，是罪不容诛的离经叛道。时至今日，已经成为不值得讨论的历史笑话。可是，21 世纪了，一些西装革履的博士、教授和穿着短打、长袍、无领连衣裙的国教派联手，口沫横飞指摘外国思想“入侵”，中国思想文化被

① 戴逸：《18 世纪的中国与世界》（导言卷），辽海出版社 1999 年版，第 11 页。

② 《利玛窦中国札记》，中华书局 1983 年版，第 31、34 页。

"殖民化";要另立门户,建立"中国学术文化的主体性";就令人哭笑不得了。

思想、文化、学术没有国界。你那个"主体性"是什么意思?

请从学术讲起。国籍不是垄断本国研究的股票;如果洋人研究的成果水平更高,是不是要拒之国门之外?有关学科既有的结论和概念一概废弃,另搞一套吗?豪情壮志,值得敬佩!可是,你那一套经得起推敲吗?学术研究的规范更是各国学者多年积累的经验,世界一体,无法违反的。"学术主体性"云云,无非是哄骗外行、构筑封闭堡垒的华丽外衣。

再说思想领域。国籍根本不是思想者的边界,国界也无法抵御思想的流通。在这里,判断正误的不是权力,时间和公民爱恶才是铁面无私的判官。自由思考,自由辩论,自由选择是这个王国至高无上的法律。

至于文化,政府的责任不外三条:

1. 保障研究和创作的自由,保护自由的生活环境,让各个流派自由竞争;让公民有机会充分展示自己的才华,选择自己喜欢的生活方式。

2. 保护所有文化遗产不被破坏,不管其发源于哪个国家和民族。

3. 拨出资金支持有关的学术研究,发展公益性的文化事业和支持不适于市场化的高雅艺术,支持有发展前景的文化产业。

文化确实有主体,那就是公民个人。任何权力机关都不必也无权决定公民的文化取向。如果以主体性的名义,禁止外来的文学艺术风格、民间风俗乃至穿着、饮食及其他物事,出自权力机关,那是违法越界;民间行动,则是非法的暴行,归根到底不外是一些人求名求利的卑劣手段。

## 三 新文化运动的开端和第一次高潮

新文化运动可以分为五个时期:从鸦片战争前后至甲午战争是萌芽时期。第二阶段,从甲午战争失败至辛亥革命,出现了第一次群众性的思想启蒙运动。第三阶段从中华民国成立开始，就是通常说的五四新文化运动。第四个时期，从 1924 至 1949 年，新文化从广州开始在国民党威权统治下顽强挣扎。第五个时期，人民共和国成立后，从断裂到复苏。

换句话说，新文化运动从鸦片战争前后就开始了。

1833 年 8 月 1 日，鸦片战争前 7 年，德国传教士郭实猎在广州创办了一份中文杂志，是中国现代杂志或现代报刊的开端，叫做《东西洋考每月统记传》。这份杂志介绍：

英吉利"国基为自主之理。……自主之理者，按例任意而行也。……自帝君至于庶人，各品必凛遵国之律例。""欲守此自主之理，大开言路，任言无碍。"[①]。

作为国基的自主，现在翻译为自由。它准确介绍了公民自由是现代国家的基础；而自由、法治、言论自由是密不可分的。它还介绍"国之公会"（国会）理国之事；法律面前人人平等，男女平等，婚姻自由。指出只有在这样的制度下面，国家才会"旺相"。介绍这些观念和制度不就是新文化运动的开端吗？

这六十年间，启蒙的主力是西方传教士和他们办的以《万国公报》为代表的报刊及其他出版物。不过，40—50 年代魏源的《海国图志》；冯桂芬 1861 年撰写的《校邠庐抗议》；70 年代王韬在香港办起《循环日报》，孜孜不倦传播新思想和新文化；郑观应的《盛世危言》；如此等等，都是中国人正在觉醒的记录。

于是，当清政府沉睡不醒或热衷于官办军事工业的时候，思想家们眼光便高出一筹，忧心忡忡大声疾呼：开国会；改革科举制度；发展私有经济为基础的市场经济……把制度改革提上议事日程。他们甚至触及思想文化的核心，宣称"天地生人，男女并重"；"吾以为德唯一而已，智是也"，[②] 质疑孔子的伦理观念；指出西方政事粲然可观的重要基础在于"人人有自主之权，即人人有自爱之意"[③]。

① 《东西洋考每月统记传》，中华书局 1997 年影印本，第 339—340 页。

② 王韬：《弢园文录外篇 · 原人》。

③ 马建忠：《上李伯相言出洋工课书》，《适可斋记言记行》卷二。

思想走在实践前面，批判社会现实。知识阶层的观念变革开始了，新文化运动在潜滋暗长。

甲午战败激起轩然大波。为什么堂堂中华被东瀛“蕞尔小国”打败?

首先站出来呐喊的是严复：我们学西方几十年以失败告终，原因在于没有抓住根本。“身贵自由，国贵自主”；国家繁荣还是衰败，关键在“自由不自由”[①]。十九世纪，二十世纪乃至二十一世纪，中国问题的秘密就在这十三个字。

怒吼的不止是严复，一大批本土的知识分子站出来了，一批新的报刊先后出版，他们取代洋人成为第一次群众性启蒙运动的主力。梁启超主办的《时务报》、《清议报》和《新民丛报》是最响亮的号角。

这次以戊戌为标志的文化高潮，是第一次群众性的启蒙运动。

道德革命！史学革命！诗界革命！改造国民性！文字与语言合一；废除科举；废弃三纲，君民平等，男女平等！坚持“人人所当有之权”！千言万语，归结为一句话：“其在本国也，人之独立；其在世界也，国之独立。”[②]。五四新文化运动的各个命题都可以在这里找到渊源。

启蒙有回音。知识阶层乃至统治阶层的观念在变化；加上义和团惹来八国联军入侵、丧权辱国的奇耻大辱；多种合力催生了以三大革命为标志的清末十年新政。

首先是教育革命，废除科举，建立新式教育体系，过程平稳，结果完满。

第二是法律和司法制度的革命。勇敢地废弃沿用几千年的中华法系，引进大陆法系。这个时期制订的刑法、诉讼法和民法草案一直是民国时期法律制度的蓝本。而制定这些新法律的指导思想是摆脱家族制度的束缚，让中国人成为独立自主的国民。代表清政府向资政院说明制定《新刑律》理由的杨度在报告中说：

“唯以其皆在家族制度之下，并非对于国而负责任，故无往而不劣败。”“欲使有独立之生计能力，则必自与之以营业、居住、言论各

① 王栻主编：《严复集》，中华书局1986年版，第17、2页。

② 梁启超：《湖南时务学堂课艺批》、《国家思想变迁异同论》。

种自由，及迫之以纳税、当兵之义务始。”①

第三个是政治制度革命。

预备立宪，各个省成立了咨议局，全国成立资政院。各省的咨议局组成联合会，要求全国立即实行宪政。

民间社会在发展：各个地方教师组织的教育会，商人的商会，都是独立自主的，对国内外问题积极发表意见，并有自己的报纸；甚至有些地方的秩序也是靠商会的武装——商团维护的。辛亥革命为什么流血不多？民间社会居功甚伟，各地的咨议局和商团发挥了很大作用。

清政府进行了大量宪政教育，搜集世界各国的宪政资料，印发了很多有关书籍，在各地成立教育机构，力求让老百姓知道什么是宪政，什么是公民权利。

在在显示启蒙与制度变革的互动。但是，由于执政者不能当机立断，拒绝民间立即实行宪政的要求，不能妥善处理突发事件，革命爆发了，政治制度改革功亏一篑。

## 四　五四新文化运动改变了什么？

中华民国成立，新文化运动进入新阶段。后来被称为五四新文化运动的，是从民国元年开始的：

1. 吹响号角。

1912 年，蔡元培、唐绍仪、宋教仁、汪精卫等 26 人奉孙中山命令从上海坐船到北京去迎接袁世凯南下就任临时大总统。就在船上，他们讨论民国成立了，老百姓的素质跟不上怎么办？他们组织社会改良会，发表了宣言，号召“尚公德，尊人权，贵贱平等……以人道主义去君权之专制，以科学知识去神权之迷信。”② 提倡“有财产独立权”，提倡个人自立，“实行男女平等”，“提倡自主结婚”，“承认离婚之自由”，“提倡改良戏剧及诸演唱业”③ ……

① 《杨度集》，湖南人民出版社 1986 年版，第 528、532 页。

② 《社会改良会宣言》，《蔡元培全集》第二卷，浙江教育出版社 1997 年版，第 20 页。

③ 《社会改良会章程》，《蔡元培全集》第二卷，第 22 页。

2. 制度改革开始了。

蔡元培任教育总长，下令废除读经；确立新的教育方针，“忠君与共和政体不合，尊孔与信教自由相违”[①]，应剔除这等陈腐内容；提倡自由、平等、亲爱（博爱）为新的道德规范。新文化的要求纳入了学校教育。包括袁世凯在内的历届北洋政府，总的说来都没有废除这些改革成果。

3. 自由辩论在进行。

民国成立，言论和出版自由达到新的高度；思想文化空前活跃，法治、宪政、男女平等、妇女参政的争论纷至沓来。这些活动推动了新阶段的思想文化变革。

1915 年陈独秀创办《青年杂志》，很快成了正在兴起的新文化运动的旗帜。《青年杂志》创刊词《敬告青年》提出六条宗旨，概括起来是“以科学与人权并重”，“若舟车之有两轮焉”。1919 年开始，改为民主与科学，但基本内容未变。

新文化运动是自由的思想文化活动，在认同大方向的前提下，各说各话，有的观点甚至颇为偏激。鲁迅认为中医是不可靠的；钱玄同主张汉字应该废除，如此等等。但在言论自由的环境下，没有暴力介入，读者是上帝，各人自由选择，多数人在自由讨论中日益理性化，偏激观点只是多元中不被认同的少数，即使有害也极其有限。有人把新文化运动与用暴力手段“破四旧”、“全面专政”的文化大革命相提并论，显然是对它的内容和进行方式都缺乏应有的认识。

夏威夷大学郭颖颐教授提出，新文化运动讲科学是科学主义。他忽略了新文化运动领袖们讲科学，是针对非常流行的迷信，是推动思维方法理性化，并且是跟讲人权联系在一起的。胡适和其他思想领袖一方面反对迷信，另一方面提倡个人主义，易卜生主义，公民要有独立人格和自由思想。当讲科学同时讲人权的时候，与忽视价值理性的科学万能论不是一回事。

新文化运动是不是没有留下什么实绩？它究竟改变了什么？

① 蔡元培：《对于新教育之意见》，《蔡元培全集》第二卷，第 16 页。

其一，改变了中国知识阶层的基本观念。

自由，法治，民主，这些外国东西，慢慢变成中国知识阶层的共同语言，为中国的社会转型打下了很重要的思想基础。

其二，推动了中国的现代思想文化制度的建立。

从清末慢慢开启，社会转型，言论自由，出版自由，逐步法制化。辛亥革命后，更成为不能侵犯的公理，并有法律为保障。袁世凯时代有一些法律限制言论自由，随着他退出历史舞台，那些限制取消了。有的军阀干政，杀人，杀记者。但是，基本制度建立起来了，违法勾当，有如过街老鼠，人人喊打。这就保证了五四前后，出现了一个学术文化的黄金时代。

其三，推动了现代教育制度特别是大学制度的建立。

制度变革是新文化运动很重要的一部分。民国元年，蔡元培出任教育总长，废除读经，确立新的教育方针，提倡新的道德规范，意味着一个新的文化教育制度的诞生。1917 年接任北京大学校长，把中国的大学引向与国际接轨的康庄大道：学校自治，教授治校，学术自由，影响了全国。有材料表明，甚至中学也起而仿效。这是一个很重要成果。

其四，实现了表达工具转换，语言文字合一，满足了工商社会信息快速交换的需要。

1920 年 1 月 12 日教育部接受全国教育联合会建议，通告国民学校一二年级国文课本改为语体文，大大减轻了儿童的负担。

其五，出现了中国人文社会学科的高潮，造就了大批大师级的人物。翻开 20 世纪学术史，所有的现代人文学科都是在这个时候奠基。

其六，文学艺术进入黄金时代。

历史上的白话小说、白话文学不再是不登大雅之堂读物。在思想和表达工具双重解放推动下，文学创作出现新高潮，小说、诗歌、戏剧、散文都出现了传世之作。国画吸取了西洋成就而新生，各种西方艺术也开始在中国生根。

有人问，一个典型的中国人，在新文化运动之前之后，发生了哪些转变？由臣民向公民转变，生活方式，包括思想，都有很大的转变。最少在城市，维护公民权利开始成为常态。精神世界有很大的变化，异端成为“公理”。但是，思想变革远未完成，循名责实的过程异常艰巨：执政者言行不一，农村尚未卷入，即使在城市，顺民也远远多于公民。

不幸，苏联共产党为了大俄罗斯的狭隘利益和赤化世界的宏图，出思想、出钱、出顾问、出枪炮，与国民党结盟，在广州建立根据地，出兵征服全国。党军所到之处，思想、言论和学术自由随即被压制；新文化运动进入受难时期。

## 五　威权统治下的新文化运动

从1924至1949年，国民党在自己控制的地区，推行苏联模式，实行党化教育（后来易名为三民主义教育），厉行三民主义文化，取消言论自由，建立图书报刊的审查制度，抵御新文化运动。

但天网有漏洞，新文化运动在石缝中仍然顽强地展示自己的生机。

1. 在国民政府权力不及的地方：租界，香港，国民党无法扼杀那里的言论自由。

2. 地方势力抵抗专横，提供了自由空间。龙云庇护下的昆明，西南联大在成长。桂系势力范围，抗日战争期间生长出桂林文化城。

3. 自由知识分子执掌权力，努力抗争，让一些大学成为净土。

4. 私人办报刊没有禁绝。

于是，以《大公报》、《新月》、《独立评论》、《观察》等为代表，时有与国民党的宣传文章不同的异见新声。反贪污、要民主、争自由的声音不绝于耳。

不过，在枪炮声中，思想的声音非常微弱。在两极对决中出现的两大因素则预示中国人将为迷路付出重大代价：

1. 权力的争夺压倒一切，对立双方都把个人自由视为应该压制的异端。而正如1998年诺贝尔经济学奖得主阿马蒂亚·森所说：“扩展人类自由既是发展的首要目的，又是它的主要手段”。①

① 阿马蒂亚·森：《以自由看待发展》，中国人民大学出版社2002年版，第42页。

2. 抗战胜利前后，国共两党和中间势力被苏联的虚假宣传迷惑，都把计划经济列为自己政纲的重要部分。与此相反的声音不合时宜，没有多少人愿意倾听。中国人不知道，后来获得诺贝尔经济学奖的哈耶克1944年已经尖锐地指出：计划经济是通往奴役之路，“只有由于生产资料掌握在许多个独立行动的人的手里，才没有人有控制我们的全权，我们才能够以个人的身份来决定我们要做的事情。如果所有的生产资料落到一个人手里，……谁就有全权控制我们。”①

认识的迷误体现着中国人与现代文明的差距在扩大；后来付出的代价是惊人的。

## 六　新文化运动在复苏

1949年人民共和国成立，实行大一统的制度，众口一声。一直到1978年改革开放后，思想文化复苏，新文化运动又浮出水面，内容和形式都没有变。与五四时期不同之处有三点：

1. 从改革开放前沿地区开始，逐步波及全国，慢慢形成星罗棋布的格局，知识分子从不同角落发出自己的声音。没有明显的思想界领军人物，各人根据自己的认识和良知在默默耕耘，此起彼伏，无法赶尽杀绝。

2. 互联网兴起成为影响极其深远、广泛的载体。

3. 文明与野蛮缠斗，反复拉锯，过程非常漫长；财产权、维护言论自由与确立法治成了突出的焦点。

## 七　思想文化变革在历史发展中的作用

多年来有些朋友一再否定新文化运动，从认为它是无产阶级文化大革命的起源，进而指斥思想文化变革就是灾难根源。这些朋友认同新文化运动倡导的自由、法治和民主、宪政，但反对它所推动的思想

① 哈耶克：《通往奴役之路》，中国社会科学出版社1997年版，第101页。

文化变革。

20 世纪用暴力摧毁文化，是从义和团开始的。

没有权力和暴力介入的论争是思想文化发展的催化剂和正常途径。五四新文化运动留下的记录是：开拓了学术文化和言论自由的制度环境，拓展了自由空间。它唯一和权力结合的是 1920 年 1 月 12 日，教育部采纳全国教育会议的建议，下令小学教科书停止使用文言，改用白话文。这是功德无量的成果，符合异端变主流的文化变革规律。

他们还有许多具体的指摘和怀疑，值得一一检视。

第一，思想文化的革命必然带来灾难。

这些朋友讴歌政治革命。可是，任何国家的社会变革、政治变革都是以思想为先导的。没有启蒙，没有思想作为先导，英国革命、法国革命乃至辛亥革命都是不可能的。何况新文化运动倡导的人权与科学或民主与科学，鼓吹的文学革命和语文合一都与武力革命不搭界。至于陈独秀进入 20 年代提倡暴力革命和专政，那是他的身份转变——从思想家转化为政治家和革命家，挥手告别了新文化运动；坚守原有阵地的剩下胡适、鲁迅等一大批人。

哈耶克说得好：

“从长远来看，人类的事务是受思想力量指引的。”“昨天的异端会成为明天的信条。”①

论者认为提倡反传统就是灾难。如此说来，中国人应该永远匍匐在圣人和尊长脚下；同时要设置百万思想警察，拘禁一切超越标杆的“过激”思想。

第二，梁启超、鲁迅他们提出个性解放，改造国民性，是人民共和国成立后思想改造和文革时期“灵魂深处爆发革命”的根源。

所谓改造国民性实质是推动中国文化从臣民文化转变为公民文化，让中国人冲破思想桎梏，成为独立自由的现代公民。内容无可挑剔。君不见束缚个性，培养乖孩子，至今仍是中国教育的致命伤？

至于进行的方式是自由呼吁，自由交流，信不信由你；与强迫进

---

① 转引自阿兰·艾伯斯坦《哈耶克传》代序，中国社会科学出版社 2003 年版，第 6 页。

行的思想改造风马牛不相及；更与“文化大革命”中在暴力胁逼下狠斗私字一刹那的“全面专政”背道而驰。

第三，新文化运动是法国启蒙的孽子，从根子上就错了。

哈耶克提出启蒙有两个传统，一个是法国的传统，一个是苏格兰的传统。前者是激进主义的根源。现代社会是自发秩序生长过程，社会、思想、信仰完全是自发演进的，回归英国道路才是正道。

对英法不同的启蒙传统怎么看？愚意以为哈耶克的论断忽视了两国思想相互交融的一面。

任何国家的思想文化都是复杂的，而且思想没有国界，即使在信息传播比较缓慢的年代也会向周边地区扩散，英法两个近邻更是如此。法国和英国两个传统是互相交叉的。法国有过很多很极端的东西；英国则有掘地派、平等派，那些主张一样是空想的。

英国思想家托马斯·莫尔 1516 年发表《乌托邦》一书，主张废除私有财产，“实行高度集中计划，把恐怖统治神圣化，是后来一切政治意识形态所不及的。”“国内政策是以一种神圣的恐怖来推行的，至于政治讨论只有在指定的时间、地点，方能容许。它与法国大革命时期的雅各宾主义和 19、20 世纪的其他革命灵性主义之间的关系是十分明显的。”①

至于孟德斯鸠受英国的影响，更是众所周知的。他写作《波斯人信札》和《法的精神》的灵感都来自对英国制度的考察。伏尔泰的《哲学通信》也反映了他对英国的深刻认识。1776 年的美国独立战争是英国自由传统的产儿。1789 年法国大革命诞生的《公民权和人权宣言》则继承了英国革命和美国独立战争的思想成果，并且是在美国驻法公使杰斐逊官邸中制定的。

哈耶克说：“自由主义的中心思想是，在贯彻保护公认的个人私生活领域的公正行为普遍原则的情况下，十分复杂的人类行为会自发地形成秩序”。

但他自己也深知“而在盎格鲁—撒克逊世界之外，几乎还没有人

---

① 弗里德里希·希尔：《欧洲思想史》，赵复三译，广西师范大学出版社 2007 年版，第 373、374 页。

理解”法治和守法政府的理想。①

在另一个世界——拒绝保护个人私生活领域的社会，离开对传统思想文化的清理和批判，离开外来思想的输入和浸润，显然不可能自发产生自由秩序。这是中国启蒙——新文化运动必要和艰难的现实基础。

这些朋友用心良苦，想提醒中国人吸取历史教训，避免中国社会再度动荡，但没有注意到历史实际。

1793 年的雅各宾专政光是在巴黎就杀了 17000 人，另外一个数字是全国 40000 人被杀，当时法国的人口 2600 万。英国革命过程相砍相杀，从 1640 年革命爆发到 1688 年光荣革命整整花了 38 年，20 多万人丧生，17 世纪中叶英格兰的人口将近 530 万，而包括爱尔兰、苏格兰和威尔士的总人口则为 770 万。英国革命同样是血腥的；无论杀人的绝对数还是占人口总数的比例，都远远超过法国大革命。

这些无可抹杀的事实，值得人文社会科学学者深入思考：为什么很多思想和原则正确，接踵而至的实践却是恐怖？法国大革命的《公民权和人权宣言》提出 17 条原则，是现代的自由大宪章，如果不断章取义，每一条的基本思想都是正确的。

有人指责它过于强调平等和公意，过分尊崇法律。翻开美国的《独立宣言》，不也大声宣告：“人人生而平等”是不言而喻的真理？点燃独立战争圣火的《常识》说的是：“正如专制政府中，国王便是法律一样，在自由国家中法律便应该成为国王”。《宣言》第六条说“法律是公共意志的表现“，与公民参与法律制定和规定“法律对于所有的人，无论是施行保护或处罚都是一样的”构成一个整体，是保障公民权利而不是剥夺公民自由的根据。②

是不是《宣言》过于激烈？英国人提出的《权利请愿书》以传统

① 哈耶克：《自由社会的秩序原理》，冯克利译，《经济、科学与政治——哈耶克思想精粹》，江苏人民出版社 2000 年版，第 392 页。

② 有人认为，这一条受到卢梭“公意”观点的影响，而卢梭的观点是后来的极权主义的先驱。“公共意志”不是卢梭的专有名词，何况对卢梭这一观点的解释也是有争议的，不能简单地把它与极权主义捆绑在一起。请参阅《布莱克维尔政治学百科全书》，中国政法大学出版社 1992 年版，第 672—674、289—290 页。

的名义发言，“彼等伏请于陛下者，皆按诸本国法律条例而原为其权利与自由者；”后果也是那么血腥。

雅各宾专政嗜血，假自由的名义剥夺自由，另有原因。应该仔细研究理论和实践对接中哪一环节出了问题。

归根到底那是对《宣言》正确思想的背叛。

翻阅一下罗伯斯庇尔大开杀戒时的言论吧，哪一点不是与《宣言》背道而驰？

分歧在制定《宣言》时已经非常明显。罗伯斯庇尔一开始就冀图把自己的阶级仇恨和民粹主义的极端主张写入《宣言》。在他提出的草案中宣告：

> “人民随时可以更换自己的政府，并召回自己的全权代表。”“任何规定，如果不假定人民是好的，而公职人员是贪污的，就是有缺点的规定。”“当政府违犯人民的权利时”和“公民得不到社会保障时”，“全体人民和每一部分人民的最神圣义务就是起义”，“使反抗压迫的行动屈服于法定的方式，就是一种最精巧的暴政。”①

这些观点不久后成了罗伯斯庇尔及其追随者的行动准则。随意推翻政府，任意“起义”；政治动荡和屠杀来源于极端思潮压倒了《宣言》的正确原则。

深入一步考察，任何国家和民族都有从野蛮到文明的过程。这个过程的长短和代价大小，取决于路径选择是否恰当。

英国光荣革命以后走向文明的标志是1689年以后，实行法治了，不再动用刀枪解决社会矛盾和冲突，随之而来的是稳定和发展。

如果迷恋暴力，无论多么正确的原则或是美好的传统都会被践踏。

法国的《宣言》和英国的传统都强调分权制约。但雅各宾俱乐部，克伦威尔，拿破仑都有不受限制的权力。

① 罗伯斯庇尔：《革命法制和审判》，商务印书馆1979年版，第138、139页。

1799 年，拿破仑执政，大声宣布：革命结束了！可是他挥师出征，输出革命，依赖的还是是暴力。把他囚禁起来后，整个国家仍然革命余震不息，一直到 1870 年后才稳定。从 1789 年算起，历时 80 多年。

要改变这样的局面，必须改变思想文化，树立以改革、法治代替暴力的观念。

无论制度建构还是观念变迁都靠经验积累，光是说理，人们不一定信服。

翻开人类历史，映入眼底的是文明与野蛮交织。几乎每个民族、每个国家总是创巨痛深才会迷途知返。杀人如麻，饿殍遍野，兵连祸结……哪一个国家没有这样悲惨的记录？这叫在劫难逃！直到多数人觉醒：保障个人自由的制度建设是宪政的核心，民主、法治是解决社会矛盾和分歧的最好方式，国家和民族利益冲突应该通过民主途径与和平协商谋求双赢，野蛮才会日益消退。

在中国，这又不能不依靠输入外来的法治和自由的思想，推动“人权与科学（思维方法理性化）”植根，说服人们相信通过思想文化变革推动制度改革是成本最低的发展方式。这正是新文化运动的追求。

过去知识阶层以胡适和《大公报》为代表，不断地批评政府，批评中不排斥合作。很多人说他们是“小骂大帮忙”，鄙薄这种行为方式。

其实，“小骂”是公民行驶自己对政府的批评权、监督权，也是改变官员和社会大众观念的一种方式。帮了谁的忙？对政府当局，对执政党，帮助它们转换思想走上民主、法治的正轨；说到底那是帮了民众的大忙，帮了国家的大忙，避免了大动荡带来的大损失。这样的“小骂大帮忙”，是公民意识的觉醒。否定它，等于作茧自缚。当胡适等人发动“人权论战”的时候，他们批评国民党剥夺言论自由，抛弃民主、宪政；以鲁迅为代表的左翼知识分子，不但不支持，反而辛辣嘲讽，说他们是《红楼梦》中的“焦大”，是奴才提醒主子：主人，您的衬衣脏了，要换一件。从社会和国家发展的全局看，这样的误解是不足取的。

公民固然有反抗压迫的权利，但不应随便动刀动枪。舆论监督、选票和法治是公民驾驭公共权力的基本手段。这是鲜血换来的经验。在东方国家确立这些制度绝非易事，严重的问题在教育官员，中心一环是推动全社会的思想文化变革，让公民文化取代臣民文化，以法治文化取代专政文化。

## 八　新文化运动是毁灭还是拯救了传统文化

不同流派的读者都指责新文化运动摧毁了传统文化。

事实正好相反，它拯救了中国传统文化。

必须确认一个基本态势：19 世纪或更早，中国传统文化已经进入穷途末路。

1. 知识阶层原有知识结构无法应对面临的内政外交问题。

“书小楷，诗八韵，将相文武此中进。……昨日大河决金堤，遣使合工桃浪诗。昨日楼船防海口，推毂先推写檄手。”①

传统文化和传统教育只能培养出知识如此贫乏的人。承平年代，萧规曹随，尚可马虎应对；稍有事变，只能手足无措，更不要说推动社会转型了。

2. 对外部世界惘然无知。

“岛夷通市二百载，茫茫昧昧竟安在。”

“为问海夷何自航？或云葱岭可通大西洋！”②

3. 知识结构陈腐、停滞，丧失了自我更新的能力，无力开拓新知。

大凡一种文化学术不能在交流、讨论、潜心研究中激发新观点、提出新方法和寻求新材料，必然停滞不前，日益没落。与自然经济相适应，中国传统文化定型化了，知识阶层以四书五经为敲门砖，毕生在经史子集和诗词歌赋中打滚，只有小聪小慧的闪光，不见冲破桎梏的电闪雷鸣。为社会转型所必须的人文、社会科学无法在这块土地上产生。

---

① 《魏源集·都中吟》，中华书局 1976 年版，第 675—676 页。

② 同上书，第 676—677 页。

打破这个局面需要外来思想文化的冲击和竞争，在改变知识结构的同时，激活自身的活力。新文化运动恰好适应了这个历史需求。

这是传统文化的凤凰涅槃。传统文化不但没有毁灭或断裂，而且展开一片新天地。

经史子集四大类，每一领域都因研究方法改变而硕果累累。

新史学成就辉煌。经学和诸子研究远超前人。考古学建立起来了。古典文学研究也进入新阶段。吸收西方学术研究方法和规范带来的是中国人文、社会科学的春天，说中国文化断裂了是情绪化的无稽之谈。

艺术和文学的命运又如何？

新文化运动最成功的业绩是文学革命。只要不带偏见，谁也否定不了1919年以后90年的文学创作成就远胜大清帝国267年。“旧戏曲”曾受陈独秀攻击，但20世纪二三十年代是中国戏曲的黄金时代。国画不但没有衰落，而且因大胆吸收西方艺术成就而别开生面。原来没有的话剧、西洋画、交响乐等艺术也在中国站稳了脚跟。

最有争议的是思想领域。

辛亥革命废除帝制，三纲失去了存在的根据。但是在军队、官场和底层社会结构（家族，黑社会）中，它依然是不能触犯的信条。看看胡适的《李超传》吧，一个广西富裕家庭的女孩，为了到广州和北京求学，竟然被认为违背了尊长的旨意，加上女子不能继承遗产，经济来源断绝，在北京贫病而死。三纲杀人，男女不平等杀人，声讨这样的观念和制度，正是涤荡传统文化，创造现代文明的过程。这也是世界各国推动社会发展的必由之路。

一些伊斯兰国家，不少女孩至今仍因自由恋爱被固守传统的族人用乱石砸死。这样的违法惨剧激起舆论强烈批判。这类讨伐是推动传统社会向现代转化的文化蜕变，有何不可？

没有激烈的抗议和持续的思想变革，包括黑人、华人在内的有色人种在美国何来平等地位？

传统文化统治中国人，养成中国人的奴性，以圣人和经典为是非判断的标准。新文化运动的成就之一是摧毁了这个标准，而它的缺失是这个工作做得不彻底，没有完成从尊圣宗经到理性化的思维方法变革。于是，后来才会把国家领导人的意见当作“最高指示”，绝对不准质疑，而且当作是非标准，“一句顶一万句”。失去公民监督的政治家会带来什么，就不必詞费了。

儒释道成了思想史的研究对象，只有少数人仍然选择它们为安身立命的根基。这能怪新文化运动吗？它们受冷遇是历史必然，毕竟工商社会取代农业宗法社会的过程无法阻挡，独立自主的个人要冲破家族和出世的羁绊。何况人生观和信仰完全是私人的选择，谨守儒门信条的大有人在，而佛寺、道观的香火在民国时期从未中断。

有人把道德沉沦归罪于新文化运动。这里有三个问题要考虑：

1. 是不是沉沦？鉴别的标准是什么？

没有社会调查，随便举例，无非是以偏概全，作出完全相反的结论也非常容易。与晚清比，民国初年的道德水准是上升还是下降？至今我没有看到可信的结论。

2. 不要把道德规范的转换看做是道德沉沦。

按照中国传统文化，自由恋爱肯定是背叛纪纲。而在现代社会，个人独立自由是道德的核心。

3. 什么是道德秩序稳定的标志？

任何社会，任何年代，高尚总是与奸恶同在。判断一个社会的道德水准，不能以个案为根据。正义的最后一道防线是司法。法纪严明，明镜和利剑高悬，小人也不能不守住道德底线。否则天天读经、背诵圣贤语录也无济于事。只要法治健全，就表明那个社会道德秩序稳定。

中国文化向前发展的健康基础是承接新文化运动的成果，不断拓展自由空间，推动学术文化繁荣。新文化运动的重要内容是建立思想自由、兼容并包的制度环境，离开这个根本，谈论继承、超越都是不着边际。新左派和国教派的思路与此相左，他们冀图勾销新文化运动的成果，限制自由空间。

他们鼓吹从西方思想解放出来，建立“儒家社会主义共和国”。现代文明不受地域限制，为什么要树立排他的樊篱？

煽动民族情绪，刮起强劲的“读经”风，是近年一道奇特的风景线。三点分歧摆在人们面前：

1. 中西文化经典都是人类文明的成就，为什么只读中国经典？

2. 哪些典籍才是中国传统文化的经典？几百年前的蒙学教本《三字经》、《弟子规》错误百出，为什么还要拿来毒害21世纪的孩子？

3. 怎样读经典？是帮助中国人坚定地站起来，成为有独立人格、自由思想的现代公民，还是诱导他们成为圣人及其教条的奴隶？为什么要强迫少年儿童死记硬背在他们那个年龄段无法理解的东西？

继承全人类的思想文化成果，自由探索，自由思考，自由辩论，是中国文化持续发展的康庄大道，也是新文化运动梦寐不忘的愿景。新左派和国学派正在力图扭曲方向，必须从他们手中把中国文化拯救出来！

## 九 五四爱国运动的的正义性和必须铭记的教训。

中国的知识阶层和年轻学生有爱国运动的传统。1919年的五四爱国运动是20世纪爱国运动的高潮和成功的范例。

但是，纵览世界，不是所有打着爱国旗号的行动都值得肯定。日本军国主义者和德国法西斯都是玩弄爱国旗号欺骗国民的好手。正义超越国别。五四爱国运动的主要内容是反侵略，维护国家主权，其正义性无可置疑，它的要求也达到了。这些都是人们熟知并在教科书和有关著作中可以随手拈来的，不必赘言。

需要刻骨铭心永世不忘的是过去很少涉及的这个运动的教训。

第一，法治高于一切，自由的真谛应该永志不忘。

五四当天，火烧赵家楼，痛打章宗祥，年轻人的爱国义愤，可以理解，应该原谅。不过。财产权、人身安全权是社会的根基，侵犯不得！梁漱溟当时就主张越轨的学生主动投案，接受审判。这是法治社会的常规。不幸，知识阶层大多数异口同声，拒绝这个貌似苛刻的要求。①

远未完善的法治堤坝被冲开一个缺口，祸水开始蔓延。

① 参阅笔者十年前的拙作《五四：从爱国激愤到制度寻思》，原载《南方日报》1999年5月31日；《同舟共进》月刊1999年第五期。

从1919年至1928年的248次学潮中，学生使用暴力的24次，近10%。[1]

几年间章士钊的家先后被学生查抄和破坏三次。1925年11月28日那一次学生、工人等游行示威，章士钊（原教育总长）、刘百昭（教育部司长）、朱深（警察总监）等人的住宅被肆意破坏。北京《晨报》馆被火烧和捣毁。

学校内部动荡不安，学生动辄罢课。学生自治转变为学生治校。学生开会，压制居于少数的学生的言论自由非常普遍。当时就有人撰文指出："学生自治中，学生如猛虎出兕栏，一朝当权，唯我独尊。"[2]一些学校迫于学生的压力，考试也废除了。

暴民专制的行为方式成为一些学生的习惯。

为什么会发生这样的现象？

1. 学生不成熟。

年轻人都有一个成熟过程。他们的爱国热情和社会责任感非常宝贵。但是容易受到极端思潮的影响。在官僚、军阀不守法的社会里生活，上行下效，更不知法治为何物。

2. 缺少完善的法规，更没有严格执法、守法。

中国的国家机关，转变为现代国家机关，是从清末新政开始的。但是国家机关的建构，需要一个完善过程。游行示威是公民的权利，是言论自由权的一部分——公民表达自己意见的自由，这是正常和正当的权利。但是，这个权利的行使必须依法，更不能侵犯别人的权利。当时没有完善的法规。烧房子，破坏别人的财产更是明显的刑事罪行。开始没有依法处理，后来就一发不可收拾了。

3. 政党和政客介入和操纵。

主要就是受到一些国民党的极端分子幕后操纵，有些共产党人如李大钊也介入了。比如徐谦，后来做过国民政府的司法部长。朱家骅，后来是国民政府的教育部长。他们把学生作为推翻北京政府夺取政权

① 吕方上：《从学生运动到运动学生》，中央研究院近代史研究所1994年版，第25、26页。原统计为23次，加上1919年火烧赵家楼，应为24次。

② 同上书，第59页。

的工具。

4. 归根到底，这是不懂得自由的真谛。

从1919年火烧赵家楼到1925年火烧晨报馆和章士钊住宅，这些行动是一脉相承的。

知识分子愤怒了："京中状况狞恶可怖，白昼纵火烧报馆，此是何等景象？章行严（章士钊）纵犯弥天大罪，亦不应放火烧之；下而至于安福系，对之亦不应惨无人道至于此极。"

陈独秀为这些行动辩护，激起胡适尖锐反驳："几十个暴动分子围烧一个报馆，……你是一个政党的负责领袖，对于此事不以为非，而意味'该'，这是使我很诧怪的态度。""争自由的唯一原理是：'异乎我者未必即非，而同乎我者未必即是；今日众人之所是未必即是，而众人之所非未必真非。'争自由的唯一理由……就是期望大家能容忍异己的意见与信仰。凡不承认异己者的自由的人，就不配争自由，就不配谈自由。"①

自由的真谛是应该永志不忘的。

五四爱国运动确实有伸张正义与不守法纪的两面。

就新文化运动而言，则只有一种自由讨论的优良传统。

是不是群众运动一定带来混乱和破坏？不！看看马丁·路德·金在上一世纪50、60年代领导的抗议活动，特别是1963年8月28日的"华盛顿工作与自由游行"（March on Washington for Jobs and Freedom）吧，此次示威运动中超过二十五万的抗议者浩浩荡荡进入华盛顿。在林肯纪念馆的台阶上，金发表了《我有一个梦想》（I Have a Dream）的著名演讲。这次示威，秩序井然，成绩斐然：第二年肯尼迪总统签署1964年《民权法案》，宣布种族隔离和种族歧视政策为非法。一个健全的法治社会，也有人越轨和破坏，但是通过行政、司法乃至立法部门的行动，问题会得到比较妥善解决，从而推动社会稳步向前。

解决群众运动中常见的极端行动，一不能盲目喝彩，二要冷静审视深层原因，还要更加广泛、深入推进新文化运动，结合实际进行法

① 《胡适来往书信选》（上），中华书局1979年版，第235、236页。

治教育，让法治观念植根于官员和民众。同时严格执法，纠正群众运动中的幼稚病，使政客们的伎俩无法得逞。这是社会稳定和健康发展的不二法门。冀图贬斥新文化运动来求得正常发展，倒是缘木求鱼。

第二，寻求反对侵略者的正确途径。

爱国，反侵略，应该寻求当时当地恰当的途径。

当外敌疯狂进犯，而本国是正义一方的时候，武装反抗是不可避免的。更多的时候一个被敌对势力威胁下的弱国，应该避免孤注一掷，选择正确的行动方针。

根据历史经验，这个行动方针有几个要点：

1. 在外国侵略者武力威胁下，主权受损而力量对比对己不利时，必须暂时遵守不平等条约，争取比较充分的时间。

2. 向包括敌人在内的先进者学习，改革本国落后的制度，发展自己的实力。

3. 通过外交谈判，适当妥协，寻求双赢。

1921 年 11 月 12 日—1922 年 2 月 6 日的华盛顿九国会议，其中一个重要内容就是中国收回山东的权益。肯定胶州湾租借地完全交回中国，中国将青岛开辟为自由商埠。其中不可避免有所妥协和让步，但五四爱国运动的要求大体达到了。

后来的关税自主权的收回，治外法权的取消，还有邮政主权的收回，都是通过谈判解决的。

段祺瑞任执政期间，1925 年 10 月 26 日召开有 12 国参加的关税特别会议，达成协议，以废除祸国殃民的厘金为条件，1929 年 1 月开始，完全收回关税自主权。从 1926 年开始，提高关税。就在这个时候，冯玉祥他们捣乱，段祺瑞政府垮台，决议不了了之。到了国民党统治全国以后，1928 年分别与各国订立新约，承认中国关税自主（日本拖延至 1930 年 5 月始订新约）。1929 年 1 月关税自主权如期收回。

取消治外法权交涉，从清末就开始了。他们提出的条件是，要改良中国的司法。不容讳言，中国原来的司法制度是很黑暗的，与现代司法相距太远。从清末开始，中国的法律制度和司法开始改革，取消实行两千多年的中华法系，引进大陆法系。这是清末的三大变革之一。

但全国范围内建立现代司法体系，还需要一个过程。辛亥革命以后，梁启超做司法总长，要建立法院，将原来的行政与司法合一的制度废除，建立独立的法院。马上碰到一个问题，人才不够。有的地方法院的审判还不如过去行政部门的审判。内地的一些法院被迫取消，回复原有体制。制度变革要看主客观条件，否则欲速不达。

孙传芳任五省联军总司令，丁文江出任上海商埠总办，，1926 年 5 月上任，通过外交谈判，8 月达成临时协定，在租界设立上海临时法院，收回除有关领事裁判权的案件外，一切民事刑事案件均归其审理。1930 年 2 月，国民政府更与各国订立正式协定，全面收回了租界的司法权。这些都说明改革自己，通过外交谈判，是维护国家主权的正常方式。

这里有一个参照系。日本在 19 世纪 50 年代，同样有丧权辱国的不平等条约。同样有租界，有治外法权，有协定关税。中国有的屈辱他都有。从 1871 年开始，日本政府就谋求通过外交谈判收回丧失了的主权，但成效不彰。通过维新，通过改革自己，日本建立新的法律系统，自己力量强大了，这些不平等条约才逐步废除或修订。甲午战争那一年（1894），与英国签订新约，规定五年后（1899）取消英国在日本的租界，废除领事裁判权，提高关税率。与其他国家的条约也陆续修订；但直到 1911 年 7 月，才实现关税完全自主。

第三，注意思想家和政治家的区别。

1919 年 6 月五四运动进入高潮和尾声。6 月 9 日陈独秀和李大钊等人研究后草拟了《北京市民宣言》，由胡适翻译为英文，并连夜印刷多份。6 月 10 日，陈独秀等到中山公园等地散发这份传单。11 日，陈独秀与胡适、王星拱、高一涵、邓初、陈演初等一道在北京城南新世界游艺场附近一家四川菜馆晚餐。餐后，胡适与高一涵先行离开；陈独秀和邓初到新世界散发散发这份宣言；王星拱则和程演生往城南游艺园散发。陈独秀上到屋顶花园向地下正在放映电影的场地撒传单时，当场被警察逮捕。

这件事非常值得注意之处有以下几点：

1. 这是一个《新青年》编辑部主要成员都参与的重大政治活动。

前面不厌其烦讲述那几天他们的活动细节，为的是证明那不是陈独秀个人的孤立行动，而是代表了当时主要思想家的认识和水平。

2. 他们提出的是一个在北京夺取政权的纲领。

这个宣言首先提出对日外交和免除六位官员职务的要求，要求市民有绝对集会言论自由权。怎样达到这些要求呢？

一是解散旧的武力，“取消步军统领及警备司令两机关。”“北京保安队改由市民组织。”

二是“倘政府不愿和平，不完全听从市民的希望，我等……惟有直接行动，以图根本之改造。”①

3. 这是一个非常幼稚的空想计划。一个警察将陈独秀拘捕到警察局，肥皂泡就吹破了。

从康、梁开始，近代中国历史大转折中涌现的政治家，几乎都染上这样的幼稚病。原因在于他们没有历练的机会。潮流把他们推到风口浪尖，经验和知识却不足于应对紧迫而重大的问题。接踵而至的是种种阙失乃至无法弥补的损失。这是专制政治的后果，是告别黑暗的代价。

思想家怎样成长为成熟的政治家？群众中涌现的政治领袖怎样成熟起来？开放的政治、民主的政治是必由之路。首先是政府活动的情况要透明公开，让群众了解全面情况，再通过公开、自由的讨论，多数人的认识才会趋于理性、稳健。这也是国家长治久安必由之路。

2009 年 5 月 14 日星期四

（原载《社会科学战线》月刊 2010 年第 4 期，有改动）

---

① 袁伟时编著：《告别中世纪——五四文献选粹与解读》，广东人民出版社 2004 年版，第 472 页。

# 新文化运动的演进、歧变及其复调结构

高全喜*

今年是新文化运动发端一百周年纪念，学术思想界借此回顾这场曾经对中国的现代历史产生过深刻影响的思想文化运动，反思由其催生的经久不息的激进主义文化革命风潮，毋宁是十分必要和恰逢其时的。一百年过去了，对于这场新文化运动，我们不能仅仅局限于表层认识，而是要全面深入地理解这场文化运动的特性，尤其是理解和认识其背后的发生机制、复合结构和演变路径。时下主流意识形态大多限于一般流俗的纪念与评论，礼赞其思想启蒙和革命激进主义的进步意识和批判标识，把这场文化运动与“五四”运动以及十月革命的传播和中国继受衔接为一体，描绘为一个看似必然的革命主义文化逻辑。这种定位与认知固然有一定的合理性，但并非新文化运动的全貌，甚至在某种意义上曲解了这场文化运动的本来面目。在我看来，一百年前的这场新文化运动一波三折，有一个发生、演变的时间过程，其内部蕴含着一个看似对峙的复调结构，理解这场文化运动的实质，摆脱革命激进主义的认知定位，需要恰切地把握这个复调结构及其百年以来的起伏变奏，这是一种文明演进论的历史文化观，且能够与当今中国的文明复兴之主题若合符节。

* 高全喜，上海交通大学、法学院教授、博士生导师。

## 一　新文化运动的发生

审视一百年前发端的新文化运动，首先要有一个中华文化古今之变的大视野，确认它是中国历史文化面临古今中西交汇之际的一场伟大的思想启蒙运动。在这场持续经年的新文化运动中所表现的自由、民主、科学之精神，是千年中国古代历史所从来没有过的，属于现代性的新事物和新思想。因此，这场文化运动历来被视为一场启蒙思想意义上的“文化革命”，具有重大的历史文化意义。对于这场文化革命，有众多论者从不同的侧面给予了充分的论述。例如，有从西方（欧洲）中心主义的视角，认为这场运动深受西化思想的影响，表达了当时一些深受西方教育（新式教育）影响的思想家，诸如陈独秀、胡适、钱玄同、鲁迅等人，他们不满传统文化痼疾，力图走向西方文明之道的思想观点；也有从中国晚清以来的历次变法失败，尤其是辛亥革命失败的视角，认为这场文化运动迥异于改良主义的变法道路，走的是一条与旧传统相决裂的新文化革命的道路。总之，无论是从外部世界还是从内部社会两个方面来看，新文化运动都具有崭新的革命意义，在各个版本的官方主流的史学教科书中，对于新文化运动均以所谓“四个反对”和“四个提倡”予以概括论定：第一，“提倡民主，反对专制、独裁”；第二，“提倡科学，反对愚昧、迷信”；第三，“提倡新道德，反对旧道德”；第四，“提倡新文学，反对旧文学”。

下面我们简单回顾一下新文化运动的发生、演变以及大致内容。1915 年九月 15 日，陈独秀在上海创办了《青年杂志》，其谓：“盖欲与青年诸君商榷将来所以修身治国之道”①，并以此作为办刊方针。其后，陈氏又在《新青年》创刊号上发表了《法兰西人与近世文明》一文，其谓：“近世三大文明，皆法兰西人之赐，世界而无法兰西，今日之黑暗不识仍居何等。”② 在该文中陈独秀极力鼓吹法国的文化贡献，甚至将其视为近代文明的源头。1917 年，蔡元培履任北京大学校

① 陈独秀：《社告》，《青年杂志》1915 年第 1 卷第 1 号。

② 陈独秀：《法兰西人与近世文明》，《青年杂志》1915 年第一期第一号。

长后，聘请陈独秀赴该校任职，陈乃将《新青年》迁往北京。是年，《新青年》发表了远在美国的胡适的信件（题为《文学改良刍议》），从此开启了所谓的“文学革命”。《新青年》推动了以普及、推广白话文为第一目标的新文化运动。当然，中国人向来注重“文以载道”，“文学革命”背后孕育的是新的思想理念，其中最为关键者，是“民主”和“科学”，《新青年》将前者称为“德先生”（Democracy 的音译），将后者称为“赛先生”（Science 的音译）。陈独秀谓：“我们现在认定只有这两位先生，可以救治中国政治上、道德上、学术上、思想上一切的黑暗。”又谓：“西洋人因为拥护德、赛两先生，闹了多少事，流了多少血，德、赛两先生才渐渐从黑暗中把他们救出，引到光明世界。我们现在认定只有这两位先生，可以救治中国政治上、道德上、学术上、思想上一切的黑暗。若因为拥护这两位先生，一切政府的压迫，社会的攻击笑骂，就是断头流血，都不推辞。”① 除了陈氏外，还有一大批后来遐迩闻名的思想家、文学家们（如胡适、鲁迅、李大钊、钱玄同、吴虞、周作人）的文章也频频刊印于《新青年》。这些《新青年》的稿件来源者们均对“民主”和“科学”有着坚定的信仰，这种共识凝结成为了新文化运动前期的指导思想 1918 年 3 月，张东荪创办《时事新报》副刊《学灯》，其与《民国日报》副刊《觉悟》、《晨报》副刊“第七版”，以及《京报》副刊并称“新思潮四大副刊”。1918 年 5 月，中国在日本的留学生因反对中日军事协定而遭到了日本警员的殴打，愤愤不平的爱国学生集体辍学返国，并组织“救国团”，刊行《救国日报》。5 月 21 日，北京的青年学生纷纷起而响应，组织向政府陈情，请求废除中日之间的军事协定，并呼吁抵制日货，这是学生运动的开始。1918 年 12 月 23 日，陈独秀、李大钊创办《每周评论》，批评时事问题，其对外则控诉列强把持巴黎和会，对内则反对军阀肆虐、压榨人民。其在政治上的影响力非常重大，甚至获得了凌驾《新青年》之上的声势，从而成为“五四”的先声。

新文化运动的主要内容是：其一，改革文字，推广白话文。1917

① 陈独秀：《本志罪案之答辩书》，《新青年》1919 年第 6 卷第 1 号。

年，蔡元培、吴稚晖等共同组织了“国语研究会”，该会的宗旨在于宣扬“国语统一”“言文一致”。如前所述，胡适亦曾在《新青年》发表了著名的《文学改良刍议》，其提出文学革命，即为对白话文推广的一篇重要文字。在1918年，胡适又写了《建设的文学革命论》，他将文学革命的目标归结到“国语的文学，文学的国语”，其谓：“我们所提倡的文学革命，只是要替中国创造一种国语的文学。有了国语的文学，方才可有文学的国语。有了文学的国语，我们的国语才可算得真正国语。国语没有文学，便没有生命，便没有价值，便不能成立，便不能发达。”[①] 1918年，钱玄同在《新青年》第4卷第4期上发表了《中国今后之文字问题》一文，其谓：“废孔学，不可不先废汉文；欲驱除一般人之幼稚的、野蛮的、顽固的思想，尤不可不先废汉文。”[②] 他赞成吴稚晖提出的文字渐进式革命的方法，即限制汉字的字数，并在其中夹用世界语文字，从而达到逐渐淘汰汉字的目的。陈独秀亦赞成废除汉字，但他反对废除汉语，其谓：“惟有先废汉文，且存汉语，而改用罗马字母书之。”胡适则认为中国将来应该有拼音文字，但是文言文中单音太多，绝不能变成拼音文字。所以必须选用白话文字来代替文言文字，然后再把白话文字变成拼音的文字。正是在此种不断的鼓吹、宣扬下，中国逐渐形成了“国语罗马字运动”。在1922年，黎锦晖在国语统一筹备会第四次大会中提出了“废除汉字采用新拼音文字案”。次年，钱玄同在《国语月刊》第一卷《汉字改革专号》上发表了《汉字革命》一文，其谓：“我敢大胆宣言：汉字不革命，则教育决不能普及，国语决不能统一，国语的文学决不能发展，全世界的人们公有的新道理、新学问、新知识决不能很便利、很自由地用国语写出。何以故？因汉字难识、难记、难写故；因僵死的汉字不足以表示活泼泼的国语故；因汉字不是表示语音的利器故；因有汉字作梗，则新学、新理的原字难以输入于国语故”。[③] 凡此种种，皆旨在改革文字，推广白话文。

---

① 胡适：《建设的文学革命论》，《新青年》1918年第四卷第四号。

② 钱玄同：《中国今后之文字问题》，《新青年》1918年第4卷第4号。

③ 钱玄同：《汉字革命》，《国语月刊》1923年第1卷。

其二，提倡文学革命。1917 年 1 月，胡适在《文学改良刍议》中提出了所谓的“八不主义”：“一、不作‘言之无物’的文字。二、不作‘无病呻吟’的文字。三、不用典。四、不用套语烂调。五、不重对偶：一文须废骈，诗须废律。六、不作不合文法的文字。七、不摹仿古人。八、不避俗话俗字。”[①] 同年 5 月，胡适又在《历史的文学观念论》中谓：“一时代有一时代之文学”[②]，并提出了著名的“八大主张”：“一曰：需言之有物。二曰：不模仿古人。三曰：需讲求文法。四曰：不作无病之呻吟。五曰：务去烂调套语。六曰：不用典。七曰：不讲对仗。八曰：不避俗字俗语。”陈独秀则撰文声援，在《新青年》发表《文学革命论》，将胡适的“八不主义”归约为所谓“三大主义”。在该文中，陈氏将传统文学定性为“雕琢的阿谀的贵族文学”“陈腐的铺张的古典文学”“迂晦的艰涩的山林文学”，并宣称“今日吾国文学，悉承前代之弊”，因此他极力鼓吹“国民文学”与“社会文学”。[③] 陈氏强调文学在承担社会革命方面的功能，他高举“文学革命军”的大旗，并将“文学革命急先锋”的称号许给胡适。陈独秀且对中国传统文学中的桐城派、文选派予以了激烈的抨击。并将桐城派的代表性人物归有光、刘大櫆、方苞、姚鼐以及其他一些文学家并称为所谓的“十八妖魔”。而胡适则在《建设的文学革命论》中提出“我们有志造新文学的人，都该发誓不用文言作文”。[④] 自 1918 年开始，《新青年》刊载了一系列的白话文作品，其中颇有影响的是胡适、沈伊默、刘半农等人的白话诗，而最具影响力的则数鲁迅的短篇小说《狂人日记》，其在白话文运动中占据了极其重要的位置。

其三，开启新史学。胡适在 1918 年出版的《中国哲学史大纲（上卷）》开启了中国疑古派的先声。胡适在这本书里对没有可靠史料依据的远古史，皆持质疑的态度，并刻意从老子讲起，借以否定以孔子为中心的传统经学，这种“截断众流”，直接以诸子百家开篇的史学方法论，

① 胡适：《文学改良刍议》，《新青年》1917 年第 2 卷第 5 号。
② 胡适：《历史的文学观念论》，《新青年》1917 年第 3 卷第 3 号。
③ 陈独秀：《文学革命论》，《新青年》1917 年第 2 卷第 6 号。
④ 胡适：《建设的文学革命论》，《新青年》1918 年第 4 卷第 4 号。

开启了一代疑古之风。而且该书第一次将孔子作为一个哲学家、教育家，而非一个圣人来研究。胡适大力倡导用欧美以及日本的汉学方法来“整理国故”，而所谓“国故”字样，本身就表明了其价值判断，因为“故”代表着“过去”的意思（此处的“过去”是一个价值性判断，而非事实性判断）。其谓：“现在先把古史缩短二三千年，从《诗》三百篇做起。将来等到金石学、考古学发达上了科学的轨道以后，然后用地下掘出的史料，慢慢拉长东周以前的古史”“宁疑古而失之，不可信古而失之”。[①] 顾颉刚即深受其影响，并在后来创立了“古史辨”的研究范式，顾氏后来回忆：“要是不遇见孟真和适之先生，不逢到《新青年》的思想革命的鼓吹，我的胸中积着的许多打破传统学说的见解也不敢大胆宣布”“总括一句，若是我不到北京大学来，或是孑民先生等不为学术界开风气，我的脑髓中虽已播下了辩论古史的种子，但这册书是决不会有的”。[②] 顾颉刚指出旧古史并不是中国远古时代历史真实的记录，而是后代史学的伪造，其为一种“层累地造成的”，而且“时代越后，知道的古史越前；文籍越无征，知道的古史越多”。[③] 胡适称赞《古史辨》道：“这是中国史学界一部革命的书，又是一部讨论史学方法的书。”[④] 继疑古思潮后，李大钊又将马克思主义唯物史观引入中国，这也是史学的一种革命，它为史学提供了一种新的历史哲学基础。而新文化运动对旧史学的批判，恰恰为马克思主义新史学在中国的发展奠定了基础。李大钊指出：“依马克思的唯物史观，社会上法律、政治、伦理等精神的构造，都是表面的构造。他的下面，有经济的构造作他们一切的基础。经济组织一有变动，他们都跟着变动。”[⑤]

其四，宣扬革命以及马列主义在中国的传播。李大钊是最早在中国宣传马克思主义和“十月革命”的人。《新青年》陆续刊载了陈独秀的《劳动者的觉悟》、李大钊的《May Day 运动史》和大量劳工生

---

① 胡适：《自述古史观书》，载《古史辨》第1册，上海古籍出版社1981年版，第22—23页。版本下同。

② 顾颉刚：《自序》，载《古史辨》第1册，第80页。

③ 顾颉刚：《与钱玄同先生论古史书》，载《古史辨》第1册，第65页。

④ 胡适：《介绍几部新出的史学书》，载《古史辨》第2册，第334页。

⑤ 李大钊：《再论问题与主义》，《每周评论》1919年第35期。

活状况的调查报告及材料，这标志着《新青年》的立场，逐渐地转向了无产阶级。李大钊于1918年7月发表了《法俄革命之比较观》，在该文中，李氏认定资本主义已“当入盛极而衰之运”，又认为“二十世纪初叶以后之文明，必将起绝大之变动”。在同年11月、12月发表的《庶民的胜利》《BOLSHEVISM的胜利》两文中，其认定“十月革命”“是二十世纪中世界革命的先声”，并坚信“将来的环球，必是赤旗的世界”。1919年，其发表了著名的《我的马克思主义观》一文，在该文中明确地把马克思主义称作“世界改造原动的学说”。至此，新文化运动的发展分成了两个潮流：一是“西化”；二是马列主义。在1919年到1924年，《新青年》更成为中共中央的宣传刊物，瞿秋白成为《新青年》的主编。

上述的文字内容主要是参照援引了大学教科书的相关论述，把新文化运动的概况做了交代。[①] 总的来说，一百年前的这场新文化运动，其反传统、反儒教、反文言的启蒙思想以及倡导新诗、文字改革和教育改革，进而推动社会礼俗等方面的除旧布新、开展国民性批判、怀疑历史、清理国故，最后导致“五四”运动的发生，等等，这些文化乃至社会和政治的变革内容，都被纳入一揽子的新文化运动的谱系之中加以论说，尽管其中的深层内涵需要辨析，但它们都属于一种思想文化意义上的启蒙运动大谱系，具有着某种历史的必然性和文化的正当性。

## 二　英美式的思想启蒙运动及其歧变

把新文化运动定位为一种思想启蒙运动，这没有什么问题，不过，随着我们对于西方启蒙思想认识的逐步深化，我觉得上述那种笼而统之的启蒙思想论需要进一步予以辨析。因为从西方早期现代的思想演进来看，关于启蒙思想实质上是存在两种截然不同的表现形态的，即有两种本质不同的启蒙方式，一种是法国、德国式的激进主义启蒙思

① 主要文字部分援引了维基百科中有关“新文化运动”词条的文献介绍内容。

想，另一种是英格兰、苏格兰式的文明演进论的启蒙思想。[①] 鉴于上述两种启蒙方式和形态的区别，我们回顾与反思作为中国启蒙思想的新文化运动，就有必要辨析一下其究竟属于何种启蒙，其基本特征究竟是法国式的还是英国式的。

我认为，一百年前中国的这场新文化运动，其实质并不是法国式的启蒙思想运动以及俄国的布尔什维主义之中国化，而是具有文明演进论意义的英美式的启蒙思想运动，其文化正当性不在它后来变易歧出的革命激进主义，而在不幸夭折的保守自由主义之思想变革。一百七十余年，中国文明演化的古今之变表现为一波又一波的变革进程，从晚清的洋务运动到康梁变法，再到民国的新文化运动，这个变革进程一直采取的是英美主义的文明演进论的路径，新文化运动就其发端来看，尽管表面看上去非常激烈，但本质上依然遵循着这条英美式的变革之道。

新文化运动也不是中国独具的一种文化变革现象，从宏观的人类思想史的视野来看，这次文化运动的理论背景大致契合英国政治传统的改革变易，更有苏格兰启蒙思想为其辩证。也就是说，中国一百年前的这场新文化运动，与早期现代的英国光荣革命前后的思想，尤其是与苏格兰启蒙思想，具有类似的历史文化逻辑。[②] 我们看到，18 世纪的英国（包括苏格兰）也一样呈现着这种基于文明进化与人性需要的文化变革，哈耶克的文明扩展秩序论，弗格森的世界历史的文明进化观，这些关于人类社会历史的文明演化理论，都受到上述文化变革

---

① 参见高全喜《西方"早期现代"的思想史背景及其中国问题》，《读书》2010 年第 4 期；高全喜《从苏格兰启蒙的视角来看中国"五四"以降启蒙的意义》，载许纪霖主编《启蒙的遗产与反思》，江苏人民出版社 2010 年版。

② 关于社会的起源与演变，苏格兰启蒙学派对"社会契约论"自然法学派展开了系统的批判，由此发展出文明演化的社会观和历史观，为启蒙运动开辟出一个相当独特的维度。苏格兰启蒙学派的代表人物休谟、斯密，弗格森均认为人具有天然的社会性，文明社会便在人们对"同情"的追求中不断演化、发展。因此，文明和历史具有内在的连续性。在长时段看来，文明社会虽然呈现出阶段性的跳跃，古今之间具有重大差异，但这些"跳跃"和差异均为缓慢的历史演变之结果。苏格兰启蒙运动的文明演化论将道德风俗、社会结构、典章制度均囊括其中。关于文明历史演化的论述，具体参见休谟《论原始契约》，《休谟政治论文选》，商务印书馆 1999 年版；*Adam Smith*，*Lectures on Jurisprudence*，Liberty Fund，1982；弗格森《文明社会史论》，浙江大学出版社 2010 年版。

和思想启蒙的深刻影响。变革演进也是中国传统文化的一个重要内容，“生生之谓易”，所谓易者，生生不息之变化尔。儒家经典有殷周损益论，有移风易俗论，在古今之变的历史风云中，“周虽旧邦，其命维新”[①]这个古老命题依然是有生命力的。我们看到，但凡一个富有生机的历史民族，都是在沉浮跌宕中一步步生长起来的，即便是一个生命有机体，也都有起沉祛疴的时刻，变革之道是中西政治思想史的一个核心主题。

依照文明演进论的文化逻辑，在这场新文化运动中一再表述出来的那些诸如社会道德方面的“四个反对、四个提倡”，文学革命方面的“八不主义”，文字改革方面的废除文言文和提倡白话文，等等，不仅具有现实的意义，而且具有历史的意义，它们是面对三千年未有之变局时期的开新篇的文化变革运动。中西激荡，古今变易，对于这场新文化运动，要从历史的大视野来予以审视，要上升到文明演进的高度。如果说清帝逊位、民国构建是一场政治意义上的“光荣革命”，那么，新文化运动便是上述政体革命在文化领域中的一种继续或表现方式，具有与国民政治革命相互匹配的意义。正像我多次指出的，民国革命不同于法国大革命，乃是一种英国版的光荣革命，或政体论意义上的小革命，实质上是革命之改良，与此相应，1915 年发端的新文化运动也不是后来嬗变的激进主义的“文化大革命”，而是一种改良主义意义上的文化小革命，是古今中西交汇变易之际的一场看似革命但本质上属于文明演进论的新文化运动。所以，对于 1915 年发端的新文化运动，我们要有一种复合性的认识，我在此提出两个重要的认知：

第一，新文化运动发端以来，实际上演化出两种形态的新文化运动，或者说，有两种新文化运动，一种是变革主义的或小革命意义上的新文化运动，一种是激进主义的或大革命意义上的新文化运动。主流的意识形态文艺学乃至历史学，半个世纪以来，均忽视或混淆了上述两种形态的新文化运动，并且集中于大革命意义上的新文化运动，而没有或不愿看到小革命意义上的新文化运动，更不愿认为前者才是

① 参见《诗经·大雅·文王》。

具有文明建设意义上的新文化运动，反而刻意把作为嬗变的后者视为新文化运动的正宗和主旨。与此相反，我认为，小革命意义上的新文化运动，才是真正具有正面价值和意义的文明演进论式的新文化运动，而从之变易乃至歧出的激进主义新文化运动，不过是改良主义新文化运动的嬗变和扭曲，其余毒至今仍然没有肃清。

第二，关于小革命意义上的新文化运动，实际上存在着一个复调的文化结构，即它们并不是单一声部的文化思想运动，如果审视一百年前的新文化运动的整个全景，我们可以发现这场运动是有多个声部的，至少是复调的，即在白话文、新体诗、新伦常等主流变革的新文化话语之外，还有一个看似它们的对立面但实际上应该包含在其中的文化复古运动，即以《甲寅》和《学衡》为代表的文化保守主义的兴起。一般论者多把他们视为新文化运动的反对者或对立面来看待，我与这种主流观点不同，我认为，从大的历史视野来看，文化保守主义也是新文化运动的一部分，在新文化运动的激情鼓荡期结束之后，文明演进反而融会于其中，演化为小革命意义上的新文化运动之改良主义的一个重要的组成部分，甚至成为其内在的文明精神之回归。

由此看来，历时十余年之久的新文化运动，其主旨就是一种在反对旧文艺的形式下接续传统的文化演进，而非激烈决绝的历史虚无主义，或极端主义的反传统的现代革命主义。因此，要回复这个新文化运动的精神品质与历史定位，其实质是要确立新文化运动的历史演进的文明论，从宽广的世界视野来看，这个新文化运动的主流精神是自由主义的启蒙思想，或者更准确地说，是启蒙主义的苏格兰式的文化变革，其基本价值是古典自由主义的，或保守自由主义的。为此，我在前面提出了两个基本观点，一个观点是要区分两种新文化运动的形态，第二个形态的革命激进主义的新文化运动不过是前期第一个形态的小革命意义上的新文化运动的嬗变与歧出；另一个观点是新文化运动的前期形态并不是单一的内容，而是复合的多声部的，其中又具有着一个复调的文化精神结构。

因此，我们对于新文化运动的全貌就需要有一个更为宽广的认识，不能仅仅局限于《新青年》杂志以及陈独秀、胡适等所谓新派群体，而且还要包括它们的对立面，也就是说包括一些重要的文化保守主义。据此，我下面勾勒了三个思想文化谱系，在我看来，它们都属于新文化运动宏观演化变易的内容，其纷纷扬扬，明争暗斗，与中华民国肇始以降的社会大转型，尤其是政治大转型密切相关。由于北洋时期的中华民国一波三折，现代中国的社会大转型并没有完成，其政治构架、经济制度和社会结构都没有塑造完成，致使新文化运动的思想理论乃至意识形态从根本上无所寄托，甚至十分混乱嘈杂，观点迭出，论战不息，莫衷一是。三个思想文化谱系，它们因应时代问题，从不同的方面或发起或参与了新文化运动，共同造就了百年之际中国文明演进的这场文化大变革，升降浮沉，颠簸曲折，其各自的历史命运直到今天也还没有终结。总的来说，这场新文化运动主导以及衍生出来的三个文化思想谱系，大致构成了百年以来中国思想领域理论纷争与学术建设的主脉。

其一，以胡适、蔡元培、钱玄同、林语堂、傅斯年等人为代表的自由主义启蒙思想的谱系，他们构成了中国自由主义思想文化的主流趋向，也是新文化运动第一个形态的主要构成。这一波文化变革派或小革命意义上的新文化运动旗手，很类似英国光荣革命之后的洛克式哲学思想，[①] 尤其是18世纪的苏格兰启蒙思想，他们表面看上去对于传统文化采取了激烈批判的态度，有些文字表述甚至极尽锋芒，伐挞攻讦，不留情面，但就实质来说，这一派学人并非真正的革命主义者，他们骨子里追求的仍然是民主、自由、科学、理性、批判、温情、人道、和平，最终期望达成的是基于自由、民主、法治制度轨道下的文化改良之道。当然，就直接的思想来源看，胡适等人并没有把新文化运动诉求的理论资源上溯到苏格兰和英格兰，而是取自穆勒、杜威等功利主义（实用主义）以及法国启蒙思想家伏尔泰等，从这一点来说，早期中国思想启蒙者的理论厚度还不够，对于西方思想的辨析还有待深入。但从精神气质和理论旨趣来看，我一直认为，胡适他们的历史文化价值观已经超越了杜威等人的功利主义以及达尔文式的

① 关于光荣革命与洛克政治哲学的问题，作者在《宪法与革命及中国宪制问题》（《北大法律评论》2010年第2期）一文中曾有详述，可以参考。

物竞天择的进化论思想，具有抵达英国思想之菁华的中国思想史之创发意义。

其二，以陈独秀、李大钊为代表的布尔什维主义的庶民革命思想谱系。这派新文化运动的思想家，他们在新文化运动的主要时期，与胡适等人看似并没有多大的区别，打倒孔家店、推广白话文、鼓吹新体诗等，可以说他们共同构成了新文化运动的第一波浪潮，属于新文化运动的主导或主流形态。但是，就新文化运动的进一步演变来看，由于他们深受法国大革命、俄国十月革命的影响，所以，在新文化运动的社会乃至政治的走向以及文化思想的逻辑演变等问题上，他们与胡适一派的改良主义革命或小革命，发生了重大的甚至原则性的差别，构成了新文化运动的第二种形态，即激进主义的大革命式的新文化运动，而且这个第二种形态，裹挟着第一种形态，越来越成为新文化运动的主流。我们看到，这场日益激进的新文化运动鼓动了"五四"运动，宣传了俄国十月革命的思想，进入了第三国际的组织谱系，发起组建了中国共产党，等等。应该指出，这个与第一种新文化运动本质不同的激进主义革命运动，开启了中国的共产主义以及革命主义的文化、社会和政治思潮，对国共两党，尤其是对国民党左派和共产党产生了重大的影响。这种革命主义的思想话语弥漫在中国近一个世纪之久，成为红色中国的思想渊源，历经数代，从"五四"运动到无产阶级"文化大革命"，愈演愈烈，甚至到今天还没有结束。这个文化思想谱系，一直以来被理论界视为新文化运动的正宗和主体内容，写入历史课本，并为官方意识形态所反复歌颂和膜拜。对此，我们应该本着实事求是的历史原则，指出它们只是新文化运动中的一个思想谱系，而且是后发的变异的谱系，是新文化运动的嬗变或歧出，并非新文化运动的全部内容，也不是新文化运动的精神本质，其历史的教训远大于其经验，不值得一味歌功颂德。

其三，以章士钊《甲寅》、梅光迪《学衡》杂志为代表的文化保守主义和以杜亚泉《东方杂志》为代表的文化改良主义的稳健派。按照一般流俗的观点，这一脉思想谱系不属于新文化运动，甚至像《学衡》还被视为新文化运动的对立面。但我为什么要把它们也视为新文化运动的一个思想文化谱系，而不仅仅是把他们视为新文化运动的对立面，构成了胡适、陈独秀《新青年》的理论对手呢？这样做是基于前述的关于新文化运动之复调结构的认识。在我看来，以《甲寅》《学衡》两个杂志为中心的为新文化运动所激发的文化复古运动，以及杜亚泉所倡导的改良主义的文化稳健派，他们并非仅仅只是在于反对新文化运动，尤其是反对文学、文字等方面的改革，其实，他们倡导的文化守成不是本然的传统主义或泥古主义，他们所主张的中西文化的调和也不是不讲原则地和稀泥，而是以别样的方式参与了新文化运动，构成了新文化运动的一个部分，构成了新文化运动复调结构中的另外一个声部。

“新文化运动”本身就包含着保守的内在蕴含，这个文化保守的内涵要若干年之后才在胡适一派新文化运动的反刍内省中显现出来，尤其是在左派激进主义和革命主义占据主导，新文化主流之鸠占鹊巢时，保守主义与自由主义两派之间的文化乃至文明的共同性才呈现出来。为此，我们发现，文化保守主义并非只是一味复古传统，而是在寻找一条既能安顿传统又能与时俱进的文化演进方式，只不过采取的方式有些审慎保守，改良主义的色彩过重，以至于他们的改革内容被当时的人们严重忽视了，那时的话语权当然是在风起云涌的革命派手中。但是，一旦革命激进主义得势，甚至图谋彻底横扫传统文脉，决绝历史传承之时，第一波新文化运动的始作俑者，例如胡适等人，就难以彻底赞同支持了，他们适才重新调整新文化运动的方向，开始靠拢传统，重回改良主义的真意。这样一来，两派之间的鸿沟得以弥合，共识大于分歧。可惜的是，时机错过，时势已经为革命激进主义的文化理想以及政治上的国民革命浪潮所支配和控制，两派共识的保守主义文化思想被扫进历史的垃圾堆。这个中华文明演进的一波三折的故事可谓风雨沧桑，杜鹃滴血，直到半个世纪以后的台湾和近一个世纪后的大陆文化思想领域的文明复苏，才开始有所回潮。

## 三　新文化运动的复调结构

前述勾勒的三个新文化运动的思想文化谱系，实质上已经触及作为一个历史进程的新文化运动的复调结构，我在此使用这个词汇，是基于文明演进的基本历史语境，这里首先需要指出的是1915年发端以降的新文化运动的歧变。对于这个歧变，我上面用两个形态的新文化运动予以描述，并且指出后一种大革命式的新文化运动是前一种小革命式的新文化运动的歧变或嬗变。其实，不只是自由主义有这种二分法的观点，革命激进主义也有类似的认识，只是立论的思想依据有所不同。例如，早在《新民主主义论》中，毛泽东就有关于资产阶级领导的新文化运动与无产阶级领导的新文化运动的二分法，《在延安文艺座谈会上的讲话》中，毛泽东明确提出了文艺服务于大众的新文化运动方向，这些论述结合毛泽东关于"五四"运动的著名论述，即"十月革命一声炮响，给我们送来了马克思列宁主义"。再结合毛泽东关于无产阶级"文化大革命"的有关指示精神，我们可以完整地把握一位创建中华人民共和国的政治领袖关于新文化运动之两种形态的认识与定位。至于那些左翼作家联盟的相关论述，以及1949年之后的官方文艺政策，不过是毛泽东文艺思想理论的背书而已。

基于上述新文化运动两种形态以及三个文化思想谱系的分析框架，我试图提出另外一种对于新文化运动的历史性理解，即通过一种文明演进论的历史哲学，指出新文化运动两种形态之演进中的复调结构以及沉浮起落，并澄清如下几个问题。

第一，新文化运动与"五四"运动是两件不同的事物，不能等量齐观，也不能视为单一进步逻辑的直接衔接与推进。主流教科书大多是这样描述这个历史进程的，并把"五四"运动视为新文化运动的必然结果，甚至进一步把这个单一的所谓文艺进步论与尔后的文艺阶级论、文艺革命论结合在一起，一并纳入新民主主义和社会主义的革命文艺谱系，至于胡适等人的思想观点，则被视为落后、反动和倒退予以肃清和批判，这样就不仅彻底排斥和否定了新文化运动的文化保守内涵，而且也肃清和否定了第一波新文化运动所蕴含的改良主义的保守价值观。对此，胡适后来是有相当警觉的，并且指出了他的疑义。他写道："到了'五四'之后，大家看看，学生是一个力量，是个政治的力量，思想是政治的武器，从此以后……我们纯粹文学的、文化的、思想的一个文艺复兴运动……就变了质啦，就走上政治一条路上……中国国民党改组和共产党都是那个时候以后出来的。"[①] 显然，按照胡适等人的设想，新文化运动应该是一种小革命或改良主义意义上的文化运动，属于文明演进论情势下的思想与文化变革，新文化批判的是守旧的旧文艺，接续的是保守变革主义的传统，走的是苏格兰启蒙思想的路径，主调是英美自由主义的价值理路。开始的时候，新文化运动也是大致这样开展的，但是，随着运动的进一步展开，这场运动有所变易，甚至发生了重大的歧变，其标志就是"五四"学生运动。可以说，"五四"运动是一场政治事件，开启了左派革命激进主义之滥觞，这样一来，新文化运动就被激进主义所裹挟，并被进一步予以布尔什维克化。

由此可见，新文化运动与激进左派版本的"五四"运动，这两种运动的诉求与价值取向是完全不同的，经过激进革命主义化的"五四"运动之后，新文化运动实际上就分化了，进而从实质上解体了，新文化运动成为政治上被利用的工具，其本来的文化与文明的意义被严重扭曲。为了澄清这个问题，就有必要审视新文化运动的复调结构，把《甲寅》《学衡》和《东方杂志》学人所形成了另外一种"新文化"设想纳入整个新文化运动的谱系予以考察和分析。[②] 尽管他们在当时只是一种副调，不是主调，但恰恰是这个副调，具有纠正新文化

---

① 胡适：《胡适的声音：1919—1960 胡适演讲集》，广西师范大学出版社 2005 年版，第 25 页。

② 例如，冯友兰关于新文化运动的看法，就具有复调的视角，他把梁漱溟为"新文化运动的右翼"。认为"梁漱溟对于新文化运动的态度，第一是赞成，第二是参加活动。对于陈独秀、胡适等新文化运动的领导人来说，他的活动是别树一帜的。但是，这个'一帜'是新文化运动内部的'一帜'，不是新文化运动以外的对立面。他不如陈、胡的影响大，但还是新文化运动的一个人物。"参见冯友兰《中国现代哲学史》，广东人民出版社 1999 年版，第 81 页。

运动之偏的作用，而且就实质上来说，他们也没有与胡适一脉的自由主义的启蒙思想构成截然的对立。在我看来，他们两派之间是相互补益、相得益彰的关系，与此相反的是，看上去胡适一脉与陈独秀、李大钊等人密切合作，气味相投，不分彼此，其实，自由主义的启蒙思想与革命的激进主义，他们两派在文化观、社会观、政治观和价值观等方面才真正构成了理论和方法上的两厢对立的关系。

第二，要深入理解新文化运动的实质，就不能仅仅在朝向革命激进主义的路径上加以分析，而是要以胡适一脉的自由主义为主轴，向其副调展开，在胡适一派和文化保守主义的相互关系中，把握这场新文化运动的性质与意义。这是一种文明演进的方法论和价值观，也是今天要反思新文化运动的命题所在。我们看到，对于陈独秀、胡适等人提出的“新文化”，《甲寅》《学衡》学人从一开始就提出质疑。章士钊认为：“文化者，非飘然而无倚，或泛应而俱当者也。盖不脱乎人、时、地三要素。凡一民族，善守其历代相传之特性，适应与接之环境，曲迎时代之精神，各本其性情之所近，嗜好之所安，力能之所至，孜孜为之，大小精粗，俱得一体，而于典章文物，内学外艺，为其代表人物所树立布达者，悉呈一种欢乐雍容、情文并茂之观，斯为文化。惟如斯也，言文化者，不得不冠以东洋、西洋或今与古之状物词。”① 在章士钊看来，文化不必做无谓的古今中外的分别，因为所有文化，都是相通的，故其谓：“正如墨经所云，弥异时，弥异所，而整然自在。”②

上述论述，并非表明他们故步自封，一味排斥新文化，他们反对的是陈独秀、胡适等人把新文化与西方文化简单画等号，把新文化与旧文化简单对立起来，而是指出因应中国时代的文化建设，应该有更为广阔的视野和胸襟，能够超越古今中西，在文化变革中不能全盘西化，丧失中国文化的主体性。吴宓认为：“今新文化运动，于中西文化所必当推为精华者，皆排斥而轻鄙之，但采一派一家之说，一时一类之文，以风靡一世，教导全国，不能自解，但以新称，此外则皆加

① 章士钊：《评新文化运动》，《甲寅》1925年第一卷第九号。

② 同上。

以陈旧二字，一笔抹杀。吾不敢谓主持此运动者，立意为是。”吴宓谓：“今欲造成中国之新文化，自当兼取中西文明之精华，而熔铸之，贯通之。”[①] 柳诒徵《论中国近世之病源》则认为：“今人论中国近世腐败之病源，多归咎于孔子”“误以为反对孔子为革新中国之要途，一若焚经籍，毁孔庙，则中国即可勃然兴起，与列强并驱争先者”“中国最大之病根，非奉行孔子之教，实在不行孔子之教”。[②] 梅光迪反对胡适所谓“活文学”“死文学”的提法，认为文字文学无死活。梅光迪发表《评提倡新文化者》，抨击新文化提倡者“非思想家乃诡辩家”“非创造家乃模拟家”“非学问家乃功名之士”“非教育家乃政客也”“高举改革旗帜，以实行败坏社会之谋”。梅光迪指出，中国近代以来，崇拜欧化，智识精神上，已唯欧西马首是瞻，甘处于被征服地位。欧化之威权魔力，深印入国人脑中。故凡为“西洋货”，不问其良否，即可“畅销”。然欧化之真髓，以有文字与国情民性之隔膜，实无能知者，于是作伪者乃易售其术矣。梅光迪批评新文化运动家对西方文化一知半解，既无师承，又乏专长。梅氏谓：“吾非言纯粹保守之必要也，然对于固有一切，当以至精审之眼光，为最持平之取舍，此乃万无可易之理。”[③]

杜亚泉也反对《新青年》他们所主张的“彻底论”，即他们认为“中西文化绝无相同之处，西学为人类公有之文明”的观点，是在彻底否定中国传统文化，反对中西文化融合。与之相对立，杜亚泉的《东方杂志》派主张“调和论”，认为“中西文化各有特点，应该相互调和，融合西学于国学之中”。杜亚泉将西方文化归为“动的文明”，认为西方“重人为，重外向，尚竞争”。他将中国文化归为“静的文明”，认为中国“重自然，重内向，尚和平”。他认为动静应当互补，各取对方之长处以补自己之短。在对儒家思想的看法上，杜亚泉也认为儒家是中国传统文化的重要组成部分，在讨论中国传统文化时势必会涉及如何看待儒家思想。他主张改革不应放弃

① 吴宓：《论新文化运动》，《学衡》1924 年第四期。

② 柳诒徵：《论中国近世之病源》，《学衡》1922 年第三期。

③ 梅光迪：《评今人提倡学术之方法》，《学衡》1922 年第二期。

维系中华民族文化几千年的精神支柱——儒学，应将西方文化调和于儒学之中。对于社会改革杜亚泉从不反对过，也不反对引进西方文化。他在《个人之改革》一文中阐明了他的改革观点："吾侪自与西洋社会接触以来虽不敢谓西洋社会事事物物悉胜于吾侪，然比较衡量之余，终觉吾侪之社会间，积五千余年沉淀之渣滓，蒙二十余朝风光之尘埃，症结之所在，学谬之所丛，不可不有以廓清而扫除之。"①

综上所述，我以为在前文第一节所援引的有关新文化运动的主流教科书叙述中，应该把章士钊、吴宓、梅光迪、杜亚泉、梁漱溟等人所代表的《甲寅》《学衡》《东方杂志》学人群体的文化保守主义也纳入其中，并视为新文化运动的一个副调。因为这批学人并非传统文化的顽固守旧派，而是学贯中西的文明通达之士，他们不是没有看到传统文化的痼疾，而是不赞同全盘西化，他们主张推陈出新，旧瓶装新酒，老树发新芽，在保守传统中革新更化，在渐进改良中与时俱进。新文化运动中的这一副调在《学衡杂志简章》中说得最为透彻清晰："（甲）本杂志于国学则主以切实之工夫，为精确之研究，然后整理而条析之，明其源流，著其旨要，以见吾国文化，有可与日月争光之价值。而后来学者，得有研究之津梁，探索之正轨，不至于望洋兴叹，劳而无功。或盲肆攻击，专图毁弃，而自以为得也。（乙）本杂志于西学则主博览群书，深窥底奥，然后明白辨析，审慎取择，庶使吾国学子，潜心研究，兼收并览，不至道听途说，呼号标榜，陷于一偏而昧于大体也。（丙）本杂志行文则力求明畅雅洁，既不敢堆积饾饤，古字连篇，甘为学究，尤不敢故尚奇诡，妄矜创造，总期以吾国文字，表西来之思想，既达且雅，以见文字之效用，实限于作者之才力，苟能运用得宜，则吾国文字，自可适时达意，固无须更张其一定之文法，摧残其优美之形质也。"② 上述主张其实在胡适一脉的自由主义学人中

① 杜亚泉《个人之改革》，以及另外参阅王元化《杜亚泉与中西文化论战》；许纪霖《杜亚泉与多元的"五四"启蒙》；上述诸文刊载于许纪霖、田建业编《杜亚泉文存》，上海教育出版社 2003 年版。

② 《学衡杂志简章》，《学衡》1922 年第一期。

逐渐得到认同和肯定，胡适等人此后提出的一系列文化观点，诸如整理国故、少谈些主义，多研究些问题，等等，都与《甲寅》《学衡》的主张十分契合，在很多方面合为一体。由此，我们可以把它们视为新文化运动的积极性成果，把他们两派的结合视为这场启蒙思想运动的主调与副调的历史变奏。

第三，上述关于新文化运动复调结构的分析，如果纳入文明演进论的启蒙思想意识，并放在一个以百年为尺度的历史视野，尤其在放在近二十余年中国（包括大陆与台湾）文化复兴的主题视域，放在自由主义和文化保守主义相互结合的语境下来考察，那就会看得更加清晰和明确。但是，就新文化运动的当时语境来看，情况却并非如此，甚至恰恰是相反的情势愈演愈烈。我们看到，当时是左派激进主义占据上风，霸占着新文化运动的话语主导权，不仅《甲寅》《学衡》的文化保守主义和杜亚泉《东方杂志》的中西文化调和论，很快就被挤到了非常边缘的位置，直至偃旗息鼓，甚至是主流的胡适一脉的温和自由主义或英美式的启蒙思想观点，在这场新文化运动的演变中也被逐出主流话语圈，沦落为旁枝末流。纵观新文化运动十余年来的演变，可谓潮起潮落，左派激进主义后来居上，气势如虹，其他的各种不同声音，虽然在后期也不时有些表述，但早已是面目全非，风光不再。原先的文化保守主义大半退出思想舞台，国民党异军崛起，党国主义与无政府主义、国家主义合流为一体，国民党虽然也吸收了部分保守主义的内容，但思想文化上为政治势力尤其是党国主义所绑架，胡适一脉学人坚守新文化运动的自由独立精神，苦苦坚守，但终不能为国民党党国的革命激进主义所容纳。至于新文化运动中的革命激进主义，大部分则投入共产党以及国际共产主义的红色思想文化之中。共产党的布尔什维主义、文艺左派（左联）等则广泛吸收并强化了新文化运动的革命激进思想，进一步马列主义化，此后经过艰难曲折的军事斗争，一路高歌猛进。伴随着中国共产党的建立，激进主义成为国家的主导意识形态，并且为毛泽东后来发动的无产阶级“文化大革命”提供了可资利用的思想理论武库。

显然，1915 年发端的新文化运动及其演化，在思想观念和运动实践逐渐发生了歧变，健康的文化启蒙思想以及文明演进论的文化实践，诸如文字改革等，虽然取得一定的成功，但终究被党国主义所绑架，为激进革命主义所颠覆。新文化运动的这种嬗变，严重破坏了其发端和前期的复调结构，致使变革与保守的中庸融会之新文化运动设想，难以达成丰硕的成果。尤其是在大陆，历经“文化大革命”之后，传统文化，尤其是儒家文化，成为游魂野鬼，新文化蜕变为流氓无产阶级文化以及意识形态的蛊惑宣传。文明断续，斯文不再。因此，审视新文化运动的潮起潮落，我们应该超越历史迷雾，首先恢复新文化运动的本来面目，即它是一场有限度的文化革命或文化变革，其底色是接续传统文脉，促成中国文化的现代性转变。其次，要区分文化的“小革命”与文化的“大革命”，认清两者之间的本质差异。如果说在一百年前，新文化运动的三个思想谱系，其主流趋向是自由派与革命派相联合，共同反对旧文艺、老传统和历史痼疾，那么经过一百年来革命激进主义的惨痛洗礼，今天的中国之文化变革，则需要自由主义与文化保守主义相互联合，求同存异，共同抵御左派激进主义和民粹主义对于中国文明的最大破坏。

一百年过去了，我们说中国的现时代依然需要新文化运动或启蒙思想运动，但关键是何种新文化，谁之现代启蒙，这个问题要辨析清楚。简单检点一下当今中国文化思想界有关这场新文化运动的反思，我以为大致有三种基本的思想理路：一是七十年来主流意识形态的升级版，或曰学术化的新左派激进主义理论版，他们把新文化运动与五四运动结合在一起，聚焦于党国一体的国家主义或共产党版本的民族主义复兴伟业；一是自由主义的启蒙思想话语，这是体制外民间乃至学院派主流思想的版本，集中于新文化运动的启蒙思想意义，并诉求进一步发扬光大；还有一个就是新近崛起的大陆新儒家的文化保守主义版本，他们对于近现代以来的各种左和右的新文化启蒙思想均持反对的态度。

对此，我认为自由主义不能简单地重复法国式启蒙思想的理路，而应该深入挖掘启蒙思想的遗产，采取与时俱进的“古典的现代性”之启蒙思想即苏格兰启蒙思想的理路和方法论，以此审视一百年前新文化运动的本来面目、初始理想与发动机缘，检讨其歧变的历史缘由，指出这场本来开端很好的新文化运动何以不幸中途夭折。总的来说，新文化运动的思想启蒙这一历史任务远没有完成，一百年之后的今天依然迫在眉睫。问题在于，这个新文化运动之“新”，不是革命激进主义的“新”，而是文明演进论意义上的“新”，是苏格兰式启蒙思想①的“新”，其实质即在于构建一个自由、民主和法治国家下的文明演进，由此赓续传统思想，融会世界潮流，面向未来，开启中华文明的新天命，这才是我们今天纪念与反思“新文化运动”的最大意义之所在。

（原载《诗书画》2015 年第 4 期）

① 苏格兰式启蒙思想具有完全不同于法国式启蒙思想的意蕴，它没有迷信法国极力鼓吹的理性主义，相反，它认为“德性”与“情感”（而非“理性”）才是政治哲学的基础。另外，苏格兰式启蒙思想崇尚经验主义，尊重传统，从而开辟了一条保守主义的启蒙道路。在苏格兰式启蒙思想中，休谟是其代表，关于他的政治哲学，作者曾撰有专著论述。参见高全喜《休谟的政治哲学》，北京大学出版社 2004 年版。

# 六

# 儒家传统及其现代转化

# 论“五四”新文化运动的儒学根源

欧阳军喜*

从思想史的角度看，“五四”新文化运动的发生，具有深厚的儒学根源，特别是清代儒学的变迁，直接规定和影响了“五四”新文化运动的性质和方向。从内容看，“五四”新文化又是在儒学的基础上融合了一些非儒学派的产物，它继承了汉学的治学方法和宋学的怀疑精神，又接受了经今文学的历史观和经古文学对孔子的理解，从而实现了儒学的改造。当然，“五四”新文化运动也深受西方思想的影响，不过这种影响是有限的，“五四”知识分子对西方思想的接受，仅限于将它当作实现传统更新的工具。

## 一　问题的提出

通常认为，“五四”新文化运动是一次激进的反传统、反儒学运动。一提起“五四新文化运动”，人们就会想到“打倒孔家店”，而“打倒孔家店”通常又被理解为“打倒传统”或“打倒儒学”。于是“五四反儒学”的观念一直支配着学术界并成为“五四”研究中的主流话语。其实，把“五四”新文化运动当作一次反儒学运动，是对历史的一种误解或“误读”。这种误解是“五四”运动以后70多年来人

* 欧阳军喜，男，1965年生，历史学博士，清华大学历史系讲师。

们在研究、纪念和回忆的过程中逐步确立的。换句话说，我们现在关于“五四”新文化运动的种种观念，尤其是关于“五四反儒学”的观念，都是后来一笔一笔地画上去的。实际的情况是，“五四”新文化运动并不反儒，它反对的是封建礼教和对儒学的利用与独尊，而不是儒学所代表的基本价值。从思想史的角度看，“五四”新文化运动的发生还有深厚的儒学根源。

向来研究“五四”新文化源流的学者，大多沿用“西方冲击”的模式，认定“五四”新文化运动是对西方思想的回应，并非源自中国文化自身的发展。这一研究路向，实际上预设了中国传统文化是一种没有生命的、被动的、静态的构造。实际上，任何文化传统都不是静态的，一成不变的，中国的传统文化，在近代以来剧烈变动的社会环境下，不断调整自身。在晚清，今文经学，周秦子学，陆王心学相继复兴，这就是儒学内部不断调整的结果，仅仅用“西方的冲击”是解释不了的。近来研究“五四”的学者，已经开始注意到“五四”新文化与中国传统文化的内在联系，开始探讨“五四”新文化与清代学术的关系。如有学者指出，“五四”新文化运动与辛亥革命不仅在人物系谱上，而且在文化思想上都有一种一脉相承的关系。[①] 也有人认为，清初以来“以复古为解放”的思潮和汉学家的治学路径，是“五四”新文化的两大传统根源。[②] 这些都从不同的侧面揭示了“五四”新文化的思想根源，为后来的研究指示了一个新的方向。但他们的研究还停留在学术性格的比附上，没有揭示出二者之间思想上和精神上的内在传承关系。事实上，“五四”新文化运动是清代学术变迁的一个必然结果，特别是清代儒学的变迁，直接规定和影响了“五四”新文化运动的性质和方向。

## 二　清代儒学的变迁与“五四”新文化运动的兴起

任何一种思想，总是随着与之相关的政治社会和经济环境的变化

① 陈万雄：《“五四”新文化的源流》，生活·读书·新知三联书店 1997 年版。

② 欧阳哲生：《新文化的源流与趋向》，湖南出版社 1994 年版。

而变化。儒学，作为一种主流的意识形态，在清代也随着时间的流逝和应付现实的需要而急剧变动着。大体说来，清代的儒学经历了一个由宋学而汉学而经今文学而经古文学的变迁历程，每一阶段的变化都与当时的社会现实紧密相连。

清初承晚明而来，诸儒治经，都以宋学为根底，是为汉宋兼采之学，之后宋学渐衰，汉学日盛。梁启超指出，清代学术的出发点，在对于宋明理学一大反动。① 明末清初出现了一批反理学的思想家，导致清初学风发生巨大的转变。这种反理学的思潮源自两个方面：从思想方面看，理学内部朱陆的对立，导致了人们对后世儒学的疑惑，从而产生了试图直接从儒学古典出发的趋势，所以到了明末清初，儒学又由“尊德性”转入“道问学”，由空谈心性转到博览群经，这种学风的进一步发展就是考据学的兴起。从政治上看，士大夫在反思明亡的过程中，认定王学末流的空谈误国，转而提倡一种经世致用的学风。这也是考据学兴起的一个重要因素。这样，整个 18 世纪，考据学成了主流，这就是所谓“专门汉学”。“专门汉学”分为吴派和皖派。吴派以惠栋为代表，其治学方法是“凡古必真，凡汉皆好”；皖派以戴震为代表，其治学方法是“实事求是、无征不信”②。惠、戴之外，清代汉学的代表人物还有段玉裁、王念孙、王引之等。他们的共同特点就是以考文知音之工夫治经而达到明道之目的。

因考据学的发生而发生，且对后来“五四”新文化有较大影响的另一学术思潮就是诸子学的兴起。清代学者的诸子研究，起于傅山，他注释《墨子》与《公孙龙子》，对《老子》《庄子》《荀子》《管子》《淮南子》《鬼谷子》也皆有注疏。傅山的子学研究，与清初反理学的趋势是一致的。③ 考据学兴起后，因为研究经学须赖他种古籍作辅佐，结果引起许多古书之复活，于是有毕沅、孙星衍、卢文绍等人对子书的校刻，汪中、王念孙、俞樾、孙冶让等人对子书的研究，一时蔚为大观。近代以后，西学输入，宿儒考其实际，觉得多与诸子相符，诸子学的地



① 梁启超：《清代学术概论》，东方出版社 1996 年版，第 4 页。
② 同上书，第 29、33 页。
③ 侯外庐：《中国思想通史》第 5 卷，人民出版社 1992 年版，第 272—273 页。

位再次提高，中经康有为、梁启超等人的提倡，到章太炎，诸子学成了一门有系统有条理的专门学问。胡适把这一现象形象地比喻为“婢作夫人”[①]。清代诸子学的复活，“实为思想解放一大关键”[②]。

作为主流的乾嘉汉学在经历了一个世纪的极盛之后又转衰落，取而代之的是今文经学的复活。这一方面是当时学术界溯时代以复古的必然结果，另一方面是道咸以后的政治社会状态令人感觉不安，于是学风再度巫变。梁启超指出，“乾嘉以来，家家许、郑，人人贾、马，东汉学烂然如日中天矣。悬崖转石，非达于地不止，则西汉今古文旧案，终必须翻腾一度，势则然矣。”[③] 清代今文学的源头可以上溯到常州学派。常州学派由庄存与、刘逢禄开派。庄存与著《春秋正辞》，专求所谓“微言大义”，刘逢禄著《春秋公羊经传何氏释例》，大肆发挥何氏所谓“非常异义可怪之论”。庄、刘之后，龚自珍、魏源继之，而最后集今文学大成者为康有为。康有为著《新学伪经考》《孔子改制考》，把汉代的古文经典说成是“伪经”，把孔子打扮成一个“托古改制”的“素王”。康有为的学说，给思想界以巨大的影响，同时也招致了章太炎、刘师培等古文大家的反抗。章太炎师承俞樾，上承王念孙、王引之、段玉裁的学统而直接于戴震，可以说是清代经古文学的最后大师。他以历史家教育家目孔子，认为六经皆孔氏历史之学，“若局于公羊取义之说，徒以三世三统大言相扇，而视一切历史为刍狗，则违于孔氏远矣。”[④] 所以康氏《新学伪经考》出，章太炎直指其为“恣肆”[⑤]。康、章之间在学术上是经今文学与经古文学之争，在政治上是改良与革命之争。他们都尊崇孔子，但之所以尊孔者则不同，康有为尊崇孔子是因为他“托古改制”，章太炎尊崇孔子是因为他“攘夷保种”，两个人在经学上的主张都是为他们的政治主张服务的。

从以上清代儒学发展变迁的大致轨迹可以看出清代儒学的两个趋势，即儒学对社会制约力日趋缩小的趋势和儒学内部及儒学与非儒学

① 参见《胡适学术文集·中国哲学史》（上），中华书局 1991 年版，第 13 页。
② 梁启超：《中国近三百年学术史》，中国书店 1985 年版，第 7 页。
③ 梁启超：《清代学术概论》，东方出版社 1996 年版，第 66—67 页。
④ 章太炎：《答铁铮》，载《太炎文录初编·别录二》，上海书店 1992 年版，第 42 页。
⑤ 汤志钧编：《章太炎年谱长编》（上册），中华书局 1979 年版，第 28 页。

派会通的趋势。所谓儒学对社会制约力日趋缩小的趋势是指儒学在应付现实环境中所表现出来的无能。儒学日渐丧失其旧有的社会文化功能。特别是19世纪中叶以后，儒学更是经历了前所未有的考验。面对几千年未有的大变局，儒学自身有过一系列的调整和变化，从纯粹汉学到宋学的复兴，从康有为的今文学到章太炎的古文学，可以说儒学的各个派别在晚清的几十年间全部登场亮相，但是又一个个的黯然消失，它表明儒学显然已缺乏创造力来应付新的环境，这势必又要生出一种反动来。所谓会通的趋势包括三个层次的含义，首先是儒学内部的会通，汉学与宋学，经今文学与经古文学，不再是互相对立互不往来了，而是汉宋兼采，今古并举，这一点我们只要看一看康有为、章太炎他们对朱熹、王阳明的评论，再看看他们在今古文争论中混淆家法的议论就不难理解了。其次是儒学与诸子的会通。康有为的“诸子托古改制说”，章太炎的“以庄证孔”，梁启超对墨学的偏好，都可以说明这一点。最后是儒学与西学的会通，当西学伴随着西方的坚船利炮涌入中国后，传统的士大夫企图以体用道器之说，整合中西，以消纳西学，或企图以吸纳西学中的某些因素来寻求更新之道，严复、康有为、章太炎、谭嗣同等都在这方面做过尝试。

总之，清代儒学表现出创造力衰竭和儒学与非儒学派会通两大趋势，这实际上也是有清一代学术发展的基本趋势。这两个趋势的进一步发展，必然导致一种新文化的产生。“五四”新文化就是在新的历史条件下这两大趋势结合的产物。进入民国以后，中国的政制变了，但整个的社会思想并未有根本性的改观，而儒学所面临的困境则显得更为突出。因为儒学创造力的衰竭，必然要有一种新型的文化来取代传统的儒学，又因为儒学有一种会通的趋势，新产生的文化必然是在儒学的基础上融合了其他一些非儒学派的产物。因此，新产生的“五四”新文化必然是超汉、宋，超今、古的，又是亦汉亦宋亦今亦古的。换言之，“五四”新文化必然是汉宋古今派——它继承了汉学的治学方法和宋学的怀疑精神，又接受了经今文学的历史观和经古文学对孔子的理解，从而实现了儒学的改造。下面我们来分别阐述一下“五四”新文化与儒学各个形态之间的内在联系。

1. 宋学与“五四”新文化

宋学给“五四”新文化的影响在于它的怀疑精神和自主意识。“五四”新文化主张打倒偶像，怀疑一切没有证据的东西，强调个人的独立自主和思想自由，这一切都可以追溯到朱子的怀疑精神和王阳明的心性说。朱熹对我国古代典籍的处理深具批判力，他怀疑《尚书》中大部分是伪作，平时对古籍的解释也不拘泥于传统，每每有新的创获，所以胡适指出，“我国自十七世纪初期其后凡三百年的学术研究，实在并不是反对朱熹和宋学；相反的，近三百年来的学者实是继承了朱子治学的精神。”[①] 王阳明的“致良知”也包含了独立自主的精神，这一点给“五四”新文化影响甚大，观乎李大钊所说，“今日吾之国民，几于人人尽丧其为我，而甘为圣哲之虚声劫夺以去，长此不反，国人犹举相讳忌噤口而无敢昌说，则我之既无，国于何有？若吾华者，亦终底于亡耳。”[②] 这种“有我”的精神与王学的精神是相通的。

2. 汉学与“五四”新文化

汉学对“五四”新文化的影响有两方面，一是方法上的，二是思想上的。从方法上看，汉学家一面重证实，一面重归纳，有近于近代的科学精神。胡适“察有‘汉学’的遗传性”[③]，受汉学家的影响自不待言，所以，当他写完了他的《中国哲学史大纲》卷上时，他说，“我做这部书，对于过去的学者我最感谢的是：王怀祖、王伯申、俞荫甫、孙仲容四个人。对于近人，我最感谢章太炎先生。”[④] 鲁迅受清代汉学的濡染也很深，他杂集会稽郡故书，校《嵇康集》，辑《后汉书》，编汉碑帖、六朝墓志目录、六朝造象目录等，完全用清儒家法。[⑤] 从思想上看，汉学家反礼教的议论也成了后来“五四”新文化的一个重要源泉。特别是戴震指责宋儒“以理杀人”更是为“五四”新文化派所称

---

① 唐德刚译注：《胡适口述自传》，华东师范大学出版社 1993 年版，第 268—269 页。

② 李大钊：《民彝与政治》，载《李大钊文集》（上），人民出版社 1984 年版，第 161 页。

③ 蔡元培：《〈中国古代哲学史大纲〉序》，载《胡适学术文集·中国哲学史》（上），中华书局 1991 年版，第 1 页。

④ 胡适：《〈中国古代哲学史大纲〉再版自序》，载《胡适学术文集·中国哲学史》（上），中华书局 1991 年版，第 3 页。

⑤ 蔡元培：《〈鲁迅全集〉序》，载《蔡元培选集》（下），浙江教育出版社 1993 年版，第 1206 页。

道。胡适指出，“乾嘉时代的学者稍稍脱离宋儒的势力，颇能对于那些不近人情的礼教，提出具体的抗议。吴敬梓、袁枚、汪中、俞正燮、李汝珍等，都可算当日的人道主义者，都曾有批评礼教的文字。但他们只对于某一种制度下具体的批评；只有戴震能指出这种种不近人情的制度所以能杀人吃人，全因为他们撑着‘理’字的大旗来压迫人。”[①] 其实，胡适推崇戴震，还不局限于此，他更看重戴震建设新哲学的尝试。胡适也是以此自命的。他继承汉学家的治学方法，运用历史的眼光，重新估定中国文化的价值，以图建立一种新哲学、新文化，这不能不说是受了汉学的启发与引导。

3. 诸子学与“五四”新文化

清代的诸子学研究直接延续到“五四”时期，不过，“五四”时期的诸子学显然有别于清代的诸子学研究。在清代，诸子学基本上是为经学服务的，但是到了“五四”，诸子学却是为新文化服务的。一方面，“五四”时期诸子研究，主要是为了提倡诸子平等，使学者勿墨守儒家，以达到思想解放的目的。陈独秀说，“旧教九流，儒居其一耳。阴阳家明历象，法家非人治，名家辩名实，墨家有兼爱节葬非命诸说，制器敢战之风，农家之并耕食力：此皆国粹之优于儒家、孔子者也。”[②] 又说，“仆对于吾国国学及国文之主张，曰百家平等，不尚一尊；曰提倡通俗国民文学。”[③] 陈独秀的这一主张实代表“五四”新文化的主张。另一方面，“五四”的诸子研究又是为创造新文化服务的。这一点胡适讲得最清楚明白。他说，“我认为非儒学派的恢复是绝对需要的，因为在这些学派中可望找到移植西方哲学和科学最佳成果的合适土壤。关于方法论问题，尤其是如此。如为反对独断主义和唯理主义而强调经验，在各方面的研究中充分地发展科学的方法，用历史的或者发展的观点看真理和道德，我认为这些都是西方现代哲学的最重要的贡献，都能在公元前五、四、三世纪中那些伟大的非儒

① 胡适：《戴东原的哲学》，载《胡适学术文集·中国哲学史》（下），中华书局 1991 年版，第 1035 页。

② 陈独秀：《宪法与孔教》，载《独秀文存》，安徽人民出版社 1987 年版，第 74 页。

③ 陈独秀：《答程演生》，载《独秀文存》，安徽人民出版社 1987 年版，第 8 页。

学派中找到遥远而高度发展了的先驱。因此，新中国的责任是借鉴和借助于现代西方哲学去研究这些久已被忽略了的本国的学派。”①

4. 经今古文学与“五四”新文化

通常认为，经学到“五四”时期已经终结。但是经学上今古文之争的问题并未消失，而是以一种新的形式继续存在。这就是周孔之争——是周公集大成还是孔子集大成呢？孔子集大成之说始于孟子。周公集大成之说始于章学诚。今文学家崇奉孔子，尊孔子为素王，以六经为孔子所作，故主张孔子集大成；古文学家崇奉周公，尊孔子为先师，认孔子为史学家，六经皆古代史料，所以主周公集大成。这一争论到了“五四”时期变得突出了。旧派人物一如今文学家崇奉孔子，认定孔子集大成，不仅集我国古代思想之大成，而且集群圣道德之大成。②新派人物，一如古文学家的立场，认定孔子未尝集大成，非但未集学说之大成，也未集道德之大成，从学说上看，孔子不过分得周以前全道之半体。③ 从道德上看，道德乃随时间和空间而变化，孔子当然不可能集道德之大成。④ 很显然，周孔之争的实质是如何看待孔子和儒学的问题。曾篙峤说，“今人争之者，根本上推崇孔子之心，亦实不在其为宗教之教，而在其学，以为孔子集我国数千年学术之大成，支配吾国民精神，殆已通幽显而无间，而国命之所由不堕者，实赖于兹”⑤，此一语道破天机，新派人物之所以不费笔墨与之辩者，也正是为了破除唯孔独尊之心。

在集大成这个问题上，新派人物站在了经古文学的立场，实际上是接受了古文学家对孔子的解释。经古文学家以“史学家、教育家”目孔子，打破了对孔子的传统信仰，为重新估定孔子和儒学的历史价值提供了可能。不可否认，胡适、钱玄同等人都曾受到经古文学的影

① 胡适：《先秦名学史》，载《胡适学术文集·中国哲学史》（下），中华书局 1991 年版，第 773—774 页。

② 伦父：《迷乱之现代人心》，《东方杂志》第 15 卷第 4 号；徐天授：《孔道》，《太平洋》第 1 卷第 2 号；陈嘉异：《东方文化与吾人之大任》，《东方杂志》第 1 卷第 1—2 号。

③ 曾篙峤：《孔子未尝集大成》，《太平洋》第 1 卷第 1 号。

④ 参见《太平洋》第 1 卷第 2 号。

⑤ 曾篙峤：《孔子未尝集大成》，《太平洋》第 1 卷第 1 号。

响。钱玄同早年师从章太炎，并从章氏那里接受了“六经皆史”之说，进一步用历史的眼光来批判一切古籍，所以自号“疑古”。黎锦熙指出，钱玄同在新文化运动中“大胆说话，能奏摧枯拉朽之功，其基本观念就在‘六经皆史’这一点上，不过在《新青年》他的文章中，一般人不易看出这个意识上的渊源来耳。”①

如果说在方法上，在对孔子的态度上，新派人物主要受到了经古文学的影响，那么，在学术上，思想体系上，在历史观上，新派人物的观点则更多地来自经今文学。从学术上看，胡适自称他既不主今文，也不主古文②，但实际上他继承了清末高度发展的今文学派的思想体系。周予同指出，胡适的《中国哲学史》不始于尧舜禹汤文武周公而始于老子与孔子，认定《春秋》的真意在《公羊》与《谷梁》，说诸子不出于王官等，这些理论，或袭用今文学的见解，或由今文学的见解加以演变而来。③ 陈独秀、吴虞等也有倾向今文学的见解。如他们都认为，《春秋》大义，无非是尊王攘夷四个大字。④ 从思想上看，提倡新文化运动的人无一例外都受了康有为、梁启超的影响。康、梁以经今文学的思想体系作为变法的理论武器，同时宣传一些西方的政治哲学学说，为“五四”新文化运动提供了坚实的思想基础。胡适甚至认为中国的新文化运动起于戊戌维新运动，“五四”新文化运动直承戊戌而来。⑤ 从历史观上看也是如此，古文学家相信孔子所描写的尧舜时期的文明是真实的，以为“黄金时代”已在古代实现过，以后不仅无进步，而且每况愈下。所以是一种“尊古”的史观。今文学家以为古籍上尧舜时期的文化描写完全是孔子“托古改制”的宣传手段，中国文化的繁荣时代不在孔子描述的尧舜时期而在诸子争鸣的百家争鸣时期，所以是一种“尊今”的史观。陈独秀、胡适、李大钊等都是用“尊今”的史观来看待中国的历史文

---

① 黎锦熙：《钱玄同先生传》，载《钱玄同传记资料》，台北天一出版社 1981 年版。

② 胡适：《中国哲学史大纲》（卷上），载《胡适学术文集·中国哲学史》（上），中华书局 1991 年版，第 71 页。

③ 周予同：《五十年来中国之新史学》，载《周予同经学史论著选集》，上海人民出版社 1983 年版，第 545 页。

④ 陈独秀：《克林德碑》，载《独秀文存》，安徽人民出版社 1987 年版，第 237 页。

⑤ 胡适：《新文化运动与国民党》，载《胡适选集》，天津人民出版社 1991 年版，第 251 页。

化。李大钊说，“从前的历史观，使人迷信人类是一天一天退化的，所以有崇古卑今的观念。中国如此，西洋亦然。他们谓黄金时代，一变而为银时代，更变而为铜时代、铁时代，这便是说世道人心江河日下了。这种黄金时代说，在十七世纪时为一班崇今派的战士攻击的中心……新历史学家首当打破此种谬误的观念，而于现在、于将来努力去创造黄金时代。因为黄金时代，总是在我们的面前，不会在我们的背后。”[①] 这种历史观，可以断言是受了经今文学的影响。

综上所述，“五四”时期的先驱者们接受了汉学与宋学、经今文学与经古文学的某些文化遗产，同时又摆脱了他们的羁绊，以新的立场，力求造成一种新文化。沈有鼎指出，每一次新的文化的产生，是对旧的文化的反动，是革命，同时又是回到前一期的文化精神，是复古。[②] 以此观察“五四”新文化，实为至言。因此，从这个意义上，我们可以说“五四”新文化与儒学有思想上的传承关系，是儒学发展的一个必然结果。

## 三　西方思想的影响

清理“五四”新文化运动与儒家思想的关系，并不意味着否定“五四”新文化所受的西方思想的影响。事实上，“五四”知识分子受西方 19 世纪功利主义、实证主义影响较深，而且他们就是用功利主义、实证主义的观点和方法来评判中西文化的。对此学术界已经做过许多探讨。问题在于，西方思想在多大程度上又是以何种方式影响到“五四”新文化的呢？我们先来看看西方思想对“五四”知识分子的影响。以陈独秀、李大钊、胡适为例。陈独秀认为中西文化之间的区别是时代的区别。他说，“近世文明，东西洋绝别为二。代表东洋文明者，曰印度，曰中国。此二种文明虽不无相异之点，而大体相同，其质量举未能脱古代文明之窠臼，名为‘近世’，其实犹古之遗也。可称曰‘近世文明’者，乃欧罗巴人之所独有，即西洋文明也；亦谓

① 李大钊：《史学与哲学》，载《李大钊文集》（下），人民出版社 1984 年版，第 645 页。

② 沈有鼎：《中国哲学今后的开展》，载《沈有鼎文集》，人民出版社 1992 年版，第 108 页。

之欧罗巴文明。”[①] 由此出发，陈独秀认定儒家文化与 20 世纪生活不相容。陈独秀这种观点的背后隐藏着一种文化史观，即文化的发展是直线型的，必将由古代进入近代，中国文化相对于西方文化来讲是一种落后的文化，必须由西方的科学文化来取代。陈独秀的这种思想来源于孔德的“三阶段法则”。孔德认为，文化发展须经三个阶段，即神学阶段，形而上学阶段和实证或科学的阶段。在第一阶段即神学阶段，神是一切理论的基础，一切现象都可以用不可思议的超自然力来解释；在第二阶段即形而上学阶段，人们用抽象的概念，内心的思想来解释一切；在第三阶段即科学阶段，人们以观察为主，汇集事实上所得法则而整理之，排列之，借以说明一切，所用的方法，完全是科学的。陈独秀借用这种文化发展阶段说，认定中国学术思想，尚在宗教玄想时代，只是代表文化史之第一、二阶段，而西方文化已经进入文化史的第三阶段，因此中国固有的文化是一种落后的文化。[②]

李大钊早年受功利主义、实证主义影响较深。功利主义和实证主义是对 18 世纪启蒙思潮的一种反动，它所强调的是“秩序”“安全”和“进步”。孔德指出，“无论在任何问题上，实证精神都总是趋向于在存在观念与运动观念之间建立正确的基本和谐……由于社会机构固有的高度专门化，也导致秩序观念与进步观念的持续密切联系。新哲学认为，秩序向来是进步的基本条件，而反过来，进步则成为秩序的必然目标。”[③] 李大钊就用这种实证主义的观点来分析中西文化，他认为东方文明主静，是静的文明，西方文明主动，是动的文明。这两种性质相反的文明都为人类进化所必需。他说，“宇宙大化之进行，全赖有二种之世界观，鼓驭而前，即静的与动的，保守与进步是也。东洋文明与西洋文明，实为世界进步之二大机轴，正如车之两轮，鸟之双翼，缺一不可。而此二大精神之自身，又必须时时调和，时时融会，以创造新生命，而演进于无疆。”[④]

---

① 陈独秀：《法兰西人与近世文明》，载《独秀文存》，安徽人民出版社 1987 年版，第 10 页。

② 陈独秀：《答汤尔和》，载《陈独秀著作选》第 1 卷，上海人民出版社 1984 年版，第 379 页。

③ ［法］奥古斯特·孔德：《论实证精神》，商务印书馆 1996 年版，第 40 页。

④ 李大钊：《东西文明之根本异点》，载《李大钊文集》（上），人民出版社 1996 年版，第 560 页。

胡适自称他的思想受两个人的影响最大，一个是赫胥黎，另一个是杜威。前者教他怎样怀疑，教他不相信一切没有充分证据的东西；后者教他怎样思想，教他把一切学说都看成待证的假设。[①] 无可否认，胡适受实用主义影响较大，或者说胡适本身就是一个实用主义者。实用主义在本质上没有什么新的东西，它和功利主义、实证主义是一致的。[②]它的特点在于它把达尔文的学说与哲学研究连贯起来，把进化论从生物学领域推广到观念领域，指出人类观念也有适或不适的问题。结果便发生了一种“历史的态度”——也就是要研究事物如何发生，怎样来的，又怎样变到现在的样子。胡适就用这种“历史的态度”来讨论真理、研究道德，结果发现真理和道德并不是从来如此永久不变的。他说，“真理并不是天上掉下来的，也不是人胎里带来的。真理原来是人造的，是为了人造的，是人造出来供人用的，是因为他们大有用处所以才给他们‘真理’的美名的。我们所谓真理，原不过是人的一种工具……因为从前这种观念曾经发生功效。故从前的人叫他作‘真理’；因为他的用处至今还在，所以我们还叫他作‘真理’。万一明天发生他种事实，从前的观念不适用了，他就不是‘真理’了，我们就该去找别的真理来代他了。譬如‘三纲五常’的话，古人认为真理，因为这种话在古时宗法的社会很有点用处。但是现在时势变了，国体变了，‘三纲’便少了君臣一纲，‘五伦’便少了君臣一伦。还有‘父为子纲’‘夫为妻纲’两条，也不能成立。古时的‘天经地义’现在变成废语了。”[③]

从陈、李、胡身上，我们可以看出，新文化运动处在法国实证主义和英国功利主义的显著影响之下。上面所说，还仅限于方法论层次。事实上，西方文化对“五四”新文化的影响是全面的。政治上的自由民权说，伦理上的独立自尊和最大多数最大幸福说，文学上的自然主义、写实主义等，都对“五四”新文化以巨大的影响。

然而，这只是问题的一面。由于西方文化是伴随着帝国主义的入

---

① 胡适：《介绍我自己的思想》，载《胡适文存》第四集卷五，黄山书社 1996 年版，第 452—453 页。

② ［美］威廉·詹姆斯：《实用主义》，商务印书馆 1996 年版，第 30 页。

③ 胡适：《实验主义》，《胡适文存》第一集卷二，黄山书社 1996 年版，第 225—226 页。

侵传入中国的，并且学习西方文化与挽救民族危亡紧紧地联系到了一起，因此当中国人向西方学习的时候，就面临着如何处理西方思想与本国文化传统的关系的问题，这就是胡适在《先秦名学史》中提出的那个问题。胡适写道：

> 这个较大的问题就是：我们中国人如何能在这个骤看起来同我们的固有文化大不相同的新世界里感到泰然自若？一个具有光荣历史以及自己创造了灿烂文化的民族，在一个新的文化中绝不会感到自在的。如果那新文化被看作是从外国输入的，并且因民族生存的外在需要而被强加于它的，那么这种不自在是完全自然的，也是合理的。如果对新文化的接受不是有组织的吸收的形式，而是采取突然替换的形式，因而引起旧文化的消亡，这确实是全人类的一个重大损失。因此真正的问题可以这样说：我们应该怎样才能以最有效的方式吸收现代文化，使它能同我们的固有文化相一致、协调和继续发展？①

这个问题就是“五四”新文化运动所要解决的基本问题，它代表了“五四”新文化派建设新文化的基本方案。胡适在这里强调的是新旧文化的“相一致、协调和继续发展”。这实际上把面临的新文化和固有的旧文化联系起来，并认为二者并不是互不相容互不理解的，而是可以互相理解的。所以胡适又说，“新中国的责任是借鉴和借助于现代西方哲学去研究这些久已被忽略了的本国的学派。如果用现代哲学去重新解释中国古代哲学，又用中国固有的哲学去解释现代哲学，这样，也只有这样，才能使中国的哲学家和哲学研究在运用思考与研究的新方法与工具时感到心安理得。”② 后来的“五四”新文化大体上就是沿着这个方向发展起来的，他们一方面从西方接受了新思想、新方法，另一方面又对西方思想作出了儒家式的解释，接受的过程同时

① 胡适：《先秦名学史》，载《胡适学术文集·中国哲学史》（下），中华书局1991年版，第772页。

② 同上书，第774页。

就是改造的过程，而这种改造则是通过发挥儒学固有的人文主义、理性主义和自由精神来实现的。胡适就认为儒学这三重性质的遗产，是后来中国各个时代文化与理智生活的基础，他说：

> 这个古典时代三重性质的遗产……供给了种子，由那里就生出了后来的成长与发展。它又尽了肥沃土壤一样的使命，在那里面，许多种类的外国思想与信仰都种了下去，而且成长，开花，结果了。它给中国一个理智的标准，可以用来判断及估计一切外国输入的理想与制度。而一遇到中国思想变得太迷信、太停滞或太不人道时，这一个富于创造性的理智遗产，总归是出来救了它。①

“五四”新文化派都受过传统的教育，有浓厚的儒学修养，这是他们理解和接受西方文化的基础。他们虽然承认西方文化的优越性，但并不认为中西文化是根本对立的，即使像陈独秀，虽然他认为“欧洲输入之文化，与吾华固有之文化，其根本性质极端相反。”② 但同时他又说“假令二十世纪之文明，不加于十九世纪，则吾人二十世纪之生存为无价值，二十世纪之历史为空白。”③ 可见陈独秀也并不是要割断历史抛弃传统的。总的来看，“五四”新文化派对西方文化采取的是一种“中西融会”的接受方式，这一方式典型地体现在由陈独秀起草的《新青年》同人的共同宣言上，宣言说：

> 我们相信世界各国政治上道德上经济上因袭的旧观念中，有许多阻碍进化而且不合情理的部分。我们想求社会进化，不得不打破“天经地义”“自古如斯”的成见；决计一面抛弃此等旧观念，一面综合前代贤哲当代贤哲和我们自己所想的，创造政治上道德上经济上的新观念，树立新时代的精神，适应新社会的环境。④

① 胡适：《中国思想史纲要》，载《胡适学术文集·中国哲学史》（上），中华书局1991年版，第516页。

② 陈独秀：《吾人最后之觉悟》，载《独秀文存》，安徽人民出版社1988年版，第37页。

③ 陈独秀：《一九一六年》，载《独秀文存》，安徽人民出版社1987年版，第32页。

④ 陈独秀：《〈新青年〉宣言》，载《独秀文存》，安徽人民出版社1987年版，第224页。

至此，我们可以来回答前面提出的那个问题了：西方文化在多大程度上又是以何种方式影响“五四”新文化的呢？西学自明末开始传入中国，那时，天文、算学、水利诸书随着基督教一起传入中国，“然此等学术皆形下之学，与我国思想上无丝毫之关系也”。[①] 鸦片战争之后，国人震于西人的“船坚炮利”，又输入外国制枪造炮的技术，但思想界仍然无丝毫变化。张灏指出，1895 年以前，即使住在沿江沿海的士大夫，对西学也相当的漠视。[②] 西学与中国思想界发生关系是在 1895 年之后，随着甲午战败，戊戌政变及庚子事变一系列的刺激，新思想新学说的输入增多，加之出版印刷业的进步，书报业的发达，新思想的传播更为迅速有效。严译的几种名著也相继在这时出版。然而这个时期西方思想的输入，皆所谓“梁启超式”的输入，“无组织、无选择、本末不具，派别不明”[③]。到了“五四”新文化运动时期，思想界才有一个根本的觉悟，这就是把西方文化与中国固有的文化有机地结合起来，以造成一种新文化。从这一过程中我们可以看出，西方文化对“五四”新文化的影响是有限的，“五四”知识分子对西方思想的接受，仅限于将它当作实现传统更新的工具。所以顾颉刚说，“中国到了现在的境界，说他专受了欧化的鼓动，可有些冤枉：现在事物的外观上面，确是触处可见欧式，至于内部的精神，多半是盲从的新思想同牢不可破的旧思想。”[④] 胡适则说得更清楚，也更坦率。他说，“缓慢地、平静地，然而明白无误地，中国的文艺复兴正在变成一种现实。这一复兴的结晶看起来似乎使人觉得带着西方色彩。但剥开它的表层，你就可以看出，构成这个结晶的材料在本质上正是那个饱经风雨侵蚀而可以看得明白透彻的中国根底。”[⑤] 因此，我们说，“五四”新文化运动，主要源自中国文化自身，具有深厚的儒家思想根源。

（原载《孔子研究》1999 年第 2 期）

---

① 王国维：《论近年之学术界》，载《王国维遗书》第 5 册，上海古籍书出版社 1983 年版。

② 张灏：《晚清思想发展试论》，台湾“中研院”《近代史研究所集刊》1978 年第 7 期。

③ 梁启超：《清代学术概论》，东方出版社 1996 年版，第 89 页。

④ 顾颉刚：《中国近来学术思想的变迁观》，《中国哲学》第 11 辑，人民出版社 1984 年版。

⑤ 胡适：《中国的文艺复兴》，邹小站等译，湖南人民出版社 1998 年版，第 3—4 页。

# 在传统与现代性之间
## ——以“五四”新文化运动与儒学关系为中心

欧阳哲生[*]

本文从分析儒家的渊源流变入手，区别了儒家、儒学、儒教三个概念。从政治文化、伦理、学术三个层面探讨了“五四”新文化运动及其健将与儒家、儒学、儒教（孔教）之间的关系。本文认为，新文化运动反对孔教，反对强化儒学意识形态，这是其对历史的一大贡献。新文化运动对儒家伦理的排拒，对“礼教”的批判，有其合理的一面，也有其缺失的一面，其缺失主要是在对儒家伦理蕴含的超时代性、超阶级性的合理内核缺乏足够的认识和分析。新文化运动的健将在学术层面能将孔子与后来的儒学、儒教区别开来，对孔子的历史地位及其文化成就作平实的评估。本文认为传统与现代可以沟通，但反传统毕竟是现代性的根本特征。任何具有文化价值的思想学说，它的恒在意义只有在时代之镜的折射下才会发放出它的光彩。

中国近现代思想史上激烈的中西古今之争，其中包含的一个最重要问题是如何看待儒学的现代意义，或者说儒学的现代价值。儒学在中国传统政治、文化和伦理体系中具有中心的地位，这种地位在传统文化内部即受到非儒学派别的非难；近代以后则受到了根本动摇，挑战的对方是西方近世文化或被其影响的新文化，这种非儒学化的倾向

* 欧阳哲生，北京大学历史系教授、博士生导师。

在19世纪后期即已初露端倪。到“五四”时期，围绕儒学的争议几乎在各个层面上都表现出来，非儒学化的倾向终于发展成为一种主流选择。既然“五四”新文化运动在中国近代非儒学化的趋向中所具有的转向意义如此重要，以至于它本身已成为一个聚讼的焦点。近二十年来，由于受到“文化大革命”“批孔”运动的刺激，也由于受到中国人文传统内在活力的激励和西方后现代主义思潮的启迪，对“五四”新文化运动在这一问题上所表现的立场，出现了越来越多的批评与驳辩的声音。

在以往的研究中，论者们曾就“五四”新文化运动与儒学的关系大致提出了以下几种倾向性的意见：①“五四”新文化运动激烈攻击中国传统文化，是“全盘性反传统主义”，他们是儒学价值观念的激烈否定者。这种意见曾为五六十年代的港台新儒家所力持。②“五四”新文化运动提出“打倒孔家店”的口号，当时起了反封建的作用，但他们并没有一笔抹杀孔子和儒学。有关“五四”新文化人“打倒孔家店”的口号实为胡适在《吴虞文录》序中所提“只手打孔家店”的误传，“五四”新文化运动仅仅反对康有为将孔教列为国教的做法，反对“吃人的礼教”。这些观点都有其各自存在的依据和例证。

90年代“五四”研究在大陆有了新的进展。这种进展不仅仅是在整体评估上，而且是在具体细节的描述上；不仅仅是在价值判断上，而且是在历史判断上。特别是对新文化运动中的异议人士，如杜亚泉、梁漱溟、梁启超、张君劢、梅光迪、章士钊等人的研究，拓展了人们对新文化运动的视野。这些进展使我们对过去在这一问题上的研究缺陷有了一番新的体认：其一，它们对儒学这一复杂思想系统所包含的丰富内容没有做多层面的细致解析，因而对“五四”新文化运动与儒学的关系缺乏多视角、多层面的分析；其二，它们的研究视野相对狭窄，大多局限在“五四”前后几年，而对“五四”新文化运动的主要代表一生在这方面的言论欠缺一个总体的考察；其三，他们还未完全摆脱50年代以后上升为主流的意识形态的影响，对“五四”新文化运动的意见除了辩护和强化以外，没有跳出固有的框框和局限，故有

"不识庐山真面目，只缘身在此山中"之感，对新文化运动的异议缺乏应有的"同情的理解"。基于这些缘由，我确定对这一问题做一新的探讨，以期深化人们对这一问题的复杂性的认识。

## 一　儒家、儒学、儒教

周予同先生曾说："从儒到孔子，到儒家，再到儒教，是一条发展线索。自殷周到'五四'以前，这是个中心问题。"① 可见儒学本身有一个发展过程。在考察"五四"新文化运动与儒学关系之前，有必要对儒学本身作一相关分析。这里我们先讨论与此问题相关的三个概念：儒家、儒学、儒教（或孔教）。

儒家是指先秦儒家所创建的一种思想学说。孔子以前有儒，关于儒的起源近代学人有各种不同看法。② 不过，关于儒家的创始人一般认定为孔子，孔子之后，据《韩非子·显学篇》说：儒家一分为八，"有子张之儒，有子思之儒，有颜氏之儒，有孟氏之儒，有漆雕氏之儒，有仲良氏之儒，有孙氏之儒，有乐正氏之儒。"其中以孟氏之儒显，故后人视孟子为亚圣，将孔孟并称。③ 先秦的儒家学说有两个重要特点：其一，它是诸子学说一派，与同时期的其他诸子，如墨家、法家、道家、阴阳家等并行；其二，它是一种原创的思想学说，尚不具意识形态的功能。

儒家作为一种学术被人研究是在秦汉以后。秦始皇"焚书坑儒"，儒家思想的流布受到抑制。不过，朝廷中仍有博士官和儒生。④ 西汉初期，黄老之说盛行，儒家学说也渐获重视，于治某经的儒生曾经廷立为博士，但当时博士尚未为儒家所专有。汉武帝时期，采纳春秋公

---

① 参见《周予同经学史论著选集》，上海人民出版社 1996 年版，第 874 页。

② 有关儒的起源，近人中有章太炎：《原儒》；胡适：《说儒》；傅斯年：《周东封与殷遗民》；郭沫若：《驳说儒》；钱穆：《驳胡适之说儒》；冯友兰：《原儒墨》等文。陈来：《古代宗教与伦理——儒家思想的根源》第八章"师儒"对此有详细评述，生活·读书·新知三联书店 1996 年版。

③ 从孔子直接到孟子，出自韩愈《原道》一说。

④ 参见《史记·秦始皇本记》，《汉书·艺文志》，又据周予同《博士制度与秦汉政治》，收入《周予同经学史论著选集》，上海人民出版社 1996 年版，第 730—731 页。

羊学大师董仲舒“罢黜百家，独尊儒术”的建议，儒学上升为一种官学，其意义约有三端：①以《诗》《书》《易》《礼》《春秋》为五经博士；②不以五经为博士的都遭罢黜；③儒家独尊之势既成，此后增列和争论的也就在儒家经籍之内了。[①] 儒学成为官学，使得研究儒学的经学大为昌盛，其著作形式称为“注”“笺”“解”，与原典称为“经”相区别。故儒学又谓之经学。根据研究方式的不同，经学又分为两大派：今文经学派和古文经学派。这两大学派此消彼长、聚讼纷争，与汉代的政治斗争联系十分密切。因此汉代的儒学不再纯粹是一种原创的思想学说，也不仅仅是一个学术派别，而是政治文化的主体，它已被赋予相当浓厚的政治意义。

儒教的说法大致起源于魏晋南北朝时期，所谓“三教九流”中的三教即指儒、道、佛，即起于这时。不过当时儒教的“教”说不上是宗教意义上的“教”，仍是教化的“教”。它是儒门因与道、佛两教的争论或门户之争而出现的一种说法，这三派的斗争从魏晋至隋唐时期彼此消长。

隋唐创建科举制，科举制的考试内容仍为儒家经典。宋代以后，佛、道、儒相互融合，形成所谓道学或理学，后人称为新儒家（New Confusion）。儒学遂成为一种深入民间社会的道德伦理规范和笼罩知识界的意识形态，新儒家所建立的庞大思想体系具有一种吸纳能力，不仅在士大夫中间具有极大的影响，而且作为一种伦理观念深入民间，规范普通百姓的生活方式和价值取向。但新儒家亦不是宗教，它不像基督教、伊斯兰教那样，有严格的教规和宗教仪式。[②]

19 世纪 40 年代以后，西方基督教势力逐渐进入中国内地，与中国固有的儒家价值观念发生冲突，引起一些士绅儒生的反抗，教案迭起。戊戌变法时期，康有为一方面以《新学伪经考》《孔子改制考》为理论指导，提出维新变法思想；另一方面又率先举起儒教的旗帜，

① 参见《史记·秦始皇本记》，《汉书·艺文志》，又据周予同《博士制度与秦汉政治》，收入《周予同经学史论著选集》，上海人民出版社 1996 年版，第 733 页。

② 任继愈：《论儒教的形成》，《中国社会科学》1980 年第 1 期，提出从汉代董仲舒开始至宋明理学的建立，经历了上千余年的时间，形成“不具宗教之名而有宗教之实的儒教”。任文可另备一说。

提出《请尊孔圣为国教，立教部、教会，以孔子为纪年，而废淫祀折》[①] 的奏折，并创建保教会。以后，建立孔教成为康有为与立宪保皇并行的一个政治目标。1912 年 10 月，康有为的弟子陈焕章出面在上海发起“孔教会”，康有为发表《孔教会序一》，称：“中国数千年来奉为国教者，孔子也。”[②] 1913 年 8 月，陈焕章、严复、梁启超等上书参众两院，提出《请定孔教为国教》请愿书，提议将孔教列为国教，写进民国宪法。1913 年 4 月，康有为发表《以孔教为国教配天地议》，说：“欲救人心，美风俗，惟有亟定国教而已；欲定国教，惟有尊孔而已。”[③] 康有为等人的这些做法，表明了他们强化而不是削弱儒学政治地位的意图，在当时因为适应了袁世凯复辟帝制的需要，故得到了袁氏的支持。[④]

康有为关于建立儒教的设想最初是受到西方基督教渗透中国的刺激。他认为要救国保种需要从拯救和保存民族文化入手“夫耶路撒冷虽亡，而犹太人流离异国，犹保其教，至今二千年，教存而人种得以特存；印度虽亡，而婆罗门能坚守其教，以待后兴焉。”“今中国人所自以为中国者，岂徒谓禹域之山川，羲、轩之遗胄哉，岂非以中国有数千年之文明教化，有无量数之圣哲精英，融之化之，孕之育之，可歌可泣，可乐可观，此乃中国之魂，而令人缠绵爱慕于中国者哉。有此缠绵爱慕之心，而后与中国结不解之缘，而后与中国死生存亡焉。”[⑤] 从这个意义上说，康有为设立孔教的思想是民族主义的，具有保种救国的倾向。但康有为又并非一个纯粹的文化民族主义者，他还是一个有着政治意图的君主立宪派，他不满于 20 世纪开初以后兴起的革命思潮，不满于新生的民主共和制，所谓“民主共和，无一良宪法也。”[⑥] 对传统礼教秩序的崩坏更是充满忧虑，因此他力图借孔教来维

① 参见《康有为政论集》（上册），中华书局 1981 年版，第 279—284 页。

② 参见《康有为政论集》（下册），中华书局 1981 年版，第 732 页。

③ 同上书，第 846 页。

④ 关于民国初年，孔教会与复辟势力的关系论述参见陈旭麓《近代中国社会的新陈代谢》第十八章《山重水复》“一、两种复辟势力”“四、孔教会和灵学会”，上海人民出版社 1992 年版。

⑤ 《康有为政论集》，中华书局 1981 年版，第 733 页。

⑥ 同上书，第 839 页。

系人心，维持四千年来之纲常名教于不坠。他要求将孔教列为国教，写入宪法，明显带有建立一种新的政治文化的企图。正是在这一问题上，康有为同与革命党人有着血缘关系的新文化阵营发生了冲突，这场冲突表面上看去是一个文化上如何对待孔教的问题，实际上是如何建立民国的政治文化规范。

从以上分析，我们可以看出，儒家作为一种原创的思想学说，已成为中华智慧的一部分，构成民族文化的底色，其思想价值自不容低估。儒学一方面包含为君主专制所利用的成分，另一方面又有学术研究的成分，不可片面视之。儒教作为抵抗西方文明的一种武器，有其民族主义的色彩，但其内容和实际作用却与历史潮流相违背。从历史的发展情形看，这三者之间又是一个不能截然分开的有机体，儒学须以儒家（先秦孔孟荀）的思想为根基；儒教是在有着相当历史文化基础的正统之学——儒学的架构上呼之欲出的，它包含复杂的政治、伦理、学术（如康有为的今文经学）的成分。儒学系统内在结构的多层次性和其功能作用的多重性决定了它在现代化过程中的复杂表现，也决定了新文化运动对之分层处理的态度。

## 二　新文化运动反抗重建儒学意识形态——孔教

新文化运动的兴起是与民国初年的重建政治文化这一问题密切相关。究竟是解放思想，实行思想信仰的多元化，还是回复传统，收归一统，重建儒学意识形态，这是相互对立的两极。这里所说的儒学意识形态具体包含两重意义：一是指从汉武帝以来被奉为官学的儒学，它是传统文化的正统；二是指康有为所提倡的孔教，它具有政教合一的性质。两者都具有独尊、一统的特性，都发挥着意识形态的功能。文化领域的这一斗争与政治领域的民主与专制的斗争交织在一起。因而它也不可能单纯是一个文化问题，更确切地说，它还是一个政治文化问题，一个意识形态问题。

过去人们常常引用陈独秀“批评时政，非其旨也”一语说明《新青年》前期是一文艺思想刊物。这一说法值得考究。《新青年》第一卷未具名，第二、三卷署名“陈独秀主撰”，一般认定前三卷均为陈独秀主编。在前三卷有一栏目为“国外大事记”“国内大事记”。这一栏目实为借介绍国内外大事及动态“谈政治”。如第一卷第一期至第三期的“国内大事记”即有为时人敏感的“国体问题”“宪法起草之进行”“宪法起草之停顿”等问题，这一栏目署名“记者”，应为陈独秀所作，至少为其授意所写。从第四卷起改为同人杂志后，即取消此栏目。可见，陈独秀本人原本对政治是有浓厚兴趣的，只是因为一批新的作家、学者朋友的加入，他才暂时迁就了朋友们的趣味和特长。[①]点明这一点，意在说明《新青年》创办之初，并非没有政治关怀，而是后来人们从新文化运动的角度考察它，忽略了它的政治背景，即它的诞生是与民初政治密切相关的。这些国内外大事记，只要细读一下，其实就是一篇篇政论文，它内含的政治思想亦值得考究。《新青年》前期所开展的对孔教的批判，也只有从这一角度考察，才能比较准确地把握它的真实意图。

在《新青年》上首次就儒学问题展开讨论的是易白沙的《孔子平议》一文。易文开首即不同意当时对孔子的两种态度：“一谓今日风俗人心之坏，学问之无进化，谓孔子为之厉阶；一谓欲正人心，端风俗，励学问，非人人崇拜孔子，无以收拾末流。”[②] 他从尊与被尊两个侧面研究了尊孔现象的发生史。认为“孔子以何因缘被彼野心家所利用”，成为文化专制主义的工具，主要是因为孔子本身有四大缺陷：①“孔子尊君权，漫无限制，易演成独夫专制之弊”；②“孔子讲学不许问难，易演成思想专制之弊”；③“孔子少绝对之主张，易为人所借口”；四“孔子但重作官，不重谋食，易入民贼牢笼”。[③] 易白沙对此大加痛斥，以为中国历代君主不能维持天子之道德，“言人治不言法治，故是尧非桀，叹人才之为难得”；中国历史上真理不能由辩论而明，学术不能由竞争而进；孔门信徒皆抱定一个“时”字，“美

① 1918年以后《新青年》改为同人刊物，设立编委会，其后取消“国内大事记”“国外大事记”等政治意义较浓的栏目，可能与胡适的建议有关，参见《胡适口述自传》第九章“五四运动——一场不幸的政治干扰”，收入《胡适文集》第1册，北京大学出版社1998年版。

② 参见《新青年》1916年第2卷第1号。

③ 同上。

其名曰中行，其实滑头主义耳、骑墙主义耳”。中国的士人学子“谋道不谋食，学禄在其中，是为儒门安身立命第一格言”[①] 等。文章的下篇直接批驳康有为的一些论点：如称孔学为国学，称孔子为素王等，这些意见都是讨论孔子与传统政治和政治文化的关系。这篇文章发表在袁世凯复辟帝制，康有为鼓噪孔教之时，将其与时人所关注的“国体问题”联系起来，其意义非常明显，无非是揭露袁世凯之尊孔，全是抄自历代独夫民贼的老谱，康有为之倡孔教，违背了学术自由之原则。

《新青年》前期攻击孔教最为激烈，且最有影响者当推陈独秀。陈独秀发表的相关文章有《驳康有为致总理书》《宪法与孔教》《孔子之道与现代生活》《再论孔教问题》《旧思想与国体问题》《复辟与尊孔》《驳康有为〈共和平议〉》等，这些文章多为《新青年》领头文章，可视为《新青年》的“社论”。在《新青年》前期（1916 年 10 月—1918 年），这些文章都是陈的主要代表作，可见陈当时对这一问题的重视，文中基本观点都是针对康有为而发，批驳康氏关于在宪法中将孔教立为国教的主张。[②] 这反映陈独秀当时关注的主要是政治文化或者说政治生态问题。胡适在《吴虞文录》序中强调陈独秀的反孔文章与吴虞一样，“专注重‘孔子之道不合现代生活’的一个主要观念”。[③] 这与胡适对新文化运动的理解有关。其实陈独秀讨论这一问题，对政治的关心远在伦理之上，他批评孔子的伦理观念实际上也是服从于政治上的，即批驳康有为的“孔教”观。

陈独秀的用意为起来助阵的李大钊所看清，李撰写了《孔子与宪法》《自然的伦理观与孔子》两文，前文提出了孔子与宪法的区别：①“孔子者，数千年前之残骸枯骨也。宪法者，现代国民之血气精神也。”②“孔子者，历代帝王专制之护符也。宪法者，现代国民自由

① 参见《新青年》1916 年第二卷第一号。

② 关于陈独秀批判孔教文章的内容，参见郑学稼《陈独秀传》（上册），第三章《新青年的前期》“七、孔教与帝国”，（台北）时报出版公司 1989 年版，第 194—211 页；任建树《陈独秀大传》（上册），“四、五四新文化运动前期·唤起国民独立人格、破除儒家奴隶道德”，上海人民出版社 1989 年版，第 104—109 页。

③ 参见《吴虞文录》序，收入《胡适文集》第 2 册，北京大学出版社 1998 年版，第 609 页。胡适强调新文化运动的文化性质，他对运动所显示的政治色彩有意淡化，参见《胡适口述自传》第九章“五四运动——一场不幸的政治干扰”。

之证券也。”③“孔子者，国民中一部分所谓孔子之徒者之圣人也。宪法者，中华民国国民全体无问其信仰之为佛为耶，无问其种族之为蒙为回，所资以生存乐利之信条也。”④“孔子之道者，含混无界之辞也。宪法者，一文一字均有极确之意义，极强之效力者也。”[①] 明确孔教与宪法的原则不相符合。在后一文，李大钊更是道明：“故余之掊击孔子，非掊击孔子之本身，乃掊击孔子之为历代君主所雕塑之偶象的权威也；非掊击孔子之本身，乃掊击专制政治之灵魂也。”[②] 把孔子本人与被后来为历代君王所利用之孔子区别开来，从而将陈独秀批孔的本意点明。

新文化阵营的“保护人”蔡元培也持完全一致的立场。早在民国成立伊始，蔡先生发表《对于新教育之意见》时就明确宣布：“满清时代，有所谓钦定教育宗旨者，曰忠君，曰尊孔，曰尚公，曰尚武，曰尚实。忠君与共和政体不合，尊孔与信教自由相违（孔子之学术，与后世之所谓儒教、孔教当分别论之。嗣后教育界何以处孔子，及何以处孔教，当特别论之，兹不赘），可以不论。”[③] 从而否定了前清教育宗旨中“忠君”“尊孔”两条，并把具有意识形态意义的儒教、孔教与对孔子的学术研究区别开来。蔡是一位自由主义者，他坚信“思想自由”原则，他主张新教育“循思想自由言论自由之公例，不以一流派之哲学一宗门之教义梏其心，而惟时时悬一无方体无始终之世界观以为鹄。”[④] 本着这一原则，他对经科的处理办法为“旧学自应保全，惟经学不另立一科，如《诗经》应归入文科，《尚书》《左传》应归入史科也。”[⑤] 明令取消经科。蔡元培的主张实际上打破了儒学在教育中的正统地位和统摄作用，在学术上他仍给其保留了空间，在教育内容中给其适当的位置。蔡元培的这一主张通过新颁发的《大学令》得以施行，成为民国初年得以施行的重大教育改革举措。

---

① 李大钊：《孔子与宪法》，《甲寅》1917 年 1 月 30 日日刊。

② 李大钊：《自然的伦理观与孔子》，《甲寅》1917 年 2 月 4 日日刊。

③ 参见《对于新教育之意见》，载《蔡元培全集》第二卷，中华书局 1984 年版，第 136 页。

④ 同上书，第 134 页。

⑤ 参见《在北京任教育总长与部员谈话》，载《蔡元培全集》第二卷，中华书局 1984 年版，第 159 页。

胡适对孔教问题也有一番思考。胡适对儒学的最初系统研究是在撰写博士论文《先秦名学史》时，那时他即认为："我确信中国哲学的将来，有赖于从儒学的道德伦理和理性的枷锁中得到解放。这种解放，不能只用大批西方哲学的输入来实现，而只能让儒学回到它本来的地位，也就是恢复它在历史背景中的地位。儒学曾经只是盛行于中国古代的许多敌对学派中的一派，因此，只要不把它看作精神的、道德的、哲学的权威的唯一源泉，而只是在灿烂的哲学群星中的一颗耀眼明星，那末，儒学的被废黜便不成问题了。"① 在这里，胡适作出了废黜儒学独尊、恢复它原初地位的论断，这实际上是要推倒汉武帝以降，历代统治者长久以来精心构筑的儒学（经学）意识形态。在此基础上，胡适推出的《中国哲学史大纲》（上卷），也表现出上述思想倾向。该书的一个重要特点，诚如蔡元培所说，即以"平等的眼光"看待诸子学说。以往"同是儒家，崇拜孟子的人，又非荀子。汉宋儒者，崇拜孔子，排斥诸子，近人替诸子抱不平，又有意嘲弄孔子。这都是闹意气罢了。适之先生此篇，对老子以后的诸子，各有各的长处，各有各的短处，都还他一个本来面目，是很平等的。"② 胡适在《中国哲学史大纲》中对儒学的这种处理，是新文化运动在学术领域的一个范本，也是该书成为具有现代意义的学术范式的重要缘由。"五四"以后，胡适的这一立场并未改变。

由此不难看出，民国初年，新文化阵营的主要代表人物在处理儒学问题上不约而同地有一个共识：反对传统的被奉为官学的儒学，也反对建立新的孔教，反对在新的历史条件下再做任何形式强化儒学意识形态的努力。其实不独新文化运动的健将们如是看，一些比较温和的人士如马相伯，也如是看。③ 他们的理由主要有两点：一是将思想定于一尊与思想自由原则不相符合；对此陈独秀说得很明白："窃以

① 参见《先秦名学史》导论，载《胡适文集》第6册，北京大学出版社1998年版，第10—11页。

② 参见蔡元培《中国哲学史大纲》序，载《胡适文集》第6册，北京大学出版社1998年版，第156页。

③ 马相伯：《书〈请定儒教为国教〉后》《代拟〈反对孔道请愿书〉五篇》，两文均收入朱维铮主编《马相伯集》，复旦大学出版社1996年版。

无论何种学派，均不能定为一尊，以阻碍思想文化之自由发展。况儒术孔道，非无优点，而缺点则正多。尤与近世文明社会绝不相容者，其一贯伦理政治之纲常阶级说也。”[①] 二是“孔子之道不合现代生活”。“孔子生长封建时代，所提倡之道德，封建时代之道德也；所垂示之礼教，即生活状态，封建时代之礼教，封建时代之生活状态也；所主张之政治，封建时代之政治也。封建时代之道德、礼教、生活、政治，所心营目注，其范围不越少数君主贵族之权利与名誉，于多数国民之幸福无为焉。”[②] 这里所说的“封建时代”一词尚未脱古义，它是指保存封建制的周朝。前者是贯彻自身的民主主义、自由主义立场，表现他们对民主政治和思想自由原则的信奉；后者是从社会进化论的立场出发，强调民族文化的时代性，即“孔子之道不合现代生活”。不管是自由民主思想，还是进化论的怀疑思想，都是新文化阵营立身的基石。

新文化运动对孔教的批判和对传统儒学的冲击，使得本已十分脆弱的儒学地位根本动摇，“儒门淡薄，收拾不住”已成定势。如果说，辛亥革命是给予传统政治秩序——帝制的一次致命打击，那么，新文化运动对儒学的冲击，或对孔教的反抗，则使得任何继续强化儒学意识形态的努力都已不可能。“五四”以后，不乏提倡儒学的“新儒家”，也不乏利用儒学整顿秩序的政客，但他们的努力都无济于事。儒学一统天下的局面毕竟已成为明日黄花。

## 三 对儒家伦理的排拒与吸收

新文化运动之初，陈独秀在《吾人最后之觉悟》一文中回顾了欧洲文化输入中国以来所走过的路程，特别提出“今兹之役，可谓为新旧思潮之大激战”“吾人最后之觉悟”为“政治的觉悟”与“伦理的

① 原载《新青年》1917 年第 2 卷第 5 号。

② 陈独秀：《孔子之道与现代生活》，载《新青年》1916 年第 2 卷第 4 号，这里所说的“封建时代”一词尚未脱古义，它是指保存封建制的周朝，与后来人们习称的作为五种社会形态的封建社会不是一回事。

觉悟”。把“伦理的觉悟”提升到与“政治根本解决”同样的高度上来考虑。这是陈独秀在运动初期高悬的两大目标。[①] 陈独秀是这样看的：“伦理思想，影响于政治，各国皆然，吾华尤甚。儒者三纲之说，为吾伦理政治之大原，共贯同条，莫可偏废。三纲之根本义，阶级制度是也。所谓名教，所谓礼教，皆以拥护此别尊卑、明贵贱之制度者也。近世西洋之道德政治，乃以自由、平等、独立之说为大原，与阶级制度极端相反，此东西文明之一大分水岭也。”[②] 明确将伦理与政治联系起来，将儒家三纲伦理与“西洋之道德政治”对立起来，这就预示着儒家伦理被清理的命运。运动进入高潮时，陈独秀在那篇为《新青年》前期作总结的《本志罪案之答辨书》中再次声明：“要拥护那德先生，便不得不反对孔教、礼法、贞节、旧伦理、旧政治”[③]，把儒家伦理与民主政治看成是你死我活的斗争。

新文化阵营对儒家伦理的批判主要表现在三个方面：一是批判儒家伦理为君主专制服务的“阶级尊卑制度”，如陈独秀的《旧思想与国体问题》（载《新青年》1917 年第 3 卷第 3 号）、吴虞的《家族制度为专制主义之根据论》（载《新青年》1917 年第 2 卷第 6 号）、《儒家主张阶级制度之害》等文；二是批判儒家伦理束缚个性，压抑人性的“礼教”，如鲁迅的《狂人日记》《我之节烈观》，吴虞的《礼论》（载《新青年》1917 年第 3 卷第 3 号）、《吃人与礼教》（载《新青年》1919 年第 6 卷第 6 号）、《说孝》（载 1920 年 1 月 4 日）等文；三是批判儒家伦理重义轻利、讲究虚文的价值观，如陈独秀在《敬告青年》一文中所提六条要求，其中有一条即为“实利的而非虚文的”，钱智修发表《功利主义与学术》（载《东方杂志》1918 年第 15 卷第 6 号）一文后，陈独秀又曾撰文反驳。[④] 从当时的情况看，新文化运动对儒家伦理的冲击主要是在批判旧的“礼教”方面形成了声势，并引起了极大的争议。

---

① 笔者认为，新文化运动的目标是伴随运动的开展逐渐扩大的，最初是着重于民主启蒙和孔教批判，着重于人的现代意识的启蒙。“文学革命”的提出是 1917 年以后的事。

② 陈独秀：《吾人最后之觉悟》，《青年杂志》1916 年第 1 卷第 6 号。

③ 载《新青年》1919 年第 6 卷第 1 号。

④ 参见陈独秀《再质问〈东方杂志〉记者》，载《新青年》1919 年第 6 卷第 2 号。

如果说在政治文化领域，新文化运动的主要对手是以康有为为代表的孔教派；在伦理这一层面，与新文化运动的主流意见相左的成分则比较复杂。先后有杜亚泉、梁启超、梁漱溟、梅光迪、胡先马肃、章士钊和张君劢等人。他们有的是曾经参加辛亥革命，且与同盟会有着关系的革命党人，如梁漱溟、章士钊、熊十力等；有的是比较纯粹的学者文人，如杜亚泉等；有的还是留学欧美的学人，如梅光迪、胡先骕等。这些人与康有为、袁世凯鼓吹孔教怀有其个人的政治目的不同，他们主要是认同儒学的伦理价值，关怀民族的精神文明建设。他们撰文批评《新青年》的主张，有的甚至在行为上有所表示。如蔡元培上任北大校长时，曾有意聘请马一浮，马因对蔡取消经科这一主张颇有意见而不肯赴任。[①] 尽管如此，他们与《新青年》的争论可以说仍是文化性质。相当长一段时间，人们一般视其为新文化运动的反对派或者反动派。实际上，这些人并不构成一个有组织、有共同纲领的派别，他们至多只是根据各自的学识、经验发出了不同的声音，且不具官方背景。

异议人士的共同主张是：肯定西方的物质文明成就和科学技术，主张保留东方的精神文明；认同儒家伦理的现代价值或现代意义，排斥主流派所张扬的西方的个人主义精神；反对将儒家伦理与传统的专制主义混为一谈，反对因袁世凯、康有为复辟帝制提倡孔教而废弃儒家伦理；反对主流派“一边倒”的破旧立新，主张新旧调和、中西调和。应当说明的是，这些人在表述自己的主张时有三个不可忽略的特点：一是他们的主张出自对第一次世界大战的反省。通过对世界大战的观察，他们重新认识西方文化，对西方的精神文明价值持怀疑乃至否定的态度。如在第一次世界大战进行期间，杜亚泉即表示：“则吾人今后，不可不变其盲从之态度，而一审文明真价之所在。盖吾人意见，以为西洋文明与吾国固有之文明，正足以救西洋文明之弊，济西洋文明之穷者。”[②] 战后严复亦说：“不佞垂老，亲见脂那七年之民国

---

① 参见马镜泉等《马一浮传》第七章“古闻来学，未闻往教”，百花洲文艺出版社 1993 年版。

② 伧父：《静的文明与动的文明》，原载《东方杂志》1916 年第 13 卷第 10 号。

与欧罗巴四年亘古未有之血战，觉彼族三百年之进化，只做到‘利己杀人，寡廉鲜耻’八个字。回观孔孟之道，真量同天地，泽被寰区。此不独吾言为然，即泰西有思想人亦渐觉其如此矣。”① 梁启超从欧洲归国后发表的《欧游心影录》，更是这一心态的彻底反映。二是他们主张保守儒家伦理，都借助了西方思想家的思想资源或支持。前期的杜亚泉、严复等是如此，后面的张君劢推崇倭铿（Rudo lf Eucken）、《学衡》的梅光迪推崇白璧德的新人文主义，也是如此。三是在政治上他们大都并不排斥民主、自由理念，他们中有些人甚至参加过反对袁世凯复辟帝制的斗争，或保持自由主义的政治信念而不变。梁启超是护国运动的主要策动者不说，即如梅光迪在评论胡适所办《努力周报》时也表示：“《努力周报》所刊政治主张及其他言论，多合弟意。兄谈政治，不趋极端，不涉妄想，大可有功社会，较之谈白话文与实验主义胜万万矣。”② 因此，新文化运动的异议人士主要是一种文化上的保守主义，他们的文化主张并不是简单的传统翻版，而是打上了时代的烙印。

提倡新道德，反对旧道德，是新文化运动的一个主要内容。所谓新道德即是一种建立在个人主义基础上的新道德，而旧道德则是指以儒家伦理为核心的旧道德。“五四”时期，有一个比较普遍的看法，即认为西方的近世伦理是以个人主义为核心，而中国的传统儒家伦理是以家族、宗族、群体为本位。所不同者，人们对此二者的现代意义估价不同而已。陈独秀说：“现代生活，以经济为之命脉，而个人独立主义，乃为经济学生产之大则，其影响遂及于伦理学，故现代伦理学上之个人人格独立，与经济学上之个人财产独立，其说遂至不可摇动；而社会风纪，物质文明，因此大进。”③ 胡适则宣传易卜生主义，其意在提倡一种健全的个人主义精神，他认为只有个人主义能够培养和造就一种健全的人格。与他们相左的一方的根本主张则在反对个人

① 参见1918年8月22日《与熊纯如书》（七十五），载《严复集》第3册，中华书局1986年版，第692页。

② 收入《我的歧路》，《胡适文存》第二集卷三。

③ 陈独秀：《孔子之道与现代生活》，原载《新青年》1916年第2卷第4号。

主义，他们认为救治西方个人主义流弊的恰恰只有靠传统的儒家伦理。造成双方分歧的一个重要原因：守旧者强调个人主义与资本主义经济制度的内在联系，在他们看来这一制度的流弊已为第一次世界大战和风起云涌的劳工运动所证明；而新文化运动的健将之所以推崇个人主义，在于他们认为只有个人主义是消解传统政治秩序和生活方式的最好消毒剂，只有个人主义能将人们引上人格独立、思想自由的道路，个人主义是谋求人的自由、解放的最适当的生活方式。但儒家伦理依恃其深厚的历史背景，在现实生活中的影响也不容新文化阵营的人士轻视，以致他们本人也不得不接受它的制约，故新文化阵营内部对儒家伦理的实际态度常常也出现言行矛盾的情形。蔡元培对儒家伦理的态度颇为温和，他既有提倡新道德，否定旧的儒家伦理“三纲”的一面，也有推崇儒家的中庸之道的一面，对传统的家族制度中所显示的亲和力他是比较欣赏的。胡适虽然鼓吹易卜生主义，提倡个性解放，但在个人的言行方面始终保持一个温文尔雅、和蔼可亲的儒者形象。他逝世时，蒋介石所题挽联：“新文化中旧道德的楷模，旧伦理中新思想的师表”，可以说是胡适一生双重人格的绝妙写照。鲁迅极力攻击儒家伦理为“吃人的礼教”，但他个人却信奉传统孝道，对母亲十分孝顺。陈独秀、吴虞在言论上对伦理道德的破旧立新发挥了极大作用，但在个人私德方面，既不为旧派所容，也不为新文化阵营所认同。如以儒家的“三不朽”论为标准，蔡元培、胡适、鲁迅都应属达标人物，他们所表现的独立人格与道德勇气，不仅为讲究“道学”的许多新儒家所难以企及，也为现代知识分子做出了榜样。

借助于反袁斗争的胜利所占有的政治主动权和“文学革命”的凯歌行进所形成的舆论优势，新文化运动对儒家伦理的声讨很快占了上风。而对杜亚泉诸人来说，令他们最为困窘的是无法解脱儒学与帝制的干系，帝制在当时已是臭名昭著；无法说明民族精神衰弱不振的历史渊源，这是国人最为关切的问题。这就注定了他们的劣势。但以陈独秀、胡适等人的初衷来衡量，个人主义作为一种价值观念并未被国人所接受，社会主义思潮已经兴起，个性解放的浪潮很快即被政治革命的浪潮所淹没。旧的儒家伦理自然在失去它的功用，但新的道德却并未建立起来。道德失范一直是困扰现代中国人的一个重大问题。

以今日的眼光去估量新文化运动对儒家伦理的处理，他们的合理一方面在于否定了儒家的等级伦理观念，所谓三纲在历史上实为君主专制和宗法制的基石。但另一方面，儒家伦理中还包含着超时代、超阶级的内容，如五常所讲仁、义、礼、智、信，它们也是公共生活应遵循的规则。孔子所讲温、良、恭、俭、让，也是做人的基本准则。儒家伦理讲究人格意识，讲究品德修养，讲究社会责任，这些只要作出合乎时代的解释，都有其合理内核所在。如何开掘儒家伦理的现代意义，化解它与现代性的紧张，是新文化运动留下的一个悬案，也是我们时代亟待解决的一个课题。它的解决，不仅关系到中国现代化的文明基础是否牢靠，而且真有可能如当年梁漱溟所预言的那样，为人类文明找到一条新的路径。

## 四　“五四”新文化人对儒学的学术评估

新文化运动并不仅仅是一场政治文化重建的运动，它还必须创建自己的实绩，建构新的学术。在学术层面，新文化运动的领袖们对于儒学这一历史遗产的处理表现出相对谨慎和理智，他们要求客观分析，而非简单拒斥。一般来说，他们主要是从两个角度探讨儒学，一是力求客观地呈现先秦儒家和其后儒学发展的本来面目，拨开历史的重重迷雾，还儒之本初面目；二是运用现代思想方法或哲学范畴（主要是来源于西方）来分析儒家和儒学，挖掘其内在的思想价值和现代意义。前者属于学术史，后者属于思想史。两者很难截然分开，有时是学术寓于思想，有时是思想伴随学术。这里我们试以蔡元培、陈独秀、鲁迅、易白沙、胡适为例案，探讨“五四”新文化人对孔子及其儒学学术评估的基本倾向。

蔡元培先生的学术专长是在伦理学方面。他撰写的《中国伦理学史》和《中学修身教科书》，不但对儒家的折中主义思想多表赞同，甚至对根据儒家伦理制度制定的传统家族制度评价也很高。蔡先生把中国伦理学史分为三个时代：先秦创始时代，汉唐继承时代，宋明理学时代。他在总结先秦时，发表了自己对儒家的意见。“惟儒家之言，本周公遗意，而兼采唐虞夏商之古义以调燮之。理论实践，无在而不用折衷主义：推本性道，以励志士，先制恒产，乃教凡民，此折衷于动机论与功利论之间者也……虽其哲学之闳深，不及道家；法理之精核，不及法家；人类平等之观念，不及墨家。又其所谓折衷主义者，不以至精之名学为基本，时不免有依违背施之迹，故不免为近世学者所攻击。然周之季世，吾族承唐虞以来二千年之进化，而凝结以为社会心理者，实以此种观念为大多数。此其学说所以虽小挫于秦，而自汉以后，卒为吾族伦理界不实祧之宗，以至于今日也。”[①] 他所写《中学修身教科书》“悉本我国古圣贤道德之原理，旁及东西伦理学大家之说，斟酌取舍，以求适合于今日之社会。”[②] 这里所谓“古圣贤道德之原理”，儒家应为其中最重要一部分。故在书中他如是写道：“吾国圣人，以孝为百行之本，小之一人之私德，大之国民之公义，无不由是而推演之者，故日惟孝友于兄弟，施于有政，由是而行之于社会，则宜尽力于职分之所在，而于他人之生命若财产若名誉，皆护惜之，不可有所侵毁。”[③] 他对家庭的看法是：“家族者，社会、国家之基本也。无家族，则无社会，无国家。故家族者，道德之门径也。于家族之道德，苟有缺陷，则于社会、国家之道德，亦必无纯全之望，所谓求忠臣，必于孝子之门者此也……故家族之顺戾，即社会之祸福，国家之盛衰，所由生焉。”[④] 类似的话语，随处可见。阅读这些文字时，给人一种儒家经典现代版的感觉。蔡先生对儒家的中庸之道极为欣赏，并将三民主义融会其中。在《中华民族与中庸之道》一文中，他以为孙中山的三民主义是合乎儒家的中庸之道。“三民主义虽多有新义，为往昔儒者所未见到，但也是以中庸之道为标准。例如持国家主义的，往往反对大同；持世界主义的，又往往蔑视国界。这是两端的见解；

① 参见《蔡元培全集》第二卷，浙江教育出版社 1997 年版，第 50—51 页。
② 同上书，第 169 页。
③ 同上书，第 171 页。
④ 同上书，第 193 页。

而孙氏的民族主义，既谋本民族的独立，又谋各民族的平等；是为国家主义与世界主义的折中。"[①] 在《孔子之精神生活》一文中，蔡先生提到孔子精神生活的三个方面，即智、仁、勇和"毫无宗教的迷信""利用美术的陶养"。文末说道："孔子所处的环境与二千年的今日，很有差别；我们不能说孔子的语言到今日还是句句有价值，也不敢说孔子的行为到今日还是样样可以做模范。但是抽象地提出他精神生活的概略，以智、仁、勇为范围，无宗教的迷信而有音乐的陶养，这是完全可以为师法的。"[②] 在新文化阵营中，蔡先生对儒家的态度，相对来说是比较亲近的。

陈独秀在"五四"时期是攻击孔教最激烈的健将。然而，在他晚年写就的那篇《孔子与中国》的文中，对孔子本人的评价也表述了与孔教不同的学术见解。他如是说："所有绝对的或相当的崇拜孔子的人们，倘若不愿孔子成为空无所有的东西，便不应该反对我们对孔子重新评定价值。在现代知识的评定之下，孔子有没有价值？我敢肯定的说有。"[③] "孔子的第一价值是非宗教迷信的态度""第二价值是建立君、父、夫三权一体的礼教。这一价值，在二千年后的今天固然一文不值，并且在历史上造过无穷的罪恶，然而在孔子立教的当时，也有它相当的价值。"不过，在这篇文章中，陈独秀还是坚持"孔子的礼教，是反民主的""人们如果定要尊孔，也应该在孔子不言神怪的方面加以发挥，不可再提倡那阻害人权民主运动，助长官僚气焰的礼教了！"[④] 可见，陈独秀对孔子学说的评估也是有理有据的。

鲁迅是一位敏锐而具讽刺力的思想家。他也注意到孔子不信神的态度，"孔丘先生确是伟大，生在巫鬼势力如此旺盛的时代，偏不肯随俗谈鬼神"。[⑤] 鲁迅似很认同孔夫子"知其不可而为之"的人生态度，"不可与言而言之，即是'知其不可而为之'，一定要有这种人，

① 参见《蔡元培全集》第五卷，浙江教育出版社 1997 年版，第 487—488 页。

② 参见《蔡元培全集》第七卷，浙江教育出版社 1997 年版，第 107—108 页。

③ 参见《孔子与中国》，《陈独秀文章选编》（下册）。

④ 同上。

⑤ 参见鲁迅《坟·再论雷峰塔的倒掉》。

世界才不会寂寞。"[①] 并表示"孔子曰：'以不教民战，是谓弃之。'我并不全拜服孔老夫子，不过觉得这话是对的。"[②] 鲁迅对孔子生前的"不遇"和后来的"摩登"作了形象的描述："孔夫子的做定了'摩登圣人'是死了以后的事，活着的时候却是颇吃苦头的。跑来跑去，虽然曾经贵为鲁国的警视总监，而又立刻下野，失业了；并且为权臣所轻蔑，为野人所嘲弄，甚至于为暴民所包围，饿扁了肚子""孔夫子到死了以后，我以为可以说是运气比较的好一点。因为他不会噜苏了，种种的权势者便用种种的白粉给他来化妆，一直抬到吓人的高度。但比起后来输入的释迦牟尼来，却实在可怜得很……总而言之，孔夫子之在中国，是权势者们捧起来的，是那些权势者或想做权势者的圣人，和一般的民众并无什么关系。"[③] 鲁迅对孔子本人和被打扮成圣人的"孔子"的区别是非常清楚的。

胡适是新文化运动的学术实绩的主要体现者。"五四"时期，他有关儒家的讨论主要是在《先秦名学史》和《中国哲学史大纲》（上卷）中展开。在这两部著作中，他除了对孔孟及其著作进行考证外，还肯定孔子"基本上是一位政治家与改革家，只是因强烈的反对使他的积极改革受到挫折之后才决心委身于当时青年的教育。"[④] 孔子生活在"一个政治崩溃，社会不安，思想混乱的年代，尤其是道德紊乱的年代""中心问题，自然应当是社会改革。哲学的任务被理解为社会的和政治的革新。他所寻求的是整治天下之道！"[⑤] 所以，孔子"把'正名'看作是社会的和政治的改革问题的核心""把哲学问题主要看作是思想改革的核心"，[⑥]《先秦名学史》花了相当篇幅来讨论孔子的逻辑思想，足见胡适对孔子的重视。《中国哲学史大纲》第四编"孔子"、第五编"孔门弟子"大体沿用了《先秦名学史》的观点。

---

① 参见鲁迅《而已集·反对"漫骂"》。

② 参见鲁迅《南腔北调集·论"赴难"和"逃难"》。

③ 参见鲁迅《且介亭杂文二集·在现代中国的孔夫子》。

④ 参见《先秦名学史》第二编"孔子的逻辑"，载《胡适文集》第6册，北京大学出版社1998年版，第27页。

⑤ 同上书，第28页。

⑥ 同上书，第29页。

20世纪30年代，胡适又发表了一篇《说儒》，它考察了儒的历史起源，认为“孔子是儒的中兴领袖，而不是儒教的创始者。儒教的伸展是殷亡以后五六百年的一个伟大的历史趋势；孔子只是这个历史趋势的最伟大的代表者，他的成绩也只是这个五六百年的历史运动的一个庄严灿烂的成功。”① 在这里，胡适对“革新的孔子”作了更为详细的历史解释。后来胡适在一封致陈之藩的信中又提及此文：“关于‘孔家店’，我向来不主张轻视或武断地抹杀。你看见了我的《说儒》篇吗？那是很重视孔子的历史地位的。”② 胡适晚年还发表了《中国哲学里的科学精神与方法》《中国的传统与将来》等论文，对孔孟思想内含的人本主义和求知思想给予了充分肯定。

由此可见，新文化阵营的主要代表对孔子本人的态度并不怎么偏颇，有的甚至还表达了相当尊崇的态度，他们都倾向于将孔子与后来作为官学的儒学区别对待，对孔子本人的文化成就和思想价值亦能从现代意义的高度给予实事求是的评估。他们对孔子不信神的态度的肯定，对其积极入世的人生观的认同，成为中国人现代观念的主流。不过，如和其论敌——现代新儒家相比较，新文化阵营围绕孔子及儒学这样重大的学术课题，他们没有推出有足够分量的学术研究成果。现代新儒家既以传统儒家的继承人自居，加之他们所处的非主流地位，无形中加重了他们研究儒学的压力，他们在研究儒家思想的渊源流变，在阐释儒家思想的现代意义方面积累了一些成果，从整个现代中国学术发展的格局来看，这自然是一种文化补充。但就“五四”新文化运动的健将们而言，毕竟是一个遗憾的缺陷。

## 结　论

以上我们对儒学的内部结构作了系统分析，并从政治文化、伦理、学术三个层面具体考察了新文化运动的主要代表对儒学的态度。从这

① 参见《说儒》，载《胡适文集》第5册，北京大学出版社1998年版，第31页。

② 参见《致陈之藩》1948年3月3日，载《胡适书信集》（中册），北京大学出版社1996年版，第1137页。

些分析中我们可以看到，“五四”新文化运动及其主要代表对儒学的处理并非如过去的论者所论断的那样，是作单一层面（即政治文化或意识形态）的判断，他们与儒学的关系是逐渐由政治文化层面推向伦理层面、学术层面，故我们对两者的关系也应从多层面来考察。造成这种现象既是由于儒学本身多层次的内在结构所决定的，也与新文化的建设实绩有关。在现实文化关系上，还与包括以现代新儒家为代表的文化保守主义的制衡有关。在与反对者的论争中，新文化阵营一方面加强了自身的立场，即对传统文化包括儒学取“重新估定一切价值”的态度；另一方面又不得不回到历史中去，对中国历史（包括儒学）作一番必要的清理，“整理国故”即是这一取向的产物。由此不难看出，有关对“五四”新文化运动反儒学的简单处理的指控，不过是反对者的一种宣传手法，或者说是后来的激进的反传统主义的强词夺理，他们或抓住“五四”新文化运动主要代表人物的一些片断看法和某些激进言辞为己所用，或利用对手的某些缺陷有意将其放大，但这种主观臆断很难说是“五四”新文化运动真实状况的全面反映。

在中国文化发展的历史长河中，儒学已有数千年的历史，它构成历史的大背景，通过一次文化运动处理如此厚重的历史文化遗产，谈何容易！“五四”新文化运动前后不过十年时间，中国新文化迄今也只有八九十年的历史，当年激起新文化运动健将们思想激情的那些主题已逐渐消沉，传统的儒学意识形态已经解构，现代文化与儒学之间的紧张关系也渐趋缓和。今天人们探讨这一问题主要已不再是停留在政治文化层面，国内外学术界的工作重心移向伦理的、学术的层面，儒学重新成为中国文化研究中一门引人注目的显学。研究儒（家）学的思想价值，挖掘儒家伦理内含的现代意义，成为中国新文化自我调整和向纵深发展的新要求。从这个意义上说，任何一种思想学说只要它蕴含文化的价值，它的恒在意义在时代之镜的折射下就会发放出新的光彩。

（原载《中国文化研究》2001 年第 5 期）

# 儒家传统的现代转化

[美]杜维明[*]

在西方文化特别是启蒙价值的冲击下，儒家的核心价值——仁、义、礼、智、信这些儒家传统已经基本上被解构了。但值得注意的是，一方面“五四”时代的文化精英对儒学的批判仍显肤浅和不足，启蒙仍未深入；另一方面，儒学必须对西方的强势有所回应，儒学的发展尽管障碍重重但它仍有转化重生的机缘。

儒家的恕道（己所不欲，勿施于人）和仁道（己欲立而立人，己欲达而达人）可以作为全球伦理的基本原则。这并不是我自己一个人提出的，而是在人类文明对话年（2001 年），由科菲·安南所主持的一个世界知名人士小组中，瑞士的神学家孔汉思先生主动提出的。因此，我们有必要先简要地回顾一下这些核心价值。

## 一　儒家的核心价值——仁、义、礼、智、信

所谓儒家的核心价值，是指孟子的四端——仁、义、礼、智，以及汉代发展出的五常——仁、义、礼、智、信。

仁是一种差等的爱，此说法曾经引起了诸多批评。批评者认为墨

* 杜维明（1940—　），男，广东南海人，美国哈佛大学讲座教授，哈佛燕京学社社长，达沃斯世界经济论坛和联合国“推动文明对话杰出人士小组”成员，浙江大学光彪讲座教授，博士生导师，主要从事儒家及其现代化研究。

子的“兼爱”或者基督教的“博爱”要比儒家的“差等的爱”更符合平等的原则。所谓差等的爱，从孔子、孟子开始就是针对一种普遍的、没有分疏的爱而作出的回应。儒家的一个基本预设是把社会理解为一个同心圆，从个人到家庭、家族、社会、国家、人类社群一直到生命共同体。这样，仁就需要推己及人，从内向外，从私到公。这个观念有其现实性。墨子的“兼爱”要求我们对任何人甚至陌生人的爱与对自己父母的爱是相同的。当然这是非常高的理想，这理想不仅在基督教，而且在其他理想主义中都凸显了。如法国大革命的三个基本价值也是以博爱为基础。可是在实践过程中，如果不是主动自觉的，而是强迫对陌生人的爱如同对自己父母乃至兄弟姐妹孩子的爱是一样的，其结果就是对自己亲人就如同对路人一样的疏远。因此，差等的爱也是一个普遍原则，通过实践过程而逐渐向外展现的。

平常大家理解的义和利是相对的。孟子就有人禽之辨，王霸之辨，义利之辨等。义对利确实是有所冲突。因此站在现代经济伦理的角度上，有些人批评它不符合现代市场经济。实际上，义和利的关系可以表述为义可以包括利，但是利不可以包括义。义是所谓大利，是长远的、全面的利；而不是狭隘的、短期的利。很明显，儒家所讲的大同，就是不同，就是在差异中寻找大同，也是“和”而不同之意。“和”需要通过各种不同的情况综合起来。因此大同是和，而不是同。

礼的观念特别在现代受到了很大的批判，比如说在“五四”时，礼被认为是吃人的礼教。现代社会特别注重社会资本和文化能力，不仅仅是经济资本和科技能力。任何一个社会，如果用法来治理，可以得到社会的安定，但不能成为一个动力比较高、人与人之间交往比较厚的社会。那么礼作为社会中非正式的人际关系必须依据的、有时却不能量化的一种行为规则，就可以成为建构在法律的基础上向上提升的一种社会资本和文化能力。

智，类似西方所理解的 Wisdom。如果面对我们现在所碰到的困境、情况，有必要分清素材（data）、信息（information）、知识（knowledge）、智慧（Wisdom）四者之区别与联系。从上往下看，智慧可以包括知识、信息、素材；知识则可以包括信息和素材。而信息的扩展，知识的扩大，是否能够达到智慧正是大家所要关心的问题。智慧的获得除了要通过听的艺术，要通过人与人之间的沟通，同时要对历史上积累的智慧，即所谓智慧的泉源进行开发，而这些都不能够量化。智慧的获得和人的成长、知识的转化关系密切。因此，在今天，科学技术总是与日俱新，而历史、哲学、文学仍要回到源头寻求智慧。比如柏拉图虽然是奴隶社会的思想家，大家却认为他有很多很深刻的智慧，就是最杰出的研究生要重新了解柏拉图的智慧最终要经过非常复杂的研究。所以怀特海说，整个西方哲学就是柏拉图的注脚。我们也可以试着说，整个的儒家传统就是孔子的注脚。回到《论语》《中庸》《孟子》《大学》这些智慧的泉源，它们不会因为时间推移而逐渐地消失，并失去重要性。因此有必要对文本、对智慧的泉源，作一些理解和认识。

信，在此我们不作深入的讨论。需要指出的是，在商业伦理方面，如果没有诚信，没有透明度，没有公信度，没有真正的让人相信的一些基本原则，那么商业行为、竞争力非常强的市场经济也没有办法进行。

## 二　从时间、地域、层次解说儒家传统

今天我们要讨论的主题是儒家传统的现代转化。首先要说明的一个问题是：如何理解儒家传统。在此，我想从时间、地域、层次这三个范畴来解说它。

第一，从时间的跨度来讲，儒家传统是一个思想的长河。其预设是：任何精神传统，如果不发展、不扩大，就会死亡。它绝对不是一个静态的结构，而一定是一个动态的过程；只是这个动态的过程受到冲击以后，它可能变成潜流；有的时候在思想界被边缘化，但它总是在发展的过程中；甚至有的时候断绝了，但它的影响力在社会各个不同的层级是一定存在的。儒学有先秦的儒学、宋明清儒学、鸦片战争以后受到西方冲击的儒学。据此我将其分为三期。第一期是先秦的儒学。曲阜的地方文化逐渐发展成为中国文化的主流，成为中国文化的主流，慢慢地到汉代成为显学。但这个传统受到佛教和道家的影响，慢慢地

成为潜流。魏晋南北朝以及隋唐，基本上都是佛教、道家的世界。一直要到唐末宋初，儒学从中国文化的不可分割的一个侧面成为东亚文明的体现，也就是这个传统慢慢地扩展到越南、韩国、日本，乃至海外的华人世界。这是第二期的发展。所谓第三期，是在鸦片战争前后，儒学受到西方文化的冲击，从显学逐渐被边缘化，逐渐被彻底解构、生命力完全被扼杀的时期。

加州大学的列文森教授就在《儒教中国及其现代命运》一书中指出，“五四”以后，儒家受到中国的知识精英全面的、深入的冲击，从而不能够继续生存下去。所以，他认为在“五四”以后，儒家基本上不仅在中国、东亚乃至人类社群都消散了，以后也许会受社会主义或者资本主义思想影响而形成后儒家，但那是另外一回事，至少儒家的思想不能传承下来。我在美国多年来的工作就是想证明列文森所阐述的观点是错误的。现在可以得出的结论是，他的观点即使不能算错误，也算一偏之见。他认为儒家传统已基本上被中国所扬弃了，当然并不是以隔岸观火的态度来看的，而是源于一种深刻的悲剧感。因为他认为如果儒家传统受到现代化和西方文化的冲击逐渐被边缘化、被解构，那么世界上所有的精神文明包括基督教的传统、佛教传统、伊斯兰教传统，乃至他自己所坚信不疑的犹太教传统将来也会被解构。这个观点在20世纪60年代非常流行。因为现代化作为一个同质化、理性化的过程，根据所谓人类文明发展的铁律，人类的文明是从迷信的宗教，经过形而上学的哲学进入科学理性。很多国内的学者至今仍是坚信整个文明到了科学理性时代，所有的宗教都是迷信，那么儒家作为一种精神文明基本上也被边缘化了。

儒学能否进一步发展，这就是所谓的儒学第三期的问题。我相当谨慎地处理儒学第三期发展前景的问题，并认为这并不是靠个人的主观意愿就可以促成的。补充一点，我主张将儒学分为三期，李泽厚先生却主张分为四期，主要是先秦、两汉、宋明、当代。当然按这种分法，我们可以分成十期：先秦、汉代、魏晋南北朝（虽然儒学在思想精英界影响不大，但在政治文化、社会、心灵积习上的影响仍然存在，如一般老百姓受到家训、家规的影响）、宋代、辽金元、明代、清代、鸦片战争到“五四”运动的近代儒学、“五四”运动到1949年的现代儒学、1949年以后的当代儒学。

第二，从地域上讲，即使受到佛教、道家的冲击，儒家的传统仍是中国文化认同的不可分割的组成部分。但是不能说中国文化在两千年来的发展是以儒学独尊，儒学是中国传统文化的主流。因为从魏晋南北朝一直到唐末宋初，是佛教的兴盛时期。佛教在中国有八百年的发展，华严、天台、禅宗、净土这些具有中国特色的佛教传统的发展基本上掩盖了儒学。

事实上，在当时对中国最有影响力的知识分子并不是孔子、朱熹，而是玄奘。玄奘从印度回来之后，有3000人在其研究计划之中。因而没有任何一个知识分子可以与其相比。如果要真正了解中国传统文化，像玄奘这样的知识分子必须了解。所以说儒家只是中国文化中的一支，有时是旁支，有时是主流。中国文化包含了佛教、道家、各种民间宗教、元代以后的伊斯兰教、明代以后的基督教（即早期的天主教）等。虽然儒家是中国传统文化的一部分，但是中国传统文化不能涵盖儒家。因为儒家也有日本儒家、越南儒家、韩国儒家之分，除非我们说越南、日本、韩国文化都是中国文化的一部分。也许我们愿意这样说，但越南、日本、韩国的学者不认同。有位学者虽然很讨厌儒家传统，但是认为现在儒家至少能够帮助我们提升民族的凝聚力，乃至发展爱国精神。可是越南的第一流的儒家都是对外来的沙文主义，包括中国、法国、美国的沙文主义持抗拒的态度。所以越南的儒学可以发展越南的凝聚力和爱国精神，而不是我们的爱国精神。

第三，儒家传统是分层次的。首先，民间传统实际上是儒家、佛教和道家合在一起的。如《菜根谭》就有儒家、道家、佛教的思想；一贯道的思想外面是儒家、中间是道家、最深层是密教。然而儒家的价值在民间始终发挥非常大的作用。它在民间的传播不是通过语言文字，而是通过口传。其次，除了民间的儒家传统之外，还有知识分子的儒家传统，即所谓士君子的传统。但这只是儒家传统的一个侧面。以后再探讨这个侧面。再次，还有政治上的儒家传统。比如，大家认为在唐代儒家的传统已经被佛教的传统所取代，可是仔细研读《贞观政要》却发现该书基本上是儒家的精神；此外，《五经正义》亦是作于唐代；连唐玄宗的一个重要观点也是孝。当然，我们也不能单纯地认为儒教中国是不好的，道统、心性之学是好的；从而认为要发展心性之学就要对政治化的儒家进行批判。需要注意的是，政治化儒家在中国的影响非常大。复次，在经济方面，儒家一般被认为是提倡重农轻商，事实上这不符合儒家的基本精神。法家特别突出耕战，认为农人和军人在社会上是重要的，而商人和士人不重要，所以才会重农抑商。儒家是重农而不轻商，因为孟子特别突出分工观念（分工不是一个简单的观念，它的提出是人类发展史的一个飞跃。涂尔干在其重要著作《分工》一书中认为只有通过分工，才会导致有机的而非机械的团队的出现）。他认为，一个复杂的社会除了农人以外，要有工人、商人。农人解决吃饭问题，工人是解决制造问题，而商人则是通有无，这些是任何一个复杂社会不可或缺的职业。唯一需要解释的是，既不生产，又不制作，也不通有无的知识分子有什么价值。孟子的观点是，士君子值得尊重是因为他们是意义的创造者，使社会得以维持它的凝聚力，特别是有机的凝聚力所必需的。他们不是政治的依附集团，可以把一般广大人民的声音带到上层；他们有独立的人格，通过他们群体自觉的努力，把社会带入正常的发展。最后，儒学内部亦是相当复杂。20 世纪 80 年代，美国的人文社会科学学院组织的关于当代儒学讨论会，探讨了当代儒学应该如何理解的问题。应邀的有中国、韩国、日本以及欧美的学者，他们是哲学、宗教、历史学、政治学、人类学和心理学各个学科的代表。很有趣的是，不同的学科、不同的地域，对儒家有不同的了解。

哲学和宗教对儒家的心性之学，对儒家的基本理念特别感兴趣。历史学家将儒家当作一个发展的过程。经学家、历史学家朱维铮先生就说，有多少学者就有多少孔子，每个不同的学者对孔子、对朱熹的诠释都不同。政治学家突出儒学的政治行为，认为儒学是专制的、权威的。社会学家对儒学，特别在民间社会、家族制度这些地方比较敏感。人类学家和心理学家等的看法都有所不同。这样说来，儒家是一个非常繁复的、博杂的传统。即使在塑造儒家传统的最杰出的思想家中间内部的矛盾冲突也非常大，如孟子和荀子、朱熹和王阳明、韩国李退溪代表的理学和李栗谷代表的气学。

冯友兰先生是把宋明儒学分为理学和心学的最重要的学者。我曾经和冯先生讨论，他说其实还应当有气学，可就没有这种说法；我则回答说，在中国儒学是没有，但是在韩国儒学中却有。实际上这是正常的。任何一个涵盖性很大的文明的情况都是复杂的。如基督教有天主教和新教，而新教中至少有几百种流派。伊斯兰教亦是很复杂的。佛教至少有大乘佛教和小乘佛教之分。大乘佛教影响到中国、日本、韩国，另外一个传统是小乘佛教，但是真正的在泰国、柬埔寨、越南所发展的佛学，他们不称为小乘佛教，而称为长老的传统。

## 三　儒家传统的解构

不管儒家的传统怎样的繁复、多侧面、多层次，但是在鸦片战争以后基本上全部被解体。连中国最杰出的一批知识分子都认为它没有生命力了直到今天，我想在东亚反对儒学的人，比赞成儒学的人要多得多。

20 世纪 80 年代，夏威夷文化研究中心的“现代社会的儒家价值”调查显示：汉城、香港、台湾、日本、上海青浦这五个地方中，汉城的儒教价值是最完全的，接着是日本、香港、台湾、青浦。

但韩国最近的一种提法是孔子必死，国家乃盛；反之亦有孔子必存，国家乃盛的说法。这些讨论显示，儒家在经过西方的冲击以后，它的解体过程是不同的。也许韩国仍是受到儒家传统影响最大的地方。知识分子抛弃儒学是最全面的，但是并不表示在民间社会，在其他的团体，包括商人的团体对儒家的传统也基本上抛弃了。这种冲击程度在地域上虽然有所不同，但是一般来说儒学基本上可以说是受到西方文明的冲击，特别是西方启蒙的冲击而被解构了。

所谓启蒙，一是指在西方 17、18 世纪所开始的文化运动。也可以说启蒙是一个理念，这个理念还在发展。正如哈贝马斯就认为，启蒙的理念和启蒙的大计划还应该再进行，他所提出的沟通理性就是使得启蒙能够进一步发展的努力的重要方向。另外，启蒙也是一种心态，我特别重视这一点。启蒙是一个理性的运动，特别是康德的“敢想”(dare to think)。一般来说，启蒙时代是理性的时代，也就是宗教、形而上的哲学逐渐被边缘化的时代。这一直影响到今天，我们所有的人都是受启蒙的影响比受传统文化的影响要多。启蒙所代表的价值比传统的价值，包括儒家、道家、佛教都要更有影响力。这一点很容易了解，如我们现在所用的名词包括哲学、文学、经济、政治等都是外来语，而现在所有的大学、市场经济、民主政治，不管是社会主义还是资本主义都是从启蒙发展下来的。

可是启蒙又是一个人类中心主义，对生态环保有它的缺失，同时它有着强烈的工具理性而不是目的理性。一直到今天，我们所谓的市场经济、民主政治、市民社会，都是受启蒙的心态逐渐影响而形成的。最重要的启蒙，就是突出人的尊严、人的解放、人的自觉、人的独立性。因此有学者认为，个人主义是现代化过程中出现的一个重要的意识形态。即使在法国大革命时代，虽然个人主义是被批判的对象，大家不认为它是有价值的。但是逐渐地经过西化、现代化和全球化，随着个人的选择越来越多，那么个人的独立尊严就越受重视，而其背后当然隐藏一些更深刻的价值，比如自由、理性、法治、权利等。

这些通过启蒙发展出来的价值，也都成为普世价值，成为我们的价值。这些价值，真正来说比仁义礼智信在我们的心理结构中更有说服力和影响力。我们要通过很大努力将仁义礼智信加以诠释。但是批评仁义礼智信观点的人很多，我想很少有中国的杰出的知识分子会对自由、法治、理性、权利、个人的尊严进行批判。在中国影响最大的理念是富强。所谓富强就是船坚炮利，主要指经济的权力和军事的力量。这背后有浮士德精神以及社会达尔文主义的思想，它强烈的竞争机制能将所有不接受它的理念、制度、游戏规则给彻底冲垮。到现代，不管是殖民主义还是霸权主义，西方文明真正能够对中国文明、印度文明、波斯文明、伊斯兰文明、非洲文明和拉美文明进行那么大的宰制。在此意义上，西方的传统基本上把儒家的传统解构了。如果儒家传统不经过重组，不经过内在的批判，不能对西方的价值有建设性的回应，那么在知识界、文化界和学术界就会销声匿迹。

严复开始翻译了很多西方重要的典籍。当时在“五四”初期特别突出自由和人权这两个西方思想的核心价值，所以严复才说，自由为体，民主为用。但是没过多久就用科学和民主取代了自由和人权。这种转变有一个重要的预设，就是大家主要关切的是救亡图存。李泽厚先生曾经说，这是救亡压倒了启蒙，这启蒙也不是西方的启蒙，是中国的学术界包括知识界和文化界向西方学习，把西方启蒙的精神带到中国，正因为救亡的意愿太强，所以启蒙的工作做得不够，到如今我们仍旧没有能够将其完成。我基本上接受这种观点，但是还需要进一步说明的是：当时的知识分子得出一个不容置疑的结论，就是要想使中国能够站起来，能够使中国救亡的唯一道路是启蒙，不能说是救亡压倒了启蒙，而是启蒙是唯一能使中国站起来的道路。从整个西方的传统看来，儒家传统都是糟粕，或者大量的都是糟粕。在“五四”的知识分子当中，很少人想要在儒家传统中发掘精神资源和价值。我们应当注意的是，当时的那批知识精英都是深受儒家传统影响的。他们深受其苦，意欲除去传统文化中的糟粕。如巴金讲家的问题，鲁迅谈到国民性的问题，以及后来柏杨提到的“酱缸文化”等。胡适之开始主张全盘西化，后来提出充分现代化的观点。但是他讲全盘西化的原因是当时知识精英的惰性太大，所以要矫枉过正。有趣的是，当时的很多知识分子，虽然主动自觉地要西化，但是他们受到传统文化的影响非常大。例如，“打倒孔家店”的老英雄吴虞的女儿要自由恋爱，他就说，难道孝道都不讲了吗？又如胡适之先生的婚姻就是旧道德的体现。

## 四　对儒学的批判

对儒学可以进行不同层次的严厉批判，诸如小农经济、家族制、权威性的理念、工具理念、人的自觉发展等我打算举两个对儒学进行批判的例子。

第一个例子是关于圣王的观点。儒家的一个基本的信念是内圣外王。就是通过自己内在的修身而后通过经世来治天下。可是中国传统文化，特别是从汉代开始，实践的不是圣王而是王圣。也就是指没有通过修身而获得权力的人，他要求的不仅是政治权力，还要求意识形态的权力和道德的权力。所以这使得儒家圣王的思想异化为王圣的实践。我相信班雅明的一个观点，就是最高的理想、最好的象征符号，比如仁爱和各种很美好的词语，如果落实到复杂的权力关系网络中，它可能出现非常残暴的结果，正如鲁迅所提到的软刀子一样。圣王的观点与泛道德主义或造神运动都有关系。我认为一个彻底政治化的儒家社会要比一个纯粹的法家社会对人的迫害和压迫更厉害。一个纯粹的法家社会基本上是对人的行为作规范。所谓对行为作规范，就是指如果触犯法律，一定治罪，不犯法绝对不治罪。但是一个彻底政治化或权威化的儒家社会，领导者对人民的控制绝对不只是行为，而一定还有态度、信仰等一些下意识层面的东西；就算你的行为非常正确，但他对你还是怀疑的，因为你可能态度不好；也许态度很好，但是你对整个社会的最高理念的信仰可能不坚定；即使前三者都很好，但是你的下意识也可能有问题，做出可能是不健康的梦。所以说彻底儒家化社会是最残忍的，绝对比纯粹的法家社会更加残忍。另外彻底儒家化的政治领导，它所要求的不仅是政治权力，还有意识形态、道德力量。即所谓的造神运动，从而把相对的变成绝对的。

可以说，基督教对儒家的批评是可以接受的。在基督教中，只有上帝是最绝对的；任何人、任何集团、任何事件，都不是绝对的，而是相对的。但如果没有基督教超越而外在的上帝，那么传统就可以把相对的变成绝对的。因此我认为“五四”的批判太不够了、太肤浅了。我们需要在更深刻的理念上进行批判，特别是积淀在民族心灵内部阴暗面层次上的。这些鲁迅所说的国民性该怎样去批评，“五四”精英改造了这些国民性了吗？事实上，很多东西至少在民国时代变本加厉。为什么潜在的恶势力有那么大的影响力？其原因是我们对它的批判不够，我们只是很粗暴地把整个传统扬弃了。没料到的是，把好的东西丢掉了，儒家的糟粕却深深地进入了我们的心态当中。

第二个例子是关于三纲的理解。三纲是从汉代开始由法家而进入儒家的。这些在儒家传统中不可消解的观点是指，“君为臣纲，父为子纲，夫为妇纲”。从君为臣纲来讲，这确实是专制主义；从父为子纲来讲，这是权威主义；从夫为妇纲来讲，这是男性中心主义。可是现代文明在有着自由、民主、平等的观点下，如何能够接受专制主义、权威主义和男性中心主义呢？女性主义对儒家的批评非常厉害。从这方面儒家受到批评，受到西方启蒙所带来的精神的冲击，是很容易理解的。更复杂的是关于人权的问题。人权就是人生而有权，儒家突出责任，突出公意。在西方的传统，个人的权利是高于主权的。在很多方面，个人的权利也高于社会和国家的需要，是不可消解的。如果消解任何个人的权利，整个社会的机制就会被破坏。正如伏尔泰所讲过的，我对你的意见从头到尾是否定的，而且我也认为你的意见是完全对社会有害的；可是为了维护你发言的权利，我愿意付出我的生命。这些理念在西方是神圣的，也是促使儒学解构的一些更深刻的原因。我认为在一个重大的思想传统中曾经发挥极有影响力的观点，经过时代淘汰以后是可以消解掉的。比如在基督教的传统中，中世纪的神学家从来没有人质疑通过教会得救这个信念。但马丁·路德提出通过信仰得救的观点，从而使一两千年来的文化观念受到新的文化冲击而被消散。因此，三纲受到“五四”运动的影响应当被彻底地消解掉。可是最近王元化提醒我注意陈寅恪先生给王国维的墓志铭中的观点，即认为三纲六纪是中国文化的命脉，甚至像柏拉图的理念论一样是不应该进行批评的。这可能需要进一步思考。不过，我认为五伦是没有问题的。父子有亲就是指父慈子孝，君臣有义就是指君仁臣忠，夫妇有别就是分工的观念，朋友有信，长幼有序，这些都是双轨的。

## 五　中国知识分子对西方强势的回应及新儒学的发展

中国知识分子对西方强势的冲击开始作出回应，得经过好几代人的努力。首先是“五四”以前的康有为、梁启超、谭嗣同，“五四”时代的熊十力和梁漱溟，接下来是在海外、港台地区的一些学者，站在儒家的根源上重新对这些问题做出回应。

新儒学的发展也是经过了三代人的努力。第一代从1919年一直到1949年，第二代从1949年到1979年，1979年以后是第三代。这个工作非常艰巨。如何对西方的强势，不仅是富强，是军事、经济，而且是更深刻的价值理念做出回应。儒家不经过现代化，就没有办法在现代恢复生命力。如果儒家是封闭地不愿意接受也是不可能的。在整个儒家发展的过程中，孟子就对墨子的批评作出回应；宋明时代也回应佛教；现代也应该回应西方文化。这些都是一脉相承的。但是以前的回应和现代的回应有所不同的是，西方文化对中国历史的冲击之大如同将佛教对中国的800年融合以及元代对中国的80年铁蹄统治浓缩成30年的冲击。它不仅是军事、道义，而且是很有说服力的制度，一种更深刻的对人的发展有积极作用的理念，它是很全面的冲击，因而我们必须对西方的传统作出回应。这是否能成功，我认为这才刚刚开始，因为一两百年的回应是绝对不够的。举个最简单的例子，就是中国消化印度佛教文明的过程。我们现在说佛教文明是中国文化的一部分，这意味着现在用古代汉语所翻译的经典已经超出梵文的经典。所以说，到何时我们才能够说西方的文明也是中国文化的一部分呢？可见对西方进行全面的了解非常艰巨。

新儒家的代表一直在讨论怎样把西方的自由、民主、独立等理念同儒家健康、传统的理念以及政治化的传统结合在一起。在最高层的理念上进行反思的工作非常艰巨。现在的回应本身也有一定的说服力。1982年夏威夷的朱子会议后，台北学者通过《中国论坛》举行了一次对新儒家的反思：到底新儒家经过两三代人的努力，它的情况如何？起初的目的是要得出一个结论：认为在一个民主化的社会，儒家已经过时了，香港等地如果有民主发展与儒家可能是不相干的；从而从事儒学研究者就变成游魂，因为他们所研究的和政治、经济、社会都不相干。可是具有讽刺意味的是，1982年新加坡开始设置有关儒家伦理的教材，正在发展东亚哲学研究所（以儒学研究为主）；日本的文部省2010年的计划是100位日本学者对儒家在日本的发展情况进行评估；韩国的李退溪国际学术会也正如日中天；20世纪80年代我在北大，讨论的两个课题是儒学在中国大陆的发展前景和中国大陆的知识分子是否有相对独立的群体的自我意识，一年后我就深信这两个问题的回答都是肯定的。20 世纪 80 年代儒学又有了生命力，但是跟从事儒学研究的人没有关系，而主要体现是日本和“四小龙”在东亚社会的发展。新加坡是个很好的例子，在探讨日本发展的原因时学者们发现，广大的受到儒家文化影响的新加坡人是其最重要的资源。

德瑞克教授对我的观点进行了严厉的批评，认为儒家基本上被逐出世界舞台。东亚文明的出现，儒家又开始被大家重视；但是商业大潮来临之后，儒家传统基本上被摧毁，这次摧毁和“五四”以来的摧毁完全不同。他同时认为从事儒学研究的人，因为东亚兴起，可以一时有些说服力，但是过了这个时段，影响将消失。在 1997 年亚洲的金融风暴，特别是韩国受到冲击以后，大家认为儒家伦理出了很大的问题。以前有观点说，儒家伦理同东亚经济结合，使大家认为经济的发展开始从大西洋转到了太平洋。金融风暴以后，所谓关系资本主义或称为裙带资本主义受到质疑。韩国出现问题之后，西方哲学家、思想家提出，任何一个复杂的现代社会要有好的经济发展和好的管理必须要有公信度和透明度。同时发现，当时韩国受儒家文明的影响是官商勾结，家族制的大财团和政府之间的非常复杂的暧昧关系。关系资本主义是靠同乡、同学的人际关系。这在初步的资本累积阶段有一定的强势，但是它绝对不能同受法治管理与国际金融管理、受现代西方文明所导引的跨国公司相比。这个问题提出以后，西方特别是以美国为代表的思想就为大家所关注。其主流思想就是市场经济、民主政治、公民社会以及所代表的价值。那么这样看来，基本上儒家传统复活的契机又被破坏了。

一个新的问题是，到底儒家的传统在一个多元现代性、全球化和地方化进行复杂互动的时代，它是否有新的发展契机。这中间很核心的问题就是儒家传统对于民主和科学能否作出创建性的回应。我们了解到，我们并不要求基督教发展出民主科学，也不要求佛教发展民主科学，而基督教和佛教在 21 世纪都获得了充分的发展。那么我们为什么一定要儒家对科学民主作出回应呢？理由很简单，因为基督教和佛教真正的核心价值不在这个世界。基督教在未来的天国，佛教在彼岸，所以它们有超越而外在的另外一套理念，有其终极关怀。可是儒家是人世的，是经世致用的，它如果不能面对民主和科学的挑战，要进一步发展就非常的困难。那么这样说来，如果把民主不当作一个选举文化（熊比特、亨廷顿就把民主当作选举，并认为假如没有选举、政治上没有轮流坐庄，就不是民主），而是把民主当作一种人的素质和生活方式，把民主发展看成一个提高人的基本生活，然后逐渐发展言论自由、建立法治的进程的话，所需要的就是为选举文化创造条件，促进社会多元化，促进权力下放，让市民社会有充分的活力和动力。从这个角度来看，任何一个受到儒家文明影响的社会，包括日本、朝鲜、中国，如何运用儒家资源、运用民间知识分子的资源，发展言论自由、建构法治、提高生活，是一个积极的挑战。另外，科学理性事实上和儒家传统也没有很大的矛盾冲突。那么科学理性所代表的基本价值和儒家传统中所提出的一些基本理念能不能配合，如何配合也是一个很大的挑战。

最后，儒家如果要进一步发展，绝不可能停留在中国和东亚，作为一个进程它一定要进入国际社会。要进入国际社会必须要经过非常大的转折，可能需要用不同的语言来诠释儒家的经典。我认为用英文来讲儒家伦理非常重要，因为假如不能用英文，那么就表明它不能成为人类文明的不可消除的一部分。如基督教的圣经，不仅用希伯来文，还可用韩文、英文、中文表示；佛教的经典也可以用多种语言表达；那么儒家经典为什么一定要用中文呢？虽然使用英文绝对会导致很多核心价值的消失，但是却有很多新的可能性被开发出来。一批波士顿大学的基督教学者提出了波士顿儒学的观点，认为儒学应该在美国发展。他们提出三个理由：第一，如果能将人当作网络的中心点，比把人当作孤立绝缘的个体更有价值，这种理念对美国的社会应当有好的导引作用；第二，就是儒家传统中的礼对于竞争性特别强，而且人情特别淡薄的市场经济应该有较好的作用；第三，宪法保障了西方的抗衡社会得以复杂的互动，其基本精神和儒家的精神能否配套在一起也成为西方学者的努力方向。这些努力同时也是使儒家传统在受到摧残之后仍具有生命力的机缘。

（原载《浙江大学学报》（人文社会科学版）2004 年第 2 期）

# 启蒙的反思

杜维明　黄万盛*

**黄万盛（以下简称“黄”）**：所有我们曾经讨论的问题，无论是关于世界的，或是针对中国的，都有一个共同的大背景是不可回避的，这就是“如何认识启蒙”。关于启蒙，我们基本上可以把它看作两个相互关联而又各有不同的方面，其一，启蒙塑造了一种不同于以往的价值观念体系，和与此相关的生活态度和生活方式，例如自由、平等、人权等，这是价值领域的问题；其二，由于这些价值的出现，并且迅速地世俗化，导致对中世纪以来王权统治的挑战，致使民主制度成为新的社会政治权力的产生方式和社会生活的管理方式，而且民主正日益成为世界各个地区普遍追求的社会理念。

今天，这两个方面都出现了诸多的新因素。首先，在价值领域中，一些在启蒙时代没有被足够重视的具有普世性的价值观念，在当代生活中越来越发挥重要作用，例如同情、宽容、公正、平等，这些价值观念与启蒙时代的价值观念是什么关系？其次，由于生态环保的问题，由于近百年来的掠夺性开发，导致在各个方面的严重的资源短缺和危机，启蒙关于人的能力的无限可能的自大狂妄、人是自然的主宰而非朋友的观念受到了普遍的批评；同样，在民主的领域中，也出现了很多预期和非预期的问题，不仅仅在发达的民主国家，更突出的是表现

* 杜维明、黄万盛：美国哈佛大学燕京学社。

在发展中国家的社会转型过程中，民主实践出现了很多事与愿违的困境，引起了当代西方思想界对民主的批评和再认识。这些方面合流汇总，使得启蒙的反思成为有深刻含义的思想论域。

可是，启蒙的反思进入中国，却遭到了不同程度的误解。它的困难在于，中国从“五四”到今天，可以说，有关现代性的全部思想建设几乎都是和启蒙的背景紧密相连，因此，当“启蒙的反思”横空出世，人们忧虑：中国的现代性建设仍然需要启蒙的精神指引，现在提出反思启蒙，会危及中国的现代转型，这是不合时宜的。所以，消除对启蒙反思的误解，使启蒙的反思在中国成为健康的现代转型所必需的思想前提，成了一个艰巨的理论工作。我想，启蒙反思在你的思想体系中占有非常重要的位置，是你的四个基本论域之一，你对目前的处境一定有相当同情的了解，也一定有化解这些心结的理论考虑。

**杜维明（以下简称“杜”）：** 这是一个非常复杂的问题，内部也涉及多元多样的课题，其中颇有张力。我觉得，提出启蒙反思必须要弄清我们的问题意识是什么。从人类文明史来看，特别是近三百年来，最强势的意识形态就是启蒙心态。比如，近现代对人类社会有重大影响的资本主义和社会主义都是从启蒙发展出来的。从制度上看，大学教育、政府组织、市场结构、各种不同的专业团体、种类繁多的非政府组织，凡是与传统关系不大而是近代开发出来的各种组织和制度，以及它背后所预设的语言系统、观念结构和价值体系，绝大部分都是近三百年来启蒙所开辟的向度。

启蒙心态为什么在现代中国成了宰制性的意识形态，它是如何出现的？这是重要的问题。我有这样的看法，如果把启蒙和制度建构联系起来，在中国语境中，这后面有一个基本的问题，就是“富强”。

日本和美国的一些学者的研究成果表明，那些全身心地投入要向西方学习的人反而都是深受儒家文化影响的人。曾国藩看得很清楚，军事的后面是工业，要强大一定要发展工业“同治中兴”的“洋务运动”，发展工业和工业制度已经明确提出了。当时朝廷对这些问题的敏感度远远不如在地方的封疆大员，曾国藩、左宗棠、李鸿章、张之洞这些人对这些问题是做了制度回应的，这个工作当然非常辛苦，实际上，当时这方面的工作是超前于日本的，但甲午战争海军崩溃后，发现了制度建构上的大问题。从这里开始有了更深的意愿，要学习西方的政治制度，康有为也是要向西方学习的重要人物，梁启超也是，谭嗣同讲“仁学”是要把西方的学问都带进来，“戊戌政变”那一代人已经意识到“变法”不只是仅仅从制度建构来考虑，要从更深层的如何定义社会性格的层面来思考制度变法。从这里也引发了梁启超考虑培养新人的问题，就是他的“新民说”，谭嗣同也有类似的观点。张灏在这方面提供了系统的论说。

可以看出一条反思的基本线索，从军事回应的失误，到政治制度，到社会组织，尔后走到“五四”，要在文化认同的基础上脱胎换骨，这是最后一道防线，把中国最好的精神资源都看作已经完全失去了应付现代化大潮流的制度资源。

现在，我们回顾总结，中国这条道路与日本明治维新的不同到底在哪里？以前有一个错误的看法，明治维新能够成功是因为全盘西化做得好，所谓脱亚入欧的建国取径，因为它没有沉重的封建包袱，而中国因为传统包袱太重，所以中国无法走出一条现代化的道路。现在学术界，特别是日本和韩国的学者，有另外的看法，日本所以在这方面比较成功，有一个重要因素，东京大学的渡边浩等人都已经注意到了，就是儒学的普世化。儒学进入教育制度是明治时代才开始的，在德川幕府时代，儒学是精英文化，只是在上层结构中才有影响，到了明治，儒学深入民间了，儒学的资源被充分调动。明治的志士都深受儒家影响，包括福泽谕吉，他的儒学背景相当深厚，这方面已有不少例证。

因此，在日本，事实上是调动自己的资源面对西方的潮流作出有目的性有针对性的回应，从军事、政治、教育，乃至医学、造船、炼钢等具体方面都是非常有目的的，而且和文化认同基础上的强烈的自我意识结合在一起。与中国的不同在于，日本可以以明治为中心，把所有的象征资源结合在明治天皇旗下来开展革命，那时的天皇没有权没有势，而既得势力是大将军，与江户时代的力量合在一起。这样才有可能让京都成为中心，集合各种资源，特别是象征资源对江户腐化的政权进行抗衡。在这个过程中，它的内部得以全面转化，面对西方，很多健康的传统资源被调动起来。

中国的情况很不同，正因为清廷成为儒家传统唯一合法的代表，又长期压制了独立于朝廷之外的知识分子的声音，朝廷垄断了这个社会的主要的象征资源，地方官僚只能运用部分的资源和动力来回应时代的变局，在大的方向上，没有办法去做出全面回应，所以，地方官的回应是非常辛苦的，外部的压力和内部的掣肘联合在一起，使得他们根本无法决定何去何从，到后来只能留下张之洞那个不可能有任何实际影响力的“中学为体，西学为用”，把体用两面完全割裂了，因此形成有体无用或有用无体的两难。在中国，基本的问题是在调动传统资源方面没有办法发挥任何积极的力量，同样，在真正应该打破的封建遗毒，特别是以儒家为主的传统中的负面的“心灵积习”方面，又软弱无力、无所作为。这就是该继承的没有继承，该扬弃的没有扬弃。在这种情况下，面对西方的强势，军事上的失败，制度上的崩溃，社会秩序的解体，领导集团丧失任何动员能力；真正的有部分领导能力的仅仅局限在地方，这和日本明治的志士调动全部资源，而且善用传统资源来对付西方的挑战，是根本不同的。中国的所谓“中学为体，西学为用”没有发挥什么积极的作用，它成了保守者的思想避难所，成了西化知识分子讥讽、批判的对象。正由于此，传统资源就更难调动了。可是，日本的“和魂洋才”却发挥了积极的作用，这一对比值得我们关注，也值得我们深思。

通过这个比照，可以看到，日本的成功并不是因为抛弃传统，全盘西化，而中国的失误也不是由于传统包袱太重，没能全盘西化。假如进一步了解，日本又确实抛弃了传统，这就是德川封建的传统，那里有很多儒家的负面因素，但另一方面，它又转化了儒家的资源，例如把“忠”“义”这些观念变成全国教育的重要内容。在后来的历史进程中，它又和军国主义的出现有关，其中有不健康的方面需要总结。在中国确实有沉重的传统包袱，包括在制度方面不能消除的沉疴，还有社会生活中的“心灵的积习”，而这方面问题真正严重的是体现在知识分子身上，即使中国最杰出的一批精英事实上也是沉浸在柏杨所说的“酱缸文化”中，因此，他们很难有平正的心态，很难以开放的心怀不卑不亢地面对西方，造成了又仇外又媚外、又反传统又迷恋传统、既傲慢无知地自大自恋又提心吊胆地自责自疚的病态状况。情景是极其复杂的。把这种复杂的精神状况体现得最充分最彻底的知识分于就是鲁迅，换言之，就是最有代表性地体现了这个时代的阴暗面。其他悲剧性没有如此强烈的，例如胡适之，在生活习俗和理论建构上相当分裂，他是宽和平静的人，和他谈话往往如沐春风，可是在他的心态结构中充满了各种各样的矛盾，他要消解这些矛盾造成的张力，结果张力是消除了，可是矛盾没有真正面对，反而显得柔弱。这在当代中国知识分子中的例子很多。

**黄**：从这个角度来比较中国和日本的现代化经验，令人耳目一新。把一个社会的主导力量运作文化社会资源的能力，以及两者间的配置关系作为了解一个社会转型是否可能的关键，这是有创意的重要的观点。我想这里面包括了两个大问题：一是一个社会传统的文化资本和社会资本的全面的动员能力，这关乎精英文化与大众文化的关系，也包括政治精英与思想文化精英之间的关系，等等；二是一个成功的现代性所必然包含的如何面对外来典范和本土资源的问题，也就是现代性中的本土化问题。

如果想比较冷静地了解中国百年来的思想历程，有一个区分可能是必要的。通常我们把“五四”看作类似西方启蒙的运动，甚至就把它叫做中国的启蒙运动，或者“新文化运动”。可是它和西方的启蒙是有区别的，了解这些区别，对思考中国现代转型的得失会有一定的帮助。

西方启蒙运动背后并没有中国那种“亡国灭种”的压力，如同你说的，军事的力量导致世界霸权出现，部分国家和地区的资源被强国掠夺霸占，中国从清朝后期一直面对着外部压力，反对外部入侵的战争连绵不绝，中国的启蒙是在这种危机状况下出现的。有人说中国是“救亡压倒启蒙”，这种看法仅仅只注意了一个历史片段，是从 1915 年《新青年》出现前后的思想文化讨论，到 1919 年巴黎和会签订“二十一条”，到日本占领东北，直至“卢沟桥事变”，在这个过程中是有政治军事上的“救亡图存”逐步升级，而思想文化运动从社会层面渐渐回到学术界的趋向。但是，只在历史中截取这个关键时段来了解中国的启蒙、了解启蒙与救亡的关系是远远不够的，由此而得出“救亡压倒启蒙”的看法只是触及了中国“启蒙”的现象，而对其深层结构的了解显然是相当片面的。如果在一个更宽广的历史脉络中了解中国的启蒙，可以得到很不相同的观点。从“洋务运动”到“戊戌变法”，再到“五四”的文化启蒙运动，恰恰是“救亡图存”的压力最终引导了启蒙的出现，救亡从启蒙一开始就是它的绝对主题，中国近现代的全部考虑就是改变积弱、寻求富强，无论洋务运动、戊戌变法，还是“五四”运动，从来就没有偏离过救亡的主题。在中国的启蒙中，压倒一切的政治考虑和强烈的民族主义情绪，始终是不变的高昂基调。

欧洲的启蒙是缘起于它的内在的精神结构上出现的问题，是面对教会为代表的绝对的精神统治的危机，转化和重组它自己的精神资源，开辟新的精神天地。这种思想资源的转化绝不是像中国那样的反传统，相反是接续传统，启蒙事实上是接到文艺复兴，再上续希腊精神，它是西方内部希伯来传统与希腊传统相互转化的结果。中国的“启蒙”，姑且这么称呼它，由于是严峻地面对西方列强的压力，因此，它内部的因素被外部的强势掩盖了，并不是它内部没有资源、没有各种思想谱系之间的相互张力，它内部有很大的压力，特别是传教士来华后，知识论方面的进入、社会组织方式的调整，造成了很多中国内部反思的问题意识，有很多方面是比较深刻地包含在类似“礼仪之争”这类辩论中，但是外部世界在经济、政治、军事方面对中国的压力太大了，使得强国富民成为燃眉之急，同时也成为任何思想反思的唯一标准，能否让这个国家迅速富强是衡量一切思想价值的唯一尺度。在这样的心态下，很多深刻的有远见的思想理念和精神价值根本不可能充分开展，只有具有工具性效果的东西才可能被接受，这就导致了你刚才批评的现象，西方真正深刻的思想资源并没有进入，庸俗的效用原则、短视的功利主义，反而铺天盖地地以启蒙的名义把中国内部的资源冲刷得一干二净。这种精神氛围使得近百年来中国社会的思想缺席成为一种必然的状况。

**杜**："救亡压倒启蒙"是舒衡哲和李泽厚的观点，我可以说基本接受这个看法，但是并不满意这个结论。中国"亡国灭种"的压力的确很大，舒衡哲看到了这点，她写了一本书《中国的启蒙》，讨论"五四"运动中救亡与启蒙的关系，李泽厚根据这些讨论也提出了"救亡压倒启蒙"的看法。从大框架看，不能说它没有道理，正因为它现实性太强，要"救亡图存"，中国从天朝礼仪大国变成了一个地理意义上的观念，只是一个名词而已，所以孙中山说，我们比印度还糟，印度还堪为一国，我们是四分五裂，次殖民地，在这样的情况下，当然是突出富强之道，突出科学、民主这些方面，深刻的价值层面是不容易开发出来。但是，同时要注意问题的另一侧面，当时所有中国知识精英几乎有一个共识：救亡的唯一途径就是启蒙！只有西方所代表的启蒙的道路才是救亡的唯一希望。这个思想预设出现了一个很大的麻烦，整个传统资源的合法性，甚至发掘这个资源的意愿都成了问题，只要你往这个方向看上一眼，你就已经不合时宜了。这个心态在80年代还很强势，我那时在上海讲儒家发展，陈奎德对我说，我们的现实问题太严重，你这套理念五十年以后再说吧。

这里面有值得思考的深刻含义，从现象分析，或者从病理学角度，中国的病痛出在哪里，这是已经看出来了，我们看到了这个真相，考虑对症下药，可是我们自身包括我们的理论思维是被这个真相限制了。我们可以问这样一个问题，假如"五四"时代有这样一批知识精英，事实上不存在，想象他们存在着，面对这样的挑战，他们会问自己的传统中有什么样经验、教训、资源可以面对李鸿章所说的"三千年未有之大变"？在我看起来，比如印度的佛学经过几百年的转化，成为中国的一个部分，这个经验对于西方文化的冲击，有没有意义？在当时这是绝对没有任何积极意义的，但我们现在想一想，是不是真的没有意义？再如蒙古的入侵，蒙古在中国曾经铁蹄横行，弄得神州大地满目疮痍；另外，明朝以后，满族人建立政权，我们思考这三个大的现象能得到些什么启发呢？我认为至少有这几个方面，和印度佛教的引入相比，西方文明的进入要复杂得多，而印度文明来到中国，最终成为中国文明的一部分，经过了相当长期的努力，假如你不经过格义、不经过翻译、不经过大师大德到西方取经，像玄奘取经十三年，一步一步把它带进来，佛教根本不可能成为中国文化的资源，这是一个经验。第二点，如果他对我们的侵略是纯粹军事上的突破，即使这一代被打垮了，但是蒙古逐渐也成为中国文化的一部分，中国历史上长期面对外族入侵，导致中国分裂战乱，最典型的是魏晋时代，我们现在回过去看，那个时代给中国文化增添了多少内容！满人入侵之后，也经过了数百年的调整重组，先是满汉族群的传统矛盾，到后来是基本上完全接受中国文化，不仅接受而且还参与创造发展，满人中出了很多文化名人，拿现代来说，比如老舍、傅心畬、罗常培、英千里、启功等；当然，清朝的另一个教训就是前所未有的文化政治化，当时，假如对满人在中国几百年的影响做一些深刻的了解，我们就可以了解我们真正的现实是什么。其实，在中国以往的经验中，有很多可以借助的资源，但都没有成为当时人们思考的对象。事实上，也就不可能出现像福泽谕吉这样可以引导一个民族顺利转型的人物。

假如从汤因比的刺激反应模式看，当然这个模式很不健康，费正清也曾运用这种思路，所谓“刺激反应论”，即使从这个向度，至少还有四个可能，可是“五四”时期的知识分子连这四个可能都没有闲情逸致去思考。第一个是排拒，纯粹的排拒；第二是完全地接受，不加任何思考地接受；第三种是折中主义，一部分进来，一部分排拒；第四种是最好的配置，是真正的综合。当时知识界的选择，完全的排拒是没有可能的，折中认为不可行，基本上只走了第二条路，就是完全接受，第四条路被认为最健康的选择，即融合，多半西化论者判定这只是一厢情愿、不现实的浪漫情调。现在发现，面对外来文化，民族能够进一步健康发展，多半是靠融合这条路，不能完全排拒，也不能完全接纳，就是折中也不是什么好办法，可我们当时就选了第二条。张之洞的“中体西用”是折中主义，这条路走不通，就走了完全接受的路。所以，我认为讲“救亡压倒启蒙”并不充分，后面还有一个深刻的教训，就是“启蒙是唯一的救亡”，而这个启蒙又是外来的，不是源自本身，这就导致了没有任何实现可能的极端偏执的“西化论”。80 年代，我和当时一位知名的政治学者辩论过这个问题，得到一些感受，今天说来，一半是玩笑，一半是相当悲凉的体会，他在当时是彻底反传统的“西化论”，我说，照你的思路，所有我们熟悉、我们了解的，都是我们不要的；而我们认为可以拯救我们的，又是我们所不知道的。把自己摆在这样一个处境中：第一，你要吸纳时没有自知之明；第二，你所有自知的都是你要否定的，这样的处境，作为一个个人就无法心平气和地生存下去，更何况一个有源远流长历史的民族。

**黄**：从世界范围看，目前已有的发达国家展现出的现代性表明，没有任何一个国家可以在完全割裂自身的本土资源，仅仅依靠外来的因素，形成它的现代性。就是说，这个世界上没有非本土化的现代化，北欧的现代化、英国的现代化、法国的现代化，乃至日本的现代化，背后都有自身的资源。它可以接受自由、平等、人权、民主价值，但这些原则都经过本土经验的考验。我们可以看到英国和法国的自由就不尽相同；而民主的样式更是五花八门，美国、英国、法国、德国、日本等各显其异、争奇斗艳，这些区别是来自他们自身的社会资本、文化资本的不同。

但是，在中国“五四”以降的前现代社会中，中国的本土资源面对现代转型基本缺席。文化价值的资源、政治管理的资源、传统教育的资源都需要遗忘的负面因素，被彻底地排拒在中国现代化语境之外。我想从这三个方面检讨一下它的后果，我相信这是一些重要的思想课题。

文化是生活价值和生活习惯，在“五四”时期，这一部分已经被解读成麻木、自私、愚昧、冷漠、猥琐、保守、无聊，而这个挥之不去的腐朽遗产的最大载体就是人，因此反传统的根本任务就是改造人，从梁启超的“新民”、谭嗣同的“新人”，到鲁迅的“改造国民性”，到1949年以后的“斗私批修”、“破四旧”（旧思想、旧习惯、旧风俗、旧迷信）、“灵魂深处爆发革命”，提倡所谓“纯粹的人、高尚的人、脱离低级趣味的人”，构成了理解当代中国社会一条最主要的思想线索，它明白地宣示了这样一种历史观：只有通过改造人，才能改造社会；只有改造人的灵魂头脑，才能真正地改造人！1949年以后，这样一套世界观，终于从理论转化成实践，而且愈演愈烈，规模越搞越大，导致了把整个民族全部卷入思想灵魂改造的“文化大革命”。令我难以理解的是，人们在声泪俱下地控诉“文化大革命”思想改造对人的精神摧残的同时，却能够津津有味地欣赏“改造国民性”的伟大意义，他们甚至不屑于平实地理解毛泽东自己所说的“我的心和鲁迅是相通的”究竟透露了什么样的心怀和趣味。同样令我难以理解的是，人们在批评“文化大革命”的同时，仍然对“五四”寄托着无限的未来希望，完全不愿顾及这两场思想文化运动之间有什么相互联系，甚至要舍近求远地把法国大革命当作中国“文化大革命”的源头活水，而无视它自己的血缘脉络，这实在是荒谬的匪夷所思。

从政治管理的本土资源方面来看，情况更加严峻。当时，反满清、反帝制、反军阀独裁，后来又和反家长制纠缠在一起，认为从上层结构到底层社会，中国在制度建设上一无所是，唯一的出路就是西方民主。中国在几千年时间中管理人口最多的国家的智慧和经验完全成为粪土，它的重视对最高权力从小开始培养教育的传统，它的通过文官政治限制最高皇权的制衡机制，它的朝议廷谏的公共决策，它通过考试制度沟通并吸引民间人才的经验，甚至在精神价值上“民贵君轻”的民本主义的理想，甚至在底层结构中突出士绅阶层的道德力量有效协调民间社会的草根资源，等等，全部被当作封建专制及其基础而横遭清算。这方面的后果极为严重，可是至今没有得到任何重视。事实上，由于“五四”时期的清算，在1949年中国需要社会重建的时候，这个社会却没有任何制度资源可资运用，任何传统的资源都不符合“五四”以来的革命理想的标准；相反，随时可能是复辟的危险，因此，中国社会重建的资源苍白到了只有一种机制是安全的，这就是革命组织和军队的建制，于是“支部建在连上”，变成了支部建到生产队、支部建到居委会，全国上下按照军队的网络组织起来，中国成了前所未有的准军事社会，这样的社会组织消解了一切民间社会，使得任何一种社会活力都无法彰显，一个没有活力的社会能够现代化吗？那些至今还死抱着“五四”民主教条不放、蔑视中国传统政治资源的人们应该想一想中国当代的经验教训。更进一步说，即使中国有一天实现了民主制度，它的丰富的政治制度资源也绝不会被弃置一边，否则民主就不会成功。中国的民主，一定不会是美国的民主、法国的民主，任何一个其他国家的民主，这个世界上还没有两个一模一样的民主，它们的区别就在于它们的本土性，那么，中国呢？什么是它的本土的制度资源呢？按照“五四”的思想模式，你能看到它的制度资源吗？我记得王元化先生曾对我说过，陈寅恪先生在为纪念王国维写的挽文中把《白虎通》中提出的“三纲六纪”视作“吾人立国之大本”，其意义“犹如希腊之理性”，三纲六纪自“五四”以来大约是中国最大的封建糟粕，陈寅恪先生从中看到了什么，值得他给予如此之高的评判？后来，从中国到法国，从法国到美国，元化先生的这个提示常常萦萦于怀，刺激我思考中国社会能够长期发展的政治制度方面的原因，有些心得我们下面可能还会谈到。

在教育方面，当时最热衷的是“废旧学”“立新学”，有人说把线装书全部扔到厕所里，鲁迅也希望年轻人对古书少读最好不读，在这种气氛下，两千余年读经的传统被切断了，私塾被废掉了，办洋学堂成为一时之选，声光化电是新学的主要内容，被认为是有用之“实学”，而诗书礼仪这类旧学统统只是毒化灵魂的精神糟粕，知识之学取代了智慧培养，工艺技能压倒了人生学问，这个取向成为日后中国基本的教育模式，以后中国的大中小学都是在这个理念上发展出来的。乃至后来在“文化大革命”中，又因为腐朽的学问培养不出好的接班人，再度把学校废掉，这种动不动就把学校废掉的做派，在中国历史上是闻所未闻的，它完全是中国现代社会的创造发明，联想到“文化大革命”中所谓“大学还是要办的，我这里主要是指理工科大学还要办”的最高指示，这和“五四”提倡的重视实学知识的教育模式什么不同呢？教育是关系到一个民族思想精神的绵延传承、文化命脉的继往开来，如此极端地把教育和文化的传承彻底割断，这个民族何以建立它的自我认同？何以达成自尊自信的民族品格？我不认为工艺技能的教育不重要，它关系国计民生，其意义是毋庸置疑的，但是，在人类历史上没有一个伟大的精神文明传统是仅仅靠工艺技能形成的；相反，只有依靠对真善美的理解，对人生、社会、超越世界的认识，对意义和理想的追求才能成为可以凝聚人的信念、形成生活方式、确立意义境界的文化的生命共同体，成就源远流长的文明传统。中国最伟大的财富就是对教育的无比重视，但是，从“五四”以来的中国社会对教育的蹂躏恰恰是最严重的。

所以“五四”的反省不应当只是一个思想领域的课题，它必须为中国当代的灾难承担必要的责任。如果经过严肃的反思，使得中国的本土资源重见天日，汇合到中国的现代转型之中，中国就完全有可能走出一条对人类的未来有特殊贡献的光辉道路。

**杜**：本土化的问题是我长期思考的问题之一。如果完全没有本土资源，要发展具有某个文明传统特色的现代性是不可能的。西欧如此，美国也是如此。但是另外一方面，现代化对传统资源有压力，地方传统资源多半起不了作用，它对传统很多既有的结构有颠覆破坏的作用，即使如此，是缓慢地磨合，还是像决堤一样席卷而去，这之间确有很大不同。举个简单例子，关于选举，从本土资源看西欧的大部分国家，北欧、美国以前都没有这方面的资源。选举文化进入西方的过程是非常艰巨的，你看瑞士是从20世纪60年代开始，到70年代才有了真正的全民选举；美国奴隶没有选举权、妇女没有选举权也有很长的历史，美国民权法案的出现是60年代，英国的情况也差不多。当然，一种更好的办法就是把本土的资源调动起来进行各方面的民主建构。中国当时碰到的问题比较复杂，“五四”的那批精英几乎无有例外地都是多多少少深受儒家思想影响的人，这就是说，他自己有的东西，他不珍惜，也不认为那是资源，尽量要向西方学习。胡适是个很好的例子，他先接受陈序经的“全盘西化”，后来他改变了，提出较有远见的“充分现代化”，当时，他有个说明，我记得不确切，大意是即使我100%地西化，我真正能够西化的不过50%；假如我说50%地西化，那我西化的可能只有百分之十。这和自由主义重要人物李慎之先生晚年的心态有相似的地方，他认为，现在那么危急地需要向西方学习的时候，你还讲儒家如何之好，他非常痛恨西方有人说21世纪要靠孔子。我们即使把全部精力放到西化上，我们还未必能达到什么水平，意义是我们的民主太差、科学太差，更不要说自由、人权等，这个心态我绝对能够理解，它是一个策略，有的时候是从悲愤的心情中迸发出来的。

本土的资源为什么没有在那个时候得到心平气和的对待？还是回到胡适，他说“充分现代化”，既然能够提出现代化，说明已经与西化的问题分开了。西方讲现代化这个观念是在五六十年代，特别是在哈佛。但中国讨论西化、现代化的问题是在民国三四十年代。《申报》提出三个重大的辩论，一是中国的现代化应当是农业的还是工业的，二是应走社会主义路线还是资本主义路线，三是以中国文化为本位还是全盘西化。当时，好像冯友兰曾说过西化不是现代化，我们可以充分现代化，可是我们不一定要引进基督教。胡适他们提“充分现代化”大概有这方面的考虑。他们已经能够把西化与现代化区分开了，可是进一步的工作为什么没有做？如果现代化不是西化，那么现代化用今天的话说就是有中国特色的，既然如此，为什么本土的资源不能运用，为什么在文化上没有资源，为什么在政治制度上没有资源，为什么在教育方面会没有资源？也就是说，为什么在文化认同的过程中没有突出中国的特性？是不是有人做了工作呢，其实是有的。现在回顾一下，最可能做出贡献的是《学衡》那一批人，如陈寅恪、汤用彤、梅光迪、杜亚泉，他们都是学贯中西的，可是没有起什么作用，也就是没有起到我们所认为的在公众领域中应当起的作用，这是什么原因？当然不是什么作用都没有，他们的作用主要是体现在“国学”中，很精致的国学研究。可是，在政治制度上，谏议的制度、避讳的制度、各种不同的公论、清流，还有“以天下为己任”“天下为公”的精神，为什么没有进入制度更新的考虑？在教育上更突出，教育就是做人的道理，难道20世纪连做人的道理都没有价值了吗？当然，有人认为尊孔读经、科举制度是压抑了人的创造力，姑且如此，但是“身心性命”之学、“为己之学”难道都没有价值，这些资源都没有开发出来，这是大悲剧。

在我看来，造成这样的困境与我前面提到政权的势力和几种相互独立的势力完全不健康地整合在一起有关。政治的权威、意识形态的权威、道德的权威、知识的权威都没有能充分展开，这里有一些复杂的因素。清代塑造儒家意识形态的重要人物是康熙、雍正、乾隆，又是中国历史上难得高明的皇帝，而这些高明的皇帝对意识形态的控制又特别敏感，所以，雍正才有《大义觉迷录》，乾隆则几乎掌握了中国朴学的全部资源，从中也发展出一套控制的方式。举个例子，有个地方官他的父亲在当地非常有影响，他建议他的父亲进文庙，从孝的角度说，这没什么可非议的，结果，皇帝大怒，进不进文庙这么大的事，只有朝廷可以考虑，哪有你地方官置喙之处！治他死罪是毫无疑问，朝廷辩论只是如何死法。这是何等残酷、何等霸道，说明皇帝控制象征资源已经到了没有任何地方空间的可能。你看《大义觉迷录》中对付曾静和吕留良的后人，简直是毛骨悚然。皇帝垄断《四库全书》的编纂，到底《四库全书》是为了宣扬中国文化，还是为了安全检查，原来是所有的禁书都可以收入，结果是所有的禁书都被消灭了。这样，一方面《四库全书》是文化贡献，但另一方面，把中国的文化资源限制在一个尺度之下，很多应该能够发挥的资源被毁掉了。这种情况下，真正要西化而又受到儒家影响的人，如曾国藩，又身为地方官，能起的作用是相当有限的。到了民国，一方面军阀割据，另一方面又是袁世凯利用儒家资源要做皇帝，还搞了个美国人古诺帮他游说，社会的危机相当尖锐。使得“救亡图存”的心态爆发特别强烈。加上中国第一代出国的那些人又都非常年轻，都是二十来岁，假如了解这一点就可以知道，他们是一种年轻的文化心态，不能够深思熟虑，又是悲愤急迫。但是就是这批二十多岁的年轻人创造的思想典范，后面几代人都不能突破，这是值得我们深思的问题。

**黄**：“五四”基本上是个精英运动，鲁迅、胡适，包括陈独秀、李大钊等，这些精英是企图为中国重新创造一个观念世界，例如“全盘西化”“改造国民性”等。哈佛的曼斯费尔得是斯特劳斯的传人，基本上是精英主义者，他有一个观点，大众其实没有什么意义，因为大众是一定要被精英所代表的。反过来了解，那就是精英一定要有他所代表的大众，精英才成其为社会的精英。

在这个意义上“五四”的典范有另一重危机，经过观念革命来建构一个新的观念世界，这个观念世界就是否定一切的本土价值，全部的合理资源都是外来的。可是，日常生活中的草根传统几乎完全是以儒家为主的道德原则和行为习俗，孔孟对这一点有深厚的理解，他们说“礼失求诸野”“天听自我民听，天视自我民视”，认为在日常生活中存在深刻的智慧。“五四”企图建立的观念世界与两千年来传统所锻造的生活世界是不相融合的，它导致的社会紧张实际上是非常严重的，精英们高谈阔论的革命对象、改造对象是苦于日常生活的老百姓，鲁迅作品中批评的都是猥琐的小人物；而小人物们内困外扰的水深火热，精英们的那套施念革命又于事无补、相去甚远，这之间需要假以时日相互磨合。假如没有其他因素的介入，我相信，民间的价值会逐步地化解“五四”的暴戾的激情，而让它合理的一面得以发扬光大。但是，有一个力量的介入使这种可能性至少被延缓了将近整整一个世纪，这就是马克思主义的进入。虽然马克思主义也是一套观念世界，可是这套观念世界的基础是诉诸大众的，它强调生产力，强调阶级革命，强调劳动者对占有者的革命，又强调平等权利，强调“大同理想”，不管它们在具体解读上有多大的差异，无论如何这套观念的话语特点与中国草根资源的很多方面相当的趣味相投，它缓解了那个时代的社会紧张，“五四”的精英找不到他们可以代表的大众，而草根社会找不到可以代表他们的精英，这一点被中国的马克思主义相当特殊却又似是而非地协调起来了，可以说，假如没有“五四”的不自觉地鸣锣开道，马克思主义的进入绝不会如此顺利。在这个意义上，马克思主义一方面接管了“五四”的遗产，另一方面又在儒家道德权威主义和农民革命的双重资源中找到了它的草根基础。这是中国当代史上有特殊意味的事件。因此，我们看到的是，一方面“五四”的余绪如影相随，另一方面是没有被现代性洗礼的那些本土资源堂而皇之地登堂入室。这个民族真正的现代性考验不得不等待一个吊诡的轮回充分地放出它的能量再重新开始。

**杜**：中国的情况的确是你谈到的，它是精英对价值系统、观念系统的重建。如果我们从发生学的角度来看，“五四”运动关键的人物是梁启超，他在“巴黎和会”看到中国受到的不公平、不合理的对待，他发回的电报，引发了很大的反弹。开始的时候，基本上是北京的学生运动，后来，全国的学生以及有爱国精神和情绪的工人、商人都参加了，成为全国性的运动。但是真正塑造“五四”的思想论说的毫无疑问都是知识分子，这批精英看到的背景是群众性的反帝国主义和爱国主义，这是他们能够成为一大思潮的原因。这股力量“学衡”那派人没有特别关注，基本上对这敏感缺乏同情，所以他们没有成为现实意义上的公共知识分子，只成为学者、学究。真正把这套资源积极调动充分利用的是李大钊、陈独秀等人所代表的马克思主义运动。事实上“五四”时代才开始介绍马克思主义，布尔什维克在20年代初还是新名词，到了20年代后期、30年代已经成为思想主流，这是为什么？这个转变实在太重要了，我想与你讲的那些因素有密切的关系。

我想讨论关于儒家所受到的冲击。儒家包含的内容很多，至少是道、学、政三面，基础理论、学术传统和经世致用。它所受到的冲击是真正全面的冲击，与佛教进入、蒙古入侵时很不相同。西方文化的冲击，除了上面讲到的军事，还有工业、政治制度、社会组织和可以普世化的价值系统，它是非常全面的，这个冲击虽然时间不长，不过两三代人，但儒家所有的强势都已经被消解了，这点与儒家作为一个轴心文明的特性有关，儒家文明是入世的，这意味着它要在生活世界中起作用。在一个精神文明受到极大危机的时候，例如基督教、佛教，它可以从人的日常生活、从政治领域中退出来，找到另外的净土发挥它的力量，可以在庙宇、教堂找到它安身立命的天地。儒家主动自觉地选择生活世界作为它唯一发挥积极作用的领域，在社会上的组织如私塾、乡约、社学和义仓，基本上也是政治文化社会伦理连在一起的小集体。如果它在这个领域无法作出回应的话，那它所有的资源都不可能开发出来。这是大问题。

**黄**：“五四”前后，寻求“富强”的理念出现，说明以资本主义为主导的现代性已经进入中国，至少成为一部分人心目中的现代性典范，但是以资本主义配置的现代性在中国虽然轰轰烈烈一时，而最终走出来的却是社会主义的道路。如果先放下中国的特殊性，在一般意义上了解，社会主义的现代性和资本主义的现代性事实上都是从启蒙的源头流出来的。为什么中国人“寻求富强”，可走的却是社会主义道路，这后面有一个现代性理解的预设是我们应当重视的，当时的中国接受了什么样的现代性，为什么会接受这种现代性，又是如何接受的？我所指的不是少数知识分子所掌握的观念，而是普罗大众所作的社会选择中体现的现代性意识，是草根社会和日常经验对现代性所作的选择。在那个时代，儒家作为意识形态是被彻底地边缘化了，无论资本主义还是社会主义都在意识形态上与儒家坚决地划清了界限，这个共同点也反映了启蒙的特点，把任何地方知识都当作“历史形态”关闭在现代性的大门之外，资本主义、社会主义概莫能外。

**杜**：社会主义理念在当时出现并成长起来，这个问题的面向比较复杂，它确实代表了一种现代性，从俄国革命以来，就认为，我的现代性比资本主义的现代性更公正、更全面、更有说服力；面向未来，马克思的分析说要从资本主义进入更高的社会发展阶段，就是社会主义，所以，我们不要只看到帝国主义强大，对我们强暴，我们有另外的信心和选择，可以代表更好的方向。事实上，反帝反封建和社会主义一拍即合，非常融洽。所以，要西化，要最充分地西化，俄国代表的模式就是最先进的西化，我们要反帝反封建，俄国代表的社会主义模式不仅是反帝，它来自西方又是反西方的。这些理念纠合在一起，才使问题格外复杂。正因为如此，所以，我们不能只是从“救亡压倒启蒙”那个模式来了解。

**黄**：在以上我们所谈的这些部分中，已经涉及从现代性内部的部分具体因素去了解现代化过程中的必须反思的问题，比如个人主义的问题，关于政府能力的设计，关于如何了解市场，以及如何建设衡量一个社会健康发展的标准，我们现在运用的标准是生产力指数、各种与物质技术繁荣富强有关的指数，以及国家经济能力的综合指标。所有这些已经成为现代化发展的典范，尤其对于发展中国家而言更是如此，可以看到“五四”早期追求富强的现代化理念，一如既往地仍然是当代社会追求现代化的基本理念。我们前面所谈是从谱系、从思想资源展开的，现在我们可以针对一些具体因素进行反思。在这个意义上，看看具体的本土资源能不能实质性地参与现代性的再创造。我们提到个人主义，如果从观念意义上了解现代性，个人主义是它最基础的因素，对西方来说，离了个人主义不行，不批评个人主义也不行。中国作为一个发展中的转型国家，它有自身的资源，虽然这个资源在“五四”以来遭到很大的破坏，但是，在日常生活中，在相当一部分知识分子的生命习惯中有很多保存，事实上，这部分资源还在，问题在于有没有可能让这部分资源自觉地展现它的生命力。所以，我想应当重视在具体的问题上开展一些新的论域，使对启蒙和现代性的反思更有针对性也更深入。比如，因为西方重视个人，所以中国的反思中就认为儒家的基本问题是完全没有个人，个人湮没在集体主义之中，因此儒家社会发展不出市场经济，儒家社会也不可能出现民主政治等。这里的问题是两方面的。第一，个人主义是不是现代性并不可少的价值，既然不健康的个人主义已经成为现代性的祸害，有没有可能在非个人主义的基础上重构现代性；第二，儒家是不是完全不重视个人，是不是因为它是集体主义，因此，它对人的权利和人的生活、人的发展毫不关心，对人的欲望没有任何的肯定，仅仅只是所谓人伦道德说教而不顾及人的日常生活，或者只是集体主义而没有任何个人存在的意义和权利的考虑？在这方面从“五四”以来形成了很多偏见，这些偏见相当深入地影响了对历史资源的理解，同时也使得未来选择出现了很多本来可以避免的失误。

例如，很多学者曾经认为，儒家社会是家族本位的小农经济，小农经济只能做到自给自足，儒家的伦理不鼓励个人发展、个人竞争，没有个人对财产的追求，就不可能有开放的市场，因此，小农经济、集体主义妨碍了市场经济的出现，因为没有市场经济，所以中国没有走出现代化的道路；中国要走现代化的道路，就要发展市场，要发展市场就要颠覆儒家这种根源于宗法经济的伦理道德，反对儒家成了中国能否市场化、现代化的思想前提。直到今天，这都是极其普遍的观点，但是，在国际学术界，这种观点是越来越站不住了。美国、日本，包括我国台湾的一些学者有一个完全不同的观点，他们认为，中国没有发展出西方式的现代化不是因为没有市场经济，正好相反，是因为中国市场的力量太发达、太成熟，才影响了现代化的出现。首先，说中国古代社会没有市场经济本身就是完全违反常识的，宋、明时代，中国百万人口的城市数量是世界第一位，城市规模也远远超过佛罗伦萨、米兰、威尼斯这些早期资本主义城市，这么大的城市没有市场，完全靠小农经济自给自足？这是极其怪异的想法。事实上，《清明上河图》就极为形象地记录了古代的市场景观，而《清明上河图》中的市场荣景绝不只是开封一处，很多当时的大城市都成为中国东西南北商贸交易的中心和周转的枢纽，马可·波罗、利马窦都曾经对中国的城市规模和市场的繁荣惊叹不已。但是，既然中国有当时世界最大规模的市场，为什么中国却没有发展出西方式的现代化？这是因为中国的市场一开始就在一个“反垄断”的伦理机制和国家机制中成长，儒家的“不患寡而患不均”的均富的理念，朝廷有计划地控制一部分高利润并且与国计民生有直接关系的行业，例如盐铁、漕运、织造等，有效地限制了个体商人暴利的空间，同时作为民间组织的各种行会的协调，也使得以个人资本进行行业兼并几乎没有任何可能性，因为没有兼并也就没有垄断，没有垄断也就不可能出现对垄断产品进行大规模生产的可能，这就使得大规模的生产机制，像西方现代的辛迪加、托拉斯，不可能出现在中国的市场中，而所谓现代化正是由这些大规模生产机制所创造的。现在来看这种大规模生产已经成为现代化的典范，各个发展中国家都在群起效仿，但是，我们不要忘了，这种经济规模曾经有过很大的代价，因为兼并和垄断导致弱势经济群体的破产，因为垄断导致业主高抬价格肆意掠夺消费者，西方的市场也因为受到这种没有节制的产业扩张的危害，最终形成了“反垄断法”，限制市场中的个人的无限发展。而这种经验在中国古代社会的商业活动中几乎是一种相当自觉的意识形态和政府机制的选择。我并不想简单得出一个结论，究竟是中国好还是西方好，或者是再一次授人以“古以有之”“早以有之”的口舌，那是一种我所坚决反对的文化的故步自封，是一叶障目的可笑的文化的傲慢，我想提出的是对儒家思想的批评转化应当在一种健康的心态下开展，而不是预设一个站不住脚的立场，进行一场虚拟的文化讨伐，这样的做法不仅不能真正消解儒家的负面因素，反而把有可能转化的积极因素给抛弃了。所以，儒家批评的理论立场的检讨现在也成了基本问题。

当然，批评儒家不重视个人，因为没有个人所以没有现代民主制度，所谓“内圣开不出外王”已经是老生常谈，但是，儒家关于“民本”的思想资源，由此而产生的士大夫“为天地立命”的胸襟，教导皇帝，监督皇帝，和以“相权”为中心的文官政治对君权的制约和协调，和经过科举取仕，维护民间通向官场的渠道，使民间意志可以通过仕子进入官场，等等，这些传统的道德政治资源是不是完全没有现代意义，是不是与民主政治水火不容，中国古代有机性的政治关系背后所包含的政治理念是不是对工具理性所主导的民主政治完全不能成为参照，完全不能成为改善民主政治的精神资源？

可以看到，仅仅只对个人主义这一个因素开展辩难，就可以引出众多的重要问题，因此更深入地对主要的那些现代性要素进行反思应当是深化启蒙反思的重要课题。

**杜：**其实，我们说启蒙可以当作正在发展的理念、当作文化现象，或者当作一种心态，除了从现象上了解它，还有一个值得探讨的课题，就是它的核心价值。从儒家的立场看，自由、理性、法治、个人的尊严这些西方价值，不管你的视野多么狭隘、抗拒西方的心态是多么强烈，这些都是不可否认的价值。西方社会，或者说任何一个社会要蓬勃发展，这些价值没有一个是可以缺少的。

现在我要问的问题不是这些价值是不是应该扩大延伸，而是面对人类所碰到的困境，这些价值全都加在一起，是不是足够？当然，每一个都是必要的，但是加在一起是不是就是充分的？是不是所有的价值光谱都展现出来了？回答很简单，还不够，不够充分。我们以前就提到关于启蒙的盲点的问题。这方面我们谈过几次，我觉得还要加强。在这个背景下，因为儒家经过西化和现代化的批评，它的第一个工作是对西方的核心价值能不能有一个创见性的回应，这就是能不能把西方突出的价值而儒家传统所缺失的真正带到儒家的思想理念和实践中，对儒家原来具有的价值进行转化，这个转化包括综合创造的方面。比如自由，一般来说，如果是自由放任的自由，道家比较突出，而儒家并不提倡，但是，自由作为人的主动自觉的选择，那么，孔门的同道特别是孔子第一代弟子，没有一个不是自觉自愿参加的，没有强迫教育，没有非自由的压力让他们这样选择。它成为自由组合的社群，这个自由组合的社群有一个共同的理想，他们是在自由宽松的氛围里通过自由的交流形成共同的理想，每一个人都是独立自主的人格，有言论的自由，行动的自由，结社和信仰的自由。在儒家传统里好像没有严格的抽象的逻辑系统，但是儒家对理性，特别是合理性、合情合理，非常重视，要通过人的自觉、人的反省，“吾日三省吾身”，要学思并重，要知行合一，这些观念的出现和发展都是和儒家理性有关系的。儒家虽然突出“礼”，希望法（刑）的作用不要涵盖一切，但儒家并不反对法律作为社会基本安定的必要条件。但是徒法不行，不能完全靠法，还要看执法的人，这些人应当有比较全面的知识、比较高尚的道德情操。儒家所说的礼很大一部分是属于法，特别是习惯法，是比较宽广意义的法。我认为，可以从儒家对知识精英和政治精英的责任的要求开发出人民的权利的观念，所要求的不只是政治权利，后面还有生存的积极权利、文化发展的权利和集体的权利。可能更宽广的人权观念可以在知识精英、政治精英的责任意识中发展出来，对自己的行为负责，对老百姓的要求有持久的意愿去满足，这种运作的方式和人权绝无矛盾，而且可以培养一般人的权利意识与权利实践的能力。

面对西方启蒙所提出的重要价值，由于儒家经过西化的冲击，那些不符合自由理性法律人权的儒家理念和实践基本上受到了全面的批判，包括家庭伦理中一些没有经过反思，甚至在社会上产生强烈的作用例如“三纲”完全被政治化的那些伦理因素，都被严厉地批判过。我认为，儒家的西化最主要的工作就是把刚刚所讲的西方启蒙的核心价值，作为批判儒学内部反自由、反法律、反理性、反人权的那些因素的主要的精神武器。这是所谓儒学的西化。什么叫儒学的现代化呢？经过西化的批判后，儒家内部的价值能不能开发出来，或者能不能配合具有中国国情特色又符合现代文明指标的价值，这是儒家现代化的课题。从理论上讲，这方面的工作做得还很不够，比如儒家能不能开出科学？道德理性能不能开出民主？很明显，只有儒家伦理通过西化以后，经过自己的脱胎换骨，才能对中国的现代化做出积极的贡献，才能开出这样的价值。现在我们的想法是，儒家在西化方面已经做了很多工作，从康有为以来，好几代人在做这方面的工作。儒家的现代化方面，至少从“五四”以来，儒家的思想家，特别是 1949 年以后在海外的那批儒家思想家，他们所做的工作基本上都是代表了人文精神之重建，儒家的现代转化这方面的努力，是希望把经过西化洗礼而存活下来仍然有生命力的儒家价值，促进当代中国的现代化。在这个奋斗过程中发现了有一些儒家的核心价值不仅是普世价值，而且面对西方的启蒙的核心价值而言，可以做出积极的贡献。

**黄**：在中国，虽然现在情况有所改变，可仍然有相当一些人对一个来自儒家而企图改善西方的启蒙价值抱着怀疑和顾忌，甚至不屑一顾，甚至格格不入。这后面当然有“五四”遗留的“反传统”心态，但恐怕还不仅仅局限于此，重要的一点是人们接受自由、平等、人权、法治、理性这些价值观念时是无条件的、绝对的，换言之，这些观念是以一种“真理”的身份进入人们的精神世界的，好比一个虔诚信徒心目中的上帝，是不可怀疑的。现在，从哲学发展来看，“真理”是出了很大的问题，随着一元论、独断论的解体，绝对“真理”的论说很难站住了，罗蒂说“民主高于真理”，虽然另有政治实践的考虑，从学术上看，他比较敏感，看到了分析哲学关于“真理”的困境和纠缠，这种纠缠的结果必定伤害到所有的启蒙价值，因此他把民主这类问题从中解脱出来，回到实用主义的立场。在我看来，这个考虑比较“技巧”，它事实上不能解决人们习惯把民主、自由、人权、理性看作一套“放诸四海皆为准”的真理，尤其是像中国这样的发展中国家，需要在政治、社会、经济方面进行体制转型的国家。因为罗蒂并没有从民主的内部出现的问题和民主在实践过程中面对的挑战去反思民主的愿望，他只是把民主从“真理”变成一套有用的“经验”。在这个意义上，我更愿意借用福柯的说法，那种把启蒙价值当作“真理”来接受的意识形态，事实上是一种“观念的暴力”，它不可能接受任何对这套价值的批评反思，形成了一种关于启蒙价值的现代迷信。因此，最近以来，我比较多地主张具体地进入每一个启蒙价值内部，检讨它的理论缺失和它正负两面的实践经验。

现代化和现在正在开展的全球化，它们都有一种必须的标准化取向，WTO组织事实上就在建立一套世界性的标准，这种企图就是以单一标准来规范世界各个国家的市场、金融、生产，表面看来，这种标准化、规范化仅仅局限在经济领域，但是实际结果却远非如此，国家的政策法规也在随着这个标准化过程而改变，这些政策法规的背后有一套基本价值构成了它的合法性的基础，随着政策法规的改变，这套价值观念不可避免地受到严重的冲击。在全球化的过程中，捍卫文化价值的独立性成为最富激情的论辩领域。现在，国际市场的单一化倾向越来越明显，以美国为中心的资本主义生活方式越来越强势地成为发展中国家的现代化典范，在这个双重压力下，保卫传统文化资源，展现多样性的文化价值，以打破资本主义的文化垄断和“价值观的霸权”变得越来越紧迫，也越来越悲壮了。事实上，任何一个社会组织、族群组织如果要存活下去，它的内部必须有一套基本的价值来规范和协调人们的行为、思想和利益，没有一个社会仅仅靠欲望就能成立，如果是这样的话，人就仅仅是个动物的存在。所有大的文明传统之所以有意义，是因为它创造了可以让人以群体的方式而存在的一套价值精神体系，属于这个群体独特生活方式的那些精神方向、凝聚力、日常调节机制等，而且这些精神因素能够经受历史和各种艰难困苦、突发事件的考验，保证这个文明群体的生生不息源远流长。所以，文明所体现的精神价值是有历史意味的。中国在长期发展中形成了讲究礼仪、关心群体、敬爱家人、勤劳节俭、注重教育、尊敬学问、善待友邦、协和万方的伟大传统，它的后面就是仁、义、礼、智、恭、宽、信、敏、惠等，就是我们说的公义、同情、礼治、责任等。这套价值体系，因为“五四”突出西学，受到了严峻的挑战，最近百年来这套思想都被弃之一旁，完全不受重视，这个社会能够认可的价值就是自由、平等、民主、人权，毫无疑问这些价值有深刻的含义，而且也的确带领西方社会创造了现代繁荣，而这些价值传到中国遭遇的命运其实也不比儒家的命运好到哪里去，它一度被当作资产阶级腐朽虚伪的世界观和儒家被当作封建主义的世界观一并遭到清算批判，所以，自由、平等、民主、人权在中国真正落实得微乎其微，最多也就是一些人的心向往之。它让我们感到深深遗憾的是，它的传入方式其实未必一定要以对中国传统的无情否定作为必要条件。这种极端的传入方式，事实上使得它在中国转化为中华民族的内在价值的可能性被断送了，因为你没有任何本土价值作为消化这套外来资源的基础。因此，现代中国的情况令人非常尴尬，中国本土的最好的资源被破旧立新的狂热解构了，而西方有深刻含义的价值又不能真正落实，自家的好的留不住，别人的好的又拿不来，这是一种双重的价值失序，最危险的莫过于此。在这种情况下，人心是最容易被污染的，所谓的现代化也就失去了它的任何精神性含义，而变成一个物欲横流唯利是图的末日疯狂，你想，酒可以做假毒死人，学校的早点可以掺假，不管孩子们是否中毒丧命，现在甚至连奶粉这种婴儿食品也可以掺假，造出毒奶粉，这还有人性吗！最大的污染就是对人心人性的污染，人作孽不可恕，而这种污染之所以会发生就是价值底线的崩溃。在这个意义上，我们是生活在一个非常苦恼的艰难时代，两个价值体系好的资源不能发挥，剩下的就是负面的因素起作用，儒家的价值优势还有待发掘，而启蒙的价值却已然暴露了必须警惕的问题，如果没有对这些价值方面存在的问题和它自身的深刻意义同时都有比较充分的了解，价值重建、人文精神的培养恐怕难有成就。

**杜**：应该强调，启蒙在人类文明史上起了那么大的积极作用，除了它的制度创新，比如民主制度、市场经济、公民社会中的各种民间组织，这些大家都耳熟能详，可能更值得注意的是它后面突现的一些基本价值，就是对人的重新理解，把人的长期被压抑、被压制的潜力调动起来，让它充分发挥法国大革命提出“自由、平等、博爱”，博爱是社群友情的意思，人与人之间通过友爱而建立社群。马克思提出每一个人的充分的自我实现作为全人类的解放的前提，所谓人的彻底解放，这是人类文明史上第一次生产力、劳动不会限制人的自我实现，这种枷锁的打破就是社会主义，人的各种面向，娱乐、兴趣、个人的人格完成都不再为劳动异化所限制。黑格尔的所谓绝对精神，培根的“知识就是力量”，后面都有基本的预设，就是人的解放，从各种各样的枷锁中解放出来。最近，彼特·伯格他们的研究认为，真正的启蒙，不管是西化、现代化，还是全球化，它的核心就是个性的解放，所谓自由就是人的选择越来越多，每个人自我做主的条件越来越丰厚。一个独立的人格、自主的能力和个人的尊严，这些摆在一个复杂的社会机制中，只有经过启蒙以后的今天人才有可能，在这以前，你无论拥有多少超拔的精神，你都没有现代人的那么大的活动空间。这些空间就是科学技术的创造，启蒙的政治制度的创造，启蒙世界观的创造。自由、理性、法治、人权，确实已经成为人类文明已经共同认可的价值，绝对是普世价值，中国知识分子不仅把它们当作普世价值，事实上，用我们经常谈论的“心灵积习”来看，在他们的心灵积习中，所谓现代价值也许比重最大最健康的也就是这些价值，这个积淀是最厚的。但是，儒家也是有人权的，儒家有一种可以从精英，知识精英、政治精英，发展出来的人权，可能在它的实际运作中，社会的有机联系会更强一些。比如说“仁”，仁是恻隐之心、是同情、是移情，也是佛教的慈悲，这种价值不仅是社会的润滑剂，而且是人之所以为人的本质定义。也就是说，从儒家的角度来看，人基本上是一个感性的动物，他可以发展他的理性，他可以发展他的政治性，可以发展很多其他的价值，但基本上他是对人有情、对物能感，是能够发自内心的情，也是能够感物而动之情，与外部世界息息相关之情。

归结起来，儒家的基本价值，仁义礼智信，虽然是由儒家传统突现出来，在儒家社会、东亚社会起了很大的作用，但实际上面对启蒙的核心价值，它们也是普世价值。在讨论儒家和人权时，有位研究人权的非常杰出的哥伦比亚大学法学教授寒克（Henke）就指出，儒家的这些价值不只是东亚和亚洲的价值，也都是普世价值，根源是在亚洲，但其意义是普世的，与来自西欧启蒙的那些价值一样都是普世价值，而且双方可以互相参照学习。当然，尽管有配套的可能，但是它们之间是有矛盾的，很好的价值不一定能同时并存，因为不能并存，在它的冲突紧张中必须考虑价值的优先的问题，希望关于优先的理解能建立在价值的互补之上，乃至相辅相成。我所了解的情况是这样，从鸦片战争以来，包括“五四”运动，是从儒家的价值来了解和吸纳西方所带来的价值，在这之间也开展了使得儒家能够充分西化的过程，等于是用西方的价值对整个儒家的价值进行内在的批判，这种内在的批判和外部完全排斥儒家价值的强烈批判之间有很大的张力，也就从这个批判的过程来吸收西化，经过西化。再进一步经过唐、牟、徐几位思想家把儒家价值现代化赋予现代生命，唐君毅讲“人文精神之重建”，是把它从残破、松散、不知何去何从的心态下重新凝聚起来，做了相当长期的工作。假如儒家的传统没有经过西化和现代化，我们也不会有条件对西方的价值进行深刻的反思。另外，从轴心文明来看，所有其他的轴心文明，包括兴都教、佛教、道家、犹太教、基督教、伊斯兰教，所有这些所谓历史宗教，没有一家走过儒家这条路，面对西方的考验是这样全面，儒家所受到的批判和摧毁在这些轴心文明中是最厉害的，甚至能否生存本身都受到中国知识分子的严厉的质疑。正因为如此，所谓浴火金刚，经过了煎熬的自我转化也可能是最深刻的。

把儒家的经验从头来看，我发现所有的精神文明都要成为双语，有一套是要面对它自己的特殊的精神文明而有说服力的语言，基督教有基督教的语言，佛教有佛教的语言，伊斯兰教有伊斯兰教的语言；还有一套语言，就是这些大传统面对人类的困境，面对世界今天的各种困难，必须善于运用的世界公民的语言。儒家正因为走过了这个非常复杂的过程，儒家现在只有这一套语言，就是世界公民的语言，也就是在人类将来能不能和平共处、和平发展的过程中能不能充分凸显的语言。正因为它是普世性的语言，有些人就说，那儒家内部的全部资源、全部的认同都没有了，所谓世界语言多半都是西方的价值，这是一种批判；另一种是，除非你有你的特色语言，像基督教、佛教、伊斯兰教一样，你才能够成功。我想，可以从两方面来看，一是正因为它就是一套语言，它的融通和普世性的力量最大；二是正因为它没有发展它的特殊的语言，所以它的这些价值如果不能真正普世化就不能进一步发展，甚至沦为非价值。这是值得进一步思考的大问题，我现在越看越觉得有意思，一方面当然有点悲凉，另一方面又觉得真是创发的难得机遇。在世界所有的伦理系统中，包括希腊、罗马、基督教、犹太教、佛教所有这些系统，像儒家这样，从孔子开始，在现实生活中能够起几千年作用影响那么多人，的确不多见。它不是仅仅属于精神领域的方面，你看基督教，它做了一个选择，恺撒的事情归恺撒，上帝的事情归上帝，所以在恺撒的世界有很多事，基督教不涉及，佛教也一样。儒家一开始就在这个世界中，要转化这个世界，这绝对不是一个偶然的情况，到了现在对人类文明和人的处境做重新反思的时候，儒家的这套理念又有了一种新的生命力量。因为儒家有入世转世的特点，儒家传统所塑造的知识分子基本上就是现代意义的公共知识分子。现在意义的知识分子既不是希腊的哲学家，又不是希伯来的先知，也不是僧侣、长老、和尚。我们可以回过头来看当代的一些变化，人间佛教的发展，基督教的社会福音的发展，犹太教、伊斯兰教面对现实社会所做的很多决定，都出现了儒家所体现的入世关怀的倾向，所以，儒家价值普世化的可能性很大。以前说儒家是游魂，现在看起来，正因为它碰到的是人类共同面对的困境，所以它不必借尸还魂，一切世间的组织、结构、理念、行为、运动，都是它发挥法力的道场，因为它所关注的是人类存活、发展和充分的自我实现。不过这只是从理论上论证儒家再生的可能，具体落实到生活世界，不仅有错综复杂的践履过程，还有头绪纷繁的哲理议题。要走的路很长，我们只不过跨出一步而已。

（原载《开放时代》2005 年第 3 期）

# 启蒙的反思和儒学的复兴

## ——二十世纪中国反传统运动的再认识

黄万盛*

中国新文化运动时期的启蒙与其说是“全盘西化”，还不如说是“全盘日本化的西化”。中国虽曾有“全盘西化”的愿望但事实上却没有被真正地“西化”过，传统还在，儒家文化也依然存在，当代的文化转型中儒学的复兴才因此具有真实的基础而成其为问题。儒学的复兴取决于它能否成功地把启蒙思潮转化成儒学的内在组成部分，而启蒙的未来则在于通过儒学的复兴而实现文化和社会的转型。化解启蒙—儒家的二元论或许是二十一世纪中国最大的文化工程。

二十世纪末的中国思想界出人意料地呈现出繁荣的景观，在不长的时间里，新保守主义、新儒学、国学热、后现代主义、反西方文化霸语论、重建人文精神、新民族主义等竞相角逐着思想潮流之先锋。虽然诸说旨趣各异着力方向亦不尽相同，但却有着明显的共同指向它透露了传统文化，尤其是儒家文化再度复兴的某种期待。由于这种思想文化主题的出现，这一景观与激荡于二十世纪初的否定儒家、抨击传统的启蒙思想狂飙恰成反照。

百年沧桑，儒学和传统由衰而兴经历了马鞍型的变化。如果研究一下这个“马鞍型”，就不难发现与儒家的兴衰紧紧相连的是启蒙思

* 黄万盛：哈佛大学哈佛燕京学社。

潮的枯荣。二十世纪初儒家被批判、放逐是由于启蒙思想的高涨而世纪末儒家的回潮又以八十年代中风行了十年的当代启蒙思潮的低落为前奏。儒家的风风雨雨总是与启蒙思潮难解难缠。可以说，研究儒家与启蒙两者之间的关系，肯定是中国二十世纪思想史最重要的课题之一。而且对这一课题的探索还很可能预示了二十一世纪中国思想发展的起点和走向。

由反省启蒙而论及儒家，显然超出了学术史的范围，而属于思想史方面的论题。因此，有必要对儒学作思想史的界定。儒学的基本规定应包含以下两个方面。

首先，儒学既是学说理论，也是意识形态。因此，儒学的研究应该在两个方面同时进行：其一是对儒学义理的辩难反思；其二是对儒学功能的推敲检讨。不能把由儒学义理的传播运用派生出来的社会功能和现象排除在儒家学说研究之外，否则就无法讨论儒学与启蒙的关系，而所谓儒学的复兴则更无从谈起。儒学的功能不仅体现在个人方面，同时也作用于社会生活中，这两者是不可分割的。在这方面，无论是启蒙主义者，还是从康有为、梁启超到梁漱溟、熊十力等传统主义者，都各有偏颇，其中深刻的教训尚待总结。

其次，儒家强大而持久的意识形态功能，奠定了它在中国文化传统中的主流地位。毫无疑问，中国的传统文化包含了很多学说和思潮，儒家只是百家之一。两千余年来，它虽然受到了道家、佛教等思想的冲击，然而，在漫长的历史中，铸成中国传统文化的核心及基本精神和象征的，仍然非儒家莫属。就中国传统文化这个大命题而言，儒学与其他各家的区别，只在狭小的范围内才有意义。我强调这个特点，是因为只有认可这一点，才能了解近现代中国知识阶层的内在紧张及至对峙和分裂的缘由。

儒学在二十世纪遭到两次猛烈的清算，一次是“五四”运动前后，一次是八十年代中期，两次的情况有所不同。第一次批儒是文化性质的，是真诚地企图割断儒家、重造文化；而第二次批儒则是政治性质的，是通过批儒的形式，试图批评“文化大革命”的极“左”思潮和僵化的政治状况。当然，在八十年代的“反传统”思潮中，也杂合了对儒家的文化批判，那主要是沿承“五四”反传统的余绪，以反儒学为“科学”“民主”鸣锣开道，为“改革”“开放”摇旗呐喊，其主要的针对性并不是儒学。因此，如果研究八十年代批儒的文化情结，仍须回到“五四”。

## 一 维新运动中的启蒙：近代知识精英在现代性和传统性之间的困惑与选择

人们一般是把“五四”时期的文化思潮视为中国的新文化运动，有人称为中国的启蒙运动。在我看来，这样来断代和分期，仅仅在反传统主义的意义上才是合理的。如称为中国的启蒙运动，则不免太过狭窄。中国的启蒙运动远早于“五四”，“五四”时的反传统只是启蒙运动的一个特定阶段。只有通体透彻地了解中国启蒙思潮的来龙去脉，才能对反传统主义的功过得失作出评价。

### （一）托古改制：维新志士割裂了儒学文化传统

自鸦片战争战败后，中国的文化知识精英不仅面对着空前的外患内乱的危机，而且在其内部，在知识精英群体中乃至个人心态上，都出现了旷古未有的高度紧张。从宏观上看，这种内在的心灵紧张，明显的是源于对现代性和传统性关系的困惑。所谓的对现代性的理解，主要是关心中国如何赶上当时的世界潮流迅速强大起来，而对传统性的认知则关乎中国传统文化的传承。当然，今天如果用现代理论来解析，这个问题似乎并不难解决，现代性和传统性不仅未必是对立的，甚至还是现代性建设绝对不可或缺的基本资源。然而，在历史现实中，对这个问题的困惑，确实造成了中国近代以来知识分子中相当大的对峙和紧张。直至今日，在重大学术问题争论的背后，都可寻见这类“内在紧张”的痕迹和根源。

十九世纪后半期，一个强大的西方突然出现在中国面前，近邻的日本也迅速富强起来。接踵而来的列强入侵，把中国拖入了灾难和崩溃中，迫使一些知识精英严肃地思考中国的前途。早期的改革精英们，长期受儒家文化的教育，具有儒家“以天下为己任”的强烈的人文情怀。这一点，和今日改革的精英们大不相同，今天的“思想先锋”们可以对儒家缺乏常识的了解，却仍然能够大言不惭地抨击儒家传统。因此，他们除了留下邯郸学步的扭捏作态，在思想价值和精神气度上完全不能比肩启蒙的前辈。早期的改革者们，为了解救危难的中国，开始从西方和日本的强大中寻找经验和手段。于是，便开始了暧昧而又缓慢地向西方学习的过程。这个学习过程的难堪之处在于，它一开始就伴随了它的反对派，在每一个阶段上都不能尽如人意地完成其既定目标。由此，也迫使这一过程不断延伸、不断激化。洋务运动旨在师习技术器用，戊戌变法是试图学习制度操作，辛亥革命欲仿效西方之国体建设，“五四”运动则是引入西方的思想文化。然而，在每一个阶段上，这种努力都遭到顽强的对抗和抵制。无论怎样去称谓这些反对力量：保守主义或是极端守旧派，传统主义还是国粹派，也无论他们的构成是多么复杂、内部的歧义区别有多大，有些人早期力主改革，后期却成了反对派，这些反对力量始终一致的精神原则是，忠于并坚持维护和发扬中国的传统文化。在长期的改革与守旧、现代与传统、西方与本土的反复纠缠中，那个海市蜃楼般的“富民强国”的现代化梦想，变得越来越缥缈不定，越来越难以接近，每一次试图走近它，它都如影随形地向后退去。那些寻梦的改革先锋和他们的反对派也因此而更加亢奋激动，更加誓不两立。

现代性和传统性之间的紧张也同样存在于一些维新主义者的思想和心灵深处，并深深地困惑着他们的改革理想和具体方案。康有为精谙儒家，但也是早期就提出向西方学习的人，并且身体力行，成为维新运动的先锋和领袖。他看到清帝国的政治秩序完全不适应现代发展，官场的腐败和无能妨碍了必要的社会变革。但他也同样清楚地了解，传统政治秩序的精神支柱来源于儒家思想。变革政治秩序，必然要涉及思想秩序和道德秩序，而儒家思想却是康有为的精神信仰，因此，在处理改变政治现状的需要和儒学精神传统之间的关系上，康有为的心态是矛盾的。结果，他作出的选择是托古改制，即用二元论的方式割裂儒家，保持一个理想的儒学，而破坏现实的儒学。

当时不仅康有为如此，维新志士几乎无一例外地把先秦儒学作为他们的信仰所在，同时又试图从中开掘出维新变法的思想依据，于是，现代民主制度就被他们解释成中国古代的乌托邦政治模式的再现。例如，康有为和谭嗣同都坚信，孔子是伟大的维新变法的导师，因为孔子理解并顺应时代的变化，更因为他赞美古代贤明帝王尧舜，以及周公所遵守的由有德之人实行统治的“民主”理想；早期的梁启超反复申述孟子关于“民主”的更为激进的主张，即天命最终应由人民决定；而严复则在另一路向上对传统“妥协”，他认为老子是关于个人独立的民主精神的古代源泉；甚至还有人企图证明，周朝就实际存在过现代的议会。那么，既然中国早已有如此美妙的古代模式和儒家理想，为什么历朝历代却从不遵循呢？康的解释是，因为汉以来的儒家传人背叛了先秦理想，自刘歆作伪经始，以后的儒生全都错解了古代先贤的思想，使得后来的社会在歧途中越涉越远。由此，古代原创性的儒学被说成是真正的精华，而后世的儒家传统则全被视为糟粕。

康有为等人不仅仅是把儒学分裂了，更重要的是，把他们所企求的现代性转变与儒学的传统分裂了。这种方法迫使儒学蜷缩在一个极小的空间中，而儒学的复兴也被挤压到很窄的方向上，造成了儒家以后发展过程中极大的困境。后继的启蒙主义者不加分析地断然舍弃传统，其实不过是沿着康等人的方向继续向前而已（其后果将在下文论及）。可以说，康等人上述的理路上的分裂，源于处理现代性与传统性关系时心理和认识上的分裂。

这一分裂不仅体现在康及其同路人内在理路的紧张之中，更激烈地体现在维新派与其反对派的冲突里。早在康有为在湖南协助张之洞开展维新时，恪守纲常名教、忠于朝廷的湖南绅士名流，就以卫道的激情要求处死康有为，以扼杀维新运动的萌芽。这种激愤的要求可能与某些利益上的考量有关，但不可否认的是，它也的确反映出维护儒家道统的坚定立场。那时，中国社会心理的“内在紧张”已多层面地展现出来，知识群体的分裂、个人的文化心理的分裂，乃至思想和价值的各个领域和具体议题，几乎全都被“现代性”和“传统性”之间的对峙撕成两面，这一对峙构成了从十九世纪后半期至今的中国思想研究和争论的主题线索。

（二）为变革求新把西方理想化

有些西方学者曾经接触到这个方面，注意到中国近代思想发展过程中的这一内在紧张性，但却把这种内在紧张单纯地归结为“对西方的反应”（例如列文森），这便低估了其意义。事实上，早在西方的影响及于中国之前，清代中期社会内部就已出现要求革新的呼声，且愈趋激烈。自程朱、陆王开理学、心学之风气，到清末已近七百年，对宋明学问吐故纳新、求新境界已是儒学内在的要求，在戴震等清末思想家的著作中，就充满了批判旧学、辟新义理的革新气象。

实际上，即便没有西方的介入，中华文明也会沿着其自身的逻辑走向“现代性”。尽管当时中国的政治、经济诸多方面充满了灾难，现实的社会问题比比皆是，但这些并不是衡量传统文化生命力的基准；即使在一种文化的鼎盛时期，国家和社会也会面临政治、经济上的困难。判断一种文化传统的生命力，主要应根据它的根源性（地缘、血缘、情缘等）、它拥有的文化族群及社区，以及它内部的批判性和包容性（即其更新的能力）。若依此衡量，中华文化离毁灭还差得很远，在清代中期以后，中华文化发展中内在的变革的迹象已日益鲜明地呈现出来。西方的进入恰逢其时，它使得中国内部要求变革的势力看到了可以在一个前所未有的新的参照中，重新设计中国的未来。从此，西方的思想文化日渐强势地介入中国的改革，西方成了体现中国希望的西方。毫无疑问，西方的确展示了很多重要的价值和思想资源，但是，那个被“中国希望”不断处理的西方，却越来越成为用来说事的话语。

因此，一个重要但却被长期忽视的方面应当特别强调：西方思想文化对中国思想界的影响，是紧密地与中国知识精英的变革愿望相结合的，这是一种强烈的自我寻求的外来“文化入侵”，因此，西方思想文化的影响从一开始就被赋予了功能性，在这种背景下，所谓的西方并不是“元西方”，却是一个被中国的精英们从功能需要出发、选择和处理过了的“西方”，甚至是被改造得过分理想化的“西方”。当他们用这样的方法去看西方时，确实与“对西方的反应”有关，但这种“反应”并不是简单的刺激反应，而是带有鲜明的主体要求的功能反应。由于对西方的理解是功能性的，所以，理想化了的“西方”也就成为现代性的要素之一，介入了“现代性”与“传统性”的内在紧张之中。当时的知识精英这样去看待现代性，显然与通常人们所说的“全盘西化”有重大区别。这种思想文化取向为后来的中国历史种下了一个危害久远的祸根，它没有一个均衡的立场和有机的方法去面对民族主义的挑战，而民族主义却从来不会面对“理想的西方”。以至于后来的启蒙主义者注定了要不断地经受民族主义的冲撞和考验，并且最终使启蒙主义者几乎无一例外地成为民族主义的启蒙主义者，这是非常古怪的身份，因为启蒙主义和民族主义在思想意识形态的根源上是不能自洽和相互矛盾的。可是，中国现代史中却挤满了这种古怪的身影。这应当可以解释为什么中国当代的启蒙可以轻而易举地转变为革命吧！

（三）启蒙思潮转向对儒家的学术批判

康、梁参与并主导的维新运动失败后，相继而来的辛亥革命又告失败，立宪政体的变质使变革者急切期待的现代社会变得如镜花水月般不可企及。中国思想界的内在紧张终于延伸到了思想文化层面，知识精英关怀的重心由政体、国体转移到了思想精神领域，他们逐渐越出了早期改良派对儒家传统的怀疑主义立场，开始着眼于启蒙并批评儒家传统。由此启蒙一发而成浩浩荡荡之新潮，席卷了中国全部的社会生活。因此，我认为，启蒙运动起于辛亥革命失败之后，而其思潮则要上溯到维新运动失败之时。

1900 年，梁启超在致康有为的信中，谈及文化意义上的国民性改造，他明确表示：“中国数千年之腐败，其祸报于今日，推其大原，皆必自奴隶性。不除此情，中国万不能立于世界万国之间。而自由云云，正使人知其本性，而不受钳制于他人。今日非施此药，万不能愈此病。”这一说法与陈独秀十年之后的言论几乎完全相同。所不同的是，梁启超此时关于国民性改造的启蒙见解，尚未把儒学作为直接对立面，但也已有针对儒学之倾向。梁启超曾明确说出：我崇爱儒学，我更崇爱真理！这样就把儒学与真理对立起来了，他在两者中弃儒学而求真理的万般无奈之情当是非常真切的。这正是我反复强调的“内在分裂”！在此之前，其实康有为在《大同书》中已对传统家族主义作了尖锐批评，以后对儒家五伦中的“义”也有刻薄的非议。严复则认为，中国政治的渐进发展，应与在民间进行现代文化启蒙联系在一起。不过，他们虽然是沿着现代性的总方向推动着启蒙思潮，但具体的抨击对象却相当分散，只批判了儒学的部分内容，而儒学的总体并未被当作产生全部灾难的根源而遭围剿。是章太炎在启蒙思潮中率先发动了以儒学为主攻对象的思想文化传统批判。

章太炎是衔接改良主义启蒙者和“五四”反传统主义启蒙者的关键而又十分复杂的人物。康有为领军的今文学派把孔子塑造成开宗教主，把儒学解释成宗教，欲立之为国教。针对康派的文化改良方案，章太炎严厉谴责康“不实事求是”“掩往古之点污”。章太炎从“汉学”传统出发，认为孔子只是一个民间的思想学派的学人。章坚决否定儒家学派拥有特殊的弘扬社会道德的使命和调整社会的历史作用，也否定儒家传统政治文化中的学者治国的特质，还否定关于孔子的人格本体论上“内圣外王”的圣人模式，更不承认孔子是中国最主要的道德主义者。

章太炎是从本体之形而上及认识论和社会学说诸方面全面进攻儒家的首创者。他从道家中吸收宇宙论的构想和关于个人的观点，以反对儒家社会学说中关于社会等级秩序的带决定论倾向的观点，也以道家的个人主义观点反对儒家着重社会价值的倾向。特别值得一提的是，他阐扬和发挥了佛教法相唯识宗的理论，用以反抗进化论和儒学共有的目的论倾向。他以一元论的“藏识”的“发散”，化出生生不息变幻演替的宇宙法则，认为宇宙的现象之流本身应是心之创造。他把这种宇宙观延伸到生命哲学，以佛学的生命本体意识为武器，猛烈地攻击儒家对荣誉、地位和财富的追求。他从认识论出发，抓住思想之误导这一论题，对儒学积极入世的处世信条大加讥讽。章太炎对儒学的全方位批判，为“五四”时期沸反盈天的反儒学反传统，铺下了最重要的基石。

作为从文化改良到反传统的新文化运动之间的启蒙思潮的过渡人物，章太炎的论见有太多的不同层面。最精彩的是，他的这些不同层面的论见几乎全都被后来者拓展发扬而成为不同学派，每一派都各成气候，且相互之间彼成论敌。启蒙主义者、新传统主义者或是根本游离于二者对立之外的其他思潮，都可以溯源到章太炎的思想。虽然已有的章氏研究著述可谓汗牛充栋，但关于他对后来思想运动的影响，似未有细致的阐说。我只能在此作一大概描述，粗粗勾略他与中国现代学术流变的关系。

章太炎对儒学的尖锐抨击，无疑是“五四”启蒙精英反儒学的最重要的精神来源。鲁迅、钱玄同这些反儒的主将，从不讳言章太炎对他们的影响。章太炎是从中华文化的本土资源出发批判儒学的，其论见与当时流行的西方理论几乎无甚关联。

章的批判引导出两种学术源流。其发掘本土资源的立场和方法，即被批评为“国粹主义”的治学之路，滋养了“训诂学”的学术风尚，后来掘“汉学”学风而治史学者，主要是受惠于章太炎。

而他对中华“国故”的信念、对进化论的反对，则引出了从中国文化出发分析西方文化的新传统主义。这一学派认为，绝对的时间性的进步是一种幻想，把进步作为历史原则只是新的迷信；社会达尔文主义的反伦理的富强观所引发的，是牺牲内在的传统精神、盲目而危险地依赖外部条件；中国文化的复兴更新必须依靠它自身内在的精神资源，否则它将会毁灭。这些观点与后来激烈的启蒙主义者截然相反。白璧德的弟子集合而成的“学衡”派对上述看法作了充分表述。

唯识论的兴盛，是“五四”前后启蒙思潮之外一股奇异的学术潮流，其中的活跃人物杨文会、欧阳竟无、马一浮等，都不同程度地得益于章太炎。值得强调的是，事与愿违，背悖初衷，章太炎启法相唯识于古典的本意，是为了清算儒学；但受唯识心性论的启发，却出现并形成了以梁漱溟特别是熊十力为代表的新儒学。新儒学把唯识宗的启示发挥到对王阳明学说的再认识，终于在“五四”反儒学的洪流中逆势而起，开出了“新儒家”。儒学之所以未被“五四”大潮完全湮没，就是凭借着这细弱但却顽强的一支艰苦地游延着儒门命脉。

最后，铺张地说，章太炎作为一个国粹派学人，他赞成为学问而学问，倡导了纯粹知识高于社会需要、不应受社会价值影响的新派士风，这在现在炙手可热的陈寅恪等的人生风范中可以看到其结果。

（四）知识精英对袁世凯时期儒学政治化的厌恶激发了对儒家礼教的批判

如果说章太炎是从学术思想上为日后大规模批儒扫清了最后的障碍，那么，袁世凯却是不负责任地把火星扔到已经燥热的干柴上，最后引起燎遍天下的启蒙大火的不自觉的“纵火者”。

辛亥革命实现了两个最低目标，即推翻帝制和建立民国，然后便黯然失色了。它鼓荡起来的通过政治自由主义实现民族现代化的幻想，很快便被袁世凯的独裁统治粉碎了。启蒙思想家们又一次为失败而苦恼、激愤。袁世凯当政之后的政治立场及一系列措施，深深地刺激了启蒙运动中的活跃分子，使他们把对现代性的思考进一步从政治秩序层面深入文化层面，袁世凯实际上是用相反的方式夸张地表达了儒家文化与旧政治秩序的关系，结果儒家文化被无保留地端到了启蒙运动的砧板上。

请看：

1912 年，袁世凯出任民国新总统，即宣布建立全国性的孔教会，鼓吹忠顺的公民必须信奉忠孝之道。他指责学生之不受驾驭，且公开宣称，自由派的妇女平等观是抨击家庭，也即抨击社会秩序。袁更认为，民国元年从小学课本里去掉孔夫子，是离经叛道、数典忘祖。早期启蒙的稀少收获，完全不能见容于袁世凯的意识形态。

1913 年，袁世凯密谋刺杀了主张健全议会制、削弱总统权力的宋教仁，中断了可能的议会民主进程；并扑灭了二次革命，大规模地肆杀涉嫌二次革命的自由派异己分子，流血的清洗持续了一年多，死者数以万计。袁部分地恢复清朝的官僚任免制度，削弱地方权力，重新实行中央集权的独裁统治，并全盘否定启蒙思想的基本精神。他在公开演说中讲：“今天人人嘴上均说‘平等’一词，而平等只是在法律面前人人平等，并不意指等级之分应当取消……‘自由’是另一华丽的现代词，但它是限制在法律范围的……那些主张平等、自由、而又不问对不顾法律的放肆是否要给予制裁的人……他们把堂皇的口号当作推动叛乱的号召而加以利用；‘共和’也是一个雅致的词，但外国人对这个术语的理解，只是在国内有普遍的发言权，而不是全民都必须干涉政府的行动。这种干涉除了造成混乱之外，还可能有什么呢？至于‘民权’这个术语，除了选举总统的最高特权之外，还有代议权和选举权，它切不可理解为包括行政处理。”袁的这番表白说明，他企图按照自己的意志，消解启蒙分子倡导自由、平等、共和、民权等基本价值的决心。

1914 年袁世凯在法律上规定了全国尊孔，针对思想文化界的贬儒批孔，他强调“中国数千年立国之本在道德，政体虽取革新，礼俗当要保守”。

1915 年，袁世凯亲自率领举行祭孔活动和祭天仪式，并命令小学必须开设儒学经典课程，而且坚持要把全部《孟子》编入初级小学的课程中。不久，他公开复辟，恢复帝制，登基称帝；此前稍早的日子里，他签署了后来引发“五四”运动的著名的“二十一条”。

1916 年，袁世凯病死，复辟并未终止。1917 年，张勋帮助溥仪，率领 2000 名辫子兵进京……

这是一个动荡不安令人绝望的黑暗时代。上述事件都是后来新文化运动的领袖们亲身经历的。共和政体已经夭折，民主建国的理想化成泡影，统治者对民主毫无知识，而民众仍然生活在传统礼仪中。袁世凯利用儒学，大搞尊孔活动，严重损害了新思想文化的传播。他的所作所为刺激了启蒙精英，促使启蒙精英们意志越发坚强地发动和推广新文化运动。引导他们从挖掘专制统治的文化社会基础这一政治目的出发，发动了对儒学的又一轮批判。设身处地地为世纪初那些立志改革的人们想一想，在经历了上述一连串的政治事件和挫折之后，他们除了大倡启蒙之外，还有什么路可走呢？新文化运动实际上是上述思想过程和政治过程的逻辑产物。

由此，可以再一次地提出儒家政治化的问题。其一，在儒家思想中的确存在着被统治者乐此不疲地反复利用的精神资源；其二，就儒学而言，统治者每次放肆地利用儒家，都是对儒家的败坏，它畸形地凸显出儒家纲常名教和家族礼法的消极方面，刺激起时人对儒学更大的反感。儒学的政治化已是反复出现的政治文化现象。时至今日，那些对儒学义理一窍不通的达官显贵，搔首弄姿，附庸风雅，仍然热衷于亲师祭孔的历朝旧仪，这并不是儒学的荣耀，相反却给儒学留下了一个现代笑柄，是对儒学的丑化和败坏。这是值得人们，尤其是儒家学者，对儒学政治化问题引起高度警觉的。处理儒学政治化问题，可以肯定是当代儒学能否复兴的最重要的前提之一。

## 二　重新审视新文化运动

“五四”运动前后的新文化运动使中国的启蒙运动进入了它的鼎盛期。其重要的特点是突破了早期启蒙运动的局限，从狭窄的知识分子批判反思转为普遍、大规模、社会化的文化革新，“启迪智慧、扫荡蒙昧”，年轻的学子，甚至中、小学生们都卷入其中。那时，思想的浪头日新月异，各种学说观点目不暇接，仿佛思想的春天突然来临。二十世纪八十年代中，一些亲身经历过那个时刻的老人，无论是对其赞许，还是有所保留，他们和我谈到那时的感受时，仍有似长夜天明、忽然醒来的兴奋与激动。足见那场狂飙似的文化更新浪潮对那个时代的人心震撼有多么大！

无须赘述新文化运动的经过和细节，这方面的文献资料、回忆文章、纪念文集不胜其数。比较重要的是澄清新文化运动的性质，以明了其得失。目前学界比较普遍的观点是，它最主要的特征是“整体性的反传统”和“全盘西化”。我以为，对这两个问题还应深入探讨。

### （一）反传统中的情绪化

如果用“整体性的反传统”来概括新文化运动中表现出来的情绪、观点及其倾向，当属无疑。但是，新文化运动中的具体活动却未必是“整体性的反传统”。若通观“五四”运动的具体文史资料，即可发现，当时所谓的反传统，其实主要是批判儒家“思想”，而涉及儒家“学术”的寥寥无几，远不如章太炎时的规模。批判的锋芒直指儒家纲常礼教思想及其社会作用，即家族制度、伦常等级和压制妇女等，而对儒家学说的义理则几乎毫无触及。

虽然当时批评纲常礼教思想的言辞非常偏激，且缺乏平实的分析，但就社会现实状况而言，这样的批判确实抓住了中国传统儒家文化影响中应予革新、扬弃的方面。在儒家文化中的“三纲”里或许可以发掘出一些现代积极意义，但是，长期以来它的确是帝王等级的核心纲领，也是驭民之术的统治原则，不消除这些负面因素，纵使有什么深刻的资源，恐怕也无法与现代社会的人际关系接榫。“五四”所反对的礼法性的家长制绝对权威，的确曾经长期地压抑了儿孙辈的心灵，这种家长制恐怕也没有什么现代性可言（尽管对家族制度或可再作分析）。妇女观更是令传统儒学难堪的问题，“四德”可以转换出现代意义，而“三从”无论怎样转化，很难看出现代价值，肯定是应当被抛弃的。在孔子关于女子的那段著名论述中诠释出古代政治智慧，的确可以纠正妖魔化儒家的当代误导，但是，传统所谓儒家社会中轻视妇女的实际状况，却不能因此就改变了。在儒学经典中这方面的积极资源确实相当匮乏。如果要让儒学经历现代的复兴，如何处理传统的妇女观、建设中华文化现代的妇女观，肯定是个有意义但十分艰难的课题。

从儒学的长远发展来看，新文化运动中涉及的儒家礼教问题值得引起重视。任何一个健康的社会都有必要的基本伦理规范来约束和指导人的行为。提升人的境界、情操，要求人的行为服从一定的规范，这与发展人的自由和活泼个性并不矛盾。可是，为什么明清以来的礼教日趋森严，越来越不合人情？为什么宋明理学、心学初创时期的活力与朝气却会被礼教逐步掩埋，以至于清人戴震就已经喊出了“理学杀人”？这比鲁迅的“字里行间只是‘吃人’二字”要早得多。就是远去“五四”的三十余年后，二十世纪五十年代末，我随母亲去江苏老家，记得还经常看见路边田间肃然立着的贞洁坊和烈女碑之类的遗迹，也还有一些家乡的老人们仍然不无崇敬而又津津有味地讲述每一块碑坊里的暴虐的或者悲壮的故事，也仍然可以从中体味到那往昔的礼教确实是曾经森严过、吃过人的。因此，我以为，在文化史和关怀传统文化长远发展的意义上，我们从“五四”的反礼教中可以思考的问题远比仅仅指出“五四”启蒙的武断偏激要丰富和深刻得多。当然，武断偏激一定会导致恶劣的学风，并且经常会产生误导民族文化和历史方向的意识形态，遗祸后人，这是无论如何应当摒弃的。然而，尽管如此，儒学怎样去面对和总结明清礼教的历史，以再现儒学真切的人文关怀，仍然应当是有重要价值的！

我并非要否定“五四”启蒙时存在过的“整体性的反传统”现象。新文化运动中的许多知识精英的基本倾向的确是断然地否定传统，把传统视为有害的糟粕，它体现了“整体性的反传统”的普遍情绪。但是，正因为这种“整体性的反传统”是情绪化的，因此，它不可能达到事实上的“整体性的反传统”，相反，它的反传统实际上只能是功能性的、局部的和选择性的。这个层面的分疏是必要的。情绪上的“整体性的反传统”的后果是极其严重的，当时的功能性要求掩盖了它的偏激、武断。应当指出的是，这一缺陷后来甚至被当作“五四”的成就而继承传播下去，以至于在几代学人中不能培养出理性公正地看待传统文化和传统精神资源的健康心态，这方面的损失是非常惨痛的。因此，从反思的角度来看，“反启蒙心态”是必要而有建设性的。

（二）新文化运动时期西化思潮中的日本化

“五四”新文化运动的另一特点通常被概括为所谓的“全盘西化”。当时，启蒙的精英人物的普遍心态确实是从西方寻找真理、方法和普遍价值观，“拿来主义”“照抄照搬”曾风靡一时。然而，如果仔细地检讨“五四”时外来思想的来源及知识精英对西方思想的认识，以及启蒙所实际展开的步骤，就可以发现所谓的“全盘西化”这一评价有嫌粗糙，它对“五四”时期新文化运动演进的理解太过简单。我以为，可以对所谓的“全盘西化”作一个补充，即新文化运动中存在着“日本化的西化”的问题。

一个简单的事实是，有“全盘西化”倾向的新文化运动的主将们，其外来知识的背景几乎全是日本的。就早期的启蒙者康有为尤其是梁启超而言，其主要的外来知识是从日本学到的。而梁启超去欧洲访问后所得到的关于西方的印象却是令他深深绝望。此后，以《新青年》为核心的启蒙领袖们，如陈独秀、李大钊、鲁迅、周作人、钱玄同、吴虞、沈尹默等，全都是在日本留学的，他们关于西学的了解均来自日本。陈独秀虽接触过法国文化，但其诠释的背景仍是日本式的。

例如，他对柏格森的误解以及他对科学与民主的功能性解释，与西方学识的原意相去甚远，倒更像明治时期日本启蒙思想家的摹本。再之后“新潮社”的新文化干将罗家伦、傅斯年、俞平伯、康白情、朱自清、叶绍均等，以及其后郭沫若的“创造社”的几乎全部成员，都是留学日本的，甚至“新潮”这个杂志的名称也是从日本启蒙杂志《新潮》直接拿来的。正是这样一批多层次的留学日本的知识分子，成了新文化运动的中流砥柱。

当然，胡适则是例外，他留学美国，有原版的西学背景。但恐怕正是这个原因，他与陈独秀、李大钊们在新文化运动的早期合作之后，很快便在“问题与主义”的辩论中分手了，回到了自己的“一点一滴研究和解决问题”的英美注重实证的文化学术传统中。大体上看，领导新文化运动、鼓吹西化的启蒙领袖们，其外来知识及对西方文化的理解，主要是通过在日本所受的教育而形成的。

这样，一个有意思的问题便出现了，既然新文化运动的主旨之一是全盘学习西方、实现中国的启蒙，那么，似乎就应当是留学西方、对西方有真切了解的人，有更大的发言权和更大的作为。为什么这样的学人没有介入这个启蒙集团，而成为全盘西化的骨干呢？他们对西方文化和中国传统又持什么态度呢？

严复是留学英国的，虽然他在传播西方学术方面有重要的贡献，但与梁启超相比，他对中国文化传统的态度要温和得多。他虽坚持斯宾塞的社会进化论，但从来不是全盘西化论者；当全盘西化的潮流席卷而来之时，他已被视为保守分子了。此外，他对西方文化价值精髓的了解要远比启蒙主义者急功近利的解读深刻得多，他主张“自由为本，民主为用”，而不屑于“科学”“民主”那两面张扬的五四大旗。

辜鸿铭、陈寅恪、张君劢等人是留学欧洲的，但他们不仅不赞成全盘西化，反而公开地反对新文化运动，挑战陈独秀们领导的思想启蒙。辜鸿铭夸张地故意炫耀他的辫子和妾室，虽然有其情绪化甚至恶作剧之嫌，然而他对现代性的批判，尤其是对功能性的尖锐嘲讽，是“五四”时代对新文化运动最顽强的抵抗。他的某些超出启蒙哲学而颇为深刻的观点，甚至在“五四”以后很长的时期内都不被欣赏。他孤独的反抗之精神根源，恰是深植于西方哲学和中国古代哲学的真精神。陈寅恪曾在英美留学，对自由主义思想有深厚的信念，他虽未直接卷入当时的冲突，但对新文化运动的反传统，他的反对的立场和态度相当鲜明。他对自由的接受和追求，从未妨碍他对中国古代文化的理解和欣赏。在致王观堂先生的挽词中，他坦诚地指出，“吾中国文化之定义，具于白虎通三纲六纪之说，其意义为抽象理想最高之境，犹希腊柏拉图所谓 idea（理念）者。”在他眼里，就连“三纲”都是最高的理想精华。在东西方文化关系上，他也曾有“议论近于湘乡南皮之间”“中西体用相循诱”的看法，这显然区别于全盘西化。张君劢则在玄学与科学的论战中，坚决站在玄学的立场上，不为“科学与民主”的潮流所动。稍后的“学衡”派则几乎是清一色的哈佛大学的弟子，他们对启蒙主义的全盘西化嗤之以鼻，反而全力维护和张扬传统经典。吴宓甚至不无义气地把主张西化的人骂成是“刘邕嗜疮痂”“齐人布祭以骄其妾妇，而妾妇耻之”。梅光迪亦指责启蒙主义“厚诬西化”“行其伪学”“知之甚浅，所取尤谬”。

这批西洋学子之所以不介入新文化运动的西化潮流，有多重原因。其中最重要的原因则是，启蒙精英的全盘西化论中的那个“西方”，并不是他们所认识和了解的真实的西方。梅光迪曾感叹过西学在中国之处境，“西文字义未解……摭拾剿袭，之为模拟，尤其取巧惯习，西洋学术之厄运未有甚于在今日之中国者。”辜鸿铭、张君劢均精谙德国精神哲学，而精神哲学对欧洲启蒙思想中的物质主义、功能主义有很深刻的批判，在他们游学西方时，早就深刻了解了启蒙主义的缺陷。因此，他们在批评启蒙主义时，不无自豪地拥有前瞻性的精神上的优越，那不过是把德国精神哲学对法国启蒙哲学中的经验主义和功利主义的批评，在中国重新操练一遍而已。当他们沉浸在现代哲学史的理路中时，却忘记了，这是中国的操场，而不是欧洲的操场，中国的启蒙运动并不是法国的启蒙运动，他们更未仔细辨析，当时主导中国启蒙思潮的并不是直接来自西方的思想，而是日本化了的观念。

总之，从新文化运动的领袖结构及知识背景来看，所谓的“全盘西化”只是说明了他们的情绪和倾向。如果具体剖析他们介绍的理念观点，就可看出，他们所言之“西”，实质上是经过日本转口的二手货的“西”，我们不妨称为“全盘日本化的西化”。

## 三 中外启蒙运动之比较对未来中国文化转型的启示

### （一）中日启蒙运动的比较

中国启蒙运动的日本化问题，还可从中日启蒙运动的内容比较中得到证明。日本明治维新时，由福泽谕吉、加藤弘之和中村正直等人推动的启蒙运动，把民众看作启蒙的对象，致力于在大众中传播西方文明。日本启蒙思潮中最有代表性的《明六杂志》创刊号曾指出，我们“常以欧洲各国作比……他们令人羡慕的文明和我们的不开化，使我们悲痛不已，可以断定，我们的民众看来处于无可挽救的愚昧中”，所以要“及时地使民众从愚昧走向开化”。福泽谕吉也说，“只有剔除人们头脑中的旧思想后，日本文明才会得以发展”。这一思路为后来中国的启蒙学者因循效仿，从陈独秀、李大钊的著述中，也可经常读到类似言论。它构成了中国启蒙运动的主题。

日本的启蒙运动主要集中在以下几个方面：改造本国语言，使之适合于学习西方、以利现代化发展；解放妇女，改造传统的家庭；批评传统所造成的国民性缺陷，批评保守和消极的奴性思想，倡导个性解放等。我们可以毫不费力地看到上述方面的中国启蒙翻版，日本的改造语言，在中国成了倡导白话文对文言文的革命；仿效日本的小说革命，中国发起文学革命；日本主张的解放妇女、改造家庭，在中国则变成反对家族主义和夫权，倡导女性解放，一本易卜生的《娜拉》，就使中国的妇女解放如痴如醉；日本检讨国民性，反对奴性，呼吁个性解放，在中国同样的呐喊震天介响，鲁迅的改造国民性至今仍为人津津乐道，乐此不疲，巴金的《家》《春》《秋》撼动几代人心，靠的就是个性解放，等等。日本维新的那些活儿，哪一样在中国被遗漏了呢！如果把这些仿效日本启蒙运动的做法从中国启蒙运动中抽去，恐怕便没有所谓的“新文化运动”了。此外，日本的启蒙运动中知识分子最终与武士阶层分手而独立地担当起启蒙的角色，这恐怕也是中国知识分子自觉地承接启蒙使命的精神来源之一。

进一步的问题是，中日启蒙运动同样的理路，同样的内容，几乎是一致的步骤，为什么日本的启蒙运动成功地引导现代化的实现，而中国的启蒙运动却夭折了呢？中日之间至少有两点不同值得注意：其一，日本政治革命的完成先于启蒙运动，具有改革思想的天皇和有强烈的富强意识的武士阶层打败了幕府，在日本取得了政权；统治阶层富国强民的革新目标与启蒙主义的功能性目的没有根本冲突，所以，日本的启蒙运动是在相应的政治前提已经确定的条件下开展的。这与中国启蒙运动恶劣的政治环境有显著区别。日本的学者不必考虑通过启蒙走向政治革命，而中国的学人则不得不把思想启蒙与政治革命相联系。陈独秀、李大钊之所以转向马克思主义、寻求政治解决，皆种因于此。中国的启蒙运动后来分别被国民党革命和共产党革命所取代，其原因亦在于此。其二，近代日本结束了荷兰的殖民统治后，作为民族国家的独立地位已相对稳定，近代的帝国主义扩张并没有影响到日本。因此，日本没有殖民地意识和外患忧虑，其启蒙运动在倡导西方文明时丝毫不必感受民族主义的压力。而中国的启蒙运动却首先必须面对来自国内的民族主义压力，这是中国启蒙的独特体验。此亦日本可以西化，而中国即使是走“日本化的西化”之途也行不通的根源。

（二）中国与西方启蒙运动的比较

为了更好地区分中国启蒙运动的性质，了解它究竟是“全盘西化”还是我所说的“全盘日本化的西化”，还应进一步比较中国启蒙运动与西方启蒙运动之间的异同。

第一，中国与欧洲启蒙运动的批判对象不同。欧洲启蒙运动主要是针对中世纪以来的宗教神学，其任务是打碎神学枷锁、剥夺被教会垄断的真理解释权，因此西方启蒙运动是把人民从“宗教迷信”中解放出来。而在中国并不存在超越性的上帝，启蒙所针对的是人文传统，要呼吁人民从纲常名教的锁链中挣脱出来。但社会的“枷锁”是长期文化发展积累而成的，于是启蒙便意味着向自己的传统宣战。西方的启蒙运动并不面对这样的问题，它甚至可从其传统中找到反教会神学的精神资源，根本无须砍断传统。

第二，上述的差别导致了启蒙手段的根本不同，西方是在真伪之争中推动启蒙，而中国的启蒙则陷入了困难的是非之辩。西方的启蒙主要依赖于自然科学的成就，通过百科全书派的艰苦努力，卓有成效地完成了以知识体系，特别是科学知识战胜宗教神学和迷信的启蒙使命。即使伏尔泰等人从歌颂人性的人文角度反对宗教，也未越出百科全书派奠定的启蒙运动的自然主义基础。而在中国，启蒙基本上不在科学知识体系上开展，启蒙的主要方向集中在人文领域中，西方用于反宗教的“科学”利器，中国除了高喊“科学”的口号，却很难借用它的实质。在中国，科学在本质上是中性的，即使是腐朽没落的王朝统治者及后来的军阀们也不反对科学，反而对科学的运用、传播抱欢迎的态度。西方反宗教的利器，在中国由中体西用而被巧妙地吸收了，中国的启蒙学者无须像西方启蒙主义者们那样去传播启蒙自然科学知识，当然也就无法借用西方启蒙中具有强大威力的科学“真理”，于是中国的启蒙主义主要局限在人文范围内开展启蒙，但在人文范围内澄清是非比在自然科学中证明真伪困难得多。可以说，西方的启蒙是在真假之中，而中国的启蒙则深陷在是非之中！

第三，西方的启蒙基本上是在一百余年的和平时期中展开的，启蒙学者通过两三代人的从容努力，建设起新的知识体系，逐步推进新思想的传播，完成了社会思想基础和价值观念的转换。不能想象如此巨大的文化工程可以在一二十年内一蹴而就。而中国的启蒙前后只经历了十余年，其间内乱外患接踵而来，启蒙学者的思想和知识建设，不得不服从于国家和民族的政治需要，每每为新发生的社会政治和外交事件所改变。近代以来的“内在紧张”越绷越紧，使得中国的启蒙运动深陷在情绪化之中，而最大的悲剧则是，启蒙者们似乎并未意识到这点。

第四，在西方的启蒙时期，几乎还未出现民族国家之间的对立，各国启蒙所面对的又是同一的宗教神权，因此，启蒙涉及的知识背景完全没有民族差异。欧洲各国可以共享希腊文化等古典精神传统和新的自然科学成就等启蒙资源。启蒙者或许会被责为好事之徒、叛教逆子，但绝不会受到政治的和文化的民族主义压力，从来不必背负叛离法国文化或忘却德国祖宗之类的罪名。而中国则不同，中国启蒙发端之时，民族国家之间的冲突已成为国际政治中最主要的问题，国家形态极其深刻地介入了启蒙运动，启蒙主义者肩负了重大的政治民族主义使命，但又总是遭到文化民族主义的攻击。事实上，中国的启蒙运动自始至终都面临民族主义的纠缠，启蒙的理性从未超出过民族主义的眼界，这或许是中国启蒙运动最深刻的教训。（关于这一点，我将另文叙述。由于这个问题涉及今后长期的文化建设，与儒学复兴有相当关联。或许儒学的世界化有助于消解这长久的民族主义情绪?）

第五，西方启蒙的根本目的是理性的解放。启蒙主义者并未赋予启蒙运动以任何经济上的功利性目的。虽然启蒙运动导向了现代社会的民主与繁荣，但现代化并不是启蒙运动事先预设的目标。从启蒙到现代化之间经历了漫长的过程，前后伴随了实验科学革命、政治革命、工业革命等重大事件和社会变革，从启蒙到现代化不是想象中那么简单的直接因果关系。简单说，西方启蒙主要解决的问题是，什么是真理，而不是真理有什么用。然而，中国的启蒙运动则完全相反，由于上述国家形态和民族主义的介入，中国的启蒙运动一开始就有鲜明的功利性；启蒙的根本目的并不是解决认知问题，实现国家的繁荣和民族的强大才是启蒙的真正目的，认知真理只是导向这个目标的手段。这个区别使得中国启蒙在根本上不同于西方。西方启蒙运动所建立的自由、平等、博爱等基本价值准则，在中国启蒙思想中并不占重要地位，而科学与民主这两个功能性、操作性口号却比价值观的地位要显赫得多，工具性的考虑压倒了对基本价值的追求。而且科学与民主还被当作“五四”的最伟大遗产继承下来。其实，如果没有基本价值观的支持，工具理性是不可能被有效运作的；只有当新的价值准则成为主导社会的普遍观念而导引集体行为时，工具理性的意义才能彰显。在中国，“科学”与“民主”早已家喻户晓，但一个世纪过去了，它仍然只是美丽的理想。怎么办？似乎还得回到基本价值观，从重建和普及自由、平等、博爱的理念做起。如何做？这又是个大问题，而且一定会与儒家文化传统有关。

综上所述，中国的启蒙与西方的启蒙是很不相同的。因此，用

“全盘西化”来概括中国的启蒙运动，只不过是个意识形态上的批评性说法。从历史学意义上总结，中国新文化运动时期的启蒙，与其说是“全盘西化”，还不如说它是“全盘日本化的西化”，这样或许更准确些。也正是在这个意义上，可以说中国虽曾有“全盘西化”的愿望，但事实上却没有被真正地“西化”过，所以，传统还在，儒家文化也依然存在，因为如此，当代的文化转型中儒学的复兴才具有真实的基础而成其为问题。

（三）中国文化的转型和儒学复兴

从中、日、欧三种启蒙运动的比较中可以看出，开展启蒙的先天条件最不充分的就是中国，既不像欧洲那样有知识准备，又缺乏日本的政治前提，结果中国的启蒙运动终于在步履蹒跚中跌倒了，这几乎是注定的结果。那么，今天应当如何思考中国启蒙的未来前景，又如何应对中国社会痛苦的现代转型及其文化问题呢？现在已有几种不同的设计。

一种主张从首先建设启蒙的政治前提出发，强调政治制度的改造先于文化建设，这属于新权威主义的思路。包括所谓的“吃饭哲学”本质上也是同一种思想。但是，文化和精神上的要求是广义的时空统一的存在，永远不可能把文化和精神局限在某一时段上，或者安置在特定的排序中，从而拒绝它们自我的内在的不断更新。文化随时随地存在于社会之中并发挥其作用，它的发展演进并不是人为安排的结果，不管统治者是否开明，这种更新演进都会持续不断。那种编制社会改革的时间表不过是自以为是的一厢情愿罢了，所谓先政治后文化，或者先“吃饭”后“精神”，其实都是消解文化精神的社会作用，以为社会转变可以完全不依赖精神价值而自我完成。我不知道在哪里可以找到没有精神的政治、没有文化的“吃饭”，没有文化精神还有社会吗？

也有人从知识前提出发，按照西方启蒙的思路来考虑中国问题。一些学者强调科学知识、客观真理、科学世界观在启蒙中的核心作用，而另一些学者甚至认为中国应当发展神学。诉诸“科学”的思考仍然面临“五四”启蒙的困境，因为科学的战斗性主要体现在反对宗教迷信上，而因为儒家具有入世关怀的人文传统，鬼神宗教从来不是中国文化传统的主流，与西方基督教在凡俗世界之外建立绝然超越的神圣世界不同，在儒家文化传统中，鬼神的世界只有在生生不息的存有脉络中才有意义，所谓“未知生，焉知死”。因此，在中国，借由科学来推动启蒙，缺乏西方启蒙的基本向度。如果硬要把西方的历史逻辑贯彻到底，那就得先在中国造出一个宗教支配社会的历史阶段，才能完全依靠科学真理完成启蒙的任务。主张中国只有发展基督教才能现代化的理论，其实不自觉地就是在为中国启蒙虚拟一个宗教的靶子，他们的确看到了基督教在西方社会发展中的重要作用，这是深刻的问题。但是也许他们自己并没有意识到，这种观点背后存在着非常强势的历史独断论，即把西方的历程当作人类历史发展的绝对标准。他们真正的理论依据是被帕森斯刻意渲染的马克斯·韦伯的那套理论，只有新教伦理才是发展资本主义精神价值的唯一源泉。随着人类现代化进程的开展，这种看法已经越来越站不住脚了。

从关注西方宗教的社会价值和思考西方政教分离的历史经验中试图寻找中国文化建设的方案，康有为也有过同样的思路，他主张将孔孟儒学立为国教，后人由此骂他是保皇党、守旧复辟，其实是或多或少地误解了康的动机。康不过是照搬西方政教分离的模式，把儒学“高举”到宗教的地位，摆脱儒家的政治伦理对现实政治运作的介入，使政治的现代转型减少来自那些守旧的腐儒的阻力，同时又让儒家去发挥西方基督教的精神作用，让儒家担负个人伦理与生命信仰的责任。在这个意义上，康不仅不是保皇党，反而很有现代意味。这种考虑的现代翻版就是主张按照“恺撒的事归恺撒、上帝的事归上帝”的原则对待儒家，把儒家处理为对人的伦理、信仰、境界负责的意识形态。虽然这种设想似乎非常动人，但在现实中，无论是走“儒教”还是“基督教”的路，恐怕都是行不通的。有哪一种大政治传统是不需要、不包含精神价值的？所谓政教分离最主要的意义是防止宗教化的政治暴政，保护精神追求的权利和信仰的多元多样，绝不意味政治可以没有最基本的精神和道德方向！

还有一种观点是对启蒙的批评和否定，即所谓的“反启蒙主义”，这方面，需要进一步谨慎地分析梳理。如果是针对中国启蒙过程中的形式主义、情绪化、盲目性和功能主义倾向等，而提出“反启蒙主义”，是对启蒙的建设性批评，已经获得一部分学者的共识。若再深一层，看到了启蒙主义过分夸张经验的作用、无条件地把人放在中心地位等，指出启蒙主义作为一种哲学意识形态的局限性以及它在现代发展中显现出来的严重的副作用，从而在更高的哲学层面上消解启蒙哲学的偏误而“反启蒙主义”，这是对启蒙运动的积极的扬弃。但是，如果简单化地认为，启蒙主义在根本上就是错误的、灾难性的，因而是不必要的，对这样的“反启蒙主义”，我很难同意。

其实，文化本身是不断地创造更新的，并没有一成不变的文化。任何一个传统社会在发展过程中必然会经历相应的文化调整，不适应新的社会发展，又缺乏自身更新能力的文化因素会逐步被淘汰或走向死亡，而新的文化因素则被发现和传播，成为推动社会进一步转化的精神力量。文化也有其稳定性和相对性，中国的文化当然显著地不同于希腊、印度、阿拉伯的文化。但这种独特性也是体现在连续的发展中的，一个民族的文化若不再连续地发展，它就会成为古董；若它的发展脱离了其独特性，那么这个民族也就丧失了它的文化家园。文化的生命力正在于，它能以其自身的独特性去面对新的情况、发展出新的因素，使自己既不被其他文化所同化，又能不断更新和创造出自己的新形态。所谓的启蒙，就是应该在文化转型中赋予原有文化以新的内容和形式，使其符合新的社会生活，而又不失其独特。这就是知识分子的文化使命。“五四”启蒙的失足在于，它切断了独特性的连续发展，置独特性于不顾而只求发展；而“五四”时期的国粹主义的问题则是，偏重于保存独特性而无应对发展的手段。

那么，健康的启蒙应当如何开展，传统文化怎样才能传承并发扬光大呢？对这个问题的回答还得回到儒家，只能从中国文化的独特性上寻求连续的发展。换言之，要从检讨儒家生命力的资源开始。不可否认，宋明以后的儒学中确实存在着结构性的缺陷，而启蒙主义和国粹主义两方面的错误，更使得儒家文化在应对近代的发展时缺乏积极的姿态，基本上是取步步退却的守势，结果儒学的影响力日渐式微。

也就是说，在近代中国存在着一种特殊的文化现象，我称其为“儒家的撤退”。

其最早的守势是从“中体西用”开始的。由此，儒学中传统的宇宙论、社会秩序理论以及与伦理学、人生哲学相统一的一元论，被一种二元论的倾向所分裂。儒学具有极大综合性的“用”的境界，第一次被降格到与“器用”相通的最低层次，“用”之于人生、社会的广义功能性被消解了。最重要的是，它脱离了儒学作为“体”的最高的宇宙原则和精神原则，成为体外之用。任何一种大文化，其本质都是一元的，一旦割裂了它，其危机也就到来了。

康、梁这一代虽在哲学上还象征性地坚持儒家有机的整体论，但他们在分析社会政治状况时却抛弃了它，实际上是精神上崇尚东方，而物质上追求西方。虽然在精神道德领域，他们仍坚持从儒家的价值观出发，也经常表示，精神价值是高居于社会政治之上的，但实际上，他们的全部注意都倾注在社会政治的现代化上。这种“精神—物质”的二元分疏后来被普遍接受了，但不同的流派却各倚所重、发展出完全对立的看法。启蒙主义把重点放在“物质的西方”上，抨击“精神的东方”无可救药的迂腐；而儒门后继的新传统主义者，则在“精神的东方”上高谈阔论，而把“物质的西方”视为精神的沦落。

儒家有机的整体论终于完全破碎了，它不仅完全丧失了“用”的方面，就是“体”的方面也被大量侵削。按照“精神的东方”这个可疑的路标，儒学最后退守到极小的却富有弹性的纯粹精神领域——心性，陆王学说便成了儒学最后的精神家园。梁漱溟、熊十力、张君劢等不约而同地皈依了陆王心学。传统儒学讲的是天、道、人合一的恢宏的大体大用，而当代新儒学却专注于道德体验的形而上学，只讲如何通过“良知”去体悟、沟通这个大体大用。退到陆王的心性论，不仅未弥合上述的二元论的分裂，反而在“神圣—世俗”的二极中，决断地走向了“神圣”。这是第一代、第二代新儒家学者的重要缺失。然而，儒学本质上是浸透在日常生活中具有巨大功能性的传统意识形态的，蛰居在心性、内圣中，固然可通过个人良知的提升表现其功能，但终究不可等同于它的社会功能。无论儒家传人是怎样的委屈求存、左闪右躲、步步退却，可是，仍然挡不住人们总是叩问儒家和现代化的关系，尤其是儒家与现代制度建设的关系。这几乎是儒家百年困境中最恐怖的噩梦。

到底应当如何看待儒家的“用”，特别是“外王”？这个问题比较复杂，它困惑了从“五四”前后及至今天的好几代中国学人。“五四”的精英们之所以强烈地反对儒家传统，是因为儒家代表的政治理念不仅不能发展民主以救中国，而且还是中国现代化的绊脚石，这个意识形态观念经过新文化运动的渲染普及，成为“五四”最大的精神遗产，深深影响了中国后来的思想方向。直到现在，仍然还有许多人质疑“老内圣能不能开出新外王”，对儒家的现代复兴不屑一顾。所有这些考虑的共同特点在于把民主作为基本标准要求儒家，假如儒家可以内在地发展民主，或者假如中国的民主已然成功，批儒的激情或许早已化解。这曾经对第二代新儒家构成了巨大的压力，他们冥思苦想如何从古代儒家思想中转化出现代民主，这是一种非常悲情而又感人的奋斗。其实，这到底是不是个真问题呢？在西方，宗教曾经被认为是民主最大的敌人，而韦伯却把改革后的新教当作资本主义现代性的真正源泉，这个观点同样受到广泛的传播，现代西方很少再有像启蒙时代那样极端反宗教的人了。为什么儒家在中国却总被认为是反现代化的负面力量？儒家是否应该为中国政治实践开不出西方现代民主承担责任？是不是中国集权政治的罪魁祸首？这类反复纠缠的问题，构成了近百年中国最唠叨无聊而又无休无止的意识形态话语。只要中国的政治生活出现问题、不如尽人意，儒家就是理所当然的替罪羔羊，甚至林彪这样的事情，也会滑稽生硬地拿孔子牵连问罪。在思想界，儒家已经成了思想懒汉的避难所，所有当代的苦难不能在当下的实际处境中严肃反思，而是推诿给儒家传统，什么都是“孔孟之道”的错，的确是既轻松省事又毫无风险。可是，这样的反思怎么能出真正的智慧，它所面对的苦难何时才能望尽！

更为严峻的困难在于，不仅是启蒙主义者如此思考，就连儒家学者也不例外。人们总是习惯于区分“五四”时期启蒙精英与儒家传人是如此这般地不同，却从来不考虑他们之间的相同之处。事实上，在对传统儒家社会制度安排方面的绝望，他们几乎是完全一致的，这是那个时代的共识。不然，早期新儒家就不会放弃对儒家制度的维护，而专注于心性体验的精神修炼。熊十力甚至比启蒙学者更加严厉激愤地批评过儒家社会的家族制度。但是，因为社会转型的压力，制度建设的考虑是绝对回避不了的，假如儒家可以真正复兴，一个完全不面对制度安顿的儒家，一个不能从其内在资源中发展现代制度的儒家，能够获得更新再生的生命源泉吗？第二代海外新儒家在慷慨悲歌地发表文化复兴宣言时，接过了这个挑战的手套。

牟宗三思考“外王”，便是企图为传统儒家打开一道通向现代政治的出口。他精谙德国古典哲学，深知康德主体性哲学对于西方现代转变的重要意义，因此，他颇为自信地以康德为标本，用孟子的学术思想比照和解构康德，企图从孟子中发掘康德之于西方现代化的那些重要资源，以证明儒家同样可以对现代化制度有所作为。在他的处理中，孟子显然比康德更加高明，但那主要集中在道德伦理方面，通向制度的大门仍未开启，牟宗三的解决方案是“良知嵌现”，把他认为儒家最精要的核心“良知”，“嵌现”到社会政治生活中，现代民主制度至少有了可以对接儒家的基础。但是，“良知”如何可以“嵌现”，他没有合理的交代，因此，在牟宗三的学术批评中，“良知嵌现”成为经常引起争论和混乱的语词。我以为，他的困难在于，恪守“良知”，说明他并没有脱出陆王，仍然坚持心性一途，这就使得他虽然强烈企图面对“外王”困局，却始终在“内圣”之中打转转。把传统的内圣外王人为切断，终于让他得出古代中国“只有治道没有政道”这样感伤而莫名的结论。认真想一想，一个管理了全世界最大生存共同体两千多年之久的民族，只有治道，而没有政道，没有关于政治的基本原则、根本宪章，这可能吗？那儒家的王道、仁政、民本、“士为帝王师”所鼓励的知识群体的政治参与，等等，难道不是中国的政道？

我并不一般地反对心性立场，由心性而修身，进而齐家治国平天下，本来是足以打通“内圣外王”之道的，中国古代政治走的就是这条道路。但是近代中国接连不断的政治灾难，使人们对古代的外王彻底失去信心，甚至对制度化外王中包含的政治智慧也了无兴致。而新儒家们则困守在心性的城堡里，顽强地挥舞着“精神的东方”的旗幡，渴望着儒家复兴的明天。心性的确很重要，可是仅仅心性便足够了吗？那等待复兴的外王又在哪里？而且在我内心深处始终存在着对心性独断的一丝恐惧，曾国藩、蒋介石等人都是王阳明的信奉者，把陆王心性学说变态地发挥到极致的阳明后学，更是当代中国反知主义、“灵魂深处爆发革命”、无休无止的思想改造运动的直接的思想渊源，那种无限夸大主观能动性的胡作非为，曾经把中国卷入无边的灾难和动荡之中。所有这些是不是足以让我们极其谨慎地对待心性儒学的复兴呢？或许新儒家的第三代、第四代传人能够从心性论的城堡中走出来，展现儒家内圣外王全面智慧的伟大风采，真正解决近代思想意识形态中反复出现的对待儒家的分裂立场。

现在还依稀记得，儿时曾经听老人讲过一个故事：

> 一对农家夫妇在自己的院子里种了一些西红柿，邻家的院子里，也种上了一些苗苗。这对夫妇每天浇水除草，西红柿一天天长大，终于硕果累累，由青变红。而邻家的那些苗苗虽然也长得高高大大，可枝干上除了叶子什么都没有。他们一边庆幸自己的丰收，一边嘲笑那些只长叶子不结果的植物。到了可以收割的时候，邻家的院子里也开始收割了，邻家的主人从地底下刨出一堆又一堆的土豆，白白的土豆躺在阳光下，胖鼓鼓，实实衬衬。这时候，这对夫妇傻了，那男的突然地生气了，指着自己家里的西红柿，骂道：你们这些没用的东西，怎么就不能给我也长出土豆呢？说着，他就拿了把锄子要把西红柿全刨了。那女的急了，一把拉住他，喊着：西红柿也是宝，不能刨。他们俩就这样互相拉扯着。几天后，西红柿全落到地里，烂了。可他们还在纠缠拉扯，眼睛却直愣愣地看着邻家的那堆土豆。

这很让我想起中国的启蒙主义者和新儒家们。

那样地苛求儒家和那样地为儒家辩护，是不是有意义的行为？西红柿难道应当为没有结出土豆负什么责任吗？儒家应当为中国没有长出西方的民主负责任吗？或者儒家应当为“五四”前后的慈禧太后和袁世凯负责任吗？再或者，儒家应当为中国传统中曾经有过的集权暴政负责任吗？其实不必！儒家事实上不是中国古代政治制度的设计者，早在孔子之前，夏商周三代，已经逐步形成中国古代政治的基本形态。孔子和孟子，还有其他奠基儒家的学者，他们所做的是反思这些政治制度，接受它们的成就，批判它们的弊端，为中国政治建设了一个道德理想主义的高度，使得中国的政治、中国的帝王将相们永远都要面对这个道德政治的伟大标准。直至今日都不例外。因为这套标准的存在，才形成了儒家知识分子政治抗议精神的宝贵传统，才使得在黑暗政治的时代，始终会有批判的声音，始终会有寻找光明的努力；也正是因为儒家政治批判力量的存在，才使得中国政治可以拥有绵延数千年之久的稳定的管理，才有存在于这些国家治理经验中的伟大智慧。儒家是努力在中国历史的各个阶段上建立理想的政治形态，以改善现实政治的种种弊病。因此，如果要用现实政治的苦难去清理儒家理想的缺失，需要特别地谨慎。在儒家理想的批判立场上，如果去掉鲁迅这些人的偏执，事实上，他们更像是儒家的当代传人。不错，启蒙主义者和新儒家们确实是严重对立着，可是他们真正的区别究竟是什么呢？启蒙主义者那些社会批判的勇气和信念，不正是儒家寻求理想政治的现代版本？不正是儒家抗议精神的伟大传承吗？这一点甚至连鲁迅本人都不讳言，他说过，我们自古以来就有埋头苦干、为民请命、以身试法的志士仁人，这就是中国的脊梁。这个中国的脊梁不就是儒家的理想主义铸造的吗？就儒家而言，假如孔子活在“五四”那样的年代，他会拒绝民主所体现的基本价值吗？他可是“道不行，乘桴浮于海”的寻道者！同样，儒家所执着的道德政治理想与民主的基本价值真的是水火不容吗？

是时候了，结束那些无谓而又冗长的争论吧。我们已经让前人和后来者们见笑了。

启蒙致力于建设理想社会的真正使命和儒学面对时代的复兴，其实是毫不矛盾的双重任务。启蒙的关键是重新审视它的基本目标，而不被破坏的激情蒙蔽它的真正方向；儒家复兴的关键是从陆王中走出来，以心性打通体用，弥合近代以来的二元分裂，摆脱其造成的局促处境。儒学仍须以其广博的大体大用来应付现代问题，不是单纯地为传统的儒家信仰辩护，而是给现代问题以儒学根源的创造性解释。在自由、平等、博爱、人权、民主、法制、人与自然、人与信仰等方面，儒学都可以作出创造性的解释。只有面对问题，儒学才有复兴；只有解答问题，儒学才能区别宋明、形成其现代经典、进入新阶段，成为解释和指导现代生活的精神源泉。这恰恰是启蒙的期待。可以说，儒学的复兴取决于它能否成功地把启蒙思潮转化成儒学的内在组成部分，而启蒙的未来则在于通过儒学的复兴而实现文化和社会的转型。化解启蒙—儒家的二元论或许是二十一世纪中国最大的文化工程。

（原载《开放时代》2007 年第 5 期）

# 从“五四”新文化运动看中国文化启蒙的特殊性

穆允军*

作为中国语境中的启蒙事件，“五四”新文化运动表现为东西方文化比较视域下的文化变革，它蕴含着中国文化启蒙所特有的纠结。外源性启蒙、救亡压倒启蒙、“第三条道路”和市民社会的不成熟，构成中国文化启蒙的独特表征。超越“启蒙”与“传统”的二元对立这一思维樊篱，逐渐成为启蒙的批判性反思的一种共识与论域。在这种反思中，中国文化逐步凸显出主体性启蒙的建构走向。

“五四”新文化运动是一个颇具象征意味的文化启蒙事件。作为一种外源性启蒙，它是在中西文化碰撞、冲突中发生的，表现为东西方文化比较视域下的文化变革。它所揭橥的“民主”与“科学”旗帜和人的解放的文化启蒙意义，呈现出不同于西方启蒙运动的文化特质，深刻地影响着中国现代文化的建构和发展。在一定意义上，对“五四”新文化运动的启蒙本身的反思，折射着中国文化未来发展的变迁趋向。

## 一　启蒙与“五四”新文化运动

众所周知，有关启蒙的定义很多，对于启蒙与启蒙运动的区别也

---

* 穆允军，山东大学哲学与社会发展学院博士研究生。

多有学者提及，但 17 世纪中后期至 18 世纪的西方启蒙运动无疑是启蒙最典型的外显文化形式，其主要特点是：

第一，人权代君权。中世纪欧洲各国君主宣扬“君权神授”，基督教教会则通过对君权的渗透加强自身的政治力量。启蒙运动时期，以洛克、孟德斯鸠、卢梭等为代表的思想家号召消灭君主专制、贵族特权，追求个人自由、权利平等和政治民主。洛克用“天赋人权”说来反对“君权神授”，认为人民是主权者，人们通过社会契约建立国家就是为了保护人们的生命、自由、财产等自然权利。孟德斯鸠创立“三权分立”说。卢梭则是“人民主权”论的集大成者，认为当每一个人通过社会契约把所有权利转让给作为整体的人民时，整体人民就是主权者，主权者的统一意志被称为“公意”，拥有决定一切的绝对权威，政府不过是臣民与主权者之间的中间体。卢梭主权在民的思想在法国大革命中成为罗伯斯比尔领导的雅各宾派的理论旗帜。1776 年美国的《独立宣言》和 1789 年法国的《人权宣言》作为纲领性文件标志着君权失去绝对权威，天赋人权、主权在民等启蒙思想在政治、法律领域发扬光大，对欧美资产阶级革命起到了推动作用。

第二，人本代神本。在中世纪，上帝是宇宙的终极存在、最高本质，人在上帝之中才能获得完全的拯救。随着近代自然科学的发展和地理大发现，欧洲各国商品经济逐渐繁荣，人们关注的中心开始由天上转向了人间。启蒙运动张扬人的理性，以理性为最高权威，反对宗教专制，形成了影响广泛的思想解放运动。英国启蒙思想家培根、洛克、霍布斯等虽然没有直接否定上帝，但理性法则几乎抽空了上帝的内涵。法国启蒙运动的宗教批判则相当激烈，伏尔泰贬损上帝是“妖怪”“骗子”，教皇、教士、神甫都是“文明的恶棍”“两足禽兽”，孟德斯鸠怒斥教义的荒诞，卢梭谴责宗教战争与迫害，“百科全书派”狄德罗、拉美特利、爱尔维修、霍尔巴赫建立无神论和机械唯物主义学说，猛烈批判上帝的虚妄，呼吁寻求现世的幸福与快乐。狄德罗在《百科全书》中说：“人是我们应当由之出发并应当把一切都追溯到他的独一无二的端点。”①

---

① 转引自［英］亚·沃尔夫《十八世纪科学、技术和哲学史》（上），周昌忠等译，商务印书馆 2009 年版，第 18 页。

第三，科学代信仰。随着哥白尼《天体运行论》的问世，近代自然科学诞生，天文学、动物学、植物学、医学、解剖学等领域都取得了一系列重大的发现。伽利略、牛顿等伟大科学家建立起来的科学方法与理论则使自然科学得到迅速发展。它不仅为西方工业革命奠定了坚实物质基础，在精神领域也开始驱逐传统宗教信仰。在启蒙的历史语境中，“宗教被认为是人类生活中一切落后的和野蛮的东西的一种职能”。[①] 启蒙者主张一切制度和观念都要在理性的法庭上受到批判和衡量，他们以理性为旗帜，反对宗教信仰，提倡科学，宣称“只有科学、理性和自由才能促进人们的改造和幸福”。[②]

按照康德的定义，“启蒙运动就是人类脱离自己所加之于自己的不成熟状态”。[③] 启蒙就是通过理性发现人的自我，用理性来重塑人的主体性。康德把启蒙理性提升为一种批判理性。福柯继而在当代在场的意义上重新建构启蒙的内涵，把启蒙的消极批判转化为积极批判，认为“可以连接我们与启蒙的绳索不是忠实于某些教条，而是一种态度的永恒的复活——这种态度是一种哲学的气质，它可以被描述为对我们的历史时代的永恒的批判”。[④] 在福柯那里，对启蒙的批判并不在于消除启蒙中的理性精神，而在于从现代性对人的内在解构危机中走出来，重新激活启蒙的批判精神。

与西方启蒙运动相比，20 世纪初中国发生的“五四”新文化运动同样体现着对人的主体性地位的觉醒，同时由于外源、后发的缘故，具体内容有所不同，表现为尊崇科学与民主的理性精神、反对纲常名教的思想宰制两个方面。

作为启蒙精神的重要表征方式，科学和民主实质上仍是通过理性确立人的主体性。科学试图建立对对象的认知与把握的理性方式，从而确立人在自然中的主体性地位；民主则意味着人与人的关系摆脱统

① ［英］柯林武德：《历史的观念》，何兆武、张文杰译，中国社会科学出版社 1986 年版，第 87 页。

② ［法］霍尔巴赫：《健全的思想》，王荫庭译，商务印书馆 1980 年版，第 17 页。

③ ［德］康德：《历史理性批判文集》，何兆武译，商务印书馆 2009 年版，第 23 页。

④ ［法］米歇尔·福柯：《什么是启蒙》，汪晖译，载汪晖、陈燕谷主编《文化与公共性》，生活·读书·新知三联书店 2005 年版，第 433—434 页。

治与被统治、压制与奴役的性质，从而建立起人在主体际性意义上的平等权益地位。陈独秀呼吁“国人而欲脱蒙昧时代，羞为浅化之民也，则急起直追，当以科学与人权并重”，[①] 认定“德”“赛”两先生“可以救治中国政治上道德上学术上思想上一切的黑暗”。[②] 胡适则指出新思潮的意义在于一种“评判的态度”，把尼采的“重估一切价值”作为评判态度的最好解释，要人们不盲从任何传统的权威，对现存的制度风俗、圣贤教导、行为准则和精神信仰进行理性的清算，从这些外在引导或强制力量中解放出来，以便发掘出具有理性能力的主体，真正运用自己的理性去理解、去判断，从而凸显人作为主体的地位。“五四”新文化运动中新文化派先驱对理性的尊崇态度，发出振聋发聩的时代强音，极大地唤起了文化的觉醒。

在“五四”新文化运动中，陈独秀率先把矛头指向儒家“三纲”之说，认为政治伦理都不外是重阶级尊卑的三纲主义；李大钊批评中国历史是“乡愿与大盗结合”的记录；鲁迅在《狂人日记》中控诉封建礼教“吃人”的本质；“只手打倒孔家店的老英雄”吴虞则直指家族制度是专制主义的根据。胡适就礼教与儒学的关系尖锐抨击孔子之道，“正因为二千年吃人的礼教法制都挂着孔丘的招牌，故这块孔丘的招牌——无论是老店，是冒牌——不能不拿下来，捶碎，烧去！”[③] 新文化派痛斥纲常名教对人的思想宰制，猛烈攻击封建专制以实现人的解放，确实是惊世骇俗的启蒙壮举。然而，他们没有对儒学在思想、政治制度、伦理教化等层面的不同内涵进行区别，而是把封建专制与作为传统文化主体的儒学简单化约为一个整体一起进行批判。

不同于新文化派对传统化约式的否定，梁漱溟则揭示孔子的仁的、刚的、生动活泼、不计利害的真精神，开启现代新儒家之先河；“科玄论战”的玄学派代表人物张君劢自觉地对人生观与科学进行划界，在提倡科学与民主、反对专制思想的同时，对传统怀有温情与敬意，

---

① 陈独秀：《敬告青年》，载《独秀文存》，安徽人民出版社 1987 年版，第 9 页。

② 陈独秀：《〈新青年〉罪案之答辩书》，载《独秀文存》，安徽人民出版社 1987 年版，第 243 页。

③ 胡适：《〈吴虞文录〉序》，载欧阳哲生编《胡适文集》第 2 册，北京大学出版社 1998 年版，第 610 页。

勉力呵护、发明；坚持把文化传统看作生命的维系与生发，是现代新儒家一贯坚持的原则；“五四”新文化运动后熊十力的新唯识论、冯友兰的新理学、牟宗三的道德的形而上学、20 世纪五十年代“须肯定承认中国文化之活的生命之存在”的文化宣言，都是要重新复活传统儒家“生命的学问”。文化保守主义者将传统作生命观，新文化派对传统作化约的整体性否定，这是两者在认同启蒙的前提下最大的不同。

“五四”新文化运动通过对民主与科学的高扬和对封建的纲常名教的批判挺立起人的主体性，凸显人的理性精神；西方启蒙运动则是通过理性对宗教神学的批判确立人的理性力量。两者启蒙的内容有所不同，但实质都是通过理性发现人的自我，人的发现是中西启蒙运动的共同目标。

## 二　中国文化启蒙的特殊性

时至今日，在经历了“五四”新文化运动以及二十世纪八十年代的思想解放运动之后，中国启蒙仍任重道远。作为中国文化启蒙的思想原点，“五四”新文化运动已蕴含着中国文化启蒙的特质，这正是“五四”新文化运动留给我们的最重要的思想资源。

### （一）外源性启蒙

尽管启蒙精神备受质疑，但依然是引领人类文化发展的基本方向。在某种意义上，启蒙体现着在文化时代性意义上不同文化形态之间的可通约性。启蒙运动是西方文化的自我调节、自我完善，通常被称为内源性的启蒙。相比之下，中国文化启蒙则是外源性的。“五四”新文化运动是中国近代以来在遭受西方文明侵略的历史背景下发生的，启蒙的动因来源于外在的救亡使命，启蒙所需要的理性资源也不是追求德性的中国传统文化所固有的。在时代性的转换中，中国启蒙的外源性使得文化难以实现格式塔式整体的转换与超越，难免造成科学和民主的泛化。理性的缺位使科学和民主难以逾越陈独秀所说的“伦理的觉悟”层面并落实到社会的现实变革中。

中国文化启蒙的这种外源性，决定了“五四”新文化运动中中国人不得不面临的文化民族性的纠结。文化的民族性是一种特定的民族文化同其他文化比较中所显示出来的不可替代的规定性，体现着不同民族文化之间的不可通约的一面。受西方实证主义思潮的影响，自严复以来，文化进化论是文化启蒙者不证自明的理论前提。“东西文化论战”中的新文化派把东西文化看作古与今、旧与新的关系，完全抛弃了文化的民族性维度。这种单向线性的文化进化观念必然得出全盘西化的结论。在“科玄论战”中，科学派对科学方法万能的信仰僭越了科学与哲学的界限，在最能代表中国文化特质的人生观领域竖起科学的旗帜，试图用文化的时代性取代民族性，实质上是“全盘西化”主张的延续。梁漱溟曾敏锐地指出，“新运动只是西洋化在中国的兴起”①，一语道破新文化派文化时代性的基本预设。中国现代文化的发展历史早已证伪了全盘西化理论的虚妄。其实，从洋务运动时期中西学割裂的“中西之争”，到维新时期“新旧之争”基础上的中西会通，都在试图找到中国文化时代转换中的民族性的维度，玄学派对人生观的维护正是对被科学派科学视野所遮蔽的民族性维度的彰显。

（二）救亡压倒启蒙：国家民族本位取代个体意识

西方启蒙推进到人的主体性层面，张扬人的理性精神，成为英、法、德等不同国家共享的理念。它强调天赋人权，主张维护个人的生命、自由、财产的权利，追求个人的幸福与享乐。经济学上追求个人利益最大化的“经济人”预设最富有代表性。受西方启蒙运动的影响和启示，五四新文化运动的启蒙者也同样注意到张扬个性的一面。陈独秀在《东西民族根本思想之差异》中指出：“举一切伦理，道德，政治，法律，社会之所向往，国家之祈求，拥护个人之自由权利与幸福而已。”②周作人倡导“重新要发现人，去辟人荒”的“人的文学”。胡适推崇典型的个人主义的易卜生主义，号召人们去除国民的奴性、追求独立自由的人格。所有这些在当时的思想界都产生了很大的影响。

但由于面临国家和民族的存亡危机，中国的启蒙并未像西方启蒙

---

① 梁漱溟：《东西文化及其哲学》，载《梁漱溟全集》第 1 卷，山东人民出版社 1989 年版，第 539 页。

② 陈独秀：《独秀文存》，安徽人民出版社 1987 年版，第 28 页。

运动那样进入更深层的理性和自由去探讨启蒙的意义，而是把启蒙定位于科学和民主这样一种实证的范畴，与民富国强的祈望直接地联系在一起。因此，中国文化启蒙的功用性十分明显。孙中山有一段话精确地刻画了国人的这种心理，他说：“如果专拿自由平等去提倡民气，便是离事实太远，和人民没有切肤之痛，他们便没有感觉；没有感觉，一定不来附和。”[①] 在救亡图存的时代主题支配下，推崇个人主义的启蒙思想家也渐渐用国家、民族的需要取代了个性的追求。他们在强调民主概念中个人价值的同时，将民主的目标指向民富国强，更注重民主在政治、经济、社会领域的解放意义。胡适的“社会不朽论”强调的是个体作为“小我”只有融入永远不朽的“大我”中才能实现自身的不朽价值；陈独秀在《人生真义》中同样认为个体生灭无常，只有社会才是真实的存在。作为一种对历史情境的描述，李泽厚提出的“救亡压倒启蒙”说颇能道出中国启蒙遭遇的特殊困境与矛盾。救亡与启蒙矛盾的实质是国家民族本位与弘扬个性两种价值观念的冲突。在现实压力下，救亡占据了主导。

### （三）启蒙反思中的“第三条道路”

西方启蒙运动以人权代君权、以人本代神本、以科学代宗教，通过理性精神的弘扬确立人的主体地位。然而吊诡的是，启蒙对理性的过度推崇又恰恰使启蒙走向了自己的反面。二十世纪初爆发的第一次世界大战，使得启蒙精神所造就的现代文明的弊端暴露无遗，继而造成了反启蒙思潮的涌起。但贯穿于西方启蒙和反启蒙中的批判的气质和态度却一以贯之，在总体上呈现出线性发展的特点。

作为外源性启蒙，中国文化的启蒙则不得不面对晚了两个世纪的时代错位，共时态地遭遇启蒙同反启蒙的纠葛。二十世纪初，中国对西方文化的引进多是通过日本“转口输入”，当时译述之风盛行，且以多为贵。西方近代思想包括启蒙与反启蒙的思潮、流派同时涌入国内，国人如饥似渴地从西方文化中寻找强国富民之道，饥不择食，难免食洋不化。除了纷繁复杂的西学带来的思想冲突困惑外，耳闻目睹

① 孙中山：《三民主义》，岳麓书社2000年版，第102页。

的现实更使人感到困惑不解。当新文化派热烈地颂扬西方文化之时，第一次世界大战爆发了，这显示着启蒙内含的人的发现与剥夺的双重性。杜威、罗素、杜里舒来华访问，他们对西方文化的反思与批判同样引人深思。俄国十月革命的胜利又似乎透露着另一种曙光。这些世界范围内的文化变迁，深深触动着"五四"新文化运动中寻求文化出路的先驱者。西方文明不再仅仅意味着体现人的主体性的民主和科学，还有丧失人性的残酷杀戮和灾难。因此，国人不得不对启蒙精神进行批判性的反思。这种反思构成了民主与科学旗帜之外的另一种思想之维，成为中国文化启蒙不同于西方启蒙线性展开的特异之处。

正是对启蒙的反思透显出文化保守主义者对中国启蒙特殊性的恰当把握。游历欧洲回国的梁启超慨叹"科学万能"梦的破灭；梁漱溟从世界文化的走向中肯定中国文化的复兴；学衡派汲取白璧德的新人文主义，提倡"昌明国粹，融化新知"；曾亲师柏格森、倭铿的张君劢以宣传两人哲学为己任，而为玄学派之先锋，力求在科学万能的社会趋向中捍卫玄学的价值。文化保守主义者对启蒙的历史局限性和内在危机的反思，使其以生命的方式看待自身文化传统的承续，显示着深刻的思想价值。然而，他们的"返本开新"的内在超越之路，依然停留在学理上的可能性，回归传统的历史进路亦无法实现对传统和启蒙精神的双重超越。

早期马克思主义者在宣传西方文化的同时，又保留了对西方近代文化弊端的批判态度，力图实现对传统和启蒙精神的双重超越，寻找所谓"第三条道路"。李大钊认为东西文化如同车之两轮、鸟之两翼，各有自己的价值与缺陷。他说："第一文明偏于灵；第二文明偏于肉；吾宁欢迎'第三'之文明，盖'第三'之文明，乃灵肉一致之文明，理想之文明，向上之文明也。"① 对第三文明的向往，已隐含着对传统与启蒙的超越。另一位早期马克思主义者瞿秋白在文化选择上也经历了类似的心路历程。他在《赤都心史》中写道："新文化的基础，本当联合历史上相对待的而现今时代之初又相补助的两种文化：东方与

① 李大钊：《"第三"》，载《李大钊文集》（上），人民出版社1984年版，第184页。

西方。现时两种文化，代表过去时代的，都有危害的病状，一病资产阶级的市侩主义，一病‘东方式’的死寂。‘我’不是旧时代之孝子顺孙，而是‘新时代’的活泼稚儿。”① 瞿秋白既反对固守狭隘的民族文化，也反对一味求新的西化倾向，而是主张以东西文化为基础建立新文化。早期马克思主义者与文化保守主义者虽然汲取了不同的西学资源，有着不同的致思取向，但在对启蒙历史后果的反思上却是一致的，虽然充当了科学派的同路人，但他们对于新文化的理解上已突破全盘西化的思维定式，意识到新文化要实现对传统文化和西方启蒙运动开启的近代文化的双重超越，必须寻求“第三条道路”。“第三条道路”用先进的文化去完成传统文化和西方文化的双重超越的理路在当今中国文化建设中依然有着重要的理论价值和现实指导意义。

（四）市民社会的不成熟

西方启蒙所塑造的理性精神渗透到社会各个领域，商品经济的发达和政治的民主化进程在社会结构上表现为市民社会的逐步成熟。可以说，市民社会以商品经济的发达为基础，是建立在社会契约关系之上的，它以维护个人的基本权益为目的，是启蒙所塑造的理性精神在社会组织形式上呈现的现实形态，奠定了现代文化的社会结构性基础。它与国家的关系也折射出理性的个体与类存在物之间的博弈关系。相比之下，“五四”新文化运动开启的中国启蒙显然缺少成熟的市民社会这一现实基础。

从社会结构看，中国传统的家国同构的社会不利于市民社会的形成。它源于传统文化中“修身、齐家、治国、平天下”的社会理想。家与国之间的逻辑递进关系一旦作为经验共时的联系，国家就被看作家的放大，两者之间的差异变得模糊不清。个人是作为家庭的或国家的成员、部分而存在。在希贤希圣的追求中，个人通过内在超越的工夫达成道德人格的完满，凸显的是人的精神性原则。如此一来，个人的特殊利益尤其是个人的私欲即被看作应被超越并克服的对象。人与人之间的伦理规范建立在以“孝”为基础的家族制度之上，个人依附

① 瞿秋白：《赤都心史》，载《瞿秋白文集》第1卷，人民文学出版社1985年版，第213页。

血缘关系，构成整个血缘关系上的一个连接，国家作为家庭的放大，国家、群体的利益永远高于个人利益。西方市民社会对家庭的取代，是西方现代社会关系的主要表征，其现代意义集中体现在黑格尔的法哲学思想中。在黑格尔看来，市民社会作为独立的单个人的联合，"是通过成员的需要，通过保障人身和财产的法律制度，和通过维护他们特殊利益和公共利益的外部秩序而建立起来的"。① 市民社会中的个人在与他人的区别中成为他自己，个人特殊利益之间的关联割断了家庭的自然纽带。仅从人的自我意识与作为现代性表征的市民社会的关系来讲，对人的肉体性原则的肯认构成了市民社会中人的自我意识形式。西方市民社会打破传统家庭中的自然关系，建立起个人之间的利益关系，是现代社会关系的重要特征。但市民社会那种个人特殊利益的社会关系在中国传统的家国同构的社会结构中始终难觅踪影。

在中国现代文化中，对于市民社会的认识也表现出不同于西方文化的一种路径。首先，它主要表现为一种文化上的觉醒。"五四"新文化运动中新文化派对传统伦理和家族制度的批判、对民主和个人解放的宣扬，似乎隐约认识到了市民社会与以血缘为基础的传统社会关系的不同。从陈独秀的"自主自由之人格"和胡适的易卜生式个人主义中，可以看到摆脱家庭成员身份、强调个人作为区别于他人的自己的印记的倾向，如《玩偶之家》主人公娜拉的那句名言即"首先我是一个人，跟你一样的一个人"。然而，正像鲁迅对"娜拉走后怎样"的设想与怀疑，独立的个人更多是强调精神、人格方面的内涵，在传统的社会中并不能结合成某种个人利益的共同体，构成一种独立的社会力量。其次，在外源、后发的现代化过程中，中国社会的变革必然表现为一种自上而下的政治、经济、社会结构等各层面的调整，国家在其中扮演着主体的角色，迥异于西方市民社会与政治国家相互分离的展开过程。再次，中国传统经济方式是以农业为根本的自然经济，新中国成立后又经历了计划经济阶段，经济改革后由于系统悖论的存在，经济的发展一度陷入放与收的循环，市场经济的发展状况尚无法

---

① ［德］黑格尔：《法哲学原理》，范扬、张企泰译，商务印书馆 1961 年版，第 174 页。

为市民社会的建立提供有力的世俗基础。

## 三　启蒙的走向：启蒙的反思与文化主体性启蒙的明朗

自“五四”新文化运动以来，启蒙一直就在中国文化话语中占据优势，后来的启蒙倡导者也基本延续了“五四”时期的新文化派以启蒙为唯一文化向导的理路。与此相应，现代新儒家从熊十力、梁漱溟到牟宗三、唐君毅等人，在肯认启蒙价值的同时，仍坚持把传统作为新文化的生发基点。启蒙与传统的二元对立构成了中国文化发展萦绕的线索。随着中国现代化成就带来的文化自觉性的增强、西方学者及后现代主义对启蒙的批判、以杜维明等为代表的现代新儒家第三代学者对多元现代性及反思启蒙思想的阐释、当代学人对西方启蒙与传统关系的深入研究，二元思维樊篱逐渐被突破。对启蒙自身广狭义的厘定成为思想深化的客观要求，启蒙的反思逐渐成为一种共识和共同论域。随之而来的是，在启蒙的反思构成启蒙倡导者与传统秉持者共同的思维视角的同时，文化主体性启蒙进一步明朗。

### （一）“启蒙”的广狭之分

如果以启蒙为基本维度和坐标，或许可以把人类的文化启蒙进程粗略地分为三个阶段：一是没有勇气运用自己的理性，如西方中世纪神性对人性的压抑，神的指引是救赎的全部旨意。二是有勇气运用自己的理性，把启蒙理性提升为批判理性，其标志是康德在《什么是启蒙》中给出启蒙的经典答案。三是在有勇气运用自己的理性之后，保持对当下的理性批判，把启蒙的本质提升到对历史时代永恒的批判层次，其标志则是福柯的《何谓启蒙》。从康德和福柯对启蒙的不同定义中可以看到启蒙内涵的进化，这表现出后现代性对现代性的某种延续，也是启蒙在其自身可能的内涵空间内的拓展。不论是康德还是福柯，给我们昭示的都是启蒙的实质在于通过理性发现人的自我，归根结底是人的自我批判精神。

启蒙的内涵是在不断变化、丰富中的，而这在中国文化启蒙中又呈现出某种歧义性，尤其是作为历史事件的西方启蒙运动与启蒙自我批判的精神的含混不清常常造成能指与所指的错位，所以区分启蒙不同的内涵十分必要。笔者认为，可以将启蒙区分为广狭义两类，广义的启蒙即指从康德到福柯一脉相承的批判理性，狭义的启蒙则仅仅指西方启蒙运动对西方现代文明的塑造与影响。不了解前者，我们对于中国的文化启蒙就无法突破启蒙与传统二元对立思维的窠臼，无法摆脱启蒙的"敲诈"。同样地，不了解后者，则无法理解理性精神对中国文化启蒙的真实历史内涵和意义，从而不能充分地经受启蒙的洗礼，流于传统的独角戏。我们既要了解广义启蒙，以便真正领会启蒙的深邃意义，从简单地由后现代性与中国传统的表面相似性来否定启蒙的正当价值的误区中解放出来；又要看到狭义启蒙在中国现代社会与文化建设中的启示意义，把握中国文化当前的启蒙任务与内容。

（二）二元思维的突破与启蒙反思视域的认同

西方启蒙运动以来理性精神发现的人的主体性无疑代表着人的觉醒，但发现的"人"只是宾格意义上的而非主格意义的"人"。具有讽刺意味的是，从神性中拯救出来的"人"，不过是异化的"人"，而非真正意义上的"人"。"从'人的发现'到'人的剥夺'，其辩证法意味就在于它们都根植于同一个文化事件，那就是启蒙精神。"[①] 理性的独断化必然导致启蒙走向自身的反面，这是启蒙的悖论所在。霍克海默所谓人"堕落到一种新的野蛮状态"、马尔库塞的"单向度的人"、福柯的"人之死"等表述，都揭示着启蒙由"人的发现"到"人的剥夺"的历史结果。"启蒙并没有实现当初对主体救赎的承诺，反而加深了主体的异化。"[②] 启蒙悖论显现启蒙通过主客体分离建立起来的理性原则本身具有内在的局限性，这就客观地要求我们重新审视作为思维一极的启蒙的坐标意义。现代西方哲学对启蒙的反思与批判，也启示着建立启蒙的反思之维的必要性。它对启蒙的回答有两种不同立场的分疏："哈贝马斯认为启蒙的任务还没有完成与从福柯到德里

① 何中华：《启蒙、道德与文学——一种可能的解释》，《河北学刊》2004 年第 6 期。
② 邱根江：《现代性：在神话与启蒙之间》，《山东社会科学》2010 年第 7 期。

达解构启蒙以来的理性。"① 两种立场虽有所不同，但对启蒙精神及其历史后果采取的批判态度是一致的。启蒙的悖论及其批判，提醒着中国文化启蒙作为一种空间上的外源性启蒙和时间上的后启蒙，要认清西方启蒙所昭示的"他者"之维的两面性。这是作为"外源—后发"型启蒙的优势所在，也是启蒙的批判精神赋予我们的历史任务。

"五四"新文化运动对启蒙的理解并不是思维范式意义上的，启蒙与传统二元对立思维定式一直影响着中国文化启蒙的抉择与发展。新文化派的胡适提出了"怀疑一切"的口号，但把怀疑的对象仅仅指向了传统，并没有指向他所仰慕的科学。对于文化保守主义的诘难，他曾反驳道："中国此时还不曾享着科学的赐福，更谈不到科学带来的'灾难'。"② 与当今启蒙推崇者启蒙优先的思维缺陷可谓一脉相承。由于启蒙价值的片面发展，缺乏对启蒙负面意义的反思，新文化派以当下现实需求遮蔽、消解文化抉择的理性态度，用文化的时代性差距代替中西文化时代性与民族性差异的全部内涵来为自身进行辩护，既放弃了避免西方启蒙弊端的文化自觉，又失去了文化生化的民族根基，缺乏逻辑的一致性和历史的具体内涵，颇有捉襟见肘之窘迫。与之不同，文化保守主义者对启蒙的历史局限性和内在危机的反思，正是其学理正当性之所在，它以生命看待自身文化传统的承续，显示着深刻的思想价值。然而其"返本开新"的内在超越之路依然停留在学理上的可能，回归传统的历史进路亦无法实现对过去传统和启蒙精神的双重超越。从这个意义上讲，新文化派与文化保守主义都没有走出思维范式的禁锢，因为前者用西方文化中最显著的特色科学与民主，把批判的矛头指向传统，却遗漏了对仰慕的科学与民主的批判的吸收；后者则在后现代对现代性消解的共鸣中守成。中国启蒙之所以不断反复中断，二元对立思维的禁锢是一个重要原因。

西方启蒙的确是以断裂的当下意识与传统相区别的，故此才有别

① 《启蒙的反思——杜维明、黄万盛对话录》，哈佛燕京学社主编《启蒙的反思》，江苏教育出版社 2005 年版，第 15 页。

② 胡适：《〈科学与人生观〉序》，载欧阳哲生编《胡适文集》第 3 册，北京大学出版社 1998 年版，第 154 页。

于传统。但我们应该超越启蒙心态，在更宏阔而深邃的西方文化历史的大时段中把握两者的联系。西方启蒙与传统的关系或传统间的关系受到学界关注，传统的积极意义得到凸显。在文化启蒙道路的选择上，走出启蒙与传统的二元对立，启蒙的反思视域也被越来越多的学者所认同。对于中国文化来讲，启蒙与传统的关系则更为复杂，至少包含以下几个方面：中国文化传统与西方文化传统；西方启蒙与西方启蒙批判的关系；中国文化传统与“五四”新文化运动开启的文化启蒙的关系；中国文化启蒙与西方启蒙、西方启蒙批判的关系；中国传统对启蒙的反思与西方启蒙的批判的关系等，对每一个方面都需要展开细致的研究。

（三）在启蒙的反思中建构自身文化主体性启蒙

随着启蒙与传统二元对立思维的破冰，中国文化启蒙的主体日趋明朗。大致地讲，中国文化主体有两种特质：一是德性优先。中国文化传统本身不是完全没有理性的，但其特质不在于理性，而在于德性。二是中国文化有着高度的融摄力。在西方学者所谓的“轴心时代”，中国文化与西方文化一样，形成了自己独特的文化特质、文化基因，对外来的文化有其高度的融摄力，对自身文化发展具有持久的塑造力。中国文化传统一脉相承，有其自身的一贯之道。中国文化主体的特质决定了中国文化启蒙之路必须以中国文化主体来接受启蒙的洗礼。启蒙在中国不同于在日本、韩国或其他国家，并非是全盘西化可以奏效的。

中国文化启蒙是在中西文化交流的背景下进行的，并不是单纯的高势位文化向低势位文化的扩延。从消极意义上看，中国文化启蒙缺少启蒙所需要的理性精神资源，可谓是“先天不足”；而救亡图存的时代主题使得国家、民族的本位意识取代了个体意识，市民社会的不成熟也无法为启蒙提供现实的经济基础，又可谓是“后天失调”。但从积极角度看，中国启蒙又蕴含着超越西方启蒙的可能性与必要性。中国启蒙作为后发的启蒙，是在启蒙的反思中建构自身文化主体性的启蒙，可以避免西方启蒙工具理性的片面、极端性发展，而全球化潮流及其带来的世界范围内的问题也要求中国文化作为文化共同体的一员，贡献自身的文化智慧。正如罗蒂所说：“在一切非西方的文化间，中国的文化无疑是最古老、最具影响力，也是最丰富多彩的。人们或许因此而可以希望，在西方理解自身过程中最近发生的变化，将有助于西方知识分子从中国方面多多获益。”①

现代新儒家对中国文化主体视如生命的呵护自不必说，新自由主义派林毓生轰动一时的“传统的创造性转化”主张也是以中国自身文化为主体，从张岱年先生的“综合创新论”到方克立先生的“马魂、中体、西用”，更加凸显了文化的民族主体性。方克立指出：“从中、西、马三‘学’的关系来说，体现民族主体性的是‘中学’或中国文化。它是中国新文化建设的运作主体、生命主体、创造主体和接受主体，中、西、马‘三流合一’、综合创新所创造出来的新文化还是中国文化，所以说只有它才是主体文化。”② 文化主体的凸显并不是传统的简单回归，文化主体表面似是现代新儒家主张的显现，但实际上有着更深刻的思想史意义。因为它是经历了百余年的论争之后，在脱离了二元对立思维泥潭后现代新儒家、马克思主义哲学派和启蒙倡导者在文化主体问题上达成的文化共识。虽然真正实现传统的创造性转换仍是任重道远，但文化主体性启蒙的明朗无疑是中国文化启蒙的一个新起点，它预示着中国文化未来建构的走势和趋向。

（原载《山东社会科学》2012 年第 12 期）

① ［美］理查·罗蒂：《哲学和自然之镜》中译本作者序，李幼蒸译，生活·读书·新知三联书店 1987 年版，第 16 页。

② 方克立：《关于文化体用问题》，《社会科学战线》2006 年第 4 期。

# 新文化运动的宿命

方朝晖*

过去数千年来中国文化建立在三个预设之上，即此岸取向、关系本位和团体主义。这三个“预设”也可称为一种“文化无意识”“文化心理结构”。它们在很大程度上决定了一种“微观政治学”，即数千年来中国文化中有效的整合方式和价值系统表现为德性权威、礼大于法和三纲五常等。由此也可发现，今天中国的社会结构及制度模式虽已发生天翻地覆的变化，但既然新文化运动没有颠覆中国人的文化心理结构，则说明未来中国文化中的秩序问题，即权威、制度及价值建设的方向，应当从中国过去的历史传统特别是具有深厚自由精神的儒家传统中来寻找。

新文化运动过去整整一百年了，但它带给国人的深刻影响远远没有过去。一百多年来，工业化、城市化彻底改变了中国社会的现实结构和制度框架，市场经济、资本主义全面塑造了中国人的生活方式和价值观念。然而，这些西方化发展非但没有让中国传统的价值观与西方价值观之间的争议变小，反而似乎变得更加激烈了。自从新文化运动以来，自由、人权、平等、民主、法治等西方价值观开始在中国落地，但围绕着它们的争议也一直不断，文化保守主义、自由主义和新左派时常处于尖锐对立的状态。因此，新文化运动给国人提出的理解

* 方朝晖，清华大学人文学院教授、博士生导师。

和回应西方文明的严峻课题，至今远未得到令人满意的答案。这个课题的实质，在我看来就是如何看待自由、人权、民主、法治等概念在未来中华文明中的位置。

如何才能真正走出新文化运动的困境？过去数千年来，中国文化究竟建立在什么样的基础上？如果说建立在儒、道、释的基础上，那么它们的基础又是什么？是否仅仅是古代中国的社会现实结构？在社会现实和制度彻底变化的今天，它们还有非常牢固的基础么？如果有的话，这一基础又是什么？

为了更好地理解中国文化，本文尝试回到“文化无意识”来思考其答案，并提出一种“假设性”观点，即过去数千年来中国文化赖以建立的基础是以此岸取向、关系本位和团体主义为主要特征的文化心理结构。正是这一文化心理结构非常强大，决定了中国文化中有效的社会整合方式，也相应地决定了儒、道、释在中国文化中的主导地位，并决定了中国文化的核心价值系统。由此出发，我们试图说明，在今天中国社会的现实结构和制度已经发生翻天覆地变化的情况下，传统的价值系统，特别是儒家价值观究竟在多大程度上依然有力？

## 中国文化的第一个预设：此岸取向

首先，一个几千年来支配中国文化方向的事实可称为“此岸取向”。所谓“此岸取向”，也可称为“一个世界”假定，即以人的感官所及的这个世界——它以天地为框架，以“六合”为范围——为唯一或最主要的世界，同时不以死后的世界或鬼神居住的世界为目标或指导原则。数千年来中国人的世界基本上就是这一个世界，鬼神即使有，也存在于这个世界上，只是其居所与人有别而已。葛兰言、牟复礼、史华兹、郝大维和安乐哲、张光直、李泽厚、杜维明、张岱年均曾论及中国人世界观的这一特征。

中国文化的“此岸取向”，可通过与希腊文化、犹太—基督文化、伊斯兰教文化、印度文化的对比得到说明。希腊文化的彼岸取向性质可从希腊哲学区分现象世界与本质世界——柏拉图称为可感世界与可知世界——得到说明。按照古希腊哲学家柏拉图的说法，可感世界即人的感官所及的这个世界属于现象范围，而哲学家的永恒任务是超越现象世界，通过灵魂的转向去发现现象背后的那个可知世界即本质世界。本质世界与现象世界的区分在于它的永恒不变性，按照这一观点，中国人所谓的“天地”也罢，“六合”也罢，皆属于可感世界。不仅如此，无论是九重天外还是九泉地下，无论是蓬莱仙境还是昆仑之巅，皆属于可感世界范围之内，因而皆不应当作为人们追求的理想世界。所谓“天人合一”至少在希腊哲学家看来是非常不可取的。

在犹太—基督文化中，灵魂不死以及对于死后世界的设定，是以一种末世论世界观为基础的。末世论相信这个世俗的世界迟早有一天将化为乌有，在那一天到来之时，每一个曾经活过或正在活着的灵魂都将根据其罪孽大小接受审判。末世论实际上是以道德眼光对世俗世界的彻底否定，这种世界观实际上在伊斯兰教中也得到了共享。按照这种世界观，人活着的目的是摆脱这个世界，活着的方向目标或最高原则也来自另一个世界。末世论世界观认为，这个世界从本质上只是短暂的瞬间，注定了要从整体上消亡。按照这种世界观，任何把这个世界本身当作目标、当作最高理想或原则并追求与之和合（如天人合一）的观念，都是彻底堕落或无望的。

在以婆罗门教—印度教—佛教为代表的印度文化中，对现实世界的否定是通过“六道轮回”等信念而确立的，每个人的生命都是无限的，众生都生活在充满罪恶的生命轮回中，而宗教修行的根本使命无非是解脱——最高的解脱就是从六道轮回到解脱出来。印度人的世界想象比中国人丰富得多。他们认为，世界不只有一个，也许有三千大千世界，也许相当于恒河沙粒一样多的世界；但是所有这些世界，无不是虚幻不实的，也都是需要彻底摆脱的。这种“四大皆空”思想与中国人把天地之内的这个世界当成唯一世界、唯一真实的来源、一切法则的根源的思维差别相当之大。

相比之下，数千年来中国人的“世界”是比较简单的，世界只有一个，那就是以天地为框架、以六合为范围的这个世界是一切生命与非生命、活着的与死了的事物共同且唯一的家园。中国人也相信鬼神，不过并不认为鬼神生活在这个世界之外，天堂与地狱都是这同一个世界的一部分。不仅如此，中国人的多神概念让这个世界的真实性得到了加强，因为每一个神是一个自然物的主宰，是它的保护者。山神是保护山的，海龙王是管理海的，日月星辰也都有管理它们的神，有了这些神的保护或管理，其他力量就不能侵犯它们，万物亦然。另一方面，中国人并不认为鬼神代表什么值得凡人向往的理想世界。就人而言，他们死后变成了“鬼”。按照《易传》等的说法，鬼只是一些游荡于这个世界上的云气而已，亦可以说是魂离魄而后的飘散状态，故有“孤魂野鬼”之说。所以，鬼的世界是恐怖、可怕的，是人需要竭力逃离的。也正因如此，汉语有关“鬼”的术语都是负面的：鬼头鬼脑、鬼哭狼嚎、鬼鬼祟祟、鬼迷心窍……这样的鬼的世界，怎么可能是人所追求的呢？又怎么可能成为我们生活原则的来源呢？

正因为中国人只相信一个世界，他们也把这个世界从整体上神秘化、崇高化，把它当作一种崇拜的图腾。他们相信，这个世界蕴含的一切原则、原理，一切事物的秘密终将可以在这个世界中找到。所以中国人相信所谓天道、天理、天则、天命、天意、天性，哲学家、思想家的宏伟使命就是发现天地之道，人间最高级的存在就是与天地法则一致。所谓“与天地合其德，与日月合其明，与四时合其序”（《周易·文言·乾》），“天何言哉？四时行焉，百物生焉，天何言哉？”（《论语·阳货》），“致中和，天地位焉，万物育焉”“与天地参”（《中庸》），皆表达了中国人对于天地的无限崇拜。

儒家的理想就是把这个世界本身当作最高目标来造就，从未把任何脱离这个世界的其他世界当作人类的理想，因而是高度入世的。道家也从未脱离这个世界来追求生命的理想。道家一方面以长生不老的方式来让人们摆脱对死亡的恐惧，因而它对死后世界其实也是极力回避的；另一方面，它的理想世界诸如昆仑之巅、蓬莱仙境之类也不过是这个世界的一部分。庄子“庖丁解牛”的养生之道，是提示人们延长此生生命或扩充此生生命意义的一种活法，实际上建立在对这个世界、当下生命形态的肯定之上。庄子“以天地为棺椁，以日月为连璧，星辰为珠玑，万物为赍送”（《庄子·列御寇》），正是建立在中国文化的一个共同假定之上：天地是最大的现实，每一个人都生来自于它，死回归于它，与其消极地面对这个现实，不如积极地参与这个现实，与之融合无间，从而不再惧怕死亡。这就是中国文化中对于个人生命意义的最高理解：天人合一。

## 中国文化的第二个预设：关系本位

中国文化的此岸取向对整个中华民族发展史性格的形成的影响是极其深远的，它的一个直接后果，就是导致一种我称为“关系本位”的深层文化心理结构的形成。所谓“关系本位”，是指中国人普遍生活在人与人、人与物的关系而不是人与神的关系中，并在一种层级化的关系网络中寻找自己的生命意义和人生归宿，表现为人与人在心理上、情感上以及价值观上相互模仿、相互攀比、相互依赖的思维及生活方式。这种“关系本位”，也被西方汉学家称为“关联性思维”。

对于中国文化中“关系本位”的研究，自从20世纪末以来取得了长足的进展，不过主要体现在人类学、心理学等学科中。虽然中国学者梁漱溟先生早在20世纪90年代就提出过中国文化“伦理本位”说[①]（梁同时也指出此即关系本位），但真正用科学统计的客观方法研究这个问题的还是一批文化心理学家。特别是以美国学者 Richard Nisbett 为首[②]，同时包括 Shinobu Kitayama、Hazel Rose Markus 等在内的一批心理学家在这个问题上取得了重要突破。Richard Nisbett 明确提出东亚文化在思维方式上的“处境化、关系性和相互依赖性”的特点。此外，杨美慧、Andrew Kipnis 等人通过实证调查方式研究了华北地区关系学盛行的具体情形。[③] 中国学者中，杨国枢、杨中芳曾对中国文

① 梁漱溟：《中国文化要义》，载《梁漱溟全集》第3卷，山东人民出版社1990年版，第94页。

② Richard E. Nisbett, *The Geography of Thought: How Asians and Westerns Think Differently and Why*, New York: Fress Press, 2003.

③ 参见 Mayfair Hei-hei Yang, *Gifts Favors and Banquets: the Art of Social Relationship in China*, *Ithaca N. Y.: Cornell University Press*, 1994; *Andrew B. Kipnis*, *Producing Guanxi*, *Sentiment*, *Self and Subculture in a North China Village*, Durham and London: Duke University Press, 1997。

化中的“关系”进行过认真研究，翟学伟近来所做的有关人情、面子与权力再生产的研究也与关系本位密切相关。

这里一个非常重要的问题是，中国人因为相信只有一个世界，于是他们在精神寄托上所能依赖的也只能是这个世界上的东西。但是由于这个世界的万物与自己距离有远有近，关系有亲有疏，人们不可能以同样的方式依赖于所有人或物，于是他们也只能在一种层级化的关系网络中定位自己，这就是费孝通先生所谓的“差序格局”。其中最近的关系是与自己家人的关系，而最远的关系也许是自己与这个世界上完全无关的、陌生的人或物的关系。由于“鬼神”也生活在这个世界上，并且能直接或间接干预我们的人生，所以人与鬼神的关系当然也是最重要的关系之一（除非你是无神论者）。对于鬼神，中国人就用祭祀这种方式来处理，而中国人祭祀的方式正表明它们认为鬼神也不能脱离这个世界，也需要依赖人的供奉。这种“关系本位”，直接导致如下一系列后果。

其一，中国文化中真正的力量永远是人际关系，其力量远比一切制度强大。在中国人的现实生活中，“关系学”之所以永远盛行，正是因为中国人真正信得过的是关系而不是制度。在中国人心目中，一旦“关系乱了”，世界也就乱了。也正因为如此，儒家主张天下治乱从关系做起。从《中庸》的“五伦”为“天下之达道”，到《白虎通》“三纲六纪”之说，都说明儒家早就认识到：在中国文化中，天下大治依赖于人伦关系秩序的建立，这绝对不能用现代人靠法治建立秩序的观念来理解。这就是为什么儒家有“治人”重于“治法”思想的深层来源。

其二，从根本上说，个人的人生安全感来源于自己与对象的关系是否和谐，因此“和”成为中国文化中的核心价值。体现在社会现实中，人们用风调雨顺、国泰民安、九州大同、保合大和等词语来表达他们对于理想生存环境的强烈渴望。而体现在个人生活中，最理想的情况是我与整个世界都能和谐一致，这样才可能从根本上彻底消除人生的不安全感。所以“天人合一”成为中国文化中的最高理想，或者说最高人生境界。

其三，关系的“层级化”导致中国人在处理与对象的关系时形成“区别对待”的特点，其中关系越近的对象，我们与其感情也越深，由此导致“人情”和“面子”成为人与人关系的两个机制。人情代表了人与人之间的感情需求，面子代表了人与人之间的利益需求。只有有了感情才能使人放心，所以一切关系总要尽量体现出合乎人情的特点。只有有了面子才能代表尊重，所以一切往来都要以面子为最后的底线。情感因素的特殊性导致“仁”成为中国文化核心价值之一。“仁”并不仅仅是“爱人”那么简单的事，而是在承认差序格局、爱有差等的情况下的“爱”；更重要的，“仁”代表一种情感，它来源于“恻隐之心”，“不仁”就是在感情上的“麻木”。然而，“仁”不单纯是事实，更是一种规范，是站在更高立场对人情的“引导”。要求人们行仁，就是要把源于亲情的爱扩充到其他一切人身上，从而最终有效避免由“区别对待”所带来的关系的不稳定、不和谐问题。

其四，由于死后世界不明朗，中国人对于生命不朽缺乏信念，导致他们把生命不朽寄托于“关系”，其中最直接的后果就是将子女视作自己生命的延伸，由此给自己带来某种情感上的慰藉。日本学者加地伸行曾指出，中国人的宗教体现在对待后代的方式上，他们用这种方式来克服对死亡的恐惧。[①] 所以中国人本能地认为孩子的诞生使自己的生命有了希望，因为子女是自己生命的再生、扩大、伸展，父母宁可牺牲自己的一切也要保全子女。另一方面，中国人在经营家庭和亲情中所获得的无限的慰藉和精神归宿感——牟宗三称其为“无底的深渊”“无边的天”[②]，也不是其他民族所容易理解的。

为什么“孝道”在中国文化中如此有力？为什么历朝历代都有人主张“以孝治天下”？因为中国人最真实的情感和状态是在家庭关系中、亲情世界中体现的。从道德教化的角度讲，孝也是中国文化中最容易被接受、从而也最简便易行的。孝道早在儒家之前即已存在，而儒家对于孝的提升、规范正是因为没有比以此来完善人伦关系更好的途径了。儒家这样做不单是出于技巧、策略的考虑，可以说正是找到

① ［日］加地伸行：《论儒教》，于时化译，齐鲁书社 1993 年版。

② 牟宗三：《历史哲学》（增订 8 版），（台北）台湾学生书局 1984 年版，第 74 页。

了中国社会人与人关系的基础。

## 中国文化的第三个预设：团体主义

当然，“关系”并非总限于与单个对象的关系，还可以指与一组对象的关系，而这组对象构成了自己的生存环境，所以许烺光称中国文化是“处境中心的”①（与美国文化“个人中心”相对）。当一组对象构成一个团体时，就形成了文化团体主义。所谓文化“团体主义”，是与文化“个人主义”相对的，常常指把个人当集体的一分子而不是独立的实体，因而更关心个人在集体中的位置和形象，而我认为文化团体主义指个人本能地认为集体是个人人身安全感的主要保障或来源之一。正因为如此，他们对于集体的强调，包括今天从正面讲的民族主义、集体主义、爱国主义之类，以及从反面讲的帮派主义、山头主义、地方主义之类，其背后的文化心理源头是一样的，即体现了他们追求个人心理安全保障的集体无意识。

20 世纪 70 年代末，荷兰学者 Geert H. Hofstede 通过美国跨国公司 HERMERS 在全球 66 个国家（后来国家数量大幅增加）员工的大规模问卷调查，提出个人主义—团体主义作为文化的四个维度之一的观点。② 此后以美国学者 Harry C. Triandis 为代表的一批心理学家在这个问题上进行了大量实证研究，取得了丰硕成果。根据他们的研究，中国文化无疑是团体主义指数相当高的；与此相应地，欧美多数国家的个人主义指数比较高。2002 年，美国密歇根大学的三位心理学家 Daphna Oyserman、Heather M. Coon 和 Markus Kemmelmeier 撰文，对过去 20 多年来个人主义—团体主义的研究进行了全面总结。2007 年，Marilynn B. Brewer 和 Ya-Ru Chen 撰文指出，迄今为止对团体主义的所谓研究其实主要不一定是在研究团体主义，至少不是研究者所设想意

① Francis L. K. Hsu, *Americans and Chinese: Refiections on two Cultures and their People*, New York: Doubleday Natural History Press, 1953/1970.

② G. eert H. Hofstede, *Culture's Consequences: International Differences in Work-related Values*, London New Delhi: Sage publications, 1980/1984.

义上的团体主义，而是在研究一种人际关系。[1] 具体来说，团体主义者所关心的核心概念“团体”（in-group）其实很少在研究中被关注，多数问卷调查的问题都集中在“人与人关系”上而不是“团体”上。这是一个非常有趣的发现。按照作者的区分，文化团体主义应当区分为两类：关系式团体主义（relational collectivism）与集团式团体主义（group collectivism）。这一发现在东亚文化中尤其有意思，那就是东亚人所表现出来的团体主义，其实是一种关系式的团体主义，换言之，是按照人际关系的原则来建立的团体主义。而在美国等个人主义指数高的国家，并非没有团体主义，甚至有非常强的团体主义，但不是在东亚式的人际关系为基础而建立的。我认为，这进一步说明中国文化的团体主义来源于关系本位的文化心理结构。

文化团体主义研究的一个突出成果，就是说明了这种文化对于“自己人/外人”或者说“圈子内/圈子外”的区分，这其实是前面所说的差序格局下对不同人“区别对待”的另一种表现方式。文化心理学家据此解释了，为什么第二次世界大战期间日本人不把外国人当作“人”对待的现象。在中国文化中，人们对于非“自己人”进行残酷虐待的现象也很常见。比如我们时常听说过的继母虐待孩子的情况，其实正是这种区分的典型表现。又比如中国人钩心斗角常常在人际关系上以帮派的形式进行，这种帮派实际上是利益角逐的需要，而在帮派斗争中对不属于圈子内的人的要求，往往不是以正常、理性的心态来看待，而容易在一种仇视情绪支配下用过于挑剔、不近人情的方式来对待。

文化团体主义研究还证明，在团体主义越强的国家，权威的势力越大；团体主义越弱的国家，民主的势力也越弱。这是因为团体主义强使得当权者容易以集体利益为借口来强化集权。我曾提出，这一结果有助于解释，为什么中国历史有所谓“分久必合”的规律，而欧洲的历史上虽也曾出现像罗马帝国那样的大帝国，但从古希腊以来的

① Marilynn B. Brewer & Ya-Ru Chen. *Where (who) are collectivism? Toward conceptual clarification of individualism and collectivism*. Psychological Review, Vol. 114, No. 1, 2007.

"分而不合"却是主流。[①] 这是因为中国人认为，生活在一个强大的集体里，个人的安全感也会更强。所以个人主义文化中人们更多倾向在小型企业里工作，而团体主义文化中人们更多倾向在大型企业里工作。与西方人的"分"可以相安无事相比，中国人"分"了之后，就会钩心斗角（关系本位的一种表现形式），相互兼并之所以有市场也是因为有广泛的民意基础，至少统一可能减少由于相互窥视带来的巨大的不安全感。对于中国古代政治历来有所谓"外儒内法"的说法，其实无论是法家，还是儒家，都是认可集权的。儒家的"三纲"思想，我曾解读为"从大局出发"，这种大局精神诚然是普世的价值，古今中外无不需要，但"三纲"在中国文化中取得了超越一切的核心价值地位，则又只能诉诸文化心理来解释。

文化团体主义还表现在现代东亚等国所特有的民族主义、爱国主义，其具体体现形式为：一方面，以各种方式把本民族说成是最优秀、最值得自豪的民族；另一方面，把本民族的历史打扮成一个饱受欺压的历史，那就是自己永远是最热爱和平的，而自己在历史上的一切战争中从来都是受害者。这种爱国主义教育据说可以激发人们民族自豪感，从而产生强大的凝聚力。这种"凝聚力"之所以被认为无比重要，是因为文化团体主义从来倾向于认为集体的力量才是真正的力量。然而，这种教育也导致人们缺乏自我批评的精神，不能以公平、客观的心态来看待国际关系特别是国际冲突。不仅如此，当其本来带有误区的民族主义心理在国际交往中受挫时，会进一步激化一种非理性的、盲目的排外心理，其最激烈的形式甚至可以引发国与国的战争。因此，文化团体主义与关系本位一样，本来是需要引导和"管理"的，任其发展就可能导致很多消极的后果。

## 文化无意识与微观政治学

此岸取向、关系本位和团体主义并非任何人强加于中国人的文化

① 方朝晖：《"三纲"与秩序重建》，中央编译出版社 2014 年版，第 225—230 页。

心理，而是一个在漫长历史演化过程中不自觉地形成的文化无意识（或说文化的集体无意识），本文中又称其为“文化预设”“文化心理结构”。正因为它是一种文化心理结构，不能仅凭个别人的意志来从总体上摆脱；个别人可以超越它，但作为一个文化生命整体，要摆脱它的束缚则极为困难。至于这种文化心理结构是如何形成的，今天我们确实没有足够的材料可以找出其精确时间，但有一点是清楚的，就是我们从殷周金文、《左传》《国语》以及其先秦诸子的材料足以说明，它在西周时期就应已基本定型此后一直支配着中华民族的生活长达3000多年，即使在今天也没有明显松动。我要强调，本文所提的此岸取向、关系本位和团体主义作为中国人的文化心理结构，在于提供一种更加有解释力或更好的解释框架来说明中国文化中的种种现象，只是作为一种“假设性前提”，希望得到更多证据的证明。

正如文化人类学所发现的那样，每一种文化都可能有自己的无意识机制；而文化之为文化，乃是一种“集体的心灵程序”①，它一代代地复制下去，保持了自己极其顽强的稳定性和连续性。正因为它是一种文化无意识，所以对一个民族的群体生活方式影响无比强大；正因为它有根深蒂固的连续性和遗传性，任何对一个民族的文化无意识的改造都必须在掌握其内在规律的基础上才能进行，而不是凭空进行。就其作为一个文化中人成长的基本土壤而言，它是一种中性的、不能用价值判断标准来评判的。

必须特别强调的是，文化无意识对人群的支配有其消极层面，它甚至可以把一个民族引向毁灭。比如日本和德国分别是亚洲和欧洲团体主义非常强烈的两个民族，它们的民族主义导致了全民族疯狂地投入到毁灭性的战争中。在日常生活中，中国人呈差序格局的人际关系，导致中国式“自私”，只顾小家而不顾大家；也导致中国人长期在人际关系上消耗了极为庞大的成本，这也正是主张彻底俗世、隐居山林的道家长盛不衰的原因之一。此外，如前所述，山头主义、帮派主义

① “集体的心灵程序”（the collective programming of the mind which distinguishes the members of one human group from another），参见 G. eert H. Hofstede，*Culture's Consequences*：*International Differences in Work-related Values*，London New Delhi：Sage publications，1980/1984，p. 21。

和地方主义作为上述文化团体主义的产物之一，其在中国文化中的危害也是人所共知的。我由此认为，一个民族的精神传统，特别是这一传统的领袖（思想家、精英）们所做的主要工作，往往就是帮助人们走出文化无意识误区。但他们能够这样做的前提是对其文化习性（即文化心理结构）有清醒的认识，至少他们自己对其文化无意识有了一定的“意识”，唯此才能保证他们提出的方案具有针对性。也正是因为这个原因，我们强调的是，一个文化中的问题，包括权威、制度和价值的问题，往往不能想当然地从国外拿来某个方案就能解决的。而儒、道、释之所以成为中国传统的主流，恰恰是因为它们对这一文化心理结构的针对性的缘故。① 这是我们今天反思新文化运动的必要起点。

文化无意识代表了一个文化中对人生安全感的认知，也引导着人们价值观、人生观的塑造。不管你觉得它好或不好，都不得不在接受现实的情况下来探讨如何生存。因为文化无意识既可以把人引向好的方向，也可能把人引向坏的方向。因此，当文化中形成一种健康的价值观时，它可能积极引领人们走出文化无意识的误区，走向繁荣和发展；当文化中形成一种不健康的价值观时，它可能导致人们在误区中越陷越深，甚至自我毁灭。这些价值观有时被人们树立为核心价值，但不等于说人们所树立的核心价值就应当成为核心价值。

如果有人说，他非常不喜欢上述关于中国文化无意识的内容；他坚信中国文化无比伟大，拒绝承认这些文化心理结构的限制。那么我可以说，喜不喜欢是个人的事，至于是不是不受它的限制，那要看在什么意义上。如果说中国古代的伟大传统不受其限制，那只是说它们清醒地认识到这些限制，并从超越这些限制的意义上发展了起来，而成其伟大。但是另一方面，中国传统的“特色”本身，与其他民族文化传统的差异，以及由此所决定的中国文明路径与西方的不同，恰恰是由于其在此文化心理土壤中成长起来而有的，也说明没有什么完全不受文化心理结构影响的“特色”。

① 关于这个问题的较全面论述，参见方朝晖《“三纲”与秩序重建》，中央编译出版社 2014 年版，第 166—200 页。

正如许多西方学者所已发现的那样，任何制度都必须找到与之匹配的心理土壤才能稳固（托克维尔、孟德斯鸠、柏克、哈耶克等人莫不如此）。现在我们可以从文化心理机制的角度来看中国文化中的秩序问题，我称为“中国文化中的微观政治学”，其中最核心的三个问题是权威、制度和价值。

(1) 权威：所谓“权威”，这里指一种能把人们整合到一起来、从而形成一种有效率的组织的人物。如果借用马克斯·韦伯的术语，我要考察的是中国文化中的“克里斯玛权威”形成的机制，这是理解中国文化中秩序形成的重要视角。

在一个以关系为本位、团体主义盛行的文化中，什么样的人物在人们心目中是最有权威的呢？美国汉学家白鲁恂认为它就是“家长式权威”。按照白鲁恂的观点，中国人从小生活在家长（主要指父亲）的权威下，长大后走出家庭进入社会后仍然在有意无意地寻找着这种家长式权威来领导自己。他认为家长式权威是独断专行、相当专制的。[①] 从文化心理的角度看，家长式权威是在家族内部的等级式关系中形成的、居于差序格局之顶端的人物。《韩非子》描写的能够在心理上对臣下构成震慑效应的领导，可以说是中国文化中此类权威的典型代表。这种权威之所以在中国文化中有强大的影响力，是因为它与中国人以家族为中心的生活方式有关，在这种生活方式下人们在有意无意地寻找着一种可以依赖的“家长”。商鞅、王安石、张居正等人也正是试图通过确立这种权威来推行改革。在中国历史上，对这种权威的主动积极追求主要体现在匪寇文化中，他们通常要有意地确立一位“老大”，他人对之必须无条件服从。但是这种家长式权威之所以在中国思想史上一直并不受儒家的青睐，其原因也是显而易见的，那就是它实际上倡导了一种专制甚至极权的统治方式，其内在的盲目性、非理性特征非常明显。

其实，在中国文化的心理机制中，还有另外一种有效的克里斯玛型权威为白鲁恂先生所认识不到，那就是德性权威。所谓德性权威，

① Lucian W. Pye. *Asian Power and Politics: the Cultural Dimensions of Authority*, Cambridge Mass: the Belknap Press of Harvard University Press, 1985, pp. 186 – 200.

我指一个人因为其人品优秀、与人为善、造福一方，还能宽宏大量、包容他人，让人们对其心悦诚服。这种类型的权威之所以能服众，主要是因为在一个人与人相互窥视、容易钩心斗角的文化中，只有真正能牺牲自己、成全他人的人才能让大家无话可说。这种类型的权威，由于要通过包容他人、造福他人来确立自己的权威，所以摆脱了家长式权威的盲目性、非理性。尽管这种权威人物如果稍不小心也容易蜕变成家长式权威，现实生活中常常存在的是这两种权威的混合体，还是应该承认德性权威代表了中国文化中比较理想类型的权威模式。也正因如此，中国从很早开始就认识到它的重要性并大肆提倡之。例如，在《尚书》、殷周金文、《诗经》等中国早期文献中，对于“德”的倡导几乎是政治思想的核心，同样的现象在先秦诸子中也普遍存在。

（2）制度：礼大于法。一个以人与人的关系为基础的文化，是从根本上排斥硬性的制度约束的。一方面，因为它注重情境的差异性，追求具体情况具体对待，而与制度的“一刀切”需要相悖；另一方面，因为它认为最符合人性的东西总是最合乎人情的东西，所以与以去人情为主要特点的制度特别是法治相对立。所以中国人总是认为“制度是死的，人是活的”，他们在遇到不合乎人情的制度或政策时，总是喜欢变通。

也正是因为这个原因，在中国文化中最有效的制度是“礼”而不是“法”。礼严格来说代表在世俗生活中自发形成的人与人、人与物交往的规矩，这导致礼跟法相比有如下特点：一是不像法那样诉诸强制，而更多诉诸舆论和习俗的力量；二是重分，可以因时因地因人而制宜（“礼辨异”，《礼记·乐记》）；三是重人情。这是因为礼是建立在习俗基础上，不可能不最大限度地尊重人情，尤其在一个极重人情的文化中。“缘人情而制礼，依人性而作仪。”（《史记·礼书》）所有这些特点，均使得礼更适合于关系本位、处境中心的中国文化。也正因如此，孔子有了那句“道之以政，齐之以刑，民免而无耻；道之以德，齐之以礼，有耻且格”（《论语·为政》）的名言。也许注重制度、追求形式完善的西方人会不明白，为什么“法”不能让人“有耻且格”？其内在秘密在于，中国人对于外在的、形式的法缺乏发自内心深处的强大热情。相反，礼由于顺乎人情才让人有发自内心的敬意，从而能形成自我约束的强大动力。

古代儒家正因为发现了礼的强大，所以对礼加以改造和利用，以期达到规范人伦、整齐人道的效果。所以我们发现，中西方学者所使用的礼的含义有一重要区别。在西方人类学、文化学甚至法学等学科中，礼——英文中的 ritual——主要指一种纯粹消极被动的习俗或仪式，学者们倾向于从外部来观察一些现代部落民族的礼仪习俗，并有人得出“礼”只是制度进化过程的低级阶段的结论来。[①] 如此一来，礼的文化价值意义自然大大降低了。然而，在中国古代典籍中，礼的含义却大大超出了习俗、仪式这一含义之外，也绝不是什么消极被动的规矩。恰恰相反，中国学者一再强调，礼是“经国家、定社稷、序民人”（《左传·隐公十一年》）的最有效途径，是“天地之经纬”（《左传·昭公二十五年》）。礼在中国文化中的地位如此之高，是因为中国的政治家和学者们不只把它当作习俗和规矩，而是人为地赋予了它积极的含义，比如强调礼以敬为本、礼使人自立，等等。儒家不是机械地把礼拿来，而是通过改造它的含义来发挥制度的作用。儒家这样做表明他们没有脱离中国文化的心理结构来建立制度，事实上任何脱离文化心理结构的制度建设都不可能有根深蒂固的基础。但是他们绝不是被动地顺应文化心理结构的需求，而是能够根据这一心理结构的特点或规律来改造它，唯此方能达到规范和引导文化心理的效果。

（3）价值：我曾多次指出，在价值观上要区分核心价值和普世价值。真、善、美无疑是普世价值，但未必能成为所有民族的核心价值。核心价值是指一个民族的文化土壤中有适应性的价值，否则就无法有力量，也成不了核心价值。核心价值一定是有民族性的，比如爱国主义、集体主义成为我们的而非西方的核心价值，就因为它们迎合了文化团体主义的心理需求。但是，重要的是要认识到，好的核心价值决不只是顺乎人们的文化心理需求，还要能规范、引领其走向。比如爱国主义、集体主义教育中就存在许多误区，容易变成压抑个

① 斐迪南·滕尼斯：《共同体与社会——纯粹社会学的基本概念》，林荣远译，商务印书馆 1999 年版。

性、忽视人格独立性。因此，并不是所有符合文化心理需要的价值都一定是好的。

从中国文化中的关系本位和团体主义出发，中国人在价值观上的一大特点就是倾向于责任先于权利、和谐重于冲突、群体高于个体。然而，这不意味着这种倾向于责任、和谐、群体而非权利、个性和个体的价值就没有消极成分，还要看它是否有利于引导人们健全成长。陈来先生在新近发表的文章《充分认识中华独特价值观——从中西比较看》中，通过中西方价值观的对比提出了“中华价值观”的概念，并认为它有四大特色，即“责任先于自由”“义务先于权利”“群体高于个人”“和谐高于冲突”。这套价值观的总结应该说非常有道理，因为它们比较符合关系本位、团体主义下人们的心理需求。但是，符合文化心理需要的东西未必就是好的，甚至可能把该文化引向错误的方向上去。这套价值观最容易招致批评的地方在于，它们可能被认为与人们对个性自由的追求相对立，甚至被认为是违反人性的。

我们必须理解，核心价值之所以成为一个民族、一种文化的核心价值，往往是因为它深深植根于一个民族的文化心理结构中，或者说，植根于一个民族的集体无意识中。但是，由于文化无意识本身有盲目性、误导性，核心价值应当建立在对文化心理结构或集体无意识的反省之上，有助于克服其负面作用，促进其良性发展。

所以，从规范的需要看，我倒认为陈来先生所说的“中华价值观”，不如儒家的价值体系来得恰当。儒家的价值体系如“三纲五常”，特别是仁、义、礼、智、信、忠、孝等价值，虽然也符合中国文化价值责任先于权利、和谐重于冲突、群体高于个体的特点，但是另一方面，由于其内容丰富、重视“成己”、追求“尽性”，不一定与自由主义相悖，从而更加有利于引导个人的健全成长和人伦关系的完善。如果说陈来先生的总结很容易被引用来支持现在压抑人格独立性的爱国主义和集体主义教育，儒家的这套价值体系则不然。

## 文化预设与新文化运动

现在言归正传。造成今日中国思想界混乱的根本原因之一，在于立论基础的差异；或者说，找不到一个各家共同能接受的研究基础。具体来说，不同学派所常常诉诸的资源各不相同，其中最常被诉诸的资源有如下几种。

（1）传统的力量。保守主义常常告诉人们，那些民族经典多么深刻，传统文化多么博大精深，今天不能放弃。但是这一思路常常被讽刺的理由是，其他民族也有伟大的经典和深刻的思路，奈何在全球化的今天应当过分依赖我们一个民族传统的资源？再者，即使传统再伟大，也不能否认传统中有许多是适应于当时社会现实需要而提出来的；只要没有把传统转化出新的、人们普遍接受的形式来，终究难以说服多数人。

（2）现实的力量。许多学者告诉人们，旧的家族制度已土崩瓦解，今天的社会结构已经从根本上与古代社会不同，新型的、以工业化和城市化为中心的生活方式已经形成，这决定了传统文化只能成为现代社会中的“游魂”，现代人必须寻找新的价值和制度。这种思想、价值及信仰只能是“被决定”的思维，容易陷入环境决定论危险。韦伯的新教伦理研究、东亚奇迹的出现、现代伊斯兰教势力的强大，等等，无不表明思想、价值和信仰并不一定非要随着社会政治、经济现实的改变而改变。

（3）制度的力量。自由主义常常从人性最普遍的需要出发，宣称自由民主制、法治等是人类社会最理想的制度形式，因而也是现代一切社会最终必须采取的制度模板。由于它们的价值基础是人权、自由、平等等，后者也理所应当成为一切现代社会的核心价值。然而此思路有陷入制度决定论的危险。最近十多年来兴起的多元现代性理论就对其提出了挑战。另外，越来越多的研究证明，任何制度都不可能脱离制度赖以生成的文化土壤，包括传统、习惯、风俗、信仰、价值等因素而存在，脱离文化生活土壤的制度设计往往是空中楼阁。现代西方的一系列制度及价值，也已经被证明与西方文化几千年来的宗教及传统有关。

无疑，上述三种诉诸方式各有其合理性，但是它们也同样是导致思想混乱、论述无法聚焦的原因。能不能在上述几种资源之外，找到大家都可能接受的资源呢？本文并不否定这些资源在一定范围内有效，但尝试提出这样一个资源，即文化心理结构。具体来说是希望通过文化心理结构的研究来回答上述新文化运动提出的问题。不是说上述三个方面，即传统、现实和制度的力量可以忽略，而只是试图让人们重视文化无意识这个新的力量，因为它相对于前三种资源来说可能有一定优势。我们的基本假定是：

①政治经济及社会制度可以全面改造，科学技术及器物可以日新月异，意识形态及流行观念也可以千变万化，但是一个民族的文化心理结构稳定性最强；②如果文化心理结构找出来了，但其对一民族的制度及价值系统并无强大影响力，则正好说明今后中国的道路不一定非要固守传统文化；③如果能证明该文化心理结构对一民族的制度及价值系统影响力很大，则需要说明具体有多大，从而说明今后中国道路的方向。据此，我们设想了这样三层关系：

| 3 | 价值观念系统 | |
|---|---|---|
| 2 | 社会整合方式 | ↑ |
| 1 | 文化心理结构 | |

我们猜想，上述1、2、3之间可能有某种对应甚至决定关系。当然，我们并不对这三者的关系先验地臆测，而只凭经验来说明。这里，我要限定一下“文化心理结构”的范围，它不应当无所不包地把任何一种存在过的文化心理包括在内，而主要是指某种数千年一贯且至今仍然强固的深层文化心理。凡是不在此范围者，不属于我的研究范围。

根据对这种文化心理结构的揭示，进一步研究其权威、制度及价值的关系，就是本文所谓的“微观政治学”。我们在前三节的研究中事实上已经进入“微观政治学”领域，并对中国文化中有效的社会整合方式和生活方式进行了解剖。由此出发，我们还可以进一步回答新文化运动的挑战问题。新文化运动给我们带来了一系列新的价值，包括民主、自由、人权、平等、法治等。但是根据我们文化心理—文化无意识分析，很容易得出这样的结论：此岸取向、关系本位和团体主义的文化心理结构，决定了中国社会中有效的整合方式是治人而非治法、靠贤能而不是制度立国，以伦理、德性，而非自由、权利为本；民主、自由、人权、平等等西方价值之所以难以成为中国文化的核心价值，是因为它们不符合中国文化人追求心理安全的根本需要。

但是，这是不是说民主、自由、人权、平等、法治等在中国文化中可能完全被排斥呢？答案恰恰相反。原因有二：其一，就这些概念所代表的尊重人的个性、尊严、人格独立，以及在制度层面强调以民为本、反对专制独裁而言，我们完全可以说，这一思想不仅代表人类所有文化的普世追求，而且在中国古代思想传统中并非异类。狄百瑞先生曾论述中国古代自由传统的两个方面，包括个人层面的"为己"之学与社会层面的社会自治运动。① 所以他们与中国传统价值系统（特别是儒家价值系统）之间绝非水火不相容的关系，而是至少在一定程度上相互接纳，我们应当承认人格独立性、个性、尊严这些概念，是中国传统思想的基石之一。其二，现代中国不同于古代中国的一个重要事实就是社会结构的巨大变化，工业化、城市化带来个人生活方式的彻底改变，家族主义趋于瓦解，个人奋斗日益重要，婚姻恋爱自由也使传统意义上对两性关系的约束方式不复存在。所有这些，都使得上述西方价值观更加有市场。从这个角度看，以个人自由、个性张扬为基调的现代价值观与以重视责任、强调义务的传统价值观之间的冲突为势所必然，在现代中国社会结构稳定下来之前，恐怕这种冲突难以消失。

解决冲突的最有效办法，无疑是找到这两种价值观之间的结合点。考虑到儒家传统确实也存在极为深厚的自由精神，即我前面所说的为己、立己、尽性的传统，对它稍加改造，应当可以适应现代社会需要。相对于西方的自由主义，狄百瑞曾提人格主义的说法，这似乎是他所设想的融合了社群主义和自由主义精神的、转化儒家传统的新方向。能否接受他的观点并不重要，重要的是通过本文的论述，我们对于未来中国文化价值建设的方向更加清楚，至少对超越新文化运动的巨大

① Wm Theodore de Bary, *Asian Values and Huamn Rights: A Confucian Communitarian Perspective*, Combridge Mass: Harvard University Press, 1998.

挑战有了更大的自信心，那就是在儒家原有的精神自由、人格独立传统的基础上重新阐发儒家传统的现代功能与价值，从而找到未来中国社会权威、制度和价值重建的途径。我们不必把传统价值观简单地归结为只重视责任、义务、和谐、群体，仿佛它们漠视人性尊严、人格独立性等似的。历史上实际存在的儒家思想体系本身就是这两者的结合体，也正是因为这个原因，我们有理由相信，这两种价值观冲突的趋势是不是根深蒂固的，我们甚至可以猜测，当前的中西价值冲突只是表面的和暂时的。

本文最后的结论是，既然中国人的文化心理结构没有改变，对于中国人来说真正有效的权威、制度及价值的模式也不会从根本上动摇。在历史上，此岸取向、关系本位、团体主义所构成的深层文化心理结构导致仁、义、忠、信、孝、礼、智等成为中国文化的核心价值。鉴于今天中国文化仍然不可能逾越这一心理结构，所以中国文化的核心价值也不会大变，但需要我们结合其固有的自由精神来重新阐释，即从人的尊严、价值与人格独立性的精神出发来发扬儒家价值系统。这应该就是新文化运动在中国的宿命。

（原载《探索与争鸣》2015 年第 9 期）

# 后 记

最后还想交代一下本文集的文章分类标准和体例。

给本文集的文章分类是一件非常困难的事情。如果按照主题分类，由于新文化运动涉及政治、经济、文化、文学、艺术、教育、军事、外交等各个方面，今人有关新文化运动的各种探讨文章，也常常是同一篇文章同时涉及多个主题，或者同样的主题在不同的文章中均有讨论，这给分类造成了麻烦；而如果按照作者或文章的立场（比如所谓自由主义、保守主义、“新左派”等等）分类，那么，有些没有明显左中右色彩的文章也不好办，而且一个作者的政治立场有时候很难简单归入某某主义，不同的主义之间有时候也很难有明确界限（比如保守主义和自由主义、民族主义和所谓“新左派”）。

还有一种考虑过的方法是按照社会文化运动阶段性、再结合时间标准进行分段（我们的历史教科学一般采用这样的标准，比如五四时期，大革命时期，抗战时期等等）。但实在说，从 1990（本文集选文章最早从 1990 年开始）到现在，不但整个社会文化的变迁没有呈现大家公认的阶段性演进特征，而且学术界、包括在五四新文化运动研究领域，也没有明显的可以划出时间界限的阶段性思潮运动。而如果采取 1990—2000，2001—2010 之类纯粹纪年意义上的划分，也就没有任何思想或学术的意义。

因着这种种困难，曾经想过放弃分类，就采取一个简单方法，比如按照作者姓氏笔画或文章发表时序排列，不再按照主题或其他标准进行分类。但这样做于编者倒是简单了，但读者阅读又多有不便。

再三考虑之后，我们最后选择的标准是：大致按照文章主题类型和作者的立场、倾向进行分类（这种方法虽然可能存在某一篇既可以分到这类又可以分到那类因此怎么分都有毛病的问题，但是毕竟比没有分类要好一些），然后在同一类文章中再按照文章发表的时间先后进行排列。

于是，本文集有了这样的大致分类（几个大的板块）：

一、“还原、重构、拓展”。本部分主要收入没有明显站队色彩、不持明显“主义”立场的文章，论争色彩也相对淡一些，重在通过资料的挖掘和爬梳，还原新文化运动的复杂性，或对以前被忽视的面向加以揭示，或纠正某种学界的流行说法，这种纠正主要属于学术辨析，而不是政治翻案。

二、“启蒙的批判与救赎”。这部分主要收入对“启蒙”概念进行辨析的文章，也包括围绕“启蒙”的不同评价展开争论的文章。但由于“启蒙”这个概念是理解五四、讲述新文化运动故事的头号关键词，因此，几乎所有纪念或阐释新文化运动的文章都会涉及启蒙。这样，本部分不可能把所有谈及启蒙的文章全部收入，而只能选择那些以阐释和评价启蒙为核心或重点的文章。

三、“激进、保守及其当代形态”。90年代开始，关于五四新文化运动的讨论中明显增加了对激进主义的反思，包括关于五四激进主义与文革关系的各种激烈争论。但反思激进主义并不简单地等同于反对自由主义（林毓生和王元化就是典型的例子），转向保守主义也并不意味着拥抱专制主义。由于哈耶克的大量引入，90年代以后中国思想界的一个重要特点恰恰就是保守主义者的面目变得复杂了，其中不少还自称是、或实际上就是自由主义者。因此，收入这部分的文章很难简单地被套上自由主义或保守主义的帽子。

四、“现代性、启蒙、救亡”。“救亡压倒启蒙”是李泽厚在80年代提出的命题（但他是不是这个命题的始作俑者还存在争议），这个命题在90年代以后遭到了普遍质疑或者重新阐释。虽然不同的质疑者的知识背景和思想意图并不相同，但所谓“新左派”批评家构成了他们的大多数也是一个不争的事实。他们的质疑经常联系到民族主义、救亡和现代性的关系问题。

五、“重申自由主义”。80年代从自由主义角度阐释五四是主流，这个主流在90年代虽然受到很大冲击，但仍然延绵不绝。不过基于上面说到的原因，90年代后出现了所谓“保守自由主义”思潮——其大致特点是继续捍卫个人自由的原则但不赞成激进反传统，这部分文章我们把它归入了第三部分“激进、保守及其当代形态”。因此，第五部分的文章勉强或可称之为激进自由主义——大致意思是在坚持个人自由原则的同时依然不放弃激进反传统。换一个或许更具有操作性的说法：这部分文章基本上没有受到哈耶克的影响。

六、“儒家传统及其现代转化。”新文化运动和儒家的恩怨情仇延续了一百年，谈论新文化运动而不谈儒家几乎是不可能的。由于这样的原因，本文集的很多文章都涉及了这个话题。目前专门归入第六部分的文章，不过比较集中论述这个话题罢了。

任何分类大概都是勉强的，但是要进行学术研究，不分类又是不可能的。愿读者理解我们的苦衷和难处，对于文集中一定存在的不合适的分类，我们表示诚挚的道歉。

另外，本文中的大部分作者都已联系同意授予版权，个别未联系上的作者请尽快联系出版社商议版权事宜。

编者